中华经典普及文库

史记

〔汉〕司马迁　著

中华书局

图书在版编目（CIP）数据

史记/（汉）司马迁著. —北京：中华书局，2006. 6
（2025.3重印）
（中华经典普及文库）
ISBN 978-7-101-05146-9

Ⅰ. 史… Ⅱ. 司… Ⅲ. 中国-古代史-纪传体 Ⅳ. K204. 2

中国版本图书馆 CIP 数据核字（2006）第 049729 号

书　　名	史　记	
著　　者	〔汉〕司马迁	
丛 书 名	中华经典普及文库	
责任编辑	周　旻	
装帧设计	毛　淳	
责任印制	陈丽娜	
出版发行	中华书局	
	（北京市丰台区太平桥西里 38 号　　100073）	
	http：//www. zhbc. com. cn	
	E-mail：zhbc@ zhbc. com. cn	
印　　刷	三河市中晟雅豪印务有限公司	
版　　次	2006 年 6 月第 1 版	
	2009 年 1 月第 2 版	
	2025 年 3 月第 35 次印刷	
规　　格	开本 880×1230 毫米　1/32	
	印张 24½　字数 740 千字	
印　　数	455001-465000 册	
国际书号	ISBN 978-7-101-05146-9	
定　　价	45. 00 元	

"中华经典普及文库"出版缘起

中华民族五千年历史孕育了优秀的中华文化,产生了大量优秀的经典著作。对于中国人,特别是对于当代读者来说,在浩瀚的优秀文化海洋里,哪些是最基本的,哪些是最经典的? 换句话说,作为一个中国人最应该知晓、阅读的基本书是什么? 作为一个中国家庭最应该拥有并收藏的经典是什么?

多年来,中华书局一直致力于向广大读者提供优秀传统文化经典读本,推出的《史记》、《资治通鉴》等白文普及本图书受到了读者的欢迎和好评。在此基础上,中华书局编辑部推出"中华经典普及文库"。

本套文库有三个特点。第一是经典。入选本文库的都是我国优秀传统文化中的精品,是经史子集中的顶峰,堪称"经典中的经典"。如列"二十四史"之首,被誉为"史家之绝唱,无韵之《离骚》"的《史记》,又如被称为中国传统文化核心的"四书五经"等。第二是精品。中华书局成立90多年来,以弘扬优秀传统文化为己任,出版了大批由国内一流学者精心校勘整理而成的传统典籍。本套丛书或以中华书局原整理本为底本,或约请著名学者精加整理,从而保证了其学术可靠性、文字准确性,堪称质量上乘的版本。第三是方便。对于广大读者来说,本书最大的特点是阅读方便。众所周知,古代图书中涉及大量古代的人名、地名、书名,即便是专业研究人员,也不是很容易识别的。因此本书保留了古籍整理图书人名、地名下加专名线(——),书名下加波浪线(〜〜〜)的做法,使读者一目了然,不会因为不熟悉这些专有名词而误读、错读。另外,为了保证阅读的连贯性,删除了原整理本中的古注、校勘记及不便当代读者阅读的部分。可以说,本套丛书是方便现代读者阅读经典巨著的较好的白文普及本。

　　热忱希望广大读者对这套文库提出批评建议，以便于我们加以改进，将这套旨在为中国人提供基本书的文库编辑好，出版好。

中华书局编辑部

2008 年 12 月

出 版 说 明

《史记》是我国著名史学家司马迁所著的史学巨著,列"二十四史"之首,记载了从传说中的黄帝开始一直到汉武帝元狩元年(前122年)三千年左右的历史,被誉为"史家之绝唱,无韵之《离骚》"。读中国历史,不能不读《史记》。

司马迁,字子长,左冯翊夏阳(今陕西韩城)人。他的父亲司马谈做过太史令,主要从事管理皇家图书、收集史料等工作。他曾打算编写一部通史,但没能实现。临死前,嘱咐司马迁完成他的遗愿。司马迁年轻时就很喜欢历史,20岁时就漫游名山大川,到处考察、搜集史料。他承袭父亲太史令的职务后,又得以看到大量的历史文献和档案资料。这些,都是司马迁能够编写出《史记》的重要原因。汉武帝太初元年(前104年),司马迁开始编写《史记》。这中间,因为司马迁为兵败投降匈奴的李陵说好话,被投入监狱,惨遭腐刑,蒙受奇耻大辱。出狱后,司马迁更加发奋写作,终于在征和二年(前91年),完成了这部"究天人之际,通古今之变,成一家之言"的煌煌巨著。在他死后若干年,他的外孙杨恽将这部52万多字的巨著公之于世。

《史记》最初没有固定的书名,有的称作"太史公书",也有称作"太史公记"的。到了三国时期,才将这本书明确称为《史记》。全书共130篇,分为本纪12篇,主要记载帝王;表10篇,主要记录大事年表;书8篇,主要记录典章制度;世家30篇,主要记载侯王勋臣;列传70篇,主要记载历史上的重要人物。在《史记》之前,我国也有史书,如《春秋》这样的编年史,如《国语》、《战国策》这样的国别史,还有《尚书》这样的政治史,但是还没有一部贯穿中国几千年历史的通史。《史记》是我国第一部纪传体通史。它的体例严谨,脉络分明,后代修前朝国史,都遵循《史记》的体例,一直到清代,号称中国"正史"的"二十四史"都是以《史记》的体例为蓝本的。

《史记》不仅是一部历史巨著,还是一部文学巨著。它开创了中国传记文学的先河,把中国的历史散文创作推向了一个新的高峰,在中国文学发展史上占有重要地位,对后世产生了深远影响。它以极具表现力的语言,塑造了蔺相如、屈原、荆轲、项羽、刘邦、韩信、樊哙等一大批栩栩如生的人物形象。

　　本书以中华书局 1959 年由著名史学家顾颉刚先生主持点校的《史记》为底本,从而保证了其学术可靠性、文字准确性。另外,为了保证阅读的连贯性,本书删除了原点校本中的"三家注"(即南朝宋裴骃的《史记集解》、唐朝司马贞的《史记索隐》、唐朝张守节的《史记正义》),并删除了"十表"中不便阅读的表格部分。而对于广大读者来说,本书最大的特点是阅读方便。众所周知,《史记》中涉及大量古代的人名、地名、书名,即便是研究历史的专业人士,也不是很容易识别的。因此本书保留了原点校本人名、地名下加专名线(——),书名下加波浪线(～～)的做法,使读者一目了然,不会因为不熟悉这些专有名词而误读、错读。因此,可以说,本书是方便现代读者阅读这部巨著的较好的白文普及本。

中华书局编辑部

二〇〇六年六月

史 记 目 录

史 记 卷 一

五 帝 本 纪 第 一

黄帝者,少典之子,姓公孙,名曰轩辕。生而神灵,弱而能言,幼而徇齐,长而敦敏,成而聪明。

轩辕之时,神农氏世衰。诸侯相侵伐,暴虐百姓,而神农氏弗能征。于是轩辕乃习用干戈,以征不享,诸侯咸来宾从。而蚩尤最为暴,莫能伐。炎帝欲侵陵诸侯,诸侯咸归轩辕。轩辕乃修德振兵,治五气,蓺五种,抚万民,度四方,教熊罴貔貅貙虎,以与炎帝战于阪泉之野。三战,然后得其志。蚩尤作乱,不用帝命。于是黄帝乃征师诸侯,与蚩尤战于涿鹿之野,遂禽杀蚩尤。而诸侯咸尊轩辕为天子,代神农氏,是为黄帝。天下有不顺者,黄帝从而征之,平者去之,披山通道,未尝宁居。

东至于海,登丸山,及岱宗。西至于空桐,登鸡头。南至于江,登熊、湘。北逐荤粥,合符釜山,而邑于涿鹿之阿。迁徙往来无常处,以师兵为营卫。官名皆以云命,为云师。置左右大监,监于万国。万国和,而鬼神山川封禅与为多焉。获宝鼎,迎日推筴。举风后、力牧、常先、大鸿以治民。顺天地之纪,幽明之占,死生之说,存亡之难。时播百谷草木,淳化鸟兽虫蛾,旁罗日月星辰水波土石金玉,劳勤心力耳目,节用水火材物。有土德之瑞,故号黄帝。

黄帝二十五子,其得姓者十四人。

黄帝居轩辕之丘,而娶于西陵之女,是为嫘祖。嫘祖为黄帝正妃,生二子,其后皆有天下:其一曰玄嚣,是为青阳,青阳降居江水;其二曰昌意,降居若水。昌意娶蜀山氏女,曰昌仆,生高阳,高阳有圣德焉。黄帝崩,葬桥山。其孙昌意之子高阳立,是为帝颛顼也。

帝颛顼高阳者,黄帝之孙而昌意之子也。静渊以有谋,疏通而知事;养材以任地,载时以象天,依鬼神以制义,治气以教化,絜诚以祭祀。北至于幽陵,南至于交阯,西至于流沙,东至于蟠木。动静之物,大小之神,日月所照,莫不砥属。

帝颛顼生子曰穷蝉。颛顼崩,而玄嚣之孙高辛立,是为帝喾。

帝喾高辛者,黄帝之曾孙也。高辛父曰蟜极,蟜极父曰玄嚣,玄嚣父曰黄帝。自玄嚣与蟜极皆不得在位,至高辛即帝位。高辛于颛顼为族子。

高辛生而神灵,自言其名。普施利物,不于其身。聪以知远,明以察微。顺天之义,知民之急。仁而威,惠而信,修身而天下服。取地之财而节用之,抚教万民而利诲之,历日月而迎送之,明鬼神而敬事之。其色郁郁,其德嶷嶷。其动也时,其服也士。帝喾溉执中而遍天下,日月所照,风雨所至,莫不从服。

帝喾娶陈锋氏女,生放勋。娶娵訾氏女,生挚。帝喾崩,而挚代立。帝挚立,不善(崩),而弟放勋立,是为帝尧。

帝尧者,放勋。其仁如天,其知如神。就之如日,望之如云。富而不骄,贵而不舒。黄收纯衣,彤车乘白马,能明驯德,以亲九族。九族既睦,便章百姓。百姓昭明,合和万国。

乃命羲、和,敬顺昊天,数法日月星辰,敬授民时。分命羲仲,居郁夷,曰旸谷。敬道日出,便程东作。日中,星鸟,以殷中春。其民析,鸟兽字微。申命羲叔,居南交。便程南为,敬致。日永,星火,以正中夏。其民因,鸟兽希革。申命和仲,居西土,曰昧谷。敬道日入,便程西成。夜中,星虚,以正中秋。其民夷易,鸟兽毛毨。申命和叔,居北方,曰幽都。便在伏物。日短,星昴,以正中冬。其民燠,鸟兽氄毛。岁三百六十六日,以闰月正四时。信饬百官,众功皆兴。

尧曰:“谁可顺此事?”放齐曰:“嗣子丹朱开明。”尧曰:“吁!顽凶,不用。”尧又曰:“谁可者?”讙兜曰:“共工旁聚布功,可用。”尧曰:“共工善言,其用僻,似恭漫天,不可。”尧又曰:“嗟,四岳,汤汤洪水滔天,浩浩怀山襄陵,下民其忧,有能使治者?”皆曰鲧可。尧曰:“鲧负命毁族,不可。”岳曰:“异哉,试不可用而已。”尧于是听岳用鲧。九岁,功用不成。

尧曰:“嗟!四岳:朕在位七十载,汝能庸命,践朕位?”岳应曰:“鄙德忝帝位。”尧曰:“悉举贵戚及疏远隐匿者。”众皆言于尧曰:“有矜在民间,曰虞舜。”尧曰:“然,朕闻之。其何如?”岳曰:“盲者子。父顽,母嚚,弟傲,能和以孝,烝烝治,不至奸。”尧曰:“吾其试哉。”于是尧妻之二女,观其德于二女。舜饬下二女于妫汭,如妇礼。尧善之,乃使舜慎和五典,五典能从。乃遍入百官,百官时序。宾于四门,四门穆穆,诸侯远方宾客皆敬。尧使舜入山林川泽,暴风雷雨,舜行不迷。尧以为圣,召舜曰:"女谋事至而言可绩,三年矣。女登帝位。"舜让于德不怿。正月上日,舜受终于<u>文祖</u>。文祖者,尧大祖也。

于是帝<u>尧</u>老,命舜摄行天子之政,以观天命。舜乃在璇玑玉衡,以齐七政。遂类于上帝,禋于六宗,望于山川,辩于群神。揖五瑞,择吉月日,见四岳诸牧,班瑞。岁二月,东巡狩,至于<u>岱宗</u>,祡,望秩于山川。遂见东方君长,合时月正日,同律度量衡,修五礼五玉三帛二生一死为挚,如五器,卒乃复。五月,南巡狩;八月,西巡狩;十一月,北巡狩:皆如初。归,至于祖祢庙,用特牛礼。五岁一巡狩,群后四朝。遍告以言,明试以功,车服以庸。肇十有二州,决川。象以典刑,流宥五刑,鞭作官刑,扑作教刑,金作赎刑。眚灾过,赦;怙终贼,刑。钦哉,钦哉,惟刑之静哉!

<u>灌兜</u>进言<u>共工</u>,尧曰不可而试之工师,共工果淫辟。四岳举鲧治鸿水,尧以为不可,岳强请试之,试之而无功,故百姓不便。三苗在江淮、荆州数为乱。于是舜归而言于帝,请流<u>共工</u>于<u>幽陵</u>,以变<u>北狄</u>;放<u>驩兜</u>于<u>崇山</u>,以变<u>南蛮</u>;迁三苗于<u>三危</u>,以变<u>西戎</u>;殛<u>鲧</u>于羽山,以变东夷:四罪而天下咸服。

<u>尧</u>立七十年得<u>舜</u>,二十年而老,令舜摄行天子之政,荐之于天。尧辟位凡二十八年而崩。百姓悲哀,如丧父母。三年,四方莫举乐,以思<u>尧</u>。尧知子<u>丹朱</u>之不肖,不足授天下,于是乃权授舜。授舜,则天下得其利而<u>丹朱</u>病;授丹朱,则天下病而丹朱得其利。尧曰"终不以天下之病而利一人",而卒授舜以天下。尧崩,三年之丧毕,舜让辟丹朱于<u>南河</u>之南。诸侯朝觐者不之<u>丹朱</u>而之<u>舜</u>,狱讼者不之<u>丹朱</u>而之<u>舜</u>,讴歌者不讴歌丹朱而讴歌舜。舜曰"天也",夫而后之中国践天子位焉,是为帝舜。

<u>虞舜</u>者,名曰<u>重华</u>。重华父曰瞽叟,瞽叟父曰桥牛,桥牛父曰句望,句望父曰敬康,敬康父曰穷蝉,穷蝉父曰帝颛顼,颛顼父曰昌意:以至<u>舜</u>七世矣。自从穷蝉以至帝舜,皆微为庶人。

舜父瞽叟盲,而舜母死,瞽叟更娶妻而生象,象傲。瞽叟爱后妻子,常欲杀舜,舜避逃;及有小过,则受罪。顺事父及后母与弟,日以笃谨,匪有解。

<u>舜</u>,冀州之人也。舜耕历山,渔雷泽,陶河滨,作什器于<u>寿丘</u>,就时于<u>负夏</u>。舜父瞽叟顽,母嚚,弟象傲,皆欲杀舜。舜顺适不失子道,兄弟孝

慈。欲杀,不可得;即求,尝在侧。

舜年二十以孝闻。三十而帝尧问可用者,四岳咸荐虞舜,曰可。于是尧乃以二女妻舜以观其内,使九男与处以观其外。舜居妫汭,内行弥谨。尧二女不敢以贵骄事舜亲戚,甚有妇道。尧九男皆益笃。舜耕历山,历山之人皆让畔;渔雷泽,雷泽上人皆让居;陶河滨,河滨器皆不苦窳。一年而所居成聚,二年成邑,三年成都。尧乃赐舜絺衣,与琴,为筑仓廪,予牛羊。瞽叟尚复欲杀之,使舜上涂廪,瞽叟从下纵火焚廪。舜乃以两笠自扞而下,去,得不死。后瞽叟又使舜穿井,舜穿井为匿空旁出。舜既入深,瞽叟与象共下土实井,舜从匿空出,去。瞽叟、象喜,以舜为已死。象曰:“本谋者象。”象与其父母分,于是曰:“舜妻尧二女,与琴,象取之。牛羊仓廪予父母。”象乃止舜宫居,鼓其琴。舜往见之。象鄂不怿,曰:“我思舜正郁陶!”舜曰:“然,尔其庶矣!”舜复事瞽叟爱弟弥谨。于是尧乃试舜五典百官,皆治。

昔高阳氏有才子八人,世得其利,谓之“八恺”。高辛氏有才子八人,世谓之“八元”。此十六族者,世济其美,不陨其名。至于尧,尧未能举。舜举八恺,使主后土,以揆百事,莫不时序。举八元,使布五教于四方,父义,母慈,兄友,弟恭,子孝,内平外成。

昔帝鸿氏有不才子,掩义隐贼,好行凶慝,天下谓之浑沌。少暤氏有不才子,毁信恶忠,崇饰恶言,天下谓之穷奇。颛顼氏有不才子,不可教训,不知话言,天下谓之梼杌。此三族世忧之。至于尧,尧未能去。缙云氏有不才子,贪于饮食,冒于货贿,天下谓之饕餮。天下恶之,比之三凶。舜宾于四门,乃流四凶族,迁于四裔,以御螭魅,于是四门辟,言毋凶人也。

舜入于大麓,烈风雷雨不迷,尧乃知舜之足授天下。尧老,使舜摄行天子政,巡狩。舜得举用事二十年,而尧使摄政。摄政八年而尧崩。三年丧毕,让丹朱,天下归舜。而禹、皋陶、契、后稷、伯夷、夔、龙、倕、益、彭祖自尧时而皆举用,未有分职。于是舜至于文祖,谋于四岳,辟四门,明通四方耳目,命十二牧论帝德,行厚德,远佞人,则蛮夷率服。舜谓四岳曰:“有能奋庸美尧之事者,使居官相事?”皆曰:“伯禹为司空,可美帝功。”舜曰:“嗟,然!禹,汝平水土,维是勉哉。”禹拜稽首,让于稷、契与皋陶。舜曰:“然,往矣。”舜曰:“弃,黎民始饥,汝后稷播时百谷。”舜曰:“契,百姓不亲,五品不驯,汝为司徒,而敬敷五教,在宽。”舜曰:“皋陶,蛮夷猾夏,寇贼奸轨,汝作士,五刑有服,五服三就;五流有度,五度三居:维明能信。”舜曰:“谁能驯予工?”皆曰垂可。于是以垂为共工。舜曰:“谁能驯予上下草木鸟兽?"皆曰益可。于是以益为朕虞。益拜稽首,让于诸臣朱虎、熊罴。舜曰:"往矣,汝谐。"遂以朱虎、熊罴为佐。舜曰:"嗟! 四岳,有能典朕三礼?"皆曰伯夷可。舜曰:"嗟! 伯夷,以汝为秩宗,夙夜维敬,直哉维静絜。"伯夷让夔、龙。舜曰:"然。以夔为典乐,教稚子,直而温,宽而栗,刚而毋虐,简而毋傲;诗言意,歌长言,声依永,律和声,八音能谐,毋相夺伦,神人以和。"夔曰:"於! 予击石拊石,百兽率舞。"舜曰:"龙,朕畏忌谗说殄伪,振惊朕众,命汝为纳言,夙夜出入朕命,惟信。"舜曰:"嗟! 女二十有二人,敬哉,惟时相天事。"三岁一考功,三考绌陟,远近众功咸兴。分北三苗。

　　此二十二人咸成厥功:皋陶为大理,平,民各伏得其实;伯夷主礼,上下咸让;垂主工师,百工致功;益主虞,山泽辟;弃主稷,百谷时茂;契主司徒,百姓亲和;龙主宾客,远人至;十二牧行而九州莫敢辟违;唯禹之功为大,披九山,通九泽,决九河,定九州,各以其职来贡,不失厥宜。方五千里,至于荒服。南抚交阯、北发,西戎、析枝、渠廋、氐、羌,北山戎、发、息慎,东长、鸟夷,四海之内咸戴帝舜之功。于是禹乃兴九招之乐,致异物,凤皇来翔。天下明德皆自虞帝始。

　　舜年二十以孝闻,年三十尧举之,年五十摄行天子事,年五十八尧崩,年六十一代尧践帝位。践帝位三十九年,南巡狩,崩于苍梧之野。葬于江南九疑,是为零陵。舜之践帝位,载天子旗,往朝父瞽叟,夔夔唯谨,如子道。封弟象为诸侯。舜子商均亦不肖,舜乃豫荐禹于天。十七年而崩。三年丧毕,禹亦乃让舜子,如舜让尧子。诸侯归之,然后禹践天子位。尧子丹朱,舜子商均,皆有疆土,以奉先祀。服其服,礼乐如之。以客见天子,天子弗臣,示不敢专也。

　　自黄帝至舜、禹,皆同姓而异其国号,以章明德。故黄帝为有熊,帝颛顼为高阳,帝喾为高辛,帝尧为陶唐,帝舜为有虞。帝禹为夏后而别氏,姓姒氏。契为商,姓子氏。弃为周,姓姬氏。

　　太史公曰:学者多称五帝,尚矣。然尚书独载尧以来;而百家言黄帝,其文不雅驯,荐绅先生难言之。孔子所传宰予问五帝德及帝系姓,儒者或不传。余尝西至空桐,北过涿鹿,东渐于海,南浮江淮矣,至长老皆各往往称黄帝、尧、舜之处,风教固殊焉,总之不离古文者近是。予观春秋、国语,其发明五帝德、帝系姓章矣,顾弟弗深考,其所表见皆不虚。书缺有间矣,其轶乃时时见于他说。非好学深思,心知其意,固难为浅见寡闻道也。余并论次,择其言尤雅者,故著为本纪书首。

史记卷二

夏本纪第二

夏禹，名曰文命。禹之父曰鲧，鲧之父曰帝颛顼，颛顼之父曰昌意，昌意之父曰黄帝。禹者，黄帝之玄孙而帝颛顼之孙也。禹之曾大父昌意及父鲧皆不得在帝位，为人臣。

当帝尧之时，鸿水滔天，浩浩怀山襄陵，下民其忧。尧求能治水者，群臣四岳皆曰鲧可。尧曰："鲧为人负命毁族，不可。"四岳曰："等之未有贤于鲧者，愿帝试之。"于是尧听四岳，用鲧治水。九年而水不息，功用不成。于是帝尧乃求人，更得舜。舜登用，摄行天子之政，巡狩。行视鲧之治水无状，乃殛鲧于羽山以死。天下皆以舜之诛为是。于是舜举鲧子禹，而使续鲧之业。

尧崩，帝舜问四岳曰："有能成美尧之事者使居官?"皆曰："伯禹为司空，可成美尧之功。"舜曰："嗟，然!"命禹："女平水土，维是勉之。"禹拜稽首，让于契、后稷、皋陶。舜曰："女其往视尔事矣。"

禹为人敏给克勤;其德不违，其仁可亲，其言可信;声为律，身为度，称以出;亹亹穆穆，为纲为纪。

禹乃遂与益、后稷奉帝命，命诸侯百姓兴人徒以傅土，行山表木，定高山大川。禹伤先人父鲧功之不成受诛，乃劳身焦思，居外十三年，过家门不敢入。薄衣食，致孝于鬼神。卑宫室，致费于沟淢。陆行乘车，水行乘船，泥行乘橇，山行乘檋。左准绳，右规矩，载四时，以开九州，通九道，陂九泽，度九山。令益予众庶稻，可种卑湿。命后稷予众庶难得之食。食少，调有馀相给，以均诸侯。禹乃行相地宜所有以贡，及山川之便利。

禹行自冀州始。冀州:既载壶口，治梁及岐。既修太原，至于岳阳。覃怀致功，至于衡漳。其土白壤。赋上上错，田中中。常、卫既从，大陆既为。鸟夷皮服。夹右碣石，入于河。

济、河维沇州:九河既道，雷夏既泽，雍、沮会同，桑土既蚕，于是民得下丘居土。其土黑坟，草繇木条。田中下，赋贞，作十有三年乃同。其贡漆丝,其篚织文。浮于<u>济</u>、<u>漯</u>,通于<u>河</u>。

<u>海岱</u>维<u>青州</u>:堣夷既略,<u>潍</u>、<u>淄</u>其道。其土白坟,海滨广潟,厥田斥卤。田上下,赋中上。厥贡盐绕,海物维错,<u>岱</u>畎丝、枲、铅、松、怪石,<u>莱夷</u>为牧,其篚酓丝。浮于<u>汶</u>,通于<u>济</u>。

<u>海岱</u>及<u>淮</u>维<u>徐州</u>:<u>淮</u>、<u>沂</u>其治,<u>蒙</u>、<u>羽</u>其蓻。<u>大野</u>既都,<u>东原</u>底平。其土赤埴坟,草木渐包。其田上中,赋中中。贡维土五色,<u>羽</u>畎夏狄,<u>峄阳</u>孤桐,<u>泗滨</u>浮磬,<u>淮夷</u>蠙珠暨鱼,其篚玄纤缟。浮于<u>淮</u>、<u>泗</u>,通于<u>河</u>。

<u>淮海</u>维<u>扬州</u>:<u>彭蠡</u>既都,阳鸟所居。<u>三江</u>既入,<u>震泽</u>致定。竹箭既布。其草惟夭,其木惟乔,其土涂泥。田下下,赋下上上杂。贡金三品,瑶、琨、竹箭、齿、革、羽、旄,<u>岛夷</u>卉服,其篚织贝,其包橘、柚锡贡。均<u>江</u>海,通<u>淮</u>、<u>泗</u>。

<u>荆</u>及<u>衡阳</u>维<u>荆州</u>:<u>江</u>、<u>汉</u>朝宗于海。<u>九江</u>甚中,<u>沱</u>、<u>涔</u>已道,<u>云土</u>、<u>梦</u>为治。其土涂泥。田下中,赋上下。贡羽、旄、齿、革,金三品,杶、榦、栝、柏,砺、砥、砮、丹,维箘簬、楛,三国致贡其名,包匦菁茅,其篚玄缥玑组,<u>九江</u>入赐大龟。浮于<u>江</u>、<u>沱</u>、<u>涔</u>、<u>汉</u>,逾于<u>雒</u>,至于<u>南河</u>。

<u>荆河</u>惟<u>豫州</u>:<u>伊</u>、<u>雒</u>、<u>瀍</u>、<u>涧</u>既入于<u>河</u>,<u>荥播</u>既都,道<u>荷泽</u>,被<u>明都</u>。其土壤,下土坟垆。田中上,赋杂上中。贡漆、丝、绕、纻,其篚纤絮,锡贡磬错。浮于<u>雒</u>,达于<u>河</u>。

<u>华阳</u><u>黑水</u>惟<u>梁州</u>:<u>汶</u>、<u>嶓</u>既蓻,<u>沱</u>、<u>涔</u>既道,<u>蔡</u>、<u>蒙</u>旅平,<u>和夷</u>底绩。其土青骊。田下上,赋下中三错。贡璆、铁、银、镂、砮、磬,熊、罴、狐、狸、织皮。<u>西倾</u>因<u>桓</u>是来,浮于<u>潜</u>,逾于<u>沔</u>,入于<u>渭</u>,乱于<u>河</u>。

<u>黑水</u><u>西河</u>惟<u>雍州</u>:<u>弱水</u>既西,<u>泾</u>属<u>渭汭</u>。<u>漆</u>、<u>沮</u>既从,<u>沣水</u>所同。<u>荆</u>、<u>岐</u>已旅,<u>终南</u>、<u>敦物</u>至于<u>鸟鼠</u>。<u>原隰</u>底绩,至于<u>都野</u>。<u>三危</u>既度,<u>三苗</u>大序。其土黄壤。田上上,赋中下。贡璆、琳、琅玕。浮于<u>积石</u>,至于<u>龙门</u><u>西河</u>,会于<u>渭汭</u>。织皮<u>昆仑</u>、<u>析支</u>、<u>渠搜</u>,<u>西戎</u>即序。

道九山:<u>汧</u>及<u>岐</u>至于<u>荆山</u>,逾于<u>河</u>;<u>壶口</u>、<u>雷首</u>至于<u>太岳</u>;<u>砥柱</u>、<u>析城</u>至于<u>王屋</u>;<u>太行</u>、<u>常山</u>至于<u>碣石</u>,入于海;<u>西倾</u>、<u>朱圉</u>、<u>鸟鼠</u>至于<u>太华</u>;<u>熊耳</u>、<u>外方</u>、<u>桐柏</u>至于<u>负尾</u>;道<u>嶓冢</u>,至于<u>荆山</u>;<u>内方</u>至于<u>大别</u>;<u>汶山</u>之阳至<u>衡山</u>,过<u>九江</u>,至于<u>敷浅原</u>。

道九川:<u>弱水</u>至于<u>合黎</u>,馀波入于<u>流沙</u>。道<u>黑水</u>,至于<u>三危</u>,入于<u>南海</u>。道<u>河</u><u>积石</u>,至于<u>龙门</u>,南至<u>华阴</u>,东至<u>砥柱</u>,又东至于<u>盟津</u>,东过<u>雒汭</u>,至于<u>大邳</u>,北过<u>降水</u>,至于<u>大陆</u>,北播为<u>九河</u>,同为<u>逆河</u>,入于海。<u>嶓冢</u>道<u>漾</u>,东流为<u>汉</u>,又东为<u>苍浪之水</u>,过<u>三澨</u>,入于<u>大别</u>,南入于<u>江</u>,东汇泽为<u>彭</u>

蠡,东为北江,入于海。汶山道江,东别为沱,又东至于醴,过九江,至于东陵,东迤北会于汇,东为中江,入于海。道沇水,东为济,入于河,泆为荥,东出陶丘北,又东至于荷,又东北会于汶,又东北入于海。道淮自桐柏,东会于泗、沂,东入于海。道渭自鸟鼠同穴,东会于沣,又东北至于泾,东过漆、沮,入于河。道雒自熊耳,东北会于涧、瀍,又东会于伊,东北入于河。

于是九州攸同,四奥既居,九山刊旅,九川涤原,九泽既陂,四海会同。六府甚修,众土交正,致慎财赋,咸则三壤成赋。中国赐土姓:“祗台德先,不距朕行。”

令天子之国以外五百里甸服:百里赋纳总,二百里纳铚,三百里纳秸服,四百里粟,五百里米。甸服外五百里侯服:百里采,二百里任国,三百里诸侯。侯服外五百里绥服:三百里揆文教,二百里奋武卫。绥服外五百里要服:三百里夷,二百里蔡。要服外五百里荒服:三百里蛮,二百里流。

东渐于海,西被于流沙,朔、南暨:声教讫于四海。于是帝锡禹玄圭,以告成功于天下。天下于是太平治。

皋陶作士以理民。帝舜朝,禹、伯夷、皋陶相与语帝前。皋陶述其谋曰:“信其道德,谋明辅和。”禹曰:“然,如何?”皋陶曰:“於!慎其身修,思长,敦序九族,众明高翼,近可远在已。”禹拜美言,曰:“然。”皋陶曰:“於!在知人,在安民。”禹曰:“吁!皆若是,惟帝其难之。知人则智,能官人;能安民则惠,黎民怀之。能知能惠,何忧乎驩兜,何迁乎有苗,何畏乎巧言善色佞人?”皋陶曰:“然,於!亦行有九德,亦言其有德。”乃言曰:“始事事,宽而栗,柔而立,愿而共,治而敬,扰而毅,直而温,简而廉,刚而实,强而义,章其有常,吉哉。日宣三德,蚤夜翊明有家。日严振敬六德,亮采有国。翕受普施,九德咸事,俊义在官,百吏肃谨。毋教邪淫奇谋。非其人居其官,是谓乱天事。天讨有罪,五刑五用哉。吾言底可行乎?”禹曰:“女言致可绩行。”皋陶曰:“余未有知,思赞道哉。”

帝舜谓禹曰:“女亦昌言。”禹拜曰:“於,予何言!予思日孳孳。”皋陶难禹曰:“何谓孳孳?”禹曰:“鸿水滔天,浩浩怀山襄陵,下民皆服于水。予陆行乘车,水行乘舟,泥行乘橇,山行乘檋,行山刊木。与益予众庶稻鲜食。以决九川致四海,浚畎浍致之川。与稷予众庶难得之食。食少,调有余补不足,徙居。众民乃定,万国为治。”皋陶曰:“然,此而美也。”

禹曰:“於,帝!慎乃在位,安尔止。辅德,天下大应。清意以昭待上帝命,天其重命用休。”帝曰:“吁,臣哉,臣哉!臣作朕股肱耳目。予欲左

右有民,女辅之。余欲观古人之象,日月星辰,作文绣服色,女明之。予欲
闻六律五声八音,来始滑,以出入五言,女听。予即辟,女匡拂予。女无面
谀,退而谤予。敬四辅臣。诸众谗嬖臣,君德诚施皆清矣。"禹曰:"然。帝
即不时,布同善恶则毋功。"

　　帝曰:"毋若丹朱傲,维慢游是好,毋水行舟,朋淫于家,用绝其世。予
不能顺是。"禹曰:"予娶涂山,辛壬癸甲,生启予不子,以故能成水土功。
辅成五服,至于五千里,州十二师,外薄四海,咸建五长,各道有功。苗顽
不即功,帝其念哉。"帝曰:"道吾德,乃女功序之也。"

　　皋陶于是敬禹之德,令民皆则禹。不如言,刑从之。舜德大明。

　　于是夔行乐,祖考至,群后相让,鸟兽翔舞,箫韶九成,凤皇来仪,百兽
率舞,百官信谐。帝用此作歌曰:"陟天之命,维时举几。"乃歌曰:"股肱喜
哉,元首起哉,百工熙哉!"皋陶拜手稽首扬言曰:"念哉,率为兴事,慎乃
宪,敬哉!"乃更为歌曰:"元首明哉,股肱良哉,庶事康哉!"又歌曰:"元首
丛脞哉,股肱惰哉,万事堕哉!"帝拜曰:"然,往钦哉!"于是天下皆宗禹之
明度数声乐,为山川神主。

　　帝舜荐禹于天,为嗣。十七年而帝舜崩。三年丧毕,禹辞辟舜之子商
均于阳城。天下诸侯皆去商均而朝禹。禹于是遂即天子位,南面朝天下,
国号曰夏后,姓姒氏。

　　帝禹立而举皋陶荐之,且授政焉,而皋陶卒。封皋陶之后于英、六,或
在许。而后举益,任之政。

　　十年,帝禹东巡狩,至于会稽而崩。以天下授益。三年之丧毕,益让
帝禹之子启,而辟居箕山之阳。禹子启贤,天下属意焉。及禹崩,虽授益,
益之佐禹日浅,天下未洽。故诸侯皆去益而朝启,曰"吾君帝禹之子也"。
于是启遂即天子之位,是为夏后帝启。

　　夏后帝启,禹之子,其母涂山氏之女也。

　　有扈氏不服,启伐之,大战于甘。将战,作甘誓,乃召六卿申之。启
曰:"嗟!六事之人,予誓告女:有扈氏威侮五行,怠弃三正,天用剿绝其
命。今予维共行天之罚。左不攻于左,右不攻于右,女不共命。御非其马
之政,女不共命。用命,赏于祖;不用命,僇于社,予则帑僇女。"遂灭有扈
氏。天下咸朝。

　　夏后帝启崩,子帝太康立。帝太康失国,昆弟五人,须于洛汭,作五子

之歌。

　　太康崩,弟中康立,是为帝中康。帝中康时,羲、和湎淫,废时乱日。胤往征之,作胤征。

　　中康崩,子帝相立。帝相崩,子帝少康立。帝少康崩,子帝予立。帝予崩,子帝槐立。帝槐崩,子帝芒立。帝芒崩,子帝泄立。帝泄崩,子帝不降立。帝不降崩,弟帝扃立。帝扃崩,子帝廑立。帝廑崩,立帝不降之子孔甲,是为帝孔甲。帝孔甲立,好方鬼神,事淫乱。夏后氏德衰,诸侯畔之。天降龙二,有雌雄,孔甲不能食,未得豢龙氏。陶唐既衰,其后有刘累,学扰龙于豢龙氏,以事孔甲。孔甲赐之姓曰御龙氏,受豕韦之后。龙一雌死,以食夏后。夏后使求,惧而迁去。

　　孔甲崩,子帝皋立。帝皋崩,子帝发立。帝发崩,子帝履癸立,是为桀。帝桀之时,自孔甲以来而诸侯多畔夏,桀不务德而武伤百姓,百姓弗堪。乃召汤而囚之夏台,已而释之。汤修德,诸侯皆归汤,汤遂率兵以伐夏桀。桀走鸣条,遂放而死。桀谓人曰:“吾悔不遂杀汤于夏台,使至此。”汤乃践天子位,代夏朝天下。汤封夏之后,至周封于杞也。

　　太史公曰:禹为姒姓,其后分封,用国为姓,故有夏后氏、有扈氏、有男氏、斟寻氏、彤城氏、褒氏、费氏、杞氏、缯氏、辛氏、冥氏、斟戈氏。孔子正夏时,学者多传夏小正云。自虞、夏时,贡赋备矣。或言禹会诸侯江南,计功而崩,因葬焉,命曰会稽。会稽者,会计也。

史 记 卷 三

殷 本 纪 第 三

殷契,母曰简狄,有娀氏之女,为帝喾次妃。三人行浴,见玄鸟堕其卵,简狄取吞之,因孕生契。契长而佐禹治水有功。帝舜乃命契曰:"百姓不亲,五品不训,汝为司徒而敬敷五教,五教在宽。"封于商,赐姓子氏。契兴于唐、虞、大禹之际,功业著于百姓,百姓以平。

契卒,子昭明立。昭明卒,子相土立。相土卒,子昌若立。昌若卒,子曹圉立。曹圉卒,子冥立。冥卒,子振立。振卒,子微立。微卒,子报丁立。报丁卒,子报乙立。报乙卒,子报丙立。报丙卒,子主壬立。主壬卒,子主癸立。主癸卒,子天乙立,是为成汤。

成汤,自契至汤八迁。汤始居亳,从先王居,作帝诰。

汤征诸侯。葛伯不祀,汤始伐之。汤曰:"予有言:人视水见形,视民知治不。"伊尹曰:"明哉!言能听,道乃进。君国子民,为善者皆在王官。勉哉,勉哉!"汤曰:"汝不能敬命,予大罚殛之,无有攸赦。"作汤征。

伊尹名阿衡。阿衡欲奸汤而无由,乃为有莘氏媵臣,负鼎俎,以滋味说汤,致于王道。或曰,伊尹处士,汤使人聘迎之,五反然后肯往从汤,言素王及九主之事。汤举任以国政。伊尹去汤适夏。既丑有夏,复归于亳。入自北门,遇女鸠、女房,作女鸠女房。

汤出,见野张网四面,祝曰:"自天下四方皆入吾网。"汤曰:"嘻,尽之矣!"乃去其三面,祝曰:"欲左,左。欲右,右。不用命,乃入吾网。"诸侯闻之,曰:"汤德至矣,及禽兽。"

当是时,夏桀为虐政淫荒,而诸侯昆吾氏为乱。汤乃兴师率诸侯,伊尹从汤,汤自把钺以伐昆吾,遂伐桀。汤曰:"格女众庶,来,女悉听朕言。匪台小子敢行举乱,有夏多罪,予维闻女众言,夏氏有罪。予畏上帝,不敢不正。今夏多罪,天命殛之。今女有众,女曰'我君不恤我众,舍我啬事而割政'。女其曰'有罪,其奈何'?夏王率止众力,率夺夏国。有众率怠不

和,曰'是日何时丧? 予与女皆亡'! 夏德若兹,今朕必往。尔尚及予一人
致天之罚,予其大理女。女毋不信,朕不食言。女不从誓言,予则帑僇女,
无有攸赦。"以告令师,作汤誓。于是汤曰"吾甚武",号曰武王。

　　桀败于有娀之虚,桀奔于鸣条,夏师败绩。汤遂伐三㚇,俘厥宝玉,义
伯、仲伯作典宝。汤既胜夏,欲迁其社,不可,作夏社。伊尹报。于是诸侯
毕服,汤乃践天子位,平定海内。

　　汤归至于泰卷陶,中𤳲作诰。既绌夏命,还亳,作汤诰:"维三月,王自
至于东郊。告诸侯群后:'毋不有功于民,勤力乃事。予乃大罚殛女,毋予
怨。'曰:'古禹、皋陶久劳于外,其有功乎民,民乃有安。东为江,北为济,
西为河,南为淮,四渎已修,万民乃有居。后稷降播,农殖百谷。三公咸有
功于民,故后有立。昔蚩尤与其大夫作乱百姓,帝乃弗予,有状。先王言
不可不勉。'曰:'不道,毋之在国,女毋我怨。'"以令诸侯。伊尹作咸有一
德,咎单作明居。

　　汤乃改正朔,易服色,上白,朝会以昼。

　　汤崩,太子太丁未立而卒,于是乃立太丁之弟外丙,是为帝外丙。帝
外丙即位三年,崩,立外丙之弟中壬,是为帝中壬。帝中壬即位四年,崩,
伊尹乃立太丁之子太甲。太甲,成汤適长孙也,是为帝太甲。帝太甲元
年,伊尹作伊训,作肆命,作徂后。

　　帝太甲既立三年,不明,暴虐,不遵汤法,乱德,于是伊尹放之于桐宫。
三年,伊尹摄行政当国,以朝诸侯。

　　帝太甲居桐宫三年,悔过自责,反善,于是伊尹乃迎帝太甲而授之政。
帝太甲修德,诸侯咸归殷,百姓以宁。伊尹嘉之,乃作太甲训三篇,褒帝太
甲,称太宗。

　　太宗崩,子沃丁立。帝沃丁之时,伊尹卒。既葬伊尹于亳,咎单遂训
伊尹事,作沃丁。

　　沃丁崩,弟太庚立,是为帝太庚。帝太庚崩,子帝小甲立。帝小甲崩,
弟雍己立,是为帝雍己。殷道衰,诸侯或不至。

　　帝雍己崩,弟太戊立,是为帝太戊。帝太戊立伊陟为相。亳有祥桑穀
共生于朝,一暮大拱。帝太戊惧,问伊陟。伊陟曰:"臣闻妖不胜德,帝之
政其有阙与? 帝其修德。"太戊从之,而祥桑枯死而去。伊陟赞言于巫咸。
巫咸治王家有成,作咸艾,作太戊。帝太戊赞伊陟于庙,言弗臣,伊陟让,
作原命。殷复兴,诸侯归之,故称中宗。

　　中宗崩，子帝中丁立。帝中丁迁于隞。河亶甲居相。祖乙迁于邢。帝中丁崩，弟外壬立，是为帝外壬。仲丁书阙不具。帝外壬崩，弟河亶甲立，是为帝河亶甲。河亶甲时，殷复衰。

　　河亶甲崩，子帝祖乙立。帝祖乙立，殷复兴。巫贤任职。

　　祖乙崩，子帝祖辛立。帝祖辛崩，弟沃甲立，是为帝沃甲。帝沃甲崩，立沃甲兄祖辛之子祖丁，是为帝祖丁。帝祖丁崩，立弟沃甲之子南庚，是为帝南庚。帝南庚崩，立帝祖丁之子阳甲，是为帝阳甲。帝阳甲之时，殷衰。

　　自中丁以来，废适而更立诸弟子，弟子或争相代立，比九世乱，于是诸侯莫朝。

　　帝阳甲崩，弟盘庚立，是为帝盘庚。帝盘庚之时，殷已都河北，盘庚渡河南，复居成汤之故居，乃五迁，无定处。殷民咨胥皆怨，不欲徙。盘庚乃告谕诸侯大臣曰："昔高后成汤与尔之先祖俱定天下，法则可修。舍而弗勉，何以成德！"乃遂涉河南，治亳，行汤之政，然后百姓由宁，殷道复兴。诸侯来朝，以其遵成汤之德也。

　　帝盘庚崩，弟小辛立，是为帝小辛。帝小辛立，殷复衰。百姓思盘庚，乃作盘庚三篇。帝小辛崩，弟小乙立，是为帝小乙。

　　帝小乙崩，子帝武丁立。帝武丁即位，思复兴殷，而未得其佐。三年不言，政事决定于冢宰，以观国风。武丁夜梦得圣人，名曰说。以梦所见视群臣百吏，皆非也。于是乃使百工营求之野，得说于傅险中。是时说为胥靡，筑于傅险。见于武丁，武丁曰是也。得而与之语，果圣人，举以为相，殷国大治。故遂以傅险姓之，号曰傅说。

　　帝武丁祭成汤，明日，有飞雉登鼎耳而呴，武丁惧。祖己曰："王勿忧，先修政事。"祖己乃训王曰："唯天监下典厥义，降年有永有不永，非天夭民，中绝其命。民有不若德，不听罪，天既附命正厥德，乃曰其奈何。呜呼！王嗣敬民，罔非天继，常祀毋礼于弃道。"武丁修政行德，天下咸欢，殷道复兴。

　　帝武丁崩，子帝祖庚立。祖己嘉武丁之以祥雉为德，立其庙为高宗，遂作高宗肜日及训。

　　帝祖庚崩，弟祖甲立，是为帝甲。帝甲淫乱，殷复衰。

　　帝甲崩，子帝廪辛立。帝廪辛崩，弟庚丁立，是为帝庚丁。帝庚丁崩，子帝武乙立。殷复去亳，徙河北。

　　帝武乙无道，为偶人，谓之天神。与之博，令人为行。天神不胜，乃僇辱之。为革囊，盛血，卬而射之，命曰"射天"。武乙猎于河渭之间，暴雷，武乙震死。子帝太丁立。帝太丁崩，子帝乙立。帝乙立，殷益衰。

帝乙长子曰微子启，启母贱，不得嗣。少子辛，辛母正后，辛为嗣。帝乙崩，子辛立，是为帝辛，天下谓之纣。

帝纣资辨捷疾，闻见甚敏；材力过人，手格猛兽；知足以距谏，言足以饰非；矜人臣以能，高天下以声，以为皆出己之下。好酒淫乐，嬖于妇人。爱妲己，妲己之言是从。于是使师涓作新淫声，北里之舞，靡靡之乐。厚赋税以实鹿台之钱，而盈钜桥之粟。益收狗马奇物，充仞宫室。益广沙丘苑台，多取野兽蜚鸟置其中。慢于鬼神。大冣乐戏于沙丘，以酒为池，县肉为林，使男女倮相逐其间，为长夜之饮。

百姓怨望而诸侯有畔者，于是纣乃重刑辟，有炮格之法。以西伯昌、九侯、鄂侯为三公。九侯有好女，入之纣。九侯女不憙淫，纣怒，杀之，而醢九侯。鄂侯争之强，辨之疾，并脯鄂侯。西伯昌闻之，窃叹。崇侯虎知之，以告纣，纣囚西伯羑里。西伯之臣闳夭之徒，求美女奇物善马以献纣，纣乃赦西伯。西伯出而献洛西之地，以请除炮格之刑。纣乃许之，赐弓矢斧钺，使得征伐，为西伯。而用费中为政。费中善谀，好利，殷人弗亲。纣又用恶来。恶来善毁谗，诸侯以此益疏。

西伯归，乃阴修德行善，诸侯多叛纣而往归西伯。西伯滋大，纣由是稍失权重。王子比干谏，弗听。商容贤者，百姓爱之，纣废之。及西伯伐饥国，灭之，纣之臣祖伊闻之而咎周，恐，奔告纣曰："天既讫我殷命，假人元龟，无敢知吉，非先王不相我后人，维王淫虐用自绝，故天弃我，不有安食，不虞知天性，不迪率典。今我民罔不欲丧，曰'天曷不降威，大命胡不至'？今王其奈何？"纣曰："我生不有命在天乎！"祖伊反，曰："纣不可谏矣。"西伯既卒，周武王之东伐，至盟津，诸侯叛殷会周者八百。诸侯皆曰："纣可伐矣。"武王曰："尔未知天命。"乃复归。

纣愈淫乱不止。微子数谏不听，乃与大师、少师谋，遂去。比干曰："为人臣者，不得不以死争。"乃强谏纣。纣怒曰："吾闻圣人心有七窍。"剖比干，观其心。箕子惧，乃详狂为奴，纣又囚之。殷之大师、少师乃持其祭乐器奔周。周武王于是遂率诸侯伐纣。纣亦发兵距之牧野。甲子日，纣兵败。纣走，入登鹿台，衣其宝玉衣，赴火而死。周武王遂斩纣头，县之大白旗。杀妲己。释箕子之囚，封比干之墓，表商容之闾。封纣子武庚禄父，以续殷祀，令修行盘庚之政。殷民大说。于是周武王为天子。其后世贬帝号，号为王。而封殷后为诸侯，属周。

　　周武王崩,武庚与管叔、蔡叔作乱,成王命周公诛之,而立微子于宋,以续殷后焉。

　　太史公曰:余以颂次契之事,自成汤以来,采于书诗。契为子姓,其后分封,以国为姓,有殷氏、来氏、宋氏、空桐氏、稚氏、北殷氏、目夷氏。孔子曰,殷路车为善,而色尚白。

史 记 卷 四

周 本 纪 第 四

周后稷，名弃。其母有邰氏女，曰姜原。姜原为帝喾元妃。姜原出野，见巨人迹，心忻然说，欲践之，践之而身动如孕者。居期而生子，以为不祥，弃之隘巷，马牛过者皆辟不践；徙置之林中，适会山林多人，迁之；而弃渠中冰上，飞鸟以其翼覆荐之。姜原以为神，遂收养长之。初欲弃之，因名曰弃。

弃为儿时，屹如巨人之志。其游戏，好种树麻、菽，麻、菽美。及为成人，遂好耕农，相地之宜，宜谷者稼穑焉，民皆法则之。帝尧闻之，举弃为农师，天下得其利，有功。帝舜曰："弃，黎民始饥，尔后稷播时百谷。"封弃于邰，号曰后稷，别姓姬氏。后稷之兴，在陶唐、虞、夏之际，皆有令德。

后稷卒，子不窋立。不窋末年，夏后氏政衰，去稷不务，不窋以失其官而奔戎狄之间。不窋卒，子鞠立。鞠卒，子公刘立。公刘虽在戎狄之间，复修后稷之业，务耕种，行地宜，自漆、沮度渭，取材用，行者有资，居者有畜积，民赖其庆。百姓怀之，多徙而保归焉。周道之兴自此始，故诗人歌乐思其德。公刘卒，子庆节立，国于豳。

庆节卒，子皇仆立。皇仆卒，子差弗立。差弗卒，子毁隃立。毁隃卒，子公非立。公非卒，子高圉立。高圉卒，子亚圉立。亚圉卒，子公叔祖类立。公叔祖类卒，子古公亶父立。古公亶父复修后稷、公刘之业，积德行义，国人皆戴之。薰育戎狄攻之，欲得财物，予之。已复攻，欲得地与民。民皆怒，欲战。古公曰："有民立君，将以利之。今戎狄所为攻战，以吾地与民。民之在我，与其在彼，何异。民欲以我故战，杀人父子而君之，予不忍为。"乃与私属遂去豳，度漆、沮，逾梁山，止于岐下。豳人举国扶老携弱，尽复归古公于岐下。及他旁国闻古公仁，亦多归之。于是古公乃贬戎狄之俗，而营筑城郭室屋，而邑别居之。作五官有司。民皆歌乐之，颂其德。

古公有长子曰太伯，次曰虞仲。太姜生少子季历，季历娶太任，皆贤
妇人，生昌，有圣瑞。古公曰："我世当有兴者，其在昌乎？"长子太伯、虞仲
知古公欲立季历以传昌，乃二人亡如荆蛮，文身断发，以让季历。

古公卒，季历立，是为公季。公季修古公遗道，笃于行义，诸侯顺之。

公季卒，子昌立，是为西伯。西伯曰文王，遵后稷、公刘之业，则古公、
公季之法，笃仁，敬老，慈少。礼下贤者，日中不暇食以待士，士以此多归
之。伯夷、叔齐在孤竹，闻西伯善养老，盍往归之。太颠、闳夭、散宜生、鬻
子、辛甲大夫之徒皆往归之。

崇侯虎谮西伯于殷纣曰："西伯积善累德，诸侯皆向之，将不利于帝。"
帝纣乃囚西伯于羑里。闳夭之徒患之，乃求有莘氏美女，骊戎之文马，有
熊九驷，他奇怪物，因殷嬖臣费仲而献之纣。纣大说，曰："此一物足以释
西伯，况其多乎！"乃赦西伯，赐之弓矢斧钺，使西伯得征伐。曰："谮西伯
者，崇侯虎也。"西伯乃献洛西之地，以请纣去炮格之刑。纣许之。

西伯阴行善，诸侯皆来决平。于是虞、芮之人有狱不能决，乃如周。
入界，耕者皆让畔，民俗皆让长。虞、芮之人未见西伯，皆惭，相谓曰："吾
所争，周人所耻，何往为，只取辱耳。"遂还，俱让而去。诸侯闻之，曰"西伯
盖受命之君"。

明年，伐犬戎。明年，伐密须。明年，败耆国。殷之祖伊闻之，惧，以
告帝纣。纣曰："不有天命乎？是何能为！"明年，伐邘。明年，伐崇侯虎。
而作丰邑，自岐下而徙都丰。明年，西伯崩，太子发立，是为武王。

西伯盖即位五十年。其囚羑里，盖益易之八卦为六十四卦。诗人道
西伯，盖受命之年称王而断虞芮之讼。后十年而崩，谥为文王。改法度，
制正朔矣。追尊古公为太王，公季为王季：盖王瑞自太王兴。

武王即位，太公望为师，周公旦为辅，召公、毕公之徒左右王，师修文
王绪业。

九年，武王上祭于毕。东观兵，至于盟津。为文王木主，载以车，中
军。武王自称太子发，言奉文王以伐，不敢自专。乃告司马、司徒、司空、
诸节："齐栗，信哉！予无知，以先祖有德臣，小子受先功，毕立赏罚，以定
其功。"遂兴师。师尚父号曰："总尔众庶，与尔舟楫，后至者斩！"武王渡
河，中流，白鱼跃入王舟中，武王俯取以祭。既渡，有火自上复于下，至于
王屋，流为乌，其色赤，其声魄云。是时，诸侯不期而会盟津者八百诸侯。
诸侯皆曰："纣可伐矣。"武王曰："女未知天命，未可也。"乃还师归。

　　居二年,闻纣昏乱暴虐滋甚,杀王子比干,囚箕子。太师疵、少师彊抱其乐器而奔周。于是武王遍告诸侯曰:"殷有重罪,不可以不毕伐。"乃遵文王,遂率戎车三百乘,虎贲三千人,甲士四万五千人,以东伐纣。十一年十二月戊午,师毕渡盟津,诸侯咸会。曰:"孳孳无怠!"武王乃作太誓,告于众庶:"今殷王纣乃用其妇人之言,自绝于天,毁坏其三正,离逷其王父母弟,乃断弃其先祖之乐,乃为淫声,用变乱正声,怡说妇人。故今予发维共行天罚,勉哉夫子,不可再,不可三!"

　　二月甲子昧爽,武王朝至于商郊牧野,乃誓。武王左杖黄钺,右秉白旄,以麾。曰:"远矣西土之人!"武王曰:"嗟!我有国家君,司徒、司马、司空、亚旅、师氏、千夫长、百夫长,及庸、蜀、羌、髳、微、纑、彭、濮人,称尔戈,比尔干,立尔矛,予其誓。"王曰:"古人有言'牝鸡无晨。牝鸡之晨,惟家之索'。今殷王纣维妇人言是用,自弃其先祖肆祀不答,昏弃其家国,遗其王父母弟不用,乃维四方之多罪逋逃是崇是长,是信是使,俾暴虐于百姓,以奸轨于商国。今予发维共行天之罚。今日之事,不过六步七步,乃止齐焉,夫子勉哉!不过于四伐五伐六伐七伐,乃止齐焉,勉哉夫子!尚桓桓,如虎如羆,如豺如离,于商郊,不御克奔,以役西土,勉哉夫子!尔所不勉,其于尔身有戮。"誓已,诸侯兵会者车四千乘,陈师牧野。

　　帝纣闻武王来,亦发兵七十万人距武王。武王使师尚父与百夫致师,以大卒驰帝纣师。纣师虽众,皆无战之心,心欲武王亟入。纣师皆倒兵以战,以开武王。武王驰之,纣兵皆崩畔纣。纣走,反入登于鹿台之上,蒙衣其珠玉,自燔于火而死。武王持大白旗以麾诸侯,诸侯毕拜武王,武王乃揖诸侯,诸侯毕从。武王至商国,商国百姓咸待于郊。于是武王使群臣告语商百姓曰:"上天降休!"商人皆再拜稽首,武王亦答拜。遂入,至纣死所。武王自射之,三发而后下车,以轻剑击之,以黄钺斩纣头,县大白之旗。已而至纣之嬖妾二女,二女皆经自杀。武王又射三发,击以剑,斩以玄钺,县其头小白之旗。武王已乃出复军。

　　其明日,除道,修社及商纣宫。及期,百夫荷罕旗以先驱。武王弟叔振铎奉陈常车,周公旦把大钺,毕公把小钺,以夹武王。散宜生、太颠、闳夭皆执剑以卫武王。既入,立于社南大卒之左,左右毕从。毛叔郑奉明水,卫康叔封布兹,召公奭赞采,师尚父牵牲。尹佚筴祝曰:"殷之末孙季纣,殄废先王明德,侮蔑神祇不祀,昏暴商邑百姓,其章显闻于天皇上帝。"于是武王再拜稽首,曰:"膺更大命,革殷,受天明命。"武王又再拜稽首,乃出。

　　封商纣子禄父殷之馀民。武王为殷初定未集,乃使其弟管叔鲜、蔡叔度相禄父治殷。已而命召公释箕子之囚。命毕公释百姓之囚,表商容之闾。命南宫括散鹿台之财,发钜桥之粟,以振贫弱萌隶。命南宫括、史佚展九鼎保玉。命闳夭封比干之墓。命宗祝享祠于军。乃罢兵西归。行狩,记政事,作武成。封诸侯,班赐宗彝,作分殷之器物。武王追思先圣王,乃褒封神农之后于焦,黄帝之后于祝,帝尧之后于蓟,帝舜之后于陈,大禹之后于杞。于是封功臣谋士,而师尚父为首封。封尚父于营丘,曰齐。封弟周公旦于曲阜,曰鲁。封召公奭于燕。封弟叔鲜于管,弟叔度于蔡。馀各以次受封。

　　武王征九牧之君,登豳之阜,以望商邑。武王至于周,自夜不寐。周公旦即王所,曰:“曷为不寐?”王曰:“告女:维天不飨殷,自发未生于今六十年,麋鹿在牧,蜚鸿满野。天不享殷,乃今有成。维天建殷,其登名民三百六十夫,不显亦不宾灭,以至今。我未定天保,何暇寐!”王曰:“定天保,依天室,悉求夫恶,贬从殷王受。日夜劳来定我西土,我维显服,及德方明。自洛汭延于伊汭,居易毋固,其有夏之居。我南望三塗,北望岳鄙,顾詹有河,粤詹雒、伊,毋远天室。”营周居于雒邑而后去。纵马于华山之阳,放牛于桃林之虚;偃干戈,振兵释旅:示天下不复用也。

　　武王已克殷,后二年,问箕子殷所以亡。箕子不忍言殷恶,以存亡国宜告。武王亦丑,故问以天道。

　　武王病。天下未集,群公惧,穆卜,周公乃被斋,自为质,欲代武王,武王有瘳。后而崩,太子诵代立,是为成王。

　　成王少,周初定天下,周公恐诸侯畔周,公乃摄行政当国。管叔、蔡叔群弟疑周公,与武庚作乱,畔周。周公奉成王命,伐诛武庚、管叔,放蔡叔。以微子开代殷后,国于宋。颇收殷馀民,以封武王少弟封为卫康叔。晋唐叔得嘉谷,献之成王,成王以归周公于兵所。周公受禾东土,鲁天子之命。初,管、蔡畔周,周公讨之,三年而毕定,故初作大诰,次作微子之命,次归禾,次嘉禾,次康诰、酒诰、梓材,其事在周公之篇。周公行政七年,成王长,周公反政成王,北面就群臣之位。

　　成王在丰,使召公复营洛邑,如武王之意。周公复卜申视,卒营筑,居九鼎焉。曰:“此天下之中,四方入贡道里均。”作召诰、洛诰。成王既迁殷遗民,周公以王命告,作多士、无佚。召公为保,周公为师,东伐淮夷,残奄,迁其君薄姑。成王自奄归,在宗周,作多方。既绌殷命,袭淮夷,归在圭,作周官。兴正礼乐,度制于是改,而民和睦,颂声兴。成王既伐东夷,息慎来贺,王赐荣伯作贿息慎之命。

成王将崩,惧太子钊之不任,乃命召公、毕公率诸侯以相太子而立之。成王既崩,二公率诸侯,以太子钊见于先王庙,申告以文王、武王之所以为王业之不易,务在节俭,毋多欲,以笃信临之,作顾命。太子钊遂立,是为康王。康王即位,遍告诸侯,宣告以文武之业以申之,作康诰。故成康之际,天下安宁,刑错四十馀年不用。康王命作策毕公分居里,成周郊,作毕命。

康王卒,子昭王瑕立。昭王之时,王道微缺。昭王南巡狩不返,卒于江上。其卒不赴告,讳之也。立昭王子满,是为穆王。穆王即位,春秋已五十矣。王道衰微,穆王闵文武之道缺,乃命伯臩申诫太仆国之政,作臩命。复宁。

穆王将征犬戎,祭公谋父谏曰:"不可。先王燿德不观兵。夫兵戢而时动,动则威,观则玩,玩则无震。是故周文公之颂曰:'载戢干戈,载櫜弓矢,我求懿德,肆于时夏,允王保之。'先王之于民也,茂正其德而厚其性,阜其财求而利其器用,明利害之乡,以文修之,使之务利而辟害,怀德而畏威,故能保世以滋大。昔我先王世后稷以服事虞、夏。及夏之衰也,弃稷不务,我先王不窋用失其官,而自窜于戎狄之间。不敢怠业,时序其德,遵修其绪,修其训典,朝夕恪勤,守以敦笃,奉以忠信。奕世载德,不忝前人。至于文王、武王,昭前之光明而加之以慈和,事神保民,无不欣喜。商王帝辛大恶于民,庶民不忍,欣载武王,以致戎于商牧。是故先王非务武也,勤恤民隐而除其害也。夫先王之制,邦内甸服,邦外侯服,侯卫宾服,夷蛮要服,戎翟荒服。甸服者祭,侯服者祀,宾服者享,要服者贡,荒服者王。日祭,月祀,时享,岁贡,终王。先王之顺祀也,有不祭则修意,有不祀则修言,有不享则修文,有不贡则修名,有不王则修德,序成而有不至则修刑。于是有刑不祭,伐不祀,征不享,让不贡,告不王。于是有刑罚之辟,有攻伐之兵,有征讨之备,有威让之命,有文告之辞。布令陈辞而有不至,则增修于德,无勤民于远。是以近无不听,远无不服。今自大毕、伯士之终也,犬戎氏以其职来王,天子曰'予必以不享征之,且观之兵',无乃废先王之训,而王几顿乎?吾闻犬戎树敦,率旧德而守终纯固,其有以御我矣。"王遂征之,得四白狼四白鹿以归。自是荒服者不至。

诸侯有不睦者,甫侯言于王,作修刑辟。王曰:"吁,来!有国有土,告汝祥刑。在今尔安百姓,何择非其人,何敬非其刑,何居非其宜与?两造具备，师听五辞。五辞简信，正于五刑。五刑不简，正于五罚。五罚不服，正于五过。五过之疵，官狱内狱，阅实其罪，惟钧其过。五刑之疑有赦，五罚之疑有赦，其审克之。简信有众，惟讯有稽。无简不疑，共严天威。黥辟疑赦，其罚百率，阅实其罪。劓辟疑赦，其罚倍灑，阅实其罪。膑辟疑赦，其罚倍差，阅实其罪。宫辟疑赦，其罚五百率，阅实其罪。大辟疑赦，其罚千率，阅实其罪。墨罚之属千，劓罚之属千，膑罚之属五百，宫罚之属三百，大辟之罚其属二百：五刑之属三千。"命曰甫刑。

　穆王立五十五年，崩，子共王繄扈立。共王游于泾上，密康公从，有三女奔之。其母曰："必致之王。夫兽三为群，人三为众，女三为粲。王田不取群，公行不下众，王御不参一族。夫粲，美之物也。众以美物归女，而何德以堪？王犹不堪，况尔之小丑乎！小丑备物，终必亡。"康公不献，一年，共王灭密。共王崩，子懿王囏立。懿王之时，王室遂衰，诗人作刺。

　懿王崩，共王弟辟方立，是为孝王。孝王崩，诸侯复立懿王太子燮，是为夷王。

　夷王崩，子厉王胡立。厉王即位三十年，好利，近荣夷公。大夫芮良夫谏厉王曰："王室其将卑乎？夫荣公好专利而不知大难。夫利，百物之所生也，天地之所载也，而有专之，其害多矣。天地百物皆将取焉，何可专也？所怒甚多，而不备大难。以是教王，王其能久乎？夫王人者，将导利而布之上下者也。使神人百物无不得极，犹日怵惕惧怨之来也。故颂曰'思文后稷，克配彼天，立我蒸民，莫匪尔极'。大雅曰'陈锡载周'。是不布利而惧难乎，故能载周以至于今。今王学专利，其可乎？匹夫专利，犹谓之盗，王而行之，其归鲜矣。荣公若用，周必败也。"厉王不听，卒以荣公为卿士，用事。

　王行暴虐侈傲，国人谤王。召公谏曰："民不堪命矣。"王怒，得卫巫，使监谤者，以告则杀之。其谤鲜矣，诸侯不朝。三十四年，王益严，国人莫敢言，道路以目。厉王喜，告召公曰："吾能弭谤矣，乃不敢言。"召公曰："是鄣之也。防民之口，甚于防水。水壅而溃，伤人必多，民亦如之。是故为水者决之使导，为民者宣之使言。故天子听政，使公卿至于列士献诗，瞽献曲，史献书，师箴，瞍赋，矇诵，百工谏，庶人传语，近臣尽规，亲戚补察，瞽史教诲，耆艾修之，而后王斟酌焉，是以事行而不悖。民之有口也，犹土之有山川也，财用于是乎出；犹其有原隰衍沃也，衣食于是乎生。口之宣言也，善败于是乎兴。行善而备败，所以产财用衣食者也。夫民虑之于心而宣之于口，成而行之。若雍其口，其与能几何？"王不听。于是国莫敢出言,三年,乃相与畔,袭厉王。厉王出奔于彘。

　　厉王太子静匿召公之家,国人闻之,乃围之。召公曰:"昔吾骤谏王,王不从,以及此难也。今杀王太子,王其以我为仇而怼怒乎?夫事君者,险而不仇怼,怨而不怒,况事王乎!"乃以其子代王太子,太子竟得脱。

　　召公、周公二相行政,号曰"共和"。共和十四年,厉王死于彘。太子静长于召公家,二相乃共立之为王,是为宣王。宣王即位,二相辅之,修政,法文、武、成、康之遗风,诸侯复宗周。十二年,鲁武公来朝。

　　宣王不修籍于千亩,虢文公谏曰不可,王弗听。三十九年,战于千亩,王师败绩于姜氏之戎。

　　宣王既亡南国之师,乃料民于太原。仲山甫谏曰:"民不可料也。"宣王不听,卒料民。

　　四十六年,宣王崩,子幽王宫涅立。幽王二年,西周三川皆震。伯阳甫曰:"周将亡矣。夫天地之气,不失其序;若过其序,民乱之也。阳伏而不能出,阴迫而不能蒸,于是有地震。今三川实震,是阳失其所而填阴也。阳失而在阴,原必塞;原塞,国必亡。夫水土演而民用也。土无所演,民乏财用,不亡何待! 昔伊、洛竭而夏亡,河竭而商亡。今周德若二代之季矣,其川原又塞,塞必竭。夫国必依山川,山崩川竭,亡国之征也。川竭必山崩。若国亡不过十年,数之纪也。天之所弃,不过其纪。"是岁也,三川竭,岐山崩。

　　三年,幽王嬖爱褒姒。褒姒生子伯服,幽王欲废太子。太子母申侯女,而为后。后幽王得褒姒,爱之,欲废申后,并去太子宜臼,以褒姒为后,以伯服为太子。周太史伯阳读史记曰:"周亡矣。"昔自夏后氏之衰也,有二神龙止于夏帝庭而言曰:"余,褒之二君。"夏帝卜杀之与去之与止之,莫吉。卜请其漦而藏之,乃吉。于是布币而策告之,龙亡而漦在,椟而去之。夏亡,传此器殷。殷亡,又传此器周,比三代,莫敢发之。至厉王之末,发而观之。漦流于庭,不可除。厉王使妇人裸而噪之。漦化为玄鼋,以入王后宫。后宫之童妾既龀而遭之,既笄而孕,无夫而生子,惧而弃之。宣王之时童女谣曰:"檿弧箕服,实亡周国。"于是宣王闻之,有夫妇卖是器者,宣王使执而戮之。逃于道,而见乡者后宫童妾所弃妖子出于路者,闻其夜啼,哀而收之,夫妇遂亡,奔于褒。褒人有罪,请入童妾所弃女子者于王以赎罪。弃女子出于褒,是为褒姒。当幽王三年,王之后宫见而爱之,生子伯服,竟废申后及太子,以褒姒为后,伯服为太子。太史伯阳曰:"祸成矣,无可奈何!"

褒姒不好笑,幽王欲其笑万方,故不笑。幽王为烽燧大鼓,有寇至则举烽火。诸侯悉至,至而无寇,褒姒乃大笑。幽王说之,为数举烽火。其后不信,诸侯益亦不至。

幽王以虢石父为卿,用事,国人皆怨。石父为人佞巧善谀好利,王用之。又废申后,去太子也。申侯怒,与缯、西夷犬戎攻幽王。幽王举烽火征兵,兵莫至。遂杀幽王骊山下,虏褒姒,尽取周赂而去。于是诸侯乃即申侯而共立故幽王太子宜臼,是为平王,以奉周祀。

平王立,东迁于雒邑,辟戎寇。平王之时,周室衰微,诸侯强并弱,齐、楚、秦、晋始大,政由方伯。

四十九年,鲁隐公即位。

五十一年,平王崩,太子洩父蚤死,立其子林,是为桓王。桓王,平王孙也。

桓王三年,郑庄公朝,桓王不礼。五年,郑怨,与鲁易许田。许田,天子之用事太山田也。八年,鲁杀隐公,立桓公。十三年,伐郑,郑射伤桓王,桓王去归。

二十三年,桓王崩,子庄王佗立。庄王四年,周公黑肩欲杀庄王而立王子克。辛伯告王,王杀周公。王子克奔燕。

十五年,庄王崩,子釐王胡齐立。釐王三年,齐桓公始霸。

五年,釐王崩,子惠王阆立。惠王二年。初,庄王嬖姬姚,生子颓,颓有宠。及惠王即位,夺其大臣园以为囿,故大夫边伯等五人作乱,谋召燕、卫师,伐惠王。惠王奔温,已居郑之栎。立釐王弟颓为王。乐及遍舞,郑、虢君怒。四年,郑与虢君伐杀王颓,复入惠王。惠王十年,赐齐桓公为伯。

二十五年,惠王崩,子襄王郑立。襄王母蚤死,后母曰惠后。惠后生叔带,有宠于惠王,襄王畏之。三年,叔带与戎、翟谋伐襄王,襄王欲诛叔带,叔带奔齐。齐桓公使管仲平戎于周,使隰朋平戎于晋。王以上卿礼管仲。管仲辞曰:"臣贱有司也,有天子之二守国、高在。若节春秋来承王命,何以礼焉。陪臣敢辞。"王曰:"舅氏,余嘉乃勋,毋逆朕命。"管仲卒受下卿之礼而还。九年,齐桓公卒。十二年,叔带复归于周。

十三年,郑伐滑,王使游孙、伯服请滑,郑人囚之。郑文公怨惠王之入不与厉公爵,又怨襄王之与卫滑,故囚伯服。王怒,将以翟伐郑。富辰谏曰:"凡我周之东徙,晋、郑焉依。子颓之乱,又郑之由定,今以小怨弃之!"王不听。十五年,王降翟师以伐郑。王德翟人,将以其女为后。富辰谏曰:"平、桓、庄、惠皆受郑劳,王弃亲亲翟,不可从。"王不听。十六年,王绌翟后,翟人来诛,杀谭伯。富辰曰:"吾数谏不从,如是不出,王以我为怼乎?"乃以其属死之。

初,惠后欲立王子带,故以党开翟人,翟人遂入周。襄王出奔郑,郑居王于氾。子带立为王,取襄王所绌翟后与居温。十七年,襄王告急于晋,晋文公纳王而诛叔带。襄王乃赐晋文公珪鬯弓矢,为伯,以河内地与晋。二十年,晋文公召襄王,襄王会之河阳、践土,诸侯毕朝,书讳曰"天王狩于河阳"。

二十四年,晋文公卒。

三十一年,秦穆公卒。

三十二年,襄王崩,子顷王壬臣立。顷王六年,崩,子匡王班立。匡王六年,崩,弟瑜立,是为定王。

定王元年,楚庄王伐陆浑之戎,次洛,使人问九鼎。王使王孙满应设以辞,楚兵乃去。十年,楚庄王围郑,郑伯降,已而复之。十六年,楚庄王卒。

二十一年,定王崩,子简王夷立。简王十三年,晋杀其君厉公,迎子周于周,立为悼公。

十四年,简王崩,子灵王泄心立。灵王二十四年,齐崔杼弑其君庄公。

二十七年,灵王崩,子景王贵立。景王十八年,后太子圣而蚤卒。二十年,景王爱子朝,欲立之,会崩,子丐之党与争立,国人立长子猛为王,子朝攻杀猛。猛为悼王。晋人攻子朝而立丐,是为敬王。

敬王元年,晋人入敬王,子朝自立,敬王不得入,居泽。四年,晋率诸侯入敬王于周,子朝为臣,诸侯城周。十六年,子朝之徒复作乱,敬王奔于晋。十七年,晋定公遂入敬王于周。

三十九年,齐田常杀其君简公。

四十一年,楚灭陈。孔子卒。

四十二年,敬王崩,子元王仁立。元王八年,崩,子定王介立。

定王十六年,三晋灭智伯,分有其地。

二十八年,定王崩,长子去疾立,是为哀王。哀王立三月,弟叔袭杀哀王而自立,是为思王。思王立五月,少弟嵬攻杀思王而自立,是为考王。此三王皆定王之子。

考王十五年,崩,子威烈王午立。

考王封其弟于河南,是为桓公,以续周公之官职。桓公卒,子威公代立。威公卒,子惠公代立,乃封其少子于巩以奉王,号东周惠公。

威烈王二十三年,九鼎震。命韩、魏、赵为诸侯。

二十四年,崩,子安王骄立。是岁盗杀楚声王。

安王立二十六年,崩,子烈王喜立。烈王二年,周太史儋见秦献公曰:"始周与秦国合而别,别五百载复合,合十七岁而霸王者出焉。"

十年,烈王崩,弟扁立,是为显王。显王五年,贺秦献公,献公称伯。九年,致文武胙于秦孝公。二十五年,秦会诸侯于周。二十六年,周致伯于秦孝公。三十三年,贺秦惠王。三十五年,致文武胙于秦惠王。四十四年,秦惠王称王。其后诸侯皆为王。

四十八年,显王崩,子慎靓王定立。慎靓王立六年,崩,子赧王延立。王赧时东西周分治。王赧徙都西周。

西周武公之共太子死,有五庶子,毋适立。司马翦谓楚王曰:"不如以地资公子咎,为请太子。"左成曰:"不可。周不听,是公之知困而交疏于周也。不如请周君孰欲立,以微告翦,翦请令楚资之以地。"果立公子咎为太子。

八年,秦攻宜阳,楚救之。而楚以周为秦故,将伐之。苏代为周说楚王曰:"何以周为秦之祸也?言周之为秦甚于楚者,欲令周入秦也,故谓'周秦'也。周知其不可解,必入于秦,此为秦取周之精者也。为王计者,周于秦因善之,不于秦亦言善之,以疏之于秦。周绝于秦,必入于郢矣。"

秦借道两周之间,将以伐韩,周恐借之畏于韩,不借畏于秦。史厌谓周君曰:"何不令人谓韩公叔'秦之敢绝周而伐韩者,信东周也。公何不与周地,发质使之楚'?秦必疑楚不信周,是韩不伐也。又谓秦曰'韩强与周地,将以疑周于秦也,周不敢不受'。秦必无辞而令周不受,是受地于韩而听于秦。"

秦召西周君,西周君恶往,故令人谓韩王曰:"秦召西周君,将以使攻王之南阳也,王何不出兵于南阳?周君将以为辞于秦。周君不入秦,秦必不敢逾河而攻南阳矣。"

东周与西周战,韩救西周。或为东周说韩王曰:"西周故天子之国,多名器重宝。王案兵毋出,可以德东周,而西周之宝必可以尽矣。"

王赧谓成君。楚围雍氏,韩征甲与粟于东周,东周君恐,召苏代而告之。代曰:"君何患于是。臣能使韩毋征甲与粟于周,又能为君得高都。"周君曰:"子苟能,请以国听子。"代见韩相国曰:"楚围雍氏,期三月也,今五月不能拔，是楚病也。今相国乃征甲与粟于周，是告楚病也。"韩相国曰："善。使者已行矣。"代曰："何不与周高都?"韩相国大怒曰："吾毋征甲与粟于周亦已多矣，何故与周高都也?"代曰："与周高都，是周折而入于韩也，秦闻之必大怒忿周，即不通周使，是以獘高都得完周也。曷为不与?"相国曰："善。"果与周高都。

三十四年，苏厉谓周君曰："秦破韩、魏，扑师武，北取赵蔺、离石者，皆白起也。是善用兵，又有天命。今又将兵出塞攻梁，梁破则周危矣。君何不令人说白起乎? 曰'楚有养由基者，善射者也。去柳叶百步而射之，百发而百中之。左右观者数千人，皆曰善射。有一夫立其旁，曰"善，可教射矣"。养由基怒，释弓搤剑，曰"客安能教我射乎"? 客曰"非吾能教子支左诎右也。夫去柳叶百步而射之，百发而百中之，不以善息，少焉气衰力倦，弓拨矢钩，一发不中者，百发尽息"。今破韩、魏，扑师武，北取赵蔺、离石者，公之功多矣。今又将兵出塞，过两周，倍韩，攻梁，一举不得，前功尽弃。公不如称病而无出'。"

四十二年，秦破华阳约。马犯谓周君曰："请令梁城周。"乃谓梁王曰："周王病若死，则犯必死矣。犯请以九鼎自入于王，王受九鼎而图犯。"梁王曰："善。"遂与之卒，言戍周。因谓秦王曰："梁非戍周也，将伐周也。王试出兵境以观之。"秦果出兵。又谓梁王曰："周王病甚矣，犯请后可而复之。今王使卒之周，诸侯皆生心，后举事且不信。不若令卒为周城，以匿事端。"梁王曰："善。"遂使城周。

四十五年，周君之秦客谓周㝡曰："公不若誉秦王之孝，因以应为太后养地，秦王必喜，是公有秦交。交善，周君必以为公功。交恶，劝周君入秦者必有罪矣。"秦攻周，而周㝡谓秦王曰："为王计者不攻周。攻周，实不足以利，声畏天下。天下以声畏秦，必东合于齐。兵獘于周，合天下于齐，则秦不王矣。天下欲獘秦，劝王攻周。秦与天下獘，则令不行矣。"

五十八年，三晋距秦。周令其相国之秦，以秦之轻也，还其行。客谓相国曰："秦之轻重未可知也。秦欲知三国之情。公不如急见秦王曰'请为王听东方之变'，秦王必重公。重公，是秦重周，周以取秦也；齐重，则固有周聚以收齐：是周常不失重国之交也。"秦信周。发兵攻三晋。

五十九年，秦取韩阳城负黍，西周恐，倍秦，与诸侯约从，将天下锐师出伊阙攻秦，令秦无得通阳城。秦昭王怒，使将军摎攻西周。西周君奔秦，顿首受罪，尽献其邑三十六，口三万。秦受其献，归其君于周。

周君、王赧卒，周民遂东亡。秦取九鼎宝器，而迁西周公于𢠳狐。后七岁,秦庄襄王灭东周。东西周皆入于秦,周既不祀。

　　太史公曰:学者皆称周伐纣,居洛邑,综其实不然。武王营之,成王使召公卜居,居九鼎焉,而周复都丰、镐。至犬戎败幽王,周乃东徙于洛邑。所谓"周公葬于毕",毕在镐东南杜中。秦灭周。汉兴九十有馀载,天子将封泰山,东巡狩至河南,求周苗裔,封其后嘉三十里地,号曰周子南君,比列侯,以奉其先祭祀。

史 记 卷 五

秦 本 纪 第 五

秦之先,帝颛顼之苗裔孙曰女脩。女脩织,玄鸟陨卵,女脩吞之,生子大业。大业取少典之子,曰女华。女华生大费,与禹平水土。已成,帝锡玄圭。禹受曰:"非予能成,亦大费为辅。"帝舜曰:"咨尔费,赞禹功,其赐尔皂游。尔后嗣将大出。"乃妻之姚姓之玉女。大费拜受,佐舜调驯鸟兽,鸟兽多驯服,是为柏翳。舜赐姓嬴氏。

大费生子二人:一曰大廉,实鸟俗氏;二曰若木,实费氏。其玄孙曰费昌,子孙或在中国,或在夷狄。费昌当夏桀之时,去夏归商,为汤御,以败桀于鸣条。大廉玄孙曰孟戏、中衍,鸟身人言。帝太戊闻而卜之使御,吉,遂致使御而妻之。自太戊以下,中衍之后,遂世有功,以佐殷国,故嬴姓多显,遂为诸侯。

其玄孙曰中潏,在西戎,保西垂。生蜚廉。蜚廉生恶来。恶来有力,蜚廉善走,父子俱以材力事殷纣。周武王之伐纣,并杀恶来。是时蜚廉为纣石北方,还,无所报,为坛霍太山而报,得石棺,铭曰"帝令处父不与殷乱,赐尔石棺以华氏"。死,遂葬于霍太山。蜚廉复有子曰季胜。季胜生孟增。孟增幸于周成王,是为宅皋狼。皋狼生衡父,衡父生造父。造父以善御幸于周缪王,得骥、温骊、骅骝、绿耳之驷,西巡狩,乐而忘归。徐偃王作乱,造父为缪王御,长驱归周,一日千里以救乱。缪王以赵城封造父,造父族由此为赵氏。自蜚廉生季胜已下五世至造父,别居赵。赵衰其后也。恶来革者,蜚廉子也,蚤死。有子曰女防。女防生旁皋,旁皋生太几,太几生大骆,大骆生非子。以造父之宠,皆蒙赵城,姓赵氏。

非子居犬丘,好马及畜,善养息之。犬丘人言之周孝王,孝王召使主马于汧渭之间,马大蕃息。孝王欲以为大骆适嗣。申侯之女为大骆妻,生子成为适。申侯乃言孝王曰:"昔我先郦山之女,为戎胥轩妻,生中潏,以亲故归周,保西垂,西垂以其故和睦。今我复与大骆妻,生适子成。申骆重婚,西戎皆服,所以为王。王其图之。"于是孝王曰:"昔伯翳为舜主畜,

畜多息,故有土,赐姓嬴。今其后世亦为朕息马,朕其分土为附庸。"邑之
秦,使复续嬴氏祀,号曰秦嬴。亦不废申侯之女子为骆适者,以和西戎。

　　秦嬴生秦侯。秦侯立十年,卒。生公伯。公伯立三年,卒。生秦仲。
　　秦仲立三年,周厉王无道,诸侯或叛之。西戎反王室,灭犬丘大骆之
族。周宣王即位,乃以秦仲为大夫,诛西戎。西戎杀秦仲。秦仲立二十三
年,死于戎。有子五人,其长者曰庄公。周宣王乃召庄公昆弟五人,与兵
七千人,使伐西戎,破之。于是复予秦仲后,及其先大骆地犬丘并有之,为
西垂大夫。
　　庄公居其故西犬丘,生子三人,其长男世父。世父曰:"戎杀我大父
仲,我非杀戎王则不敢入邑。"遂将击戎,让其弟襄公。襄公为太子。庄公
立四十四年,卒,太子襄公代立。襄公元年,以女弟缪嬴为丰王妻。襄公
二年,戎围犬丘,世父击之,为戎人所虏。岁馀,复归世父。七年春,周幽
王用褒姒废太子,立褒姒子为适,数欺诸侯,诸侯叛之。西戎犬戎与申侯
伐周,杀幽王郦山下。而秦襄公将兵救周,战甚力,有功。周避犬戎难,东
徙雒邑,襄公以兵送周平王。平王封襄公为诸侯,赐之岐以西之地。曰:
"戎无道,侵夺我岐、丰之地,秦能攻逐戎,即有其地。"与誓,封爵之。襄公
于是始国,与诸侯通使聘享之礼,乃用骝驹、黄牛、羝羊各三,祠上帝西畤。
十二年,伐戎而至岐,卒。生文公。
　　文公元年,居西垂宫。三年,文公以兵七百人东猎。四年,至汧渭之
会。曰:"昔周邑我先秦嬴于此,后卒获为诸侯。"乃卜居之,占曰吉,即营
邑之。十年,初为鄜畤,用三牢。十三年,初有史以纪事,民多化者。十六
年,文公以兵伐戎,戎败走。于是文公遂收周馀民有之,地至岐,岐以东献
之周。十九年,得陈宝。二十年,法初有三族之罪。二十七年,伐南山大
梓,丰大特。四十八年,文公太子卒,赐谥为竫公。竫公之长子为太子,是
文公孙也。五十年,文公卒,葬西山。竫公子立,是为宁公。
　　宁公二年,公徙居平阳。遣兵伐荡社。三年,与亳战,亳王奔戎,遂灭
荡社。四年,鲁公子翬弑其君隐公。十二年,伐荡氏,取之。宁公生十岁
立,立十二年卒,葬西山。生子三人,长男武公为太子。武公弟德公,同母
鲁姬子。生出子。宁公卒,大庶长弗忌、威垒、三父废太子而立出子为君。
出子六年,三父等复共令人贼杀出子。出子生五岁立,立六年卒。三父等
乃复立故太子武公。
　　武公元年,伐彭戏氏,至于华山下,居平阳封宫。三年,诛三父等而夷

三族,以其杀出子也。郑高渠眯杀其君昭公。十年,伐邽、冀戎,初县之。十一年,初县杜、郑。灭小虢。

十三年,齐人管至父、连称等杀其君襄公而立公孙无知。晋灭霍、魏、耿。齐雍廪杀无知、管至父等而立齐桓公。齐、晋为强国。

十九年,晋曲沃始为晋侯。齐桓公伯于鄄。

二十年,武公卒,葬雍平阳。初以人从死,从死者六十六人。有子一人,名曰白。白不立,封平阳。立其弟德公。

德公元年,初居雍城大郑宫。以牺三百牢祠鄜畤。卜居雍。后子孙饮马于河。梁伯、芮伯来朝。二年,初伏,以狗御蛊。德公生三十三岁而立,立二年卒。生子三人:长子宣公,中子成公,少子穆公。长子宣公立。

宣公元年,卫、燕伐周,出惠王,立王子颓。三年,郑伯、虢叔杀子颓而入惠王。四年,作密畤,与晋战河阳,胜之。十二年,宣公卒。生子九人,莫立,立其弟成公。

成公元年,梁伯、芮伯来朝。齐桓公伐山戎,次于孤竹。

成公立四年卒。子七人,莫立,立其弟缪公。

缪公任好元年,自将伐茅津,胜之。四年,迎妇于晋,晋太子申生姊也。其岁,齐桓公伐楚,至邵陵。

五年,晋献公灭虞、虢,虏虞君与其大夫百里傒,以璧马赂于虞故也。既虏百里傒,以为秦缪公夫人媵于秦。百里傒亡秦走宛,楚鄙人执之。缪公闻百里傒贤,欲重赎之,恐楚人不与,乃使人谓楚曰:"吾媵臣百里傒在焉,请以五羖羊皮赎之。"楚人遂许与之。当是时,百里傒年已七十馀。缪公释其囚,与语国事。谢曰:"臣亡国之臣,何足问!"缪公曰:"虞君不用子,故亡,非子罪也。"固问,语三日,缪公大说,授之国政,号曰五羖大夫。百里傒让曰:"臣不及臣友蹇叔,蹇叔贤而世莫知。臣常游困于齐而乞食铚人,蹇叔收臣。臣因而欲事齐君无知,蹇叔止臣,臣得脱齐难,遂之周。周王子颓好牛,臣以养牛干之。及颓欲用臣,蹇叔止臣,臣去,得不诛。事虞君,蹇叔止臣。臣知虞君不用臣,臣诚私利禄爵,且留。再用其言,得脱;一不用,及虞君难:是以知其贤。"于是缪公使人厚币迎蹇叔,以为上大夫。

秋,缪公自将伐晋,战于河曲。晋骊姬作乱,太子申生死新城,重耳、夷吾出奔。

九年,齐桓公会诸侯于葵丘。

晋献公卒。立骊姬子奚齐，其臣里克杀奚齐。荀息立卓子，克又杀卓子及荀息。夷吾使人请秦，求入晋。于是缪公许之，使百里傒将兵送夷吾。夷吾谓曰："诚得立，请割晋之河西八城与秦。"及至，已立，而使丕郑谢秦，背约不与河西城，而杀里克。丕郑闻之，恐，因与缪公谋曰："晋人不欲夷吾，实欲重耳。今背秦约而杀里克，皆吕甥、郤芮之计也。愿君以利急召吕、郤，吕、郤至，则更入重耳便。"缪公许之，使人与丕郑归，召吕、郤。吕、郤等疑丕郑有间，乃言夷吾杀丕郑。丕郑子丕豹奔秦，说缪公曰："晋君无道，百姓不亲，可伐也。"缪公曰："百姓苟不便，何故能诛其大臣？能诛其大臣，此其调也。"不听，而阴用豹。

十二年，齐管仲、隰朋死。

晋旱，来请粟。丕豹说缪公勿与，因其饥而伐之。缪公问公孙支，支曰："饥穰更事耳，不可不与。"问百里傒，傒曰："夷吾得罪于君，其百姓何罪？"于是用百里傒、公孙支言，卒与之粟。以船漕车转，自雍相望至绛。

十四年，秦饥，请粟于晋。晋君谋之群臣。虢射曰："因其饥伐之，可有大功。"晋君从之。十五年，兴兵将攻秦。缪公发兵，使丕豹将，自往击之。九月壬戌，与晋惠公夷吾合战于韩地。晋君弃其军，与秦争利，还而马骘。缪公与麾下驰追之，不能得晋君，反为晋军所围。晋击缪公，缪公伤。于是岐下食善马者三百人驰冒晋军，晋军解围，遂脱缪公而反生得晋君。初，缪公亡善马，岐下野人共得而食之者三百馀人，吏逐得，欲法之。缪公曰："君子不以畜产害人。吾闻食善马肉不饮酒，伤人。"乃皆赐酒而赦之。三百人者闻秦击晋，皆求从，从而见缪公窘，亦皆推锋争死，以报食马之德。于是缪公虏晋君以归，令于国，"齐宿，吾将以晋君祠上帝"。周天子闻之，曰"晋我同姓"，为请晋君。夷吾姊亦为缪公夫人，夫人闻之，乃衰绖跣，曰："妾兄弟不能相救，以辱君命。"缪公曰："我得晋君以为功，今天子为请，夫人是忧。"乃与晋君盟，许归之，更舍上舍，而馈之七牢。十一月，归晋君夷吾，夷吾献其河西地，使太子圉为质于秦。秦妻子圉以宗女。是时秦地东至河。

十八年，齐桓公卒。二十年，秦灭梁、芮。

二十二年，晋公子圉闻晋君病，曰："梁，我母家也，而秦灭之。我兄弟多，即君百岁后，秦必留我，而晋轻，亦更立他子。"子圉乃亡归晋。二十三年，晋惠公卒，子圉立为君。秦怨圉亡去，乃迎晋公子重耳于楚，而妻以故子圉妻。重耳初谢，后乃受。缪公益礼厚遇之。二十四年春，秦使人告晋大臣，欲入重耳。晋许之，于是使人送重耳。二月，重耳立为晋君，是为文公。文公使人杀子圉。子圉是为怀公。

其秋，周襄王弟带以翟伐王，王出居郑。二十五年，周王使人告难于晋、秦。秦缪公将兵助晋文公入襄王，杀王弟带。二十八年，晋文公败楚于城濮。三十年，缪公助晋文公围郑。郑使人言缪公曰："亡郑厚晋，于晋而得矣，而秦未有利。晋之强，秦之忧也。"缪公乃罢兵归。晋亦罢。三十二年冬，晋文公卒。

郑人有卖郑于秦曰："我主其城门，郑可袭也。"缪公问蹇叔、百里傒，对曰："径数国千里而袭人，希有得利者。且人卖郑，庸知我国人不有以我情告郑者乎？不可。"缪公曰："子不知也，吾已决矣。"遂发兵，使百里傒子孟明视，蹇叔子西乞术及白乙丙将兵。行日，百里傒、蹇叔二人哭之。缪公闻，怒曰："孤发兵而子沮哭吾军，何也？"二老曰："臣非敢沮君军。军行，臣子与往；臣老，迟还恐不相见，故哭耳。"二老退，谓其子曰："汝军即败，必于殽厄矣。"三十三年春，秦兵遂东，更晋地，过周北门。周王孙满曰："秦师无礼，不败何待！"兵至滑，郑贩卖贾人弦高，持十二牛将卖之周，见秦兵，恐死虏，因献其牛，曰："闻大国将诛郑，郑君谨修守御备，使臣以牛十二劳军士。"秦三将军相谓曰："将袭郑，郑今已觉之，往无及已。"灭滑。滑，晋之边邑也。

当是时，晋文公丧尚未葬。太子襄公怒曰："秦侮我孤，因丧破我滑。"遂墨衰绖，发兵遮秦兵于殽，击之，大破秦军，无一人得脱者。虏秦三将以归。文公夫人，秦女也，为秦三囚将请曰："缪公之怨此三人入于骨髓，愿令此三人归，令我君得自快烹之。"晋君许之，归秦三将。三将至，缪公素服郊迎，向三人哭曰："孤以不用百里傒、蹇叔言以辱三子，三子何罪乎？子其悉心雪耻，毋怠。"遂复三人官秩如故，愈益厚之。

三十四年，楚太子商臣弑其父成王代立。

缪公于是复使孟明视等将兵伐晋，战于彭衙。秦不利，引兵归。

戎王使由余于秦。由余，其先晋人也，亡入戎，能晋言。闻缪公贤，故使由余观秦。秦缪公示以宫室、积聚。由余曰："使鬼为之，则劳神矣。使人为之，亦苦民矣。"缪公怪之，问曰："中国以诗书礼乐法度为政，然尚时乱，今戎夷无此，何以为治，不亦难乎？"由余笑曰："此乃中国所以乱也。夫自上圣黄帝作为礼乐法度，身以先之，仅以小治。及其后世，日以骄淫。阻法度之威，以责督于下，下罢极则以仁义怨望于上，上下交争怨而相篡弑，至于灭宗，皆以此类也。夫戎夷不然。上含淳德以遇其下，下怀忠信以事其上，一国之政犹一身之治，不知所以治，此真圣人之治也。"于是缪公退而问内史廖曰："孤闻邻国有圣人，敌国之忧也。今由余贤，寡人之害，将奈之何？"内史廖曰："戎王处辟匿，未闻中国之声。君试遗其女乐，以夺其志；为由余请，以疏其间；留而莫遣，以失其期。戎王怪之，必疑由余。君臣有间，乃可虏也。且戎王好乐，必怠于政。"缪公曰："善。"因与由余曲席而坐，传器而食，问其地形与其兵势尽督，而后令内史廖以女乐二八遗戎王。戎王受而说之，终年不还。于是秦乃归由余。由余数谏不听，缪公又数使人间要由余，由余遂去降秦。缪公以客礼礼之，问伐戎之形。

三十六年，缪公复益厚孟明等，使将兵伐晋，渡河焚船，大败晋人，取王官及鄗，以报殽之役。晋人皆城守不敢出。于是缪公乃自茅津渡河，封殽中尸，为发丧，哭之三日。乃誓于军曰："嗟士卒！听无哗，余誓告汝。古之人谋黄发番番，则无所过。"以申思不用蹇叔、百里傒之谋，故作此誓，令后世以记余过。君子闻之，皆为垂涕，曰："嗟呼！秦缪公之与人周也，卒得孟明之庆。"

三十七年，秦用由余谋伐戎王，益国十二，开地千里，遂霸西戎。天子使召公过贺缪公以金鼓。三十九年，缪公卒，葬雍。从死者百七十七人，秦之良臣子舆氏三人名曰奄息、仲行、鍼虎，亦在从死之中。秦人哀之，为作歌黄鸟之诗。君子曰："秦缪公广地益国，东服强晋，西霸戎夷，然不为诸侯盟主，亦宜哉。死而弃民，收其良臣而从死。且先王崩，尚犹遗德垂法，况夺之善人良臣百姓所哀者乎？是以知秦不能复东征也。"缪公子四十人，其太子罃代立，是为康公。

康公元年。往岁缪公之卒，晋襄公亦卒；襄公之弟名雍，秦出也，在秦。晋赵盾欲立之，使随会来迎雍，秦以兵送至令狐。晋立襄公子而反击秦师，秦师败，随会来奔。二年，秦伐晋，取武城，报令狐之役。四年，晋伐秦，取少梁。六年，秦伐晋，取羁马。战于河曲，大败晋军。晋人患随会在秦为乱，乃使魏雠徐详反，合谋会，诈而得会，会遂归晋。康公立十二年卒，子共公立。

共公二年，晋赵穿弑其君灵公。三年，楚庄王强，北兵至雒，问周鼎。共公立五年卒，子桓公立。

桓公三年，晋败我一将。十年，楚庄王服郑，北败晋兵于河上。当是之时，楚霸，为会盟合诸侯。二十四年，晋厉公初立，与秦桓公夹河而盟。归而秦倍盟，与翟合谋击晋。二十六年，晋率诸侯伐秦，秦军败走，追至泾而还。桓公立二十七年卒，子景公立。

景公四年，晋栾书弑其君厉公。十五年，救郑，败晋兵于栎。是时晋悼公为盟主。十八年，晋悼公强，数会诸侯，率以伐秦，败秦军。秦军走，晋兵追之。遂渡泾，至棫林而还。二十七年，景公如晋，与平公盟，已而背之。三十六年，楚公子围弑其君而自立，是为灵王。景公母弟后子针有宠，景公母弟富，或谮之，恐诛，乃奔晋，车重千乘。晋平公曰："后子富如此，何以自亡?"对曰："秦公无道，畏诛，欲待其后世乃归。"三十九年，楚灵王强，会诸侯于申，为盟主，杀齐庆封。景公立四十年卒，子哀公立。后子复来归秦。

哀公八年，楚公子弃疾弑灵王而自立，是为平王。十一年，楚平王来求秦女为太子建妻。至国，女好而自娶之。十五年，楚平王欲诛建，建亡；伍子胥奔吴。晋公室卑而六卿强，欲内相攻，是以久秦晋不相攻。三十一年，吴王阖闾与伍子胥伐楚，楚王亡奔随，吴遂入郢。楚大夫申包胥来告急，七日不食，日夜哭泣。于是秦乃发五百乘救楚，败吴师。吴师归，楚昭王乃得复入郢。哀公立三十六年卒。太子夷公，夷公蚤死，不得立，立夷公子，是为惠公。

惠公元年，孔子行鲁相事。五年，晋卿中行、范氏反晋，晋使智氏、赵简子攻之，范、中行氏亡奔齐。惠公立十年卒，子悼公立。

悼公二年，齐臣田乞弑其君孺子，立其兄阳生，是为悼公。六年，吴败齐师。齐人弑悼公，立其子简公。九年，晋定公与吴王夫差盟，争长于黄池，卒先吴。吴强，陵中国。十二年，齐田常弑简公，立其弟平公，常相之。十三年，楚灭陈。秦悼公立十四年卒，子厉共公立。孔子以悼公十二年卒。

厉共公二年，蜀人来赂。十六年，堑河旁。以兵二万伐大荔，取其王城。二十一年，初县频阳。晋取武成。二十四年，晋乱，杀智伯，分其国与赵、韩、魏。二十五年，智开与邑人来奔。三十三年，伐义渠，虏其王。三十四年，日食。厉共公卒，子躁公立。

躁公二年，南郑反。十三年，义渠来伐，至渭南。十四年，躁公卒，立其弟怀公。

怀公四年，庶长鼌与大臣围怀公，怀公自杀。怀公太子曰昭子，蚤死，大臣乃立太子昭子之子，是为灵公。灵公，怀公孙也。

灵公六年，晋城少梁，秦击之。十三年，城籍姑。灵公卒，子献公不得立，立灵公季父悼子，是为简公。简公，昭子之弟而怀公子也。

简公六年，令吏初带剑。堑洛。城重泉。十六年卒，子惠公立。

惠公十二年，子出子生。十三年，伐蜀，取南郑。惠公卒，出子立。

出子二年,庶长改迎灵公之子献公于河西而立之。杀出子及其母,沉之渊旁。秦以往者数易君,君臣乖乱,故晋复强,夺秦河西地。

献公元年,止从死。二年,城栎阳。四年正月庚寅,孝公生。十一年,周太史儋见献公曰:“周故与秦国合而别,别五百岁复合,合十七岁而霸王出。”十六年,桃冬花。十八年,雨金栎阳。二十一年,与晋战于石门,斩首六万,天子贺以黼黻。二十三年,与魏晋战少梁,虏其将公孙痤。二十四年,献公卒,子孝公立,年已二十一岁矣。

孝公元年,河山以东强国六,与齐威、楚宣、魏惠、燕悼、韩哀、赵成侯并。淮泗之间小国十馀。楚、魏与秦接界。魏筑长城,自郑滨洛以北,有上郡。楚自汉中,南有巴、黔中。周室微,诸侯力政,争相并。秦僻在雍州,不与中国诸侯之会盟,夷翟遇之。孝公于是布惠,振孤寡,招战士,明功赏。下令国中曰:“昔我缪公自岐雍之间,修德行武,东平晋乱,以河为界,西霸戎翟,广地千里,天子致伯,诸侯毕贺,为后世开业,甚光美。会往者厉、躁、简公、出子之不宁,国家内忧,未遑外事,三晋攻夺我先君河西地,诸侯卑秦,丑莫大焉。献公即位,镇抚边境,徙治栎阳,且欲东伐,复缪公之故地,修缪公之政令。寡人思念先君之意,常痛于心。宾客群臣有能出奇计强秦者,吾且尊官,与之分土。”于是乃出兵东围陕城,西斩戎之獂王。

卫鞅闻是令下,西入秦,因景监求见孝公。

二年,天子致胙。

三年,卫鞅说孝公变法修刑,内务耕稼,外劝战死之赏罚,孝公善之。甘龙、杜挚等弗然,相与争之。卒用鞅法,百姓苦之;居三年,百姓便之。乃拜鞅为左庶长。其事在商君语中。

七年,与魏惠王会杜平。八年,与魏战元里,有功。十年,卫鞅为大良造,将兵围魏安邑,降之。十二年,作为咸阳,筑冀阙,秦徙都之。并诸小乡聚,集为大县,县一令,四十一县。为田开阡陌。东地渡洛。十四年,初为赋。十九年,天子致伯。二十年,诸侯毕贺。秦使公子少官率师会诸侯逢泽,朝天子。

二十一年,齐败魏马陵。

二十二年,卫鞅击魏,虏魏公子卬。封鞅为列侯,号商君。

二十四年,与晋战雁门,虏其将魏错。

孝公卒,子惠文君立。是岁,诛卫鞅。鞅之初为秦施法,法不行,太子犯禁。鞅曰:“法之不行,自于贵戚。君必欲行法,先于太子。太子不可黥,黥其傅师。”于是法大用,秦人治。及孝公卒,太子立,宗室多怨鞅,鞅亡,因以为反,而卒车裂以徇秦国。

惠文君元年,楚、韩、赵、蜀人来朝。二年,天子贺。三年,王冠。四年,天子致文武胙。齐、魏为王。

五年,阴晋人犀首为大良造。六年,魏纳阴晋,阴晋更名宁秦。七年,公子卬与魏战,虏其将龙贾,斩首八万。八年,魏纳河西地。九年,渡河,取汾阴、皮氏。与魏王会应。围焦,降之。十年,张仪相秦。魏纳上郡十五县。十一年,县义渠。归魏焦、曲沃。义渠君为臣。更名少梁曰夏阳。十二年,初腊。十三年四月戊午,魏君为王,韩亦为王。使张仪伐取陕,出其人与魏。

十四年,更为元年。二年,张仪与齐、楚大臣会啮桑。三年,韩、魏太子来朝。张仪相魏。五年,王游至北河。七年,乐池相秦。韩、赵、魏、燕、齐帅匈奴共攻秦。秦使庶长疾与战修鱼,虏其将申差,败赵公子渴、韩太子奂,斩首八万二千。八年,张仪复相秦。九年,司马错伐蜀,灭之。伐取赵中都、西阳。十年,韩太子苍来质。伐取韩石章。伐败赵将泥。伐取义渠二十五城。十一年,樗里疾攻魏焦,降之。败韩岸门,斩首万,其将犀首走。公子通封于蜀。燕君让其臣子之。十二年,王与梁王会临晋。庶长疾攻赵,虏赵将庄。张仪相楚。十三年,庶长章击楚于丹阳,虏其将屈匄,斩首八万;又攻楚汉中,取地六百里,置汉中郡。楚围雍氏,秦使庶长疾助韩而东攻齐,到满助魏攻燕。十四年,伐楚,取召陵。丹、犁臣,蜀相壮杀蜀侯来降。

惠王卒,子武王立。韩、魏、齐、楚、越皆宾从。

武王元年,与魏惠王会临晋。诛蜀相壮。张仪、魏章皆东出之魏。伐义渠、丹、犁。二年,初置丞相,樗里疾、甘茂为左右丞相。张仪死于魏。三年,与韩襄王会临晋外。南公揭卒,樗里疾相韩。武王谓甘茂曰:“寡人欲容车通三川,窥周室,死不恨矣。”其秋,使甘茂、庶长封伐宜阳。四年,拔宜阳,斩首六万。涉河,城武遂。魏太子来朝。武王有力好戏,力士任鄙、乌获、孟说皆至大官。王与孟说举鼎,绝膑。八月,武王死。族孟说。武王取魏女为后,无子。立异母弟,是为昭襄王。昭襄母楚人,姓芈氏,号宣太后。武王死时,昭襄王为质于燕,燕人送归,得立。

昭襄王元年,严君疾为相。甘茂出之魏。二年,彗星见。庶长壮与大臣、诸侯、公子为逆，皆诛，及惠文后皆不得良死。悼武王后出归魏。三年，王冠。与楚王会黄棘，与楚上庸。四年，取蒲阪。彗星见。五年，魏王来朝应亭，复与魏蒲阪。六年，蜀侯煇反，司马错定蜀。庶长奂伐楚，斩首二万。泾阳君质于齐。日食，昼晦。七年，拔新城。樗里子卒。八年，使将军芈戎攻楚，取新市。齐使章子，魏使公孙喜，韩使暴鸢共攻楚方城，取唐眛。赵破中山，其君亡，竟死齐。魏公子劲、韩公子长为诸侯。九年，孟尝君薛文来相秦。奂攻楚，取八城，杀其将景快。十年，楚怀王入朝秦，秦留之。薛文以金受免。楼缓为丞相。十一年，齐、韩、魏、赵、宋、中山五国共攻秦，至盐氏而还。秦与韩、魏河北及封陵以和。彗星见。楚怀王走之赵，赵不受，还之秦，即死，归葬。十二年，楼缓免，穰侯魏冄为相。予楚粟五万石。

十三年，向寿伐韩，取武始。左更白起攻新城。五大夫礼出亡奔魏。任鄙为汉中守。十四年，左更白起攻韩、魏于伊阙，斩首二十四万，虏公孙喜，拔五城。十五年，大良造白起攻魏，取垣，复予之。攻楚，取宛。十六年，左更错取轵及邓。冉免。封公子市宛，公子悝邓，魏冄陶，为诸侯。十七年，城阳君入朝，及东周君来朝。秦以垣为蒲阪、皮氏。王之宜阳。十八年，错攻垣、河雍，决桥取之。十九年，王为西帝，齐为东帝，皆复去之。吕礼来自归。齐破宋，宋王在魏，死温。任鄙卒。二十年，王之汉中，又之上郡、北河。二十一年，错攻魏河内。魏献安邑，秦出其人，募徙河东赐爵，赦罪人迁之。泾阳君封宛。二十二年，蒙武伐齐。河东为九县。与楚王会宛。与赵王会中阳。二十三年，尉斯离与三晋、燕伐齐，破之济西。王与魏王会宜阳，与韩王会新城。二十四年，与楚王会鄢，又会穰。秦取魏安城，至大梁，燕、赵救之，秦军去。魏冄免相。二十五年，拔赵二城。与韩王会新城，与魏王会新明邑。二十六年，赦罪人迁之穰。侯冄复相。二十七年，错攻楚。赦罪人迁之南阳。白起攻赵，取代光狼城。又使司马错发陇西，因蜀攻楚黔中，拔之。二十八年，大良造白起攻楚，取鄢、邓，赦罪人迁之。二十九年，大良造白起攻楚，取郢为南郡，楚王走。周君来。王与楚王会襄陵。白起为武安君。三十年，蜀守若伐楚，取巫郡，及江南为黔中郡。三十一年，白起伐魏，取两城。楚人反我江南。三十二年，相穰侯攻魏，至大梁，破暴鸢，斩首四万，鸢走，魏入三县请和。三十三年，客卿胡阳攻魏卷、蔡阳、长社，取之。击芒卯华阳，破之，斩首十五万。魏入南阳以和。三十四年，秦与魏、韩上庸地为一郡，南阳免臣迁居之。三十五年，佐韩、魏、楚伐燕。初置南阳郡。三十六年，客卿灶攻齐，取刚、寿，予穰侯。三十八年，中更胡阳攻赵阏与，不能取。四十年，悼太子死魏，归葬芷阳。四十一年夏，攻魏，取邢丘、怀。四十二年，安国君为太子。十月，宣太后薨，葬芷阳郦山。九月，穰侯出之陶。四十三年，武安君白起攻韩，拔九城，斩首五万。四十四年，攻韩南阳，取之。四十五年，五大夫贲攻韩，取十城。叶阳君悝出之国，未至而死。四十七年，秦攻韩上党，上党降赵，秦因攻赵，赵发兵击秦，相距。秦使武安君白起击，大破赵于长平，四十馀万尽杀之。四十八年十月，韩献垣雍。秦军分为三军。武安君归。王龁将伐赵武安、皮牢，拔之。司马梗北定太原，尽有韩上党。正月，兵罢，复守上党。其十月，五大夫陵攻赵邯郸。四十九年正月，益发卒佐陵。陵战不善，免，王龁代将。其十月，将军张唐攻魏，为蔡尉捐弗守，还斩之。五十年十月，武安君白起有罪，为士伍，迁阴密。张唐攻郑，拔之。十二月，益发卒军汾城旁。武安君白起有罪，死。龁攻邯郸，不拔，去，还奔汾军二月馀。攻晋军，斩首六千，晋楚流死河二万人。攻汾城，即从唐拔宁新中，宁新中更名安阳。初作河桥。

五十一年，将军摎攻韩，取阳城、负黍，斩首四万。攻赵，取二十余县，首虏九万。西周君背秦，与诸侯约从，将天下锐兵出伊阙攻秦，令秦毋得通阳城。于是秦使将军摎攻西周。西周君走来自归，顿首受罪，尽献其邑三十六城，口三万。秦王受献，归其君于周。五十二年，周民东亡，其器九鼎入秦。周初亡。

五十三年，天下来宾。魏后，秦使摎伐魏，取吴城。韩王入朝，魏委国听令。五十四年，王郊见上帝于雍。五十六年秋，昭襄王卒，子孝文王立。尊唐八子为唐太后，而合其葬于先王。韩王衰绖入吊祠，诸侯皆使其将相来吊祠，视丧事。

孝文王元年，赦罪人，修先王功臣，褒厚亲戚，弛苑囿。孝文王除丧，十月己亥即位，三日辛丑卒，子庄襄王立。

庄襄王元年，大赦罪人，修先王功臣，施德厚骨肉而布惠于民。东周君与诸侯谋秦，秦使相国吕不韦诛之，尽入其国。秦不绝其祀，以阳人地赐周君，奉其祭祀。使蒙骜伐韩，韩献成皋、巩。秦界至大梁，初置三川郡。二年，使蒙骜攻赵，定太原。三年，蒙骜攻魏高都、汲，拔之。攻赵榆次、新城、狼孟，取三十七城。四月日食。王龁攻上党。初置太原郡。魏将无忌率五国兵击秦，秦却于河外。蒙骜败，解而去。五月丙午，庄襄王卒，子政立，是为秦始皇帝。

秦王政立二十六年，初并天下为三十六郡，号为始皇帝。始皇帝五十一年而崩,子胡亥立,是为二世皇帝。三年,诸侯并起叛秦,赵高杀二世,立子婴。子婴立月馀,诸侯诛之,遂灭秦。其语在始皇本纪中。

太史公曰:秦之先为嬴姓。其后分封,以国为姓,有徐氏、郯氏、莒氏、终黎氏、运奄氏、菟裘氏、将梁氏、黄氏、江氏、脩鱼氏、白冥氏、蜚廉氏、秦氏。然秦以其先造父封赵城,为赵氏。

史 记 卷 六

秦始皇本纪第六

秦始皇帝者,秦庄襄王子也。庄襄王为秦质子于赵,见吕不韦姬,悦而取之,生始皇。以秦昭王四十八年正月生于邯郸。及生,名为政,姓赵氏。年十三岁,庄襄王死,政代立为秦王。当是之时,秦地已并巴、蜀、汉中,越宛有郢,置南郡矣;北收上郡以东,有河东、太原、上党郡;东至荥阳,灭二周,置三川郡。吕不韦为相,封十万户,号曰文信侯。招致宾客游士,欲以并天下。李斯为舍人。蒙骜、王齮、麃公等为将军。王年少,初即位,委国事大臣。

晋阳反,元年,将军蒙骜击定之。二年,麃公将卒攻卷,斩首三万。三年,蒙骜攻韩,取十三城。王齮死。十月,将军蒙骜攻魏氏畼、有诡。岁大饥。四年,拔畼、有诡。三月,军罢。秦质子归自赵,赵太子出归国。十月庚寅,蝗虫从东方来,蔽天。天下疫。百姓内粟千石,拜爵一级。五年,将军骜攻魏,定酸枣、燕、虚、长平、雍丘、山阳城,皆拔之,取二十城。初置东郡。冬雷。六年,韩、魏、赵、卫、楚共击秦,取寿陵。秦出兵,五国兵罢。拔卫,迫东郡,其君角率其支属徙居野王,阻其山以保魏之河内。七年,彗星先出东方,见北方,五月见西方。将军骜死。以攻龙、孤、庆都,还兵攻汲。彗星复见西方十六日。夏太后死。八年,王弟长安君成蟜将军击赵,反,死屯留,军吏皆斩死,迁其民于临洮。将军壁死,卒屯留、蒲鹝反,戮其尸。河鱼大上,轻车重马东就食。

嫪毐封为长信侯。予之山阳地,令毐居之。宫室车马衣服苑囿驰猎恣毐。事无小大皆决于毐。又以河西太原郡更为毐国。九年,彗星见,或竟天。攻魏垣、蒲阳。四月,上宿雍。己酉,王冠,带剑。长信侯毐作乱而觉,矫王御玺及太后玺以发县卒及卫卒、官骑、戎翟君公、舍人,将欲攻蕲年宫为乱。王知之,令相国昌平君、昌文君发卒攻毐。战咸阳,斩首数百,皆拜爵,及宦者皆在战中,亦拜爵一级。毐等败走。即令国中:有生得毐,赐钱百万;杀之,五十万。尽得毐等。卫尉竭、内史肆、佐弋竭、中大夫令齐等二十人皆枭首。车裂以徇,灭其宗。及其舍人,轻者为鬼薪。及夺爵迁蜀四千馀家,家房陵。是月寒冻,有死者。杨端和攻衍氏。彗星见西方,又见北方,从斗以南八十日。十年,相国吕不韦坐嫪毐免。桓齮为将军。齐、赵来置酒。齐人茅焦说秦王曰:"秦方以天下为事,而大王有迁母太后之名,恐诸侯闻之,由此倍秦也。"秦王乃迎太后于雍而入咸阳,复居甘泉宫。

　　大索,逐客。李斯上书说,乃止逐客令。李斯因说秦王,请先取韩以恐他国,于是使斯下韩。韩王患之,与韩非谋弱秦。大梁人尉缭来,说秦王曰:"以秦之强,诸侯譬如郡县之君,臣但恐诸侯合从,翕而出不意,此乃智伯、夫差、湣王之所以亡也。愿大王毋爱财物,赂其豪臣,以乱其谋,不过亡三十万金,则诸侯可尽。"秦王从其计,见尉缭亢礼,衣服食饮与缭同。缭曰:"秦王为人,蜂准,长目,挚鸟膺,豺声,少恩而虎狼心,居约易出人下,得志亦轻食人。我布衣,然见我常身自下我。诚使秦王得志于天下,天下皆为虏矣。不可与久游。"乃亡去。秦王觉,固止,以为秦国尉,卒用其计策。而李斯用事。

　　十一年,王翦、桓齮、杨端和攻邺,取九城。王翦攻阏与、橑杨,皆并为一军。翦将十八日,军归斗食以下,什推二人从军。取邺安阳,桓齮将。十二年,文信侯不韦死,窃葬。其舍人临者,晋人也逐出之;秦人六百石以上夺爵,迁;五百石以下不临,迁,勿夺爵。自今以来,操国事不道如嫪毐、不韦者籍其门,视此。秋,复嫪毐舍人迁蜀者。当是之时,天下大旱,六月至八月乃雨。

　　十三年,桓齮攻赵平阳,杀赵将扈辄,斩首十万。王之河南。正月,彗星见东方。十月,桓齮攻赵。十四年,攻赵军于平阳,取宜安,破之,杀其将军。桓齮定平阳、武城。韩非使秦,秦用李斯谋,留非,非死云阳。韩王请为臣。

　　十五年,大兴兵,一军至邺,一军至太原,取狼孟。地动。十六年九月,发卒受地韩南阳假守腾。初令男子书年。魏献地于秦。秦置丽邑。十七年,内史腾攻韩,得韩王安,尽纳其地,以其地为郡,命曰颍川。地动。华阳太后卒。民大饥。

　　十八年,大兴兵攻赵,王翦将上地,下井陉,端和将河内,羌瘣伐赵,端和围邯郸城。十九年,王翦、羌瘣尽定取赵地东阳,得赵王。引兵欲攻燕,屯中山。秦王之邯郸,诸尝与王生赵时母家有仇怨,皆坑之。秦王还,从太原、上郡归。始皇帝母太后崩。赵公子嘉率其宗数百人之代,自立为代王,东与燕合兵,军上谷。大饥。

二十年,燕太子丹患秦兵至国,恐,使荆轲刺秦王。秦王觉之,体解轲以徇,而使王翦、辛胜攻燕。燕、代发兵击秦军,秦军破燕易水之西。二十一年,王贲攻蓟。乃益发卒诣王翦军,遂破燕太子军,取燕蓟城,得太子丹之首。燕王东收辽东而王之。王翦谢病老归。新郑反。昌平君徙于郢。大雨雪,深二尺五寸。

二十二年,王贲攻魏,引河沟灌大梁,大梁城坏,其王请降,尽取其地。

二十三年,秦王复召王翦,强起之,使将击荆。取陈以南至平舆,虏荆王。秦王游至郢陈。荆将项燕立昌平君为荆王,反秦于淮南。二十四年,王翦、蒙武攻荆,破荆军,昌平君死,项燕遂自杀。

二十五年,大兴兵,使王贲将,攻燕辽东,得燕王喜。还攻代,虏代王嘉。王翦遂定荆江南地;降越君,置会稽郡。五月,天下大酺。

二十六年,齐王建与其相后胜发兵守其西界,不通秦。秦使将军王贲从燕南攻齐,得齐王建。

秦初并天下,令丞相、御史曰:"异日韩王纳地效玺,请为藩臣,已而倍约,与赵、魏合从畔秦,故兴兵诛之,虏其王。寡人以为善,庶几息兵革。赵王使其相李牧来约盟,故归其质子。已而倍盟,反我太原,故兴兵诛之,得其王。赵公子嘉乃自立为代王,故举兵击灭之。魏王始约服入秦,已而与韩、赵谋袭秦,秦兵吏诛,遂破之。荆王献青阳以西,已而畔约,击我南郡,故发兵诛,得其王,遂定其荆地。燕王昏乱,其太子丹乃阴令荆轲为贼,兵吏诛,灭其国。齐王用后胜计,绝秦使,欲为乱,兵吏诛,虏其王,平齐地。寡人以眇眇之身,兴兵诛暴乱,赖宗庙之灵,六王咸伏其辜,天下大定。今名号不更,无以称成功,传后世。其议帝号。"丞相绾、御史大夫劫、廷尉斯等皆曰:"昔者五帝地方千里,其外侯服夷服,诸侯或朝或否,天子不能制。今陛下兴义兵,诛残贼,平定天下,海内为郡县,法令由一统,自上古以来未尝有,五帝所不及。臣等谨与博士议曰:'古有天皇,有地皇,有泰皇,泰皇最贵。'臣等昧死上尊号,王为'泰皇'。命为'制',令为'诏',天子自称曰'朕'。"王曰:"去'泰',著'皇',采上古'帝'位号,号曰'皇帝'。他如议。"制曰:"可。"追尊庄襄王为太上皇。制曰:"朕闻太古有号毋谥,中古有号,死而以行为谥。如此,则子议父,臣议君也,甚无谓,朕弗取焉。自今已来,除谥法。朕为始皇帝。后世以计数,二世三世至于万世,传之无穷。"

始皇推终始五德之传,以为周得火德,秦代周德,从所不胜。方今水德之始，改年始，朝贺皆自十月朔。衣服旄旌节旗皆上黑。数以六为纪，符、法冠皆六寸，而舆六尺，六尺为步，乘六马。更名河曰德水，以为水德之始。刚毅戾深，事皆决于法，刻削毋仁恩和义，然后合五德之数。于是急法，久者不赦。

丞相绾等言："诸侯初破，燕、齐、荆地远，不为置王，毋以填之。请立诸子，唯上幸许。"始皇下其议于群臣，群臣皆以为便。廷尉李斯议曰："周文武所封子弟同姓甚众，然后属疏远，相攻击如仇雠，诸侯更相诛伐，周天子弗能禁止。今海内赖陛下神灵一统，皆为郡县，诸子功臣以公赋税重赏赐之，甚足易制。天下无异意，则安宁之术也。置诸侯不便。"始皇曰："天下共苦战斗不休，以有侯王。赖宗庙，天下初定，又复立国，是树兵也，而求其宁息，岂不难哉！廷尉议是。"

分天下以为三十六郡，郡置守、尉、监。更名民曰"黔首"。大酺。收天下兵，聚之咸阳，销以为钟鐻，金人十二，重各千石，置廷宫中。一法度衡石丈尺。车同轨。书同文字。地东至海暨朝鲜，西至临洮、羌中，南至北向户，北据河为塞，并阴山至辽东。徙天下豪富于咸阳十二万户。诸庙及章台、上林皆在渭南。秦每破诸侯，写放其宫室，作之咸阳北阪上，南临渭，自雍门以东至泾、渭，殿屋复道周阁相属。所得诸侯美人钟鼓，以充入之。

二十七年，始皇巡陇西、北地，出鸡头山，过回中。焉作信宫渭南，已更命信宫为极庙，象天极。自极庙道通郦山，作甘泉前殿。筑甬道，自咸阳属之。是岁，赐爵一级。治驰道。

二十八年，始皇东行郡县，上邹峄山。立石，与鲁诸儒生议，刻石颂秦德，议封禅望祭山川之事。乃遂上泰山，立石，封，祠祀。下，风雨暴至，休于树下，因封其树为五大夫。禅梁父。刻所立石，其辞曰：

皇帝临位，作制明法，臣下修饬。二十有六年，初并天下，罔不宾服。亲巡远方黎民，登兹泰山，周览东极。从臣思迹，本原事业，祗诵功德。治道运行，诸产得宜，皆有法式。大义休明，垂于后世，顺承勿革。皇帝躬圣，既平天下，不懈于治。夙兴夜寐，建设长利，专隆教诲。训经宣达，远近毕理，咸承圣志。贵贱分明，男女礼顺，慎遵职事。昭隔内外，靡不清净，施于后嗣。化及无穷，遵奉遗诏，永承重戒。

于是乃并勃海以东，过黄、腄，穷成山，登之罘，立石颂秦德焉而去。南登琅邪，大乐之，留三月。乃徙黔首三万户琅邪台下，复十二岁。

作琅邪台，立石刻，颂秦德，明得意。曰：

维二十八年，皇帝作始。端平法度，万物之纪。以明人事，合同父子。圣智仁义，显白道理。东抚东土，以省卒士。事已大毕，乃临于海。皇帝之功，勤劳本事。上农除末，黔首是富。普天之下，抟心揖志。器械一量，同书文字。日月所照，舟舆所载。皆终其命，莫不得意。应时动事，是维皇帝。匡饬异俗，陵水经地。忧恤黔首，朝夕不懈。除疑定法，咸知所辟。方伯分职，诸治经易。举错必当，莫不如画。皇帝之明，临察四方。尊卑贵贱，不逾次行。奸邪不容，皆务贞良。细大尽力，莫敢怠荒。远迩辟隐，专务肃庄。端直敦忠，事业有常。皇帝之德，存定四极。诛乱除害，兴利致福。节事以时，诸产繁殖。黔首安宁，不用兵革。六亲相保，终无寇贼。欢欣奉教，尽知法式。六合之内，皇帝之土。西涉流沙，南尽北户。东有东海，北过大夏。人迹所至，无不臣者。功盖五帝，泽及牛马。莫不受德，各安其宇。

维秦王兼有天下，立名为皇帝，乃抚东土，至于琅邪。列侯武城侯王离、列侯通武侯王贲、伦侯建成侯赵亥、伦侯昌武侯成、伦侯武信侯冯毋择、丞相隗林、丞相王绾、卿李斯、卿王戊、五大夫赵婴、五大夫杨樛从，与议于海上。曰："古之帝者，地不过千里，诸侯各守其封域，或朝或否，相侵暴乱，残伐不止，犹刻金石，以自为纪。古之五帝三王，知教不同，法度不明，假威鬼神，以欺远方，实不称名，故不久长。其身未殁，诸侯倍叛，法令不行。今皇帝并一海内，以为郡县，天下和平。昭明宗庙，体道行德，尊号大成。群臣相与诵皇帝功德，刻于金石，以为表经。"

既已，齐人徐市等上书，言海中有三神山，名曰蓬莱、方丈、瀛洲，仙人居之。请得斋戒，与童男女求之。于是遣徐市发童男女数千人，入海求仙人。

始皇还，过彭城，斋戒祷祠，欲出周鼎泗水。使千人没水求之，弗得。乃西南渡淮水，之衡山、南郡。浮江，至湘山祠。逢大风，几不得渡。上问博士曰："湘君何神？"博士对曰："闻之，尧女，舜之妻，而葬此。"于是始皇大怒，使刑徒三千人皆伐湘山树，赭其山。上自南郡由武关归。

二十九年，始皇东游。至阳武博狼沙中，为盗所惊。求弗得，乃令天下大索十日。

登之罘，刻石。其辞曰：

维二十九年,时在中春,阳和方起。皇帝东游,巡登之罘,临照于海。从臣嘉观,原念休烈,追诵本始。大圣作治,建定法度,显箸纲纪。外教诸侯,光施文惠,明以义理。六国回辟,贪戾无厌,虐杀不已。皇帝哀众,遂发讨师,奋扬武德。义诛信行,威燀旁达,莫不宾服。烹灭强暴,振救黔首,周定四极。普施明法,经纬天下,永为仪则。大矣哉!宇县之中,承顺圣意。群臣诵功,请刻于石,表垂于常式。

其东观曰:

维二十九年,皇帝春游,览省远方。逮于海隅,遂登之罘,昭临朝阳。观望广丽,从臣咸念,原道至明。圣法初兴,清理疆内,外诛暴强。武威旁畅,振动四极,禽灭六王。阐并天下,甾害绝息,永偃戎兵。皇帝明德,经理宇内,视听不怠。作立大义,昭设备器,咸有章旗。职臣遵分,各知所行,事无嫌疑。黔首改化,远迩同度,临古绝尤。常职既定,后嗣循业,长承圣治。群臣嘉德,祗诵圣烈,请刻之罘。

旋,遂之琅邪,道上党入。

三十年,无事。

三十一年十二月,更名腊曰"嘉平"。赐黔首里六石米,二羊。始皇为微行咸阳,与武士四人俱,夜出逢盗兰池,见窘,武士击杀盗,关中大索二十日。米石千六百。

三十二年,始皇之碣石,使燕人卢生求羡门、高誓。刻碣石门。坏城郭,决通堤防。其辞曰:

遂兴师旅,诛戮无道,为逆灭息。武殄暴逆,文复无罪,庶心咸服。惠论功劳,赏及牛马,恩肥土域。皇帝奋威,德并诸侯,初一泰平。堕坏城郭,决通川防,夷去险阻。地势既定,黎庶无繇,天下咸抚。男乐其畴,女修其业,事各有序。惠被诸产,久并来田,莫不安所。群臣诵烈,请刻此石,垂著仪矩。

因使韩终、侯公、石生求仙人不死之药。始皇巡北边,从上郡入。燕人卢生使入海还,以鬼神事,因奏录图书,曰"亡秦者胡也"。始皇乃使将军蒙恬发兵三十万人北击胡,略取河南地。

三十三年,发诸尝逋亡人、赘婿、贾人略取陆梁地,为桂林、象郡、南海,以适遣戍。西北斥逐匈奴。自榆中并河以东,属之阴山,以为四十四县,城河上为塞。又使蒙恬渡河取高阙、阳山、北假中,筑亭障以逐戎人。

徙谪,实之初县。禁不得祠。明星出西方。三十四年,適治狱吏不直者,筑长城及南越地。

始皇置酒咸阳宫,博士七十人前为寿。仆射周青臣进颂曰:"他时秦地不过千里,赖陛下神灵明圣,平定海内,放逐蛮夷,日月所照,莫不宾服。以诸侯为郡县,人人自安乐,无战争之患,传之万世。自上古不及陛下威德。"始皇悦。博士齐人淳于越进曰:"臣闻殷周之王千馀岁,封子弟功臣,自为枝辅。今陛下有海内,而子弟为匹夫,卒有田常、六卿之臣,无辅拂,何以相救哉?事不师古而能长久者,非所闻也。今青臣又面谀以重陛下之过,非忠臣。"始皇下其议。丞相李斯曰:"五帝不相复,三代不相袭,各以治,非其相反,时变异也。今陛下创大业,建万世之功,固非愚儒所知。且越言乃三代之事,何足法也?异时诸侯并争,厚招游学。今天下已定,法令出一,百姓当家则力农工,士则学习法令辟禁。今诸生不师今而学古,以非当世,惑乱黔首。丞相臣斯昧死言:古者天下散乱,莫之能一,是以诸侯并作,语皆道古以害今,饰虚言以乱实,人善其所私学,以非上之所建立。今皇帝并有天下,别黑白而定一尊。私学而相与非法教,人闻令下,则各以其学议之,入则心非,出则巷议,夸主以为名,异取以为高,率群下以造谤。如此弗禁,则主势降乎上,党与成乎下。禁之便。臣请史官非秦记皆烧之。非博士官所职,天下敢有藏诗、书、百家语者,悉诣守、尉杂烧之。有敢偶语诗书者弃市。以古非今者族。吏见知不举者与同罪。令下三十日不烧,黥为城旦。所不去者,医药卜筮种树之书。若欲有学法令,以吏为师。"制曰:"可。"

三十五年,除道,道九原抵云阳,堑山堙谷,直通之。于是始皇以为咸阳人多,先王之宫廷小,吾闻周文王都丰,武王都镐,丰镐之间,帝王之都也。乃营作朝宫渭南上林苑中。先作前殿阿房,东西五百步,南北五十丈,上可以坐万人,下可以建五丈旗。周驰为阁道,自殿下直抵南山。表南山之颠以为阙。为复道,自阿房渡渭,属之咸阳,以象天极阁道绝汉抵营室也。阿房宫未成;成,欲更择令名名之。作宫阿房,故天下谓之阿房宫。隐宫徒刑者七十馀万人,乃分作阿房宫,或作丽山。发北山石椁,乃写蜀、荆地材皆至。关中计宫三百,关外四百馀。于是立石东海上朐界中,以为秦东门。因徙三万家丽邑,五万家云阳,皆复不事十岁。

卢生说始皇曰:"臣等求芝奇药仙者常弗遇,类物有害之者。方中,人主时为微行以辟恶鬼,恶鬼辟,真人至。人主所居而人臣知之,则害于神。真人者,入水不濡,入火不爇,陵云气,与天地久长。今上治天下,未能恬伭。愿上所居宫毋令人知，然后不死之药殆可得也。"于是始皇曰："吾慕真人，自谓'真人'，不称'朕'。"乃令咸阳之旁二百里内宫观二百七十复道甬道相连，帷帐钟鼓美人充之，各案署不移徙。行所幸，有言其处者，罪死。始皇帝幸梁山宫，从山上见丞相车骑众，弗善也。中人或告丞相，丞相后损车骑。始皇怒曰："此中人泄吾语。"案问莫服。当是时，诏捕诸时在旁者，皆杀之。自是后莫知行之所在。听事，群臣受决事，悉于咸阳宫。

　　侯生、卢生相与谋曰："始皇为人，天性刚戾自用，起诸侯，并天下，意得欲从，以为自古莫及己。专任狱吏，狱吏得亲幸。博士虽七十人，特备员弗用。丞相诸大臣皆受成事，倚辨于上。上乐以刑杀为威，天下畏罪持禄，莫敢尽忠。上不闻过而日骄，下慑伏谩欺以取容。秦法，不得兼方，不验，辄死。然候星气者至三百人，皆良士，畏忌讳谀，不敢端言其过。天下之事无小大皆决于上，上至以衡石量书，日夜有呈，不中呈不得休息。贪于权势至如此，未可为求仙药。"于是乃亡去。始皇闻亡，乃大怒曰："吾前收天下书不中用者尽去之。悉召文学方术士甚众，欲以兴太平，方士欲练以求奇药。今闻韩众去不报，徐市等费以巨万计，终不得药，徒奸利相告日闻。卢生等吾尊赐之甚厚，今乃诽谤我，以重吾不德也。诸生在咸阳者，吾使人廉问，或为妖言以乱黔首。"于是使御史悉案问诸生，诸生传相告引，乃自除。犯禁者四百六十馀人，皆坑之咸阳，使天下知之，以惩后。益发谪徙边。始皇长子扶苏谏曰："天下初定，远方黔首未集，诸生皆诵法孔子，今上皆重法绳之，臣恐天下不安。唯上察之。"始皇怒，使扶苏北监蒙恬于上郡。

　　三十六年，荧惑守心。有坠星下东郡，至地为石，黔首或刻其石曰"始皇帝死而地分"。始皇闻之，遣御史逐问，莫服，尽取石旁居人诛之，因燔销其石。始皇不乐，使博士为仙真人诗，及行所游天下，传令乐人歌弦之。秋，使者从关东夜过华阴平舒道，有人持璧遮使者曰："为吾遗滈池君。"因言曰："今年祖龙死。"使者问其故，因忽不见，置其璧去。使者奉璧具以闻。始皇默然良久，曰："山鬼固不过知一岁事也。"退言曰："祖龙者，人之先也。"使御府视璧，乃二十八年行渡江所沉璧也。于是始皇卜之，卦得游徙吉。迁北河榆中三万家。拜爵一级。

　　三十七年十月癸丑，始皇出游。左丞相斯从，右丞相去疾守。少子胡亥爱慕请从，上许之。十一月，行至云梦，望祀虞舜于九疑山。浮江下，观籍柯，渡海渚。过丹阳，至钱唐。临浙江，水波恶，乃西百二十里从狭中渡。上会稽，祭大禹，望于南海，而立石刻颂秦德，其文曰：

皇帝休烈，平一宇内，德惠修长。三十有七年，亲巡天下，周览远方。遂登会稽，宣省习俗，黔首斋庄。群臣诵功，本原事迹，追首高明。秦圣临国，始定刑名，显陈旧章。初平法式，审别职任，以立恒常。六王专倍，贪戾慠猛，率众自强。暴虐恣行，负力而骄，数动甲兵。阴通间使，以事合从，行为辟方。内饰诈谋，外来侵边，遂起祸殃。义威诛之，殄熄暴悖，乱贼灭亡。圣德广密，六合之中，被泽无疆。皇帝并宇，兼听万事，远近毕清。运理群物，考验事实，各载其名。贵贱并通，善否陈前，靡有隐情。饰省宣义，有子而嫁，倍死不贞。防隔内外，禁止淫泆，男女絜诚。夫为寄豭，杀之无罪，男秉义程。妻为逃嫁，子不得母，咸化廉清。大治濯俗，天下承风，蒙被休经。皆遵度轨，和安敦勉，莫不顺令。黔首修絜，人乐同则，嘉保太平。后敬奉法，常治无极，舆舟不倾。从臣诵烈，请刻此石，光垂休铭。

还过吴，从江乘渡。并海上，北至琅邪。方士徐市等入海求神药，数岁不得，费多，恐谴，乃诈曰："蓬莱药可得，然常为大鲛鱼所苦，故不得至，愿请善射与俱，见则以连弩射之。"始皇梦与海神战，如人状。问占梦，博士曰："水神不可见，以大鱼蛟龙为候。今上祷祠备谨，而有此恶神，当除去，而善神可致。"乃令入海者赍捕巨鱼具，而自以连弩候大鱼出射之。自琅邪北至荣成山，弗见。至之罘，见巨鱼，射杀一鱼。遂并海西。

至平原津而病。始皇恶言死，群臣莫敢言死事。上病益甚，乃为玺书赐公子扶苏曰："与丧会咸阳而葬。"书已封，在中车府令赵高行符玺事所，未授使者。七月丙寅，始皇崩于沙丘平台。丞相斯为上崩在外，恐诸公子及天下有变，乃秘之，不发丧。棺载辒凉车中，故幸宦者参乘，所至上食。百官奏事如故，宦者辄从辒凉车中可其奏事。独子胡亥、赵高及所幸宦者五六人知上死。赵高故尝教胡亥书及狱律令法事，胡亥私幸之。高乃与公子胡亥、丞相斯阴谋破去始皇所封书赐公子扶苏者，而更诈为丞相斯受始皇遗诏沙丘，立子胡亥为太子。更为书赐公子扶苏、蒙恬，数以罪，赐死。语具在李斯传中。行，遂从井陉抵九原。会暑，上辒车臭，乃诏从官令车载一石鲍鱼，以乱其臭。

行从直道至咸阳，发丧。太子胡亥袭位，为二世皇帝。九月，葬始皇郦山。始皇初即位，穿治郦山，及并天下，天下徒送诣七十馀万人，穿三泉，下铜而致椁，宫观百官奇器珍怪徙臧满之。令匠作机弩矢，有所穿近者辄射之。以水银为百川江河大海，机相灌输，上具天文，下具地理。以人鱼膏为烛,度不灭者久之。二世曰:"先帝后宫非有子者,出焉不宜。"皆令从死,死者甚众。葬既已下,或言工匠为机,臧皆知之,臧重即泄。大事毕,已臧,闭中羡,下外羡门,尽闭工匠臧者,无复出者。树草木以象山。

二世皇帝元年,年二十一。赵高为郎中令,任用事。二世下诏,增始皇寝庙牺牲及山川百祀之礼。令群臣议尊始皇庙。群臣皆顿首言曰:"古者天子七庙,诸侯五,大夫三,虽万世世不轶毁。今始皇为极庙,四海之内皆献贡职,增牺牲,礼咸备,毋以加。先王庙或在西雍,或在咸阳。天子仪当独奉酌祠始皇庙。自襄公已下轶毁。所置凡七庙。群臣以礼进祠,以尊始皇庙为帝者祖庙。皇帝复自称'朕'。"

二世与赵高谋曰:"朕年少,初即位,黔首未集附。先帝巡行郡县,以示强,威服海内。今晏然不巡行,即见弱,毋以臣畜天下。"春,二世东行郡县,李斯从。到碣石,并海,南至会稽,而尽刻始皇所立刻石,石旁著大臣从者名,以章先帝成功盛德焉:

皇帝曰:"金石刻尽始皇帝所为也。今袭号而金石刻辞不称始皇帝,其于久远也如后嗣为之者,不称成功盛德。"丞相臣斯、臣去疾、御史大夫臣德昧死言:"臣请具刻诏书刻石,因明白矣。臣昧死请。"制曰:"可。"

遂至辽东而还。

于是二世乃遵用赵高,申法令。乃阴与赵高谋曰:"大臣不服,官吏尚强,及诸公子必与我争,为之奈何?"高曰:"臣固愿言而未敢也。先帝之大臣,皆天下累世名贵人也,积功劳世以相传久矣。今高素小贱,陛下幸称举,令在上位,管中事。大臣鞅鞅,特以貌从臣,其心实不服。今上出,不因此时案郡县守尉有罪者诛之,上以振威天下,下以除去上生平所不可者。今时不师文而决于武力,愿陛下遂从时毋疑,即群臣不及谋。明主收举馀民,贱者贵之,贫者富之,远者近之,则上下集而国安矣。"二世曰:"善。"乃行诛大臣及诸公子,以罪过连逮少近官三郎,无得立者,而六公子戮死于杜。公子将闾昆弟三人囚于内宫,议其罪独后。二世使使令将闾曰:"公子不臣,罪当死,吏致法焉。"将闾曰:"阙廷之礼,吾未尝敢不从宾赞也;廊庙之位,吾未尝敢失节也;受命应对,吾未尝敢失辞也。何谓不臣?愿闻罪而死。"使者曰:"臣不得与谋,奉书从事。"将闾乃仰天大呼天者三,曰:"天乎!吾无罪!"昆弟三人皆流涕拔剑自杀。宗室振恐。群臣谏者以为诽谤,大吏持禄取容,黔首振恐。

四月,二世还至咸阳,曰:"先帝为咸阳朝廷小,故营阿房宫。为室堂未就，会上崩，罢其作者，复土郦山。郦山事大毕，今释阿房宫弗就，则是章先帝举事过也。"复作阿房宫。外抚四夷，如始皇计。尽征其材士五万人为屯卫咸阳，令教射狗马禽兽。当食者多，度不足，下调郡县转输菽粟刍藁，皆令自赍粮食，咸阳三百里内不得食其谷。用法益刻深。

七月，戍卒陈胜等反故荆地，为"张楚"。胜自立为楚王，居陈，遣诸将徇地。山东郡县少年苦秦吏，皆杀其守尉令丞反，以应陈涉，相立为侯王，合从西乡，名为伐秦，不可胜数也。谒者使东方来，以反者闻二世。二世怒，下吏。后使者至，上问，对曰："群盗，郡守尉方逐捕，今尽得，不足忧。"上悦。武臣自立为赵王，魏咎为魏王，田儋为齐王。沛公起沛。项梁举兵会稽郡。

二年冬，陈涉所遣周章等将西至戏，兵数十万。二世大惊，与群臣谋曰："奈何？"少府章邯曰："盗已至，众强，今发近县不及矣。郦山徒多，请赦之，授兵以击之。"二世乃大赦天下，使章邯将，击破周章军而走，遂杀章曹阳。二世益遣长史司马欣、董翳佐章邯击盗，杀陈胜城父，破项梁定陶，灭魏咎临济。楚地盗名将已死，章邯乃北渡河，击赵王歇等于钜鹿。

赵高说二世曰："先帝临制天下久，故群臣不敢为非，进邪说。今陛下富于春秋，初即位，奈何与公卿廷决事？事即有误，示群臣短也。天子称朕，固不闻声。"于是二世常居禁中，与高决诸事。其后公卿希得朝见，盗贼益多，而关中卒发东击盗者毋已。右丞相去疾、左丞相斯、将军冯劫进谏曰："关东群盗并起，秦发兵诛击，所杀亡甚众，然犹不止。盗多，皆以戍漕转作事苦，赋税大也。请且止阿房宫作者，减省四边戍转。"二世曰："吾闻之韩子曰：'尧舜采椽不刮，茅茨不翦，饭土塯，啜土形，虽监门之养，不觳于此。禹凿龙门，通大夏，决河亭水，放之海，身自持筑臿，胫毋毛，臣虏之劳不烈于此矣。'凡所为贵有天下者，得肆意极欲，主重明法，下不敢为非，以制御海内矣。夫虞、夏之主，贵为天子，亲处穷苦之实，以徇百姓，尚何于法？朕尊万乘，毋其实，吾欲造千乘之驾，万乘之属，充吾号名。且先帝起诸侯，兼天下，天下已定，外攘四夷以安边竟，作宫室以章得意，而君观先帝功业有绪。今朕即位二年之间，群盗并起，君不能禁，又欲罢先帝之所为，是上毋以报先帝，次不为朕尽忠力，何以在位？"下去疾、斯、劫吏，案责他罪。去疾、劫曰："将相不辱。"自杀。斯卒囚，就五刑。

三年，章邯等将其卒围钜鹿，楚上将军项羽将楚卒往救钜鹿。冬，赵高为丞相，竟案李斯杀之。夏，章邯等战数却，二世使人让邯，邯恐，使长史欣请事。赵高弗见，又弗信。欣恐，亡去，高使人捕追不及。欣见邯曰：

"赵高用事于中,将军有功亦诛,无功亦诛。"项羽急击秦军,虏王离,邯等
遂以兵降诸侯。八月己亥,赵高欲为乱,恐群臣不听,乃先设验,持鹿献于
二世,曰:"马也。"二世笑曰:"丞相误邪? 谓鹿为马。"问左右,左右或默,
或言马以阿顺赵高。或言鹿,高因阴中诸言鹿者以法。后群臣皆畏高。

　　高前数言"关东盗毋能为也",及项羽虏秦将王离等钜鹿下而前,章邯
等军数却,上书请益助,燕、赵、齐、楚、韩、魏皆立为王,自关以东,大氐尽
畔秦吏应诸侯,诸侯咸率其众西向。沛公将数万人已屠武关,使人私于
高,高恐二世怒,诛及其身,乃谢病不朝见。二世梦白虎啮其左骖马,杀
之,心不乐,怪问占梦。卜曰:"泾水为祟。"二世乃斋于望夷宫,欲祠泾,沉
四白马。使使责让高以盗贼事。高惧,乃阴与其婿咸阳令阎乐、其弟赵成
谋曰:"上不听谏,今事急,欲归祸于吾宗。吾欲易置上,更立公子婴。子
婴仁俭,百姓皆载其言。"使郎中令为内应,诈为有大贼,令乐召吏发卒,追
劫乐母置高舍。遣乐将吏卒千馀人至望夷宫殿门,缚卫令仆射,曰:"贼入
此,何不止?"卫令曰:"周庐设卒甚谨,安得贼敢入宫?"乐遂斩卫令,直将
吏入,行射,郎宦者大惊,或走或格,格者辄死,死者数十人。郎中令与乐
俱入,射上幄坐帏。二世怒,召左右,左右皆惶扰不斗。旁有宦者一人,侍
不敢去。二世入内,谓曰:"公何不蚤告我? 乃至于此!"宦者曰:"臣不敢
言,故得全。使臣蚤言,皆已诛,安得至今?"阎乐前即二世数曰:"足下骄
恣,诛杀无道,天下共畔足下,足下其自为计。"二世曰:"丞相可得见否?"
乐曰:"不可。"二世曰:"吾愿得一郡为王。"弗许。又曰:"愿为万户侯。"弗
许。曰:"愿与妻子为黔首,比诸公子。"阎乐曰:"臣受命于丞相,为天下诛
足下,足下虽多言,臣不敢报。"麾其兵进。二世自杀。

　　阎乐归报赵高,赵高乃悉召诸大臣公子,告以诛二世之状。曰:"秦故
王国,始皇君天下,故称帝。今六国复自立,秦地益小,乃以空名为帝,不
可。宜为王如故,便。"立二世之兄子公子婴为秦王。以黔首葬二世杜南
宜春苑中。令子婴斋,当庙见,受王玺。斋五日,子婴与其子二人谋曰:
"丞相高杀二世望夷宫,恐群臣诛之,乃详以义立我。我闻赵高乃与楚约,
灭秦宗室而王关中。今使我斋见庙,此欲因庙中杀我。我称病不行,丞相
必自来,来则杀之。"高使人请子婴数辈,子婴不行,高果自往,曰:"宗庙重
事,王奈何不行?"子婴遂刺杀高于斋宫,三族高家以徇咸阳。子婴为秦王
四十六日,楚将沛公破秦军入武关,遂至霸上,使人约降子婴。子婴即系
颈以组,白马素车,奉天子玺符,降轵道旁。沛公遂入咸阳,封宫室府库,
还军霸上。居月馀,诸侯兵至,项籍为从长,杀子婴及秦诸公子宗族。遂

屠咸阳，烧其宫室，虏其子女，收其珍宝货财，诸侯共分之。灭秦之后，各分其地为三，名曰雍王、塞王、翟王，号曰三秦。项羽为西楚霸王，主命分天下王诸侯，秦竟灭矣。后五年，天下定于汉。

太史公曰："秦之先伯翳，尝有勋于唐虞之际，受土赐姓。及殷夏之间微散。至周之衰，秦兴，邑于西垂。自缪公以来，稍蚕食诸侯，竟成始皇。始皇自以为功过五帝，地广三王，而羞与之侔。善哉乎贾生推言之也！曰：

秦并兼诸侯山东三十馀郡，缮津关，据险塞，修甲兵而守之。然陈涉以戍卒散乱之众数百，奋臂大呼，不用弓戟之兵，钼櫌白梃，望屋而食，横行天下。秦人阻险不守，关梁不阖，长戟不刺，强弩不射。楚师深入，战于鸿门，曾无藩篱之艰。于是山东大扰，诸侯并起，豪俊相立。秦使章邯将而东征，章邯因以三军之众要市于外，以谋其上。群臣之不信，可见于此矣。子婴立，遂不寤。藉使子婴有庸主之材，仅得中佐，山东虽乱，秦之地可全而有，宗庙之祀未当绝也。

秦地被山带河以为固，四塞之国也。自缪公以来，至于秦王，二十馀君，常为诸侯雄。岂世世贤哉？其势居然也。且天下尝同心并力而攻秦矣。当此之世，贤智并列，良将行其师，贤相通其谋，然困于阻险而不能进，秦乃延入战而为之开关，百万之徒逃北而遂坏。岂勇力智慧不足哉？形不利，势不便也。秦小邑并大城，守险塞而军，高垒毋战，闭关据厄，荷戟而守之。诸侯起于匹夫，以利合，非有素王之行也。其交未亲，其下未附，名为亡秦，其实利之也。彼见秦阻之难犯也，必退师。安土息民，以待其敝，收弱扶罢，以令大国之君，不患不得意于海内。贵为天子，富有天下，而身为禽者，其救败非也。

秦王足己不问，遂过而不变。二世受之，因而不改，暴虐以重祸。子婴孤立无亲，危弱无辅。三主惑而终身不悟，亡，不亦宜乎？当此时也，世非无深虑知化之士也，然所以不敢尽忠拂过者，秦俗多忌讳之禁，忠言未卒于口而身为戮没矣。故使天下之士，倾耳而听，重足而立，拑口而不言。是以三主失道，忠臣不敢谏，智士不敢谋，天下已乱，奸不上闻，岂不哀哉！先王知雍蔽之伤国也，故置公卿大夫士，以饰法设刑，而天下治。其强也，禁暴诛乱而天下服。其弱也，五伯征而诸侯从。其削也，内守外附而社稷存。故秦之盛也，繁法严刑而天下振；及其衰也，百姓怨望而海内畔矣。故周五序得其道，而千馀岁不绝。秦本末并失,故不长久。由此观之,安危之统相去远矣。野谚曰"前事之不忘,后事之师也"。是以君子为国,观之上古,验之当世,参以人事,察盛衰之理,审权势之宜,去就有序,变化有时,故旷日长久而社稷安矣。

秦孝公据殽函之固,拥雍州之地,君臣固守而窥周室,有席卷天下,包举宇内,囊括四海之意,并吞八荒之心。当是时,商君佐之,内立法度,务耕织,修守战之备,外连衡而斗诸侯,于是秦人拱手而取西河之外。

孝公既没,惠王、武王蒙故业,因遗册,南兼汉中,西举巴、蜀,东割膏腴之地,收要害之郡。诸侯恐惧,会盟而谋弱秦,不爱珍器重宝肥美之地,以致天下之士,合从缔交,相与为一。当是时,齐有孟尝,赵有平原,楚有春申,魏有信陵。此四君者,皆明知而忠信,宽厚而爱人,尊贤重士,约从离衡,并韩、魏、燕、楚、齐、赵、宋、卫、中山之众。于是六国之士有宁越、徐尚、苏秦、杜赫之属为之谋,齐明、周最、陈轸、昭滑、楼缓、翟景、苏厉、乐毅之徒通其意,吴起、孙膑、带佗、兒良、王廖、田忌、廉颇、赵奢之朋制其兵。常以十倍之地,百万之众,叩关而攻秦。秦人开关延敌,九国之师逡巡遁逃而不敢进。秦无亡矢遗镞之费,而天下诸侯已困矣。于是从散约解,争割地而奉秦。秦有馀力而制其敝,追亡逐北,伏尸百万,流血漂卤。因利乘便,宰割天下,分裂河山,强国请服,弱国入朝。延及孝文王、庄襄王,享国日浅,国家无事。

及至秦王,续六世之馀烈,振长策而御宇内,吞二周而亡诸侯,履至尊而制六合,执棰拊以鞭笞天下,威振四海。南取百越之地,以为桂林、象郡,百越之君俯首系颈,委命下吏。乃使蒙恬北筑长城而守藩篱,却匈奴七百馀里,胡人不敢南下而牧马,士不敢弯弓而报怨。于是废先王之道,焚百家之言,以愚黔首。堕名城,杀豪俊,收天下之兵聚之咸阳,销锋铸镰,以为金人十二,以弱黔首之民。然后斩华为城,因河为津,据亿丈之城,临不测之谿以为固。良将劲弩守要害之处,信臣精卒陈利兵而谁何,天下以定。秦王之心,自以为关中之固,金城千里,子孙帝王万世之业也。

秦王既没,馀威振于殊俗。陈涉,瓮牖绳枢之子,甿隶之人,而迁徙之徒,才能不及中人,非有仲尼、墨翟之贤,陶朱、猗顿之富,蹑足行伍之间,而倔起什伯之中,率罢散之卒,将数百之众,而转攻秦。斩木为兵，揭竿为旗，天下云集响应，赢粮而景从，山东豪俊遂并起而亡秦族矣。

且夫天下非小弱也，雍州之地，殽函之固自若也。陈涉之位，非尊于齐、楚、燕、赵、韩、魏、宋、卫、中山之君；鉏櫌棘矜，非锐于句戟长铩也；適戍之众，非抗于九国之师；深谋远虑，行军用兵之道，非及乡时之士也。然而成败异变，功业相反也。试使山东之国与陈涉度长絜大，比权量力，则不可同年而语矣。然秦以区区之地，千乘之权，招八州而朝同列，百有馀年矣。然后以六合为家，殽函为宫，一夫作难而七庙堕，身死人手，为天下笑者，何也？仁义不施而攻守之势异也。

秦并海内，兼诸侯，南面称帝，以养四海，天下之士斐然乡风，若是者何也？曰：近古之无王者久矣。周室卑微，五霸既殁，令不行于天下，是以诸侯力政，强侵弱，众暴寡，兵革不休，士民罢敝。今秦南面而王天下，是上有天子也。既元元之民冀得安其性命，莫不虚心而仰上，当此之时，守威定功，安危之本在于此矣。

秦王怀贪鄙之心，行自奋之智，不信功臣，不亲士民，废王道，立私权，禁文书而酷刑法，先诈力而后仁义，以暴虐为天下始。夫并兼者高诈力，安定者贵顺权，此言取与守不同术也。秦离战国而王天下，其道不易，其政不改，是其所以取之守之者无异也。孤独而有之，故其亡可立而待。借使秦王计上世之事，并殷周之迹，以制御其政，后虽有淫骄之主而未有倾危之患也。故三王之建天下，名号显美，功业长久。

今秦二世立，天下莫不引领而观其政。夫寒者利裋褐而饥者甘糟糠，天下之嗷嗷，新主之资也。此言劳民之易为仁也。向使二世有庸主之行，而任忠贤，臣主一心而忧海内之患，缟素而正先帝之过，裂地分民以封功臣之后，建国立君以礼天下，虚囹圄而免刑戮，除去收帑污秽之罪，使各反其乡里，发仓廪，散财币，以振孤独穷困之士，轻赋少事，以佐百姓之急，约法省刑以持其后，使天下之人皆得自新，更节修行，各慎其身，塞万民之望，而以威德与天下，天下集矣。即四海之内，皆欢然各自安乐其处，唯恐有变，虽有狡猾之民，无离上之心，则不轨之臣无以饰其智，而暴乱之奸止矣。二世不行此术，而重之以无道，坏宗庙与民，更始作阿房宫，繁刑严诛，吏治刻深，赏罚不当，赋敛无度，天下多事，吏弗能纪，百姓困穷而主弗收恤。然后奸伪并起，而上下相遁，蒙罪者众，刑戮相望于道，而天下苦之。自君卿以下至于众庶，人怀自危之心，亲处穷苦之实，咸不安其位，故易动也。是以陈涉不用汤武之贤，不藉公侯之尊，奋臂于大泽而天下响应者，其民危也。故先王见始终之变，知存亡之机，是以牧民之道，务在安之而已。天下虽有逆行之臣，必无响应之助矣。故曰"安民可与行义，而危民易与为非"，此之谓也。贵为天子，富有天下，身不免于戮杀者，正倾非也。是二世之过也。

襄公立，享国十二年。初为西畤。葬西垂。生文公。

文公立，居西垂宫。五十年死，葬西垂。生静公。

静公不享国而死。生宪公。

宪公享国十二年，居西新邑。死，葬衙。生武公、德公、出子。

出子享国六年，居西陵。庶长弗忌、威累、参父三人，率贼贼出子鄜衍，葬衙。武公立。

武公享国二十年。居平阳封宫。葬宣阳聚东南。三庶长伏其罪。德公立。

德公享国二年。居雍大郑宫。生宣公、成公、缪公。葬阳。初伏，以御蛊。

宣公享国十二年。居阳宫。葬阳。初志闰月。

成公享国四年，居雍之宫。葬阳。齐伐山戎、孤竹。

缪公享国三十九年。天子致霸。葬雍。缪公学著人。生康公。

康公享国十二年。居雍高寝。葬竘社。生共公。

共公享国五年，居雍高寝。葬康公南。生桓公。

桓公享国二十七年。居雍太寝。葬义里丘北。生景公。

景公享国四十年。居雍高寝，葬丘里南。生毕公。

毕公享国三十六年。葬车里北。生夷公。

夷公不享国。死，葬左宫。生惠公。

惠公享国十年。葬车里。生悼公。

悼公享国十五年。葬僖公西。城雍。生剌龚公。

剌龚公享国三十四年。葬入里。生躁公、怀公。其十年，彗星见。

躁公享国十四年。居受寝。葬悼公南。其元年，彗星见。

怀公从晋来。享国四年。葬栎圉氏。生灵公。诸臣围怀公，怀公自杀。

肃灵公，昭子子也。居泾阳。享国十年。葬悼公西。生简公。

简公从晋来。享国十五年。葬僖公西。生惠公。其七年，百姓初带剑。

惠公享国十三年。葬陵圉。生出公。

出公享国二年。出公自杀，葬雍。

献公享国二十三年。葬嚣圉。生孝公。

孝公享国二十四年。葬弟圉。生惠文王。其十三年，始都咸阳。

惠文王享国二十七年。葬公陵。生悼武王。

悼武王享国四年，葬永陵。

昭襄王享国五十六年。葬茝阳。生孝文王。

孝文王享国一年。葬寿陵。生庄襄王。

庄襄王享国三年。葬茝阳。生始皇帝。吕不韦相。

献公立七年，初行为市。十年，为户籍相伍。

孝公立十六年。时桃李冬华。

惠文王生十九年而立。立二年，初行钱。有新生婴儿曰“秦且王”。

悼武王生十九年而立。立三年，渭水赤三日。

昭襄王生十九年而立。立四年，初为田开阡陌。

孝文王生五十三年而立。

庄襄王生三十二年而立。立二年，取太原地。庄襄王元年，大赦，修先王功臣，施德厚骨肉，布惠于民。东周与诸侯谋秦，秦使相国不韦诛之，尽入其国。秦不绝其祀，以阳人地赐周君，奉其祭祀。

始皇享国三十七年。葬郦邑。生二世皇帝。始皇生十三年而立。

二世皇帝享国三年。葬宜春。赵高为丞相安武侯。二世生十二年而立。

右秦襄公至二世，六百一十岁 。

孝明皇帝十七年十月十五日乙丑，曰：

周历已移，仁不代母。秦直其位，吕政残虐。然以诸侯十三，并兼天下，极情纵欲，养育宗亲。三十七年，兵无所不加，制作政令，施于后王。盖得圣人之威，河神授图，据狼、狐，蹈参、伐，佐政驱除，距之称始皇。

始皇既殁，胡亥极愚，郦山未毕，复作阿房，以遂前策。云“凡所

为贵有天下者,肆意极欲,大臣至欲罢先君所为"。诛斯、去疾,任用
赵高。痛哉言乎! 人头畜鸣。不威不伐恶,不笃不虚亡,距之不得
留,残虐以促期,虽居形便之国,犹不得存。

　　子婴度次得嗣,冠玉冠,佩华绂,车黄屋,从百司,谒七庙。小人
乘非位,莫不恍忽失守,偷安日日,独能长念却虑,父子作权,近取于
户牖之间,竟诛猾臣,为君讨贼。高死之后,宾婚未得尽相劳,餐未及
下咽,酒未及濡唇,楚兵已屠关中,真人翔霸上,素车婴组,奉其符玺,
以归帝者。郑伯茅旌鸾刀,严王退舍。河决不可复壅,鱼烂不可复
全。贾谊、司马迁曰:"向使婴有庸主之才,仅得中佐,山东虽乱,秦之
地可全而有,宗庙之祀未当绝也。"秦之积衰,天下土崩瓦解,虽有周
旦之材,无所复陈其巧,而以责一日之孤,误哉! 俗传秦始皇起罪恶,
胡亥极,得其理矣。复责小子,云秦地可全,所谓不通时变者也。纪
季以酅,春秋不名。吾读秦纪,至于子婴车裂赵高,未尝不健其决,怜
其志。婴死生之义备矣。

史 记 卷 七

项羽本纪第七

项籍者,下相人也,字羽。初起时,年二十四。其季父项梁,梁父即楚将项燕,为秦将王翦所戮者也。项氏世世为楚将,封于项,故姓项氏。

项籍少时,学书不成,去学剑,又不成。项梁怒之。籍曰:"书足以记名姓而已。剑一人敌,不足学,学万人敌。"于是项梁乃教籍兵法,籍大喜,略知其意,又不肯竟学。项梁尝有栎阳逮,乃请蕲狱掾曹咎书抵栎阳狱掾司马欣,以故事得已。项梁杀人,与籍避仇于吴中。吴中贤士大夫皆出项梁下。每吴中有大繇役及丧,项梁常为主办,阴以兵法部勒宾客及子弟,以是知其能。秦始皇帝游会稽,渡浙江,梁与籍俱观。籍曰:"彼可取而代也。"梁掩其口,曰:"毋妄言,族矣!"梁以此奇籍。籍长八尺馀,力能扛鼎,才气过人,虽吴中子弟皆已惮籍矣。

秦二世元年七月,陈涉等起大泽中。其九月,会稽守通谓梁曰:"江西皆反,此亦天亡秦之时也。吾闻先即制人,后则为人所制。吾欲发兵,使公及桓楚将。"是时桓楚亡在泽中。梁曰:"桓楚亡,人莫知其处,独籍知之耳。"梁乃出,诫籍持剑居外待。梁复入,与守坐,曰:"请召籍,使受命召桓楚。"守曰:"诺。"梁召籍入。须臾,梁眴籍曰:"可行矣!"于是籍遂拔剑斩守头。项梁持守头,佩其印绶。门下大惊,扰乱,籍所击杀数十百人。一府中皆慑伏,莫敢起。梁乃召故所知豪吏,谕以所为起大事,遂举吴中兵。使人收下县,得精兵八千人。梁部署吴中豪杰为校尉、候、司马。有一人不得用,自言于梁。梁曰:"前时某丧使公主某事,不能办,以此不任用公。"众乃皆伏。于是梁为会稽守,籍为裨将,徇下县。

广陵人召平于是为陈王徇广陵,未能下。闻陈王败走,秦兵又且至,乃渡江矫陈王命,拜梁为楚王上柱国。曰:"江东已定,急引兵西击秦。"项梁乃以八千人渡江而西。闻陈婴已下东阳,使使欲与连和俱西。陈婴者,故东阳令史,居县中,素信谨,称为长者。东阳少年杀其令,相聚数千人,欲置长,无适用,乃请陈婴。婴谢不能,遂强立婴为长,县中从者得二万人。少年欲立婴便为王,异军苍头特起。陈婴母谓婴曰:"自我为汝家妇,未尝闻汝先古之有贵者。今暴得大名,不祥。不如有所属,事成犹得封侯,事败易以亡,非世所指名也。"婴乃不敢为王。谓其军吏曰:"项氏世世将家,有名于楚。今欲举大事,将非其人,不可。我倚名族,亡秦必矣。"于是众从其言,以兵属项梁。项梁渡淮,黥布、蒲将军亦以兵属焉。凡六七万人,军下邳。

当是时,秦嘉已立景驹为楚王,军彭城东,欲距项梁。项梁谓军吏曰:"陈王先首事,战不利,未闻所在。今秦嘉倍陈王而立景驹,逆无道。"乃进兵击秦嘉。秦嘉军败走,追之至胡陵。嘉还战一日,嘉死,军降。景驹走死梁地。项梁已并秦嘉军,军胡陵,将引军而西。章邯军至栗,项梁使别将朱鸡石、馀樊君与战。馀樊君死。朱鸡石军败,亡走胡陵。项梁乃引兵入薛,诛鸡石。项梁前使项羽别攻襄城,襄城坚守不下。已拔,皆坑之。还报项梁。项梁闻陈王定死,召诸别将会薛计事。此时沛公亦起沛往焉。

居鄛人范增,年七十,素居家,好奇计,往说项梁曰:"陈胜败固当。夫秦灭六国,楚最无罪。自怀王入秦不反,楚人怜之至今,故楚南公曰'楚虽三户,亡秦必楚'也。今陈胜首事,不立楚后而自立,其势不长。今君起江东,楚蜂午之将皆争附君者,以君世世楚将,为能复立楚之后也。"于是项梁然其言,乃求楚怀王孙心民间,为人牧羊,立以为楚怀王,从民所望也。陈婴为楚上柱国,封五县,与怀王都盱台。项梁自号为武信君。

居数月,引兵攻亢父,与齐田荣、司马龙且军救东阿,大破秦军于东阿。田荣即引兵归,逐其王假。假亡走楚。假相田角亡走赵。角弟田间故齐将,居赵不敢归。田荣立田儋子市为齐王。项梁已破东阿下军,遂追秦军。数使使趣齐兵,欲与俱西。田荣曰:"楚杀田假,赵杀田角、田间,乃发兵。"项梁曰:"田假为与国之王,穷来从我,不忍杀之。"赵亦不杀田角、田间以市于齐。齐遂不肯发兵助楚。项梁使沛公及项羽别攻城阳,屠之。西破秦军濮阳东,秦兵收入濮阳。沛公、项羽乃攻定陶。定陶未下,去,西略地至雝丘,大破秦军,斩李由。还攻外黄,外黄未下。

项梁起东阿,西,比至定陶,再破秦军,项羽等又斩李由,益轻秦,有骄色。宋义乃谏项梁曰:"战胜而将骄卒惰者败。今卒少惰矣,秦兵日益,臣为君畏之。"项梁弗听。乃使宋义使于齐。道遇齐使者高陵君显,曰:"公将见武信君乎?"曰:"然。"曰:"臣论武信君军必败。公徐行即免死,疾行则及祸。"秦果悉起兵益章邯,击楚军,大破之定陶,项梁死。沛公、项羽去外黄攻陈留,陈留坚守不能下。沛公、项羽相与谋曰:"今项梁军破,士卒恐。"乃与吕臣军俱引兵而东。吕臣军彭城东,项羽军彭城西,沛公军砀。

　　章邯已破项梁军,则以为楚地兵不足忧,乃渡河击赵,大破之。当此时,赵歇为王,陈馀为将,张耳为相,皆走入钜鹿城。章邯令王离、涉间围钜鹿,章邯军其南,筑甬道而输之粟。陈馀为将,将卒数万人而军钜鹿之北,此所谓河北之军也。

　　楚兵已破于定陶,怀王恐,从盱台之彭城,并项羽、吕臣军自将之。以吕臣为司徒,以其父吕青为令尹。以沛公为砀郡长,封为武安侯,将砀郡兵。

　　初,宋义所遇齐使者高陵君显在楚军,见楚王曰:"宋义论武信君之军必败,居数日,军果败。兵未战而先见败征,此可谓知兵矣。"王召宋义与计事而大说之,因置以为上将军;项羽为鲁公,为次将,范增为末将,救赵。诸别将皆属宋义,号为卿子冠军。行至安阳,留四十六日不进。项羽曰:"吾闻秦军围赵王钜鹿,疾引兵渡河,楚击其外,赵应其内,破秦军必矣。"宋义曰:"不然。夫搏牛之虻不可以破虮虱。今秦攻赵,战胜则兵罢,我承其敝;不胜,则我引兵鼓行而西,必举秦矣。故不如先斗秦赵。夫被坚执锐,义不如公;坐而运策,公不如义。"因下令军中曰:"猛如虎,很如羊,贪如狼,强不可使者,皆斩之。"乃遣其子宋襄相齐,身送之至无盐,饮酒高会。天寒大雨,士卒冻饥。项羽曰:"将戮力而攻秦,久留不行。今岁饥民贫,士卒食芋菽,军无见粮,乃饮酒高会,不引兵渡河因赵食,与赵并力攻秦,乃曰'承其敝'。夫以秦之强,攻新造之赵,其势必举赵。赵举而秦强,何敝之承!且国兵新破,王坐不安席,埽境内而专属于将军,国家安危,在此一举。今不恤士卒而徇其私,非社稷之臣。"项羽晨朝上将军宋义,即其帐中斩宋义头,出令军中曰:"宋义与齐谋反楚,楚王阴令羽诛之。"当是时,诸将皆慑服,莫敢枝梧。皆曰:"首立楚者,将军家也。今将军诛乱。"乃相与共立羽为假上将军。使人追宋义子,及之齐,杀之。使桓楚报命于怀王。怀王因使项羽为上将军,当阳君、蒲将军皆属项羽。

　　项羽已杀卿子冠军,威震楚国,名闻诸侯。乃遣当阳君、蒲将军将卒二万渡河,救钜鹿。战少利,陈馀复请兵。项羽乃悉引兵渡河,皆沉船,破釜甑,烧庐舍,持三日粮,以示士卒必死,无一还心。于是至则围王离,与秦军遇,九战,绝其甬道,大破之,杀苏角,虏王离。涉间不降楚,自烧杀。当是时,楚兵冠诸侯。诸侯军救钜鹿下者十馀壁,莫敢纵兵。及楚击秦,诸将皆从壁上观。楚战士无不一以当十,楚兵呼声动天,诸侯军无不人人惴恐。于是已破秦军,项羽召见诸侯将,入辕门,无不膝行而前,莫敢仰视。项羽由是始为诸侯上将军,诸侯皆属焉。

章邯军棘原,项羽军漳南,相持未战。秦军数却,二世使人让章邯。章邯恐,使长史欣请事。至咸阳,留司马门三日,赵高不见,有不信之心。长史欣恐,还走其军,不敢出故道,赵高果使人追之,不及。欣至军,报曰:"赵高用事于中,下无可为者。今战能胜,高必疾妒吾功;战不能胜,不免于死。愿将军孰计之。"陈馀亦遗章邯书曰:"白起为秦将,南征鄢郢,北坑马服,攻城略地,不可胜计,而竟赐死。蒙恬为秦将,北逐戎人,开榆中地数千里,竟斩阳周。何者?功多,秦不能尽封,因以法诛之。今将军为秦将三岁矣,所亡失以十万数,而诸侯并起滋益多。彼赵高素谀日久,今事急,亦恐二世诛之,故欲以法诛将军以塞责,使人更代将军以脱其祸。夫将军居外久,多内却,有功亦诛,无功亦诛。且天之亡秦,无愚智皆知之。今将军内不能直谏,外为亡国将,孤特独立而欲常存,岂不哀哉!将军何不还兵与诸侯为从,约共攻秦,分王其地,南面称孤;此孰与身伏铁质,妻子为僇乎?"章邯狐疑,阴使候始成使项羽,欲约。约未成,项羽使蒲将军日夜引兵度三户,军漳南,与秦战,再破之。项羽悉引兵击秦军汙水上,大破之。

章邯使人见项羽,欲约。项羽召军吏谋曰:"粮少,欲听其约。"军吏皆曰:"善。"项羽乃与期洹水南殷虚上。已盟,章邯见项羽而流涕,为言赵高。项羽乃立章邯为雍王,置楚军中。使长史欣为上将军,将秦军为前行。

到新安。诸侯吏卒异时故繇使屯戍过秦中,秦中吏卒遇之多无状,及秦军降诸侯,诸侯吏卒乘胜多奴虏使之,轻折辱秦吏卒。秦吏卒多窃言曰:"章将军等诈吾属降诸侯,今能入关破秦,大善;即不能,诸侯虏吾属而东,秦必尽诛吾父母妻子。"诸将微闻其计,以告项羽。项羽乃召黥布、蒲将军计曰:"秦吏卒尚众,其心不服,至关中不听,事必危,不如击杀之,而独与章邯、长史欣、都尉翳入秦。"于是楚军夜击坑秦卒二十馀万人新安城南。

行略定秦地。函谷关有兵守关,不得入。又闻沛公已破咸阳,项羽大怒,使当阳君等击关。项羽遂入,至于戏西。沛公军霸上,未得与项羽相见。沛公左司马曹无伤使人言于项羽曰:"沛公欲王关中,使子婴为相,珍宝尽有之。"项羽大怒,曰:"旦日飨士卒,为击破沛公军!"当是时,项羽兵四十万,在新丰鸿门,沛公兵十万,在霸上。范增说项羽曰:"沛公居山东时,贪于财货,好美姬。今入关,财物无所取,妇女无所幸,此其志不在小。吾令人望其气,皆为龙虎,成五采,此天子气也。急击勿失。"

楚左尹项伯者,项羽季父也,素善留侯张良。张良是时从沛公,项伯乃夜驰之沛公军,私见张良,具告以事,欲呼张良与俱去。曰:"毋从俱死也。"张良曰:"臣为韩王送沛公,沛公今事有急,亡去不义,不可不语。"良乃入,具告沛公。沛公大惊,曰:"为之奈何?"张良曰:"谁为大王为此计者?"曰:"鲰生说我曰'距关,毋内诸侯,秦地可尽王也'。故听之。"良曰:"料大王士卒足以当项王乎?"沛公默然,曰:"固不如也,且为之奈何?"张良曰:"请往谓项伯,言沛公不敢背项王也。"沛公曰:"君安与项伯有故?"张良曰:"秦时与臣游,项伯杀人,臣活之。今事有急,故幸来告良。"沛公曰:"孰与君少长?"良曰:"长于臣。"沛公曰:"君为我呼入,吾得兄事之。"张良出,要项伯。项伯即入见沛公。沛公奉卮酒为寿,约为婚姻,曰:"吾入关,秋豪不敢有所近,籍吏民,封府库,而待将军。所以遣将守关者,备他盗之出入与非常也。日夜望将军至,岂敢反乎! 愿伯具言臣之不敢倍德也。"项伯许诺。谓沛公曰:"旦日不可不蚤自来谢项王。"沛公曰:"诺。"于是项伯复夜去,至军中,具以沛公言报项王。因言曰:"沛公不先破关中,公岂敢入乎? 今人有大功而击之,不义也,不如因善遇之。"项王许诺。

沛公旦日从百馀骑来见项王,至鸿门,谢曰:"臣与将军戮力而攻秦,将军战河北,臣战河南,然不自意能先入关破秦,得复见将军于此。今者有小人之言,令将军与臣有郤。"项王曰:"此沛公左司马曹无伤言之;不然,籍何以至此。"项王即日因留沛公与饮。项王、项伯东向坐,亚父南向坐。亚父者,范增也。沛公北向坐,张良西向侍。范增数目项王,举所佩玉玦以示之者三,项王默然不应。范增起,出召项庄,谓曰:"君王为人不忍,若入前为寿,寿毕,请以剑舞,因击沛公于坐,杀之。不者,若属皆且为所虏。"庄则入为寿。寿毕,曰:"君王与沛公饮,军中无以为乐,请以剑舞。"项王曰:"诺。"项庄拔剑起舞,项伯亦拔剑起舞,常以身翼蔽沛公,庄不得击。于是张良至军门,见樊哙。樊哙曰:"今日之事何如?"良曰:"甚急。今者项庄拔剑舞,其意常在沛公也。"哙曰:"此迫矣,臣请入,与之同命。"哙即带剑拥盾入军门。交戟之卫士欲止不内,樊哙侧其盾以撞,卫士仆地,哙遂入,披帷西向立,瞋目视项王,头发上指,目眦尽裂。项王按剑而跽曰:"客何为者?"张良曰:"沛公之参乘樊哙者也。"项王曰:"壮士,赐之卮酒。"则与斗卮酒。哙拜谢,起,立而饮之。项王曰:"赐之彘肩。"则与一生彘肩。樊哙覆其盾于地,加彘肩上,拔剑切而啖之。项王曰:"壮士,能复饮乎?"樊哙曰:"臣死且不避,卮酒安足辞!夫秦王有虎狼之心,杀人如不能举,刑人如不恐胜,天下皆叛之。怀王与诸将约曰'先破秦入咸阳者王之'。今沛公先破秦入咸阳,豪毛不敢有所近,封闭宫室,还军霸上,以待大王来。故遣将守关者,备他盗出入与非常也。劳苦而功高如此,未有封侯之赏,而听细说,欲诛有功之人。此亡秦之续耳,窃为大王不取也。"项王未有以应,曰:"坐。"樊哙从良坐。坐须臾,沛公起如厕,因招樊哙出。

沛公已出,项王使都尉陈平召沛公。沛公曰:"今者出,未辞也,为之奈何?"樊哙曰:"大行不顾细谨,大礼不辞小让。如今人方为刀俎,我为鱼肉,何辞为。"于是遂去。乃令张良留谢。良问曰:"大王来何操?"曰:"我持白璧一双,欲献项王,玉斗一双,欲与亚父,会其怒,不敢献。公为我献之。"张良曰:"谨诺。"当是时,项王军在鸿门下,沛公军在霸上,相去四十里。沛公则置车骑,脱身独骑,与樊哙、夏侯婴、靳强、纪信等四人持剑盾步走,从郦山下,道芷阳间行。沛公谓张良曰:"从此道至吾军,不过二十里耳。度我至军中,公乃入。"沛公已去,间至军中,张良入谢,曰:"沛公不胜杯杓,不能辞。谨使臣良奉白璧一双,再拜献大王足下;玉斗一双,再拜奉大将军足下。"项王曰:"沛公安在?"良曰:"闻大王有意督过之,脱身独去,已至军矣。"项王则受璧,置之坐上。亚父受玉斗,置之地,拔剑撞而破之,曰:"唉!竖子不足与谋。夺项王天下者,必沛公也,吾属今为之虏矣。"沛公至军,立诛杀曹无伤。

居数日,项羽引兵西屠咸阳;杀秦降王子婴,烧秦宫室,火三月不灭;收其货宝妇女而东。人或说项王曰:"关中阻山河西塞,地肥饶,可都以霸。"项王见秦宫室皆以烧残破,又心怀思欲东归,曰:"富贵不归故乡,如衣绣夜行,谁知之者!"说者曰:"人言楚人沐猴而冠耳,果然。"项王闻之,烹说者。

项王使人致命怀王。怀王曰:"如约。"乃尊怀王为义帝。项王欲自王,先王诸将相。谓曰:"天下初发难时,假立诸侯后以伐秦。然身被坚执锐首事,暴露于野三年,灭秦定天下者,皆将相诸君与籍之力也。义帝虽无功,故当分其地而王之。"诸将皆曰:"善。"乃分天下,立诸将为侯王。项王、范增疑沛公之有天下,业已讲解,又恶负约,恐诸侯叛之,乃阴谋曰:"巴、蜀道险,秦之迁人皆居蜀。"乃曰:"巴、蜀亦关中地也。"故立沛公为汉王,王巴、蜀、汉中,都南郑。而三分关中,王秦降将以距塞汉王。项王乃立章邯为雍王,王咸阳以西,都废丘。长史欣者,故为栎阳狱掾,尝有德于项梁;都尉董翳者,本劝章邯降楚。故立司马欣为塞王,王咸阳以东至河,都栎阳;立董翳为翟王,王上郡,都高奴。徙魏王豹为西魏王,王河东,都平阳。瑕丘申阳者,张耳嬖臣也,先下河南,迎楚河上,故立申阳为河南王,都雒阳。韩王成因故都,都阳翟。赵将司马卬定河内,数有功,故立卬为殷王,王河内,都朝歌。徙赵王歇为代王。赵相张耳素贤,又从入关,故立耳为常山王,王赵地,都襄国。当阳君黥布为楚将,常冠军,故立布为九江王,都六。鄱君吴芮率百越佐诸侯,又从入关,故立芮为衡山王,都邾。义帝柱国共敖将兵击南郡,功多,因立敖为临江王,都江陵。徙燕王韩广为辽东王。燕将臧荼从楚救赵,因从入关,故立荼为燕王,都蓟。徙齐王田市为胶东王。齐将田都从共救赵,因从入关,故立都为齐王,都临菑。故秦所灭齐王建孙田安,项羽方渡河救赵,田安下济北数城,引其兵降项羽,故立安为济北王,都博阳。田荣者,数负项梁,又不肯将兵从楚击秦,以故不封。成安君陈馀弃将印去,不从入关,然素闻其贤,有功于赵,闻其在南皮,故因环封三县。番君将梅𫓹功多,故封十万户侯。项王自立为西楚霸王,王九郡,都彭城。

汉之元年四月,诸侯罢戏下,各就国。项王出之国,使人徙义帝,曰:"古之帝者地方千里,必居上游。"乃使使徙义帝长沙郴县。趣义帝行,其群臣稍稍背叛之,乃阴令衡山、临江王击杀之江中。韩王成无军功,项王不使之国,与俱至彭城,废以为侯,已又杀之。臧荼之国,因逐韩广之辽东,广弗听,荼击杀广无终,并王其地。

田荣闻项羽徙齐王市胶东,而立齐将田都为齐王,乃大怒,不肯遣齐王之胶东,因以齐反,迎击田都。田都走楚。齐王市畏项王,乃亡之胶东就国。田荣怒,追击杀之即墨。荣因自立为齐王,而西击杀济北王田安,并王三齐。荣与彭越将军印,令反梁地。陈馀阴使张同、夏说说齐王田荣曰:"项羽为天下宰,不平。今尽王故王于丑地,而王其群臣诸将善地,逐其故主,赵王乃北居代,馀以为不可。闻大王起兵,且不听不义,愿大王资馀兵,请以击常山,以复赵王,请以国为扞蔽。"齐王许之,因遣兵之赵。陈馀悉发三县兵,与齐并力击常山,大破之。张耳走归汉。陈馀迎故赵王歇于代,反之赵。赵王因立陈馀为代王。

是时,汉还定三秦。项羽闻汉王皆已并关中,且东,齐、赵叛之,大怒。

乃以故吴令郑昌为韩王,以距汉。令萧公角等击彭越。彭越败萧公角等。
汉使张良徇韩,乃遗项王书曰:"汉王失职,欲得关中,如约即止,不敢东。"
又以齐、梁反书遗项王曰:"齐欲与赵并灭楚。"楚以此故无西意,而北击
齐。征兵九江王布。布称疾不往,使将将数千人行。项王由此怨布也。
汉之二年冬,项羽遂北至城阳,田荣亦将兵会战。田荣不胜,走至平原,平
原民杀之。遂北烧夷齐城郭室屋,皆坑田荣降卒,系虏其老弱妇女。徇齐
至北海,多所残灭。齐人相聚而叛之。于是田荣弟田横收齐亡卒得数万
人,反城阳。项王因留,连战未能下。

　　春,汉王部五诸侯兵,凡五十六万人,东伐楚。项王闻之,即令诸将击
齐,而自以精兵三万人南从鲁出胡陵。四月,汉皆已入彭城,收其货宝美
人,日置酒高会。项王乃西从萧,晨击汉军而东,至彭城,日中,大破汉军。
汉军皆走,相随入谷、泗水,杀汉卒十馀万人。汉卒皆南走山,楚又追击至
灵壁东睢水上。汉军却,为楚所挤,多杀,汉卒十馀万人皆入睢水,睢水为
之不流。围汉王三帀。于是大风从西北而起,折木发屋,扬沙石,窈冥昼
晦,逢迎楚军。楚军大乱,坏散,而汉王乃得与数十骑遁去。欲过沛,收家
室而西;楚亦使人追之沛,取汉王家;家皆亡,不与汉王相见。汉王道逢得
孝惠、鲁元,乃载行。楚骑追汉王,汉王急,推堕孝惠、鲁元车下,滕公常下
收载之。如是者三。曰:"虽急不可以驱,奈何弃之?"于是遂得脱。求太
公、吕后不相遇。审食其从太公、吕后间行,求汉王,反遇楚军。楚军遂与
归,报项王,项王常置军中。

　　是时吕后兄周吕侯为汉将兵居下邑,汉王间往从之,稍稍收其士卒。
至荥阳,诸败军皆会,萧何亦发关中老弱未傅悉诣荥阳,复大振。楚起于
彭城,常乘胜逐北,与汉战荥阳南京、索间,汉败楚,楚以故不能过荥阳而
西。

　　项王之救彭城,追汉王至荥阳,田横亦得收齐,立田荣子广为齐王。
汉王之败彭城,诸侯皆复与楚而背汉。汉军荥阳,筑甬道属之河,以取敖
仓粟。汉之三年,项王数侵夺汉甬道,汉王食乏,恐,请和,割荥阳以西为
汉。

　　项王欲听之。历阳侯范增曰:"汉易与耳,今释弗取,后必悔之。"项王
乃与范增急围荥阳。汉王患之,乃用陈平计间项王。项王使者来,为太牢
具,举欲进之。见使者,详惊愕曰:"吾以为亚父使者,乃反项王使者。"更
持去,以恶食食项王使者。使者归报项王,项王乃疑范增与汉有私,稍夺
之权。范增大怒,曰:"天下事大定矣,君王自为之。愿赐骸骨归卒伍。"项

王许之。行未至彭城，疽发背而死。

汉将纪信说汉王曰："事已急矣，请为王诳楚为王，王可以间出。"于是汉王夜出女子荥阳东门被甲二千人，楚兵四面击之。纪信乘黄屋车，傅左纛，曰："城中食尽，汉王降。"楚军皆呼万岁。汉王亦与数十骑从城西门出，走成皋。项王见纪信，问："汉王安在？"信曰："汉王已出矣。"项王烧杀纪信。

汉王使御史大夫周苛、枞公、魏豹守荥阳。周苛、枞公谋曰："反国之王，难与守城。"乃共杀魏豹。楚下荥阳城，生得周苛。项王谓周苛曰："为我将，我以公为上将军，封三万户。"周苛骂曰："若不趣降汉，汉今虏若，若非汉敌也。"项王怒，烹周苛，并杀枞公。

汉王之出荥阳，南走宛、叶，得九江王布，行收兵，复入保成皋。汉之四年，项王进兵围成皋。汉王逃，独与滕公出成皋北门，渡河走脩武，从张耳、韩信军。诸将稍稍得出成皋，从汉王。楚遂拔成皋，欲西。汉使兵距之巩，令其不得西。

是时，彭越渡河击楚东阿，杀楚将军薛公。项王乃自东击彭越。汉王得淮阴侯兵，欲渡河南。郑忠说汉王，乃止壁河内。使刘贾将兵佐彭越，烧楚积聚。项王东击破之，走彭越。汉王则引兵渡河，复取成皋，军广武，就敖仓食。项王已定东海来，西，与汉俱临广武而军，相守数月。

当此时，彭越数反梁地，绝楚粮食，项王患之。为高俎，置太公其上，告汉王曰："今不急下，吾烹太公。"汉王曰："吾与项羽俱北面受命怀王，曰'约为兄弟'，吾翁即若翁，必欲烹而翁，则幸分我一杯羹。"项王怒，欲杀之。项伯曰："天下事未可知，且为天下者不顾家，虽杀之无益，只益祸耳。"项王从之。

楚汉久相持未决，丁壮苦军旅，老弱罢转漕。项王谓汉王曰："天下匈匈数岁者，徒以吾两人耳，愿与汉王挑战决雌雄，毋徒苦天下之民父子为也。"汉王笑谢曰："吾宁斗智，不能斗力。"项王令壮士出挑战。汉有善骑射者楼烦，楚挑战三合，楼烦辄射杀之。项王大怒，乃自被甲持戟挑战。楼烦欲射之，项王瞋目叱之，楼烦目不敢视，手不敢发，遂走还入壁，不敢复出。汉王使人间问之，乃项王也。汉王大惊。于是项王乃即汉王相与临广武间而语。汉王数之，项王怒，欲一战。汉王不听，项王伏弩射中汉王。汉王伤，走入成皋。

项王闻淮阴侯已举河北，破齐、赵，且欲击楚，乃使龙且往击之。淮阴侯与战,骑将灌婴击之,大破楚军,杀龙且。韩信因自立为齐王。项王闻龙且军破,则恐,使盱台人武涉往说淮阴侯。淮阴侯弗听。是时,彭越复反,下梁地,绝楚粮。项王乃谓海春侯大司马曹咎等曰:"谨守成皋,则汉欲挑战,慎勿与战,毋令得东而已。我十五日必诛彭越,定梁地,复从将军。"乃东,行击陈留、外黄。

外黄不下。数日,已降,项王怒,悉令男子年十五已上诣城东,欲坑之。外黄令舍人儿年十三,往说项王曰:"彭越强劫外黄,外黄恐,故且降,待大王。大王至,又皆坑之,百姓岂有归心? 从此以东,梁地十馀城皆恐,莫肯下矣。"项王然其言,乃赦外黄当坑者。东至睢阳,闻之皆争下项王。

汉果数挑楚军战,楚军不出。使人辱之,五六日,大司马怒,渡兵汜水。士卒半渡,汉击之,大破楚军,尽得楚国货赂。大司马咎、长史翳、塞王欣皆自刭汜水上。大司马咎者,故蕲狱掾,长史欣亦故栎阳狱吏,两人尝有德于项梁,是以项王信任之。当是时,项王在睢阳,闻海春侯军败,则引兵还。汉军方围钟离眛于荥阳东,项王至,汉军畏楚,尽走险阻。

是时,汉兵盛食多,项王兵罢食绝。汉遣陆贾说项王,请太公,项王弗听。汉王复使侯公往说项王,项王乃与汉约,中分天下,割鸿沟以西者为汉,鸿沟而东者为楚。项王许之,即归汉王父母妻子。军皆呼万岁。汉王乃封侯公为平国君。匿弗肯复见。曰:"此天下辩士,所居倾国,故号为平国君。"项王已约,乃引兵解而东归。

汉欲西归,张良、陈平说曰:"汉有天下太半,而诸侯皆附之。楚兵罢食尽,此天亡楚之时也,不如因其机而遂取之。今释弗击,此所谓'养虎自遗患'也。"汉王听之。汉五年,汉王乃追项王至阳夏南,止军,与淮阴侯韩信、建成侯彭越期会而击楚军。至固陵,而信、越之兵不会。楚击汉军,大破之。汉王复入壁,深堑而自守。谓张子房曰:"诸侯不从约,为之奈何?"对曰:"楚兵且破,信、越未有分地,其不至固宜。君王能与共分天下,今可立致也。即不能,事未可知也。君王能自陈以东傅海,尽与韩信;睢阳以北至穀城,以与彭越:使各自为战,则楚易败也。"汉王曰:"善。"于是乃发使者告韩信、彭越曰:"并力击楚。楚破,自陈以东傅海与齐王,睢阳以北至穀城与彭相国。"使者至,韩信、彭越皆报曰:"请今进兵。"韩信乃从齐往,刘贾军从寿春并行,屠城父,至垓下。大司马周殷叛楚,以舒屠六,举九江兵,随刘贾、彭越皆会垓下,诣项王。

项王军壁垓下,兵少食尽,汉军及诸侯兵围之数重。夜闻汉军四面皆楚歌,项王乃大惊曰:"汉皆已得楚乎?是何楚人之多也!"项王则夜起,饮帐中。有美人名虞,常幸从;骏马名骓,常骑之。于是项王乃悲歌慷慨,自为诗曰:"力拔山兮气盖世,时不利兮骓不逝。骓不逝兮可奈何,虞兮虞兮奈若何!"歌数阕,美人和之。项王泣数行下,左右皆泣,莫能仰视。

于是项王乃上马骑,麾下壮士骑从者八百馀人,直夜溃围南出,驰走。平明,汉军乃觉之,令骑将灌婴以五千骑追之。项王渡淮,骑能属者百馀人耳。项王至阴陵,迷失道,问一田父,田父绐曰"左"。左,乃陷大泽中。以故汉追及之。项王乃复引兵而东,至东城,乃有二十八骑。汉骑追者数千人。项王自度不得脱。谓其骑曰:"吾起兵至今八岁矣,身七十馀战,所当者破,所击者服,未尝败北,遂霸有天下。然今卒困于此,此天之亡我,非战之罪也。今日固决死,愿为诸君快战,必三胜之,为诸君溃围,斩将,刈旗,令诸君知天亡我,非战之罪也。"乃分其骑以为四队,四向。汉军围之数重。项王谓其骑曰:"吾为公取彼一将。"令四面骑驰下,期山东为三处。于是项王大呼驰下,汉军皆披靡,遂斩汉一将。是时,赤泉侯为骑将,追项王,项王瞋目而叱之,赤泉侯人马俱惊,辟易数里,与其骑会为三处。汉军不知项王所在,乃分军为三,复围之。项王乃驰,复斩汉一都尉,杀数十百人,复聚其骑,亡其两骑耳。乃谓其骑曰:"何如?"骑皆伏曰:"如大王言。"

于是项王乃欲东渡乌江。乌江亭长舣船待,谓项王曰:"江东虽小,地方千里,众数十万人,亦足王也。愿大王急渡。今独臣有船,汉军至,无以渡。"项王笑曰:"天之亡我,我何渡为!且籍与江东子弟八千人渡江而西,今无一人还,纵江东父兄怜而王我,我何面目见之?纵彼不言,籍独不愧于心乎?"乃谓亭长曰:"吾知公长者。吾骑此马五岁,所当无敌,尝一日行千里,不忍杀之,以赐公。"乃令骑皆下马步行,持短兵接战。独籍所杀汉军数百人。项王身亦被十馀创。顾见汉骑司马吕马童,曰:"若非吾故人乎?"马童面之,指王翳曰:"此项王也。"项王乃曰:"吾闻汉购我头千金,邑万户,吾为若德。"乃自刎而死。王翳取其头,馀骑相蹂践争项王,相杀者数十人。最其后,郎中骑杨喜,骑司马吕马童,郎中吕胜、杨武各得其一体。五人共会其体,皆是。故分其地为五:封吕马童为中水侯,封王翳为杜衍侯,封杨喜为赤泉侯,封杨武为吴防侯,封吕胜为涅阳侯。

项王已死,楚地皆降汉,独鲁不下。汉乃引天下兵欲屠之,为其守礼义,为主死节,乃持项王头视鲁,鲁父兄乃降。始,楚怀王初封项籍为鲁公,及其死,鲁最后下,故以鲁公礼葬项王穀城。汉王为发哀,泣之而去。

诸项氏枝属,汉王皆不诛。乃封项伯为射阳侯。桃侯、平皋侯、玄武侯皆项氏,赐姓刘。

太史公曰:吾闻之周生曰"舜目盖重瞳子",又闻项羽亦重瞳子。羽岂其苗裔邪?何兴之暴也!夫秦失其政,陈涉首难,豪杰蜂起,相与并争,不可胜数。然羽非有尺寸,乘势起陇亩之中,三年,遂将五诸侯灭秦,分裂天下,而封王侯,政由羽出,号为"霸王",位虽不终,近古以来未尝有也。及羽背关怀楚,放逐义帝而自立,怨王侯叛己,难矣。自矜功伐,奋其私智而不师古,谓霸王之业,欲以力征经营天下,五年卒亡其国,身死东城,尚不觉寤而不自责,过矣。乃引"天亡我,非用兵之罪也",岂不谬哉!

史　记　卷　八

高祖本纪第八

　　高祖,沛丰邑中阳里人,姓刘氏,字季。父曰太公,母曰刘媪。其先刘媪尝息大泽之陂,梦与神遇。是时雷电晦冥,太公往视,则见蛟龙于其上。已而有身,遂产高祖。

　　高祖为人,隆准而龙颜,美须髯,左股有七十二黑子。仁而爱人,喜施,意豁如也。常有大度,不事家人生产作业。及壮,试为吏,为泗水亭长,廷中吏无所不狎侮。好酒及色。常从王媪、武负贳酒,醉卧,武负、王媪见其上常有龙,怪之。高祖每酤留饮,酒雠数倍。及见怪,岁竟,此两家常折券弃责。

　　高祖常繇咸阳,纵观,观秦皇帝,喟然太息曰:“嗟乎,大丈夫当如此也!”

　　单父人吕公善沛令,避仇从之客,因家沛焉。沛中豪桀吏闻令有重客,皆往贺。萧何为主吏,主进,令诸大夫曰:“进不满千钱,坐之堂下。”高祖为亭长,素易诸吏,乃绐为谒曰“贺钱万”,实不持一钱。谒入,吕公大惊,起,迎之门。吕公者,好相人,见高祖状貌,因重敬之,引入坐。萧何曰:“刘季固多大言,少成事。”高祖因狎侮诸客,遂坐上坐,无所诎。酒阑,吕公因目固留高祖。高祖竟酒,后。吕公曰:“臣少好相人,相人多矣,无如季相,愿季自爱。臣有息女,愿为季箕帚妾。”酒罢,吕媪怒吕公曰:“公始常欲奇此女,与贵人。沛令善公,求之不与,何自妄许与刘季?”吕公曰:“此非儿女子所知也。”卒与刘季。吕公女乃吕后也,生孝惠帝、鲁元公主。

　　高祖为亭长时,常告归之田。吕后与两子居田中耨,有一老父过请饮,吕后因餔之。老父相吕后曰:“夫人天下贵人。”令相两子,见孝惠,曰:“夫人所以贵者,乃此男也。”相鲁元,亦皆贵。老父已去,高祖适从旁舍来,吕后具言客有过,相我子母皆大贵。高祖问,曰:“未远。”乃追及,问老父。老父曰:“乡者夫人婴儿皆似君,君相贵不可言。”高祖乃谢曰:“诚如父言,不敢忘德。”及高祖贵,遂不知老父处。

高祖为亭长，乃以竹皮为冠，令求盗之薛治之，时时冠之，及贵常冠，所谓"刘氏冠"乃是也。

高祖以亭长为县送徒郦山，徒多道亡。自度比至皆亡之，到丰西泽中，止饮，夜乃解纵所送徒。曰："公等皆去，吾亦从此逝矣！"徒中壮士愿从者十馀人。高祖被酒，夜径泽中，令一人行前。行前者还报曰："前有大蛇当径，愿还。"高祖醉，曰："壮士行，何畏！"乃前，拔剑击斩蛇。蛇遂分为两，径开。行数里，醉，因卧。后人来至蛇所，有一老妪夜哭。人问何哭，妪曰："人杀吾子，故哭之。"人曰："妪子何为见杀？"妪曰："吾子，白帝子也，化为蛇，当道，今为赤帝子斩之，故哭。"人乃以妪为不诚，欲苦之，妪因忽不见。后人至，高祖觉。后人告高祖，高祖乃心独喜，自负。诸从者日益畏之。

秦始皇帝常曰"东南有天子气"，于是因东游以厌之。高祖即自疑，亡匿，隐于芒、砀山泽岩石之间。吕后与人俱求，常得之。高祖怪问之。吕后曰："季所居上常有云气，故从往常得季。"高祖心喜。沛中子弟或闻之，多欲附者矣。

秦二世元年秋，陈胜等起蕲，至陈而王，号为"张楚"。诸郡县皆多杀其长吏以应陈涉。沛令恐，欲以沛应涉。掾、主吏萧何、曹参乃曰："君为秦吏，今欲背之，率沛子弟，恐不听。愿君召诸亡在外者，可得数百人，因劫众，众不敢不听。"乃令樊哙召刘季。刘季之众已数十百人矣。

于是樊哙从刘季来。沛令后悔，恐其有变，乃闭城城守，欲诛萧、曹。萧、曹恐，逾城保刘季。刘季乃书帛射城上，谓沛父老曰："天下苦秦久矣。今父老虽为沛令守，诸侯并起，今屠沛。沛今共诛令，择子弟可立者立之，以应诸侯，则家室完。不然，父子俱屠，无为也。"父老乃率子弟共杀沛令，开城门迎刘季，欲以为沛令。刘季曰："天下方扰，诸侯并起，今置将不善，一败涂地。吾非敢自爱，恐能薄，不能完父兄子弟。此大事，愿更相推择可者。"萧、曹等皆文吏，自爱，恐事不就，后秦种族其家，尽让刘季。诸父老皆曰："平生所闻刘季诸珍怪，当贵，且卜筮之，莫如刘季最吉。"于是刘季数让。众莫敢为，乃立季为沛公。祠黄帝，祭蚩尤于沛庭，而衅鼓旗，帜皆赤。由所杀蛇白帝子，杀者赤帝子，故上赤。于是少年豪吏如萧、曹、樊哙等皆为收沛子弟二三千人，攻胡陵、方与，还守丰。

秦二世二年，陈涉之将周章军西至戏而还。燕、赵、齐、魏皆自立为王。项氏起吴。秦泗川监平将兵围丰，二日，出与战，破之。命雍齿守丰，引兵之薛。泗川守壮败于薛，走至戚，沛公左司马得泗川守壮，杀之。沛公还军亢父，至方与，未战。陈王使魏人周市略地。周市使人谓雍齿曰："丰，故梁徙也。今魏地已定者数十城。齿今下魏，魏以齿为侯守丰。不下，且屠丰。"雍齿雅不欲属沛公，及魏招之，即反为魏守丰。沛公引兵攻丰，不能取。沛公病，还之沛。沛公怨雍齿与丰子弟叛之，闻东阳宁君、秦嘉立景驹为假王，在留，乃往从之，欲请兵以攻丰。是时秦将章邯从陈，别将司马㾕将兵北定楚地，屠相，至砀。东阳宁君、沛公引兵西，与战萧西，不利。还收兵聚留，引兵攻砀，三日乃取砀。因收砀兵，得五六千人。攻下邑，拔之。还军丰。闻项梁在薛，从骑百馀往见之。项梁益沛公卒五千人，五大夫将十人。沛公还，引兵攻丰。

从项梁月馀，项羽已拔襄城还。项梁尽召别将居薛。闻陈王定死，因立楚后怀王孙心为楚王，治盱台。项梁号武信君。居数月，北攻亢父，救东阿，破秦军。齐军归，楚独追北，使沛公、项羽别攻城阳，屠之。军濮阳之东，与秦军战，破之。

秦军复振，，守濮阳，环水。楚军去而攻定陶，定陶未下。沛公与项羽西略地至雍丘之下，与秦军战，大破之，斩李由。还攻外黄，外黄未下。

项梁再破秦军，有骄色。宋义谏，不听。秦益章邯兵，夜衔枚击项梁，大破之定陶，项梁死。沛公与项羽方攻陈留，闻项梁死，引兵与吕将军俱东。吕臣军彭城东，项羽军彭城西，沛公军砀。

章邯已破项梁军，则以为楚地兵不足忧，乃渡河，北击赵，大破之。当是之时，赵歇为王，秦将王离围之钜鹿城，此所谓河北之军也。

秦二世三年，楚怀王见项梁军破，恐，徙盱台都彭城，并吕臣、项羽军自将之。以沛公为砀郡长，封为武安侯，将砀郡兵。封项羽为长安侯，号为鲁公。吕臣为司徒，其父吕青为令尹。

赵数请救，怀王乃以宋义为上将军，项羽为次将，范增为末将，北救赵。令沛公西略地入关。与诸将约，先入定关中者王之。

当是时，秦兵强，常乘胜逐北，诸将莫利先入关。独项羽怨秦破项梁军，奋，愿与沛公西入关。怀王诸老将皆曰："项羽为人僄悍猾贼。项羽尝攻襄城，襄城无遗类，皆坑之，诸所过无不残灭。且楚数进取，前陈王、项梁皆败。不如更遣长者扶义而西，告谕秦父兄。秦父兄苦其主久矣，今诚得长者往，毋侵暴，宜可下。今项羽僄悍，今不可遣。独沛公素宽大长者，可遣。"卒不许项羽，而遣沛公西略地，收陈王、项梁散卒。乃道砀至成阳，与杠里秦军夹壁,破秦二军。楚军出兵击王离,大破之。

沛公引兵西,遇彭越昌邑,因与俱攻秦军,战不利。还至栗,遇刚武侯,夺其军,可四千馀人,并之。与魏将皇欣、魏申徒武蒲之军并攻昌邑,昌邑未拔。西过高阳。郦食其为监门,曰:"诸将过此者多,吾视沛公大人长者。"乃求见说沛公。沛公方踞床,使两女子洗足。郦生不拜,长揖,曰:"足下必欲诛无道秦,不宜踞见长者。"于是沛公起,摄衣谢之,延上坐。食其说沛公袭陈留,得秦积粟。乃以郦食其为广野君,郦商为将,将陈留兵,与偕攻开封,开封未拔。西与秦将杨熊战白马,又战曲遇东,大破之。杨熊走之荥阳,二世使使者斩以徇。南攻颍阳,屠之。因张良遂略韩地轘辕。

当是时,赵别将司马卬方欲渡河入关,沛公乃北攻平阴,绝河津。南,战雒阳东,军不利,还至阳城,收军中马骑,与南阳守齮战犨东,破之。略南阳郡,南阳守齮走,保城守宛。沛公引兵过而西。张良谏曰:"沛公虽欲急入关,秦兵尚众,距险。今不下宛,宛从后击,强秦在前,此危道也。"于是沛公乃夜引兵从他道还,更旗帜,黎明,围宛城三匝。南阳守欲自刭。其舍人陈恢曰:"死未晚也。"乃逾城见沛公,曰:"臣闻足下约,先入咸阳者王之。今足下留守宛。宛,大郡之都也,连城数十,人民众,积蓄多,吏人自以为降必死,故皆坚守乘城。今足下尽日止攻,士死伤者必多;引兵去宛,宛必随足下后:足下前则失咸阳之约,后又有强宛之患。为足下计,莫若约降,封其守,因使止守,引其甲卒与之西。诸城未下者,闻声争开门而待,足下通行无所累。"沛公曰:"善。"乃以宛守为殷侯,封陈恢千户。引兵西,无不下者。至丹水,高武侯鳃、襄侯王陵降西陵。还攻胡阳,遇番君别将梅鋗,与皆,降析、郦。遣魏人宁昌使秦,使者未来。是时章邯已以军降项羽于赵矣。

初,项羽与宋义北救赵,及项羽杀宋义,代为上将军,诸将黥布皆属,破秦将王离军,降章邯,诸侯皆附。及赵高已杀二世,使人来,欲约分王关中。沛公以为诈,乃用张良计,使郦生、陆贾往说秦将,啖以利,因袭攻武关,破之。又与秦军战于蓝田南,益张疑兵旗帜,诸所过毋得掠卤,秦人憙,秦军解,因大破之。又战其北,大破之。乘胜,遂破之。

汉元年十月,沛公兵遂先诸侯至霸上。秦王子婴素车白马,系颈以组,封皇帝玺符节,降轵道旁。诸将或言诛秦王。沛公曰:"始怀王遣我,固以能宽容;且人已服降,又杀之,不祥。"乃以秦王属吏,遂西入咸阳。欲止宫休舍，樊哙、张良谏，乃封秦重宝财物府库，还军霸上。召诸县父老豪桀曰："父老苦秦苛法久矣，诽谤者族，偶语者弃市。吾与诸侯约，先入关者王之，吾当王关中。与父老约，法三章耳：杀人者死，伤人及盗抵罪。馀悉除去秦法。诸吏人皆案堵如故。凡吾所以来，为父老除害，非有所侵暴，无恐！且吾所以还军霸上，待诸侯至而定约束耳。"乃使人与秦吏行县乡邑，告谕之。秦人大喜，争持牛羊酒食献飨军士。沛公又让不受，曰："仓粟多，非乏，不欲费人。"人又益喜，唯恐沛公不为秦王。

或说沛公曰："秦富十倍天下，地形强。今闻章邯降项羽，项羽乃号为雍王，王关中。今则来，沛公恐不得有此。可急使兵守函谷关，无内诸侯军，稍征关中兵以自益，距之。"沛公然其计，从之。十一月中，项羽果率诸侯兵西，欲入关，关门闭。闻沛公已定关中，大怒，使黥布等攻破函谷关。十二月中，遂至戏。沛公左司马曹无伤闻项王怒，欲攻沛公，使人言项羽曰："沛公欲王关中，令子婴为相，珍宝尽有之。"欲以求封。亚父劝项羽击沛公。方飨士，旦日合战。是时项羽兵四十万，号百万，沛公兵十万，号二十万，力不敌。会项伯欲活张良，夜往见良，因以文谕项羽，项羽乃止。沛公从百馀骑，驱之鸿门，见谢项羽。项羽曰："此沛公左司马曹无伤言之。不然，籍何以至此！"沛公以樊哙、张良故，得解归；归，立诛曹无伤。

项羽遂西，屠烧咸阳秦宫室，所过无不残破。秦人大失望，然恐，不敢不服耳。

项羽使人还报怀王。怀王曰："如约。"项羽怨怀王不肯令与沛公俱西入关，而北救赵，后天下约。乃曰："怀王者，吾家项梁所立耳，非有功伐，何以得主约！本定天下，诸将及籍也。"乃详尊怀王为义帝，实不用其命。

正月，项羽自立为西楚霸王，王梁、楚地九郡，都彭城。负约，更立沛公为汉王，王巴、蜀、汉中，都南郑。三分关中，立秦三将：章邯为雍王，都废丘；司马欣为塞王，都栎阳；董翳为翟王，都高奴。楚将瑕丘申阳为河南王，都洛阳。赵将司马卬为殷王，都朝歌。赵王歇徙王代。赵相张耳为常山王，都襄国。当阳君黥布为九江王，都六。怀王柱国共敖为临江王，都江陵。番君吴芮为衡山王，都邾。燕将臧荼为燕王，都蓟。故燕王韩广徙王辽东。广不听，臧荼攻杀之无终。封成安君陈馀河间三县，居南皮。封梅销十万户。

四月，兵罢戏下，诸侯各就国。汉王之国，项王使卒三万人从，楚与诸侯之慕从者数万人，从杜南入蚀中。去辄烧绝栈道，以备诸侯盗兵袭之，亦示项羽无东意。至南郑，诸将及士卒多道亡归，士卒皆歌思东归。韩信说汉王曰："项羽王诸将之有功者，而王独居南郑，是迁也。军吏士卒皆山东之人也，日夜跂而望归，及其锋而用之，可以有大功。天下已定，人皆自宁，不可复用。不如决策东乡，争权天下。"

项羽出关，使人徙义帝。曰："古之帝者地方千里，必居上游。"乃使使徙义帝长沙郴县，趣义帝行，群臣稍倍叛之，乃阴令衡山王、临江王击之，杀义帝江南。项羽怨田荣，立齐将田都为齐王。田荣怒，因自立为齐王，杀田都而反楚；予彭越将军印，令反梁地。楚令萧公角击彭越，彭越大破之。陈馀怨项羽之弗王己也，令夏说说田荣，请兵击张耳。齐予陈馀兵，击破常山王张耳，张耳亡归汉。迎赵王歇于代，复立为赵王。赵王因立陈馀为代王。项羽大怒，北击齐。

八月，汉王用韩信之计，从故道还，袭雍王章邯。邯迎击汉陈仓，雍兵败，还走；止战好畤，又复败，走废丘。汉王遂定雍地。东至咸阳，引兵围雍王废丘，而遣诸将略定陇西、北地、上郡。令将军薛欧、王吸出武关，因王陵兵南阳，以迎太公、吕后于沛。楚闻之，发兵距之阳夏，不得前。令故吴令郑昌为韩王，距汉兵。

二年，汉王东略地，塞王欣、翟王翳、河南王申阳皆降。韩王昌不听，使韩信击破之。于是置陇西、北地、上郡、渭南、河上、中地郡；关外置河南郡。更立韩太尉信为韩王。诸将以万人若以一郡降者，封万户。缮治河上塞。诸故秦苑囿园池，皆令人得田之。正月，虏雍王弟章平。大赦罪人。

汉王之出关至陕，抚关外父老，还，张耳来见，汉王厚遇之。

二月，令除秦社稷，更立汉社稷。

三月，汉王从临晋渡，魏王豹将兵从。下河内，虏殷王，置河内郡。南渡平阴津，至雒阳。新城三老董公遮说汉王以义帝死故。汉王闻之，袒而大哭。遂为义帝发丧，临三日。发使者告诸侯曰："天下共立义帝，北面事之。今项羽放杀义帝于江南，大逆无道。寡人亲为发丧，诸侯皆缟素。悉发关内兵，收三河士，南浮江汉以下，愿从诸侯王击楚之杀义帝者。"

是时项王北击齐，田荣与战城阳。田荣败，走平原，平原民杀之。齐皆降楚。楚因焚烧其城郭，系虏其子女。齐人叛之。田荣弟横立荣子广为齐王，齐王反楚城阳。项羽虽闻汉东，既已连齐兵，欲遂破之而击汉。汉王以故得劫五诸侯兵，遂入彭城。项羽闻之，乃引兵去齐，从鲁出胡陵，至萧,与汉大战彭城灵壁东睢水上,大破汉军,多杀士卒,睢水为之不流。乃取汉王父母妻子于沛,置之军中以为质。当是时,诸侯见楚强汉败,还皆去汉复为楚。塞王欣亡入楚。

吕后兄周吕侯为汉将兵,居下邑。汉王从之,稍收士卒,军砀。汉王乃西过梁地,至虞。使谒者随何之九江王布所,曰:“公能令布举兵叛楚,项羽必留击之。得留数月,吾取天下必矣。”随何往说九江王布,布果背楚。楚使龙且往击之。

汉王之败彭城而西,行使人求家室,家室亦亡,不相得。败后乃独得孝惠,六月,立为太子,大赦罪人。令太子守栎阳,诸侯子在关中者皆集栎阳为卫。引水灌废丘,废丘降,章邯自杀。更名废丘为槐里。于是令祠官祀天地四方上帝山川,以时祀之。兴关内卒乘塞。

是时九江王布与龙且战,不胜,与随何间行归汉。汉王稍收士卒,与诸将及关中卒益出,是以兵大振荥阳,破楚京、索间。

三年,魏王豹谒归视亲疾,至即绝河津,反为楚。汉王使郦生说豹,豹不听。汉王遣将军韩信击,大破之,虏豹。遂定魏地,置三郡,曰河东、太原、上党。汉王乃令张耳与韩信遂东下井陉击赵,斩陈馀、赵王歇。其明年,立张耳为赵王。

汉王军荥阳南,筑甬道属之河,以取敖仓。与项羽相距岁馀。项羽数侵夺汉甬道,汉军乏食,遂围汉王。汉王请和,割荥阳以西者为汉。项王不听。汉王患之,乃用陈平之计,予陈平金四万斤,以间疏楚君臣。于是项羽乃疑亚父。亚父是时劝项羽遂下荥阳,及其见疑,乃怒,辞老,愿赐骸骨归卒伍,未至彭城而死。

汉军绝食,乃夜出女子东门二千馀人,被甲,楚因四面击之。将军纪信乃乘王驾,诈为汉王,诳楚,楚皆呼万岁,之城东观,以故汉王得与数十骑出西门遁。令御史大夫周苛、魏豹、枞公守荥阳。诸将卒不能从者,尽在城中。周苛、枞公相谓曰:“反国之王,难与守城。”因杀魏豹。

汉王之出荥阳入关,收兵欲复东。袁生说汉王曰:“汉与楚相距荥阳数岁,汉常困。愿君王出武关,项羽必引兵南走,王深壁,令荥阳成皋间且得休。使韩信等辑河北赵地,连燕齐,君王乃复走荥阳,未晚也。如此,则楚所备者多,力分,汉得休,复与之战,破楚必矣。”汉王从其计,出军宛叶间,与黥布行收兵。

项羽闻汉王在宛,果引兵南。汉王坚壁不与战。是时彭越渡睢水,与项声、薛公战下邳，彭越大破楚军。项羽乃引兵东击彭越。汉王亦引兵北军成皋。项羽已破走彭越，闻汉王复军成皋，乃复引兵西，拔荥阳，诛周苛、枞公，而虏韩王信，遂围成皋。

汉王跳，独与滕公共车出成皋玉门，北渡河，驰宿脩武。自称使者，晨驰入张耳、韩信壁，而夺之军。乃使张耳北益收兵赵地，使韩信东击齐。汉王得韩信军，则复振。引兵临河，南飨军小脩武南，欲复战。郎中郑忠乃说止汉王，使高垒深堑，勿与战。汉王听其计，使卢绾、刘贾将卒二万人，骑数百，渡白马津，入楚地，与彭越复击破楚军燕郭西，遂复下梁地十馀城。

淮阴已受命东，未渡平原。汉王使郦生往说齐王田广，广叛楚，与汉和，共击项羽。韩信用蒯通计，遂袭破齐。齐王烹郦生，东走高密。项羽闻韩信已举河北兵破齐、赵，且欲击楚，则使龙且、周兰往击之。韩信与战，骑将灌婴击，大破楚军，杀龙且。齐王广奔彭越。当此时，彭越将兵居梁地，往来苦楚兵，绝其粮食。

四年，项羽乃谓海春侯大司马曹咎曰："谨守成皋。若汉挑战，慎勿与战，无令得东而已。我十五日必定梁地，复从将军。"乃行击陈留、外黄、睢阳，下之。汉果数挑楚军，楚军不出，使人辱之五六日，大司马怒，度兵汜水。士卒半渡，汉击之，大破楚军，尽得楚国金玉货赂。大司马咎、长史欣皆自刭汜水上。项羽至睢阳，闻海春侯破，乃引兵还。汉军方围钟离眛于荥阳东，项羽至，尽走险阻。

韩信已破齐，使人言曰："齐边楚，权轻，不为假王，恐不能安齐。"汉王欲攻之。留侯曰："不如因而立之，使自为守。"乃遣张良操印绶立韩信为齐王。

项羽闻龙且军破，则恐，使盱台人武涉往说韩信。韩信不听。

楚汉久相持未决，丁壮苦军旅，老弱罢转饟。汉王项羽相与临广武之间而语。项羽欲与汉王独身挑战。汉王数项羽曰："始与项羽俱受命怀王，曰先入定关中者王之，项羽负约，王我于蜀汉，罪一。项羽矫杀卿子冠军而自尊，罪二。项羽已救赵，当还报，而擅劫诸侯兵入关，罪三。怀王约入秦无暴掠，项羽烧秦宫室，掘始皇帝冢，私收其财物，罪四。又强杀秦降王子婴，罪五。诈坑秦子弟新安二十万，王其将，罪六。项羽皆王诸将善地，而徙逐故主，令臣下争叛逆，罪七。项羽出逐义帝彭城，自都之，夺韩王地，并王梁楚，多自予，罪八。项羽使人阴弑义帝江南，罪九。夫为人臣而弑其主，杀已降，为政不平，主约不信，天下所不容，大逆无道，罪十也。吾以义兵从诸侯诛残贼，使刑馀罪人击杀项羽，何苦乃与公挑战！"项羽大怒，伏弩射中汉王。汉王伤匈，乃扪足曰："虏中吾指！"汉王病创卧，张良强请汉王起行劳军，以安士卒，毋令楚乘胜于汉。汉王出行军，病甚，因驰入成皋。

病愈，西入关，至栎阳，存问父老，置酒，枭故塞王欣头栎阳市。留四日，复如军，军广武。关中兵益出。

当此时，彭越将兵居梁地，往来苦楚兵，绝其粮食。田横往从之。项羽数击彭越等，齐王信又进击楚。项羽恐，乃与汉王约，中分天下，割鸿沟而西者为汉，鸿沟而东者为楚。项王归汉王父母妻子，军中皆呼万岁，乃归而别去。

项羽解而东归。汉王欲引而西归，用留侯、陈平计，乃进兵追项羽，至阳夏南止军，与齐王信、建成侯彭越期会而击楚军。至固陵，不会。楚击汉军，大破之。汉王复入壁，深堑而守之。用张良计，于是韩信、彭越皆往。及刘贾入楚地，围寿春，汉王败固陵，乃使使者召大司马周殷举九江兵而迎武王，行屠城父，随刘贾、齐梁诸侯皆大会垓下，立武王布为淮南王。

五年，高祖与诸侯兵共击楚军，与项羽决胜垓下。淮阴侯将三十万自当之，孔将军居左，费将军居右，皇帝在后，绛侯、柴将军在皇帝后。项羽之卒可十万。淮阴先合，不利，却。孔将军、费将军纵，楚兵不利，淮阴侯复乘之，大败垓下。项羽卒闻汉军之楚歌，以为汉尽得楚地，项羽乃败而走，是以兵大败。使骑将灌婴追杀项羽东城，斩首八万，遂略定楚地。鲁为楚坚守不下。汉王引诸侯兵北，示鲁父老项羽头，鲁乃降。遂以鲁公号葬项羽穀城。还至定陶，驰入齐王壁，夺其军。

正月，诸侯及将相相与共请尊汉王为皇帝。汉王曰："吾闻帝贤者有也，空言虚语，非所守也，吾不敢当帝位。"群臣皆曰："大王起微细，诛暴逆，平定四海，有功者辄裂地而封为王侯。大王不尊号，皆疑不信。臣等以死守之。"汉王三让，不得已，曰："诸君必以为便，便国家。"甲午，乃即皇帝位氾水之阳。

皇帝曰义帝无后。齐王韩信习楚风俗，徙为楚王，都下邳。立建成侯彭越为梁王，都定陶。故韩王信为韩王，都阳翟。徙衡山王吴芮为长沙王，都临湘。番君之将梅鋗有功，从入武关，故德番君。淮南王布、燕王臧荼、赵王敖皆如故。

天下大定。高祖都雒阳，诸侯皆臣属。故临江王骓为项羽叛汉，令卢绾、刘贾围之，不下。数月而降，杀之雒阳。

五月，兵皆罢归家。诸侯子在关中者复之十二岁，其归者复之六岁，食之一岁。

高祖置酒雒阳南宫。高祖曰：“列侯诸将无敢隐朕，皆言其情。吾所以有天下者何？项氏之所以失天下者何？”高起、王陵对曰：“陛下慢而侮人，项羽仁而爱人。然陛下使人攻城略地，所降下者因以予之，与天下同利也。项羽妒贤嫉能，有功者害之，贤者疑之，战胜而不予人功，得地而不予人利，此所以失天下也。”高祖曰：“公知其一，未知其二。夫运筹策帷帐之中，决胜于千里之外，吾不如子房。镇国家，抚百姓，给馈馕，不绝粮道，吾不如萧何。连百万之军，战必胜，攻必取，吾不如韩信。此三者，皆人杰也，吾能用之，此吾所以取天下也。项羽有一范增而不能用，此其所以为我擒也。”

高祖欲长都雒阳，齐人刘敬说，及留侯劝上入都关中，高祖是日驾，入都关中。六月，大赦天下。

十月，燕王臧荼反，攻下代地。高祖自将击之，得燕王臧荼。即立太尉卢绾为燕王。使丞相哙将兵攻代。

其秋，利几反，高祖自将兵击之，利几走。利几者，项氏之将。项氏败，利几为陈公，不随项羽，亡降高祖，高祖侯之颍川。高祖至雒阳，举通侯籍召之，而利几恐，故反。

六年，高祖五日一朝太公，如家人父子礼。太公家令说太公曰：“天无二日，土无二王。今高祖虽子，人主也；太公虽父，人臣也。奈何令人主拜人臣！如此，则威重不行。”后高祖朝，太公拥篲，迎门却行。高祖大惊，下扶太公。太公曰：“帝，人主也，奈何以我乱天下法！”于是高祖乃尊太公为太上皇。心善家令言，赐金五百斤。

十二月，人有上变事告楚王信谋反，上问左右，左右争欲击之。用陈平计，乃伪游云梦，会诸侯于陈，楚王信迎，即因执之。是日，大赦天下。田肯贺，因说高祖曰：“陛下得韩信，又治秦中。秦，形胜之国，带河山之险，县隔千里，持戟百万，秦得百二焉。地势便利，其以下兵于诸侯，譬犹居高屋之上建瓴水也。夫齐，东有琅邪、即墨之饶，南有泰山之固，西有浊河之限，北有勃海之利。地方二千里，持戟百万，县隔千里之外，齐得十二焉。故此东西秦也。非亲子弟,莫可使王齐矣。"高祖曰:"善。"赐黄金五百斤。

后十馀日,封韩信为淮阴侯,分其地为二国。高祖曰将军刘贾数有功,以为荆王,王淮东。弟交为楚王,王淮西。子肥为齐王,王七十馀城,民能齐言者皆属齐。乃论功,与诸列侯剖符行封。徙韩王信太原。

七年,匈奴攻韩王信马邑,信因与谋反太原。白土曼丘臣、王黄立故赵将赵利为王以反,高祖自往击之。会天寒,士卒堕指者什二三,遂至平城。匈奴围我平城,七日而后罢去。令樊哙止定代地。立兄刘仲为代王。

二月,高祖自平城过赵、雒阳,至长安。长乐宫成,丞相已下徙治长安。

八年,高祖东击韩王信馀反寇于东垣。

萧丞相营作未央宫,立东阙、北阙、前殿、武库、太仓。高祖还,见宫阙壮甚,怒,谓萧何曰:"天下匈匈苦战数岁,成败未可知,是何治宫室过度也?"萧何曰:"天下方未定,故可因遂就宫室。且夫天子以四海为家,非壮丽无以重威,且无令后世有以加也。"高祖乃说。

高祖之东垣,过柏人,赵相贯高等谋弑高祖,高祖心动,因不留。代王刘仲弃国亡,自归雒阳,废以为合阳侯。

九年,赵相贯高等事发觉,夷三族。废赵王敖为宣平侯。是岁,徙贵族楚昭、屈、景、怀、齐田氏关中。

未央宫成。高祖大朝诸侯群臣,置酒未央前殿。高祖奉玉卮,起为太上皇寿,曰:"始大人常以臣无赖,不能治产业,不如仲力。今某之业所就孰与仲多?"殿上群臣皆呼万岁,大笑为乐。

十年十月,淮南王黥布、梁王彭越、燕王卢绾、荆王刘贾、楚王刘交、齐王刘肥、长沙王吴芮皆来朝长乐宫。春夏无事。

七月,太上皇崩栎阳宫。楚王、梁王皆来送葬。赦栎阳囚。更命郦邑曰新丰。

八月,赵相国陈豨反代地。上曰:"豨尝为吾使,甚有信。代地吾所急也,故封豨为列侯,以相国守代,今乃与王黄等劫掠代地!代地吏民非有罪也,其赦代吏民。"九月,上自东往击之。至邯郸,上喜曰:"豨不南据邯郸而阻漳水，吾知其无能为也。"闻豨将皆故贾人也，上曰："吾知所以与之。"乃多以金啖豨将，豨将多降者。

十一年，高祖在邯郸诛豨等未毕，豨将侯敞将万馀人游行，王黄军曲逆，张春渡河击聊城。汉使将军郭蒙与齐将击，大破之。太尉周勃道太原入，定代地。至马邑，马邑不下，即攻残之。

豨将赵利守东垣，高祖攻之，不下。月馀，卒骂高祖，高祖怒。城降，令出骂者斩之，不骂者原之。于是乃分赵山北，立子恒以为代王，都晋阳。

春，淮阴侯韩信谋反关中，夷三族。

夏，梁王彭越谋反，废迁蜀；复欲反，遂夷三族。立子恢为梁王，子友为淮阳王。

秋七月，淮南王黥布反，东并荆王刘贾地，北渡淮，楚王交走入薛。高祖自往击之。立子长为淮南王。

十二年，十月，高祖已击布军会甄，布走，令别将追之。

高祖还归，过沛，留。置酒沛宫，悉召故人父老子弟纵酒，发沛中儿得百二十人，教之歌。酒酣，高祖击筑，自为歌诗曰："大风起兮云飞扬，威加海内兮归故乡，安得猛士兮守四方！"令儿皆和习之。高祖乃起舞，慷慨伤怀，泣数行下。谓沛父兄曰："游子悲故乡。吾虽都关中，万岁后吾魂魄犹乐思沛。且朕自沛公以诛暴逆，遂有天下，其以沛为朕汤沐邑，复其民，世世无有所与。"沛父兄诸母故人日乐饮极欢，道旧故为笑乐。十馀日，高祖欲去，沛父兄固请留高祖。高祖曰："吾人众多，父兄不能给。"乃去。沛中空县皆之邑西献。高祖复留止，张饮三日。沛父兄皆顿首曰："沛幸得复，丰未复，唯陛下哀怜之。"高祖曰："丰吾所生长，极不忘耳，吾特为其以雍齿故反我为魏。"沛父兄固请，乃并复丰，比沛。于是拜沛侯刘濞为吴王。

汉将别击布军洮水南北，皆大破之，追得斩布鄱阳。

樊哙别将兵定代，斩陈豨当城。

十一月，高祖自布军至长安。十二月，高祖曰："秦始皇帝、楚隐王陈涉、魏安釐王、齐缗王、赵悼襄王皆绝无后，予守冢各十家，秦皇帝二十家，魏公子无忌五家。"赦代地吏民为陈豨、赵利所劫掠者，皆赦之。陈豨降将言豨反时，燕王卢绾使人之豨所，与阴谋。上使辟阳侯迎绾，绾称病。辟阳侯归，具言绾反有端矣。二月，使樊哙、周勃将兵击燕王绾。赦燕吏民与反者。立皇子建为燕王。

高祖击布时，为流矢所中，行道病。病甚，吕后迎良医。医入见，高祖问医。医曰："病可治。"于是高祖嫚骂之曰："吾以布衣提三尺剑取天下，此非天命乎？命乃在天，虽扁鹊何益！"遂不使治病，赐金五十斤罢之。已而吕后问："陛下百岁后，萧相国即死，令谁代之？"上曰："曹参可。"问其次，上曰："王陵可。然陵少戆，陈平可以助之。陈平智有余，然难以独任。周勃重厚少文，然安刘氏者必勃也，可令为太尉。"吕后复问其次，上曰："此后亦非而所知也。"

卢绾与数千骑居塞下候伺，幸上病愈自入谢。

四月甲辰，高祖崩长乐宫。四日不发丧。吕后与审食其谋曰："诸将与帝为编户民，今北面为臣，此常怏怏，今乃事少主，非尽族是，天下不安。"人或闻之，语郦将军。郦将军往见审食其，曰："吾闻帝已崩，四日不发丧，欲诛诸将。诚如此，天下危矣。陈平、灌婴将十万守荥阳，樊哙、周勃将二十万定燕、代，此闻帝崩，诸将皆诛，必连兵还乡以攻关中。大臣内叛，诸侯外反，亡可翘足而待也。"审食其入言之，乃以丁未发丧，大赦天下。

卢绾闻高祖崩，遂亡入匈奴。

丙寅，葬。已巳，立太子，至太上皇庙。群臣皆曰："高祖起微细，拨乱世反之正，平定天下，为汉太祖，功最高。"上尊号为高皇帝。太子袭号为皇帝，孝惠帝也。令郡国诸侯各立高祖庙，以岁时祠。

及孝惠五年，思高祖之悲乐沛，以沛宫为高祖原庙。高祖所教歌儿百二十人，皆令为吹乐，后有缺，辄补之。

高帝八男：长庶齐悼惠王肥；次孝惠，吕后子；次戚夫人子赵隐王如意；次代王恒，已立为孝文帝，薄太后子；次梁王恢，吕太后时徙为赵共王；次淮阳王友，吕太后时徙为赵幽王；次淮南厉王长；次燕王建。

太史公曰："夏之政忠。忠之敝，小人以野，故殷人承之以敬。敬之敝，小人以鬼，故周人承之以文。文之敝，小人以僿，故救僿莫若以忠。三王之道若循环，终而复始。周秦之间，可谓文敝矣。秦政不改，反酷刑法，岂不缪乎？故汉兴，承敝易变，使人不倦，得天统矣。朝以十月。车服黄屋左纛。葬长陵。

史 记 卷 九

吕太后本纪第九

吕太后者，高祖微时妃也，生孝惠帝、女鲁元太后。及高祖为汉王，得定陶戚姬，爱幸，生赵隐王如意。孝惠为人仁弱，高祖以为不类我，常欲废太子，立戚姬子如意，如意类我。戚姬幸，常从上之关东，日夜啼泣，欲立其子代太子。吕后年长，常留守，希见上，益疏。如意立为赵王后，几代太子者数矣，赖大臣争之，及留侯策，太子得毋废。

吕后为人刚毅，佐高祖定天下，所诛大臣多吕后力。吕后兄二人，皆为将。长兄周吕侯死事，封其子吕台为郦侯，子产为交侯；次兄吕释之为建成侯。

高祖十二年四月甲辰，崩长乐宫，太子袭号为帝。是时高祖八子：长男肥，孝惠兄也，异母，肥为齐王；馀皆孝惠弟，戚姬子如意为赵王，薄夫人子恒为代王，诸姬子子恢为梁王，子友为淮阳王，子长为淮南王，子建为燕王。高祖弟交为楚王，兄子濞为吴王。非刘氏功臣番君吴芮子臣为长沙王。

吕后最怨戚夫人及其子赵王，乃令永巷囚戚夫人，而召赵王。使者三反，赵相建平侯周昌谓使者曰："高帝属臣赵王，赵王年少。窃闻太后怨戚夫人，欲召赵王并诛之，臣不敢遣王。王且亦病，不能奉诏。"吕后大怒，乃使人召赵相。赵相征至长安，乃使人复召赵王。王来，未到。孝惠帝慈仁，知太后怒，自迎赵王霸上，与入宫，自挟与赵王起居饮食。太后欲杀之，不得间。孝惠元年十二月，帝晨出射。赵王少，不能蚤起。太后闻其独居，使人持鸩饮之。犁明，孝惠还，赵王已死。于是乃徙淮阳王友为赵王。夏，诏赐郦侯父追谥为令武侯。太后遂断戚夫人手足，去眼，煇耳，饮喑药，使居厕中，命曰"人彘"。居数日，乃召孝惠帝观人彘。孝惠见，问，乃知其戚夫人，乃大哭，因病，岁馀不能起。使人请太后曰："此非人所为。臣为太后子，终不能治天下。"孝惠以此日饮为淫乐，不听政，故有病也。

二年，楚元王、齐悼惠王皆来朝。十月，孝惠与齐王燕饮太后前，孝惠以为齐王兄,置上坐,如家人之礼。太后怒,乃令酌两卮鸩,置前,令齐王起为寿。齐王起,孝惠亦起,取卮欲俱为寿。太后乃恐,自起泛孝惠卮。齐王怪之,因不敢饮,详醉去。问,知其鸩,齐王恐,自以为不得脱长安,忧。齐内史士说王曰:"太后独有孝惠与鲁元公主。今王有七十馀城,而公主乃食数城。王诚以一郡上太后,为公主汤沐邑,太后必喜,王必无忧。"于是齐王乃上城阳之郡,尊公主为王太后。吕后喜,许之。乃置酒齐邸,乐饮,罢,归齐王。三年,方筑长安城,四年就半,五年六年城就。诸侯来会。十月朝贺。

七年秋八月戊寅,孝惠帝崩。发丧,太后哭,泣不下。留侯子张辟强为侍中,年十五,谓丞相曰:"太后独有孝惠,今崩,哭不悲,君知其解乎?"丞相曰:"何解?"辟强曰:"帝毋壮子,太后畏君等。君今请拜吕台、吕产、吕禄为将,将兵居南北军,及诸吕皆入宫,居中用事,如此则太后心安,君等幸得脱祸矣。"丞相乃如辟强计。太后说,其哭乃哀。吕氏权由此起。乃大赦天下。九月辛丑,葬。太子即位为帝,谒高庙。元年,号令一出太后。

太后称制,议欲立诸吕为王,问右丞相王陵。王陵曰:"高帝刑白马盟曰'非刘氏而王,天下共击之'。今王吕氏,非约也。"太后不说。问左丞相陈平、绛侯周勃。勃等对曰:"高帝定天下,王子弟,今太后称制,王昆弟诸吕,无所不可。"太后喜,罢朝。王陵让陈平、绛侯曰:"始与高帝啑血盟,诸君不在邪?今高帝崩,太后女主,欲王吕氏,诸君从欲阿意背约,何面目见高帝地下?"陈平、绛侯曰:"于今面折廷争,臣不如君;夫全社稷,定刘氏之后,君亦不如臣。"王陵无以应之。十一月,太后欲废王陵,乃拜为帝太傅,夺之相权。王陵遂病免归。乃以左丞相平为右丞相,以辟阳侯审食其为左丞相。左丞相不治事,令监宫中,如郎中令。食其故得幸太后,常用事,公卿皆因而决事。乃追尊郦侯父为悼武王,欲以王诸吕为渐。

四月,太后欲侯诸吕,乃先封高祖之功臣郎中令无择为博城侯。鲁元公主薨,赐谥为鲁元太后。子偃为鲁王。鲁王父,宜平侯张敖也。封齐悼惠王子章为朱虚侯,以吕禄女妻之。齐丞相寿为平定侯。少府延为梧侯。乃封吕种为沛侯,吕平为扶柳侯,张买为南宫侯。

太后欲王吕氏,先立孝惠后宫子彊为淮阳王,子不疑为常山王,子山为襄城侯,子朝为轵侯,子武为壶关侯。太后风大臣,大臣请立郦侯吕台为吕王,太后许之。建成康侯释之卒,嗣子有罪,废,立其弟吕禄为胡陵侯,续康侯后。二年,常山王薨,以其弟襄城侯山为常山王,更名义。十一月,吕王台薨,谥为肃王,太子嘉代立为王。三年,无事。四年,封吕婴为临光侯,吕他为俞侯,吕更始为赘其侯,吕忿为吕城侯,及诸侯丞相五人。

宣平侯女为孝惠皇后时,无子,详为有身,取美人子名之,杀其母,立所名子为太子。孝惠崩,太子立为帝。帝壮,或闻其母死,非真皇后子,乃出言曰:"后安能杀吾母而名我?我未壮,壮即为变。"太后闻而患之,恐其为乱,乃幽之永巷中,言帝病甚,左右莫得见。太后曰:"凡有天下治为万民命者,盖之如天,容之如地,上有欢心以安百姓,百姓欣然以事其上,欢欣交通而天下治。今皇帝病久不已,乃失惑惛乱,不能继嗣奉宗庙祭祀,不可属天下,其代之。"群臣皆顿首言:"皇太后为天下齐民计所以安宗庙社稷甚深,群臣顿首奉诏。"帝废位,太后幽杀之。五月丙辰,立常山王义为帝,更名曰弘。不称元年者,以太后制天下事也。以轵侯朝为常山王。置太尉官,绛侯勃为太尉。五年八月,淮阳王薨,以弟壶关侯武为淮阳王。六年十月,太后曰吕王嘉居处骄恣,废之,以肃王台弟吕产为吕王。夏,赦天下。封齐悼惠王子兴居为东牟侯。

七年正月,太后召赵王友。友以诸吕女为后,弗爱,爱他姬,诸吕女妒,怒去,谗之于太后,诬以罪过,曰"吕氏安得王!太后百岁后,吾必击之"。太后怒,以故召赵王。赵王至,置邸不见,令卫围守之。弗与食。其群臣或窃馈,辄捕论之。赵王饿,乃歌曰:"诸吕用事兮刘氏危,迫胁王侯兮强授我妃。我妃既妒兮诬我以恶,谗女乱国兮上曾不寤。我无忠臣兮何故弃国?自决中野兮苍天举直!於嗟不可悔兮宁蚤自财。为王而饿死兮谁者怜之!吕氏绝理兮托天报仇。"丁丑,赵王幽死,以民礼葬之长安民冢次。

己丑,日食,昼晦。太后恶之,心不乐,乃谓左右曰:"此为我也。"

二月,徙梁王恢为赵王。吕王产徙为梁王,梁王不之国,为帝太傅。立皇子平昌侯太为吕王。更名梁曰吕,吕曰济川。太后女弟吕婴有女为营陵侯刘泽妻,泽为大将军。太后王诸吕,恐即崩后刘将军为害,乃以刘泽为琅邪王,以慰其心。

梁王恢之徙王赵,心怀不乐。太后以吕产女为赵王后。王后从官皆诸吕,擅权,微伺赵王,赵王不得自恣。王有所爱姬,王后使人鸩杀之。王乃为歌诗四章,令乐人歌之。王悲,六月即自杀。太后闻之,以为王用妇人弃宗庙礼,废其嗣。

宣平侯张敖卒,以子偃为鲁王,敖赐谥为鲁元王。

秋,太后使使告代王,欲徙王赵。代王谢,愿守代边。

太傅产、丞相平等言,武信侯吕禄上侯,位次第一,请立为赵王。太后许之,追尊禄父康侯为赵昭王。九月,燕灵王建薨,有美人子,太后使人杀之,无后,国除。八年十月,立吕肃王子东平侯吕通为燕王,封通弟吕庄为东平侯。

三月中,吕后祓,还过轵道,见物如苍犬,据高后掖,忽弗复见。卜之,云赵王如意为祟。高后遂病掖伤。

高后为外孙鲁元王偃年少,蚤失父母,孤弱,乃封张敖前姬两子,侈为新都侯,寿为乐昌侯,以辅鲁元王偃。及封中大谒者张释为建陵侯,吕荣为祝兹侯。诸中宦者令丞皆为关内侯,食邑五百户。

七月中,高后病甚,乃令赵王吕禄为上将军,军北军;吕王产居南军。吕太后诫产、禄曰:“高帝已定天下,与大臣约,曰‘非刘氏王者,天下共击之’。今吕氏王,大臣弗平。我即崩,帝年少,大臣恐为变。必据兵卫宫,慎毋送丧,毋为人所制。”辛巳,高后崩,遗诏赐诸侯王各千金,将相列侯郎吏皆以秩赐金。大赦天下。以吕王产为相国,以吕禄女为帝后。

高后已葬,以左丞相审食其为帝太傅。

朱虚侯刘章有气力,东牟侯兴居其弟也,皆齐哀王弟,居长安。当是时,诸吕用事擅权,欲为乱,畏高帝故大臣绛、灌等,未敢发,朱虚侯妇,吕禄女,阴知其谋。恐见诛,乃阴令人告其兄齐王,欲令发兵西,诛诸吕而立。朱虚侯欲从中与大臣为应。齐王欲发兵,其相弗听。八月丙午,齐王欲使人诛相,相召平乃反,举兵欲围王,王因杀其相,遂发兵东,诈夺琅邪王兵,并将之而西。语在齐王语中。

齐王乃遗诸侯王书曰:“高帝平定天下,王诸子弟,悼惠王王齐。悼惠王薨,孝惠帝使留侯良立臣为齐王。孝惠崩,高后用事,春秋高,听诸吕,擅废帝更立,又比杀三赵王,灭梁、赵、燕以王诸吕,分齐为四。忠臣进谏,上惑乱弗听。今高后崩,而帝春秋富,未能治天下,固恃大臣诸侯。而诸吕又擅自尊官,聚兵严威,劫列侯忠臣,矫制以令天下,宗庙所以危。寡人率兵入诛不当为王者。”汉闻之,相国吕产等乃遣颍阴侯灌婴将兵击之。灌婴至荥阳,乃谋曰:“诸吕权兵关中,欲危刘氏而自立。今我破齐还报,此益吕氏之资也。”乃留屯荥阳,使使谕齐王及诸侯,与连和,以待吕氏变,共诛之。齐王闻之,乃还兵西界待约。

吕禄、吕产欲发乱关中,内惮绛侯、朱虚等,外畏齐、楚兵,又恐灌婴畔之,欲待灌婴兵与齐合而发,犹豫未决。当是时,济川王太、淮阳王武、常山王朝名为少帝弟,及鲁元王吕后外孙,皆年少未之国,居长安。赵王禄、梁王产各将兵居南北军,皆吕氏之人。列侯群臣莫自坚其命。

太尉绛侯勃不得入军中主兵。曲周侯郦商老病,其子寄与吕禄善。绛侯乃与丞相陈平谋,使人劫郦商,令其子寄往绐说吕禄曰:"高帝与吕后共定天下,刘氏所立九王,吕氏所立三王,皆大臣之议,事已布告诸侯,诸侯皆以为宜。今太后崩,帝少,而足下佩赵王印,不急之国守藩,乃为上将,将兵留此,为大臣诸侯所疑。足下何不归将印,以兵属太尉?请梁王归相国印,与大臣盟而之国,齐兵必罢,大臣得安,足下高枕而王千里,此万世之利也。"吕禄信然其计,欲归将印,以兵属太尉。使人报吕产及诸吕老人,或以为便,或曰不便,计犹豫未有所决。吕禄信郦寄,时与出游猎。过其姑吕媭,媭大怒,曰:"若为将而弃军,吕氏今无处矣。"乃悉出珠玉宝器散堂下,曰:"毋为他人守也。"

左丞相食其免。

八月庚申旦,平阳侯窋行御史大夫事,见相国产计事。郎中令贾寿使从齐来,因数产曰:"王不蚤之国,今虽欲行,尚可得邪?"具以灌婴与齐楚合从,欲诛诸吕告产,乃趣产急入宫。平阳侯颇闻其语,乃驰告丞相、太尉。太尉欲入北军,不得入。襄平侯通尚符节,乃令持节矫内太尉北军。太尉复令郦寄与典客刘揭先说吕禄曰:"帝使太尉守北军,欲足下之国,急归将印辞去,不然,祸且起。"吕禄以为郦兄不欺己,遂解印属典客,而以兵授太尉。太尉将之入军门,行令军中曰:"为吕氏右袒,为刘氏左袒。"军中皆左袒为刘氏。太尉行至,将军吕禄亦已解上将印去,太尉遂将北军。

然尚有南军。平阳侯闻之,以吕产谋告丞相平,丞相平乃召朱虚侯佐太尉。太尉令朱虚侯监军门。令平阳侯告卫尉:"毋入相国产殿门。"吕产不知吕禄已去北军,乃入未央宫,欲为乱,殿门弗得入,裵回往来。平阳侯恐弗胜,驰语太尉。太尉尚恐不胜诸吕,未敢讼言诛之,乃遣朱虚侯谓曰:"急入宫卫帝。"朱虚侯请卒,太尉予卒千馀人。入未央宫门,遂见产廷中。日餔时,遂击产。产走。天风大起,以故其从官乱,莫敢斗。逐产,杀之郎中府吏厕中。

朱虚侯已杀产,帝命谒者持节劳朱虚侯。朱虚侯欲夺节信,谒者不肯,朱虚侯则从与载,因节信驰走,斩长乐卫尉吕更始。还,驰入北军,报太尉。太尉起,拜贺朱虚侯曰:"所患独吕产,今已诛,天下定矣。"遂遣人分部悉捕诸吕男女,无少长皆斩之。辛酉,捕斩吕禄,而笞杀吕媭。使人

诛燕王吕通,而废鲁王偃。壬戌,以帝太傅食其复为左丞相。戊辰,徙济
川王王梁,立赵幽王子遂为赵王。遣朱虚侯章以诛诸吕氏事告齐王,令罢
兵。灌婴兵亦罢荥阳而归。

　　诸大臣相与阴谋曰:"少帝及梁、淮阳、常山王,皆非真孝惠子也。吕
后以计诈名他人子,杀其母,养后宫,令孝惠子之,立以为后,及诸王,以强
吕氏。今皆已夷灭诸吕,而置所立,即长用事,吾属无类矣。不如视诸王
最贤者立之。"或言"齐悼惠王高帝长子,今其適子为齐王,推本言之,高帝
適长孙,可立也"。大臣皆曰:"吕氏以外家恶而几危宗庙,乱功臣。今齐
王母家驷,驷钧,恶人也,即立齐王,则复为吕氏。"欲立淮南王,以为少,母
家又恶。乃曰:"代王方今高帝见子,最长,仁孝宽厚。太后家薄氏谨良。
且立长故顺,以仁孝闻于天下,便。"乃相与共阴使人召代王。代王使人辞
谢。再反,然后乘六乘传。后九月晦日己酉,至长安,舍代邸。大臣皆往
谒,奉天子玺上代王,共尊立为天子。代王数让,群臣固请,然后听。
　　东牟侯兴居曰:"诛吕氏吾无功,请得除宫。"乃与太仆汝阴侯滕公入
宫,前谓少帝曰:"足下非刘氏,不当立。"乃顾麾左右执戟者掊兵罢去。有
数人不肯去兵,宦者令张泽谕告,亦去兵。滕公乃召乘舆车载少帝出。少
帝曰:"欲将我安之乎?"滕公曰:"出就舍。"舍少府。乃奉天子法驾,迎代
王于邸。报曰:"宫谨除。"代王即夕入未央宫。有谒者十人持戟卫端门,
曰:"天子在也,足下何为者而入?"代王乃谓太尉。太尉往谕,谒者十人皆
掊兵而去。代王遂入而听政。夜,有司分部诛灭梁、淮阳、常山王及少帝
于邸。
　　代王立为天子。二十三年崩,谥为孝文皇帝。

　　太史公曰:孝惠皇帝、高后之时,黎民得离战国之苦,君臣俱欲休息乎
无为,故惠帝垂拱,高后女主称制,政不出房户,天下晏然。刑罚罕用,罪
人是希。民务稼穑,衣食滋殖。

史 记 卷 十

孝文本纪第十

孝文皇帝，高祖中子也。高祖十一年春，已破陈豨军，定代地，立为代王，都中都。太后薄氏子。即位十七年，高后八年七月，高后崩。九月，诸吕吕产等欲为乱，以危刘氏，大臣共诛之。谋召立代王，事在吕后语中。

丞相陈平、太尉周勃等使人迎代王。代王问左右郎中令张武等。张武等议曰："汉大臣皆故高帝时大将，习兵，多谋诈，此其属意非止此也，特畏高帝、吕太后威耳。今已诛诸吕，新啑血京师，此以迎大王为名，实不可信。愿大王称疾毋往，以观其变。"中尉宋昌进曰："群臣之议皆非也。夫秦失其政，诸侯豪桀并起，人人自以为得之者以万数，然卒践天子之位者，刘氏也，天下绝望，一矣。高帝封王子弟，地犬牙相制，此所谓盘石之宗也，天下服其强，二矣。汉兴，除秦苛政，约法令，施德惠，人人自安，难动摇，三矣。夫以吕太后之严，立诸吕为三王，擅权专制，然而太尉以一节入北军，一呼士皆左袒，为刘氏，叛诸吕，卒以灭之。此乃天授，非人力也。今大臣虽欲为变，百姓弗为使，其党宁能专一邪？方今内有朱虚、东牟之亲，外畏吴、楚、淮南、琅邪、齐、代之强。方今高帝子独淮南王与大王，大王又长，贤圣仁孝，闻于天下，故大臣因天下之心而欲迎立大王，大王勿疑也。"代王报太后计之，犹与未定。卜之龟，卦兆得大横。占曰："大横庚庚，余为天王，夏启以光。"代王曰："寡人固已为王矣，又何王？"卜人曰："所谓天王者乃天子。"于是代王乃遣太后弟薄昭往见绛侯，绛侯等具为昭言所以迎立王意。薄昭还报曰："信矣，毋可疑者。"代王乃笑谓宋昌曰："果如公言。"乃命宋昌参乘，张武等六人乘传诣长安。至高陵休止，而使宋昌先驰之长安观变。

昌至渭桥，丞相以下皆迎。宋昌还报。代王驰至渭桥，群臣拜谒称臣。代王下车拜。太尉勃进曰："愿请间言。"宋昌曰："所言公，公言之。所言私，王者不受私。"太尉乃跪上天子玺符。代王谢曰："至代邸而议之。"遂驰入代邸。群臣从至。丞相陈平、太尉周勃、大将军陈武、御史大夫张苍、宗正刘郢、朱虚侯刘章、东牟侯刘兴居、典客刘揭皆再拜言曰:"子弘等皆非孝惠帝子,不当奉宗庙。臣谨请阴安侯列侯顷王后与琅邪王、宗室、大臣、列侯、吏二千石议曰:'大王高帝长子,宜为高帝嗣。'愿大王即天子位。"代王曰:"奉高帝宗庙,重事也。寡人不佞,不足以称宗庙。愿请楚王计宜者,寡人不敢当。"群臣皆伏固请。代王西乡让者三,南乡让者再。丞相平等皆曰:"臣伏计之,大王奉高帝宗庙最宜称,虽天下诸侯万民以为宜。臣等为宗庙社稷计,不敢忽。愿大王幸听臣等。臣谨奉天子玺符再拜上。"代王曰:"宗室将相王列侯以为莫宜寡人,寡人不敢辞。"遂即天子位。

群臣以礼次侍。乃使太仆婴与东牟侯兴居清宫,奉天子法驾,迎于代邸。皇帝即日夕入未央宫。乃夜拜宋昌为卫将军,镇抚南北军。以张武为郎中令,行殿中。还坐前殿。于是夜下诏书曰:"间者诸吕用事擅权,谋为大逆,欲以危刘氏宗庙,赖将相列侯宗室大臣诛之,皆伏其辜。朕初即位,其赦天下,赐民爵一级,女子百户牛酒,酺五日。"

孝文皇帝元年十月庚戌,徙立故琅邪王泽为燕王。

辛亥,皇帝即阼,谒高庙。右丞相平徙为左丞相,太尉勃为右丞相,大将军灌婴为太尉。诸吕所夺齐楚故地,皆复与之。

壬子,遣车骑将军薄昭迎皇太后于代。皇帝曰:"吕产自置为相国,吕禄为上将军,擅矫遣灌将军婴将兵击齐,欲代刘氏,婴留荥阳弗击,与诸侯合谋以诛吕氏。吕产欲为不善,丞相陈平与太尉周勃谋夺吕产等军。朱虚侯刘章首先捕吕产等。太尉身率襄平侯通持节承诏入北军。典客刘揭身夺赵王吕禄印。益封太尉勃万户,赐金五千斤。丞相陈平、灌将军婴邑各三千户,金二千斤。朱虚侯刘章、襄平侯通、东牟侯刘兴居邑各二千户,金千斤。封典客揭为阳信侯,赐金千斤。"

十二月,上曰:"法者,治之正也,所以禁暴而率善人也。今犯法已论,而使毋罪之父母妻子同产坐之,及为收帑,朕甚不取。其议之。"有司皆曰:"民不能自治,故为法以禁之。相坐坐收,所以累其心,使重犯法,所从来远矣。如故便。"上曰:"朕闻法正则民悫,罪当则民从。且夫牧民而导之善者,吏也。其既不能导,又以不正之法罪之,是反害于民为暴者也。何以禁之? 朕未见其便,其孰计之。"有司皆曰:"陛下加大惠,德甚盛,非臣等所及也。请奉诏书,除收帑诸相坐律令。"

正月,有司言曰:"蚤建太子,所以尊宗庙。请立太子。"上曰:"朕既不

德,上帝神明未歆享,天下人民未有嗛志。今纵不能博求天下贤圣有德之
人而禅天下焉,而曰豫建太子,是重吾不德也。谓天下何?其安之。"有司
曰:"豫建太子,所以重宗庙社稷,不忘天下也。"上曰:"楚王,季父也,春秋
高,阅天下之义理多矣,明于国家之大体。吴王于朕,兄也,惠仁以好德。
淮南王,弟也,秉德以陪朕。岂为不豫哉!诸侯王宗室昆弟有功臣,多贤
及有德义者,若举有德以陪朕之不能终,是社稷之灵,天下之福也。今不
选举焉,而曰必子,人其以朕为忘贤有德者而专于子,非所以忧天下也。
朕甚不取也。"有司皆固请曰:"古者殷周有国,治安皆千馀岁,古之有天下
者莫长焉,用此道也。立嗣必子,所从来远矣。高帝亲率士大夫,始平天
下,建诸侯,为帝者太祖。诸侯王及列侯始受国者皆亦为其国祖。子孙继
嗣,世世弗绝,天下之大义也,故高帝设之以抚海内。今释宜建而更选于
诸侯及宗室,非高帝之志也。更议不宜。子某最长,纯厚慈仁,请建以为
太子。"上乃许之。因赐天下民当代父后者爵各一级。封将军薄昭为轵
侯。

三月,有司请立皇后。薄太后曰:"诸侯皆同姓,立太子母为皇后。"皇
后姓窦氏。上为立后故,赐天下鳏寡孤独穷困及年八十已上孤儿九岁已
下布帛米肉各有数。上从代来,初即位,施德惠天下,填抚诸侯四夷皆洽
欢,乃循从代来功臣。上曰:"方大臣之诛诸吕迎朕,朕狐疑,皆止朕,唯中
尉宋昌劝朕,朕以得保奉宗庙。已尊昌为卫将军,其封昌为壮武侯。诸从
朕六人,官皆至九卿。"

上曰:"列侯从高帝入蜀、汉中者六十八人皆益封各三百户,故吏二千
石以上从高帝颍川守尊等十人食邑六百户,淮阳守申徒嘉等十人五百户,
卫尉定等十人四百户。封淮南王舅父赵兼为周阳侯,齐王舅父驷钧为清
郭侯。"秋,封故常山丞相蔡兼为樊侯。

人或说右丞相曰:"君本诛诸吕,迎代王,今又矜其功,受上赏,处尊
位,祸且及身。"右丞相勃乃谢病免罢,左丞相平专为丞相。

二年十月,丞相平卒,复以绛侯勃为丞相。上曰:"朕闻古者诸侯建国
千馀,各守其地,以时入贡,民不劳苦,上下欢欣,靡有遗德。今列侯多居
长安,邑远,吏卒给输费苦,而列侯亦无由教驯其民。其令列侯之国,为吏
及诏所止者,遣太子。"

十一月晦,日有食之。十二月望,日又食。上曰:"朕闻之,天生蒸民,
为之置君以养治之。人主不德,布政不均,则天示之以菑,以诫不治。乃

十一月晦,日有食之,适见于天,菑孰大焉!朕获保宗庙,以微眇之身托于兆民君王之上,天下治乱,在朕一人,唯二三执政犹吾股肱也。朕下不能理育群生,上以累三光之明,其不德大矣。令至,其悉思朕之过失,及知见思之所不及,匄以告朕。及举贤良方正能直言极谏者,以匡朕之不逮。因各饬其任职,务省繇费以便民。朕既不能远德,故悯然念外人之有非,是以设备未息。今纵不能罢边屯戍,而又饬兵厚卫,其罢卫将军军。太仆见马遗财足,馀皆以给传置。”

正月,上曰:“农,天下之本,其开籍田,朕亲率耕,以给宗庙粢盛。”

三月,有司请立皇子为诸侯王。上曰:“赵幽王幽死,朕甚怜之,已立其长子遂为赵王。遂弟辟彊及齐悼惠王子朱虚侯章、东牟侯兴居有功,可王。”乃立赵幽王少子辟彊为河间王,以齐剧郡立朱虚侯为城阳王,立东牟侯为济北王,皇子武为代王,子参为太原王,子揖为梁王。

上曰:“古之治天下,朝有进善之旌,诽谤之木,所以通治道而来谏者。今法有诽谤妖言之罪,是使众臣不敢尽情,而上无由闻过失也。将何以来远方之贤良?其除之。民或祝诅上以相约结而后相谩,吏以为大逆,其有他言,而吏又以为诽谤。此细民之愚无知抵死,朕甚不取。自今以来,有犯此者勿听治。”

九月,初与郡国守相为铜虎符、竹使符。

三年十月丁酉晦,日有食之。十一月,上曰:“前日诏遣列侯之国,或辞未行。丞相朕之所重,其为朕率列侯之国。”绛侯勃免丞相就国,以太尉颍阴侯婴为丞相。罢太尉官,属丞相。四月,城阳王章薨。淮南王长与从者魏敬杀辟阳侯审食其。

五月,匈奴入北地,居河南为寇。帝初幸甘泉。六月,帝曰:“汉与匈奴约为昆弟,毋使害边境,所以输遗匈奴甚厚。今右贤王离其国,将众居河南降地,非常故,往来近塞,捕杀吏卒,驱侵塞蛮夷,令不得居其故,陵轹边吏,入盗,甚敖无道,非约也。其发边吏骑八万五千诣高奴,遣丞相颍阴侯灌婴击匈奴。”匈奴去,发中尉材官属卫将军军长安。

辛卯,帝自甘泉之高奴,因幸太原,见故群臣,皆赐之。举功行赏,诸民里赐牛酒。复晋阳中都民三岁。留游太原十馀日。

济北王兴居闻帝之代,欲往击胡,乃反,发兵欲袭荥阳。于是诏罢丞相兵,遣棘蒲侯陈武为大将军,将十万往击之。祁侯贺为将军,军荥阳。七月辛亥,帝自太原至长安。乃诏有司曰:“济北王背德反上,诖误吏民,为大逆。济北吏民兵未至先自定，及以军地邑降者，皆赦之，复官爵。与王兴居去来，亦赦之。"八月，破济北军，虏其王。赦济北诸吏民与王反者。

六年，有司言淮南王长废先帝法，不听天子诏，居处毋度，出入拟于天子，擅为法令，与棘蒲侯太子奇谋反，遣人使闽越及匈奴，发其兵，欲以危宗庙社稷。群臣议，皆曰"长当弃市"。帝不忍致法于王，赦其罪，废勿王。群臣请处王蜀严道、邛邮，帝许之。长未到处所，行病死，上怜之。后十六年，追尊淮南王长谥为厉王，立其子三人为淮南王、衡山王、庐江王。

十三年夏，上曰："盖闻天道祸自怨起而福繇德兴。百官之非，宜由朕躬。今秘祝之官移过于下，以彰吾之不德，朕甚不取。其除之。"

五月，齐太仓令淳于公有罪当刑，诏狱逮徙系长安。太仓公无男，有女五人。太仓公将行会逮，骂其女曰："生子不生男，有缓急非有益也！"其少女缇萦自伤泣，乃随其父至长安，上书曰："妾父为吏，齐中皆称其廉平，今坐法当刑。妾伤夫死者不可复生，刑者不可复属，虽复欲改过自新，其道无由也。妾愿没入为官婢，赎父刑罪，使得自新。"书奏天子，天子怜悲其意，乃下诏曰："盖闻有虞氏之时，画衣冠异章服以为僇，而民不犯。何则？至治也。今法有肉刑三，而奸不止，其咎安在？非乃朕德薄而教不明欤？吾甚自愧。故夫驯道不纯而愚民陷焉。诗曰'恺悌君子，民之父母'。今人有过，教未施而刑加焉，或欲改行为善而道毋由也。朕甚怜之。夫刑至断支体，刻肌肤，终身不息，何其楚痛而不德也，岂称为民父母之意哉！其除肉刑。"

上曰："农，天下之本，务莫大焉。今勤身从事而有租税之赋，是为本末者毋以异，其于劝农之道未备。其除田之租税。"

十四年冬，匈奴谋入边为寇，攻朝邢塞，杀北地都尉卬。上乃遣三将军军陇西、北地、上郡，中尉周舍为卫将军，郎中令张武为车骑将军，军渭北，车千乘，骑卒十万。帝亲自劳军，勒兵申教令，赐军吏卒。帝欲自将击匈奴，群臣谏，皆不听。皇太后固要帝，帝乃止。于是以东阳侯张相如为大将军，成侯赤为内史，栾布为将军，击匈奴。匈奴遁走。

春，上曰："朕获执牺牲珪币以事上帝宗庙，十四年于今，历日绵长，以不敏不明而久抚临天下，朕甚自愧。其广增诸祀壝场珪币。昔先王远施不求其报，望祀不祈其福，右贤左戚，先民后己，至明之极也。今吾闻祠官祝釐，皆归福朕躬，不为百姓，朕甚愧之。夫以朕不德，而躬享独美其福，百姓不与焉，是重吾不德。其令祠官致敬，毋有所祈。"

是时北平侯张苍为丞相，方明律历。鲁人公孙臣上书陈终始传五德事，言方今土德时，土德应黄龙见，当改正朔服色制度。天子下其事与丞相议。丞相推以为今水德，始明正十月上黑事，以为其言非是，请罢之。

十五年，黄龙见成纪，天子乃复召鲁公孙臣，以为博士，申明土德事。于是上乃下诏曰："有异物之神见于成纪，无害于民，岁以有年。朕亲郊祀上帝诸神。礼官议，毋讳以劳朕。"有司礼官皆曰："古者天子夏躬亲礼祀上帝于郊，故曰郊。"于是天子始幸雍，郊见五帝，以孟夏四月答礼焉。赵人新垣平以望气见，因说上设立渭阳五庙。欲出周鼎，当有玉英见。

十六年，上亲郊见渭阳五帝庙，亦以夏答礼而尚赤。

十七年，得玉杯，刻曰"人主延寿"。于是天子始更为元年，令天下大酺。其岁，新垣平事觉，夷三族。

后二年，上曰："朕既不明，不能远德，是以使方外之国或不宁息。夫四荒之外不安其生，封畿之内勤劳不处，二者之咎，皆自于朕之德薄而不能远达也。间者累年，匈奴并暴边境，多杀吏民，边臣兵吏又不能谕吾内志，以重吾不德也。夫久结难连兵，中外之国将何以自宁？今朕夙兴夜寐，勤劳天下，忧苦万民，为之恒惕不安，未尝一日忘于心，故遣使者冠盖相望，结辙于道，以谕朕意于单于。今单于反古之道，计社稷之安，便万民之利，亲与朕俱弃细过，偕之大道，结兄弟之义，以全天下元元之民。和亲已定，始于今年。"

后六年冬，匈奴三万人入上郡，三万人入云中。以中大夫令勉为车骑将军，军飞狐；故楚相苏意为将军，军句注；将军张武屯北地；河内守周亚夫为将军，居细柳；宗正刘礼为将军，居霸上；祝兹侯军棘门：以备胡。数月，胡人去，亦罢。

天下旱，蝗。帝加惠：令诸侯毋入贡，弛山泽，减诸服御狗马，损郎吏员，发仓庾以振贫民，民得卖爵。

孝文帝从代来，即位二十三年，宫室苑囿狗马服御无所增益，有不便，辄弛以利民。尝欲作露台,召匠计之,直百金。上曰:"百金中民十家之产,吾奉先帝宫室,常恐羞之,何以台为!"上常衣绨衣,所幸慎夫人,令衣不得曳地,帏帐不得文绣,以示敦朴,为天下先。治霸陵皆以瓦器,不得以金银铜锡为饰,不治坟,欲为省,毋烦民。南越王尉佗自立为武帝,然上召贵尉佗兄弟,以德报之,佗遂去帝称臣。与匈奴和亲,匈奴背约入盗,然令边备守,不发兵深入,恶烦苦百姓。吴王诈病不朝,就赐几杖。群臣如袁盎等称说虽切,常假借用之。群臣如张武等受赂遗金钱,觉,上乃发御府金钱赐之,以愧其心,弗下吏。专务以德化民,是以海内殷富,兴于礼义。

后七年六月己亥,帝崩于未央宫。遗诏曰:"朕闻盖天下万物之萌生,靡不有死。死者天地之理,物之自然者,奚可甚哀。当今之时,世咸嘉生而恶死,厚葬以破业,重服以伤生,吾甚不取。且朕既不德,无以佐百姓;今崩,又使重服久临,以离寒暑之数,哀人之父子,伤长幼之志,损其饮食,绝鬼神之祭祀,以重吾不德也,谓天下何!朕获保宗庙,以眇眇之身托于天下君王之上,二十有馀年矣。赖天地之灵,社稷之福,方内安宁,靡有兵革。朕既不敏,常畏过行,以羞先帝之遗德;维年之久长,惧于不终。今乃幸以天年,得复供养于高庙,朕之不明与嘉之,其奚哀悲之有!其令天下吏民,令到出临三日,皆释服。毋禁取妇嫁女祠祀饮酒食肉者。自当给丧事服临者,皆无践。绖带无过三寸,毋布车及兵器,毋发民男女哭临宫殿。宫殿中当临者,皆以旦夕各十五举声,礼毕罢。非旦夕临时,禁毋得擅哭。已下,服大红十五日,小红十四日,纤七日,释服。佗不在令中者,皆以此令比率从事。布告天下,使明知朕意。霸陵山川因其故,毋有所改。归夫人以下至少使。"令中尉亚夫为车骑将军,属国悍为将屯将军,郎中令武为复土将军,发近县见卒万六千人,发内史卒万五千人,藏郭穿复土属将军武。

乙巳,群臣皆顿首上尊号曰孝文皇帝。

太子即位于高庙。丁未,袭号曰皇帝。

孝景皇帝元年十月,制诏御史:"盖闻古者祖有功而宗有德,制礼乐各有由。闻歌者,所以发德也;舞者,所以明功也。高庙酎,奏武德、文始、五行之舞。孝惠庙酎,奏文始、五行之舞。孝文皇帝临天下,通关梁,不异远方。除诽谤,去肉刑,赏赐长老,收恤孤独,以育群生。减嗜欲,不受献,不私其利也。罪人不帑,不诛无罪。除宫刑,出美人,重绝人之世。朕既不敏,不能识。此皆上古之所不及,而孝文皇帝亲行之。德厚侔天地,利泽施四海,靡不获福焉。明象乎日月,而庙乐不称,朕甚惧焉。其为孝文皇帝庙为昭德之舞,以明休德。然后祖宗之功德著于竹帛,施于万世,永永无穷,朕甚嘉之。其与丞相、列侯、中二千石、礼官具为礼仪奏。"丞相臣嘉等言:"陛下永思孝道,立昭德之舞以明孝文皇帝之盛德,皆臣嘉等愚所不及。臣谨议:世功莫大于高皇帝,德莫盛于孝文皇帝,高皇庙宜为帝者太祖之庙,孝文皇帝庙宜为帝者太宗之庙。天子宜世世献祖宗之庙。郡国诸侯宜各为孝文皇帝立太宗之庙。诸侯王列侯使者侍祠天子,岁献祖宗之庙。请著之竹帛,宣布天下。"制曰:"可。"

　太史公曰:孔子言"必世然后仁。善人之治国百年,亦可以胜残去杀"。诚哉是言! 汉兴,至孝文四十有馀载,德至盛也。廪廪乡改正服封禅矣,谦让未成于今。呜呼,岂不仁哉!

史 记 卷 十 一

孝景本纪第十一

孝景皇帝者,孝文之中子也。母窦太后。孝文在代时,前后有三男,及窦太后得幸,前后死,及三子更死,故孝景得立。

元年四月乙卯,赦天下。乙巳,赐民爵一级。五月,除田半租。为孝文立太宗庙。令群臣无朝贺。匈奴入代,与约和亲。

二年春,封故相国萧何孙係为武陵侯。男子二十而得傅。四月壬午,孝文太后崩。广川、长沙王皆之国。丞相申屠嘉卒。八月,以御史大夫开封侯陶青为丞相。彗星出东北。秋,衡山雨雹,大者五寸,深者二尺。荧惑逆行,守北辰。月出北辰间。岁星逆行天廷中。置南陵及内史祋祤为县。

三年正月乙巳,赦天下。长星出西方。天火燔雒阳东宫大殿城室。吴王濞、楚王戊、赵王遂、胶西王卬、济南王辟光、菑川王贤、胶东王雄渠反,发兵西乡。天子为诛晁错,遣袁盎谕告,不止,遂西围梁。上乃遣大将军窦婴、太尉周亚夫将兵诛之。六月乙亥,赦亡军及楚元王子艺等与谋反者。封大将军窦婴为魏其侯。立楚元王子平陆侯礼为楚王。立皇子端为胶西王,子胜为中山王。徙济北王志为菑川王;淮阳王馀为鲁王,汝南王非为江都王。齐王将庐、燕王嘉皆薨。

四年夏,立太子。立皇子彻为胶东王。六月甲戌,赦天下。后九月,更以弋阳为阳陵。复置津关,用传出入。冬,以赵国为邯郸郡。

五年三月,作阳陵、渭桥。五月,募徙阳陵,予钱二十万。江都大暴风从西方来,坏城十二丈。丁卯,封长公主子蟜为隆虑侯。徙广川王为赵王。

六年春,封中尉绾为建陵侯,江都丞相嘉为建平侯,陇西太守浑邪为平曲侯,赵丞相嘉为江陵侯,故将军布为鄃侯。梁楚二王皆薨。后九月,伐驰道树,殖兰池。

七年冬,废栗太子为临江王。十一月晦,日有食之。春,免徒隶作阳陵者。丞相青免。二月乙巳,以太尉条侯周亚夫为丞相。四月乙巳,立胶东王太后为皇后。丁巳,立胶东王为太子。名彻。

中元年,封故御史大夫周苛孙平为绳侯,故御史大夫周昌孙左车为安阳侯。四月乙巳,赦天下,赐爵一级。除禁锢。地动。衡山、原都雨雹,大者尺八寸。

中二年二月,匈奴入燕,遂不和亲。三月,召临江王来,即死中尉府中。夏,立皇子越为广川王,子寄为胶东王。封四侯。九月甲戌,日食。

中三年冬,罢诸侯御史中丞。春,匈奴王二人率其徒来降,皆封为列侯。立皇子方乘为清河王。三月,彗星出西北。丞相周亚夫免,以御史大夫桃侯刘舍为丞相。四月,地动。九月戊戌晦,日食。军东都门外。

中四年三月,置德阳宫。大蝗。秋,赦徒作阳陵者。

中五年夏,立皇子舜为常山王。封十侯。六月丁巳,赦天下,赐爵一级。天下大潦。更命诸侯丞相曰相。秋,地动。

中六年二月己卯,行幸雍,郊见五帝。三月,雨雹。四月,梁孝王、城阳共王、汝南王皆薨。立梁孝王子明为济川王,子彭离为济东王,子定为山阳王,子不识为济阴王。梁分为五。封四侯。更命廷尉为大理,将作少府为将作大匠,主爵中尉为都尉,长信詹事为长信少府,将行为大长秋,大行为行人,奉常为太常,典客为大行,治粟内史为大农。以大内为二千石,置左右内官,属大内。七月辛亥,日食。八月,匈奴入上郡。

后元年冬,更命中大夫令为卫尉。三月丁酉,赦天下,赐爵一级,中二千石、诸侯相爵右庶长。四月,大酺。五月丙戌,地动,其蚤食时复动。上庸地动二十二日,坏城垣。七月乙巳,日食。丞相刘舍免。八月壬辰,以御史大夫绾为丞相,封为建陵侯。

后二年正月,地一日三动。郅将军击匈奴。酺五日。令内史郡不得食马粟,没入县官。令徒隶衣七缌布。止马舂。为岁不登,禁天下食不造岁。省列侯遣之国。三月,匈奴入雁门。十月,租长陵田。大旱。衡山国、河东、云中郡民疫。

后三年十月,日月皆赤五日。十二月晦,雷。日如紫。五星逆行守太微。月贯天廷中。正月甲寅,皇太子冠。甲子,孝景皇帝崩。遗诏赐诸侯王以下至民为父后爵一级,天下户百钱。出宫人归其家,复无所与。太子即位,是为孝武皇帝。三月,封皇太后弟蚡为武安侯,弟胜为周阳侯。置阳陵。

太史公曰:汉兴,孝文施大德,天下怀安。至孝景,不复忧异姓,而晁错刻削诸侯,遂使七国俱起,合从而西乡,以诸侯太盛,而错为之不以渐也。及主父偃言之,而诸侯以弱,卒以安。安危之机,岂不以谋哉?

史 记 卷 十 二

孝武本纪第十二

孝武皇帝者，孝景中子也。母曰王太后。孝景四年，以皇子为胶东王。孝景七年，栗太子废为临江王，以胶东王为太子。孝景十六年崩，太子即位，为孝武皇帝。孝武皇帝初即位，尤敬鬼神之祀。

元年，汉兴已六十馀岁矣，天下乂安，荐绅之属皆望天子封禅改正度也。而上乡儒术，招贤良，赵绾、王臧等以文学为公卿，欲议古立明堂城南，以朝诸侯。草巡狩封禅改历服色事未就。会窦太后治黄老言，不好儒术，使人微得赵绾等奸利事，召案绾、臧，绾、臧自杀，诸所兴为者皆废。

后六年，窦太后崩。其明年，上征文学之士公孙弘等。

明年，上初至雍，郊见五畤。后常三岁一郊。是时上求神君，舍之上林中蹏氏观。神君者，长陵女子，以子死悲哀，故见神于先后宛若。宛若祠之其室，民多往祠。平原君往祠，其后子孙以尊显。及武帝即位，则厚礼置祠之内中，闻其言，不见其人云。

是时而李少君亦以祠灶、谷道、却老方见上，上尊之。少君者，故深泽侯人以主方。匿其年及所生长，常自谓七十，能使物，却老。其游以方遍诸侯。无妻子。人闻其能使物及不死，更馈遗之，常馀金钱帛衣食。人皆以为不治产业而饶给，又不知其何所人，愈信，争事之。少君资好方，善为巧发奇中。尝从武安侯饮，坐中有年九十馀老人，少君乃言与其大父游射处，老人为儿时从其大父行，识其处，一坐尽惊。少君见上，上有故铜器，问少君。少君曰："此器齐桓公十年陈于柏寝。"已而案其刻，果齐桓公器。一宫尽骇，以少君为神，数百岁人也。

少君言于上曰："祠灶则致物，致物而丹沙可化为黄金，黄金成以为饮食器则益寿，益寿而海中蓬莱仙者可见，见之以封禅则不死，黄帝是也。臣尝游海上，见安期生，食臣枣，大如瓜。安期生仙者，通蓬莱中，合则见人，不合则隐。"于是天子始亲祠灶，而遣方士入海求蓬莱安期生之属，而事化丹沙诸药齐为黄金矣。

居久之，李少君病死。天子以为化去不死也，而使黄锤史宽舒受其方。求蓬莱安期生莫能得，而海上燕齐怪迁之方士多相效，更言神事矣。

亳人薄诱忌奏祠泰一方，曰："天神贵者泰一，泰一佐曰五帝。古者天子以春秋祭泰一东南郊，用太牢具，七日，为坛开八通之鬼道。"于是天子令太祝立其祠长安东南郊，常奉祠如忌方。其后人有上书，言"古者天子三年一用太牢具祠神三一：天一，地一，泰一"。天子许之，令太祝领祠之忌泰一坛上，如其方。后人复有上书，言"古者天子常以春秋解祠，祠黄帝用一枭破镜；冥羊用羊；祠马行用一青牡马；泰一、皋山山君、地长用牛；武夷君用干鱼；阴阳使者以一牛"。令祠官领之如其方，而祠于忌泰一坛旁。

其后，天子苑有白鹿，以其皮为币，以发瑞应，造白金焉。

其明年，郊雍，获一角兽，若麃然。有司曰："陛下肃祗郊祀，上帝报享，锡一角兽，盖麟云。"于是以荐五畤，畤加一牛以燎。赐诸侯白金，以风符应合于天地。

于是济北王以为天子且封禅，乃上书献泰山及其旁邑。天子受之，更以他县偿之。常山王有罪，迁，天子封其弟于真定，以续先王祀，而以常山为郡。然后五岳皆在天子之郡。

其明年，齐人少翁以鬼神方见上。上有所幸王夫人，夫人卒，少翁以方术盖夜致王夫人及灶鬼之貌云，天子自帷中望见焉。于是乃拜少翁为文成将军，赏赐甚多，以客礼礼之。文成言曰："上即欲与神通，宫室被服不象神，神物不至。"乃作画云气车，及各以胜日驾车辟恶鬼。又作甘泉宫，中为台室，画天、地、泰一诸神，而置祭具以致天神。居岁馀，其方益衰，神不至。乃为帛书以饭牛，详弗知也，言此牛腹中有奇。杀而视之，得书，书言甚怪，天子疑之。有识其手书，问之人，果伪书。于是诛文成将军而隐之。

其后则又作栢梁、铜柱、承露仙人掌之属矣。

文成死明年，天子病鼎湖甚，巫医无所不致，不愈。游水发根乃言曰："上郡有巫，病而鬼下之。"上召置祠之甘泉。及病，使人问神君。神君言曰："天子毋忧病。病少愈，强与我会甘泉。"于是病愈，遂幸甘泉，病良已。大赦天下，置寿宫神君。神君最贵者太一，其佐曰大禁、司命之属，皆从之。非可得见，闻其音，与人言等。时去时来，来则风肃然也。居室帷中。

时昼言,然常以夜。天子祓,然后入。因巫为主人,关饮食。所欲者言行下。又置寿宫、北宫,张羽旗,设供具,以礼神君。神君所言,上使人受书其言,命之曰"画法"。其所语,世俗之所知也,毋绝殊者,而天子独喜。其事秘,世莫知也。

其后三年,有司言元宜以天瑞命,不宜以一二数。一元曰建元,二元以长星曰元光,三元以郊得一角兽曰元狩云。

其明年冬,天子郊雍,议曰:"今上帝朕亲郊,而后土毋祀,则礼不答也。"有司与太史公、祠官宽舒等议:"天地牲角茧栗。今陛下亲祀后土,后土宜于泽中圜丘为五坛,坛一黄犊太牢具,已祠尽瘗,而从祠衣上黄。"于是天子遂东,始立后土祠汾阴脽上,如宽舒等议。上亲望拜,如上帝礼。礼毕,天子遂至荥阳而还。过雒阳,下诏曰:"三代邈绝,远矣难存。其以三十里地封周后为周子南君,以奉先王祀焉。"是岁,天子始巡郡县,侵寻于泰山矣。

其春,乐成侯上书言栾大。栾大,胶东宫人,故尝与文成将军同师,已而为胶东王尚方。而乐成侯姊为康王后,毋子。康王死,他姬子立为王。而康后有淫行,与王不相中,相危以法。康后闻文成已死,而欲自媚于上,乃遣栾大因乐成侯求见言方。天子既诛文成,后悔恨其早死,惜其方不尽,及见栾大,大悦。大为人长美,言多方略,而敢为大言,处之不疑。大言曰:"臣尝往来海中,见安期、羡门之属。顾以为臣贱,不信臣。又以为康王诸侯耳,不足予方。臣数言康王,康王又不用臣。臣之师曰:'黄金可成,而河决可塞,不死之药可得,仙人可致也。'臣恐效文成,则方士皆掩口,恶敢言方哉!"上曰:"文成食马肝死耳。子诚能修其方,我何爱乎!"大曰:"臣师非有求人,人者求之。陛下必欲致之,则贵其使者,令有亲属,以客礼待之,勿卑,使各佩其信印,乃可使通言于神人。神人尚肯邪不邪。致尊其使,然后可致也。"于是上使先验小方,斗旗,旗自相触击。

是时上方忧河决,而黄金不就,乃拜大为五利将军。居月馀,得四金印,佩天士将军、地士将军、大通将军、天道将军印。制诏御史:"昔禹疏九江,决四渎。间者河溢皋陆,堤繇不息。朕临天下二十有八年,天若遗朕士而大通焉。乾称'蜚龙','鸿渐于般',意庶几与焉。其以二千户封地士将军大为乐通侯。"赐列侯甲第,僮千人。乘舆斥车马帷帐器物以充其家。又以卫长公主妻之,赍金万斤,更名其邑曰当利公主。天子亲如五利之第。使者存问所给,连属于道。自大主将相以下,皆置酒其家,献遗之。
于是天子又刻玉印曰"天道将军",使使衣羽衣,夜立白茅上,五利将军亦
衣羽衣,立白茅上受印,以示弗臣也。而佩"天道"者,且为天子道天神也。
于是五利常夜祠其家,欲以下神。神未至而百鬼集矣,然颇能使之。其后
治装行,东入海,求其师云。大见数月,佩六印,贵振天下,而海上燕齐之
间,莫不搤捥而自言有禁方,能神仙矣。

其夏六月中,汾阴巫锦为民祠魏脽后土营旁,见地如钩状,掊视得鼎。
鼎大异于众鼎,文镂毋款识,怪之,言吏。吏告河东太守胜,胜以闻。天子
使使验问巫锦得鼎无奸诈,乃以礼祠,迎鼎至甘泉,从行,上荐之。至中
山,晏温,有黄云盖焉。有麃过,上自射之,因以祭云。至长安,公卿大夫
皆议请尊宝鼎。天子曰:"间者河溢,岁数不登,故巡祭后土,祈为百姓育
谷。今年丰庑未有报,鼎曷为出哉?"有司皆曰:"闻昔大帝兴神鼎一,一者
一统,天地万物所系终也。黄帝作宝鼎三,象天地人也。禹收九牧之金,
铸九鼎,皆尝鬺烹上帝鬼神。遭圣则兴,迁于夏商。周德衰,宋之社亡,鼎
乃沦伏而不见。颂云'自堂徂基,自羊徂牛;鼐鼎及鼒,不虞不骜,胡考之
休'。今鼎至甘泉,光润龙变,承休无疆。合兹中山,有黄白云降盖,若兽
为符,路弓乘矢,集获坛下,报祠大飨。惟受命而帝者心知其意而合德焉。
鼎宜见于祖祢,藏于帝廷,以合明应。"制曰:"可。"

入海求蓬莱者,言蓬莱不远,而不能至者,殆不见其气。上乃遣望气
佐候其气云。

其秋,上幸雍,且郊。或曰"五帝,泰一之佐也,宜立泰一而上亲郊
之"。上疑未定。齐人公孙卿曰:"今年得宝鼎,其冬辛巳朔旦冬至,与黄
帝时等。"卿有札书曰:"黄帝得宝鼎宛朐,问于鬼臾区。区对曰:'帝得宝
鼎神筴,是岁己酉朔旦冬至,得天之纪,终而复始。'于是黄帝迎日推筴,后
率二十岁得朔旦冬至,凡二十推,三百八十年,黄帝仙登于天。"卿因所忠
欲奏之。所忠视其书不经,疑其妄书,谢曰:"宝鼎事已决矣,尚何以为!"
卿因嬖人奏之。上大说,召问卿。对曰:"受此书申功,申功已死。"上曰:
"申功何人也?"卿曰:"申功,齐人也。与安期生通,受黄帝言,无书,独有
此鼎书。曰'汉兴复当黄帝之时。汉之圣者在高祖之孙且曾孙也。宝鼎
出而与神通,封禅。封禅七十二王,唯黄帝得上泰山封'。申功曰:'汉主
亦当上封,上封则能仙登天矣。黄帝时万诸侯,而神灵之封居七千。天下

名山八，而三在蛮夷，五在中国，中国华山、首山、太室、泰山、东莱，此五山黄帝之所常游，与神会。黄帝且战且学仙。患百姓非其道，乃断斩非鬼神者。百馀岁然后得与神通。黄帝郊雍上帝，宿三月。鬼臾区号大鸿，死葬雍，故鸿冢是也。其后黄帝接万灵明廷。明廷者，甘泉也。所谓寒门者，谷口也。黄帝采首山铜，铸鼎于荆山下。鼎既成，有龙垂胡髯下迎黄帝。黄帝上骑，群臣后宫从上龙七十馀人，龙乃上去。馀小臣不得上，乃悉持龙髯，龙髯拔，堕黄帝之弓。百姓仰望黄帝既上天，乃抱其弓与龙胡髯号，故后世因名其处曰鼎湖，其弓曰乌号。’”于是天子曰：“嗟乎！吾诚得如黄帝，吾视去妻子如脱躧耳。”乃拜卿为郎，东使候神于太室。

　　上遂郊雍，至陇西，西登空桐，幸甘泉。令祠官宽舒等具泰一祠坛，坛放薄忌泰一坛，坛三垓。五帝坛环居其下，各如其方，黄帝西南，除八通鬼道。泰一所用，如雍一畤物，而加醴枣脯之属，杀一牦牛以为俎豆牢具。而五帝独有俎豆醴进。其下四方地，为馂食群神从者及北斗云。已祠，胙馀皆燎之。其牛色白，鹿居其中，彘在鹿中，水而洎之。祭日以牛，然月以羊彘特。泰一祝宰则衣紫及绣。五帝各如其色，日赤，月白。

　　十一月辛巳朔旦冬至，昧爽，天子始郊拜泰一。朝朝日，夕夕月，则揖；而见泰一如雍礼。其赞飨曰：“天始以宝鼎神筴授皇帝，朔而又朔，终而复始，皇帝敬拜见焉。”而衣上黄。其祠列火满坛，坛旁烹炊具。有司云“祠上有光焉”。公卿言“皇帝始郊见泰一云阳，有司奉瑄玉嘉牲荐飨。是夜有美光，及昼，黄气上属天”。太史公、祠官宽舒等曰：“神灵之休，祐福兆祥，宜因此地光域立泰畤坛以明应。令太祝领，秋及腊间祠。三岁天子一郊见。”

　　其秋，为伐南越，告祷泰一，以牡荆画幡日月北斗登龙，以象天一三星，为泰一锋，名曰“灵旗”。为兵祷，则太史奉以指所伐国。而五利将军使不敢入海，之泰山祠。上使人微随验，实无所见。五利妄言见其师，其方尽，多不雠。上乃诛五利。

　　其冬，公孙卿候神河南，见仙人迹缑氏城上，有物若雉，往来城上。天子亲幸缑氏城视迹。问卿：“得毋效文成、五利乎？”卿曰：“仙者非有求人主，人主求之。其道非少宽假，神不来。言神事，事如迂诞，积以岁乃可致。”于是郡国各除道，缮治宫观名山神祠所，以望幸矣。

　　其年，既灭南越，上有嬖臣李延年以好音见。上善之，下公卿议，曰：“民间祠尚有鼓舞之乐，今郊祠而无乐，岂称乎？”公卿曰：“古者祀天地皆有乐,而神祇可得而礼。"或曰:"泰帝使素女鼓五十弦瑟,悲,帝禁不止,故破其瑟为二十五弦。"于是塞南越,祷祠泰一、后土,始用乐舞,益召歌儿,作二十五弦及箜篌瑟自此起。

其来年冬,上议曰:"古者先振兵泽旅,然后封禅。"乃遂北巡朔方,勒兵十馀万,还祭黄帝冢桥山,泽兵须如。上曰:"吾闻黄帝不死,今有冢,何也?"或对曰:"黄帝已仙上天,群臣葬其衣冠。"既至甘泉,为且用事泰山,先类祠泰一。

自得宝鼎,上与公卿诸生议封禅。封禅用希旷绝,莫知其仪礼,而群儒采封禅尚书、周官、王制之望祀射牛事。齐人丁公年九十馀,曰:"封者,合不死之名也。秦皇帝不得上封。陛下必欲上,稍上即无风雨,遂上封矣。"上于是乃令诸儒习射牛,草封禅仪。数年,至且行。天子既闻公孙卿及方士之言,黄帝以上封禅,皆致怪物与神通,欲放黄帝以尝接神仙人蓬莱士,高世比德于九皇,而颇采儒术以文之。群儒既以不能辩明封禅事,又牵拘于诗书古文而不敢骋。上为封祠器示群儒,群儒或曰"不与古同",徐偃又曰"太常诸生行礼不如鲁善",周霸属图封事,于是上绌偃、霸,尽罢诸儒弗用。

三月,遂东幸缑氏,礼登中岳太室。从官在山下闻若有言"万岁"云。问上,上不言;问下,下不言。于是以三百户封太室奉祠,命曰崇高邑。东上泰山,山之草木叶未生,乃令人上石立之泰山颠。

上遂东巡海上,行礼祠八神。齐人之上疏言神怪奇方者以万数,然无验者。乃益发船,令言海中神山者数千人求蓬莱神人。公孙卿持节常先行候名山,至东莱,言夜见一人,长数丈,就之则不见,见其迹甚大,类禽兽云。群臣有言见一老父牵狗,言"吾欲见巨公",已忽不见。上既见大迹,未信,及群臣有言老父,则大以为仙人也。宿留海上,与方士传车及间使求仙人以千数。

四月,还至奉高。上念诸儒及方士言封禅人人殊,不经,难施行。天子至梁父,礼祠地主。乙卯,令侍中儒者皮弁荐绅,射牛行事。封泰山下东方,如郊祠泰一之礼。封广丈二尺,高九尺,其下则有玉牒书,书秘。礼毕,天子独与侍中奉车子侯上泰山,亦有封。其事皆禁。明日,下阴道。丙辰,禅泰山下阯东北肃然山,如祭后土礼。天子皆亲拜见,衣上黄而尽用乐焉。江淮间一茅三脊为神藉。五色土益杂封。纵远方奇兽蜚禽及白雉诸物,颇以加祠。兕旄牛犀象之属弗用。皆至泰山然后去。封禅祠,其夜若有光,昼有白云起封中。

　　天子从封禅还,坐明堂,群臣更上寿。于是制诏御史:"朕以眇眇之身承至尊,兢兢焉惧弗任。维德菲薄,不明于礼乐。脩祀泰一,若有象景光,屑如有望,依依震于怪物,欲止不敢,遂登封泰山,至于梁父,而后禅肃然。自新,嘉与士大夫更始,赐民百户牛一酒十石,加年八十孤寡布帛二匹。复博、奉高、蛇丘、历城,毋出今年租税。其赦天下,如乙卯赦令。行所过毋有复作。事在二年前,皆勿听治。"又下诏曰:"古者天子五载一巡狩,用事泰山,诸侯有朝宿地。其令诸侯各治邸泰山下。"

　　天子既已封禅泰山,无风雨菑,而方士更言蓬莱诸神山若将可得,于是上欣然庶几遇之,乃复东至海上望,冀遇蓬莱焉。奉车子侯暴病,一日死。上乃遂去,并海上,北至碣石,巡自辽西,历北边至九原。五月,返至甘泉。有司言宝鼎出为元鼎,以今年为元封元年。

　　其秋,有星茀于东井。后十馀日,有星茀于三能。望气王朔言:"候独见其星出如瓠,食顷复入焉。"有司言曰:"陛下建汉家封禅,天其报德星云。"

　　其来年冬,郊雍五帝,还,拜祝祠泰一。赞飨曰:"德星昭衍,厥维休祥。寿星仍出,渊耀光明。信星昭见,皇帝敬拜泰祝之飨。"

　　其春,公孙卿言见神人东莱山,若云"见天子"。天子于是幸缑氏城,拜卿为中大夫。遂至东莱,宿留之数日,毋所见,见大人迹。复遣方士求神怪采芝药以千数。是岁旱。于是天子既出毋名,乃祷万里沙,过祠泰山。还至瓠子,自临塞决河,留二日,沉祠而去。使二卿将卒塞决河,河徙二渠,复禹之故迹焉。

　　是时既灭南越,越人勇之乃言"越人俗信鬼,而其祠皆见鬼,数有效。昔东瓯王敬鬼,寿至百六十岁。后世谩怠,故衰秏"。乃令越巫立越祝祠,安台无坛,亦祠天神上帝百鬼,而以鸡卜。上信之,越祠鸡卜始用焉。

　　公孙卿曰:"仙人可见,而上往常遽,以故不见。今陛下可为观,如缑氏城,置脯枣,神人宜可致。且仙人好楼居。"于是上令长安则作蜚廉桂观,甘泉则作益延寿观,使卿持节设具而候神人。乃作通天台,置祠具其下,将招来神仙之属。于是甘泉更置前殿,始广诸宫室。夏,有芝生殿防内中。天子为塞河,兴通天台,若有光云,乃下诏曰:"甘泉防生芝九茎,赦天下,毋有复作。"

　　其明年,伐朝鲜。夏,旱。公孙卿曰:"黄帝时封则天旱,乾封三年。"上乃下诏曰:"天旱,意乾封乎? 其令天下尊祠灵星焉。"

其明年,上郊雍,通回中道,巡之。春,至鸣泽,从西河归。

其明年冬,上巡南郡,至江陵而东。登礼潜之天柱山,号曰南岳。浮江,自寻阳出枞阳,过彭蠡,祀其名山川。北至琅邪,并海上。四月中,至奉高脩封焉。

初,天子封泰山,泰山东北阯古时有明堂处,处险不敞。上欲治明堂奉高旁,未晓其制度。济南人公玊带上黄帝时明堂图。明堂图中有一殿,四面无壁,以茅盖,通水,圜宫垣为复道,上有楼,从西南入,命曰昆仑,天子从之入,以拜祠上帝焉。于是上令奉高作明堂汶上,如带图。及五年脩封,则祠泰一、五帝于明常上坐,令高皇帝祠坐对之。祠后土于下房,以二十太牢。天子从昆仑道入,始拜明堂如郊礼。礼毕,燎堂下。而上又上泰山,有秘祠其颠。而泰山下祠五帝,各如其方,黄帝并赤帝,而有司侍祠焉。泰山上举火,下悉应之。

其后二岁,十一月甲子朔旦冬至,推历者以本统。天子亲至泰山,以十一月甲子朔旦冬至日祠上帝明堂,每脩封禅。其赞飨曰:“天增授皇帝泰元神筴,周而复始。皇帝敬拜泰一。”东至海上,考入海及方士求神者,莫验,然益遣,冀遇之。

十一月乙酉,柏梁灾。十二月甲午朔,上亲禅高里,祠后土。临渤海,将以望祠蓬莱之属,冀至殊庭焉。

上还,以柏梁栽故,朝受计甘泉。公孙卿曰:“黄帝就青灵台,十二日烧,黄帝乃治明庭。明庭,甘泉也。”方士多言古帝王有都甘泉者。其后天子又朝诸侯甘泉,甘泉作诸侯邸。勇之乃曰:“越俗有火栽,复起屋必以大,用胜服之。”于是作建章宫,度为千门万户。前殿度高未央。其东则凤阙,高二十余丈。其西则唐中,数十里虎圈。其北治大池,渐台高二十余丈,名曰泰液池,中有蓬莱、方丈、瀛洲、壶梁,象海中神山龟鱼之属。其南有玉堂、璧门、大鸟之属。乃立神明台、井幹楼,度五十余丈,辇道相属焉。

夏,汉改历,以正月为岁首,而色上黄,官名更印章以五字,因为太初元年。是岁,西伐大宛。蝗大起。丁夫人、雒阳虞初等以方祠诅匈奴、大宛焉。

其明年,有司言雍五畤无牢熟具,芬芳不备。乃命祠官进畤犊牢具,五色食所胜,而以木禺马代驹焉。独五帝用驹,行亲郊用驹。及诸名山川用驹者,悉以木禺马代。行过,乃用驹,他礼如故。

其明年,东巡海上,考神仙之属,未有验者。方士有言“黄帝时为五城十二楼，以候神人于执期，命曰迎年"。上许作之如方，名曰明年。上亲礼祠上帝，衣上黄焉。

公玉带曰："黄帝时虽封泰山，然风后、封钜、岐伯令黄帝封东泰山，禅凡山合符，然后不死焉。"天子既令设祠具，至东泰山，东泰山卑小，不称其声，乃令祠官礼之，而不封禅焉。其后带奉祠候神物。夏，遂还泰山，修五年之礼如前，而加禅祠石闾。石闾者，在泰山下阯南方，方士多言此仙人之闾也，故上亲禅焉。

其后五年，复至泰山脩封，还过祭常山。

今天子所兴祠，泰一、后土，三年亲郊祠，建汉家封禅，五年一脩封。薄忌泰一及三一、冥羊、马行、赤星，五，宽舒之祠官以岁时致礼。凡六祠，皆太祝领之。至如八神诸神，明年、凡山他名祠，行过则祀，去则已。方士所兴祠，各自主，其人终则已，祠官弗主。他祠皆如其故。今上封禅，其后十二岁而还，遍于五岳、四渎矣。而方士之候祠神人，入海求蓬莱，终无有验。而公孙卿之候神者，犹以大人迹为解，无其效。天子益怠厌方士之怪迂语矣，然终羁縻弗绝，冀遇其真。自此之后，方士言祠神者弥众，然其效可睹矣。

太史公曰：余从巡祭天地诸神名山川而封禅焉。入寿宫侍祠神语，究观方士祠官之言，于是退而论次自古以来用事于鬼神者，具见其表里。后有君子，得以览焉。至若俎豆珪币之详，献酬之礼，则有司存焉。

史 记 卷 十 三

三代世表第一

太史公曰：五帝、三代之记，尚矣。自殷以前诸侯不可得而谱，周以来乃颇可著。孔子因史文次春秋，纪元年，正时日月，盖其详哉。至于序尚书则略，无年月；或颇有，然多阙，不可录。故疑则传疑，盖其慎也。

余读谍记，黄帝以来皆有年数。稽其历谱谍终始五德之传，古文咸不同，乖异。夫子之弗论次其年月，岂虚哉！于是以五帝系谍、尚书集世纪黄帝以来讫共和为世表。

张夫子问褚先生曰："《诗》言契、后稷皆无父而生。今案诸传记咸言有父，父皆黄帝子也，得无与《诗》谬乎？"

褚先生曰："不然。诗言契生于卵，后稷人迹者，欲见其有天命精诚之意耳。鬼神不能自成，须人而生，奈何无父而生乎！一言有父，一言无父，信以传信，疑以传疑，故两言之。尧知契、稷皆贤人，天之所生，故封之契七十里，后十馀世至汤，王天下。尧知后稷子孙之后王也，故益封之百里，其后世且千岁，至文王而有天下。诗传曰：'汤之先为契，无父而生。契母与姊妹浴于玄丘水，有燕衔卵堕之，契母得，故含之，误吞之，即生契。契生而贤，尧立为司徒，姓之曰子氏。子者兹；兹，益大也。诗人美而颂之曰"殷社芒芒，天命玄鸟，降而生商"。商者质，殷号也。文王之先为后稷，后稷亦无父而生。后稷母为姜嫄，出见大人迹而履践之，知于身，则生后稷。姜嫄以为无父，贱而弃之道中，牛羊避不践也。抱之山中，山者养之。又捐之大泽，鸟覆席食之。姜嫄怪之，于是知其天子，乃取长之。尧知其贤才，立以为大农，姓之曰姬氏。姬者，本也。诗人美而颂之曰"厥初生民"，深修益成,而道后稷之始也。'孔子曰:'昔者尧命契为子氏,为有汤也。命后稷为姬氏,为有文王也。大王命季历,明天瑞也。太伯之吴,遂生源也。'天命难言,非圣人莫能见。舜、禹、契、后稷皆黄帝子孙也。黄帝策天命而治天下,德泽深后世,故其子孙皆复立为天子,是天之报有德也。人不知,以为泛从布衣匹夫起耳。夫布衣匹夫安能无故而起王天下乎?其有天命然。"

"黄帝后世何王天下之久远邪?"

曰:"传云天下之君王为万夫之黔首请赎民之命者帝,有福万世。黄帝是也。五政明则修礼义,因天时举兵征伐而利者王,有福千世。蜀王,黄帝后世也,至今在汉西南五千里,常来朝降,输献于汉,非以其先之有德,泽流后世邪?行道德岂可以忽乎哉!人君王者举而观之。汉大将军霍子孟名光者,亦黄帝后世也。此可为博闻远见者言,固难为浅闻者说也。何以言之?古诸侯以国为姓。霍者,国名也。武王封弟叔处于霍,后世晋献公灭霍公,后世为庶民,往来居平阳。平阳在河东,河东晋地,分为卫国。以诗言之,亦可为周世。周起后稷,后稷无父而生。以三代世传言之,后稷有父名高辛;高辛,黄帝曾孙。黄帝终始传曰:'汉兴百有馀年,有人不短不长,出白燕之乡,持天下之政,时有婴儿主,却行车。'霍将军者,本居平阳白燕。臣为郎时,与方士考功会旗亭下,为臣言。岂不伟哉!"

史 记 卷 十 四

十二诸侯年表第二

太史公读春秋历谱谍，至周厉王，未尝不废书而叹也。曰："呜呼，师挚见之矣！纣为象箸而箕子唏。周道缺，诗人本之衽席，关雎作。仁义陵迟，鹿鸣刺焉。及至厉王，以恶闻其过，公卿惧诛而祸作，厉王遂奔于彘，乱自京师始，而共和行政焉。是后或力政，强乘弱，兴师不请天子。然挟王室之义，以讨伐为会盟主，政由五伯，诸侯恣行，淫侈不轨，贼臣篡子滋起矣。齐、晋、秦、楚其在成周微甚，封或百里或五十里。晋阻三河，齐负东海，楚介江淮，秦因雍州之固，四海迭兴，更为伯主，文武所褒大封，皆威而服焉。是以孔子明王道，干七十馀君，莫能用，故西观周室，论史记旧闻，兴于鲁而次春秋，上记隐，下至哀之获麟，约其辞文，去其烦重，以制义法，王道备，人事浃。七十子之徒口受其传指，为有所刺讥褒讳挹损之文辞不可以书见也。鲁君子左丘明惧弟子人人异端，各安其意，失其真，故因孔子史记具论其语，成左氏春秋。铎椒为楚威王傅，为王不能尽观春秋，采取成败，卒四十章，为铎氏微。赵孝成王时，其相虞卿上采春秋，下观近势，亦著八篇，为虞氏春秋。吕不韦者，秦庄襄王相，亦上观尚古，删拾春秋，集六国时事，以为八览、六论、十二纪，为吕氏春秋。及如荀卿、孟子、公孙固、韩非之徒，各往往捃摭春秋之文以著书，不可胜纪。汉相张苍历谱五德，上大夫董仲舒推春秋义，颇著文焉。

太史公曰：儒者断其义，驰说者骋其辞，不务综其终始；历人取其年月，数家隆于神运，谱谍独记世谥，其辞略，欲一观诸要难。于是谱十二诸侯，自共和讫孔子，表见春秋、国语学者所讥盛衰大指著于篇，为成学治古文者要删焉。

史记卷十五

六国年表第三

太史公读秦记，至犬戎败幽王，周东徙洛邑，秦襄公始封为诸侯，作西畤用事上帝，僭端见矣。礼曰："天子祭天地，诸侯祭其域内名山大川。"今秦杂戎翟之俗，先暴戾，后仁义，位在藩臣而胪于郊祀，君子惧焉。及文公逾陇，攘夷狄，尊陈宝，营岐雍之间，而穆公修政，东竟至河，则与齐桓、晋文中国侯伯侔矣。是后陪臣执政，大夫世禄，六卿擅晋权，征伐会盟，威重于诸侯。及田常杀简公而相齐国，诸侯晏然弗讨，海内争于战功矣。三国终之卒分晋，田和亦灭齐而有之，六国之盛自此始。务在强兵并敌，谋诈用而从衡短长之说起。矫称蜂出，誓盟不信，虽置质剖符犹不能约束也。秦始小国僻远，诸夏宾之，比于戎翟，至献公之后常雄诸侯。论秦之德义不如鲁卫之暴戾者，量秦之兵不如三晋之强也，然卒并天下，非必险固便形势利也，盖若天所助焉。

或曰"东方物所始生，西方物之成孰"。夫作事者必于东南，收功实者常于西北。故禹兴于西羌，汤起于亳，周之王也以丰镐伐殷，秦之帝用雍州兴，汉之兴自蜀汉。

秦既得意，烧天下诗书，诸侯史记尤甚，为其有所刺讥也。诗书所以复见者，多藏人家，而史记独藏周室，以故灭。惜哉，惜哉！独有秦记，又不载日月，其文略不具。然战国之权变亦有可颇采者，何必上古。秦取天下多暴，然世异变，成功大。传曰"法后王"，何也？以其近己而俗变相类，议卑而易行也。学者牵于所闻，见秦在帝位日浅，不察其终始，因举而笑之，不敢道，此与以耳食无异。悲夫！

余于是因秦记，踵春秋之后，起周元王，表六国时事，讫二世，凡二百七十年，著诸所闻兴坏之端。后有君子，以览观焉。

史 记 卷 十 六

秦楚之际月表第四

太史公读秦楚之际,曰:初作难,发于陈涉;虐戾灭秦,自项氏;拨乱诛暴,平定海内,卒践帝祚,成于汉家。五年之间,号令三嬗,自生民以来,未始有受命若斯之亟也。

昔虞、夏之兴,积善累功数十年,德洽百姓,摄行政事,考之于天,然后在位。汤、武之王,乃由契、后稷修仁行义十馀世,不期而会孟津八百诸侯,犹以为未可,其后乃放弑。秦起襄公,章于文、缪、献、孝之后,稍以蚕食六国,百有馀载,至始皇乃能并冠带之伦。以德若彼,用力如此,盖一统若斯之难也。

秦既称帝,患兵革不休,以有诸侯也,于是无尺土之封,堕坏名城,销锋镝,钮豪桀,维万世之安。然王迹之兴,起于闾巷,合从讨伐,轶于三代,乡秦之禁,适足以资贤者为驱除难耳。故愤发其所为天下雄,安在无土不王。此乃传之所谓大圣乎?岂非天哉,岂非天哉!非大圣孰能当此受命而帝者乎?

史 记 卷 十 七

汉兴以来诸侯王年表第五

太史公曰：殷以前尚矣。周封五等：公，侯，伯，子，男。然封伯禽、康叔于鲁、卫，地各四百里，亲亲之义，褒有德也；太公于齐，兼五侯地，尊勤劳也。武王、成、康所封数百，而同姓五十五，地上不过百里，下三十里，以辅卫王室。管、蔡、康叔、曹、郑，或过或损。厉、幽之后，王室缺，侯伯强国兴焉，天子微，弗能正。非德不纯，形势弱也。

汉兴，序二等。高祖末年，非刘氏而王者，若无功上所不置而侯者，天下共诛之。高祖子弟同姓为王者九国，唯独长沙异姓，而功臣侯者百有徐人。自雁门、太原以东至辽阳，为燕、代国；常山以南，大行左转，度河、济、阿、甄以东薄海，为齐、赵国；自陈以西，南至九疑，东带江、淮、穀、泗，薄会稽，为梁、楚、淮南、长沙国：皆外接于胡、越。而内地北距山以东尽诸侯地，大者或五六郡，连城数十，置百官宫观，僭于天子。汉独有三河、东郡、颍川、南阳，自江陵以西至蜀，北自云中至陇西，与内史凡十五郡，而公主列侯颇食邑其中。何者？天下初定，骨肉同姓少，故广强庶孽，以镇抚四海，用承卫天子也。

汉定百年之间，亲属益疏，诸侯或骄奢，忕邪臣计谋为淫乱，大者叛逆，小者不轨于法，以危其命，殒身亡国。天子观于上古，然后加惠，使诸侯得推恩分子弟国邑，故齐分为七，赵分为六，梁分为五，淮南分三，及天子支庶子为王，王子支庶为侯，百有徐焉。吴楚时，前后诸侯或以適削地，是以燕、代无北边郡，吴、淮南、长沙无南边郡，齐、赵、梁、楚支郡名山陂海咸纳于汉。诸侯稍微，大国不过十徐城，小侯不过数十里，上足以奉贡职，下足以供养祭祀，以蕃辅京师。而汉郡八九十，形错诸侯间，犬牙相临，秉其厄塞地利，强本干，弱枝叶之势，尊卑明而万事各得其所矣。

臣迁谨记高祖以来至太初诸侯，谱其下益损之时，令后世得览。形势虽强，要之以仁义为本。

史 记 卷 十 八

高祖功臣侯者年表第六

太史公曰:古者人臣功有五品,以德立宗庙定社稷曰勋,以言曰劳,用力曰功,明其等曰伐,积日曰阅。封爵之誓曰:"使河如带,泰山若厉。国以永宁,爰及苗裔。"始未尝不欲固其根本,而枝叶稍陵夷衰微也。

余读高祖侯功臣,察其首封,所以失之者,曰:异哉所闻!书曰"协和万国",迁于夏商,或数千岁。盖周封八百,幽厉之后,见于春秋。尚书有唐虞之侯伯,历三代千有馀载,自全以蕃卫天子,岂非笃于仁义,奉上法哉? 汉兴,功臣受封者百有馀人。天下初定,故大城名都散亡,户口可得而数者十二三,是以大侯不过万家,小者五六百户。后数世,民咸归乡里,户益息,萧、曹、绛、灌之属或至四万,小侯自倍,富厚如之。子孙骄溢,忘其先,淫嬖。至太初百年之间,见侯五,馀皆坐法陨命亡国,耗矣。网亦少密焉,然皆身无兢兢于当世之禁云。

居今之世,志古之道,所以自镜也,未必尽同。帝王者各殊礼而异务,要以成功为统纪,岂可绲乎? 观所以得尊宠及所以废辱,亦当世得失之林也,何必旧闻? 于是谨其终始,表其文,颇有所不尽本末;著其明,疑者阙之。后有君子,欲推而列之,得以览焉。

史 记 卷 十 九

惠景间侯者年表第七

太史公读列封至便侯，曰：有以也夫！长沙王者，著令甲，称其忠焉。昔高祖定天下，功臣非同姓疆土而王者八国。至孝惠时，唯独长沙全，禅五世，以无嗣绝，竟无过，为藩守职，信矣。故其泽流枝庶，毋功而侯者数人。及孝惠讫孝景间五十载，追修高祖时遗功臣，及从代来，吴楚之劳，诸侯子弟若肺腑，外国归义，封者九十有馀。咸表始终，当世仁义成功之著者也。

史 记 卷 二 十

建元以来侯者年表第八

太史公曰：匈奴绝和亲，攻当路塞；闽越擅伐，东瓯请降。二夷交侵，当盛汉之隆，以此知功臣受封侔于祖考矣。何者？自诗书称三代"戎狄是膺，荆荼是征"，齐桓越燕伐山戎，武灵王以区区赵服单于，秦缪用百里霸西戎，吴楚之君以诸侯役百越。况乃以中国一统，明天子在上，兼文武，席卷四海，内辑亿万之众，岂以晏然不为边境征伐哉！自是后，遂出师北讨强胡，南诛劲越，将卒以次封矣。

史记卷二十一

建元已来王子侯者年表第九

制诏御史:"诸侯王或欲推私恩分子弟邑者,令各条上,朕且临定其号名。"

太史公曰:盛哉,天子之德! 一人有庆,天下赖之。

史记卷二十二

汉兴以来将相名臣年表第十

史记卷二十三

礼书第一

太史公曰:洋洋美德乎! 宰制万物,役使群众,岂人力也哉? 余至大行礼官,观三代损益,乃知缘人情而制礼,依人性而作仪,其所由来尚矣。

人道经纬万端,规矩无所不贯,诱进以仁义,束缚以刑罚,故德厚者位尊,禄重者宠荣,所以总一海内而整齐万民也。人体安驾乘,为之金舆错衡以繁其饰;目好五色,为之黼黻文章以表其能;耳乐钟磬,为之调谐八音以荡其心;口甘五味,为之庶羞酸咸以致其美;情好珍善,为之琢磨圭璧以通其意。故大路越席,皮弁布裳,朱弦洞越,大羹玄酒,所以防其淫侈,救其雕敝。是以君臣朝廷尊卑贵贱之序,下及黎庶车舆衣服宫室饮食嫁娶丧祭之分,事有宜适,物有节文。仲尼曰:"禘自既灌而往者,吾不欲观之矣。"

周衰,礼废乐坏,大小相逾,管仲之家,兼备三归。循法守正者见侮于世,奢溢僭差者谓之显荣。自子夏,门人之高弟也,犹云"出见纷华盛丽而说,入闻夫子之道而乐,二者心战,未能自决",而况中庸以下,渐渍于失教,被服于成俗乎? 孔子曰"必也正名",于卫所居不合。仲尼没后,受业之徒沉湮而不举,或适齐、楚,或入河海,岂不痛哉!

至秦有天下,悉内六国礼仪,采择其善,虽不合圣制,其尊君抑臣,朝廷济济,依古以来。至于高祖,光有四海,叔孙通颇有所增益减损,大抵皆袭秦故。自天子称号下至佐僚及宫室官名,少所变改。孝文即位,有司议欲定仪礼,孝文好道家之学,以为繁礼饰貌,无益于治,躬化谓何耳,故罢去之。孝景时,御史大夫晁错明于世务刑名,数干谏孝景曰:"诸侯藩辅,臣子一例,古今之制也。今大国专治异政,不禀京师,恐不可传后。"孝景用其计,而六国畔逆,以错首名,天子诛错以解难。事在袁盎语中。是后官者养交安禄而已,莫敢复议。

今上即位,招致儒术之士,令共定仪,十馀年不就。或言古者太平,万民和喜,瑞应辨至,乃采风俗,定制作。上闻之,制诏御史曰:"盖受命而王,各有所由兴,殊路而同归,谓因民而作,追俗为制也。议者咸称太古,百姓何望?汉亦一家之事,典法不传,谓子孙何?化隆者闳博,治浅者褊狭,可不勉与!"乃以太初之元改正朔,易服色,封太山,定宗庙百官之仪,以为典常,垂之于后云。

礼由人起。人生有欲,欲而不得则不能无忿,忿而无度量则争,争则乱。先王恶其乱,故制礼义以养人之欲,给人之求,使欲不穷于物,物不屈于欲,二者相待而长,是礼之所起也。故礼者养也。稻粱五味,所以养口也;椒兰芬茝,所以养鼻也;钟鼓管弦,所以养耳也;刻镂文章,所以养目也;疏房床笫几席,所以养体也:故礼者养也。

君子既得其养,又好其辨也。所谓辨者,贵贱有等,长少有差,贫富轻重皆有称也。故天子大路越席,所以养体也;侧载臭茝,所以养鼻也;前有错衡,所以养目也;和鸾之声,步中武象,骤中韶濩,所以养耳也;龙旗九斿,所以养信也;寝兕持虎,鲛韅弥龙,所以养威也。故大路之马,必信至教顺,然后乘之,所以养安也。孰知夫出死要节之所以养生也,孰知夫轻费用之所以养财也,孰知夫恭敬辞让之所以养安也,孰知夫礼义文理之所以养情也。

人苟生之为见,若者必死;苟利之为见,若者必害;怠惰之为安,若者必危;情胜之为安,若者必灭。故圣人一之于礼义,则两得之矣;一之于情性,则两失之矣。故儒者将使人两得之者也,墨者将使人两失之者也。是儒墨之分。

治辨之极也,强固之本也,威行之道也,功名之总也。王公由之,所以一天下,臣诸侯也;弗由之,所以捐社稷也。故坚革利兵不足以为胜,高城深池不足以为固,严令繁刑不足以为威。由其道则行,不由其道则废。楚人鲛革犀兕,所以为甲,坚如金石;宛之钜铁施,钻如蜂虿,轻利剽遬,卒如熛风。然而兵殆于垂涉,唐昧死焉;庄蹻起,楚分而为四参。是岂无坚革利兵哉?其所以统之者非其道故也。汝颍以为险,江汉以为池,阻之以邓林,缘之以方城。然而秦师至鄢郢,举若振槁。是岂无固塞险阻哉?其所以统之者非其道故也。纣剖比干,囚箕子,为炮格,刑杀无辜,时臣下懔然,莫必其命。然而周师至,而令不行乎下,不能用其民。是岂令不严,刑不陵哉?其所以统之者非其道故也。

古者之兵,戈矛弓矢而已,然而敌国不待试而诎。城郭不集,沟池不掘,固塞不树,机变不张,然而国晏然不畏外而固者,无他故焉,明道而均分之,时使而诚爱之,则下应之如景响。有不由命者,然后俟之以刑,则民知罪矣。故刑一人而天下服。罪人不尤其上，知罪之在己也。是故刑罚省而威行如流，无他故焉，由其道故也。故由其道则行，不由其道则废。古者帝尧之治天下也，盖杀一人刑二人而天下治。传曰"威厉而不试，刑措而不用"。

天地者，生之本也；先祖者，类之本也；君师者，治之本也。无天地恶生？无先祖恶出？无君师恶治？三者偏亡，则无安人。故礼，上事天，下事地，尊先祖而隆君师，是礼之三本也。

故王者天太祖，诸侯不敢怀，大夫士有常宗，所以辨贵贱。贵贱治，得之本也。郊畴乎天子，社至乎诸侯，函及士大夫，所以辨尊者事尊，卑者事卑，宜钜者钜，宜小者小。故有天下者事七世，有一国者事五世，有五乘之地者事三世，有三乘之地者事二世，有特牲而食者不得立宗庙，所以辨积厚者流泽广，积薄者流泽狭也。

大飨上玄尊，俎上腥鱼，先大羹，贵食饮之本也。大飨上玄尊而用薄酒，食先黍稷而饭稻粱，祭哜先大羹而饱庶羞，贵本而亲用也。贵本之谓文，亲用之谓理，两者合而成文，以归太一，是谓大隆。故尊之上玄尊也，俎之上腥鱼也，豆之先大羹，一也。利爵弗啐也，成事俎弗尝也，三侑之弗食也，大昏之未废齐也，大庙之未内尸也，始绝之未小敛，一也。大路之素帱也，郊之麻绖，丧服之先散麻，一也。三年哭之不反也，清庙之歌一倡而三叹，县一钟尚拊膈，朱弦而通越，一也。

凡礼始乎脱，成乎文，终乎税。故至备，情文俱尽；其次，情文代胜；其下，复情以归太一。天地以合，日月以明，四时以序，星辰以行，江河以流，万物以昌，好恶以节，喜怒以当。以为下则顺，以为上则明。

太史公曰：至矣哉！立隆以为极，而天下莫之能益损也。本末相顺，终始相应，至文有以辨，至察有以说。天下从之者治，不从者乱；从之者安，不从者危。小人不能则也。

礼之貌诚深矣，坚白同异之察，入焉而弱。其貌诚大矣，擅作典制褊陋之说，入焉而望。其貌诚高矣，暴慢恣睢，轻俗以为高之属，入焉而队。故绳诚陈，则不可欺以曲直；衡诚悬，则不可欺以轻重；规矩诚错，则不可欺以方员；君子审礼，则不可欺以诈伪。故绳者，直之至也；衡者，平之至也；规矩者，方员之至也；礼者，人道之极也。然而不法礼者不足礼，谓之无方之民；法礼足礼，谓之有方之士。礼之中，能思索，谓之能虑；能虑勿易，谓之能固。能虑能固，加好之焉，圣矣。天者，高之极也；地者，下之极也；日月者，明之极也；无穷者，广大之极也；圣人者，道之极也。

　　以财物为用，以贵贱为文，以多少为异，以隆杀为要。文貌繁，情欲省，礼之隆也；文貌省，情欲繁，礼之杀也；文貌情欲相为内外表里，并行而杂，礼之中流也。君子上致其隆，下尽其杀，而中处其中。步骤驰骋广骛不外，是以君子之性守宫庭也。人域是域，士君子也。外是，民也。于是中焉，房皇周浃，曲得其次序，圣人也。故厚者，礼之积也；大者，礼之广也；高者，礼之隆也；明者，礼之尽。

史记卷二十四

乐书第二

太史公曰:余每读虞书,至于君臣相敕,维是几安,而股肱不良,万事堕坏,未尝不流涕也。成王作颂,推己惩艾,悲彼家难,可不谓战战恐惧,善守善终哉?君子不为约则修德,满则弃礼,佚能思初,安能惟始,沐浴膏泽而歌咏勤苦,非大德谁能如斯!传曰"治定功成,礼乐乃兴"。海内人道益深,其德益至,所乐者益异。满而不损则溢,盈而不持则倾。凡作乐者,所以节乐。君子以谦退为礼,以损减为乐,乐其如此也。以为州异国殊,情习不同,故博采风俗,协比声律,以补短移化,助流政教。天子躬于明堂临观,而万民咸荡涤邪秽,斟酌饱满,以饰厥性。故云雅颂之音理而民正,噭嗷之声兴而士奋,郑卫之曲动而心淫。及其调和谐合,鸟兽尽感,而况怀五常,含好恶,自然之势也?

治道亏缺而郑音兴起,封君世辟,名显邻州,争以相高。自仲尼不能与齐优遂容于鲁,虽退正乐以诱世,作五章以刺时,犹莫之化。陵迟以至六国,流沔沉佚,遂往不返,卒于丧身灭宗,并国于秦。

秦二世尤以为娱。丞相李斯进谏曰:"放弃诗书,极意声色,祖伊所以惧也;轻积细过,恣心长夜,纣所以亡也。"赵高曰:"五帝、三王乐各殊名,示不相袭。上自朝廷,下至人民,得以接欢喜;合殷勤,非此和说不通,解泽不流,亦各一世之化,度时之乐,何必华山之騄耳而后行远乎?"二世然之。

高祖过沛诗三侯之章,令小儿歌之。高祖崩,令沛得以四时歌舞宗庙。孝惠、孝文、孝景无所增更,于乐府习常肆旧而已。

至今上即位,作十九章,令侍中李延年次序其声,拜为协律都尉。通一经之士不能独知其辞,皆集会五经家,相与共讲习读之,乃能通知其意,多尔雅之文。

汉家常以正月上辛祠太一甘泉,以昏时夜祠,到明而终。常有流星经于祠坛上。使僮男僮女七十人俱歌。春歌青阳,夏歌朱明,秋歌西暤,冬歌玄冥。世多有，故不论。

又尝得神马渥洼水中，复次以为太一之歌。歌曲曰："太一贡兮天马下，沾赤汗兮沫流赭。骋容与兮跇万里，今安匹兮龙为友。"后伐大宛得千里马，马名蒲梢，次作以为歌。歌诗曰："天马来兮从西极，经万里兮归有德。承灵威兮降外国，涉流沙兮四夷服。"中尉汲黯进曰："凡王者作乐，上以承祖宗，下以化兆民。今陛下得马，诗以为歌，协于宗庙，先帝百姓岂能知其音邪？"上默然不说。丞相公孙弘曰："黯诽谤圣制，当族。"

凡音之起，由人心生也。人心之动，物使之然也。感于物而动，故形于声；声相应，故生变；变成方，谓之音；比音而乐之，及干戚羽旄，谓之乐也。乐者，音之所由生也，其本在人心感于物也。是故其哀心感者，其声噍以杀；其乐心感者，其声啴以缓；其喜心感者，其声发以散；其怒心感者，其声粗以厉；其敬心感者，其声直以廉；其爱心感者，其声和以柔。六者非性也，感于物而后动，是故先王慎所以感之。故礼以导其志，乐以和其声，政以壹其行，刑以防其奸。礼乐刑政，其极一也，所以同民心而出治道也。

凡音者，生人心者也。情动于中，故形于声，声成文谓之音。是故治世之音安以乐，其正和；乱世之音怨以怒，其正乖；亡国之音哀以思，其民困。声音之道，与正通矣。宫为君，商为臣，角为民，徵为事，羽为物。五者不乱，则无惉懘之音矣。宫乱则荒，其君骄；商乱则捶，其臣坏；角乱则忧，其民怨；徵乱则哀，其事勤；羽乱则危，其财匮。五者皆乱，迭相陵，谓之慢。如此则国之灭亡无日矣。郑卫之音，乱世之音也，比于慢矣。桑间濮上之音，亡国之音也，其政散，其民流，诬上行私而不可止。

凡音者，生于人心者也；乐者，通于伦理者也。是故知声而不知音者，禽兽是也；知音而不知乐者，众庶是也。唯君子为能知乐。是故审声以知音，审音以知乐，审乐以知政，而治道备矣。是故不知声者不可与言音，不知音者不可与言乐。知乐则几于礼矣。礼乐皆得，谓之有德。德者得也。是故乐之隆，非极音也；食飨之礼，非极味也。清庙之瑟，朱弦而疏越，一倡而三叹，有遗音者矣。大飨之礼，尚玄酒而俎腥鱼，大羹不和，有遗味者矣。是故先王之制礼乐也，非以极口腹耳目之欲也，将以教民平好恶而反人道之正也。

人生而静，天之性也；感于物而动，性之颂也。物至知知，然后好恶形焉。好恶无节于内，知诱于外，不能反己，天理灭矣。夫物之感人无穷，而人之好恶无节，则是物至而人化物也。人化物也者，灭天理而穷人欲者也。于是有悖逆诈伪之心,有淫佚作乱之事。是故强者胁弱,众者暴寡,知者诈愚,勇者苦怯,疾病不养,老幼孤寡不得其所,此大乱之道也。是故先王制礼乐,人为之节:衰麻哭泣,所以节丧纪也;钟鼓干戚,所以和安乐也;婚姻冠笄,所以别男女也;射乡食飨,所以正交接也。礼节民心,乐和民声,政以行之,刑以防之。礼乐刑政四达而不悖,则王道备矣。

乐者为同,礼者为异。同则相亲,异则相敬。乐胜则流,礼胜则离。合情饰貌者,礼乐之事也。礼义立,则贵贱等矣;乐文同,则上下和矣;好恶著,则贤不肖别矣;刑禁暴,爵举贤,则政均矣。仁以爱之,义以正之,如此则民治行矣。

乐由中出,礼自外作。乐由中出,故静;礼自外作,故文。大乐必易,大礼必简。乐至则无怨,礼至则不争。揖让而治天下者,礼乐之谓也。暴民不作,诸侯宾服,兵革不试,五刑不用,百姓无患,天子不怒,如此则乐达矣。合父子之亲,明长幼之序,以敬四海之内。天子如此,则礼行矣。

大乐与天地同和,大礼与天地同节。和,故百物不失;节,故祀天祭地。明则有礼乐,幽则有鬼神,如此则四海之内合敬同爱矣。礼者,殊事合敬者也;乐者,异文合爱者也。礼乐之情同,故明王以相沿也。故事与时并,名与功偕。故钟鼓管磬羽籥干戚,乐之器也;诎信俯仰级兆舒疾,乐之文也。簠簋俎豆制度文章,礼之器也;升降上下周旋裼袭,礼之文也。故知礼乐之情者能作,识礼乐之文者能术。作者之谓圣,术者之谓明。明圣者,术作之谓也。

乐者,天地之和也;礼者,天地之序也。和,故百物皆化;序,故群物皆别。乐由天作,礼以地制。过制则乱,过作则暴。明于天地,然后能兴礼乐也。论伦无患,乐之情也;欣喜欢爱,乐之官也。中正无邪,礼之质也;庄敬恭顺,礼之制也。若夫礼乐之施于金石,越于声音,用于宗庙社稷,事于山川鬼神,则此所以与民同也。

王者功成作乐,治定制礼。其功大者其乐备,其治辨者其礼具。干戚之舞,非备乐也;亨孰而祀,非达礼也。五帝殊时,不相沿乐;三王异世,不相袭礼。乐极则忧,礼粗则偏矣。及夫敦乐而无忧,礼备而不偏者,其唯大圣乎?天高地下,万物散殊,而礼制行也;流而不息,合同而化,而乐兴也。春作夏长,仁也;秋敛冬藏,义也。仁近于乐,义近于礼。乐者敦和,率神而从天;礼者辨宜,居鬼而从地。故圣人作乐以应天,作礼以配地。礼乐明备,天地官矣。

　　天尊地卑，君臣定矣。高卑已陈，贵贱位矣。动静有常，大小殊矣。方以类聚，物以群分，则性命不同矣。在天成象，在地成形，如此则体者天地之别也。地气上隮，天气下降，阴阳相摩，天地相荡，鼓之以雷霆，奋之以风雨，动之以四时，暖之以日月，而百化兴焉，如此则乐者天地之和也。

　　化不时则不生，男女无别则乱登，此天地之情也。及夫礼乐之极乎天而蟠乎地，行乎阴阳而通乎鬼神，穷高极远而测深厚，乐著太始而礼居成物。著不息者天也，著不动者地也。一动一静者，天地之间也。故圣人曰"礼云乐云"。

　　昔者<u>舜</u>作五弦之琴，以歌<u>南风</u>；<u>夔</u>始作乐，以赏诸侯。故天子之为乐也，以赏诸侯之有德者也。德盛而教尊，五谷时孰，然后赏之以乐。故其治民劳者，其舞行级远；其治民佚者，其舞行级短。故观其舞而知其德，闻其谥而知其行。<u>大章</u>，章之也；<u>咸池</u>，备也；<u>韶</u>，继也；<u>夏</u>，大也；<u>殷周</u>之乐尽也。

　　天地之道，寒暑不时则疾，风雨不节则饥。教者，民之寒暑也，教不时则伤世。事者，民之风雨也，事不节则无功。然则先王之为乐也，以法治也，善则行象德矣。夫豢豕为酒，非以为祸也；而狱讼益烦，则酒之流生祸也。是故先王因为酒礼，一献之礼，宾主百拜，终日饮酒而不得醉焉，此先王之所以备酒祸也。故酒食者，所以合欢也。

　　乐者，所以象德也；礼者，所以闭淫也。是故先王有大事，必有礼以哀之；有大福，必有礼以乐之：哀乐之分，皆以礼终。

　　乐也者，施也；礼也者，报也。乐，乐其所自生；而礼，反其所自始。乐章德，礼报情反始也。所谓大路者，天子之舆也；龙旗九旒，天子之旌也；青黑缘者，天子之葆龟也；从之以牛羊之群，则所以赠诸侯也。"

　　乐也者，情之不可变者也；礼也者，理之不可易者也。乐统同，礼别异，礼乐之说贯乎人情矣。穷本知变，乐之情也；著诚去伪，礼之经也。礼乐顺天地之诚，达神明之德，降兴上下之神，而凝是精粗之体，领父子君臣之节。

　　是故大人举礼乐，则天地将为昭焉。天地欣合，阴阳相得，煦妪覆育万物，然后草木茂，区萌达，羽翮奋，角觡生，蛰虫昭稣，羽者妪伏，毛者孕鬻，胎生者不殰而卵生者不殈，则乐之道归焉耳。

　　乐者，非谓黄钟大吕弦歌干扬也，乐之末节也，故童者舞之；布筵席，陈樽俎，列笾豆，以升降为礼者，礼之末节也，故有司掌之。乐师辩乎声诗，故北面而弦；宗祝辩乎宗庙之礼，故后尸；<u>商</u>祝辩乎丧礼，故后主人。

是故德成而上,艺成而下;行成而先,事成而后。是故先王有上有下,有先有后,然后可以有制于天下也。

乐者,圣人之所乐也,而可以善民心。其感人深,其风移俗易,故先王著其教焉。

夫人有血气心知之性,而无哀乐喜怒之常,应感起物而动,然后心术形焉。是故志微焦衰之音作,而民思忧;啴缓慢易繁文简节之音作,而民康乐;粗厉猛起奋末广贲之音作,而民刚毅;廉直经正庄诚之音作,而民肃敬;宽裕肉好顺成和动之音作,而民慈爱;流辟邪散狄成涤滥之音作,而民淫乱。

是故先王本之情性,稽之度数,制之礼义,合生气之和,道五常之行,使之阳而不散,阴而不密,刚气不怒,柔气不慑,四畅交于中而发作于外,皆安其位而不相夺也。然后立之学等,广其节奏,省其文采,以绳德厚也。类小大之称,比终始之序,以象事行,使亲疏贵贱长幼男女之理皆形见于乐:故曰"乐观其深矣"。

土敝则草木不长,水烦则鱼鳖不大,气衰则生物不育,世乱则礼废而乐淫。是故其声哀而不庄,乐而不安,慢易以犯节,流湎以忘本。广则容奸,狭则思欲,感涤荡之气而灭平和之德,是以君子贱之也。

凡奸声感人而逆气应之,逆气成象而淫乐兴焉。正声感人而顺气应之,顺气成象而和乐兴焉。倡和有应,回邪曲直各归其分,而万物之理以类相动也。

是故君子反情以和其志,比类以成其行。奸声乱色不留聪明,淫乐废礼不接于心术,惰慢邪辟之气不设于身体,使耳目鼻口心知百体皆由顺正,以行其义。然后发以声音,文以琴瑟,动以干戚,饰以羽旄,从以箫管,奋至德之光,动四气之和,以著万物之理。是故清明象天,广大象地,终始象四时,周旋象风雨;五色成文而不乱,八风从律而不奸,百度得数而有常;小大相成,终始相生,倡和清浊,代相为经。故乐行而伦清,耳目聪明,血气和平,移风易俗,天下皆宁。故曰"乐者乐也"。君子乐得其道,小人乐得其欲。以道制欲,则乐而不乱;以欲忘道,则惑而不乐。是故君子反情以和其志,广乐以成其教,乐行而民乡方,可以观德矣。

德者,性之端也;乐者,德之华也;金石丝竹,乐之器也。诗,言其志也;歌,咏其声也;舞,动其容也:三者本乎心,然后乐气从之。是故情深而文明,气盛而化神,和顺积中而英华发外,唯乐不可以为伪。

乐者,心之动也;声者,乐之象也;文采节奏,声之饰也。君子动其本,乐其象,然后治其饰。是故先鼓以警戒,三步以见方,再始以著往,复乱以饬归,奋疾而不拔,极幽而不隐。独乐其志,不厌其道;备举其道,不私其欲。是以情见而义立,乐终而德尊;君子以好善,小人以息过:故曰"生民之道,乐为大焉"。

君子曰:礼乐不可以斯须去身。致乐以治心,则易直子谅之心油然生矣。易直子谅之心生则乐,乐则安,安则久,久则天,天则神。天则不言而信,神则不怒而威。致乐,以治心者也;致礼,以治躬者也。治躬则庄敬,庄敬则严威。心中斯须不和不乐,而鄙诈之心入之矣;外貌斯须不庄不敬,而慢易之心入之矣。故乐也者,动于内者也;礼也者,动于外者也。乐极和,礼极顺。内和而外顺,则民瞻其颜色而弗与争也,望其容貌而民不生易慢焉。德辉动乎内而民莫不承听,理发乎外而民莫不承顺,故曰"知礼乐之道,举而错之天下无难矣"。

乐也者,动于内者也;礼也者,动于外者也。故礼主其谦,乐主其盈。礼谦而进,以进为文;乐盈而反,以反为文。礼谦而不进,则销;乐盈而不反,则放。故礼有报而乐有反。礼得其报则乐,乐得其反则安。礼之报,乐之反,其义一也。

夫乐者乐也,人情之所不能免也。乐必发诸声音,形于动静,人道也。声音动静,性术之变,尽于此矣。故人不能无乐,乐不能无形。形而不为道,不能无乱。先王恶其乱,故制雅颂之声以道之,使其声足以乐而不流,使其文足以纶而不息,使其曲直繁省廉肉节奏,足以感动人之善心而已矣,不使放心邪气得接焉,是先王立乐之方也。是故乐在宗庙之中,君臣上下同听之,则莫不和敬;在族长乡里之中,长幼同听之,则莫不和顺;在闺门之内,父子兄弟同听之,则莫不和亲。故乐者,审一以定和,比物以饰节,节奏合以成文,所以合和父子君臣,附亲万民也,是先王立乐之方也。故听其雅颂之声,志意得广焉;执其干戚,习其俯仰诎信,容貌得庄焉;行其缀兆,要其节奏,行列得正焉,进退得齐焉。故乐者天地之齐,中和之纪,人情之所不能免也。

夫乐者,先王之所以饰喜也;军旅铁钺者,先王之所以饰怒也。故先王之喜怒皆得其齐矣。喜则天下和之,怒则暴乱者畏之。先王之道礼乐可谓盛矣。

魏文侯问于子夏曰:"吾端冕而听古乐则唯恐卧,听郑卫之音则不知倦。敢问古乐之如彼，何也？新乐之如此，何也？"

子夏答曰："今夫古乐，进旅而退旅，和正以广，弦匏笙簧合守拊鼓，始奏以文，止乱以武，治乱以相，讯疾以雅。君子于是语，于是道古，修身及家，平均天下：此古乐之发也。今夫新乐，进俯退俯，奸声以淫，溺而不止，及优侏儒，獶杂子女，不知父子。乐终不可以语，不可以道古：此新乐之发也。今君之所问者乐也，所好者音也。夫乐之与音，相近而不同。"

文侯曰："敢问如何？"

子夏答曰："夫古者天地顺而四时当，民有德而五谷昌，疾疢不作而无祆祥，此之谓大当。然后圣人作为父子君臣以为之纪纲，纪纲既正，天下大定，天下大定，然后正六律，和五声，弦歌诗颂，此之谓德音，德音之谓乐。诗曰：'莫其德音，其德克明，克明克类，克长克君。王此大邦，克顺克俾。俾于文王，其德靡悔。既受帝祉，施于孙子。'此之谓也。今君之所好者，其溺音与？"

文侯曰："敢问溺音者何从出也？"

子夏答曰："郑音好滥淫志，宋音燕女溺志，卫音趣数烦志，齐音鳌辟骄志，四者皆淫于色而害于德，是以祭祀不用也。诗曰：'肃雍和鸣，先祖是听。'夫肃肃，敬也；雍雍，和也。夫敬以和，何事不行？为人君者，谨其所好恶而已矣。君好之则臣为之，上行之则民从之。诗曰'诱民孔易'，此之谓也。然后圣人作为鞉鼓椌楬埙篪，此六者，德音之音也。然后钟磬竽瑟以和之，干戚旄狄以舞之。此所以祭先王之庙也，所以献酬酳酢也，所以官序贵贱各得其宜也，此所以示后世有尊卑长幼序也。钟声铿，铿以立号，号以立横，横以立武。君子听钟声则思武臣。石声硁，硁以立别，别以致死。君子听磬声则思死封疆之臣。丝声哀，哀以立廉，廉以立志。君子听琴瑟之声则思志义之臣。竹声滥，滥以立会，会以聚众。君子听竽笙箫管之声则思畜聚之臣。鼓鼙之声欢，欢以立动，动以进众。君子听鼓鼙之声则思将帅之臣。君子之听音，非听其铿锵而已也，彼亦有所合之也。"

宾牟贾侍坐于孔子，孔子与之言，及乐，曰："夫武之备戒之已久，何也？"

答曰："病不得其众也。"

"永叹之，淫液之，何也？"

答曰："恐不逮事也。"

"发扬蹈厉之已蚤，何也？"

答曰:"及时事也。"

"武坐致右宪左,何也?"

答曰:"非武坐也。"

"声淫及商,何也?"

答曰:"非武音也。"

子曰:"若非武音,则何音也?"

答曰:"有司失其传也。如非有司失其传,则武王之志荒矣。"

子曰:"唯丘之闻诸苌弘,亦若吾子之言是也。"

宾牟贾起,免席而请曰:"夫武之备戒之已久,则既闻命矣。敢问迟之迟而又久,何也?"

子曰:"居,吾语汝。夫乐者,象成者也。总干而山立,武王之事也;发扬蹈厉,太公之志也;武乱皆坐,周召之治也。且夫武,始而北出,再成而灭商,三成而南,四成而南国是疆,五成而分陕,周公左,召公右,六成复缀,以崇天子,夹振之而四伐,盛威于中国也。分夹而进,事蚤济也。久立于缀,以待诸侯之至也。且夫女独未闻牧野之语乎? 武王克殷反商,未及下车,而封黄帝之后于蓟,封帝尧之后于祝,封帝舜之后于陈;下车而封夏后氏之后于杞,封殷之后于宋,封王子比干之墓,释箕子之囚,使之行商容而复其位。庶民弛政,庶士倍禄。济河而西,马散华山之阳而弗复乘;牛散桃林之野而不复服;车甲衅而藏之府库而弗复用;倒载干戈,苞之以虎皮;将率之士,使为诸侯,名之曰'建櫜':然后天下知武王之不复用兵也。散军而郊射,左射狸首,右射驺虞,而贯革之射息也;裨冕搢笏,而虎贲之士税剑也;祀乎明堂,而民知孝;朝觐,然后诸侯知所以臣;耕藉,然后诸侯知所以敬:五者天下之大教也。食三老五更于太学,天子袒而割牲,执酱而馈,执爵而酳,冕而总干,所以教诸侯之悌也。若此,则周道四达,礼乐交通,则夫武之迟久,不亦宜乎?"

子贡见师乙而问焉,曰:"赐闻声歌各有宜也,如赐者宜何歌也?"

师乙曰:"乙,贱工也,何足以问所宜。请诵其所闻,而吾子自执焉。宽而静,柔而正者宜歌颂;广大而静,疏达而信者宜歌大雅;恭俭而好礼者宜歌小雅;正直清廉而谦者宜歌风;肆直而慈爱者宜歌商;温良而能断者宜歌齐。夫歌者,直己而陈德;动己而天地应焉,四时和焉,星辰理焉,万物育焉。故商者,五帝之遗声也,商人志之,故谓之商;齐者,三代之遗声也,齐人志之,故谓之齐。明乎商之诗者,临事而屡断;明乎齐之诗者,见利而让也。临事而屡断，勇也；见利而让，义也。有勇有义，非歌孰能保此？故歌者，上如抗，下如队，曲如折，止如槁木，居中矩，句中钩，累累乎殷如贯珠。故歌之为言也，长言之也。说之，故言之；言之不足，故长言之；长言之不足，故嗟叹之；嗟叹之不足，故不知手之舞之足之蹈之。"子贡问乐。

凡音由于人心，天之与人有以相通，如景之象形，响之应声。故为善者天报之以福，为恶者天与之以殃，其自然者也。

故舜弹五弦之琴，歌南风之诗而天下治；纣为朝歌北鄙之音，身死国亡。舜之道何弘也？纣之道何隘也？夫南风之诗者生长之音也，舜乐好之，乐与天地同意，得万国之欢心，故天下治也。夫朝歌者不时也，北者败也，鄙者陋也，纣乐好之，与万国殊心，诸侯不附，百姓不亲，天下畔之，故身死国亡。

而卫灵公之时，将之晋，至于濮水之上舍。夜半时闻鼓琴声，问左右，皆对曰"不闻"。乃召师涓曰："吾闻鼓琴音，问左右，皆不闻。其状似鬼神，为我听而写之。"师涓曰："诺。"因端坐援琴，听而写之。明日，曰："臣得之矣，然未习也，请宿习之。"灵公曰："可。"因复宿。明日，报曰："习矣。"即去之晋，见晋平公。平公置酒于施惠之台。酒酣，灵公曰："今者来，闻新声，请奏之。"平公曰："可。"即令师涓坐师旷旁，援琴鼓之。未终，师旷抚而止之曰："此亡国之声也，不可遂。"平公曰："何道出？"师旷曰："师延所作也。与纣为靡靡之乐，武王伐纣，师延东走，自投濮水之中，故闻此声必于濮水之上，先闻此声者国削。"平公曰："寡人所好者音也，愿遂闻之。"师涓鼓而终之。

平公曰："音无此最悲乎？"师旷曰："有。"平公曰："可得闻乎？"师旷曰："君德义薄，不可以听之。"平公曰："寡人所好者音也，愿闻之。"师旷不得已，援琴而鼓之。一奏之，有玄鹤二八集乎廊门；再奏之，延颈而鸣，舒翼而舞。

平公大喜，起而为师旷寿。反坐，问曰："音无此最悲乎？"师旷曰："有。昔者黄帝以大合鬼神，今君德义薄，不足以听之，听之将败。"平公曰："寡人老矣，所好者音也，愿遂闻之。"师旷不得已，援琴而鼓之。一奏之，有白云从西北起；再奏之，大风至而雨随之，飞廊瓦，左右皆奔走。平公恐惧，伏于廊屋之间。晋国大旱，赤地三年。

听者或吉或凶。夫乐不可妄兴也。

太史公曰：夫上古明王举乐者，非以娱心自乐，快意恣欲，将欲为治也。正教者皆始于音，音正而行正。故音乐者，所以动荡血脉，通流精神而和正心也。故宫动脾而和正圣，商动肺而和正义，角动肝而和正仁，徵动心而和正礼，羽动肾而和正智。故乐所以内辅正心而外异贵贱也；上以事宗庙，下以变化黎庶也。琴长八尺一寸，正度也。弦大者为宫，而居中央，君也。商张右傍，其馀大小相次，不失其次序，则君臣之位正矣。故闻宫音，使人温舒而广大；闻商音，使人方正而好义；闻角音，使人恻隐而爱人；闻徵音，使人乐善而好施；闻羽音，使人整齐而好礼。夫礼由外入，乐自内出。故君子不可须臾离礼，须臾离礼则暴慢之行穷外；不可须臾离乐，须臾离乐则奸邪之行穷内。故乐音者，君子之所养义也。夫古者，天子诸侯听钟磬未尝离于庭，卿大夫听琴瑟之音未尝离于前，所以养行义而防淫佚也。夫淫佚生于无礼，故圣王使人耳闻雅颂之音，目视威仪之礼，足行恭敬之容，口言仁义之道。故君子终日言而邪辟无由入也。

史记卷二十五

律书第三

王者制事立法，物度轨则，壹禀于六律，六律为万事根本焉。

其于兵械尤所重，故云"望敌知吉凶，闻声效胜负"，百王不易之道也。

武王伐纣，吹律听声，推孟春以至于季冬，杀气相并，而音尚宫。同声相从，物之自然，何足怪哉？

兵者，圣人所以讨强暴，平乱世，夷险阻，救危殆。自含齿戴角之兽见犯则校，而况于人怀好恶喜怒之气？喜则爱心生，怒则毒螫加，情性之理也。

昔黄帝有涿鹿之战，以定火灾；颛顼有共工之陈，以平水害；成汤有南巢之伐，以珍夏乱。递兴递废，胜者用事，所受于天也。

自是之后，名士迭兴，晋用咎犯，而齐用王子，吴用孙武，申明军约，赏罚必信，卒伯诸侯，兼列邦土，虽不及三代之诰誓，然身宠君尊，当世显扬，可不谓荣焉？岂与世儒暗于大较，不权轻重，猥云德化，不当用兵，大至君辱失守，小乃侵犯削弱，遂执不移等哉！故教笞不可废于家，刑罚不可捐于国，诛伐不可偃于天下，用之有巧拙，行之有逆顺耳。

夏桀、殷纣手搏豺狼，足追四马，勇非微也；百战克胜，诸侯慑服，权非轻也。秦二世宿军无用之地，连兵于边陲，力非弱也；结怨匈奴，纽祸於越，势非寡也。及其威尽势极，闾巷之人为敌国。咎生穷武之不知足，甘得之心不息也。

高祖有天下，三边外畔；大国之王虽称蕃辅，臣节未尽。会高祖厌苦军事，亦有萧、张之谋，故偃武一休息，羁縻不备。

历至孝文即位，将军陈武等议曰："南越、朝鲜自全秦时内属为臣子，后且拥兵阻厄，选蠕观望。高祖时天下新定，人民小安，未可复兴兵。今陛下仁惠抚百姓，恩泽加海内，宜及士民乐用，征讨逆党，以一封疆。"孝文曰："朕能任衣冠，念不到此。会吕氏之乱，功臣宗室共不羞耻，误居正位，常战战栗栗,恐事之不终。且兵凶器,虽克所愿,动亦耗病,谓百姓远方何?又先帝知劳民不可烦,故不以为意。朕岂自谓能?今匈奴内侵,军吏无功,边民父子荷兵日久,朕常为动心伤痛,无日忘之。今未能销距,愿且坚边设候,结和通使,休宁北陲,为功多矣。且无议军。"故百姓无内外之繇,得息肩于田亩,天下殷富,粟至十馀钱,鸣鸡吠狗,烟火万里,可谓和乐者乎!

太史公曰:文帝时,会天下新去汤火,人民乐业,因其欲然,能不扰乱,故百姓遂安。自年六七十翁亦未尝至市井,游敖嬉戏如小儿状。孔子所称有德君子者邪!

书曰"七正",二十八舍。律历,天所以通五行八正之气,天所以成孰万物也。舍者,日月所舍。舍者,舒气也。

不周风居西北,主杀生。东壁居不周风东,主辟生气而东之。至于营室。营室者,主营胎阳气而产之。东至于危。危,垝也。言阳气之垝,故曰危。十月也,律中应钟。应钟者,阳气之应,不用事也。其于十二子为亥。亥者,该也。言阳气藏于下,故该也。

广莫风居北方。广莫者,言阳气在下,阴莫阳广大也,故曰广莫。东至于虚。虚者,能实能虚,言阳气冬则宛藏于虚,日冬至则一阴下藏,一阳上舒,故曰虚。东至于须女。言万物变动其所,阴阳气未相离,尚相胥如也,故曰须女。十一月也,律中黄钟。黄钟者,阳气踵黄泉而出也。其于十二子为子。子者,滋也;滋者,言万物滋于下也。其于十母为壬癸。壬之为言任也,言阳气任养万物于下也。癸之为言揆也,言万物可揆度,故曰癸。东至牵牛。牵牛者,言阳气牵引万物出之也。牛者,冒也,言地虽冻,能冒而生也。牛者,耕植种万物也。东至于建星。建星者,建诸生也。十二月也,律中大吕。大吕者,其于十二子为丑。

条风居东北,主出万物。条之言条治万物而出之,故曰条风。南至于箕。箕者,言万物根棋,故曰箕。正月也,律中泰蔟。泰蔟者,言万物蔟生也,故曰泰蔟。其于十二子为寅。寅言万物始生螾然也,故曰寅。南至于尾,言万物始生如尾也。南至于心,言万物始生有华心也。南至于房。房者,言万物门户也,至于门则出矣。

明庶风居东方。明庶者,明众物尽出也。二月也,律中夹钟。夹钟者,言阴阳相夹厕也。其于十二子为卯。卯之为言茂也,言万物茂也。其于十母为甲乙。甲者,言万物剖符甲而出也;乙者,言万物生轧轧也。南至于氐。氐者,言万物皆至也。南至于亢。亢者,言万物亢见也。南至于角。角者,言万物皆有枝格如角也。三月也,律中姑洗。姑洗者,言万物洗生。其于十二子为辰。辰者,言万物之蜄也。

清明风居东南维,主风吹万物而西之。至于轸。轸者,言万物益大而轸轸然。西至于翼。翼者,言万物皆有羽翼也。四月也,律中中吕。中吕者,言万物尽旅而西行也。其于十二子为巳。巳者,言阳气之已尽也。西至于七星。七星者,阳数成于七,故曰七星。西至于张。张者,言万物皆张也。西至于注。注者,言万物之始衰,阳气下注,故曰注。五月也,律中蕤宾。蕤宾者,言阴气幼少,故曰蕤;痿阳不用事,故曰宾。

景风居南方。景者,言阳气道竟,故曰景风。其于十二子为午。午者,阴阳交,故曰午。其于十母为丙丁。丙者,言阳道著明,故曰丙;丁者,言万物之丁壮也,故曰丁。西至于弧。弧者,言万物之吴落且就死也。西至于狼。狼者,言万物可度量,断万物,故曰狼。

凉风居西南维,主地。地者,沉夺万物气也。六月也,律中林钟。林钟者,言万物就死气林林然。其于十二子为未。未者,言万物皆成,有滋味也。北至于罚。罚者,言万物气夺可伐也。北至于参。参言万物可参也,故曰参。七月也,律中夷则。夷则,言阴气之贼万物也。其于十二子为申。申者,言阴用事,申贼万物,故曰申。北至于浊。浊者,触也,言万物皆触死也,故曰浊。北至于留。留者,言阳气之稽留也,故曰留。八月也,律中南吕。南吕者,言阳气之旅入藏也。其于十二子为酉。酉者,万物之老也,故曰酉。

阊阖风居西方。阊者,倡也;阖者,藏也。言阳气道万物,阖黄泉也。其于十母为庚辛。庚者,言阴气庚万物,故曰庚;辛者,言万物之辛生,故曰辛。北至于胃。胃者,言阳气就藏,皆胃胃也。北至于娄。娄者,呼万物且内之也。北至于奎。奎者,主毒螫杀万物也,奎而藏之。九月也,律中无射。无射者,阴气盛用事,阳气无馀也,故曰无射。其于十二子为戌。戌者,言万物尽灭,故曰戌。

律数:

九九八十一以为宫。三分去一,五十四以为徵。三分益一,七十二以为商。三分去一,四十八以为羽。三分益一,六十四以为角。

黄钟长八寸七分一,宫。大吕长七寸五分三分二。太蔟长七寸十分二,角。夹钟长六寸七分三分一。姑洗长六寸十分四,羽。仲吕长五寸九分三分二,徵。蕤宾长五寸六分三分二。林钟长五寸十分四,角。夷则长五寸三分二,商。南吕长四寸十分八,徵。无射长四寸四分三分二。应钟长四寸二分三分二,羽。

生钟分:

子一分。丑三分二。寅九分八。卯二十七分十六。辰八十一分六十四。巳二百四十三分一百二十八。午七百二十九分五百一十二。未二千一百八十七分一千二十四。申六千五百六十一分四千九十六。酉一万九千六百八十三分八千一百九十二。戌五万九千四十九分三万二千七百六十八。亥十七万七千一百四十七分六万五千五百三十六。

生黄钟术曰:以下生者,倍其实,三其法。以上生者,四其实,三其法。上九,商八,羽七,角六,宫五,徵九。置一而九三之以为法。实如法,得长一寸。凡得九寸,命曰"黄钟之宫"。故曰音始于宫,穷于角;数始于一,终于十,成于三;气始于冬至,周而复生。

神生于无,形成于有,形然后数,形而成声,故曰神使气,气就形。形理如类有可类。或未形而未类,或同形而同类,类而可班,类而可识。圣人知天地识之别,故从有以至未有,以得细若气,微若声。然圣人因神而存之,虽妙必效情,核其华道者明矣。非有圣心以乘聪明,孰能存天地之神而成形之情哉?神者,物受之而不能知其去来,故圣人畏而欲存之。唯欲存之,神之亦存。其欲存之者,故莫贵焉。

太史公曰:在旋玑玉衡以齐七政,即天地二十八宿。十母,十二子,钟律调自上古。建律运历造日度,可据而度也。合符节,通道德,即从斯之谓也。

史记卷二十六

历书第四

昔自在古，历建正作于孟春。于时冰泮发蛰，百草奋兴，秭鴂先滜。物乃岁具，生于东，次顺四时，卒于冬分。时鸡三号，卒明。抚十二月节，卒于丑。日月成，故明也。明者孟也，幽者幼也，幽明者雌雄也。雌雄代兴，而顺至正之统也。日归于西，起明于东；月归于东，起明于西。正不率天，又不由人，则凡事易坏而难成矣。

王者易姓受命，必慎始初，改正朔，易服色，推本天元，顺承厥意。

太史公曰：神农以前尚矣。盖黄帝考定星历，建立五行，起消息，正闰馀，于是有天地神祇物类之官，是谓五官。各司其序，不相乱也。民是以能有信，神是以能有明德。民神异业，敬而不渎，故神降之嘉生，民以物享，灾祸不生，所求不匮。

少暤氏之衰也，九黎乱德，民神杂扰，不可放物，祸菑荐至，莫尽其气。颛顼受之，乃命南正重司天以属神，命火正黎司地以属民，使复旧常，无相侵渎。

其后三苗服九黎之德，故二官咸废所职，而闰馀乖次，孟陬殄灭，摄提无纪，历数失序。尧复遂重黎之后，不忘旧者，使复典之，而立羲和之官。明时正度，则阴阳调，风雨节，茂气至，民无夭疫。年耆禅舜，申戒文祖，云"天之历数在尔躬"。舜亦以命禹。由是观之，王者所重也。

夏正以正月，殷正以十二月，周正以十一月。盖三王之正若循环，穷则反本。天下有道，则不失纪序；无道，则正朔不行于诸侯。

幽、厉之后，周室微，陪臣执政，史不记时，君不告朔，故畴人子弟分散，或在诸夏，或在夷狄，是以其禨祥废而不统。周襄王二十六年闰三月，而春秋非之。先王之正时也，履端于始，举正于中，归邪于终。履端于始，序则不愆；举正于中，民则不惑；归邪于终，事则不悖。

其后战国并争，在于强国禽敌，救急解纷而已，岂遑念斯哉！是时独有邹衍，明于五德之传，而散消息之分，以显诸侯。而亦因秦灭六国，兵戎极烦,又升至尊之日浅,未暇遑也。而亦颇推五胜,而自以为获水德之瑞,更名河曰"德水",而正以十月,色上黑。然历度闰馀,未能睹其真也。

汉兴,高祖曰"北畤待我而起",亦自以为获水德之瑞。虽明习历及张苍等,咸以为然。是时天下初定,方纲纪大基,高后女主,皆未遑,故袭秦正朔服色。

至孝文时,鲁人公孙臣以终始五德上书,言"汉得土德,宜更元,改正朔,易服色。当有瑞,瑞黄龙见"。事下丞相张苍,张苍亦学律历,以为非是,罢之。其后黄龙见成纪,张苍自黜,所欲论著不成。而新垣平以望气见,颇言正历服色事,贵幸,后作乱,故孝文帝废不复问。

至今上即位,招致方士唐都,分其天部;而巴落下闳运算转历,然后日辰之度与夏正同。乃改元,更官号,封泰山。因诏御史曰:"乃者,有司言星度之未定也,广延宣问,以理星度,未能詹也。盖闻昔者黄帝合而不死,名察度验,定清浊,起五部,建气物分数。然盖尚矣。书缺乐弛,朕甚闵焉。朕唯未能循明也,䌷绩日分,率应水德之胜。今日顺夏至,黄钟为宫,林钟为徵,太蔟为商,南吕为羽,姑洗为角。自是以后,气复正,羽声复清,名复正变,以至子日当冬至,则阴阳离合之道行焉。十一月甲子朔旦冬至已詹,其更以七年为太初元年。年名'焉逢摄提格',月名'毕聚',日得甲子,夜半朔旦冬至。"

历术甲子篇
太初元年,岁名"焉逢摄提格",月名"毕聚",日得甲子,夜半朔旦冬至。
正北
十二
　　无大馀,无小馀;
　　无大馀,无小馀;
焉逢摄提格太初元年。
十二
　　大馀五十四,小馀三百四十八;
　　大馀五,小馀八;
端蒙单阏二年。
闰十三
　　大馀四十八,小馀六百九十六;
　　大馀十,小馀十六;

游兆执徐三年。

十二

　　大馀十二,小馀六百三;

　　大馀十五,小馀二十四;

强梧大荒落四年。

十二

　　大馀七,小馀十一;

　　大馀二十一,无小馀;

徒维敦牂天汉元年。

闰十三

　　大馀一,小馀三百五十九;

　　大馀二十六,小馀八;

祝犁协洽二年。

十二

　　大馀二十五,小馀二百六十六;

　　大馀三十一,小馀十六;

商横涒滩三年。

十二

　　大馀十九,小馀六百一十四;

　　大馀三十六,小馀二十四;

昭阳作鄂四年。

闰十三

　　大馀十四,小馀二十二;

　　大馀四十二,无小馀;

横艾淹茂太始元年。

十二

　　大馀三十七,小馀八百六十九;

　　大馀四十七,小馀八;

尚章大渊献二年。

闰十三

　　大馀三十二,小馀二百七十七;

　　大馀五十二,小馀一十六;

焉逢困敦三年。

十二

　大馀五十六,小馀一百八十四;

　大馀五十七,小馀二十四;

端蒙赤奋若四年。

十二

　大馀五十,小馀五百三十二;

　大馀三,无小馀;

游兆摄提格征和元年。

闰十三

　大馀四十四,小馀八百八十;

　大馀八,小馀八;

强梧单阏二年。

十二

　大馀八,小馀七百八十七;

　大馀十三,小馀十六;

徒维执徐三年。

十二

　大馀三,小馀一百九十五;

　大馀十八,小馀二十四;

祝犁大芒落四年。

闰十三

　大馀五十七,小馀五百四十三;

　大馀二十四,无小馀;

商横敦牂后元元年。

十二

　大馀二十一,小馀四百五十;

　大馀二十九,小馀八;

昭阳汁洽二年。

闰十三

　大馀十五,小馀七百九十八;

　大馀三十四,小馀十六;

横艾淹滩始元元年。

正西

十二

　　大馀三十九,小馀七百五;

　　大馀三十九,小馀二十四;

尚章作噩二年。

十二

　　大馀三十四,小馀一百一十三;

　　大馀四十五,无小馀;

焉逢淹茂三年。

闰十三

　　大馀二十八,小馀四百六十一;

　　大馀五十,小馀八;

端蒙大渊献四年。

十二

　　大馀五十二,小馀三百六十八;

　　大馀五十五,小馀十六;

游兆困敦五年。

十二

　　大馀四十六,小馀七百一十六;

　　无大馀,小馀二十四;

强梧赤奋若六年。

闰十三

　　大馀四十一,小馀一百二十四;

　　大馀六,无小馀;

徒维摄提格元凤元年。

十二

　　大馀五,小馀三十一;

　　大馀十一,小馀八;

祝犁单阏二年。

十二

　　大馀五十九,小馀三百七十九;

　　大馀十六,小馀十六;

商横执徐三年。

闰十三

　　大馀五十三,小馀七百二十七;

　　大馀二十一,小馀二十四;

昭阳大荒落四年。

十二

　　大馀十七,小馀六百三十四;

　　大馀二十七,无小馀;

横艾敦牂五年。

闰十三

　　大馀十二,小馀四十二;

　　大馀三十二,小馀八;

尚章汁洽六年。

十二

　　大馀三十五,小馀八百八十九;

　　大馀三十七,小馀十六;

焉逢涒滩元平元年。

十二

　　大馀三十,小馀二百九十七;

　　大馀四十二,小馀二十四;

端蒙作噩本始元年。

闰十三

　　大馀二十四,小馀六百四十五;

　　大馀四十八,无小馀;

游兆阉茂二年。

十二

　　大馀四十八,小馀五百五十二;

　　大馀五十三,小馀八;

强梧大渊献三年。

十二

　　大馀四十二,小馀九百;

　　大馀五十八,小馀十六;

徒维困敦四年。

闰十三

　　大馀三十七,小馀三百八;

　大馀三,小馀二十四;

祝犁赤奋若地节元年。

十二

　　大馀一,小馀二百一十五;

　　大馀九,无小馀;

商横摄提格二年。

闰十三

　　大馀五十五,小馀五百六十三;

　　大馀十四,小馀八;

昭阳单阏三年。

正南

十二

　　大馀十九,小馀四百七十;

　　大馀十九,小馀十六;

横艾执徐四年。

十二

　　大馀十三,小馀八百一十八;

　　大馀二十四,小馀二十四;

尚章大荒落元康元年。

闰十三

　　大馀八,小馀二百二十六;

　　大馀三十,无小馀;

焉逢敦牂二年。

十二

　　大馀三十二,小馀一百三十三;

　　大馀三十五,小馀八;

端蒙协洽三年。

十二

　　大馀二十六,小馀四百八十一;

　　大馀四十,小馀十六;

游兆涒滩四年。

闰十三

　　大馀二十,小馀八百二十九;

大馀四十五,小馀二十四;

强梧作噩神雀元年。

十二

大馀四十四,小馀七百三十六;

大馀五十一,无小馀;

徒维淹茂二年。

十二

大馀三十九,小馀一百四十四;

大馀五十六,小馀八;

祝犁大渊献三年。

闰十三

大馀三十三,小馀四百九十二;

大馀一,小馀十六;

商横困敦四年。

十二

大馀五十七,小馀三百九十九;

大馀六,小馀二十四;

昭阳赤奋若五凤元年。

闰十三

大馀五十一,小馀七百四十七;

大馀十二,无小馀;

横艾摄提格二年。

十二

大馀十五,小馀六百五十四;

大馀十七,小馀八;

尚章单阏三年。

十二

大馀十,小馀六十二;

大馀二十二,小馀十六;

焉逢执徐四年。

闰十三

大馀四,小馀四百一十;

大馀二十七,小馀二十四;

端蒙大荒落甘露元年。

十二

　　大馀二十八,小馀三百一十七;

　　大馀三十三,无小馀;

游兆敦牂二年。

十二

　　大馀二十二,小馀六百六十五;

　　大馀三十八,小馀八;

强梧协洽三年。

闰十三

　　大馀十七,小馀七十三;

　　大馀四十三,小馀十六;

徒维涒滩四年。

十二

　　大馀四十,小馀九百二十;

　　大馀四十八,小馀二十四;

祝犁作噩黄龙元年。

闰十三

　　大馀三十五,小馀三百二十八;

　　大馀五十四,无小馀;

商横淹茂初元元年。

正东

十二

　　大馀五十九,小馀二百三十五;

　　大馀五十九,小馀八;

昭阳大渊献二年。

十二

　　大馀五十三,小馀五百八十三;

　　大馀四,小馀十六;

横艾困敦三年。

闰十三

　　大馀四十七,小馀九百三十一;

　　大馀九,小馀二十四;

尚章赤奋若四年。

十二

  大馀十一,小馀八百三十八;

  大馀十五,无小馀;

焉逢摄提格五年。

十二

  大馀六,小馀二百四十六;

  大馀二十,小馀八;

端蒙单阏永光元年。

闰十三

  无大馀,小馀五百九十四;

  大馀二十五,小馀十六;

游兆执徐二年。

十二

  大馀二十四,小馀五百一;

  大馀三十,小馀二十四;

强梧大荒落三年。

十二

  大馀十八,小馀八百四十九;

  大馀三十六,无小馀;

徒维敦牂四年。

闰十三

  大馀十三,小馀二百五十七;

  大馀四十一,小馀八;

祝犁协洽五年。

十二

  大馀三十七,小馀一百六十四;

  大馀四十六,小馀十六;

商横涒滩建昭元年。

闰十三

  大馀三十一,小馀五百一十二;

  大馀五十一,小馀二十四;

昭阳作噩二年。

十二

　大馀五十五,小馀四百一十九;

　大馀五十七,无小馀;

横艾阉茂三年。

十二

　大馀四十九,小馀七百六十七;

　大馀二,小馀八;

尚章大渊献四年。

闰十三

　大馀四十四,小馀一百七十五;

　大馀七,小馀十六;

焉逢困敦五年。

十二

　大馀八,小馀八十二;

　大馀十二,小馀二十四;

端蒙赤奋若竟宁元年。

十二

　大馀二,小馀四百三十;

　大馀十八,无小馀;

游兆摄提格建始元年。

闰十三

　大馀五十六,小馀七百七十八;

　大馀二十三,小馀八;

强梧单阏二年。

十二

　大馀二十,小馀六百八十五;

　大馀二十八,小馀十六;

徒维执徐三年。

闰十三

　大馀十五,小馀九十三;

　大馀三十三,小馀二十四;

祝犁大荒落四年。

　　右历书:大馀者,日也。小馀者,月也。端蒙者,年名也。支:丑名赤奋若,寅名摄提格。干:丙名游兆。正北,冬至加子时;正西,加酉时;正南,加午时;正东,加卯时。

史记卷二十七

天官书第五

中宫<u>天极星</u>，其一明者，<u>太一</u>常居也；旁三星三公，或曰子属。后句四星，末大星正妃，馀三星后宫之属也。环之匡卫十二星，藩臣。皆曰<u>紫宫</u>。

前列直斗口三星，随北端兑，若见若不，曰<u>阴德</u>，或曰<u>天一</u>。紫宫左三星曰<u>天枪</u>，右五星曰<u>天棓</u>，后六星绝汉抵营室，曰<u>阁道</u>。

<u>北斗</u>七星，所谓"<u>旋、玑、玉衡</u>以齐七政"。杓携龙角，衡殷南斗，魁枕<u>参</u>首。用昏建者杓；杓，自<u>华</u>以西南。夜半建者衡；衡，殷<u>中州河、济</u>之间。平旦建者魁；魁，海<u>岱</u>以东北也。斗为帝车，运于中央，临制四乡。分阴阳，建四时，均五行，移节度，定诸纪，皆系于斗。

斗魁戴匡六星曰<u>文昌宫</u>：一曰<u>上将</u>，二曰<u>次将</u>，三曰<u>贵相</u>，四曰司命，五曰司中，六曰司禄。在斗魁中，贵人之牢。魁下六星，两两相比者，名曰<u>三能</u>。<u>三能</u>色齐，君臣和；不齐，为乖戾。<u>辅星</u>明近，辅臣亲强；斥小，疏弱。

杓端有两星：一内为<u>矛</u>，<u>招摇</u>；一外为<u>盾</u>，<u>天锋</u>。有句圜十五星，属杓，曰贱人之牢。其牢中星实则囚多，虚则开出。

<u>天一</u>、枪、棓、<u>矛</u>、盾动摇，角大，兵起。

东宫苍龙，<u>房、心</u>。心为明堂，大星天王，前后星子属。不欲直，直则天王失计。<u>房</u>为府，曰天驷。其阴，右骖。旁有两星曰<u>衿</u>；北一星曰<u>辖</u>。东北曲十二星曰<u>旗</u>。旗中四星曰<u>天市</u>；中六星曰<u>市</u>楼。市中星众者实；其虚则耗。<u>房</u>南众星曰骑官。

<u>左角</u>，李；<u>右角</u>，将。<u>大角</u>者，天王帝廷。其两旁各有三星，鼎足句之，曰<u>摄提</u>。<u>摄提</u>者，直斗杓所指，以建时节，故曰"摄提格"。<u>亢</u>为疏庙，主疾。其南北两大星，曰<u>南门</u>。氐为天根，主疫。

尾为九子，曰君臣；斥绝，不和。<u>箕</u>为敖客，曰口舌。

<u>火</u>犯守角，则有战。<u>房、心</u>，王者恶之也。

南宫朱鸟,权、衡。衡,太微,三光之廷。匡卫十二星,藩臣:西,将;东,相;南四星,执法;中,端门;门左右,掖门。门内六星,诸侯。其内五星,五帝坐。后聚一十五星,蔚然,曰郎位;傍一大星,将位也。月、五星顺入,轨道,司其出,所守,天子所诛也。其逆入,若不轨道,以所犯命之;中坐,成形,皆群下从谋也。金、火尤甚。廷藩西有隋星五,曰少微,士大夫。权,轩辕。轩辕,黄龙体。前大星,女主象;旁小星,御者后宫属。月、五星守犯者,如衡占。

东井为水事。其西曲星曰钺。钺北,北河;南,南河;两河、天阙间为关梁。舆鬼,鬼祠事;中白者为质。火守南北河,兵起,谷不登。故德成衡,观成潢,伤成钺,祸成井,诛成质。

柳为鸟注,主木草。七星,颈,为员官,主急事。张,素,为厨,主觞客。翼为羽翮,主远客。

轸为车,主风。其旁有一小星,曰长沙,星星不欲明;明与四星等,若五星入轸中,兵大起。轸南众星曰天库楼;库有五车。车星角若益众,及不具,无处车马。

西宫咸池,曰天五潢。五潢,五帝车舍。火入,旱;金,兵;水,水。中有三柱;柱不具,兵起。

奎曰封豕,为沟渎。娄为聚众。胃为天仓。其南众星曰廥积。

昴曰髦头,胡星也,为白衣会。毕曰罕车,为边兵,主弋猎。其大星旁小星为附耳。附耳摇动,有谗乱臣在侧。昴、毕间为天街。其阴,阴国;阳,阳国。

参为白虎。三星直者,是为衡石。下有三星,兑,曰罚,为斩艾事。其外四星,左右肩股也。小三星隅置,曰觜觿,为虎首,主葆旅事。其南有四星,曰天厕。厕下一星,曰天矢。矢黄则吉;青、白、黑,凶。其西有句曲九星,三处罗:一曰天旗,二曰天苑,三曰九游。其东有大星曰狼。狼角变色,多盗贼。下有四星曰弧,直狼。狼比地有大星,曰南极老人。老人见,治安;不见,兵起。常以秋分时候之于南郊。

附耳入毕中,兵起。

北宫玄武,虚、危。危为盖屋;虚为哭泣之事。

其南有众星,曰羽林天军。军西为垒,或曰钺。旁有一大星为北落。

北落若微亡,军星动角益希,及五星犯北落,入军,军起。火、金、水尤甚:火,军忧;水,水患;木、土,军吉。危东六星,两两相比,曰司空。

营室为清庙,曰离宫、阁道。汉中四星,曰天驷。旁一星,曰王良。王良策马,车骑满野。旁有八星,绝汉,曰天潢。天潢旁,江星。江星动,人涉水。

杵、臼四星,在危南。匏瓜,有青黑星守之,鱼盐贵。

南斗为庙,其北建星。建星者,旗也。牵牛为牺牲。其北河鼓。河鼓大星,上将;左右,左右将。婺女,其北织女。织女,天女孙也。

察日、月之行以揆岁星顺逆。曰东方木,主春,日甲乙。义失者,罚出岁星。岁星赢缩,以其舍命国。所在国不可伐,可以罚人。其趋舍而前曰赢,退舍曰缩。赢,其国有兵不复;缩,其国有忧,将亡,国倾败。其所在,五星皆从而聚于一舍,其下之国可以义致天下。

以摄提格岁:岁阴左行在寅,岁星右转居丑。正月,与斗、牵牛晨出东方,名曰监德。色苍苍有光。其失次,有应见柳。岁早,水;晚,旱。

岁星出,东行十二度,百日而止,反逆行;逆行八度,百日,复东行。岁行三十度十六分度之七,率日行十二分度之一,十二岁而周天。出常东方,以晨;入于西方,用昏。

单阏岁:岁阴在卯,星居子。以二月与婺女、虚、危晨出,曰降入。大有光。其失次,有应见张。其岁大水。

执徐岁:岁阴在辰,星居亥。以三月与营室、东壁晨出,曰青章。青青甚章。其失次,有应见轸。岁早,旱;晚,水。

大荒骆岁:岁阴在巳,星居戌。以四月与奎、娄晨出,曰跰踵。熊熊赤色,有光。其失次,有应见亢。

敦牂岁:岁阴在午,星居酉。以五月与胃、昴、毕晨出,曰开明。炎炎有光。偃兵;唯利公王,不利治兵。其失次,有应见房。岁早,旱;晚,水。

叶洽岁:岁阴在未,星居申。以六月与觜觿、参晨出,曰长列。昭昭有光。利行兵。其失次,有应见箕。

涒滩岁:岁阴在申,星居未。以七月与东井、舆鬼晨出,曰大音。昭昭白。其失次,有应见牵牛。

作鄂岁:岁阴在酉,星居午。以八月与柳、七星、张晨出,曰长王。作作有芒。国其昌,熟谷。其失次,有应见危。有旱而昌,有女丧,民疾。

阉茂岁:岁阴在戌,星居巳。以九月与翼、轸晨出,曰天睢。白色大明。其失次,有应见东壁。岁水,女丧。

大渊献岁:岁阴在亥,星居辰。以十月与角、亢晨出,曰大章。苍苍然,星若跃而阴出旦,是谓"正平"。起师旅,其率必武;其国有德,将有四海。其失次,有应见娄。

困敦岁:岁阴在子,星居卯。以十一月与氐、房、心晨出,曰天泉。玄色甚明。江池其昌,不利起兵。其失次,有应见昴。

赤奋若岁:岁阴在丑,星居寅。以十二月与尾、箕晨出,曰天晧。黮然黑色甚明。其失次,有应见参。

当居不居,居之又左右摇,未当去去之,与他星会,其国凶。所居久,国有德厚。其角动,乍小乍大,若色数变,人主有忧。

其失次舍以下,进而东北,三月生天棓,长四丈,末兑。进而东南,三月生彗星,长二丈,类彗。退而西北,三月生天欃,长四丈,末兑。退而西南,三月生天枪,长数丈,两头兑。谨视其所见之国,不可举事用兵。其出如浮如沉,其国有土功;如沉如浮,其野亡。色赤而有角,其所居国昌。迎角而战者,不胜。星色赤黄而沉,所居野大穰。色青白而赤灰,所居野有忧。岁星入月,其野有逐相;与太白斗,其野有破军。

岁星一曰摄提,曰重华,曰应星,曰纪星。营室为清庙,岁星庙也。

察刚气以处荧惑。曰南方火,主夏,日丙、丁。礼失,罚出荧惑,荧惑失行是也。出则有兵,入则兵散。以其舍命国。荧惑为勃乱,残贼、疾、丧、饥、兵。反道二舍以上,居之,三月有殃,五月受兵,七月半亡地,九月太半亡地。因与俱出入,国绝祀。居之,殃还至,虽大当小;久而至,当小反大。其南为丈夫丧,北为女子丧。若角动绕环之,及乍前乍后,左右,殃益大。与他星斗,光相逮,为害;不相逮,不害。五星皆从而聚于一舍,其下国可以礼致天下。

法,出东行十六舍而止;逆行二舍;六旬,复东行,自所止数十舍,十月而入西方;伏行五月,出东方。其出西方曰"反明",主命者恶之。东行急,一日行一度半。

其行东、西、南、北疾也。兵各聚其下;用战,顺之胜,逆之败。荧惑从太白,军忧;离之,军却。出太白阴,有分军;行其阳,有偏将战。当其行,太白逮之,破军杀将。其入守犯太微、轩辕、营室,主命恶之。心为明堂,荧惑庙也。谨候此。

历斗之会以定填星之位。曰中央土,主季夏,日戊、己,黄帝,主德,女主象也。岁填一宿,其所居国吉。未当居而居,若已去而复还,还居之,其国得土,不乃得女。若当居而不居,既已居之,又西东去,其国失土,不乃失女,不可举事用兵。其居久,其国福厚;易,福薄。

其一名曰地侯,主岁。岁行十三度百十二分度之五,日行二十八分度之一,二十八岁周天。其所居,五星皆从而聚于一舍,其下之国,可以重致天下。礼、德、义、杀、刑尽失,而填星乃为之动摇。

赢,为王不宁;其缩,有军不复。填星,其色黄,九芒,音曰黄钟宫。其失次上二三宿曰赢,有主命不成,不乃大水。失次下二三宿曰缩,有后戚,其岁不复,不乃天裂若地动。

斗为文太室,填星庙,天子之星也。

木星与土合,为内乱、饥,主勿用战,败;水则变谋而更事;火为旱;金为白衣会若水。金在南曰牝牡,年谷熟。金在北,岁偏无。火与水合为焠,与金合为铄,为丧,皆不可举事,用兵大败。土为忧,主孽卿;大饥,战败,为北军,军困,举事大败。土与水合,穑而拥阏,有覆军,其国不可举事。出,亡地;入,得地。金为疾,为内兵,亡地。三星若合,其宿地国外内有兵与丧,改立公王。四星合,兵丧并起,君子忧,小人流。五星合,是为易行,有德,受庆,改立大人,掩有四方,子孙蕃昌;无德,受殃若亡。五星皆大,其事亦大;皆小,事亦小。

蚤出者为赢,赢者为客。晚出者为缩,缩者为主人。必有天应见于杓星。同舍为合。相陵为斗,七寸以内必之矣。

五星色白圜,为丧旱;赤圜,则中不平,为兵;青圜,为忧水;黑圜,为疾,多死;黄圜,则吉。赤角犯我城,黄角地之争,白角哭泣之声,青角有兵忧,黑角则水。意,行穷兵之所终。五星同色,天下偃兵,百姓宁昌。春风秋雨,冬寒夏暑,动摇常以此。

填星出百二十日而逆西行,西行百二十日反东行。见三百三十日而入,入三十日复出东方。太岁在甲寅,镇星在东壁,故在营室。

察日行以处位太白。曰西方,秋,日庚、辛,主杀。杀失者,罚出太白。太白失行,以其舍命国。其出行十八舍二百四十日而入。入东方,伏行十一舍百三十日;其入西方,伏行三舍十六日而出。当出不出,当入不入,是谓失舍,不有破军,必有国君之篡。

其纪上元,以摄提格之岁,与营室晨出东方,至角而入,与营室夕出西方,至角而入;与角晨出,入毕;与角夕出,入毕;与毕晨出,入箕;与毕夕出,入箕;与箕晨出,入柳;与箕夕出,入柳;与柳晨出,入营室;与柳夕出,入营室。凡出入东西各五,为八岁,二百二十日,复与营室晨出东方。其大率,岁一周天。其始出东方,行迟,率日半度,一百二十日,必逆行一二舍;上极而反,东行,行日一度半,一百二十日入。其庳,近日,曰明星,柔;高,远日,曰大嚣,刚。其始出西方,行疾,率日一度半,百二十日;上极而行迟,日半度,百二十日,且入,必逆行一二舍而入。其庳,近日,曰大白,柔;高,远日,曰大相,刚。出以辰、戌,入以丑、未。

当出不出,未当入而入,天下偃兵,兵在外,入。未当出而出,当入而不入,天下起兵,有破国。其当期出也,其国昌。其出东为东,入东为北方;出西为西,入西为南方。所居久,其乡利;易,其乡凶。

出西至东,正西国吉。出东至西,正东国吉。其出不经天;经天,天下革政。

小以角动,兵起。始出大,后小,兵弱;出小,后大,兵强。出高,用兵深吉,浅凶;庳,浅吉,深凶。日方南金居其南,日方北金居其北,曰赢,侯王不宁,用兵进吉退凶。日方南金居其北,日方北金居其南,曰缩,侯王有忧,用兵退吉进凶。用兵象太白:太白行疾,疾行;迟,迟行。角,敢战。动摇躁,躁。圜以静,静。顺角所指,吉;反之,皆凶。出则出兵,入则入兵。赤角,有战;白角,有丧;黑圜角,忧,有水事;青圜小角,忧,有木事;黄圜和角,有土事,有年。其已出三日而复,有微入,入三日乃复盛出,是谓爽,其下国有军败将北。其已入三日又复微出,出三日而复盛入,其下国有忧;师有粮食兵革,遗人用之;卒虽众,将为人虏。其出西失行,外国败;其出东失行,中国败。其色大圜黄滜,可为好事;其圜大赤,兵盛不战。

太白白,比狼;赤,比心;黄,比参左肩;苍,比参右肩;黑,比奎大星。五星皆从太白而聚乎一舍,其下之国可以兵从天下。居实,有得也;居虚,无得也。行胜色,色胜位,有位胜无位,有色胜无色,行得尽胜之。出而留桑榆间,疾其下国。上而疾,未尽其日,过参天,疾其对国。上复下,下复上,有反将。其入月,将僇。金、木星合,光,其下战不合,兵虽起而不斗;合相毁,野有破军。出西方,昏而出阴,阴兵强;暮食出,小弱;夜半出,中弱;鸡鸣出,大弱:是谓阴陷于阳。其在东方,乘明而出阳,阳兵之强;鸡鸣出,小弱;夜半出,中弱;昏出,大弱:是谓阳陷于阴。太白伏也,以出兵,兵有殃。其出卯南,南胜北方;出卯北,北胜南方;正在卯,东国利。出酉北,北胜南方;出西南,南胜北方;正在酉,西国胜。

其与列星相犯,小战;五星,大战。其相犯,太白出其南,南国败;出其北,北国败。行疾,武;不行,文。色白五芒,出蚤为月蚀,晚为天夭及彗星,将发其国。出东为德,举事左之迎之,吉。出西为刑,举事右之背之,吉。反之皆凶。太白光见景,战胜。昼见而经天,是谓争明,强国弱,小国强,女主昌。

亢为疏庙,太白庙也。太白,大臣也,其号上公。其他名殷星、太正、营星、观星、宫星、明星、大衰、大泽、终星、大相、天浩、序星、月纬。大司马位谨候此。

察日辰之会,以治辰星之位。曰北方水,太阴之精,主冬,日壬、癸。刑失者,罚出辰星,以其宿命国。

是正四时:仲春春分,夕出郊奎、娄、胃东五舍,为齐;仲夏夏至,夕出郊东井、舆鬼、柳东七舍,为楚;仲秋秋分,夕出郊角、亢、氐、房东四舍,为汉;仲冬冬至,晨出郊东方,与尾、箕、斗、牵牛俱西,为中国。其出入常以辰、戌、丑、未。

其蚤,为月蚀;晚,为彗星及天夭。其时宜效不效为失,追兵在外不战。一时不出,其时不和;四时不出,天下大饥。其当效而出也,色白为旱,黄为五谷熟,赤为兵,黑为水。出东方,大而白,有兵于外,解。常在东方,其赤,中国胜;其西而赤,外国利。无兵于外而赤,兵起。其与太白俱出东方,皆赤而角,外国大败,中国胜;其与太白俱出西方,皆赤而角,外国利。五星分天之中,积于东方,中国利;积于西方,外国用兵者利。五星皆从辰星而聚于一舍,其所舍之国可以法致天下。辰星不出,太白为客;其出,太白为主。出而与太白不相从,野虽有军,不战。出东方,太白出西方;若出西方,太白出东方,为格,野虽有兵不战。失其时而出,为当寒反温,当温反寒。当出不出,是谓击卒,兵大起。其入太白中而上出,破军杀将,客军胜;下出,客亡地。辰星来抵太白,太白不去,将死。正旗上出,破军杀将,客胜;下出,客亡地。视旗所指,以命破军。其绕环太白,若与斗,大战,客胜。兔过太白,间可械剑,小战,客胜。兔居太白前,军罢;出太白左,小战;摩太白,有数万人战,主人吏死;出太白右,去三尺,军急约战。青角,兵忧;黑角,水。赤行穷兵之所终。

兔七命,曰小正、辰星、天欃、安周星、细爽、能星、钩星。其色黄而小,出而易处,天下之文变而不善矣。兔五色,青圜忧,白圜丧,赤圜中不平,黑圜吉。赤角犯我城,黄角地之争,白角号泣之声。

其出东方,行四舍四十八日,其数二十日,而反入于东方;其出西方,行四舍四十八日,其数二十日,而反入于西方。其一候之营室、角、毕、箕、柳。出房、心间,地动。

辰星之色:春,青黄;夏,赤白;秋,青白,而岁熟;冬,黄而不明。即变其色,其时不昌。春不见,大风,秋则不实。夏不见,有六十日之旱,月蚀。秋不见,有兵,春则不生。冬不见,阴雨六十日,有流邑,夏则不长。

角、亢、氐,兖州。房、心,豫州。尾、箕,幽州。斗,江、湖。牵牛、婺女,杨州。虚、危,青州。营室至东壁,并州。奎、娄、胃,徐州。昴、毕,冀州。觜觽、参,益州。东井、舆鬼,雍州。柳、七星、张,三河。翼、轸,荆州。

七星为员官,辰星庙,蛮夷星也。

两军相当,日晕;晕等,力钧;厚长大,有胜;薄短小,无胜。重抱大破无。抱为和,背为不和,为分离相去。直为自立,立侯王;破军杀将。负且戴,有喜。围在中,中胜;在外,外胜。青外赤中,以和相去;赤外青中,以恶相去。气晕先至而后去,居军胜。先至先去,前利后病;后至后去,前病后利;后至先去,前后皆病,居军不胜。见而去,其发疾,虽胜无功。见半日以上,功大。白虹屈短,上下兑,有者下大流血。日晕制胜,近期三十日,远期六十日。

其食,食所不利;复生,生所利;而食益尽,为主位。以其直及日所宿,加以日时,用命其国也。

月行中道,安宁和平。阴间,多水,阴事。外北三尺,阴星。北三尺,太阴,大水,兵。阳间,骄恣。阳星,多暴狱。太阳,大旱丧也。角、天门,十月为四月,十一月为五月,十二月为六月,水发,近三尺,远五尺。犯四辅,辅臣诛。行南北河,以阴阳言,旱水兵丧。

月蚀岁星,其宿地,饥若亡。荧惑也乱,填星也下犯上,太白也强国以战败,辰星也女乱。蚀大角,主命者恶之;心,则为内贼乱也;列星,其宿地忧。

月食始日,五月者六,六月者五,五月复六,六月者一,而五月者五,凡百一十三月而复始。故月蚀,常也;日蚀,为不臧也。甲、乙,四海之外,日月不占。丙、丁,江、淮、海岱也。戊、已,中州、河、济也。庚、辛,华山以西。壬、癸,恒山以北。日蚀,国君;月蚀,将相当之。

国皇星,大而赤,状类南极。所出,其下起兵,兵强;其冲不利。

昭明星,大而白,无角,乍上乍下。所出国,起兵,多变。

五残星,出正东东方之野。其星状类辰星,去地可六丈。

大贼星,出正南南方之野。星去地可六丈,大而赤,数动,有光。

司危星,出正西西方之野。星去地可六丈,大而白,类太白。

狱汉星,出正北北方之野。星去地可六丈,大而赤,数动,察之中青。此四野星所出,出非其方,其下有兵,冲不利。

四填星,所出四隅,去地可四丈。

地维咸光,亦出四隅,去地可三丈,若月始出。所见,下有乱;乱者亡,有德者昌。

烛星,状如太白,其出也不行。见则灭。所烛者,城邑乱。

如星非星,如云非云,命曰归邪。归邪出,必有归国者。

星者,金之散气,其本曰火。星众,国吉;少则凶。

汉者,亦金之散气,其本曰水。汉,星多,多水,少则旱,其大经也。

天鼓,有音如雷非雷,音在地而下及地。其所往者,兵发其下。

天狗,状如大奔星,有声,其下止地,类狗。所堕及,望之如火光炎炎冲天。其下圜如数顷田处,上兑者则有黄色,千里破军杀将。

格泽星者,如炎火之状。黄白,起地而上。下大,上兑。其见也,不种而获;不有土功,必有大害。

蚩尤之旗,类彗而后曲,象旗。见则王者征伐四方。

旬始,出于北斗旁,状如雄鸡。其怒,青黑,象伏鳖。

枉矢,类大流星,蛇行而仓黑,望之如有毛羽然。

长庚,如一匹布著天。此星见,兵起。

星坠至地,则石也。河、济之间,时有坠星。

天精而见景星。景星者,德星也。其状无常,常出于有道之国。

凡望云气,仰而望之,三四百里;平望,在桑榆上,千馀二千里;登高而望之,下属地者三千里。云气有兽居上者,胜。

自华以南,气下黑上赤。嵩高、三河之郊,气正赤。恒山之北,气下黑上青。勃、碣、海、岱之间,气皆黑。江、淮之间,气皆白。

徒气白。土功气黄。车气乍高乍下,往往而聚。骑气卑而布。卒气抟。前卑而后高者,疾;前方而后高者,兑;后兑而卑者,却。其气平者其行徐。前高而后卑者,不止而反。气相遇者,卑胜高,兑胜方。气来卑而循车通者,不过三四日,去之五六里见。气来高七八尺者,不过五六日,去之十馀里见。气来高丈馀二丈者,不过三四十日,去之五六十里见。

稍云精白者,其将悍,其士怯。其大根而前绝远者,当战。青白,其前低者,战胜;其前赤而仰者,战不胜。阵云如立垣。杼云类杼。轴云抟两端兑。杓云如绳者,居前亘天,其半半天。其蜺者类阙旗故。钩云句曲。诸此云见,以五色占占。而泽抟密,其见动人,乃有占;兵必起,合斗其直。

王朔所候,决于日旁。日旁云气,人主象。皆如其形以占。

故北夷之气如群畜穹闾,南夷之气类舟船幡旗。大水处,败军场,破国之虚,下有积钱,金宝之上,皆有气,不可不察。海旁蜄气象楼台;广野气成宫阙然。云气各象其山川人民所聚积。

故候息耗者,入国邑,视封疆田畴之正治,城郭室屋门户之润泽,次至车服畜产精华。实息者,吉;虚耗者,凶。

若烟非烟,若云非云,郁郁纷纷,萧索轮囷,是谓卿云。卿云,喜气也。若雾非雾,衣冠而不濡,见则其域被甲而趋。

夫雷电、虾虹、辟历、夜明者,阳气之动者也,春夏则发,秋冬则藏,故候者无不司之。

天开县物,地动坼绝。山崩及徙,川塞谿垘;水澹地长,泽竭见象。城郭门闾,闰臬槀枯;宫庙邸第,人民所次。谣俗车服,观民饮食。五谷草木,观其所属。仓府厩库,四通之路。六畜禽兽,所产去就;鱼鳖鸟鼠,观其所处。鬼哭若呼,其人逢俉。化言,诚然。

凡候岁美恶,谨候岁始。岁始或冬至日,产气始萌。腊明日,人众卒岁,一会饮食,发阳气,故曰初岁。正月旦,王者岁首;立春日,四时之始也。四始者,候之日。

而汉魏鲜集腊明正月旦决八风。风从南方来,大旱;西南,小旱;西方,有兵;西北,戎菽为,小雨,趣兵;北方,为中岁;东北,为上岁;东方,大水;东南,民有疾疫,岁恶。故八风各与其冲对,课多者为胜。多胜少,久胜亟,疾胜徐。旦至食,为麦;食至日昳,为稷;昳至餔,为黍;餔至下餔,为菽;下餔至日入,为麻。欲终日有云,有风,有日。日当其时者,深而多实;无云有风日,当其时,浅而多实;有云风,无日,当其时,深而少实;有日,无云,不风,当其时者稼有败。如食顷,小败;熟五斗米顷,大败。则风复起,有云,其稼复起。各以其时用云色占种所宜。其雨雪若寒,岁恶。

是日光明,听都邑人民之声。声宫,则岁善,吉;商,则有兵;徵,旱;羽,水;角,岁恶。

或从正月旦比数雨。率日食一升,至七升而极;过之,不占。数至十二日,日直其月,占水旱。为其环域千里内占,则为天下候,竟正月。月所离列宿,日、风、云,占其国。然必察太岁所在。在金,穰;水,毁;木,饥;火,旱。此其大经也。

正月上甲,风从东方,宜蚕;风从西方,若旦黄云,恶。

冬至短极,县土炭,炭动,鹿解角,兰根出,泉水跃,略以知日至,要决晷景。岁星所在,五谷逢昌。其对为冲,岁乃有殃。

太史公曰:自初生民以来,世主曷尝不历日月星辰?及至五家、三代,绍而明之,内冠带,外夷狄,分中国为十有二州,仰则观象于天,俯则法类于地。天则有日月,地则有阴阳。天有五星,地有五行。天则有列宿,地则有州域。三光者,阴阳之精,气本在地,而圣人统理之。

幽厉以往,尚矣。所见天变,皆国殊窟穴,家占物怪,以合时应,其文图籍机祥不法。是以孔子论六经,纪异而说不书。至天道命,不传;传其人,不待告;告非其人,虽言不著。

昔之传天数者:高辛之前,重、黎;于唐、虞,羲、和;有夏,昆吾;殷商,巫咸;周室,史佚、苌弘;于宋,子韦;郑则裨灶;在齐,甘公;楚,唐昧;赵,尹皋;魏,石申。

夫天运,三十岁一小变,百年中变,五百载大变;三大变一纪,三纪而大备:此其大数也。为国者必贵三五。上下各千岁,然后天人之际续备。

太史公推古天变,未有可考于今者。盖略以春秋二百四十二年之间,日蚀三十六,彗星三见,宋襄公时星陨如雨。天子微,诸侯力政,五伯代兴,更为主命。自是之后,众暴寡,大并小。秦、楚、吴、越,夷狄也,为强伯。田氏篡齐,三家分晋,并为战国。争于攻取,兵革更起,城邑数屠,因以饥馑疾疫焦苦,臣主共忧患,其察机祥候星气尤急。近世十二诸侯七国相王,言从衡者继踵,而皋、唐、甘、石因时务论其书传,故其占验凌杂米盐。

二十八舍主十二州,斗秉兼之,所从来久矣。秦之疆也,候在太白,占于狼、弧。吴、楚之疆,候在荧惑,占于鸟衡。燕、齐之疆,候在辰星,占于虚、危。宋、郑之疆,候在岁星,占于房、心。晋之疆,亦候在辰星,占于参、罚。

及秦并吞三晋、燕、代,自河山以南者中国。中国于四海内则在东南,为阳;阳则日、岁星、荧惑、填星;占于街南,毕主之。其西北则胡、貉、月氏诸衣旃裘引弓之民,为阴;阴则月、太白、辰星;占于街北,昴主之。故中国山川东北流,其维,首在陇、蜀,尾没于勃、碣。是以秦、晋好用兵,复占太白,太白主中国;而胡、貉数侵掠,独占辰星,辰星出入躁疾,常主夷狄:其大经也。此更为客主人。荧惑为孛,外则理兵,内则理政。故曰"虽有明天子,必视荧惑所在"。诸侯更强,时灾异记,无可录者。

秦始皇之时,十五年彗星四见,久者八十日,长或竟天。其后秦遂以兵灭六王,并中国,外攘四夷,死人如乱麻,因以张楚并起,三十年之间兵相骈藉,不可胜数。自蚩尤以来,未尝若斯也。

项羽救钜鹿,枉矢西流,山东遂合从诸侯,西坑秦人,诛屠咸阳。

汉之兴,五星聚于东井。平城之围,月晕参、毕七重。诸吕作乱,日蚀,昼晦。吴楚七国叛逆,彗星数丈,天狗过梁野;及兵起,遂伏尸流血其下。元光、元狩,蚩尤之旗再见,长则半天。其后京师师四出,诛夷狄者数十年,而伐胡尤甚。越之亡,荧惑守斗;朝鲜之拔,星茀于河戍;兵征大宛,星茀招摇:此其荦荦大者。若至委曲小变,不可胜道。由是观之,未有不先形见而应随之者也。

夫自汉之为天数者,星则唐都,气则王朔,占岁则魏鲜。故甘、石历五星法,唯独荧惑有反逆行;逆行所守,及他星逆行,日月薄蚀,皆以为占。

余观史记,考行事,百年之中,五星无出而不反逆行,反逆行,尝盛大而变色;日月薄蚀,行南北有时:此其大度也。故紫宫、房心、权衡、咸池、虚危列宿部星,此天之五官坐位也,为经,不移徙,大小有差,阔狭有常。水、火、金、木、填星,此五星者,天之五佐,为纬,见伏有时,所过行赢缩有度。

日变修德,月变省刑,星变结和。凡天变,过度乃占。国君强大,有德者昌;弱小,饰诈者亡。太上修德,其次修政,其次修救,其次修禳,正下无之。夫常星之变希见,而三光之占亟用。日月晕适,云风,此天之客气,其发见亦有大运。然其与政事俯仰,最近天人之符。此五者,天之感动。为天数者,必通三五。终始古今,深观时变,察其精粗,则天官备矣。

苍帝行德,天门为之开。赤帝行德,天牢为之空。黄帝行德,天夭为之起。风从西北来,必以庚、辛。一秋中,五至,大赦;三至,小赦。白帝行德,以正月二十日、二十一日,月晕围,常大赦载,谓有太阳也。一曰:白帝行德,毕、昴为之围。围三暮,德乃成;不三暮,及围不合,德不成。二曰:以辰围,不出其旬。黑帝行德,天关为之动。天行德,天子更立年;不德,风雨破石。三能、三衡者,天廷也。客星出天廷,有奇令。

史记卷二十八

封禅书第六

　　自古受命帝王,曷尝不封禅?盖有无其应而用事者矣,未有睹符瑞见而不臻乎泰山者也。虽受命而功不至,至梁父矣而德不洽,洽矣而日有不暇给,是以即事用希。传曰:"三年不为礼,礼必废;三年不为乐,乐必坏。"每世之隆,则封禅答焉,及衰而息。厥旷远者千有馀载,近者数百载,故其仪阙然堙灭,其详不可得而记闻云。

　　尚书曰,舜在璇玑玉衡,以齐七政。遂类于上帝,禋于六宗,望山川,遍群神。辑五瑞,择吉月日,见四岳诸牧,还瑞。岁二月,东巡狩,至于岱宗。岱宗,泰山也。柴,望秩于山川。遂觐东后。东后者,诸侯也。合时月正日,同律度量衡,修五礼,五玉三帛二生一死贽。五月,巡狩至南岳。南岳,衡山也。八月,巡狩至西岳。西岳,华山也。十一月,巡狩至北岳。北岳,恒山也。皆如岱宗之礼。中岳,嵩高也。五载一巡狩。
　　禹遵之。后十四世,至帝孔甲,淫德好神,神渎,二龙去之。其后三世,汤伐桀,欲迁夏社,不可,作夏社。后八世,至帝太戊,有桑谷生于廷,一暮大拱,惧。伊陟曰:"妖不胜德。"太戊修德,桑谷死。伊陟赞巫咸,巫咸之兴自此始。后十四世,帝武丁得傅说为相,殷复兴焉,称高宗。有雉登鼎耳雊,武丁惧。祖己曰:"修德。"武丁从之,位以永宁。后五世,帝武乙慢神而震死。后三世,帝纣淫乱,武王伐之。由此观之,始未尝不肃祇,后稍息慢也。

　　周官曰,冬日至,祀天于南郊,迎长日之至;夏日至,祭地祇。皆用乐舞,而神乃可得而礼也。天子祭天下名山大川,五岳视三公,四渎视诸侯,诸侯祭其疆内名山大川。四渎者,江、河、淮、济也。天子曰明堂、辟雍,诸侯曰泮宫。
　　周公既相成王,郊祀后稷以配天,宗祀文王于明堂以配上帝。自禹兴而修社祀,后稷稼穑,故有稷祠,郊社所从来尚矣。

自周克殷后十四世,世益衰,礼乐废,诸侯恣行,而幽王为犬戎所败,周东徙雒邑。秦襄公攻戎救周,始列为诸侯。秦襄公既侯,居西垂,自以为主少暤之神,作西畤,祠白帝,其牲用骝驹黄牛羝羊各一云。其后十六年,秦文公东猎汧渭之间,卜居之而吉。文公梦黄蛇自天下属地,其口止于鄜衍。文公问史敦,敦曰:“此上帝之征,君其祠之。”于是作鄜畤,用三牲郊祭白帝焉。

自未作鄜畤也,而雍旁故有吴阳武畤,雍东有好畤,皆废无祠。或曰:“自古以雍州积高,神明之隩,故立畤郊上帝,诸神祠皆聚云。盖黄帝时尝用事,虽晚周亦郊焉。”其语不经见,缙绅者不道。

作鄜畤后九年,文公获若石云,于陈仓北阪城祠之。其神或岁不至,或岁数来,来也常以夜,光辉若流星,从东南来集于祠城,则若雄鸡,其声殷云,野鸡夜雊。以一牢祠,命曰陈宝。

作鄜畤后七十八年,秦德公既立,卜居雍,“后子孙饮马于河”,遂都雍。雍之诸祠自此兴。用三百牢于鄜畤。作伏祠。磔狗邑四门,以御蛊灾。

德公立二年卒。其后四年,秦宣公作密畤于渭南,祭青帝。

其后十四年,秦缪公立,病卧五日不寤;寤,乃言梦见上帝,上帝命缪公平晋乱。史书而记藏之府。而后世皆曰秦缪公上天。

秦缪公即位九年,齐桓公既霸,会诸侯于葵丘,而欲封禅。管仲曰:“古者封泰山禅梁父者七十二家,而夷吾所记者十有二焉。昔无怀氏封泰山,禅云云;虙羲封泰山,禅云云;神农封泰山,禅云云;炎帝封泰山,禅云云;黄帝封泰山,禅亭亭;颛顼封泰山,禅云云;帝俈封泰山,禅云云;尧封泰山,禅云云;舜封泰山,禅云云;禹封泰山,禅会稽;汤封泰山,禅云云;周成王封泰山,禅社首:皆受命然后得封禅。”桓公曰:“寡人北伐山戎,过孤竹;西伐大夏,涉流沙,束马悬车,上卑耳之山;南伐至召陵,登熊耳山以望江汉。兵车之会三,而乘车之会六,九合诸侯,一匡天下,诸侯莫违我。昔三代受命,亦何以异乎?”于是管仲睹桓公不可穷以辞,因设之以事,曰:“古之封禅,鄗上之黍,北里之禾,所以为盛;江淮之间,一茅三脊,所以为藉也。东海致比目之鱼,西海致比翼之鸟,然后物有不召而自至者十有五焉。今凤皇麒麟不来,嘉谷不生,而蓬蒿藜莠茂,鸱枭数至,而欲封禅,毋乃不可乎?”于是桓公乃止。是岁,秦缪公内晋君夷吾。其后三置晋国之君,平其乱,缪公立三十九年而卒。

其后百有馀年,而孔子论述六艺,传略言易姓而王,封泰山禅乎梁父者七十馀王矣,其俎豆之礼不章,盖难言之。或问禘之说,孔子曰:"不知。知禘之说,其于天下也视其掌。"诗云纣在位,文王受命,政不及泰山。武王克殷二年,天下未宁而崩。爰周德之洽维成王,成王之封禅则近之矣。及后陪臣执政,季氏旅于泰山,仲尼讥之。

是时苌弘以方事周灵王,诸侯莫朝周,周力少,苌弘乃明鬼神事,设射狸首。狸首者,诸侯之不来者。依物怪欲以致诸侯。诸侯不从,而晋人执杀苌弘。周人之言方怪者自苌弘。

其后百馀年,秦灵公作吴阳上畤,祭黄帝;作下畤,祭炎帝。

后四十八年,周太史儋见秦献公曰:"秦始与周合,合而离,五百岁当复合,合十七年而霸王出焉。"栎阳雨金,秦献公自以为得金瑞,故作畦畤栎阳而祀白帝。

其后百二十岁而秦灭周,周之九鼎入于秦。或曰宋太丘社亡,而鼎没于泗水彭城下。

其后百一十五年而秦并天下。

秦始皇既并天下而帝,或曰:"黄帝得土德,黄龙地螾见。夏得木德,青龙止于郊,草木畅茂。殷得金德,银自山溢。周得火德,有赤乌之符。今秦变周,水德之时。昔秦文公出猎,获黑龙,此其水德之瑞。"于是秦更命河曰"德水",以冬十月为年首,色上黑,度以六为名,音上大吕,事统上法。

即帝位三年,东巡郡县,祠驺峄山,颂秦功业。于是征从齐鲁之儒生博士七十人,至乎泰山下。诸儒生或议曰:"古者封禅为蒲车,恶伤山之土石草木;埽地而祭,席用菹秸,言其易遵也。"始皇闻此议各乖异,难施用,由此绌儒生。而遂除车道,上自泰山阳至巅,立石颂秦始皇帝德,明其得封也。从阴道下,禅于梁父。其礼颇采太祝之祀雍上帝所用,而封藏皆秘之,世不得而记也。

始皇之上泰山,中阪遇暴风雨,休于大树下。诸儒生既绌,不得与用于封事之礼,闻始皇遇风雨,则讥之。

于是始皇遂东游海上,行礼祠名山大川及八神,求仙人羡门之属。八神将自古而有之,或曰太公以来作之。齐所以为齐,以天齐也。其祀绝莫知起时。八神:一曰天主,祠天齐。天齐渊水,居临菑南郊山下者。二曰地主,祠泰山梁父。盖天好阴,祠之必于高山之下,小山之上,命曰"畤";地贵阳,祭之必于泽中圜丘云。三曰兵主,祠蚩尤。蚩尤在东平陆监乡,齐之西境也。四曰阴主,祠三山。五曰阳主,祠之罘。六曰月主,祠之莱山。皆在齐北,并勃海。七曰日主,祠成山。成山斗入海,最居齐东北隅,以迎日出云。八曰四时主,祠琅邪。琅邪在齐东方,盖岁之所始。皆各用一牢具祠,而巫祝所损益,珪币杂异焉。

自齐威、宣之时,驺子之徒论著终始五德之运,及秦帝而齐人奏之,故始皇采用之。而宋毋忌、正伯侨、充尚、羡门高最后皆燕人,为方仙道,形解销化,依于鬼神之事。驺衍以阴阳主运显于诸侯,而燕齐海上之方士传其术不能通,然则怪迂阿谀苟合之徒自此兴,不可胜数也。

自威、宣、燕昭使人入海求蓬莱、方丈、瀛州。此三神山者,其傅在勃海中,去人不远;患且至,则船风引而去。盖尝有至者,诸仙人及不死之药皆在焉。其物禽兽尽白,而黄金银为宫阙。未至,望之如云;及到,三神山反居水下。临之,风辄引去,终莫能至云。世主莫不甘心焉。及至秦始皇并天下,至海上,则方士言之不可胜数。始皇自以为至海上而恐不及矣,使人乃赍童男女入海求之。船交海中,皆以风为解,曰未能至,望见之焉。其明年,始皇复游海上,至琅邪,过恒山,从上党归。后三年,游碣石,考入海方士,从上郡归。后五年,始皇南至湘山,遂登会稽,并海上,冀遇海中三神山之奇药。不得,还至沙丘崩。

二世元年,东巡碣石,并海南,历泰山,至会稽,皆礼祠之,而刻勒始皇所立石书旁,以章始皇之功德。其秋,诸侯畔秦。三年而二世弑死。

始皇封禅之后十二岁,秦亡。诸儒生疾秦焚诗书,诛僇文学,百姓怨其法,天下畔之,皆讹曰:"始皇上泰山,为暴风雨所击,不得封禅。"此岂所谓无其德而用事者邪?

昔三代之居皆在河洛之间,故嵩高为中岳,而四岳各如其方,四渎咸在山东。至秦称帝,都咸阳,则五岳、四渎皆并在东方。自五帝以至秦,轶兴轶衰,名山大川或在诸侯,或在天子,其礼损益世殊,不可胜记。及秦并天下,令祠官所常奉天地名山大川鬼神可得而序也。

于是自淆以东,名山五,大川祠二。曰太室。太室,嵩高也。恒山,泰山,会稽,湘山。水曰济,曰淮。春以脯酒为岁祠,因泮冻,秋涸冻,冬塞祷祠。其牲用牛犊各一,牢具珪币各异。

自华以西,名山七,名川四。曰华山,薄山。薄山者,衰山也。岳山,岐山,吴岳,鸿冢,渎山。渎山,蜀之汶山。水曰河,祠临晋;沔,祠汉中;湫渊,祠朝邢;江水,祠蜀。亦春秋泮涸祷塞,如东方名山川;而牲牛犊牢具珪币各异。而四大冢鸿、岐、吴、岳,皆有尝禾。

陈宝节来祠。其河加有尝醪。此皆在雍州之域,近天子之都,故加车一乘,骝驹四。

霸、产、长水、沣、涝、泾、渭皆非大川,以近咸阳,尽得比山川祠,而无诸加。

汧、洛二渊,鸣泽、蒲山、岳嶦山之属,为小山川,亦皆岁祷塞泮涸祠,礼不必同。

而雍有日、月、参、辰、南北斗、荧惑、太白、岁星、填星、辰星、二十八宿、风伯、雨师、四海、九臣、十四臣、诸布、诸严、诸逑之属,百有馀庙。西亦有数十祠。于湖有周天子祠。于下邽有天神。沣、滈有昭明、天子辟池。于杜、亳有三社主之祠、寿星祠;而雍菅庙亦有杜主。杜主,故周之右将军,其在秦中,最小鬼之神者。各以岁时奉祠。

唯雍四畤上帝为尊,其光景动人民唯陈宝。故雍四畤,春以为岁祷,因泮冻,秋涸冻,冬塞祠,五月尝驹,及四仲之月月祠,若陈宝节来一祠。春夏用骍,秋冬用骝。畤驹四匹,木禺龙栾车一驷,木禺车马一驷,各如其帝色。黄犊羔各四,珪币各有数,皆生瘗埋,无俎豆之具。三年一郊。秦以冬十月为岁首,故常以十月上宿郊见,通权火,拜于咸阳之旁,而衣上白,其用如经祠云。西畤、畦畤,祠如其故,上不亲往。

诸此祠皆太祝常主,以岁时奉祠之。至如他名山川诸鬼及八神之属,上过则祠,去则已。郡县远方神祠者,民各自奉祠,不领于天子之祝官。祝官有秘祝,即有灾祥,辄祝祠移过于下。

汉兴,高祖之微时,尝杀大蛇。有物曰:"蛇,白帝子也,而杀者赤帝子。"高祖初起,祷丰枌榆社。徇沛,为沛公,则祠蚩尤,衅鼓旗。遂以十月至灞上,与诸侯平咸阳,立为汉王。因以十月为年首,而色上赤。

二年,东击项籍而还入关,问:"故秦时上帝祠何帝也?"对曰:"四帝,有白、青、黄、赤帝之祠。"高祖曰:"吾闻天有五帝,而有四,何也?"莫知其说。于是高祖曰:"吾知之矣,乃待我而具五也。"乃立黑帝祠,命曰北畤。有司进祠,上不亲往。悉召故秦祝官,复置太祝、太宰,如其故仪礼。因令县为公社。下诏曰:"吾甚重祠而敬祭。今上帝之祭及山川诸神当祠者,各以其时礼祠之如故。"

后四岁,天下已定,诏御史,令丰谨治枌榆社,常以四时春以羊彘祠之。令祝官立蚩尤之祠于长安。长安置祠祝官、女巫。其梁巫，祠天、地、天社、天水、房中、堂上之属；晋巫，祠五帝、东君、云中君、司命、巫社、巫祠、族人、先炊之属；秦巫，祠社主、巫保、族累之属；荆巫，祠堂下、巫先、司命、施糜之属；九天巫，祠九天：皆以岁时祠宫中。其河巫祠河于临晋，而南山巫祠南山秦中。秦中者，二世皇帝。各有时日。

其后二岁，或曰周兴而邑邰，立后稷之祠，至今血食天下。于是高祖制诏御史："其令郡国县立灵星祠，常以岁时祠以牛。"

高祖十年春，有司请令县常以春二月及腊祠社稷以羊豕，民里社各自财以祠。制曰："可。"

其后十八年，孝文帝即位。即位十三年，下诏曰："令秘祝移过于下，朕甚不取。自今除之。"

始名山大川在诸侯，诸侯祝各自奉祠，天子官不领。及齐、淮南国废，令太祝尽以岁时致礼如故。

是岁，制曰："朕即位十三年于今，赖宗庙之灵，社稷之福，方内艾安，民人靡疾。间者比年登，朕之不德，何以飨此？皆上帝诸神之赐也。盖闻古者飨其德必报其功，欲广诸神祠。有司议增雍五畤路车各一乘，驾被具；西畤畦畤禺车各一乘，禺马四匹，驾被具；其河、湫、汉水加玉各二；及诸祠，各增广坛场，珪币俎豆以差加之。而祝釐者归福于朕，百姓不与焉。自今祝致敬，毋有所祈。"

鲁人公孙臣上书曰："始秦得水德，今汉受之，推终始传，则汉当土德，土德之应黄龙见。宜改正朔，易服色，色上黄。"是时丞相张苍好律历，以为汉乃水德之始，故河决金堤，其符也。年始冬十月，色外黑内赤，与德相应。如公孙臣言，非也。罢之。后三岁，黄龙见成纪。文帝乃召公孙臣，拜为博士，与诸生草改历服色事。其夏，下诏曰："异物之神见于成纪，无害于民，岁以有年。朕祈郊上帝诸神，礼官议，无讳以劳朕。"有司皆曰"古者天子夏亲郊，祀上帝于郊，故曰郊"。于是夏四月，文帝始郊见雍五畤祠，衣皆上赤。

其明年，赵人新垣平以望气见上，言"长安东北有神气，成五采，若人冠绕焉。或曰东北神明之舍，西方神明之墓也。天瑞下，宜立祠上帝，以合符应"。于是作渭阳五帝庙，同宇，帝一殿，面各五门，各如其帝色。祠所用及仪亦如雍五畤。

夏四月，文帝亲拜霸渭之会，以郊见渭阳五帝。五帝庙南临渭，北穿蒲池沟水,权火举而祠,若光辉然属天焉。于是贵平上大夫,赐累千金。而使博士诸生刺六经中作王制,谋议巡狩封禅事。

文帝出长门,若见五人于道北,遂因其直北立五帝坛,祠以五牢具。

其明年,新垣平使人持玉杯,上书阙下献之。平言上曰:"阙下有宝玉气来者。"已视之,果有献玉杯者,刻曰"人主延寿"。平又言"臣候日再中"。居顷之,日却复中。于是始更以十七年为元年,令天下大酺。

平言曰:"周鼎亡在泗水中,今河溢通泗,臣望东北汾阴直有金宝气,意周鼎其出乎?兆见不迎则不至。"于是上使使治庙汾阴南,临河,欲祠出周鼎。

人有上书告新垣平所言气神事皆诈也。下平吏治,诛夷新垣平。自是之后,文帝怠于改正朔服色神明之事,而渭阳、长门五帝使祠官领,以时致礼,不往焉。

明年,匈奴数入边,兴兵守御,后岁少不登。

数年而孝景即位。十六年,祠官各以岁时祠如故,无有所兴,至今天子。

今天子初即位,尤敬鬼神之祀。

元年,汉兴已六十馀岁矣,天下艾安,搢绅之属皆望天子封禅改正度也,而上乡儒术,招贤良,赵绾、王臧等以文学为公卿,欲议古立明堂城南,以朝诸侯。草巡狩封禅改历服色事未就。会窦太后治黄老言,不好儒术,使人微伺得赵绾等奸利事,召案绾、臧,绾、臧自杀,诸所兴为皆废。

后六年,窦太后崩。其明年,征文学之士公孙弘等。

明年,今上初至雍,郊见五畤。后常三岁一郊。是时上求神君,舍之上林中蹄氏观。神君者,长陵女子,以子死,见神于先后宛若。宛若祠之其室,民多往祠。平原君往祠,其后子孙以尊显。及今上即位,则厚礼置祠之内中。闻其言,不见其人云。

是时李少君亦以祠灶、谷道、却老方见上,上尊之。少君者,故深泽侯舍人,主方。匿其年及其生长,常自谓七十,能使物,却老。其游以方遍诸侯。无妻子。人闻其能使物及不死,更馈遗之,常馀金钱衣食。人皆以为不治生业而饶给,又不知其何所人,愈信,争事之。少君资好方,善为巧发奇中。尝从武安侯饮,坐中有九十馀老人,少君乃言与其大父游射处,老人为儿时从其大父,识其处,一坐尽惊。少君见上,上有故铜器,问少君。

少君曰："此器齐桓公十年陈于柏寝。"已而案其刻,果齐桓公器。一宫尽骇,以为少君神,数百岁人也。

少君言上曰："祠灶则致物,致物而丹沙可化为黄金,黄金成以为饮食器则益寿,益寿而海中蓬莱仙者乃可见,见之以封禅则不死,黄帝是也。臣尝游海上,见安期生,安期生食巨枣,大如瓜。安期生仙者,通蓬莱中,合则见人,不合则隐。"于是天子始亲祠灶,遣方士人海求蓬莱安期生之属,而事化丹沙诸药齐为黄金矣。

居久之,李少君病死。天子以为化去不死,而使黄锤史宽舒受其方。求蓬莱安期生莫能得,而海上燕齐怪迂之方士多更来言神事矣。

亳人谬忌奏祠太一方,曰:"天神贵者太一,太一佐曰五帝。古者天子以春秋祭太一东南郊,用太牢,七日,为坛开八通之鬼道。"于是天子令太祝立其祠长安东南郊,常奉祠如忌方。其后人有上书,言"古者天子三年壹用太牢祠神三一:天一、地一、太一"。天子许之,令太祝领祠之于忌太一坛上,如其方。后人复有上书,言"古者天子常以春解祠,祠黄帝用一枭破镜;冥羊用羊祠;马行用一青牡马;太一、泽山君地长用牛;武夷君用干鱼;阴阳使者以一牛"。令祠官领之如其方,而祠于忌太一坛旁。

其后,天子苑有白鹿,以其皮为币,以发瑞应,造白金焉。

其明年,郊雍,获一角兽,若麃然。有司曰;"陛下肃祇郊祀,上帝报享,锡一角兽,盖麟云。"于是以荐五畤,畤加一牛以燎。锡诸侯白金,风符应合于天也。

于是济北王以为天子且封禅,乃上书献太山及其旁邑,天子以他县偿之。常山王有罪,迁,天子封其弟于真定,以续先王祀,而以常山为郡,然后五岳皆在天子之郡。

其明年,齐人少翁以鬼神方见上。上有所幸王夫人,夫人卒,少翁以方盖夜致王夫人及灶鬼之貌云,天子自帷中望见焉。于是乃拜少翁为文成将军,赏赐甚多,以客礼礼之。文成言曰:"上即欲与神通,宫室被服非象神,神物不至。"乃作画云气车,及各以胜日驾车辟恶鬼。又作甘泉宫,中为台室,画天、地、太一诸鬼神,而置祭具以致天神。居岁馀,其方益衰,神不至。乃为帛书以饭牛,详不知,言曰此牛腹中有奇。杀视得书,书言甚怪。天子识其手书,问其人,果是伪书,于是诛文成将军,隐之。

其后则又作柏梁、铜柱、承露仙人掌之属矣。

文成死明年,天子病鼎湖甚,巫医无所不致,不愈。游水发根言上郡有巫,病而鬼神下之。上召置祠之甘泉。及病,使人问神君。神君言曰:"天子无忧病。病少愈,强与我会甘泉。"于是病愈,遂起,幸甘泉,病良已。大赦,置寿宫神君。寿宫神君最贵者太一,其佐曰大禁、司命之属,皆从之。非可得见,闻其言,言与人音等。时去时来,来则风肃然。居室帷中。时昼言,然常以夜。天子祓,然后入。因巫为主人,关饮食。所以言,行下。又置寿宫、北宫,张羽旗,设供具,以礼神君。神君所言,上使人受书其言,命之曰"画法"。其所语,世俗之所知也,无绝殊者,而天子心独喜。其事秘,世莫知也。

其后三年,有司言元宜以天瑞命,不宜以一二数。一元曰"建",二元以长星曰"光",三元以郊得一角兽曰"狩"云。

其明年冬,天子郊雍,议曰:"今上帝朕亲郊,而后土无祀,则礼不答也。"有司与太史公、祠官宽舒议:"天地牲角茧栗。今陛下亲祠后土,后土宜于泽中圜丘为五坛,坛一黄犊太牢具,已祠尽瘗,而从祠衣上黄。"于是天子遂东,始立后土祠汾阴脽丘,如宽舒等议。上亲望拜,如上帝礼。礼毕,天子遂至荥阳而还。过雒阳,下诏曰:"三代邈绝,远矣难存。其以三十里地封周后为周子南君,以奉其先祀焉。"是岁,天子始巡郡县,侵寻于泰山矣。

其春,乐成侯上书言栾大。栾大,胶东宫人,故尝与文成将军同师,已而为胶东王尚方。而乐成侯姊为康王后,无子。康王死,他姬子立为王。而康后有淫行,与王不相中,相危以法。康后闻文成已死,而欲自媚于上,乃遣栾大因乐成侯求见言方。天子既诛文成,后悔其蚤死,惜其方不尽,及见栾大,大说。大为人长美,言多方略,而敢为大言,处之不疑。大言曰:"臣常往来海中,见安期、羡门之属。顾以臣为贱,不信臣。又以为康王诸侯耳,不足与方。臣数言康王,康王又不用臣。臣之师曰:'黄金可成,而河决可塞,不死之药可得,仙人可致也。'然臣恐效文成,则方士皆奄口,恶敢言方哉!"上曰:"文成食马肝死耳。子诚能修其方,我何爱乎!"大曰:"臣师非有求人,人者求之。陛下必欲致之,则贵其使者,令有亲属,以客礼待之,勿卑,使各佩其信印,乃可使通言于神人。神人尚肯邪不邪。致尊其使,然后可也。"于是上使验小方,斗棋,棋自相触击。

是时上方忧河决,而黄金不就,乃拜大为五利将军。居月馀,得四印,佩天士将军、地士将军、大通将军印。制诏御史:"昔禹疏九江,决四渎。间者河溢皋陆,堤繇不息。朕临天下二十有八年,天若遗朕士而大通焉。乾称'蜚龙','鸿渐于般',朕意庶几与焉。其以二千户封地士将军大为乐通侯。"赐列侯甲第,僮千人。乘舆斥车马帷幄器物以充其家。又以卫长公主妻之,赍金万斤,更命其邑曰当利公主。天子亲如五利之第。使者存问供给,相属于道。自大主将相以下,皆置酒其家,献遗之。于是天子又刻玉印曰"天道将军",使使衣羽衣,夜立白茅上,五利将军亦衣羽衣,夜立白茅上受印,以示不臣也。而佩"天道"者,且为天子道天神也。于是五利常夜祠其家,欲以下神。神未而而百鬼集矣,然颇能使之。其后装治行,东入海,求其师云。大见数月,佩六印,贵震天下,而海上燕齐之间,莫不扼挽而自言有禁方,能神仙矣。

其夏六月中,汾阴巫锦为民祠魏脽后土营旁,见地如钩状,掊视得鼎。鼎大异于众鼎,文镂无款识,怪之,言吏。吏告河东太守胜,胜以闻。天子使使验问巫得鼎无奸诈,乃以礼祠,迎鼎至甘泉,从行,上荐之。至中山,曣㬈,有黄云盖焉。有麃过,上自射之,因以祭云。至长安,公卿大夫皆议请尊宝鼎。天子曰:"间者河溢,岁数不登,故巡祭后土,祈为百姓育谷。今岁丰庑未报,鼎曷为出哉?"有司皆曰:"闻昔泰帝兴神鼎一,一者壹统,天地万物所系终也。黄帝作宝鼎三,象天地人。禹收九牧之金,铸九鼎。皆尝亨鬺上帝鬼神。遭圣则兴,鼎迁于夏商。周德衰,宋之社亡,鼎乃沦没,伏而不见。颂云'自堂徂基,自羊徂牛;鼐鼎及鼒,不吴不骜,胡考之休'。今鼎至甘泉,光润龙变,承休无疆。合兹中山,有黄白云降盖,若兽为符,路弓乘矢,集获坛下,报祠大享。唯受命而帝者心知其意而合德焉。鼎宜见于祖祢,藏于帝廷,以合明应。"制曰:"可。"

入海求蓬莱者,言蓬莱不远,而不能至者,殆不见其气。上乃遣望气佐候其气云。

其秋,上幸雍,且郊。或曰"五帝,太一之佐也,宜立太一而上亲郊之"。上疑未定。齐人公孙卿曰:"今年得宝鼎,其冬辛巳朔旦冬至,与黄帝时等。"卿有札书曰:"黄帝得宝鼎宛朐,问于鬼臾区。鬼臾区对曰:'帝得宝鼎神策,是岁己酉朔旦冬至,得天之纪,终而复始。'于是黄帝迎日推策,后率二十岁复朔旦冬至,凡二十推,三百八十年,黄帝仙登于天。"卿因所忠欲奏之。所忠视其书不经,疑其妄书,谢曰:"宝鼎事已决矣,尚何以为!"卿因嬖人奏之。上大说,乃召问卿。对曰:"受此书申公,申公已死。"

上曰:"申公何人也?"卿曰:"申公,齐人。与安期生通,受黄帝言,无书,独有此鼎书。曰'汉兴复当黄帝之时'。曰'汉之圣者在高祖之孙且曾孙也。宝鼎出而与神通,封禅。封禅七十二王,唯黄帝得上泰山封'。申公曰:'汉主亦当上封,上封则能仙登天矣。黄帝时万诸侯,而神灵之封居七千。天下名山八,而三在蛮夷,五在中国。中国华山、首山、太室、泰山、东莱,此五山黄帝之所常游,与神会。黄帝且战且学仙。患百姓非其道者,乃断斩非鬼神者。百馀岁然后得与神通。黄帝郊雍上帝,宿三月。鬼臾区号大鸿,死葬雍,故鸿冢是也。其后黄帝接万灵明廷。明廷者,甘泉也。所谓寒门者,谷口也。黄帝采首山铜,铸鼎于荆山下。鼎既成,有龙垂胡髯下迎黄帝。黄帝上骑,群臣后宫从上者七十馀人,龙乃上去。馀小臣不得上,乃悉持龙髯,龙髯拔,堕,堕黄帝之弓。百姓仰望黄帝既上天,乃抱其弓与胡髯号,故后世因名其处曰鼎湖,其弓曰乌号。'"于是天子曰:"嗟乎!吾诚得如黄帝,吾视去妻子如脱躧耳。"乃拜卿为郎,东使候神于太室。

上遂郊雍,至陇西,西登崆峒,幸甘泉。令祠官宽舒等具太一祠坛,祠坛放薄忌太一坛,坛三垓。五帝坛环居其下,各如其方,黄帝西南,除八通鬼道。太一,其所用如雍一畤物,而加醴枣脯之属,杀一狸牛以为俎豆牢具。而五帝独有俎豆醴进。其下四方地,为䭲食群神从者及北斗云。已祠,胙馀皆燎之。其牛色白,鹿居其中,彘在鹿中,水而洎之。祭日以牛,祭月以羊彘特。太一祝宰则衣紫及绣。五帝各如其色,日赤,月白。

十一月辛巳朔旦冬至,昧爽,天子始郊拜太一。朝朝日,夕夕月,则揖;而见太一如雍郊礼。其赞飨曰:"天始以宝鼎神策授皇帝,朔而又朔,终而复始,皇帝敬拜见焉。"而衣上黄。其祠列火满坛,坛旁亨炊具。有司云"祠上有光焉"。公卿言"皇帝始郊见太一云阳,有司奉瑄玉嘉牲荐飨。是夜有美光,及昼,黄气上属天"。太史公、祠官宽舒等曰:"神灵之休,祐福兆祥,宜因此地光域立太畤坛以明应。令太祝领,秋及腊间祠。三岁天子一郊见。"

其秋,为伐南越,告祷太一。以牡荆画幡日月北斗登龙,以象太一三星,为太一锋,命曰"灵旗"。为兵祷,则太史奉以指所伐国。而五利将军使不敢入海,之泰山祠。上使人随验,实毋所见。五利妄言见其师,其方尽,多不雠。上乃诛五利。

其冬,公孙卿候神河南,言见仙人迹缑氏城上,有物如雉,往来城上。天子亲幸缑氏城视迹。问卿:"得毋效文成、五利乎?"卿曰:"仙者非有求人主,人主者求之。其道非少宽假,神不来。言神事,事如迂诞,积以岁乃可致也。"于是郡国各除道,缮治宫观名山神祠所,以望幸矣。

其春,既灭南越,上有嬖臣李延年以好音见。上善之,下公卿议,曰:"民间祠尚有鼓舞乐,今郊祀而无乐,岂称乎?"公卿曰:"古者祠天地皆有乐,而神祇可得而礼。"或曰:"太帝使素女鼓五十弦瑟,悲,帝禁不止,故破其瑟为二十五弦。"于是塞南越,祷祠太一、后土,始用乐舞,益召歌儿,作二十五弦及空侯琴瑟自此起。

其来年冬,上议曰:"古者先振兵泽旅,然后封禅。"乃遂北巡朔方,勒兵十馀万,还祭黄帝冢桥山,释兵须如。上曰:"吾闻黄帝不死,今有冢,何也?"或对曰:"黄帝已仙上天,群臣葬其衣冠。"既至甘泉,为且用事泰山,先类祠太一。

自得宝鼎,上与公卿诸生议封禅。封禅用希旷绝,莫知其仪礼,而群儒采封禅尚书、周官、王制之望祀射牛事。齐人丁公年九十馀,曰:"封禅者,合不死之名也。秦皇帝不得上封。陛下必欲上,稍上即无风雨,遂上封矣。"上于是乃令诸儒习射牛,草封禅仪。数年,至且行。天子既闻公孙卿及方士之言,黄帝以上封禅,皆致怪物与神通,欲放黄帝以上接神仙人蓬莱士,高世比德于九皇,而颇采儒术以文之。群儒既已不能辨明封禅事,又牵拘于诗书古文而不能骋。上为封禅祠器示群儒,群儒或曰"不与古同",徐偃又曰"太常诸生行礼不如鲁善",周霸属图封禅事,于是上绌偃、霸,而尽罢诸儒不用。

三月,遂东幸缑氏,礼登中岳太室。从官在山下闻若有言"万岁"云。问上,上不言;问下,下不言。于是以三百户封太室奉祠,命曰崇高邑。东上泰山,泰山之草木叶未生,乃令人上石立之泰山巅。

上遂东巡海上,行礼祠八神。齐人之上疏言神怪奇方者以万数,然无验者。乃益发船,令言海中神山者数千人求蓬莱神人。公孙卿持节常先行候名山,至东莱,言夜见大人,长数丈,就之则不见,见其迹甚大,类禽兽云。群臣有言见一老父牵狗,言"吾欲见巨公",已忽不见。上即见大迹,未信,及群臣有言老父,则大以为仙人也。宿留海上,予方士传车及间使求仙人以千数。

四月,还至奉高。上念诸儒及方士言封禅人人殊,不经,难施行。天子至梁父,礼祠地主。乙卯,令侍中儒者皮弁荐绅,射牛行事。封泰山下东方,如郊祠太一之礼。封广丈二尺,高九尺,其下则有玉牒书,书秘。礼毕,天子独与侍中奉车子侯上泰山,亦有封。其事皆禁。明日,下阴道。

丙辰,禅泰山下址东北肃然山,如祭后土礼。天子皆亲拜见,衣上黄而尽用乐焉。江淮间一茅三脊为神藉。五色土益杂封。纵远方奇兽蜚禽及白雉诸物,颇以加礼。兕牛犀象之属不用。皆至泰山祭后土。封禅祠;其夜若有光,昼有白云起封中。

　　天子从禅还,坐明堂,群臣更上寿。于是制诏御史:"朕以眇眇之身承至尊,兢兢焉惧不任。维德菲薄,不明于礼乐。修祠太一,若有象景光,屑如有望,震于怪物,欲止不敢,遂登封太山,至于梁父,而后禅肃然。自新,嘉与士大夫更始,赐民百户牛一酒十石,加年八十孤寡布帛二匹。复博、奉高、蛇丘、历城,无出今年租税。其大赦天下,如乙卯赦令。行所过毋有复作。事在二年前,皆勿听治。"又下诏曰:"古者天子五载一巡狩,用事泰山,诸侯有朝宿地。其令诸侯各治邸泰山下。"

　　天子既已封泰山,无风雨灾,而方士更言蓬莱诸神若将可得,于是上欣然庶几遇之,乃复东至海上望,冀遇蓬莱焉。奉车子侯暴病,一日死。上乃遂去,并海上,北至碣石,巡自辽西,历北边至九原。五月,反至甘泉。有司言宝鼎出为元鼎,以今年为元封元年。

　　其秋,有星茀于东井。后十馀日,有星茀于三能。望气王朔言:"候独见填星出如瓜,食顷复入焉。"有司皆曰:"陛下建汉家封禅,天其报德星云。"

　　其来年冬,郊雍五帝。还,拜祝祠太一。赞飨曰:"德星昭衍,厥维休祥。寿星仍出,渊耀光明。信星昭见,皇帝敬拜太祝之享。"

　　其春,公孙卿言见神人东莱山,若云"欲见天子"。天子于是幸缑氏城,拜卿为中大夫。遂至东莱,宿留之数日,无所见,见大人迹云。复遣方士求神怪采芝药以千数。是岁旱。于是天子既出无名,乃祷万里沙,过祠泰山。还至瓠子,自临塞决河,留二日,沉祠而去。使二卿将卒塞决河,析二渠,复禹之故迹焉。

　　是时既灭两越,越人勇之乃言"越人俗鬼,而其祠皆见鬼,数有效。昔东瓯王敬鬼,寿百六十岁。后世怠慢,故衰耗"。乃令越巫立越祝祠,安台无坛,亦祠天神上帝百鬼,而以鸡卜。上信之,越祠鸡卜始用。

　　公孙卿曰:"仙人可见,而上往常遽,以故不见。今陛下可为观,如缑城,置脯枣,神人宜可致也。且仙人好楼居。"于是上令长安则作蜚廉桂观,甘泉则作益延寿观,使卿持节设具而候神人。乃作通天茎台,置祠具其下,将招来仙神人之属。于是甘泉更置前殿,始广诸宫室。夏,有芝生殿房内中。天子为塞河,兴通天台,若见有光云,乃下诏:"甘泉房中生芝九茎,赦天下,毋有复作。"

其明年,伐朝鲜。夏,旱。公孙卿曰:"黄帝时封则天旱,乾封三年。"上乃下诏曰:"天旱,意乾封乎?其令天下尊祠灵星焉。"

其明年,上郊雍,通回中道,巡之。春,至鸣泽,从西河归。

其明年冬,上巡南郡,至江陵而东。登礼灊之天柱山,号曰南岳。浮江,自寻阳出枞阳,过彭蠡,礼其名山川。北至琅邪,并海上。四月中,至奉高修封焉。

初,天子封泰山,泰山东北址古时有明堂处,处险不敞。上欲治明堂奉高旁,未晓其制度。济南人公玊带上黄帝时明堂图。明堂图中有一殿,四面无壁,以茅盖,通水,圜宫垣为复道,上有楼,从西南入,命曰昆仑,天子从之入,以拜祠上帝焉。于是上令奉高作明堂汶上,如带图。及五年修封,则祠太一、五帝于明堂上坐,令高皇帝祠坐对之。祠后土于下房,以二十太牢。天子从昆仑道入,始拜明堂如郊礼。礼毕,燎堂下。而上又上泰山,自有秘祠其巅。而泰山下祠五帝,各如其方,黄帝并赤帝,而有司侍祠焉。山上举火,下悉应之。

其后二岁,十一月甲子朔旦冬至,推历者以本统。天子亲至泰山,以十一月甲子朔旦冬至日祠上帝明堂,毋修封禅。其赞飨曰:"天增授皇帝太元神策,周而复始。皇帝敬拜太一。"东至海上,考入海及方士求神者,莫验,然益遣,冀遇之。

十一月乙酉,柏梁灾。十二月甲午朔,上亲禅高里,祠后土。临勃海,将以望祀蓬莱之属,冀至殊廷焉。

上还,以柏梁灾故,朝受计甘泉。公孙卿曰:"黄帝就青灵台,十二日烧,黄帝乃治明廷。明廷,甘泉也。"方士多言古帝王有都甘泉者。其后天子又朝诸侯甘泉,甘泉作诸侯邸。勇之乃曰:"越俗有火灾,复起屋必以大,用胜服之。"于是作建章宫,度为千门万户。前殿度高未央。其东则凤阙,高二十馀丈。其西则唐中,数十里虎圈。其北治大池,渐台高二十馀丈,命曰太液池,中有蓬莱、方丈、瀛洲、壶梁,象海中神山龟鱼之属。其南有玉堂、璧门、大鸟之属。乃立神明台、井幹楼,度五十丈,辇道相属焉。

夏,汉改历,以正月为岁首,而色上黄,官名更印章以五字,为太初元年。是岁,西伐大宛。蝗大起。丁夫人、雒阳虞初等以方祠诅匈奴、大宛焉。

其明年，有司上言雍五畤无牢熟具，芬芳不备。乃令祠官进畤犊牢具，色食所胜，而以木禺马代驹焉。独五月尝驹，行亲郊用驹。及诸名山川用驹者，悉以木禺马代。行过，乃用驹。他礼如故。

其明年，东巡海上，考神仙之属，未有验者。方士有言"黄帝时为五城十二楼，以候神人于执期，命曰迎年"。上许作之如方，命曰明年。上亲礼祠上帝焉。

公王带曰："黄帝时虽封泰山，然风后、封巨、岐伯令黄帝封东泰山，禅凡山，合符，然后不死焉。"天子既令设祠具，至东泰山，东泰山卑小，不称其声，乃令祠官礼之，而不封禅焉。其后令带奉祠候神物。夏，遂还泰山，修五年之礼如前，而加以禅祠石闾。石闾者，在泰山下址南方，方士多言此仙人之闾也，故上亲禅焉。

其后五年，复至泰山修封。还过祭恒山。

今天子所兴祠，太一、后土，三年亲郊祠，建汉家封禅，五年一修封。薄忌太一及三一、冥羊、马行、赤星，五，宽舒之祠官以岁时致礼。凡六祠，皆太祝领之。至如八神诸神，明年、凡山他名祠，行过则祠，行去则已。方士所兴祠，各自主，其人终则已，祠官不主。他祠皆如其故。今上封禅，其后十二岁而还，遍于五岳、四渎矣。而方士之候祠神人，入海求蓬莱，终无有验。而公孙卿之候神者，犹以大人之迹为解，无有效。天子益怠厌方士之怪迂语矣，然羁縻不绝，冀遇其真。自此之后，方士言神祠者弥众，然其效可睹矣。

太史公曰：余从巡祭天地诸神名山川而封禅焉。入寿宫侍祠神语，究观方士祠官之意，于是退而论次自古以来用事于鬼神者，具见其表里。后有君子，得以览焉。若至俎豆珪币之详，献酬之礼，则有司存。

史记卷二十九

河渠书第七

夏书曰:禹抑洪水十三年,过家不入门。陆行载车,水行载舟,泥行蹈毳,山行即桥。以别九州,随山浚川,任土作贡。通九道,陂九泽,度九山。然河灾衍溢,害中国也尤甚。唯是为务。故道河自积石历龙门,南到华阴,东下砥柱,及孟津、雒汭,至于大邳。于是禹以为河所从来者高,水湍悍,难以行平地,数为败,乃厮二渠以引其河。北载之高地,过降水,至于大陆,播为九河,同为逆河,入于勃海。九川既疏,九泽既洒,诸夏艾安,功施于三代。

自是之后,荥阳下引河东南为鸿沟,以通宋、郑、陈、蔡、曹、卫,与济、汝、淮、泗会。于楚,西方则通渠汉水、云梦之野,东方则通沟江淮之间。于吴,则通渠三江、五湖。于齐,则通菑济之间。于蜀,蜀守冰凿离碓,辟沫水之害,穿二江成都之中。此渠皆可行舟,有馀则用溉浸,百姓飨其利。至于所过,往往引其水益用溉田畴之渠,以万亿计,然莫足数也。

西门豹引漳水溉邺,以富魏之河内。

而韩闻秦之好兴事,欲罢之,毋令东伐,乃使水工郑国间说秦,令凿泾水自中山西邸瓠口为渠,并北山东注洛三百馀里,欲以溉田。中作而觉,秦欲杀郑国。郑国曰:"始臣为间,然渠成亦秦之利也。"秦以为然,卒使就渠。渠就,用注填阏之水,溉泽卤之地四万馀顷,收皆亩一钟。于是关中为沃野,无凶年,秦以富强,卒并诸侯,因命曰郑国渠。

汉兴三十九年,孝文时河决酸枣,东溃金堤,于是东郡大兴卒塞之。

其后四十有馀年,今天子元光之中,而河决于瓠子,东南注钜野,通于淮、泗。于是天子使汲黯、郑当时兴人徒塞之,辄复坏。是时武安侯田蚡为丞相,其奉邑食鄃。鄃居河北,河决而南则鄃无水灾,邑收多。蚡言于上曰:"江河之决皆天事,未易以人力为强塞,塞之未必应天。"而望气用数者亦以为然。于是天子久之不事复塞也。

　　是时郑当时为大农,言曰:"异时关东漕粟从渭中上,度六月而罢,而漕水道九百馀里,时有难处。引渭穿渠起长安,并南山下,至河三百馀里,径,易漕,度可令三月罢;而渠下民田万馀顷,又可得以溉:此损漕省卒,而益肥关中之地,得谷。"天子以为然,令齐人水工徐伯表,悉发卒数万人穿漕渠,三岁而通。通,以漕,大便利。其后漕稍多,而渠下之民颇得以溉田矣。

　　其后河东守番係言:"漕从山东西,岁百馀万石,更砥柱之限,败亡甚多,而亦烦费。穿渠引汾溉皮氏、汾阴下,引河溉汾阴、蒲坂下,度可得五千顷。五千顷故尽河壖弃地,民茭牧其中耳,今溉田之,度可得谷二百万石以上。谷从渭上,与关中无异,而砥柱之东可无复漕。"天子以为然,发卒数万人作渠田。数岁,河移徙,渠不利,则田者不能偿种。久之,河东渠田废,予越人,令少府以为稍入。

　　其后人有上书欲通褒斜道及漕事,下御史大夫张汤。汤问其事,因言:"抵蜀从故道,故道多阪,回远。今穿褒斜道,少阪,近四百里;而褒水通沔,斜水通渭,皆可以行船漕。漕从南阳上沔入褒,褒之绝水至斜,间百馀里,以车转,从斜下下渭。如此,汉中之谷可致,山东从沔无限,便于砥柱之漕。且褒斜材木竹箭之饶,拟于巴蜀。"天子以为然,拜汤子卬为汉中守,发数万人作褒斜道五百馀里。道果便近,而水湍石,不可漕。

　　其后庄熊罴言:"临晋民愿穿洛以溉重泉以东万馀顷故卤地。诚得水,可令亩十石。"于是为发卒万馀人穿渠,自征引洛水至商颜山下。岸善崩,乃凿井,深者四十馀丈。往往为井,井下相通行水。水穨以绝商颜,东至山岭十馀里间。井渠之生自此始。穿渠得龙骨,故名曰龙首渠。作之十馀岁,渠颇通,犹未得其饶。

　　自河决瓠子后二十馀岁,岁因以数不登,而梁楚之地尤甚。天子既封禅巡祭山川,其明年,旱,干封少雨。天子乃使汲仁、郭昌发卒数万人塞瓠子决。于是天子已用事万里沙,则还自临决河,沉白马玉璧于河,令群臣从官自将军已下皆负薪寘决河。是时东郡烧草,以故薪柴少,而下淇园之竹以为楗。

　　天子既临河决,悼功之不成,乃作歌曰:"瓠子决兮将奈何?晧晧旰旰兮闾殚为河!殚为河兮地不得宁,功无已时兮吾山平。吾山平兮钜野溢,鱼沸郁兮柏冬日。延道弛兮离常流,蛟龙骋兮方远游。归旧川兮神哉沛,不封禅兮安知外!为我谓河伯兮何不仁,泛滥不止兮愁吾人?啮桑浮兮淮、泗满,久不反兮水维缓。"一曰:"河汤汤兮激潺湲,北渡污兮浚流难。

搴长茭兮沉美玉,河伯许兮薪不属。薪不属兮卫人罪,烧萧条兮噫乎何以
御水! 穨林竹兮楗石灾,宣房塞兮万福来。"于是卒塞瓠子,筑宫其上,名
曰宣房宫。而道河北行二渠,复禹旧迹,而梁、楚之地复宁,无水灾。

　　自是之后,用事者争言水利。朔方、西河、河西、酒泉皆引河及川谷以
溉田;而关中辅渠、灵轵引堵水;汝南、九江引淮;东海引钜定;泰山下引汶
水:皆穿渠为溉田,各万馀顷。佗小渠披山通道者,不可胜言。然其著者
在宣房。

　　太史公曰:余南登庐山,观禹疏九江,遂至于会稽太湟,上姑苏,望五
湖;东窥洛汭、大邳,迎河,行淮、泗、济、漯洛渠;西瞻蜀之岷山及离碓;北
自龙门至于朔方。曰:甚哉,水之为利害也! 余从负薪塞宣房,悲瓠子之
诗而作河渠书。

史记卷三十

平准书第八

汉兴，接秦之獘，丈夫从军旅，老弱转粮饷，作业剧而财匮，自天子不能具钧驷，而将相或乘牛车，齐民无藏盖。于是为秦钱重难用，更令民铸钱，一黄金一斤，约法省禁。而不轨逐利之民，蓄积馀业以稽市物，物踊腾粜，米至石万钱，马一匹则百金。

天下已平，高祖乃令贾人不得衣丝乘车，重租税以困辱之。孝惠、高后时，为天下初定，复弛商贾之律，然市井之子孙亦不得仕宦为吏。量吏禄，度官用，以赋于民。而山川园池市井租税之入，自天子以至于封君汤沐邑，皆各为私奉养焉，不领于天下之经费。漕转山东粟，以给中都官，岁不过数十万石。

至孝文时，荚钱益多，轻，乃更铸四铢钱，其文为“半两”，令民纵得自铸钱。故吴，诸侯也，以即山铸钱，富埒天子，其后卒以叛逆。邓通，大夫也，以铸钱财过王者。故吴、邓氏钱布天下，而铸钱之禁生焉。

匈奴数侵盗北边，屯戍者多，边粟不足给食当食者。于是募民能输及转粟于边者拜爵，爵得至大庶长。

孝景时，上郡以西旱，亦复修卖爵令，而贱其价以招民；及徒复作，得输粟县官以除罪。益造苑马以广用，而宫室列观舆马益增修矣。

至今上即位数岁，汉兴七十馀年之间，国家无事，非遇水旱之灾，民则人给家足，都鄙廪庾皆满，而府库馀货财。京师之钱累巨万，贯朽而不可校。太仓之粟陈陈相因，充溢露积于外，至腐败不可食。众庶街巷有马，阡陌之间成群，而乘字牝者傧而不得聚会。守闾阎者食粱肉，为吏者长子孙，居官者以为姓号。故人人自爱而重犯法，先行义而后绌耻辱焉。当此之时，网疏而民富，役财骄溢，或至兼并豪党之徒，以武断于乡曲。宗室有土公卿大夫以下，争于奢侈，室庐舆服僭于上，无限度。物盛而衰，固其变也。

自是之后，严助、朱买臣等招来东瓯，事两越，江淮之间萧然烦费矣。

唐蒙、司马相如开路西南夷，凿山通道千馀里，以广巴蜀，巴蜀之民罢焉。彭吴贾灭朝鲜，置沧海之郡，则燕齐之间靡然发动。及王恢设谋马邑，匈奴绝和亲，侵扰北边，兵连而不解，天下苦其劳，而干戈日滋。行者赍，居者送，中外骚扰而相奉，百姓抏弊以巧法，财赂衰耗而不赡。入物者补官，出货者除罪，选举陵迟，廉耻相冒，武力进用，法严令具。兴利之臣自此始也。

　　其后汉将岁以数万骑出击胡，及车骑将军卫青取匈奴河南地，筑朔方。当是时，汉通西南夷道，作者数万人，千里负担馈粮，率十馀钟致一石，散币于邛僰以集之。数岁道不通，蛮夷因以数攻，吏发兵诛之。悉巴蜀租赋不足以更之，乃募豪民田南夷，入粟县官，而内受钱于都内。东置沧海之郡，人徒之费拟于南夷。又兴十万馀人筑卫朔方，转漕甚辽远，自山东咸被其劳，费数十百巨万，府库益虚。乃募民能入奴婢得以终身复，为郎增秩，及入羊为郎，始于此。

　　其后四年，而汉遣大将将六将军，军十馀万，击右贤王，获首虏万五千级。明年，大将军将六将军仍再出击胡，得首虏万九千级。捕斩首虏之士受赐黄金二十馀万斤，虏数万人皆得厚赏，衣食仰给县官；而汉军之士马死者十馀万，兵甲之财转漕之费不与焉。于是大农陈藏钱经耗，赋税既竭，犹不足以奉战士。有司言："天子曰'朕闻五帝之教不相复而治，禹汤之法不同道而王，所由殊路，而建德一也。北边未安，朕甚悼之。日者，大将军攻匈奴，斩首虏万九千级，留蹛无所食。议令民得买爵及赎禁锢免减罪'。请置赏官，命曰武功爵。级十七万，凡直三十馀万金。诸买武功爵官首者试补吏，先除；千夫如五大夫；其有罪又减二等；爵得至乐卿：以显军功。"军功多用越等，大者封侯卿大夫，小者郎吏。吏道杂而多端，则官职耗废。

　　自公孙弘以春秋之义绳臣下取汉相，张汤用峻文决理为廷尉，于是见知之法生，而废格沮诽穷治之狱用矣。其明年，淮南、衡山、江都王谋反迹见，而公卿寻端治之，竟其党与，而坐死者数万人，长吏益惨急而法令明察。

　　当是之时，招尊方正贤良文学之士，或至公卿大夫。公孙弘以汉相，布被，食不重味，为天下先。然无益于俗，稍骛于功利矣。

　　其明年，骠骑仍再出击胡，获首四万。其秋，浑邪王率数万之众来降，于是汉发车二万乘迎之。既至，受赏，赐及有功之士。是岁费凡百馀巨万。

初,先是往十馀岁河决观,梁楚之地固已数困,而缘河之郡堤塞河,辄决坏,费不可胜计。其后番系欲省厎柱之漕,穿汾、河渠以为溉田,作者数万人;郑当时为渭漕渠回远,凿直渠自长安至华阴,作者数万人;朔方亦穿渠,作者数万人:各历二三期,功未就,费亦各巨万十数。

天子为伐胡,盛养马,马之来食长安者数万匹,卒牵掌者关中不足,乃调旁近郡。而胡降者皆衣食县官,县官不给,天子乃损膳,解乘舆驷,出御府禁藏以赡之。

其明年,山东被水灾,民多饥乏,于是天子遣使者虚郡国仓廥以振贫民。犹不足,又募豪富人相贷假。尚不能相救,乃徙贫民于关以西,及充朔方以南新秦中,七十馀万口,衣食皆仰给县官。数岁,假予产业,使者分部护之,冠盖相望。其费以亿计,不可胜数。

于是县官大空,而富商大贾或蹛财役贫,转毂百数,废居居邑,封君皆低首仰给。冶铸煮盐,财或累万金,而不佐国家之急,黎民重困。于是天子与公卿议,更钱造币以赡用,而摧浮淫并兼之徒。是时禁苑有白鹿而少府多银锡。自孝文更造四铢钱,至是岁四十馀年,从建元以来,用少,县官往往即多铜山而铸钱,民亦间盗铸钱,不可胜数。钱益多而轻,物益少而贵。有司言曰:"古者皮币,诸侯以聘享。金有三等,黄金为上,白金为中,赤金为下。今半两钱法重四铢,而奸或盗摩钱里取鋊,钱益轻薄而物贵,则远方用币烦费不省。"乃以白鹿皮方尺,缘以藻缋,为皮币,直四十万。王侯宗室朝觐聘享,必以皮币荐璧,然后得行。

又造银锡为白金。以为天用莫如龙,地用莫如马,人用莫如龟,故白金三品:其一曰重八两,圜之,其文龙,名曰"白选",直三千;二曰以重差小,方之,其文马,直五百;三曰复小,撱之,其文龟,直三百。令县官销半两钱,更铸三铢钱,文如其重。盗铸诸金钱罪皆死,而吏民之盗铸白金者不可胜数。

于是以东郭咸阳、孔仅为大农丞,领盐铁事;桑弘羊以计算用事,侍中。咸阳,齐之大煮盐,孔仅,南阳大冶,皆致生累千金,故郑当时进言之。弘羊,雒阳贾人子,以心计,年十三侍中。故三人言利事析秋豪矣。

法既益严,吏多废免。兵革数动,民多买复及五大夫,征发之士益鲜。于是除千夫五大夫为吏,不欲者出马;故吏皆適令伐棘上林,作昆明池。

其明年,大将军、骠骑大出击胡,得首虏八九万级,赏赐五十万金,汉军马死者十馀万匹,转漕车甲之费不与焉。是时财匮,战士颇不得禄矣。

有司言三铢钱轻,易奸诈,乃更请诸郡国铸五铢钱,周郭其下,令不可磨取镕焉。

大农上盐铁丞孔仅、咸阳言:"山海,天地之藏也,皆宜属少府,陛下不私,以属大农佐赋。愿募民自给费,因官器作煮盐,官与牢盆。浮食奇民欲擅管山海之货,以致富羡,役利细民。其沮事之议,不可胜听。敢私铸铁器煮盐者,钛左趾,没入其器物。郡不出铁者,置小铁官,便属所在县。"使孔仅、东郭咸阳乘传举行天下盐铁,作官府,除故盐铁家富者为吏。吏道益杂,不选,而多贾人矣。

商贾以币之变,多积货逐利。于是公卿言:"郡国颇被灾害,贫民无产业者,募徙广饶之地。陛下损膳省用,出禁钱以振元元,宽贷赋,而民不齐出于南亩,商贾滋众。贫者畜积无有,皆仰县官。异时算轺车贾人缗钱皆有差,请算如故。诸贾人末作贳贷卖买,居邑稽诸物,及商以取利者,虽无市籍,各以其物自占,率缗钱二千而一算。诸作有租及铸,率缗钱四千一算。非吏比者三老、北边骑士,轺车以一算;商贾人轺车二算;船五丈以上一算。匿不自占,占不悉,戍边一岁,没入缗钱。有能告者,以其半畀之。贾人有市籍者,及其家属,皆无得籍名田,以便农。敢犯令,没入田僮。"

天子乃思卜式之言,召拜式为中郎,爵左庶长,赐田十顷,布告天下,使明知之。

初,卜式者,河南人也,以田畜为事。亲死,式有少弟,弟壮,式脱身出分,独取畜羊百馀,田宅财物尽予弟。式入山牧十馀岁,羊致千馀头,买田宅。而其弟尽破其业,式辄复分予弟者数矣。是时汉方数使将击匈奴,卜式上书,愿输家之半县官助边。天子使使问式:"欲官乎?"式曰:"臣少牧,不习仕宦,不愿也。"使问曰:"家岂有冤,欲言事乎?"式曰:"臣生与人无分争。式邑人贫者贷之,不善者教顺之,所居人皆从式,式何故见冤于人!无所欲言也。"使者曰:"苟如此,子何欲而然?"式曰:"天子诛匈奴,愚以为贤者宜死节于边,有财者宜输委,如此而匈奴可灭也。"使者具其言入以闻。天子以语丞相弘。弘曰:"此非人情。不轨之臣,不可以为化而乱法,愿陛下勿许。"于是上久不报式,数岁,乃罢式。式归,复田牧。岁馀,会军数出,浑邪王等降,县官费众,仓府空。其明年,贫民大徙,皆仰给县官,无以尽赡。卜式持钱二十万予河南守,以给徙民。河南上富人助贫人者籍,天子见卜式名,识之,曰"是固前而欲输其家半助边",乃赐式外繇四百人。式又尽复予县官。是时富豪皆争匿财,唯式尤欲输之助费。天子于是以式终长者,故尊显以风百姓。

　　初,式不愿为郎。上曰:"吾有羊上林中,欲令子牧之。"式乃拜为郎,布衣屫而牧羊。岁馀,羊肥息。上过见其羊,善之。式曰:"非独羊也,治民亦独是也。以时起居;恶者辄斥去,毋令败群。"上以式为奇,拜为缑氏令试之,缑氏便之。迁为成皋令,将漕最。上以为式朴忠,拜为齐王太傅。

　　而孔仅之使天下铸作器,三年中拜为大农,列于九卿。而桑弘羊为大农丞,管诸会计事,稍稍置均输以通货物矣。

　　始令吏得入谷补官,郎至六百石。

　　自造白金五铢钱后五岁,赦吏民之坐盗铸金钱死者数十万人。其不发觉相杀者,不可胜计。赦自出者百馀万人。然不能半自出,天下大抵无虑皆铸金钱矣。犯者众,吏不能尽诛取,于是遣博士褚大、徐偃等分曹循行郡国,举兼并之徒守相为利者。而御史大夫张汤方隆贵用事,减宣、杜周等为中丞,义纵、尹齐、王温舒等用惨急刻深为九卿,而直指夏兰之属始出矣。

　　而大农颜异诛。初,异为济南亭长,以廉直稍迁至九卿。上与张汤既造白鹿皮币,问异。异曰:"今王侯朝贺以苍璧,直数千,而其皮荐反四十万,本末不相称。"天子不说。张汤又与异有郤,及有人告异以它议,事下张汤治异。异与客语,客语初令下有不便者,异不应,微反唇。汤奏当异九卿见令不便,不入言而腹诽,论死。自是之后,有腹诽之法比,而公卿大夫多谄谀取容矣。

　　天子既下缗钱令而尊卜式,百姓终莫分财佐县官,于是告缗钱纵矣。

　　郡国多奸铸钱,钱多轻,而公卿请令京师铸钟官赤侧,一当五,赋官用非赤侧不得行。白金稍贱,民不宝用,县官以令禁之,无益。岁馀,白金终废不行。

　　是岁也,张汤死而民不思。

　　其后二岁,赤侧钱贱,民巧法用之,不便,又废。于是悉禁郡国无铸钱,专令上林三官铸。钱既多,而令天下非三官钱不得行,诸郡国所前铸钱皆废销之,输其铜三官。而民之铸钱益少,计其费不能相当,唯真工大奸乃盗为之。

　　卜式相齐,而杨可告缗遍天下,中家以上大抵皆遇告。杜周治之,狱少反者。乃分遣御史廷尉正监分曹往,即治郡国缗钱,得民财物以亿计,奴婢以千万数,田大县数百顷,小县百馀顷,宅亦如之。于是商贾中家以上大率破，民偷甘食好衣，不事畜藏之产业，而县官有盐铁缗钱之故，用益饶矣。

益广关，置左右辅。

初，大农管盐铁官布多，置水衡，欲以主盐铁；及杨可告缗钱，上林财物众，乃令水衡主上林。上林既充满，益广。是时越欲与汉用船战逐，乃大修昆明池，列观环之。治楼船，高十馀丈，旗帜加其上，甚壮。于是天子感之，乃作柏梁台，高数十丈。宫室之修，由此日丽。

乃分缗钱诸官，而水衡、少府、大农、太仆各置农官，往往即郡县比没入田田之。其没入奴婢，分诸苑养狗马禽兽，及与诸官。诸官益杂置多，徒奴婢众，而下河漕度四百万石，及官自籴乃足。

所忠言："世家子弟富人或斗鸡走狗马，弋猎博戏，乱齐民。"乃征诸犯令，相引数千人，命曰"株送徒"。入财者得补郎，郎选衰矣。

是时山东被河灾，及岁不登数年，人或相食，方一二千里。天子怜之，诏曰："江南火耕水耨，令饥民得流就食江淮间，欲留，留处。"遣使冠盖相属于道，护之，下巴蜀粟以振之。

其明年，天子始巡郡国。东度河，河东守不意行至，不辨，自杀。行西逾陇，陇西守以行往卒，天子从官不得食，陇西守自杀。于是上北出萧关，从数万骑，猎新秦中，以勒边兵而归。新秦中或千里无亭徼，于是诛北地太守以下，而令民得畜牧边县，官假马母，三岁而归，及息什一，以除告缗，用充仞新秦中。

既得宝鼎，立后土、太一祠，公卿议封禅事，而天下郡国皆豫治道桥，缮故宫，及当驰道县，县治官储，设供具，而望以待幸。

其明年，南越反，西羌侵边为桀。于是天子为山东不赡，赦天下囚，因南方楼船卒二十馀万人击南越，数万人发三河以西骑击西羌，又数万人度河筑令居。初置张掖、酒泉郡，而上郡、朔方、西河、河西开田官，斥塞卒六十万人戍田之。中国缮道馈粮，远者三千，近者千馀里，皆仰给大农。边兵不足，乃发武库工官兵器以赡之。车骑马乏绝，县官钱少，买马难得，乃著令，令封君以下至三百石以上吏，以差出牝马天下亭，亭有畜牸马，岁课息。

齐相卜式上书曰："臣闻主忧臣辱。南越反，臣愿父子与齐习船者往死之。"天子下诏曰："卜式虽躬耕牧，不以为利，有馀辄助县官之用。今天下不幸有急,而式奋愿父子死之,虽未战,可谓义形于内。赐爵关内侯,金六十斤,田十顷。"布告天下,天下莫应。列侯以百数,皆莫求从军击羌、越。至酎,少府省金,而列侯坐酎金失侯者百馀人。乃拜式为御史大夫。

式既在位,见郡国多不便县官作盐铁,铁器苦恶,贾贵,或强令民卖买之。而船有算,商者少,物贵,乃因孔仅言船算事。上由是不悦卜式。

汉连兵三岁,诛羌,灭南越,番禺以西至蜀南者置初郡十七,且以其故俗治,毋赋税。南阳、汉中以往郡,各以地比给初郡吏卒奉食币物,传车马被具。而初郡时时小反,杀吏,汉发南方吏卒往诛之,间岁万馀人,费皆仰给大农。大农以均输调盐铁助赋,故能赡之。然兵所过县,为以訾给毋乏而已,不敢言擅赋法矣。

其明年,元封元年,卜式贬秩为太子太傅。而桑弘羊为治粟都尉,领大农,尽代仅管天下盐铁。弘羊以诸官各自市,相与争,物故腾跃,而天下赋输或不偿其僦费,乃请置大农部丞数十人,分部主郡国,各往往县置均输盐铁官,令远方各以其物贵时商贾所转贩者为赋,而相灌输。置平准于京师,都受天下委输。召工官治车诸器,皆仰给大农。大农之诸官尽笼天下之货物,贵即卖之,贱则买之。如此,富商大贾无所牟大利,则反本,而万物不得腾踊。故抑天下物,名曰"平准"。天子以为然,许之。于是天子北至朔方,东到太山,巡海上,并北边以归。所过赏赐,用帛百馀万匹,钱金以巨万计,皆取足大农。

弘羊又请令吏得入粟补官,及罪人赎罪。令民能入粟甘泉各有差,以复终身,不告缗。他郡各输急处,而诸农各致粟,山东漕益岁六百万石。一岁之中,太仓、甘泉仓满。边馀谷诸物均输帛五百万匹。民不益赋而天下用饶。于是弘羊赐爵左庶长,黄金再百斤焉。

是岁小旱,上令官求雨。卜式言曰:"县官当食租衣税而已,今弘羊令吏坐市列肆,贩物求利。亨弘羊,天乃雨。"

太史公曰:农工商交易之路通,而龟贝金钱刀布之币兴焉。所从来久远,自高辛氏之前尚矣,靡得而记云。故书道唐虞之际,诗述殷周之世,安宁则长庠序,先本绌末,以礼义防于利;事变多故而亦反是。是以物盛则衰,时极而转,一质一文,终始之变也。禹贡九州,各因其土地所宜,人民所多少而纳职焉。汤武承弊易变,使民不倦,各兢兢所以为治,而稍陵迟衰微。齐桓公用管仲之谋,通轻重之权,徼山海之业,以朝诸侯,用区区之齐显成霸名。魏用李克,尽地力,为强君。自是之后,天下争于战国,贵诈力而贱仁义,先富有而后推让。故庶人之富者或累巨万,而贫者或不厌糟糠;有国强者或并群小以臣诸侯,而弱国或绝祀而灭世。以至于秦,卒并海内。虞夏之币,金为三品,或黄,或白,或赤;或钱,或布,或刀,或龟贝。及至秦,中一国之币为二等,黄金以溢名,为上币;铜钱识曰半两,重如其文,为下币。而珠玉、龟贝、银锡之属为器饰宝藏,不为币。然各随时而轻重无常。于是外攘夷狄,内兴功业,海内之士力耕不足粮饷,女子纺绩不足衣服。古者尝竭天下之资财以奉其上,犹自以为不足也。无异故云,事势之流,相激使然,曷足怪焉。

史记卷三十一

吴太伯世家第一

吴太伯，太伯弟仲雍，皆周太王之子，而王季历之兄也。季历贤，而有圣子昌，太王欲立季历以及昌，于是太伯、仲雍二人乃奔荆蛮，文身断发，示不可用，以避季历。季历果立，是为王季，而昌为文王。太伯之奔荆蛮，自号句吴。荆蛮义之，从而归之千馀家，立为吴太伯。

太伯卒，无子，弟仲雍立，是为吴仲雍。仲雍卒，子季简立。季简卒，子叔达立。叔达卒，子周章立。是时周武王克殷，求太伯、仲雍之后，得周章。周章已君吴，因而封之。乃封周章弟虞仲于周之北故夏虚，是为虞仲，列为诸侯。

周章卒，子熊遂立。熊遂卒，子柯相立。柯相卒，子彊鸠夷立。彊鸠夷卒，子馀桥疑吾立。馀桥疑吾卒，子柯卢立。柯卢卒，子周繇立。周繇卒，子屈羽立。屈羽卒，子夷吾立。夷吾卒，子禽处立。禽处卒，子转立。转卒，子颇高立。颇高卒，子句卑立。是时晋献公灭周北虞公，以开晋伐虢也。句卑卒，子去齐立。去齐卒，子寿梦立。寿梦立而吴始益大，称王。

自太伯作吴，五世而武王克殷，封其后为二：其一虞，在中国；其一吴，在夷蛮。十二世而晋灭中国之虞。中国之虞灭二世，而夷蛮之吴兴。大凡从太伯至寿梦十九世。

王寿梦二年，楚之亡大夫申公巫臣怨楚将子反而奔晋，自晋使吴，教吴用兵乘车，令其子为吴行人，吴于是始通于中国。吴伐楚。十六年，楚共王伐吴，至衡山。

二十五年，王寿梦卒。寿梦有子四人，长曰诸樊，次曰馀祭，次曰馀眛，次曰季札。季札贤，而寿梦欲立之，季札让不可，于是乃立长子诸樊，摄行事当国。

　　王诸樊元年，诸樊已除丧，让位季札。季札谢曰：“曹宣公之卒也，诸侯与曹人不义曹君，将立子臧，子臧去之，以成曹君，君子曰‘能守节矣’。君义嗣，谁敢干君！有国，非吾节也。札虽不材，愿附于子臧之义。”吴人固立季札，季札弃其室而耕，乃舍之。秋，吴伐楚，楚败我师。四年，晋平公初立。

　　十三年，王诸樊卒。有命授弟馀祭，欲传以次，必致国于季札而止，以称先王寿梦之意，且嘉季札之义，兄弟皆欲致国，令以渐至焉。季札封于延陵，故号曰延陵季子。

　　王馀祭三年，齐相庆封有罪，自齐来奔吴。吴予庆封朱方之县，以为奉邑，以女妻之，富于在齐。

　　四年，吴使季札聘于鲁，请观周乐。为歌周南、召南，曰：“美哉，始基之矣，犹未也。然勤而不怨。”歌邶、鄘、卫，曰：“美哉，渊乎，忧而不困者也。吾闻卫康叔、武公之德如是，是其卫风乎？”歌王，曰：“美哉，思而不惧，其周之东乎？”歌郑，曰：“其细已甚，民不堪也，是其先亡乎？”歌齐，曰：“美哉，泱泱乎大风也哉。表东海者，其太公乎？国未可量也。”歌豳，曰：“美哉，荡荡乎，乐而不淫，其周公之东乎？”歌秦，曰：“此之谓夏声。夫能夏则大，大之至也，其周之旧乎？”歌魏，曰：“美哉，沨沨乎，大而宽，俭而易，行以德辅，此则盟主也。”歌唐，曰：“思深哉，其有陶唐氏之遗风乎？不然，何忧之远也？非令德之后，谁能若是！”歌陈，曰：“国无主，其能久乎？”自郐以下，无讥焉。歌小雅，曰：“美哉，思而不贰，怨而不言，其周德之衰乎？犹有先王之遗民也。”歌大雅，曰：“广哉，熙熙乎，曲而有直体，其文王之德乎？”歌颂，曰：“至矣哉，直而不倨，曲而不诎，近而不逼，远而不携，迁而不淫，复而不厌，哀而不愁，乐而不荒，用而不匮，广而不宣，施而不费，取而不贪，处而不底，行而不流。五声和，八风平，节有度，守有序，盛德之所同也。”见舞象箾、南籥者，曰：“美哉，犹有感。”见舞大武，曰：“美哉，周之盛也其若此乎？”见舞韶护者，曰：“圣人之弘也，犹有惭德，圣人之难也！”见舞大夏，曰：“美哉，勤而不德！非禹其谁能及之？”见舞招箾，曰：“德至矣哉，大矣，如天之无不焘也，如地之无不载也，虽甚盛德，无以加矣。观止矣，若有他乐，吾不敢观。”

　　去鲁，遂使齐。说晏平仲曰：“子速纳邑与政。无邑无政，乃免于难。齐国之政将有所归；未得所归，难未息也。”故晏子因陈桓子以纳政与邑，是以免于栾高之难。

　　去齐，使于郑。见子产，如旧交。谓子产曰：“郑之执政侈，难将至矣，政必及子。子为政，慎以礼。不然，郑国将败。"去郑，适卫。说蘧瑷、史狗、史鳅、公子荆、公叔发、公子朝曰："卫多君子，未有患也。"

自卫如晋，将舍于宿，闻钟声，曰："异哉！吾闻之，辩而不德，必加于戮。夫子获罪于君以在此，惧犹不足，而又可以畔乎？夫子之在此，犹燕之巢于幕也。君在殡而可以乐乎？"遂去之。文子闻之，终身不听琴瑟。

适晋，说赵文子、韩宣子、魏献子曰："晋国其萃于三家乎！"将去，谓叔向曰："吾子勉之！君侈而多良，大夫皆富，政将在三家。吾子直，必思自免于难。"

季札之初使，北过徐君。徐君好季札剑，口弗敢言。季札心知之，为使上国，未献。还至徐，徐君已死，于是乃解其宝剑，系之徐君冢树而去。从者曰："徐君已死，尚谁予乎？"季子曰："不然。始吾心已许之，岂以死倍吾心哉！"

七年，楚公子围弑其王夹敖而代立，是为灵王。十年，楚灵王会诸侯而以伐吴之朱方，以诛齐庆封。吴亦攻楚，取三邑而去。十一年，楚伐吴，至雩娄。十二年，楚复来伐，次于乾谿，楚师败走。

十七年，王馀祭卒，弟馀眜立。王馀眜二年，楚公子弃疾弑其君灵王代立焉。

四年，王馀眜卒，欲授弟季札。季札让，逃去。于是吴人曰："先王有命，兄卒弟代立，必致季子。季子今逃位，则王馀眜后立。今卒，其子当代。"乃立王馀眜之子僚为王。

王僚二年，公子光伐楚，败而亡王舟。光惧，袭楚，复得王舟而还。

五年，楚之亡臣伍子胥来奔，公子光客之。公子光者，王诸樊之子也。常以为"吾父兄弟四人，当传至季子。季子即不受国，光父先立。即不传季子，光当立"。阴纳贤士，欲以袭王僚。

八年，吴使公子光伐楚，败楚师，迎楚故太子建母于居巢以归。因北伐，败陈、蔡之师。九年，公子光伐楚，拔居巢、钟离。初，楚边邑卑梁氏之处女与吴边邑之女争桑，二女家怒相灭，两国边邑长闻之，怒而相攻，灭吴之边邑。吴王怒，故遂伐楚，取两都而去。

伍子胥之初奔吴，说吴王僚以伐楚之利。公子光曰："胥之父兄为僇于楚，欲自报其仇耳。未见其利。"于是伍员知光有他志，乃求勇士专诸，是之光。光喜，乃客伍子胥。子胥退而耕于野，以待专诸之事。

十二年冬，楚平王卒。十三年春，吴欲因楚丧而伐之，使公子盖馀、烛庸以兵围楚之六、灊。使季札于晋，以观诸侯之变。楚发兵绝吴兵后，吴兵不得还。于是吴公子光曰："此时不可失也。"告专诸曰："不索何获！我真王嗣,当立,吾欲求之。季子虽至,不吾废也。"专诸曰："王僚可杀也。母老子弱,而两公子将兵攻楚,楚绝其路。方今吴外困于楚,而内空无骨鲠之臣,是无奈我何。"光曰："我身,子之身也。"四月丙子,光伏甲士于窟室,而谒王僚饮。王僚使兵陈于道,自王宫至光之家,门阶户席,皆王僚之亲也,人夹持铍。公子光详为足疾,入于窟室,使专诸置匕首于炙鱼之中以进食。手匕首刺王僚,铍交于匈,遂弑王僚。公子光竟代立为王,是为吴王阖庐。阖庐乃以专诸子为卿。

季子至,曰："苟先君无废祀,民人无废主,社稷有奉,乃吾君也。吾敢谁怨乎？哀死事生,以待天命。非我生乱,立者从之,先人之道也。"复命,哭僚墓,复位而待。吴公子烛庸、盖馀二人将兵遇围于楚者,闻公子光弑王僚自立,乃以其兵降楚,楚封之于舒。

王阖庐元年,举伍子胥为行人而与谋国事。楚诛伯州犁,其孙伯嚭亡奔吴,吴以为大夫。

三年,吴王阖庐与子胥、伯嚭将兵伐楚,拔舒,杀吴亡将二公子。光谋欲入郢,将军孙武曰："民劳,未可,待之。"四年,伐楚,取六与灊。五年,伐越,败之。六年,楚使子常囊瓦伐吴。迎而击之,大败楚军于豫章,取楚之居巢而还。

九年,吴王阖庐请伍子胥、孙武曰："始子之言郢未可入,今果如何？"二子对曰："楚将子常贪,而唐、蔡皆怨之。王必欲大伐,必得唐、蔡乃可。"阖庐从之,悉兴师,与唐、蔡西伐楚,至于汉水。楚亦发兵拒吴,夹水陈。吴王阖庐弟夫㮣欲战,阖庐弗许。夫㮣曰："王已属臣兵,兵以利为上,尚何待焉？"遂以其部五千人袭冒楚,楚兵大败,走。于是吴王遂纵兵追之。比至郢,五战,楚五败。楚昭王亡出郢,奔郧。郧公弟欲弑昭王,昭王与郧公奔随。而吴兵遂入郢。子胥、伯嚭鞭平王之尸以报父雠。

十年春,越闻吴王之在郢,国空,乃伐吴。吴使别兵击越。楚告急秦,秦遣兵救楚击吴,吴师败。阖庐弟夫㮣见秦越交败吴,吴王留楚不去,夫㮣亡归吴而自立为吴王。阖庐闻之,乃引兵归,攻夫㮣。夫㮣败奔楚。楚昭王乃得以九月复入郢,而封夫㮣于堂谿,为堂谿氏。十一年,吴王使太子夫差伐楚,取番。楚恐而去郢徙鄀。

十五年,孔子相鲁。

十九年夏,吴伐越,越王句践迎击之槜李。越使死士挑战,三行造吴师,呼,自刭。吴师观之,越因伐吴,败之姑苏,伤吴王阖庐指,军却七里。吴王病伤而死。阖庐使立太子夫差,谓曰:"尔而忘句践杀汝父乎?"对曰:"不敢!"三年,乃报越。

王夫差元年,以大夫伯嚭为太宰。习战射,常以报越为志。二年,吴王悉精兵以伐越,败之夫椒,报姑苏也。越王句践乃以甲兵五千人栖于会稽,使大夫种因吴太宰嚭而行成,请委国为臣妾。吴王将许之,伍子胥谏曰:"昔有过氏杀斟灌以伐斟寻,灭夏后帝相。帝相之妃后缗方娠,逃于有仍而生少康。少康为有仍牧正。有过又欲杀少康,少康奔有虞。有虞思夏德,于是妻之以二女而邑之于纶,有田一成,有众一旅。后遂收夏众,抚其官职。使人诱之,遂灭有过氏,复禹之绩,祀夏配天,不失旧物。今吴不如有过之强,而句践大于少康。今不因此而灭之,又将宽之,不亦难乎!且句践为人能辛苦,今不灭,后必悔之。"吴王不听,听太宰嚭,卒许越平,与盟而罢兵去。

七年,吴王夫差闻齐景公死而大臣争宠,新君弱,乃兴师北伐齐。子胥谏曰:"越王句践食不重味,衣不重采,吊死问疾,且欲有所用其众。此人不死,必为吴患。今越在腹心疾而王不先,而务齐,不亦谬乎!"吴王不听,遂北伐齐,败齐师于艾陵。至缯,召鲁哀公而征百牢。季康子使子贡以周礼说太宰嚭,乃得止。因留略地于齐鲁之南。九年,为驺伐鲁,至,与鲁盟乃去。十年,因伐齐而归。十一年,复北伐齐。

越王句践率其众以朝吴,厚献遗之,吴王喜。唯子胥惧,曰:"是弃吴也。"谏曰:"越在腹心,今得志于齐,犹石田,无所用。且盘庚之诰有颠越勿遗,商之以兴。"吴王不听,使子胥于齐,子胥属其子于齐鲍氏,还报吴王。吴王闻之,大怒,赐子胥属镂之剑以死。将死,曰:"树吾墓上以梓,令可为器。抉吾眼置之吴东门,以观越之灭吴也。"

齐鲍氏弑齐悼公。吴王闻之,哭于军门外三日,乃从海上攻齐。齐人败吴,吴王乃引兵归。

十三年,吴召鲁、卫之君会于橐皋。

十四年春,吴王北会诸侯于黄池,欲霸中国以全周室。六月丙子,越王句践伐吴。乙酉,越五千人与吴战。丙戌,虏吴太子友。丁亥,入吴。吴人告败于王夫差,夫差恶其闻也。或泄其语,吴王怒,斩七人于幕下。七月辛丑,吴王与晋定公争长。吴王曰:"于周室我为长。"晋定公曰:"于姬姓我为伯。"赵鞅怒,将伐吴,乃长晋定公。吴王已盟,与晋别,欲伐宋。

太宰嚭曰:"可胜而不能居也。"乃引兵归国。国亡太子,内空,王居外久,士皆罢敝,于是乃使厚币以与越平。

十五年,齐田常杀简公。

十八年,越益强。越王句践率兵复伐败吴师于笠泽。楚灭陈。

二十年,越王句践复伐吴。二十一年,遂围吴。二十三年十一月丁卯,越败吴。越王句践欲迁吴王夫差于甬东,予百家居之。吴王曰:"孤老矣,不能事君王也。吾悔不用子胥之言,自令陷此。"遂自刭死。越王灭吴,诛太宰嚭,以为不忠,而归。

太史公曰:孔子言"太伯可谓至德矣,三以天下让,民无得而称焉"。余读春秋古文,乃知中国之虞与荆蛮句吴兄弟也。延陵季子之仁心,慕义无穷,见微而知清浊。呜呼,又何其闳览博物君子也!

史记卷三十二

齐太公世家第二

太公望吕尚者，东海上人。其先祖尝为四岳，佐禹平水土甚有功。虞夏之际封于吕，或封于申，姓姜氏。夏商之时，申、吕或封枝庶子孙，或为庶人，尚其后苗裔也。本姓姜氏，从其封姓，故曰吕尚。

吕尚盖尝穷困，年老矣，以渔钓奸周西伯。西伯将出猎，卜之，曰"所获非龙非彲，非虎非罴；所获霸王之辅"。于是周西伯猎，果遇太公于渭之阳，与语大说，曰："自吾先君太公曰'当有圣人适周，周以兴'。子真是邪？吾太公望子久矣。"故号之曰"太公望"，载与俱归，立为师。

或曰，太公博闻，尝事纣。纣无道，去之。游说诸侯，无所遇，而卒西归周西伯。或曰，吕尚处士，隐海滨。周西伯拘羑里，散宜生、闳夭素知而招吕尚。吕尚亦曰"吾闻西伯贤，又善养老，盍往焉"。三人者为西伯求美女奇物，献之于纣，以赎西伯。西伯得以出，反国。言吕尚所以事周虽异，然要之为文武师。

周西伯昌之脱羑里归，与吕尚阴谋修德以倾商政，其事多兵权与奇计，故后世之言兵及周之阴权皆宗太公为本谋。周西伯政平，及断虞芮之讼，而诗人称西伯受命曰文王。伐崇、密须、犬夷，大作丰邑。天下三分，其二归周者，太公之谋计居多。

文王崩，武王即位。九年，欲修文王业，东伐以观诸侯集否。师行，师尚父左杖黄钺，右把白旄以誓，曰："苍兕苍兕，总尔众庶，与尔舟楫，后至者斩！"遂至盟津。诸侯不期而会者八百诸侯。诸侯皆曰："纣可伐也。"武王曰："未可。"还师，与太公作此太誓。

居二年，纣杀王子比干，囚箕子。武王将伐纣，卜，龟兆不吉，风雨暴至。群公尽惧，唯太公强之劝武王，武王于是遂行。十一年正月甲子，誓于牧野，伐商纣。纣师败绩。纣反走，登鹿台，遂追斩纣。明日，武王立于社，群公奉明水，卫康叔封布采席，师尚父牵牲，史佚策祝，以告神讨纣之罪。散鹿台之钱，发钜桥之粟，以振贫民。封比干墓，释箕子囚。迁九鼎，修周政,与天下更始。师尚父谋居多。

于是武王已平商而王天下,封师尚父于齐营丘。东就国,道宿行迟。逆旅之人曰:"吾闻时难得而易失。客寝甚安,殆非就国者也。"太公闻之,夜衣而行,犁明至国。莱侯来伐,与之争营丘。营丘边莱。莱人,夷也,会纣之乱而周初定,未能集远方,是以与太公争国。

太公至国,修政,因其俗,简其礼,通商工之业,便鱼盐之利,而人民多归齐,齐为大国。及周成王少时,管蔡作乱,淮夷畔周,乃使召康公命太公曰:"东至海,西至河,南至穆陵,北至无棣,五侯九伯,实得征之。"齐由此得征伐,为大国。都营丘。

盖太公之卒百有馀年,子丁公吕伋立。丁公卒,子乙公得立。乙公卒,子癸公慈母立。癸公卒,子哀公不辰立。

哀公时,纪侯谮之周,周烹哀公而立其弟静,是为胡公。胡公徙都薄姑,而当周夷王之时。

哀公之同母少弟山怨胡公,乃与其党率营丘人袭攻杀胡公而自立,是为献公。献公元年,尽逐胡公子,因徙薄姑都,治临菑。

九年,献公卒,子武公寿立。武公九年,周厉王出奔,居彘。十年,王室乱,大臣行政,号曰"共和"。二十四年,周宣王初立。

二十六年,武公卒,子厉公无忌立。厉公暴虐,故胡公子复入齐,齐人欲立之,乃与攻杀厉公。胡公子亦战死。齐人乃立厉公子赤为君,是为文公,而诛杀厉公者七十人。

文公十二年卒,子成公脱立。成公九年卒,子庄公购立。

庄公二十四年,犬戎杀幽王,周东徙雒。秦始列为诸侯。五十六年,晋弑其君昭侯。

六十四年,庄公卒,子釐公禄甫立。

釐公九年,鲁隐公初立。十九年,鲁桓公弑其兄隐公而自立为君。

二十五年,北戎伐齐。郑使太子忽来救齐,齐欲妻之。忽曰:"郑小齐大,非我敌。"遂辞之。

三十二年,釐公同母弟夷仲年死。其子曰公孙无知,釐公爱之,令其秩服奉养比太子。

三十三年,釐公卒,太子诸儿立,是为襄公。

襄公元年,始为太子时,尝与无知斗,及立,绌无知秩服,无知怨。

　　四年,鲁桓公与夫人如齐。齐襄公故尝私通鲁夫人。鲁夫人者,襄公女弟也,自釐公时嫁为鲁桓公妇,及桓公来而襄公复通焉。鲁桓公知之,怒夫人,夫人以告齐襄公。齐襄公与鲁君饮,醉之,使力士彭生抱上鲁君车,因拉杀鲁桓公,桓公下车则死矣。鲁人以为让,而齐襄公杀彭生以谢鲁。

　　八年,伐纪,纪迁去其邑。

　　十二年,初,襄公使连称、管至父戍葵丘,瓜时而往,及瓜而代。往戍一岁,卒瓜时而公弗为发代。或为请代,公弗许。故此二人怒,因公孙无知谋作乱。连称有从妹在公宫,无宠,使之间襄公,曰"事成以女为无知夫人"。冬十二月,襄公游姑棼,遂猎沛丘。见彘,从者曰"彭生"。公怒,射之,彘人立而啼。公惧,坠车伤足,失屦。反而鞭主屦者茀三百。茀出宫。而无知、连称、管至父等闻公伤,乃遂率其众袭宫。逢主屦茀,茀曰:"且无入惊宫,惊宫未易入也。"无知弗信,茀示之创,乃信之。待宫外,令茀先入。茀先入,即匿襄公户间。良久,无知等恐,遂入宫。茀反与宫中及公之幸臣攻无知等,不胜,皆死。无知入宫,求公不得。或见人足于户间,发视,乃襄公,遂弑之,而无知自立为齐君。

　　桓公元年春,齐君无知游于雍林。雍林人尝有怨无知,及其往游,雍林人袭杀无知,告齐大夫曰:"无知弑襄公自立,臣谨行诛。唯大夫更立公子之当立者,唯命是听。"

　　初,襄公之醉杀鲁桓公,通其夫人,杀诛数不当,淫于妇人,数欺大臣,群弟恐祸及,故次弟纠奔鲁。其母鲁女也。管仲、召忽傅之。次弟小白奔莒,鲍叔傅之。小白母,卫女也,有宠于釐公。小白自少好善大夫高傒。及雍林人杀无知,议立君,高、国先阴召小白于莒。鲁闻无知死,亦发兵送公子纠,而使管仲别将兵遮莒道,射中小白带钩。小白详死,管仲使人驰报鲁。鲁送纠者行益迟,六日至齐,则小白已入,高傒立之,是为桓公。

　　桓公之中钩,详死以误管仲,已而载温车中驰行,亦有高、国内应,故得先入立,发兵距鲁。秋,与鲁战于乾时,鲁兵败走,齐兵掩绝鲁归道。齐遗鲁书曰:"子纠兄弟,弗忍诛,请鲁自杀之。召忽、管仲雠也,请得而甘心醢之。不然,将围鲁。"鲁人患之,遂杀子纠于笙渎。召忽自杀,管仲请囚。桓公之立,发兵攻鲁,心欲杀管仲。鲍叔牙曰:"臣幸得从君,君竟以立。君之尊,臣无以增君。君将治齐,即高傒与叔牙足也。君且欲霸王,非管夷吾不可。夷吾所居国国重,不可失也。"于是桓公从之。乃详为召管仲欲甘心,实欲用之。管仲知之,故请往。鲍叔牙迎受管仲,及堂阜而脱桎梧，斋被而见桓公。桓公厚礼以为大夫，任政。

桓公既得管仲，与鲍叔、隰朋、高傒修齐国政，连五家之兵，设轻重鱼盐之利，以赡贫穷，禄贤能，齐人皆说。

二年，伐灭郯，郯子奔莒。初，桓公亡时，过郯，郯无礼，故伐之。

五年，伐鲁，鲁将师败。鲁庄公请献遂邑以平，桓公许，与鲁会柯而盟。鲁将盟，曹沫以匕首劫桓公于坛上，曰："反鲁之侵地！"桓公许之。已而曹沫去匕首，北面就臣位。桓公后悔，欲无与鲁地而杀曹沫。管仲曰："夫劫许之而倍信杀之，愈一小快耳，而弃信于诸侯，失天下之援，不可。"于是遂与曹沫三败所亡地于鲁。诸侯闻之，皆信齐而欲附焉。七年，诸侯会桓公于甄，而桓公于是始霸焉。

十四年，陈厉公子完，号敬仲，来奔齐。齐桓公欲以为卿，让；于是以为工正。田成子常之祖也。

二十三年，山戎伐燕，燕告急于齐。齐桓公救燕，遂伐山戎，至于孤竹而还。燕庄公遂送桓公入齐境。桓公曰："非天子，诸侯相送不出境，吾不可以无礼于燕。"于是分沟割燕君所至与燕，命燕君复修召公之政，纳贡于周，如成康之时。诸侯闻之，皆从齐。

二十七年，鲁湣公母曰哀姜，桓公女弟也。哀姜淫于鲁公子庆父，庆父弑湣公，哀姜欲立庆父，鲁人更立釐公。桓公召哀姜，杀之。

二十八年，卫文公有狄乱，告急于齐。齐率诸侯城楚丘而立卫君。

二十九年，桓公与夫人蔡姬戏船中。蔡姬习水，荡公，公惧，止之，不止，出船，怒，归蔡姬，弗绝。蔡亦怒，嫁其女。桓公闻而怒，兴师往伐。

三十年春，齐桓公率诸侯伐蔡，蔡溃。遂伐楚。楚成王兴师问曰："何故涉吾地？"管仲对曰："昔召康公命我先君太公曰：'五侯九伯，若实征之，以夹辅周室。'赐我先君履，东至海，西至河，南至穆陵，北至无棣。楚贡包茅不入，王祭不具，是以来责。昭王南征不复，是以来问。"楚王曰："贡之不入，有之，寡人罪也，敢不共乎！昭王之出不复，君其问之水滨。"齐师进次于陉。夏，楚王使屈完将兵扞齐，齐师退次召陵。桓公矜屈完以其众。屈完曰："君以道则可；若不，则楚方城以为城，江、汉以为沟，君安能进乎？"乃与屈完盟而去。过陈，陈袁涛涂诈齐，令出东方，觉。秋，齐伐陈。是岁，晋杀太子申生。

三十五年夏，会诸侯于葵丘。周襄王使宰孔赐桓公文武胙、彤弓矢、大路，命无拜。桓公欲许之，管仲曰"不可"，乃下拜受赐。秋，复会诸侯于葵丘，益有骄色。周使宰孔会。诸侯颇有叛者。晋侯病，后，遇宰孔。宰孔曰:"齐侯骄矣,弟无行。"从之。是岁,晋献公卒,里克杀奚齐、卓子,秦穆公以夫人人公子夷吾为晋君。桓公于是讨晋乱,至高梁,使隰朋立晋君,还。

是时周室微,唯齐、楚、秦、晋为强。晋初与会,献公死,国内乱。秦穆公辟远,不与中国会盟。楚成王初收荆蛮有之,夷狄自置。唯独齐为中国会盟,而桓公能宣其德,故诸侯宾会。于是桓公称曰:"寡人南伐至召陵,望熊山;北伐山戎、离枝、孤竹;西伐大夏,涉流沙;束马悬车登太行,至卑耳山而还。诸侯莫违寡人。寡人兵车之会三,乘车之会六,九合诸侯,一匡天下。昔三代受命,有何以异于此乎? 吾欲封泰山,禅梁父。"管仲固谏,不听;乃说桓公以远方珍怪物至乃得封,桓公乃止。

三十八年,周襄王弟带与戎、翟合谋伐周,齐使管仲平戎于周。周欲以上卿礼管仲,管仲顿首曰:"臣陪臣,安敢!"三让,乃受下卿礼以见。三十九年,周襄王弟带来奔齐。齐使仲孙请王,为带谢。襄王怒,弗听。

四十一年,秦穆公虏晋惠公,复归之。是岁,管仲、隰朋皆卒。管仲病,桓公问曰:"群臣谁可相者?"管仲曰:"知臣莫如君。"公曰:"易牙如何?"对曰:"杀子以适君,非人情,不可。"公曰:"开方如何?"对曰:"倍亲以适君,非人情,难近。"公曰:"竖刀如何?"对曰:"自宫以适君,非人情,难亲。"管仲死,而桓公不用管仲言,卒近用三子,三子专权。

四十二年,戎伐周,周告急于齐,齐令诸侯各发卒戍周。是岁,晋公子重耳来,桓公妻之。

四十三年。初,齐桓公之夫人三:曰王姬、徐姬、蔡姬,皆无子。桓公好内,多内宠,如夫人者六人,长卫姬,生无诡;少卫姬,生惠公元;郑姬,生孝公昭;葛嬴,生昭公潘;密姬,生懿公商人;宋华子,生公子雍。桓公与管仲属孝公于宋襄公,以为太子。雍巫有宠于卫共姬,因宦者竖刀以厚献于桓公,亦有宠,桓公许之立无诡。管仲卒,五公子皆求立。冬十月乙亥,齐桓公卒。易牙入,与竖刀因内宠杀群吏,而立公子无诡为君。太子昭奔宋。

桓公病,五公子各树党争立。及桓公卒,遂相攻,以故宫中空,莫敢棺。桓公尸在床上六十七日,尸虫出于户。十二月乙亥,无诡立,乃棺赴。辛巳夜,敛殡。

桓公十有馀子,要其后立者五人:无诡立三月死,无谥;次孝公;次昭公;次懿公;次惠公。孝公元年三月,宋襄公率诸侯兵送齐太子昭而伐齐。

齐人恐,杀其君无诡。齐人将立太子昭,四公子之徒攻太子,太子走宋,宋遂与齐人四公子战。五月,宋败齐四公子师而立太子昭,是为齐孝公。宋以桓公与管仲属之太子,故来征之。以乱故,八月乃葬齐桓公。

六年春,齐伐宋,以其不同盟于齐也。夏,宋襄公卒。七年,晋文公立。

十年,孝公卒,孝公弟潘因卫公子开方杀孝公子而立潘,是为昭公。昭公,桓公子也,其母曰葛嬴。

昭公元年,晋文公败楚于城濮,而会诸侯践土,朝周,天子使晋称伯。六年,翟侵齐。晋文公卒。秦兵败于殽。十二年,秦穆公卒。

十九年五月,昭公卒,子舍立为齐君。舍之母无宠于昭公,国人莫畏。昭公之弟商人以桓公死争立而不得,阴交贤士,附爱百姓,百姓说。及昭公卒,子舍立,孤弱,即与众十月即墓上弑齐君舍,而商人自立,是为懿公。懿公,桓公子也,其母曰密姬。

懿公四年春,初,懿公为公子时,与丙戎之父猎,争获不胜,及即位,断丙戎父足,而使丙戎仆。庸职之妻好,公内之宫,使庸职骖乘。五月,懿公游于申池,二人浴,戏。职曰:“断足子!”戎曰:“夺妻者!”二人俱病此言,乃怨。谋与公游竹中,二人弑懿公车上,弃竹中而亡去。

懿公之立,骄,民不附。齐人废其子而迎公子元于卫,立之,是为惠公。惠公,桓公子也。其母卫女,曰少卫姬,避齐乱,故在卫。

惠公二年,长翟来,王子城父攻杀之,埋之于北门。晋赵穿弑其君灵公。

十年,惠公卒,子顷公无野立。初,崔杼有宠于惠公,惠公卒,高、国畏其逼也,逐之,崔杼奔卫。

顷公元年,楚庄王强,伐陈;二年,围郑,郑伯降,已复国郑伯。

六年春,晋使郤克于齐,齐使夫人帷中而观之。郤克上,夫人笑之。郤克曰:“不是报,不复涉河!”归,请伐齐,晋侯弗许。齐使至晋,郤克执齐使者四人河内,杀之。八年,晋伐齐,齐以公子强质晋,晋兵去。十年春,齐伐鲁、卫。鲁、卫大夫如晋请师,皆因郤克。晋使郤克以车八百乘为中军将,士燮将上军,栾书将下军,以救鲁、卫,伐齐。六月壬申,与齐侯兵合靡笄下。癸酉,陈于鞌。逢丑父为齐顷公右。顷公曰:“驰之,破晋军会食。”射伤郤克,流血至履。克欲还入壁,其御曰:“我始入,再伤,不敢言疾,恐惧士卒,愿子忍之。”遂复战。战,齐急,丑父恐齐侯得,乃易处,顷公为右,车绊于木而止。晋小将韩厥伏齐侯车前,曰“寡君使臣救鲁、卫”,戏之。丑父使顷公下取饮，因得亡，脱去，入其军。晋郤克欲杀丑父。丑父曰："代君死而见僇，后人臣无忠其君者矣。"克舍之，丑父遂得亡归齐。于是晋军追齐至马陵。齐侯请以宝器谢，不听；必得笑克者萧桐叔子，令齐东亩。对曰："叔子，齐君母。齐君母亦犹晋君母，子安置之？且子以义伐而以暴为后，其可乎？"于是乃许，令反鲁、卫之侵地。

十一年，晋初置六卿，赏鞌之功。齐顷公朝晋，欲尊王晋景公，晋景公不敢受，乃归。归而顷公弛苑囿，薄赋敛，振孤问疾，虚积聚以救民，民亦大说。厚礼诸侯。竟顷公卒，百姓附，诸侯不犯。

十七年，顷公卒，子灵公环立。

灵公九年，晋栾书弑其君厉公。十年，晋悼公伐齐，齐令公子光质晋。十九年，立子光为太子，高厚傅之，令会诸侯盟于钟离。二十七年，晋使中行献子伐齐。齐师败，灵公走入临菑。晏婴止灵公，灵公弗从。曰："君亦无勇矣！"晋兵遂围临菑，临菑城守不敢出，晋焚郭中而去。

二十八年，初，灵公取鲁女，生子光，以为太子。仲姬，戎姬。戎姬嬖，仲姬生子牙，属之戎姬。戎姬请以为太子，公许之。仲姬曰："不可。光之立，列于诸侯矣，今无故废之，君必悔之。"公曰："在我耳。"遂东太子光，使高厚傅牙为太子。灵公疾，崔杼迎故太子光而立之，是为庄公。庄公杀戎姬。五月壬辰，灵公卒，庄公即位，执太子牙于句窦之丘，杀之。八月，崔杼杀高厚。晋闻齐乱，伐齐，至高唐。

庄公三年，晋大夫栾盈奔齐，庄公厚客待之。晏婴、田文子谏，公弗听。四年，齐庄公使栾盈间入晋曲沃为内应，以兵随之，上太行，入孟门。栾盈败，齐兵还，取朝歌。

六年，初，棠公妻好，棠公死，崔杼取之。庄公通之，数如崔氏，以崔杼之冠赐人。侍者曰："不可。"崔杼怒，因其伐晋，欲与晋合谋袭齐而不得间。庄公尝笞宦者贾举，贾举复侍，为崔杼间公以报怨。五月，莒子朝齐，齐以甲戌飨之。崔杼称病不视事。乙亥，公问崔杼病，遂从崔杼妻。崔杼妻入室，与崔杼自闭户不出，公拥柱而歌。宦者贾举遮公从官而入，闭门，崔杼之徒持兵从中起。公登台而请解，不许；请盟，不许；请自杀于庙，不许。皆曰："君之臣杼疾病，不能听命。近于公宫。陪臣争趣有淫者，不知二命。"公逾墙，射中公股，公反坠，遂弑之。晏婴立崔杼门外，曰："君为社稷死则死之，为社稷亡则亡之。若为己死己亡，非其私暱，谁敢任之！"门开而入，枕公尸而哭，三踊而出。人谓崔杼："必杀之。"崔杼曰："民之望也,舍之得民。”

丁丑,崔杼立庄公异母弟杵曰,是为景公。景公母,鲁叔孙宣伯女也。景公立,以崔杼为右相,庆封为左相。二相恐乱起,乃与国人盟曰:“不与崔庆者死!”晏子仰天曰:“婴所不唯忠于君利社稷者是从!”不肯盟。庆封欲杀晏子,崔杼曰:“忠臣也,舍之。”齐太史书曰“崔杼弑庄公”,崔杼杀之。其弟复书,崔杼复杀之。少弟复书,崔杼乃舍之。

景公元年,初,崔杼生子成及彊,其母死,取东郭女,生明。东郭女使其前夫子无咎与其弟偃相崔氏。成有罪,二相急治之,立明为太子。成请老于崔,崔杼许之,二相弗听,曰:“崔,宗邑,不可。”成、彊怒,告庆封。庆封与崔杼有郤,欲其败也。成、彊杀无咎、偃于崔杼家,家皆奔亡。崔杼怒,无人,使一宦者御,见庆封。庆封曰:“请为子诛之。”使崔杼仇卢蒲嫳攻崔氏,杀成、彊,尽灭崔氏,崔杼妇自杀。崔杼毋归,亦自杀。庆封为相国,专权。

三年十月,庆封出猎。初,庆封已杀崔杼,益骄,嗜酒好猎,不听政令。庆舍用政,已有内郤。田文子谓桓子曰:“乱将作。”田、鲍、高、栾氏相与谋庆氏。庆舍发甲围庆封宫,四家徒共击破之。庆封还,不得入,奔鲁。齐人让鲁,封奔吴。吴与之朱方,聚其族而居之,富于在齐。其秋,齐人徙葬庄公,僇崔杼尸于市以说众。

九年,景公使晏婴之晋,与叔向私语曰:“齐政卒归田氏。田氏虽无大德,以公权私,有德于民,民爱之。”十二年,景公如晋,见平公,欲与伐燕。十八年,公复如晋,见昭公。二十六年,猎鲁郊,因入鲁,与晏婴俱问鲁礼。三十一年,鲁昭公辟季氏难,奔齐。齐欲以千社封之,子家止昭公,昭公乃请齐伐鲁,取郓以居昭公。

三十二年,彗星见。景公坐柏寝,叹曰:‘堂堂!谁有此乎?”群臣皆泣,晏子笑,公怒。晏子曰:“臣笑群臣谀甚。”景公曰:“彗星出东北,当齐分野,寡人以为忧。”晏子曰:“君高台深池,赋敛如弗得,刑罚恐弗胜,茀星将出,彗星何惧乎?”公曰:“可禳否?”晏子曰:“使神可祝而来,亦可禳而去也。百姓苦怨以万数,而君令一人禳之,安能胜众口乎?”是时景公好治宫室,聚狗马,奢侈,厚赋重刑,故晏子以此谏之。

四十二年,吴王阖闾伐楚,入郢。

四十七年,鲁阳虎攻其君,不胜,奔齐,请齐伐鲁。鲍子谏景公,乃囚阳虎。阳虎得亡,奔晋。

四十八年,与鲁定公好会夹谷。犁钼曰:“孔丘知礼而怯,请令莱人为乐,因执鲁君,可得志。"景公害孔丘相鲁,惧其霸,故从犁锄之计。方会,进莱乐,孔子历阶上,使有司执莱人斩之,以礼让景公。景公惭,乃归鲁侵地以谢,而罢去。是岁,晏婴卒。

五十五年,范、中行反其君于晋,晋攻之急,来请粟。田乞欲为乱,树党于逆臣,说景公曰:"范、中行数有德于齐,不可不救。"乃使乞救而输之粟。

五十八年夏,景公夫人燕姬适子死。景公宠妾芮姬生子荼,荼少,其母贱,无行,诸大夫恐其为嗣,乃言愿择诸子长贤者为太子。景公老,恶言嗣事,又爱荼母,欲立之,惮发之口,乃谓诸大夫曰:"为乐耳,国何患无君乎?"秋,景公病,命国惠子、高昭子立少子荼为太子,逐群公子,迁之莱。景公卒,太子荼立,是为晏孺子。冬,未葬,而群公子畏诛,皆出亡。荼诸异母兄公子寿、驹、黔奔卫,公子驵、阳生奔鲁。莱人歌之曰:"景公死乎弗与埋,三军事乎弗与谋,师乎师乎,胡党之乎?"

晏孺子元年春,田乞伪事高、国者,每朝,乞骖乘,言曰:"子得君,大夫皆自危,欲谋作乱。"又谓诸大夫曰:"高昭子可畏,及未发,先之。"大夫从之。六月,田乞、鲍牧乃与大夫以兵入公宫,攻高昭子。昭子闻之,与国惠子救公。公师败,田乞之徒追之,国惠子奔莒,遂反杀高昭子。晏圉奔鲁。八月,齐秉意兹。田乞败二相,乃使人之鲁召公子阳生。阳生至齐,私匿田乞家。十月戊子,田乞请诸大夫曰:"常之母有鱼菽之祭,幸来会饮。"会饮,田乞盛阳生橐中,置坐中央,发橐出阳生,曰:"此乃齐君矣!"大夫皆伏谒。将与大夫盟而立之,鲍牧醉,乞诬大夫曰:"吾与鲍牧谋共立阳生。"鲍牧怒曰:"子忘景公之命乎?"诸大夫相视欲悔,阳生前,顿首曰:"可则立之,否则已。"鲍牧恐祸起,乃复曰:"皆景公子也,何为不可!"乃与盟,立阳生,是为悼公。悼公入宫,使人迁晏孺子于骀,杀之幕下,而逐孺子母芮子。芮子故贱而孺子少,故无权,国人轻之。

悼公元年,齐伐鲁,取讙、阐。初,阳生亡在鲁,季康子以其妹妻之。及归即位,使迎之。季姬与季鲂侯通,言其情,鲁弗敢与,故齐伐鲁,竟迎季姬。季姬嬖,齐复归鲁侵地。

鲍子与悼公有郤,不善。四年,吴、鲁伐齐南方。鲍子弑悼公,赴于吴。吴王夫差哭于军门外三日,将从海人讨齐。齐人败之,吴师乃去。晋赵鞅伐齐,至赖而去。齐人共立悼公子壬,是为简公。

简公四年春,初,简公与父阳生俱在鲁也,监止有宠焉。及即位,使为政。田成子惮之,骤顾于朝。御鞅言简公曰:"田、监不可并也,君其择焉。"弗听。子我夕,田逆杀人,逢之,遂捕以入。田氏方睦,使囚病而遗守囚者酒,醉而杀守者,得亡。子我盟诸田于陈宗。初,田豹欲为子我臣,使公孙言豹,豹有丧而止。后卒以为臣,幸于子我。子我谓曰:"吾尽逐田氏而立女,可乎?"对曰:"我远田氏矣。且其违者不过数人,何尽逐焉!"遂告田氏。子行曰:"彼得君,弗先,必祸子。"子行舍于公宫。

夏五月壬申,成子兄弟四乘如公。子我在幄,出迎之,遂入,闭门。宦者御之,子行杀宦者。公与妇人饮酒于檀台,成子迁诸寝。公执戈将击之,太史子馀曰:"非不利也,将除害也。"成子出舍于库,闻公犹怒,将出,曰:"何所无君!"子行拔剑曰:"需,事之贼也。谁非田宗?所不杀子者有如田宗。"乃止。子我归,属徒攻闱与大门,皆弗胜,乃出。田氏追之。丰丘人执子我以告,杀之郭关。成子将杀大陆子方,田逆请而免之。以公命取车于道,出雍门。田豹与之车,弗受,曰:"逆为余请,豹与余车,余有私焉。事子我而有私于其雠,何以见鲁、卫之士?"

庚辰,田常执简公于徐州。公曰:"余蚤从御鞅言,不及此。"甲午,田常弑简公于徐州。田常乃立简公弟骜,是为平公。平公即位,田常相之,专齐之政,割齐安平以东为田氏封邑。

平公八年,越灭吴。二十五年卒,子宣公积立。

宣公五十一年卒,子康公贷立。田会反廪丘。

康公二年,韩、魏、赵始列为诸侯。十九年,田常曾孙田和始为诸侯,迁康公海滨。

二十六年,康公卒,吕氏遂绝其祀。田氏卒有齐国,为齐威王,强于天下。

太史公曰:吾适齐,自泰山属之琅邪,北被于海,膏壤二千里,其民阔达多匿知,其天性也。以太公之圣,建国本,桓公之盛,修善政,以为诸侯会盟,称伯,不亦宜乎?洋洋哉,固大国之风也!

史记卷三十三

鲁周公世家第三

周公旦者,周武王弟也。自文王在时,旦为子孝,笃仁,异于群子。及武王即位,旦常辅翼武王,用事居多。武王九年,东伐至盟津,周公辅行。十一年,伐纣,至牧野,周公佐武王,作牧誓。破殷,入商宫。已杀纣,周公把大钺,召公把小钺,以夹武王,衅社,告纣之罪于天,及殷民。释箕子之囚。封纣子武庚禄父,使管叔、蔡叔傅之,以续殷祀。遍封功臣同姓戚者。封周公旦于少昊之虚曲阜,是为鲁公。周公不就封,留佐武王。

武王克殷二年,天下未集,武王有疾,不豫,群臣惧,太公、召公乃缪卜。周公曰:“未可以戚我先王。”周公于是乃自以为质,设三坛,周公北面立,戴璧秉圭,告于太王、王季、文王。史策祝曰:“惟尔元孙王发,勤劳阻疾。若尔三王是有负子之责于天,以旦代王发之身。旦巧能,多材多艺,能事鬼神。乃王发不如旦多材多艺,不能事鬼神。乃命于帝庭,敷佑四方,用能定汝子孙于下地,四方之民罔不敬畏。无坠天之降葆命,我先王亦永有所依归。今我其即命于元龟,尔之许我,我以其璧与圭归,以俟尔命。尔不许我,我乃屏璧与圭。”周公已令史策告太王、王季、文王,欲代武王发,于是乃即三王而卜。卜人皆曰吉,发书视之,信吉。周公喜,开籥,乃见书遇吉。周公入贺武王曰:“王其无害。旦新受命三王,维长终是图。兹道能念予一人。”周公藏其策金縢匮中,诫守者勿敢言。明日,武王有瘳。

其后武王既崩,成王少,在强葆之中。周公恐天下闻武王崩而畔,周公乃践阼代成王摄行政当国。管叔及其群弟流言于国曰:“周公将不利于成王。”周公乃告太公望、召公奭曰:“我之所以弗辟而摄行政者,恐天下畔周,无以告我先王太王、王季、文王。三王之忧劳天下久矣,于今而后成。武王蚤终,成王少,将以成周,我所以为之若此。”于是卒相成王,而使其子伯禽代就封于鲁。周公戒伯禽曰:“我文王之子,武王之弟,成王之叔父,我于天下亦不贱矣。然我一沐三捉发,一饭三吐哺,起以待士,犹恐失天下之贤人。子之鲁,慎无以国骄人。"

管、蔡、武庚等果率淮夷而反。周公乃奉成王命,兴师东伐,作大诰。遂诛管叔,杀武庚,放蔡叔。收殷馀民,以封康叔于卫,封微子于宋,以奉殷祀。宁淮夷东土,二年而毕定。诸侯咸服宗周。

天降祉福,唐叔得禾,异母同颖,献之成王,成王命唐叔以馈周公于东土,作馈禾。周公既受命禾,嘉天子命,作嘉禾。东土以集,周公归报成王,乃为诗贻王,命之曰鸱鸮。王亦未敢训周公。

成王七年二月乙未,王朝步自周,至丰,使太保召公先之雒相土。其三月,周公往营成周雒邑,卜居焉,曰吉,遂国之。

成王长,能听政。于是周公乃还政于成王,成王临朝。周公之代成王治,南面倍依以朝诸侯。及七年后,还政成王,北面就臣位,匔匔如畏然。

初,成王少时,病,周公乃自揃其蚤沉之河,以祝于神曰:"王少未有识,奸神命者乃旦也。"亦藏其策于府。成王病有瘳。及成王用事,人或谮周公,周公奔楚。成王发府,见周公祷书,乃泣,反周公。

周公归,恐成王壮,治有所淫佚,乃作多士,作毋逸。毋逸称:"为人父母,为业至长久,子孙骄奢忘之,以亡其家,为人子可不慎乎!故昔在殷王中宗,严恭敬畏天命,自度治民,震惧不敢荒宁,故中宗飨国七十五年。其在高宗,久劳于外,为与小人,作其即位,乃有亮阎,三年不言,言乃欢,不敢荒宁,密靖殷国,至于小大无怨,故高宗飨国五十五年。其在祖甲,不义惟王,久为小人于外,知小人之依,能保施小民,不侮鳏寡,故祖甲飨国三十三年。"多士称曰:"自汤至于帝乙,无不率祀明德,帝无不配天者。在今后嗣王纣,诞淫厥佚,不顾天及民之从也。其民皆可诛。""文王日中昃不暇食,飨国五十年。"作此以诫成王。

成王在丰,天下已安,周之官政未次序,于是周公作周官,官别其宜。作立政,以便百姓。百姓说。

周公在丰,病,将没,曰:"必葬我成周,以明吾不敢离成王。"周公既卒,成王亦让,葬周公于毕,从文王,以明予小子不敢臣周公也。

周公卒后,秋未获,暴风雷,禾尽偃,大木尽拔。周国大恐。成王与大夫朝服以开金縢书,王乃得周公所自以为功代武王之说。二公及王乃问史百执事,史百执事曰:"信有,昔周公命我勿敢言。"成王执书以泣,曰:"自今后其无缪卜乎!昔周公勤劳王家,惟予幼人弗及知。今天动威以彰周公之德,惟朕小子其迎,我国家礼亦宜之。"王出郊,天乃雨,反风,禾尽起。二公命国人,凡大木所偃,尽起而筑之。岁则大孰。于是成王乃命鲁得郊祭文王。鲁有天子礼乐者,以褒周公之德也。

　　周公卒,子伯禽固已前受封,是为鲁公。鲁公伯禽之初受封之鲁,三年而后报政周公。周公曰:"何迟也?"伯禽曰:"变其俗,革其礼,丧三年然后除之,故迟。"太公亦封于齐,五月而报政周公。周公曰:"何疾也?"曰:"吾简其君臣礼,从其俗为也。"及后闻伯禽报政迟,乃叹曰:"呜呼,鲁后世其北面事齐矣!夫政不简不易,民不有近;平易近民,民必归之。"

　　伯禽即位之后,有管、蔡等反也,淮夷、徐戎亦并兴反。于是伯禽率师伐之于肸,作肸誓,曰:"陈尔甲胄,无敢不善。无敢伤牿。马牛其风,臣妾逋逃,勿敢越逐,敬复之。无敢寇攘,逾墙垣。鲁人三郊三隧,峙尔刍茭、糗粮、桢干,无敢不逮。我甲戌筑而征徐戎,无敢不及,有大刑。"作此肸誓,遂平徐戎,定鲁。

　　鲁公伯禽卒,子考公酋立。考公四年卒,立弟熙,是谓炀公。炀公筑茅阙门。六年卒,子幽公宰立。幽公十四年,幽公弟漅杀幽公而自立,是为魏公。魏公五十年卒,子厉公擢立。厉公三十七年卒,鲁人立其弟具,是为献公。献公三十二年卒,子真公濞立。

　　真公十四年,周厉王无道,出奔彘,共和行政。二十九年,周宣王即位。

　　三十年,真公卒,弟敖立,是为武公。

　　武公九年春,武公与长子括,少子戏,西朝周宣王。宣王爱戏,欲立戏为鲁太子。周之樊仲山父谏宣王曰:"废长立少,不顺;不顺,必犯王命;犯王命,必诛之:故出令不可不顺也。令之不行,政之不立;行而不顺,民将弃上。夫下事上,少事长,所以为顺。今天子建诸侯,立其少,是教民逆也。若鲁从之,诸侯效之,王命将有所壅;若弗从而诛之,是自诛王命也。诛之亦失,不诛亦失,王其图之。"宣王弗听,卒立戏为鲁太子。夏,武公归而卒,戏立,是为懿公。

　　懿公九年,懿公兄括之子伯御与鲁人攻弑懿公,而立伯御为君。伯御即位十一年,周宣王伐鲁,杀其君伯御,而问鲁公子能道顺诸侯者,以为鲁后。樊穆仲曰:"鲁懿公弟称,肃恭明神,敬事耆老;赋事行刑,必问于遗训而咨于固实;不干所问,不犯所咨。"宣王曰:"然,能训治其民矣。"乃立称于夷宫,是为孝公。自是后,诸侯多畔王命。

孝公二十五年，诸侯畔周，犬戎杀幽王。秦始列为诸侯。

二十七年，孝公卒，子弗湟立，是为惠公。

惠公三十年，晋人弑其君昭侯。四十五年，晋人又弑其君孝侯。

四十六年，惠公卒，长庶子息摄当国，行君事，是为隐公。初，惠公適夫人无子，公贱妾声子生子息。息长，为娶于宋。宋女至而好，惠公夺而自妻之。生子允。登宋女为夫人，以允为太子。及惠公卒，为允少故，鲁人共令息摄政，不言即位。

隐公五年，观渔于棠。八年，与郑易天子之太山之邑祊及许田，君子讥之。

十一年冬，公子挥谄谓隐公曰："百姓便君，君其遂立。吾请为君杀子允，君以我为相。"隐公曰："有先君命。吾为允少，故摄代。今允长矣，吾方营菟裘之地而老焉，以授子允政。"挥惧子允闻而反诛之，乃反谮隐公于子允曰："隐公欲遂立，去子，子其图之。请为子杀隐公。"子允许诺。十一月，隐公祭钟巫，齐于社圃，馆于蔿氏。挥使人弑隐公于蔿氏，而立子允为君，是为桓公。

桓公元年，郑以璧易天子之许田。二年，以宋之赂鼎入于太庙，君子讥之。

三年，使挥迎妇于齐为夫人。六年，夫人生子，与桓公同日，故名曰同。同长，为太子。

十六年，会于曹，伐郑，入厉公。

十八年春，公将有行，遂与夫人如齐。申繻谏止，公不听，遂如齐。齐襄公通桓公夫人。公怒夫人，夫人以告齐侯。夏四月丙子，齐襄公飨公，公醉，使公子彭生抱鲁桓公，因命彭生摺其胁，公死于车。鲁人告于齐曰："寡君畏君之威，不敢宁居，来修好礼。礼成而不反，无所归咎，请得彭生以除丑于诸侯。"齐人杀彭生以说鲁。立太子同，是为庄公。庄公母夫人因留齐，不敢归鲁。

庄公五年冬，伐卫，内卫惠公。

八年，齐公子纠来奔。九年，鲁欲内子纠于齐，后桓公，桓公发兵击鲁，鲁急，杀子纠。召忽死。齐告鲁生致管仲。鲁人施伯曰："齐欲得管仲，非杀之也，将用之，用则为鲁患。不如杀，以其尸与之。"庄公不听，遂囚管仲与齐。齐人相管仲。

十三年,鲁庄公与曹沫会齐桓公于柯,曹沫劫齐桓公,求鲁侵地,已盟而释桓公。桓公欲背约,管仲谏,卒归鲁侵地。十五年,齐桓公始霸。二十三年,庄公如齐观社。

三十二年,初,庄公筑台临党氏,见孟女,说而爱之,许立为夫人,割臂以盟。孟女生子斑。斑长,说梁氏女,往观。圉人荦自墙外与梁氏女戏。斑怒,鞭荦。庄公闻之,曰:“荦有力焉,遂杀之,是未可鞭而置也。”斑未得杀。会庄公有疾。庄公有三弟,长曰庆父,次曰叔牙,次曰季反。庄公取齐女为夫人曰哀姜。哀姜无子。哀姜娣曰叔姜,生子开。庄公无適嗣,爱孟女,欲立其子斑。庄公病,而问嗣于弟叔牙。叔牙曰:“一继一及,鲁之常也。庆父在,可为嗣,君何忧?”庄公患叔牙欲立庆父,退而问季友。季友曰:“请以死立斑也。”庄公曰:“曩者叔牙欲立庆父,奈何?”季友以庄公命命牙待于铖巫氏,使铖季劫饮叔牙以鸩,曰:“饮此则有后奉祀;不然,死且无后。”牙遂饮鸩而死,鲁立其子为叔孙氏。八月癸亥,庄公卒,季友竟立子斑为君,如庄公命。侍丧,舍于党氏。

先时庆父与哀姜私通,欲立哀姜娣子开。及庄公卒而季友立斑,十月己未,庆父使圉人荦杀鲁公子斑于党氏。季友奔陈。庆父竟立庄公子开,是为湣公。

湣公二年,庆父与哀姜通益甚。哀姜与庆父谋杀湣公而立庆父。庆父使卜齮袭杀湣公于武闱。季友闻之,自陈与湣公弟申如邾,请鲁求内之。鲁人欲诛庆父。庆父恐,奔莒。于是季友奉子申人,立之,是为釐公。釐公亦庄公少子。哀姜恐,奔邾。季友以赂如莒求庆父,庆父归,使人杀庆父,庆父请奔,弗听,乃使大夫奚斯行哭而往。庆父闻奚斯音,乃自杀。齐桓公闻哀姜与庆父乱以危鲁,乃召之邾而杀之,以其尸归,戮之鲁。鲁釐公请而葬之。

季友母陈女,故亡在陈,陈故佐送季友及子申。季友之将生也,父鲁桓公使人卜之,曰:“男也,其名曰‘友’,间于两社,为公室辅。季友亡,则鲁不昌。”及生,有文在掌曰“友”,遂以名之,号为成季。其后为季氏,庆父后为孟氏也。

釐公元年,以汶阳鄪封季友。季友为相。

九年,晋里克杀其君奚齐、卓子。齐桓公率釐公讨晋乱,至高梁而还,立晋惠公。十七年,齐桓公卒。二十四年,晋文公即位。

三十三年,釐公卒,子兴立,是为文公。

文公元年,楚太子商臣弑其父成王,代立。三年,文公朝晋襄公。

十一年十月甲午,鲁败翟于咸,获长翟乔如,富父终甥舂其喉以戈,杀之,埋其首于子驹之门,以命宣伯。

初,宋武公之世,鄋瞒伐宋,司徒皇父帅师御之,以败翟于长丘,获长翟缘斯。晋之灭路,获乔如弟棼如。齐惠公二年,鄋瞒伐齐,齐王子城父获其弟荣如,埋其首于北门。卫人获其季弟简如。鄋瞒由是遂亡。

十五年,季文子使于晋。

十八年二月,文公卒。文公有二妃:长妃齐女为哀姜,生子恶及视;次妃敬嬴,嬖爱,生子俀。俀私事襄仲,襄仲欲立之,叔仲曰不可。襄仲请齐惠公,惠公新立,欲亲鲁,许之。冬十月,襄仲杀子恶及视而立俀,是为宣公。哀姜归齐,哭而过市,曰:"天乎!襄仲为不道,杀適立庶!"市人皆哭,鲁人谓之"哀姜"。鲁由此公室卑,三桓强。

宣公俀十二年,楚庄王强,围郑。郑伯降,复国之。

十八年,宣公卒,子成公黑肱立,是为成公。季文子曰:"使我杀適立庶失大援者,襄仲。"襄仲立宣公,公孙归父有宠。宣公欲去三桓,与晋谋伐三桓。会宣公卒,季文子怨之,归父奔齐。

成公二年春,齐伐取我隆。夏,公与晋郤克败齐顷公于鞌,齐复归我侵地。四年,成公如晋,晋景公不敬鲁。鲁欲背晋合于楚,或谏,乃不。十年,成公如晋。晋景公卒,因留成公送葬,鲁讳之。十五年,始与吴王寿梦会钟离。

十六年,宣伯告晋,欲诛季文子。文子有义,晋人弗许。

十八年,成公卒,子午立,是为襄公。是时襄公三岁也。

襄公元年,晋立悼公。往年冬,晋栾书弑其君厉公。四年,襄公朝晋。

五年,季文子卒。家无衣帛之妾,厩无食粟之马,府无金玉,以相三君。君子曰:"季文子廉忠矣。"

九年,与晋伐郑。晋悼公冠襄公于卫,季武子从,相行礼。

十一年,三桓氏分为三军,

十二年,朝晋。十六年,晋平公即位。二十一年,朝晋平公。

二十二年,孔丘生。

二十五年,齐崔杼弑其君庄公,立其弟景公。

二十九年,吴延陵季子使鲁,问周乐,尽知其意,鲁人敬焉。

三十一年六月,襄公卒。其九月,太子卒。鲁人立齐归之子裯为君,是为昭公。

昭公年十九，犹有童心。穆叔不欲立，曰："太子死，有母弟可立，不即立长。年钧择贤，义钧则卜之。今禂非適嗣，且又居丧意不在戚而有喜色，若果立，必为季氏忧。"季武子弗听，卒立之。比及葬，三易衰。君子曰："是不终也。"

昭公三年，朝晋至河，晋平公谢还之，鲁耻焉。四年，楚灵王会诸侯于申，昭公称病不往。七年，季武子卒。八年，楚灵王就章华台，召昭公。昭公往贺，赐昭公宝器；已而悔，复诈取之。十二年，朝晋至河，晋平公谢还之。十三年，楚公子弃疾弑其君灵王，代立。十五年，朝晋，晋留之葬晋昭公，鲁耻之。二十年，齐景公与晏子狩竟，因入鲁问礼。二十一年，朝晋至河，晋谢还之。

二十五年春，鸜鹆来巢。师己曰："文成之世童谣曰'鸜鹆来巢，公在乾侯。鸜鹆入处，公在外野'。"

季氏与郈氏斗鸡，季氏芥鸡羽，郈氏金距。季平子怒而侵郈氏，郈昭伯亦怒平子。臧昭伯之弟会伪谗臧氏，匿季氏，臧昭伯囚季氏人。季平子怒，囚臧氏老。臧、郈氏以难告昭公。昭公九月戊戌伐季氏，遂入。平子登台请曰："君以谗不察臣罪，诛之，请迁沂上。"弗许。请囚于鄪，弗许。请以五乘亡，弗许。子家驹曰："君其许之。政自季氏久矣，为徒者众，众将合谋。"弗听。郈氏曰："必杀之。"叔孙氏之臣戾谓其众曰："无季氏与有，孰利？"皆曰："无季氏是无叔孙氏。"戾曰："然，救季氏！"遂败公师。孟懿子闻叔孙氏胜，亦杀郈昭伯。郈昭伯为公使，故孟氏得之。三家共伐公，公遂奔。己亥，公至于齐。齐景公曰："请致千社待君。"子家曰："弃周公之业而臣于齐，可乎？"乃止。子家曰："齐景公无信，不如早之晋。"弗从。叔孙见公还，见平子，平子顿首。初欲迎昭公，孟孙、季孙后悔，乃止。

二十六年春，齐伐鲁，取郓而居昭公焉。夏，齐景公将内公，令无受鲁赂。申丰、汝贾许齐臣高齮、子将粟五千庾。子将言于齐侯曰："群臣不能事鲁君，有异焉。宋元公为鲁如晋，求内之，道卒。叔孙昭子求内其君，无病而死。不知天弃鲁乎？抑鲁君有罪于鬼神也？愿君且待。"齐景公从之。

二十八年，昭公如晋，求入。季平子私于晋六卿，六卿受季氏赂，谏晋君，晋君乃止，居昭公乾侯。二十九年，昭公如郓。齐景公使人赐昭公书，自谓"主君"。昭公耻之，怒而去乾侯。三十一年，晋欲内昭公，召季平子。

平子布衣跣行，因六卿谢罪。六卿为言曰："晋欲内昭公，众不从。"晋人止。三十二年，昭公卒于乾侯。鲁人共立昭公弟宋为君，是为定公。

定公立，赵简子向史墨曰："季氏亡乎？"史墨对曰："不亡。季友有大功于鲁，受鄪为上卿，至于文子、武子，世增其业。鲁文公卒，东门遂杀适立庶，鲁君于是失国政。政在季氏，于今四君矣。民不知君，何以得国！是以为君慎器与名，不可以假人。"

定公五年，季平子卒。阳虎私怒，囚季桓子，与盟，乃舍之。七年，齐伐我，取郓，以为鲁阳虎邑以从政。八年，阳虎欲尽杀三桓适，而更立其所善庶子以代之；载季桓子将杀之，桓子诈而得脱。三桓共攻阳虎，阳虎居阳关。九年，鲁伐阳虎，阳虎奔齐，已而奔晋赵氏。

十年，定公与齐景公会于夹谷，孔子行相事。齐欲袭鲁君，孔子以礼历阶，诛齐淫乐，齐侯惧，乃止，归鲁侵地而谢过。十二年，使仲由毁三桓城，收其甲兵。孟氏不肯堕城，伐之，不克而止。季桓子受齐女乐，孔子去。

十五年，定公卒，子将立，是为哀公。

哀公五年，齐景公卒。六年，齐田乞弑其君孺子。

七年，吴王夫差强，伐齐，至缯，征百牢于鲁。季康子使子贡说吴王及太宰嚭，以礼诎之。吴王曰："我文身，不足责礼。"乃止。

八年，吴为邹伐鲁，至城下，盟而去。齐伐我，取三邑。十年，伐齐南边。十一年，齐伐鲁。季氏用冉有有功，思孔子，孔子自卫归鲁。

十四年，齐田常弑其君简公于徐州。孔子请伐之，哀公不听。十五年，使子服景伯、子贡为介，适齐，齐归我侵地。田常初相，欲亲诸侯。

十六年，孔子卒。

二十二年，越王勾践灭吴王夫差。

二十七年春，季康子卒。夏，哀公患三桓，将欲因诸侯以劫之，三桓亦患公作难，故君臣多间。公游于陵阪，遇孟武伯于街，曰："请问余及死乎？"对曰："不知也。"公欲以越伐三桓。八月，哀公如陉氏。三桓攻公，公奔于卫，去如邹，遂如越。国人迎哀公复归，卒于有山氏。子宁立，是为悼公。

悼公之时，三桓胜，鲁如小侯，卑于三桓之家。

十三年,三晋灭智伯,分其地有之。

三十七年,悼公卒,子嘉立,是为元公。元公二十一年卒,子显立,是为穆公。穆公三十三年卒,子奋立,是为共公。共公二十二年卒,子屯立,是为康公。康公九年卒,子匽立,是为景公。景公二十九年卒,子叔立,是为平公。是时六国皆称王。

平公十二年,秦惠王卒。二十年,平公卒,子贾立,是为文公。文公元年,楚怀王死于秦。二十三年,文公卒,子雠立,是为顷公。

顷公二年,秦拔楚之郢,楚顷王东徙于陈。十九年,楚伐我,取徐州。二十四年,楚考烈王伐灭鲁。顷公亡,迁于下邑,为家人,鲁绝祀。顷公卒于柯。

鲁起周公至顷公,凡三十四世。

太史公曰:余闻孔子称曰"甚矣鲁道之衰也!洙泗之间龂龂如也"。观庆父及叔牙闵公之际,何其乱也?隐桓之事;襄仲杀适立庶;三家北面为臣,亲攻昭公,昭公以奔。至其揖让之礼则从矣,而行事何其戾也?

史记卷三十四

燕召公世家第四

召公奭与周同姓，姓姬氏。周武王之灭纣，封召公于北燕。

其在成王时，召公为三公：自陕以西，召公主之；自陕以东，周公主之。成王既幼，周公摄政，当国践祚，召公疑之，作君奭。君奭不说周公。周公乃称"汤时有伊尹，假于皇天；在太戊时，则有若伊陟、臣扈，假于上帝，巫咸治王家；在祖乙时，则有若巫贤；在武丁时，则有若甘般：率维兹有陈，保乂有殷"。于是召公乃说。

召公之治西方，甚得兆民和。召公巡行乡邑，有棠树，决狱政事其下，自侯伯至庶人各得其所，无失职者。召公卒，而民人思召公之政，怀棠树不敢伐，哥咏之，作甘棠之诗。

自召公已下九世至惠侯。燕惠侯当周厉王奔彘，共和之时。

惠侯卒，子釐侯立。是岁，周宣王初即位。釐侯二十一年，郑桓公初封于郑。三十六年，釐侯卒，子顷侯立。

顷侯二十年，周幽王淫乱，为犬戎所弑。秦始列为诸侯。

二十四年，顷侯卒，子哀侯立。哀侯二年卒，子郑侯立。郑侯三十六年卒，子缪侯立。

缪侯七年，而鲁隐公元年也。十八年卒，子宣侯立。宣侯十三年卒，子桓侯立。桓侯七年卒，子庄公立。

庄公十二年，齐桓公始霸。十六年，与宋、卫共伐周惠王，惠王出奔温，立惠王弟颓为周王。十七年，郑执燕仲父而内惠王于周。二十七年，山戎来侵我，齐桓公救燕，遂北伐山戎而还。燕君送齐桓公出境，桓公因割燕所至地予燕，使燕共贡天子，如成周时职；使燕复修召公之法。三十三年卒，子襄公立。

襄公二十六年，晋文公为践土之会，称伯。三十一年，秦师败于殽。

三十七年,秦穆公卒。四十年,襄公卒,桓公立。

桓公十六年卒,宣公立。宣公十五年卒,昭公立。昭公十三年卒,武公立。是岁晋灭三郄大夫。

武公十九年卒,文公立。文公六年卒,懿公立。懿公元年,齐崔杼弑其君庄公。四年卒,子惠公立。

惠公元年,齐高止来奔。六年,惠公多宠姬,公欲去诸大夫而立宠姬宋,大夫共诛姬宋,惠公惧,奔齐。四年,齐高偃如晋,请共伐燕,入其君。晋平公许,与齐伐燕,入惠公。惠公至燕而死。燕立悼公。

悼公七年卒,共公立。共公五年卒,平公立。晋公室卑,六卿始强大。平公十八年,吴王阖闾破楚入郢。十七年卒,简公立。简公十二年卒,献公立。晋赵鞅围范、中行于朝歌。献公十二年,齐田常弑其君简公。十四年,孔子卒。二十八年,献公卒,孝公立。

孝公十二年,韩、魏、赵灭智伯,分其地,三晋强。

十五年,孝公卒,成公立。成公十六年卒,湣公立。湣公三十一年卒,釐公立。是岁,三晋列为诸侯。

釐公三十年,伐败齐于林营。釐公卒,桓公立。桓公十一年卒,文公立。是岁,秦献公卒。秦益强。

文公十九年,齐威王卒。二十八年,苏秦始来见,说文公。文公予车马金帛以至赵,赵肃侯用之。因约六国,为从长。秦惠王以其女为燕太子妇。

二十九年,文公卒,太子立,是为易王。

易王初立,齐宣王因燕丧伐我,取十城;苏秦说齐,使复归燕十城。十年,燕君为王。苏秦与燕文公夫人私通,惧诛,乃说王使齐为反间,欲以乱齐。易王立十二年卒,子燕哙立。

燕哙既立,齐人杀苏秦。苏秦之在燕,与其相子之为婚,而苏代与子之交。及苏秦死,而齐宣王复用苏代。燕哙三年,与楚、三晋攻秦,不胜而还。子之相燕,贵重,主断。苏代为齐使于燕,燕王问曰:"齐王奚如?"对曰:"必不霸。"燕王曰:"何也?"对曰:"不信其臣。"苏代欲以激燕王以尊子之也。于是燕王大信子之。子之因遗苏代百金,而听其所使。

鹿毛寿谓燕王:"不如以国让相子之。人之谓尧贤者,以其让天下于许由,许由不受,有让天下之名而实不失天下。今王以国让于子之,子之必不敢受,是王与尧同行也。"燕王因属国于子之,子之大重。或曰:"禹荐益,已而以启人为吏。及老,而以启人为不足任乎天下,传之于益。已而启与交党攻益,夺之。天下谓禹名传天下于益,已而实令启自取之。今王言属国于子之,而吏无非太子人者,是名属子之而实太子用事也。"王因收印自三百石吏已上而效之子之。子之南面行王事,而哙老不听政,顾为臣,国事皆决于子之。

三年,国大乱,百姓恫恐。将军市被与太子平谋,将攻子之。诸将谓齐湣王曰:"因而赴之,破燕必矣。"齐王因令人谓燕太子平曰:"寡人闻太子之义,将废私而立公,饬君臣之义,明父子之位。寡人之国小,不足以为先后。虽然,则唯太子所以令之。"太子因要党聚众,将军市被围公宫,攻子之,不克。将军市被及百姓反攻太子平,将军市被死,以徇。因构难数月,死者数万,众人恫恐,百姓离志。孟轲谓齐王曰:"今伐燕,此文、武之时,不可失也。"王因令章子将五都之兵,以因北地之众以伐燕。士卒不战,城门不闭,燕君哙死,齐大胜。燕子之亡二年,而燕人共立太子平,是为燕昭王。

燕昭王于破燕之后即位,卑身厚币以招贤者。谓郭隗曰:"齐因孤之国乱而袭破燕,孤极知燕小力少,不足以报。然诚得贤士以共国,以雪先王之耻,孤之愿也。先生视可者,得身事之。"郭隗曰:"王必欲致士,先从隗始。况贤于隗者,岂远千里哉!"于是昭王为隗改筑宫而师事之。乐毅自魏往,邹衍自齐往,剧辛自赵往,士争趋燕。燕王吊死问孤,与百姓同甘苦。

二十八年,燕国殷富,士卒乐轶轻战,于是遂以乐毅为上将军,与秦、楚、三晋合谋以伐齐。齐兵败,湣王出亡于外。燕兵独追北,入至临淄,尽取齐宝,烧其宫室宗庙。齐城之不下者,独唯聊、莒、即墨,其馀皆属燕,六岁。

昭王三十三年卒,子惠王立。

惠王为太子时,与乐毅有隙;及即位,疑毅,使骑劫代将。乐毅亡走赵。齐田单以即墨击败燕军,骑劫死,燕兵引归,齐悉复得其故城。湣王死于莒,乃立其子为襄王。

惠王七年卒。韩、魏、楚共伐燕。燕武成王立。

武成王七年,齐田单伐我,拔中阳。十三年,秦败赵于长平四十馀万。十四年,武成王卒,子孝王立。

孝王元年，秦围邯郸者解去。三年卒，子今王喜立。

今王喜四年，秦昭王卒。燕王命相栗腹约欢赵，以五百金为赵王酒。还报燕王曰："赵王壮者皆死长平，其孤未壮，可伐也。"王召昌国君乐闲问之。对曰："赵四战之国，其民习兵，不可伐。"王曰："吾以五而伐一。"对曰："不可。"燕王怒，群臣皆以为可。卒起二军，车二千乘，栗腹将而攻鄗，卿秦攻代。唯独大夫将渠谓燕王曰："与人通关约交，以五百金饮人之王，使者报而反攻之，不祥，兵无成功。"燕王不听，自将偏军随之。将渠引燕王绶止之曰："王必无自往，往无成功。"王蹴之以足。将渠泣曰："臣非以自为，为王也！"燕军至宋子，赵使廉颇将，击破栗腹于鄗。乐乘破卿秦于代。乐闲奔赵。廉颇逐之五百馀里，围其国。燕人请和，赵人不许，必令将渠处和。燕相将渠以处和。赵听将渠，解燕围。

六年，秦灭东周，置三川郡。七年，秦拔赵榆次三十七城，秦置大原郡。九年，秦王政初即位。十年，赵使廉颇将攻繁阳，拔之。赵孝成王卒，悼襄王立。使乐乘代廉颇，廉颇不听，攻乐乘，乐乘走，廉颇奔大梁。十二年，赵使李牧攻燕，拔武遂、方城。剧辛故居赵，与庞煖善，已而亡走燕。燕见赵数困于秦，而廉颇去，充庞煖将也，欲因赵獘攻之。问剧辛，辛曰："庞煖易与耳。"燕使剧辛将击赵，赵使庞煖击之，取燕军二万，杀剧辛。秦拔魏二十城，置东郡。十九年，秦拔赵之邺九城。赵悼襄王卒。二十三年，太子丹质于秦，亡归燕。二十五年，秦虏灭韩王安，置颍川郡。二十七年，秦虏赵王迁，灭赵。赵公子嘉自立为代王。

燕见秦且灭六国，秦兵临易水，祸且至燕。太子丹阴养壮士二十人，使荆轲献督亢地图于秦，因袭刺秦王。秦王觉，杀轲，使将军王翦击燕。二十九年，秦攻拔我蓟，燕王亡，徙居辽东，斩丹以献秦。三十年，秦灭魏。

三十三年，秦拔辽东，虏燕王喜，卒灭燕。是岁，秦将王贲亦虏代王嘉。

太史公曰：召公奭可谓仁矣！甘棠且思之，况其人乎？燕外迫蛮貉，内措齐、晋，崎岖强国之间，最为弱小，几灭者数矣。然社稷血食者八九百岁，于姬姓独后亡，岂非召公之烈邪！

史记卷三十五

管蔡世家第五

管叔鲜、蔡叔度者,周文王子而武王弟也。武王同母兄弟十人。母曰太姒,文王正妃也。其长子曰伯邑考,次曰武王发,次曰管叔鲜,次曰周公旦,次曰蔡叔度,次曰曹叔振铎,次曰成叔武,次曰霍叔处,次曰康叔封,次曰冉季载。冉季载最少。同母昆弟十人,唯发、旦贤,左右辅文王,故文王舍伯邑考而以发为太子。及文王崩而发立,是为武王。伯邑考既已前卒矣。

武王已克殷纣,平天下,封功臣昆弟。于是封叔鲜于管,封叔度于蔡:二人相纣子武庚禄父,治殷遗民。封叔旦于鲁而相周,为周公。封叔振铎于曹,封叔武于成,封叔处于霍。康叔封、冉季载皆少,未得封。

武王既崩,成王少,周公旦专王室。管叔、蔡叔疑周公之为不利于成王,乃挟武庚以作乱。周公旦承成王命伐诛武庚,杀管叔,而放蔡叔,迁之,与车十乘,徒七十人从。而分殷馀民为二:其一封微子启于宋,以续殷祀;其一封康叔为卫君,是为卫康叔。封季载于冉。冉季、康叔皆有驯行,于是周公举康叔为周司寇,冉季为周司空,以佐成王治,皆有令名于天下。

蔡叔度既迁而死。其子曰胡,胡乃改行,率德驯善。周公闻之,而举胡以为鲁卿士,鲁国治。于是周公言于成王,复封胡于蔡,以奉蔡叔之祀,是为蔡仲。馀五叔皆就国,无为天子吏者。

蔡仲卒,子蔡伯荒立。蔡伯荒卒,子宫侯立。宫侯卒,子厉侯立。厉侯卒,子武侯立。武侯之时,周厉王失国,奔彘,共和行政,诸侯多叛周。

武侯卒,子夷侯立。夷侯十一年,周宣王即位。二十八年,夷侯卒,子釐侯所事立。

釐侯三十九年,周幽王为犬戎所杀,周室卑而东徙。秦始得列为诸侯。

四十八年,釐侯卒,子共侯兴立。共侯二年卒,子戴侯立。戴侯十年卒,子宣侯措父立。

宣侯二十八年,鲁隐公初立。三十五年,宣侯卒,子桓侯封人立。桓侯三年,鲁弑其君隐公。二十年,桓侯卒,弟哀侯献舞立。

哀侯十一年,初,哀侯娶陈,息侯亦娶陈。息夫人将归,过蔡,蔡侯不敬。息侯怒,请楚文王:"来伐我,我求救于蔡,蔡必来,楚因击之,可以有功。"楚文王从之,虏蔡哀侯以归。哀侯留九岁,死于楚。凡立二十年卒。蔡人立其子肸,是为缪侯。

缪侯以其女弟为齐桓公夫人。十八年,齐桓公与蔡女戏船中,夫人荡舟,桓公止之,不止,公怒,归蔡女而不绝也。蔡侯怒,嫁其弟。齐桓公怒,伐蔡;蔡溃,遂虏缪侯,南至楚邵陵。已而诸侯为蔡谢齐,齐侯归蔡侯。二十九年,缪侯卒,子庄侯甲午立。

庄侯三年,齐桓公卒。十四年,晋文公败楚于城濮。二十年,楚太子商臣弑其父成王代立。二十五年,秦穆公卒。三十三年,楚庄王即位。三十四年,庄侯卒,子文侯申立。

文侯十四年,楚庄王伐陈,杀夏徵舒。十五年,楚围郑,郑降楚,楚复释之。二十年,文侯卒,子景侯固立。

景侯元年,楚庄王卒。四十九年,景侯为太子般娶妇于楚,而景侯通焉。太子弑景侯而自立,是为灵侯。

灵侯二年,楚公子围弑其王郏敖而自立,为灵王。九年,陈司徒招弑其君哀公。楚使公子弃疾灭陈而有之。十二年,楚灵王以灵侯弑其父,诱蔡灵侯于申,伏甲,饮之醉而杀之,刑其士卒七十人。令公子弃疾围蔡。十一月,灭蔡,使弃疾为蔡公。

楚灭蔡三岁,楚公子弃疾弑其君灵王代立,为平王。平王乃求蔡景侯少子庐,立之,是为平侯。是年,楚亦复立陈。楚平王初立,欲亲诸侯,故复立陈、蔡后。

平侯九年卒,灵侯般之孙东国攻平侯子而自立,是为悼侯。悼侯父曰隐太子友。隐太子友者,灵侯之太子,平侯立而杀隐太子,故平侯卒而隐太子之子东国攻平侯子而代立,是为悼侯。悼侯三年卒,弟昭侯申立。

昭侯十年,朝楚昭王,持美裘二,献其一于昭王而自衣其一。楚相子常欲之,不与。子常谗蔡侯,留之楚三年。蔡侯知之,乃献其裘于子常;子常受之,乃言归蔡侯。蔡侯归而之晋,请与晋伐楚。

十三年春,与卫灵公会邵陵。蔡侯私于周苌弘以求长于卫;卫使史鳅

言康叔之功德,乃长卫。夏,为晋灭沈,楚怒,攻蔡。蔡昭侯使其子为质于
吴,以共伐楚。冬,与吴王阖闾遂破楚入郢。蔡怨子常,子常恐,奔郑。十
四年,吴去而楚昭王复国。十六年,楚令尹为其民泣以谋蔡,蔡昭侯惧。
二十六年,孔子如蔡。楚昭王伐蔡,蔡恐,告急于吴。吴为蔡远,约迁以自
近,易以相救;昭侯私许,不与大夫计。吴人来救蔡,因迁蔡于州来。二十
八年,昭侯将朝于吴,大夫恐其复迁,乃令贼利杀昭侯;已而诛贼利以解
过,而立昭侯子朔,是为成侯。

　　成侯四年,宋灭曹。十年,齐田常杀其君简公。十三年,楚灭陈。十
九年,成侯卒,子声侯产立。声侯十五年卒,子元侯立。元侯六年卒,子侯
齐立。

　　侯齐四年,楚惠王灭蔡,蔡侯齐亡,蔡遂绝祀。后陈灭三十三年。

　　伯邑考,其后不知所封。武王发,其后为周,有本纪言。管叔鲜作乱
诛死,无后。周公旦,其后为鲁,有世家言。蔡叔度,其后为蔡,有世家言。
曹叔振铎,其后为曹,有世家言。成叔武,其后世无所见。霍叔处,其后晋
献公时灭霍。康叔封,其后为卫,有世家言。冉季载,其后世无所见。

　　太史公曰:管蔡作乱,无足载者。然周武王崩,成王少,天下既疑,赖
同母之弟成叔、冉季之属十人为辅拂,是以诸侯卒宗周,故附之世家言。

　　曹叔振铎者,周武王弟也。武王已克殷纣,封叔振铎于曹。
　　叔振铎卒,子太伯脾立。太伯卒,子仲君平立。仲君平卒,子宫伯侯
立。宫伯侯卒,子孝伯云立。孝伯云卒,子夷伯喜立。
　　夷伯二十三年,周厉王奔于彘。
　　三十年卒,弟幽伯彊立。幽伯九年,弟苏杀幽伯代立,是为戴伯。戴
伯元年,周宣王已立三岁。三十年,戴伯卒,子惠伯兕立。
　　惠伯二十五年,周幽王为犬戎所杀,因东徙,益卑,诸侯畔之。秦始列
为诸侯。
　　三十六年,惠伯卒,子石甫立。其弟武杀之代立,是为缪公。缪公三
年卒,子桓公终生立。

　　桓公三十五年,鲁隐公立。四十五年,鲁弑其君隐公。四十六年,宋
华父督弑其君殇公,及孔父。五十五年,桓公卒,子庄公夕姑立。
　　庄公二十三年,齐桓公始霸。

三十一年,庄公卒,子釐公夷立。釐公九年卒,子昭公班立。昭公六年,齐桓公败蔡,遂至楚召陵。九年,昭公卒,子共公襄立。

共公十六年,初,晋公子重耳其亡过曹,曹君无礼,欲观其骈胁。釐负羁谏,不听,私善于重耳。二十一年,晋文公重耳伐曹,虏共公以归,令军毋入釐负羁之宗族间。或说晋文公曰:"昔齐桓公会诸侯,复异姓;今君囚曹君,灭同姓,何以令于诸侯?"晋乃复归共公。

二十五年,晋文公卒。三十五年,共公卒,子文公寿立。文公二十三年卒,子宣公彊立。宣公十七年卒,弟成公负刍立。

成公三年,晋厉公伐曹,虏成公以归,已复释之。五年,晋栾书、中行偃使程滑弑其君厉公。二十三年,成公卒,子武公胜立。武公二十六年,楚公子弃疾弑其君灵王代立。二十七年,武公卒,子平公须立。平公四年卒,子悼公午立。是岁,宋、卫、陈、郑皆火。

悼公八年,宋景公立。九年,悼公朝于宋,宋囚之;曹立其弟野,是为声公。悼公死于宋,归葬。

声公五年,平公弟通弑声公代立,是为隐公。隐公四年,声公弟露弑隐公代立,是为靖公。靖公四年卒,子伯阳立。

伯阳三年,国人有梦众君子立于社宫,谋欲亡曹;曹叔振铎止之,请待公孙彊,许之。旦,求之曹,无此人。梦者戒其子曰:"我亡,尔闻公孙彊为政,必去曹,无离曹祸。"及伯阳即位,好田弋之事。六年,曹野人公孙彊亦好田弋,获白雁而献之,且言田弋之说,因访政事。伯阳大说之,有宠,使为司城以听政。梦者之子乃亡去。

公孙彊言霸说于曹伯。十四年,曹伯从之,乃背晋干宋。宋景公伐之,晋人不救。十五年,宋灭曹,执曹伯阳及公孙彊以归而杀之。曹遂绝其祀。

太史公曰:余寻曹共公之不用僖负羁,乃乘轩者三百人,知唯德之不建。及振铎之梦,岂不欲引曹之祀者哉?如公孙强不修厥政,叔铎之祀忽诸。

史记卷三十六

陈杞世家第六

陈胡公满者,虞帝舜之后也。昔舜为庶人时,尧妻之二女,居于妫汭,其后因为氏姓,姓妫氏。舜已崩,传禹天下,而舜子商均为封国。夏后之时,或失或续。至于周武王克殷纣,乃复求舜后,得妫满,封之于陈,以奉帝舜祀,是为胡公。

胡公卒,子申公犀侯立。申公卒,弟相公皋羊立。相公卒,立申公子突,是为孝公。孝公卒,子慎公圉戎立。慎公当周厉王时。慎公卒,子幽公宁立。

幽公十二年,周厉王奔于彘。

二十三年,幽公卒,子釐公孝立。釐公六年,周宣王即位。三十六年,釐公卒,子武公灵立。武公十五年卒,子夷公说立。是岁,周幽王即位。夷公三年卒,弟平公燮立。平公七年,周幽王为犬戎所杀,周东徙。秦始列为诸侯。

二十三年,平公卒,子文公圉立。

文公元年,取蔡女,生子佗。十年,文公卒,长子桓公鲍立。

桓公二十三年,鲁隐公初立。二十六年,卫杀其君州吁。三十三年,鲁弑其君隐公。

三十八年正月甲戌己丑,桓公鲍卒。桓公弟佗,其母蔡女,故蔡人为佗杀五父及桓公太子免而立佗,是为厉公。桓公病而乱作,国人分散,故再赴。

厉公二年,生子敬仲完。周太史过陈,陈厉公使以周易筮之,卦得观之否:"是为观国之光,利用宾于王。此其代陈有国乎?不在此,其在异国?非此其身,在其子孙。若在异国,必姜姓。姜姓,太岳之后。物莫能两大,陈衰,此其昌乎?"

厉公取蔡女,蔡女与蔡人乱,厉公数如蔡淫。七年,厉公所杀桓公太子免之三弟,长曰跃,中曰林,少曰杵臼,共令蔡人诱厉公以好女,与蔡人共杀厉公而立跃,是为利公。利公者,桓公子也。利公立五月卒,立中弟林,是为庄公。庄公七年卒,少弟杵臼立,是为宣公。

宣公三年,楚武王卒,楚始强。十七年,周惠王娶陈女为后。

二十一年,宣公后有嬖姬生子款,欲立之,乃杀其太子御寇。御寇素爱厉公子完,完惧祸及己,乃奔齐。齐桓公欲使陈完为卿,完曰:"羁旅之臣,幸得免负檐,君之惠也,不敢当高位。"桓公使为工正。齐懿仲欲妻陈敬仲,卜之,占曰:"是谓凤皇于飞,和鸣锵锵。有妫之后,将育于姜。五世其昌,并于正卿。八世之后,莫之与京。"

三十七年,齐桓公伐蔡,蔡败;南侵楚,至召陵,还过陈。陈大夫辕涛涂恶其过陈,诈齐令出东道。东道恶,桓公怒,执陈辕涛涂。是岁,晋献公杀其太子申生。

四十五年,宣公卒,子款立,是为穆公。穆公五年,齐桓公卒。十六年,晋文公败楚师于城濮。是岁,穆公卒,子共公朔立。共公六年,楚太子商臣弑其父成王代立,是为穆王。十一年,秦穆公卒。十八年,共公卒,子灵公平国立。

灵公元年,楚庄王即位。六年,楚伐陈。十年,陈及楚平。

十四年,灵公与其大夫孔宁、仪行父皆通于夏姬,衷其衣以戏于朝。泄冶谏曰:"君臣淫乱,民何效焉?"灵公以告二子,二子请杀泄冶,公弗禁,遂杀泄冶。十五年,灵公与二子饮于夏氏。公戏二子曰:"徵舒似汝。"二子曰:"亦似公。"徵舒怒。灵公罢酒出,徵舒伏弩厩门射杀灵公。孔宁、仪行父皆奔楚,灵公太子午奔晋。徵舒自立为陈侯。徵舒,故陈大夫也。夏姬,御叔之妻,舒之母也。

成公元年冬,楚庄王为夏徵舒杀灵公,率诸侯伐陈。谓陈曰:"无惊,吾诛徵舒而已。"已诛徵舒,因县陈而有之,群臣毕贺。申叔时使于齐来还,独不贺。庄王问其故,对曰:"鄙语有之,牵牛径人田,田主夺之牛。径则有罪矣,夺之牛,不亦甚乎? 今王以徵舒为贼弑君,故征兵诸侯,以义伐之,已而取之,以利其地,则后何以令于天下! 是以不贺。"庄王曰:"善。"乃迎陈灵公太子午于晋而立之,复君陈如故,是为成公。孔子读史记至楚复陈,曰:"贤哉楚庄王! 轻千乘之国而重一言。"

八年,楚庄王卒。二十九年,陈倍楚盟。三十年,楚共王伐陈。是岁,成公卒,子哀公弱立。楚以陈丧,罢兵去。

哀公三年，楚围陈，复释之。二十八年，楚公子围弑其君郏敖自立，为灵王。

三十四年，初，哀公娶郑，长姬生悼太子师，少姬生偃。二嬖姜，长妾生留，少妾生胜。留有宠哀公，哀公属之其弟司徒招。哀公病，三月，招杀悼太子，立留为太子。哀公怒，欲诛招，招发兵围守哀公，哀公自经杀。招卒立留为陈君。四月，陈使使赴楚。楚灵王闻陈乱，乃杀陈使者，使公子弃疾发兵伐陈，陈君留奔郑。九月，楚围陈。十一月，灭陈。使弃疾为陈公。

招之杀悼太子也，太子之子名吴，出奔晋。晋平公问太史赵曰："陈遂亡乎？"对曰："陈，颛顼之族。陈氏得政于齐，乃卒亡。自幕至于瞽瞍，无违命。舜重之以明德。至于遂，世世守之。及胡公，周赐之姓，使祀虞帝。且盛德之后，必百世祀。虞之世未也，其在齐乎？"

楚灵王灭陈五岁，楚公子弃疾弑灵王代立，是为平王。平王初立，欲得和诸侯，乃求故陈悼太子师之子吴，立为陈侯，是为惠公。惠公立，探续哀公卒时年而为元，空籍五岁矣。

十年，陈火。十五年，吴王僚使公子光伐陈，取胡、沈而去。二十八年，吴王阖闾与子胥败楚入郢。是年，惠公卒，子怀公柳立。

怀公元年，吴破楚，在郢，召陈侯。陈侯欲往，大夫曰："吴新得意；楚王虽亡，与陈有故，不可倍。"怀公乃以疾谢吴。四年，吴复召怀公。怀公恐，如吴。吴怒其前不往，留之，因卒吴。陈乃立怀公之子越，是为湣公。

湣公六年，孔子适陈。吴王夫差伐陈，取三邑而去。十三年，吴复来伐陈，陈告急楚，楚昭王来救，军于城父，吴师去。是年，楚昭王卒于城父。时孔子在陈。十五年，宋灭曹。十六年，吴王夫差伐齐，败之艾陵，使人召陈侯。陈侯恐，如吴。楚伐陈。二十一年，齐田常弑其君简公。二十三年，楚之白公胜杀令尹子西、子綦，袭惠王。叶公攻败白公，白公自杀。

二十四年，楚惠王复国，以兵北伐，杀陈湣公，遂灭陈而有之。是岁，孔子卒。

杞东楼公者，夏后禹之后苗裔也。殷时或封或绝。周武王克殷纣，求禹之后，得东楼公，封之于杞，以奉夏后氏祀。

东楼公生西楼公，西楼公生题公，题公生谋娶公。谋娶公当周厉王

时。谋娶公生武公。武公立四十七年卒,子靖公立。靖公二十三年卒,子
共公立。共公八年卒,子德公立。德公十八年卒,弟桓公姑容立。桓公十
七年卒,子孝公匄立。孝公十七年卒,弟文公益姑立。文公十四年卒,弟
平公郁立。平公十八年卒,子悼公成立。悼公十二年卒,子隐公乞立。七
月,隐公弟遂弑隐公自立,是为釐公。釐公十九年卒,子湣公维立。湣公
十五年,楚惠王灭陈。十六年,湣公弟阏路弑湣公代立,是为哀公。哀公
立十年卒,湣公子敕立,是为出公。出公十二年卒,子简公春立。立一年,
楚惠王之四十四年,灭杞。杞后陈亡三十四年。

　　杞小微,其事不足称述。

　　舜之后,周武王封之陈,至楚惠王灭之,有世家言。禹之后,周武王封
之杞,楚惠王灭之,有世家言。契之后为殷,殷有本纪言。殷破,周封其后
于宋,齐湣王灭之,有世家言。后稷之后为周,秦昭王灭之,有本纪言。皋
陶之后,或封英、六,楚穆王灭之,无谱。伯夷之后,至周武王复封于齐,曰
太公望,陈氏灭之,有世家言。伯翳之后,至周平王时封为秦,项羽灭之,
有本纪言。垂、益、夔、龙,其后不知所封,不见也。右十一人者,皆唐虞之
际名有功德臣也;其五人之后皆至帝王,馀乃为显诸侯。滕、薛、驺,夏、
殷、周之间封也,小,不足齿列,弗论也。

　　周武王时,侯伯尚千馀人。及幽、厉之后,诸侯力攻相并。江、黄、胡、
沈之属,不可胜数,故弗采著于传云。

　　太史公曰:舜之德可谓至矣! 禅位于夏,而后世血食者历三代。及楚
灭陈,而田常得政于齐,卒为建国,百世不绝,苗裔兹兹,有土者不乏焉。
至禹,于周则杞,微甚,不足数也。楚惠王灭杞,其后越王句践兴。

史记卷三十七

卫康叔世家第七

卫康叔名封，周武王同母少弟也。其次尚有冉季，冉季最少。

武王已克殷纣，复以殷馀民封纣子武庚禄父，比诸侯，以奉其先祀勿绝。为武庚未集，恐其有贼心，武王乃令其弟管叔、蔡叔傅相武庚禄父，以和其民。武王既崩，成王少。周公旦代成王治，当国。管叔、蔡叔疑周公，乃与武庚禄父作乱，欲攻成周。周公旦以成王命兴师伐殷，杀武庚禄父、管叔，放蔡叔，以武庚殷馀民封康叔为卫君，居河、淇间故商墟。

周公旦惧康叔齿少，乃申告康叔曰："必求殷之贤人君子长者，问其先殷所以兴，所以亡，而务爱民。"告以纣所以亡者以淫于酒，酒之失，妇人是用，故纣之乱自此始。为梓材，示君子可法则。故谓之康诰、酒诰、梓材以命之。康叔之国，既以此命，能和集其民，民大说。

成王长，用事，举康叔为周司寇，赐卫宝祭器，以章有德。

康叔卒，子康伯代立。康伯卒，子考伯立。考伯卒，子嗣伯立。嗣伯卒，子㛮伯立。㛮伯卒，子靖伯立。靖伯卒，子贞伯立。贞伯卒，子顷侯立。

顷侯厚赂周夷王，夷王命卫为侯。顷侯立十二年卒，子釐侯立。

釐侯十三年，周厉王出奔于彘，共和行政焉。二十八年，周宣王立。

四十二年，釐侯卒，太子共伯馀立为君。共伯弟和有宠于釐侯，多予之赂；和以其赂赂士，以袭攻共伯于墓上，共伯入釐侯羡自杀。卫人因葬之釐侯旁，谥曰共伯，而立和为卫侯，是为武公。

武公即位，修康叔之政，百姓和集。四十二年，犬戎杀周幽王，武公将兵往佐周平戎，甚有功，周平王命武公为公。五十五年，卒，子庄公扬立。

庄公五年，取齐女为夫人，好而无子。又取陈女为夫人，生子，蚤死。陈女女弟亦幸于庄公，而生子完。完母死，庄公令夫人齐女子之，立为太子。庄公有宠妾,生子州吁。十八年,州吁长,好兵,庄公使将。石碏谏庄公曰:"庶子好兵,使将,乱自此起。"不听。二十三年,庄公卒,太子完立,是为桓公。

桓公二年,弟州吁骄奢,桓公绌之,州吁出奔。十三年,郑伯弟段攻其兄,不胜,亡,而州吁求与之友。十六年,州吁收聚卫亡人以袭杀桓公,州吁自立为卫君。为郑伯弟段欲伐郑,请宋、陈、蔡与俱,三国皆许州吁。州吁新立,好兵,弑桓公,卫人皆不爱。石碏乃因桓公母家于陈,详为善州吁。至郑郊,石碏与陈侯共谋,使右宰丑进食,因杀州吁于濮,而迎桓公弟晋于邢而立之,是为宣公。

宣公七年,鲁弑其君隐公。九年,宋督弑其君殇公,及孔父。十年,晋曲沃庄伯弑其君哀侯。

十八年,初,宣公爱夫人夷姜,夷姜生子伋,以为太子,而令右公子傅之。右公子为太子取齐女,未入室,而宣公见所欲为太子妇者好,说而自取之,更为太子取他女。宣公得齐女,生子寿、子朔,令左公子傅之。太子伋母死,宣公正夫人与朔共谗恶太子伋。宣公自以其夺太子妻也,心恶太子,欲废之。及闻其恶,大怒,乃使太子伋于齐而令盗遮界上杀之,与太子白旄,而告界盗见持白旄者杀之。且行,子朔之兄寿,太子异母弟也,知朔之恶太子而君欲杀之,乃谓太子曰:"界盗见太子白旄,即杀太子,太子可毋行。"太子曰:"逆父命求生,不可。"遂行。寿见太子不止,乃盗其白旄而先驰至界。界盗见其验,即杀之。寿已死,而太子伋又至,谓盗曰:"所当杀乃我也。"盗并杀太子伋,以报宣公。宣公乃以子朔为太子。十九年,宣公卒,太子朔立,是为惠公。

左右公子不平朔之立也,惠公四年,左右公子怨惠公之谗杀前太子伋而代立,乃作乱,攻惠公,立太子伋之弟黔牟为君,惠公奔齐。

卫君黔牟立八年,齐襄公率诸侯奉王命共伐卫,纳卫惠公,诛左右公子。卫君黔牟奔于周,惠公复立。惠公立三年出亡,亡八年复入,与前通年凡十三年矣。

二十五年,惠公怨周之容舍黔牟,与燕伐周。周惠王奔温,卫、燕立惠王弟穨为王。二十九年,郑复纳惠王。三十一年,惠公卒,子懿公赤立。

懿公即位,好鹤,淫乐奢侈。九年,翟伐卫,卫懿公欲发兵,兵或畔。大臣言曰:"君好鹤,鹤可令击翟。"翟于是遂入,杀懿公。

懿公之立也,百姓大臣皆不服。自懿公父惠公朔之谗杀太子伋代立至于懿公，常欲败之，卒灭惠公之后而更立黔牟之弟昭伯顽之子申为君，是为戴公。

戴公申元年卒。齐桓公以卫数乱，乃率诸侯伐翟，为卫筑楚丘，立戴公弟燬为卫君，是为文公。文公以乱故奔齐，齐人人之。

初，翟杀懿公也，卫人怜之，思复立宣公前死太子伋之后，伋子又死，而代伋死者子寿又无子。太子伋同母弟二人：其一曰黔牟，黔牟尝代惠公为君，八年复去；其二曰昭伯。昭伯、黔牟皆已前死，故立昭伯子申为戴公。戴公卒，复立其弟燬为文公。

文公初立，轻赋平罪，身自劳，与百姓同苦，以收卫民。

十六年，晋公子重耳过，无礼。十七年，齐桓公卒。二十五年，文公卒，子成公郑立。

成公三年，晋欲假道于卫救宋，成公不许。晋更从南河度，救宋。征师于卫，卫大夫欲许，成公不肯。大夫元咺攻成公，成公出奔。晋文公重耳伐卫，分其地予宋，讨前过无礼及不救宋患也。卫成公遂出奔陈。二岁，如周求入，与晋文公会。晋使人鸩卫成公，成公私于周主鸩，令薄，得不死。已而周为请晋文公，卒入之卫，而诛元咺，卫君瑕出奔。七年，晋文公卒。十二年，成公朝晋襄公。十四年，秦穆公卒。二十六年，齐邴歜弑其君懿公。三十五年，成公卒，子穆公遫立。

穆公二年，楚庄王伐陈，杀夏徵舒。三年，楚庄王围郑，郑降，复释之。十一年，孙良夫救鲁伐齐，复得侵地。穆公卒，子定公臧立。定公十二年卒，子献公衎立。

献公十三年，公令师曹教宫妾鼓琴，妾不善，曹笞之。妾以幸恶曹于公，公亦笞曹三百。十八年，献公戒孙文子、甯惠子食，皆往。日旰不召，而去射鸿于囿。二子从之，公不释射服与之言。二子怒，如宿。孙文子子数侍公饮，使师曹歌巧言之卒章。师曹又怒公之尝笞三百，乃歌之，欲以怒孙文子，报卫献公。文子语蘧伯玉，伯玉曰："臣不知也。"遂攻出献公。献公奔齐，齐置卫献公于聚邑。孙文子、甯惠子共立定公弟秋为卫君，是为殇公。

殇公秋立，封孙文子林父于宿。十二年，甯喜与孙林父争宠相恶，殇公使甯喜攻孙林父。林父奔晋，复求入故卫献公。献公在齐，齐景公闻之,与卫献公如晋求入。晋为伐卫,诱与盟。卫殇公会晋平公,平公执殇公与宵喜而复入卫献公。献公亡在外十二年而入。

献公后元年,诛宵喜。

三年,吴延陵季子使过卫,见蘧伯玉、史鳅,曰:"卫多君子,其国无故。"过宿,孙林父为击磬,曰:"不乐,音大悲,使卫乱乃此矣。"是年,献公卒,子襄公恶立。

襄公六年,楚灵王会诸侯,襄公称病不往。

九年,襄公卒。初,襄公有贱妾,幸之,有身,梦有人谓曰:"我康叔也,令若子必有卫,名而子曰'元'。"妾怪之,问孔成子。成子曰:"康叔者,卫祖也。"及生子,男也,以告襄公。襄公曰:"天所置也。"名之曰元。襄公夫人无子,于是乃立元为嗣,是为灵公。

灵公五年,朝晋昭公。六年,楚公子弃疾弑灵王自立,为平王。十一年,火。

三十八年,孔子来,禄之如鲁。后有隙,孔子去。后复来。

三十九年,太子蒯聩与灵公夫人南子有恶,欲杀南子。蒯聩与其徒戏阳遫谋,朝,使杀夫人。戏阳后悔,不果。蒯聩数目之,夫人觉之,惧,呼曰:"太子欲杀我!"灵公怒,太子蒯聩奔宋,已而之晋赵氏。

四十二年春,灵公游于郊,令子郢仆。郢,灵公少子也,字子南。灵公怨太子出奔,谓郢曰:"我将立若为后。"郢对曰:"郢不足以辱社稷,君更图之。"夏,灵公卒,夫人命子郢为太子,曰:"此灵公命也。"郢曰:"亡人太子蒯聩之子辄在也,不敢当。"于是卫乃以辄为君,是为出公。

六月乙酉,赵简子欲入蒯聩,乃令阳虎诈命卫十馀人衰绖归,简子送蒯聩。卫人闻之,发兵击蒯聩。蒯聩不得入,入宿而保,卫人亦罢兵。

出公辄四年,齐田乞弑其君孺子。八年,齐鲍子弑其君悼公。

孔子自陈入卫。九年,孔文子问兵于仲尼,仲尼不对。其后鲁迎仲尼,仲尼反鲁。

十二年,初,孔圉文子取太子蒯聩之姊,生悝。孔氏之竖浑良夫美好,孔文子卒,良夫通于悝母。太子在宿,悝母使良夫于太子。太子与良夫言曰:"苟能入我国,报子以乘轩,免子三死,毋所与。"与之盟,许以悝母为妻。闰月,良夫与太子入,舍孔氏之外圃。昏,二人蒙衣而乘,宦者罗御,如孔氏。孔氏之老栾宁问之,称姻妾以告。遂入,适伯姬氏。既食,悝母杖戈而先，太子与五人介，舆豭从之。伯姬劫悝于厕，强盟之，遂劫以登台。栾甯将饮酒，炙未熟，闻乱，使告仲由。召护驾乘车，行爵食炙，奉出公辄奔鲁。

仲由将入，遇子羔将出，曰："门已闭矣。"子路曰："吾姑至矣。"子羔曰："不及，莫践其难。"子路曰："食焉不辟其难。"子羔遂出。子路入，及门，公孙敢阖门，曰："毋入为也！"子路曰："是公孙也？求利而逃其难。由不然，利其禄，必救其患。"有使者出，子路乃得入。曰："太子焉用孔悝？虽杀之，必或继之。"且曰："太子无勇。若燔台，必舍孔叔。"太子闻之，惧，下石乞、盂黡敌子路，以戈击之，割缨。子路曰："君子死，冠不免。"结缨而死。孔子闻卫乱，曰："嗟乎！柴也其来乎？由也其死矣。"孔悝竟立太子蒯聩，是为庄公。

庄公蒯聩者，出公父也，居外，怨大夫莫迎立。元年即位，欲尽诛大臣，曰："寡人居外久矣，子亦尝闻之乎？"群臣欲作乱，乃止。

二年，鲁孔丘卒。

三年，庄公上城，见戎州。曰："戎虏何为是？"戎州病之。十月，戎州告赵简子，简子围卫。十一月，庄公出奔，卫人立公子斑师为卫君。齐伐卫，虏斑师，更立公子起为卫君。

卫君起元年，卫石曼尃逐其君起，起奔齐。卫出公辄自齐复归立。初，出公立十二年亡，亡在外四年复入。出公后元年，赏从亡者。立二十一年卒，出公季父黔攻出公子而自立，是为悼公。

悼公五年卒，子敬公弗立。敬公十九年卒，子昭公纠立。是时三晋强，卫如小侯，属之。

昭公六年，公子亹弑之代立，是为怀公。怀公十一年，公子颓弑怀公而代立，是为慎公。慎公父，公子適；適父，敬公也。慎公四十二年卒，子声公训立。声公十一年卒，子成侯遬立。

成侯十一年，公孙鞅入秦。十六年，卫更贬号曰侯。

二十九年，成侯卒，子平侯立。平侯八年卒，子嗣君立。

嗣君五年，更贬号曰君，独有濮阳。

四十二年卒，子怀君立。怀君三十一年，朝魏，魏囚杀怀君。魏更立嗣君弟，是为元君。元君为魏婿，故魏立之。元君十四年，秦拔魏东地，秦初置东郡，更徙卫野王县，而并濮阳为东郡。二十五年，元君卒，子君角立。

　　君角九年,秦并天下,立为始皇帝。二十一年,二世废君角为庶人,卫绝祀。

　　太史公曰:余读世家言,至于宣公之太子以妇见诛,弟寿争死以相让,此与晋太子申生不敢明骊姬之过同,俱恶伤父之志。然卒死亡,何其悲也! 或父子相杀,兄弟相灭,亦独何哉?

史记卷三十八

宋微子世家第八

微子开者,殷帝乙之首子而帝纣之庶兄也。纣既立,不明,淫乱于政,微子数谏,纣不听。及祖伊以周西伯昌之修德,灭阢国,惧祸至,以告纣。纣曰:"我生不有命在天乎? 是何能为!"于是微子度纣终不可谏,欲死之,及去,未能自决,乃问于太师、少师曰:"殷不有治政,不治四方。我祖遂陈于上,纣沉湎于酒,妇人是用,乱败汤德于下。殷既小大好草窃奸宄,卿士师师非度,皆有罪辜,乃无维获,小民乃并兴,相为敌雠。今殷其典丧! 若涉水无津涯。殷遂丧,越至于今。"曰:"太师,少师,我其发出往? 吾家保于丧? 今女无故告予,颠跻,如之何其?"太师若曰:"王子,天笃下菑亡殷国,乃毋畏畏,不用老长。今殷民乃陋淫神祇之祀。今诚得治国,国治身死不恨。为死,终不得治,不如去。"遂亡。

箕子者,纣亲戚也。纣始为象箸,箕子叹曰:"彼为象箸,必为玉杯;为杯,则必思远方珍怪之物而御之矣。舆马宫室之渐自此始,不可振也。"纣为淫泆,箕子谏,不听。人或曰:"可以去矣。"箕子曰:"为人臣谏不听而去,是彰君之恶而自说于民,吾不忍为也。"乃被髪详狂而为奴。遂隐而鼓琴以自悲,故传之曰箕子操。

王子比干者,亦纣之亲戚也。见箕子谏不听而为奴,则曰:"君有过而不以死争,则百姓何辜!"乃直言谏纣。纣怒曰:"吾闻圣人之心有七窍,信有诸乎?"乃遂杀王子比干,刳视其心。

微子曰:"父子有骨肉,而臣主以义属。故父有过,子三谏不听,则随而号之;人臣三谏不听,则其义可以去矣。"于是太师、少师乃劝微子去,遂行。

周武王伐纣克殷,微子乃持其祭器造于军门,肉袒面缚,左牵羊,右把茅,膝行而前以告。于是武王乃释微子,复其位如故。

武王封纣子武庚禄父以续殷祀,使管叔、蔡叔傅相之。

武王既克殷,访问箕子。

武王曰:"於乎!维天阴定下民,相和其居,我不知其常伦所序。"

箕子对曰:"在昔鲧堙鸿水,汩陈其五行,帝乃震怒,不从鸿范九等,常伦所致。鲧则殛死,禹乃嗣兴。天乃锡禹鸿范九等,常伦所序。

"初一曰五行;二曰五事;三曰八政;四曰五纪;五曰皇极;六曰三德;七曰稽疑;八曰庶徵;九曰飨用五福,畏用六极。

"五行:一曰水,二曰火,三曰木,四曰金,五曰土。水曰润下,火曰炎上,木曰曲直,金曰从革,土曰稼穑。润下作咸,炎上作苦,曲直作酸,从革作辛,稼穑作甘。

"五事:一曰貌,二曰言,三曰视,四曰听,五曰思。貌曰恭,言曰从,视曰明,听曰聪,思曰睿。恭作肃,从作治,明作智,聪作谋,睿作圣。

"八政:一曰食,二曰货,三曰祀,四曰司空,五曰司徒,六曰司寇,七曰宾,八曰师。

"五纪:一曰岁,二曰月,三曰日,四曰星辰,五曰历数。

"皇极:皇建其有极,敛时五福,用傅锡其庶民,维时其庶民于女极,锡女保极。凡厥庶民,毋有淫朋,人毋有比德,维皇作极。凡厥庶民,有猷有为有守,女则念之。不协于极,不离于咎,皇则受之。而安而色,曰予所好德,女则锡之福。时人斯其维皇之极。毋侮鳏寡而畏高明。人之有能有为,使羞其行,而国其昌。凡厥正人,既富方榖。女不能使有好于而家,时人斯其辜。于其毋好,女虽锡之福,其作女用咎。毋偏毋颇,遵王之义。毋有作好,遵王之道。毋有作恶,遵王之路。毋偏毋党,王道荡荡。毋党毋偏,王道平平。毋反毋侧,王道正直。会其有极,归其有极。曰王极之傅言,是夷是训,于帝其顺。凡厥庶民,极之傅言,是顺是行,以近天子之光。曰天子作民父母,以为天下王。

"三德:一曰正直,二曰刚克,三曰柔克。平康正直,强不友刚克,内友柔克,沉渐刚克,高明柔克。维辟作福,维辟作威,维辟玉食。臣无有作福作威玉食。臣有作福作威玉食,其害于而家,凶于而国,人用侧颇辟,民用僭忒。

"稽疑:择建立卜筮人。乃命卜筮,曰雨,曰济,曰涕,曰雾,曰克,曰贞,曰悔,凡七。卜五,占之用二,衍貣。立时人为卜筮,三人占则从二人之言。女则有大疑，谋及女心，谋及卿士，谋及庶人，谋及卜筮。女则从，龟从，筮从，卿士从，庶民从，是之谓大同，而身其康强，而子孙其逢吉。女则从，龟从，筮从，卿士逆，庶民逆，吉。卿士从，龟从，筮从，女则逆，庶民逆，吉。庶民从，龟从，筮从，女则逆，卿士逆，吉。女则从，龟从，筮逆，卿士逆，庶民逆，作内吉，作外凶。龟筮共违于人，用静吉，用作凶。

"庶征：曰雨，曰阳，曰奥，曰寒，曰风，曰时。五者来备，各以其序，庶草繁庑。一极备，凶。一极亡，凶。曰休徵：曰肃，时雨若；曰治，时旸若；曰知，时奥若；曰谋，时寒若；曰圣，时风若。曰咎徵：曰狂，常雨若；曰僭，常旸若；曰舒，常奥若；曰急，常寒若；曰雾，常风若。王眚维岁，卿士维月，师尹维日。岁月日时毋易，百穀用成，治用明，畯民用章，家用平康。日月岁时既易，百穀用不成，治用昏不明，畯民用微，家用不宁。庶民维星，星有好风，星有好雨。日月之行，有冬有夏。月之从星，则以风雨。

"五福：一曰寿，二曰富，三曰康宁，四曰攸好德，五曰考终命。六极：一曰凶短折，二曰疾，三曰忧，四曰贫，五曰恶，六曰弱。"

于是武王乃封箕子于朝鲜而不臣也。

其后箕子朝周，过故殷虚，感宫室毁坏，生禾黍，箕子伤之，欲哭则不可，欲泣为其近妇人，乃作麦秀之诗以歌咏之。其诗曰："麦秀渐渐兮，禾黍油油。彼狡僮兮，不与我好兮！"所谓狡童者，纣也。殷民闻之，皆为流涕。

武王崩，成王少，周公旦代行政当国。管、蔡疑之，乃与武庚作乱，欲袭成王、周公。周公既承成王命诛武庚，杀管叔，放蔡叔，乃命微子开代殷后，奉其先祀，作微子之命以申之，国于宋。微子故能仁贤，乃代武庚，故殷之馀民甚戴爱之。

微子开卒，立其弟衍，是为微仲。微仲卒，子宋公稽立。宋公稽卒，子丁公申立。丁公申卒，子湣公共立。湣公共卒，弟炀公熙立。炀公即位，湣公子鲋祀弑炀公而自立，曰"我当立"，是为厉公。厉公卒，子釐公举立。

釐公十七年，周厉王出奔彘。

二十八年，釐公卒，子惠公覵立。惠公四年，周宣王即位。三十年，惠公卒，子哀公立。哀公元年卒，子戴公立。

戴公二十九年，周幽王为犬戎所杀，秦始列为诸侯。

三十四年，戴公卒，子武公司空立。武公生女为鲁惠公夫人，生鲁桓公。十八年，武公卒，子宣公力立。

宣公有太子与夷。十九年,宣公病,让其弟和,曰:"父死子继,兄死弟及,天下通义也。我其立和。"和亦三让而受之。宣公卒,弟和立,是为穆公。

穆公九年,病,召大司马孔父谓曰:"先君宣公舍太子与夷而立我,我不敢忘。我死,必立与夷也。"孔父曰:"群臣皆愿立公子冯。"穆公曰:"毋立冯,吾不可以负宣公。"于是穆公使冯出居于郑。八月庚辰,穆公卒,兄宣公子与夷立,是为殇公。君子闻之,曰:"宋宣公可谓知人矣,立其弟以成义,然卒其子复享之。"

殇公元年,卫公子州吁弑其君完自立,欲得诸侯,使告于宋曰:"冯在郑,必为乱,可与我伐之。"宋许之,与伐郑,至东门而还。二年,郑伐宋,以报东门之役。其后诸侯数来侵伐。

九年,大司马孔父嘉妻好,出,道遇太宰华督,督说,目而观之。督利孔父妻,乃使人宣言国中曰:"殇公即位十年耳,而十一战,民苦不堪,皆孔父为之,我且杀孔父以宁民。"是岁,鲁弑其君隐公。十年,华督攻杀孔父,取其妻。殇公怒,遂弑殇公,而迎穆公子冯于郑而立之,是为庄公。

庄公元年,华督为相。九年,执郑之祭仲,要以立突为郑君。祭仲许,竟立突。十九年,庄公卒,子湣公捷立。

湣公七年,齐桓公即位。九年,宋水,鲁使臧文仲往吊水。湣公自罪曰:"寡人以不能事鬼神,政不修,故水。"臧文仲善此言。此言乃公子子鱼教湣公也。

十年夏,宋伐鲁,战于乘丘,鲁生虏宋南宫万。宋人请万,万归宋。十一年秋,湣公与南宫万猎,因博争行,湣公怒,辱之,曰:"始吾敬若;今若,鲁虏也。"万有力,病此言,遂以局杀湣公于蒙泽。大夫仇牧闻之,以兵造公门。万搏牧,牧齿著门阖死。因杀太宰华督,乃更立公子游为君。诸公子奔萧,公子御说奔亳。万弟南宫牛将兵围亳。冬,萧及宋之诸公子共击杀南宫牛,弑宋新君游而立湣公弟御说,是为桓公。宋万奔陈。宋人请以赂陈。陈人使妇人饮之醇酒,以革裹之,归宋。宋人醢万也。

桓公二年,诸侯伐宋,至郊而去。三年,齐桓公始霸。二十三年,迎卫公子燬于齐,立之,是为卫文公。文公女弟为桓公夫人。秦穆公即位。三十年,桓公病,太子兹甫让其庶兄目夷为嗣。桓公义太子意,竟不听。三十一年春,桓公卒,太子兹甫立,是为襄公。以其庶兄目夷为相。未葬,而齐桓公会诸侯于葵丘,襄公往会。

襄公七年,宋地陨星如雨,与雨偕下;六鹢退蜚,风疾也。

八年,齐桓公卒,宋欲为盟会。十二年春,宋襄公为鹿上之盟,以求诸侯于楚,楚人许之。公子目夷谏曰:"小国争盟,祸也。"不听。秋,诸侯会宋公盟于盂。目夷曰:"祸其在此乎? 君欲已甚,何以堪之!"于是楚执宋襄公以伐宋。冬,会于亳,以释宋公。子鱼曰:"祸犹未也。"十三年夏,宋伐郑。子鱼曰:"祸在此矣。"秋,楚伐宋以救郑。襄公将战,子鱼谏曰:"天之弃商久矣,不可。"冬,十一月,襄公与楚成王战于泓。楚人未济,目夷曰:"彼众我寡,及其未济击之。"公不听。已济未阵,又曰:"可击。"公曰:"待其已阵。"阵成,宋人击之。宋师大败,襄公伤股。国人皆怨公。公曰:"君子不困人于厄,不鼓不成列。"子鱼曰:"兵以胜为功,何常言与! 必如公言,即奴事之耳,又何战为?"

楚成王已救郑,郑享之;去而取郑二姬以归。叔瞻曰:"成王无礼,其不没乎? 为礼卒于无别,有以知其不遂霸也。"

是年,晋公子重耳过宋,襄公以伤于楚,欲得晋援,厚礼重耳以马二十乘。

十四年夏,襄公病伤于泓而竟卒,子成公王臣立。

成公元年,晋文公即位。三年,倍楚盟亲晋,以有德于文公也。四年,楚成王伐宋,宋告急于晋。五年,晋文公救宋,楚兵去。九年,晋文公卒。十一年,楚太子商臣弑其父成王代立。十六年,秦穆公卒。

十七年,成公卒。成公弟御杀太子及大司马公孙固而自立为君。宋人共杀君御而立成公少子杵臼,是为昭公。

昭公四年,宋败长翟缘斯于长丘。七年,楚庄王即位。

九年,昭公无道,国人不附。昭公弟鲍革贤而下士。先,襄公夫人欲通于公子鲍,不可,乃助之施于国,因大夫华元为右师。昭公出猎,夫人王姬使卫伯攻杀昭公杵臼。弟鲍革立,是为文公。

文公元年,晋率诸侯伐宋,责以弑君。闻文公定立,乃去。二年,昭公子因文公母弟须与武、缪、戴、庄、桓之族为乱,文公尽诛之,出武、缪之族。

四年春,楚命郑伐宋。宋使华元将,郑败宋,囚华元。华元之将战,杀羊以食士,其御羊羹不及,故怨,驰入郑军,故宋师败,得囚华元。宋以兵车百乘文马四百匹赎华元。未尽入,华元亡归宋。

十四年,楚庄王围郑。郑伯降楚,楚复释之。

十六年,楚使过宋,宋有前仇,执楚使。九月,楚庄王围宋。十七年,楚以围宋五月不解,宋城中急,无食,华元乃夜私见楚将子反。子反告庄王。王问:"城中何如?"曰:"析骨而炊,易子而食。"庄王曰:"诚哉言! 我军亦有二日粮。"以信故,遂罢兵去。

二十二年,文公卒,子共公瑕立。始厚葬。君子讥华元不臣矣。

共公十年,华元善楚将子重,又善晋将栾书,两盟晋楚。十三年,共公卒。华元为右师,鱼石为左师。司马唐山攻杀太子肥,欲杀华元,华元奔晋,鱼石止之,至河乃还,诛唐山。乃立共公少子成,是为平公。

平公三年,楚共王拔宋之彭城,以封宋左师鱼石。四年,诸侯共诛鱼石,而归彭城于宋。三十五年,楚公子围弑其君自立,为灵王。四十四年,平公卒,子元公佐立。

元公三年,楚公子弃疾弑灵王,自立为平王。八年,宋火。十年,元公毋信,诈杀诸公子,大夫华、向氏作乱。楚平王太子建来奔,见诸华氏相攻乱,建去如郑。十五年,元公为鲁昭公避季氏居外,为之求入鲁,行道卒,子景公头曼立。

景公十六年,鲁阳虎来奔,已复去。二十五年,孔子过宋,宋司马桓魋恶之,欲杀孔子,孔子微服去。三十年,曹倍宋,又倍晋,宋伐曹,晋不救,遂灭曹有之。三十六年,齐田常弑简公。

三十七年,楚惠王灭陈。荧惑守心。心,宋之分野也。景公忧之。司星子韦曰:"可移于相。"景公曰:"相,吾之股肱。"曰:"可移于民。"景公曰:"君者待民。"曰:"可移于岁。"景公曰:"岁饥民困,吾谁为君!"子韦曰:"天高听卑。君有君人之言三,荧惑宜有动。"于是候之,果徙三度。

六十四年,景公卒。宋公子特攻杀太子而自立,是为昭公。昭公者,元公之曾庶孙也。昭公父公孙纠,纠父公子褍秦,褍秦即元公少子也。景公杀昭公父纠,故昭公怨杀太子而自立。

昭公四十七年卒,子悼公购由立。悼公八年卒,子休公田立。休公田二十三年卒,子辟公辟兵立。辟公三年卒,子剔成立。剔成四十一年,剔成弟偃攻袭剔成,剔成败奔齐,偃自立为宋君。

君偃十一年，自立为王。东败齐，取五城；南败楚，取地三百里；西败魏军，乃与齐、魏为敌国。盛血以韦囊，县而射之，命曰"射天"。淫于酒、妇人。群臣谏者辄射之。于是诸侯皆曰"桀宋"。"宋其复为纣所为，不可不诛"。告齐伐宋。王偃立四十七年，齐湣王与魏、楚伐宋、杀王偃，遂灭宋而三分其地。

太史公曰：孔子称"微子去之，箕子为之奴，比干谏而死，殷有三仁焉。春秋讥宋之乱自宣公废太子而立弟，国以不宁者十世。襄公之时，修行仁义，欲为盟主。其大夫正考父美之，故追道契、汤、高宗，殷所以兴，作商颂。襄公既败于泓，而君子或以为多，伤中国阙礼义，褒之也，宋襄之有礼让也。

史记卷三十九

晋世家第九

晋唐叔虞者,周武王子而成王弟。初,武王与叔虞母会时,梦天谓武王曰:"余命女生子,名虞,余与之唐。"及生子,文在其手曰"虞",故遂因命之曰虞。

武王崩,成王立,唐有乱,周公诛灭唐。成王与叔虞戏,削桐叶为珪以与叔虞,曰:"以此封若。"史佚因请择日立叔虞。成王曰:"吾与之戏耳。"史佚曰:"天子无戏言。言则史书之,礼成之,乐歌之。"于是遂封叔虞于唐。唐在河、汾之东,方百里,故曰唐叔虞。姓姬氏,字子于。

唐叔子燮,是为晋侯。晋侯子宁族,是为武侯。武侯之子服人,是为成侯。成侯子福,是为厉侯。厉侯之子宜臼,是为靖侯。靖侯已来,年纪可推。自唐叔至靖侯五世,无其年数。

靖侯十七年,周厉王迷惑暴虐,国人作乱,厉王出奔于彘,大臣行政,故曰"共和"。

十八年,靖侯卒,子釐侯司徒立。釐侯十四年,周宣王初立。十八年,釐侯卒,子献侯籍立。献侯十一年卒,子穆侯费王立。

穆侯四年,取齐女姜氏为夫人。七年,伐条。生太子仇。十年,伐千亩,有功。生少子,名曰成师。晋人师服曰:"异哉,君之命子也!太子曰仇,仇者雠也。少子曰成师,成师大号,成之者也。名,自命也;物,自定也。今适庶名反逆,此后晋其能毋乱乎?"

二十七年,穆侯卒,弟殇叔自立,太子仇出奔。殇叔三年,周宣王崩。四年,穆侯太子仇率其徒袭殇叔而立,是为文侯。

文侯十年,周幽王无道,犬戎杀幽王,周东徙。而秦襄公始列为诸侯。

三十五年,文侯仇卒,子昭侯伯立。

昭侯元年,封文侯弟成师于曲沃。曲沃邑大于翼。翼,晋君都邑也。

成师封曲沃，号为桓叔。靖侯庶孙栾宾相桓叔。桓叔是时年五十八矣，好德，晋国之众皆附焉。君子曰："晋之乱其在曲沃矣。末大于本而得民心，不乱何待！"

七年，晋大臣潘父弑其君昭侯而迎曲沃桓叔。桓叔欲入晋，晋人发兵攻桓叔。桓叔败，还归曲沃。晋人共立昭侯子平为君，是为孝侯。诛潘父。

孝侯八年，曲沃桓叔卒，子鱓代桓叔，是为曲沃庄伯。孝侯十五年，曲沃庄伯弑其君晋孝侯于翼。晋人攻曲沃庄伯，庄伯复入曲沃。晋人复立孝侯子郤为君，是为鄂侯。

鄂侯二年，鲁隐公初立。

鄂侯六年卒。曲沃庄伯闻晋鄂侯卒，乃兴兵伐晋。周平王使虢公将兵伐曲沃庄伯，庄伯走保曲沃。晋人共立鄂侯子光，是为哀侯。

哀侯二年，曲沃庄伯卒，子称代庄伯立，是为曲沃武公。哀侯六年，鲁弑其君隐公。哀侯八年，晋侵陉廷。陉廷与曲沃武公谋，九年，伐晋于汾旁，房哀侯。晋人乃立哀侯子小子为君，是为小子侯。

小子元年，曲沃武公使韩万杀所房晋哀侯。曲沃益强，晋无如之何。

晋小子之四年，曲沃武公诱召晋小子杀之。周桓王使虢仲伐曲沃武公，武公入于曲沃，乃立晋哀侯弟缗为晋侯。

晋侯缗四年，宋执郑祭仲而立突为郑君。晋侯十九年，齐人管至父弑其君襄公。

晋侯二十八年，齐桓公始霸。曲沃武公伐晋侯缗，灭之，尽以其宝器赂献于周釐王。釐王命曲沃武公为晋君，列为诸侯，于是尽并晋地而有之。

曲沃武公已即位三十七年矣，更号曰晋武公。晋武公始都晋国，前即位曲沃，通年三十八年。

武公称者，先晋穆侯曾孙也，曲沃桓叔孙也。桓叔者，始封曲沃。武公，庄伯子也。自桓叔初封曲沃以至武公灭晋也，凡六十七岁，而卒代晋为诸侯。武公代晋二岁，卒。与曲沃通年，即位凡三十九年而卒。子献公诡诸立。

献公元年，周惠王弟颓攻惠王，惠王出奔，居郑之栎邑。

五年，伐骊戎，得骊姬、骊姬弟，俱爱幸之。

八年,士䓁说公曰:"故晋之群公子多,不诛,乱且起。"乃使尽杀诸公子,而城聚都之,命曰绛,始都绛。九年,晋群公子既亡奔虢,虢以其故再伐晋,弗克。十年,晋欲伐虢,士䓁曰:"且待其乱。"

十二年,骊姬生奚齐。献公有意废太子,乃曰:"曲沃吾先祖宗庙所在,而蒲边秦,屈边翟,不使诸子居之,我惧焉。"于是使太子申生居曲沃,公子重耳居蒲,公子夷吾居屈。献公与骊姬子奚齐居绛。晋国以此知太子不立也。太子申生,其母齐桓公女也,曰齐姜,早死。申生同母女弟为秦穆公夫人。重耳母,翟之狐氏女也。夷吾母,重耳母女弟也。献公子八人,而太子申生、重耳、夷吾皆有贤行。及得骊姬,乃远此三子。

十六年,晋献公作二军。公将上军,太子申生将下军,赵夙御戎,毕万为右,伐灭霍,灭魏,灭耿。还,为太子城曲沃,赐赵夙耿,赐毕万魏,以为大夫。士䓁曰:"太子不得立矣。分之都城,而位以卿,先为之极,又安得立!不如逃之,无使罪至。为吴太伯,不亦可乎,犹有令名。"太子不从。卜偃曰:"毕万之后必大。万,盈数也;魏,大名也。以是始赏,天开之矣。天子曰兆民,诸侯曰万民,今命之大,以从盈数,其必有众。"初,毕万卜仕于晋国,遇屯之比。辛廖占之曰:"吉。屯固比入,吉孰大焉。其后必蕃昌。"

十七年,晋侯使太子申生伐东山。里克谏献公曰:"太子奉冢祀社稷之粢盛,以朝夕视君膳者也,故曰冢子。君行则守,有守则从,从曰抚军,守曰监国,古之制也。夫率师,专行谋也;誓军旅,君与国政之所图也:非太子之事也。师在制命而已,禀命则不威,专命则不孝,故君之嗣適不可以帅师。君失其官,率师不威,将安用之?"公曰:"寡人有子,未知其太子谁立。"里克不对而退,见太子。太子曰:"吾其废乎?"里克曰:"太子勉之!教以军旅,不共是惧,何故废乎?且子惧不孝,毋惧不得立。修己而不责人,则免于难。"太子帅师,公衣之偏衣,佩之金玦。里克谢病,不从太子。太子遂伐东山。

十九年,献公曰:"始吾先君庄伯、武公之诛晋乱,而虢常助晋伐我,又匿晋亡公子,果为乱。弗诛,后遗子孙忧。"乃使荀息以屈产之乘假道于虞。虞假道,遂伐虢,取其下阳以归。

献公私谓骊姬曰:"吾欲废太子,以奚齐代之。"骊姬泣曰:"太子之立,诸侯皆已知之,而数将兵,百姓附之,奈何以贱妾之故废適立庶?君必行之,妾自杀也。"骊姬详誉太子,而阴令人谮恶太子,而欲立其子。

二十一年,骊姬谓太子曰:"君梦见齐姜,太子速祭曲沃,归釐于君。"

太子于是祭其母齐姜于曲沃,上其荐胙于献公。献公时出猎,置胙于宫中。骊姬使人置毒药胙中。居二日,献公从猎来还,宰人上胙献公,献公欲飨之。骊姬从旁止之,曰:"胙所从来远,宜试之。"祭地,地坟;与犬,犬死;与小臣,小臣死。骊姬泣曰:"太子何忍也!其父而欲弑代之,况他人乎?且君老矣,旦暮之人,曾不能待而欲弑之!"谓献公曰:"太子所以然者,不过以妾及奚齐之故。妾愿子母辟之他国,若早自杀,毋徒使母子为太子所鱼肉也。始君欲废之,妾犹恨之;至于今,妾殊自失于此。"太子闻之,奔新城。献公怒,乃诛其傅杜原款。或谓太子曰:"为此药者乃骊姬也,太子何不自辞明之?"太子曰:"吾君老矣,非骊姬,寝不安,食不甘。即辞之,君且怒之。不可。"或谓太子曰:"可奔他国。"太子曰:"被此恶名以出,人谁内我?我自杀耳。"十二月戊申,申生自杀于新城。

此时重耳、夷吾来朝。人或告骊姬曰:"二公子怨骊姬谮杀太子。"骊姬恐,因谮二公子:"申生之药胙,二公子知之。"二子闻之,恐,重耳走蒲,夷吾走屈,保其城,自备守。初,献公使士芮为二公子筑蒲、屈城,弗就。夷吾以告公,公怒士芮。士芮谢曰:"边城少寇,安用之?"退而歌曰:"狐裘蒙茸,一国三公,吾谁适从!"卒就城。及申生死,二子亦归保其城。

二十二年,献公怒二子不辞而去,果有谋矣,乃使兵伐蒲。蒲人之宦者勃鞮命重耳促自杀。重耳逾垣,宦者追斩其衣袪。重耳遂奔翟。使人伐屈,屈城守,不可下。

是岁也,晋复假道于虞以伐虢。虞之大夫宫之奇谏虞君曰:"晋不可假道也,是且灭虞。"虞君曰:"晋我同姓,不宜伐我。"宫之奇曰:"太伯、虞仲,太王之子也,太伯亡去,是以不嗣。虢仲、虢叔,王季之子也,为文王卿士,其记勋在王室,藏于盟府。将虢是灭,何爱于虞?且虞之亲能亲于桓、庄之族乎?桓、庄之族何罪,尽灭之。虞之与虢,唇之与齿,唇亡则齿寒。"虞公不听,遂许晋。宫之奇以其族去虞。其冬,晋灭虢,虢公丑奔周。还,袭灭虞,虏虞公及其大夫井伯百里奚以媵秦穆姬,而修虞祀。荀息牵曩所遗虞屈产之乘马奉之献公,献公笑曰:"马则吾马,齿亦老矣!"

二十三年,献公遂发贾华等伐屈,屈溃。夷吾将奔翟。冀芮曰:"不可,重耳已在矣,今往,晋必移兵伐翟,翟畏晋,祸且及。不如走梁,梁近于秦,秦强,吾君百岁后可以求入焉。"遂奔梁。二十五年,晋伐翟,翟以重耳故,亦击晋于啮桑,晋兵解而去。

当此时,晋强,西有河西,与秦接境,北边翟,东至河内。

骊姬弟生悼子。

　　二十六年夏,齐桓公大会诸侯于葵丘。晋献公病,行后,未至,逢周之宰孔。宰孔曰:"齐桓公益骄,不务德而务远略,诸侯弗平。君弟毋会,毋如晋何。"献公亦病,复还归。病甚,乃谓荀息曰:"吾以奚齐为后,年少,诸大臣不服,恐乱起,子能立之乎?"荀息曰:"能。"献公曰:"何以为验?"对曰:"使死者复生,生者不惭,为之验。"于是遂属奚齐于荀息。荀息为相,主国政。秋九月,献公卒。里克、邳郑欲内重耳,以三公子之徒作乱,谓荀息曰:"三怨将起,秦、晋辅之,子将何如?"荀息曰:"吾不可负先君言。"十月,里克杀奚齐于丧次,献公未葬也。荀息将死之,或曰不如立奚齐弟悼子而傅之,荀息立悼子而葬献公。十一月,里克弑悼子于朝,荀息死之。君子曰:"诗所谓'白珪之玷,犹可磨也,斯言之玷,不可为也',其荀息之谓乎! 不负其言。"初,献公将伐骊戎,卜曰"齿牙为祸"。及破骊戎,获骊姬,爱之,竟以乱晋。

　　里克等已杀奚齐、悼子,使人迎公子重耳于翟,欲立之。重耳谢曰:"负父之命出奔,父死不得修人子之礼侍丧,重耳何敢入! 大夫其更立他子。"还报里克,里克使迎夷吾于梁。夷吾欲往,吕省、郤芮曰:"内犹有公子可立者而外求,难信。计非之秦,辅强国之威以入,恐危。"乃使郤芮厚赂秦,约曰:"即得入,请以晋河西之地与秦。"及遗里克书曰:"诚得立,请遂封子于汾阳之邑。"秦缪公乃发兵送夷吾于晋。齐桓公闻晋内乱,亦率诸侯如晋。秦兵与夷吾亦至晋,齐乃使隰朋会秦俱入夷吾,立为晋君,是为惠公。齐桓公至晋之高梁而还归。

　　惠公夷吾元年,使邳郑谢秦曰:"始夷吾以河西地许君,今幸得入立。大臣曰:'地者先君之地,君亡在外,何以得擅许秦者?'寡人争之弗能得,故谢秦。"亦不与里克汾阳邑,而夺之权。四月,周襄王使周公忌父会齐、秦大夫共礼晋惠公。惠公以重耳在外,畏里克为变,赐里克死。谓曰:"微里子寡人不得立。虽然,子亦杀二君一大夫,为子君者不亦难乎?"里克对曰:"不有所废,君何以兴? 欲诛之,其无辞乎? 乃言为此! 臣闻命矣。"遂伏剑而死。于是邳郑使谢秦未还,故不及难。

　　晋君改葬恭太子申生。秋,狐突之下国,遇申生,申生与载而告之曰:"夷吾无礼,余得请于帝,将以晋与秦,秦将祀余。"狐突对曰:"臣闻神不食非其宗,君其祀毋乃绝乎? 君其图之。"申生曰:"诺,吾将复请帝。后十日,新城西偏将有巫者见我焉。"许之,遂不见。及期而往,复见,申生告之曰:"帝许罚有罪矣,弊于韩。"儿乃谣曰:"恭太子更葬矣,后十四年,晋亦不昌,昌乃在兄。"

邳郑使秦,闻里克诛,乃说秦缪公曰:"吕省、郤称、冀芮实为不从。若重赂与谋,出晋君,入重耳,事必就。"秦缪公许之,使人与归报晋,厚赂三子。三子曰:"币厚言甘,此必邳郑卖我于秦。"遂杀邳郑及里克、邳郑之党七舆大夫。邳郑子豹奔秦,言伐晋,缪公弗听。

惠公之立,倍秦地及里克,诛七舆大夫,国人不附。二年,周使召公过礼晋惠公,惠公礼倨,召公讥之。

四年,晋饥,乞籴于秦。缪公问百里奚,百里奚曰:"天灾流行,国家代有,救灾恤邻,国之道也。与之。"邳郑子豹曰:"伐之。"缪公曰:"其君是恶,其民何罪!"卒与粟,自雍属绛。

五年,秦饥,请籴于晋。晋君谋之,庆郑曰:"以秦得立,已而倍其地约。晋饥而秦贷我,今秦饥请籴,与之何疑?而谋之!"虢射曰:"往年天以晋赐秦,秦弗知取而贷我。今天以秦赐晋,晋其可以逆天乎?遂伐之。"惠公用虢射谋,不与秦粟,而发兵且伐秦。秦大怒,亦发兵伐晋。

六年春,秦缪公将兵伐晋。晋惠公谓庆郑曰:"秦师深矣,奈何?"郑曰:"秦内君,君倍其赂;晋饥秦输粟,秦饥而晋倍之,乃欲因其饥伐之:其深不亦宜乎!"晋卜御右,庆郑皆吉。公曰:"郑不孙。"乃更令步阳御戎,家仆徒为右,进兵。九月壬戌,秦缪公、晋惠公合战韩原。惠公马骛不行,秦兵至,公窘,召庆郑为御。郑曰:"不用卜,败不亦当乎!"遂去。更令梁繇靡御,虢射为右,辂秦缪公。缪公壮士冒败晋军,晋军败,遂失秦缪公,反获晋公以归。秦将以祀上帝。晋君姊为缪公夫人,衰绖涕泣。公曰:"得晋侯将以为乐,今乃如此。且吾闻箕子见唐叔之初封,曰'其后必当大矣',晋庸可灭乎!"乃与晋侯盟王城而许之归。晋侯亦使吕省等报国人曰:"孤虽得归,毋面目见社稷,卜日立子圉。"晋人闻之,皆哭。秦缪公问吕省:"晋国和乎?"对曰:"不和。小人惧失君亡亲,不惮立子圉,曰'必报仇,宁事戎、狄'。其君子则爱君而知罪,以待秦命,曰'必报德'。有此二故,不和。"于是秦缪公更舍晋惠公,馈之七牢。十一月,归晋侯。晋侯至国,诛庆郑,修政教。谋曰:"重耳在外,诸侯多利内之。"欲使人杀重耳于狄。重耳闻之,如齐。

八年,使太子圉质秦。初,惠公亡在梁,梁伯以其女妻之,生一男一女。梁伯卜之,男为人臣,女为人妾,故名男为圉,女为妾。

十年,秦灭梁。梁伯好土功,治城沟,民力罢,怨;其众数相惊,曰"秦寇至",民恐惑,秦竟灭之。

十三年,晋惠公病,内有数子。太子圉曰:"吾母家在梁,梁今秦灭之,我外轻于秦而内无援于国。君即不起,病大夫轻,更立他公子。"乃谋与其妻俱亡归。秦女曰:"子一国太子,辱在此。秦使婢子侍,以固子之心。子亡矣,我不从子,亦不敢言。"子圉遂亡归晋。十四年九月,惠公卒,太子圉立,是为怀公。

子圉之亡,秦怨之,乃求公子重耳,欲内之。子圉之立,畏秦之伐也,乃令国中诸从重耳亡者与期,期尽不到者尽灭其家。狐突之子毛及偃从重耳在秦,弗肯召。怀公怒,囚狐突。突曰:"臣子事重耳有年数矣,今召之,是教之反君也,何以教?"怀公卒杀狐突。秦缪公乃发兵送内重耳,使人告栾、郤之党为内应,杀怀公于高梁,入重耳。重耳立,是为文公。

晋文公重耳,晋献公之子也。自少好士,年十七,有贤士五人:曰赵衰;狐偃咎犯,文公舅也;贾佗;先轸;魏武子。自献公为太子时,重耳固已成人矣。献公即位,重耳年二十一。献公十三年,以骊姬故,重耳备蒲城守秦。献公二十一年,献公杀太子申生,骊姬谗之,恐,不辞献公而守蒲城。献公二十二年,献公使宦者履鞮趣杀重耳。重耳逾垣,宦者逐斩其衣袪。重耳遂奔狄。狄,其母国也。是时重耳年四十三。从此五士,其馀不名者数十人,至狄。

狄伐咎如,得二女:以长女妻重耳,生伯儵、叔刘;以少女妻赵衰,生盾。居狄五岁而晋献公卒,里克已杀奚齐、悼子,乃使人迎,欲立重耳。重耳畏杀,因固谢,不敢入。已而晋更迎其弟夷吾立之,是为惠公。惠公七年,畏重耳,乃使宦者履鞮与壮士欲杀重耳。重耳闻之,乃谋赵衰等曰:"始吾奔狄,非以为可用與,以近易通,故且休足。休足久矣,固愿徙之大国。夫齐桓公好善,志在霸王,收恤诸侯。今闻管仲、隰朋死,此亦欲得贤佐,盍往乎?"于是遂行。重耳谓其妻曰:"待我二十五年不来,乃嫁。"其妻笑曰:"犁二十五年,吾冢上柏大矣。虽然,妾待子。"重耳居狄凡十二年而去。

过卫,卫文公不礼。去,过五鹿,饥而从野人乞食,野人盛土器中进之。重耳怒。赵衰曰:"土者,有土也,君其拜受之。"

至齐,齐桓公厚礼,而以宗女妻之,有马二十乘,重耳安之。重耳至齐二岁而桓公卒,会竖刀等为内乱,齐孝公之立,诸侯兵数至。留齐凡五岁。重耳爱齐女,毋去心。赵衰、咎犯乃于桑下谋行。齐女侍者在桑上闻之,以告其主。其主乃杀侍者,劝重耳趣行。重耳曰:"人生安乐,孰知其他!

必死于此，不能去。"齐女曰："子一国公子，穷而来此，数士者以子为命。子不疾反国，报劳臣，而怀女德，窃为子羞之。且不求，何时得功？"乃与赵衰等谋，醉重耳，载以行。行远而觉，重耳大怒，引戈欲杀咎犯。咎犯曰："杀臣成子，偃之愿也。"重耳曰："事不成，我食舅氏之肉。"咎犯曰："事不成，犯肉腥臊，何足食！"乃止，遂行。

过曹，曹共公不礼，欲观重耳骈胁。曹大夫釐负羁曰："晋公子贤，又同姓，穷来过我，奈何不礼！"共公不从其谋。负羁乃私遗重耳食，置璧其下。重耳受其食，还其璧。

去，过宋。宋襄公新困兵于楚，伤于泓，闻重耳贤，乃以国礼礼于重耳。宋司马公孙固善于咎犯，曰："宋小国新困，不足以求人，更之大国。"乃去。

过郑，郑文公弗礼。郑叔瞻谏其君曰："晋公子贤，而其从者皆国相，且又同姓。郑之出自厉王，而晋之出自武王。"郑君曰："诸侯亡公子过此者众，安可尽礼！"叔瞻曰："君不礼，不如杀之，且后为国患。"郑君不听。

重耳去之楚，楚成王以适诸侯礼待之，重耳谢不敢当。赵衰曰："子亡在外十馀年，小国轻子，况大国乎？今楚大国而固遇子，子其毋让，此天开子也。"遂以客礼见之。成王厚遇重耳，重耳甚卑。成王曰："子即反国，何以报寡人？"重耳曰："羽毛齿角玉帛，君王所馀，未知所以报。"王曰："虽然，何以报不穀？"重耳曰："即不得已，与君王以兵车会平原广泽，请辟王三舍。"楚将子玉怒曰："王遇晋公子至厚，今重耳言不孙，请杀之。"成王曰："晋公子贤而困于外久，从者皆国器，此天所置，庸可杀乎？且言何以易之！"居楚数月，而晋太子圉亡秦，秦怨之；闻重耳在楚，乃召之。成王曰："楚远，更数国乃至晋。秦晋接境，秦君贤，子其勉行！"厚送重耳。

重耳至秦，缪公以宗女五人妻重耳，故子圉妻与往。重耳不欲受，司空季子曰："其国且伐，况其故妻乎！且受以结秦亲而求入，子乃拘小礼，忘大丑乎！"遂受。缪公大欢，与重耳饮。赵衰歌黍苗诗。缪公曰："知子欲急反国矣。"赵衰与重耳下，再拜曰："孤臣之仰君，如百谷之望时雨。"是时晋惠公十四年秋。惠公以九月卒，子圉立。十一月，葬惠公。十二月，晋国大夫栾、郤等闻重耳在秦，皆阴来劝重耳、赵衰等反国，为内应甚众。于是秦缪公乃发兵与重耳归晋。晋闻秦兵来，亦发兵拒之。然皆阴知公子重耳入也。唯惠公之故贵臣吕、郤之属不欲立重耳。重耳出亡凡十九岁而得入，时年六十二矣，晋人多附焉。

文公元年春，秦送重耳至河。咎犯曰："臣从君周旋天下，过亦多矣。

臣犹知之，况于君乎？请从此去矣。"重耳曰："若反国，所不与子犯共者，河伯视之！"乃投璧河中，以与子犯盟。是时介子推从，在船中，乃笑曰："天实开公子，而子犯以为己功而要市于君，固足羞也。吾不忍与同位。"乃自隐渡河。秦兵围令狐，晋军于庐柳。二月辛丑，咎犯与秦晋大夫盟于郇。壬寅，重耳入于晋师。丙午，入于曲沃。丁未，朝于武宫，即位为晋君，是为文公。群臣皆往。怀公圉奔高梁。戊申，使人杀怀公。

怀公故大臣吕省、郤芮本不附文公，文公立，恐诛，乃欲与其徒谋烧公宫，杀文公。文公不知。始尝欲杀文公宦者履鞮知其谋，欲以告文公，解前罪，求见文公。文公不见，使人让曰："蒲城之事，女斩予袪。其后我从狄君猎，女为惠公来求杀我。惠公与女期三日至，而女一日至，何速也？女其念之。"宦者曰："臣刀锯之馀，不敢以二心事君倍主，故得罪于君。君已反国，其毋蒲、翟乎？且管仲射钩，桓公以霸。今刑馀之人以事告而君不见，祸又且及矣。"于是见之，遂以吕、郤等告文公。文公欲召吕、郤，吕、郤等党多，文公恐初入国，国人卖己，乃为微行，会秦缪公于王城，国人莫知。三月己丑，吕、郤等果反，焚公宫，不得文公。文公之卫徒与战，吕、郤等引兵欲奔，秦缪公诱吕、郤等，杀之河上，晋国复而文公得归。夏，迎夫人于秦，秦所与文公妻者卒为夫人。秦送三千人为卫，以备晋乱。

文公修政，施惠百姓。赏从亡者及功臣，大者封邑，小者尊爵。未尽行赏，周襄王以弟带难出居郑地，来告急晋。晋初定，欲发兵，恐他乱起，是以赏从亡未至隐者介子推。推亦不言禄，禄亦不及。推曰："献公子九人，唯君在矣。惠、怀无亲，外内弃之；天未绝晋，必将有主，主晋祀者，非君而谁？天实开之，二三子以为己力，不亦诬乎？窃人之财，犹曰是盗，况贪天之功以为己力乎？下冒其罪，上赏其奸，上下相蒙，难与处矣！"其母曰："盍亦求之，以死谁怼？"推曰："尤而效之，罪有甚焉。且出怨言，不食其禄。"母曰："亦使知之，若何？"对曰："言，身之文也；身欲隐，安用文之？文之，是求显也。"其母曰："能如此乎？与女偕隐。"至死不复见。

介子推从者怜之，乃悬书宫门曰："龙欲上天，五蛇为辅。龙已升云，四蛇各入其宇，一蛇独怨，终不见处所。"文公出，见其书，曰："此介子推也。吾方忧王室，未图其功。"使人召之，则亡。遂求所在，闻其入绵上山中，于是文公环绵上山中而封之，以为介推田，号曰介山，"以记吾过，且旌善人"。

从亡贱臣壶叔曰："君三行赏，赏不及臣，敢请罪。"文公报曰："夫导我以仁义，防我以德惠，此受上赏。辅我以行，卒以成立，此受次赏。矢石之难,汗马之劳,此复受次赏。若以力事我而无补吾缺者,此复受次赏。三赏之后,故且及子。"晋人闻之,皆说。

二年春,秦军河上,将入王。赵衰曰:"求霸莫如入王尊周。周晋同姓,晋不先入王,后秦人之,毋以令于天下。方今尊王,晋之资也。"三月甲辰,晋乃发兵至阳樊,围温,入襄王于周。四月,杀王弟带。周襄王赐晋河内阳樊之地。

四年,楚成王及诸侯围宋,宋公孙固如晋告急。先轸曰:"报施定霸,于今在矣。"狐偃曰:"楚新得曹而初婚于卫,若伐曹、卫,楚必救之,则宋免矣。"于是晋作三军。赵衰举郤縠将中军,郤臻佐之;使狐偃将上军,狐毛佐之,命赵衰为卿;栾枝将下军,先轸佐之;荀林父御戎,魏犨为右:往伐。冬十二月,晋兵先下山东,而以原封赵衰。

五年春,晋文公欲伐曹,假道于卫,卫人弗许。还自河南度,侵曹,伐卫。正月,取五鹿。二月,晋侯、齐侯盟于敛盂。卫侯请盟晋,晋人不许。卫侯欲与楚,国人不欲,故出其君以说晋。卫侯居襄牛,公子买守卫。楚救卫,不卒。晋侯围曹。三月丙午,晋师入曹,数之以其不用釐负羁言,而用美女乘轩者三百人也。令军毋入僖负羁宗家以报德。楚围宋,宋复告急晋。文公欲救则攻楚,为楚尝有德,不欲伐也;欲释宋,宋又尝有德于晋:患之。先轸曰:"执曹伯,分曹、卫地以与宋,楚急曹、卫,其势宜释宋。"于是文公从之,而楚成王乃引兵归。

楚将子玉曰:"王遇晋至厚,今知楚急曹、卫而故伐之,是轻王。"王曰:"晋侯亡在外十九年,困日久矣,果得反国,险厄尽知之,能用其民,天之所开,不可当。"子玉请曰:"非敢必有功,愿以间执谗慝之口也。"楚王怒,少与之兵。于是子玉使宛春告晋:"请复卫侯而封曹,臣亦释宋。"咎犯曰:"子玉无礼矣,君取一,臣取二,勿许。"先轸曰:"定人之谓礼。楚一言定三国,子一言而亡之,我则毋礼。不许楚,是弃宋也。不如私许曹、卫以诱之,执宛春以怒楚,既战而后图之。"晋侯乃囚宛春于卫,且私许复曹、卫。曹、卫告绝于楚。楚得臣怒,击晋师,晋师退。军吏曰:"为何退?"文公曰:"昔在楚,约退三舍,可倍乎!"楚师欲去,得臣不肯。四月戊辰,宋公、齐将、秦将与晋侯次城濮。己巳,与楚兵合战,楚兵败,得臣收馀兵去。甲午,晋师还至衡雍,作王宫于践土。

初,郑助楚,楚败,惧,使人请盟晋侯。晋侯与郑伯盟。

五月丁未,献楚俘于周,驷介百乘,徒兵千。天子使王子虎命晋侯为伯,赐大辂,彤弓矢百,玈弓矢千,秬鬯一卣,珪瓒,虎贲三百人。晋侯三辞,然后稽首受之。周作晋文侯命:"王若曰:父义和,丕显文、武,能慎明德,昭登于上,布闻在下,维时上帝集厥命于文、武。恤朕身,继予一人永其在位。"于是晋文公称伯。癸亥,王子虎盟诸侯于王庭。

晋焚楚军,火数日不息,文公叹。左右曰:"胜楚而君犹忧,何?"文公曰:"吾闻能战胜安者唯圣人,是以惧。且子玉犹在,庸可喜乎!"子玉之败而归,楚成王怒其不用其言,贪与晋战,让责子玉,子玉自杀。晋文公曰:"我击其外,楚诛其内,内外相应。"于是乃喜。

六月,晋人复入卫侯。壬午,晋侯度河北归国。行赏,狐偃为首。或曰:"城濮之事,先轸之谋。"文公曰:"城濮之事,偃说我毋失信。先轸曰'军事胜为右',吾用之以胜。然此一时之说,偃言万世之功,奈何以一时之利而加万世功乎?是以先之。"

冬,晋侯会诸侯于温,欲率之朝周。力未能,恐其有畔者,乃使人言周襄王狩于河阳。壬申,遂率诸侯朝王于践土。孔子读史记至文公,曰"诸侯无召王"、"王狩河阳"者,春秋讳之也。

丁丑,诸侯围许。曹伯臣或说晋侯曰:"齐桓公合诸侯而国异姓,今君为会而灭同姓。曹,叔振铎之后;晋,唐叔之后。合诸侯而灭兄弟,非礼。"晋侯说,复曹伯。

于是晋始作三行。荀林父将中行,先縠将右行,先蔑将左行。

七年,晋文公、秦缪公共围郑,以其无礼于文公亡过时,及城濮时郑助楚也。围郑,欲得叔瞻。叔瞻闻之,自杀。郑持叔瞻告晋。晋曰:"必得郑君而甘心焉。"郑恐,乃间令使谓秦缪公曰:"亡郑厚晋,于晋得矣,而秦未为利。君何不解郑,得为东道交?"秦伯说,罢兵。晋亦罢兵。

九年冬,晋文公卒,子襄公欢立。是岁郑伯亦卒。

郑人或卖其国于秦,秦缪公发兵往袭郑。十二月,秦兵过我郊。襄公元年春,秦师过周,无礼,王孙满讥之。兵至滑,郑贾人弦高将市于周,遇之,以十二牛劳秦师。秦师惊而还,灭滑而去。

晋先轸曰:"秦伯不用蹇叔,反其众心,此可击。"栾枝曰:"未报先君施于秦,击之,不可。"先轸曰:"秦侮吾孤,伐吾同姓,何德之报?"遂击之。襄公墨衰绖。四月,败秦师于殽,虏秦三将孟明视、西乞秋、白乙丙以归。遂墨以葬文公。文公夫人秦女,谓襄公曰:"秦欲得其三将戮之。"公许,遣之。先轸闻之,谓襄公曰:"患生矣。"轸乃追秦将。秦将渡河,已在船中,顿首谢,卒不反。

后三年,秦果使孟明伐晋,报殽之败,取晋汪以归。四年,秦缪公大兴兵伐我,度河,取王官,封殽尸而去。晋恐,不敢出,遂城守。五年,晋伐秦,取新城,报王官役也。

六年,赵衰成子、栾贞子、咎季子犯、霍伯皆卒。赵盾代赵衰执政。

七年八月,襄公卒。太子夷皋少。晋人以难故,欲立长君。赵盾曰:"立襄公弟雍。好善而长,先君爱之;且近于秦,秦故好也。立善则固,事长则顺,奉爱则孝,结旧好则安。"贾季曰:"不如其弟乐。辰嬴嬖于二君,立其子,民必安之。"赵盾曰:"辰嬴贱,班在九人下,其子何震之有!且为二君嬖,淫也。为先君子,不能求大而出在小国,僻也。母淫子僻,无威;陈小而远,无援:将何可乎!"使士会如秦迎公子雍。贾季亦使人召公子乐于陈。赵盾废贾季,以其杀阳处父。十月,葬襄公。十一月,贾季奔翟。是岁,秦缪公亦卒。

灵公元年四月,秦康公曰:"昔文公之入也无卫,故有吕、郤之患。"乃多与公子雍卫。太子母缪嬴日夜抱太子以号泣于朝,曰:"先君何罪?其嗣亦何罪?舍适而外求君,将安置此?"出朝,则抱以适赵盾所,顿首曰:"先君奉此子而属之子,曰'此子材,吾受其赐;不材,吾怨子'。今君卒,言犹在耳,而弃之,若何?"赵盾与诸大夫皆患缪嬴,且畏诛,乃背所迎而立太子夷皋,是为灵公。发兵以距秦送公子雍者。赵盾为将,往击秦,败之令狐。先蔑、随会亡奔秦。秋,齐、宋、卫、郑、曹、许君皆会赵盾,盟于扈,以灵公初立故也。

四年,伐秦,取少梁。秦亦取晋之郩。六年,秦康公伐晋,取羁马。晋侯怒,使赵盾、赵穿、郤缺击秦,大战河曲,赵穿最有功。七年,晋六卿患随会之在秦,常为晋乱,乃详令魏寿馀反晋降秦。秦使随会之魏,因执会以归晋。

八年,周顷王崩,公卿争权,故不赴。晋使赵盾以车八百乘平周乱而立匡王。是年,楚庄王初即位。十二年,齐人弑其君懿公。

十四年,灵公壮,侈,厚敛以雕墙。从台上弹人,观其避丸也。宰夫胹熊蹯不熟,灵公怒,杀宰夫,使妇人持其尸出弃之,过朝。赵盾、随会前数谏,不听;已又见死人手,二人前谏。随会先谏,不听。灵公患之,使鉏麑刺赵盾。盾闺门开,居处节,鉏麑退,叹曰:"杀忠臣,弃君命,罪一也。"遂触树而死。

初,盾常田首山,见桑下有饿人。饿人,示眯明也。盾与之食,食其半。问其故,曰:"宦三年,未知母之存不,愿遗母。"盾义之,益与之饭肉。已而为晋宰夫,赵盾弗复知也。九月,晋灵公饮赵盾酒,伏甲将攻盾。公宰示眯明知之,恐盾醉不能起,而进曰:"君赐臣,觞三行可以罢。"欲以去赵盾,令先,毋及难。盾既去,灵公伏士未会,先纵啮狗名敖。明为盾搏杀狗。盾曰:"弃人用狗,虽猛何为。"然不知明之为阴德也。已而灵公纵伏士出逐赵盾,示眯明反击灵公之伏士,伏士不能进,而竟脱盾。盾问其故,曰:"我桑下饿人。"问其名,弗告。明亦因亡去。

盾遂奔,未出晋境。乙丑,盾昆弟将军赵穿袭杀灵公于桃园而迎赵盾。赵盾素贵,得民和;灵公少,侈,民不附,故易弑。盾复位。晋太史董狐书曰"赵盾弑其君",以视于朝。盾曰:"弑者赵穿,我无罪。"太史曰:"子为正卿,而亡不出境,反不诛国乱,非子而谁?"孔子闻之,曰:"董狐,古之良史也,书法不隐。宣子,良大夫也,为法受恶。惜也,出疆乃免。"

赵盾使赵穿迎襄公弟黑臀于周而立之,是为成公。

成公者,文公少子,其母周女也。壬申,朝于武宫。

成公元年,赐赵氏为公族。伐郑,郑倍晋故也。三年,郑伯初立,附晋而弃楚。楚怒,伐郑,晋往救之。

六年,伐秦,虏秦将赤。

七年,成公与楚庄王争强,会诸侯于扈。陈畏楚,不会。晋使中行桓子伐陈,因救郑,与楚战,败楚师。是年,成公卒,子景公据立。

景公元年春,陈大夫夏徵舒弑其君灵公。二年,楚庄王伐陈,诛徵舒。

三年,楚庄王围郑,郑告急晋。晋使荀林父将中军,随会将上军,赵朔将下军,郤克、栾书、先縠、韩厥、巩朔佐之。六月,至河。闻楚已服郑,郑伯肉袒与盟而去,荀林父欲还。先縠曰:"凡来救郑,不至不可,将率离心。"卒度河。楚已服郑,欲饮马于河为名而去。楚与晋军大战。郑新附楚,畏之,反助楚攻晋。晋军败,走河,争度,船中人指甚众。楚虏我将智罃。归而林父曰:"臣为督将,军败当诛,请死。"景公欲许之。随会曰:"昔文公之与楚战城濮,成王归杀子玉,而文公乃喜。今楚已败我师,又诛其将,是助楚杀仇也。"乃止。

四年,先縠以首计而败晋军河上,恐诛,乃奔翟,与翟谋伐晋。晋觉,乃族縠。縠,先轸子也。

五年,伐郑,为助楚故也。是时楚庄王强,以挫晋兵河上也。

六年,楚伐宋,宋来告急晋,晋欲救之,伯宗谋曰:"楚,天方开之,不可当。"乃使解扬绐为救宋。郑人执与楚,楚厚赐,使反其言,令宋急下。解扬绐许之,卒致晋君言。楚欲杀之,或谏,乃归解扬。

七年,晋使随会灭赤狄。

八年,使郤克于齐。齐顷公母从楼上观而笑之。所以然者,郤克偻,而鲁使蹇,卫使眇,故齐亦令人如之以导客。郤克怒,归至河上,曰:"不报齐者,河伯视之!"至国,请君,欲伐齐。景公问知其故,曰:"子之怨,安足以烦国!"弗听。魏文子请老休,辟郤克,克执政。

九年,楚庄王卒。晋伐齐,齐使太子强为质于晋,晋兵罢。

十一年春,齐伐鲁,取隆。鲁告急卫,卫与鲁皆因郤克告急于晋。晋乃使郤克、栾书、韩厥以兵车八百乘与鲁、卫共伐齐。夏,与顷公战于鞌,伤困顷公。顷公乃与其右易位,下取饮,以得脱去。齐师败走,晋追北至齐。顷公献宝器以求平,不听。郤克曰:"必得萧桐侄子为质。"齐使曰:"萧桐侄子,顷公母;顷公母犹晋君母,奈何必得之? 不义,请复战。"晋乃许与平而去。

楚申公巫臣盗夏姬以奔晋,晋以巫臣为邢大夫。

十二年冬,齐顷公如晋,欲上尊晋景公为王,景公让不敢。晋始作六军,韩厥、巩朔、赵穿、荀骓、赵括、赵旃皆为卿。智䓨自楚归。

十三年,鲁成公朝晋,晋弗敬,鲁怒去,倍晋。晋伐郑,取氾。

十四年,梁山崩。问伯宗,伯宗以为不足怪也。

十六年,楚将子反怨巫臣,灭其族。巫臣怒,遗子反书曰:"必令子罢于奔命!"乃请使吴,令其子为吴行人,教吴乘车用兵。吴晋始通,约伐楚。

十七年,诛赵同、赵括,族灭之。韩厥曰:"赵衰、赵盾之功岂可忘乎?奈何绝祀!"乃复令赵庶子武为赵后,复与之邑。

十九年夏,景公病,立其太子寿曼为君,是为厉公。后月馀,景公卒。

厉公元年,初立,欲和诸侯,与秦桓公夹河而盟。归而秦倍盟,与翟谋伐晋。三年,使吕相让秦,因与诸侯伐秦。至泾,败秦于麻隧,虏其将成差。

五年,三郤谗伯宗,杀之。伯宗以好直谏得此祸,国人以是不附厉公。

六年春,郑倍晋与楚盟,晋怒。栾书曰:"不可以当吾世而失诸侯。"乃发兵。厉公自将,五月度河。闻楚兵来救,范文子请公欲还。郤至曰:"发兵诛逆,见强辟之,无以令诸侯。"遂与战。癸巳,射中楚共王目,楚兵败于鄢陵。子反收馀兵，拊循欲复战，晋患之。共王召子反，其侍者竖阳穀进酒，子反醉，不能见。王怒，让子反，子反死。王遂引兵归。晋由此威诸侯，欲以令天下求霸。

厉公多外嬖姬，归，欲尽去群大夫而立诸姬兄弟。宠姬兄曰胥童，尝与郤至有怨，及栾书又怨郤至不用其计而遂败楚，乃使人间谢楚。楚来诈厉公曰："鄢陵之战，实至召楚，欲作乱，内子周立之。会与国不具，是以事不成。"厉公告栾书。栾书曰："其殆有矣！愿公试使人之周微考之。"果使郤至于周。栾书又使公子周见郤至，郤至不知见卖也。厉公验之，信然，遂怨郤至，欲杀之。八年，厉公猎，与姬饮，郤至杀豕奉进，宦者夺之。郤至射杀宦者。公怒，曰："季子欺予！"将诛三郤，未发也。郤锜欲攻公，曰："我虽死，公亦病矣。"郤至曰："信不反君，智不害民，勇不作乱。失此三者，谁与我？我死耳！"十二月壬午，公令胥童以兵八百人袭攻杀三郤。胥童因以劫栾书、中行偃于朝，曰："不杀二子，患必及公。"公曰："一旦杀三卿，寡人不忍也。"对曰："人将忍君。"公弗听，谢栾书等以诛郤氏罪："大夫复位。"二子顿首曰："幸甚幸甚！"公使胥童为卿。闰月乙卯，厉公游匠骊氏，栾书、中行偃以其党袭捕厉公，囚之，杀胥童，而使人迎公子周于周而立之，是为悼公。

悼公元年正月庚申，栾书、中行偃弑厉公，葬之以一乘车。厉公囚六日死，死十日庚午，智䓨迎公子周来，至绛，刑鸡与大夫盟而立之，是为悼公。辛巳，朝武宫。二月乙酉，即位。

悼公周者，其大父捷，晋襄公少子也，不得立，号为桓叔，桓叔最爱。桓叔生惠伯谈，谈生悼公周。周之立，年十四矣。悼公曰："大父、父皆不得立而辟难于周，客死焉。寡人自以疏远，毋几为君。今大夫不忘文、襄之意而惠立桓叔之后，赖宗庙大夫之灵，得奉晋祀，岂敢不战战乎？大夫其亦佐寡人！"于是逐不臣者七人，修旧功，施德惠，收文公入时功臣后。秋，伐郑。郑师败，遂至陈。

三年，晋会诸侯。悼公问群臣可用者，祁傒举解狐。解狐，傒之仇。复问，举其子祁午。君子曰："祁傒可谓不党矣！外举不隐仇，内举不隐子。"方会诸侯，悼公弟杨干乱行，魏绛戮其仆。悼公怒，或谏公，公卒贤绛，任之政，使和戎，戎大亲附。十一年，悼公曰："自吾用魏绛，九合诸侯，和戎、翟，魏子之力也。"赐之乐，三让乃受之。冬，秦取我栎。

十四年，晋使六卿率诸侯伐秦，度泾，大败秦军，至棫林而去。

十五年,悼公问治国于师旷。师旷曰:"惟仁义为本。"冬,悼公卒,子平公彪立。

平公元年,伐齐,齐灵公与战靡下,齐师败走。晏婴曰:"君亦毋勇,何不止战?"遂去。晋追,遂围临菑,尽烧屠其郭中。东至胶,南至沂,齐皆城守,晋乃引兵归。

六年,鲁襄公朝晋。晋栾逞有罪,奔齐。八年,齐庄公微遣栾逞于曲沃,以兵随之。齐兵上太行,栾逞从曲沃中反,袭入绛。绛不戒,平公欲自杀,范献子止公,以其徒击逞,逞败走曲沃。曲沃攻逞,逞死,遂灭栾氏宗。逞者,栾书孙也。其入绛,与魏氏谋。齐庄公闻逞败,乃还,取晋之朝歌去,以报临菑之役也。

十年,齐崔杼弑其君庄公。晋因齐乱,伐败齐于高唐去,报太行之役也。

十四年,吴延陵季子来使,与赵文子、韩宣子、魏献子语,曰:"晋国之政,卒归此三家矣。"

十九年,齐使晏婴如晋,与叔向语。叔向曰:"晋,季世也。公厚赋为台池而不恤政,政在私门,其可久乎!"晏子然之。

二十二年,伐燕。二十六年,平公卒,子昭公夷立。

昭公六年卒。六卿强,公室卑。子顷公去疾立。

顷公六年,周景王崩,王子争立。晋六卿平王室乱,立敬王。

九年,鲁季氏逐其君昭公,昭公居乾侯。十一年,卫、宋使使请晋纳鲁君。季平子私赂范献子,献子受之,乃谓晋君曰:"季氏无罪。"不果入鲁君。

十二年,晋之宗家祁傒孙,叔向子,相恶于君。六卿欲弱公室,乃遂以法尽灭其族,而分其邑为十县,各令其子为大夫。晋益弱,六卿皆大。

十四年,顷公卒,子定公午立。

定公十一年,鲁阳虎奔晋,赵鞅简子舍之。十二年,孔子相鲁。

十五年,赵鞅使邯郸大夫午,不信,欲杀午,午与中行寅、范吉射亲攻赵鞅,鞅走保晋阳。定公围晋阳。荀栎、韩不信、魏侈与范、中行为仇,乃移兵伐范、中行。范、中行反,晋君击之,败范、中行。范、中行走朝歌,保之。韩、魏为赵鞅谢晋君,乃赦赵鞅,复位。二十二年,晋败范、中行氏,二子奔齐。

三十年,定公与吴王夫差会黄池,争长,赵鞅时从,卒长吴。

三十一年,齐田常弑其君简公,而立简公弟骜为平公。三十三年,孔子卒。

三十七年,定公卒,子出公凿立。

出公十七年,知伯与赵、韩、魏共分范、中行地以为邑。出公怒,告齐、鲁,欲以伐四卿。四卿恐,遂反攻出公。出公奔齐,道死。故知伯乃立昭公曾孙骄为晋君,是为哀公。

哀公大父雍,晋昭公少子也,号为戴子。戴子生忌。忌善知伯,蚤死,故知伯欲尽并晋,未敢,乃立忌子骄为君。当是时,晋国政皆决知伯,晋哀公不得有所制。知伯遂有范、中行地,最强。

哀公四年,赵襄子、韩康子、魏桓子共杀知伯,尽并其地。

十八年,哀公卒,子幽公柳立。

幽公之时,晋畏,反朝韩、赵、魏之君。独有绛、曲沃,馀皆入三晋。

十五年,魏文侯初立。十八年,幽公淫妇人,夜窃出邑中,盗杀幽公。魏文侯以兵诛晋乱,立幽公子止,是为烈公。

烈公十九年,周威烈王赐赵、韩、魏皆命为诸侯。

二十七年,烈公卒,子孝公颀立。孝公九年,魏武侯初立,袭邯郸,不胜而去。十七年,孝公卒,子静公俱酒立。是岁,齐威王元年也。

静公二年,魏武侯、韩哀侯、赵敬侯灭晋后而三分其地。静公迁为家人,晋绝不祀。

太史公曰:晋文公,古所谓明君也,亡居外十九年,至困约,及即位而行赏,尚忘介子推,况骄主乎? 灵公既弑,其后成、景致严,至厉大刻,大夫惧诛,祸作。悼公以后日衰,六卿专权。故君道之御其臣下,固不易哉!

史记卷四十

楚世家第十

楚之先祖出自帝颛顼高阳。高阳者,黄帝之孙,昌意之子也。高阳生称,称生卷章,卷章生重黎。重黎为帝喾高辛居火正,甚有功,能光融天下,帝喾命曰祝融。共工氏作乱,帝喾使重黎诛之而不尽。帝乃以庚寅日诛重黎,而以其弟吴回为重黎后,复居火正,为祝融。

吴回生陆终。陆终生子六人,坼剖而产焉。其长一曰昆吾;二曰参胡;三曰彭祖;四曰会人;五曰曹姓;六曰季连,芈姓,楚其后也。昆吾氏,夏之时尝为侯伯,桀之时汤灭之。彭祖氏,殷之时尝为侯伯,殷之末世灭彭祖氏。季连生附沮,附沮生穴熊。其后中微,或在中国,或在蛮夷,弗能纪其世。

周文王之时,季连之苗裔曰鬻熊。鬻熊子事文王,蚤卒。其子曰熊丽。熊丽生熊狂,熊狂生熊绎。

熊绎当周成王之时,举文、武勤劳之后嗣,而封熊绎于楚蛮,封以子男之田,姓芈氏,居丹阳。楚子熊绎与鲁公伯禽、卫康叔子牟、晋侯燮、齐太公子吕伋俱事成王。

熊绎生熊艾,熊艾生熊䵣,熊䵣生熊胜。熊胜以弟熊杨为后。熊杨生熊渠。

熊渠生子三人。当周夷王之时,王室微,诸侯或不朝,相伐。熊渠甚得江汉间民和,乃兴兵伐庸、杨粤,至于鄂。熊渠曰:"我蛮夷也,不与中国之号谥。"乃立其长子康为句亶王,中子红为鄂王,少子执疵为越章王,皆在江上楚蛮之地。及周厉王之时,暴虐,熊渠畏其伐楚,亦去其王。

后为熊毋康,毋康蚤死。熊渠卒,子熊挚红立。挚红卒,其弟弑而代立,曰熊延。熊延生熊勇。

熊勇六年,而周人作乱,攻厉王,厉王出奔彘。熊勇十年,卒,弟熊严为后。

　　熊严十年,卒。有子四人,长子伯霜,中子仲雪,次子叔堪,少子季徇。熊严卒,长子伯霜代立,是为熊霜。

　　熊霜元年,周宣王初立。熊霜六年,卒,三弟争立。仲雪死;叔堪亡,避难于濮;而少弟季徇立,是为熊徇。熊徇十六年,郑桓公初封于郑。二十二年,熊徇卒,子熊咢立。熊咢九年,卒,子熊仪立,是为若敖。

　　若敖二十年,周幽王为犬戎所弑,周东徙,而秦襄公始列为诸侯。

　　二十七年,若敖卒,子熊坎立,是为霄敖。霄敖六年,卒,子熊眴立,是为蚡冒。蚡冒十三年,晋始乱,以曲沃之故。蚡冒十七年,卒。蚡冒弟熊通弑蚡冒子而代立,是为楚武王。

　　武王十七年,晋之曲沃庄伯弑主国晋孝侯。十九年,郑伯弟段作乱。二十一年,郑侵天子之田。二十三年,卫弑其君桓公。二十九年,鲁弑其君隐公。三十一年,宋太宰华督弑其君殇公。

　　三十五年,楚伐随。随曰:“我无罪。”楚曰:“我蛮夷也。今诸侯皆为叛相侵,或相杀。我有敝甲,欲以观中国之政,请王室尊吾号。”随人为之周,请尊楚,王室不听,还报楚。三十七年,楚熊通怒曰:“吾先鬻熊,文王之师也,蚤终。成王举我先公,乃以子男田令居楚,蛮夷皆率服,而王不加位,我自尊耳。”乃自立,为武王,与随人盟而去。于是始开濮地而有之。

　　五十一年,周召随侯,数以立楚为王。楚怒,以随背己,伐随。武王卒师中而兵罢。子文王熊赀立,始都郢。

　　文王二年,伐申过邓,邓人曰“楚王易取”,邓侯不许也。六年,伐蔡,虏蔡哀侯以归,已而释之。楚强,陵江汉间小国,小国皆畏之。十一年,齐桓公始霸,楚亦始大。

　　十二年,伐邓,灭之。十三年,卒,子熊囏立,是为庄敖。庄敖五年,欲杀其弟熊恽,恽奔随,与随袭弑庄敖代立,是为成王。

　　成王恽元年,初即位,布德施惠,结旧好于诸侯。使人献天子,天子赐胙,曰:“镇尔南方夷越之乱,无侵中国。”于是楚地千里。

　　十六年,齐桓公以兵侵楚,至陉山。楚成王使将军屈完以兵御之,与桓公盟。桓公数以周之赋不入王室,楚许之,乃去。

　　十八年,成王以兵北伐许,许君肉袒谢,乃释之。二十二年,伐黄。二十六年,灭英。

　　三十三年,宋襄公欲为盟会,召楚。楚王怒曰:“召我,我将好往袭辱之。”遂行,至盂,遂执辱宋公,已而归之。三十四年,郑文公南朝楚。楚成王北伐宋,败之泓,射伤宋襄公,襄公遂病创死。

三十五年,晋公子重耳过楚,成王以诸侯客礼飨,而厚送之于秦。

三十九年,鲁僖公来请兵以伐齐,楚使申侯将兵伐齐,取穀,置齐桓公子雍焉。齐桓公七子皆奔楚,楚尽以为上大夫。灭夔,夔不祀祝融、鬻熊故也。

夏,伐宋,宋告急于晋,晋救宋,成王罢归。将军子玉请战,成王曰:"重耳亡居外久,卒得反国,天之所开,不可当。"子玉固请,乃与之少师而去。晋果败子玉于城濮。成王怒,诛子玉。

四十六年,初,成王将以商臣为太子,语令尹子上。子上曰:"君之齿未也,而又多内宠,绌乃乱也。楚国之举常在少者。且商臣蜂目而豺声,忍人也,不可立也。"王不听,立之。后又欲立子职而绌太子商臣。商臣闻而未审也,告其傅潘崇曰:"何以得其实?"崇曰:"飨王之宠姬江芈而勿敬也。"商臣从之。江芈怒曰:"宜乎王之欲杀若而立职也。"商臣告潘崇曰:"信矣。"崇曰:"能事之乎?"曰:"不能。""能亡去乎?"曰:"不能。""能行大事乎?"曰:"能。"冬十月,商臣以宫卫兵围成王。成王请食熊蹯而死,不听。丁未,成王自绞杀。商臣代立,是为穆王。

穆王立,以其太子宫予潘崇,使为太师,掌国事。穆王三年,灭江。四年,灭六、蓼。六、蓼,皋陶之后。八年,伐陈。十二年,卒。子庄王侣立。

庄王即位三年,不出号令,日夜为乐,令国中曰:"有敢谏者死无赦!"伍举入谏。庄王左抱郑姬,右抱越女,坐钟鼓之间。伍举曰:"愿有进。"隐曰:"有鸟在于阜,三年不蜚不鸣,是何鸟也?"庄王曰:"三年不蜚,蜚将冲天;三年不鸣,鸣将惊人。举退矣,吾知之矣。"居数月,淫益甚。大夫苏从乃入谏。王曰:"若不闻令乎?"对曰:"杀身以明君,臣之愿也。"于是乃罢淫乐,听政,所诛者数百人,所进者数百人,任伍举、苏从以政,国人大说。是岁灭庸。六年,伐宋,获五百乘。

八年,伐陆浑戎,遂至洛,观兵于周郊。周定王使王孙满劳楚王。楚王问鼎小大轻重,对曰:"在德不在鼎。"庄王曰:"子无阻九鼎!楚国折钩之喙,足以为九鼎。"王孙满曰:"呜呼!君王其忘之乎?昔虞夏之盛,远方皆至,贡金九牧,铸鼎象物,百物而为之备,使民知神奸。桀有乱德,鼎迁于殷,载祀六百。殷纣暴虐,鼎迁于周。德之休明,虽小必重;其奸回昏乱,虽大必轻。昔成王定鼎于郏鄏,卜世三十,卜年七百,天所命也。周德虽衰,天命未改。鼎之轻重,未可问也。"楚王乃归。

九年,相若敖氏。人或谗之王,恐诛,反攻王,王击灭若敖氏之族。十三年,灭舒。

十六年,伐陈,杀夏徵舒。徵舒弑其君,故诛之也。已破陈,即县之。群臣皆贺,申叔时使齐来,不贺。王问,对曰:"鄙语曰,牵牛径人田,田主取其牛。径者则不直矣,取之牛不亦甚乎?且王以陈之乱而率诸侯伐之,以义伐之而贪其县,亦何以复令于天下!"庄王乃复国陈后。

十七年春,楚庄王围郑,三月克之。入自皇门,郑伯肉袒牵羊以逆,曰:"孤不天,不能事君,君用怀怒,以及敝邑,孤之罪也。敢不惟命是听!宾之南海,若以臣妾赐诸侯,亦惟命是听。若君不忘厉、宣、桓、武,不绝其社稷,使改事君,孤之愿也,非所敢望也。敢布腹心。"楚群臣曰:"王勿许。"庄王曰:"其君能下人,必能信用其民,庸可绝乎!"庄王自手旗,左右麾军,引兵去三十里而舍,遂许之平。潘尪入盟,子良出质。夏六月,晋救郑,与楚战,大败晋师河上,遂至衡雍而归。

二十年,围宋,以杀楚使也。围宋五月,城中食尽,易子而食,析骨而炊。宋华元出告以情。庄王曰:"君子哉!"遂罢兵去。

二十三年,庄王卒,子共王审立。

共王十六年,晋伐郑。郑告急,共王救郑。与晋兵战鄢陵,晋败楚,射中共王目。共王召将军子反。子反嗜酒,从者竖阳穀进酒,醉。王怒,射杀子反,遂罢兵归。

三十一年,共王卒,子康王招立。康王立十五年卒,子员立,是为郏敖。

康王宠弟公子围、子比、子皙、弃疾。郏敖三年,以其季父康王弟公子围为令尹,主兵事。四年,围使郑,道闻王疾而还。十二月己酉,围入问王疾,绞而弑之,遂杀其子莫及平夏。使使赴于郑。伍举问曰:"谁为后?"对曰:"寡大夫围。"伍举更曰:"共王之子围为长。"子比奔晋,而围立,是为灵王。

灵王三年六月,楚使使告晋,欲会诸侯。诸侯皆会楚于申。伍举曰:"昔夏启有钧台之飨,商汤有景亳之命,周武王有盟津之誓,成王有岐阳之蒐,康王有丰宫之朝,穆王有涂山之会,齐桓有召陵之师,晋文有践土之盟,君其何用?"灵王曰:"用桓公。"时郑子产在焉。于是晋、宋、鲁、卫不往。灵王已盟,有骄色。伍举曰:"桀为有仍之会,有缗叛之。纣为黎山之会,东夷叛之。幽王为太室之盟,戎、翟叛之。君其慎终!"

七月,楚以诸侯兵伐吴,围朱方。八月,克之,囚庆封,灭其族。以封徇,曰:"无效齐庆封弑其君而弱其孤,以盟诸大夫!"封反曰:"莫如楚共王庶子围弑其君兄之子员而代之立!"于是灵王使疾杀之。

七年,就章华台,下令内亡人实之。

八年,使公子弃疾将兵灭陈。十年,召蔡侯,醉而杀之。使弃疾定蔡,因为陈蔡公。

十一年,伐徐以恐吴。灵王次于乾溪以待之。王曰:"齐、晋、鲁、卫,其封皆受宝器,我独不。今吾使使周求鼎以为分,其予我乎?"析父对曰:"其予君王哉!昔我先王熊绎辟在荆山,荜露蓝蒌以处草莽,跋涉山林以事天子,唯是桃弧棘矢以共王事。齐,王舅也;晋及鲁、卫,王母弟也:楚是以无分而彼皆有。周今与四国服事君王,将惟命是从,岂敢爱鼎?"灵王曰:"昔我皇祖伯父昆吾旧许是宅,今郑人贪其田,不我予,今我求之,其予我乎?"对曰:"周不爱鼎,郑安敢爱田?"灵王曰:"昔诸侯远我而畏晋,今吾大城陈、蔡、不羹,赋皆千乘,诸侯畏我乎?"对曰:"畏哉!"灵王喜曰:"析父善言古事焉。"

十二年春,楚灵王乐乾溪,不能去也。国人苦役。初,灵王会兵于申,僇越大夫常寿过,杀蔡大夫观起。起子从亡在吴,乃劝吴王伐楚,为间越大夫常寿过而作乱,为吴间。使矫公子弃疾命召公子比于晋,至蔡,与吴、越兵欲袭蔡。令公子比见弃疾,与盟于邓。遂入杀灵王太子禄,立子比为王,公子子皙为令尹,弃疾为司马。先除王宫,观从从师于乾溪,令楚众曰:"国有王矣。先归,复爵邑田室。后者迁之。"楚众皆溃,去灵王而归。

灵王闻太子禄之死也,自投车下,而曰:"人之爱子亦如是乎?"侍者曰:"甚是。"王曰:"余杀人之子多矣,能无及此乎?"右尹曰:"请待于郊以听国人。"王曰:"众怒不可犯。"曰:"且入大县而乞师于诸侯。"王曰:"皆叛矣。"又曰:"且奔诸侯以听大国之虑。"王曰:"大福不再,祇取辱耳。"于是王乘舟将欲入鄢。右尹度王不用其计,惧俱死,亦去王亡。

灵王于是独傍偟山中,野人莫敢入王。王行遇其故锅人,谓曰:"为我求食,我已不食三日矣。"锅人曰:"新王下法,有敢馕王从王者,罪及三族,且又无所得食。"王因枕其股而卧。锅人又以土自代,逃去。王觉而弗见,遂饥弗能起。芋尹申无宇之子申亥曰:"吾父再犯王命,王弗诛,恩孰大焉!"乃求王,遇王饥于釐泽,奉之以归。夏五月癸丑,王死申亥家,申亥以二女从死，并葬之。

　　是时楚国虽已立比为王，畏灵王复来，又不闻灵王死，故观从谓初王比曰："不杀弃疾，虽得国犹受祸。"王曰："余不忍。"从曰："人将忍王。"王不听，乃去。弃疾归。国人每夜惊，曰："灵王入矣！"乙卯夜，弃疾使船人从江上走呼曰："灵王至矣！"国人愈惊。又使曼成然告初王比及令尹子晳曰："王至矣！国人将杀君，司马将至矣！君蚤自图，无取辱焉。众怒如水火，不可救也。"初王及子晳遂自杀。丙辰，弃疾即位为王，改名熊居，是为平王。

　　平王以诈弑两王而自立，恐国人及诸侯叛之，乃施惠百姓。复陈蔡之地而立其后如故，归郑之侵地。存恤国中，修政教。吴以楚乱故，获五率以归。平王谓观从："恣尔所欲。"欲为卜尹，王许之。

　　初，共王有宠子五人，无適立，乃望祭群神，请神决之，使主社稷，而阴与巴姬埋璧于室内，召五公子斋而入。康王跨之，灵王肘加之，子比、子晳皆远之。平王幼，抱其上而拜，压纽。故康王以长立，至其子失之；围为灵王，及身而弑；子比为王十馀日，子晳不得立，又俱诛。四子皆绝无后。唯独弃疾后立，为平王，竟续楚祀，如其神符。

　　初，子比自晋归，韩宣子问叔向曰："子比其济乎？"对曰："不就。"宣子曰："同恶相求，如市贾焉，何为不就？"对曰："无与同好，谁与同恶？"取国有五难：有宠无人，一也；有人无主，二也；有主无谋，三也；有谋而无民，四也；有民而无德，五也。子比在晋十三年矣，晋、楚之从不闻通者，可谓无人矣；族尽亲叛，可谓无主矣；无衅而动，可谓无谋矣；为羁终世，可谓无民矣；亡无爱征，可谓无德矣。王虐而不忌，子比涉五难以弑君，谁能济之！有楚国者，其弃疾乎？君陈、蔡，方城外属焉。苟慝不作，盗贼伏隐，私欲不违，民无怨心。先神命之，国民信之。芈姓有乱，必季实立，楚之常也。子比之官，则右尹也；数其贵宠，则庶子也；以神所命，则又远之；民无怀焉，将何以立？"宣子曰："齐桓、晋文不亦是乎？"对曰："齐桓，卫姬之子也，有宠于釐公。有鲍叔牙、宾须无、隰朋以为辅，有莒、卫以为外主，有高、国以为内主。从善如流，施惠不倦。有国，不亦宜乎？昔我文公，狐季姬之子也，有宠于献公。好学不倦。生十七年，有士五人，有先大夫子馀、子犯以为腹心，有魏犨、贾佗以为股肱，有齐、宋、秦、楚以为外主，有栾、郤、狐、先以为内主。亡十九年，守志弥笃。惠、怀弃民，民从而与之。故文公有国，不亦宜乎？子比无施于民，无援于外，去晋，晋不送；归楚，楚不迎。何以有国!"子比果不终焉,卒立者弃疾,如叔向言也。

平王二年,使费无忌如秦为太子建取妇。妇好,来,未至,无忌先归,说平王曰:"秦女好,可自娶,为太子更求。"平王听之,卒自娶秦女,生熊珍。更为太子娶。是时伍奢为太子太傅,无忌为少傅。无忌无宠于太子,常谗恶太子建。建时年十五矣,其母蔡女也,无宠于王,王稍益疏外建也。

六年,使太子建居城父,守边。无忌又日夜谗太子建于王曰:"自无忌入秦女,太子怨,亦不能无望于王,王少自备焉。且太子居城父,擅兵,外交诸侯,且欲入矣。"平王召其傅伍奢责之。伍奢知无忌谗,乃曰:"王奈何以小臣疏骨肉?"无忌曰:"今不制,后悔也。"于是王遂囚伍奢。乃令司马奋扬召太子建,欲诛之。太子闻之,亡奔宋。

无忌曰:"伍奢有二子,不杀者为楚国患。盍以免其父召之,必至。"于是王使使谓奢:"能致二子则生,不能将死。"奢曰:"尚至,胥不至。"王曰:"何也?"奢曰:"尚之为人,廉,死节,慈孝而仁,闻召而免父,必至,不顾其死。胥之为人,智而好谋,勇而矜功,知来必死,必不来。然为楚国忧者必此子。"于是王使人召之,曰:"来,吾免尔父。"伍尚谓伍胥曰:"闻父免而莫奔,不孝也;父戮莫报,无谋也;度能任事,知也。子其行矣,我其归死。"伍尚遂归。伍胥弯弓属矢,出见使者,曰:"父有罪,何以召其子为?"将射,使者还走,遂出奔吴。伍奢闻之,曰:"胥亡,楚国危哉。"楚人遂杀伍奢及尚。

十年,楚太子建母在居巢,开吴。吴使公子光伐楚,遂败陈、蔡,取太子建母而去。楚恐,城郢。初,吴之边邑卑梁与楚边邑钟离小童争桑,两家交怒相攻,灭卑梁人。卑梁大夫怒,发邑兵攻钟离,楚王闻之怒,发国兵灭卑梁。吴王闻之大怒,亦发兵,使公子光因建母家攻楚,遂灭钟离、居巢。楚乃恐而城郢。

十三年,平王卒。将军子常曰:"太子珍少,且其母乃前太子建所当娶也。"欲立令尹子西。子西,平王之庶弟也,有义。子西曰:"国有常法,更立则乱,言之则致诛。"乃立太子珍,是为昭王。

昭王元年,楚众不说费无忌,以其谗亡太子建,杀伍奢子父与郤宛。宛之宗姓伯氏子嚭及子胥皆奔吴,吴兵数侵楚,楚人怨无忌甚。楚令尹子常诛无忌以说众,众乃喜。

四年,吴三公子奔楚,楚封之以扞吴。五年,吴伐取楚之六、潜。七年,楚使子常伐吴,吴大败楚于豫章。

十年冬,吴王阖闾、伍子胥、伯嚭与唐、蔡俱伐楚,楚大败,吴兵遂入郢,辱平王之墓,以伍子胥故也。吴兵之来,楚使子常以兵迎之,夹汉水阵。吴伐败子常,子常亡奔郑。楚兵走,吴乘胜逐之,五战及郢。己卯,昭王出奔。庚辰,吴人入郢。

　　昭王亡也至云梦。云梦不知其王也,射伤王。王走郧。郧公之弟怀曰:"平王杀吾父,今我杀其子,不亦可乎?"郧公止之,然恐其弑昭王,乃与王出奔随。吴王闻昭王往,即进击随,谓随人曰:"周之子孙封于江汉之间者,楚尽灭之。"欲杀昭王。王从臣子綦乃深匿王,自以为王,谓随人曰:"以我予吴。"随人卜予吴,不吉,乃谢吴王曰:"昭王亡,不在随。"吴请入自索之,随不听,吴亦罢去。

　　昭王之出郢也,使申鲍胥请救于秦。秦以车五百乘救楚,楚亦收馀散兵,与秦击吴。十一年六月,败吴于稷。会吴王弟夫概见吴王兵伤败,乃亡归,自立为王。阖闾闻之,引兵去楚,归击夫概。夫概败,奔楚,楚封之堂谿,号为堂谿氏。

　　楚昭王灭唐。九月,归入郢。十二年,吴复伐楚,取番。楚恐,去郢,北徙都鄀。

　　十六年,孔子相鲁。二十年,楚灭顿,灭胡。二十一年,吴王阖闾伐越。越王勾践射伤吴王,遂死。吴由此怨越而不西伐楚。

　　二十七年春,吴伐陈,楚昭王救之,军城父。十月,昭王病于军中,有赤云如鸟,夹日而蜚。昭王问周太史,太史曰:"是害于楚王,然可移于将相。"将相闻是言,乃请自以身祷于神。昭王曰:"将相,孤之股肱也,今移祸,庸去是身乎!"弗听。卜而河为祟,大夫请祷河。昭王曰:"自吾先王受封,望不过江、汉,而河非所获罪也。"止不许。孔子在陈,闻是言,曰:"楚昭王通大道矣。其不失国,宜哉!"

　　昭王病甚,乃召诸公子大夫曰:"孤不佞,再辱楚国之师,今乃得以天寿终,孤之幸也。"让其弟公子申为王,不可。又让次弟公子结,亦不可。乃又让次弟公子闾,五让,乃后许为王。将战,庚寅,昭王卒于军中。子闾曰:"王病甚,舍其子让群臣,臣所以许王,以广王意也。今君王卒,臣岂敢忘君王之意乎!"乃与子西、子綦谋,伏师闭塗,迎越女之子章立之,是为惠王。然后罢兵归,葬昭王。

　　惠王二年,子西召故平王太子建之子胜于吴,以为巢大夫,号曰白公。白公好兵而下士,欲报仇。六年,白公请兵令尹子西伐郑。初,白公父建亡在郑,郑杀之,白公亡走吴,子西复召之,故以此怨郑,欲伐之。子西许而未为发兵。八年,晋伐郑,郑告急楚,楚使子西救郑,受赂而去。白公胜怒,乃遂与勇力死士<u>石乞</u>等袭杀<u>令尹子西</u>、<u>子綦</u>于朝,因劫<u>惠王</u>,置之<u>高府</u>,欲弒之。<u>惠王</u>从者<u>屈固</u>负王亡走<u>昭王</u>夫人宫。<u>白公</u>自立为王。月馀,会<u>叶公</u>来救<u>楚</u>,<u>楚惠王</u>之徒与共攻<u>白公</u>,杀之。<u>惠王</u>乃复位。是岁也,灭<u>陈</u>而县之。

十三年,<u>吴王夫差</u>强,陵<u>齐</u>、<u>晋</u>,来伐<u>楚</u>。十六年,<u>越</u>灭<u>吴</u>。四十二年,<u>楚</u>灭<u>蔡</u>。四十四年,<u>楚</u>灭<u>杞</u>。与<u>秦</u>平。是时<u>越</u>已灭<u>吴</u>而不能正<u>江</u>、<u>淮</u>北;<u>楚</u>东侵,广地至<u>泗</u>上。

五十七年,<u>惠王</u>卒,子<u>简王中</u>立。

<u>简王</u>元年,北伐灭<u>莒</u>。八年,<u>魏文侯</u>、<u>韩武子</u>、<u>赵桓子</u>始列为诸侯。

二十四年,<u>简王</u>卒,子<u>声王当</u>立。<u>声王</u>六年,盗杀<u>声王</u>,子<u>悼王熊疑</u>立。<u>悼王</u>二年,<u>三晋</u>来伐<u>楚</u>,至<u>乘丘</u>而还。四年,<u>楚</u>伐<u>周</u>。<u>郑</u>杀<u>子阳</u>。九年,伐<u>韩</u>,取<u>负黍</u>。十一年,<u>三晋</u>伐<u>楚</u>,败我<u>大梁</u>、<u>榆关</u>。<u>楚</u>厚赂<u>秦</u>,与之平。二十一年,<u>悼王</u>卒,子<u>肃王臧</u>立。

<u>肃王</u>四年,<u>蜀</u>伐<u>楚</u>,取<u>兹方</u>。于是<u>楚</u>为<u>扞关</u>以距之。十年,<u>魏</u>取我<u>鲁阳</u>。十一年,<u>肃王</u>卒,无子,立其弟<u>熊良夫</u>,是为<u>宣王</u>。

<u>宣王</u>六年,<u>周天子</u>贺<u>秦献公</u>。<u>秦</u>始复强,而<u>三晋</u>益大,<u>魏惠王</u>、<u>齐威王</u>尤强。三十年,<u>秦</u>封<u>卫鞅</u>于<u>商</u>,南侵<u>楚</u>。是年,<u>宣王</u>卒,子<u>威王熊商</u>立。

<u>威王</u>六年,<u>周显王</u>致文武胙于<u>秦惠王</u>。

七年,<u>齐孟尝君</u>父<u>田婴</u>欺<u>楚</u>,<u>楚威王</u>伐<u>齐</u>,败之于<u>徐州</u>,而令<u>齐</u>必逐<u>田婴</u>。<u>田婴</u>恐,<u>张丑</u>伪谓<u>楚王</u>曰:“王所以战胜于<u>徐州</u>者,<u>田盼子</u>不用也。<u>盼子</u>者,有功于国,而百姓为之用。<u>婴子</u>弗善而用<u>申纪</u>。<u>申纪</u>者,大臣不附,百姓不为用,故王胜之也。今王逐<u>婴子</u>,<u>婴子</u>逐,<u>盼子</u>必用矣。复搏其士卒以与王遇,必不便于王矣。”<u>楚王</u>因弗逐也。

十一年,<u>威王</u>卒,子<u>怀王熊槐</u>立。<u>魏</u>闻<u>楚</u>丧,伐<u>楚</u>,取我<u>陉山</u>。

<u>怀王</u>元年,<u>张仪</u>始相<u>秦惠王</u>。四年,<u>秦惠王</u>初称王。

六年,<u>楚</u>使<u>柱国昭阳</u>将兵而攻<u>魏</u>,破之于<u>襄陵</u>,得八邑。又移兵而攻<u>齐</u>,<u>齐王</u>患之。<u>陈轸</u>适为<u>秦</u>使<u>齐</u>,<u>齐王</u>曰:“为之奈何?”<u>陈轸</u>曰:“王勿忧,请令罢之。”即往见<u>昭阳</u>军中,曰:“愿闻<u>楚</u>国之法,破军杀将者何以贵之?”<u>昭阳</u>曰:“其官为上柱国,封上爵执珪。”<u>陈轸</u>曰:“其有贵于此者乎?”<u>昭阳</u>曰:“令尹。”<u>陈轸</u>曰:“今君已为令尹矣,此国冠之上。臣请得譬之。人有

遗其舍人一卮酒者,舍人相谓曰:'数人饮此,不足以遍,请遂画地为蛇,蛇先成者独饮之。'一人曰:'吾蛇先成。'举酒而起,曰:'吾能为之足。'及其为之足,而后成人夺之酒而饮之,曰:'蛇固无足,今为之足,是非蛇足之说也。'今君相楚而攻魏,破军杀将,功莫大焉,冠之上不可以加矣。今又移兵而攻齐,攻齐胜之,官爵不加于此;攻之不胜,身死爵夺,有毁于楚:此为蛇为足之说也。不若引兵而去以德齐,此持满之术也。"昭阳曰:"善。"引兵而去。

　　燕、韩君初称王。秦使张仪与楚、齐、魏相会,盟啮桑。

　　十一年,苏秦约从山东六国共攻秦,楚怀王为从长。至函谷关,秦出兵击六国,六国兵皆引而归,齐独后。十二年,齐湣王伐败赵、魏军,秦亦伐败韩,与齐争长。

　　十六年,秦欲伐齐,而楚与齐从亲,秦惠王患之,乃宣言张仪免相,使张仪南见楚王,谓楚王曰:"敝邑之王所甚说者无先大王,虽仪之所甚愿为门阑之厮者亦无先大王。敝邑之王所甚憎者无先齐王,虽仪之所甚憎者亦无先齐王。而大王和之,是以敝邑之王不得事王,而令仪亦不得为门阑之厮也。王为仪闭关而绝齐,今使使者从仪西取故秦所分楚商於之地方六百里,如是则齐弱矣。是北弱齐,西德于秦,私商於以为富,此一计而三利俱至也。"怀王大悦,乃置相玺于张仪,日与置酒,宣言"吾复得吾商於之地"。群臣皆贺,而陈轸独吊。怀王曰:"何故?"陈轸对曰:"秦之所为重王者,以王之有齐也。今地未可得而齐交先绝,是楚孤也。夫秦又何重孤国哉,必轻楚矣。且先出地而后绝齐,则秦计不为。先绝齐而后责地,则必见欺于张仪。见欺于张仪,则王必怨之。怨之,是西起秦患,北绝齐交。西起秦患,北绝齐交,则两国之兵必至。臣故吊。"楚王弗听,因使一将军西受封地。

　　张仪至秦,详醉坠车,称病不出三月,地不可得。楚王曰:"仪以吾绝齐为尚薄邪?"乃使勇士宋遗北辱齐王。齐王大怒,折楚符而合于秦。秦齐交合,张仪乃起朝,谓楚将军曰:"子何不受地?从某至某,广袤六里。"楚将军曰:"臣之所以见命者六百里,不闻六里。"即以归报怀王。怀王大怒,兴师将伐秦。陈轸又曰;"伐秦非计也。不如因赂之一名都,与之伐齐,是我亡于秦,取偿于齐也,吾国尚可全。今王已绝于齐而责欺于秦,是吾合秦齐之交而来天下之兵也,国必大伤矣。"楚王不听,遂绝和于秦,发兵西攻秦。秦亦发兵击之。

　　十七年春,与秦战丹阳,秦大败我军,斩甲士八万,虏我大将军屈匄、裨将军逢侯丑等七十馀人,遂取汉中之郡。楚怀王大怒,乃悉国兵复袭秦,战于蓝田,大败楚军。韩、魏闻楚之困,乃南袭楚,至于邓。楚闻,乃引兵归。

十八年,秦使使约复与楚亲,分汉中之半以和楚。楚王曰:"愿得张仪,不愿得地。"张仪闻之,请之楚。秦王曰:"楚且甘心于子,奈何?"张仪曰:"臣善其左右靳尚,靳尚又能得事于楚王幸姬郑袖,袖所言无不从者。且仪以前使负楚以商於之约,今秦楚大战,有恶,臣非面自谢楚不解。且大王在,楚不宜敢取仪。诚杀仪以便国,臣之愿也。"仪遂使楚。

至,怀王不见,因而囚张仪,欲杀之。仪私于靳尚,靳尚为请怀王曰:"拘张仪,秦王必怒。天下见楚无秦,必轻王矣。"又谓夫人郑袖曰:"秦王甚爱张仪,而王欲杀之,今将以上庸之地六县赂楚,以美人聘楚王,以宫中善歌者为之媵。楚王重地,秦女必贵,而夫人必斥矣。夫人不若言而出之。"郑袖卒言张仪于王而出之。仪出,怀王因善遇仪,仪因说楚王以叛从约而与秦合亲,约婚姻。张仪已去,屈原使从齐来,谏王曰:"何不诛张仪?"怀王悔,使人追仪,弗及。是岁,秦惠王卒。

二十年,齐湣王欲为从长,恶楚之与秦合,乃使使遗楚王书曰:"寡人患楚之不察于尊名也。今秦惠王死,武王立,张仪走魏,樗里疾、公孙衍用,而楚事秦。夫樗里疾善乎韩,而公孙衍善乎魏;楚必事秦,韩、魏恐,必因二人求合于秦,则燕、赵亦宜事秦。四国争事秦,则楚为郡县矣。王何不与寡人并力收韩、魏、燕、赵,与为从而尊周室,以案兵息民,令于天下?莫敢不乐听,则王名成矣。王率诸侯并伐,破秦必矣。王取武关、蜀、汉之地,私吴、越之富而擅江海之利,韩、魏割上党,西薄函谷,则楚之强百万也。且王欺于张仪,亡地汉中,兵锉蓝田,天下莫不代王怀怒。今乃欲先事秦!愿大王孰计之。"

楚王业已欲和于秦,见齐王书,犹豫不决,下其议群臣。群臣或言和秦,或曰听齐。昭雎曰:"王虽东取地于越,不足以刷耻;必且取地于秦,而后足以刷耻于诸侯。王不如深善齐、韩以重樗里疾,如是则王得韩、齐之重以求地矣。秦破韩宜阳,而韩犹复事秦者,以先王墓在平阳,而秦之武遂去之七十里,以故尤畏秦。不然,秦攻三川,赵攻上党,楚攻河外,韩必亡。楚之救韩,不能使韩不亡,然存韩者楚也。韩已得武遂于秦,以河山为塞,所报德莫如楚厚,臣以为其事王必疾。齐之所信于韩者,以韩公子眜为齐相也。韩已得武遂于秦,王甚善之,使之以齐、韩重樗里疾,疾得齐、韩之重,其主弗敢弃疾也。今又益之以楚之重,樗里子必言秦,复与楚之侵地矣。"于是怀王许之,竟不合秦,而合齐以善韩。

二十四年,倍齐而合秦。秦昭王初立,乃厚赂于楚。楚往迎妇。二十五年,怀王入与秦昭王盟,约于黄棘。秦复与楚上庸。二十六年,齐、韩、魏为楚负其从亲而合于秦,三国共伐楚。楚使太子入质于秦而请救。秦乃遣客卿通将兵救楚,三国引兵去。

二十七年,秦大夫有私与楚太子斗,楚太子杀之而亡归。二十八年,秦乃与齐、韩、魏共攻楚,杀楚将唐眜,取我重丘而去。二十九年,秦复攻楚,大破楚,楚军死者二万,杀我将军景缺。怀王恐,乃使太子为质于齐以求平。三十年,秦复伐楚,取八城。秦昭王遗楚王书曰:“始寡人与王约为弟兄,盟于黄棘,太子为质,至欢也。太子陵杀寡人之重臣,不谢而亡去,寡人诚不胜怒,使兵侵君王之边。今闻君王乃令太子质于齐以求平。寡人与楚接境壤界,故为婚姻,所从相亲久矣。而今秦楚不欢,则无以令诸侯。寡人愿与君王会武关,面相约,结盟而去,寡人之愿也。敢以闻下执事。”楚怀王见秦王书,患之。欲往,恐见欺;无往,恐秦怒。昭睢曰:“王毋行,而发兵自守耳。秦虎狼,不可信,有并诸侯之心。”怀王子子兰劝王行,曰:“奈何绝秦之欢心!”于是往会秦昭王。昭王诈令一将军伏兵武关,号为秦王。楚王至,则闭武关,遂与西至咸阳,朝章台,如蕃臣,不与亢礼。楚怀王大怒,悔不用昭子言。秦因留楚王,要以割巫、黔中之郡。楚王欲盟,秦欲先得地。楚王怒曰:“秦诈我而又强要我以地!”不复许秦。秦因留之。

楚大臣患之,乃相与谋曰:“吾王在秦不得还,要以割地,而太子为质于齐,齐、秦合谋,则楚无国矣。”乃欲立怀王子在国者。昭睢曰:“王与太子俱困于诸侯,而今又倍王命而立其庶子,不宜。”乃诈赴于齐,齐湣王谓其相曰:“不若留太子以求楚之淮北。”相曰:“不可,郢中立王,是吾抱空质而行不义于天下也。”或曰:“不然。郢中立王,因与其新王市曰‘予我下东国,吾为王杀太子,不然,将与三国共立之’,然则东国必可得矣。”齐王卒用其相计而归楚太子。太子横至,立为王,是为顷襄王。乃告于秦曰:“赖社稷神灵,国有王矣。”

顷襄王横元年,秦要怀王不可得地,楚立王以应秦,秦昭王怒,发兵出武关攻楚,大败楚军,斩首五万,取析十五城而去。二年,楚怀王亡逃归,秦觉之,遮楚道,怀王恐,乃从间道走赵以求归。赵主父在代,其子惠王初立,行王事,恐,不敢入楚王。楚王欲走魏,秦追至,遂与秦使复之秦。怀王遂发病。顷襄王三年,怀王卒于秦,秦归其丧于楚。楚人皆怜之,如悲亲戚。诸侯由是不直秦。秦楚绝。

六年,秦使白起伐韩于伊阙,大胜,斩首二十四万。秦乃遗楚王书曰:"楚倍秦,秦且率诸侯伐楚,争一旦之命。愿王之饬士卒,得一乐战。"楚顷襄王患之,乃谋复与秦平。七年,楚迎妇于秦,秦楚复平。

十一年,齐秦各自称为帝;月馀,复归帝为王。

十四年,楚顷襄王与秦昭王好会于宛,结和亲。十五年,楚王与秦、三晋、燕共伐齐,取淮北。十六年,与秦昭王好会于鄢。其秋,复与秦王会穰。

十八年,楚人有好以弱弓微缴加归雁之上者,顷襄王闻,召而问之。对曰:"小臣之好射鶀雁,罗鸗,小矢之发也,何足为大王道也。且称楚之大,因大王之贤,所弋非直此也。昔者三王以弋道德,五霸以弋战国。故秦、魏、燕、赵者,鶀雁也;齐、鲁、韩、卫者,青首也;驺、费、郯、邳者,罗鸗也。外其馀则不足射者。见鸟六双,以王何取? 王何不以圣人为弓,以勇士为缴,时张而射之? 此六双者,可得而囊载也。其乐非特朝昔之乐也,其获非特凫雁之实也。王朝张弓而射魏之大梁之南,加其右臂而径属之于韩,则中国之路绝而上蔡之郡坏矣。还射圉之东,解魏左肘而外击定陶,则魏之东外弃而大宋、方与二郡者举矣。且魏断二臂,颠越矣;膺击郯国,大梁可得而有也。王绪缴兰台,饮马西河,定魏大梁,此一发之乐也。若王之于弋诚好而不厌,则出宝弓,碆新缴,射噣鸟于东海,还盖长城以为防,朝射东莒,夕发浿丘,夜加即墨,顾据午道,则长城之东收而太山之北举矣。西结境于赵而北达于燕,三国布邶,则从不待约而可成也。北游目于燕之辽东而南登望于越之会稽,此再发之乐也。若夫泗上十二诸侯,左萦而右拂之,可一旦而尽也。今秦破韩以为长忧,得列城而不敢守也;伐魏而无功,击赵而顾病,则秦魏之勇力屈矣,楚之故地汉中、析、郦可得而复有也。王出宝弓,碆新缴,涉鄳塞,而待秦之倦也,山东、河内可得而一也。劳民休众,南面称王矣。故曰秦为大鸟,负海内而处,东面而立,左臂据赵之西南,右臂傅楚鄢郢,膺击韩魏,垂头中国,处既形便,势有地利,奋翼鼓邶,方三千里,则秦未可得独招而夜射也。"欲以激怒襄王,故对以此言。襄王因召与语,遂言曰:"夫先王为秦所欺而客死于外,怨莫大焉。今以匹夫有怨,尚有报万乘,白公、子胥是也。今楚之地方五千里,带甲百万,犹足以踊跃中野也,而坐受困,臣窃为大王弗取也。"于是顷襄王遣使于诸侯,复为从,欲以伐秦。秦闻之,发兵来伐楚。

楚欲与齐韩连和伐秦,因欲图周。周王赧使武公谓楚相昭子曰:"三国以兵割周郊地以便输,而南器以尊楚,臣以为不然。夫弑共主,臣世君,大国不亲；以众胁寡，小国不附。大国不亲，小国不附，不可以致名实。名实不得，不足以伤民。夫有图周之声，非所以为号也。"昭子曰："乃图周则无之。虽然，周何故不可图也？"对曰："军不五不攻，城不十不围。夫一周为二十晋，公之所知也。韩尝以二十万之众辱于晋之城下，锐士死，中士伤，而晋不拔。公之无百韩以图周，此天下之所知也。夫怨结于两周以塞骀鲁之心，交绝于齐，声失天下，其为事危矣。夫危两周以厚三川，方城之外必为韩弱矣。何以知其然也？西周之地，绝长补短，不过百里。名为天下共主，裂其地不足以肥国，得其众不足以劲兵。虽无攻之，名为弑君。然而好事之君，喜攻之臣，发号用兵，未尝不以周为终始。是何也？见祭器在焉，欲器之至而忘弑君之乱。今韩以器之在楚，臣恐天下以器仇楚也。臣请譬之。夫虎肉臊，其兵利身，人犹攻之也。若使泽中之麋蒙虎之皮，人之攻之必万于虎矣。裂楚之地，足以肥国；诎楚之名，足以尊主。今子将以欲诛残天下之共主，居三代之传器，吞三翮六翼，以高世主，非贪而何？周书曰'欲起无先'，故器南则兵至矣。"于是楚计辍不行。

十九年，秦伐楚，楚军败，割上庸、汉北地予秦。二十年，秦将白起拔我西陵。二十一年，秦将白起遂拔我郢，烧先王墓夷陵。楚襄王兵散，遂不复战，东北保于陈城。二十二年，秦复拔我巫、黔中郡。

二十三年，襄王乃收东地兵，得十馀万，复西取秦所拔我江旁十五邑以为郡，距秦。二十七年，使三万人助三晋伐燕。复与秦平，而入太子为质于秦。楚使左徒侍太子于秦。

三十六年，顷襄王病，太子亡归。秋，顷襄王卒，太子熊元代立，是为考烈王。考烈王以左徒为令尹，封以吴，号春申君。

考烈王元年，纳州于秦以平。是时楚益弱。

六年，秦围邯郸，赵告急楚，楚遣将军景阳救赵。七年，至新中。秦兵去。十二年，秦昭王卒，楚王使春申君吊祠于秦。十六年，秦庄襄王卒，秦王赵政立。二十二年，与诸侯共伐秦，不利而去。楚东徙都寿春，命曰郢。

二十五年，考烈王卒，子幽王悍立。李园杀春申君。幽王三年，秦、魏伐楚。秦相吕不韦卒。九年，秦灭韩。十年，幽王卒，同母弟犹代立，是为哀王。哀王立二月馀，哀王庶兄负刍之徒袭杀哀王而立负刍为王。是岁，秦虏赵王迁。

王负刍元年，燕太子丹使荆轲刺秦王。二年，秦使将军伐楚，大破楚军,亡十馀城。三年,秦灭魏。四年,秦将王翦破我军于蕲,而杀将军项燕。

五年,秦将王翦、蒙武遂破楚国,虏楚王负刍,灭楚名为郡云。

太史公曰:楚灵王方会诸侯于申,诛齐庆封,作章华台,求周九鼎之时,志小天下;及饿死于申亥之家,为天下笑。操行之不得,悲夫! 势之于人也,可不慎与? 弃疾以乱立,嬖淫秦女,甚乎哉,几再亡国!

史记卷四十一

越王句践世家第十一

越王句践，其先禹之苗裔，而夏后帝少康之庶子也。封于会稽，以奉守禹之祀。文身断发，披草莱而邑焉。后二十馀世，至于允常。允常之时，与吴王阖庐战而相怨伐。允常卒，子句践立，是为越王。

元年，吴王阖庐闻允常死，乃兴师伐越。越王句践使死士挑战，三行，至吴陈，呼而自刭。吴师观之，越因袭击吴师，吴师败于槜李，射伤吴王阖庐。阖庐且死，告其子夫差曰："必毋忘越。"

三年，句践闻吴王夫差日夜勒兵，且以报越，越欲先吴未发往伐之。范蠡谏曰："不可。臣闻兵者凶器也，战者逆德也，争者事之末也。阴谋逆德，好用凶器，试身于所末，上帝禁之，行者不利。"越王曰："吾已决之矣。"遂兴师。吴王闻之，悉发精兵击越，败之夫椒。越王乃以馀兵五千人保栖于会稽。吴王追而围之。

越王谓范蠡曰："以不听子故至于此，为之奈何？"蠡对曰："持满者与天，定倾者与人，节事者以地。卑辞厚礼以遗之，不许，而身与之市。"句践曰："诺。"乃令大夫种行成于吴，膝行顿首曰："君王亡臣句践使陪臣种敢告下执事：句践请为臣，妻为妾。"吴王将许之。子胥言于吴王曰："天以越赐吴，勿许也。"种还，以报句践。句践欲杀妻子，燔宝器，触战以死。种止句践曰："夫吴太宰嚭贪，可诱以利，请间行言之。"于是句践乃以美女宝器令种间献吴太宰嚭。嚭受，乃见大夫种于吴王。种顿首言曰："愿大王赦句践之罪，尽入其宝器。不幸不赦，句践将尽杀其妻子，燔其宝器，悉五千人触战，必有当也。"嚭因说吴王曰："越以服为臣，若将赦之，此国之利也。"吴王将许之。子胥进谏曰："今不灭越，后必悔之。句践贤君，种、蠡良臣，若反国，将为乱。"吴王弗听，卒赦越，罢兵而归。

句践之困会稽也，喟然叹曰："吾终于此乎？"种曰："汤系夏台，文王囚羑里，晋重耳奔翟，齐小白奔莒，其卒王霸。由是观之，何遽不为福乎？"

吴既赦越,越王句践反国,乃苦身焦思,置胆于坐,坐卧即仰胆,饮食亦尝胆也。曰:"女忘会稽之耻邪?"身自耕作,夫人自织,食不加肉,衣不重采,折节下贤人,厚遇宾客,振贫吊死,与百姓同其劳。欲使范蠡治国政,蠡对曰:"兵甲之事,种不如蠡;填抚国家,亲附百姓,蠡不如种。"于是举国政属大夫种,而使范蠡与大夫柘稽行成,为质于吴。二岁而吴归蠡。

句践自会稽归七年,拊循其士民,欲用以报吴。大夫逢同谏曰:"国新流亡,今乃复殷给,缮饰备利,吴必惧,惧则难必至。且鸷鸟之击也,必匿其形。今夫吴兵加齐、晋,怨深于楚、越,名高天下,实害周室,德少而功多,必淫自矜。为越计,莫若结齐,亲楚,附晋,以厚吴。吴之志广,必轻战。是我连其权,三国伐之,越承其弊,可克也。"句践曰:"善。"

居二年,吴王将伐齐。子胥谏曰:"未可。臣闻句践食不重味,与百姓同苦乐。此人不死,必为国患。吴有越,腹心之疾,齐与吴,疥癣也。愿王释齐先越。"吴王弗听,遂伐齐,败之艾陵,虏齐高、国以归。让子胥。子胥曰:"王毋喜!"王怒,子胥欲自杀,王闻而止之。越大夫种曰:"臣观吴王政骄矣,请试尝之贷粟,以卜其事。"请贷,吴王欲与,子胥谏勿与,王遂与之,越乃私喜。子胥言曰:"王不听谏,后三年吴其墟乎!"太宰嚭闻之,乃数与子胥争越议,因谗子胥曰:"伍员貌忠而实忍人,其父兄不顾,安能顾王?王前欲伐齐,员强谏,已而有功,用是反怨王。王不备伍员,员必为乱。"与逢同共谋,谗之王。王始不从,乃使子胥于齐,闻其托子于鲍氏,王乃大怒,曰:"伍员果欺寡人!"役反,使人赐子胥属镂剑以自杀。子胥大笑曰:"我令而父霸,我又立若,若初欲分吴国半予我,我不受,已,今若反以谗诛我。嗟乎,嗟乎,一人固不能独立!"报使者曰:"必取吾眼置吴东门,以观越兵入也!"于是吴任嚭政。

居三年,句践召范蠡曰:"吴已杀子胥,导谀者众,可乎?"对曰:"未可。"

至明年春,吴王北会诸侯于黄池,吴国精兵从王,惟独老弱与太子留守。句践复问范蠡,蠡曰"可矣"。乃发习流二千人,教士四万人,君子六千人,诸御千人,伐吴。吴师败,遂杀吴太子。吴告急于王,王方会诸侯于黄池,惧天下闻之,乃祕之。吴王已盟黄池,乃使人厚礼以请成越。越自度亦未能灭吴,乃与吴平。

其后四年,越复伐吴。吴士民罢弊,轻锐尽死于齐、晋。而越大破吴,因而留围之三年,吴师败,越遂复栖吴王于姑苏之山。吴王使公孙雄肉袒膝行而前,请成越王曰:"孤臣夫差敢布腹心,异日尝得罪于会稽,夫差不敢逆命,得与君王成以归。今君王举玉趾而诛孤臣,孤臣惟命是听,意者亦欲如会稽之赦孤臣之罪乎?"句践不忍,欲许之。范蠡曰:"会稽之事,天以越赐吴,吴不取。今天以吴赐越,越其可逆天乎?且夫君王蚤朝晏罢,非为吴邪?谋之二十二年,一旦而弃之,可乎?且夫天与弗取,反受其咎。'伐柯者其则不远',君忘会稽之厄乎?"句践曰:"吾欲听子言,吾不忍其使者。"范蠡乃鼓进兵,曰:"王已属政于执事,使者去,不者且得罪。"吴使者泣而去。句践怜之,乃使人谓吴王曰:"吾置王甬东,君百家。"吴王谢曰:"吾老矣,不能事君王!"遂自杀。乃蔽其面,曰:"吾无面以见子胥也!"越王乃葬吴王而诛太宰嚭。

句践已平吴,乃以兵北渡淮,与齐、晋诸侯会于徐州,致贡于周。周元王使人赐句践胙,命为伯。句践已去,渡淮南,以淮上地与楚,归吴所侵宋地于宋,与鲁泗东方百里。当是时,越兵横行于江、淮东,诸侯毕贺,号称霸王。

范蠡遂去,自齐遗大夫种书曰:"蜚鸟尽,良弓藏;狡兔死,走狗烹。越王为人长颈鸟喙,可与共患难,不可与共乐。子何不去?"种见书,称病不朝。人或谗种且作乱,越王乃赐种剑曰:"子教寡人伐吴七术,寡人用其三而败吴,其四在子,子为我从先王试之。"种遂自杀。

句践卒,子王鼫与立。王鼫与卒,子王不寿立。王不寿卒,子王翁立。王翁卒,子王翳立。王翳卒,子王之侯立。王之侯卒,子王无彊立。

王无彊时,越兴师北伐齐,西伐楚,与中国争强。当楚威王之时,越北伐齐,齐威王使人说越王曰:"越不伐楚,大不王,小不伯。图越之所为不伐楚者,为不得晋也。韩、魏固不攻楚。韩之攻楚,覆其军,杀其将,则叶、阳翟危;魏亦覆其军,杀其将,则陈、上蔡不安。故二晋之事越也,不至于覆军杀将,马汗之力不效。所重于得晋者何也?"越王曰:"所求于晋者,不至顿刃接兵,而况于攻城围邑乎?愿魏以聚大梁之下,愿齐之试兵南阳莒地,以聚常、郯之境,则方城之外不南,淮、泗之间不东,商、於、析、郦、宗胡之地,夏路以左,不足以备秦,江南、泗上不足以待越矣。则齐、秦、韩、魏得志于楚也,是二晋不战而分地,不耕而获之。不此之为,而顿刃于河山之间以为齐秦用,所待者如此其失计,奈何其以此王也!"齐使者曰:"幸也越之不亡也!吾不贵其用智之如目,见豪毛而不见其睫也。今王知晋之失计,而不自知越之过,是目论也。王所待于晋者,非有马汗之力也,又非

可与合军连和也,将待之以分楚众也。今楚众已分,何待于晋?"越王曰:
"奈何?"曰:"楚三大夫张九军,北围曲沃、於中,以至无假之关者三千七百
里,景翠之军北聚鲁、齐、南阳,分有大此者乎?且王之所求者,斗晋楚也;
晋楚不斗,越兵不起,是知二五而不知十也。此时不攻楚,臣以是知越大
不王,小不伯。复雠、庞、长沙,楚之粟也;竟泽陵,楚之材也。越窥兵通无
假之关,此四邑者不上贡事于郢矣。臣闻之,图王不王,其敝可以伯。然
而不伯者,王道失也。故愿大王之转攻楚也。"

于是越遂释齐而伐楚。楚威王兴兵而伐之,大败越,杀王无强,尽取
故吴地至浙江,北破齐于徐州。而越以此散,诸族子争立,或为王,或为
君,滨于江南海上,服朝于楚。

后七世,至闽君摇,佐诸侯平秦。汉高帝复以摇为越王,以奉越后。
东越,闽君,皆其后也。

范蠡事越王句践,既苦身勠力,与句践深谋二十餘年,竟灭吴,报会稽
之耻,北渡兵于淮以临齐、晋,号令中国,以尊周室,句践以霸,而范蠡称上
将军。还反国,范蠡以为大名之下,难以久居,且句践为人可与同患,难与
处安,为书辞句践曰:"臣闻主忧臣劳,主辱臣死。昔者君王辱于会稽,所
以不死,为此事也。今既以雪耻,臣请从会稽之诛。"句践曰:"孤将与子分
国而有之。不然,将加诛于子。"范蠡曰:"君行令,臣行意。"乃装其轻宝珠
玉,自与其私徒属乘舟浮海以行,终不反。于是句践表会稽山以为范蠡奉
邑。

范蠡浮海出齐,变姓名,自谓鸱夷子皮,耕于海畔,苦身勠力,父子治
产。居无几何,致产数十万。齐人闻其贤,以为相。范蠡喟然叹曰:"居家
则致千金,居官则至卿相,此布衣之极也。久受尊名,不祥。"乃归相印,尽
散其财,以分与知友乡党,而怀其重宝,间行以去,止于陶,以为此天下之
中,交易有无之路通,为生可以致富矣。于是自谓陶朱公。复约要父子耕
畜,废居,候时转物,逐什一之利。居无何,则致赀累巨万。天下称陶朱
公。

朱公居陶,生少子。少子及壮,而朱公中男杀人,囚于楚。朱公曰:
"杀人而死,职也。然吾闻千金之子不死于市。"告其少子往视之。乃装黄
金千溢,置褐器中,载以一牛车。且遣其少子,朱公长男固请欲行,朱公不
听。长男曰:"家有长子曰家督,今弟有罪,大人不遣,乃遣少弟,是吾不
肖。"欲自杀。其母为言曰:"今遣少子,未必能生中子也,而先空亡长男,

奈何?"朱公不得已而遣长子,为一封书遗故所善庄生。曰:"至则进千金于庄生所,听其所为,慎无与争事。"长男既行,亦自私赍数百金。

至楚,庄生家负郭,披藜藋到门,居甚贫。然长男发书进千金,如其父言。庄生曰:"可疾去矣,慎毋留!即弟出,勿问所以然。"长男既去,不过庄生而私留,以其私赍献遗楚国贵人用事者。

庄生虽居穷阎,然以廉直闻于国,自楚王以下皆师尊之。及朱公进金,非有意受也,欲以成事后复归之以为信耳。故金至,谓其妇曰:"此朱公之金。有如病不宿诚,后复归,勿动。"而朱公长男不知其意,以为殊无短长也。

庄生间时入见楚王,言"某星宿某,此则害于楚"。楚王素信庄生,曰:"今为奈何?"庄生曰:"独以德为可以除之。"楚王曰:"生休矣,寡人将行之。"王乃使使者封三钱之府。楚贵人惊告朱公长男曰:"王且赦。"曰:"何以也?"曰:"每王且赦,常封三钱之府。昨暮王使使封之。"朱公长男以为赦,弟固当出也,重千金虚弃庄生,无所为也,乃复见庄生。庄生惊曰:"若不去邪?"长男曰:"固未也。初为事弟,弟今议自赦,故辞生去。"庄生知其意欲复得其金,曰:"若自入室取金。"长男即自入室取金持去,独自欢幸。

庄生羞为儿子所卖,乃入见楚王曰:"臣前言某星事,王言欲以修德报之。今臣出,道路皆言陶之富人朱公之子杀人囚楚,其家多持金钱赂王左右,故王非能恤楚国而赦,乃以朱公子故也。"楚王大怒曰:"寡人虽不德耳,奈何以朱公之子故而施惠乎!"令论杀朱公子,明日遂下赦令。朱公长男竟持其弟丧归。

至,其母及邑人尽哀之,唯朱公独笑,曰:"吾固知必杀其弟也!彼非不爱其弟,顾有所不能忍者也。是少与我俱,见苦,为生难,故重弃财。至如少弟者,生而见我富,乘坚驱良逐狡兔,岂知财所从来,故轻弃之,非所惜吝。前日吾所为欲遣少子,固为其能弃财故也。而长者不能,故卒以杀其弟,事之理也,无足悲者。吾日夜固以望其丧之来也。"

故范蠡三徙,成名于天下,非苟去而已,所止必成名。卒老死于陶,故世传曰陶朱公。

太史公曰:禹之功大矣,渐九川,定九州,至于今诸夏艾安。及苗裔句践,苦身焦思,终灭强吴,北观兵中国,以尊周室,号称霸王。句践可不谓贤哉!盖有禹之遗烈焉。范蠡三迁皆有荣名,名垂后世。臣主若此,欲毋显得乎!

史记卷四十二

郑世家第十二

郑桓公友者,周厉王少子而宣王庶弟也。宣王立二十二年,友初封于郑。封三十三岁,百姓皆便爱之。幽王以为司徒。和集周民,周民皆说,河雒之间,人便思之。为司徒一岁,幽王以褒后故,王室治多邪,诸侯或畔之。于是桓公问太史伯曰:"王室多故,予安逃死乎?"太史伯对曰:"独雒之东土,河济之南可居。"公曰:"何以?"对曰:"地近虢、郐,虢、郐之君贪而好利,百姓不附。今公为司徒,民皆爱公,公诚请居之,虢、郐之君见公方用事,轻分公地。公诚居之,虢、郐之民皆公之民也。"公曰:"吾欲南之江上,何如?"对曰:"昔祝融为高辛氏火正,其功大矣,而其于周未有兴者,楚其后也。周衰,楚必兴。兴,非郑之利也。"公曰:"吾欲居西方,何如?"对曰:"其民贪而好利,难久居。"公曰:"周衰,何国兴者?"对曰:"齐、秦、晋、楚乎?夫齐,姜姓,伯夷之后也,伯夷佐尧典礼。秦,嬴姓,伯翳之后也,伯翳佐舜怀柔百物。及楚之先,皆尝有功于天下。而周武王克纣后,成王封叔虞于唐,其地阻险,以此有德与周衰并,亦必兴矣。"桓公曰:"善。"于是卒言王,东徙其民雒东,而虢、郐果献十邑,竟国之。

二岁,犬戎杀幽王于骊山下,并杀桓公。郑人共立其子掘突,是为武公。

武公十年,娶申侯女为夫人,曰武姜。生太子寤生,生之难,及生,夫人弗爱。后生少子叔段,段生易,夫人爱之。二十七年,武公疾。夫人请公,欲立段为太子,公弗听。是岁,武公卒,寤生立,是为庄公。

庄公元年,封弟段于京,号太叔。祭仲曰:"京大于国,非所以封庶也。"庄公曰:"武姜欲之,我弗敢夺也。"段至京,缮治甲兵,与其母武姜谋袭郑。二十二年,段果袭郑,武姜为内应。庄公发兵伐段,段走。伐京,京人畔段,段出走鄢。鄢溃,段出奔共。于是庄公迁其母武姜于城颍,誓言曰:"不至黄泉,毋相见也。"居岁余,已悔思母。颍谷之考叔有献于公,公赐食。考叔曰："臣有母,请君食赐臣母。"庄公曰："我甚思母,恶负盟,奈何?"考叔曰："穿地至黄泉,则相见矣。"于是遂从之,见母。

二十四年,宋缪公卒,公子冯奔郑。郑侵周地,取禾。二十五年,卫州吁弑其君桓公自立,与宋伐郑,以冯故也。二十七年,始朝周桓王。桓王怒其取禾,弗礼也。二十九年,庄公怒周弗礼,与鲁易祊、许田。三十三年,宋杀孔父。三十七年,庄公不朝周,周桓王率陈、蔡、虢、卫伐郑。庄公与祭仲、高渠弥发兵自救,王师大败。祝瞻射中王臂。祝瞻请从之,郑伯止之,曰:"犯长且难之,况敢陵天子乎?"乃止。夜令祭仲问王疾。

三十八年,北戎伐齐,齐使求救,郑遣太子忽将兵救齐。齐釐公欲妻之,忽谢曰:"我小国,非齐敌也。"时祭仲与俱,劝使取之,曰:"君多内宠,太子无大援将不立,三公子皆君也。"所谓三公子者,太子忽,其弟突,次弟子亹也。

四十三年,郑庄公卒。初,祭仲甚有宠于庄公,庄公使为卿;公使娶邓女,生太子忽,故祭仲立之,是为昭公。

庄公又娶宋雍氏女,生厉公突。雍氏有宠于宋。宋庄公闻祭仲之立忽,乃使人诱召祭仲而执之,曰:"不立突,将死。"亦执突以求赂焉。祭仲许宋,与宋盟。以突归,立之。昭公忽闻祭仲以宋要立其弟突,九月丁亥,忽出奔卫。己亥,突至郑,立,是为厉公。

厉公四年,祭仲专国政。厉公患之,阴使其婿雍纠欲杀祭仲。纠妻,祭仲女也,知之,谓其母曰:"父与夫孰亲?"母曰:"父一而已,人尽夫也。"女乃告祭仲,祭仲反杀雍纠,戮之于市。厉公无奈祭仲何,怒纠曰:"谋及妇人,死固宜哉!"夏,厉公出居边邑栎。祭仲迎昭公忽,六月乙亥,复入郑,即位。

秋,郑厉公突因栎人杀其大夫单伯,遂居之。诸侯闻厉公出奔,伐郑,弗克而去。宋颇予厉公兵,自守于栎,郑以故亦不伐栎。

昭公二年,自昭公为太子时,父庄公欲以高渠弥为卿,太子忽恶之,庄公弗听,卒用渠弥为卿。及昭公即位,惧其杀己,冬十月辛卯,渠弥与昭公出猎,射杀昭公于野。祭仲与渠弥不敢入厉公,乃更立昭公弟子亹为君,是为子亹也,无谥号。

子亹元年七月,齐襄公会诸侯于首止,郑子亹往会,高渠弥相,从,祭仲称疾不行。所以然者,子亹自齐襄公为公子之时,尝会斗,相仇,及会诸侯,祭仲请子亹无行。子亹曰:"齐强,而厉公居栎,即不往,是率诸侯伐我,内厉公。我不如往,往何遽必辱,且又至是!"卒行。于是祭仲恐齐并杀之,故称疾。子亹至,不谢齐侯,齐侯怒,遂伏甲而杀子亹。高渠弥亡归,归与祭仲谋,召子亹弟公子婴于陈而立之,是为郑子。是岁,齐襄公使彭生醉拉杀鲁桓公。

郑子八年,齐人管至父等作乱,弑其君襄公。十二年,宋人长万弑其君澄公。郑祭仲死。

十四年,故郑亡厉公突在栎者使人诱劫郑大夫甫假,要以求入。假曰:"舍我,我为君杀郑子而入君。"厉公与盟,乃舍之。六月甲子,假杀郑子及其二子而迎厉公突,突自栎复入即位。初,内蛇与外蛇斗于郑南门中,内蛇死。居六年,厉公果复入。入而让其伯父原曰:"我亡国外居,伯父无意入我,亦甚矣。"原曰:"事君无二心,人臣之职也。原知罪矣。"遂自杀。厉公于是谓甫假曰:"子之事君有二心矣。"遂诛之。假曰:"重德不报,诚然哉!"

厉公突后元年,齐桓公始霸。

五年,燕、卫与周惠王弟穨伐王,王出奔温,立弟穨为王。六年,惠王告急郑,厉公发兵击周王子穨,弗胜,于是与周惠王归,王居于栎。七年春,郑厉公与虢叔袭杀王子穨而入惠王于周。

秋,厉公卒,子文公踕立。厉公初立四岁,亡居栎,居栎十七岁,复入,立七岁,与亡凡二十八年。

文公十七年,齐桓公以兵破蔡,遂伐楚,至召陵。

二十四年,文公之贱妾曰燕姞,梦天与之兰,曰:"余为伯鯈。余,尔祖也。以是为而子,兰有国香。"以梦告文公,文公幸之,而予之草兰为符。遂生子,名曰兰。

三十六年,晋公子重耳过,文公弗礼。文公弟叔詹曰:"重耳贤,且又同姓,穷而过君,不可无礼。"文公曰:"诸侯亡公子过者多矣,安能尽礼之!"詹曰:"君如弗礼,遂杀之;弗杀,使即反国,为郑忧矣。"文公弗听。

三十七年春,晋公子重耳反国,立,是为文公。秋,郑入滑,滑听命,已而反与卫,于是郑伐滑。周襄王使伯犕请滑。郑文公怨惠王之亡在栎,而文公父厉公入之,而惠王不赐厉公爵禄,又怨襄王之与卫滑,故不听襄王请而囚伯犕。王怒,与翟人伐郑,弗克。冬,翟攻伐襄王,襄王出奔郑,郑文公居王于氾。三十八年,晋文公入襄王成周。

四十一年,助楚击晋。自晋文公之过无礼,故背晋助楚。四十三年,晋文公与秦穆公共围郑,讨其助楚攻晋者,及文公过时之无礼也。初,郑文公有三夫人,宠子五人,皆以罪蚤死。公怒,溉逐群公子。子兰奔晋,从晋文公围郑。时兰事晋文公甚谨,爱幸之,乃私于晋,以求入郑为太子。晋于是欲得叔詹为僇。郑文公恐,不敢谓叔詹言。詹闻,言于郑君曰:"臣谓君,君不听臣,晋卒为患。然晋所以围郑,以詹,詹死而赦郑国,詹之愿也。"乃自杀。郑人以詹尸与晋。晋文公曰:"必欲一见郑君,辱之而去。"郑人患之,乃使人私于秦曰:"破郑益晋,非秦之利也。"秦兵罢。晋文公欲入兰为太子,以告郑。郑大夫石癸曰:"吾闻姞姓乃后稷之元妃,其后当有兴者。子兰母,其后也。且夫人子尽已死,餘庶子无如兰贤。今围急,晋以为请,利孰大焉!"遂许晋,与盟,而卒立子兰为太子,晋兵乃罢去。

四十五年,文公卒,子兰立,是为缪公。

缪公元年春,秦缪公使三将将兵欲袭郑,至滑,逢郑贾人弦高诈以十二牛劳军,故秦兵不至而还,晋败之于崤。初,往年郑文公之卒也,郑司城缯贺以郑情卖之,秦兵故来。三年,郑发兵从晋伐秦,取秦兵于汪。

往年楚太子商臣杀其父成王代立。二十一年,与宋华元伐郑。华元杀羊食士,不与其御羊斟,怒以驰郑,郑囚华元。宋赎华元,元亦亡去。晋使赵穿以兵伐郑。

二十二年,郑缪公卒,子夷立,是为灵公。

灵公元年春,楚献鼋于灵公。子家、子公将朝灵公,子公之食指动,谓子家曰:"佗日指动,必食异物。"及入,见灵公进鼋羹,子公笑曰:"果然!"灵公问其笑故,具告灵公。灵公召之,独弗予羹。子公怒,染其指,尝之而出。公怒,欲杀子公。子公与子家谋先。夏,弑灵公。郑人欲立灵公弟去疾,去疾让曰:"必以贤,则去疾不肖;必以顺,则公子坚长。"坚者,灵公庶弟,去疾之兄也。于是乃立子坚,是为襄公。

襄公立,将尽去缪氏。缪氏者,杀灵公、子公之族家也。去疾曰:"必去缪氏,我将去之。"乃止。皆以为大夫。

襄公元年,楚怒郑受宋赂纵华元,伐郑。郑背楚,与晋亲。五年,楚复伐郑,晋来救之。六年,子家卒,国人复逐其族,以其弑灵公也。

七年,郑与晋盟鄢陵。八年,楚庄王以郑与晋盟,来伐,围郑三月,郑以城降楚。楚王入自皇门,郑襄公肉袒擘羊以迎,曰:"孤不能事边邑,使君王怀怒以及樊邑,孤之罪也。敢不惟命是听。君王迁之江南,及以赐诸侯,亦惟命是听。若君王不忘厉、宣王、桓、武公,哀不忍绝其社稷,锡不毛之地,使复得改事君王,孤之愿也,然非所敢望也。敢布腹心,惟命是听。"庄王为却三十里而后舍。楚群臣曰:"自郢至此,士大夫亦久劳矣。今得国舍之,何如?"庄王曰:"所为伐,伐不服也。今已服,尚何求乎?"卒去。晋闻楚之伐郑,发兵救郑。其来持两端,故迟,比至河,楚兵已去。晋将率或欲渡,或欲还,卒渡河。庄王闻,还击晋。郑反助楚,大破晋军于河上。十年,晋来伐郑,以其反晋而亲楚也。

十一年,楚庄王伐宋,宋告急于晋。晋景公欲发兵救宋,伯宗谏晋君曰:"天方开楚,未可伐也。"乃求壮士得霍人解扬,字子虎,诓楚,令宋毋降。过郑,郑与楚亲,乃执解扬而献楚。楚王厚赐与约,使反其言,令宋趣降,三要乃许。于是楚登解扬楼车,令呼宋。遂负楚约而致其晋君命曰:"晋方悉国兵以救宋,宋虽急,慎毋降楚,晋兵今至矣!"楚庄王大怒,将杀之。解扬曰:"君能制命为义,臣能承命为信。受吾君命以出,有死无陨。"庄王曰:"若之许我,已而背之,其信安在?"解扬曰:"所以许王,欲以成吾君命也。"将死,顾谓楚军曰:"为人臣无忘尽忠得死者!"楚王诸弟皆谏王赦之,于是赦解扬使归。晋爵之为上卿。

十八年,襄公卒,子悼公沸立。

悼公元年,鰌公恶郑于楚,悼公使弟睔于楚自讼。讼不直,楚囚睔。于是郑悼公来与晋平,遂亲。睔私于楚子反,子反言归睔于郑。

二年,楚伐郑,晋兵来救。是岁,悼公卒,立其弟睔,是为成公。

成公三年,楚共王曰"郑成公孤有德焉",使人来与盟。成公私与盟。秋,成公朝晋,晋曰"郑私平于楚",执之。使栾书伐郑。四年春,郑患晋围,公子如乃立成公庶兄繻为君。其四月,晋闻郑立君,乃归成公。郑人闻成公归,亦杀君繻。迎成公。晋兵去。

十年,背晋盟,盟于楚。晋厉公怒,发兵伐郑。楚共王救郑。晋楚战鄢陵,楚兵败,晋射伤楚共王目,俱罢而去。十三年,晋悼公伐郑,兵于洧上。郑城守,晋亦去。

十四年,成公卒,子恽立。是为釐公。

釐公五年,郑相子驷朝釐公,釐公不礼。子驷怒,使厨人药杀釐公,赴诸侯曰"釐公暴病卒"。立釐公子嘉,嘉时年五岁,是为简公。

简公元年,诸公子谋欲诛相子驷,子驷觉之,反尽诛诸公子。二年,晋伐郑,郑与盟,晋去。冬,又与楚盟。子驷畏诛,故两亲晋、楚。三年,相子驷欲自立为君,<u>公子子孔</u>使<u>尉止</u>杀相<u>子驷</u>而代之。<u>子孔</u>又欲自立。<u>子产</u>曰:"<u>子驷</u>为不可,诛之,今又效之,是乱无时息也。"于是<u>子孔</u>从之而相<u>郑简公</u>。

四年,<u>晋</u>怒<u>郑</u>与<u>楚</u>盟,伐<u>郑</u>,<u>郑</u>与盟。<u>楚共王</u>救<u>郑</u>,败<u>晋</u>兵。<u>简公</u>欲与<u>晋</u>平,<u>楚</u>又囚<u>郑</u>使者。

十二年,<u>简公</u>怒相<u>子孔</u>专国权,诛之,而以<u>子产</u>为卿。十九年,<u>简公</u>如<u>晋</u>请<u>卫</u>君还,而封<u>子产</u>以六邑。<u>子产</u>让,受其三邑。二十二年,<u>吴</u>使<u>延陵季子</u>于<u>郑</u>,见<u>子产</u>如旧交,谓<u>子产</u>曰:"<u>郑</u>之执政者侈,难将至,政将及<u>子</u>。<u>子</u>为政,必以礼;不然,<u>郑</u>将败。"<u>子产</u>厚遇<u>季子</u>。二十三年,诸公子争宠相杀,又欲杀<u>子产</u>。公子或谏曰:"<u>子产</u>仁人,<u>郑</u>所以存者<u>子产</u>也,勿杀!"乃止。

二十五年,<u>郑</u>使<u>子产</u>于<u>晋</u>,问<u>平公</u>疾。<u>平公</u>曰:"卜而曰<u>实沈</u>、<u>台骀</u>为祟,史官莫知,敢问?"对曰:"<u>高辛氏</u>有二子,长曰<u>阏伯</u>,季曰<u>实沈</u>,居<u>旷林</u>,不相能也,日操干戈以相征伐。后帝弗臧,迁<u>阏伯</u>于<u>商丘</u>,主辰,<u>商</u>人是因,故辰为商星。迁<u>实沈</u>于<u>大夏</u>,主参,<u>唐</u>人是因,服事<u>夏</u>、<u>商</u>,其季世曰<u>唐叔虞</u>。当<u>武王</u>邑<u>姜</u>方娠<u>大叔</u>,梦帝谓己:'余命而子曰<u>虞</u>,乃与之<u>唐</u>,属之参而蕃育其子孙。'及生有文在其掌曰'<u>虞</u>',遂以命之。及<u>成王</u>灭<u>唐</u>而国<u>大叔</u>焉。故参为晋星。由是观之,则<u>实沈</u>,参神也。昔<u>金天氏</u>有裔子曰<u>昧</u>,为玄冥师,生<u>允格</u>、<u>台骀</u>。<u>台骀</u>能业其官,宣<u>汾</u>、<u>洮</u>,障大泽,以处<u>太原</u>。帝用嘉之,国之<u>汾川</u>。<u>沈</u>、<u>姒</u>、<u>蓐</u>、<u>黄</u>实守其祀。今<u>晋</u>主<u>汾川</u>而灭之。由是观之,则<u>台骀</u>,<u>汾</u>、<u>洮</u>神也。然是二者不害君身。山川之神,则水旱之菑祟之;日月星辰之神,则雪霜风雨不时祭之;若君疾,饮食哀乐女色所生也。"<u>平公</u>及<u>叔向</u>曰:"善,博物君子也!"厚为之礼于<u>子产</u>。

二十七年夏,<u>郑简公</u>朝<u>晋</u>。冬,畏<u>楚灵王</u>之强,又朝<u>楚</u>,<u>子产</u>从。二十八年,<u>郑</u>君病,使<u>子产</u>会诸侯,与<u>楚灵王</u>盟于<u>申</u>,诛<u>齐庆封</u>。

三十六年,<u>简公</u>卒,子<u>定公宁</u>立。秋,<u>定公</u>朝<u>晋昭公</u>。

<u>定公</u>元年,<u>楚</u>公子<u>弃疾</u>弑其君<u>灵王</u>而自立,为<u>平王</u>。欲行德诸侯,归<u>灵王</u>所侵<u>郑</u>地于<u>郑</u>。

四年,<u>晋昭公</u>卒,其六卿强,公室卑。<u>子产</u>谓<u>韩宣子</u>曰:"为政必以德,毋忘所以立。"

六年,<u>郑</u>火,公欲禳之。<u>子产</u>曰:"不如修德。"

八年,<u>楚太子建</u>来奔。十年,<u>太子建</u>与<u>晋</u>谋袭<u>郑</u>。<u>郑</u>杀<u>建</u>,<u>建</u>子<u>胜</u>奔<u>吴</u>。

十一年,定公如晋。晋与郑谋,诛周乱臣,入敬王于周。

十三年,定公卒,子献公虿立。献公十三年卒,子声公胜立。当是时,晋六卿强,侵夺郑,郑遂弱。

声公五年,郑相子产卒,郑人皆哭泣,悲之如亡亲戚。子产者,郑成公少子也。为人仁爱人,事君忠厚。孔子尝过郑,与子产如兄弟云。及闻子产死,孔子为泣曰:"古之遗爱也!"

八年,晋范、中行氏反晋,告急于郑,郑救之。晋伐郑,败郑军于铁。

十四年,宋景公灭曹。二十年,齐田常弑其君简公,而常相于齐。二十二年,楚惠王灭陈。孔子卒。

三十六年,晋知伯伐郑,取九邑。

三十七年,声公卒,子哀公易立。哀公八年,郑人弑哀公而立声公弟丑,是为共公。共公三年,三晋灭知伯。三十一年,共公卒,子幽公已立。幽公元年,韩武子伐郑,杀幽公。郑人立幽公弟骀,是为繻公。

繻公十五年,韩景侯伐郑,取雍丘。郑城京。

十六年,郑伐韩,败韩兵于负黍。二十年,韩、赵、魏列为诸侯。二十三年,郑围韩之阳翟。

二十五年,郑君杀其相子阳。二十七年,子阳之党共弑繻公骀而立幽公弟乙为君,是为郑君。

郑君乙立二年,郑负黍反,复归韩。十一年,韩伐郑,取阳城。

二十一年,韩哀侯灭郑,并其国。

太史公曰:语有之,"以权利合者,权利尽而交疏",甫瑕是也。甫瑕虽以劫杀郑子内厉公,厉公终背而杀之,此与晋之里克何异?守节如荀息,身死而不能存奚齐。变所从来,亦多故矣!

史记卷四十三

赵世家第十三

赵氏之先，与秦共祖。至中衍，为帝大戊御。其后世蜚廉有子二人，而命其一子曰恶来，事纣，为周所杀，其后为秦。恶来弟曰季胜，其后为赵。

季胜生孟增。孟增幸于周成王，是为宅皋狼。皋狼生衡父，衡父生造父。造父幸于周缪王。造父取骥之乘匹，与桃林盗骊、骅骝、绿耳，献之缪王。缪王使造父御，西巡狩，见西王母，乐之忘归。而徐偃王反，缪王日驰千里马，攻徐偃王，大破之。乃赐造父以赵城，由此为赵氏。

自造父已下六世至奄父，曰公仲，周宣王时伐戎，为御。及千亩战，奄父脱宣王。奄父生叔带。叔带之时，周幽王无道，去周如晋，事晋文侯，始建赵氏于晋国。

自叔带以下，赵宗益兴，五世而至赵夙。

赵夙，晋献公之十六年伐霍、魏、耿，而赵夙为将伐霍。霍公求奔齐。晋大旱，卜之，曰"霍太山为祟"。使赵夙召霍君于齐，复之，以奉霍太山之祀，晋复穰。晋献公赐赵夙耿。

夙生共孟，当鲁闵公之元年也。共孟生赵衰，字子馀。

赵衰卜事晋献公及诸公子，莫吉；卜事公子重耳，吉，即事重耳。重耳以骊姬之乱亡奔翟，赵衰从。翟伐廧咎如，得二女，翟以其少女妻重耳，长女妻赵衰而生盾。初，重耳在晋时，赵衰妻亦生赵同、赵括、赵婴齐。赵衰从重耳出亡，凡十九年，得反国。重耳为晋文公，赵衰为原大夫，居原，任国政。文公所以反国及霸，多赵衰计策。语在晋事中。

赵衰既反晋，晋之妻固要迎翟妻，而以其子盾为適嗣，晋妻三子皆下事之。晋襄公之六年，而赵衰卒，谥为成季。

赵盾代成季任国政二年而晋襄公卒,太子夷皋年少。盾为国多难,欲立襄公弟雍。雍时在秦,使使迎之。太子母日夜啼泣,顿首谓赵盾曰:"先君何罪,释其適子而更求君?"赵盾患之,恐其宗与大夫袭诛之,乃遂立太子,是为灵公,发兵距所迎襄公弟于秦者。灵公既立,赵盾益专国政。

灵公立十四年,益骄。赵盾骤谏,灵公弗听。及食熊蹯,胹不熟,杀宰人,持其尸出,赵盾见之。灵公由此惧,欲杀盾。盾素仁爱人,尝所食桑下饿人反扞救盾,盾以得亡。未出境,而赵穿弑灵公而立襄公弟黑臀,是为成公。赵盾复反,任国政。君子讥盾"为正卿,亡不出境,反不讨贼",故太史书曰"赵盾弑其君"。晋景公时而赵盾卒,谥为宣孟,子朔嗣。

赵朔,晋景公之三年,朔为晋将下军救郑,与楚庄王战河上。朔娶晋成公姊为夫人。

晋景公之三年,大夫屠岸贾欲诛赵氏。初,赵盾在时,梦见叔带持要而哭,甚悲;已而笑,拊手且歌。盾卜之,兆绝而后好。赵史援占之,曰:"此梦甚恶,非君之身,乃君之子,然亦君之咎。至孙,赵将世益衰。"屠岸贾者,始有宠于灵公,及至于景公而贾为司寇,将作难,乃治灵公之贼以致赵盾,遍告诸将曰:"盾虽不知,犹为贼首。以臣弑君,子孙在朝,何以惩罪?请诛之。"韩厥曰:"灵公遇贼,赵盾在外,吾先君以为无罪,故不诛。今诸君将诛其后,是非先君之意而今妄诛。妄诛谓之乱。臣有大事而君不闻,是无君也。"屠岸贾不听。韩厥告赵朔趣亡。朔不肯,曰:"子必不绝赵祀,朔死不恨。"韩厥许诺,称疾不出。贾不请而擅与诸将攻赵氏于下宫,杀赵朔、赵同、赵括、赵婴齐,皆灭其族。

赵朔妻成公姊,有遗腹,走公宫匿。赵朔客曰公孙杵臼,杵臼谓朔友人程婴曰:"胡不死?"程婴曰:"朔之妇有遗腹,若幸而男,吾奉之;即女也,吾徐死耳。"居无何,而朔妇免身,生男。屠岸贾闻之,索于宫中。夫人置儿绔中,祝曰:"赵宗灭乎,若号;即不灭,若无声。"及索,儿竟无声。已脱,程婴谓公孙杵臼曰:"今一索不得,后必且复索之,奈何?"公孙杵臼曰:"立孤与死孰难?"程婴曰:"死易,立孤难耳。"公孙杵臼曰:"赵氏先君遇子厚,子强为其难者,吾为其易者,请先死。"乃二人谋取他人婴儿负之,衣以文葆,匿山中。程婴出,谬谓诸将军曰:"婴不肖,不能立赵孤。谁能与我千金,吾告赵氏孤处。"诸将皆喜,许之,发师随程婴攻公孙杵臼。杵臼谬曰:

"小人哉程婴！昔下宫之难不能死，与我谋匿赵氏孤儿，今又卖我。纵不能立，而忍卖之乎！"抱儿呼曰："天乎天乎！赵氏孤儿何罪？请活之，独杀杵臼可也。"诸将不许，遂杀杵臼与孤儿。诸将以为赵氏孤儿良已死，皆喜。然赵氏真孤乃反在，程婴卒与俱匿山中。

居十五年，晋景公疾，卜之，大业之后不遂者为祟。景公问韩厥，厥知赵孤在，乃曰："大业之后在晋绝祀者，其赵氏乎？夫自中衍者皆嬴姓也。中衍人面鸟噣，降佐殷帝大戊，及周天子，皆有明德。下及幽厉无道，而叔带去周适晋，事先君文侯，至于成公，世有立功，未尝绝祀。今吾君独灭赵宗，国人哀之，故见龟策。唯君图之。"景公问："赵尚有后子孙乎？"韩厥具以实告。于是景公乃与韩厥谋立赵孤儿，召而匿之宫中。诸将入问疾，景公因韩厥之众以胁诸将而见赵孤。赵孤名曰武。诸将不得已，乃曰："昔下宫之难，屠岸贾为之，矫以君命，并命群臣。非然，孰敢作难！微君之疾，群臣固且请立赵后。今君有命，群臣之愿也。"于是召赵武、程婴遍拜诸将，遂反与程婴、赵武攻屠岸贾，灭其族。复与赵武田邑如故。

及赵武冠，为成人，程婴乃辞诸大夫，谓赵武曰："昔下宫之难，皆能死。我非不能死，我思立赵氏之后。今赵武既立，为成人，复故位，我将下报赵宣孟与公孙杵臼。"赵武啼泣顿首固请，曰："武愿苦筋骨以报子至死，而子忍去我死乎！"程婴曰："不可。彼以我为能成事，故先我死；今我不报，是以我事为不成。"遂自杀。赵武服齐衰三年，为之祭邑，春秋祠之，世世勿绝。

赵氏复位十一年，而晋厉公杀其大夫三郤。栾书畏及，乃遂弑其君厉公，更立襄公曾孙周，是为悼公。晋由此大夫稍强。

赵武续赵宗二十七年，晋平公立。平公十二年，而赵武为正卿。十三年，吴延陵季子使于晋，曰："晋国之政卒归于赵武子、韩宣子、魏献子之后矣。"赵武死，谥为文子。

文子生景叔。景叔之时，齐景公使晏婴于晋，晏婴与晋叔向语。婴曰："齐之政后卒归田氏。"叔向亦曰："晋国之政将归六卿。六卿侈矣，而吾君不能恤也。"

赵景叔卒，生赵鞅，是为简子。

赵简子在位,晋顷公之九年,简子将合诸侯戍于周。其明年,入周敬王于周,辟弟子朝之故也。

晋顷公之十二年,六卿以法诛公族祁氏、羊舌氏,分其邑为十县,六卿各令其族为之大夫。晋公室由此益弱。

后十三年,鲁贼臣阳虎来奔,赵简子受赂,厚遇之。

赵简子疾,五日不知人,大夫皆惧。医扁鹊视之,出,董安于问。扁鹊曰:"血脉治也,而何怪! 在昔秦缪公尝如此,七日而寤。寤之日,告公孙支与子舆曰:'我之帝所甚乐。吾所以久者,适有学也。帝告我:"晋国将大乱,五世不安;其后将霸,未老而死;霸者之子且令而国男女无别。"'公孙支书而藏之,秦谶于是出矣。献公之乱,文公之霸,而襄公败秦师于殽而归纵淫,此子之所闻。今主君之疾与之同,不出三日疾必间,间必有言也。"

居二日半,简子寤。语大夫曰:"我之帝所甚乐,与百神游于钧天,广乐九奏万舞,不类三代之乐,其声动人心。有一熊欲来援我,帝命我射之,中熊,熊死。又有一罴来,我又射之,中罴,罴死。帝甚喜,赐我二笥,皆有副。吾见儿在帝侧,帝属我一翟犬,曰:'及而子之壮也,以赐之。'帝告我:'晋国且世衰,七世而亡,嬴姓将大败周人于范魁之西,而亦不能有也。今余思虞舜之勋,适余将以其胄女孟姚配而七世之孙。'"董安于受言而书藏之。以扁鹊言告简子,简子赐扁鹊田四万亩。

他日,简子出,有人当道,辟之不去,从者怒,将刃之。当道者曰:"吾欲有谒于主君。"从者以闻。简子召之,曰:"嘻,吾有所见子晰也。"当道者曰:"屏左右,愿有谒。"简子屏人。当道者曰:"主君之疾,臣在帝侧。"简子曰:"然,有之。子之见我,我何为?"当道者曰:"帝令主君射熊与罴,皆死。"简子曰:"是,且何也?"当道者曰:"晋国且有大难,主君首之。帝令主君灭二卿,夫熊与罴皆其祖也。"简子曰:"帝赐我二笥皆有副,何也?"当道者曰:"主君之子将克二国于翟,皆子姓也。"简子曰:"吾见儿在帝侧,帝属我一翟犬,曰'及而子之长以赐之'。夫儿何谓以赐翟犬?"当道者曰:"儿,主君之子也。翟犬者,代之先也。主君之子且必有代。及主君之后嗣,且有革政而胡服,并二国于翟。"简子问其姓而延之以官。当道者曰:"臣野人,致帝命耳。"遂不见。简子书藏之府。

异日,姑布子卿见简子,简子遍召诸子相之。子卿曰:"无为将军者。"

简子曰："赵氏其灭乎？"子卿曰："吾尝见一子于路，殆君之子也。"简子召子毋卹。毋卹至，则子卿起曰："此真将军矣！"简子曰："此其母贱，翟婢也，奚道贵哉？"子卿曰："天所授，虽贱必贵。"自是之后，简子尽召诸子与语，毋卹最贤。简子乃告诸子曰："吾藏宝符于常山上，先得者赏。"诸子驰之常山上，求，无所得。毋卹还，曰："已得符矣。"简子曰："奏之。"毋卹曰："从常山上临代，代可取也。"简子于是知毋卹果贤，乃废太子伯鲁，而以毋卹为太子。

后二年，晋定公之十四年，范、中行作乱。明年春，简子谓邯郸大夫午曰："归我卫士五百家，吾将置之晋阳。"午许诺，归而其父兄不听，倍言。赵鞅捕午，囚之晋阳。乃告邯郸人曰："我私有诛午也，诸君欲谁立？"遂杀午。赵稷、涉宾以邯郸反。晋君使籍秦围邯郸。荀寅、范吉射与午善，不肯助秦而谋作乱，董安于知之。十月，范、中行氏伐赵鞅，鞅奔晋阳，晋人围之。范吉射、荀寅仇人魏襄等谋逐荀寅，以梁婴父代之；逐吉射，以范皋绎代之。荀栎言于晋侯曰："君命大臣，始乱者死。今三臣始乱而独逐鞅，用刑不均，请皆逐之。"十一月，荀栎、韩不佞、魏哆奉公命以伐范、中行氏，不克。范、中行氏反伐公，公击之，范、中行败走。丁未，二子奔朝歌。韩、魏以赵氏为请。十二月辛未，赵鞅入绛，盟于公宫。其明年，知伯文子谓赵鞅曰："范、中行虽信为乱，安于发之，是安于与谋也。晋国有法，始乱者死。夫二子已伏罪而安于独在。"赵鞅患之。安于曰："臣死，赵氏定，晋国宁，吾死晚矣。"遂自杀。赵氏以告知伯，然后赵氏宁。

孔子闻赵简子不请晋君而执邯郸午，保晋阳，故书春秋曰"赵鞅以晋阳畔"。

赵简子有臣曰周舍，好直谏。周舍死，简子每听朝，常不悦，大夫请罪。简子曰："大夫无罪。吾闻千羊之皮不如一狐之腋。诸大夫朝，徒闻唯唯，不闻周舍之鄂鄂，是以忧也。"简子由此能附赵邑而怀晋人。

晋定公十八年，赵简子围范、中行于朝歌，中行文子奔邯郸。明年，卫灵公卒。简子与阳虎送卫太子蒯聩于卫，卫不内，居戚。

晋定公二十一年，简子拔邯郸，中行文子奔柏人。简子又围柏人，中行文子、范昭子遂奔齐。赵竟有邯郸、柏人。范、中行馀邑入于晋。赵名晋卿,实专晋权,奉邑侔于诸侯。

晋定公三十年,定公与吴王夫差争长于黄池,赵简子从晋定公,卒长吴。定公三十七年卒,而简子除三年之丧,期而已。是岁,越王句践灭吴。

晋出公十一年,知伯伐郑。赵简子疾,使太子毋恤将而围郑。知伯醉,以酒灌击毋恤。毋恤群臣请死之。毋恤曰:"君所以置毋恤,为能忍诟。"然亦愠知伯。知伯归,因谓简子,使废毋恤,简子不听。毋恤由此怨知伯。

晋出公十七年,简子卒,太子毋恤代立,是为襄子。

赵襄子元年,越围吴。襄子降丧食,使楚隆问吴王。

襄子姊前为代王夫人。简子既葬,未除服,北登夏屋,请代王。使厨人操铜枓以食代王及从者,行斟,阴令宰人各以枓击杀代王及从官,遂兴兵平代地。其姊闻之,泣而呼天,摩笄自杀。代人怜之,所死地名之为摩笄之山。遂以代封伯鲁子周为代成君。伯鲁者,襄子兄,故太子。太子蚤死,故封其子。

襄子立四年,知伯与赵、韩、魏尽分其范、中行故地。晋出公怒,告齐、鲁,欲以伐四卿。四卿恐,遂共攻出公。出公奔齐,道死。知伯乃立昭公曾孙骄,是为晋懿公。知伯益骄。请地韩、魏,韩、魏与之。请地赵,赵不与,以其围郑之辱。知伯怒,遂率韩、魏攻赵。赵襄子惧,乃奔保晋阳。

原过从,后,至于王泽,见三人,自带以上可见,自带以下不可见。与原过竹二节,莫通。曰:"为我以是遗赵毋恤。"原过既至,以告襄子。襄子齐三日,亲自剖竹,有朱书曰:"赵毋恤,余霍泰山山阳侯天使也。三月丙戌,余将使女反灭知氏。女亦立我百邑,余将赐女林胡之地。至于后世,且有伉王,赤黑,龙面而鸟噣,鬓麋髭髯,大膺大胸,脩下而冯,左衽界乘,奄有河宗,至于休溷诸貉,南伐晋别,北灭黑姑。"襄子再拜,受三神之令。

三国攻晋阳,岁馀,引汾水灌其城,城不浸者三版。城中悬釜而炊,易子而食。群臣皆有外心,礼益慢,唯高共不敢失礼。襄子惧,乃夜使相张孟同私于韩、魏。韩、魏与合谋,以三月丙戌,三国反灭知氏,共分其地。于是襄子行赏,高共为上。张孟同曰:"晋阳之难,唯共无功。"襄子曰:"方晋阳急,群臣皆懈,惟共不敢失人臣礼,是以先之。"于是赵北有代,南并知氏,强于韩、魏。遂祠三神于百邑,使原过主霍泰山祠祀。

其后娶空同氏,生五子。襄子为伯鲁之不立也,不肯立子,且必欲传位与伯鲁子代成君。成君先死,乃取代成君子浣立为太子。襄子立三十三年卒,浣立,是为献侯。

献侯少即位,治中牟。

襄子弟桓子逐献侯,自立于代,一年卒。国人曰桓子立非襄子意,乃共杀其子而复迎立献侯。

十年,中山武公初立。十三年,城平邑。十五年,献侯卒,子烈侯籍立。

烈侯元年,魏文侯伐中山,使太子击守之。六年,魏、韩、赵皆相立为诸侯,追尊献子为献侯。

烈侯好音,谓相国公仲连曰:“寡人有爱,可以贵之乎?”公仲曰:“富之可,贵之则否。”烈侯曰:“然。夫郑歌者枪、石二人,吾赐之田,人万亩。”公仲曰:“诺。”不与。居一月,烈侯从代来,问歌者田。公仲曰:“求,未有可者。”有顷,烈侯复问。公仲终不与,乃称疾不朝。番吾君自代来,谓公仲曰:“君实好善,而未知所持。今公仲相赵,于今四年,亦有进士乎?”公仲曰:“未也。”番吾君曰:“牛畜、荀欣、徐越皆可。”公仲乃进三人。及朝,烈侯复问:“歌者田何如?”公仲曰:“方使择其善者。”牛畜侍烈侯以仁义,约以王道,烈侯逌然。明日,荀欣侍以选练举贤,任官使能。明日,徐越侍以节财俭用,察度功德。所与无不充,君说。烈侯使使谓相国曰:“歌者之田且止。”官牛畜为师,荀欣为中尉,徐越为内史,赐相国衣二袭。

九年,烈侯卒,弟武公立。武公十三年卒,赵复立烈侯太子章,是为敬侯。是岁,魏文侯卒。

敬侯元年,武公子朝作乱,不克,出奔魏。赵始都邯郸。

二年,败齐于灵丘。三年,救魏于廪丘,大败齐人。四年,魏败我兔台。筑刚平以侵卫。五年,齐、魏为卫攻赵,取我刚平。六年,借兵于楚伐魏,取棘蒲。八年,拔魏黄城。九年,伐齐。齐伐燕,赵救燕。十年,与中山战于房子。

十一年,魏、韩、赵共灭晋,分其地。伐中山,又战于中人。十二年,敬侯卒,子成侯种立。

成侯元年,公子胜与成侯争立,为乱。二年六月,雨雪。三年,太戊午为相。伐卫，取乡邑七十三。魏败我蔺。四年，与秦战高安，败之。五年，伐齐于鄄。魏败我怀。攻郑，败之，以与韩，韩与我长子。六年，中山筑长城。伐魏，败涿泽，围魏惠王。七年，侵齐，至长城。与韩攻周。八年，与韩分周以为两。九年，与齐战阿下。十年，攻卫，取甄。十一年，秦攻魏，赵救之石阿。十二年，秦攻魏少梁，赵救之。十三年，秦献公使庶长国伐魏少梁，虏其太子、痤。魏败我浍，取皮牢。成侯与韩昭侯遇上党。十四年，与韩攻秦。十五年，助魏攻齐。

十六年，与韩、魏分晋，封晋君以端氏。

十七年，成侯与魏惠王遇葛孽。十九年，与齐、宋会平陆，与燕会阿。二十年，魏献荣椽，因以为檀台。二十一年，魏围我邯郸。二十二年，魏惠王拔我邯郸，齐亦败魏于桂陵。二十四年，魏归我邯郸，与魏盟漳水上。秦攻我蔺。二十五年，成侯卒。公子绁与太子肃侯争立，绁败，亡奔韩。

肃侯元年，夺晋君端氏，徙处屯留。二年，与魏惠王遇于阴晋。三年，公子范袭邯郸，不胜而死。四年，朝天子。六年，攻齐，拔高唐。七年，公子刻攻魏首垣。十一年，秦孝公使商君伐魏，虏其将公子卬。赵伐魏。十二年，秦孝公卒，商君死。十五年，起寿陵。魏惠王卒。

十六年，肃侯游大陵，出于鹿门，大戊午扣马曰："耕事方急，一日不作，百日不食。"肃侯下车谢。

十七年，围魏黄，不克。筑长城。

十八年，齐、魏伐我，我决河水灌之，兵去。二十二年，张仪相秦。赵疵与秦战，败，秦杀疵河西，取我蔺、离石。二十三年，韩举与齐、魏战，死于桑丘。

二十四年，肃侯卒。秦、楚、燕、齐、魏出锐师各万人来会葬。子武灵王立。

武灵王元年，阳文君赵豹相。梁襄王与太子嗣，韩宣王与太子仓来朝信宫。武灵王少，未能听政，博闻师三人，左右司过三人。及听政，先问先王贵臣肥义，加其秩；国三老年八十，月致其礼。

三年，城鄗。四年，与韩会于区鼠。五年，娶韩女为夫人。

八年，韩击秦，不胜而去。五国相王，赵独否，曰："无其实，敢处其名乎！"令国人谓己曰"君"。

九年,与韩、魏共击秦,秦败我,斩首八万级。齐败我观泽。十年,秦取我中都及西阳。齐破燕。燕相子之为君,君反为臣。十一年,王召公子职于韩,立以为燕王,使乐池送之。十三年,秦拔我蔺,虏将军赵庄。楚、魏王来,过邯郸。十四年,赵何攻魏。

十六年,秦惠王卒。王游大陵。他日,王梦见处女鼓琴而歌诗曰:"美人荧荧兮,颜若苕之荣。命乎命乎,曾无我嬴!"异日,王饮酒乐,数言所梦,想见其状。吴广闻之,因夫人而内其女娃嬴。孟姚也。孟姚甚有宠于王,是为惠后。

十七年,王出九门,为野台,以望齐、中山之境。

十八年,秦武王与孟说举龙文赤鼎,绝膑而死。赵王使代相赵固迎公子稷于燕,送归,立为秦王,是为昭王。

十九年春正月,大朝信宫。召肥义与议天下,五日而毕。王北略中山之地,至于房子,遂之代,北至无穷,西至河,登黄华之上。召楼缓谋曰:"我先王因世之变,以长南藩之地,属阻漳、滏之险,立长城,又取蔺、郭狼,败林人于荏,而功未遂。今中山在我腹心,北有燕,东有胡,西有林胡、楼烦、秦、韩之边,而无强兵之救,是亡社稷,奈何?夫有高世之名,必有遗俗之累。吾欲胡服。"楼缓曰:"善。"群臣皆不欲。

于是肥义侍,王曰:"简、襄主之烈,计胡、翟之利。为人臣者,宠有孝弟长幼顺明之节,通有补民益主之业,此两者臣之分也。今吾欲继襄主之迹,开于胡、翟之乡,而卒世不见也。为敌弱,用力少而功多,可以毋尽百姓之劳,而序往古之勋。夫有高世之功者,负遗俗之累;有独智之虑者,任骜民之怨。今吾将胡服骑射以教百姓,而世必议寡人,奈何?"肥义曰:"臣闻疑事无功,疑行无名。王既定负遗俗之虑,殆无顾天下之议矣。夫论至德者不和于俗,成大功者不谋于众。昔者舜舞有苗,禹祖裸国,非以养欲而乐志也,务以论德而约功也。愚者暗成事,智者睹未形,则王何疑焉。"王曰:"吾不疑胡服也,吾恐天下笑我也。狂夫之乐,智者哀焉;愚者所笑,贤者察焉。世有顺我者,胡服之功未可知也。虽驱世以笑我,胡地中山吾必有之。"于是遂胡服矣。

使王缫告公子成曰:"寡人胡服,将以朝也,亦欲叔服之。家听于亲而国听于君,古今之公行也。子不反亲,臣不逆君,兄弟之通义也。今寡人作教易服而叔不服，吾恐天下议之也。制国有常，利民为本；从政有经，令行为上。明德先论于贱，而行政先信于贵。今胡服之意，非以养欲而乐志也；事有所止而功有所出，事成功立，然后善也。今寡人恐叔之逆从政之经，以辅叔之议。且寡人闻之，事利国者行无邪，因贵戚者名不累，故愿慕公叔之义，以成胡服之功。使缫谒之叔，请服焉。"公子成再拜稽首曰："臣固闻王之胡服也。臣不佞，寝疾，未能趋走以滋进也。王命之，臣敢对，因竭其愚忠。曰：臣闻中国者，盖聪明徇智之所居也，万物财用之所聚也，贤圣之所教也，仁义之所施也，诗书礼乐之所用也，异敏技能之所试也，远方之所观赴也，蛮夷之所义行也。今王舍此而袭远方之服，变古之教，易古之道，逆人之心，而怫学者，离中国，故臣愿王图之也。"使者以报。王曰："吾固闻叔之疾也，我将自往请之。"

王遂往之公子成家，因自请之，曰："夫服者，所以便用也；礼者，所以便事也。圣人观乡而顺宜，因事而制礼，所以利其民而厚其国也。夫剪发文身，错臂左衽，瓯越之民也。黑齿雕题，却冠秫绌，大吴之国也。故礼服莫同，其便一也。乡异而用变，事异而礼易。是以圣人果可以利其国，不一其用；果可以便其事，不同其礼。儒者一师而俗异，中国同礼而教离，况于山谷之便乎？故去就之变，智者不能一；远近之服，贤圣不能同。穷乡多异，曲学多辩。不知而不疑，异于己而不非者，公焉而众求尽善也。今叔之所言者俗也，吾所言者所以制俗也。吾国东有河、薄洛之水，与齐、中山同之，无舟楫之用。自常山以至代、上党，东有燕、东胡之境，而西有楼烦、秦、韩之边，今无骑射之备。故寡人无舟楫之用，夹水居之民，将何以守河、薄洛之水；变服骑射，以备燕、三胡、秦、韩之边。且昔者简主不塞晋阳以及上党，而襄主并戎取代以攘诸胡，此愚智所明也。先时中山负齐之强兵，侵暴吾地，系累吾民，引水围鄗，微社稷之神灵，则鄗几于不守也。先王丑之，而怨未能报也。今骑射之备，近可以便上党之形，而远可以报中山之怨。而叔顺中国之俗以逆简、襄之意，恶变服之名以忘鄗事之丑，非寡人之所望也。"公子成再拜稽首曰："臣愚，不达于王之义，敢道世俗之闻，臣之罪也。今王将继简、襄之意以顺先王之志，臣敢不听命乎！"再拜稽首。乃赐胡服。明日，服而朝。于是始出胡服令也。

赵文、赵造、周袑、赵俊皆谏止王毋胡服，如故法便。王曰："先王不同俗，何古之法？帝王不相袭，何礼之循？虙戏、神农教而不诛，黄帝、尧、舜诛而不怒。及至三王，随时制法，因事制礼。法度制令各顺其宜，衣服器械各便其用。故礼也不必一道，而便国不必古。圣人之兴也不相袭而王，夏、殷之衰也不易礼而灭。然则反古未可非，而循礼未足多也。且服奇者志淫，则是邹、鲁无奇行也；俗辟者民易，则是吴、越无秀士也。且圣人利身谓之服，便事谓之礼。夫进退之节，衣服之制者，所以齐常民也，非所以论贤者也。故齐民与俗流，贤者与变俱。故谚曰‘以书御者不尽马之情，以古制今者不达事之变’。循法之功，不足以高世；法古之学，不足以制今。子不及也。”遂胡服招骑射。

二十年，王略中山地，至宁葭；西略胡地，至榆中。林胡王献马。归，使楼缓之秦，仇液之韩，王贲之楚，富丁之魏，赵爵之齐。代相赵固主胡，致其兵。

二十一年，攻中山。赵袑为右军，许钧为左军，公子章为中军，王并将之。牛翦将车骑，赵希并将胡、代。赵与之陉，合军曲阳，攻取丹丘、华阳、鸱之塞。王军取鄗、石邑、封龙、东垣。中山献四邑和，王许之，罢兵。二十三年，攻中山。二十五年，惠后卒。使周袑胡服傅王子何。二十六年，复攻中山，攘地北至燕、代，西至云中、九原。

二十七年五月戊申，大朝于东宫，传国，立王子何以为王。王庙见礼毕，出临朝。大夫悉为臣，肥义为相国，并傅王。是为惠文王。惠文王，惠后吴娃子也。武灵王自号为主父。

主父欲令子主治国，而身胡服将士大夫西北略胡地，而欲从云中、九原直南袭秦，于是诈自为使者入秦。秦昭王不知，已而怪其状甚伟，非人臣之度，使人逐之，而主父驰已脱关矣。审问之，乃主父也。秦人大惊。主父所以入秦者，欲自略地形，因观秦王之为人也。

惠文王二年，主父行新地，遂出代，西遇楼烦王于西河而致其兵。

三年，灭中山，迁其王于肤施。起灵寿，北地方从，代道大通。还归，行赏，大赦，置酒酺五日，封长子章为代安阳君。章素侈，心不服其弟所立。主父又使田不礼相章也。

李兑谓肥义曰：“公子章强壮而志骄，党众而欲大，殆有私乎？田不礼之为人也，忍杀而骄。二人相得，必有谋阴贼起，一出身徼幸。夫小人有欲,轻虑浅谋,徒见其利而不顾其害,同类相推,俱入祸门。以吾观之,必不久矣。子任重而势大,乱之所始,祸之所集也,子必先患。仁者爱万物而智者备祸于未形,不仁不智,何以为国? 子奚不称疾毋出,传政于<u>公子成</u>? 毋为怨府,毋为祸梯。"<u>肥义</u>曰:"不可。昔者<u>主父</u>以王属<u>义</u>也,曰:'毋变而度,毋异而虑,坚守一心,以殁而世。'<u>义</u>再拜受命而籍之。今畏<u>不礼</u>之难而忘吾籍,变孰大焉。进受严命,退而不全,负孰甚焉。变负之臣,不容于刑。谚曰'死者复生,生者不愧'。吾言已在前矣,吾欲全吾言,安得全吾身! 且夫贞臣也难至而节见,忠臣也累至而行明。子则有赐而忠我矣,虽然,吾有语在前者也,终不敢失。"<u>李兑</u>曰:"诺,子勉之矣! 吾见子已今年耳。"涕泣而出。<u>李兑</u>数见<u>公子成</u>,以备<u>田不礼</u>之事。

异日<u>肥义</u>谓<u>信期</u>曰:"<u>公子</u>与<u>田不礼</u>甚可忧也。其于义也声善而实恶,此为人也不子不臣。吾闻之也,奸臣在朝,国之残也;谗臣在中,主之蠹也。此人贪而欲大,内得主而外为暴。矫令为慢,以擅一旦之命,不难为也,祸且逮国。今吾忧之,夜而忘寐,饥而忘食。盗贼出入不可不备。自今以来,若有召王者必见吾面,我将先以身当之,无故而王乃入。"<u>信期</u>曰:"善哉,吾得闻此也!"

四年,朝群臣,<u>安阳君</u>亦来朝。<u>主父</u>令王听朝,而自从旁观窥群臣宗室之礼。见其长子<u>章</u>傫然也,反北面为臣,诎于其弟,心怜之,于是乃欲分<u>赵</u>而王<u>章</u>于<u>代</u>,计未决而辍。

<u>主父</u>及王游<u>沙丘</u>,异宫,<u>公子章</u>即以其徒与<u>田不礼</u>作乱,诈以<u>主父</u>令召王。<u>肥义</u>先入,杀之。<u>高信</u>即与王战。<u>公子成</u>与<u>李兑</u>自国至,乃起四邑之兵入距难,杀<u>公子章</u>及<u>田不礼</u>,灭其党贼而定王室。<u>公子成</u>为相,号<u>安平君</u>,<u>李兑</u>为司寇。<u>公子章</u>之败,往走<u>主父</u>,<u>主父</u>开之,<u>成</u>、<u>兑</u>因围<u>主父</u>宫。<u>公子章</u>死,<u>公子成</u>、<u>李兑</u>谋曰:"以<u>章</u>故围<u>主父</u>,即解兵,吾属夷矣。"乃遂围<u>主父</u>。令宫中人"后出者夷",宫中人悉出。<u>主父</u>欲出不得,又不得食,探爵鷇而食之,三月馀而饿死<u>沙丘宫</u>。<u>主父</u>定死,乃发丧赴诸侯。

是时王少,<u>成</u>、<u>兑</u>专政,畏诛,故围<u>主父</u>。<u>主父</u>初以长子<u>章</u>为太子,后得<u>吴娃</u>,爱之,为不出者数岁,生子<u>何</u>,乃废<u>太子章</u>而立<u>何</u>为王。<u>吴娃</u>死,爱弛,怜故太子,欲两王之,犹豫未决,故乱起,以至父子俱死,为天下笑,岂不痛乎!

五年,与燕鄚、易。八年,城南行唐。九年,赵梁将,与齐合军攻韩,至鲁关下。及十年,秦自置为西帝。十一年,董叔与魏氏伐宋,得河阳于魏。秦取梗阳。十二年,赵梁将攻齐。十三年,韩徐为将,攻齐。公主死。十四年,相国乐毅将赵、秦、韩、魏、燕攻齐,取灵丘。与秦会中阳。十五年,燕昭王来见。赵与韩、魏、秦共击齐,齐王败走,燕独深入,取临菑。

十六年,秦复与赵数击齐,齐人患之。苏厉为齐遗赵王书曰:

臣闻古之贤君,其德行非布于海内也,教顺非洽于民人也,祭祀时享非数常于鬼神也。甘露降,时雨至,年谷丰孰,民不疾疫,众人善之,然而贤主图之。

今足下之贤行功力,非数加于秦也;怨毒积怒,非素深于齐也。秦赵与国,以强征兵于韩,秦诚爱赵乎? 其实憎齐乎? 物之甚者,贤主察之。秦非爱赵而憎齐也,欲亡韩而吞二周,故以齐餤天下。恐事之不合,故出兵以劫魏、赵。恐天下畏己也,故出质以为信。恐天下亟反也,故征兵于韩以威之。声以德与国,实而伐空韩,臣以秦计为必出于此。夫物固有势异而患同者,楚久伐而中山亡,今齐久伐而韩必亡。破齐,王与六国分其利也。亡韩,秦独擅之。收二周,西取祭器,秦独私之。赋田计功,王之获利孰与秦多?

说士之计曰:"韩亡三川,魏亡晋国,市朝未变而祸已及矣。"燕尽齐之北地,去沙丘、钜鹿敛三百里,韩之上党去邯郸百里,燕、秦谋王之河山,间三百里而通矣。秦之上郡近挺关,至于榆中者千五百里,秦以三郡攻王之上党,羊肠之西,句注之南,非王有已。逾句注,斩常山而守之,三百里而通于燕,代马胡犬不东下,昆山之玉不出,此三宝者亦非王有已。王久伐齐,从强秦攻韩,其祸必至于此。愿王孰虑之。

且齐之所以伐者,以事王也;天下属行,以谋王也。燕秦之约成而兵出有日矣。五国三分王之地,齐倍五国之约而殉王之患,西兵以禁强秦,秦废帝请服,反高平、根柔于魏,反巠分、先俞于赵。齐之事王,宜为上佼,而今乃抵罪,臣恐天下后事王者之不敢自必也。愿王孰计之也。

今王毋与天下攻齐,天下必以王为义。齐抱社稷而厚事王,天下必尽重王义。王以天下善秦,秦暴,王以天下禁之,是一世之名宠制于王也。

于是赵乃辍,谢秦不击齐。

王与燕王遇。廉颇将,攻齐昔阳,取之。

十七年,乐毅将赵师攻魏伯阳。而秦怨赵不与己击齐,伐赵,拔我两城。十八年,秦拔我石城。王再之卫东阳,决河水,伐魏氏。大潦,漳水出。魏冉来相赵。十九年,秦取我二城。赵与魏伯阳。赵奢将,攻齐麦丘,取之。

二十年,廉颇将,攻齐。王与秦昭王遇西河外。

二十一年,赵徙漳水武平西。二十二年,大疫。置公子丹为太子。

二十三年,楼昌将,攻魏几,不能取。十二月,廉颇将,攻几,取之。二十四年,廉颇将,攻魏房子,拔之,因城而还。又攻安阳,取之。二十五年,燕周将,攻昌城、高唐,取之。与魏共击秦。秦将白起破我华阳,得一将军。二十六年,取东胡欧代地。

二十七年,徙漳水武平南。封赵豹为平阳君。河水出,大潦。

二十八年,蔺相如伐齐,至平邑。罢城北九门大城。燕将成安君公孙操弑其王。二十九年,秦、韩相攻,而围阏与。赵使赵奢将,击秦,大破秦军阏与下,赐号为马服君。

三十三年,惠文王卒,太子丹立,是为孝成王。

孝成王元年,秦伐我,拔三城。赵王新立,太后用事,秦急攻之。赵氏求救于齐,齐曰:“必以长安君为质,兵乃出。”太后不肯,大臣强谏。太后明谓左右曰:“复言长安君为质者,老妇必唾其面。”左师触龙言愿见太后,太后盛气而胥之。入,徐趋而坐,自谢曰:“老臣病足,曾不能疾走,不得见久矣。窃自恕,而恐太后体之有所苦也,故愿望见太后。”太后曰:“老妇恃辇而行耳。”曰:“食得毋衰乎?”曰:“恃粥耳。”曰:“老臣间者殊不欲食,乃强步,日三四里,少益嗜食,和于身也。”太后曰:“老妇不能。”太后不和之色少解。左师公曰:“老臣贱息舒祺最少,不肖,而臣衰,窃怜爱之,愿得补黑衣之缺以卫王宫,昧死以闻。”太后曰:“敬诺。年几何矣?”对曰:“十五岁矣。虽少,愿及未填沟壑而托之。”太后曰:“丈夫亦爱怜少子乎?”对曰:“甚于妇人。”太后笑曰:“妇人异甚。”对曰:“老臣窃以为媪之爱燕后贤于长安君。”太后曰:“君过矣,不若长安君之甚。”左师公曰:“父母爱子,则为之计深远。媪之送燕后也，持其踵，为之泣，念其远也，亦哀之矣。已行，非不思也，祭祀则祝之曰‘必勿使反’，岂非计长久，为子孙相继为王也哉？”太后曰：“然。”左师公曰：“今三世以前，至于赵主之子孙为侯者，其继有在者乎？”曰：“无有。”曰：“微独赵，诸侯有在者乎？”曰：“老妇不闻也。”曰：“此其近者祸及其身，远者及其子孙。岂人主之子侯则不善哉？位尊而无功，奉厚而无劳，而挟重器多也。今媪尊长安君之位，而封之以膏腴之地，多与之重器，而不及今令有功于国，一旦山陵崩，长安君何以自托于赵？老臣以媪为长安君之计短也，故以为爱之不若燕后。”太后曰：“诺，恣君之所使之。”于是为长安君约车百乘，质于齐，齐兵乃出。

子义闻之，曰：“人主之子，骨肉之亲也，犹不能持无功之尊，无劳之奉，而守金玉之重也，而况于予乎？”

齐安平君田单将赵师而攻燕中阳，拔之。又攻韩注人，拔之。二年，惠文后卒。田单为相。

四年，王梦衣偏裻之衣，乘飞龙上天，不至而坠，见金玉之积如山。明日，王召筮史敢占之，曰：“梦衣偏裻之衣者，残也。乘飞龙上天不至而坠者，有气而无实也。见金玉之积如山者，忧也。”

后三日，韩氏上党守冯亭使者至，曰：“韩不能守上党，入之于秦。其吏民皆安为赵，不欲为秦。有城市邑十七，愿再拜入之赵，财王所以赐吏民。”王大喜，召平阳君豹告之曰：“冯亭入城市邑十七，受之何如？”对曰：“圣人甚祸无故之利。”王曰：“人怀吾德，何谓无故乎？”对曰：“夫秦蚕食韩氏地，中绝不令相通，固自以为坐而受上党之地也。韩氏所以不入于秦者，欲嫁其祸于赵也。秦服其劳而赵受其利，虽强大不能得之于小弱，小弱顾能得之于强大乎？岂可谓非无故之利哉！且夫秦以牛田之水通粮蚕食，上乘倍战者，裂上国之地，其政行，不可与为难，必勿受也。”王曰：“今发百万之军而攻，逾年历岁未得一城也。今以城市邑十七币吾国，此大利也。”

赵豹出，王召平原君与赵禹而告之。对曰：“发百万之军而攻，逾岁未得一城，今坐受城市邑十七，此大利，不可失也。”王曰：“善。”乃令赵胜受地，告冯亭曰：“敝国使者臣胜，敝国君使胜致命，以万户都三封太守，千户都三封县令，皆世世为侯，吏民皆益爵三级，吏民能相安，皆赐之六金。”冯亭垂涕不见使者,曰:"吾不处三不义也:为主守地,不能死国,不义一矣;入之秦,不听主令,不义二矣;卖主地而食之,不义三矣。"赵遂发兵取上党。廉颇将军军长平。

七年,廉颇免而赵括代将。秦人围赵括,赵括以军降,卒四十馀万皆坑之。王悔不听赵豹之计,故有长平之祸焉。

王还,不听秦,秦围邯郸。武垣令傅豹、王容、苏射率燕众反燕地。赵以灵丘封楚相春申君。

八年,平原君如楚请救。还,楚来救,及魏公子无忌亦来救,秦围邯郸乃解。

十年,燕攻昌壮,五月拔之。赵将乐乘、庆舍攻秦信梁军,破之。太子死。而秦攻西周,拔之。徒父祺出。十一年,城元氏,县上原。武阳君郑安平死,收其地。十二年,邯郸庳烧。十四年,平原君赵胜死。

十五年,以尉文封相国廉颇为信平君。燕王令丞相栗腹约欢,以五百金为赵王酒,还归,报燕王曰:"赵氏壮者皆死长平,其孤未壮,可伐也。"王召昌国君乐闲而问之。对曰:"赵,四战之国也,其民习兵,伐之不可。"王曰:"吾以众伐寡,二而伐一,可乎?"对曰:"不可。"王曰:"吾即以五而伐一,可乎?"对曰:"不可。"燕王大怒。群臣皆以为可。燕卒起二军,车二千乘,栗腹将而攻鄗,卿秦将而攻代。廉颇为赵将,破杀栗腹,虏卿秦、乐闲。

十六年,廉颇围燕。以乐乘为武襄君。十七年,假相大将武襄君攻燕,围其国。十八年,延陵钧率师从相国信平君助魏攻燕。秦拔我榆次三十七城。十九年,赵与燕易土:以龙兑、汾门、临乐与燕;燕以葛、武阳、平舒与赵。

二十年,秦王政初立。秦拔我晋阳。

二十一年,孝成王卒。廉颇将,攻繁阳,取之。使乐乘代之,廉颇攻乐乘,乐乘走,廉颇亡入魏。子偃立,是为悼襄王。

悼襄王元年,大备魏。欲通平邑、中牟之道,不成。

二年,李牧将,攻燕,拔武遂、方城。秦召春平君,因而留之。泄钧为之谓文信侯曰:"春平君者,赵王甚爱之而郎中妒之,故相与谋曰'春平君入秦,秦必留之',故相与谋而内之秦也。今君留之,是绝赵而郎中之计中也。君不如遣春平君而留平都。春平君者言行信于王,王必厚割赵而赎平都。"文信侯曰:"善。"因遣之。城韩皋。

三年,庞煖将,攻燕,禽其将剧辛。四年,庞煖将赵、楚、魏、燕之锐师,攻秦蕞,不拔;移攻齐,取饶安。五年,傅抵将,居平邑;庆舍将东阳河外师,守河梁。六年,封长安君以饶。魏与赵邺。

九年,赵攻燕,取狸、阳城。兵未罢,秦攻邺,拔之。悼襄王卒,子幽缪王迁立。

幽缪王迁元年,城柏人。二年,秦攻武城,扈辄率师救之,军败,死焉。

三年,秦攻赤丽、宜安,李牧率师与战肥下,却之。封牧为武安君。四年,秦攻番吾,李牧与之战,却之。

五年,代地大动,自乐徐以西,北至平阴,台屋墙垣太半坏,地坼东西百三十步。六年,大饥,民讹言曰:"赵为号,秦为笑。以为不信,视地之生毛。"

七年,秦人攻赵,赵大将李牧、将军司马尚将,击之。李牧诛,司马尚免,赵忽及齐将颜聚代之。赵忽军破,颜聚亡去。以王迁降。

八年十月,邯郸为秦。

太史公曰:吾闻冯王孙曰:"赵王迁,其母倡也,嬖于悼襄王。悼襄王废适子嘉而立迁。迁素无行,信谗,故诛其良将李牧,用郭开。"岂不缪哉!秦既虏迁,赵之亡大夫共立嘉为王,王代六岁,秦进兵破嘉,遂灭赵以为郡。

史记卷四十四

魏世家第十四

魏之先,毕公高之后也。毕公高与周同姓。武王之伐纣,而高封于毕,于是为毕姓。其后绝封,为庶人,或在中国,或在夷狄。其苗裔曰毕万,事晋献公。

献公之十六年,赵夙为御,毕万为右,以伐霍、耿、魏,灭之。以耿封赵夙,以魏封毕万,为大夫。卜偃曰:"毕万之后必大矣。万,满数也;魏,大名也。以是始赏,天开之矣。天子曰兆民,诸侯曰万民。今命之大,以从满数,其必有众。"初,毕万卜事晋,遇屯之比。辛廖占之,曰:"吉。屯固比入,吉孰大焉,其必蕃昌。"

毕万封十一年,晋献公卒,四子争更立,晋乱。而毕万之世弥大,从其国名为魏氏。生武子。魏武子以魏诸子事晋公子重耳。晋献公之二十一年,武子从重耳出亡。十九年反,重耳立为晋文公,而令魏武子袭魏氏之后封,列为大夫,治于魏。生悼子。

魏悼子徙治霍。生魏绛。

魏绛事晋悼公。悼公三年,会诸侯。悼公弟杨干乱行,魏绛僇辱杨干。悼公怒曰:"合诸侯以为荣,今辱吾弟!"将诛魏绛。或说悼公,悼公止。卒任魏绛政,使和戎、翟,戎、翟亲附。悼公之十一年,曰:"自吾用魏绛,八年之中,九合诸侯,戎、翟和,子之力也。"赐之乐,三让,然后受之。徙治安邑。魏绛卒,谥为昭子。生魏嬴。嬴生魏献子。

献子事晋昭公。昭公卒而六卿强,公室卑。

晋顷公之十二年,韩宣子老,魏献子为国政。晋宗室祁氏、羊舌氏相恶,六卿诛之,尽取其邑为十县,六卿各令其子为之大夫。献子与赵简子、中行文子、范献子并为晋卿。

其后十四岁而孔子相鲁。后四岁,赵简子以晋阳之乱也,而与韩、魏共攻范、中行氏。魏献子生魏侈。魏侈与赵鞅共攻范、中行氏。

魏侈之孙曰魏桓子,与韩康子、赵襄子共伐灭知伯,分其地。

桓子之孙曰文侯都。魏文侯元年，秦灵公之元年也。与韩武子、赵桓子、周威王同时。

六年，城少梁。十三年，使子击围繁、庞，出其民。十六年，伐秦，筑临晋元里。

十七年，伐中山，使子击守之，赵仓唐傅之。子击逢文侯之师田子方于朝歌，引车避，下谒。田子方不为礼。子击因问曰："富贵者骄人乎？且贫贱者骄人乎？"子方曰："亦贫贱者骄人耳。夫诸侯而骄人则失其国，大夫而骄人则失其家。贫贱者，行不合，言不用，则去之楚、越，若脱躧然，奈何其同之哉！"子击不怿而去。西攻秦，至郑而还，筑雒阴、合阳。

二十二年，魏、赵、韩列为诸侯。

二十四年，秦伐我，至阳狐。

二十五年，子击生子罃。

文侯受子夏经艺，客段干木，过其闾，未尝不轼也。秦尝欲伐魏，或曰："魏君贤人是礼，国人称仁，上下和合，未可图也。"文侯由此得誉于诸侯。

任西门豹守邺，而河内称治。

魏文侯谓李克曰："先生尝教寡人曰'家贫则思良妻，国乱则思良相'。今所置非成则璜，二子何如？"李克对曰："臣闻之，卑不谋尊，疏不谋戚。臣在阙门之外，不敢当命。"文侯曰："先生临事勿让。"李克曰："君不察故也。居视其所亲，富视其所与，达视其所举，穷视其所不为，贫视其所不取，五者足以定之矣，何待克哉！"文侯曰："先生就舍，寡人之相定矣。"李克趋而出，过翟璜之家。翟璜曰："今者闻君召先生而卜相，果谁为之？"李克曰："魏成子为相矣。"翟璜忿然作色曰："以耳目之所睹记，臣何负于魏成子？西河之守，臣之所进也。君内以邺为忧，臣进西门豹。君谋欲伐中山，臣进乐羊。中山以拔，无使守之，臣进先生。君之子无傅，臣进屈侯鲋。臣何以负于魏成子！"李克曰："且子之言克于子之君者，岂将比周以求大官哉？君问而置相'非成则璜，二子何如'？克对曰：'君不察故也。居视其所亲，富视其所与，达视其所举，穷视其所不为，贫视其所不取，五者足以定之矣，何待克哉！'是以知魏成子之为相也。且子安得与魏成子比乎？魏成子以食禄千钟，什九在外，什一在内，是以东得卜子夏、田子方、段干木。此三人者，君皆师之。子之所进五人者，君皆臣之。子恶得与魏成子比也？"翟璜逡巡再拜曰："璜，鄙人也，失对，愿卒为弟子。"

二十六年,虢山崩,壅河。

三十二年,伐郑。城酸枣。败秦于注。三十五年,齐伐取我襄陵。三十六年,秦侵我阴晋。

三十八年,伐秦,败我武下,得其将识。是岁,文侯卒,子击立,是为武侯。

魏武侯元年,赵敬侯初立,公子朔为乱,不胜,奔魏,与魏袭邯郸,魏败而去。

二年,城安邑、王垣。

七年,伐齐,至桑丘。九年,翟败我于浍。使吴起伐齐,至灵丘。齐威王初立。

十一年,与韩、赵三分晋地,灭其后。

十三年,秦献公县栎阳。十五年,败赵北蔺。

十六年,伐楚,取鲁阳。武侯卒,子罃立,是为惠王。

惠王元年,初,武侯卒也,子罃与公中缓争为太子。公孙颀自宋入赵,自赵入韩,谓韩懿侯曰:"魏罃与公中缓争为太子,君亦闻之乎?今魏罃得王错,挟上党,固半国也。因而除之,破魏必矣,不可失也。"懿侯说,乃与赵成侯合军并兵以伐魏,战于浊泽,魏氏大败,魏君围。赵谓韩曰:"除魏君,立公中缓,割地而退,我且利。"韩曰:"不可。杀魏君,人必曰暴;割地而退,人必曰贪。不如两分之。魏分为两,不强于宋、卫,则我终无魏之患矣。"赵不听。韩不说,以其少卒夜去。惠王之所以身不死,国不分者,二家谋不和也。若从一家之谋,则魏必分矣。故曰"君终无适子,其国可破也"。

二年,魏败韩于马陵,败赵于怀。三年,齐败我观。五年,与韩会宅阳。城武堵。为秦所败。六年,伐取宋仪台。九年,伐败韩于浍。与秦战少梁,虏我将公孙痤,取庞。秦献公卒,子孝公立。

十年,伐取赵皮牢。彗星见。十二年,星昼坠,有声。

十四年,与赵会鄗。十五年,鲁、卫、宋、郑君来朝。十六年,与秦孝公会杜平。侵宋黄池,宋复取之。

十七年,与秦战元里,秦取我少梁。围赵邯郸。十八年,拔邯郸。赵请救于齐,齐使田忌、孙膑救赵,败魏桂陵。

十九年,诸侯围我襄陵。筑长城,塞固阳。

二十年,归赵邯郸,与盟漳水上。二十一年,与秦会彤。赵成侯卒。二十八年,齐威王卒。中山君相魏。

三十年,魏伐赵,赵告急齐。齐宣王用孙子计,救赵击魏。魏遂大兴师,使庞涓将,而令太子申为上将军。过外黄,外黄徐子谓太子曰:"臣有百战百胜之术。"太子曰:"可得闻乎?"客曰:"固愿效之。"曰:"太子自将攻齐,大胜并莒,则富不过有魏,贵不益为王。若战不胜齐,则万世无魏矣。此臣之百战百胜之术也。"太子曰:"诺,请必从公之言而还矣。"客曰:"太子虽欲还,不得矣。彼劝太子战攻,欲嚽汁者众。太子虽欲还,恐不得矣。"太子因欲还,其御曰:"将出而还,与北同。"太子果与齐人战,败于马陵。齐虏魏太子申,杀将军涓,军遂大破。

三十一年,秦、赵、齐共伐我,秦将商君诈我将军公子卬而袭夺其军,破之。秦用商君,东地至河,而齐、赵数破我,安邑近秦,于是徙治大梁。以公子赫为太子。

三十三年,秦孝公卒,商君亡秦归魏,魏怒,不入。三十五年,与齐宣王会平阿南。

惠王数被于军旅,卑礼厚币以招贤者。邹衍、淳于髡、孟轲皆至梁。梁惠王曰:"寡人不佞,兵三折于外,太子虏,上将死,国以空虚,以羞先君宗庙社稷,寡人甚丑之。叟不远千里,辱幸至弊邑之廷,将何以利吾国?"孟轲曰:"君不可以言利若是。夫君欲利则大夫欲利,大夫欲利则庶人欲利,上下争利,国则危矣。为人君,仁义而已矣,何以利为!"

三十六年,复与齐王会甄。是岁,惠王卒,子襄王立。

襄王元年,与诸侯会徐州,相王也。追尊父惠王为王。

五年,秦败我龙贾军四万五千于雕阴,围我焦、曲沃。予秦河西之地。

六年,与秦会应。秦取我汾阴、皮氏、焦。魏伐楚,败之陉山。七年,魏尽入上郡于秦。秦降我蒲阳。八年,秦归我焦、曲沃。

十二年,楚败我襄陵。诸侯执政与秦相张仪会龉桑。十三年,张仪相魏。魏有女子化为丈夫。秦取我曲沃、平周。

十六年,襄王卒,子哀王立。张仪复归秦。

哀王元年,五国共攻秦,不胜而去。

二年,齐败我观津。五年,秦使樗里子伐取我曲沃,走犀首岸门。六年,秦来立公子政为太子。与秦会临晋。七年,攻齐。与秦伐燕。

八年,伐卫,拔列城二。卫君患之。如耳见卫君曰:"请罢魏兵,免成陵君可乎?"卫君曰:"先生果能,孤请世世以卫事先生。"如耳见成陵君曰:

"昔者魏伐赵,断羊肠,拔阏与,约斩赵,赵分而为二,所以不亡者,魏为从主也。今卫已迫亡,将西请事于秦。与其以秦醳卫,不如以魏醳卫,卫之德魏必终无穷。"成陵君曰:"诺。"如耳见魏王曰:"臣有谒于卫。卫故周室之别也,其称小国,多宝器。今国迫于难而宝器不出者,其心以为攻卫醳卫不以王为主,故宝器虽出必不入于王也。臣窃料之,先言醳卫者必受卫者也。"如耳出,成陵君人,以其言见魏王。魏王听其说,罢其兵,免成陵君,终身不见。

九年,与秦王会临晋。张仪、魏章皆归于魏。魏相田需死,楚害张仪、犀首、薛公。楚相昭鱼谓苏代曰:"田需死,吾恐张仪、犀首、薛公有一人相魏者也。"代曰:"然相者欲谁而君便之?"昭鱼曰:"吾欲太子之自相也。"代曰:"请为君北,必相之。"昭鱼曰:"奈何?"对曰:"君其为梁王,代请说君。"昭鱼曰:"奈何?"对曰:"代也从楚来,昭鱼甚忧,曰:'田需死,吾恐张仪、犀首、薛公有一人相魏者也。'代曰:'梁王,长主也,必不相张仪。张仪相,必右秦而左魏。犀首相,必右韩而左魏。薛公相,必右齐而左魏。梁王,长主也,必不便也。'王曰:'然则寡人孰相?'代曰:'莫若太子之自相。太子之自相,是三人者皆以太子为非常相也,皆将务以其国事魏,欲得丞相玺也。以魏之强,而三万乘之国辅之,魏必安矣。故曰莫若太子之自相也。'"遂北见梁王,以此告之。太子果相魏。

十年,张仪死。十一年,与秦武王会应。十二年,太子朝于秦。秦来伐我皮氏,未拔而解。十四年,秦来归武王后。十六年,秦拔我蒲反、阳晋、封陵。十七年,与秦会临晋。秦予我蒲反。十八年,与秦伐楚。二十一年,与齐、韩共败秦军函谷。

二十三年,秦复予我河外及封陵为和。哀王卒,子昭王立。

昭王元年,秦拔我襄城。二年,与秦战,我不利。三年,佐韩攻秦,秦将白起败我军伊阙二十四万。六年,予秦河东地方四百里。芒卯以诈重。七年,秦拔我城大小六十一。八年,秦昭王为西帝,齐湣王为东帝,月馀,皆复称王归帝。九年,秦拔我新垣、曲阳之城。

十年,齐灭宋,宋王死我温。十二年,与秦、赵、韩、燕共伐齐,败之济西,湣王出亡。燕独入临菑。与秦王会西周。

十三年,秦拔我安城。兵到大梁,去。十八年,秦拔郢,楚王徙陈。

十九年,昭王卒,子安釐王立。

安釐王元年，秦拔我两城。二年，又拔我二城，军大梁下，韩来救，予秦温以和。三年，秦拔我四城，斩首四万。四年，秦破我及韩、赵，杀十五万人，走我将芒卯。魏将段干子请予秦南阳以和。苏代谓魏王曰："欲玺者段干子也，欲地者秦也。今王使欲地者制玺，使欲玺者制地，魏氏地不尽则不知已。且夫以地事秦，譬犹抱薪救火，薪不尽，火不灭。"王曰："是则然也。虽然，事始已行，不可更矣。"对曰："王独不见夫博之所以贵枭者，便则食，不便则止矣。今王曰'事始已行，不可更'，是何王之用智不如用枭也？"

九年，秦拔我怀。十年，秦太子外质于魏死。十一年，秦拔我郪丘。

秦昭王谓左右曰："今时韩、魏与始孰强？"对曰："不如始强。"王曰："今时如耳、魏齐与孟尝、芒卯孰贤？"对曰："不如。"王曰："以孟尝、芒卯之贤，率强韩、魏以攻秦，犹无奈寡人何也。今以无能之如耳、魏齐而率弱韩、魏以伐秦，其无奈寡人何亦明矣。"左右皆曰："甚然。"中旗冯琴而对曰："王之料天下过矣。当晋六卿之时，知氏最强，灭范、中行，又率韩、魏之兵以围赵襄子于晋阳，决晋水以灌晋阳之城，不湛者三版。知伯行水，魏桓子御，韩康子为参乘。知伯曰：'吾始不知水之可以亡人之国也，乃今知之。'汾水可以灌安邑，绛水可以灌平阳。魏桓子肘韩康子，韩康子履魏桓子，肘足接于车上，而知氏地分，身死国亡，为天下笑。今秦兵虽强，不能过知氏；韩、魏虽弱，尚贤其在晋阳之下也。此方其用肘足之时也，愿王之勿易也！"于是秦王恐。

齐、楚相约而攻魏，魏使人求救于秦，冠盖相望也，而秦救不至。魏人有唐雎者，年九十馀矣，谓魏王曰："老臣请西说秦王，令兵先臣出。"魏王再拜，遂约车而遣之。唐雎到，入见秦王。秦王曰："丈人芒然乃远至此，甚苦矣！夫魏之来求救数矣，寡人知魏之急已。"唐雎对曰："大王已知魏之急而救不发者，臣窃以为用策之臣无任矣。夫魏，一万乘之国也，然所以西面而事秦，称东藩，受冠带，祠春秋者，以秦之强足以为与也。今齐、楚之兵已合于魏郊矣，而秦救不发，亦将赖其未急也。使之大急，彼且割地而约从，王尚何救焉？必待其急而救之，是失一东藩之魏而强二敌之齐、楚，则王何利焉？"于是秦昭王遽为发兵救魏。魏氏复定。

赵使人谓魏王曰："为我杀范痤，吾请献七十里之地。"魏王曰："诺。"使吏捕之，围而未杀。痤因上屋骑危，谓使者曰："与其以死痤市，不如以生痤市。有如痤死，赵不予王地，则王将奈何？故不若与先定割地，然后杀痤。"魏王曰："善。"痤因上书信陵君曰："痤,故魏之免相也,赵以地杀痤而魏王听之,有如强秦亦将袭赵之欲,则君且奈何?"信陵君言于王而出之。

魏王以秦救之故,欲亲秦而伐韩,以求故地。无忌谓魏王曰:

秦与戎翟同俗,有虎狼之心,贪戾好利无信,不识礼义德行。苟有利焉,不顾亲戚兄弟,若禽兽耳,此天下之所识也,非有所施厚积德也。故太后母也,而以忧死;穰侯舅也,功莫大焉,而竟逐之;两弟无罪,而再夺之国。此于亲戚若此,而况于仇雠之国乎?今王与秦共伐韩而益近秦患,臣甚惑之。而王不识则不明,群臣莫以闻则不忠。

今韩氏以一女子奉一弱主,内有大乱,外交强秦魏之兵,王以为不亡乎?韩亡,秦有郑地,与大梁邻,王以为安乎?王欲得故地,今负强秦之亲,王以为利乎?

秦非无事之国也,韩亡之后必将更事,更事必就易与利,就易与利必不伐楚与赵矣。是何也?夫越山逾河,绝韩上党而攻强赵,是复阏与之事,秦必不为也。若道河内,倍邺、朝歌,绝漳滏水,与赵兵决于邯郸之郊,是知伯之祸也,秦又不敢。伐楚,道涉谷,行三千里而攻冥阸之塞,所行甚远,所攻甚难,秦又不为也。若道河外,倍大梁,右上蔡、召陵,与楚兵决于陈郊,秦又不敢。故曰秦必不伐楚与赵矣,又不攻卫与齐矣。

夫韩亡之后,兵出之日,非魏无攻已。秦固有怀、茅、邢丘,城垝津以临河内,河内共、汲必危;有郑地,得垣雍,决荥泽水灌大梁,大梁必亡。王之使者出过而恶安陵氏于秦,秦之欲诛之久矣。秦叶阳、昆阳与舞阳邻,听使者之恶之,随安陵氏而亡之,绕舞阳之北,以东临许,南国必危,国无害乎?

夫憎韩不爱安陵氏可也,夫不患秦之不爱南国非也。异日者,秦在河西晋,国去梁千里,有河山以阑之,有周韩以间之。从林乡军以至于今,秦七攻魏,五入圉中,边城尽拔,文台堕,垂都焚,林木伐,麋鹿尽,而国继以围。又长驱梁北,东至陶卫之郊,北至平监。所亡于秦者,山南山北,河外河内,大县数十,名都数百。秦乃在河西晋,去梁千里,而祸若是矣。又况于使秦无韩,有郑地,无河山而阑之,无周韩而间之,去大梁百里,祸必由此矣。

异日者,从之不成也,楚、魏疑而韩不可得也。今韩受兵三年,秦桡之以讲,识亡不听,投质于赵,请为天下雁行顿刃,楚、赵必集兵,皆识秦之欲无穷也,非尽亡天下之国而臣海内,必不休矣。是故臣愿以从事王,王速受楚赵之约,而挟韩之质以存韩,而求故地,韩必效之。此士民不劳而故地得,其功多于与秦共伐韩,而又与强秦邻之祸也。

夫存韩安魏而利天下,此亦王之天时已。通韩上党于共、甯,使道安成,出入赋之,是魏重质韩以其上党也。今有其赋,足以富国。韩必德魏爱魏重魏畏魏,韩必不敢反魏,是韩则魏之县也。魏得韩以为县卫,大梁、河外必安矣。今不存韩,二周、安陵必危,楚、赵大破,卫、齐甚畏,天下西向而驰秦入朝而为臣不久矣。

二十年,秦围邯郸,信陵君无忌矫夺将军晋鄙兵以救赵,赵得全。无忌因留赵。二十六年,秦昭王卒。

三十年,无忌归魏,率五国兵攻秦,败之河外,走蒙骜。魏太子增质于秦,秦怒,欲囚魏太子增。或为增谓秦王曰:“公孙喜固谓魏相曰‘请以魏疾击秦,秦王怒,必囚增。魏王又怒,击秦,秦必伤’。今王囚增,是喜之计中也。故不若贵增而合魏,以疑之于齐、韩。”秦乃止增。

三十一年,秦王政初立。

三十四年,安釐王卒,太子增立,是为景湣王。信陵君无忌卒。

景湣王元年,秦拔我二十城,以为秦东郡。二年,秦拔我朝歌。卫徙野王。三年,秦拔我汲。五年,秦拔我垣、蒲阳、衍。十五年,景湣王卒,子王假立。

王假元年,燕太子丹使荆轲刺秦王,秦王觉之。

三年,秦灌大梁,虏王假,遂灭魏以为郡县。

太史公曰:吾适故大梁之墟,墟中人曰:“秦之破梁,引河沟而灌大梁,三月城坏,王请降,遂灭魏。”说者皆曰魏以不用信陵君故,国削弱至于亡,余以为不然。天方令秦平海内,其业未成,魏虽得阿衡之佐,曷益乎?

史记卷四十五

韩世家第十五

韩之先与周同姓,姓姬氏。其后苗裔事晋,得封于韩原,曰韩武子。武子后三世有韩厥,从封姓为韩氏。

韩厥,晋景公之三年,晋司寇屠岸贾将作乱,诛灵公之贼赵盾。赵盾已死矣,欲诛其子赵朔。韩厥止贾,贾不听。厥告赵朔令亡。朔曰:"子必能不绝赵祀,死不恨矣。"韩厥许之。及贾诛赵氏,厥称疾不出。程婴、公孙杵臼之藏赵孤赵武也,厥知之。

景公十一年,厥与郤克将兵八百乘伐齐,败齐顷公于鞌,获逢丑父。于是晋作六卿,而韩厥在一卿之位,号为献子。

晋景公十七年,病,卜,大业之不遂者为祟。韩厥称赵成季之功,今后无祀,以感景公。景公问曰:"尚有世乎?"厥于是言赵武,而复与故赵氏田邑,续赵氏祀。

晋悼公之七年,韩献子老。献子卒,子宣子代。宣子徙居州。

晋平公十四年,吴季札使晋,曰:"晋国之政卒归于韩、魏、赵矣。"晋顷公十二年,韩宣子与赵、魏共分祁氏、羊舌氏十县。晋定公十五年,宣子与赵简子侵伐范、中行氏。宣子卒,子贞子代立。贞子徙居平阳。

贞子卒,子简子代。简子卒,子庄子代。庄子卒,子康子代。康子与赵襄子、魏桓子共败知伯,分其地,地益大,大于诸侯。

康子卒,子武子代。武子二年,伐郑,杀其君幽公。十六年,武子卒,子景侯立。

景侯虔元年,伐郑,取雍丘。二年,郑败我负黍。

六年,与赵、魏俱得列为诸侯。

九年,郑围我阳翟。景侯卒,子列侯取立。

列侯三年,聂政杀韩相侠累。九年,秦伐我宜阳,取六邑。十三年,列侯卒,子文侯立。是岁魏文侯卒。

文侯二年,伐郑,取阳城。伐宋,到彭城,执宋君。七年,伐齐,至桑丘。郑反晋。九年,伐齐,至灵丘。十年,文侯卒,子哀侯立。

哀侯元年,与赵、魏分晋国。二年,灭郑,因徙都郑。

六年,韩严弑其君哀侯,而子懿侯立。

懿侯二年,魏败我马陵。五年,与魏惠王会宅阳。九年,魏败我浍。十二年,懿侯卒,子昭侯立。

昭侯元年,秦败我西山。二年,宋取我黄池。魏取朱。六年,伐东周,取陵观、邢丘。

八年,申不害相韩,修术行道,国内以治,诸侯不来侵伐。

十年,韩姬弑其君悼公。十一年,昭侯如秦。二十二年,申不害死。二十四年,秦来拔我宜阳。

二十五年,旱,作高门。屈宜臼曰:“昭侯不出此门。何也? 不时。吾所谓时者,非时日也,人固有利不利时。昭侯尝利矣,不作高门。往年秦拔宜阳,今年旱,昭侯不以此时恤民之急,而顾益奢,此谓‘时绌举赢’。”二十六年,高门成,昭侯卒,果不出此门。子宣惠王立。

宣惠王五年,张仪相秦。八年,魏败我将韩举。十一年,君号为王。与赵会区鼠。十四年,秦伐败我鄢。

十六年,秦败我修鱼,虏得韩将鲠、申差于浊泽。韩氏急,公仲谓韩王曰:“与国非可恃也。今秦之欲伐楚久矣,王不如因张仪为和于秦,赂以一名都,具甲,与之南伐楚,此以一易二之计也。”韩王曰:“善”。乃警公仲之行,将西购于秦。楚王闻之大恐,召陈轸告之。陈轸曰:“秦之欲伐楚久矣,今又得韩之名都一而具甲,秦韩并兵而伐楚,此秦所祷祀而求也。今已得之矣,楚国必伐矣。王听臣为之警四境之内,起师言救韩,命战车满道路,发信臣,多其车,重其币,使信王之救己也。纵韩不能听我,韩必德王也,必不为雁行以来,是秦韩不和也,兵虽至,楚不大病也。为能听我绝和于秦,秦必大怒,以厚怨韩。韩之南交楚,必轻秦;轻秦,其应秦必不敬:是因秦、韩之兵而免楚国之患也。”楚王曰:“善。”乃警四境之内,兴师言救韩。命战车满道路,发信臣,多其车,重其币。谓韩王曰:“不穀国虽小,已悉发之矣。愿大国遂肆志于秦,不穀将以楚殉韩。”韩王闻之大说,乃止公仲之行。公仲曰:

"不可。夫以实伐我者秦也,以虚名救我者楚也。王恃楚之虚名,而轻绝强秦之敌,王必为天下大笑。且楚韩非兄弟之国也,又非素约而谋伐秦也。已有伐形,因发兵言救韩,此必陈轸之谋也。且王已使人报于秦矣,今不行,是欺秦也。夫轻欺强秦而信楚之谋臣,恐王必悔之。"韩王不听,遂绝于秦。秦因大怒,益甲伐韩,大战,楚救不至韩。十九年,大破我岸门。太子仓质于秦以和。

二十一年,与秦共攻楚,败楚将屈丐,斩首八万于丹阳。是岁,宣惠王卒,太子仓立,是为襄王。

襄王四年,与秦武王会临晋。其秋,秦使甘茂攻我宜阳。五年,秦拔我宜阳,斩首六万。秦武王卒。六年,秦复与我武遂。九年,秦复取我武遂。十年,太子婴朝秦而归。十一年,秦伐我,取穰。与秦伐楚,败楚将唐眛。

十二年,太子婴死。公子咎、公子虮虱争为太子。时虮虱质于楚。苏代谓韩咎曰:"虮虱亡在楚,楚王欲内之甚。今楚兵十馀万在方城之外,公何不令楚王筑万室之都雍氏之旁,韩必起兵以救之,公必将矣。公因以韩楚之兵奉虮虱而内之,其听公必矣,必以楚韩封公也。"韩咎从其计。

楚围雍氏,韩求救于秦。秦未为发,使公孙昧入韩。公仲曰:"子以秦为且救韩乎?"对曰:"秦王之言曰'请道南郑、蓝田,出兵于楚以待公',殆不合矣。"公仲曰:"子以为果乎?"对曰:"秦王必祖张仪之故智。楚威王攻梁也,张仪谓秦王曰:'与楚攻魏,魏折而入于楚,韩固其与国也,是秦孤也。不如出兵以到之,魏楚大战,秦取西河之外以归。'今其状阳言与韩,其实阴善楚。公待秦而到,必轻与楚战。楚阴得秦之不用也,必易与公相支也。公战而胜楚,遂与公乘楚,施三川而归。公战不胜楚,楚塞三川守之,公不能救也。窃为公患之。司马庚三反于郢,甘茂与昭鱼遇于商於,其言收玺,实类有约也。"公仲恐,曰:"然则奈何?"曰:"公必先韩而后秦,先身而后张仪。公不如亟以国合于齐楚,齐楚必委国于公。公之所恶者张仪也,其实犹不无秦也。"于是楚解雍氏围。

苏代又谓秦太后弟芈戎曰:"公叔伯婴恐秦楚之内虮虱也,公何不为韩求质子于楚?楚王听入质子于韩,则公叔伯婴知秦楚之不以虮虱为事，必以韩合于秦楚。秦楚挟韩以窘魏，魏氏不敢合于齐，是齐孤也。公又为秦求质子于楚，楚不听，怨结于韩。韩挟齐魏以围楚，楚必重公。公挟秦楚之重以积德于韩，公叔伯婴必以国待公。"于是虮虱竟不得归韩。韩立咎为太子。齐、魏王来。

十四年，与齐、魏王共击秦，至函谷而军焉。十六年，秦与我河外及武遂。襄王卒，太子咎立，是为釐王。

釐王三年，使公孙喜率周、魏攻秦。秦败我二十四万，虏喜伊阙。五年，秦拔我宛。六年，与秦武遂地二百里。十年，秦败我师于夏山。十二年，与秦昭王会西周而佐秦攻齐。齐败，湣王出亡。十四年，与秦会两周间。二十一年，使暴鸢救魏，为秦所败，鸢走开封。

二十三年，赵、魏攻我华阳。韩告急于秦，秦不救。韩相国谓陈筮曰："事急，愿公虽病，为一宿之行。"陈筮见穰侯。穰侯曰："事急乎？故使公来。"陈筮曰："未急也。"穰侯怒曰："是可以为公之主使乎？夫冠盖相望，告敝邑甚急，公来言未急，何也？"陈筮曰："彼韩急则将变而佗从，以未急，故复来耳。"穰侯曰："公无见王，请今发兵救韩。"八日而至，败赵、魏于华阳之下。是岁，釐王卒，子桓惠王立。

桓惠王元年，伐燕。九年，秦拔我陉，城汾旁。十年，秦击我于太行，我上党郡守以上党郡降赵。十四年，秦拔赵上党，杀马服子卒四十馀万于长平。十七年，秦拔我阳城、负黍。二十二年，秦昭王卒。二十四年，秦拔我城皋、荥阳。二十六年，秦悉拔我上党。二十九年，秦拔我十三城。

三十四年，桓惠王卒，子王安立。

王安五年，秦攻韩，韩急，使韩非使秦，秦留非，因杀之。
九年，秦虏王安，尽入其地，为颍川郡。韩遂亡。

太史公曰：韩厥之感晋景公，绍赵孤之子武，以成程婴、公孙杵臼之义，此天下之阴德也。韩氏之功，于晋未睹其大者也。然与赵、魏终为诸侯十馀世，宜乎哉！

史记卷四十六

田敬仲完世家第十六

陈完者,陈厉公他之子也。完生,周太史过陈,陈厉公使卜完,卦得观之否:"是为观国之光,利用宾于王。此其代陈有国乎?不在此而在异国乎?非此其身也,在其子孙。若在异国,必姜姓。姜姓,四岳之后。物莫能两大,陈衰,此其昌乎?"

厉公者,陈文公少子也,其母蔡女。文公卒,厉公兄鲍立,是为桓公。桓公与他异母。及桓公病,蔡人为他杀桓公鲍及太子免而立他,为厉公。厉公既立,娶蔡女。蔡女淫于蔡人,数归,厉公亦数如蔡。桓公之少子林怨厉公杀其父与兄,乃令蔡人诱厉公而杀之。林自立,是为庄公。故陈完不得立,为陈大夫。厉公之杀,以淫出国,故春秋曰"蔡人杀陈他",罪之也。

庄公卒,立弟杵臼,是为宣公。宣公二十一年,杀其太子御寇。御寇与完相爱,恐祸及己,完故奔齐。齐桓公欲使为卿,辞曰:"羁旅之臣幸得免负檐,君之惠也,不敢当高位。"桓公使为工正。齐懿仲欲妻完,卜之,占曰:"是谓凤皇于蜚,和鸣锵锵。有妫之后,将育于姜。五世其昌,并于正卿。八世之后,莫之与京。"卒妻完。完之奔齐,齐桓公立十四年矣。

完卒,谥为敬仲。仲生稺孟夷。敬仲之如齐,以陈字为田氏。

田稺孟夷生湣孟庄,田湣孟庄生文子须无。田文子事齐庄公。

晋之大夫栾逞作乱于晋,来奔齐,齐庄公厚客之。晏婴与田文子谏,庄公弗听。

文子卒,生桓子无宇。田桓子无宇有力,事齐庄公,甚有宠。

无宇卒,生武子开与釐子乞。田釐子乞事齐景公为大夫,其收赋税于民以小斗受之,其禀予民以大斗,行阴德于民,而景公弗禁。由此田氏得齐众心,宗族益强,民思田氏。晏子数谏景公,景公弗听。已而使于晋,与叔向私语曰:"齐国之政其卒归于田氏矣。"

晏婴卒后,范、中行氏反晋。晋攻之急,范、中行请粟于齐。田乞欲为乱,树党于诸侯,乃说景公曰:"范、中行数有德于齐,齐不可不救。"齐使田乞救之而输之粟。

景公太子死,后有宠姬曰芮子,生子荼。景公病,命其相国惠子与高昭子以子荼为太子。景公卒,两相高、国立荼,是为晏孺子。而田乞不说,欲立景公他子阳生。阳生素与乞欢。晏孺子之立也,阳生奔鲁。田乞伪事高昭子、国惠子者,每朝代参乘,言曰:"始诸大夫不欲立孺子。孺子既立,君相之,大夫皆自危,谋作乱。"又绐大夫曰:"高昭子可畏也,及未发先之。"诸大夫从之。田乞、鲍牧与大夫以兵入公室,攻高昭子。昭子闻之,与国惠子救公。公师败。田乞之众追国惠子,惠子奔莒,遂返杀高昭子。晏圉奔鲁。

田乞使人之鲁,迎阳生。阳生至齐,匿田乞家。请诸大夫曰:"常之母有鱼菽之祭,幸而来会饮。"会饮田氏。田乞盛阳生囊中,置坐中央。发囊,出阳生,曰:"此乃齐君矣。"大夫皆伏谒。将盟立之,田乞诬曰:"吾与鲍牧谋共立阳生也。"鲍牧怒曰:"大夫忘景公之命乎?"诸大夫欲悔,阳生乃顿首曰:"可则立之,不可则已。"鲍牧恐祸及己,乃复曰:"皆景公之子,何为不可!"遂立阳生于田乞之家,是为悼公。乃使人迁晏孺子于骀,而杀孺子荼。悼公既立,田乞为相,专齐政。

四年,田乞卒,子常代立,是为田成子。

鲍牧与齐悼公有郄,杀悼公。齐人共立其子壬,是为简公。田常成子与监止俱为左右相,相简公。田常心害监止,监止幸于简公,权弗能去。于是田常复修釐子之政,以大斗出贷,以小斗收。齐人歌之曰:"妪乎采芑,归乎田成子!"齐大夫朝,御鞅谏简公曰:"田、监不可并也,君其择焉。"君弗听。

子我者,监止之宗人也,常与田氏有郄。田氏疏族田豹事子我有宠。子我曰:"吾欲尽灭田氏適,以豹代田氏宗。"豹曰:"臣于田氏疏矣。"不听。已而豹谓田氏曰:"子我将诛田氏,田氏弗先,祸及矣。"子我舍公宫,田常兄弟四人乘如公宫,欲杀子我。子我闭门。简公与妇人饮檀台,将欲击田常。太史子馀曰:"田常非敢为乱,将除害。"简公乃止。田常出,闻简公怒,恐诛,将出亡。田子行曰:"需,事之贼也。"田常于是击子我。子我率其徒攻田氏,不胜,出亡。田氏之徒追杀子我及监止。

简公出奔,田氏之徒追执简公于徐州。简公曰:"蚤从御鞅之言,不及此难。"田氏之徒恐简公复立而诛己,遂杀简公。简公立四年而杀。于是田常立简公弟骜,是为平公。平公即位,田常为相。

田常既杀简公,惧诸侯共诛己,乃尽归鲁、卫侵地,西约晋、韩、魏、赵氏,南通吴、越之使,修功行赏,亲于百姓,以故齐复定。

田常言于齐平公曰:"德施人之所欲,君其行之;刑罚人之所恶,臣请行之。"行之五年,齐国之政皆归田常。田常于是尽诛鲍、晏、监止及公族之强者,而割齐自安平以东至琅邪,自为封邑。封邑大于平公之所食。

田常乃选齐国中女子长七尺以上为后宫,后宫以百数,而使宾客舍人出入后宫者不禁。及田常卒,有七十余男。

田常卒,子襄子盘代立,相齐。常谥为成子。

田襄子既相齐宣公,三晋杀知伯,分其地。襄子使其兄弟宗人尽为齐都邑大夫,与三晋通使,且以有齐国。

襄子卒,子庄子白立。田庄子相齐宣公。宣公四十三年,伐晋,毁黄城,围阳狐。明年,伐鲁、葛及安陵。明年,取鲁之一城。

庄子卒,子太公和立。田太公相齐宣公。宣公四十八年,取鲁之郕。明年,宣公与郑人会西城。伐卫,取毌丘。宣公五十一年卒,田会自廪丘反。

宣公卒,子康公贷立。贷立十四年,淫于酒、妇人,不听政。太公乃迁康公于海上,食一城,以奉其先祀。明年,鲁败齐平陆。

三年,太公与魏文侯会浊泽,求为诸侯。魏文侯乃使使言周天子及诸侯,请立齐相田和为诸侯。周天子许之。康公之十九年,田和立为齐侯,列于周室,纪元年。

齐侯太公和立二年,和卒,子桓公午立。桓公午五年,秦、魏攻韩,韩求救于齐。齐桓公召大臣而谋曰:"蚤救之孰与晚救之?"驺忌曰:"不若勿救。"段干朋曰:"不救,则韩且折而入于魏,不若救之。"田臣思曰:"过矣君之谋也!秦、魏攻韩,楚、赵必救之,是天以燕予齐也。"桓公曰:"善。"乃阴告韩使者而遣之。韩自以为得齐之救,因与秦、魏战。楚、赵闻之,果起兵而救之。齐因起兵袭燕国,取桑丘。

六年,救卫。桓公卒,子威王因齐立。是岁,故齐康公卒,绝无后,奉邑皆入田氏。

齐威王元年,三晋因齐丧来伐我灵丘。三年,三晋灭晋后而分其地。六年,鲁伐我,入阳关。晋伐我,至博陵。七年,卫伐我,取薛陵。九年,赵伐我,取甄。

威王初即位以来,不治,委政卿大夫,九年之间,诸侯并伐,国人不治。于是威王召即墨大夫而语之曰:"自子之居即墨也,毁言日至。然吾使人视即墨,田野辟,民人给,官无留事,东方以宁。是子不事吾左右以求誉也。"封之万家。召阿大夫语曰:"自子之守阿,誉言日闻。然使使视阿,田野不辟,民贫苦。昔日赵攻甄,子弗能救。卫取薛陵,子弗知。是子以币厚吾左右以求誉也。"是日,烹阿大夫,及左右尝誉者皆并烹之。遂起兵西击赵、卫,败魏于浊泽而围惠王。惠王请献观以和解,赵人归我长城。于是齐国震惧,人人不敢饰非,务尽其诚。齐国大治。诸侯闻之,莫敢致兵于齐二十馀年。

驺忌子以鼓琴见威王,威王说而舍之右室。须臾,王鼓琴,驺忌子推户入曰:"善哉鼓琴!"王勃然不说,去琴按剑曰:"夫子见容未察,何以知其善也?"驺忌子曰:"夫大弦浊以春温者,君也;小弦廉折以清者,相也;攫之深,醳之愉者,政令也;钧谐以鸣,大小相益,回邪而不相害者,四时也:吾是以知其善也。"王曰:"善语音。"驺忌子曰:"何独语音,夫治国家而弭人民皆在其中。"王又勃然不说曰:"若夫语五音之纪,信未有如夫子者也。若夫治国家而弭人民,又何为乎丝桐之间?"驺忌子曰:"夫大弦浊以春温者,君也;小弦廉折以清者,相也;攫之深而舍之愉者,政令也;钧谐以鸣,大小相益,回邪而不相害者,四时也。夫复而不乱者,所以治昌也;连而径者,所以存亡也:故曰琴音调而天下治。夫治国家而弭人民者,无若乎五音者。"王曰:"善。"

驺忌子见三月而受相印。淳于髡见之曰:"善说哉!髡有愚志,愿陈诸前。"驺忌子曰:"谨受教。"淳于髡曰:"得全全昌,失全全亡。"驺忌子曰:"谨受令,请谨毋离前。"淳于髡曰:"狶膏棘轴,所以为滑也,然而不能运方穿。"驺忌子曰:"谨受令,请谨事左右。"淳于髡曰:"弓胶昔干,所以为合也,然而不能傅合疏罅。"驺忌子曰:"谨受令,请谨自附于万民。"淳于髡曰:"狐裘虽敝,不可补以黄狗之皮。"驺忌子曰:"谨受令,请谨择君子,毋杂小人其间。"淳于髡曰:"大车不较,不能载其常任;琴瑟不较,不能成其五音。"驺忌子曰:"谨受令,请谨修法律而督奸吏。"淳于髡说毕,趋出,至门,而面其仆曰:"是人者,吾语之微言五,其应我若响之应声,是人必封不久矣。"居期年,封以下邳,号曰成侯。

威王二十三年,与赵王会平陆。二十四年,与魏王会田于郊。魏王问曰："王亦有宝乎?"威王曰："无有。"梁王曰："若寡人国小也,尚有径寸之珠照车前后各十二乘者十枚,奈何以万乘之国而无宝乎?"威王曰："寡人之所以为宝与王异。吾臣有<u>檀子</u>者,使守<u>南城</u>,则<u>楚</u>人不敢为寇东取,<u>泗上</u>十二诸侯皆来朝。吾臣有<u>盼子</u>者,使守<u>高唐</u>,则<u>赵</u>人不敢东渔于河。吾吏有<u>黔夫</u>者,使守<u>徐州</u>,则<u>燕</u>人祭北门,<u>赵</u>人祭西门,徙而从者七千馀家。吾臣有<u>种首</u>者,使备盗贼,则道不拾遗。将以照千里,岂特十二乘哉!"<u>梁</u>惠王惭,不怿而去。

二十六年,<u>魏</u>惠王围<u>邯郸</u>,<u>赵</u>求救于<u>齐</u>。<u>齐</u>威王召大臣而谋曰："救<u>赵</u>孰与勿救?"<u>驺忌子</u>曰："不如勿救。"<u>段干朋</u>曰："不救则不义,且不利。"威王曰："何也?"对曰："夫<u>魏</u>氏并<u>邯郸</u>,其于<u>齐</u>何利哉? 且夫救<u>赵</u>而军其郊,是<u>赵</u>不伐而<u>魏</u>全也。故不如南攻<u>襄陵</u>以弊<u>魏</u>,<u>邯郸</u>拔而乘<u>魏</u>之弊。"威王从其计。

其后<u>成侯驺忌</u>与<u>田忌</u>不善,<u>公孙阅</u>谓<u>成侯忌</u>曰："公何不谋伐<u>魏</u>,<u>田忌</u>必将。战胜有功,则公之谋中也;战不胜,非前死则后北,而命在公矣。"于是<u>成侯</u>言威王,使<u>田忌</u>南攻<u>襄陵</u>。十月,<u>邯郸</u>拔,<u>齐</u>因起兵击<u>魏</u>,大败之<u>桂陵</u>。于是<u>齐</u>最强于诸侯,自称为王,以令天下。

三十三年,杀其大夫<u>牟辛</u>。

三十五年,<u>公孙阅</u>又谓<u>成侯忌</u>曰："公何不令人操十金卜于市,曰'我<u>田忌</u>之人也。吾三战而三胜,声威天下。欲为大事,亦吉乎不吉乎'?"卜者出,因令人捕为之卜者,验其辞于王之所。<u>田忌</u>闻之,因率其徒袭攻<u>临淄</u>,求<u>成侯</u>,不胜而奔。

三十六年,威王卒,子<u>宣王辟彊</u>立。

<u>宣王</u>元年,<u>秦</u>用<u>商鞅</u>。<u>周</u>致伯于<u>秦孝公</u>。

二年,<u>魏</u>伐<u>赵</u>。<u>赵</u>与<u>韩</u>亲,共击<u>魏</u>。<u>赵</u>不利,战于<u>南梁</u>。<u>宣王</u>召<u>田忌</u>复故位。<u>韩</u>氏请救于<u>齐</u>。<u>宣王</u>召大臣而谋曰："蚤救孰与晚救?"<u>驺忌子</u>曰："不如勿救。"<u>田忌</u>曰："弗救,则<u>韩</u>且折而入于<u>魏</u>,不如蚤救之。"<u>孙子</u>曰："夫<u>韩</u>、<u>魏</u>之兵未弊而救之,是吾代<u>韩</u>受<u>魏</u>之兵,顾反听命于<u>韩</u>也。且<u>魏</u>有破国之志,<u>韩</u>见亡,必东面而愬于<u>齐</u>矣。吾因深结<u>韩</u>之亲而晚承<u>魏</u>之弊,则可重利而得尊名也。"<u>宣王</u>曰："善。"乃阴告<u>韩</u>之使者而遣之。<u>韩</u>因恃<u>齐</u>,五战不胜,而东委国于<u>齐</u>。<u>齐</u>因起兵,使<u>田忌</u>、<u>田婴</u>将,<u>孙子</u>为师,救<u>韩</u>、<u>赵</u>以击<u>魏</u>,大败之<u>马陵</u>,杀其将<u>庞涓</u>,虏<u>魏</u>太子<u>申</u>。其后<u>三晋</u>之王皆因

田婴朝齐王于博望，盟而去。

七年，与魏王会平阿南。明年，复会甄。魏惠王卒。明年，与魏襄王会徐州，诸侯相王也。十年，楚围我徐州。十一年，与魏伐赵，赵决河水灌齐、魏，兵罢。十八年，秦惠王称王。

宣王喜文学游说之士，自如驺衍、淳于髡、田骈、接予、慎到、環渊之徒七十六人，皆赐列第，为上大夫，不治而议论。是以齐稷下学士复盛，且数百千人。

十九年，宣王卒，子湣王地立。

湣王元年，秦使张仪与诸侯执政会于齧桑。三年，封田婴于薛。四年，迎妇于秦。七年，与宋攻魏，败之观泽。

十二年，攻魏。楚围雍氏，秦败屈丐。苏代谓田轸曰：“臣愿有谒于公，其为事甚完，便楚利公，成为福，不成亦为福。今者臣立于门，客有言曰魏王谓韩冯、张仪曰：‘煮枣将拔，齐兵又进，子来救寡人则可矣；不救寡人，寡人弗能拔。’此特转辞也。秦、韩之兵毋东，旬余，则魏氏转韩从秦，秦逐张仪，交臂而事齐楚，此公之事成也。”田轸曰：“奈何使无东？”对曰：“韩冯之救魏之辞，必不谓韩王曰‘冯以为魏’，必曰‘冯将以秦韩之兵东却齐宋，冯因抟三国之兵，乘屈丐之弊，南割于楚，故地必尽得之矣’。张仪救魏之辞，必不谓秦王曰‘仪以为魏’，必曰‘仪且以秦韩之兵东距齐宋，仪将抟三国之兵，乘屈丐之弊，南割于楚，名存亡国，实伐三川而归，此王业也’。公令楚王与韩氏地，使秦制和，谓秦王曰‘请与韩地，而王以施三川，韩氏之兵不用而得地于楚’。韩冯之东兵之辞且谓秦何？曰‘秦兵不用而得三川，伐楚韩以窘魏，魏氏不敢东，是孤齐也’。张仪之东兵之辞且谓何？曰‘秦韩欲地而兵有案，声威发于魏，魏氏之欲不失齐楚者有资矣’。魏氏转秦韩争事齐楚，楚王欲而无与地，公令秦韩之兵不用而得地，有一大德也。秦韩之王劫于韩冯、张仪而东兵以徇服魏，公常执左券以责于秦韩，此其善于公而恶张子多资矣。”

十三年，秦惠王卒。二十三年，与秦击败楚于重丘。二十四年，秦使泾阳君质于齐。二十五年，归泾阳君于秦。孟尝君薛文入秦，即相秦。文亡去。二十六年，齐与韩魏共攻秦，至函谷军焉。二十八年，秦与韩河外以和，兵罢。二十九年，赵杀其主父。齐佐赵灭中山。

三十六年，王为东帝，秦昭王为西帝。苏代自燕来，入齐，见于章华东门。齐王曰:"嘻,善,子来!秦使魏冉致帝,子以为何如?"对曰:"王之问臣也卒,而患之所从来微,愿王受之而勿备称也。秦称之,天下安之,王乃称之,无后也。且让争帝名,无伤也。秦称之,天下恶之,王因勿称,以收天下,此大资也。且天下立两帝,王以天下为尊齐乎?尊秦乎?"王曰:"尊秦。"曰:"释帝,天下爱齐乎?爱秦乎?"王曰:"爱齐而憎秦。"曰:"两帝立约伐赵,孰与伐桀宋之利?"王曰:"伐桀宋利。"对曰:"夫约钧,然与秦为帝而天下独尊秦而轻齐,释帝则天下爱齐而憎秦,伐赵不如伐桀宋之利,故愿王明释帝以收天下,倍约宾秦,无争重,而王以其间举宋。夫有宋,卫之阳地危;有济西,赵之河东国危;有淮北,楚之东国危;有陶、平陆,梁门不开。释帝而贷之以伐桀宋之事,国重而名尊,燕楚所以形服,天下莫敢不听,此汤武之举也。敬秦以为名,而后使天下憎之,此所谓以卑为尊者也。愿王孰虑之。"于是齐去帝复为王,秦亦去帝位。

三十八年,伐宋。秦昭王怒曰:"吾爱宋与爱新城、阳晋同。韩聂与吾友也,而攻吾所爱,何也?"苏代为齐谓秦王曰:"韩聂之攻宋,所以为王也。齐强,辅之以宋,楚魏必恐,恐必西事秦,是王不烦一兵,不伤一士,无事而割安邑也,此韩聂之所祷于王也。"秦王曰:"吾患齐之难知。一从一衡,其说何也?"对曰:"天下国令齐可知乎?齐以攻宋,其知事秦以万乘之国自辅,不西事秦则宋治不安。中国白头游敖之士皆积智欲离齐秦之交,伏式结轶西驰者,未有一人言善齐者也,伏式结轶东驰者,未有一人言善秦者也。何则?皆不欲齐秦之合也。何晋楚之智而齐秦之愚也!晋楚合必议齐秦,齐秦合必图晋楚,请以此决事。"秦王曰:"诺。"于是齐遂伐宋,宋王出亡,死于温。齐南割楚之淮北,西侵三晋,欲以并周室,为天子。泗上诸侯邹鲁之君皆称臣,诸侯恐惧。

三十九年,秦来伐,拔我列城九。

四十年,燕、秦、楚、三晋合谋,各出锐师以伐,败我济西。王解而却。燕将乐毅遂入临淄,尽取齐之宝藏器。湣王出亡,之卫。卫君辟宫舍之,称臣而共具。湣王不逊,卫人侵之。湣王去,走邹、鲁,有骄色,邹、鲁君弗内,遂走莒。楚使淖齿将兵救齐,因相齐湣王。淖齿遂杀湣王而与燕共分齐之侵地卤器。

湣王之遇杀,其子法章变名姓为莒太史敫家庸。太史敫女奇法章状貌,以为非恒人,怜而常窃衣食之,而与私通焉。淖齿既以去莒,莒中人及齐亡臣相聚求湣王子,欲立之。法章惧其诛已也,久之,乃敢自言"我湣王子也"。于是莒人共立法章,是为襄王。以保莒城而布告齐国中:"王已立在莒矣。"

襄王既立,立太史氏女为王后,是为君王后,生子建。太史敫曰:"女不取媒因自嫁,非吾种也,汙吾世。"终身不睹君王后。君王后贤,不以不睹故失人子之礼。

襄王在莒五年,田单以即墨攻破燕军,迎襄王于莒,入临菑。齐故地尽复属齐。齐封田单为安平君。

十四年,秦击我刚寿。十九年,襄王卒,子建立。

王建立六年,秦攻赵,齐楚救之。秦计曰:"齐楚救赵,亲则退兵,不亲遂攻之。"赵无食,请粟于齐,齐不听。周子曰:"不如听之以退秦兵,不听则秦兵不却,是秦之计中而齐楚之计过也。且赵之于齐楚,扞蔽也,犹齿之有唇也,唇亡则齿寒。今日亡赵,明日患及齐楚。且救赵之务,宜若奉漏瓮沃焦釜也。夫救赵,高义也;却秦兵,显名也。义救亡国,威却强秦之兵,不务为此而务爱粟,为国计者过矣。"齐王弗听。秦破赵于长平四十余万,遂围邯郸。

十六年,秦灭周。君王后卒。二十三年,秦置东郡。二十八年,王入朝秦,秦王政置酒咸阳。三十五年,秦灭韩。三十七年,秦灭赵。三十八年,燕使荆轲刺秦王,秦王觉,杀轲。明年,秦破燕,燕王亡走辽东。明年,秦灭魏,秦兵次于历下。四十二年,秦灭楚。明年,虏代王嘉,灭燕王喜。

四十四年,秦兵击齐。齐王听相后胜计,不战,以兵降秦。秦虏王建,迁之共。遂灭齐为郡。天下壹并于秦,秦王政立号为皇帝。始,君王后贤,事秦谨,与诸侯信,齐亦东边海上,秦日夜攻三晋、燕、楚,五国各自救于秦,以故王建立四十余年不受兵。君王后死,后胜相齐,多受秦间金,多使宾客入秦,秦又多予金,客皆为反间,劝王去从朝秦,不修攻战之备,不助五国攻秦,秦以故得灭五国。五国已亡,秦兵卒入临淄,民莫敢格者。王建遂降,迁于共。故齐人怨王建不蚤与诸侯合从攻秦,听奸臣宾客以亡其国,歌之曰:"松耶柏耶?住建共者客耶?"疾建用客之不详也。

太史公曰:盖孔子晚而喜易。易之为术,幽明远矣,非通人达才孰能注意焉!故周太史之卦田敬仲完,占至十世之后;及完奔齐,懿仲卜之亦云。田乞及常所以比犯二君,专齐国之政,非必事势之渐然也,盖若遵厌兆祥云。

史记卷四十七

孔子世家第十七

孔子生鲁昌平乡陬邑。其先宋人也,曰孔防叔。防叔生伯夏,伯夏生叔梁纥。纥与颜氏女野合而生孔子,祷于尼丘得孔子。鲁襄公二十二年而孔子生。生而首上圩顶,故因名曰丘云。字仲尼,姓孔氏。

丘生而叔梁纥死,葬于防山。防山在鲁东,由是孔子疑其父墓处,母讳之也。孔子为儿嬉戏,常陈俎豆,设礼容。孔子母死,乃殡五父之衢,盖其慎也。陬人輓父之母诲孔子父墓,然后往合葬于防焉。

孔子要绖,季氏飨士,孔子与往。阳虎绌曰:"季氏飨士,非敢飨子也。"孔子由是退。

孔子年十七,鲁大夫孟釐子病且死,诫其嗣懿子曰:"孔丘,圣人之后,灭于宋。其祖弗父何始有宋而嗣让厉公。及正考父佐戴、武、宣公,三命兹益恭,故鼎铭云:'一命而偻,再命而伛,三命而俯,循墙而走,亦莫敢余侮。饘于是,粥于是,以餬余口。'其恭如是。吾闻圣人之后,虽不当世,必有达者。今孔丘年少好礼,其达者欤?吾即没,若必师之。"及釐子卒,懿子与鲁人南宫敬叔往学礼焉。是岁,季武子卒,平子代立。

孔子贫且贱。及长,尝为季氏史,料量平;尝为司职吏而畜蕃息。由是为司空。已而去鲁,斥乎齐,逐乎宋、卫,困于陈蔡之间,于是反鲁。孔子长九尺有六寸,人皆谓之"长人"而异之。鲁复善待,由是反鲁。

鲁南宫敬叔言鲁君曰:"请与孔子适周。"鲁君与之一乘车,两马,一竖子俱,适周问礼,盖见老子云。辞去,而老子送之曰:"吾闻富贵者送人以财,仁人者送人以言。吾不能富贵,窃仁人之号,送子以言,曰:'聪明深察而近于死者,好议人者也。博辩广大危其身者,发人之恶者也。为人子者毋以有己,为人臣者毋以有己。'"孔子自周反于鲁,弟子稍益进焉。

是时也,晋平公淫,六卿擅权,东伐诸侯;楚灵王兵强,陵轹中国;齐大而近于鲁。鲁小弱,附于楚则晋怒;附于晋则楚来伐;不备于齐,齐师侵鲁。

　　鲁昭公之二十年,而孔子盖年三十矣。齐景公与晏婴来适鲁,景公问孔子曰:"昔秦穆公国小处辟,其霸何也?"对曰:"秦,国虽小,其志大;处虽辟,行中正。身举五羖,爵之大夫,起累绁之中,与语三日,授之以政。以此取之,虽王可也,其霸小矣。"景公说。

　　孔子年三十五,而季平子与郈昭伯以斗鸡故得罪鲁昭公,昭公率师击平子,平子与孟氏、叔孙氏三家共攻昭公,昭公师败,奔于齐,齐处昭公乾侯。其后顷之,鲁乱。孔子适齐,为高昭子家臣,欲以通乎景公。与齐太师语乐,闻韶音,学之,三月不知肉味,齐人称之。

　　景公问政孔子,孔子曰:"君君,臣臣,父父,子子。"景公曰:"善哉! 信如君不君,臣不臣,父不父,子不子,虽有粟,吾岂得而食诸!"他日又复问政于孔子,孔子曰:"政在节财。"景公说,将欲以尼谿田封孔子。晏婴进曰:"夫儒者滑稽而不可轨法;倨傲自顺,不可以为下;崇丧遂哀,破产厚葬,不可以为俗;游说乞贷,不可以为国。自大贤之息,周室既衰,礼乐缺有间。今孔子盛容饰,繁登降之礼,趋详之节,累世不能殚其学,当年不能究其礼。君欲用之以移齐俗,非所以先细民也。"后,景公敬见孔子,不问其礼。异日,景公止孔子曰:"奉子以季氏,吾不能。"以季孟之间待之。齐大夫欲害孔子,孔子闻之。景公曰:"吾老矣,弗能用也。"孔子遂行,反乎鲁。

　　孔子年四十二,鲁昭公卒于乾侯,定公立。定公立五年,夏,季平子卒,桓子嗣立。季桓子穿井得土缶,中若羊,问仲尼云"得狗"。仲尼曰:"以丘所闻,羊也。丘闻之,木石之怪夔、罔阆,水之怪龙、罔象,土之怪坟羊。"

　　吴伐越,堕会稽,得骨节专车。吴使使问仲尼:"骨何者最大?"仲尼曰:"禹致群神于会稽山,防风氏后至,禹杀而戮之,其节专车,此为大矣。"吴客曰:"谁为神?"仲尼曰:"山川之神足以纲纪天下,其守为神,社稷为公侯,皆属于王者。"客曰:"防风何守?"仲尼曰:"汪罔氏之君守封、禺之山,为釐姓。在虞、夏、商为汪罔,于周为长翟,今谓之大人。"客曰:"人长几何?"仲尼曰:"僬侥氏三尺,短之至也。长者不过十之,数之极也。"于是吴客曰:"善哉圣人!"

　　桓子嬖臣曰仲梁怀，与阳虎有隙。阳虎欲逐怀，公山不狃止之。其秋，怀益骄，阳虎执怀。桓子怒，阳虎因囚桓子，与盟而醳之。阳虎由此益轻季氏。季氏亦僭于公室，陪臣执国政，是以鲁自大夫以下皆僭离于正道。故孔子不仕，退而修诗书礼乐，弟子弥众，至自远方，莫不受业焉。

　　定公八年，公山不狃不得意于季氏，因阳虎为乱，欲废三桓之適，更立其庶孽阳虎素所善者，遂执季桓子。桓子诈之，得脱。定公九年，阳虎不胜，奔于齐。是时孔子年五十。

　　公山不狃以费畔季氏，使人召孔子。孔子循道弥久，温温无所试，莫能己用，曰："盖周文武起丰镐而王，今费虽小，傥庶几乎！"欲往。子路不说，止孔子。孔子曰："夫召我者岂徒哉？如用我，其为东周乎！"然亦卒不行。

　　其后定公以孔子为中都宰，一年，四方皆则之。由中都宰为司空，由司空为大司寇。

　　定公十年春，及齐平。夏，齐大夫黎鉏言于景公曰："鲁用孔丘，其势危齐。"乃使使告鲁为好会，会于夹谷。鲁定公且以乘车好往。孔子摄相事，曰："臣闻有文事者必有武备，有武事者必有文备。古者诸侯出疆，必具官以从。请具左右司马。"定公曰："诺。"具左右司马。会齐侯夹谷，为坛位，土阶三等，以会遇之礼相见，揖让而登。献酬之礼毕，齐有司趋而进曰："请奏四方之乐。"景公曰："诺。"于是旍旄羽袚矛戟剑拨鼓噪而至。孔子趋而进，历阶而登，不尽一等，举袂而言曰："吾两君为好会，夷狄之乐何为于此！请命有司！"有司却之，不去，则左右视晏子与景公。景公心怍，麾而去之。有顷，齐有司趋而进曰："请奏宫中之乐。"景公曰："诺。"优倡侏儒为戏而前。孔子趋而进，历阶而登，不尽一等，曰："匹夫而营惑诸侯者罪当诛！请命有司！"有司加法焉，手足异处。景公惧而动，知义不若，归而大恐，告其群臣曰："鲁以君子之道辅其君，而子独以夷狄之道教寡人，使得罪于鲁君，为之奈何？"有司进对曰："君子有过则谢以质，小人有过则谢以文。君若悼之，则谢以质。"于是齐侯乃归所侵鲁之郓、汶阳、龟阴之田以谢过。

　　定公十三年夏，孔子言于定公曰："臣无藏甲，大夫毋百雉之城。"使仲田为季氏宰，将堕三都。于是叔孙氏先堕郈。季氏将堕费，公山不狃、叔孙辄率费人袭鲁。公与三子入于季氏之宫，登武子之台。费人攻之，弗克，入及公侧。孔子命申句须、乐颀下伐之，费人北。国人追之，败诸姑蒇。二子奔齐,遂堕费。将堕成,公敛处父谓孟孙曰:"堕成,齐人必至于北门。且成,孟氏之保障,无成是无孟氏也。我将弗堕。"十二月,公围成,弗克。

定公十四年,孔子年五十六,由大司寇行摄相事,有喜色。门人曰:"闻君子祸至不惧,福至不喜。"孔子曰:"有是言也。不曰'乐其以贵下人'乎?"于是诛鲁大夫乱政者少正卯。与闻国政三月,粥羔豚者弗饰贾;男女行者别于途;途不拾遗;四方之客至乎邑者不求有司,皆予之以归。

齐人闻而惧,曰:"孔子为政必霸,霸则吾地近焉,我之为先并矣。盍致地焉?"黎鉏曰:"请先尝沮之;沮之而不可则致地,庸迟乎!"于是选齐国中女子好者八十人,皆衣文衣而舞康乐,文马三十驷,遗鲁君。陈女乐文马于鲁城南高门外。季桓子微服往观再三,将受,乃语鲁君为周道游,往观终日,怠于政事。子路曰:"夫子可以行矣。"孔子曰:"鲁今且郊,如致膰乎大夫,则吾犹可以止。"桓子卒受齐女乐,三日不听政;郊,又不致膰俎于大夫。孔子遂行,宿乎屯。而师己送,曰:"夫子则非罪。"孔子曰:"吾歌可夫?"歌曰:"彼妇之口,可以出走;彼妇之谒,可以死败。盖优哉游哉,维以卒岁!"师己反,桓子曰:"孔子亦何言?"师己以实告。桓子喟然叹曰:"夫子罪我以群婢故也夫!"

孔子遂适卫,主于子路妻兄颜浊邹家。卫灵公问孔子:"居鲁得禄几何?"对曰"奉粟六万。"卫人亦致粟六万。居顷之,或谮孔子于卫灵公。灵公使公孙余假一出一入。孔子恐获罪焉,居十月,去卫。

将适陈,过匡,颜刻为仆,以其策指之曰:"昔吾入此,由彼缺也。"匡人闻之,以为鲁之阳虎。阳虎尝暴匡人,匡人于是遂止孔子。孔子状类阳虎,拘焉五日。颜渊后,子曰:"吾以汝为死矣。"颜渊曰:"子在,回何敢死!"匡人拘孔子益急,弟子惧。孔子曰:"文王既没,文不在兹乎?天之将丧斯文也,后死者不得与于斯文也。天之未丧斯文也,匡人其如予何!"孔子使从者为宁武子臣于卫,然后得去。

去即过蒲。月馀,反乎卫,主蘧伯玉家。灵公夫人有南子者,使人谓孔子曰:"四方之君子不辱欲与寡君为兄弟者,必见寡小君。寡小君愿见。"孔子辞谢,不得已而见之。夫人在绤帷中。孔子入门,北面稽首。夫人自帷中再拜,环佩玉声璆然。孔子曰:"吾乡为弗见,见之礼答焉。"子路不说。孔子矢之曰:"予所不者,天厌之!天厌之!"居卫月馀,灵公与夫人同车,宦者雍渠参乘,出,使孔子为次乘,招摇市过之。孔子曰:"吾未见好德如好色者也。"于是丑之,去卫,过曹。是岁,鲁定公卒。

孔子去曹适宋,与弟子习礼大树下。宋司马桓魋欲杀孔子,拔其树。孔子去。弟子曰:"可以速矣。"孔子曰:"天生德于予,桓魋其如予何!"

孔子适郑,与弟子相失,孔子独立郭东门。郑人或谓子贡曰:"东门有人,其颡似尧,其项类皋陶,其肩类子产,然自要以下不及禹三寸,累累若丧家之狗。"子贡以实告孔子。孔子欣然笑曰:"形状,末也。而谓似丧家之狗,然哉!然哉!"

孔子遂至陈,主于司城贞子家。岁馀,吴王夫差伐陈,取三邑而去。赵鞅伐朝歌。楚围蔡,蔡迁于吴。吴败越王句践会稽。

有隼集于陈廷而死,楛矢贯之,石砮,矢长尺有咫。陈湣公使使问仲尼。仲尼曰:"隼来远矣,此肃慎之矢也。昔武王克商,通道九夷百蛮,使各以其方贿来贡,使无忘职业。于是肃慎贡楛矢石砮,长尺有咫。先王欲昭其令德,以肃慎矢分大姬,配虞胡公而封诸陈。分同姓以珍玉,展亲;分异姓以远方职,使无忘服。故分陈以肃慎矢。"试求之故府,果得之。

孔子居陈三岁,会晋楚争强,更伐陈,及吴侵陈,陈常被寇。孔子曰:"归与归与!吾党之小子狂简,进取不忘其初。"于是孔子去陈。

过蒲,会公叔氏以蒲畔,蒲人止孔子。弟子有公良孺者,以私车五乘从孔子。其为人长贤,有勇力,谓曰:"吾昔从夫子遇难于匡,今又遇难于此,命也已。吾与夫子再罹难,宁斗而死。"斗甚疾。蒲人惧,谓孔子曰:"苟毋适卫,吾出子。"与之盟,出孔子东门。孔子遂适卫。子贡曰:"盟可负邪?"孔子曰:"要盟也,神不听。"

卫灵公闻孔子来,喜,郊迎。问曰:"蒲可伐乎?"对曰:"可。"灵公曰:"吾大夫以为不可。今蒲,卫之所以待晋楚也,以卫伐之,无乃不可乎?"孔子曰:"其男子有死之志,妇人有保西河之志。吾所伐者不过四五人。"灵公曰:"善。"然不伐蒲。

灵公老,怠于政,不用孔子。孔子喟然叹曰:"苟有用我者,期月而已,三年有成。"孔子行。

佛肸为中牟宰。赵简子攻范、中行,伐中牟。佛肸畔,使人召孔子。孔子欲往。子路曰:"由闻诸夫子,'其身亲为不善者,君子不入也'。今佛肸亲以中牟畔,子欲往,如之何?"孔子曰:"有是言也。不曰坚乎,磨而不磷;不曰白乎,涅而不淄。我岂匏瓜也哉,焉能系而不食?"

孔子击磬。有荷蒉而过门者,曰:"有心哉,击磬乎! 硁硁乎,莫己知也夫而已矣!"

孔子学鼓琴师襄子,十日不进。师襄子曰:"可以益矣。"孔子曰:"丘已习其曲矣,未得其数也。"有间,曰:"已习其数,可以益矣。"孔子曰:"丘未得其志也。"有间,曰:"已习其志,可以益矣。"孔子曰:"丘未得其为人也。"有间,有所穆然深思焉,有所怡然高望而远志焉。曰:"丘得其为人,黯然而黑,几然而长,眼如望羊,如王四国,非文王其谁能为此也!"师襄子辟席再拜,曰:"师盖云文王操也。"

孔子既不得用于卫,将西见赵简子。至于河而闻窦鸣犊、舜华之死也,临河而叹曰:"美哉水,洋洋乎! 丘之不济此,命也夫!"子贡趋而进曰:"敢问何谓也?"孔子曰:"窦鸣犊、舜华,晋国之贤大夫也。赵简子未得志之时,须此两人而后从政;及其已得志,杀之乃从政。丘闻之也,刳胎杀夭则麒麟不至郊,竭泽涸渔则蛟龙不合阴阳,覆巢毁卵则凤皇不翔。何则? 君子讳伤其类也。夫鸟兽之于不义也尚知辟之,而况乎丘哉!"乃还息乎陬乡,作为陬操以哀之。而反乎卫,入主蘧伯玉家。

他日,灵公问兵阵。孔子曰:"俎豆之事则尝闻之,军旅之事未之学也。"明日,与孔子语,见蜚雁,仰视之,色不在孔子。孔子遂行,复如陈。

夏,卫灵公卒,立孙辄,是为卫出公。六月,赵鞅内太子蒯聩于戚。阳虎使太子绖,八人衰绖,伪自卫迎者,哭而入,遂居焉。冬,蔡迁于州来。是岁鲁哀公三年,而孔子年六十矣。齐助卫围戚,以卫太子蒯聩在故也。

夏,鲁桓釐庙燔,南宫敬叔救火。孔子在陈,闻之,曰:"灾必于桓釐庙乎?"已而果然。

秋,季桓子病,辇而见鲁城,喟然叹曰:"昔此国几兴矣,以吾获罪于孔子,故不兴也。"顾谓其嗣康子曰:"我即死,若必相鲁;相鲁,必召仲尼。"后数日,桓子卒,康子代立。已葬,欲召仲尼。公之鱼曰:"昔吾先君用之不终,终为诸侯笑。今又用之,不能终,是再为诸侯笑。"康子曰:"则谁召而可?"曰:"必召冉求。"于是使使召冉求。冉求将行,孔子曰:"鲁人召求,非小用之,将大用之也。"是日,孔子曰:"归乎归乎! 吾党之小子狂简,斐然成章,吾不知所以裁之。"子赣知孔子思归,送冉求,因诫曰"即用,以孔子为招"云。

冉求既去,明年,孔子自陈迁于蔡。蔡昭公将如吴,吴召之也。前昭公欺其臣迁州来,后将往,大夫惧复迁,公孙翩射杀昭公。楚侵蔡。秋,齐景公卒。

明年,孔子自蔡如叶。叶公问政,孔子曰:"政在来远附迩。"他日,叶公问孔子于子路,子路不对。孔子闻之,曰:"由,尔何不对曰'其为人也,学道不倦,诲人不厌,发愤忘食,乐以忘忧,不知老之将至'云尔。"

去叶,反于蔡。长沮、桀溺耦而耕,孔子以为隐者,使子路问津焉。长沮曰:"彼执舆者为谁?"子路曰:"为孔丘。"曰:"是鲁孔丘与?"曰:"然。"曰:"是知津矣。"桀溺谓子路曰:"子为谁?"曰:"为仲由。"曰:"子,孔丘之徒与?"曰:"然。"桀溺曰:"悠悠者天下皆是也,而谁以易之?且与其从辟人之士,岂若从辟世之士哉!"耰而不辍。子路以告孔子,孔子怃然曰:"鸟兽不可与同群。天下有道,丘不与易也。"

他日,子路行,遇荷蓧丈人,曰:"子见夫子乎?"丈人曰:"四体不勤,五谷不分,孰为夫子!"植其杖而芸。子路以告,孔子曰:"隐者也。"复往,则亡。

孔子迁于蔡三岁,吴伐陈。楚救陈,军于城父。闻孔子在陈蔡之间,楚使人聘孔子。孔子将往拜礼,陈蔡大夫谋曰:"孔子贤者,所刺讥皆中诸侯之疾。今者久留陈蔡之间,诸大夫所设行皆非仲尼之意。今楚,大国也,来聘孔子。孔子用于楚,则陈蔡用事大夫危矣。"于是乃相与发徒役围孔子于野。不得行,绝粮。从者病,莫能兴。孔子讲诵弦歌不衰。子路愠见曰:"君子亦有穷乎?"孔子曰:"君子固穷,小人穷斯滥矣。"

子贡色作。孔子曰:"赐,尔以予为多学而识之者与?"曰:"然。非与?"孔子曰:"非也。予一以贯之。"

孔子知弟子有愠心,乃召子路而问曰:"诗云'匪兕匪虎,率彼旷野'。吾道非邪?吾何为于此?"子路曰:"意者吾未仁邪?人之不我信也。意者吾未知邪?人之不我行也。"孔子曰:"有是乎!由,譬使仁者而必信,安有伯夷、叔齐?使知者而必行,安有王子比干?"

子路出,子贡入见。孔子曰:"赐,诗云'匪兕匪虎,率彼旷野'。吾道非邪?吾何为于此?"子贡曰:"夫子之道至大也,故天下莫能容夫子。夫子盖少贬焉?"孔子曰:"赐,良农能稼而不能为穑,良工能巧而不能为顺。君子能修其道,纲而纪之,统而理之,而不能为容。今尔不修尔道而求为容。赐,而志不远矣!"

子贡出,颜回入见。孔子曰:"回,诗云'匪兕匪虎,率彼旷野'。吾道非邪? 吾何为于此?"颜回曰:"夫子之道至大,故天下莫能容。虽然,夫子推而行之,不容何病,不容然后见君子! 夫道之不修也,是吾丑也。夫道既已大修而不用,是有国者之丑也。不容何病,不容然后见君子!"孔子欣然而笑曰:"有是哉颜氏之子! 使尔多财,吾为尔宰。"

于是使子贡至楚。楚昭王兴师迎孔子,然后得免。

昭王将以书社地七百里封孔子。楚令尹子西曰:"王之使使诸侯有如子贡者乎?"曰:"无有。""王之辅相有如颜回者乎?"曰:"无有。""王之将率有如子路者乎?"曰:"无有。""王之官尹有如宰予者乎?"曰:"无有。""且楚之祖封于周,号为子男五十里。今孔丘述三五之法,明周召之业,王若用之,则楚安得世世堂堂方数千里乎? 夫文王在丰,武王在镐,百里之君卒王天下。今孔丘得据土壤,贤弟子为佐,非楚之福也。"昭王乃止。其秋,楚昭王卒于城父。

楚狂接舆歌而过孔子,曰:"凤兮凤兮,何德之衰! 往者不可谏兮,来者犹可追也! 已而已而,今之从政者殆而!"孔子下,欲与之言。趋而去,弗得与之言。

于是孔子自楚反乎卫。是岁也,孔子年六十三,而鲁哀公六年也。

其明年,吴与鲁会缯,征百牢。太宰嚭召季康子。康子使子贡往,然后得已。

孔子曰:"鲁卫之政,兄弟也。"是时,卫君辄父不得立,在外,诸侯数以为让。而孔子弟子多仕于卫,卫君欲得孔子为政。子路曰:"卫君待子而为政,子将奚先?"孔子曰:"必也正名乎!"子路曰:"有是哉,子之迂也! 何其正也?"孔子曰:"野哉由也! 夫名不正则言不顺,言不顺则事不成,事不成则礼乐不兴,礼乐不兴则刑罚不中,刑罚不中则民无所错手足矣。夫君子为之必可名,言之必可行。君子于其言,无所苟而已矣。"

其明年,冉有为季氏将师,与齐战于郎,克之。季康子曰:"子之于军旅,学之乎? 性之乎?"冉有曰:"学之于孔子。"季康子曰:"孔子何如人哉?"对曰:"用之有名;播之百姓,质诸鬼神而无憾。求之至于此道,虽累千社,夫子不利也。"康子曰:"我欲召之,可乎?"对曰:"欲召之,则毋以小人固之,则可矣。"而卫孔文子将攻太叔,问策于仲尼。仲尼辞不知,退而命载而行,曰:"鸟能择木,木岂能择鸟乎!"文子固止。会季康子逐公华、公宾、公林,以币迎孔子,孔子归鲁。

孔子之去鲁凡十四岁而反乎鲁。

鲁哀公问政,对曰:"政在选臣。"季康子问政,曰:"举直错诸枉,则枉者直。"康子患盗,孔子曰:"苟子之不欲,虽赏之不窃。"然鲁终不能用孔子,孔子亦不求仕。

孔子之时,周室微而礼乐废,诗书缺。追迹三代之礼,序书传,上纪唐虞之际,下至秦缪,编次其事。曰:"夏礼吾能言之,杞不足征也。殷礼吾能言之,宋不足征也。足,则吾能征之矣。"观殷夏所损益,曰:"后虽百世可知也,以一文一质。周监二代,郁郁乎文哉。吾从周。"故书传、礼记自孔氏。

孔子语鲁大师:"乐其可知也。始作翕如,纵之纯如,皦如,绎如也,以成。""吾自卫反鲁,然后乐正,雅颂各得其所。"

古者诗三千馀篇,及至孔子,去其重,取可施于礼义,上采契后稷,中述殷周之盛,至幽厉之缺,始于衽席,故曰"关雎之乱以为风始,鹿鸣为小雅始,文王为大雅始,清庙为颂始"。三百五篇孔子皆弦歌之,以求合韶武雅颂之音。礼乐自此可得而述,以备王道,成六艺。

孔子晚而喜易,序彖、系、象、说卦、文言。读易,韦编三绝。曰:"假我数年,若是,我于易则彬彬矣。"

孔子以诗书礼乐教,弟子盖三千焉,身通六艺者七十有二人。如颜浊邹之徒,颇受业者甚众。

孔子以四教:文,行,忠,信。绝四:毋意,毋必,毋固,毋我。所慎:齐,战,疾。子罕言利与命与仁。不愤不启,举一隅不以三隅反,则弗复也。

其于乡党,恂恂似不能言者。其于宗庙朝廷,辩辩言,唯谨尔。朝,与上大夫言,訚訚如也;与下大夫言,侃侃如也。

入公门,鞠躬如也;趋进,翼如也。君召使傧,色勃如也。君命召,不俟驾行矣。

鱼馁,肉败,割不正,不食。席不正,不坐。食于有丧者之侧,未尝饱也。

是日哭,则不歌。见齐衰、瞽者,虽童子必变。

"三人行,必得我师。""德之不修,学之不讲,闻义不能徙,不善不能改,是吾忧也。"使人歌,善,则使复之,然后和之。

子不语:怪,力,乱,神。

子贡曰:"夫子之文章,可得闻也。夫子言天道与性命,弗可得闻也已。"颜渊喟然叹曰:"仰之弥高,钻之弥坚。瞻之在前,忽焉在后。夫子循循然善诱人,博我以文,约我以礼,欲罢不能。既竭我才,如有所立,卓尔。虽欲从之,蔑由也已。"达巷党人曰:"大哉孔子,博学而无所成名。"子闻之曰:"我何执?执御乎?执射乎?我执御矣。"牢曰:"子云'不试,故艺'。"

鲁哀公十四年春,狩大野。叔孙氏车子鉏商获兽,以为不祥。仲尼视之,曰:"麟也。"取之。曰:"河不出图,雒不出书,吾已矣夫!"颜渊死,孔子曰:"天丧予!"及西狩见麟,曰:"吾道穷矣!"喟然叹曰:"莫知我夫!"子贡曰:"何为莫知子?"子曰:"不怨天,不尤人,下学而上达,知我者其天乎!"

"不降其志,不辱其身,伯夷、叔齐乎!"谓"柳下惠、少连降志辱身矣"。谓"虞仲、夷逸隐居放言,行中清,废中权"。"我则异于是,无可无不可。"

子曰:"弗乎弗乎,君子病没世而名不称焉。吾道不行矣,吾何以自见于后世哉?"乃因史记作春秋,上至隐公,下讫哀公十四年,十二公。据鲁,亲周,故殷,运之三代。约其文辞而指博。故吴楚之君自称王,而春秋贬之曰"子";践土之会实召周天子,而春秋讳之曰"天王狩于河阳":推此类以绳当世。贬损之义,后有王者举而开之。春秋之义行,则天下乱臣贼子惧焉。

孔子在位听讼,文辞有可与人共者,弗独有也。至于为春秋,笔则笔,削则削,子夏之徒不能赞一辞。弟子受春秋,孔子曰:"后世知丘者以春秋,而罪丘者亦以春秋。"

明岁,子路死于卫。孔子病,子贡请见。孔子方负杖逍遥于门,曰:"赐,汝来何其晚也?"孔子因叹,歌曰:"太山坏乎!梁柱摧乎!哲人萎乎!"因以涕下。谓子贡曰:"天下无道久矣,莫能宗予。夏人殡于东阶,周人于西阶,殷人两柱间。昨暮予梦坐奠两柱之间,予始殷人也。"后七日卒。

孔子年七十三,以鲁哀公十六年四月己丑卒。

哀公诔之曰:"旻天不吊,不慭遗一老,俾屏余一人以在位,茕茕余在疚。呜呼哀哉!尼父,毋自律!"子贡曰:"君其不没于鲁乎!夫子之言曰:'礼失则昏,名失则愆。失志为昏,失所为愆。'生不能用,死而诔之,非礼也。称'余一人',非名也。"

孔子葬鲁城北泗上,弟子皆服三年。三年心丧毕,相诀而去,则哭,各复尽哀;或复留。唯子赣庐于冢上,凡六年,然后去。弟子及鲁人往从冢而家者百有馀室,因命曰孔里。鲁世世相传以岁时奉祠孔子冢,而诸儒亦讲礼乡饮大射于孔子冢。孔子冢大一顷。故所居堂、弟子内,后世因庙,藏孔子衣冠琴车书,至于汉二百馀年不绝。高皇帝过鲁,以太牢祠焉。诸侯卿相至,常先谒然后从政。

　　孔子生鲤,字伯鱼。伯鱼年五十,先孔子死。
　　伯鱼生伋,字子思,年六十二。尝困于宋。子思作中庸。
　　子思生白,字子上,年四十七。子上生求,字子家,年四十五。子家生箕,字子京,年四十六。子京生穿,字子高,年五十一。子高生子慎,年五十七,尝为魏相。
　　子慎生鲋,年五十七,为陈王涉博士,死于陈下。
　　鲋弟子襄,年五十七。尝为孝惠皇帝博士,迁为长沙太守。长九尺六寸。
　　子襄生忠,年五十七。忠生武,武生延年及安国。安国为今皇帝博士,至临淮太守,蚤卒。安国生卬,卬生驩。

　　太史公曰:诗有之:"高山仰止,景行行止。"虽不能至,然心向往之。余读孔氏书,想见其为人。适鲁,观仲尼庙堂车服礼器,诸生以时习礼其家,余祇回留之不能去云。天下君王至于贤人众矣,当时则荣,没则已焉。孔子布衣,传十馀世,学者宗之。自天子王侯,中国言六艺者折中于夫子,可谓至圣矣!

史记卷四十八

陈涉世家第十八

陈胜者，阳城人也，字涉。吴广者，阳夏人也，字叔。陈涉少时，尝与人佣耕，辍耕之垄上，怅恨久之，曰："苟富贵，无相忘。"庸者笑而应曰："若为庸耕，何富贵也？"陈涉太息曰："嗟乎，燕雀安知鸿鹄之志哉！"

二世元年七月，发闾左適戍渔阳，九百人屯大泽乡。陈胜、吴广皆次当行，为屯长。会天大雨，道不通，度已失期。失期，法皆斩。陈胜、吴广乃谋曰："今亡亦死，举大计亦死，等死，死国可乎？"陈胜曰："天下苦秦久矣。吾闻二世少子也，不当立，当立者乃公子扶苏。扶苏以数谏故，上使外将兵。今或闻无罪，二世杀之。百姓多闻其贤，未知其死也。项燕为楚将，数有功，爱士卒，楚人怜之。或以为死，或以为亡。今诚以吾众诈自称公子扶苏、项燕，为天下唱，宜多应者。"吴广以为然。乃行卜。卜者知其指意，曰："足下事皆成，有功。然足下卜之鬼乎！"陈胜、吴广喜，念鬼，曰："此教我先威众耳。"乃丹书帛曰"陈胜王"，置人所罾鱼腹中。卒买鱼烹食，得鱼腹中书，固以怪之矣。又间令吴广之次所旁丛祠中，夜篝火，狐鸣呼曰"大楚兴，陈胜王"。卒皆夜惊恐。旦日，卒中往往语，皆指目陈胜。

吴广素爱人，士卒多为用者。将尉醉，广故数言欲亡，忿恚尉，令辱之，以激怒其众。尉果笞广。尉剑挺，广起，夺而杀尉。陈胜佐之，并杀两尉。召令徒属曰："公等遇雨，皆已失期，失期当斩。藉弟令毋斩，而戍死者固十六七。且壮士不死即已，死即举大名耳，王侯将相宁有种乎！"徒属皆曰："敬受命。"乃诈称公子扶苏、项燕，从民欲也。袒右，称大楚。为坛而盟，祭以尉首。陈胜自立为将军，吴广为都尉。攻大泽乡，收而攻蕲。蕲下，乃令符离人葛婴将兵徇蕲以东。攻铚、酂、苦、柘、谯皆下之。行收兵。比至陈，车六七百乘，骑千馀，卒数万人。攻陈，陈守令皆不在，独守丞与战谯门中。弗胜，守丞死，乃入据陈。数日，号令召三老、豪杰与皆来会计事。三老、豪杰皆曰："将军身被坚执锐，伐无道，诛暴秦，复立楚国之社稷，功宜为王。"陈涉乃立为王，号为张楚。

当此时，诸郡县苦秦吏者，皆刑其长吏，杀之以应陈涉。乃以吴叔为假王，监诸将以西击荥阳。令陈人武臣、张耳、陈馀徇赵地，令汝阴人邓宗徇九江郡。当此时，楚兵数千人为聚者，不可胜数。

葛婴至东城，立襄彊为楚王。婴后闻陈王已立，因杀襄彊，还报。至陈，陈王诛杀葛婴。陈王令魏人周市北徇魏地。吴广围荥阳。李由为三川守，守荥阳，吴叔弗能下。陈王征国之豪杰与计，以上蔡人房君蔡赐为上柱国。

周文，陈之贤人也，尝为项燕军视日，事春申君，自言习兵，陈王与之将军印，西击秦。行收兵至关，车千乘，卒数十万，至戏，军焉。秦令少府章邯免郦山徒、人奴产子生，悉发以击楚大军，尽败之。周文败，走出关，止次曹阳二三月。章邯追败之，复走次渑池十馀日。章邯击，大破之。周文自刭，军遂不战。

武臣到邯郸，自立为赵王，陈馀为大将军，张耳、召骚为左右丞相。陈王怒，捕系武臣等家室，欲诛之。柱国曰：“秦未亡而诛赵王将相家属，此生一秦也。不如因而立之。”陈王乃遣使者贺赵，而徙系武臣等家属宫中，而封耳子张敖为成都君，趣赵兵亟入关。赵王将相相与谋曰：“王王赵，非楚意也。楚已诛秦，必加兵于赵。计莫如毋西兵，使使北徇燕地以自广也。赵南据大河，北有燕、代，楚虽胜秦，不敢制赵。若楚不胜秦，必重赵。赵乘秦之弊，可以得志于天下。”赵王以为然，因不西兵，而遣故上谷卒史韩广将兵北徇燕地。

燕故贵人豪杰谓韩广曰：“楚已立王，赵又已立王。燕虽小，亦万乘之国也，愿将军立为燕王。”韩广曰：“广母在赵，不可。”燕人曰：“赵方西忧秦，南忧楚，其力不能禁我。且以楚之强，不敢害赵王将相之家，赵独安敢害将军之家！”韩广以为然，乃自立为燕王。居数月，赵奉燕王母及家属归之燕。

当此之时，诸将之徇地者，不可胜数。周市北徇地至狄，狄人田儋杀狄令，自立为齐王，以齐反，击周市。市军散，还至魏地，欲立魏后故甯陵君咎为魏王。时咎在陈王所，不得之魏。魏地已定，欲相与立周市为魏王，周市不肯。使者五反，陈王乃立甯陵君咎为魏王，遣之国。周市卒为相。

将军田臧等相与谋曰：“周章军已破矣，秦兵旦暮至，我围荥阳城弗能下,秦军至,必大败。不如少遗兵,足以守荥阳,悉精兵迎秦军。今假王骄,不知兵权,不可与计,非诛之,事恐败。"因相与矫王令以诛吴叔,献其首于陈王。陈王使使赐田臧楚令尹印,使为上将。田臧乃使诸将李归等守荥阳城,自以精兵西迎秦军于敖仓。与战,田臧死,军破。章邯进兵击李归等荥阳下,破之,李归等死。

阳城人邓说将兵居郏,章邯别将击破之,邓说军散走陈。铚人伍徐将兵居许,章邯击破之,伍徐军皆散走陈。陈王诛邓说。

陈王初立时,陵人秦嘉、铚人董绁、符离人朱鸡石、取虑人郑布、徐人丁疾等皆特起,将兵围东海守庆于郯。陈王闻,乃使武平君畔为将军,监郯下军。秦嘉不受命,嘉自立为大司马,恶属武平君。告军吏曰:"武平君年少,不知兵事,勿听!"因矫以王命杀武平君畔。

章邯已破伍徐,击陈,柱国房君死。章邯又进兵击陈西张贺军。陈王出监战,军破,张贺死。

腊月,陈王之汝阴,还至下城父,其御庄贾杀以降秦。陈胜葬砀,谥曰隐王。

陈王故涓人将军吕臣为仓头军,起新阳,攻陈下之,杀庄贾,复以陈为楚。

初,陈王至陈,令铚人宋留将兵定南阳,入武关。留已徇南阳,闻陈王死,南阳复为秦。宋留不能入武关,乃东至新蔡,过秦军,宋留以军降秦。秦传留至咸阳,车裂留以徇。

秦嘉等闻陈王军破出走,乃立景驹为楚王,引兵之方与,欲击秦军定陶下。使公孙庆使齐王,欲与并力俱进。齐王曰:"闻陈王战败,不知其死生,楚安得不请而立王!"公孙庆曰:"齐不请楚而立王,楚何故请齐而立王!且楚首事,当令于天下。"田儋诛杀公孙庆。

秦左右校复攻陈,下之。吕将军走,收兵复聚。鄱盗当阳君黥布之兵相收,复击秦左右校,破之青波,复以陈为楚。会项梁立怀王孙心为楚王。

陈胜王凡六月。已为王,王陈。其故人尝与庸耕者闻之,之陈,扣宫门曰:"吾欲见涉。"宫门令欲缚之。自辩数,乃置,不肯为通。陈王出,遮道而呼涉。陈王闻之,乃召见,载与俱归。入宫,见殿屋帷帐,客曰:"夥颐!涉之为王沈沈者!"楚人谓多为夥,故天下传之,夥涉为王,由陈涉始。

客出入愈益发舒,言陈王故情。或说陈王曰:"客愚无知,颛妄言,轻威。"陈王斩之。诸陈王故人皆自引去,由是无亲陈王者。陈王以朱房为中正,胡武为司过,主司群臣。诸将徇地,至,令之不是者,系而罪之,以苛察为忠。其所不善者,弗下吏,辄自治之。陈王信用之。诸将以其故不亲附。此其所以败也。

陈胜虽已死,其所置遣侯王将相竟亡秦,由涉首事也。高祖时为陈涉置守冢三十家砀,至今血食。

褚先生曰:地形险阻,所以为固也;兵革刑法,所以为治也。犹未足恃也。夫先王以仁义为本,而以固塞文法为枝叶,岂不然哉!吾闻贾生之称曰:

"秦孝公据殽函之固,拥雍州之地,君臣固守,以窥周室。有席卷天下,包举宇内,囊括四海之意,并吞八荒之心。当是时也,商君佐之,内立法度,务耕织,修守战之备;外连衡而斗诸侯。于是秦人拱手而取西河之外。

"孝公既没,惠文王、武王、昭王蒙故业,因遗策,南取汉中,西举巴蜀,东割膏腴之地,收要害之郡。诸侯恐惧,会盟而谋弱秦。不爱珍器重宝肥饶之地,以致天下之士。合从缔交,相与为一。当此之时,齐有孟尝,赵有平原,楚有春申,魏有信陵:此四君者,皆明知而忠信,宽厚而爱人,尊贤而重士。约从连衡,兼韩、魏、燕、赵、宋、卫、中山之众。于是六国之士有宁越、徐尚、苏秦、杜赫之属为之谋,齐明、周最、陈轸、邵滑、楼缓、翟景、苏厉、乐毅之徒通其意,吴起、孙膑、带他、兒良、王廖、田忌、廉颇、赵奢之伦制其兵。尝以什倍之地,百万之师,仰关而攻秦。秦人开关而延敌,九国之师遁逃而不敢进。秦无亡矢遗镞之费,而天下固已困矣。于是从散约败,争割地而赂秦。秦有馀力而制其弊,追亡逐北,伏尸百万,流血漂橹,因利乘便,宰割天下,分裂山河,强国请服,弱国入朝。

"施及孝文王、庄襄王,享国之日浅,国家无事。

"及至始皇,奋六世之馀烈,振长策而御宇内,吞二周而亡诸侯,履至尊而制六合,执敲朴以鞭笞天下,威振四海。南取百越之地,以为桂林、象郡,百越之君俛首系颈,委命下吏。乃使蒙恬北筑长城而守藩篱,却匈奴七百馀里,胡人不敢南下而牧马,士亦不敢贯弓而报怨。于是废先王之道,燔百家之言,以愚黔首。堕名城,杀豪俊,收天下之兵聚之咸阳,销锋镝,铸以为金人十二,以弱天下之民。然后践华为城,因河为池,据亿丈之城,临不测之谿以为固。良将劲弩,守要害之处,信臣精卒,陈利兵而谁何。天下已定,始皇之心,自以为关中之固,金城千里,子孙帝王万世之业也。

"始皇既没,馀威振于殊俗。然而陈涉瓮牖绳枢之子,甿隶之人,而迁徙之徒也。材能不及中人,非有仲尼、墨翟之贤,陶朱、猗顿之富也。蹑足行伍之间,俛仰仟佰之中,率罢散之卒,将数百之众,转而攻秦。斩木为兵,揭竿为旗,天下云会响应,赢粮而景从,山东豪俊遂并起而亡秦族矣。

"且天下非小弱也;雍州之地,殽函之固自若也。陈涉之位,非尊于齐、楚、燕、赵、韩、魏、宋、卫、中山之君也;钼耰棘矜,非铦于勾戟长锻也;適戍之众,非俦于九国之师也;深谋远虑,行军用兵之道,非及乡时之士也。然而成败异变,功业相反也。尝试使山东之国与陈涉度长絜大,比权量力,则不可同年而语矣。然而秦以区区之地,致万乘之权,抑八州而朝同列,百有馀年矣。然后以六合为家,殽函为宫。一夫作难而七庙堕,身死人手,为天下笑者,何也?仁义不施,而攻守之势异也。"

史记卷四十九

外戚世家第十九

自古受命帝王及继体守文之君，非独内德茂也，盖亦有外戚之助焉。夏之兴也以涂山，而桀之放也以末喜。殷之兴也以有娀，纣之杀也妲己。周之兴也以姜原及大任，而幽王之禽也淫于褒姒。故易基乾坤，诗始关雎，书美釐降，春秋讥不亲迎。夫妇之际，人道之大伦也。礼之用，唯婚姻为兢兢。夫乐调而四时和，阴阳之变，万物之统也。可不慎与？人能弘道，无如命何。甚哉，妃匹之爱，君不能得之于臣，父不能得之于子，况卑下乎！既欢合矣，或不能成子姓；能成子姓矣，或不能要其终：岂非命也哉？孔子罕称命，盖难言之也。非通幽明之变，恶能识乎性命哉？

太史公曰：秦以前尚略矣，其详靡得而记焉。汉兴，吕娥姁为高祖正后，男为太子。及晚节色衰爱弛，而戚夫人有宠，其子如意几代太子者数矣。及高祖崩，吕后夷戚氏，诛赵王，而高祖后宫唯独无宠疏远者得无恙。

吕后长女为宣平侯张敖妻，敖女为孝惠皇后。吕太后以重亲故，欲其生子万方，终无子，诈取后宫人子为子。及孝惠帝崩，天下初定未久，继嗣不明。于是贵外家，王诸吕以为辅，而以吕禄女为少帝后，欲连固根本牢甚，然无益也。

高后崩，合葬长陵。禄、产等惧诛，谋作乱。大臣征之，天诱其统，卒灭吕氏。唯独置孝惠皇后居北宫。迎立代王，是为孝文帝，奉汉宗庙。此岂非天邪？非天命孰能当之？

薄太后，父吴人，姓薄氏，秦时与故魏王宗家女魏媪通，生薄姬，而薄父死山阴，因葬焉。

及诸侯畔秦，魏豹立为魏王，而魏媪内其女于魏宫。媪之许负所相，相薄姬，云当生天子。是时项羽方与汉王相距荥阳，天下未有所定。豹初与汉击楚，及闻许负言，心独喜，因背汉而畔，中立，更与楚连和。汉使曹参等击虏魏王豹,以其国为郡,而薄姬输织室。豹已死,汉王入织室,见薄姬有色,诏内后宫,岁馀不得幸。始姬少时,与管夫人、赵子儿相爱,约曰:"先贵无相忘。"已而管夫人、赵子儿先幸汉王。汉王坐河南宫成皋台,此两美人相与笑薄姬初时约。汉王闻之,问其故,两人具以实告汉王。汉王心惨然,怜薄姬,是日召而幸之。薄姬曰:"昨暮夜妾梦苍龙据吾腹。"高帝曰:"此贵征也,吾为女遂成之。"一幸生男,是为代王。其后薄姬希见高祖。

高祖崩,诸御幸姬戚夫人之属,吕太后怒,皆幽之,不得出宫。而薄姬以希见故,得出,从子之代,为代王太后。太后弟薄昭从如代。

代王立十七年,高后崩。大臣议立后,疾外家吕氏强,皆称薄氏仁善,故迎代王,立为孝文皇帝,而太后改号曰皇太后,弟薄昭封为轵侯。

薄太后母亦前死,葬栎阳北。于是乃追尊薄父为灵文侯,会稽郡置园邑三百家,长丞已下吏奉守冢,寝庙上食祠如法。而栎阳北亦置灵文侯夫人园,如灵文侯园仪。薄太后以为母家魏王后,早失父母,其奉薄太后诸魏有力者,于是召复魏氏,赏赐各以亲疏受之。薄氏侯者凡一人。

薄太后后文帝二年,以孝景帝前二年崩,葬南陵。以吕后会葬长陵,故特自起陵,近孝文皇帝霸陵。

窦太后,赵之清河观津人也。吕太后时,窦姬以良家子入宫侍太后。太后出宫人以赐诸王,各五人,窦姬与在行中。窦姬家在清河,欲如赵近家,请其主遣宦者吏:"必置我籍赵之伍中。"宦者忘之,误置其籍代伍中。籍奏,诏可,当行。窦姬涕泣,怨其宦者,不欲往,相强,乃肯行。至代,代王独幸窦姬,生女嫖,后生两男。而代王王后生四男。先代王未入立为帝而王后卒。及代王立为帝,而王后所生四男更病死。孝文帝立数月,公卿请立太子,而窦姬长男最长,立为太子。立窦姬为皇后,女嫖为长公主。其明年,立少子武为代王,已而又徙梁,是为梁孝王。

窦皇后亲蚤卒,葬观津。于是薄太后乃诏有司,追尊窦后父为安成侯,母曰安成夫人。令清河置园邑二百家,长丞奉守,比灵文园法。

窦皇后兄窦长君,弟曰窦广国,字少君。少君年四五岁时,家贫,为人所略卖,其家不知其处。传十馀家,至宜阳,为其主入山作炭,暮卧岸下百馀人,岸崩,尽压杀卧者,少君独得脱,不死。自卜数日当为侯,从其家之长安。闻窦皇后新立,家在观津,姓窦氏。广国去时虽小,识其县名及姓,又常与其姊采桑堕,用为符信,上书自陈。窦皇后言之于文帝,召见,问之,具言其故,果是。又复问他何以为验? 对曰:"姊去我西时,与我决于传舍中,丐沐沐我,请食饭我,乃去。"于是窦后持之而泣,泣涕交横下。侍御左右皆伏地泣,助皇后悲哀。乃厚赐田宅金钱,封公昆弟,家于长安。

绛侯、灌将军等曰:"吾属不死,命乃且县此两人。两人所出微,不可不为择师傅宾客,又复效吕氏大事也。"于是乃选长者士之有节行者与居。窦长君、少君由此为退让君子,不敢以尊贵骄人。

窦皇后病,失明。文帝幸邯郸慎夫人、尹姬,皆毋子。孝文帝崩,孝景帝立,乃封广国为章武侯。长君前死,封其子彭祖为南皮侯。吴楚反时,窦太后从昆弟子窦婴,任侠自喜,将兵,以军功为魏其侯。窦氏凡三人为侯。

窦太后好黄帝、老子言,帝及太子诸窦不得不读黄帝、老子,尊其术。

窦太后后孝景帝六岁崩,合葬霸陵。遗诏尽以东宫金钱财物赐长公主嫖。

王太后,槐里人,母曰臧儿。臧儿者,故燕王臧荼孙也。臧儿嫁为槐里王仲妻,生男曰信,与两女。而仲死,臧儿更嫁长陵田氏,生男蚡、胜。臧儿长女嫁为金王孙妇,生一女矣,而臧儿卜筮之,曰两女皆当贵。因欲奇两女,乃夺金氏。金氏怒,不肯予决,乃内之太子宫。太子幸爱之,生三女一男。男方在身时,王美人梦日入其怀。以告太子,太子曰:"此贵征也。"未生而孝文帝崩,孝景帝即位,王夫人生男。

先是臧儿又入其少女兒姁,兒姁生四男。

景帝为太子时,薄太后以薄氏女为妃。及景帝立,立妃曰薄皇后。皇后毋子,毋宠。薄太后崩,废薄皇后。

景帝长男荣,其母栗姬。栗姬,齐人也。立荣为太子。长公主嫖有女,欲予为妃。栗姬妒,而景帝诸美人皆因长公主见景帝,得贵幸,皆过栗姬,栗姬日怨怒,谢长公主,不许。长公主欲予王夫人,王夫人许之。长公主怒,而日谗栗姬短于景帝曰:"栗姬与诸贵夫人幸姬会,常使侍者祝唾其背,挟邪媚道。"景帝以故望之。

景帝尝体不安,心不乐,属诸子为王者于栗姬,曰:"百岁后,善视之。"栗姬怒,不肯应,言不逊。景帝恚,心嗛之而未发也。

长公主日誉王夫人男之美,景帝亦贤之,又有曩者所梦日符,计未有所定。王夫人知帝望栗姬,因怒未解,阴使人趣大臣立栗姬为皇后,大行奏事毕,曰:"'子以母贵,母以子贵',今太子母无号,宜立为皇后。"景帝怒曰:"是而所宜言邪!"遂案诛大行,而废太子为临江王。栗姬愈恚恨,不得见,以忧死。卒立王夫人为皇后,其男为太子,封皇后兄信为盖侯。

景帝崩,太子袭号为皇帝。尊皇太后母臧儿为平原君。封田蚡为武安侯,胜为周阳侯。

景帝十三男,一男为帝,十二男皆为王。而儿姁早卒,其四子皆为王。王太后长女号曰平阳公主,次为南宫公主,次为林虑公主。

盖侯信好酒。田蚡、胜贪,巧于文辞。王仲蚤死,葬槐里,追尊为共侯,置园邑二百家。及平原君卒,从田氏葬长陵,置园比共侯园。而王太后后孝景帝十六岁,以元朔四年崩,合葬阳陵。王太后家凡三人为侯。

卫皇后字子夫,生微矣。盖其家号曰卫氏,出平阳侯邑。子夫为平阳主讴者。武帝初即位,数岁无子。平阳主求诸良家子女十馀人,饰置家。武帝祓霸上还,因过平阳主。主见所侍美人,上弗说。既饮,讴者进,上望见,独说卫子夫。是日,武帝起更衣,子夫侍尚衣轩中,得幸。上还坐,欢甚,赐平阳主金千斤。主因奏子夫奉送入宫。子夫上车。平阳主拊其背曰:"行矣,强饭,勉之! 即贵,无相忘。"入宫岁馀,竟不复幸。武帝择宫人不中用者,斥出归之。卫子夫得见,涕泣请出。上怜之,复幸,遂有身,尊宠日隆。召其兄卫长君、弟青为侍中。而子夫后大幸,有宠,凡生三女一男。男名据。

初,上为太子时,娶长公主女为妃。立为帝,妃立为皇后,姓陈氏,无子。上之得为嗣,大长公主有力焉,以故陈皇后骄贵。闻卫子夫大幸,恚,几死者数矣。上愈怒。陈皇后挟妇人媚道,其事颇觉,于是废陈皇后,而立卫子夫为皇后。

陈皇后母大长公主,景帝姊也,数让武帝姊平阳公主曰:"帝非我不得立,已而弃捐吾女,壹何不自喜而倍本乎!"平阳公主曰:"用无子故废耳。"陈皇后求子,与医钱凡九千万,然竟无子。

卫子夫已立为皇后,先是卫长君死,乃以卫青为将军,击胡有功,封为长平侯。青三子在襁褓中,皆封为列侯。及卫皇后所谓姊卫少儿,少儿生子霍去病,以军功封冠军侯,号骠骑将军。青号大将军。立卫皇后子据为太子。卫氏枝属以军功起家,五人为侯。

及卫后色衰,赵之王夫人幸,有子,为齐王。

王夫人蚤卒。而中山李夫人有宠,有男一人,为昌邑王。

李夫人蚤卒,其兄李延年以音幸,号协律。协律者,故倡也。兄弟皆坐奸,族。是时其长兄广利为贰师将军,伐大宛,不及诛,还,而上既夷李氏,后怜其家,乃封为海西侯。

他姬子二人为燕王、广陵王。其母无宠,以忧死。

及李夫人卒,则有尹婕妤之属,更有宠。然皆以倡见,非王侯有土之士女,不可以配人主也。

褚先生曰:"臣为郎时,问习汉家故事者钟离生。曰:王太后在民间时所生一女者,父为金王孙。王孙已死,景帝崩后,武帝已立,王太后独在。而韩王孙名嫣素得幸武帝,承间白言太后有女在长陵也。武帝曰:"何不蚤言!"乃使使往先视之,在其家。武帝乃自往迎取之。蹕道,先驱旄骑出横城门,乘舆驰至长陵。当小市西入里,里门闭,暴开门,乘舆直入此里。通至金氏门外止,使武骑围其宅,为其亡走,身自往取不得也。即使左右群臣入呼求之。家人惊恐,女亡匿内中床下。扶持出门,令拜谒。武帝下车泣曰:"嚄!大姊,何藏之深也!"诏副车载之,回车驰还,而直入长乐宫。行诏门著引籍,通到谒太后。太后曰:"帝倦矣,何从来?"帝曰:"今者至长陵得臣姊,与俱来。"顾曰:"谒太后!"太后曰:"女某邪?"曰:"是也。"太后为下泣,女亦伏地泣。武帝奉酒前为寿,奉钱千万,奴婢三百人,公田百顷,甲第,以赐姊。太后谢曰:"为帝费焉。"于是召平阳主、南宫主、林虑主三人俱来谒见姊,因号曰修成君。有子男一人,女一人。男号为修成子仲,女为诸侯王王后。此二子非刘氏,以故太后怜之。修成子仲骄恣,陵折吏民,皆患苦之。

卫子夫立为皇后,后弟卫青字仲卿,以大将军封为长平侯。四子,长子伉为侯世子,侯世子常侍中,贵幸。其三弟皆封为侯,各千三百户,一曰阴安侯,二曰发干侯,三曰宜春侯,贵震天下。天下歌之曰:"生男无喜,生女无怒,独不见卫子夫霸天下!"

是时平阳主寡居,当用列侯尚主。主与左右议长安中列侯可为夫者,皆言大将军可。主笑曰:"此出吾家,常使令骑从我出入耳,奈何用为夫乎?"左右侍御者曰:"今大将军姊为皇后,三子为侯,富贵振动天下,主何以易之乎?"于是主乃许之。言之皇后,令白之武帝,乃诏卫将军尚平阳公主焉。

褚先生曰:丈夫龙变。传曰:"蛇化为龙,不变其文;家化为国,不变其姓。"丈夫当时富贵,百恶灭除,光耀荣华,贫贱之时何足累之哉!

　　武帝时,幸夫人尹婕妤。邢夫人号娙娥,众人谓之“娙何”。娙何秩比中二千石,容华秩比二千石,婕妤秩比列侯。常从婕妤迁为皇后。

　　尹夫人与邢夫人同时并幸,有诏不得相见。尹夫人自请武帝,愿望见邢夫人,帝许之。即令他夫人饰,从御者数十人,为邢夫人来前。尹夫人前见之,曰:“此非邢夫人身也。”帝曰:“何以言之?”对曰:“视其身貌形状,不足以当人主矣。”于是帝乃诏使邢夫人衣故衣,独身来前。尹夫人望见之,曰;“此真是也。”于是乃低头俛而泣,自痛其不如也。谚曰:“美女入室,恶女之仇。”

　　褚先生曰:浴不必江海,要之去垢;马不必骐骥,要之善走;士不必贤世,要之知道;女不必贵种,要之贞好。传曰:“女无美恶,入室见妒;士无贤不肖,入朝见嫉。”美女者,恶女之仇。岂不然哉!

　　鉤弋夫人姓赵氏,河间人也。得幸武帝,生子一人,昭帝是也。武帝年七十,乃生昭帝。昭帝立时,年五岁耳。

　　卫太子废后,未复立太子。而燕王旦上书,愿归国入宿卫。武帝怒,立斩其使者于北阙。

　　上居甘泉宫,召画工图画周公负成王也。于是左右群臣知武帝意欲立少子也。后数日,帝谴责鉤弋夫人。夫人脱簪珥叩头。帝曰:“引持去,送掖庭狱!”夫人还顾,帝曰:“趣行,女不得活!”夫人死云阳宫。时暴风扬尘,百姓感伤。使者夜持棺往葬之,封识其处。

　　其后帝闲居,问左右曰:“人言云何?”左右对曰:“人言且立其子,何去其母乎?”帝曰:“然。是非儿曹愚人所知也。往古国家所以乱也,由主少母壮也。女主独居骄蹇,淫乱自恣,莫能禁也。女不闻吕后邪?”故诸为武帝生子者,无男女,其母无不谴死,岂可谓非贤圣哉!昭然远见,为后世计虑,固非浅闻愚儒之所及也。谥为“武”,岂虚哉!

史 记 卷 五 十

楚元王世家第二十

楚元王刘交者,高祖之同母少弟也,字游。

高祖兄弟四人,长兄伯,伯蚤卒。始高祖微时,尝辟事,时时与宾客过巨嫂食。嫂厌叔,叔与客来,嫂详为羹尽,栎釜,宾客以故去。已而视釜中尚有羹,高祖由此怨其嫂。及高祖为帝,封昆弟,而伯子独不得封。太上皇以为言,高祖曰:“某非忘封之也,为其母不长者耳。”于是乃封其子信为羹颉侯。而王次兄仲于代。

高祖六年,已禽楚王韩信于陈,乃以弟交为楚王,都彭城。即位二十三年卒,子夷王郢立。夷王四年卒,子王戊立。

王戊立二十年,冬,坐为薄太后服私奸,削东海郡。春,戊与吴王合谋反,其相张尚、太傅赵夷吾谏,不听。戊则杀尚、夷吾,起兵与吴西攻梁,破棘壁。至昌邑南,与汉将周亚夫战。汉绝吴楚粮道,士卒饥,吴王走,楚王戊自杀,军遂降汉。

汉已平吴楚,孝景帝欲以德侯子续吴,以元王子礼续楚。窦太后曰:“吴王,老人也,宜为宗室顺善。今乃首率七国,纷乱天下,奈何续其后!”不许吴,许立楚后。是时礼为汉宗正。乃拜礼为楚王,奉元王宗庙,是为楚文王。

文王立三年卒,子安王道立。安王二十二年卒,子襄王注立。襄王立十四年卒,子王纯代立。王纯立,地节二年,中人上书告楚王谋反,王自杀,国除,入汉为彭城郡。

赵王刘遂者,其父高祖中子,名友,谥曰“幽”。幽王以忧死,故为“幽”。高后王吕禄于赵,一岁而高后崩。大臣诛诸吕吕禄等,乃立幽王子遂为赵王。

孝文帝即位二年,立遂弟辟彊,取赵之河间郡为河间王,是为文王。立十三年卒,子哀王福立。一年卒,无子,绝后,国除,入于汉。

遂既王赵二十六年,孝景帝时坐晁错以适削赵王常山之郡。吴楚反,赵王遂与合谋起兵。其相建德、内史王悍谏,不听。遂烧杀建德、王悍,发兵屯其西界,欲待吴与俱西。北使匈奴,与连和攻汉。汉使曲周侯郦寄击之。赵王遂还,城守邯郸,相距七月。吴楚败于梁,不能西。匈奴闻之,亦止,不肯入汉边。栾布自破齐还,乃并兵引水灌赵城。赵城坏,赵王自杀,邯郸遂降。赵幽王绝后。

太史公曰:国之将兴,必有祯祥,君子用而小人退。国之将亡,贤人隐,乱臣贵。使楚王戊毋刑申公,遵其言,赵任防与先生,岂有篡杀之谋,为天下僇哉?贤人乎,贤人乎!非质有其内,恶能用之哉?甚矣,"安危在出令,存亡在所任",诚哉是言也!

史记卷五十一

荆燕世家第二十一

荆王刘贾者，诸刘，不知其何属初起时。汉王元年，还定三秦，刘贾为将军，定塞地，从东击项籍。

汉四年，汉王之败成皋，北渡河，得张耳、韩信军，军修武，深沟高垒，使刘贾将二万人，骑数百，渡白马津入楚地，烧其积聚，以破其业，无以给项王军食。已而楚兵击刘贾，贾辄壁不肯与战，而与彭越相保。

汉五年，汉王追项籍至固陵，使刘贾南渡淮围寿春。还至，使人间招楚大司马周殷。周殷反楚，佐刘贾举九江，迎武王黥布兵，皆会垓下，共击项籍。汉王因使刘贾将九江兵，与太尉卢绾西南击临江王共尉。共尉已死，以临江为南郡。

汉六年春，会诸侯于陈，废楚王信，囚之，分其地为二国。当是时也，高祖子幼，昆弟少，又不贤，欲王同姓以镇天下，乃诏曰："将军刘贾有功，及择子弟可以为王者。"群臣皆曰："立刘贾为荆王，王淮东五十二城；高祖弟交为楚王，王淮西三十六城。"因立子肥为齐王。始王昆弟刘氏也。

高祖十一年秋，淮南王黥布反，东击荆。荆王贾与战，不胜，走富陵，为布军所杀。高祖自击破布。十二年，立沛侯刘濞为吴王，王故荆地。

燕王刘泽者，诸刘远属也。高帝三年，泽为郎中。高帝十一年，泽以将军击陈豨，得王黄，为营陵侯。

高后时，齐人田生游乏资，以画干营陵侯泽。泽大说之，用金二百斤为田生寿。田生已得金，即归齐。二年，泽使人谓田生曰："弗与矣。"田生如长安，不见泽，而假大宅，令其子求事吕后所幸大谒者张子卿。居数月，田生子请张卿临，亲修具。张卿许往。田生盛帷帐共具，譬如列侯。张卿惊。酒酣，乃屏人说张卿曰："臣观诸侯王邸弟百馀，皆高祖一切功臣。今吕氏雅故本推毂高帝就天下，功至大，又亲戚太后之重。太后春秋长，诸吕弱，太后欲立吕产为王，王代。太后又重发之，恐大臣不听。今卿最幸，大臣所敬,何不风大臣以闻太后,太后必喜。诸<u>吕</u>已王,万户侯亦卿之有。太后心欲之,而卿为内臣,不急发,恐祸及身矣。"张卿大然之,乃风大臣语太后。太后朝,因问大臣。大臣请立<u>吕产</u>为<u>吕王</u>。太后赐张卿千斤金,张卿以其半与<u>田生</u>。<u>田生</u>弗受,因说之曰:"<u>吕产</u>王也,诸大臣未大服。今<u>营陵侯泽</u>,诸<u>刘</u>,为大将军,独此尚觖望。今卿言太后,列十馀县王之,彼得王,喜去,诸<u>吕</u>王益固矣。"张卿入言,太后然之。乃以<u>营陵侯刘泽</u>为<u>琅邪王</u>。<u>琅邪王</u>乃与<u>田生</u>之国。<u>田生</u>劝<u>泽</u>急行,毋留。出关,太后果使人追止之,已出,即还。

及太后崩,<u>琅邪王泽</u>乃曰:"帝少,诸<u>吕</u>用事,<u>刘氏</u>孤弱。"乃引兵与<u>齐王</u>合谋西,欲诛诸<u>吕</u>。至<u>梁</u>,闻<u>汉</u>遣<u>灌</u>将军屯<u>荥阳</u>,<u>泽</u>还兵备西界,遂跳驱至<u>长安</u>。<u>代王</u>亦从<u>代</u>至。诸将相与<u>琅邪王</u>共立<u>代王</u>为天子。天子乃徙<u>泽</u>为<u>燕王</u>,乃复以<u>琅邪</u>予<u>齐</u>,复故地。

<u>泽</u>王<u>燕</u>二年,薨,谥为<u>敬王</u>。传子<u>嘉</u>,为<u>康王</u>。

至孙<u>定国</u>,与父<u>康王</u>姬奸,生子男一人。夺弟妻为姬。与子女三人奸。<u>定国</u>有所欲诛杀臣<u>肥如</u>令<u>郢人</u>,<u>郢人</u>等告<u>定国</u>,<u>定国</u>使谒者以他法劾捕格杀<u>郢人</u>以灭口。至<u>元朔</u>元年,<u>郢人</u>昆弟复上书具言<u>定国</u>阴事,以此发觉。诏下公卿,皆议曰:"<u>定国</u>禽兽行,乱人伦,逆天,当诛。"上许之。<u>定国</u>自杀,国除为郡。

<u>太史公</u>曰:<u>荆王</u>王也,由<u>汉</u>初定,天下未集,故<u>刘贾</u>虽属疏,然以策为王,填<u>江淮</u>之间。<u>刘泽</u>之王,权激<u>吕氏</u>,然<u>刘泽</u>卒南面称孤者三世。事发相重,岂不为伟乎!

史记卷五十二

齐悼惠王世家第二十二

齐悼惠王刘肥者,高祖长庶男也。其母外妇也,曰曹氏。高祖六年,立肥为齐王,食七十城,诸民能齐言者皆予齐王。

齐王,孝惠帝兄也。孝惠帝二年,齐王入朝。惠帝与齐王燕饮,亢礼如家人。吕太后怒,且诛齐王。齐王惧不得脱,乃用其内史勋计,献城阳郡,以为鲁元公主汤沐邑。吕太后喜,乃得辞就国。

悼惠王即位十三年,以惠帝六年卒。子襄立,是为哀王。

哀王元年,孝惠帝崩,吕太后称制,天下事皆决于高后。二年,高后立其兄子郦侯吕台为吕王,割齐之济南郡为吕王奉邑。

哀王三年,其弟章入宿卫于汉,吕太后封为朱虚侯,以吕禄女妻之。后四年,封章弟兴居为东牟侯,皆宿卫长安中。

哀王八年,高后割齐琅邪郡立营陵侯刘泽为琅邪王。

其明年,赵王友入朝,幽死于邸。三赵王皆废。高后立诸吕为三王,擅权用事。

朱虚侯年二十,有气力,忿刘氏不得职。尝入侍高后燕饮,高后令朱虚侯刘章为酒吏。章自请曰:"臣,将种也,请得以军法行酒。"高后曰:"可。"酒酣,章进饮歌舞。已而曰:"请为太后言耕田歌。"高后儿子畜之,笑曰:"顾而父知田耳。若生而为王子,安知田乎?"章曰:"臣知之。"太后曰:"试为我言田。"章曰:"深耕穊种,立苗欲疏;非其种者,锄而去之。"吕后默然。顷之,诸吕有一人醉,亡酒,章追,拔剑斩之而还,报曰:"有亡酒一人,臣谨行法斩之。"太后左右皆大惊。业已许其军法,无以罪也。因罢。自是之后,诸吕惮朱虚侯,虽大臣皆依朱虚侯,刘氏为益强。

其明年,高后崩。赵王吕禄为上将军,吕王产为相国,皆居长安中,聚兵以威大臣,欲为乱。朱虚侯章以吕禄女为妇,知其谋,乃使人阴出告其兄齐王,欲令发兵西,朱虚侯、东牟侯为内应,以诛诸吕,因立齐王为帝。

　　齐王既闻此计，乃与其舅父驷钧、郎中令祝午、中尉魏勃阴谋发兵。齐相召平闻之，乃发卒卫王宫。魏勃绐召平曰："王欲发兵，非有汉虎符验也。而相君围王，固善。勃请为君将兵卫卫王。"召平信之，乃使魏勃将兵围王宫。勃既将兵，使围相府。召平曰："嗟乎！道家之言'当断不断，反受其乱'，乃是也。"遂自杀。于是齐王以驷钧为相，魏勃为将军，祝午为内史，悉发国中兵。使祝午东诈琅邪王曰："吕氏作乱，齐王发兵欲西诛之。齐王自以儿子，年少，不习兵革之事，愿举国委大王。大王自高帝将也，习战事。齐王不敢离兵，使臣请大王幸之临菑见齐王计事，并将齐兵以西平关中之乱。"琅邪王信之，以为然，遒驰见齐王。齐王与魏勃等因留琅邪王，而使祝午尽发琅邪国而并将其兵。

　　琅邪王刘泽既见欺，不得反国，乃说齐王曰："齐悼惠王高皇帝长子，推本言之，而大王高皇帝適长孙也，当立。今诸大臣狐疑未有所定，而泽于刘氏最为长年，大臣固待泽决计。今大王留臣无为也，不如使我入关计事。"齐王以为然，乃益具车送琅邪王。

　　琅邪王既行，齐遂举兵西攻吕国之济南。于是齐哀王遗诸侯王书曰："高帝平定天下，王诸子弟，悼惠王于齐。悼惠王薨，惠帝使留侯张良立臣为齐王。惠帝崩，高后用事，春秋高，听诸吕擅废高帝所立，又杀三赵王，灭梁、燕、赵以王诸吕，分齐国为四。忠臣进谏，上惑乱不听。今高后崩，皇帝春秋富，未能治天下，固恃大臣诸侯。今诸吕又擅自尊官，聚兵严威，劫列侯忠臣，矫制以令天下，宗庙所以危。今寡人率兵入诛不当为王者。"

　　汉闻齐发兵而西，相国吕产乃遣大将军灌婴东击之。灌婴至荥阳，乃谋曰："诸吕将兵居关中，欲危刘氏而自立。我今破齐还报，是益吕氏资也。"乃留兵屯荥阳，使使喻齐王及诸侯，与连和，以待吕氏之变而共诛之。齐王闻之，乃西取其故济南郡，亦屯兵于齐西界以待约。

　　吕禄、吕产欲作乱关中，朱虚侯与太尉勃、丞相平等诛之。朱虚侯首先斩吕产，于是太尉勃等乃得尽诛诸吕。而琅邪王亦从齐至长安。

　　大臣议欲立齐王，而琅邪王及大臣曰："齐王母家驷钧，恶戾，虎而冠者也。方以吕氏故几乱天下，今又立齐王，是欲复为吕氏也。代王母家薄氏，君子长者；且代王又亲高帝子，于今见在，且最为长。以子则顺，以善人则大臣安。"于是大臣乃谋迎立代王，而遣朱虚侯以诛吕氏事告齐王，令罢兵。

　　灌婴在荥阳，闻魏勃本教齐王反，既诛吕氏，罢齐兵，使使召责问魏勃。勃曰:"失火之家,岂暇先言大人而后救火乎!"因退立,股战而栗,恐不能言者,终无他语。灌将军熟视笑曰:"人谓魏勃勇,妄庸人耳,何能为乎!"乃罢魏勃。魏勃父以善鼓琴见秦皇帝。及魏勃少时,欲求见齐相曹参,家贫无以自通,乃常独早夜埽齐相舍人门外。相舍人怪之,以为物,而伺之,得勃。勃曰:"愿见相君,无因,故为子埽,欲以求见。"于是舍人见勃曹参,因以为舍人。一为参御,言事,参以为贤,言之齐悼惠王。悼惠王召见,则拜为内史。始,悼惠王得自置二千石。及悼惠王卒而哀王立,勃用事,重于齐相。

王既罢兵归,而代王来立,是为孝文帝。

孝文帝元年,尽以高后时所割齐之城阳、琅邪、济南郡复与齐,而徙琅邪王王燕,益封朱虚侯、东牟侯各二千户。

是岁,齐哀王卒,太子则立,是为文王。

齐文王元年,汉以齐之城阳郡立朱虚侯为城阳王,以齐济北郡立东牟侯为济北王。

二年,济北王反,汉诛杀之,地入于汉。

后二年,孝文帝尽封齐悼惠王子罢军等七人皆为列侯。

齐文王立十四年卒,无子,国除,地入于汉。

后一岁,孝文帝以所封悼惠王子分齐为王,齐孝王将闾以悼惠王子杨虚侯为齐王。故齐别郡尽以王悼惠王子:子志为济北王,子辟光为济南王,子贤为菑川王,子卬为胶西王,子雄渠为胶东王,与城阳、齐凡七王。

齐孝王十一年,吴王濞、楚王戊反,兴兵西,告诸侯曰"将诛汉贼臣晁错以安宗庙"。胶西、胶东、菑川、济南皆擅发兵应吴楚。欲与齐,齐孝王狐疑,城守不听,三国兵共围齐。齐王使路中大夫告于天子。天子复令路中大夫还告齐王:"善坚守,吾兵今破吴楚矣。"路中大夫至,三国兵围临菑数重,无从入。三国将劫与路中大夫盟,曰:"若反言汉已破矣,齐趣下三国,不且见屠。"路中大夫既许之,至城下,望见齐王,曰:"汉已发兵百万,使太尉周亚夫击破吴楚,方引兵救齐,齐必坚守无下!"三国将诛路中大夫。

齐初围急,阴与三国通谋,约未定,会闻路中大夫从汉来,喜,及其大臣乃复劝王毋下三国。居无何,汉将栾布、平阳侯等兵至齐,击破三国兵,解齐围。已而复闻齐初与三国有谋,将欲移兵伐齐。齐孝王惧,乃饮药自杀。景帝闻之,以为齐首善,以迫劫有谋,非其罪也,乃立孝王太子寿为齐王,是为懿王,续齐后。而胶西、胶东、济南、菑川王咸诛灭,地入于汉。徙济北王王菑川。齐懿王立二十二年卒,子次景立,是为厉王。

齐厉王,其母曰纪太后。太后取其弟纪氏女为厉王后。王不爱纪氏女。太后欲其家重宠,令其长女纪翁主入王宫,正其后宫,毋令得近王,欲令爱纪氏女。王因与其姊翁主奸。

齐有宦者徐甲,入事汉皇太后。皇太后有爱女曰修成君,修成君非刘氏,太后怜之。修成君有女名娥,太后欲嫁之于诸侯,宦者甲乃请使齐,必令王上书请娥。皇太后喜,使甲之齐。是时齐人主父偃知甲之使齐以取后事,亦因谓甲:“即事成,幸言偃女愿得充王后宫。”甲既至齐,风以此事。纪太后大怒,曰:“王有后,后宫具备。且甲,齐贫人,急乃为宦者,入事汉,无补益,乃欲乱吾王家!且主父偃何为者?乃欲以女充后宫!”徐甲大穷,还报皇太后曰:“王已愿尚娥,然有一害,恐如燕王。”燕王者,与其子昆弟奸,新坐以死,亡国,故以燕感太后。太后曰:“无复言嫁女齐事。”事浸浔闻于天子。主父偃由此亦与齐有卻。

主父偃方幸于天子,用事,因言:“齐临菑十万户,市租千金,人众殷富,巨于长安,此非天子亲弟爱子不得王此。今齐王于亲属益疏。”乃从容言:“吕太后时齐欲反,吴楚时孝王几为乱。今闻齐王与其姊乱。”于是天子乃拜主父偃为齐相,且正其事。主父偃既至齐,乃急治王后宫宦者为王通于姊翁主所者,令其辞证皆引王。王年少,惧大罪为吏所执诛,乃饮药自杀。绝无后。

是时赵王惧主父偃一出废齐,恐其渐疏骨肉,乃上书言偃受金及轻重之短。天子亦既囚偃。公孙弘言:“齐王以忧死毋后,国入汉,非诛偃无以塞天下之望。”遂诛偃。

齐厉王立五年死,毋后,国入于汉。

齐悼惠王后尚有二国,城阳及菑川。菑川地比齐。天子怜齐,为悼惠王冢园在郡,割临菑东环悼惠王冢园邑尽以予菑川,以奉悼惠王祭祀。

城阳景王章,齐悼惠王子,以朱虚侯与大臣共诛诸吕,而章身首先斩相国吕王产于未央宫。孝文帝既立,益封章二千户,赐金千斤。孝文二年,以齐之城阳郡立章为城阳王。立二年卒,子喜立,是为共王。

共王八年,徙王淮南。四年,复还王城阳。凡三十三年卒,子延立,是为顷王。

頃王二十六年卒,子义立,是为敬王。敬王九年卒,子武立,是为惠王。惠王十一年卒,子顺立,是为荒王。荒王四十六年卒,子恢立,是为戴王。戴王八年卒,子景立,至建始三年,十五岁,卒。

济北王兴居,齐悼惠王子,以东牟侯助大臣诛诸吕,功少。及文帝从代来,兴居曰:"请与太仆婴入清宫。"废少帝,共与大臣尊立孝文帝。

孝文帝二年,以齐之济北郡立兴居为济北王,与城阳王俱立。立二年,反。始大臣诛吕氏时,朱虚侯功尤大,许尽以赵地王朱虚侯,尽以梁地王东牟侯。及孝文帝立,闻朱虚、东牟之初欲立齐王,故绌其功。及二年,王诸子,乃割齐二郡以王章、兴居。章、兴居自以失职夺功。章死,而兴居闻匈奴大入汉,汉多发兵,使丞相灌婴击之,文帝亲幸太原,以为天子自击胡,遂发兵反于济北。天子闻之,罢丞相及行兵,皆归长安。使棘蒲侯柴将军击破虏济北王,王自杀,地入于汉,为郡。

后十三年,文帝十六年,复以齐悼惠王子安都侯志为济北王。十一年,吴楚反时,志坚守,不与诸侯合谋。吴楚已平,徙志王菑川。

济南王辟光,齐悼惠王子,以勒侯孝文十六年为济南王。十一年,与吴楚反。汉击破,杀辟光,以济南为郡,地入于汉。

菑川王贤,齐悼惠王子,以武城侯文帝十六年为菑川王。十一年,与吴楚反,汉击破,杀贤。

天子因徙济北王志王菑川。志亦齐悼惠王子,以安都侯王济北。菑川王反,毋后,乃徙济北王王菑川。凡立三十五年卒,谥为懿王。子建代立,是为靖王。二十年卒,子遗代立,是为顷王。三十六年卒,子终古立,是为思王。二十八年卒,子尚立,是为孝王。五年卒,子横立,至建始三年,十一岁,卒。

胶西王卬,齐悼惠王子,以昌平侯文帝十六年为胶西王。十一年,与吴楚反。汉击破,杀卬,地入于汉,为胶西郡。

胶东王雄渠,齐悼惠王子,以白石侯文帝十六年为胶东王。十一年,与吴楚反,汉击破,杀雄渠,地入于汉,为胶东郡。

　　太史公曰：诸侯大国无过齐悼惠王。以海内初定，子弟少，激秦之无尺土封，故大封同姓，以填万民之心。及后分裂，固其理也。

史记卷五十三

萧相国世家第二十三

萧相国何者,沛丰人也。以文无害为沛主吏掾。

高祖为布衣时,何数以吏事护高祖。高祖为亭长,常左右之。高祖以吏繇咸阳,吏皆送奉钱三,何独以五。

秦御史监郡者与从事,常辨之。何乃给泗水卒史事,第一。秦御史欲入言征何,何固请,得毋行。

及高祖起为沛公,何常为丞督事。沛公至咸阳,诸将皆争走金帛财物之府分之,何独先入收秦丞相御史律令图书藏之。沛公为汉王,以何为丞相。项王与诸侯屠烧咸阳而去。汉王所以具知天下厄塞,户口多少,强弱之处,民所疾苦者,以何具得秦图书也。何进言韩信,汉王以信为大将军。语在淮阴侯事中。

汉王引兵东定三秦,何以丞相留收巴蜀,填抚谕告,使给军食。汉二年,汉王与诸侯击楚,何守关中,侍太子,治栎阳。为法令约束,立宗庙社稷宫室县邑,辄奏上,可,许以从事;即不及奏上,辄以便宜施行,上来以闻。关中事计户口转漕给军,汉王数失军遁去,何常兴关中卒,辄补缺。上以此专属任何关中事。

汉三年,汉王与项羽相距京索之间,上数使使劳苦丞相。鲍生谓丞相曰:"王暴衣露盖,数使使劳苦君者,有疑君心也。为君计,莫若遣君子孙昆弟能胜兵者悉诣军所,上必益信君。"于是何从其计,汉王大说。

汉五年,既杀项羽,定天下,论功行封。群臣争功,岁馀功不决。高祖以萧何功最盛,封为酂侯,所食邑多。功臣皆曰:"臣等身被坚执锐,多者百馀战,少者数十合,攻城略地,大小各有差。今萧何未尝有汗马之劳,徒持文墨议论,不战,顾反居臣等上,何也?"高帝曰:"诸君知猎乎?"曰:"知

之。""知猎狗乎?"曰:"知之。"高帝曰:"夫猎,追杀兽兔者狗也,而发踪指
示兽处者人也。今诸君徒能得走兽耳,功狗也。至如萧何,发踪指示,功
人也。且诸君独以身随我,多者两三人。今萧何举宗数十人皆随我,功
不可忘也。"群臣皆莫敢言。

　　列侯毕已受封,及奏位次,皆曰:"平阳侯曹参身被七十创,攻城略地,
功最多,宜第一。"上已桡功臣,多封萧何,至位次未有以复难之,然心欲何
第一。关内侯鄂君进曰:"群臣议皆误。夫曹参虽有野战略地之功,此特
一时之事。夫上与楚相距五岁,常失军亡众,逃身遁者数矣。然萧何常从
关中遣军补其处,非上所诏令召,而数万众会上之乏绝者数矣。夫汉与楚
相守荥阳数年,军无见粮,萧何转漕关中,给食不乏。陛下虽数亡山东,萧
何常全关中以待陛下,此万世之功。今虽亡曹参等百数,何缺于汉?汉
得之不必待以全。奈何欲以一旦之功而加万世之功哉!萧何第一,曹参
次之。"高祖曰:"善。"于是乃令萧何第一,赐带剑履上殿,入朝不趋。

　　上曰:"吾闻进贤受上赏。萧何功虽高,得鄂君乃益明。"于是因鄂君
故所食关内侯邑封为安平侯。是日,悉封何父子兄弟十馀人,皆有食邑。
乃益封何二千户,以帝尝繇咸阳时何送我独赢奉钱二也。

　　汉十一年,陈豨反,高祖自将,至邯郸。未罢,淮阴侯谋反关中,吕后
用萧何计,诛淮阴侯,语在淮阴事中。上已闻淮阴侯诛,使使拜丞相何为
相国,益封五千户,令卒五百人一都尉为相国卫。诸君皆贺,召平独吊。
召平者,故秦东陵侯。秦破,为布衣,贫,种瓜于长安城东,瓜美,故世俗谓
之"东陵瓜",从召平以为名也。召平谓相国曰:"祸自此始矣。上暴露于
外而君守于中,非被矢石之事而益君封置卫者,以今者淮阴侯新反于中,
疑君心矣。夫置卫卫君,非以宠君也。愿君让封勿受,悉以家私财佐军,
则上心说。"相国从其计,高帝乃大喜。

　　汉十二年秋,黥布反,上自将击之,数使使问相国何为。相国为上在
军,乃拊循勉力百姓,悉以所有佐军,如陈豨时。客有说相国曰:"君灭族
不久矣。夫君位为相国,功第一,可复加哉?然君初入关中,得百姓心,十
馀年矣,皆附君,常复孳孳得民和。上所为数问君者,畏君倾动关中。今
君胡不多买田地,贱贳贷以自污?上心乃安。"于是相国从其计,上乃大
说。

　　上罢布军归,民道遮行上书,言相国贱强买民田宅数千万。上至,相

国谒。上笑曰："夫相国乃利民！"民所上书皆以与相国，曰："君自谢民。"相国因为民请曰："长安地狭，上林中多空地，弃，愿令民得入田，毋收稾为禽兽食。"上大怒曰："相国多受贾人财物，乃为请吾苑！"乃下相国廷尉，械系之。数日，王卫尉侍，前问曰："相国何大罪，陛下系之暴也？"上曰："吾闻李斯相秦皇帝，有善归主，有恶自与。今相国多受贾竖金而为民请吾苑，以自媚于民，故系治之。"王卫尉曰："夫职事苟有便于民而请之，真宰相事，陛下奈何乃疑相国受贾人钱乎！且陛下距楚数岁，陈豨、黥布反，陛下自将而往，当是时，相国守关中，摇足则关以西非陛下有也。相国不以此时为利，今乃利贾人之金乎？且秦以不闻其过亡天下，李斯之分过，又何足法哉。陛下何疑宰相之浅也。"高帝不怿。是日，使使持节赦出相国。相国年老，素恭谨，入，徒跣谢。高帝曰："相国休矣！相国为民请苑，吾不许，我不过为桀纣主，而相国为贤相。吾故系相国，欲令百姓闻吾过也。"

何素不与曹参相能，及何病，孝惠自临视相国病，因问曰："君即百岁后，谁可代君者？"对曰："知臣莫如主。"孝惠曰："曹参何如？"何顿首曰："帝得之矣！臣死不恨矣！"

何置田宅必居穷处，为家不治垣屋。曰："后世贤，师吾俭；不贤，毋为势家所夺。"

孝惠二年，相国何卒，谥为文终侯。

后嗣以罪失侯者四世，绝，天子辄复求何后，封续酂侯，功臣莫得比焉。

太史公曰：萧相国何于秦时为刀笔吏，录录未有奇节。及汉兴，依日月之末光，何谨守管籥，因民之疾秦法，顺流与之更始。淮阴、黥布等皆以诛灭，而何之勋烂焉。位冠群臣，声施后世，与闳夭、散宜生等争烈矣。

史记卷五十四

曹相国世家第二十四

平阳侯曹参者，沛人也。秦时为沛狱掾，而萧何为主吏，居县为豪吏矣。

高祖为沛公而初起也，参以中涓从。将击胡陵、方与，攻秦监公军，大破之。东下薛，击泗水守军薛郭西。复攻胡陵，取之。徙守方与。方丰反为魏，击之。丰反为魏，攻之。赐爵七大夫。击秦司马尸军砀东，破之，取砀、狐父、祁善置。又攻下邑以西，至虞，击章邯车骑。攻爰戚及亢父，先登。迁为五大夫。北救阿，击章邯军，陷陈，追至濮阳。攻定陶，取临济。南救雍丘，击李由军，破之，杀李由，虏秦候一人。秦将章邯破杀项梁也，沛公与项羽引而东。楚怀王以沛公为砀郡长，将砀郡兵。于是乃封参为执帛，号曰建成君。迁为戚公，属砀郡。

其后从攻东郡尉军，破之成武南。击王离军成阳南，复攻之杠里，大破之。追北，西至开封，击赵贲军，破之，围赵贲开封城中。西击秦将杨熊军于曲遇，破之，虏秦司马及御史各一人。迁为执珪。从攻阳武，下轘辕、缑氏，绝河津，还击赵贲军尸北，破之。从南攻犨，与南阳守齮战阳城郭东，陷陈，取宛，虏齮，尽定南阳郡。从西攻武关、峣关，取之。前攻秦军蓝田南，又夜击其北，秦军大破，遂至咸阳，灭秦。

项羽至，以沛公为汉王。汉王封参为建成侯。从至汉中，迁为将军。从还定三秦，初攻下辩、故道、雍、斄。击章平军于好畤南，破之，围好畤，取壤乡。击三秦军壤东及高栎，破之。复围章平，章平出好畤走。因击赵贲、内史保军，破之。东取咸阳，更名曰新城。参将兵守景陵二十日，三秦使章平等攻参，参出击，大破之。赐食邑于宁秦。参以将军引兵围章邯于废丘。以中尉从汉王出临晋关。至河内，下修武，渡围津，东击龙且、项他定陶，破之。东取砀、萧、彭城。击项籍军，汉军大败走。参以中尉围取雍丘。王武反于外黄，程处反于燕，往击，尽破之。柱天侯反于衍氏，又进破取衍氏。击羽婴于昆阳,追至叶。还攻武彊,因至荥阳。参自汉中为将军中尉,从击诸侯及项羽,败,还至荥阳,凡二岁。

高祖二年,拜为假左丞相,入屯兵关中。月馀,魏王豹反,以假左丞相别与韩信东攻魏将军孙遫军东张,大破之。因攻安邑,得魏将王襄。击魏王于曲阳,追至武垣,生得魏王豹。取平阳,得魏王母妻子,尽定魏地,凡五十二城。赐食邑平阳。因从韩信击赵相国夏说军于邬东,大破之,斩夏说。韩信与故常山王张耳引兵下井陉,击成安君,而令参还围赵别将戚将军于邬城中。戚将军出走,追斩之。乃引兵诣敖仓汉王之所。韩信已破赵,为相国,东击齐。参以右丞相属韩信,攻破齐历下军,遂取临菑。还定济北郡,攻著、漯阴、平原、鬲、卢。已而从韩信击龙且军于上假密,大破之,斩龙且,虏其将军周兰。定齐,凡得七十馀县。得故齐王田广相田光,其守相许章,及故齐胶东将军田既。韩信为齐王,引兵诣陈,与汉王共破项羽,而参留平齐未服者。

项籍已死,天下定,汉王为皇帝,韩信徙为楚王,齐为郡。参归汉相印。高帝以长子肥为齐王,而以参为齐相国。以高祖六年赐爵列侯,与诸侯剖符,世世勿绝。食邑平阳万六百三十户,号曰平阳侯,除前所食邑。

以齐相国击陈豨将张春军,破之。黥布反,参以齐相国从悼惠王将兵车骑十二万人,与高祖会击黥布军,大破之。南至蕲,还定竹邑、相、萧、留。

参功:凡下二国,县一百二十二;得王二人,相三人,将军六人,大莫敖、郡守、司马、候、御史各一人。

孝惠帝元年,除诸侯相国法,更以参为齐丞相。参之相齐,齐七十城。天下初定,悼惠王富于春秋,参尽召长老诸生,问所以安集百姓,如齐故诸儒以百数,言人人殊,参未知所定。闻胶西有盖公,善治黄老言,使人厚币请之。既见盖公,盖公为言治道贵清静而民自定,推此类具言之。参于是避正堂,舍盖公焉。其治要用黄老术,故相齐九年,齐国安集,大称贤相。

惠帝二年,萧何卒。参闻之,告舍人趣治行,“吾将入相”。居无何,使者果召参。参去,属其后相曰:“以齐狱市为寄,慎勿扰也。”后相曰:“治无大于此者乎?”参曰:“不然。夫狱市者,所以并容也,今君扰之,奸人安所容也? 吾是以先之。”

　　参始微时,与萧何善;及为将相,有郤。至何且死,所推贤唯参。参代何为汉相国,举事无所变更,一遵萧何约束。

　　择郡国吏木诎于文辞,重厚长者,即召除为丞相史。吏之言文刻深,欲务声名者,辄斥去之。日夜饮醇酒。卿大夫已下吏及宾客见参不事事,来者皆欲有言。至者,参辄饮以醇酒,间之,欲有所言,复饮之,醉而后去,终莫得开说,以为常。

　　相舍后园近吏舍,吏舍日饮歌呼。从吏恶之,无如之何,乃请参游园中,闻吏醉歌呼,从吏幸相国召按之。乃反取酒张坐饮,亦歌呼与相应和。

　　参见人之有细过,专掩匿覆盖之,府中无事。

　　参子窋为中大夫。惠帝怪相国不治事,以为“岂少朕与”?乃谓窋曰:“若归,试私从容问而父曰:‘高帝新弃群臣,帝富于春秋,君为相,日饮,无所请事,何以忧天下乎?’然无言吾告若也。”窋既洗沐归,闲侍,自从其所谏参。参怒,而答窋二百,曰:“趣入侍,天下事非若所当言也。”至朝时,惠帝让参曰:“与窋胡治乎?乃者我使谏君也。”参免冠谢曰:“陛下自察圣武孰与高帝?”上曰:“朕乃安敢望先帝乎!”曰:“陛下观臣能孰与萧何贤?”上曰:“君似不及也。”参曰:“陛下言之是也。且高帝与萧何定天下,法令既明,今陛下垂拱,参等守职,遵而勿失,不亦可乎?”惠帝曰:“善。君休矣!”

　　参为汉相国,出入三年。卒,谥懿侯。子窋代侯。百姓歌之曰:“萧何为法,顜若画一。曹参代之,守而勿失。载其清净,民以宁一。”

　　平阳侯窋,高后时为御史大夫。孝文帝立,免为侯。立二十九年卒,谥为静侯。子奇代侯,立七年卒,谥为简侯。子时代侯。时尚平阳公主,生子襄。时病疬,归国。立二十三年卒,谥夷侯。子襄代侯。襄尚卫长公主,生子宗。立十六年卒,谥为共侯。子宗代侯。征和二年中,宗坐太子死,国除。

　　太史公曰:曹相国参攻城野战之功所以能多若此者,以与淮阴侯俱。及信已灭,而列侯成功,唯独参擅其名。参为汉相国,清静极言合道。然百姓离秦之酷后,参与休息无为,故天下俱称其美矣。

史记卷五十五

留侯世家第二十五

留侯张良者,其先韩人也。大父开地,相韩昭侯、宣惠王、襄哀王。父平,相釐王、悼惠王。悼惠王二十三年,平卒。卒二十岁,秦灭韩。良年少,未宦事韩。韩破,良家僮三百人,弟死不葬,悉以家财求客刺秦王,为韩报仇,以大父、父五世相韩故。

良尝学礼淮阳。东见仓海君。得力士,为铁椎重百二十斤。秦皇帝东游,良与客狙击秦皇帝博浪沙中,误中副车。秦皇帝大怒,大索天下,求贼甚急,为张良故也。良乃更名姓,亡匿下邳。

良尝闲从容步游下邳圯上,有一老父,衣褐,至良所,直堕其履圯下,顾谓良曰:"孺子,下取履!"良鄂然,欲殴之。为其老,强忍,下取履。父曰:"履我!"良业为取履,因长跪履之。父以足受,笑而去。良殊大惊,随目之。父去里所,复还,曰:"孺子可教矣。后五日平明,与我会此。"良因怪之,跪曰:"诺。"五日平明,良往。父已先在,怒曰:"与老人期,后,何也?"去,曰:"后五日早会。"五日鸡鸣,良往。父又先在,复怒曰:"后,何也?"去,曰:"后五日复早来。"五日,良夜未半往。有顷,父亦来,喜曰:"当如是。"出一编书,曰:"读此则为王者师矣。后十年兴。十三年孺子见我济北,穀城山下黄石即我矣。"遂去,无他言,不复见。旦日视其书,乃太公兵法也。良因异之,常习诵读之。

居下邳,为任侠。项伯常杀人,从良匿。

后十年,陈涉等起兵,良亦聚少年百馀人。景驹自立为楚假王,在留。良欲往从之,道遇沛公。沛公将数千人,略地下邳西,遂属焉。沛公拜良为厩将。良数以太公兵法说沛公,沛公善之,常用其策。良为他人言,皆不省。良曰:"沛公殆天授。"故遂从之,不去见景驹。

及沛公之薛,见项梁。项梁立楚怀王。良乃说项梁曰:"君已立楚后,而韩诸公子横阳君成贤,可立为王,益树党。"项梁使良求韩成,立以为韩王。以良为韩申徒,与韩王将千馀人西略韩地,得数城,秦辄复取之,往来为游兵颍川。

沛公之从雒阳南出轘辕,良引兵从沛公,下韩十馀城,击破杨熊军。沛公乃令韩王成留守阳翟,与良俱南,攻下宛,西入武关。沛公欲以兵二万人击秦峣下军,良说曰:"秦兵尚强,未可轻。臣闻其将屠者子,贾竖易动以利。愿沛公且留壁,使人先行,为五万人具食,益为张旗帜诸山上,为疑兵,令郦食其持重宝啖秦将。"秦将果畔,欲连和俱西袭咸阳,沛公欲听之。良曰:"此独其将欲叛耳,恐士卒不从。不从必危,不如因其解击之。"沛公乃引兵击秦军,大破之。逐北至蓝田,再战,秦兵竟败。遂至咸阳,秦王子婴降沛公。

沛公入秦宫,宫室帷帐狗马重宝妇女以千数,意欲留居之。樊哙谏沛公出舍,沛公不听。良曰:"夫秦为无道,故沛公得至此。夫为天下除残贼,宜缟素为资。今始入秦,即安其乐,此所谓'助桀为虐'。且'忠言逆耳利于行,毒药苦口利于病',愿沛公听樊哙言。"沛公乃还军霸上。

项羽至鸿门下,欲击沛公,项伯乃夜驰入沛公军,私见张良,欲与俱去。良曰:"臣为韩王送沛公,今事有急,亡去不义。"乃具以语沛公。沛公大惊,曰:"为将奈何?"良曰:"沛公诚欲倍项羽邪?"沛公曰:"鲰生教我距关无内诸侯,秦地可尽王,故听之。"良曰:"沛公自度能却项羽乎?"沛公默然良久,曰:"固不能也。今为奈何?"良乃固要项伯。项伯见沛公。沛公与饮为寿,结宾婚。令项伯具言沛公不敢倍项羽,所以距关者,备他盗也。及见项羽后解,语在项羽事中。

汉元年正月,沛公为汉王,王巴蜀。汉王赐良金百溢,珠二斗,良具以献项伯。汉王亦因令良厚遗项伯,使请汉中地。项王乃许之,遂得汉中地。汉王之国,良送至褒中,遣良归韩。良因说汉王曰:"王何不烧绝所过栈道,示天下无还心,以固项王意。"乃使良还。行,烧绝栈道。

良至韩,韩王成以良从汉王故,项王不遣成之国,从与俱东。良说项王曰:"汉王烧绝栈道,无还心矣。"乃以齐王田荣反书告项王。项王以此无西忧汉心,而发兵北击齐。

项王竟不肯遣韩王,乃以为侯,又杀之彭城。良亡,间行归汉王,汉王亦已还定三秦矣。复以良为成信侯,从东击楚。至彭城,汉败而还。至下邑,汉王下马踞鞍而问曰:"吾欲捐关以东等弃之,谁可与共功者?"良进曰："九江王黥布,楚枭将,与项王有郄;彭越与齐王田荣反梁地:此两人可急使。而汉王之将独韩信可属大事,当一面。即欲捐之,捐之此三人,则楚可破也。"汉王乃遣随何说九江王布,而使人连彭越。及魏王豹反,使韩信将兵击之,因举燕、代、齐、赵。然卒破楚者,此三人力也。

张良多病,未尝特将也,常为画策臣,时时从汉王。

汉三年,项羽急围汉王荥阳,汉王恐忧,与郦食其谋桡楚权。食其曰:"昔汤伐桀,封其后于杞。武王伐纣,封其后于宋。今秦失德弃义,侵伐诸侯社稷,灭六国之后,使无立锥之地。陛下诚能复立六国后世,毕已受印,此其君臣百姓必皆戴陛下之德,莫不向风慕义,愿为臣妾。德义已行,陛下南向称霸,楚必敛衽而朝。"汉王曰:"善。趣刻印,先生因行佩之矣。"

食其未行,张良从外来谒。汉王方食,曰:"子房前!客有为我计桡楚权者。"具以郦生语告,曰:"于子房何如?"良曰:"谁为陛下画此计者?陛下事去矣。"汉王曰:"何哉?"张良对曰:"臣请藉前箸为大王筹之。"曰:"昔者汤伐桀而封其后于杞者,度能制桀之死命也。今陛下能制项籍之死命乎?"曰:"未能也。""其不可一也。武王伐纣封其后于宋者,度能得纣之头也。今陛下能得项籍之头乎?"曰:"未能也。""其不可二也。武王入殷,表商容之闾,释箕子之拘,封比干之墓。今陛下能封圣人之墓,表贤者之闾,式智者之门乎?"曰:"未能也。""其不可三也。发钜桥之粟,散鹿台之钱,以赐贫穷。今陛下能散府库以赐贫穷乎?"曰:"未能也。""其不可四矣。殷事已毕,偃革为轩,倒置干戈,覆以虎皮,以示天下不复用兵。今陛下能偃武行文,不复用兵乎?"曰:"未能也。""其不可五矣。休马华山之阳,示以无所为。今陛下能休马无所用乎?"曰:"未能也。""其不可六矣。放牛桃林之阴,以示不复输积。今陛下能放牛不复输积乎?"曰:"未能也。""其不可七矣。且天下游士离其亲戚,弃坟墓,去故旧,从陛下游者,徒欲日夜望咫尺之地。今复六国,立韩、魏、燕、赵、齐、楚之后,天下游士各归事其主,从其亲戚,反其故旧坟墓,陛下与谁取天下乎?其不可八矣。且夫楚唯无强,六国立者复桡而从之,陛下焉得而臣之?诚用客之谋,陛下事去矣。"汉王辍食吐哺,骂曰:"竖儒,几败而公事!"令趣销印。

汉四年,韩信破齐而欲自立为齐王,汉王怒。张良说汉王,汉王使良授齐王信印,语在淮阴事中。

其秋,汉王追楚至阳夏南,战不利而壁固陵,诸侯期不至。良说汉王,汉王用其计,诸侯皆至。语在项籍事中。

汉六年正月,封功臣。良未尝有战斗功,高帝曰:"运筹策帷帐中,决胜千里外,子房功也。自择齐三万户。"良曰:"始臣起下邳,与上会留,此天以臣授陛下。陛下用臣计,幸而时中,臣愿封留足矣,不敢当三万户。"乃封张良为留侯,与萧何等俱封。

上已封大功臣二十馀人,其馀日夜争功不决,未得行封。上在雒阳南宫,从复道望见诸将往往相与坐沙中语。上曰:"此何语?"留侯曰:"陛下不知乎?此谋反耳。"上曰:"天下属安定,何故反乎?"留侯曰:"陛下起布衣,以此属取天下,今陛下为天子,而所封皆萧、曹故人所亲爱,而所诛者皆生平所仇怨。今军吏计功,以天下不足遍封,此属畏陛下不能尽封,恐又见疑平生过失及诛,故即相聚谋反耳。"上乃忧曰:"为之奈何?"留侯曰:"上平生所憎,群臣所共知,谁最甚者?"上曰:"雍齿与我故,数尝窘辱我。我欲杀之,为其功多,故不忍。"留侯曰:"今急先封雍齿以示群臣,群臣见雍齿封,则人人自坚矣。"于是上乃置酒,封雍齿为什方侯,而急趣丞相、御史定功行封。群臣罢酒,皆喜曰:"雍齿尚为侯,我属无患矣。"

刘敬说高帝曰:"都关中。"上疑之。左右大臣皆山东人,多劝上都雒阳:"雒阳东有成皋,西有殽黾,倍河,向伊雒,其固亦足恃。"留侯曰:"雒阳虽有此固,其中小,不过数百里,田地薄,四面受敌,此非用武之国也。夫关中左殽函,右陇蜀,沃野千里,南有巴蜀之饶,北有胡苑之利,阻三面而守,独以一面东制诸侯。诸侯安定,河渭漕挽天下,西给京师;诸侯有变,顺流而下,足以委输。此所谓金城千里,天府之国也,刘敬说是也。"于是高帝即日驾,西都关中。

留侯从入关。留侯性多病,即道引不食谷,杜门不出岁馀。

上欲废太子,立戚夫人子赵王如意。大臣多谏争,未能得坚决者也。吕后恐,不知所为。人或谓吕后曰:"留侯善画计策,上信用之。"吕后乃使建成侯吕泽劫留侯,曰:"君常为上谋臣,今上欲易太子,君安得高枕而卧乎?"留侯曰:"始上数在困急之中,幸用臣策。今天下安定,以爱欲易太子,骨肉之间,虽臣等百馀人何益。"吕泽强要曰:"为我画计。"留侯曰:"此难以口舌争也。顾上有不能致者,天下有四人。四人者年老矣,皆以为上慢侮人,故逃匿山中,义不为汉臣。然上高此四人。今公诚能无爱金玉璧帛，令太子为书，卑辞安车，因使辩士固请，宜来。来，以为客，时时从人朝，令上见之，则必异而问之。问之，上知此四人贤，则一助也。"于是吕后令吕泽使人奉太子书，卑辞厚礼，迎此四人。四人至，客建成侯所。

汉十一年，黥布反，上病，欲使太子将，往击之。四人相谓曰："凡来者，将以存太子。太子将兵，事危矣。"乃说建成侯曰："太子将兵，有功则位不益太子；无功还，则从此受祸矣。且太子所与俱诸将，皆尝与上定天下枭将也，今使太子将之，此无异使羊将狼也，皆不肯为尽力，其无功必矣。臣闻'母爱者子抱'，今戚夫人日夜侍御，赵王如意常抱居前，上曰'终不使不肖子居爱子之上'，明乎其代太子位必矣。君何不急请吕后承间为上泣言：'黥布，天下猛将也，善用兵，今诸将皆陛下故等夷，乃令太子将此属，无异使羊将狼，莫肯为用，且使布闻之，则鼓行而西耳。上虽病，强载辎车，卧而护之，诸将不敢不尽力。上虽苦，为妻子自强。'"于是吕泽立夜见吕后，吕后承间为上泣涕而言，如四人意。上曰："吾惟竖子固不足遣，而公自行耳。"于是上自将兵而东，群臣居守，皆送至灞上。留侯病，自强起，至曲邮，见上曰："臣宜从，病甚。楚人剽疾，愿上无与楚人争锋。"因说上曰："令太子为将军，监关中兵。"上曰："子房虽病，强卧而傅太子。"是时叔孙通为太傅，留侯行少傅事。

汉十二年，上从击破布军归，疾益甚，愈欲易太子。留侯谏，不听，因疾不视事。叔孙太傅称说引古今，以死争太子。上详许之，犹欲易之。及燕，置酒，太子侍。四人从太子，年皆八十有馀，须眉皓白，衣冠甚伟。上怪之，问曰："彼何为者?"四人前对，各言名姓，曰东园公、角里先生、绮里季、夏黄公。上乃大惊，曰："吾求公数岁，公辟逃我，今公何自从吾儿游乎?"四人皆曰："陛下轻士善骂，臣等义不受辱，故恐而亡匿。窃闻太子为人仁孝，恭敬爱士，天下莫不延颈欲为太子死者，故臣等来耳。"上曰："烦公幸卒调护太子。"

四人为寿已毕，趋去。上目送之，召戚夫人指示四人者曰："我欲易之，彼四人辅之，羽翼已成，难动矣。吕后真而主矣。"戚夫人泣，上曰："为我楚舞，吾为若楚歌。"歌曰："鸿鹄高飞，一举千里。羽翮已就，横绝四海。横绝四海，当可奈何! 虽有矰缴，尚安所施!"歌数阕，戚夫人嘘唏流涕，上起去，罢酒。竟不易太子者，留侯本招此四人之力也。

留侯从上击代，出奇计马邑下，及立萧何相国，所与上从容言天下事甚众，非天下所以存亡，故不著。留侯乃称曰："家世相韩，及韩灭，不爱万金之资，为<u>韩</u>报雠<u>强秦</u>，天下振动。今以三寸舌为帝者师，封万户，位列侯，此布衣之极，于<u>良</u>足矣。愿弃人间事，欲从<u>赤松子</u>游耳。"乃学辟谷，道引轻身。会<u>高帝</u>崩，<u>吕后</u>德<u>留侯</u>，乃强食之，曰："人生一世间，如白驹过隙，何至自苦如此乎！"<u>留侯</u>不得已，强听而食。

后八年卒，谥为<u>文成侯</u>。子<u>不疑</u>代侯。

<u>子房</u>始所见<u>下邳圯</u>上老父与<u>太公</u>书者，后十三年从<u>高帝</u>过<u>济北</u>，果见<u>穀城山</u>下黄石，取而葆祠之。<u>留侯</u>死，并葬黄石。每上冢伏腊，祠黄石。

<u>留侯不疑</u>，<u>孝文帝</u>五年坐不敬，国除。

<u>太史公</u>曰：学者多言无鬼神，然言有物。至如<u>留侯</u>所见老父予书，亦可怪矣。<u>高祖</u>离困者数矣，而<u>留侯</u>常有功力焉，岂可谓非天乎？上曰："夫运筹策帷帐之中，决胜千里外，吾不如<u>子房</u>。"余以为其人计魁梧奇伟，至见其图，状貌如妇人好女。盖<u>孔子</u>曰："以貌取人，失之<u>子羽</u>。"<u>留侯</u>亦云。

史记卷五十六

陈丞相世家第二十六

陈丞相平者，阳武户牖乡人也。少时家贫，好读书，有田三十亩，独与兄伯居。伯常耕田，纵平使游学。平为人长大美色。人或谓陈平曰："贫何食而肥若是？"其嫂嫉平之不视家生产，曰："亦食糠覈耳。有叔如此，不如无有。"伯闻之，逐其妇而弃之。

及平长，可娶妻，富人莫肯与者，贫者平亦耻之。久之，户牖富人有张负，张负女孙五嫁而夫辄死，人莫敢娶。平欲得之。邑中有丧，平贫，侍丧，以先往后罢为助。张负既见之丧所，独视伟平，平亦以故后去。负随平至其家，家乃负郭穷巷，以弊席为门，然门外多有长者车辙。张负归，谓其子仲曰："吾欲以女孙予陈平。"张仲曰："平贫不事事，一县中尽笑其所为，独奈何予女乎？"负曰："人固有好美如陈平而长贫贱者乎？"卒与女。为平贫，乃假贷币以聘，予酒肉之资以内妇。负诫其孙曰："毋以贫故，事人不谨。事兄伯如事父，事嫂如母。"平既娶张氏女，赍用益饶，游道日广。

里中社，平为宰，分肉食甚均。父老曰："善，陈孺子之为宰！"平曰："嗟乎，使平得宰天下，亦如是肉矣！"

陈涉起而王陈，使周市略定魏地，立魏咎为魏王，与秦军相攻于临济。陈平固已前谢其兄伯，从少年往事魏王咎于临济。魏王以为太仆。说魏王不听，人或谗之，陈平亡去。

久之，项羽略地至河上，陈平往归之，从入破秦，赐平爵卿。项羽之东王彭城也，汉王还定三秦而东，殷王反楚。项羽乃以平为信武君，将魏王咎客在楚者以往，击降殷王而还。项王使项悍拜平为都尉，赐金二十溢。居无何，汉王攻下殷。项王怒，将诛定殷者将吏。陈平惧诛，乃封其金与印，使使归项王，而平身间行杖剑亡。渡河，船人见其美丈夫独行，疑其亡将，要中当有金玉宝器，目之，欲杀平。平恐，乃解衣裸而佐刺船。船人知其无有，乃止。

平遂至修武降汉,因魏无知求见汉王,汉王召入。是时万石君奋为汉王中涓,受平谒,入见平。平等七人俱进,赐食。王曰:"罢,就舍矣。"平曰:"臣为事来,所言不可以过今日。"于是汉王与语而说之,问曰:"子之居楚何官?"曰:"为都尉。"是日乃拜平为都尉,使为参乘,典护军。诸将尽欢,曰:"大王一日得楚之亡卒,未知其高下,而即与同载,反使监护军长者!"汉王闻之,愈益幸平。遂与东伐项王。至彭城,为楚所败。引而还,收散兵至荥阳,以平为亚将,属于韩王信,军广武。

绛侯、灌婴等咸谗陈平曰:"平虽美丈夫,如冠玉耳,其中未必有也。臣闻平居家时,盗其嫂;事魏不容,亡归楚;归楚不中,又亡归汉。今日大王尊官之,令护军。臣闻平受诸将金,金多者得善处,金少者得恶处。平,反覆乱臣也,愿王察之。"汉王疑之,召让魏无知。无知曰:"臣所言者,能也;陛下所问者,行也。今有尾生、孝己之行而无益处于胜负之数,陛下何暇用之乎?楚汉相距,臣进奇谋之士,顾其计诚足以利国家不耳。且盗嫂受金又何足疑乎?"汉王召让平曰:"先生事魏不中,遂事楚而去,今又从吾游,信者固多心乎?"平曰:"臣事魏王,魏王不能用臣说,故去事项王。项王不能信人,其所任爱,非诸项即妻之昆弟,虽有奇士不能用,平乃去楚。闻汉王之能用人,故归大王。臣裸身来,不受金无以为资。诚臣计画有可采者,愿大王用之;使无可用者,金具在,请封输官,得请骸骨。"汉王乃谢,厚赐,拜为护军中尉,尽护诸将。诸将乃不敢复言。

其后,楚急攻,绝汉甬道,围汉王于荥阳城。久之,汉王患之,请割荥阳以西以和。项王不听。汉王谓陈平曰:"天下纷纷,何时定乎?"陈平曰:"项王为人,恭敬爱人,士之廉节好礼者多归之。至于行功爵邑,重之,士亦以此不附。今大王慢而少礼,士廉节者不来;然大王能饶人以爵邑,士之顽钝嗜利无耻者亦多归汉。诚各去其两短,袭其两长,天下指麾则定矣。然大王恣侮人,不能得廉节之士。顾楚有可乱者,彼项王骨鲠之臣亚父、钟离眛、龙且、周殷之属,不过数人耳。大王诚能出捐数万斤金,行反间,间其君臣,以疑其心,项王为人意忌信谗,必内相诛。汉因举兵而攻之,破楚必矣。"汉王以为然,乃出黄金四万斤,与陈平,恣所为,不问其出入。

陈平既多以金纵反间于楚军,宣言诸将钟离眛等为项王将,功多矣,然而终不得裂地而王,欲与汉为一,以灭项氏而分王其地。项羽果意不信钟离眛等。项王既疑之,使使至汉。汉王为太牢具,举进。见楚使,即详惊曰："吾以为亚父使,乃项王使!"复持去,更以恶草具进楚使。楚使归,具以报项王。项王果大疑亚父。亚父欲急攻下荥阳城,项王不信,不肯听。亚父闻项王疑之,乃怒曰："天下事大定矣,君王自为之!愿请骸骨归!"归未至彭城,疽发背而死。陈平乃夜出女子二千人荥阳城东门,楚因击之,陈平乃与汉王从城西门夜出去。遂入关,收散兵复东。

其明年,淮阴侯破齐,自立为齐王,使使言之汉王。汉王大怒而骂,陈平蹑汉王。汉王亦悟,乃厚遇齐使,使张子房卒立信为齐王。封平以户牖乡。用其奇计策,卒灭楚。常以护军中尉从定燕王臧荼。

汉六年,人有上书告楚王韩信反。高帝问诸将,诸将曰："亟发兵坑竖子耳。"高帝默然。问陈平,平固辞谢,曰："诸将云何?"上具告之。陈平曰："人之上书言信反,有知之者乎?"曰："未有。"曰："信知之乎?"曰："不知。"陈平曰："陛下精兵孰与楚?"上曰："不能过。"平曰："陛下将用兵有能过韩信者乎?"上曰："莫及也。"平曰："今兵不如楚精,而将不能及,而举兵攻之,是趣之战也,窃为陛下危之。"上曰："为之奈何?"平曰："古者天子巡狩,会诸侯。南方有云梦,陛下弟出伪游云梦,会诸侯于陈。陈,楚之西界,信闻天子以好出游,其势必无事而郊迎谒。谒,而陛下因禽之,此特一力士之事耳。"高帝以为然,乃发使告诸侯会陈,"吾将南游云梦"。上因随以行。行未至陈,楚王信果郊迎道中。高帝豫具武士,见信至,即执缚之,载后车。信呼曰："天下已定,我固当烹!"高帝顾谓信曰："若毋声!而反,明矣!"武士反接之。遂会诸侯于陈,尽定楚地。还至雒阳,赦信以为淮阴侯,而与功臣剖符定封。

于是与平剖符,世世勿绝,为户牖侯。平辞曰："此非臣之功也。"上曰："吾用先生谋计,战胜克敌,非功而何?"平曰："非魏无知臣安得进?"上曰："若子可谓不背本矣。"乃复赏魏无知。其明年,以护军中尉从攻反者韩王信于代。卒至平城,为匈奴所围,七日不得食。高帝用陈平奇计,使单于阏氏,围以得开。高帝既出,其计秘,世莫得闻。

高帝南过曲逆,上其城,望见其屋室甚大,曰："壮哉县!吾行天下,独见洛阳与是耳。"顾问御史曰："曲逆户口几何?"对曰："始秦时三万馀户,间者兵数起,多亡匿,今见五千户。"于是乃诏御史,更以陈平为曲逆侯,尽食之,除前所食户牖。

其后常以护军中尉从攻陈豨及黥布。凡六出奇计,辄益邑,凡六益封。奇计或颇秘,世莫能闻也。

　　高帝从破布军还,病创,徐行至长安。燕王卢绾反,上使樊哙以相国将兵攻之。既行,人有短恶哙者。高帝怒曰:"哙见吾病,乃冀我死也。"用陈平谋而召绛侯周勃受诏床下,曰:"陈平亟驰传载勃代哙将,平至军中即斩哙头!"二人既受诏,驰传未至军,行计之曰:"樊哙,帝之故人也,功多,且又乃吕后弟吕媭之夫,有亲且贵,帝以忿怒故,欲斩之,则恐后悔。宁囚而致上,上自诛之。"未至军,为坛,以节召樊哙。哙受诏,即反接载槛车,传诣长安,而令绛侯勃代将,将兵定燕反县。

　　平行闻高帝崩,平恐吕太后及吕媭谗怒,乃驰传先去。逢使者诏平与灌婴屯于荥阳。平受诏,立复驰至宫,哭甚哀,因奏事丧前。吕太后哀之,曰:"君劳,出休矣。"平畏谗之就,因固请得宿卫中。太后乃以为郎中令,曰:"傅教孝惠。"是后吕媭谗乃不得行。樊哙至,则赦复爵邑。

　　孝惠帝六年,相国曹参卒,以安国侯王陵为右丞相,陈平为左丞相。

　　王陵者,故沛人,始为县豪,高祖微时,兄事陵。陵少文,任气,好直言。及高祖起沛,入至咸阳,陵亦自聚党数千人,居南阳,不肯从沛公。及汉王之还攻项籍,陵乃以兵属汉。项羽取陵母置军中,陵使至,则东向坐陵母,欲以招陵。陵母既私送使者,泣曰:"为老妾语陵,谨事汉王。汉王,长者也,无以老妾故,持二心。妾以死送使者。"遂伏剑而死。项王怒,烹陵母。陵卒从汉王定天下。以善雍齿,雍齿,高帝之仇,而陵本无意从高帝,以故晚封,为安国侯。

　　安国侯既为右丞相,二岁,孝惠帝崩。高后欲立诸吕为王,问王陵,王陵曰:"不可。"问陈平,陈平曰:"可。"吕太后怒,乃详迁陵为帝太傅,实不用陵。陵怒,谢疾免,杜门竟不朝请,七年而卒。

　　陵之免丞相,吕太后乃徙平为右丞相,以辟阳侯审食其为左丞相。左丞相不治,常给事于中。

　　食其亦沛人。汉王之败彭城,西,楚取太上皇、吕后为质,食其以舍人侍吕后。其后从破项籍为侯,幸于吕太后。及为相,居中,百官皆因决事。

　　吕媭常以前陈平为高帝谋执樊哙,数谗曰:"陈平为相非治事,日饮醇酒,戏妇女。"陈平闻,日益甚。吕太后闻之,私独喜。面质吕媭于陈平曰:"鄙语曰'儿妇人口不可用',顾君与我何如耳。无畏吕媭之谗也。"

　　吕太后立诸吕为王,陈平伪听之。及吕太后崩,平与太尉勃合谋,卒诛诸吕,立孝文皇帝,陈平本谋也。审食其免相。

孝文帝立,以为太尉勃亲以兵诛吕氏,功多;陈平欲让勃尊位,乃谢病。孝文帝初立,怪平病,问之。平曰:"高祖时,勃功不如臣平。及诛诸吕,臣功亦不如勃。愿以右丞相让勃。"于是孝文帝乃以绛侯勃为右丞相,位次第一;平徙为左丞相,位次第二。赐平金千斤,益封三千户。

居顷之,孝文皇帝既益明习国家事,朝而问右丞相勃曰:"天下一岁决狱几何?"勃谢曰:"不知。"问:"天下一岁钱谷出入几何?"勃又谢不知,汗出沾背,愧不能对。于是上亦问左丞相平。平曰:"有主者。"上曰:"主者谓谁?"平曰:"陛下即问决狱,责廷尉;问钱谷,责治粟内史。"上曰:"苟各有主者,而君所主者何事也?"平谢曰:"主臣!陛下不知其驽下,使待罪宰相。宰相者,上佐天子理阴阳,顺四时,下育万物之宜,外镇抚四夷诸侯,内亲附百姓,使卿大夫各得任其职焉。"孝文帝乃称善。右丞相大惭,出而让陈平:"君独不素教我对!"陈平笑曰:"君居其位,不知其任邪?且陛下即问长安中盗贼数,君欲强对邪?"于是绛侯自知其能不如平远矣。居顷之,绛侯谢病请免相,陈平专为一丞相。

孝文帝二年,丞相陈平卒,谥为献侯。子共侯买代侯。二年卒,子简侯恢代侯。二十三年卒,子何代侯。二十三年,何坐略人妻,弃市,国除。

始陈平曰:"我多阴谋,是道家之所禁。吾世即废,亦已矣,终不能复起,以吾多阴祸也。"然其后曾孙陈掌以卫氏亲贵戚,愿得续封陈氏,然终不得。

太史公曰:"陈丞相平少时,本好黄帝、老子之术。方其割肉俎上之时,其意固已远矣。倾侧扰攘楚魏之间,卒归高帝。常出奇计,救纷纠之难,振国家之患。及吕后时,事多故矣,然平竟自脱,定宗庙,以荣名终,称贤相,岂不善始善终哉!非知谋孰能当此者乎?

史记卷五十七

绛侯周勃世家第二十七

绛侯周勃者，沛人也。其先卷人，徙沛。勃以织薄曲为生，常为人吹箫给丧事，材官引强。

高祖之为沛公初起，勃以中涓从攻胡陵，下方與。方與反，与战，却适。攻丰。击秦军砀东。还军留及萧。复攻砀，破之。下下邑，先登。赐爵五大夫。攻蒙、虞，取之。击章邯车骑，殿。定魏地。攻爰戚、东缗，以往至栗，取之。攻齧桑，先登。击秦军阿下，破之。追至濮阳，下甄城。攻都关、定陶，袭取宛朐，得单父令。夜袭取临济，攻张，以前至卷，破之。击李由军雍丘下。攻开封，先至城下为多。后章邯破杀项梁，沛公与项羽引兵东如砀。自初起沛还至砀，一岁二月。楚怀王封沛公号安武侯，为砀郡长。沛公拜勃为虎贲令，以令从沛公定魏地。攻东郡尉于城武，破之。击王离军，破之。攻长社，先登。攻颍阳、缑氏，绝河津。击赵贲军尸北。南攻南阳守齮，破武关、峣关。破秦军于蓝田，至咸阳，灭秦。

项羽至，以沛公为汉王。汉王赐勃爵为威武侯。从入汉中，拜为将军。还定三秦，至秦，赐食邑怀德。攻槐里、好畤，最。击赵贲、内史保于咸阳，最。北攻漆。击章平、姚卬军。西定汧。还下郿、频阳。围章邯废丘。破西丞。击盗巴军，破之。攻上邽。东守峣关。转击项籍。攻曲逆，最。还守敖仓，追项籍。籍已死，因东定楚地泗水、东海郡，凡得二十二县。还守雒阳、栎阳，赐与颍阴侯共食钟离。以将军从高帝击反者燕王臧荼，破之易下。所将卒当驰道为多。赐爵列侯，剖符世世勿绝。食绛八千一百八十户，号绛侯。

以将军从高帝击反韩王信于代，降下霍人。以前至武泉，击胡骑，破之武泉北。转攻韩信军铜鞮，破之。还，降太原六城。击韩信胡骑晋阳下，破之，下晋阳。后击韩信军于硰石，破之，追北八十里。还攻楼烦三城，因击胡骑平城下，所将卒当驰道为多。勃迁为太尉。

击陈豨,屠马邑。所将卒斩豨将军乘马絺。击韩信、陈豨、赵利军于楼烦,破之。得豨将宋最、雁门守圂。因转攻得云中守遫、丞相箕肆、将勋。定雁门郡十七县,云中郡十二县。因复击豨灵丘,破之,斩豨,得豨丞相程纵、将军陈武、都尉高肆。定代郡九县。

燕王卢绾反,勃以相国代樊哙将,击下蓟,得绾大将抵、丞相偃、守陉、太尉弱、御史大夫施,屠浑都。破绾军上兰,复击破绾军沮阳。追至长城,定上谷十二县,右北平十六县,辽西、辽东二十九县,渔阳二十二县。最从高帝得相国一人,丞相二人,将军、二千石各三人;别破军二,下城三,定郡五,县七十九,得丞相、大将各一人。

勃为人木强敦厚,高帝以为可属大事。勃不好文学,每召诸生说士,东向坐而责之:“趣为我语。”其椎少文如此。

勃既定燕而归,高祖已崩矣,以列侯事孝惠帝。孝惠帝六年,置太尉官,以勃为太尉。十岁,高后崩。吕禄以赵王为汉上将军,吕产以吕王为汉相国,秉汉权,欲危刘氏。勃为太尉,不得入军门。陈平为丞相,不得任事。于是勃与平谋,卒诛诸吕而立孝文皇帝。其语在吕后、孝文事中。

文帝既立,以勃为右丞相,赐金五千斤,食邑万户。居月馀,人或说勃曰:“君既诛诸吕,立代王,威震天下,而君受厚赏,处尊位,以宠,久之即祸及身矣。”勃惧,亦自危,乃谢请归相印。上许之。岁馀,丞相平卒,上复以勃为丞相。十馀月,上曰:“前日吾诏列侯就国,或未能行,丞相吾所重,其率先之。”乃免相就国。

岁馀,每河东守尉行县至绛,绛侯勃自畏恐诛,常被甲,令家人持兵以见之。其后人有上书告勃欲反,下廷尉。廷尉下其事长安,逮捕勃治之。勃恐,不知置辞。吏稍侵辱之。勃以千金与狱吏,狱吏乃书牍背示之,曰“以公主为证”。公主者,孝文帝女也,勃太子胜之尚之,故狱吏教引为证。勃之益封受赐,尽以予薄昭。及系急,薄昭为言薄太后,太后亦以为无反事。文帝朝,太后以冒絮提文帝,曰:“绛侯绾皇帝玺,将兵于北军,不以此时反,今居一小县,顾欲反邪!”文帝既见绛侯狱辞,乃谢曰:“吏方验而出之。”于是使使持节赦绛侯,复爵邑。绛侯既出,曰:“吾尝将百万军,然安知狱吏之贵乎!”

绛侯复就国。孝文帝十一年卒,谥为武侯。子胜之代侯。六岁,尚公主,不相中,坐杀人,国除。绝一岁,文帝乃择绛侯勃子贤者河内守亚夫,封为条侯,续绛侯后。

條侯亚夫自未侯为河内守时,许负相之,曰:"君后三岁而侯。侯八岁为将相,持国秉,贵重矣,于人臣无两。其后九岁而君饿死。"亚夫笑曰:"臣之兄已代父侯矣,有如卒,子当代,亚夫何说侯乎?然既已贵如负言,又何说饿死?指示我。"许负指其口曰:"有从理入口,此饿死法也。"居三岁,其兄绛侯胜之有罪,孝文帝择绛侯子贤者,皆推亚夫,乃封亚夫为條侯,续绛侯后。

文帝之后六年,匈奴大入边。乃以宗正刘礼为将军,军霸上;祝兹侯徐厉为将军,军棘门;以河内守亚夫为将军,军细柳:以备胡。上自劳军。至霸上及棘门军,直驰入,将以下骑送迎。已而之细柳军,军士吏被甲,锐兵刃,彀弓弩,持满。天子先驱至,不得入。先驱曰:"天子且至!"军门都尉曰:"将军令曰'军中闻将军令,不闻天子之诏'。"居无何,上至,又不得入。于是上乃使使持节诏将军:"吾欲入劳军。"亚夫乃传言开壁门。壁门士吏谓从属车骑曰:"将军约,军中不得驱驰。"于是天子乃按辔徐行。至营,将军亚夫持兵揖曰:"介胄之士不拜,请以军礼见。"天子为动,改容式车。使人称谢:"皇帝敬劳将军。"成礼而去。既出军门,群臣皆惊。文帝曰:"嗟乎,此真将军矣!曩者霸上、棘门军,若儿戏耳,其将固可袭而虏也。至于亚夫,可得而犯邪!"称善者久之。月馀,三军皆罢。乃拜亚夫为中尉。

孝文且崩时,诫太子曰:"即有缓急,周亚夫真可任将兵。"文帝崩,拜亚夫为车骑将军。

孝景三年,吴楚反。亚夫以中尉为太尉,东击吴楚。因自请上曰:"楚兵剽轻,难与争锋。愿以梁委之,绝其粮道,乃可制。"上许之。

太尉既会兵荥阳,吴方攻梁,梁急,请救。太尉引兵东北走昌邑,深壁而守。梁日使使请太尉,太尉守便宜,不肯往。梁上书言景帝,景帝使使诏救梁。太尉不奉诏,坚壁不出,而使轻骑兵弓高侯等绝吴楚兵后食道。吴兵乏粮,饥,数欲挑战,终不出。夜,军中惊,内相攻击扰乱,至于太尉帐下。太尉终卧不起。顷之,复定。后吴奔壁东南陬,太尉使备西北。已而其精兵果奔西北,不得入。吴兵既饿,乃引而去。太尉出精兵追击,大破之。吴王濞弃其军,而与壮士数千人亡走,保于江南丹徒。汉兵因乘胜,遂尽虏之,降其兵,购吴王千金。月馀,越人斩吴王头以告。凡相攻守三月,而吴楚破平。于是诸将乃以太尉计谋为是。由此梁孝王与太尉有卻。

　　归,复置太尉官。五岁,迁为丞相,景帝甚重之。景帝废栗太子,丞相固争之,不得。景帝由此疏之。而梁孝王每朝,常与太后言條侯之短。

　　窦太后曰:"皇后兄王信可侯也。"景帝让曰:"始南皮、章武侯先帝不侯,及臣即位乃侯之。信未得封也。"窦太后曰:"人主各以时行耳。自窦长君在时,竟不得侯,死后乃其子彭祖顾得侯。吾甚恨之。帝趣侯信也!"景帝曰:"请得与丞相议之。"丞相议之,亚夫曰:"高皇帝约'非刘氏不得王,非有功不得侯。不如约,天下共击之'。今信虽皇后兄,无功,侯之,非约也。"景帝默然而止。

　　其后匈奴王唯徐卢等五人降,景帝欲侯之以劝后。丞相亚夫曰:"彼背其主降陛下,陛下侯之,则何以责人臣不守节者乎?"景帝曰:"丞相议不可用。"乃悉封唯徐卢等为列侯。亚夫因谢病。景帝中三年,以病免相。

　　顷之,景帝居禁中,召條侯,赐食。独置大胾,无切肉,又不置櫡。條侯心不平,顾谓尚席取櫡。景帝视而笑曰:"此不足君所乎?"條侯免冠谢。上起,條侯因趋出。景帝以目送之,曰:"此怏怏者非少主臣也!"

　　居无何,條侯子为父买工官尚方甲楯五百被可以葬者。取庸苦之,不予钱。庸知其盗买县官器,怒而上变告子,事连污條侯。书既闻上,上下吏。吏簿责條侯,條侯不对。景帝骂之曰:"吾不用也。"召诣廷尉。廷尉责曰:"君侯欲反邪?"亚夫曰:"臣所买器,乃葬器也,何谓反邪?"吏曰:"君侯纵不反地上,即欲反地下耳。"吏侵之益急。初,吏捕條侯,條侯欲自杀,夫人止之,以故不得死,遂入廷尉。因不食五日,呕血而死。国除。

　　绝一岁,景帝乃更封绛侯勃他子坚为平曲侯,续绛侯后。十九年卒,谥为共侯。子建德代侯,十三年,为太子太傅。坐酎金不善,元鼎五年,有罪,国除。

　　條侯果饿死。死后,景帝乃封王信为盖侯。

　　太史公曰:绛侯周勃始为布衣时,鄙朴人也,才能不过凡庸。及从高祖定天下,在将相位,诸吕欲作乱,勃匡国家难,复之乎正。虽伊尹、周公,何以加哉! 亚夫之用兵,持威重,执坚刃,穰苴曷有加焉! 足己而不学,守节不逊,终以穷困。悲夫!

史记卷五十八

梁孝王世家第二十八

梁孝王武者,孝文皇帝子也,而与孝景帝同母。母,窦太后也。

孝文帝凡四男:长子曰太子,是为孝景帝;次子武;次子参;次子胜。孝文帝即位二年,以武为代王,以参为太原王,以胜为梁王。二岁,徙代王为淮阳王。以代尽与太原王,号曰代王。参立十七年,孝文后二年卒,谥为孝王。子登嗣立,是为代共王。立二十九年,元光二年卒。子义立,是为代王。十九年,汉广关,以常山为限,而徙代王王清河。清河王徙以元鼎三年也。

初,武为淮阳王十年,而梁王胜卒,谥为梁怀王。怀王最少子,爱幸异于他子。其明年,徙淮阳王武为梁王。梁王之初王梁,孝文帝之十二年也。梁王自初王通历已十一年矣。

梁王十四年,入朝。十七年,十八年,比年入朝,留,其明年,乃之国。二十一年,入朝。二十二年,孝文帝崩。二十四年,入朝。二十五年,复入朝。是时上未置太子也。上与梁王燕饮,尝从容言曰:“千秋万岁后传于王。”王辞谢。虽知非至言,然心内喜。太后亦然。

其春,吴楚齐赵七国反。吴楚先击梁棘壁,杀数万人。梁孝王城守睢阳,而使韩安国、张羽等为大将军,以距吴楚。吴楚以梁为限,不敢过而西,与太尉亚夫等相距三月。吴楚破,而梁所破杀虏略与汉中分。明年,汉立太子。其后梁最亲,有功,又为大国,居天下膏腴地。地北界泰山,西至高阳,四十馀城,皆多大县。

孝王,窦太后少子也,爱之,赏赐不可胜道。于是孝王筑东苑,方三百馀里。广睢阳城七十里。大治宫室,为复道,自宫连属于平台三十馀里。得赐天子旌旗,出从千乘万骑。东西驰猎,拟于天子。出言跸,入言警。招延四方豪桀,自山以东游说之士莫不毕至。齐人羊胜、公孙诡、邹阳之属。公孙诡多奇邪计,初见王,赐千金,官至中尉,梁号之曰公孙将军。梁多作兵器弩弓矛数十万,而府库金钱且百巨万,珠玉宝器多于京师。

　　二十九年十月,梁孝王入朝。景帝使使持节乘舆驷马,迎梁王于关下。既朝,上疏因留。以太后亲故,王入则侍景帝同辇,出则同车游猎,射禽兽上林中。梁之侍中、郎、谒者著籍引出入天子殿门,与汉宦官无异。

　　十一月,上废栗太子,窦太后心欲以孝王为后嗣。大臣及袁盎等有所关说于景帝,窦太后义格,亦遂不复言以梁王为嗣事由此。以事秘,世莫知。乃辞归国。

　　其夏四月,上立胶东王为太子。梁王怨袁盎及议臣,乃与羊胜、公孙诡之属阴使人刺杀袁盎及他议臣十馀人。逐其贼,未得也。于是天子意梁王,逐贼,果梁使之。乃遣使冠盖相望于道,覆按梁,捕公孙诡、羊胜。公孙诡、羊胜匿王后宫。使者责二千石急,梁相轩丘豹及内史韩安国进谏王,王乃令胜、诡皆自杀,出之。上由此怨望于梁王。梁王恐,乃使韩安国因长公主谢罪太后,然后得释。

　　上怒稍解,因上书请朝。既至关,茅兰说王,使乘布车,从两骑入,匿于长公主园。汉使使迎王,王已入关,车骑尽居外,不知王处。太后泣曰:"帝杀吾子!"景帝忧恐。于是梁王伏斧质于阙下,谢罪,然后太后、景帝大喜,相泣,复如故。悉召王从官入关。然景帝益疏王,不同车辇矣。

　　三十五年冬,复朝。上疏欲留,上弗许。归国,意忽忽不乐。北猎良山,有献牛,足出背上,孝王恶之。六月中,病热,六日卒,谥曰孝王。

　　孝王慈孝,每闻太后病,口不能食,居不安寝,常欲留长安侍太后。太后亦爱之。及闻梁王薨,窦太后哭极哀,不食,曰:"帝果杀吾子!"景帝哀惧,不知所为。与长公主计之,乃分梁为五国,尽立孝王男五人为王,女五人皆食汤沐邑。于是奏之太后,太后乃说,为帝加壹餐。

　　梁孝王长子买为梁王,是为共王;子明为济川王;子彭离为济东王;子定为山阳王;子不识为济阴王。

　　孝王未死时,财以巨万计,不可胜数。及死,藏府馀黄金尚四十馀万斤,他财物称是。

　　梁共王三年,景帝崩。共王立七年卒,子襄立,是为平王。

　　梁平王襄十四年,母曰陈太后。共王母曰李太后。李太后,亲平王之大母也。而平王之后姓任,曰任王后。任王后甚有宠于平王襄。初,孝王在时,有罍樽,直千金。孝王诚后世,善保罍樽,无得以与人。任王后闻而欲得罍樽。平王大母李太后曰:"先王有命,无得以罍樽与人。他物虽百巨万,犹自恣也。"任王后绝欲得之。平王襄直使人开府取罍樽,赐任王后。李太后大怒,汉使者来,欲自言,平王襄及任王后遮止,闭门,李太后与争门,措指,遂不得见汉使者。李太后亦私与食官长及郎中尹霸等士通乱,而王与任王后以此使人风止李太后,李太后内有淫行,亦已。后病薨。病时,任后未尝请病;薨,又不持丧。

元朔中,睢阳人类犴反者,人有辱其父,而与淮阳太守客出同车。太守客出下车,类犴反杀其仇于车上而去。淮阳太守怒,以让梁二千石。二千石以下求反甚急,执反亲戚。反知国阴事,乃上变事,具告知王与大母争樽状。时丞相以下见知之,欲以伤梁长吏,其书闻天子。天子下吏验问,有之。公卿请废襄为庶人。天子曰:"李太后有淫行,而梁王襄无良师傅,故陷不义。"乃削梁八城,枭任王后首于市。梁馀尚有十城。襄立三十九年卒,谥为平王。子无伤立为梁王也。

济川王明者,梁孝王子,以桓邑侯孝景中六年为济川王。七岁,坐射杀其中尉,汉有司请诛,天子弗忍诛,废明为庶人,迁房陵,地入于汉为郡。

济东王彭离者,梁孝王子,以孝景中六年为济东王。二十九年,彭离骄悍,无人君礼,昏暮私与其奴、亡命少年数十人行剽杀人,取财物以为好。所杀发觉者百馀人,国皆知之,莫敢夜行。所杀者子上书言。汉有司请诛,上不忍,废以为庶人,迁上庸,地入于汉,为大河郡。

山阳哀王定者,梁孝王子,以孝景中六年为山阳王。九年卒,无子,国除,地入于汉,为山阳郡。济阴哀王不识者,梁孝王子,以孝景中六年为济阴王。一岁卒,无子,国除,地入于汉,为济阴郡。

太史公曰:梁孝王虽以亲爱之故,王膏腴之地,然会汉家隆盛,百姓殷富,故能植其财货,广宫室,车服拟于天子。然亦僭矣。

褚先生曰:臣为郎时,闻之于宫殿中老郎吏好事者称道之也。窃以为令梁孝王怨望,欲为不善者,事从中生。今太后,女主也,以爱少子故,欲令梁王为太子。大臣不时正言其不可状,阿意治小,私说意以受赏赐,非忠臣也。齐如魏其侯窦婴之正言也,何以有后祸?景帝与王燕见,侍太后饮,景帝曰:"千秋万岁之后传王。"太后喜说。窦婴在前,据地言曰:"汉法之约,传子适孙,今帝何以得传弟,擅乱高帝约乎!"于是景帝默然无声。太后意不说。

　　故成王与小弱弟立树下,取一桐叶以与之,曰:"吾用封汝。"周公闻之,进见曰:"天王封弟,甚善。"成王曰:"吾直与戏耳。"周公曰:"人主无过举,不当有戏言,言之必行之。"于是乃封小弟以应县。是后成王没齿不敢有戏言,言必行之。孝经曰:"非法不言,非道不行。"此圣人之法言也。今主上不宜出好言于梁王。梁王上有太后之重,骄蹇日久,数闻景帝好言,千秋万世之后传王,而实不行。

　　又诸侯王朝见天子,汉法凡当四见耳。始到,入小见;到正月朔旦,奉皮荐璧玉贺正月,法见;后三日,为王置酒,赐金钱财物;后二日,复入小见,辞去。凡留长安不过二十日。小见者,燕见于禁门内,饮于省中,非士人所得入也。今梁王西朝,因留,且半岁。入与人主同辇,出与同车。示风以大言而实不与,令出怨言,谋畔逆,乃随而忧之,不亦远乎!非大贤人,不知退让。今汉之仪法,朝见贺正月者,常一王与四侯俱朝见,十馀岁一至。今梁王常比年入朝见,久留。鄙语曰"骄子不孝",非恶言也。故诸侯王当为置良师傅,相忠言之士,如汲黯、韩长孺等,敢直言极谏,安得有患害!

　　盖闻梁王西入朝,谒窦太后,燕见,与景帝俱侍坐于太后前,语言私说。太后谓帝曰:"吾闻殷道亲亲,周道尊尊,其义一也。安车大驾,用梁孝王为寄。"景帝跪席举身曰:"诺。"罢酒出,帝召袁盎诸大臣通经术者曰:"太后言如是,何谓也?"皆对曰:"太后意欲立梁王为帝太子。"帝问其状,袁盎等曰:"殷道亲亲者,立弟。周道尊尊者,立子。殷道质,质者法天,亲其所亲,故立弟。周道文,文者法地,尊者敬也,敬其本始,故立长子。周道,太子死,立適孙。殷道,太子死,立其弟。"帝曰:"于公何如?"皆对曰:"方今汉家法周,周道不得立弟,当立子。故春秋所以非宋宣公。宋宣公死,不立子而与弟。弟受国死,复反之与兄之子。弟之子争之,以为我当代父后,即刺杀兄子。以故国乱,祸不绝。故春秋曰'君子大居正,宋之祸宣公为之'。臣请见太后白之。"袁盎等入见太后:"太后言欲立梁王,梁王即终,欲谁立?"太后曰:"吾复立帝子。"袁盎等以宋宣公不立正,生祸,祸乱后五世不绝,小不忍害大义状报太后。太后乃解说,即使梁王归就国。而梁王闻其义出于袁盎诸大臣所,怨望,使人来杀袁盎。袁盎顾之曰:"我所谓袁将军者也,公得毋误乎?"刺者曰:"是矣!"刺之,置其剑,剑著身。视其剑,新治。问长安中削厉工,工曰:"梁郎某子来治此剑。"以此知而发觉之,发使者捕逐之。独梁王所欲杀大臣十馀人,文吏穷本之,谋反端颇见。太后不食，日夜泣不止。景帝甚忧之，问公卿大臣，大臣以为遣经术吏往治之，乃可解。于是遣田叔、吕季主往治之。此二人皆通经术，知大礼。来还，至霸昌厩，取火悉烧梁之反辞，但空手来对景帝。景帝曰：“何如？”对曰：“言梁王不知也。造为之者，独其幸臣羊胜、公孙诡之属为之耳。谨以伏诛死，梁王无恙也。”景帝喜说，曰：“急趋谒太后。”太后闻之，立起坐餐，气平复。故曰，不通经术知古今之大礼，不可以为三公及左右近臣。少见之人，如从管中窥天也。

史记卷五十九

五宗世家第二十九

孝景皇帝子凡十三人为王,而母五人,同母者为宗亲。栗姬子曰荣、德、阏于。程姬子曰馀、非、端。贾夫人子曰彭祖、胜。唐姬子曰发。王夫人兒姁子曰越、寄、乘、舜。

河间献王德,以孝景帝前二年用皇子为河间王。好儒学,被服造次必于儒者。山东诸儒多从之游。

二十六年卒,子共王不害立。四年卒,子刚王基代立。十二年卒,子顷王授代立。

临江哀王阏于,以孝景帝前二年用皇子为临江王。三年卒,无后,国除为郡。

临江闵王荣,以孝景前四年为皇太子,四岁废,用故太子为临江王。

四年,坐侵庙壖垣为宫,上征荣。荣行,祖于江陵北门。既已上车,轴折车废。江陵父老流涕窃言曰:“吾王不反矣!”荣至,诣中尉府簿。中尉郅都责讯王,王恐,自杀。葬蓝田。燕数万衔土置冢上,百姓怜之。

荣最长,死无后,国除,地入于汉,为南郡。

右三国本王皆栗姬之子也。

鲁共王馀,以孝景前二年用皇子为淮阳王。二年,吴楚反破后,以孝景前三年徙为鲁王。好治宫室苑囿狗马。季年好音,不喜辞辩。为人吃。

二十六年卒,子光代为王。初好音舆马;晚节啬,惟恐不足于财。

江都易王非,以孝景前二年用皇子为汝南王。吴楚反时,非年十五,有材力,上书愿击吴。景帝赐非将军印,击吴。吴已破,二岁,徙为江都王,治吴故国,以军功赐天子旌旗。元光五年,匈奴大入汉为贼,非上书愿击匈奴,上不许。非好气力,治宫观,招四方豪桀,骄奢甚。

立二十六年卒,子建立为王。七年自杀。淮南、衡山谋反时,建颇闻其谋。自以为国近淮南,恐一日发,为所并,即阴作兵器,而时佩其父所赐将军印,载天子旗以出。易王死未葬,建有所说易王宠美人淖姬,夜使人迎与奸服舍中。及淮南事发,治党与颇及江都王建。建恐,因使人多持金钱,事绝其狱。而又信巫祝,使人祷祠妄言。建又尽与其姊弟奸。事既闻,汉公卿请捕治建。天子不忍,使大臣即讯王。王服所犯,遂自杀。国除,地入于汉,为广陵郡。

胶西于王端,以孝景前三年吴楚七国反破后,端用皇子为胶西王。端为人贼戾,又阴痿,一近妇人,病之数月。而有爱幸少年为郎。为郎者顷之与后宫乱,端禽灭之,及杀其子母。数犯上法,汉公卿数请诛端,天子为兄弟之故不忍,而端所为滋甚。有司再请削其国,去太半。端心愠,遂为无訾省。府库坏漏尽,腐财物以巨万计,终不得收徙。令吏毋得收租赋。端皆去卫,封其宫门,从一门出游。数变名姓,为布衣,之他郡国。

相、二千石往者,奉汉法以治,端辄求其罪告之,无罪者诈药杀之。所以设诈究变,强足以距谏,智足以饰非。相、二千石从王治,则汉绳以法。故胶西小国,而所杀伤二千石甚众。

立四十七年,卒,竟无男代后,国除,地入于汉,为胶西郡。

右三国本王皆程姬之子也。

赵王彭祖,以孝景前二年用皇子为广川王。赵王遂反破后,彭祖王广川。四年,徙为赵王。十五年,孝景帝崩。彭祖为人巧佞卑谄,足恭而心刻深。好法律,持诡辩以中人。彭祖多内宠姬及子孙。相、二千石欲奉汉法以治,则害于王家。是以每相、二千石至,彭祖衣皂布衣,自行迎,除二千石舍,多设疑事以作动之,得二千石失言,中忌讳,辄书之。二千石欲治者,则以此迫劫;不听,乃上书告,及污以奸利事。彭祖立五十馀年,相、二千石无能满二岁,辄以罪去,大者死,小者刑,以故二千石莫敢治。而赵王擅权,使使即县为贾人榷会,入多于国经租税。以是赵王家多金钱,然所赐姬诸子,亦尽之矣。彭祖取故江都易王宠姬王建所盗与奸淖姬者为姬,甚爱之。

彭祖不好治宫室、機祥,好为吏事。上书愿督国中盗贼。常夜从走卒行徼邯郸中。诸使过客以彭祖险陂,莫敢留邯郸。

其太子丹与其女及同产姊奸,与其客江充有郤。充告丹,丹以故废。赵更立太子。

中山靖王胜,以孝景前三年用皇子为中山王。十四年,孝景帝崩。胜为人乐酒好内,有子枝属百二十餘人。常与兄赵王相非,曰:"兄为王,专代吏治事。王者当日听音乐声色。"赵王亦非之,曰:"中山王徒日淫,不佐天子拊循百姓,何以称为藩臣!"

立四十二年卒,子哀王昌立。一年卒,子昆侈代为中山王。

右二国本王皆贾夫人之子也。

长沙定王发,发之母唐姬,故程姬侍者。景帝召程姬,程姬有所辟,不愿进,而饰侍者唐儿使夜进。上醉不知,以为程姬而幸之,遂有身。已乃觉非程姬也。及生子,因命曰发。以孝景前二年用皇子为长沙王。以其母微,无宠,故王卑湿贫国。

立二十七年卒,子康王庸立。二十八年,卒,子鲋鮈立为长沙王。

右一国本王唐姬之子也。

广川惠王越,以孝景中二年用皇子为广川王。

十二年卒,子齐立为王。齐有幸臣桑距。已而有罪,欲诛距,距亡,王因禽其宗族。距怨王,乃上书告王齐与同产奸。自是之后,王齐数上书告言汉公卿及幸臣所忠等。

胶东康王寄,以孝景中二年用皇子为胶东王。二十八年卒。淮南王谋反时,寄微闻其事,私作楼车镞矢战守备,候淮南之起。及吏治淮南之事,辞出之。寄于上最亲,意伤之,发病而死,不敢置后,于是上闻。寄有长子者名贤,母无宠;少子名庆,母爱幸,寄常欲立之,为不次,因有过,遂无言。上怜之,乃以贤为胶东王奉康王嗣,而封庆于故衡山地,为六安王。

胶东王贤立十四年卒,谥为哀王。子庆为王。

六安王庆，以元狩二年用胶东康王子为六安王。

清河哀王乘，以孝景中三年用皇子为清河王。十二年卒，无后，国除，地入于汉，为清河郡。

常山宪王舜，以孝景中五年用皇子为常山王。舜最亲，景帝少子，骄怠多淫，数犯禁，上常宽释之。立三十二年卒，太子勃代立为王。

初，宪王舜有所不爱姬生长男棁。棁以母无宠故，亦不得幸于王。王后脩生太子勃。王内多，所幸姬生平、子商，王后希得幸。及宪王病甚，诸幸姬常侍病，故王后亦以妒媚不常侍病，辄归舍。医进药，太子勃不自尝药，又不宿留侍病。及王薨，王后、太子乃至。宪王雅不以长子棁为人数，及薨，又不分与财物。郎或说太子、王后，令诸子与长子棁共分财物，太子、王后不听。太子代立，又不收恤棁。棁怨王后、太子。汉使者视宪王丧，棁自言宪王病时，王后、太子不侍，及薨，六日出舍，太子勃私奸，饮酒、博戏，击筑，与女子载驰，环城过市，入牢视囚。天子遣大行骞验王后及问王勃，请逮勃所与奸诸证左，王又匿之。吏求捕，勃大急，使人致击笞掠，擅出汉所疑囚者。有司请诛宪王后脩及王勃。上以脩素无行，使棁陷之罪，勃无良师傅，不忍诛。有司请废王后脩，徙王勃以家属处房陵，上许之。

勃王数月，迁于房陵，国绝。月馀，天子为最亲，乃诏有司曰："常山宪王蚤夭，后妾不和，適孽诬争，陷于不义以灭国，朕甚闵焉。其封宪王子平三万户，为真定王；封子商三万户，为泗水王。"

真定王平，元鼎四年用常山宪王子为真定王。

泗水思王商，以元鼎四年用常山宪王子为泗水王。十一年卒，子哀王安世立。十一年卒，无子。于是上怜泗水王绝，乃立安世弟贺为泗水王。

右四国本王皆王夫人兒姁子也。其后汉益封其支子为六安王、泗水王二国。凡兒姁子孙，于今为六王。

太史公曰：高祖时诸侯皆赋，得自除内史以下，汉独为置丞相，黄金印。诸侯自除御史、廷尉正、博士，拟于天子。自吴楚反后，五宗王世，汉为置二千石，去"丞相"曰"相"，银印。诸侯独得食租税，夺之权。其后诸侯贫者或乘牛车也。

史 记 卷 六 十

三王世家第三十

"大司马臣去病昧死再拜上疏皇帝陛下:陛下过听,使臣去病待罪行间。宜专边塞之思虑,暴骸中野无以报,乃敢惟他议以干用事者,诚见陛下忧劳天下,哀怜百姓以自忘,亏膳贬乐,损郎员。皇子赖天,能胜衣趋拜,至今无号位师傅官。陛下恭让不恤,群臣私望,不敢越职而言。臣窃不胜犬马心,昧死愿陛下诏有司,因盛夏吉时定皇子位。唯陛下幸察。臣去病昧死再拜以闻皇帝陛下。"三月乙亥,御史臣光守尚书令奏未央宫。制曰:"下御史。"

六年三月戊申朔,乙亥,御史臣光,守尚书令丞非,下御史书到,言:"丞相臣青翟、御史大夫臣汤、太常臣充、大行令臣息、太子少傅臣安行宗正事昧死上言:大司马去病上疏曰:'陛下过听,使臣去病待罪行间。宜专边塞之思虑,暴骸中野无以报,乃敢惟他议以干用事者,诚见陛下忧劳天下,哀怜百姓以自忘,亏膳贬乐,损郎员。皇子赖天,能胜衣趋拜,至今无号位师傅官。陛下恭让不恤,群臣私望,不敢越职而言。臣窃不胜犬马心,昧死愿陛下诏有司,因盛夏吉时定皇子位。唯愿陛下幸察。'制曰'下御史'。臣谨与中二千石、二千石臣贺等议:古者裂地立国,并建诸侯以承天子,所以尊宗庙重社稷也。今臣去病上疏,不忘其职,因以宣恩,乃道天子卑让自贬以劳天下,虑皇子未有号位。臣青翟、臣汤等宜奉义遵职,愚憧而不逮事。方今盛夏吉时,臣青翟、臣汤等昧死请立皇子臣闳、臣旦、臣胥为诸侯王。昧死请所立国名。"

制曰:"盖闻周封八百,姬姓并列,或子、男、附庸。礼'支子不祭'。云并建诸侯所以重社稷,朕无闻焉。且天非为君生民也。朕之不德,海内未洽,乃以未教成者强君连城,即股肱何劝? 其更议以列侯家之。"

三月丙子,奏未央宫。"丞相臣青翟、御史大夫臣汤昧死言:臣谨与列侯臣婴齐、中二千石二千石臣贺、谏大夫博士臣安等议曰:伏闻周封八百,姬姓并列,奉承天子。康叔以祖考显,而伯禽以周公立,咸为建国诸侯,以相傅为辅。百官奉宪，各遵其职，而国统备矣。窃以为并建诸侯所以重社稷者，四海诸侯各以其职奉贡祭。支子不得奉祭宗祖，礼也。封建使守藩国，帝王所以扶德施化。陛下奉承天统，明开圣绪，尊贤显功，兴灭继绝。续萧文终之后于酇，襃厉群臣平津侯等。昭六亲之序，明天施之属，使诸侯王封君得推私恩分子弟户邑，锡号尊建百有馀国。而家皇子为列侯，则尊卑相逾，列位失序，不可以垂统于万世。臣请立臣闳、臣旦、臣胥为诸侯王。"三月丙子，奏未央宫。

制曰："康叔亲属有十而独尊者，襃有德也。周公祭天命郊，故鲁有白牡、骍刚之牲。群公不毛，贤不肖差也。'高山仰之，景行向之'，朕甚慕焉。所以抑未成，家以列侯可。"

四月戊寅，奏未央宫。"丞相臣青翟、御史大夫臣汤昧死言：臣青翟等与列侯、吏二千石、谏大夫、博士臣庆等议；昧死奏请立皇子为诸侯王。制曰：'康叔亲属有十而独尊者，襃有德也。周公祭天命郊，故鲁有白牡、骍刚之牲。群公不毛，贤不肖差也。"高山仰之，景行向之"，朕甚慕焉。所以抑未成，家以列侯可。'臣青翟、臣汤、博士臣将行等伏闻康叔亲属有十，武王继体，周公辅成王，其八人皆以祖考之尊建为大国。康叔之年幼，周公在三公之位，而伯禽据国于鲁，盖爵命之时，未至成人。康叔后扞禄父之难，伯禽殄淮夷之乱。昔五帝异制，周爵五等，春秋三等，皆因时而序尊卑。高皇帝拨乱世反诸正，昭至德，定海内，封建诸侯，爵位二等。皇子或在襁褓而立为诸侯王，奉承天子，为万世法则，不可易。陛下躬亲仁义，体行圣德，表里文武。显慈孝之行，广贤能之路。内襃有德，外讨强暴。极临北海，西溱月氏，匈奴、西域，举国奉师。舆械之费，不赋于民。虚御府之藏以赏元戎，开禁仓以振贫穷，减戍卒之半。百蛮之君，靡不向风，承流称意。远方殊俗，重译而朝，泽及方外。故珍兽至，嘉谷兴，天应甚彰。今诸侯支子封至诸侯王，而家皇子为列侯，臣青翟、臣汤等窃伏孰计之，皆以为尊卑失序，使天下失望，不可。臣请立臣闳、臣旦、臣胥为诸侯王。"四月癸未，奏未央宫，留中不下。

"丞相臣青翟、太仆臣贺、行御史大夫事太常臣充、太子少傅臣安行宗正事昧死言：臣青翟等前奏大司马臣去病上疏言，皇子未有号位，臣谨与御史大夫臣汤、中二千石、二千石、谏大夫、博士臣庆等昧死请立皇子臣闳等为诸侯王。陛下让文武，躬自切，及皇子未教。群臣之议，儒者称其术，或悖其心。陛下固辞弗许，家皇子为列侯。臣青翟等窃与列侯臣寿成等二十七人议，皆曰以为尊卑失序。高皇帝建天下，为汉太祖，王子孙，广支辅。先帝法则弗改,所以宜至尊也。臣请令史官择吉日,具礼仪上,御史奏舆地图,他皆如前故事。"制曰:"可。"

四月丙申,奏未央宫。"太仆臣贺行御史大夫事昧死言:太常臣充言卜人四月二十八日乙巳,可立诸侯王。臣昧死奏舆地图,请所立国名。礼仪别奏。臣昧死请。"

制曰:"立皇子闳为齐王,旦为燕王,胥为广陵王。"

四月丁酉,奏未央宫。六年四月戊寅朔,癸卯,御史大夫汤下丞相,丞相下中二千石,二千石下郡太守、诸侯相,丞书从事下当用者。如律令。

"维六年四月乙巳,皇帝使御史大夫汤庙立子闳为齐王。曰:於戏,小子闳,受兹青社!朕承祖考,维稽古建尔国家,封于东土,世为汉藩辅。於戏念哉!恭朕之诏,惟命不于常。人之好德,克明显光。义之不图,俾君子怠。悉尔心,允执其中,天禄永终。厥有愆不臧,乃凶于而国,害于尔躬。於戏,保国艾民,可不敬与!王其戒之。"

右齐王策。

"维六年四月乙巳,皇帝使御史大夫汤庙立子旦为燕王。曰:於戏,小子旦,受兹玄社!朕承祖考,维稽古,建尔国家,封于北土,世为汉藩辅。於戏!荤粥氏虐老兽心,侵犯寇盗,加以奸巧边萌。於戏!朕命将率徂征厥罪,万夫长,千夫长,三十有二君皆来,降旗奔师。荤粥徙域,北州以绥。悉尔心,毋作怨,毋俷德,毋乃废备。非教士不得从征。於戏,保国艾民,可不敬与!王其戒之。"

右燕王策。

"维六年四月乙巳,皇帝使御史大夫汤庙立子胥为广陵王。曰:於戏,小子胥,受兹赤社!朕承祖考,维稽古建尔国家,封于南土,世为汉藩辅。古人有言曰:'大江之南,五湖之间,其人轻心。扬州保疆,三代要服,不及以政。'於戏!悉尔心,战战兢兢,乃惠乃顺,毋侗好轶,毋迩宵人,维法维则。书云'臣不作威,不作福',靡有后羞。於戏,保国艾民,可不敬与!王其戒之。"

右广陵王策。

太史公曰:古人有言曰"爱之欲其富,亲之欲其贵"。故王者壃土建国,封立子弟,所以褒亲亲,序骨肉,尊先祖,贵支体,广同姓于天下也。是以形势强而王室安。自古至今,所由来久矣。非有异也,故弗论箸也。燕齐之事,无足采者。然封立三王,天子恭让,群臣守义,文辞烂然,甚可观也,是以附之世家。

褚先生曰:臣幸得以文学为侍郎,好览观太史公之列传。传中称三王世家文辞可观,求其世家终不能得。窃从长老好故事者取其封策书,编列其事而传之,令后世得观贤主之指意。

盖闻孝武帝之时,同日而俱拜三子为王:封一子于齐,一子于广陵,一子于燕。各因其才力智能,及土地之刚柔,人民之轻重,为作策以申戒之。谓王:“世为汉藩辅,保国治民,可不敬与!王其戒之。”夫贤主所作,固非浅闻者所能知,非博闻强记君子者所不能究竟其意。至其次序分绝,文字之上下,简之参差长短,皆有意,人莫之能知。谨论次其真草诏书,编于左方,令览者自通其意而解说之。

王夫人者,赵人也,与卫夫人并幸武帝,而生子闳。闳且立为王时,其母病,武帝自临问之。曰:“子当为王,欲安所置之?”王夫人曰:“陛下在,妾又何等可言者。”帝曰:“虽然,意所欲,欲于何所王之?”王夫人曰:“愿置之雒阳。”武帝曰:“雒阳有武库敖仓,天下冲厄,汉国之大都也。先帝以来,无子王于雒阳者。去雒阳,馀尽可。”王夫人不应。武帝曰:“关东之国无大于齐者。齐东负海而城郭大,古时独临菑中十万户,天下膏腴地莫盛于齐者矣。”王夫人以手击头,谢曰:“幸甚。”王夫人死而帝痛之,使使者拜之曰:“皇帝谨使使太中大夫明奉璧一,赐夫人为齐王太后。”子闳王齐,年少,无有子,立,不幸早死,国绝,为郡。天下称齐不宜王云。

所谓“受此土”者,诸侯王始封者必受土于天子之社,归立之以为国社,以岁时祠之。春秋大传曰:“天子之国有泰社。东方青,南方赤,西方白,北方黑,上方黄。”故将封于东方者取青土,封于南方者取赤土,封于西方者取白土,封于北方者取黑土,封于上方者取黄土。各取其色物,裹以白茅,封以为社。此始受封于天子者也。此之为主土。主土者,立社而奉之也。“朕承祖考”,祖者先也,考者父也。“维稽古”,维者度也,念也,稽者当也,当顺古之道也。

齐地多变诈,不习于礼义,故戒之曰“恭朕之诏,唯命不可为常。人之好德,能明显光。不图于义,使君子怠慢。悉若心,信执其中,天禄长终。有过不善,乃凶于而国,而害于若身"。齐王之国,左右维持以礼义,不幸中年早夭。然全身无过,如其策意。

传曰"青采出于蓝,而质青于蓝"者,教使然也。远哉贤主,昭然独见:诚齐王以慎内;诚燕王以无作怨,无俷德;诚广陵王以慎外,无作威与福。

夫广陵在吴越之地,其民精而轻,故诫之曰"江湖之间,其人轻心。杨州葆疆,三代之时,迫要使从中国俗服,不大及以政教,以意御之而已。无侗好佚,无迒宵人,维法是则。无长好佚乐驰骋弋猎淫康,而近小人。常念法度,则无羞辱矣"。三江、五湖有鱼盐之利,铜山之富,天下所仰。故诫之曰"臣不作福"者,勿使行财币,厚赏赐,以立声誉,为四方所归也。又曰"臣不作威"者,勿使因轻以倍义也。

会孝武帝崩,孝昭帝初立,先朝广陵王胥,厚赏赐金钱财币,直三千馀万,益地百里,邑万户。

会昭帝崩,宣帝初立,缘恩行义,以本始元年中,裂汉地,尽以封广陵王胥四子:一子为朝阳侯;一子为平曲侯;一子为南利侯;最爱少子弘,立以为高密王。

其后胥果作威福,通楚王使者。楚王宣言曰:"我先元王,高帝少弟也,封三十二城。今地邑益少,我欲与广陵王共发兵云。立广陵王为上,我复王楚三十二城,如元王时。"事发觉,公卿有司请行罚诛。天子以骨肉之故,不忍致法于胥,下诏书无治广陵王,独诛首恶楚王。传曰"蓬生麻中,不扶自直;白沙在泥中,与之皆黑"者,土地教化使之然也。其后胥复祝诅谋反,自杀,国除。

燕土墝埆,北迫匈奴,其人民勇而少虑,故诫之曰"荤粥氏无有孝行而禽兽心,以窃盗侵犯边民。朕诏将军往征其罪,万夫长,千夫长,三十有二君皆来,降旗奔师。荤粥徙域远处,北州以安矣"。"悉若心,无作怨"者,勿使从俗以怨望也。"无俷德"者,勿使王背德也。"无废备"者,无乏武备,常备匈奴也。"非教士不得从征"者,言非习礼义不得在于侧也。

会武帝年老长,而太子不幸薨,未有所立,而旦使来上书,请身入宿卫于长安。孝武见其书,击地,怒曰:"生子当置之齐鲁礼义之乡,乃置之燕赵,果有争心,不让之端见矣。"于是使使即斩其使者于阙下。

会武帝崩,昭帝初立,旦果作怨而望大臣。自以长子当立,与齐王子刘泽等谋为叛逆，出言曰："我安得弟在者！今立者乃大将军子也。"欲发兵。事发觉，当诛。昭帝缘恩宽忍，抑案不扬。公卿使大臣请，遣宗正与太中大夫公户满意、御史二人，偕往使燕，风喻之。到燕，各异日，更见责王。宗正者，主宗室诸刘属籍，先见王，为列陈道昭帝实武帝子状。侍御史乃复见王，责之以正法，问："王欲发兵罪名明白，当坐之。汉家有正法，王犯纤介小罪过，即行法直断耳，安能宽王。"惊动以文法。王意益下，心恐。公户满意习于经术，最后见王，称引古今通义，国家大礼，文章尔雅。谓王曰："古者天子必内有异姓大夫，所以正骨肉也；外有同姓大夫，所以正异族也。周公辅成王，诛其两弟，故治。武帝在时，尚能宽王。今昭帝始立，年幼，富于春秋，未临政，委任大臣。古者诛罚不阿亲戚，故天下治。方今大臣辅政，奉法直行，无敢所阿，恐不能宽王。王可自谨，无自令身死国灭，为天下笑。"于是燕王旦乃恐惧服罪，叩头谢过。大臣欲和合骨肉，难伤之以法。

　　其后旦复与左将军上官桀等谋反，宣言曰："我次太子，太子不在，我当立，大臣共抑我"云云。大将军光辅政，与公卿大臣议曰："燕王旦不改过悔正，行恶不变。"于是修法直断，行罚诛。旦自杀，国除，如其策指。有司请诛旦妻子。孝昭以骨肉之亲，不忍致法，宽赦旦妻子，免为庶人。传曰"兰根与白芷，渐之滫中，君子不近，庶人不服"者，所以渐然也。

　　宣帝初立，推恩宣德，以本始元年中尽复封燕王旦两子：一子为安定侯；立燕故太子建为广阳王，以奉燕王祭祀。

史记卷六十一

伯夷列传第一

　　夫学者载籍极博，犹考信于六艺。诗书虽缺，然虞夏之文可知也。尧将逊位，让于虞舜，舜禹之间，岳牧咸荐，乃试之于位，典职数十年，功用既兴，然后授政。示天下重器，王者大统，传天下若斯之难也。而说者曰尧让天下于许由，许由不受，耻之逃隐。及夏之时，有卞随、务光者。此何以称焉？太史公曰：余登箕山，其上盖有许由冢云。孔子序列古之仁圣贤人，如吴太伯、伯夷之伦详矣。余以所闻由、光义至高，其文辞不少概见，何哉？

　　孔子曰："伯夷、叔齐，不念旧恶，怨是用希。""求仁得仁，又何怨乎？"余悲伯夷之意，睹轶诗可异焉。其传曰：

　　伯夷、叔齐，孤竹君之二子也。父欲立叔齐，及父卒，叔齐让伯夷。伯夷曰："父命也。"遂逃去。叔齐亦不肯立而逃之。国人立其中子。于是伯夷、叔齐闻西伯昌善养老，盍往归焉。及至，西伯卒，武王载木主，号为文王，东伐纣。伯夷、叔齐叩马而谏曰："父死不葬，爰及干戈，可谓孝乎？以臣弑君，可谓仁乎？"左右欲兵之。太公曰："此义人也。"扶而去之。武王已平殷乱，天下宗周，而伯夷、叔齐耻之，义不食周粟，隐于首阳山，采薇而食之。及饿且死，作歌。其辞曰："登彼西山兮，采其薇矣。以暴易暴兮，不知其非矣。神农、虞、夏忽焉没兮，我安适归矣？于嗟徂兮，命之衰矣！"遂饿死于首阳山。由此观之，怨邪非邪？

　　或曰："天道无亲，常与善人。"若伯夷、叔齐，可谓善人者非邪？积仁絜行如此而饿死！且七十子之徒，仲尼独荐颜渊为好学。然回也屡空，糟糠不厌，而卒蚤夭。天之报施善人，其何如哉？盗跖日杀不辜，肝人之肉，暴戾恣睢，聚党数千人横行天下，竟以寿终。是遵何德哉？此其尤大彰明较著者也。若至近世，操行不轨，专犯忌讳，而终身逸乐，富厚累世不绝。

或择地而蹈之，时然后出言，行不由径，非公正不发愤，而遇祸灾者，不可胜数也。余甚惑焉，傥所谓天道，是邪非邪？

子曰"道不同不相为谋"，亦各从其志也。故曰"富贵如可求，虽执鞭之士，吾亦为之。如不可求，从吾所好"。"岁寒，然后知松柏之后凋"。举世混浊，清士乃见。岂以其重若彼，其轻若此哉？

"君子疾没世而名不称焉。"贾子曰："贪夫徇财，烈士徇名，夸者死权，众庶冯生。""同明相照，同类相求。""云从龙，风从虎，圣人作而万物睹。"伯夷、叔齐虽贤，得夫子而名益彰。颜渊虽笃学，附骥尾而行益显。岩穴之士，趣舍有时若此，类名堙灭而不称，悲夫！闾巷之人，欲砥行立名者，非附青云之士，恶能施于后世哉？

史记卷六十二

管晏列传第二

管仲夷吾者，颍上人也。少时常与鲍叔牙游，鲍叔知其贤。管仲贫困，常欺鲍叔，鲍叔终善遇之，不以为言。已而鲍叔事齐公子小白，管仲事公子纠。及小白立，为桓公，公子纠死，管仲囚焉。鲍叔遂进管仲。管仲既用，任政于齐，齐桓公以霸，九合诸侯，一匡天下，管仲之谋也。

管仲曰："吾始困时，尝与鲍叔贾，分财利多自与，鲍叔不以我为贪，知我贫也。吾尝为鲍叔谋事而更穷困，鲍叔不以我为愚，知时有利不利也。吾尝三仕三见逐于君，鲍叔不以我为不肖，知我不遭时也。吾尝三战三走，鲍叔不以我为怯，知我有老母也。公子纠败，召忽死之，吾幽囚受辱，鲍叔不以我为无耻，知我不羞小节而耻功名不显于天下也。生我者父母，知我者鲍子也。"

鲍叔既进管仲，以身下之。子孙世禄于齐，有封邑者十馀世，常为名大夫。天下不多管仲之贤而多鲍叔能知人也。

管仲既任政相齐，以区区之齐在海滨，通货积财，富国强兵，与俗同好恶。故其称曰："仓廪实而知礼节，衣食足而知荣辱，上服度则六亲固。四维不张，国乃灭亡。下令如流水之原，令顺民心。"故论卑而易行。俗之所欲，因而予之；俗之所否，因而去之。

其为政也，善因祸而为福，转败而为功。贵轻重，慎权衡。桓公实怒少姬，南袭蔡，管仲因而伐楚，责包茅不入贡于周室。桓公实北征山戎，而管仲因而令燕修召公之政。于柯之会，桓公欲背曹沬之约，管仲因而信之，诸侯由是归齐。故曰："知与之为取，政之宝也。"

管仲富拟于公室，有三归、反坫，齐人不以为侈。管仲卒，齐国遵其政，常强于诸侯。后百馀年而有晏子焉。

晏平仲婴者，莱之夷维人也。事齐灵公、庄公、景公，以节俭力行重于齐。既相齐，食不重肉，妾不衣帛。其在朝，君语及之，即危言；语不及之，即危行。国有道，即顺命；无道，即衡命。以此三世显名于诸侯。

越石父贤，在缧绁中。晏子出，遭之涂，解左骖赎之，载归。弗谢，入闺。久之，越石父请绝。晏子惧然，摄衣冠谢曰："婴虽不仁，免子于厄，何子求绝之速也？"石父曰："不然。吾闻君子诎于不知己而信于知己者。方吾在缧绁中，彼不知我也。夫子既已感寤而赎我，是知己；知己而无礼，固不如在缧绁之中。"晏子于是延入为上客。

晏子为齐相，出，其御之妻从门间而窥其夫。其夫为相御，拥大盖，策驷马，意气扬扬，甚自得也。既而归，其妻请去。夫问其故。妻曰："晏子长不满六尺，身相齐国，名显诸侯。今者妾观其出，志念深矣，常有以自下者。今子长八尺，乃为人仆御，然子之意自以为足，妾是以求去也。"其后夫自抑损。晏子怪而问之，御以实对。晏子荐以为大夫。

太史公曰：吾读管氏牧民、山高、乘马、轻重、九府，及晏子春秋，详哉其言之也。既见其著书，欲观其行事，故次其传。至其书，世多有之，是以不论，论其轶事。

管仲，世所谓贤臣，然孔子小之。岂以为周道衰微，桓公既贤，而不勉之至王，乃称霸哉？语曰"将顺其美，匡救其恶，故上下能相亲也"。岂管仲之谓乎？

方晏子伏庄公尸哭之，成礼然后去，岂所谓"见义不为无勇"者邪？至其谏说，犯君之颜，此所谓"进思尽忠，退思补过"者哉！假令晏子而在，余虽为之执鞭，所忻慕焉。

史记卷六十三

老子韩非列传第三

老子者,楚苦县厉乡曲仁里人也,姓李氏,名耳,字聃,周守藏室之史也。

孔子适周,将问礼于老子。老子曰:"子所言者,其人与骨皆已朽矣,独其言在耳。且君子得其时则驾,不得其时则蓬累而行。吾闻之,良贾深藏若虚,君子盛德,容貌若愚。去子之骄气与多欲,态色与淫志,是皆无益于子之身。吾所以告子,若是而已。"孔子去,谓弟子曰:"鸟,吾知其能飞;鱼,吾知其能游;兽,吾知其能走。走者可以为罔,游者可以为纶,飞者可以为矰。至于龙吾不能知,其乘风云而上天。吾今日见老子,其犹龙邪!"

老子修道德,其学以自隐无名为务。居周久之,见周之衰,乃遂去。至关,关令尹喜曰:"子将隐矣,强为我著书。"于是老子乃著书上下篇,言道德之意五千馀言而去,莫知其所终。

或曰:老莱子亦楚人也,著书十五篇,言道家之用,与孔子同时云。

盖老子百有六十馀岁,或言二百馀岁,以其修道而养寿也。

自孔子死之后百二十九年,而史记周太史儋见秦献公曰:"始秦与周合,合五百岁而离,离七十岁而霸王者出焉。"或曰儋即老子,或曰非也,世莫知其然否。老子,隐君子也。

老子之子名宗,宗为魏将,封于段干。宗子注,注子宫,宫玄孙假,假仕于汉孝文帝。而假之子解为胶西王卬太傅,因家于齐焉。

世之学老子者则绌儒学,儒学亦绌老子。"道不同不相为谋",岂谓是邪?李耳无为自化,清静自正。

庄子者,蒙人也,名周。周尝为蒙漆园吏,与梁惠王、齐宣王同时。其学无所不窥,然其要本归于老子之言。故其著书十馀万言,大抵率寓言也。作渔父、盗跖、胠箧,以诋訾孔子之徒,以明老子之术。畏累虚、亢桑子之属,皆空语无事实。然善属书离辞,指事类情,用剽剥儒、墨,虽当世宿学不能自解免也。其言洸洋自恣以适己，故自王公大人不能器之。

楚威王闻庄周贤，使使厚币迎之，许以为相。庄周笑谓楚使者曰："千金，重利；卿相，尊位也。子独不见郊祭之牺牛乎？养食之数岁，衣以文绣，以入大庙。当是之时，虽欲为孤豚，岂可得乎？子亟去，无污我。我宁游戏污渎之中自快，无为有国者所羁，终身不仕，以快吾志焉。"

申不害者，京人也，故郑之贱臣。学术以干韩昭侯，昭侯用为相。内修政教，外应诸侯，十五年。终申子之身，国治兵强，无侵韩者。

申子之学本于黄老而主刑名。著书二篇，号曰申子。

韩非者，韩之诸公子也。喜刑名法术之学，而其归本于黄老。非为人口吃，不能道说，而善著书。与李斯俱事荀卿，斯自以为不如非。

非见韩之削弱，数以书谏韩王，韩王不能用。于是韩非疾治国不务修明其法制，执势以御其臣下，富国强兵而以求人任贤，反举浮淫之蠹而加之于功实之上。以为儒者用文乱法，而侠者以武犯禁。宽则宠名誉之人，急则用介胄之士。今者所养非所用，所用非所养。悲廉直不容于邪枉之臣，观往者得失之变，故作孤愤、五蠹、内外储、说林、说难十馀万言。

然韩非知说之难，为说难书甚具，终死于秦，不能自脱。

说难曰：

凡说之难，非吾知之有以说之难也；又非吾辩之难能明吾意之难也；又非吾敢横失能尽之难也。凡说之难，在知所说之心，可以吾说当之。

所说出于为名高者也，而说之以厚利，则见下节而遇卑贱，必弃远矣。所说出于厚利者也，而说之以名高，则见无心而远事情，必不收矣。所说实为厚利而显为名高者也，而说之以名高，则阳收其身而实疏之；若说之以厚利，则阴用其言而显弃其身。此之不可不知也。

夫事以密成，语以泄败。未必其身泄之也，而语及其所匿之事，如是者身危。贵人有过端，而说者明言善议以推其恶者，则身危。周泽未渥也而语极知，说行而有功则德亡，说不行而有败则见疑，如是者身危。夫贵人得计而欲自以为功，说者与知焉，则身危。彼显有所出事，乃自以为也故，说者与知焉，则身危。强之以其所必不为，止之以其所不能已者，身危。故曰：与之论大人，则以为间己；与之论细人，则以为粥权。论其所爱，则以为借资；论其所憎，则以为尝己。径省其辞,则不知而屈之;泛滥博文,则多而久之。顺事陈意,则曰怯懦而不尽;虑事广肆,则曰草野而倨侮。此说之难,不可不知也。

凡说之务,在知饰所说之所敬,而灭其所丑。彼自知其计,则毋以其失穷之;自勇其断,则毋以其敌怒之;自多其力,则毋以其难概之。规异事与同计,誉异人与同行者,则以饰之无伤。有与同失者,则明饰其无失也。大忠无所拂悟,辞言无所击排,乃后申其辩知焉。此所以亲近不疑,知尽之难也。得旷日弥久,而周泽既渥,深计而不疑,交争而不罪,乃明计利害以致其功,直指是非以饰其身,以此相持,此说之成也。

伊尹为庖,百里奚为虏,皆所由干其上也。故此二子者,皆圣人也,犹不能无役身而涉世如此其污也,则非能仕之所设也。

宋有富人,天雨墙坏。其子曰“不筑且有盗”,其邻人之父亦云,暮而果大亡其财,其家甚知其子而疑邻人之父。昔者郑武公欲伐胡,乃以其子妻之。因问群臣曰:“吾欲用兵,谁可伐者?”关其思曰:“胡可伐。”乃戮关其思,曰:“胡,兄弟之国也,子言伐之,何也?”胡君闻之,以郑为亲己而不备郑。郑人袭胡,取之。此二说者,其知皆当矣,然而甚者为戮,薄者见疑。非知之难也,处知则难矣。

昔者弥子瑕见爱于卫君。卫国之法,窃驾君车者罪至刖。既而弥子之母病,人闻,往夜告之,弥子矫驾君车而出。君闻而贤之曰:“孝哉,为母之故而犯刖罪!”与君游果园,弥子食桃而甘,不尽而奉君。君曰:“爱我哉,忘其口而念我!”及弥子色衰而爱弛,得罪于君。君曰:“是尝矫驾吾车,又尝食我以其馀桃。”故弥子之行未变于初也,前见贤而后获罪者,爱憎之至变也。故有爱于主,则知当而加亲;见憎于主,则罪当而加疏。故谏说之士不可不察爱憎之主而后说之矣。

夫龙之为虫也,可扰狎而骑也。然其喉下有逆鳞径尺,人有婴之,则必杀人。人主亦有逆鳞,说之者能无婴人主之逆鳞,则几矣。

人或传其书至秦。秦王见孤愤、五蠹之书,曰:“嗟乎,寡人得见此人与之游,死不恨矣!”李斯曰:“此韩非之所著书也。”秦因急攻韩。韩王始不用非,及急,乃遣非使秦。秦王悦之,未信用。李斯、姚贾害之,毁之曰:“韩非,韩之诸公子也。今王欲并诸侯,非终为韩不为秦,此人之情也。今王不用,久留而归之,此自遗患也,不如以过法诛之。”秦王以为然,下吏治非。李斯使人遗非药,使自杀。韩非欲自陈,不得见。秦王后悔之,使人赦之,非已死矣。

申子、韩子皆著书,传于后世,学者多有。余独悲韩子为说难而不能自脱耳。

太史公曰:老子所贵道,虚无,因应变化于无为,故著书辞称微妙难识。庄子散道德,放论,要亦归之自然。申子卑卑,施之于名实。韩子引绳墨,切事情,明是非,其极惨礉少恩。皆原于道德之意,而老子深远矣。

史记卷六十四

司马穰苴列传第四

司马穰苴者，田完之苗裔也。齐景公时，晋伐阿、甄，而燕侵河上，齐师败绩。景公患之。晏婴乃荐田穰苴曰："穰苴虽田氏庶孽，然其人文能附众，武能威敌，愿君试之。"景公召穰苴，与语兵事，大说之，以为将军，将兵扞燕晋之师。穰苴曰："臣素卑贱，君擢之闾伍之中，加之大夫之上，士卒未附，百姓不信，人微权轻，愿得君之宠臣，国之所尊，以监军，乃可。"于是景公许之，使庄贾往。穰苴既辞，与庄贾约曰："旦日日中会于军门。"穰苴先驰至军，立表下漏待贾。贾素骄贵，以为将己之军而己为监，不甚急；亲戚左右送之，留饮。日中而贾不至。穰苴则仆表决漏，入，行军勒兵，申明约束。约束既定，夕时，庄贾乃至。穰苴曰："何后期为？"贾谢曰："不佞大夫亲戚送之，故留。"穰苴曰："将受命之日则忘其家，临军约束则忘其亲，援枹鼓之急则忘其身。今敌国深侵，邦内骚动，士卒暴露于境，君寝不安席，食不甘味，百姓之命皆悬于君，何谓相送乎！"召军正问曰："军法期而后至者云何？"对曰："当斩。"庄贾惧，使人驰报景公，请救。既往，未及反，于是遂斩庄贾以徇三军。三军之士皆振栗。久之，景公遣使者持节赦贾，驰入军中。穰苴曰："将在军，君令有所不受。"问军正曰："驰三军法何？"正曰："当斩。"使者大惧。穰苴曰："君之使不可杀之。"乃斩其仆，车之左驸，马之左骖，以徇三军。遣使者还报，然后行。士卒次舍井灶饮食问疾医药，身自拊循之。悉取将军之资粮享士卒，身与士卒平分粮食，最比其羸弱者。三日而后勒兵。病者皆求行，争奋出为之赴战。晋师闻之，为罢去。燕师闻之，度水而解。于是追击之，遂取所亡封内故境而引兵归。未至国，释兵旅，解约束，誓盟而后入邑。景公与诸大夫郊迎，劳师成礼，然后反归寝。既见穰苴，尊为大司马。田氏日以益尊于齐。

已而大夫鲍氏、高、国之属害之，谮于景公。景公退穰苴，苴发疾而死。田乞、田豹之徒由此怨高、国等。其后及田常杀简公，尽灭高子、国子之族。至常曾孙和，因自立，为齐威王，用兵行威，大放穰苴之法，而诸侯朝齐。

　　齐威王使大夫追论古者司马兵法而附穰苴于其中,因号曰司马穰苴兵法。

　　太史公曰:余读司马兵法,闳廓深远,虽三代征伐,未能竟其义,如其文也,亦少襃矣。若夫穰苴,区区为小国行师,何暇及司马兵法之揖让乎?世既多司马兵法,以故不论,著穰苴之列传焉。

史记卷六十五

孙子吴起列传第五

孙子武者，齐人也。以兵法见于吴王阖庐。阖庐曰："子之十三篇，吾尽观之矣，可以小试勒兵乎？"对曰："可。"阖庐曰："可试以妇人乎？"曰："可。"于是许之，出宫中美女，得百八十人。孙子分为二队，以王之宠姬二人各为队长，皆令持戟。令之曰："汝知而心与左右手背乎？"妇人曰："知之。"孙子曰："前，则视心；左，视左手；右，视右手；后，即视背。"妇人曰："诺。"约束既布，乃设铁钺，即三令五申之。于是鼓之右，妇人大笑。孙子曰："约束不明，申令不熟，将之罪也。"复三令五申而鼓之左，妇人复大笑。孙子曰："约束不明，申令不熟，将之罪也；既已明而不如法者，吏士之罪也。"乃欲斩左右队长。吴王从台上观，见且斩爱姬，大骇。趣使使下令曰："寡人已知将军能用兵矣。寡人非此二姬，食不甘味，愿勿斩也。"孙子曰："臣既已受命为将，将在军，君命有所不受。"遂斩队长二人以徇。用其次为队长，于是复鼓之。妇人左右前后跪起皆中规矩绳墨，无敢出声。于是孙子使使报王曰："兵既整齐，王可试下观之，唯王所欲用之，虽赴水火犹可也。"吴王曰："将军罢休就舍，寡人不愿下观。"孙子曰："王徒好其言，不能用其实。"于是阖庐知孙子能用兵，卒以为将。西破强楚，入郢，北威齐晋，显名诸侯，孙子与有力焉。

孙武既死，后百馀岁有孙膑。膑生阿鄄之间，膑亦孙武之后世子孙也。孙膑尝与庞涓俱学兵法。庞涓既事魏，得为惠王将军，而自以为能不及孙膑，乃阴使召孙膑。膑至，庞涓恐其贤于己，疾之，则以法刑断其两足而黥之，欲隐勿见。

齐使者如梁，孙膑以刑徒阴见，说齐使。齐使以为奇，窃载与之齐。齐将田忌善而客待之。忌数与齐诸公子驰逐重射。孙子见其马足不甚相远，马有上、中、下辈。于是孙子谓田忌曰："君弟重射，臣能令君胜。"田忌信然之，与王及诸公子逐射千金。及临质，孙子曰："今以君之下驷与彼上

驷,取君上驷与彼中驷,取君中驷与彼下驷。"既驰三辈毕,而田忌一不胜
而再胜,卒得王千金。于是忌进孙子于威王。威王问兵法,遂以为师。

其后魏伐赵,赵急,请救于齐。齐威王欲将孙膑,膑辞谢曰:"刑馀之
人不可。"于是乃以田忌为将,而孙子为师,居辎车中,坐为计谋。田忌欲
引兵之赵,孙子曰:"夫解杂乱纷纠者不控卷,救斗者不搏撠,批亢捣虚,形
格势禁,则自为解耳。今梁赵相攻,轻兵锐卒必竭于外,老弱罢于内。君
不若引兵疾走大梁,据其街路,冲其方虚,彼必释赵而自救。是我一举解
赵之围而收弊于魏也。"田忌从之,魏果去邯郸,与齐战于桂陵,大破梁军。

后十三岁,魏与赵攻韩,韩告急于齐。齐使田忌将而往,直走大梁。
魏将庞涓闻之,去韩而归,齐军既已过而西矣。孙子谓田忌曰:"彼三晋之
兵素悍勇而轻齐,齐号为怯,善战者因其势而利导之。兵法,百里而趣利
者蹶上将,五十里而趣利者军半至。使齐军入魏地为十万灶,明日为五万
灶,又明日为三万灶。"庞涓行三日,大喜,曰:"我固知齐军怯,入吾地三
日,士卒亡者过半矣。"乃弃其步军,与其轻锐倍日并行逐之。孙子度其
行,暮当至马陵。马陵道狭,而旁多阻隘,可伏兵,乃斫大树白而书之曰
"庞涓死于此树之下"。于是令齐军善射者万弩,夹道而伏,期曰"暮见火
举而俱发"。庞涓果夜至斫木下,见白书,乃钻火烛之。读其书未毕,齐军
万弩俱发,魏军大乱相失。庞涓自知智穷兵败,乃自刭,曰:"遂成竖子之
名!"齐因乘胜尽破其军,虏魏太子申以归。孙膑以此名显天下,世传其兵
法。

吴起者,卫人也,好用兵。尝学于曾子,事鲁君。齐人攻鲁,鲁欲将吴
起,吴起取齐女为妻,而鲁疑之。吴起于是欲就名,遂杀其妻,以明不与齐
也。鲁卒以为将。将而攻齐,大破之。

鲁人或恶吴起曰:"起之为人,猜忍人也。其少时,家累千金,游仕不
遂,遂破其家。乡党笑之,吴起杀其谤己者三十馀人,而东出卫郭门。与
其母诀,啮臂而盟曰:'起不为卿相,不复入卫。'遂事曾子。居顷之,其母
死,起终不归。曾子薄之,而与起绝。起乃之鲁,学兵法以事鲁君。鲁君
疑之,起杀妻以求将。夫鲁小国,而有战胜之名,则诸侯图鲁矣。且鲁卫
兄弟之国也,而君用起,则是弃卫。"鲁君疑之,谢吴起。

吴起于是闻魏文侯贤,欲事之。文侯问李克曰:"吴起何如人哉?"李
克曰:"起贪而好色,然用兵司马穰苴不能过也。"于是魏文侯以为将,击
秦,拔五城。

　　起之为将,与士卒最下者同衣食。卧不设席,行不骑乘,亲裹赢粮,与士卒分劳苦。卒有病疽者,起为吮之。卒母闻而哭之。人曰:"子卒也,而将军自吮其疽,何哭为?"母曰:"非然也。往年吴公吮其父,其父战不旋踵,遂死于敌。吴公今又吮其子,妾不知其死所矣。是以哭之。"

　　文侯以吴起善用兵,廉平,尽能得士心,乃以为西河守,以拒秦、韩。

　　魏文侯既卒,起事其子武侯。武侯浮西河而下,中流,顾而谓吴起曰:"美哉乎山河之固,此魏国之宝也!"起对曰:"在德不在险。昔三苗氏左洞庭,右彭蠡,德义不修,禹灭之。夏桀之居,左河济,右泰华,伊阙在其南,羊肠在其北,修政不仁,汤放之。殷纣之国,左孟门,右太行,常山在其北,大河经其南,修政不德,武王杀之。由此观之,在德不在险。若君不修德,舟中之人尽为敌国也。"武侯曰:"善。"

　　吴起为西河守,甚有声名。魏置相,相田文。吴起不悦,谓田文曰:"请与子论功,可乎?"田文曰:"可。"起曰:"将三军,使士卒乐死,敌国不敢谋,子孰与起?"文曰:"不如子。"起曰:"治百官,亲万民,实府库,子孰与起?"文曰:"不如子。"起曰:"守西河而秦兵不敢东乡,韩赵宾从,子孰与起?"文曰:"不如子。"起曰:"此三者,子皆出吾下,而位加吾上,何也?"文曰:"主少国疑,大臣未附,百姓不信,方是之时,属之于子乎?属之于我乎?"起默然良久,曰:"属之子矣。"文曰:"此乃吾所以居子之上也。"吴起乃自知弗如田文。

　　田文既死,公叔为相,尚魏公主,而害吴起。公叔之仆曰:"起易去也。"公叔曰:"奈何?"其仆曰:"吴起为人节廉而自喜名也。君因先与武侯言曰:'夫吴起贤人也,而侯之国小,又与强秦壤界,臣窃恐起之无留心也。'武侯即曰:'奈何?'君因谓武侯曰:'试延以公主,起有留心则必受之,无留心则必辞矣。以此卜之。'君因召吴起而与归,即令公主怒而轻君。吴起见公主之贱君也,则必辞。"于是吴起见公主之贱魏相,果辞魏武侯。武侯疑之而弗信也。吴起惧得罪,遂去,即之楚。

　　楚悼王素闻起贤,至则相楚。明法审令,捐不急之官,废公族疏远者,以抚养战斗之士。要在强兵,破驰说之言从横者。于是南平百越;北并陈蔡,却三晋;西伐秦。诸侯患楚之强。故楚之贵戚尽欲害吴起。及悼王死,宗室大臣作乱而攻吴起,吴起走之王尸而伏之。击起之徒因射刺吴起,并中悼王。悼王既葬,太子立,乃使令尹尽诛射吴起而并中王尸者。坐射起而夷宗死者七十馀家。

太史公曰：世俗所称师旅，皆道孙子十三篇，吴起兵法，世多有，故弗论，论其行事所施设者。语曰："能行之者未必能言，能言之者未必能行。"孙子筹策庞涓明矣，然不能蚤救患于被刑。吴起说武侯以形势不如德，然行之于楚，以刻暴少恩亡其躯。悲夫！

史记卷六十六

伍子胥列传第六

伍子胥者,楚人也,名员。员父曰伍奢。员兄曰伍尚。其先曰伍举,以直谏事楚庄王,有显,故其后世有名于楚。

楚平王有太子名曰建,使伍奢为太傅,费无忌为少傅。无忌不忠于太子建。平王使无忌为太子取妇于秦,秦女好,无忌驰归报平王曰:"秦女绝美,王可自取,而更为太子取妇。"平王遂自取秦女而绝爱幸之,生子轸。更为太子取妇。

无忌既以秦女自媚于平王,因去太子而事平王。恐一旦平王卒而太子立,杀己,乃因谗太子建。建母,蔡女也,无宠于平王。平王稍益疏建,使建守城父,备边兵。

顷之,无忌又日夜言太子短于王曰:"太子以秦女之故,不能无怨望,愿王少自备也。自太子居城父,将兵,外交诸侯,且欲入为乱矣。"平王乃召其太傅伍奢考问之。伍奢知无忌谗太子于平王,因曰:"王独奈何以谗贼小臣疏骨肉之亲乎?"无忌曰:"王今不制,其事成矣。王且见禽。"于是平王怒,囚伍奢,而使城父司马奋扬往杀太子。行未至,奋扬使人先告太子:"太子急去,不然将诛。"太子建亡奔宋。

无忌言于平王曰:"伍奢有二子,皆贤,不诛且为楚忧。可以其父质而召之,不然且为楚患。"王使使谓伍奢曰:"能致汝二子则生,不能则死。"伍奢曰:"尚为人仁,呼必来。员为人刚戾忍询,能成大事,彼见来之并禽,其势必不来。"王不听,使人召二子曰:"来,吾生汝父;不来,今杀奢也。"伍尚欲往,员曰:"楚之召我兄弟,非欲以生我父也,恐有脱者后生患,故以父为质,诈召二子。二子到,则父子俱死。何益父之死?往而令雠不得报耳。不如奔他国,借力以雪父之耻,俱灭,无为也。"伍尚曰:"我知往终不能全父命。然恨父召我以求生而不往,后不能雪耻,终为天下笑耳。"谓员:"可去矣!汝能报杀父之雠,我将归死。"尚既就执,使者捕伍胥。伍胥贯弓执矢向使者,使者不敢进,伍胥遂亡。闻太子建之在宋,往从之。奢闻子胥之亡也，曰："楚国君臣且苦兵矣。"伍尚至楚，楚并杀奢与尚也。

伍胥既至宋，宋有华氏之乱，乃与太子建俱奔于郑。郑人甚善之。太子建又适晋，晋顷公曰："太子既善郑，郑信太子。太子能为我内应，而我攻其外，灭郑必矣。灭郑而封太子。"太子乃还郑。事未会，会自私欲杀其从者，从者知其谋，乃告之于郑。郑定公与子产诛杀太子建。建有子名胜。伍胥惧，乃与胜俱奔吴。到昭关，昭关欲执之。伍胥遂与胜独身步走，几不得脱。追者在后。至江，江上有一渔父乘船，知伍胥之急，乃渡伍胥。伍胥既渡，解其剑曰："此剑直百金，以与父。"父曰："楚国之法，得伍胥者赐粟五万石，爵执珪，岂徒百金剑邪！"不受。伍胥未至吴而疾，止中道，乞食。至于吴，吴王僚方用事，公子光为将。伍胥乃因公子光以求见吴王。

久之，楚平王以其边邑钟离与吴边邑卑梁氏俱蚕，两女子争桑相攻，乃大怒，至于两国举兵相伐。吴使公子光伐楚，拔其钟离、居巢而归。伍子胥说吴王僚曰："楚可破也。愿复遣公子光。"公子光谓吴王曰："彼伍胥父兄为戮于楚，而劝王伐楚者，欲以自报其雠耳。伐楚未可破也。"伍胥知公子光有内志，欲杀王而自立，未可说以外事，乃进专诸于公子光，退而与太子建之子胜耕于野。

五年而楚平王卒。初，平王所夺太子建秦女生子轸，及平王卒，轸竟立为后，是为昭王。吴王僚因楚丧，使二公子将兵往袭楚。楚发兵绝吴兵之后，不得归。吴国内空，而公子光乃令专诸袭刺吴王僚而自立，是为吴王阖庐。阖庐既立，得志，乃召伍员以为行人，而与谋国事。

楚诛其大臣郤宛、伯州犁，伯州犁之孙伯嚭亡奔吴，吴亦以嚭为大夫。前王僚所遣二公子将兵伐楚者，道绝不得归。后闻阖庐弑王僚自立，遂以其兵降楚，楚封之于舒。阖庐立三年，乃兴师与伍胥、伯嚭伐楚，拔舒，遂禽故吴反二将军。因欲至郢，将军孙武曰："民劳，未可，且待之。"乃归。

四年，吴伐楚，取六与灊。五年，伐越，败之。六年，楚昭王使公子囊瓦将兵伐吴。吴使伍员迎击，大破楚军于豫章，取楚之居巢。

九年，吴王阖庐谓子胥、孙武曰："始子言郢未可入，今果何如？"二子对曰："楚将囊瓦贪，而唐、蔡皆怨之。王必欲大伐之，必先得唐、蔡乃可。"阖庐听之，悉兴师与唐、蔡伐楚，与楚夹汉水而阵。吴王之弟夫概将兵请从，王不听，遂以其属五千人击楚将子常。子常败走，奔郑。于是吴乘胜而前,五战,遂至郢。己卯,楚昭王出奔。庚辰,吴王入郢。

昭王出亡,入云梦;盗击王,王走郧。郧公弟怀曰:"平王杀我父,我杀其子,不亦可乎!"郧公恐其弟杀王,与王奔随。吴兵围随,谓随人曰:"周之子孙在汉川者,楚尽灭之。"随人欲杀王,王子綦匿王,己自为王以当之。随人卜与王于吴,不吉,乃谢吴不与王。

始伍员与申包胥为交,员之亡也,谓包胥曰:"我必覆楚。"包胥曰:"我必存之。"及吴兵入郢,伍子胥求昭王。既不得,乃掘楚平王墓,出其尸,鞭之三百,然后已。申包胥亡于山中,使人谓子胥曰:"子之报雠,其以甚乎!吾闻之,人众者胜天,天定亦能破人。今子故平王之臣,亲北面而事之,今至于僇死人,此岂其无天道之极乎!"伍子胥曰:"为我谢申包胥曰,吾日莫途远,吾故倒行而逆施之。"于是申包胥走秦告急,求救于秦。秦不许。包胥立于秦廷,昼夜哭,七日七夜不绝其声。秦哀公怜之,曰:"楚虽无道,有臣若是,可无存乎!"乃遣车五百乘救楚击吴。六月,败吴兵于稷。会吴王久留楚求昭王,而阖庐弟夫概乃亡归,自立为王。阖庐闻之,乃释楚而归,击其弟夫概。夫概败走,遂奔楚。楚昭王见吴有内乱,乃复入郢。封夫概于堂谿,为堂谿氏。楚复与吴战,败吴,吴王乃归。

后二岁,阖庐使太子夫差将兵伐楚,取番。楚惧吴复大来,乃去郢,徙于鄀。当是时,吴以伍子胥、孙武之谋,西破强楚,北威齐晋,南服越人。

其后四年,孔子相鲁。

后五年,伐越。越王句践迎击,败吴于姑苏,伤阖庐指,军却。阖庐病创将死,谓太子夫差曰:"尔忘句践杀尔父乎?"夫差对曰:"不敢忘。"是夕,阖庐死。夫差既立为王,以伯嚭为太宰,习战射。二年后伐越,败越于夫湫。越王句践乃以馀兵五千人栖于会稽之上,使大夫种厚币遗吴太宰嚭以请和,求委国为臣妾。吴王将许之。伍子胥谏曰:"越王为人能辛苦。今王不灭,后必悔之。"吴王不听,用太宰嚭计,与越平。

其后五年,而吴王闻齐景公死而大臣争宠,新君弱,乃兴师北伐齐。伍子胥谏曰:"句践食不重味,吊死问疾,且欲有所用之也。此人不死,必为吴患。今吴之有越,犹人之有腹心疾也。而王不先越而乃务齐,不亦谬乎!"吴王不听,伐齐,大败齐师于艾陵,遂威邹鲁之君以归。益疏子胥之谋。

其后四年,吴王将北伐齐,越王句践用子贡之谋,乃率其众以助吴,而重宝以献遗太宰嚭。太宰嚭既数受越赂,其爱信越殊甚,日夜为言于吴王。吴王信用嚭之计。伍子胥谏曰:"夫越,腹心之病,今信其浮辞诈伪而贪齐。破齐,譬犹石田,无所用之。且盘庚之诰曰:'有颠越不恭,劓殄灭之,俾无遗育,无使易种于兹邑。'此商之所以兴。愿王释齐而先越;若不然,后将悔之无及。"而吴王不听,使子胥于齐。子胥临行,谓其子曰:"吾数谏王,王不用,吾今见吴之亡矣。汝与吴俱亡,无益也。"乃属其子于齐鲍牧,而还报吴。

　　吴太宰嚭既与子胥有隙,因谗曰:"子胥为人刚暴,少恩,猜贼,其怨望恐为深祸也。前日王欲伐齐,子胥以为不可,王卒伐之而有大功。子胥耻其计谋不用,乃反怨望。而今王又复伐齐,子胥专愎强谏,沮毁用事,徒幸吴之败以自胜其计谋耳。今王自行,悉国中武力以伐齐,而子胥谏不用,因辍谢,详病不行。王不可不备,此起祸不难。且嚭使人微伺之,其使于齐也,乃属其子于齐之鲍氏。夫为人臣,内不得意,外倚诸侯,自以为先王之谋臣,今不见用,常鞅鞅怨望。愿王早图之。"吴王曰:"微子之言,吾亦疑之。"乃使使赐伍子胥属镂之剑,曰:"子以此死。"伍子胥仰天叹曰:"嗟乎!谗臣嚭为乱矣,王乃反诛我。我令若父霸。自若未立时,诸公子争立,我以死争之于先王,几不得立。若既得立,欲分吴国予我,我顾不敢望也。然今若听谀臣言以杀长者。"乃告其舍人曰:"必树吾墓上以梓,令可以为器;而抉吾眼悬吴东门之上,以观越寇之入灭吴也。"乃自刭死。吴王闻之大怒,乃取子胥尸盛以鸱夷革,浮之江中。吴人怜之,为立祠于江上,因命曰胥山。

　　吴王既诛伍子胥,遂伐齐。齐鲍氏杀其君悼公而立阳生。吴王欲讨其贼,不胜而去。其后二年,吴王召鲁卫之君会之橐皋。其明年,因北大会诸侯于黄池,以令周室。越王句践袭杀吴太子,破吴兵。吴王闻之,乃归,使使厚币与越平。后九年,越王句践遂灭吴,杀王夫差,而诛太宰嚭,以不忠于其君,而外受重赂,与己比周也。

　　伍子胥初所与俱亡故楚太子建之子胜者,在于吴。吴王夫差之时,楚惠王欲召胜归楚。叶公谏曰:"胜好勇而阴求死士,殆有私乎!"惠王不听。遂召胜,使居楚之边邑鄢,号为白公。白公归楚三年而吴诛子胥。

　　白公胜既归楚,怨郑之杀其父,乃阴养死士求报郑。归楚五年,请伐郑,楚令尹子西许之。兵未发而晋伐郑,郑请救于楚。楚使子西往救,与盟而还。白公胜怒曰:"非郑之仇,乃子西也。"胜自砺剑,人问曰:"何以为?"胜曰:"欲以杀子西。"子西闻之,笑曰:"胜如卵耳,何能为也。"

其后四岁,白公胜与石乞袭杀楚令尹子西、司马子綦于朝。石乞曰:"不杀王,不可。"乃劫王如高府。石乞从者屈固负楚惠王亡走昭夫人之宫。叶公闻白公为乱,率其国人攻白公。白公之徒败,亡走山中,自杀。而虏石乞,而问白公尸处,不言将亨。石乞曰:"事成为卿,不成而亨,固其职也。"终不肯告其尸处。遂亨石乞,而求惠王,复立之。

太史公曰:怨毒之于人甚矣哉!王者尚不能行之于臣下,况同列乎!向令伍子胥从奢俱死,何异蝼蚁。弃小义,雪大耻,名垂于后世。悲夫!方子胥窘于江上,道乞食,志岂尝须臾忘郢邪?故隐忍就功名,非烈丈夫孰能致此哉?白公如不自立为君者,其功谋亦不可胜道者哉!

史记卷六十七

仲尼弟子列传第七

孔子曰"受业身通者七十有七人",皆异能之士也。德行:颜渊,闵子骞,冉伯牛,仲弓。政事:冉有,季路。言语:宰我,子贡。文学:子游,子夏。师也辟,参也鲁,柴也愚,由也喭,回也屡空。赐不受命而货殖焉,亿则屡中。

孔子之所严事:于周则老子;于卫,蘧伯玉;于齐,晏平仲;于楚,老莱子;于郑,子产;于鲁,孟公绰。数称臧文仲、柳下惠、铜鞮伯华、介山子然,孔子皆后之,不并世。

颜回者,鲁人也,字子渊。少孔子三十岁。

颜渊问仁,孔子曰:"克己复礼,天下归仁焉。"

孔子曰:"贤哉回也! 一箪食,一瓢饮,在陋巷,人不堪其忧,回也不改其乐。""回也如愚;退而省其私,亦足以发,回也不愚。""用之则行,舍之则藏,唯我与尔有是夫!"

回年二十九,发尽白,蚤死。孔子哭之恸,曰:"自吾有回,门人益亲。"鲁哀公问:"弟子孰为好学?"孔子对曰:"有颜回者好学,不迁怒,不贰过。不幸短命死矣,今也则亡。"

闵损字子骞。少孔子十五岁。

孔子曰:"孝哉闵子骞! 人不间于其父母昆弟之言。"不仕大夫,不食污君之禄。"如有复我者,必在汶上矣。"

冉耕字伯牛。孔子以为有德行。

伯牛有恶疾,孔子往问之,自牖执其手,曰:"命也夫! 斯人也而有斯疾,命也夫!"

冉雍字仲弓。

仲弓问政,孔子曰:"出门如见大宾,使民如承大祭。在邦无怨,在家无怨。”

孔子以仲弓为有德行,曰:“雍也可使南面。”

仲弓父,贱人。孔子曰:“犁牛之子骍且角,虽欲勿用,山川其舍诸?”

冉求字子有,少孔子二十九岁。为季氏宰。

季康子问孔子曰:“冉求仁乎?”曰:“千室之邑,百乘之家,求也可使治其赋。仁则吾不知也。”复问:“子路仁乎?”孔子对曰:“如求。”

求问曰:“闻斯行诸?”子曰:“行之。”子路问:“闻斯行诸?”子曰:“有父兄在,如之何其闻斯行之!”子华怪之,“敢问问同而答异?”孔子曰:“求也退,故进之。由也兼人,故退之。”

仲由字子路,卞人也。少孔子九岁。

子路性鄙,好勇力,志伉直,冠雄鸡,佩豭豚,陵暴孔子。孔子设礼稍诱子路,子路后儒服委质,因门人请为弟子。

子路问政,孔子曰:“先之,劳之。”请益。曰“无倦。”

子路问:“君子尚勇乎?”孔子曰:“义之为上。君子好勇而无义则乱,小人好勇而无义则盗。”

子路有闻,未之能行,唯恐有闻。

孔子曰:“片言可以折狱者,其由也与!”“由也好勇过我,无所取材。”“若由也,不得其死然。”“衣敝缊袍与衣狐貉者立而不耻者,其由也与!”“由也升堂矣,未入于室也。”

季康子问:“仲由仁乎?”孔子曰:“千乘之国可使治其赋,不知其仁。”

子路喜从游,遇长沮、桀溺、荷莜丈人。

子路为季氏宰,季孙问曰:“子路可谓大臣与?”孔子曰:“可谓具臣矣。”

子路为蒲大夫,辞孔子。孔子曰:“蒲多壮士,又难治。然吾语汝:恭以敬,可以执勇;宽以正,可以比众;恭正以静,可以报上。”

初,卫灵公有宠姬曰南子。灵公太子蒉聩得过南子,惧诛出奔。及灵公卒而夫人欲立公子郢。郢不肯,曰:“亡人太子之子辄在。”于是卫立辄为君,是为出公。出公立十二年,其父蒉聩居外,不得入。子路为卫大夫孔悝之邑宰。 蒉聩乃与孔悝作乱,谋入孔悝家,遂与其徒袭攻出公。出公奔鲁,而蒉聩入立,是为庄公。方孔悝作乱,子路在外,闻之而驰往。遇子羔出卫城门,谓子路曰:“出公去矣,而门已闭,子可还矣,毋空受其祸。”子路曰:“食其食者不避其难。”子羔卒去 。有使者入城,城门开,子路随而入。造蒉聩,蒉聩与孔悝登台。子路曰:"君焉用孔悝? 请得而杀之。"蒉聩弗听。于是子路欲燔台,蒉聩惧,乃下石乞、壶黡攻子路,击断子路之缨。子路曰:"君子死而冠不免。"遂结缨而死。

孔子闻卫乱,曰:"嗟乎,由死矣!"已而果死。故孔子曰:"自吾得由,恶言不闻于耳。"是时子贡为鲁使于齐。

宰予字子我。利口辩辞。既受业,问:"三年之丧不已久乎? 君子三年不为礼,礼必坏;三年不为乐,乐必崩。旧谷既没,新谷既升,钻燧改火,期可已矣。"子曰:"于汝安乎?"曰:"安。""汝安则为之。君子居丧,食旨不甘,闻乐不乐,故弗为也。"宰我出,子曰:"予之不仁也! 子生三年然后免于父母之怀。夫三年之丧,天下之通义也。"

宰予昼寝。子曰:"朽木不可雕也,粪土之墙不可圬也。"

宰我问五帝之德,子曰:"予非其人也。"

宰我为临菑大夫,与田常作乱,以夷其族,孔子耻之。

端沐赐,卫人,字子贡。少孔子三十一岁。

子贡利口巧辞,孔子常黜其辩。问曰:"汝与回也孰愈?"对曰:"赐也何敢望回! 回也闻一以知十,赐也闻一以知二。"

子贡既已受业,问曰:"赐何人也?"孔子曰:"汝器也。"曰:"何器也?"曰:"瑚琏也。"

陈子禽问子贡曰:"仲尼焉学?"子贡曰:"文武之道未坠于地,在人,贤者识其大者,不贤者识其小者,莫不有文武之道。夫子焉不学,而亦何常师之有!"又问曰:"孔子适是国必闻其政。求之与? 抑与之与?"子贡曰:"夫子温良恭俭让以得之。夫子之求之也,其诸异乎人之求之也。"

子贡问曰:"富而无骄,贫而无谄,何如?"孔子曰:"可也;不如贫而乐道,富而好礼。"

田常欲作乱于齐,惮高、国、鲍、晏,故移其兵欲以伐鲁。孔子闻之,谓门弟子曰:"夫鲁,坟墓所处,父母之国。国危如此,二三子何为莫出?"子路请出,孔子止之。子张、子石请行,孔子弗许。子贡请行,孔子许之,遂行。至齐,说田常曰:"君之伐鲁过矣。夫鲁,难伐之国,其城薄以卑,其地狭以泄,其君愚而不仁,大臣伪而无用,其士民又恶甲兵之事,此不可与战。君不如伐吴。夫吴,城高以厚,地广以深,甲坚以新,士选以饱,重器精兵尽在其中,又使明大夫守之,此易伐也。"田常忿然作色曰:"子之所难,人之所易;子之所易,人之所难。而以教常,何也?"子贡曰:"臣闻之,忧在内者攻强,忧在外者攻弱。今君忧在内。吾闻君三封而三不成者,大臣有不听者也。今君破鲁以广齐,战胜以骄主,破国以尊臣,而君之功不与焉,则交日疏于主。是君上骄主心,下恣群臣,求以成大事,难矣。夫上骄则恣,臣骄则争,是君上与主有郤,下与大臣交争也。如此,则君之立于齐危矣。故曰不如伐吴。伐吴不胜,民人外死,大臣内空,是君上无强臣之敌,下无民人之过,孤主制齐者唯君也。"田常曰:"善。虽然,吾兵业已加鲁矣,去而之吴,大臣疑我,奈何?"子贡曰:"君按兵无伐,臣请往使吴王,令之救鲁而伐齐,君因以兵迎之。"田常许之,使子贡南见吴王。

说曰:"臣闻之,王者不绝世,霸者无强敌,千钧之重加铢两而移。今以万乘之齐而私千乘之鲁,与吴争强,窃为王危之。且夫救鲁,显名也;伐齐,大利也。以抚泗上诸侯,诛暴齐以服强晋,利莫大焉。名存亡鲁,实困强齐,智者不疑也。"吴王曰:"善。虽然,吾尝与越战,栖之会稽。越王苦身养士,有报我心。子待我伐越而听子。"子贡曰:"越之劲不过鲁,吴之强不过齐,王置齐而伐越,则齐已平鲁矣。且王方以存亡继绝为名,夫伐小越而畏强齐,非勇也。夫勇者不辟难,仁者不穷约,智者不失时,王者不绝世,以立其义。今存越示诸侯以仁,救鲁伐齐,威加晋国,诸侯必相率而朝吴,霸业成矣。且王必恶越,臣请东见越王,令出兵以从,此实空越,名从诸侯以伐也。"吴王大说,乃使子贡之越。

越王除道郊迎,身御至舍而问曰:"此蛮夷之国,大夫何以俨然辱而临之?"子贡曰:"今者吾说吴王以救鲁伐齐,其志欲之而畏越,曰'待我伐越乃可'。如此,破越必矣。且夫无报人之志而令人疑之,拙也;有报人之志,使人知之,殆也;事未发而先闻,危也。三者举事之大患。"句践顿首再拜曰:"孤尝不料力,乃与吴战,困于会稽,痛入于骨髓,日夜焦唇干舌,徒欲与吴王接踵而死,孤之愿也。"遂问子贡。子贡曰:"吴王为人猛暴,群臣不堪;国家敝以数战,士卒弗忍;百姓怨上,大臣内变;子胥以谏死,太宰嚭用事,顺君之过以安其私:是残国之治也。今王诚发士卒佐之以徼其志,重宝以说其心,卑辞以尊其礼,其伐齐必也。彼战不胜,王之福矣。战胜,必以兵临晋,臣请北见晋君,令共攻之,弱吴必矣。其锐兵尽于齐,重甲困于晋,而王制其敝,此灭吴必矣。"越王大说,许诺。送子贡金百镒,剑一,良矛二。子贡不受,遂行。

报吴王曰:"臣敬以大王之言告越王,越王大恐,曰:'孤不幸,少失先人,内不自量,抵罪于吴,军败身辱,栖于会稽,国为虚莽,赖大王之赐,使得奉俎豆而修祭祀,死不敢忘,何谋之敢虑!'"后五日,越使大夫种顿首言于吴王曰:"东海役臣孤句践使者臣种,敢修下吏问于左右。今窃闻大王将兴大义,诛强救弱,因暴齐而抚周室,请悉起境内士卒三千人,孤请自被坚执锐,以先受矢石。因越贱臣种奉先人藏器,甲二十领,铁屈卢之矛,步光之剑,以贺军吏。"吴王大说,以告子贡曰:"越王欲身从寡人伐齐,可乎?"子贡曰:"不可。夫空人之国,悉人之众,又从其君,不义。君受其币,许其师,而辞其君。"吴王许诺,乃谢越王。于是吴王乃遂发九郡兵伐齐。

子贡因去之晋,谓晋君曰:"臣闻之,虑不先定不可以应卒,兵不先辨不可以胜敌。今夫齐与吴将战,彼战而不胜,越乱之必矣;与齐战而胜,必以其兵临晋。"晋君大恐,曰:"为之奈何?"子贡曰:"修兵休卒以待之。"晋君许诺。

子贡去而之鲁。吴王果与齐人战于艾陵,大破齐师,获七将军之兵而不归,果以兵临晋,与晋人相遇黄池之上。吴晋争强。晋人击之,大败吴师。越王闻之,涉江袭吴,去城七里而军。吴王闻之,去晋而归,与越战于五湖。三战不胜,城门不守,越遂围王宫,杀夫差而戮其相。破吴三年,东向而霸。

故子贡一出,存鲁,乱齐,破吴,强晋而霸越。子贡一使,使势相破,十年之中,五国各有变。

子贡好废举,与时转货赀。喜扬人之美,不能匿人之过。常相鲁卫,家累千金,卒终于齐。

言偃,吴人,字子游。少孔子四十五岁。

子游既已受业,为武城宰。孔子过,闻弦歌之声。孔子莞尔而笑曰:"割鸡焉用牛刀?"子游曰:"昔者偃闻诸夫子曰,君子学道则爱人,小人学道则易使。"孔子曰:"二三子,偃之言是也。前言戏之耳。"孔子以为子游习于文学。

卜商字子夏。少孔子四十四岁。

子夏问:"'巧笑倩兮,美目盼兮,素以为绚兮',何谓也?"子曰:"绘事后素。"曰:"礼后乎?"孔子曰:"商始可与言诗已矣。"

子贡问:"师与商孰贤?"子曰:"师也过,商也不及。""然则师愈与?"曰:"过犹不及。"

子谓子夏曰:"汝为君子儒,无为小人儒。"

孔子既没,子夏居西河教授,为魏文侯师。其子死,哭之失明。

颛孙师,陈人,字子张。少孔子四十八岁。

子张问干禄,孔子曰:"多闻阙疑,慎言其馀,则寡尤;多见阙殆,慎行其馀,则寡悔。言寡尤,行寡悔,禄在其中矣。"

他日从在陈蔡间,困,问行。孔子曰:"言忠信,行笃敬,虽蛮貊之国,行也;言不忠信,行不笃敬,虽州里,行乎哉! 立则见其参于前也,在舆则见其倚于衡,夫然后行。"子张书诸绅。

子张问:"士何如斯可谓之达矣?"孔子曰:"何哉,尔所谓达者?"子张对曰:"在国必闻,在家必闻。"孔子曰:"是闻也,非达也。夫达者,质直而好义,察言而观色,虑以下人,在国及家必达。夫闻也者,色取仁而行违,居之不疑,在国及家必闻。"

曾参,南武城人,字子舆。少孔子四十六岁。

孔子以为能通孝道,故授之业。作孝经。死于鲁。

澹臺灭明,武城人,字子羽。少孔子三十九岁。

状貌甚恶。欲事孔子,孔子以为材薄。既已受业,退而修行,行不由径,非公事不见卿大夫。

南游至江,从弟子三百人,设取予去就,名施乎诸侯。孔子闻之,曰:"吾以言取人,失之宰予;以貌取人,失之子羽。"

宓不齐字子贱。少孔子三十岁。

孔子谓"子贱君子哉! 鲁无君子,斯焉取斯?"

子贱为单父宰,反命于孔子,曰:"此国有贤不齐者五人,教不齐所以治者。"孔子曰:"惜哉不齐所治者小,所治者大则庶几矣。"

原宪字子思。

子思问耻。孔子曰:"国有道,谷。国无道,谷,耻也。"

子思曰:"克伐怨欲不行焉,可以为仁乎?"孔子曰:"可以为难矣,仁则吾弗知也。"

孔子卒,原宪遂亡在草泽中。子贡相卫,而结驷连骑,排藜藿入穷阎,过谢原宪。宪摄敝衣冠见子贡。子贡耻之,曰:"夫子岂病乎?"原宪曰:"吾闻之,无财者谓之贫,学道而不能行者谓之病。若宪,贫也,非病也。"子贡惭,不怿而去,终身耻其言之过也。

公冶长,齐人,字子长。

孔子曰:"长可妻也,虽在累绁之中,非其罪也。"以其子妻之。

南宫括字子容。

问孔子曰：“羿善射，奡荡舟，俱不得其死然；禹稷躬稼而有天下？”孔子弗答。容出，孔子曰：“君子哉若人！上德哉若人！”“国有道，不废；国无道，免于刑戮。”三复“白珪之玷”，以其兄之子妻之。

公皙哀字季次。

孔子曰：“天下无行，多为家臣，仕于都；唯季次未尝仕。”

曾蒧字皙。

侍孔子，孔子曰：“言尔志。”蒧曰：“春服既成，冠者五六人，童子六七人，浴乎沂，风乎舞雩，咏而归。”孔子喟尔叹曰：“吾与蒧也！”

颜无繇字路。路者，颜回父，父子尝各异时事孔子。

颜回死，颜路贫，请孔子车以葬。孔子曰：“材不材，亦各言其子也。鲤也死，有棺而无椁，吾不徒行以为之椁，以吾从大夫之后，不可以徒行。”

商瞿，鲁人，字子木。少孔子二十九岁。

孔子传易于瞿，瞿传楚人馯臂子弘，弘传江东人矫子庸疵，疵传燕人周子家竖，竖传淳于人光子乘羽，羽传齐人田子庄何，何传东武人王子中同，同传菑川人杨何。何元朔中以治易为汉中大夫。

高柴字子羔。少孔子三十岁。

子羔长不盈五尺，受业孔子，孔子以为愚。

子路使子羔为费郈宰，孔子曰：“贼夫人之子！”子路曰：“有民人焉，有社稷焉，何必读书然后为学！”孔子曰：“是故恶夫佞者。”

漆彫开字子开。

孔子使开仕，对曰：“吾斯之未能信。”孔子说。

公伯缭字子周。

周怨子路于季孙，子服景伯以告孔子，曰：“夫子固有惑志，缭也吾力犹能肆诸市朝。”孔子曰：“道之将行，命也；道之将废，命也。公伯缭其如命何！”

司马耕字子牛。

牛多言而躁。问仁于孔子，孔子曰：“仁者其言也讱。”曰：“其言也讱，斯可谓之仁乎？”子曰：“为之难，言之得无讱乎！”

问君子，子曰：“君子不忧不惧。”曰：“不忧不惧，斯可谓之君子乎？”子曰：“内省不疚，夫何忧何惧！”

樊须字子迟。少孔子三十六岁。

樊迟请学稼，孔子曰：“吾不如老农。”请学圃，曰：“吾不如老圃。”樊迟出，孔子曰：“小人哉樊须也！上好礼，则民莫敢不敬；上好义，则民莫敢不服；上好信，则民莫敢不用情。夫如是，则四方之民襁负其子而至矣，焉用稼！"

樊迟问仁，子曰："爱人。"问智，曰："知人。"

有若少孔子四十三岁。有若曰："礼之用，和为贵，先王之道斯为美。小大由之，有所不行；知和而和，不以礼节之，亦不可行也。""信近于义，言可复也；恭近于礼，远耻辱也；因不失其亲，亦可宗也。"

孔子既没，弟子思慕，有若状似孔子，弟子相与共立为师，师之如夫子时也。他日，弟子进问曰："昔夫子当行，使弟子持雨具，已而果雨。弟子问曰：'夫子何以知之？'夫子曰：'诗不云乎？"月离于毕，俾滂沱矣。"昨暮月不宿毕乎？'他日，月宿毕，竟不雨。商瞿年长无子，其母为取室。孔子使之齐，瞿母请之。孔子曰：'无忧，瞿年四十后当有五丈夫子。'已而果然。敢问夫子何以知此？"有若默然无以应。弟子起曰："有子避之，此非子之座也！"

公西赤字子华。少孔子四十二岁。

子华使于齐，冉有为其母请粟。孔子曰："与之釜。"请益，曰："与之庾。"冉子与之粟五秉。孔子曰："赤之适齐也，乘肥马，衣轻裘。吾闻君子周急不继富。"

巫马施字子旗。少孔子三十岁。

陈司败问孔子曰："鲁昭公知礼乎？"孔子曰："知礼。"退而揖巫马旗曰："吾闻君子不党，君子亦党乎？鲁君娶吴女为夫人，命之为孟子。孟子姓姬，讳称同姓，故谓之孟子。鲁君而知礼，孰不知礼！"施以告孔子，孔子曰："丘也幸，苟有过，人必知之。臣不可言君亲之恶，为讳者，礼也。"

梁鳣字叔鱼。少孔子二十九岁。

颜幸字子柳。少孔子四十六岁。

冉孺字子鲁。少孔子五十岁。

曹恤字子循。少孔子五十岁。

伯虔字子析。少孔子五十岁。

公孙龙字子石。少孔子五十三岁。

自子石已右三十五人，显有年名及受业，闻见于书传。其四十有二人，无年及不见书传者纪于左：

冉季字子产。

公祖句兹字子之。

秦祖字子南。

漆雕哆字子敛。

颜高字子骄。

漆雕徒父。

壤驷赤字子徒。

商泽。

石作蜀字子明。

任不齐字选。

公良孺字子正。

后处字子里。

秦冉字开。

公夏首字乘。

奚容箴字子皙。

公肩定字子中。

颜祖字襄。

鄡单字子家。

句井疆。

罕父黑字子索。

秦商字子丕。

申党字周。

颜之仆字叔。

荣旂字子祈。

县成字子祺。

左人郢字行。

燕伋字思。

郑国字子徒。

秦非字子之。

施之常字子恒。

颜哙字子声。

步叔乘字子车。

原亢字籍。

乐欬字子声。

廉絜字庸。

叔仲会字子期。

颜何字冉。

狄黑字晳。

邦巽字子敛。

孔忠。

公西舆如字子上。

公西蒇字子上。

太史公曰：学者多称七十子之徒，誉者或过其实，毁者或损其真，钧之未睹厥容貌，则论言弟子籍，出孔氏古文近是。余以弟子名姓文字悉取论语，弟子问并次为篇，疑者阙焉。

史记卷六十八

商君列传第八

商君者,卫之诸庶孽公子也,名鞅,姓公孙氏,其祖本姬姓也。鞅少好刑名之学,事魏相公叔座为中庶子。公叔座知其贤,未及进,会座病,魏惠王亲往问病,曰:"公叔病,有如不可讳,将奈社稷何?"公叔曰:"座之中庶子公孙鞅,年虽少,有奇才,愿王举国而听之。"王嘿然。王且去,座屏人言曰:"王即不听用鞅,必杀之,无令出境。"王许诺而去。公叔座召鞅谢曰:"今者王问可以为相者,我言若,王色不许我。我方先君后臣,因谓王即弗用鞅,当杀之。王许我。汝可疾去矣,且见禽。"鞅曰:"彼王不能用君之言任臣,又安能用君之言杀臣乎?"卒不去。惠王既去,而谓左右曰:"公叔病甚,悲乎,欲令寡人以国听公孙鞅也,岂不悖哉!"

公叔既死,公孙鞅闻秦孝公下令国中求贤者,将修缪公之业,东复侵地,乃遂西入秦,因孝公宠臣景监以求见孝公。孝公既见卫鞅,语事良久,孝公时时睡,弗听。罢而孝公怒景监曰:"子之客妄人耳,安足用邪!"景监以让卫鞅。卫鞅曰:"吾说公以帝道,其志不开悟矣。"后五日,复求见鞅。鞅复见孝公,益愈,然而未中旨。罢而孝公复让景监,景监亦让鞅。鞅曰:"吾说公以王道而未入也。请复见鞅。"鞅复见孝公,孝公善之而未用也。罢而去。孝公谓景监曰:"汝客善,可与语矣。"鞅曰:"吾说公以霸道,其意欲用之矣。诚复见我,我知之矣。"卫鞅复见孝公。公与语,不自知膝之前于席也。语数日不厌。景监曰:"子何以中吾君?吾君之欢甚。"鞅曰:"吾说君以帝王之道比三代,而君曰:'久远,吾不能待。且贤君者,各及其身显名天下,安能邑邑待数十百年以成帝王乎?'故吾以强国之术说君,君大说之耳。然亦难以比德于殷周矣。"

孝公既用卫鞅,鞅欲变法,恐天下议己。卫鞅曰:"疑行无名,疑事无功。且夫有高人之行者,固见非于世;有独知之虑者,必见敖于民。愚者暗于成事,知者见于未萌。民不可与虑始,而可与乐成。论至德者不和于俗,成大功者不谋于众。是以圣人苟可以强国,不法其故;苟可以利民,不循其礼。"孝公曰:"善。"甘龙曰:"不然。圣人不易民而教,知者不变法而治。因民而教,不劳而成功;缘法而治者,吏习而民安之。"卫鞅曰:"龙之所言,世俗之言也。常人安于故俗,学者溺于所闻。以此两者居官守法可也,非所与论于法之外也。三代不同礼而王,五伯不同法而霸。智者作法,愚者制焉;贤者更礼,不肖者拘焉。"杜挚曰:"利不百,不变法;功不十,不易器。法古无过,循礼无邪。"卫鞅曰:"治世不一道,便国不法古。故汤武不循古而王,夏殷不易礼而亡。反古者不可非,而循礼者不足多。"孝公曰:"善。"以卫鞅为左庶长,卒定变法之令。

令民为什伍,而相牧司连坐。不告奸者腰斩,告奸者与斩敌首同赏,匿奸者与降敌同罚。民有二男以上不分异者,倍其赋。有军功者,各以率受上爵;为私斗者,各以轻重被刑大小。僇力本业,耕织致粟帛多者复其身。事末利及怠而贫者,举以为收孥。宗室非有军功论,不得为属籍。明尊卑爵秩等级,各以差次名田宅,臣妾衣服以家次。有功者显荣,无功者虽富无所芬华。

令既具,未布,恐民之不信,已乃立三丈之木于国都市南门,募民有能徙置北门者予十金。民怪之,莫敢徙。复曰"能徙者予五十金"。有一人徙之,辄予五十金,以明不欺。卒下令。

令行于民期年,秦民之国都言初令之不便者以千数。于是太子犯法。卫鞅曰:"法之不行,自上犯之。"将法太子。太子,君嗣也,不可施刑,刑其傅公子虔,黥其师公孙贾。明日,秦人皆趋令。行之十年,秦民大说,道不拾遗,山无盗贼,家给人足。民勇于公战,怯于私斗,乡邑大治。秦民初言令不便者有来言令便者,卫鞅曰"此皆乱化之民也",尽迁之于边城。其后民莫敢议令。

于是以鞅为大良造。将兵围魏安邑,降之。居三年,作为筑冀阙宫庭于咸阳,秦自雍徙都之。而令民父子兄弟同室内息者为禁。而集小乡邑聚为县,置令、丞,凡三十一县。为田开阡陌封疆,而赋税平。平斗桶权衡丈尺。行之四年,公子虔复犯约,劓之。居五年,秦人富强,天子致胙于孝公,诸侯毕贺。

其明年,齐败魏兵于马陵,虏其太子申,杀将军庞涓。其明年,卫鞅说孝公曰:"秦之与魏,譬若人之有腹心疾,非魏并秦,秦即并魏。何者?魏居领阨之西,都安邑,与秦界河而独擅山东之利。利则西侵秦,病则东收地。今以君之贤圣,国赖以盛。而魏往年大破于齐,诸侯畔之,可因此时

伐魏。魏不支秦,必东徙。东徙,秦据河山之固,东乡以制诸侯,此帝王之
业也。"孝公以为然,使卫鞅将而伐魏。魏使公子卬将而击之。军既相距,
卫鞅遗魏将公子卬书曰:"吾始与公子欢,今俱为两国将,不忍相攻,可与
公子面相见,盟,乐饮而罢兵,以安秦魏。"魏公子卬以为然。会盟已,饮,
而卫鞅伏甲士而袭虏魏公子卬,因攻其军,尽破之以归秦。魏惠王兵数破
于齐秦,国内空,日以削,恐,乃使使割河西之地献于秦以和。而魏遂去安
邑,徙都大梁。梁惠王曰:"寡人恨不用公叔座之言也。"卫鞅既破魏还,秦
封之於、商十五邑,号为商君。

　　商君相秦十年,宗室贵戚多怨望者。赵良见商君。商君曰:"鞅之得
见也,从孟兰皋,今鞅请得交,可乎?"赵良曰:"仆弗敢愿也。孔丘有言曰:
'推贤而戴者进,聚不肖而王者退。'仆不肖,故不敢受命。仆闻之曰:'非
其位而居之曰贪位,非其名而有之曰贪名。'仆听君之义,则恐仆贪位贪名
也。故不敢闻命。"商君曰:"子不说吾治秦与?"赵良曰:"反听之谓聪,内
视之谓明,自胜之谓强。虞舜有言曰:'自卑也尚矣。'君不若道虞舜之道,
无为问仆矣。"商君曰:"始秦戎翟之教,父子无别,同室而居。今我更制其
教,而为其男女之别,大筑冀阙,营如鲁卫矣。子观我治秦也,孰与五羖大
夫贤?"赵良曰:"千羊之皮,不如一狐之掖;千人之诺诺,不如一士之谔谔。
武王谔谔以昌,殷纣墨墨以亡。君若不非武王乎,则仆请终日正言而无
诛,可乎?"商君曰:"语有之矣,貌言华也,至言实也,苦言药也,甘言疾也。
夫子果肯终日正言,鞅之药也。鞅将事子,子又何辞焉!"赵良曰:"夫五羖
大夫,荆之鄙人也。闻秦缪公之贤而愿望见,行而无资,自粥于秦客,被褐
食牛。期年,缪公知之,举之牛口之下,而加之百姓之上,秦国莫敢望焉。
相秦六七年,而东伐郑,三置晋国之君,一救荆国之祸。发教封内,而巴人
致贡;施德诸侯,而八戎来服。由余闻之,款关请见。五羖大夫之相秦也,
劳不坐乘,暑不张盖,行于国中,不从车乘,不操干戈,功名藏于府库,德行
施于后世。五羖大夫死,秦国男女流涕,童子不歌谣,春者不相杵。此五
羖大夫之德也。今君之见秦王也,因嬖人景监以为主,非所以为名也。相
秦不以百姓为事,而大筑冀阙,非所以为功也。刑黥太子之师傅,残伤民
以骏刑,是积怨畜祸也。教之化民也深于命,民之效上也捷于令。今君又
左建外易,非所以为教也。君又南面而称寡人,日绳秦之贵公子。诗曰:
'相鼠有体,人而无礼;人而无礼,何不遄死。'以诗观之,非所以为寿也。
公子虔杜门不出已八年矣,君又杀祝懽而黥公孙贾。诗曰:'得人者兴,失

人者崩。'此数事者,非所以得人也。君之出也,后车十数,从车载甲,多力而骈胁者为骖乘,持矛而操阘戟者旁车而趋。此一物不具,君固不出。书曰:'恃德者昌,恃力者亡。'君之危若朝露,尚将欲延年益寿乎?则何不归十五都,灌园于鄙,劝秦王显岩穴之士,养老存孤,敬父兄,序有功,尊有德,可以少安。君尚将贪商於之富,宠秦国之教,畜百姓之怨,秦王一旦捐宾客而不立朝,秦国之所以收君者,岂其微哉?亡可翘足而待。"商君弗从。

　　后五月而秦孝公卒,太子立。公子虔之徒告商君欲反,发吏捕商君。商君亡至关下,欲舍客舍。客人不知其是商君也,曰:"商君之法,舍人无验者坐之。"商君喟然叹曰:"嗟乎,为法之敝一至此哉!"去之魏。魏人怨其欺公子卬而破魏师,弗受。商君欲之他国。魏人曰:"商君,秦之贼。秦强而贼入魏,弗归,不可。"遂内秦。商君既复入秦,走商邑,与其徒属发邑兵北出击郑。秦发兵攻商君,杀之于郑黾池。秦惠王车裂商君以徇,曰:"莫如商鞅反者!"遂灭商君之家。

　　太史公曰:商君,其天资刻薄人也。迹其欲干孝公以帝王术,挟持浮说,非其质矣。且所因由嬖臣,及得用,刑公子虔,欺魏将卬,不师赵良之言,亦足发明商君之少恩矣。余尝读商君开塞耕战书,与其人行事相类。卒受恶名于秦,有以也夫!

史记卷六十九

苏秦列传第九

苏秦者,东周雒阳人也。东事师于齐,而习之于鬼谷先生。

出游数岁,大困而归。兄弟嫂妹妻妾窃皆笑之,曰:"周人之俗,治产业,力工商,逐什二以为务。今子释本而事口舌,困,不亦宜乎!"苏秦闻之而惭,自伤,乃闭室不出,出其书遍观之。曰:"夫士业已屈首受书,而不能以取尊荣,虽多亦奚以为!"于是得周书阴符,伏而读之。期年,以出揣摩,曰:"此可以说当世之君矣。"求说周显王。显王左右素习知苏秦,皆少之,弗信。

乃西至秦。秦孝公卒。说惠王曰:"秦四塞之国,被山带渭,东有关河,西有汉中,南有巴蜀,北有代马,此天府也。以秦士民之众,兵法之教,可以吞天下,称帝而治。"秦王曰:"毛羽未成,不可以高蜚;文理未明,不可以并兼。"方诛商鞅,疾辩士,弗用。

乃东之赵。赵肃侯令其弟成为相,号奉阳君。奉阳君弗说之。

去游燕,岁馀而后得见。说燕文侯曰:"燕东有朝鲜、辽东,北有林胡、楼烦,西有云中、九原,南有嘑沱、易水,地方二千馀里,带甲数十万,车六百乘,骑六千匹,粟支数年。南有碣石、雁门之饶,北有枣栗之利,民虽不佃作而足于枣栗矣。此所谓天府者也。

"夫安乐无事,不见覆军杀将,无过燕者。大王知其所以然乎?夫燕之所以不犯寇被甲兵者,以赵之为蔽其南也。秦赵五战,秦再胜而赵三胜。秦赵相毙,而王以全燕制其后,此燕之所以不犯寇也。且夫秦之攻燕也,逾云中、九原,过代、上谷,弥地数千里,虽得燕城,秦计固不能守也。秦之不能害燕亦明矣。今赵之攻燕也,发号出令,不至十日而数十万之军军于东垣矣。渡嘑沱,涉易水,不至四五日而距国都矣。故曰秦之攻燕也,战于千里之外;赵之攻燕也,战于百里之内。夫不忧百里之患而重千里之外,计无过于此者。是故愿大王与赵从亲,天下为一,则燕国必无患矣。"

文侯曰:"子言则可,然吾国小,西迫强赵,南近齐。齐、赵,强国也。子必欲合从以安燕,寡人请以国从。"

于是资苏秦车马金帛以至赵。而奉阳君已死,即因说赵肃侯曰:"天下卿相人臣及布衣之士,皆高贤君之行义,皆愿奉教陈忠于前之日久矣。虽然,奉阳君妒而君不任事,是以宾客游士莫敢自尽于前者。今奉阳君捐馆舍,君乃今复与士民相亲也,臣故敢进其愚虑。

"窃为君计者,莫若安民无事,且无庸有事于民也。安民之本,在于择交,择交而得则民安,择交而不得则民终身不安。请言外患:齐秦为两敌而民不得安,倚秦攻齐而民不得安,倚齐攻秦而民不得安。故夫谋人之主,伐人之国,常苦出辞断绝人之交也。愿君慎勿出于口。请别白黑,所以异阴阳而已矣。君诚能听臣,燕必致旃裘狗马之地,齐必致鱼盐之海,楚必致橘柚之园,韩、魏、中山皆可使致汤沐之奉,而贵戚父兄皆可以受封侯。夫割地包利,五伯之所以覆军禽将而求也;封侯贵戚,汤武之所以放弑而争也。今君高拱而两有之,此臣之所以为君愿也。

"今大王与秦,则秦必弱韩、魏;与齐,则齐必弱楚、魏。魏弱则割河外,韩弱则效宜阳,宜阳效则上郡绝,河外割则道不通,楚弱则无援。此三策者,不可不孰计也。

"夫秦下轵道,则南阳危;劫韩包周,则赵氏自操兵;据卫取卷,则齐必入朝秦。秦欲已得乎山东,则必举兵而响赵矣。秦甲渡河逾漳,据番吾,则兵必战于邯郸之下矣。此臣之所为君患也。

"当今之时,山东之建国莫强于赵。赵地方二千余里,带甲数十万,车千乘,骑万匹,粟支数年。西有常山,南有河漳,东有清河,北有燕国。燕固弱国,不足畏也。秦之所害于天下者莫如赵,然而秦不敢举兵伐赵者,何也?畏韩、魏之议其后也。然则韩、魏,赵之南蔽也。秦之攻韩、魏也,无有名山大川之限,稍蚕食之,傅国都而止。韩、魏不能支秦,必入臣于秦。秦无韩、魏之规,则祸必中于赵矣。此臣之所为君患也。

"臣闻尧无三夫之分,舜无咫尺之地,以有天下;禹无百人之聚,以王诸侯;汤武之士不过三千,车不过三百乘,卒不过三万,立为天子:诚得其道也。是故明主外料其敌之强弱,内度其士卒贤不肖,不待两军相当而胜败存亡之机固已形于胸中矣,岂掩于众人之言而以冥冥决事哉!

"臣窃以天下之地图案之,诸侯之地五倍于秦,料度诸侯之卒十倍于秦,六国为一,并力西乡而攻秦,秦必破矣。今西面而事之,见臣于秦。夫破人之与破于人也,臣人之与臣于人也,岂可同日而论哉!

"夫衡人者,皆欲割诸侯之地以予秦。秦成,则高台榭,美宫室,听竽瑟之音,前有楼阙轩辕,后有长姣美人,国被秦患而不与其忧。是故夫衡人日夜务以秦权恐愒诸侯以求割地,故愿大王孰计之也。

"臣闻明主绝疑去谗,屏流言之迹,塞朋党之门,故尊主广地强兵之计臣得陈忠于前矣。故窃为大王计,莫如一韩、魏、齐、楚、燕、赵以从亲,以畔秦。令天下之将相会于洹水之上,通质,刳白马而盟。要约曰:'秦攻楚,齐、魏各出锐师以佐之,韩绝其粮道,赵涉河漳,燕守常山之北。秦攻韩魏,则楚绝其后,齐出锐师而佐之,赵涉河漳,燕守云中。秦攻齐,则楚绝其后,韩守城皋,魏塞其道,赵涉河漳、博关,燕出锐师以佐之。秦攻燕,则赵守常山,楚军武关,齐涉勃海,韩、魏皆出锐师以佐之。秦攻赵,则韩军宜阳,楚军武关,魏军河外,齐涉清河,燕出锐师以佐之。诸侯有不如约者,以五国之兵共伐之。'六国从亲以宾秦,则秦甲必不敢出于函谷以害山东矣。如此,则霸王之业成矣。"

赵王曰:"寡人年少,立国日浅,未尝得闻社稷之长计也。今上客有意存天下,安诸侯,寡人敬以国从。"乃饰车百乘,黄金千溢,白璧百双,锦绣千纯,以约诸侯。

是时周天子致文武之胙于秦惠王。惠王使犀首攻魏,禽将龙贾,取魏之雕阴,且欲东兵。苏秦恐秦兵之至赵也,乃激怒张仪,入之于秦。

于是说韩宣王曰:"韩北有巩、成皋之固,西有宜阳、商阪之塞,东有宛、穰、洧水,南有陉山,地方九百馀里,带甲数十万,天下之强弓劲弩皆从韩出。谿子、少府时力、距来者,皆射六百步之外。韩卒超足而射,百发不暇止,远者括蔽洞胸,近者镝弇心。韩卒之剑戟皆出于冥山、棠谿、墨阳、合赙、邓师、宛冯、龙渊、太阿,皆陆断牛马,水截鹄雁,当敌则斩,坚甲铁幕,革抉吠芮,无不毕具。以韩卒之勇,被坚甲,蹠劲弩,带利剑,一人当百,不足言也。夫以韩之劲与大王之贤,乃西面事秦,交臂而服,羞社稷而为天下笑,无大于此者矣。是故愿大王孰计之。

"大王事秦,秦必求宜阳、成皋。今兹效之,明年又复求割地。与则无地以给之,不与则弃前功而受后祸。且大王之地有尽而秦之求无已,以有尽之地而逆无已之求,此所谓市怨结祸者也,不战而地已削矣。臣闻鄙谚曰:'宁为鸡口,无为牛后。'今西面交臂而臣事秦,何异于牛后乎?夫以大王之贤,挟强韩之兵,而有牛后之名,臣窃为大王羞之。"

于是韩王勃然作色,攘臂瞋目,按剑仰天太息曰:"寡人虽不肖,必不能事秦。今主君诏以赵王之教,敬奉社稷以从。"

又说魏襄王曰："大王之地，南有鸿沟、陈、汝南、许、郾、昆阳、召陵、舞阳、新都、新郪，东有淮、颍、煮枣、无胥，西有长城之界，北有河外、卷、衍、酸枣，地方千里。地名虽小，然而田舍庐庑之数，曾无所刍牧。人民之众，车马之多，日夜行不绝，輷輷殷殷，若有三军之众。臣窃量大王之国不下楚。然衡人怵王交强虎狼之秦以侵天下，卒有秦患，不顾其祸。夫挟强秦之势以内劫其主，罪无过此者。魏，天下之强国也；王，天下之贤王也。今乃有意西面而事秦，称东藩，筑帝宫，受冠带，祠春秋，臣窃为大王耻之。

"臣闻越王句践战敝卒三千人，禽夫差于干遂；武王卒三千人，革车三百乘，制纣于牧野：岂其士卒众哉，诚能奋其威也。今窃闻大王之卒，武士二十万，苍头二十万，奋击二十万，厮徒十万，车六百乘，骑五千匹。此其过越王句践、武王远矣，今乃听于群臣之说而欲臣事秦。夫事秦必割地以效实，故兵未用而国已亏矣。凡群臣之言事秦者，皆奸人，非忠臣也。夫为人臣，割其主之地以求外交，偷取一时之功而不顾其后，破公家而成私门，外挟强秦之势以内劫其主，以求割地，愿大王孰察之。

"周书曰：'绵绵不绝，蔓蔓奈何？豪氂不伐，将用斧柯。'前虑不定，后有大患，将奈之何？大王诚能听臣，六国从亲，专心并力壹意，则必无强秦之患。故敝邑赵王使臣效愚计，奉明约，在大王之诏诏之。"

魏王曰："寡人不肖，未尝得闻明教。今主君以赵王之诏诏之，敬以国从。"

因东说齐宣王曰："齐南有泰山，东有琅邪，西有清河，北有勃海，此所谓四塞之国也。齐地方二千馀里，带甲数十万，粟如丘山。三军之良，五家之兵，进如锋矢，战如雷霆，解如风雨。即有军役，未尝倍泰山，绝清河，涉勃海也。临菑之中七万户，臣窃度之，不下户三男子，三七二十一万，不待发于远县，而临菑之卒固已二十一万矣。临菑甚富而实，其民无不吹竽鼓瑟，弹琴击筑，斗鸡走狗，六博蹋鞠者。临菑之涂，车毂击，人肩摩，连衽成帷，举袂成幕，挥汗成雨，家殷人足，志高气扬。夫以大王之贤与齐之强，天下莫能当。今乃西面而事秦，臣窃为大王羞之。

"且夫韩、魏之所以重畏秦者，为与秦接境壤界也。兵出而相当，不出十日而战胜存亡之机决矣。韩、魏战而胜秦，则兵半折，四境不守；战而不胜，则国已危亡随其后。是故韩、魏之所以重与秦战，而轻为之臣也。今秦之攻齐则不然。倍韩、魏之地，过卫阳晋之道，径乎亢父之险，车不得方轨，骑不得比行，百人守险，千人不敢过也。秦虽欲深入，则狼顾，恐韩、魏之议其后也。是故恫疑虚猲，骄矜而不敢进，则秦之不能害齐亦明矣。

“夫不深料秦之无奈齐何，而欲西面而事之，是群臣之计过也。今无臣事秦之名而有强国之实，臣是故愿大王少留意计之。”

齐王曰：“寡人不敏，僻远守海，穷道东境之国也，未尝得闻馀教。今足下以赵王诏诏之，敬以国从。”

乃西南说楚威王曰：“楚，天下之强国也；王，天下之贤王也。西有黔中、巫郡，东有夏州、海阳，南有洞庭、苍梧，北有陉塞、郇阳，地方五千馀里，带甲百万，车千乘，骑万匹，粟支十年。此霸王之资也。夫以楚之强与王之贤，天下莫能当也。今乃欲西面而事秦，则诸侯莫不西面而朝于章台之下矣。

“秦之所害莫如楚，楚强则秦弱，秦强则楚弱，其势不两立。故为大王计，莫如从亲以孤秦。大王不从亲，秦必起两军，一军出武关，一军下黔中，则鄢郢动矣。

“臣闻治之其未乱也，为之其未有也。患至而后忧之，则无及已。故愿大王蚤孰计之。

“大王诚能听臣，臣请令山东之国奉四时之献，以承大王之明诏，委社稷，奉宗庙，练士厉兵，在大王之所用之。大王诚能用臣之愚计，则韩、魏、齐、燕、赵、卫之妙音美人必充后宫，燕、代橐驼良马必实外厩。故从合则楚王，衡成则秦帝。今释霸王之业，而有事人之名，臣窃为大王不取也。

“夫秦，虎狼之国也，有吞天下之心。秦，天下之仇雠也。衡人皆欲割诸侯之地以事秦，此所谓养仇而奉雠者也。夫为人臣，割其主之地以外交强虎狼之秦，以侵天下，卒有秦患，不顾其祸。夫外挟强秦之威以内劫其主，以求割地，大逆不忠，无过此者。故从亲则诸侯割地以事楚，衡合则楚割地以事秦，此两策者相去远矣，二者大王何居焉？故敝邑赵王使臣效愚计，奉明约，在大王诏之。”

楚王曰：“寡人之国西与秦接境，秦有举巴蜀并汉中之心。秦，虎狼之国，不可亲也。而韩、魏迫于秦患，不可与深谋，与深谋恐反人以入于秦，故谋未发而国已危矣。寡人自料以楚当秦，不见胜也；内与群臣谋，不足恃也。寡人卧不安席，食不甘味，心摇摇然如悬旌而无所终薄。今主君欲一天下，收诸侯，存危国，寡人谨奉社稷以从。”

于是六国从合而并力焉。苏秦为从约长，并相六国。

北报赵王，乃行过雒阳，车骑辎重，诸侯各发使送之甚众，疑于王者。周显王闻之恐惧，除道，使人郊劳。苏秦之昆弟妻嫂侧目不敢仰视，俯伏侍取食。苏秦笑谓其嫂曰:"何前倨而后恭也?"嫂委蛇蒲服,以面掩地而谢曰:"见季子位高金多也。"苏秦喟然叹曰:"此一人之身,富贵则亲戚畏惧之,贫贱则轻易之,况众人乎!且使我有雒阳负郭田二顷,吾岂能佩六国相印乎!"于是散千金以赐宗族朋友。初,苏秦之燕,贷人百钱为资,及得富贵,以百金偿之。遍报诸所尝见德者。其从者有一人独未得报,乃前自言。苏秦曰:"我非忘子。子之与我至燕,再三欲去我易水之上,方是时,我困,故望子深,是以后子。子今亦得矣。"

苏秦既约六国从亲,归赵,赵肃侯封为武安君,乃投从约书于秦。秦兵不敢窥函谷关十五年。

其后秦使犀首欺齐、魏,与共伐赵,欲败从约。齐、魏伐赵,赵王让苏秦。苏秦恐,请使燕,必报齐。苏秦去赵而从约皆解。

秦惠王以其女为燕太子妇。是岁,文侯卒,太子立,是为燕易王。易王初立,齐宣王因燕丧伐燕,取十城。易王谓苏秦曰:"往日先生至燕,而先王资先生见赵,遂约六国从。今齐先伐赵,次至燕,以先生之故为天下笑,先生能为燕得侵地乎?"苏秦大惭,曰:"请为王取之。"

苏秦见齐王,再拜,俯而庆,仰而吊。齐王曰:"是何庆吊相随之速也?"苏秦曰:"臣闻饥人所以饥而不食乌喙者,为其愈充腹而与饿死同患也。今燕虽弱小,即秦王之少婿也。大王利其十城而长与强秦为仇。今使弱燕为雁行而强秦敝其后,以招天下之精兵,是食乌喙之类也。"齐王愀然变色曰:"然则奈何?"苏秦曰:"臣闻古之善制事者,转祸为福,因败为功。大王诚能听臣计,即归燕之十城。燕无故而得十城,必喜;秦王知以己之故而归燕之十城,亦必喜。此所谓弃仇雠而得石交者也。夫燕、秦俱事齐,则大王号令天下,莫敢不听。是王以虚辞附秦,以十城取天下。此霸王之业也。"王曰:"善。"于是乃归燕之十城。

人有毁苏秦者曰:"左右卖国反覆之臣也,将作乱。"苏秦恐得罪,归,而燕王不复官也。苏秦见燕王曰:"臣,东周之鄙人也,无有分寸之功,而王亲拜之于庙而礼之于廷。今臣为王却齐之兵而得十城,宜以益亲。今来而王不官臣者,人必有以不信伤臣于王者。臣之不信,王之福也。臣闻忠信者,所以自为也;进取者,所以为人也。且臣之说齐王,曾非欺之也。臣弃老母于东周,固去自为而行进取也。今有孝如曾参,廉如伯夷,信如尾生。得此三人者以事大王,何若?"王曰:"足矣。"苏秦曰:"孝如曾参,义不离其亲一宿于外,王又安能使之步行千里而事弱燕之危王哉?廉如伯夷,义不为孤竹君之嗣,不肯为武王臣,不受封侯而饿死首阳山下。有廉如此,王又安能使之步行千里而行进取于齐哉?信如尾生,与女子期于梁下,女子不来,水至不去,抱柱而死。有信如此,王又安能使之步行千里却齐之强兵哉?臣所谓以忠信得罪于上者也。"燕王曰:"若不忠信耳,岂有以忠信而得罪者乎?"苏秦曰:"不然。臣闻客有远为吏而其妻私于人者,其夫将来,其私者忧之,妻曰'勿忧,吾已作药酒待之矣'。居三日,其夫果至,妻使妾举药酒进之。妾欲言酒之有药,则恐其逐主母也;欲勿言乎,则恐其杀主父也。于是乎详僵而弃酒。主父大怒,笞之五十。故妾一僵而覆酒,上存主父,下存主母。然而不免于笞,恶在乎忠信之无罪也夫?臣之过,不幸而类是乎?"燕王曰:"先生复就故官。"益厚遇之。

易王母,文侯夫人也,与苏秦私通。燕王知之,而事之加厚。苏秦恐诛,乃说燕王曰:"臣居燕不能使燕重,而在齐则燕必重。"燕王曰:"唯先生之所为。"于是苏秦详为得罪于燕而亡走齐,齐宣王以为客卿。

齐宣王卒,湣王即位,说湣王厚葬以明孝,高宫室大苑囿以明得意,欲破敝齐而为燕。燕易王卒,燕哙立为王。其后齐大夫多与苏秦争宠者,而使人刺苏秦,不死,殊而走。齐王使人求贼,不得。苏秦且死,乃谓齐王曰:"臣即死,车裂臣于徇于市,曰'苏秦为燕作乱于齐',如此则臣之贼必得矣。"于是如其言,而杀苏秦者果自出,齐王因而诛之。燕闻之曰:"甚矣,齐之为苏生报仇也!"

苏秦既死,其事大泄。齐后闻之,乃恨怒燕。燕甚恐。苏秦之弟曰代,代弟苏厉,见兄遂,亦皆学。及苏秦死,代乃求见燕王,欲袭故事。曰:"臣,东周之鄙人也。窃闻大王义甚高,鄙人不敏,释锄耨而干大王。至于邯郸,所见者绌于所闻于东周,臣窃负其志。及至燕廷,观王之群臣下吏,王,天下之明王也。"燕王曰:"子所谓明王者何如也?"对曰:"臣闻明王务闻其过,不欲闻其善,臣请谒王之过。夫齐、赵者,燕之仇雠也;楚、魏者,燕之援国也。今王奉仇雠以伐援国,非所以利燕也。王自虑之,此则计过,无以闻者,非忠臣也。"王曰:"夫齐者固寡人之雠,所欲伐也,直患国敝力不足也。子能以燕伐齐,则寡人举国委子。"对曰:"凡天下战国七,燕处弱焉。独战则不能,有所附则无不重。南附楚,楚重;西附秦,秦重;中附韩、魏,韩、魏重。且苟所附之国重,此必使王重矣。今夫齐,长主而自用也。南攻楚五年,畜聚竭;西困秦三年,士卒罢敝;北与燕人战,覆三军,得二将。然而以其馀兵南面举五千乘之大宋,而包十二诸侯。此其君欲得,

其民力竭,恶足取乎! 且臣闻之,数战则民劳,久师则兵敝矣。"燕王曰:
"吾闻齐有清济、浊河可以为固,长城、钜防足以为塞,诚有之乎?"对曰:
"天时不与,虽有清济、浊河,恶足以为固! 民力罢敝,虽有长城、钜防,恶
足以为塞! 且异日济西不师,所以备赵也;河北不师,所以备燕也。今济
西河北尽已役矣,封内敝矣。夫骄君必好利,而亡国之臣必贪于财。王诚
能无羞从子母弟以为质,宝珠玉帛以事左右,彼将有德燕而轻亡宋,则齐
可亡已。"燕王曰:"吾终以子受命于天矣。"燕乃使一子质于齐。而苏厉因
燕质子而求见齐王。齐王怨苏秦,欲囚苏厉。燕质子为谢,已遂委质为齐
臣。

　　燕相子之与苏代婚,而欲得燕权,乃使苏代侍质子于齐。齐使代报
燕,燕王哙问曰:"齐王其霸乎?"曰:"不能。"曰:"何也?"曰:"不信其臣。"
于是燕王专任子之,已而让位,燕大乱。齐伐燕,杀王哙、子之。燕立昭
王,而苏代、苏厉遂不敢入燕,皆终归齐,齐善待之。

　　苏代过魏,魏为燕执代。齐使人谓魏王曰:"齐请以宋地封泾阳君,秦
必不受。秦非不利有齐而得宋地也,不信齐王与苏子也。今齐魏不和如
此其甚,则齐不欺秦。秦信齐,齐秦合,泾阳君有宋地,非魏之利也。故王
不如东苏子,秦必疑齐而不信苏子矣。齐秦不合,天下无变,伐齐之形成
矣。"于是出苏代。代之宋,宋善待之。

　　齐伐宋,宋急,苏代乃遗燕昭王书曰:

　　　　夫列在万乘而寄质于齐,名卑而权轻;奉万乘助齐伐宋,民劳而
实费;夫破宋,残楚淮北,肥大齐,雠强而国害:此三者皆国之大败也。
然且王行之者,将以取信于齐也。齐加不信于王,而忌燕愈甚,是王
之计过矣。夫以宋加之淮北,强万乘之国也,而齐并之,是益一齐也。
北夷方七百里,加之以鲁、卫,强万乘之国也,而齐并之,是益二齐也。
夫一齐之强,燕犹狼顾而不能支,今以三齐临燕,其祸必大矣。

　　　　虽然,智者举事,因祸为福,转败为功。齐紫,败素也,而贾十倍;
越王句践栖于会稽,复残强吴而霸天下:此皆因祸为福,转败为功者
也。

　　　　今王若欲因祸为福,转败为功,则莫若挑霸齐而尊之,使使盟于
周室,焚秦符,曰"其大上计,破秦;其次,必长宾之"。秦挟宾以待破,
秦王必患之。秦五世伐诸侯,今为齐下,秦王之志苟得穷齐,不惮以
国为功。然则王何不使辩士以此言说秦王曰:"燕、赵破宋肥齐,尊之

为之下者，燕、赵非利之也。燕、赵不利而势为之者，以不信秦王也。然则王何不使可信者接收燕、赵，令泾阳君、高陵君先于燕、赵？秦有变，因以为质，则燕、赵信秦。秦为西帝，燕为北帝，赵为中帝，立三帝以令于天下。韩、魏不听则秦伐之，齐不听则燕、赵伐之，天下孰敢不听？天下服听，因驱韩、魏以伐齐，曰'必反宋地，归楚淮北'。反宋地，归楚淮北，燕、赵之所利也；并立三帝，燕、赵之所愿。夫实得所利，尊得所愿，燕、赵弃齐如脱躧矣。今不收燕、赵、齐霸必成。诸侯赞齐而王不从，是国伐也；诸侯赞齐而王从之，是名卑也。今收燕、赵，国安而名尊；不收燕、赵，国危而名卑。夫去尊安而取危卑，智者不为也。"秦王闻若说，必若刺心然，则王何不使辩士以此若言说秦？秦必取，齐必伐矣。

夫取秦，厚交也；伐齐，正利也。尊厚交，务正利，圣王之事也。

燕昭王善其书，曰："先人尝有德苏氏，子之之乱而苏氏去燕。燕欲报仇于齐，非苏氏莫可。"乃召苏代，复善待之，与谋伐齐。竟破齐，湣王出走。

久之，秦召燕王，燕王欲往，苏代约燕王曰："楚得枳而国亡，齐得宋而国亡，齐、楚不得以有枳、宋而事秦者，何也？则有功者，秦之深雠也。秦取天下，非行义也，暴也。秦之行暴，正告天下。

"告楚曰：'蜀地之甲，乘船浮于汶，乘夏水而下江，五日而至郢。汉中之甲，乘船出于巴，乘夏水而下汉，四日而至五渚。寡人积甲宛东下随，智者不及谋，勇士不及怒，寡人如射隼矣。王乃欲待天下之攻函谷，不亦远乎！'楚王为是故，十七年事秦。

"秦正告韩曰：'我起乎少曲，一日而断大行。我起乎宜阳而触平阳，二日而莫不尽繇。我离两周而触郑，五日而国举。'韩氏以为然，故事秦。

"秦正告魏曰：'我举安邑，塞女戟，韩氏太原卷。我下轵，道南阳，封冀，包两周。乘夏水，浮轻舟，强弩在前，铦戈在后，决荥口，魏无大梁；决白马之口，魏无外黄、济阳；决宿胥之口，魏无虚、顿丘。陆攻则击河内，水攻则灭大梁。'魏氏以为然，故事秦。

"秦欲攻安邑，恐齐救之，则以宋委于齐。曰：'宋王无道，为木人以象寡人，射其面。寡人地绝兵远，不能攻也。王苟能破宋有之，寡人如自得之。'"已得安邑，塞女戟，因以破宋为齐罪。

"秦欲攻韩，恐天下救之，则以齐委于天下。曰：'齐王四与寡人约，四欺寡人,必率天下以攻寡人者三。有齐无秦,有秦无齐,必伐之,必亡之。'已得宜阳、少曲,致蔺、离石,因以破齐为天下罪。

"秦欲攻魏重楚,则以南阳委于楚。曰:'寡人固与韩且绝矣。残均陵,塞鄳阸,苟利于楚,寡人如自有之。'魏弃与国而合于秦,因以塞鄳阸为楚罪。

"兵困于林中,重燕、赵,以胶东委于燕,以济西委于赵。已得讲于魏,至公子延,因犀首属行而攻赵。

"兵伤于谯石,而遇败于阳马,而重魏,则以叶、蔡委于魏。已得讲于赵,则劫魏,魏不为割。困则使太后弟穰侯为和,赢则兼欺舅与母。

"適燕者曰'以胶东',適赵者曰'以济西',適魏者曰'以叶、蔡',適楚者曰'以塞鄳阸',適齐者曰'以宋'。此必令言如循环,用兵如刺蜚,母不能制,舅不能约。

"龙贾之战,岸门之战,封陵之战,高商之战,赵庄之战,秦之所杀三晋之民数百万,今其生者皆死秦之孤也。西河之外,上雒之地,三川晋国之祸,三晋之半,秦祸如此其大也。而燕、赵之秦者,皆以争事秦说其主,此臣之所大患也。"

燕昭王不行。苏代复重于燕。

燕使约诸侯从亲如苏秦时,或从或不,而天下由此宗苏氏之从约。代、厉皆以寿死,名显诸侯。

太史公曰:苏秦兄弟三人,皆游说诸侯以显名,其术长于权变。而苏秦被反间以死,天下共笑之,讳学其术。然世言苏秦多异,异时事有类之者皆附之苏秦。夫苏秦起闾阎,连六国从亲,此其智有过人者。吾故列其行事,次其时序,毋令独蒙恶声焉。

史 记 卷 七 十

张仪列传第十

张仪者,魏人也。始尝与苏秦俱事鬼谷先生,学术,苏秦自以不及张仪。

张仪已学而游说诸侯。尝从楚相饮,已而楚相亡璧,门下意张仪,曰:"仪贫无行,必此盗相君之璧。"共执张仪,掠笞数百,不服,释之。其妻曰:"嘻!子毋读书游说,安得此辱乎?"张仪谓其妻曰:"视吾舌尚在不?"其妻笑曰:"舌在也。"仪曰:"足矣。"

苏秦已说赵王而得相约从亲,然恐秦之攻诸侯,败约后负,念莫可使用于秦者,乃使人微感张仪曰:"子始与苏秦善,今秦已当路,子何不往游,以求通子之愿?"张仪于是之赵,上谒求见苏秦。苏秦乃诫门下人不为通,又使不得去者数日。已而见之,坐之堂下,赐仆妾之食。因而数让之曰:"以子之材能,乃自令困辱至此。吾宁不能言而富贵子,子不足收也。"谢去之。张仪之来也,自以为故人,求益反见辱,怒,念诸侯莫可事,独秦能苦赵,乃遂入秦。

苏秦已而告其舍人曰:"张仪,天下贤士,吾殆弗如也。今吾幸先用,而能用秦柄者,独张仪可耳。然贫,无因以进。吾恐其乐小利而不遂,故召辱之,以激其意。子为我阴奉之。"乃言赵王,发金币车马,使人微随张仪,与同宿舍,稍稍近就之,奉以车马金钱,所欲用,为取给而弗告。张仪遂得以见秦惠王。惠王以为客卿,与谋伐诸侯。

苏秦之舍人乃辞去。张仪曰:"赖子得显,方且报德,何故去也?"舍人曰:"臣非知君,知君乃苏君。苏君忧秦伐赵败从约,以为非君莫能得秦柄,故感怒君,使臣阴奉给君资,尽苏君之计谋。今君已用,请归报。"张仪曰:"嗟乎,此在吾术中而不悟,吾不及苏君明矣!吾又新用,安能谋赵乎?为吾谢苏君,苏君之时,仪何敢言。且苏君在,仪宁渠能乎!"张仪既相秦,为文檄告楚相曰:"始吾从若饮,我不盗而璧,若笞我。若善守汝国,我顾且盗而城!"

　　苴蜀相攻击,各来告急于秦。秦惠王欲发兵以伐蜀,以为道险狭难至,而韩又来侵秦。秦惠王欲先伐韩,后伐蜀,恐不利,欲先伐蜀,恐韩袭秦之敝,犹豫未能决。司马错与张仪争论于惠王之前,司马错欲伐蜀,张仪曰:"不如伐韩。"王曰:"请闻其说。"

　　仪曰:"亲魏善楚,下兵三川,塞什谷之口,当屯留之道,魏绝南阳,楚临南郑,秦攻新城、宜阳,以临二周之郊,诛周王之罪,侵楚、魏之地。周自知不能救,九鼎宝器必出。据九鼎,案图籍,挟天子以令于天下,天下莫敢不听,此王业也。今夫蜀,西僻之国而戎翟之伦也,敝兵劳众不足以成名,得其地不足以为利。臣闻争名者于朝,争利者于市。今三川、周室,天下之朝市也,而王不争焉,顾争于戎翟,去王业远矣。"

　　司马错曰:"不然。臣闻之,欲富国者务广其地,欲强兵者务富其民,欲王者务博其德,三资者备而王随之矣。今王地小民贫,故臣愿先从事于易。夫蜀,西僻之国也,而戎翟之长也,有桀纣之乱。以秦攻之,譬如使豺狼逐群羊。得其地足以广国,取其财足以富民缮兵,不伤众而彼已服焉。拔一国而天下不以为暴,利尽西海而天下不以为贪,是我一举而名实附也,而又有禁暴止乱之名。今攻韩,劫天子,恶名也,而未必利也,又有不义之名,而攻天下所不欲,危矣。臣请谒其故:周,天下之宗室也;齐,韩之与国也。周自知失九鼎,韩自知亡三川,将二国并力合谋,以因乎齐、赵而求解乎楚、魏,以鼎与楚,以地与魏,王弗能止也。此臣之所谓危也。不如伐蜀完。"

　　惠王曰:"善,寡人请听子。"卒起兵伐蜀,十月,取之,遂定蜀,贬蜀王更号为侯,而使陈庄相蜀。蜀既属秦,秦以益强,富厚,轻诸侯。

　　秦惠王十年,使公子华与张仪围蒲阳,降之。仪因言秦复与魏,而使公子繇质于魏。仪因说魏王曰:"秦王之遇魏甚厚,魏不可以无礼。"魏因入上郡、少梁,谢秦惠王。惠王乃以张仪为相,更名少梁曰夏阳。

　　仪相秦四岁,立惠王为王。居一岁,为秦将,取陕。筑上郡塞。

　　其后二年,使与齐、楚之相会啮桑。东还而免相,相魏以为秦,欲令魏先事秦而诸侯效之。魏王不肯听仪。秦王怒,伐取魏之曲沃、平周,复阴厚张仪益甚。张仪惭,无以归报。留魏四岁而魏襄王卒,哀王立。张仪复说哀王,哀王不听。于是张仪阴令秦伐魏。魏与秦战,败。

　　明年,齐又来败魏于观津。秦复欲攻魏,先败韩申差军,斩首八万,诸侯震恐。而张仪复说魏王曰:"魏地方不至千里,卒不过三十万。地四平,诸侯四通辐凑，无名山大川之限。从郑至梁二百馀里，车驰人走，不待力而至。梁南与楚境，西与韩境，北与赵境，东与齐境，卒戍四方，守亭鄣者不下十万。梁之地势，固战场也。梁南与楚而不与齐，则齐攻其东；东与齐而不与赵，则赵攻其北；不合于韩，则韩攻其西；不亲于楚，则楚攻其南：此所谓四分五裂之道也。

"且夫诸侯之为从者，将以安社稷尊主强兵显名也。今从者一天下，约为昆弟，刑白马以盟洹水之上，以相坚也。而亲昆弟同父母，尚有争钱财，而欲恃诈伪反覆苏秦之馀谋，其不可成亦明矣。

"大王不事秦，秦下兵攻河外，据卷、衍、燕、酸枣，劫卫取阳晋，则赵不南，赵不南而梁不北，梁不北则从道绝，从道绝则大王之国欲毋危不可得也。秦折韩而攻梁，韩怯于秦，秦韩为一，梁之亡可立而须也。此臣之所为大王患也。

"为大王计，莫如事秦。事秦则楚、韩必不敢动；无楚、韩之患，则大王高枕而卧，国必无忧矣。

"且夫秦之所欲弱者莫如楚，而能弱楚者莫如梁。楚虽有富大之名而实空虚；其卒虽多，然而轻走易北，不能坚战。悉梁之兵南面而伐楚，胜之必矣。割楚而益梁，亏楚而适秦，嫁祸安国，此善事也。大王不听臣，秦下甲士而东伐，虽欲事秦，不可得矣。

"且夫从人多奋辞而少可信，说一诸侯而成封侯，是故天下之游谈士莫不日夜搤腕瞋目切齿以言从之便，以说人主。人主贤其辩而牵其说，岂得无眩哉。

"臣闻之，积羽沉舟，群轻折轴，众口铄金，积毁销骨，故愿大王审定计议，且赐骸骨辟魏。"

哀王于是乃倍从约而因仪请成于秦。张仪归，复相秦。三岁而魏复背秦为从。秦攻魏，取曲沃。明年，魏复事秦。

秦欲伐齐，齐楚从亲，于是张仪往相楚。楚怀王闻张仪来，虚上舍而自馆之。曰："此僻陋之国，子何以教之？"仪说楚王曰："大王诚能听臣，闭关绝约于齐，臣请献商於之地六百里，使秦女得为大王箕帚之妾，秦楚娶妇嫁女，长为兄弟之国。此北弱齐而西益秦也，计无便此者。"楚王大说而许之。群臣皆贺，陈轸独吊之。楚王怒曰："寡人不兴师发兵得六百里地，群臣皆贺，子独吊，何也？"陈轸对曰："不然，以臣观之，商於之地不可得而齐秦合，齐秦合则患必至矣。"楚王曰："有说乎？"陈轸对曰："夫秦之所以重楚者,以其有齐也。今闭关绝约于齐,则楚孤。秦奚贪夫孤国,而与之商於之地六百里?张仪至秦,必负王,是北绝齐交,西生患于秦也,而两国之兵必俱至。善为王计者,不若阴合而阳绝于齐,使人随张仪。苟与吾地,绝齐未晚也;不与吾地,阴合谋计也。"楚王曰:"愿陈子闭口毋复言,以待寡人得地。"乃以相印授张仪,厚赂之。于是遂闭关绝约于齐,使一将军随张仪。

张仪至秦,佯失绥堕车,不朝三月。楚王闻之,曰:"仪以寡人绝齐未甚邪?"乃使勇士至宋,借宋之符,北骂齐王。齐王大怒,折节而下秦。秦齐之交合,张仪乃朝,谓楚使者曰:"臣有奉邑六里,愿以献大王左右。"楚使者曰:"臣受令于王,以商於之地六百里,不闻六里。"还报楚王,楚王大怒,发兵而攻秦。陈轸曰:"轸可发口言乎?攻之不如割地反以赂秦,与之并兵而攻齐,是我出地于秦,取偿于齐也,王国尚可存。"楚王不听,卒发兵而使将军屈匄击秦。秦齐共攻楚,斩首八万,杀屈匄,遂取丹阳、汉中之地。楚又复益发兵而袭秦,至蓝田,大战,楚大败,于是楚割两城以与秦平。

秦要楚欲得黔中地,欲以武关外易之。楚王曰:"不愿易地,愿得张仪而献黔中地。"秦王欲遣之,口弗忍言。张仪乃请行。惠王曰:"彼楚王怒子之负以商於之地,是且甘心于子。"张仪曰:"秦强楚弱,臣善靳尚,尚得事楚夫人郑袖,袖所言皆从。且臣奉王之节使楚,楚何敢加诛。假令诛臣而为秦得黔中之地,臣之上愿。"遂使楚。楚怀王至则囚张仪,将杀之。靳尚谓郑袖曰:"子亦知子之贱于王乎?"郑袖曰:"何也?"靳尚曰:"秦王甚爱张仪而不欲出之,今将以上庸之地六县赂楚,以美人聘楚,以宫中善歌讴者为媵。楚王重地尊秦,秦女必贵而夫人斥矣。不若为言而出之。"于是郑袖日夜言怀王曰:"人臣各为其主用。今地未入秦,秦使张仪来,至重王。王未有礼而杀张仪,秦必大怒攻楚。妾请子母俱迁江南,毋为秦所鱼肉也。"怀王后悔,赦张仪,厚礼之如故。

张仪既出,未去,闻苏秦死,乃说楚王曰:"秦地半天下,兵敌四国,被险带河,四塞以为固。虎贲之士百余万,车千乘,骑万匹,积粟如丘山。法令既明,士卒安难乐死,主明以严,将智以武,虽无出甲,席卷常山之险,必折天下之脊,天下有后服者先亡。且夫为从者,无以异于驱群羊而攻猛虎,虎之与羊不格明矣。今王不与猛虎而与群羊,臣窃以为大王之计过也。

"凡天下强国,非秦而楚,非楚而秦,两国交争,其势不两立。大王不与秦,秦下甲据宜阳,韩之上地不通。下河东,取成皋,韩必入臣,梁则从风而动。秦攻楚之西,韩、梁攻其北,社稷安得毋危?

"且夫从者聚群弱而攻至强,不料敌而轻战,国贫而数举兵,危亡之术也。臣闻之,兵不如者勿与挑战,粟不如者勿与持久。夫从人饰辩虚辞,高主之节,言其利不言其害,卒有秦祸,无及为已。是故愿大王之孰计之。

"秦西有巴蜀,大船积粟,起于汶山,浮江已下,至楚三千馀里。舫船载卒,一舫载五十人与三月之食,下水而浮,一日行三百馀里,里数虽多,然而不费牛马之力,不至十日而距扞关。扞关惊,则从境以东尽城守矣,黔中、巫郡非王之有。秦举甲出武关,南面而伐,则北地绝。秦兵之攻楚也,危难在三月之内,而楚待诸侯之救,在半岁之外,此其势不相及也。夫恃弱国之救,忘强秦之祸,此臣所以为大王患也。

"大王尝与吴人战,五战而三胜,阵卒尽矣;偏守新城,存民苦矣。臣闻功大者易危,而民敝者怨上。夫守易危之功而逆强秦之心,臣窃为大王危之。

"且夫秦之所以不出兵函谷十五年以攻齐、赵者,阴谋有合天下之心。楚尝与秦构难,战于汉中,楚人不胜,列侯执珪死者七十馀人,遂亡汉中。楚王大怒,兴兵袭秦,战于蓝田。此所谓两虎相搏者也。夫秦楚相敝而韩魏以全制其后,计无危于此者矣。愿大王孰计之。

"秦下甲攻卫阳晋,必大关天下之匈。大王悉起兵以攻宋,不至数月而宋可举,举宋而东指,则泗上十二诸侯尽王之有也。

"凡天下而以信约从亲相坚者苏秦,封武安君,相燕,即阴与燕王谋伐破齐而分其地;乃详有罪出走入齐,齐王因受而相之;居二年而觉,齐王大怒,车裂苏秦于市。夫以一诈伪之苏秦,而欲经营天下,混一诸侯,其不可成亦明矣。

"今秦与楚接境壤界,固形亲之国也。大王诚能听臣,臣请使秦太子入质于楚,楚太子入质于秦,请以秦女为大王箕帚之妾,效万室之都以为汤沐之邑,长为昆弟之国,终身无相攻伐。臣以为计无便于此者。"

于是楚王已得张仪而重出黔中地与秦,欲许之。屈原曰:"前大王见欺于张仪,张仪至,臣以为大王烹之;今纵弗忍杀之,又听其邪说,不可。"怀王曰:"许仪而得黔中;美利也。后而倍之,不可。"故卒许张仪,与秦亲。

张仪去楚,因遂之韩,说韩王曰:"韩地险恶山居,五谷所生,非菽而麦,民之食大抵菽饭藿羹。一岁不收,民不厌糟糠。地不过九百里,无二岁之食。料大王之卒,悉之不过三十万,而厮徒负养在其中矣。除守徼亭障塞,见卒不过二十万而已矣。秦带甲百馀万,车千乘,骑万匹,虎贲之士跿跔科头贯颐奋戟者,至不可胜计。秦马之良,戎兵之众,探前趹后蹄间三寻腾者,不可胜数。山东之士被甲蒙胄以会战,秦人捐甲徒裼以趋敌,左挈人头,右挟生虏。夫秦卒与山东之卒,犹孟贲之与怯夫;以重力相压,犹乌获之与婴儿。夫战孟贲、乌获之士以攻不服之弱国,无异垂千钧之重于鸟卵之上,必无幸矣。

“夫群臣诸侯不料地之寡,而听从人之甘言好辞,比周以相饰也,皆奋曰‘听吾计可以强霸天下’。夫不顾社稷之长利而听须臾之说,诖误人主,无过此者。

“大王不事秦,秦下甲据宜阳,断韩之上地,东取成皋、荥阳,则鸿台之宫、桑林之苑非王之有也。夫塞成皋,绝上地,则王之国分矣。先事秦则安,不事秦则危。夫造祸而求其福报,计浅而怨深,逆秦而顺楚,虽欲毋亡,不可得也。

“故为大王计,莫如为秦。秦之所欲莫如弱楚,而能弱楚者莫如韩。非以韩能强于楚也,其地势然也。今王西面而事秦以攻楚,秦王必喜。夫攻楚以利其地,转祸而悦秦,计无便于此者。”

韩王听仪计。张仪归报,秦惠王封仪五邑,号曰武信君。使张仪东说齐湣王曰:“天下强国无过齐者,大臣父兄殷众富乐。然而为大王计者,皆为一时之说,不顾百世之利。从人说大王者,必曰‘齐西有强赵,南有韩与梁。齐,负海之国也,地广民众,兵强士勇,虽有百秦,将无奈齐何’。大王贤其说而不计其实。夫从人朋党比周,莫不以从为可。臣闻之,齐与鲁三战而鲁三胜,国以危亡随其后,虽有战胜之名,而有亡国之实。是何也?齐大而鲁小也。今秦之与齐也,犹齐之与鲁也。秦赵战于河漳之上,再战而赵再胜秦;战于番吾之下,再战又胜秦。四战之后,赵之亡卒数十万,邯郸仅存,虽有战胜之名而国已破矣。是何也?秦强而赵弱。

“今秦楚嫁女娶妇,为昆弟之国。韩献宜阳;梁效河外;赵入朝渑池,割河间以事秦。大王不事秦,秦驱韩梁攻齐之南地,悉赵兵渡清河,指博关,临菑、即墨非王之有也。国一日见攻,虽欲事秦,不可得也。是故愿大王孰计之也。”

齐王曰:“齐僻陋,隐居东海之上,未尝闻社稷之长利也。”乃许张仪。

张仪去,西说赵王曰:“敝邑秦王使使臣效愚计于大王。大王收率天下以宾秦,秦兵不敢出函谷关十五年。大王之威行于山东,敝邑恐惧慑伏,缮甲厉兵,饰车骑,习驰射,力田积粟,守四封之内,愁居慑处,不敢动摇,唯大王有意督过之也。

"今以大王之力,举巴蜀,并汉中,包两周,迁九鼎,守白马之津。秦虽僻远,然而心忿含怒之日久矣。今秦有敝甲凋兵,军于渑池,愿渡河逾漳,据番吾,会邯郸之下,愿以甲子合战,以正殷纣之事,敬使使臣先闻左右。

"凡大王之所信为从者恃苏秦。苏秦荧惑诸侯,以是为非,以非为是,欲反齐国,而自令车裂于市。夫天下之不可一亦明矣。今楚与秦为昆弟之国,而韩梁称为东藩之臣,齐献鱼盐之地,此断赵之右臂也。夫断右臂而与人斗,失其党而孤居,求欲毋危,岂可得乎?

"今秦发三将军:其一军塞午道,告齐使兴师渡清河,军于邯郸之东;一军军成皋,驱韩梁军于河外;一军军于渑池。约四国为一以攻赵,赵破,必四分其地。是故不敢匿意隐情,先以闻于左右。臣窃为大王计,莫如与秦王遇于渑池,面相见而口相结,请案兵无攻。愿大王之定计。"

赵王曰:"先王之时,奉阳君专权擅势,蔽欺先王,独擅绾事,寡人居属师傅,不与国谋计。先王弃群臣,寡人年幼,奉祀之日新,心固窃疑焉,以为一从不事秦,非国之长利也。乃且愿变心易虑,割地谢前过以事秦。方将约车趋行,适闻使者之明诏。"赵王许张仪,张仪乃去。

北之燕,说燕昭王曰:"大王之所亲莫如赵。昔赵襄子尝以其姊为代王妻,欲并代,约与代王遇于句注之塞。乃令工人作为金斗,长其尾,令可以击人。与代王饮,阴告厨人曰:'即酒酣乐,进热啜,反斗以击之。'于是酒酣乐,进热啜,厨人进斟,因反斗以击代王,杀之,王脑涂地。其姊闻之,因摩笄以自刺,故至今有摩笄之山。代王之亡,天下莫不闻。

"夫赵王之很戾无亲,大王之所明见,且以赵王为可亲乎?赵兴兵攻燕,再围燕都而劫大王,大王割十城以谢。今赵王已入朝渑池,效河间以事秦。今大王不事秦,秦下甲云中、九原,驱赵而攻燕,则易水、长城非大王之有也。

"且今时赵之于秦犹郡县也,不敢妄举师以攻伐。今王事秦,秦王必喜,赵不敢妄动,是西有强秦之援,而南无齐赵之患,是故愿大王孰计之。"

燕王曰:"寡人蛮夷僻处,虽大男子裁如婴儿,言不足以采正计。今上客幸教之,请西面而事秦,献恒山之尾五城。"燕王听仪。仪归报,未至咸阳而秦惠王卒,武王立。武王自为太子时不说张仪,及即位,群臣多谗张仪曰:"无信,左右卖国以取容。秦必复用之,恐为天下笑。"诸侯闻张仪有郤武王,皆畔衡,复合从。

　　秦武王元年，群臣日夜恶张仪未已，而齐让又至。张仪惧诛，乃因谓秦武王曰："仪有愚计，愿效之。"王曰："奈何？"对曰："为秦社稷计者，东方有大变，然后王可以多割得地也。今闻齐王甚憎仪，仪之所在，必兴师伐之。故仪愿乞其不肖之身之梁，齐必兴师而伐梁。梁齐之兵连于城下而不能相去，王以其间伐韩，入三川，出兵函谷而毋伐，以临周，祭器必出。挟天子，按图籍，此王业也。"秦王以为然，乃具革车三十乘，入仪之梁。齐果兴师伐之。梁哀王恐。张仪曰："王勿患也，请令罢齐兵。"乃使其舍人冯喜之楚，借使之齐，谓齐王曰："王甚憎张仪；虽然，亦厚矣王之托仪于秦也！"齐王曰："寡人憎仪，仪之所在，必兴师伐之，何以托仪？"对曰："是乃王之托仪也。夫仪之出也，固与秦王约曰：'为王计者，东方有大变，然后王可以多割得地。今齐王甚憎仪，仪之所在，必兴师伐之。故仪愿乞其不肖之身之梁，齐必兴师伐之。齐梁之兵连于城下而不能相去，王以其间伐韩，入三川，出兵函谷而无伐，以临周，祭器必出。挟天子，案图籍，此王业也。'秦王以为然，故具革车三十乘而入之梁也。今仪入梁，王果伐之，是王内罢国而外伐与国，广邻敌以内自临，而信仪于秦王也。此臣之所谓'托仪'也。"齐王曰："善。"乃使解兵。

　　张仪相魏一岁，卒于魏也。

　　陈轸者，游说之士。与张仪俱事秦惠王，皆贵重，争宠。张仪恶陈轸于秦王曰："轸重币轻使秦楚之间，将为国交也。今楚不加善于秦而善轸者，轸自为厚而为王薄也。且轸欲去秦而之楚，王胡不听乎？"王谓陈轸曰："吾闻子欲去秦之楚，有之乎？"轸曰："然。"王曰："仪之言果信矣。"轸曰："非独仪知之也，行道之士尽知之矣。昔子胥忠于其君而天下争以为臣，曾参孝于其亲而天下愿以为子。故卖仆妾不出闾巷而售者，良仆妾也；出妇嫁于乡曲者，良妇也。今轸不忠其君，楚亦何以轸为忠乎？忠且见弃，轸不之楚何归乎？"王以其言为然，遂善待之。

　　居秦期年，秦惠王终相张仪，而陈轸奔楚。楚未之重也，而使陈轸使于秦。过梁，欲见犀首。犀首谢弗见。轸曰："吾为事来，公不见轸，轸将行，不得待异日。"犀首见之。陈轸曰："公何好饮也？"犀首曰："无事也。"曰："吾请令公厌事可乎？"曰："奈何？"曰："田需约诸侯从亲，楚王疑之，未信也。公谓于王曰：'臣与燕、赵之王有故，数使人来，曰"无事何不相见"，愿谒行于王。'王虽许公，公请毋多车，以车三十乘，可陈之于庭，明言之燕、赵。"燕、赵客闻之,驰车告其王,使人迎犀首。楚王闻之大怒,曰:"田需与寡人约,而犀首之燕、赵,是欺我也。"怒而不听其事。齐闻犀首之北,使人以事委焉。犀首遂行,三国相事皆断于犀首。轸遂至秦。

韩魏相攻,期年不解。秦惠王欲救之,问于左右。左右或曰救之便,或曰勿救便,惠王未能为之决。陈轸适至秦,惠王曰:"子去寡人之楚,亦思寡人不?"陈轸对曰:"王闻夫越人庄舄乎?"王曰:"不闻。"曰:"越人庄舄仕楚执珪,有顷而病。楚王曰:'舄故越之鄙细人也,今仕楚执珪,贵富矣,亦思越不?'中谢对曰:'凡人之思故,在其病也。彼思越则越声,不思越则楚声。'使人往听之,犹尚越声也。今臣虽弃逐之楚,岂能无秦声哉!"惠王曰:"善。今韩魏相攻,期年不解,或谓寡人救之便,或曰勿救便,寡人不能决,愿子为子主计之馀,为寡人计之。"陈轸对曰:"亦尝有以夫卞庄子刺虎闻于王者乎?庄子欲刺虎,馆竖子止之,曰:'两虎方且食牛,食甘必争,争则必斗,斗则大者伤,小者死,从伤而刺之,一举必有双虎之名。'卞庄子以为然,立须之。有顷,两虎果斗,大者伤,小者死。庄子从伤者而刺之,一举果有双虎之功。今韩魏相攻,期年不解,是必大国伤,小国亡,从伤而伐之,一举必有两实。此犹庄子刺虎之类也。臣主与王何异也。"惠王曰:"善。"卒弗救。大国果伤,小国亡,秦兴兵而伐,大克之。此陈轸之计也。

犀首者,魏之阴晋人也,名衍,姓公孙氏。与张仪不善。

张仪为秦之魏,魏王相张仪。犀首弗利,故令人谓韩公叔曰:"张仪已合秦魏矣,其言曰'魏攻南阳,秦攻三川'。魏王所以贵张子者,欲得韩地也。且韩之南阳已举矣,子何不少委焉以为衍功,则秦魏之交可错矣。然则魏必图秦而弃仪,收韩而相衍。"公叔以为便,因委之犀首以为功。果相魏。张仪去。

义渠君朝于魏。犀首闻张仪复相秦,害之。犀首乃谓义渠君曰:"道远不得复过,请谒事情。"曰:"中国无事,秦得烧掇焚杅君之国;有事,秦将轻使重币事君之国。"其后五国伐秦。会陈轸谓秦王曰:"义渠君者,蛮夷之贤君也,不如赂之以抚其志。"秦王曰:"善。"乃以文绣千纯,妇女百人遗义渠君。义渠君致群臣而谋曰:"此公孙衍所谓邪?"乃起兵袭秦,大败秦人李伯之下。

张仪已卒之后,犀首入相秦。尝佩五国之相印,为约长。

太史公曰:三晋多权变之士,夫言从衡强秦者大抵皆三晋之人也。夫张仪之行事甚于苏秦，然世恶苏秦者，以其先死，而仪振暴其短以扶其说，成其衡道。要之，此两人真倾危之士哉！

史记卷七十一

樗里子甘茂列传第十一

樗里子者,名疾,秦惠王之弟也,与惠王异母。母,韩女也。樗里子滑稽多智,秦人号曰"智囊"。

秦惠王八年,爵樗里子右更,使将而伐曲沃,尽出其人,取其城,地入秦。秦惠王二十五年,使樗里子为将伐赵,虏赵将军庄豹,拔蔺。明年,助魏章攻楚,败楚将屈丐,取汉中地。秦封樗里子,号为严君。

秦惠王卒,太子武王立,逐张仪、魏章,而以樗里子、甘茂为左右丞相。秦使甘茂攻韩,拔宜阳。使樗里子以车百乘入周。周以卒迎之,意甚敬。楚王怒,让周,以其重秦客。游腾为周说楚王曰:"知伯之伐仇犹,遗之广车,因随之以兵,仇犹遂亡。何则?无备故也。齐桓公伐蔡,号曰诛楚,其实袭蔡。今秦,虎狼之国,使樗里子以车百乘入周,周以仇犹、蔡观焉,故使长戟居前,强弩在后,名曰卫疾,而实囚之。且夫周岂能无忧其社稷哉?恐一旦亡国以忧大王。"楚王乃悦。

秦武王卒,昭王立,樗里子又益尊重。

昭王元年,樗里子将伐蒲。蒲守恐,请胡衍。胡衍为蒲谓樗里子曰:"公之攻蒲,为秦乎?为魏乎?为魏则善矣,为秦则不为赖矣。夫卫之所以为卫者,以蒲也。今伐蒲入于魏,卫必折而从之。魏亡西河之外而无以取者,兵弱也。今并卫于魏,魏必强。魏强之日,西河之外必危矣。且秦王将观公之事,害秦而利魏,王必罪公。"樗里子曰:"奈何?"胡衍曰:"公释蒲勿攻,臣试为公入言之,以德卫君。"樗里子曰:"善。"胡衍入蒲,谓其守曰:"樗里子知蒲之病矣,其言曰必拔蒲。衍能令释蒲勿攻。"蒲守恐,因再拜曰:"愿以请。"因效金三百斤,曰:"秦兵苟退,请必言子于卫君,使子为南面。"故胡衍受金于蒲以自贵于卫。于是遂解蒲而去。还击皮氏,皮氏未降,又去。

昭王七年,樗里子卒,葬于渭南章台之东。曰:"后百岁,是当有天子之宫夹我墓。"樗里子疾室在于昭王庙西渭南阴乡樗里,故俗谓之樗里子。

至汉兴,长乐宫在其东,未央宫在其西,武库正直其墓。秦人谚曰:"力则任鄙,智则樗里。"

甘茂者,下蔡人也。事下蔡史举先生,学百家之术。因张仪、樗里子而求见秦惠王。王见而说之,使将,而佐魏章略定汉中地。

惠王卒,武王立。张仪、魏章去,东之魏。蜀侯辉、相壮反,秦使甘茂定蜀。还,而以甘茂为左丞相,以樗里子为右丞相。

秦武王三年,谓甘茂曰:"寡人欲容车通三川,以窥周室,而寡人死不朽矣。"甘茂曰:"请之魏,约以伐韩,而令向寿辅行。"甘茂至,谓向寿曰:"子归,言之于王曰'魏听臣矣,然愿王勿伐'。事成,尽以为子功。"向寿归,以告王,王迎甘茂于息壤。甘茂至,王问其故。对曰:"宜阳,大县也,上党、南阳积之久矣。名曰县,其实郡也。今王倍数险,行千里攻之,难。昔曾参之处费,鲁人有与曾参同姓名者杀人,人告其母曰'曾参杀人',其母织自若也。顷之,一人又告之曰'曾参杀人',其母尚织自若也。顷又一人告之曰'曾参杀人',其母投杼下机,逾墙而走。夫以曾参之贤与其母信之也,三人疑之,其母惧焉。今臣之贤不若曾参,王之信臣又不如曾参之母信曾参也,疑臣者非特三人,臣恐大王之投杼也。始张仪西并巴蜀之地,北开西河之外,南取上庸,天下不以多张子而以贤先王。魏文侯令乐羊将而攻中山,三年而拔之。乐羊返而论功,文侯示之谤书一箧。乐羊再拜稽首曰:'此非臣之功也,主君之力也。'今臣,羁旅之臣也。樗里子、公孙奭二人者挟韩而议之,王必听之,是王欺魏王而臣受公仲侈之怨也。"王曰:"寡人不听也,请与子盟。"卒使丞相甘茂将兵伐宜阳。五月而不拔,樗里子、公孙奭果争之。武王召甘茂,欲罢兵。甘茂曰:"息壤在彼。"王曰:"有之。"因大悉起兵,使甘茂击之。斩首六万,遂拔宜阳。韩襄王使公仲侈入谢,与秦平。

武王竟至周,而卒于周。其弟立,为昭王。王母宣太后,楚女也。楚怀王怨前秦败楚于丹阳而韩不救,乃以兵围韩雍氏。韩使公仲侈告急于秦。秦昭王新立,太后楚人,不肯救。公仲因甘茂,茂为韩言于秦昭王曰:"公仲方有得秦救,故敢扦楚也。今雍氏围,秦师不下殽,公仲且仰首而不朝,公叔且以国南合于楚。楚、韩为一,魏氏不敢不听,然则伐秦之形成矣。不识坐而待伐孰与伐人之利?"秦王曰:"善。"乃下师于殽以救韩,楚兵去。

　　秦使向寿平宜阳，而使樗里子、甘茂伐魏皮氏。向寿者，宣太后外族也，而与昭王少相长，故任用。向寿如楚，楚闻秦之贵向寿，而厚事向寿。向寿为秦守宜阳，将以伐韩。韩公仲使苏代谓向寿曰："禽困覆车。公破韩，辱公仲，公仲收国复事秦，自以为必可以封。今公与楚解口地，封小令尹以杜阳。秦楚合，复攻韩，韩必亡。韩亡，公仲且躬率其私徒以阏于秦。愿公孰虑之也。"向寿曰："吾合秦楚非以当韩也，子为寿谒之公仲，曰秦韩之交可合也。"苏代对曰："愿有谒于公。人曰贵其所以贵者贵。王之爱习公也，不如公孙奭；其智能公也，不如甘茂。今二人者皆不得亲于秦事，而公独与王主断于国者何？彼有以失之也。公孙奭党于韩，而甘茂党于魏，故王不信也。今秦楚争强而公党于楚，是与公孙奭、甘茂同道也，公何以异之？人皆言楚之善变也，而公必亡之，是自为责也。公不如与王谋其变也，善韩以备楚，如此则无患矣。韩氏必先以国从公孙奭而后委国于甘茂。韩，公之仇也。今公言善韩以备楚，是外举不僻仇也。"向寿曰："然，吾甚欲韩合。"对曰："甘茂许公仲以武遂，反宜阳之民，今公徒收之，甚难。"向寿曰："然则奈何？武遂终不可得也？"对曰："公奚不以秦为韩求颍川于楚？此韩之寄地也。公求而得之，是令行于楚而以其地德韩也。公求而不得，是韩楚之怨不解而交走秦也。秦楚争强，而公徐过楚以收韩，此利于秦。"向寿曰："奈何？"对曰："此善事也。甘茂欲以魏取齐，公孙奭欲以韩取齐。今公取宜阳以为功，收楚韩以安之，而诛齐魏之罪，是以公孙奭、甘茂无事也。"

　　甘茂竟言秦昭王，以武遂复归之韩。向寿、公孙奭争之，不能得。向寿、公孙奭由此怨，谗甘茂，茂惧，辍伐魏蒲阪，亡去。樗里子与魏讲，罢兵。

　　甘茂之亡秦奔齐，逢苏代。代为齐使于秦。甘茂曰："臣得罪于秦，惧而遁逃，无所容迹。臣闻贫人女与富人女会绩，贫人女曰：'我无以买烛，而子之烛光幸有余，子可分我馀光，无损子明而得一斯便焉。'今臣困而君方使秦而当路矣。茂之妻子在焉，愿君以馀光振之。"苏代许诺。遂致使于秦。已，因说秦王曰："甘茂，非常士也。其居于秦，累世重矣。自殽塞及至鬼谷，其地形险易皆明知之。彼以齐约韩魏反以图秦，非秦之利也。"秦王曰："然则奈何？"苏代曰："王不若重其贽，厚其禄以迎之，使彼来则置之鬼谷，终身勿出。"秦王曰："善。"即赐之上卿，以相印迎之于齐。甘茂不往。苏代谓齐湣王曰："夫甘茂，贤人也。今秦赐之上卿，以相印迎之。甘茂德王之赐，好为王臣，故辞而不往。今王何以礼之？"齐王曰："善。"即位之上卿而处之。秦因复甘茂之家以市于齐。

　　齐使甘茂于楚,楚怀王新与秦合婚而欢。而秦闻甘茂在楚,使人谓楚王曰:"愿送甘茂于秦。"楚王问于范蜎曰:"寡人欲置相于秦,孰可?"对曰:"臣不足以识之。"楚王曰:"寡人欲相甘茂,可乎?"对曰:"不可。夫史举,下蔡之监门也,大不为事君,小不为家室,以苟贱不廉闻于世,甘茂事之顺焉。故惠王之明,武王之察,张仪之辩,而甘茂事之,取十官而无罪。茂诚贤者也,然不可相于秦。夫秦之有贤相,非楚国之利也。且王前尝用召滑于越,而内行章义之难,越国乱,故楚南塞厉门而郡江东。计王之功所以能如此者,越国乱而楚治也。今王知用诸越而忘用诸秦,臣以王为钜过矣。然则王若欲置相于秦,则莫若向寿者可。夫向寿之于秦王,亲也,少与之同衣,长与之同车,以听事。王必相向寿于秦,则楚国之利也。"于是使使请秦相向寿于秦。秦卒相向寿,而甘茂竟不得复入秦,卒于魏。

　　甘茂有孙曰甘罗。

　　甘罗者,甘茂孙也。茂既死后,甘罗年十二,事秦相文信侯吕不韦。

　　秦始皇帝使刚成君蔡泽于燕,三年而燕王喜使太子丹入质于秦。秦使张唐往相燕,欲与燕共伐赵以广河间之地。张唐谓文信侯曰:"臣尝为秦昭王伐赵,赵怨臣,曰:'得唐者与百里之地。'今之燕必经赵,臣不可以行。"文信侯不快,未有以强也。甘罗曰:"君侯何不快之甚也?"文信侯曰:"吾令刚成君蔡泽事燕三年,燕太子丹已入质矣,吾自请张卿相燕而不肯行。"甘罗曰:"臣请行之。"文信侯叱曰:"去!我身自请之而不肯,女焉能行之?"甘罗曰:"大项橐生七岁为孔子师。今臣生十二岁于兹矣,君其试臣,何遽叱乎?"于是甘罗见张卿曰:"卿之功孰与武安君?"卿曰:"武安君南挫强楚,北威燕、赵,战胜攻取,破城堕邑,不知其数,臣之功不如也。"甘罗曰:"应侯之用于秦也,孰与文信侯专?"张卿曰:"应侯不如文信侯专。"甘罗曰:"卿明知其不如文信侯专与?"曰:"知之。"甘罗曰:"应侯欲攻赵,武安君难之,去咸阳七里而立死于杜邮。今文信侯自请卿相燕而不肯行,臣不知卿所死处矣。"张唐曰:"请因孺子行。"令装治行。

　　行有日,甘罗谓文信侯曰:"借臣车五乘,请为张唐先报赵。"文信侯乃入言之于始皇曰:"昔甘茂之孙甘罗,年少耳,然名家之子孙,诸侯皆闻之。今者张唐欲称疾不肯行,甘罗说而行之。今愿先报赵,请许遣之。"始皇召见,使甘罗于赵。赵襄王郊迎甘罗。甘罗说赵王曰:"王闻燕太子丹入质秦欤?"曰:"闻之。"曰:"闻张唐相燕欤?"曰:"闻之。""燕太子丹入秦者,燕不欺秦也。张唐相燕者，秦不欺燕也。燕、秦不相欺者，伐赵，危矣。燕、秦不相欺无异故，欲攻赵而广河间。王不如赍臣五城以广河间，请归燕太子，与强赵攻弱燕。"赵王立自割五城以广河间。秦归燕太子。赵攻燕，得上谷三十城，令秦有十一。

甘罗还报秦，乃封甘罗以为上卿，复以始甘茂田宅赐之。

太史公曰：樗里子以骨肉重，固其理，而秦人称其智，故颇采焉。甘茂起下蔡闾阎，显名诸侯，重强齐楚。甘罗年少，然出一奇计，声称后世。虽非笃行之君子，然亦战国之策士也。方秦之强时，天下尤趋谋诈哉。

史记卷七十二

穰侯列传第十二

穰侯魏冉者,秦昭王母宣太后弟也。其先楚人,姓芈氏。

秦武王卒,无子,立其弟为昭王。昭王母故号为芈八子,及昭王即位,芈八子号为宣太后。宣太后非武王母。武王母号曰惠文后,先武王死。宣太后二弟:其异父长弟曰穰侯,姓魏氏,名冉;同父弟芈戎,为华阳君。而昭王同母弟曰高陵君、泾阳君。而魏冉最贤,自惠王、武王时任职用事。武王卒,诸弟争立,唯魏冉力为能立昭王。昭王即位,以冉为将军,卫咸阳。诛季君之乱,而逐武王后出之魏,昭王诸兄弟不善者皆灭之,威振秦国。昭王少,宣太后自治,任魏冉为政。

昭王七年,樗里子死,而使泾阳君质于齐。赵人楼缓来相秦,赵不利,乃使仇液之秦,请以魏冉为秦相。仇液将行,其客宋公谓液曰:“秦不听公,楼缓必怨公。公不若谓楼缓曰‘请为公毋急秦’。秦王见赵请相魏冉之不急,且不听公。公言而事不成,以德楼子;事成,魏冉故德公矣。”于是仇液从之。而秦果免楼缓而魏冉相秦。

欲诛吕礼,礼出奔齐。昭王十四年,魏冉举白起,使代向寿将而攻韩、魏,败之伊阙,斩首二十四万,虏魏将公孙喜。明年,又取楚之宛、叶。魏冉谢病免相,以客卿寿烛为相。其明年,烛免,复相冉,乃封魏冉于穰,复益封陶,号曰穰侯。

穰侯封四岁,为秦将攻魏。魏献河东方四百里。拔魏之河内,取城大小六十馀。昭王十九年,秦称西帝,齐称东帝。月馀,吕礼来,而齐、秦各复归帝为王。魏冉复相秦,六岁而免。免二岁,复相秦。四岁,而使白起拔楚之郢,秦置南郡。乃封白起为武安君。白起者,穰侯之所任举也,相善。于是穰侯之富,富于王室。

昭王三十二年,穰侯为相国,将兵攻魏,走芒卯,入北宅,遂围大梁。梁大夫须贾说穰侯曰:“臣闻魏之长吏谓魏王曰:‘昔梁惠王伐赵,战胜三梁,拔邯郸;赵氏不割,而邯郸复归。齐人攻卫,拔故国,杀子良;卫人不割,而故地复反。卫、赵之所以国全兵劲而地不并于诸侯者,以其能忍难而重出地也。宋、中山数伐割地,而国随以亡。臣以为卫、赵可法,而宋、中山可为戒也。秦,贪戾之国也,而毋亲。蚕食魏氏,又尽晋国,战胜暴子,割八县,地未毕入,兵复出矣。夫秦何厌之有哉!今又走芒卯,入北宅,此非敢攻梁也,且劫王以求多割地。王必勿听也。今王背楚、赵而讲秦,楚、赵怒而去王,与王争事秦,秦必受之。秦挟楚、赵之兵以复攻梁,则国求无亡不可得也。愿王之必无讲也。王若欲讲,少割而有质;不然,必见欺。'此臣之所闻于魏也,愿君之以是虑事也。周书曰'惟命不于常',此言幸之不可数也。夫战胜暴子,割八县,此非兵力之精也,又非计之工也,天幸为多矣。今又走芒卯,入北宅,以攻大梁,是以天幸自为常也,智者不然。臣闻魏氏悉其百县胜甲以上戍大梁,臣以为不下三十万。以三十万之众守梁七仞之城,臣以为汤、武复生,不易攻也。夫轻背楚、赵之兵,陵七仞之城,战三十万之众,而志必举之,臣以为自天地始分以至于今,未尝有者也。攻而不拔,秦兵必罢,陶邑必亡,则前功必弃矣。今魏氏方疑,可以少割收也。愿君逮楚、赵之兵未至于梁,亟以少割收魏。魏方疑而得以少割为利,必欲之,则君得所欲矣。楚、赵怒于魏之先己也,必争事秦,从以此散,而君后择焉。且君之得地岂必以兵哉!割晋国,秦兵不攻,而魏必效绛安邑。又为陶开两道,几尽故宋,卫必效单父。秦兵可全,而君制之,何索而不得,何为而不成!愿君熟虑之而无行危。"穰侯曰:"善。"乃罢梁围。

明年,魏背秦,与齐从亲。秦使穰侯伐魏,斩首四万,走魏将暴鸢,得魏三县。穰侯益封。

明年,穰侯与白起客卿胡阳复攻赵、韩、魏,破芒卯于华阳下,斩首十万,取魏之卷、蔡阳、长社,赵氏观津。且与赵观津,益赵以兵,伐齐。齐襄王惧,使苏代为齐阴遗穰侯书曰:"臣闻往来者言曰'秦将益赵甲四万以伐齐',臣窃必之敝邑之王曰'秦王明而熟于计,穰侯智而习于事,必不益赵甲四万以伐齐'。是何也?夫三晋之相与也,秦之深仇也。百相背也,百相欺也,不为不信,不为无行。今破齐以肥赵。赵,秦之深仇,不利于秦。此一也。秦之谋者,必曰'破齐,弊晋、楚,而后制晋、楚之胜'。夫齐,罢国也,以天下攻齐,如以千钧之弩决溃痈也,必死,安能弊晋、楚?此二也。秦少出兵,则晋、楚不信也;多出兵,则晋、楚为制于秦。齐恐,不走秦,必走晋、楚。此三也。秦割齐以啖晋、楚,晋、楚案之以兵,秦反受敌。此四也。是晋、楚以秦谋齐,以齐谋秦也,何晋、楚之智而秦、齐之愚? 此五也。
故得安邑以善事之,亦必无患矣。秦有安邑,韩氏必无上党矣。取天下之
肠胃,与出兵而惧其不反也,孰利? 臣故曰秦王明而熟于计,穰侯智而习
于事,必不益赵甲四万以伐齐矣。"于是穰侯不行,引兵而归。

　　昭王三十六年,相国穰侯言客卿灶,欲伐齐取刚、寿,以广其陶邑。于
是魏人范雎自谓张禄先生,讥穰侯之伐齐,乃越三晋以攻齐也,以此时奸
说秦昭王。昭王于是用范雎。范雎言宣太后专制,穰侯擅权于诸侯,泾阳
君、高陵君之属太侈,富于王室。于是秦昭王悟,乃免相国,令泾阳之属皆
出关,就封邑。穰侯出关,辎车千乘有馀。

　　穰侯卒于陶,而因葬焉。秦复收陶为郡。

　　太史公曰:穰侯,昭王亲舅也。而秦所以东益地,弱诸侯,尝称帝于天
下,天下皆西向稽首者,穰侯之功也。及其贵极富溢,一夫开说,身折势夺
而以忧死,况于羁旅之臣乎?

史记卷七十三

白起王翦列传第十三

白起者，郿人也。善用兵，事秦昭王。昭王十三年，而白起为左庶长，将而击韩之新城。是岁，穰侯相秦，举任鄙以为汉中守。其明年，白起为左更，攻韩、魏于伊阙，斩首二十四万，又虏其将公孙喜，拔五城。起迁为国尉。涉河取韩安邑以东，到乾河。明年，白起为大良造。攻魏，拔之，取城小大六十一。明年，起与客卿错攻垣城，拔之。后五年，白起攻赵，拔光狼城。后七年，白起攻楚，拔鄢、邓五城。其明年，攻楚，拔郢，烧夷陵，遂东至竟陵。楚王亡去郢，东走徙陈。秦以郢为南郡。白起迁为武安君。武安君因取楚，定巫、黔中郡。昭王三十四年，白起攻魏，拔华阳，走芒卯，而虏三晋将，斩首十三万。与赵将贾偃战，沉其卒二万人于河中。昭王四十三年，白起攻韩陉城，拔五城，斩首五万。四十四年，白起攻南阳太行道，绝之。

四十五年，伐韩之野王。野王降秦，上党道绝。其守冯亭与民谋曰："郑道已绝，韩必不可得为民。秦兵日进，韩不能应，不如以上党归赵。赵若受我，秦怒，必攻赵。赵被兵，必亲韩。韩赵为一，则可以当秦。"因使人报赵。赵孝成王与平阳君、平原君计之。平阳君曰："不如勿受。受之，祸大于所得。"平原君曰："无故得一郡，受之便。"赵受之，因封冯亭为华阳君。

四十六年，秦攻韩缑氏、蔺，拔之。

四十七年，秦使左庶长王龁攻韩，取上党。上党民走赵。赵军长平，以按据上党民。四月，龁因攻赵。赵使廉颇将。赵军士卒犯秦斥兵，秦斥兵斩赵裨将茄。六月，陷赵军，取二障四尉。七月，赵军筑垒壁而守之。秦又攻其垒，取二尉，败其阵，夺西垒壁。廉颇坚壁以待秦，秦数挑战，赵兵不出。赵王数以为让。而秦相应侯又使人行千金于赵为反间，曰："秦之所恶,独畏马服子赵括将耳,廉颇易与,且降矣。"赵王既怒廉颇军多失亡,军数败,又反坚壁不敢战,而又闻秦反间之言,因使赵括代廉颇将以击秦。秦闻马服子将,乃阴使武安君白起为上将军,而王龁为尉裨将,令军中有敢泄武安君将者斩。赵括至,则出兵击秦军。秦军详败而走,张二奇兵以劫之。赵军逐胜,追造秦壁。壁坚拒不得入,而秦奇兵二万五千人绝赵军后,又一军五千骑绝赵壁间,赵军分而为二,粮道绝。而秦出轻兵击之。赵战不利,因筑壁坚守,以待救至。秦王闻赵食道绝,王自之河内,赐民爵各一级,发年十五以上悉诣长平,遮绝赵救及粮食。

至九月,赵卒不得食四十六日,皆内阴相杀食。来攻秦垒,欲出。为四队,四五复之,不能出。其将军赵括出锐卒自搏战,秦军射杀赵括。括军败,卒四十万人降武安君。武安君计曰:"前秦已拔上党,上党民不乐为秦而归赵,赵卒反覆。非尽杀之,恐为乱。"乃挟诈而尽坑杀之,遗其小者二百四十人归赵。前后斩首虏四十五万人。赵人大震。

四十八年十月,秦复定上党郡。秦分军为二:王龁攻皮牢,拔之;司马梗定太原。韩、赵恐,使苏代厚币说秦相应侯曰:"武安君禽马服子乎?"曰:"然。"又曰:"即围邯郸乎?"曰:"然。""赵亡则秦王王矣,武安君为三公。武安君所为秦战胜攻取者七十馀城,南定鄢、郢、汉中,北禽赵括之军,虽周、召、吕望之功不益于此矣。今赵亡,秦王王,则武安君必为三公,君能为之下乎?虽无欲为之下,固不得已矣。秦尝攻韩,围邢丘,困上党,上党之民皆反为赵,天下不乐为秦民之日久矣。今亡赵,北地入燕,东地入齐,南地入韩、魏,则君之所得民亡几何人。故不如因而割之,无以为武安君功也。"于是应侯言于秦王曰:"秦兵劳,请许韩、赵之割地以和,且休士卒。"王听之,割韩垣雍、赵六城以和。正月,皆罢兵。武安君闻之,由是与应侯有隙。

其九月,秦复发兵,使五大夫王陵攻赵邯郸。是时武安君病,不任行。四十九年正月,陵攻邯郸,少利,秦益发兵佐陵。陵兵亡五校。武安君病愈,秦王欲使武安君代陵将。武安君言曰:"邯郸实未易攻也。且诸侯救日至,彼诸侯怨秦之日久矣。今秦虽破长平军,而秦卒死者过半,国内空。远绝河山而争人国都,赵应其内,诸侯攻其外,破秦军必矣。不可。"秦王自命,不行;乃使应侯请之,武安君终辞不肯行,遂称病。

秦王使王龁代陵将,八九月围邯郸,不能拔。楚使春申君及魏公子将兵数十万攻秦军,秦军多失亡。武安君言曰:"秦不听臣计,今如何矣!"秦王闻之,怒,强起武安君,武安君遂称病笃。应侯请之,不起。于是免武安君为士伍,迁之阴密。武安君病,未能行。居三月,诸侯攻秦军急,秦军数却,使者日至。秦王乃使人遣白起,不得留咸阳中。武安君既行,出咸阳西门十里,至杜邮。秦昭王与应侯群臣议曰:"白起之迁,其意尚怏怏不服,有馀言。"秦王乃使使者赐之剑,自裁。武安君引剑将自刭,曰:"我何罪于天而至此哉?"良久,曰:"我固当死。长平之战,赵卒降者数十万人,我诈而尽坑之,是足以死。"遂自杀。武安君之死也,以秦昭王五十年十一月。死而非其罪,秦人怜之,乡邑皆祭祀焉。

王翦者,频阳东乡人也。少而好兵,事秦始皇。始皇十一年,翦将攻赵阏与,破之,拔九城。十八年,翦将攻赵。岁馀,遂拔赵,赵王降,尽定赵地为郡。明年,燕使荆轲为贼于秦,秦王使王翦攻燕。燕王喜走辽东,翦遂定燕蓟而还。秦使翦子王贲击荆,荆兵败。还击魏,魏王降,遂定魏地。

秦始皇既灭三晋,走燕王,而数破荆师。秦将李信者,年少壮勇,尝以兵数千逐燕太子丹至于衍水中,卒破得丹,始皇以为贤勇。于是始皇问李信:"吾欲攻取荆,于将军度用几何人而足?"李信曰:"不过用二十万人。"始皇问王翦,王翦曰:"非六十万人不可。"始皇曰:"王将军老矣,何怯也!李将军果势壮勇,其言是也。"遂使李信及蒙恬将二十万南伐荆。王翦言不用,因谢病,归老于频阳。李信攻平与,蒙恬攻寝,大破荆军。信又攻鄢郢,破之,于是引兵而西,与蒙恬会城父。荆人因随之,三日三夜不顿舍,大破李信军,入两壁,杀七都尉,秦军走。

始皇闻之,大怒,自驰如频阳,见谢王翦曰:"寡人以不用将军计,李信果辱秦军。今闻荆兵日进而西,将军虽病,独忍弃寡人乎!"王翦谢曰:"老臣罢病悖乱,唯大王更择贤将。"始皇谢曰:"已矣,将军勿复言!"王翦曰:"大王必不得已用臣,非六十万人不可。"始皇曰:"为听将军计耳。"于是王翦将兵六十万人,始皇自送至灞上。王翦行,请美田宅园池甚众。始皇曰:"将军行矣,何忧贫乎?"王翦曰:"为大王将,有功终不得封侯,故及大王之向臣,臣亦及时以请园池为子孙业耳。"始皇大笑。王翦既至关,使使还请善田者五辈。或曰:"将军之乞贷,亦已甚矣。"王翦曰:"不然。夫秦王怚而不信人。今空秦国甲士而专委于我,我不多请田宅为子孙业以自坚,顾令秦王坐而疑我邪?"

王翦果代李信击荆。荆闻王翦益军而来,乃悉国中兵以拒秦。王翦至,坚壁而守之,不肯战。荆兵数出挑战,终不出。王翦日休士洗沐,而善饮食抚循之,亲与士卒同食。久之,王翦使人问军中戏乎?对曰:"方投石超距。”于是王翦曰:“士卒可用矣。”荆数挑战而秦不出,乃引而东。翦因举兵追之,令壮士击,大破荆军。至蕲南,杀其将军项燕,荆兵遂败走。秦因乘胜略定荆地城邑。岁馀,虏荆王负刍,竟平荆地为郡县。因南征百越之君。而王翦子王贲,与李信破定燕、齐地。

秦始皇二十六年,尽并天下,王氏、蒙氏功为多,名施于后世。

秦二世之时,王翦及其子贲皆已死,而又灭蒙氏。陈胜之反秦,秦使王翦之孙王离击赵,围赵王及张耳钜鹿城。或曰:“王离,秦之名将也。今将强秦之兵,攻新造之赵,举之必矣。”客曰:“不然。夫为将三世者必败。必败者何也? 必其所杀伐多矣,其后受其不祥。今王离已三世将矣。”居无何,项羽救赵,击秦军,果虏王离,王离军遂降诸侯。

太史公曰:鄙语云“尺有所短,寸有所长”。白起料敌合变,出奇无穷,声震天下,然不能救患于应侯。王翦为秦将,夷六国,当是时,翦为宿将,始皇师之,然不能辅秦建德,固其根本,偷合取容,以至殁身。及孙王离为项羽所虏,不亦宜乎! 彼各有所短也。

史记卷七十四

孟子荀卿列传第十四

<u>太史公</u>曰:余读<u>孟子</u>书,至<u>梁惠王</u>问"何以利吾国",未尝不废书而叹也。曰:嗟乎,利诚乱之始也!夫子罕言利者,常防其原也。故曰"放于利而行,多怨"。自天子至于庶人,好利之弊何以异哉!

<u>孟轲</u>,<u>驺</u>人也。受业<u>子思</u>之门人。道既通,游事<u>齐宣王</u>,<u>宣王</u>不能用。适<u>梁</u>,<u>梁惠王</u>不果所言,则见以为迂远而阔于事情。当是之时,<u>秦</u>用<u>商君</u>,富国强兵;<u>楚</u>、<u>魏</u>用<u>吴起</u>,战胜弱敌;<u>齐威王</u>、<u>宣王</u>用<u>孙子</u>、<u>田忌</u>之徒,而诸侯东面朝<u>齐</u>。天下方务于合从连衡,以攻伐为贤,而<u>孟轲</u>乃述<u>唐</u>、<u>虞</u>、<u>三代</u>之德,是以所如者不合。退而与<u>万章</u>之徒序诗书,述<u>仲尼</u>之意,作<u>孟子</u>七篇。其后有<u>驺子</u>之属。

<u>齐</u>有三<u>驺子</u>。其前<u>驺忌</u>,以鼓琴干<u>威王</u>,因及国政,封为<u>成侯</u>而受相印,先<u>孟子</u>。

其次<u>驺衍</u>,后<u>孟子</u>。<u>驺衍</u>睹有国者益淫侈,不能尚德,若<u>大雅</u>整之于身,施及黎庶矣。乃深观阴阳消息而作怪迂之变,<u>终始</u>、<u>大圣</u>之篇十馀万言。其语闳大不经,必先验小物,推而大之,至于无垠。先序今以上至<u>黄帝</u>,学者所共术,大并世盛衰,因载其机祥度制,推而远之,至天地未生,窈冥不可考而原也。先列中国名山大川,通谷禽兽,水土所殖,物类所珍,因而推之,及海外人之所不能睹。称引天地剖判以来,五德转移,治各有宜,而符应若兹。以为儒者所谓中国者,于天下乃八十一分居其一分耳。中国名曰<u>赤县神州</u>。<u>赤县神州</u>内自有九州,<u>禹</u>之序九州是也,不得为州数。中国外如<u>赤县神州</u>者九,乃所谓九州也。于是有裨海环之,人民禽兽莫能相通者,如一区中者,乃为一州。如此者九,乃有大瀛海环其外,天地之际焉。其术皆此类也,然要其归,必止乎仁义节俭,君臣上下六亲之施。始也,滥耳。王公大人初见其术,惧然顾化,其后不能行之。

是以<u>驺子</u>重于<u>齐</u>。适<u>梁</u>,<u>惠王</u>郊迎,执宾主之礼。适<u>赵</u>,<u>平原君</u>侧行撤席。如燕,昭王拥彗先驱,请列弟子之座而受业,筑碣石宫,身亲往师之。作主运。其游诸侯见尊礼如此,岂与仲尼菜色陈蔡,孟轲困于齐梁同乎哉!故武王以仁义伐纣而王,伯夷饿不食周粟;卫灵公问阵,而孔子不答;梁惠王谋欲攻赵,孟轲称大王去邠。此岂有意阿世俗苟合而已哉!持方枘欲内圜凿,其能入乎?或曰,伊尹负鼎而勉汤以王,百里奚饭牛车下而缪公用霸,作先合,然后引之大道。驺衍其言虽不轨,傥亦有牛鼎之意乎?

自驺衍与齐之稷下先生,如淳于髡、慎到、环渊、接子、田骈、驺奭之徒,各著书言治乱之事,以干世主,岂可胜道哉!

淳于髡,齐人也。博闻强记,学无所主。其谏说,慕晏婴之为人也,然而承意观色为务。客有见髡于梁惠王,惠王屏左右,独坐而再见之,终无言也。惠王怪之,以让客曰:"子之称淳于先生,管、晏不及,及见寡人,寡人未有得也。岂寡人不足为言邪?何故哉?"客以谓髡。髡曰:"固也。吾前见王,王志在驱逐;后复见王,王志在音声:吾是以默然。"客具以报王,王大骇,曰:"嗟乎,淳于先生诚圣人也!前淳于先生之来,人有献善马者,寡人未及视,会先生至。后先生之来,人有献讴者,未及试,亦会先生来。寡人虽屏人,然私心在彼,有之。"后淳于髡见,壹语连三日三夜无倦。惠王欲以卿相位待之,髡因谢去。于是送以安车驾驷,束帛加璧,黄金百镒。终身不仕。

慎到,赵人。田骈、接子,齐人。环渊,楚人。皆学黄老道德之术,因发明序其指意。故慎到著十二论,环渊著上下篇,而田骈、接子皆有所论焉。驺奭者,齐诸驺子,亦颇采驺衍之术以纪文。于是齐王嘉之,自如淳于髡以下,皆命曰列大夫,为开第康庄之衢,高门大屋,尊宠之。览天下诸侯宾客,言齐能致天下贤士也。

荀卿,赵人。年五十始来游学于齐。驺衍之术迂大而闳辩;奭也文具难施;淳于髡久与处,时有得善言。故齐人颂曰:"谈天衍,雕龙奭,炙毂过髡。"田骈之属皆已死。齐襄王时,而荀卿最为老师。齐尚修列大夫之缺,而荀卿三为祭酒焉。齐人或谗荀卿,荀卿乃适楚,而春申君以为兰陵令。春申君死而荀卿废,因家兰陵。李斯尝为弟子,已而相秦。荀卿嫉浊世之政,亡国乱君相属,不遂大道而营于巫祝,信机祥,鄙儒小拘,如庄周等又猾稽乱俗,于是推儒、墨、道德之行事兴坏,序列著数万言而卒。因葬兰陵。

而赵亦有公孙龙为坚白同异之辩,剧子之言;魏有李悝,尽地力之教;

楚有尸子、长卢;阿之吁子焉。自如孟子至于吁子,世多有其书,故不论其传云。

　　盖墨翟,宋之大夫,善守御,为节用。或曰并孔子时,或曰在其后。

史记卷七十五

孟尝君列传第十五

孟尝君名文,姓田氏。文之父曰靖郭君田婴。田婴者,齐威王少子而齐宣王庶弟也。田婴自威王时任职用事,与成侯邹忌及田忌将而救韩伐魏。成侯与田忌争宠,成侯卖田忌。田忌惧,袭齐之边邑,不胜,亡走。会威王卒,宣王立,知成侯卖田忌,乃复召田忌以为将。宣王二年,田忌与孙膑、田婴俱伐魏,败之马陵,虏魏太子申而杀魏将庞涓。宣王七年,田婴使于韩、魏,韩、魏服于齐。婴与韩昭侯、魏惠王会齐宣王东阿南,盟而去。明年,复与梁惠王会甄。是岁,梁惠王卒。宣王九年,田婴相齐。齐宣王与魏襄王会徐州而相王也。楚威王闻之,怒田婴。明年,楚伐败齐师于徐州,而使人逐田婴。田婴使张丑说楚威王,威王乃止。田婴相齐十一年,宣王卒,湣王即位。即位三年,而封田婴于薛。

初,田婴有子四十馀人,其贱妾有子名文,文以五月五日生。婴告其母曰:"勿举也。"其母窃举生之。及长,其母因兄弟而见其子文于田婴。田婴怒其母曰:"吾令若去此子,而敢生之,何也?"文顿首,因曰:"君所以不举五月子者,何故?"婴曰:"五月子者,长与户齐,将不利其父母。"文曰:"人生受命于天乎?将受命于户邪?"婴默然。文曰:"必受命于天,君何忧焉。必受命于户,则可高其户耳,谁能至者!"婴曰:"子休矣。"

久之,文承间问其父婴曰:"子之子为何?"曰:"为孙。""孙之孙为何?"曰:"为玄孙。""玄孙之孙为何?"曰:"不能知也。"文曰:"君用事相齐,至今三王矣,齐不加广而君私家富累万金,门下不见一贤者。文闻将门必有将,相门必有相。今君后宫蹈绮縠而士不得裋褐,仆妾馀粱肉而士不厌糟糠。今君又尚厚积馀藏,欲以遗所不知何人,而忘公家之事日损,文窃怪之。"于是婴乃礼文,使主家待宾客。宾客日进,名声闻于诸侯。诸侯皆使人请薛公田婴以文为太子,婴许之。婴卒,谥为靖郭君。而文果代立于薛,是为孟尝君。

孟尝君在薛,招致诸侯宾客及亡人有罪者,皆归孟尝君。孟尝君舍业厚遇之，以故倾天下之士。食客数千人，无贵贱一与文等。孟尝君待客坐语，而屏风后常有侍史，主记君所与客语，问亲戚居处。客去，孟尝君已使使存问，献遗其亲戚。孟尝君曾待客夜食，有一人蔽火光。客怒，以饭不等，辍食辞去。孟尝君起，自持其饭比之。客惭，自刭。士以此多归孟尝君。孟尝君客无所择，皆善遇之，人人各自以为孟尝君亲己。

秦昭王闻其贤，乃先使泾阳君为质于齐，以求见孟尝君。孟尝君将入秦，宾客莫欲其行，谏，不听。苏代谓曰："今旦代从外来，见木禺人与土禺人相与语。木禺人曰：'天雨，子将败矣。'土禺人曰：'我生于土，败则归土。今天雨，流子而行，未知所止息也。'今秦，虎狼之国也，而君欲往，如有不得还，君得无为土禺人所笑乎？"孟尝君乃止。

齐湣王二十五年，复卒使孟尝君入秦，昭王即以孟尝君为秦相。人或说秦昭王曰："孟尝君贤，而又齐族也，今相秦，必先齐而后秦，秦其危矣。"于是秦昭王乃止。囚孟尝君，谋欲杀之。孟尝君使人抵昭王幸姬求解。幸姬曰："妾愿得君狐白裘。"此时孟尝君有一狐白裘，直千金，天下无双，入秦献之昭王，更无他裘。孟尝君患之，遍问客，莫能对。最下坐有能为狗盗者，曰："臣能得狐白裘。"乃夜为狗，以入秦宫臧中，取所献狐白裘至，以献秦王幸姬。幸姬为言昭王，昭王释孟尝君。孟尝君得出，即驰去，更封传，变名姓以出关。夜半至函谷关。秦昭王后悔出孟尝君，求之已去，即使人驰传逐之。孟尝君至关，关法鸡鸣而出客，孟尝君恐追至，客之居下坐者有能为鸡鸣，而鸡齐鸣，遂发传出。出如食顷，秦追果至关，已后孟尝君出，乃还。始孟尝君列此二人于宾客，宾客尽羞之，及孟尝君有秦难，卒此二人拔之。自是之后，客皆服。

孟尝君过赵，赵平原君客之。赵人闻孟尝君贤，出观之，皆笑曰："始以薛公为魁然也，今视之，乃眇小丈夫耳。"孟尝君闻之，怒。客与俱者下，斫击杀数百人，遂灭一县以去。

齐湣王不自得，以其遣孟尝君。孟尝君至，则以为齐相，任政。

孟尝君怨秦，将以齐为韩、魏攻楚，因与韩、魏攻秦，而借兵食于西周。苏代为西周谓曰："君以齐为韩、魏攻楚九年，取宛、叶以北以强韩、魏，今复攻秦以益之。韩、魏南无楚忧，西无秦患，则齐危矣。韩、魏必轻齐畏秦，臣为君危之。君不如令敝邑深合于秦，而君无攻，又无借兵食。君临函谷而无攻，令敝邑以君之情谓秦昭王曰'薛公必不破秦以强韩、魏。其攻秦也，欲王之令楚王割东国以与齐，而秦出楚怀王以为和'。君令敝邑以此惠秦,秦得无破而以东国自免也,秦必欲之。楚王得出,必德齐。齐得东国益强,而薛世世无患矣。秦不大弱,而处三晋之西,三晋必重齐。"薛公曰:"善。"因令韩、魏贺秦,使三国无攻,而不借兵食于西周矣。是时,楚怀王入秦,秦留之,故欲必出之。秦不果出楚怀王。

　　孟尝君相齐,其舍人魏子为孟尝君收邑入,三反而不致一人。孟尝君问之,对曰:"有贤者,窃假与之,以故不致入。"孟尝君怒而退魏子。居数年,人或毁孟尝君于齐湣王曰:"孟尝君将为乱。"及田甲劫湣王,湣王意疑孟尝君,孟尝君乃奔。魏子所与粟贤者闻之,乃上书言孟尝君不作乱,请以身为盟,遂自刭宫门以明孟尝君。湣王乃惊,而踪迹验问,孟尝君果无反谋,乃复召孟尝君。孟尝君因谢病,归老于薛。湣王许之。

　　其后,秦亡将吕礼相齐,欲困苏代。代乃谓孟尝君曰:"周最于齐,至厚也,而齐王逐之,而听亲弗相吕礼者,欲取秦也。齐、秦合,则亲弗与吕礼重矣。有用,齐、秦必轻君。君不如急北兵,趋赵以和秦、魏,收周最以厚行,且反齐王之信,又禁天下之变。齐无秦,则天下集齐,亲弗必走,则齐王孰与为其国也!"于是孟尝君从其计,而吕礼嫉害于孟尝君。

　　孟尝君惧,乃遗秦相穰侯魏冉书曰:"吾闻秦欲以吕礼收齐,齐,天下之强国也,子必轻矣。齐秦相取以临三晋,吕礼必并相矣,是子通齐以重吕礼也。若齐免于天下之兵,其雠子必深矣。子不如劝秦王伐齐。齐破,吾请以所得封子。齐破,秦畏晋之强,秦必重子以取晋。晋国敝于齐而畏秦,晋必重子以取秦。是子破齐以为功,挟晋以为重;是子破齐定封,秦、晋交重子。若齐不破,吕礼复用,子必大穷。"于是穰侯言于秦昭王伐齐,而吕礼亡。

　　后齐湣王灭宋,益骄,欲去孟尝君。孟尝君恐,乃如魏。魏昭王以为相,西合于秦、赵,与燕共伐破齐。齐湣王亡在莒,遂死焉。齐襄王立,而孟尝君中立于诸侯,无所属。齐襄王新立,畏孟尝君,与连和,复亲薛公。文卒,谥为孟尝君。诸子争立,而齐魏共灭薛。孟尝绝嗣无后也。

　　初,冯驩闻孟尝君好客,蹑蹻而见之。孟尝君曰:"先生远辱,何以教文也?"冯驩曰:"闻君好士,以贫身归于君。"孟尝君置传舍十日,孟尝君问传舍长曰:"客何所为?"答曰:"冯先生甚贫,犹有一剑耳,又蒯缑。弹其剑而歌曰'长铗归来乎,食无鱼'。"孟尝君迁之幸舍,食有鱼矣。五日,又问传舍长。答曰:"客复弹剑而歌曰'长铗归来乎,出无舆'。"孟尝君迁之代舍,出入乘舆车矣。五日,孟尝君复问传舍长。舍长答曰:"先生又尝弹剑而歌曰'长铗归来乎,无以为家'。"孟尝君不悦。

居期年,冯谖无所言。孟尝君时相齐,封万户于薛。其食客三千人,邑人不足以奉客,使人出钱于薛。岁余不入,贷钱者多不能与其息,客奉将不给。孟尝君忧之,问左右:"何人可使收债于薛者?"传舍长曰:"代舍客冯公形容状貌甚辩,长者,无他伎能,宜可令收债。"孟尝君乃进冯谖而请之曰:"宾客不知文不肖,幸临文者三千余人,邑人不足以奉宾客,故出息钱于薛。薛岁不入,民颇不与其息。今客食恐不给,愿先生责之。"冯谖曰:"诺。"辞行,至薛,召取孟尝君钱者皆会,得息钱十万。乃多酿酒,买肥牛,召诸取钱者,能与息者皆来,不能与息者亦来,皆持取钱之券书合之。齐为会,日杀牛置酒。酒酣,乃持券如前合之,能与息者,与为期;贫不能与息者,取其券而烧之。曰:"孟尝君所以贷钱者,为民之无者以为本业也;所以求息者,为无以奉客也。今富给者以要期,贫穷者燔券书以捐之。诸君强饮食。有君如此,岂可负哉!"坐者皆起,再拜。

孟尝君闻冯谖烧券书,怒而使使召谖。谖至,孟尝君曰:"文食客三千人,故贷钱于薛。文奉邑少,而民尚多不以时与其息,客食恐不足,故请先生收责之。闻先生得钱,即以多具牛酒而烧券书,何?"冯谖曰:"然。不多具牛酒即不能毕会,无以知其有余不足。有余者,为要期。不足者,虽守而责之十年,息愈多,急,即以逃亡自捐之。若急,终无以偿,上则为君好利不爱士民,下则有离上抵负之名,非所以厉士民彰君声也。焚无用虚债之券,捐不可得之虚计,令薛民亲君而彰君之善声也,君有何疑焉!"孟尝君乃拊手而谢之。

齐王惑于秦、楚之毁,以为孟尝君名高其主而擅齐国之权,遂废孟尝君。诸客见孟尝君废,皆去。冯谖曰:"借臣车一乘可以入秦者,必令君重于国而奉邑益广,可乎?"孟尝君乃约车币而遣之。冯谖乃西说秦王曰:"天下之游士凭轼结靷西入秦者,无不欲强秦而弱齐;凭轼结靷东入齐者,无不欲强齐而弱秦。此雄雌之国也,势不两立为雄,雄者得天下矣。"秦王跽而问之曰:"何以使秦无为雌而可?"冯谖曰:"王亦知齐之废孟尝君乎?"秦王曰:"闻之。"冯谖曰:"使齐重于天下者,孟尝君也。今齐王以毁废之,其心怨,必背齐;背齐入秦,则齐国之情,人事之诚,尽委之秦,齐地可得也,岂直为雄哉!君急使使载币阴迎孟尝君,不可失时也。如有齐觉悟,复用孟尝君,则雌雄之所在未可知也。"秦王大悦,乃遣车十乘黄金百镒以迎孟尝君。冯谖辞以先行,至齐,说齐王曰:"天下之游士凭轼结靷东入齐者,无不欲强齐而弱秦者;凭轼结靷西入秦者,无不欲强秦而弱齐者。夫秦齐雄雌之国,秦强则齐弱矣,此势不两雄。今臣窃闻秦遣使车十乘载黄金百镒以迎孟尝君。孟尝君不西则已,西入相秦则天下归之,秦为雄而齐为雌,雌则临淄、即墨危矣。王何不先秦使之未到,复孟尝君,而益与之邑以谢之?孟尝君必喜而受之。秦虽强国,岂可以请人相而迎之哉!折秦之谋,而绝其霸强之略。"齐王曰:"善。"乃使人至境候秦使。秦使车适入齐境,使还驰告之,王召孟尝君而复其相位,而与其故邑之地,又益以千户。秦之使者闻孟尝君复相齐,还车而去矣。

　　自齐王毁废孟尝君,诸客皆去。后召而复之,冯驩迎之。未到,孟尝君太息叹曰:"文常好客,遇客无所敢失,食客三千有馀人,先生所知也。客见文一日废,皆背文而去,莫顾文者。今赖先生得复其位,客亦有何面目复见文乎?如复见文者,必唾其面而大辱之。"冯驩结辔下拜。孟尝君下车接之,曰:"先生为客谢乎?"冯驩曰:"非为客谢也,为君之言失。夫物有必至,事有固然,君知之乎?"孟尝君曰:"愚不知所谓也。"曰:"生者必有死,物之必至也;富贵多士,贫贱寡友,事之固然也。君独不见夫趣市朝者乎?明旦,侧肩争门而入;日暮之后,过市朝者掉臂而不顾。非好朝而恶暮,所期物忘其中。今君失位,宾客皆去,不足以怨士而徒绝宾客之路。愿君遇客如故。"孟尝君再拜曰:"敬从命矣。闻先生之言,敢不奉教焉。"

　　太史公曰:吾尝过薛,其俗闾里率多暴桀子弟,与邹、鲁殊。问其故,曰:"孟尝君招致天下任侠,奸人入薛中盖六万馀家矣。"世之传孟尝君好客自喜,名不虚矣。

史记卷七十六

平原君虞卿列传第十六

平原君赵胜者,赵之诸公子也。诸子中胜最贤,喜宾客,宾客盖至者数千人。平原君相赵惠文王及孝成王,三去相,三复位,封于东武城。

平原君家楼临民家。民家有躄者,槃散行汲。平原君美人居楼上,临见,大笑之。明日,躄者至平原君门,请曰:"臣闻君之喜士,士不远千里而至者,以君能贵士而贱妾也。臣不幸有罢癃之病,而君之后宫临而笑臣,臣愿得笑臣者头。"平原君笑应曰:"诺。"躄者去,平原君笑曰:"观此竖子,乃欲以一笑之故杀吾美人,不亦甚乎!"终不杀。居岁余,宾客门下舍人稍稍引去者过半。平原君怪之,曰:"胜所以待诸君者未尝敢失礼,而去者何多也?"门下一人前对曰:"以君之不杀笑躄者,以君为爱色而贱士,士即去耳。"于是平原君乃斩笑躄者美人头,自造门进躄者,因谢焉。其后门下乃复稍稍来。是时齐有孟尝,魏有信陵,楚有春申,故争相倾以待士。

秦之围邯郸,赵使平原君求救,合从于楚,约与食客门下有勇力文武备具者二十人偕。平原君曰:"使文能取胜,则善矣。文不能取胜,则歃血于华屋之下,必得定从而还。士不外索,取于食客门下足矣。"得十九人,余无可取者,无以满二十人。门下有毛遂者,前,自赞于平原君曰:"遂闻君将合从于楚,约与食客门下二十人偕,不外索。今少一人,愿君即以遂备员而行矣。"平原君曰:"先生处胜之门下几年于此矣?"毛遂曰:"三年于此矣。"平原君曰:"夫贤士之处世也,譬若锥之处囊中,其末立见。今先生处胜之门下三年于此矣,左右未有所称诵,胜未有所闻,是先生无所有也。先生不能,先生留。"毛遂曰:"臣乃今日请处囊中耳。使遂蚤得处囊中,乃颖脱而出,非特其末见而已。"平原君竟与毛遂偕。十九人相与目笑之而未废也。

毛遂比至楚,与十九人论议,十九人皆服。平原君与楚合从,言其利害,日出而言之,日中不决。十九人谓毛遂曰:"先生上。"毛遂按剑历阶而上,谓平原君曰:"从之利害,两言而决耳。今日出而言从,日中不决,何也?"楚王谓平原君曰:"客何为者也?"平原君曰:"是胜之舍人也。"楚王叱曰:"胡不下! 吾乃与而君言,汝何为者也!"毛遂按剑而前曰:"王之所以叱遂者,以楚国之众也。今十步之内,王不得恃楚国之众也,王之命悬于遂手。吾君在前,叱者何也? 且遂闻汤以七十里之地王天下,文王以百里之壤而臣诸侯,岂其士卒众多哉,诚能据其势而奋其威。今楚地方五千里,持戟百万,此霸王之资也。以楚之强,天下弗能当。白起,小竖子耳,率数万之众,兴师以与楚战,一战而举鄢郢,再战而烧夷陵,三战而辱王之先人。此百世之怨而赵之所羞,而王弗知恶焉。合从者为楚,非为赵也。吾君在前,叱者何也?"楚王曰:"唯唯,诚若先生之言,谨奉社稷而以从。"毛遂曰:"从定乎?"楚王曰:"定矣。"毛遂谓楚王之左右曰:"取鸡狗马之血来。"毛遂奉铜槃而跪进之楚王曰:"王当歃血而定从,次者吾君,次者遂。"遂定从于殿上。毛遂左手持槃血而右手招十九人曰:"公相与歃此血于堂下。公等录录,所谓因人成事者也。"

　　平原君已定从而归,归至于赵,曰:"胜不敢复相士。胜相士多者千人,寡者百数,自以为不失天下之士,今乃于毛先生而失之也。毛先生一至楚,而使赵重于九鼎大吕。毛先生以三寸之舌,强于百万之师。胜不敢复相士。"遂以为上客。

　　平原君既返赵,楚使春申君将兵赴救赵,魏信陵君亦矫夺晋鄙军往救赵,皆未至。秦急围邯郸,邯郸急,且降,平原君甚患之。邯郸传舍吏子李同说平原君曰:"君不忧赵亡邪?"平原君曰:"赵亡则胜为虏,何为不忧乎?"李同曰:"邯郸之民,炊骨易子而食,可谓急矣,而君之后宫以百数,婢妾被绮縠,馀粱肉,而民褐衣不完,糟糠不厌。民困兵尽,或剡木为矛矢,而君器物钟磬自若。使秦破赵,君安得有此? 使赵得全,君何患无有? 今君诚能令夫人以下编于士卒之间,分功而作,家之所有尽散以飨士,士方其危苦之时,易德耳。"于是平原君从之,得敢死之士三千人。李同遂与三千人赴秦军,秦军为之却三十里。亦会楚、魏救至,秦兵遂罢,邯郸复存。李同战死,封其父为李侯。

　　虞卿欲以信陵君之存邯郸为平原君请封。公孙龙闻之,夜驾见平原君曰:"龙闻虞卿欲以信陵君之存邯郸为君请封,有之乎?"平原君曰:"然。"龙曰:"此甚不可。且王举君而相赵者,非以君之智能为赵国无有也。割东武城而封君者,非以君为有功也,而以国人无勋,乃以君为亲戚故也。君受相印不辞无能，割地不言无功者，亦自以为亲戚故也。今信陵君存邯郸而请封，是亲戚受城而国人计功也。此甚不可。且虞卿操其两权，事成，操右券以责；事不成，以虚名德君。君必勿听也。"平原君遂不听虞卿。

平原君以赵孝成王十五年卒。子孙代，后竟与赵俱亡。

平原君厚待公孙龙。公孙龙善为坚白之辩，及邹衍过赵言至道，乃绌公孙龙。

虞卿者，游说之士也。蹑屩檐簦说赵孝成王。一见，赐黄金百镒，白璧一双；再见，为赵上卿，故号为虞卿。

秦赵战于长平，赵不胜，亡一都尉。赵王召楼昌与虞卿曰："军战不胜，尉复死，寡人使束甲而趋之，何如？"楼昌曰："无益也，不如发重使为媾。"虞卿曰："昌言媾者，以为不媾军必破也。而制媾者在秦。且王之论秦也，欲破赵之军乎，不邪？"王曰："秦不遗馀力矣，必且欲破赵军。"虞卿曰："王听臣，发使出重宝以附楚、魏，楚、魏欲得王之重宝，必内吾使。赵使入楚、魏，秦必疑天下之合从，且必恐。如此，则媾乃可为也。"赵王不听，与平阳君为媾，发郑朱入秦。秦内之。赵王召虞卿曰："寡人使平阳君为媾于秦，秦已内郑朱矣，卿以为奚如？"虞卿对曰："王不得媾，军必破矣。天下贺战胜者皆在秦矣。郑朱，贵人也，入秦，秦王与应侯必显重以示天下。楚、魏以赵为媾，必不救王。秦知天下不救王，则媾不可得成也。"应侯果显郑朱以示天下贺战胜者，终不肯媾。长平大败，遂围邯郸，为天下笑。

秦既解邯郸围，而赵王入朝，使赵郝约事于秦，割六县而媾。虞卿谓赵王曰："秦之攻王也，倦而归乎？王以其力尚能进，爱王而弗攻乎？"王曰："秦之攻我也，不遗馀力矣，必以倦而归也。"虞卿曰："秦以其力攻其所不能取，倦而归，王又以其力之所不能取以送之，是助秦自攻也。来年秦复攻王，王无救矣。"王以虞卿之言告赵郝。赵郝曰："虞卿诚能尽秦力之所至乎？诚知秦力之所不能进，此弹丸之地弗予，令秦来年复攻王，王得无割其内而媾乎？"王曰："请听子割矣，子能必使来年秦之不复攻我乎？"赵郝对曰："此非臣之所敢任也。他日三晋之交于秦，相善也。今秦善韩、魏而攻王，王之所以事秦必不如韩、魏也。今臣为足下解负亲之攻，开关通币，齐交韩、魏，至来年而王独取攻于秦，此王之所以事秦必在韩、魏之后也。此非臣之所敢任也。"

　　王以告虞卿。虞卿对曰;"郝言'不媾,来年秦复攻王,王得无割其内而媾乎'。今媾,郝又以不能必秦之不复攻也。今虽割六城,何益! 来年复攻,又割其力之所不能取而媾,此自尽之术也,不如无媾。秦虽善攻,不能取六县;赵虽不能守,终不失六城。秦倦而归,兵必罢。我以六城收天下以攻罢秦,是我失之于天下而取偿于秦也。吾国尚利,孰与坐而割地,自弱以强秦哉? 今郝曰'秦善韩、魏而攻赵者,必王之事秦不如韩、魏也',是使王岁以六城事秦也,即坐而城尽。来年秦复求割地,王将与之乎? 弗与,是弃前功而挑秦祸也;与之,则无地而给之。语曰'强者善攻,弱者不能守'。今坐而听秦,秦兵不弊而多得地,是强秦而弱赵也。以益强之秦而割愈弱之赵,其计故不止矣。且王之地有尽而秦之求无已,以有尽之地而给无已之求,其势必无赵矣。"

　　赵王计未定,楼缓从秦来,赵王与楼缓计之,曰:"予秦地如毋予,孰吉?"缓辞让曰:"此非臣之所能知也。"王曰:"虽然,试言公之私。"楼缓对曰:"王亦闻夫公甫文伯母乎? 公甫文伯仕于鲁,病死,女子为自杀于房中者二人。其母闻之,弗哭也。其相室曰:'焉有子死而弗哭者乎?'其母曰:'孔子,贤人也,逐于鲁,而是人不随。今死而妇人为之自杀者二人,若是者必其于长者薄而于妇人厚也。'故从母言之,是为贤母;从妻言之,是必不免为妒妻。故其言一也,言者异则人心变矣。今臣新从秦来而言勿予,则非计也;言予之,恐王以臣为为秦也:故不敢对。使臣得为大王计,不如予之。"王曰:"诺。"

　　虞卿闻之,入见王曰:"此饰说也,王慎勿予!"楼缓闻之,往见王。王又以虞卿之言告楼缓。楼缓对曰:"不然。虞卿得其一,不得其二。夫秦赵构难而天下皆说,何也? 曰'吾且因强而乘弱矣'。今赵兵困于秦,天下之贺战胜者则必尽在于秦矣。故不如亟割地为和,以疑天下而慰秦之心。不然,天下将因秦之怒,乘赵之弊,瓜分之。赵且亡,何秦之图乎? 故曰虞卿得其一,不得其二。愿王以此决之,勿复计也。"

　　虞卿闻之,往见王曰:"危哉楼子之所以为秦者,是愈疑天下,而何慰秦之心哉? 独不言其示天下弱乎? 且臣言勿予者,非固勿予而已也。秦索六城于王,而王以六城赂齐。齐,秦之深仇也,得王之六城,并力西击秦,齐之听王,不待辞之毕也。则是王失之于齐而取偿于秦也。而齐、赵之深仇可以报矣,而示天下有能为也。王以此发声,兵未窥于境,臣见秦之重赂至赵而反媾于王也。从秦为媾,韩、魏闻之,必尽重王;重王,必出重宝以先于王,则是王一举而结三国之亲,而与秦易道也。"赵王曰:"善。"

则使虞卿东见齐王,与之谋秦。虞卿未返,秦使者已在赵矣。楼缓闻之,亡去。赵于是封虞卿以一城。

居顷之,而魏请为从。赵孝成王召虞卿谋。过平原君,平原君曰:"愿卿之论从也。"虞卿入见王。王曰:"魏请为从。"对曰:"魏过。"王曰:"寡人固未之许。"对曰:"王过。"王曰:"魏请从,卿曰魏过,寡人未之许,又曰寡人过,然则从终不可乎?"对曰:"臣闻小国之与大国从事也,有利则大国受其福,有败则小国受其祸。今魏以小国请其祸,而王以大国辞其福,臣故曰王过,魏亦过。窃以为从便。"王曰:"善。"乃合魏为从。

虞卿既以魏齐之故,不重万户侯卿相之印,与魏齐间行,卒去赵,困于梁。魏齐已死,不得意,乃著书,上采春秋,下观近世,曰节义、称号、揣摩、政谋,凡八篇,以刺讥国家得失,世传之曰虞氏春秋。

太史公曰:平原君,翩翩浊世之佳公子也,然未睹大体。鄙语曰"利令智昏",平原君贪冯亭邪说,使赵陷长平兵四十馀万众,邯郸几亡。虞卿料事揣情,为赵画策,何其工也!及不忍魏齐,卒困于大梁。庸夫且知其不可,况贤人乎?然虞卿非穷愁,亦不能著书以自见于后世云。

史记卷七十七

魏公子列传第十七

魏公子无忌者,魏昭王少子而魏安釐王异母弟也。昭王薨,安釐王即位,封公子为信陵君。是时范睢亡魏相秦,以怨魏齐故,秦兵围大梁,破魏华阳下军,走芒卯。魏王及公子患之。

公子为人仁而下士,士无贤不肖皆谦而礼交之,不敢以其富贵骄士。士以此方数千里争往归之,致食客三千人。当是时,诸侯以公子贤,多客,不敢加兵谋魏十馀年。

公子与魏王博,而北境传举烽,言"赵寇至,且入界"。魏王释博,欲召大臣谋。公子止王曰:"赵王田猎耳,非为寇也。"复博如故。王恐,心不在博。居顷,复从北方来传言曰:"赵王猎耳,非为寇也。"魏王大惊,曰:"公子何以知之?"公子曰:"臣之客有能深得赵王阴事者,赵王所为,客辄以报臣,臣以此知之。"是后魏王畏公子之贤能,不敢任公子以国政。

魏有隐士曰侯嬴,年七十,家贫,为大梁夷门监者。公子闻之,往请,欲厚遗之。不肯受,曰:"臣修身洁行数十年,终不以监门困故而受公子财。"公子于是乃置酒大会宾客。坐定,公子从车骑,虚左,自迎夷门侯生。侯生摄敝衣冠,直上载公子上坐,不让,欲以观公子,公子执辔愈恭。侯生又谓公子曰:"臣有客在市屠中,愿枉车骑过之。"公子引车入市,侯生下见其客朱亥,俾倪,故久立与其客语,微察公子,公子颜色愈和。当是时,魏将相宗室宾客满堂,待公子举酒。市人皆观公子执辔,从骑皆窃骂侯生。侯生视公子色终不变,乃谢客就车。至家,公子引侯生坐上坐,遍赞宾客,宾客皆惊。酒酣,公子起,为寿侯生前。侯生因谓公子曰:"今日嬴之为公子亦足矣。嬴乃夷门抱关者也,而公子亲枉车骑,自迎嬴于众人广坐之中,不宜有所过,今公子故过之。然嬴欲就公子之名,故久立公子车骑市中,过客以观公子,公子愈恭。市人皆以嬴为小人,而以公子为长者,能下士也。"于是罢酒,侯生遂为上客。

侯生谓公子曰:"臣所过屠者朱亥,此子贤者,世莫能知,故隐屠间耳。"公子往数请之,朱亥故不复谢,公子怪之。

魏安釐王二十年,秦昭王已破赵长平军,又进兵围邯郸。公子姊为赵惠文王弟平原君夫人,数遗魏王及公子书,请救于魏。魏王使将军晋鄙将十万众救赵。秦王使使者告魏王曰:"吾攻赵旦暮且下,而诸侯敢救者,已拔赵,必移兵先击之。"魏王恐,使人止晋鄙,留军壁邺,名为救赵,实持两端以观望。平原君使者冠盖相属于魏,让魏公子曰:"胜所以自附为婚姻者,以公子之高义,为能急人之困。今邯郸旦暮降秦而魏救不至,安在公子能急人之困也!且公子纵轻胜,弃之降秦,独不怜公子姊邪?"公子患之,数请魏王,及宾客辩士说王万端。魏王畏秦,终不听公子。公子自度终不能得之于王,计不独生而令赵亡,乃请宾客,约车骑百馀乘,欲以客往赴秦军,与赵俱死。

行过夷门,见侯生,具告所以欲死秦军状。辞决而行,侯生曰:"公子勉之矣,老臣不能从。"公子行数里,心不快,曰:"吾所以待侯生者备矣,天下莫不闻,今吾且死,而侯生曾无一言半辞送我,我岂有所失哉?"复引车还,问侯生。侯生笑曰:"臣固知公子之还也。"曰:"公子喜士,名闻天下。今有难,无他端而欲赴秦军,譬若以肉投馁虎,何功之有哉?尚安事客?然公子遇臣厚,公子往而臣不送,以是知公子恨之复返也。"公子再拜,因问。侯生乃屏人间语,曰:"嬴闻晋鄙之兵符常在王卧内,而如姬最幸,出入王卧内,力能窃之。嬴闻如姬父为人所杀,如姬资之三年,自王以下欲求报其父仇,莫能得。如姬为公子泣,公子使客斩其仇头,敬进如姬。如姬之欲为公子死,无所辞,顾未有路耳。公子诚一开口请如姬,如姬必许诺,则得虎符夺晋鄙军,北救赵而西却秦,此五霸之伐也。"公子从其计,请如姬。如姬果盗晋鄙兵符与公子。

公子行,侯生曰:"将在外,主令有所不受,以便国家。公子即合符,而晋鄙不授公子兵而复请之,事必危矣。臣客屠者朱亥可与俱,此人力士。晋鄙听,大善;不听,可使击之。"于是公子泣。侯生曰:"公子畏死邪?何泣也?"公子曰:"晋鄙嚄唶宿将,往恐不听,必当杀之,是以泣耳,岂畏死哉?"于是公子请朱亥。朱亥笑曰:"臣乃市井鼓刀屠者,而公子亲数存之,所以不报谢者,以为小礼无所用。今公子有急,此乃臣效命之秋也。"遂与公子俱。公子过谢侯生。侯生曰:"臣宜从,老不能。请数公子行日,以至晋鄙军之日,北向自刭,以送公子。"公子遂行。

至邺,矫魏王令代晋鄙。晋鄙合符,疑之,举手视公子曰:"今吾拥十万之众,屯于境上,国之重任,今单车来代之,何如哉?"欲无听。朱亥袖四十斤铁椎,椎杀晋鄙,公子遂将晋鄙军。勒兵下令军中曰:"父子俱在军中,父归;兄弟俱在军中,兄归;独子无兄弟,归养。"得选兵八万人,进兵击秦军。秦军解去,遂救邯郸,存赵。赵王及平原君自迎公子于界,平原君负韊矢为公子先引。赵王再拜曰:"自古贤人未有及公子者也。"当此之时,平原君不敢自比于人。公子与侯生决,至军,侯生果北乡自刭。

　　魏王怒公子之盗其兵符,矫杀晋鄙,公子亦自知也。已却秦存赵,使将将其军归魏,而公子独与客留赵。赵孝成王德公子之矫夺晋鄙兵而存赵,乃与平原君计,以五城封公子。公子闻之,意骄矜而有自功之色。客有说公子曰:"物有不可忘,或有不可不忘。夫人有德于公子,公子不可忘也;公子有德于人,愿公子忘之也。且矫魏王令,夺晋鄙兵以救赵,于赵则有功矣,于魏则未为忠臣也。公子乃自骄而功之,窃为公子不取也。"于是公子立自责,似若无所容者。赵王扫除自迎,执主人之礼,引公子就西阶。公子侧行辞让,从东阶上。自言罪过,以负于魏,无功于赵。赵王侍酒至暮,口不忍献五城,以公子退让也。公子竟留赵。赵王以鄗为公子汤沐邑,魏亦复以信陵奉公子。公子留赵。

　　公子闻赵有处士毛公藏于博徒,薛公藏于卖浆家,公子欲见两人,两人自匿,不肯见公子。公子闻所在,乃间步往从此两人游,甚欢。平原君闻之,谓其夫人曰:"始吾闻夫人弟公子天下无双,今吾闻之,乃妄从博徒卖浆者游,公子妄人耳。"夫人以告公子。公子乃谢夫人去,曰:"始吾闻平原君贤,故负魏王而救赵,以称平原君。平原君之游,徒豪举耳,不求士也。无忌自在大梁时,常闻此两人贤,至赵,恐不得见。以无忌从之游,尚恐其不我欲也,今平原君乃以为羞,其不足从游。"乃装为去。夫人具以语平原君。平原君乃免冠谢,固留公子。平原君门下闻之,半去平原君归公子,天下士复往归公子,公子倾平原君客。

　　公子留赵十年不归。秦闻公子在赵,日夜出兵东伐魏。魏王患之,使使往请公子。公子恐其怒之,乃诚门下:"有敢为魏王使通者,死。"宾客皆背魏之赵,莫敢劝公子归。毛公、薛公两人往见公子曰:"公子所以重于赵,名闻诸侯者,徒以有魏也。今秦攻魏,魏急而公子不恤,使秦破大梁而夷先王之宗庙,公子当何面目立天下乎?"语未及卒,公子立变色,告车趣驾归救魏。

　　魏王见公子,相与泣,而以上将军印授公子,公子遂将。魏安釐王三十年,公子使使遍告诸侯。诸侯闻公子将,各遣将将兵救魏。公子率五国之兵破秦军于河外,走蒙骜,遂乘胜逐秦军至函谷关,抑秦兵,秦兵不敢出。当是时,公子威振天下,诸侯之客进兵法,公子皆名之,故世俗称魏公子兵法。

秦王患之,乃行金万斤于魏,求晋鄙客,令毁公子于魏王曰:"公子亡在外十年矣,今为魏将,诸侯将皆属,诸侯徒闻魏公子,不闻魏王。公子亦欲因此时定南面而王,诸侯畏公子之威,方欲共立之。"秦数使反间,伪贺公子得立为魏王未也。魏王日闻其毁,不能不信,后果使人代公子将。公子自知再以毁废,乃谢病不朝,与宾客为长夜饮,饮醇酒,多近妇女。日夜为乐饮者四岁,竟病酒而卒。其岁,魏安釐王亦薨。

秦闻公子死,使蒙骜攻魏,拔二十城,初置东郡。其后秦稍蚕食魏,十八岁而虏魏王,屠大梁。

高祖始微少时,数闻公子贤。及即天子位,每过大梁,常祠公子。高祖十二年,从击黥布还,为公子置守冢五家,世世岁以四时奉祠公子。

太史公曰:吾过大梁之墟,求问其所谓夷门。夷门者,城之东门也。天下诸公子亦有喜士者矣,然信陵君之接岩穴隐者,不耻下交,有以也。名冠诸侯,不虚耳。高祖每过之而令民奉祠不绝也。

史记卷七十八

春申君列传第十八

春申君者,楚人也,名歇,姓黄氏。游学博闻,事楚顷襄王。顷襄王以歇为辩,使于秦。秦昭王使白起攻韩、魏,败之于华阳,禽魏将芒卯,韩、魏服而事秦。秦昭王方令白起与韩、魏共伐楚,未行,而楚使黄歇适至于秦,闻秦之计。当是之时,秦已前使白起攻楚,取巫、黔中之郡,拔鄢郢,东至竟陵,楚顷襄王东徙治于陈县。黄歇见楚怀王之为秦所诱而入朝,遂见欺,留死于秦。顷襄王,其子也,秦轻之,恐壹举兵而灭楚。歇乃上书说秦昭王曰:

天下莫强于秦、楚。今闻大王欲伐楚,此犹两虎相与斗。两虎相与斗而驽犬受其弊,不如善楚。臣请言其说:臣闻物至则反,冬夏是也;致至则危,累棋是也。今大国之地,遍天下有其二垂,此从生民已来,万乘之地未尝有也。先帝文王、庄王之身,三世不忘接地于齐,以绝从亲之要。今王使盛桥守事于韩,盛桥以其地入秦,是王不用甲,不信威,而得百里之地。王可谓能矣。王又举甲而攻魏,杜大梁之门,举河内,拔燕、酸枣、虚、桃,入邢,魏之兵云翔而不敢救。王之功亦多矣。王休甲息众,二年而后复之;又并蒲、衍、首、垣,以临仁、平丘,黄、济阳婴城而魏氏服;王又割濮历之北,注齐秦之要,绝楚赵之脊,天下五合六聚而不敢救。王之威亦单矣。

王若能持功守威,绌攻取之心而肥仁义之地,使无后患,三王不足四,五伯不足六也。王若负人徒之众,仗兵革之强,乘毁魏之威,而欲以力臣天下之主,臣恐其有后患也。诗曰"靡不有初,鲜克有终"。易曰"狐涉水,濡其尾"。此言始之易,终之难也。何以知其然也? 昔智氏见伐赵之利而不知榆次之祸,吴见伐齐之便而不知干隧之败。此二国者,非无大功也,没利于前而易患于后也。吴之信越也,从而伐齐,既胜齐人于艾陵,还为越王禽三渚之浦。智氏之信韩、魏也,从而伐赵,攻晋阳城,胜有日矣,韩、魏叛之,杀智伯瑶于凿台之下。今王妒楚之不毁也,而忘毁楚之强韩、魏也,臣为王虑而不取也。

诗曰"大武远宅而不涉"。从此观之,楚国,援也;邻国,敌也。诗云"趯趯毚兔,遇犬获之。他人有心,余忖度之"。今王中道而信韩、魏之善王也,此正吴之信越也。臣闻之,敌不可假,时不可失。臣恐韩、魏卑辞除患而实欲欺大国也。何则?王无重世之德于韩、魏,而有累世之怨焉。夫韩、魏父子兄弟接踵而死于秦者将十世矣。本国残,社稷坏,宗庙毁。刳腹绝肠,折颈摺颐,首身分离,暴骸骨于草泽,头颅僵仆,相望于境,父子老弱系脰束手为群虏者相及于路。鬼神孤伤,无所血食。人民不聊生,族类离散,流亡为仆妾者,盈满海内矣。故韩、魏之不亡,秦社稷之忧也,今王资之与攻楚,不亦过乎!

且王攻楚将恶出兵?王将借路于仇雠之韩、魏乎?兵出之日而王忧其不返也,是王以兵资于仇雠之韩、魏也。王若不借路于仇雠之韩、魏,必攻随水右壤。随水右壤,此皆广川大水、山林溪谷,不食之地也,王虽有之,不为得地。是王有毁楚之名而无得地之实也。

且王攻楚之日,四国必悉起兵以应王。秦、楚之兵构而不离,魏氏将出而攻留、方与、铚、湖陵、砀、萧、相,故宋必尽。齐人南面攻楚,泗上必举。此皆平原四达,膏腴之地,而使独攻。王破楚以肥韩、魏于中国而劲齐。韩、魏之强,足以校于秦。齐南以泗水为境,东负海,北倚河,而无后患,天下之国莫强于齐、魏,齐、魏得地葆利而详事下吏,一年之后,为帝未能,其于禁王之为帝有馀矣。

夫以王壤土之博,人徒之众,兵革之强,壹举事而树怨于楚,迟令韩、魏归帝重于齐,是王失计也。臣为王虑,莫若善楚。秦、楚合而为一以临韩,韩必敛手。王施以东山之险,带以曲河之利,韩必为关内之侯。若是而王以十万戍郑,梁氏寒心,许、鄢陵婴城,而上蔡、召陵不往来也,如此而魏亦关内侯矣。王壹善楚,而关内两万乘之主注地于齐,齐右壤可拱手而取也。王之地一经两海,要约天下,是燕、赵无齐、楚,齐、楚无燕、赵也。然后危动燕、赵,直摇齐、楚,此四国者不待痛而服矣。

昭王曰:"善。"于是乃止白起而谢韩、魏。发使赂楚,约为与国。

黄歇受约归楚,楚使歇与太子完入质于秦,秦留之数年。楚顷襄王病,太子不得归。而楚太子与秦相应侯善,于是黄歇乃说应侯曰:"相国诚善楚太子乎?"应侯曰:"然。"歇曰:"今楚王恐不起疾,秦不如归其太子。

太子得立,其事秦必重而德相国无穷,是亲与国而得储万乘也。若不归,则咸阳一布衣耳;楚更立太子,必不事秦。夫失与国而绝万乘之和,非计也。愿相国孰虑之。"应侯以闻秦王。秦王曰:"令楚太子之傅先往问楚王之疾,返而后图之。"黄歇为楚太子计曰:"秦之留太子也,欲以求利也。今太子力未能有以利秦也,歇忧之甚。而阳文君子二人在中,王若卒大命,太子不在,阳文君子必立为后,太子不得奉宗庙矣。不如亡秦,与使者俱出;臣请止,以死当之。"楚太子因变衣服为楚使者御以出关,而黄歇守舍,常为谢病。度太子已远,秦不能追,歇乃自言秦昭王曰:"楚太子已归,出远矣。歇当死,愿赐死。"昭王大怒,欲听其自杀也。应侯曰:"歇为人臣,出身以徇其主,太子立,必用歇,故不如无罪而归之,以亲楚。"秦因遣黄歇。

歇至楚三月,楚顷襄王卒,太子完立,是为考烈王。考烈王元年,以黄歇为相,封为春申君,赐淮北地十二县。后十五岁,黄歇言之楚王曰:"淮北地边齐,其事急,请以为郡便。"因并献淮北十二县,请封于江东。考烈王许之。春申君因城故吴墟,以自为都邑。

春申君既相楚,是时齐有孟尝君,赵有平原君,魏有信陵君,方争下士,招致宾客,以相倾夺,辅国持权。

春申君为楚相四年,秦破赵之长平军四十馀万。五年,围邯郸。邯郸告急于楚,楚使春申君将兵往救之,秦兵亦去,春申君归。春申君相楚八年,为楚北伐灭鲁,以荀卿为兰陵令。当是时,楚复强。

赵平原君使人于春申君,春申君舍之于上舍。赵使欲夸楚,为玳瑁簪,刀剑室以珠玉饰之,请命春申君客。春申君客三千馀人,其上客皆蹑珠履以见赵使,赵使大惭。

春申君相十四年,秦庄襄王立,以吕不韦为相,封为文信侯。取东周。

春申君相二十二年,诸侯患秦攻伐无已时,乃相与合从,西伐秦,而楚王为从长,春申君用事。至函谷关,秦出兵攻,诸侯兵皆败走。楚考烈王以咎春申君,春申君以此益疏。

客有观津人朱英,谓春申君曰:"人皆以楚为强而君用之弱,其于英不然。先君时善秦二十年而不攻楚,何也? 秦逾黾隘之塞而攻楚,不便;假道于两周,背韩、魏而攻楚,不可。今则不然,魏且暮亡,不能爱许、鄢陵,其许魏割以与秦。秦兵去陈百六十里,臣之所观者,见秦、楚之日斗也。"楚于是去陈徙寿春;而秦徙卫野王,作置东郡。春申君由此就封于吴,行相事。

楚考烈王无子，春申君患之，求妇人宜子者进之，甚众，卒无子。赵人李园持其女弟，欲进之楚王，闻其不宜子，恐久毋宠。李园求事春申君为舍人，已而谒归，故失期。还谒，春申君问之状，对曰："齐王使使求臣之女弟，与其使者饮，故失期。"春申君曰："娉人乎？"对曰："未也。"春申君曰："可得见乎？"曰："可。"于是李园乃进其女弟，即幸于春申君。知其有身，李园乃与其女弟谋。园女弟承间以说春申君曰："楚王之贵幸君，虽兄弟不如也。今君相楚二十馀年，而王无子，即百岁后将更立兄弟，则楚更立君后，亦各贵其故所亲，君又安得长有宠乎？非徒然也，君贵用事久，多失礼于王兄弟，兄弟诚立，祸且及身，何以保相印江东之封乎？今妾自知有身矣，而人莫知。妾幸君未久，诚以君之重而进妾于楚王，王必幸妾；妾赖天有子男，则是君之子为王也，楚国尽可得，孰与身临不测之罪乎？"春申君大然之，乃出李园女弟谨舍，而言之楚王。楚王召入，幸之，遂生子男，立为太子，以李园女弟为王后。楚王贵李园，园用事。

李园既入其女弟，立为王后，子为太子，恐春申君语泄而益骄，阴养死士，欲杀春申君以灭口，而国人颇有知之者。

春申君相二十五年，楚考烈王病。朱英谓春申君曰："世有毋望之福，又有毋望之祸。今君处毋望之世，事毋望之主，安可以无毋望之人乎？"春申君曰："何谓毋望之福？"曰："君相楚二十馀年矣，虽名相国，实楚王也。今楚王病，旦暮且卒，而君相少主，因而代立当国，如伊尹、周公，王长而反政，不即遂南面称孤而有楚国？此所谓毋望之福也。"春申君曰："何谓毋望之祸？"曰："李园不治国而君之仇也，不为兵而养死士之日久矣，楚王卒，李园必先入据权而杀君以灭口。此所谓毋望之祸也。"春申君曰："何谓毋望之人？"对曰："君置臣郎中，楚王卒，李园必先入，臣为君杀李园。此所谓毋望之人也。"春申君曰："足下置之。李园，弱人也，仆又善之，且又何至此！"朱英知言不用，恐祸及身，乃亡去。

后十七日，楚考烈王卒，李园果先入，伏死士于棘门之内。春申君入棘门，园死士侠刺春申君，斩其头，投之棘门外。于是遂使吏尽灭春申君之家。而李园女弟初幸春申君有身而入之王所生子者遂立，是为楚幽王。

是岁也，秦始皇帝立九年矣。嫪毐亦为乱于秦，觉，夷其三族，而吕不韦废。

太史公曰:吾适楚,观春申君故城,宫室盛矣哉! 初,春申君之说秦昭王,及出身遣楚太子归,何其智之明也! 后制于李园,旄矣。语曰:"当断不断,反受其乱。"春申君失朱英之谓邪?

史记卷七十九

范睢蔡泽列传第十九

范睢者,魏人也,字叔。游说诸侯,欲事魏王,家贫无以自资,乃先事魏中大夫须贾。

须贾为魏昭王使于齐,范睢从。留数月,未得报。齐襄王闻睢辩口,乃使人赐睢金十斤及牛酒,睢辞谢不敢受。须贾知之,大怒,以为睢持魏国阴事告齐,故得此馈,令睢受其牛酒,还其金。既归,心怒睢,以告魏相。魏相,魏之诸公子,曰魏齐。魏齐大怒,使舍人笞击睢,折胁摺齿。睢详死,即卷以箦,置厕中。宾客饮者醉,更溺睢,故僇辱以惩后,令无妄言者。睢从箦中谓守者曰:"公能出我,我必厚谢公。"守者乃请出弃箦中死人。魏齐醉,曰:"可矣。"范睢得出。后魏齐悔,复召求之。魏人郑安平闻之,乃遂操范睢亡,伏匿,更名姓曰张禄。

当此时,秦昭王使谒者王稽于魏。郑安平诈为卒,侍王稽。王稽问:"魏有贤人可与俱西游者乎?"郑安平曰:"臣里中有张禄先生,欲见君言天下事。其人有仇,不敢昼见。"王稽曰:"夜与俱来。"郑安平夜与张禄见王稽。语未究,王稽知范睢贤,谓曰:"先生待我于三亭之南。"与私约而去。

王稽辞魏去,过载范睢入秦。至湖,望见车骑从西来。范睢曰:"彼来者为谁?"王稽曰:"秦相穰侯东行县邑。"范睢曰:"吾闻穰侯专秦权,恶内诸侯客,此恐辱我,我宁且匿车中。"有顷,穰侯果至,劳王稽,因立车而语曰:"关东有何变?"曰:"无有。"又谓王稽曰:"谒君得无与诸侯客子俱来乎? 无益,徒乱人国耳。"王稽曰:"不敢。"即别去。范睢曰:"吾闻穰侯智士也,其见事迟,乡者疑车中有人,忘索之。"于是范睢下车走,曰:"此必悔之。"行十馀里,果使骑还索车中,无客,乃已。王稽遂与范睢入咸阳。

已报使,因言曰:"魏有张禄先生,天下辩士也。曰'秦王之国危于累卵,得臣则安。然不可以书传也'。臣故载来。"秦王弗信,使舍食草具。待命岁馀。

当是时,昭王已立三十六年。南拔楚之鄢郢,楚怀王幽死于秦。秦东破齐。湣王尝称帝,后去之。数困三晋。厌天下辩士,无所信。

穰侯,华阳君,昭王母宣太后之弟也;而泾阳君、高陵君皆昭王同母弟也。穰侯相,三人者更将,有封邑,以太后故,私家富重于王室。及穰侯为秦将,且欲越韩、魏而伐齐纲寿,欲以广其陶封。范睢乃上书曰:

臣闻明主立政,有功者不得不赏,有能者不得不官,劳大者其禄厚,功多者其爵尊,能治众者其官大。故无能者不敢当职焉,有能者亦不得蔽隐。使以臣之言为可,愿行而益利其道;以臣之言为不可,久留臣无为也。语曰:"庸主赏所爱而罚所恶;明主则不然,赏必加于有功,而刑必断于有罪。"今臣之胸不足以当椹质,而腰不足以待斧钺,岂敢以疑事尝试于王哉!虽以臣为贱人而轻辱,独不重任臣者之无反复于王邪?

且臣闻周有砥砨,宋有结绿,梁有县藜,楚有和朴,此四宝者,土之所生,良工之所失也,而为天下名器。然则圣王之所弃者,独不足以厚国家乎?

臣闻善厚家者取之于国,善厚国者取之于诸侯。天下有明主则诸侯不得擅厚者,何也?为其割荣也。良医知病人之死生,而圣主明于成败之事,利则行之,害则舍之,疑则少尝之,虽舜禹复生,弗能改已。语之至者,臣不敢载之于书,其浅者又不足听也。意者臣愚而不概于王心邪?亡其言臣者贱而不可用乎?自非然者,臣愿得少赐游观之间,望见颜色。一语无效,请伏斧质。

于是秦昭王大说,乃谢王稽,使以传车召范睢。

于是范睢乃得见于离宫,详为不知永巷而入其中。王来,而宦者怒逐之,曰:"王至!"范睢缪为曰:"秦安得王?秦独有太后、穰侯耳。"欲以感怒昭王。昭王至,闻其与宦者争言,遂延迎,谢曰:"寡人宜以身受命久矣,会义渠之事急,寡人旦暮自请太后;今义渠之事已,寡人乃得受命。窃闵然不敏,敬执宾主之礼。"范睢辞让。是日观范睢之见者,群臣莫不洒然变色易容者。

秦王屏左右,宫中虚无人。秦王跽而请曰:"先生何以幸教寡人?"范睢曰:"唯唯。"有间,秦王复跽而请曰:"先生何以幸教寡人?"范睢曰:"唯唯。"若是者三。秦王跽曰:"先生卒不幸教寡人邪?"范睢曰:"非敢然也。臣闻昔者吕尚之遇文王也,身为渔父而钓于渭滨耳。若是者,交疏也。已说而立为太师,载与俱归者,其言深也。故文王遂收功于吕尚而卒王天下。乡使文王疏吕尚而不与深言,是周无天子之德,而文武无与成其王业也。今臣羁旅之臣也,交疏于王,而所愿陈者皆匡君之事,处人骨肉之间,愿效愚忠而未知王之心也。此所以王三问而不敢对者也。臣非有畏而不敢言也。臣知今日言之于前而明日伏诛于后,然臣不敢避也。大王信行臣之言,死不足以为臣患,亡不足以为臣忧,漆身为厉、被发为狂不足以为臣耻。且以五帝之圣焉而死,三王之仁焉而死,五伯之贤焉而死,乌获、任鄙之力焉而死,成荆、孟贲、王庆忌、夏育之勇焉而死。死者,人之所必不免也。处必然之势,可以少有补于秦,此臣之所大愿也,臣又何患哉!伍子胥橐载而出昭关,夜行昼伏,至于陵水,无以糊其口,膝行蒲伏,稽首肉袒,鼓腹吹篪,乞食于吴市,卒兴吴国,阖闾为伯。使臣得尽谋如伍子胥,加之以幽囚,终身不复见,是臣之说行也,臣又何忧?箕子、接舆漆身为厉,被发为狂,无益于主。假使臣得同行于箕子,可以有补于所贤之主,是臣之大荣也,臣有何耻?臣之所恐者,独恐臣死之后,天下见臣之尽忠而身死,因以是杜口裹足,莫肯向秦耳。足下上畏太后之严,下惑于奸臣之态,居深宫之中,不离阿保之手,终身迷惑,无与昭奸。大者宗庙灭覆,小者身以孤危,此臣之所恐耳。若夫穷辱之事,死亡之患,臣不敢畏也。臣死而秦治,是臣死贤于生。"秦王跽曰:"先生是何言也!夫秦国辟远,寡人愚不肖,先生乃幸辱至于此,是天以寡人恩先生而存先王之宗庙也。寡人得受命于先生,是天所以幸先王,而不弃其孤也。先生奈何而言若是!事无小大,上及太后,下至大臣,愿先生悉以教寡人,无疑寡人也。"范睢拜,秦王亦拜。

　　范睢曰:"大王之国,四塞以为固,北有甘泉、谷口,南带泾、渭,右陇、蜀,左关、阪,奋击百万,战车千乘,利则出攻,不利则入守,此王者之地也。民怯于私斗而勇于公战,此王者之民也。王并此二者而有之。夫以秦卒之勇,车骑之众,以治诸侯,譬若施韩卢而搏蹇兔也,霸王之业可致也,而群臣莫当其位。至今闭关十五年,不敢窥兵于山东者,是穰侯为秦谋不忠,而大王之计有所失也。"秦王跽曰:"寡人愿闻失计。"

　　然左右多窃听者,范睢恐,未敢言内,先言外事,以观秦王之俯仰。因进曰:"夫穰侯越韩、魏而攻齐纲、寿,非计也。少出师则不足以伤齐,多出师则害于秦。臣意王之计,欲少出师而悉韩、魏之兵也,则不义矣。今见与国之不亲也,越人之国而攻,可乎?其于计疏矣。且昔齐湣王南攻楚,破军杀将,再辟地千里,而齐尺寸之地无得焉者,岂不欲得地哉,形势不能有也。诸侯见齐之罢弊,君臣之不和也,兴兵而伐齐,大破之。士辱兵顿,皆咎其王,曰:'谁为此计者乎?'王曰:'文子为之。'大臣作乱,文子出走。故齐所以大破者,以其伐楚而肥韩、魏也。此所谓借贼兵而赍盗粮者也。王不如远交而近攻,得寸则王之寸也,得尺亦王之尺也。今释此而远攻,不亦缪乎!且昔者中山之国地方五百里,赵独吞之,功成名立而利附焉,天下莫之能害也。今夫韩、魏,中国之处而天下之枢也,王其欲霸,必亲中国以为天下枢,以威楚、赵。楚强则附赵,赵强则附楚,楚、赵皆附,齐必惧矣。齐惧,必卑辞重币以事秦。齐附而韩、魏因可虏也。"昭王曰:"吾欲亲魏久矣,而魏多变之国也,寡人不能亲。请问亲魏奈何?"对曰:"王卑词重币以事之;不可,则割地而赂之;不可,因举兵而伐之。"王曰:"寡人敬闻命矣。"乃拜范雎为客卿,谋兵事。卒听范雎谋,使五大夫绾伐魏,拔怀。后二岁,拔邢丘。

客卿范雎复说昭王曰:"秦韩之地形,相错如绣。秦之有韩也,譬如木之有蠹也,人之有心腹之病也。天下无变则已,天下有变,其为秦患者孰大于韩乎?王不如收韩。"昭王曰:"吾固欲收韩,韩不听,为之奈何?"对曰:"韩安得无听乎?王下兵而攻荥阳,则巩、成皋之道不通;北断太行之道,则上党之师不下。王一兴兵而攻荥阳,则其国断而为三。夫韩见必亡,安得不听乎?若韩听,而霸事因可虑矣。"王曰:"善。"且欲发使于韩。

范雎日益亲,复说用数年矣,因请间说曰:"臣居山东时,闻齐之有田文,不闻其有王也;闻秦之有太后、穰侯、华阳、高陵、泾阳,不闻其有王也。夫擅国之谓王,能利害之谓王,制杀生之威之谓王。今太后擅行不顾,穰侯出使不报,华阳、泾阳等击断无讳,高陵进退不请。四贵备而国不危者,未之有也。为此四贵者下,乃所谓无王也。然则权安得不倾,令安得从王出乎?臣闻善治国者,乃内固其威而外重其权。穰侯使者操王之重,决制于诸侯,剖符于天下,政适伐国,莫敢不听。战胜攻取则利归于陶,国弊御于诸侯;战败则结怨于百姓,而祸归于社稷。诗曰'木实繁者披其枝,披其枝者伤其心;大其都者危其国,尊其臣者卑其主'。崔杼、淖齿管齐,射王股,擢王筋,悬之于庙梁,宿昔而死。李兑管赵,囚主父于沙丘,百日而饿死。今臣闻秦太后、穰侯用事,高陵、华阳、泾阳佐之,卒无秦王,此亦淖齿、李兑之类也。且夫三代所以亡国者,君专授政,纵酒驰骋弋猎,不听政事。其所授者,妒贤嫉能,御下蔽上,以成其私,不为主计,而主不觉悟,故失其国。今自有秩以上至诸大吏,下及王左右,无非相国之人者。见王独立于朝,臣窃为王恐,万世之后,有秦国者非王子孙也。"昭王闻之大惧,曰："善。"于是废太后，逐穰侯、高陵、华阳、泾阳君于关外。秦王乃拜范睢为相。收穰侯之印，使归陶，因使县官给车牛以徙，千乘有馀。到关，关阅其宝器，宝器珍怪多于王室。

秦封范睢以应，号为应侯。当是时，秦昭王四十一年也。

范睢既相秦，秦号曰张禄，而魏不知，以为范睢已死久矣。魏闻秦且东伐韩、魏，魏使须贾于秦。范睢闻之，为微行，敝衣闲步之邸，见须贾。须贾见之而惊曰："范叔固无恙乎！"范睢曰："然。"须贾笑曰："范叔有说于秦邪？"曰："不也。睢前日得过于魏相，故亡逃至此，安敢说乎！"须贾曰："今叔何事？"范睢曰："臣为人庸赁。"须贾意哀之，留与坐饮食，曰："范叔一寒如此哉！"乃取其一绨袍以赐之。须贾因问曰："秦相张君，公知之乎？吾闻幸于王，天下之事皆决于相君。今吾事之去留在张君。孺子岂有客习于相君者哉？"范睢曰："主人翁习知之。唯睢亦得谒，睢请为见君于张君。"须贾曰："吾马病，车轴折，非大车驷马，吾固不出。"范睢曰："愿为君借大车驷马于主人翁。"

范睢归取大车驷马，为须贾御之，入秦相府。府中望见，有识者皆避匿，须贾怪之。至相舍门，谓须贾曰："待我，我为君先入通于相君。"须贾待门下，持车良久，问门下曰："范叔不出，何也？"门下曰："无范叔。"须贾曰："向者与我载而入者。"门下曰："乃吾相张君也。"须贾大惊，自知见卖，乃肉袒膝行，因门下人谢罪。于是范睢盛帷帐，侍者甚众，见之。须贾顿首言死罪，曰："贾不意君能自致于青云之上，贾不敢复读天下之书，不敢复与天下之事。贾有汤镬之罪，请自屏于胡貉之地，唯君死生之！"范睢曰："汝罪有几？"曰："擢贾之发以续贾之罪，尚未足。"范睢曰："汝罪有三耳。昔者楚昭王时而申包胥为楚却吴军，楚王封之以荆五千户，包胥辞不受，为丘墓之寄于荆也。今睢之先人丘墓亦在魏，公前以睢为有外心于齐而恶睢于魏齐，公之罪一也。当魏齐辱我于厕中，公不止，罪二也。更醉而溺我，公其何忍乎？罪三矣。然公之所以得无死者，以绨袍恋恋，有故人之意，故释公。"乃谢罢。入言之昭王，罢归须贾。

须贾辞于范睢，范睢大供具，尽请诸侯使，与坐堂上，食饮甚设。而坐须贾于堂下，置莝豆其前，令两黥徒夹而马食之。数曰："为我告魏王，急持魏齐头来！不然者，我且屠大梁。"须贾归，以告魏齐。魏齐恐，亡走赵，匿平原君所。

范睢既相，王稽谓范睢曰："事有不可知者三，有不可奈何者亦三。宫车一日晏驾,是事之不可知者一也。君卒然捐馆舍,是事之不可知者二也。使臣卒然填沟壑,是事之不可知者三也。宫车一日晏驾,君虽恨于臣,无可奈何。君卒然捐馆舍,君虽恨于臣,亦无可奈何。使臣卒然填沟壑,君虽恨于臣,亦无可奈何。"范睢不怿,乃入言于王曰:"非王稽之忠,莫能内臣于函谷关;非大王之贤圣,莫能贵臣。今臣官至于相,爵在列侯,王稽之官尚止于谒者,非其内臣之意也。"昭王召王稽,拜为河东守,三岁不上计。又任郑安平,昭王以为将军。范睢于是散家财物,尽以报所尝困厄者。一饭之德必偿,睚眦之怨必报。

范睢相秦二年,秦昭王之四十二年,东伐韩少曲、高平,拔之。

秦昭王闻魏齐在平原君所,欲为范睢必报其仇,乃详为好书遗平原君曰:"寡人闻君之高义,愿与君为布衣之友,君幸过寡人,寡人愿与君为十日之饮。"平原君畏秦,且以为然,而入秦见昭王。昭王与平原君饮数日,昭王谓平原君曰:"昔周文王得吕尚以为太公,齐桓公得管夷吾以为仲父,今范君亦寡人之叔父也。范君之仇在君之家,愿使人归取其头来;不然,吾不出君于关。"平原君曰:"贵而为交者,为贱也;富而为交者,为贫也。夫魏齐者,胜之友也,在,固不出也,今又不在臣所。"昭王乃遗赵王书曰:"王之弟在秦,范君之仇魏齐在平原君之家。王使人疾持其头来;不然,吾举兵而伐赵,又不出王之弟于关。"赵孝成王乃发卒围平原君家,急,魏齐夜亡出,见赵相虞卿。虞卿度赵王终不可说,乃解其相印,与魏齐亡,间行,念诸侯莫可以急抵者,乃复走大梁,欲因信陵君以走楚。信陵君闻之,畏秦,犹豫未肯见,曰:"虞卿何如人也?"时侯嬴在旁,曰:"人固未易知,知人亦未易也。夫虞卿蹑屩檐簦,一见赵王,赐白璧一双,黄金百镒;再见,拜为上卿;三见,卒受相印,封万户侯。当此之时,天下争知之。夫魏齐穷困过虞卿,虞卿不敢重爵禄之尊,解相印,捐万户侯而间行。急士之穷而归公子,公子曰'何如人'。人固不易知,知人亦未易也!"信陵君大惭,驾如野迎之。魏齐闻信陵君之初难见之,怒而自刭。赵王闻之,卒取其头予秦。秦昭王乃出平原君归赵。

昭王四十三年,秦攻韩汾陉,拔之,因城河上广武。

后五年,昭王用应侯谋,纵反间卖赵,赵以其故,令马服子代廉颇将。秦大破赵于长平,遂围邯郸。已而与武安君白起有隙,言而杀之。任郑安平,使击赵。郑安平为赵所围,急,以兵二万人降赵。应侯席稿请罪。秦之法,任人而所任不善者,各以其罪罪之。于是应侯罪当收三族。秦昭王恐伤应侯之意,乃下令国中:"有敢言郑安平事者,以其罪罪之。"而加赐相国应侯食物日益厚,以顺适其意。后二岁,王稽为河东守,与诸侯通,坐法诛。而应侯日益以不怿。

昭王临朝叹息,应侯进曰:"臣闻'主忧臣辱,主辱臣死'。今大王中朝而忧,臣敢请其罪。"昭王曰:"吾闻楚之铁剑利而倡优拙。夫铁剑利则士勇,倡优拙则思虑远。夫以远思虑而御勇士,吾恐楚之图秦也。夫物不素具,不可以应卒,今武安君既死,而郑安平等畔,内无良将而外多敌国,吾是以忧。"欲以激励应侯,应侯惧,不知所出。蔡泽闻之,往入秦也。

蔡泽者,燕人也。游学干诸侯小大甚众,不遇。而从唐举相,曰:"吾闻先生相李兑,曰'百日之内持国秉',有之乎?"曰:"有之。"曰:"若臣者何如?"唐举孰视而笑曰:"先生曷鼻,巨肩,魋颜,蹙齃,膝挛。吾闻圣人不相,殆先生乎?"蔡泽知唐举戏之,乃曰:"富贵吾所自有,吾所不知者寿也,愿闻之。"唐举曰:"先生之寿,从今以往者四十三岁。"蔡泽笑谢而去,谓其御者曰:"吾持梁刺齿肥,跃马疾驱,怀黄金之印,结紫绶于腰,揖让人主之前,食肉富贵,四十三年足矣。"去之赵,见逐。之韩、魏,遇夺釜鬲于涂。闻应侯任郑安平、王稽皆负重罪于秦,应侯内惭,蔡泽乃西入秦。

将见昭王,使人宣言以感怒应侯曰:"燕客蔡泽,天下雄俊弘辩智士也。彼一见秦王,秦王必困君而夺君之位。"应侯闻,曰:"五帝三代之事,百家之说,吾既知之,众口之辩,吾皆摧之,是恶能困我而夺我位乎?"使人召蔡泽。蔡泽入,则揖应侯。应侯固不快,及见之,又倨,应侯因让之曰:"子尝宣言欲代我相秦,宁有之乎?"对曰:"然。"应侯曰:"请闻其说。"蔡泽曰:"吁,君何见之晚也!夫四时之序,成功者去。夫人生百体坚强,手足便利,耳目聪明而心圣智,岂非士之愿与?"应侯曰:"然。"蔡泽曰:"质仁秉义,行道施德,得志于天下,天下怀乐敬爱而尊慕之,皆愿以为君王,岂不辩智之期与?"应侯曰:"然。"蔡泽复曰:"富贵显荣,成理万物,使各得其所;性命寿长,终其天年而不夭伤;天下继其统,守其业,传之无穷;名实纯粹,泽流千里,世世称之而无绝,与天地终始:岂道德之符而圣人所谓吉祥善事者与?"应侯曰:"然。"

蔡泽曰:"若夫秦之商君,楚之吴起,越之大夫种,其卒然亦可愿与?"应侯知蔡泽之欲困己以说,复谬曰:"何为不可?夫公孙鞅之事孝公也,极身无贰虑,尽公而不顾私;设刀锯以禁奸邪,信赏罚以致治;披腹心,示情素,蒙怨咎,欺旧友,夺魏公子卬,安秦社稷,利百姓,卒为秦禽将破敌,攘地千里。吴起之事悼王也,使私不得害公,谗不得蔽忠,言不取苟合,行不取苟容,不为危易行,行义不辟难,然为霸主强国,不辞祸凶。大夫种之事越王也,主虽困辱,悉忠而不解,主虽绝亡,尽能而弗离,成功而弗矜,贵富而不骄怠。若此三子者,固义之至也,忠之节也。是故君子以义死难,视死如归;生而辱不如死而荣。士固有杀身以成名,唯义之所在,虽死无所恨。何为不可哉?"

蔡泽曰:"主圣臣贤,天下之盛福也;君明臣直,国之福也;父慈子孝,夫信妻贞,家之福也。故比干忠而不能存殷,子胥智而不能完吴,申生孝而晋国乱。是皆有忠臣孝子,而国家灭乱者,何也?无明君贤父以听之,故天下以其君父为僇辱而怜其臣子。今商君、吴起、大夫种之为人臣,是也;其君,非也。故世称三子致功而不见德,岂慕不遇世死乎?夫待死而后可以立忠成名,是微子不足仁,孔子不足圣,管仲不足大也。夫人之立功,岂不期于成全邪?身与名俱全者,上也。名可法而身死者,其次也。名在僇辱而身全者,下也。"于是应侯称善。

蔡泽少得间,因曰:"夫商君、吴起、大夫种,其为人臣尽忠致功则可愿矣,闳夭事文王,周公辅成王也,岂不亦忠圣乎?以君臣论之,商君、吴起、大夫种其可愿孰与闳夭、周公哉?"应侯曰:"商君、吴起、大夫种弗若也。"蔡泽曰:"然则君之主慈仁任忠,惇厚旧故,其贤智与有道之士为胶漆,义不倍功臣,孰与秦孝公、楚悼王、越王乎?"应侯曰:"未知何如也。"蔡泽曰:"今主亲忠臣,不过秦孝公、楚悼王、越王,君之设智,能为主安危修政,治乱强兵,批患折难,广地殖谷,富国足家,强主,尊社稷,显宗庙,天下莫敢欺犯其主,主之威盖震海内,功彰万里之外,声名光辉传于千世,君孰与商君、吴起、大夫种?"应侯曰:"不若。"蔡泽曰:"今主之亲忠臣不忘旧故不若孝公、悼王、句践,而君之功绩爱信亲幸又不若商君、吴起、大夫种,然而君之禄位贵盛,私家之富过于三子,而身不退者,恐患之甚于三子,窃为君危之。语曰'日中则移,月满则亏'。物盛则衰,天地之常数也。进退盈缩,与时变化,圣人之常道也。故'国有道则仕,国无道则隐'。圣人曰'飞龙在天,利见大人'。'不义而富且贵,于我如浮云'。今君之怨已雠而德已报,意欲至矣,而无变计,窃为君不取也。且夫翠、鹄、犀、象,其处势非不远死也,而所以死者,惑于饵也。苏秦、智伯之智,非不足以辟辱远死也,而所以死者,惑于贪利不止也。是以圣人制礼节欲,取于民有度,使之以时,用之有止,故志不溢,行不骄,常与道俱而不失,故天下承而不绝。昔者齐桓公九合诸侯,一匡天下,至于葵丘之会,有骄矜之志,畔者九国。吴王夫差兵无敌于天下,勇强以轻诸侯,陵齐晋,故遂以杀身亡国。夏育、太史嗷叱呼骇三军,然而身死于庸夫。此皆乘至盛而不返道理,不居卑退处俭约之患也。夫商君为秦孝公明法令,禁奸本,尊爵必赏,有罪必罚,平权衡,正度量,调轻重,决裂阡陌,以静生民之业而一其俗,劝民耕农利土,一室无二事,力田蓄积,习战阵之事,是以兵动而地广,兵休而国富,故秦无敌于天下,立威诸侯,成秦国之业。功已成矣,而遂以车裂。楚地方数千里,持戟百万,白起率数万之师以与楚战,一战举鄢郢以烧夷陵,再战南并蜀汉。又越韩、魏而攻强赵,北坑马服,诛屠四十餘万之众,尽之于长平之下,流血成川,沸声若雷,遂入围邯郸,使秦有帝业。楚、赵天下之强国而秦之仇敌也,自是之后,楚、赵皆慑伏不敢攻秦者,白起之势也。身所服者七十餘城,功已成矣,而遂赐剑死于杜邮。吴起为楚悼王立法,卑减大臣之威重,罢无能,废无用,损不急之官,塞私门之请,一楚国之俗,禁游客之民,精耕战之士,南收杨越,北并陈、蔡,破横散从,使驰说之士无所开其口,禁朋党以励百姓,定楚国之政,兵震天下,威服诸侯。功已成矣,而卒枝解。大夫种为越王深谋远计,免会稽之危,以亡为存,因辱为荣,垦草入邑,辟地殖谷,率四方之士,专上下之力,辅句践之贤,报夫差之仇,卒擒劲吴,令越成霸。功已彰而信矣,句践终负而杀之。此四子者,功成不去,祸至于此。此所谓信而不能屈,往而不能返者也。范蠡知之,超然辟世,长为陶朱公。君独不观夫博者乎?或欲大投,或欲分功,此皆君之所明知也。今君相秦,计不下席,谋不出廊庙,坐制诸侯,利施三川,以实宜阳,决羊肠之险,塞太行之道,又斩范、中行之途,六国不得合从,栈道千里,通于蜀汉,使天下皆畏秦,秦之欲得矣,君之功极矣,此亦秦之分功之时也。如是而不退,则商君、白公、吴起、大夫种是也。吾闻之,‘鉴于水者见面之容,鉴于人者知吉与凶’。书曰‘成功之下,不可久处’。四子之祸,君何居焉?君何不以此时归相印,让贤者而授之,退而岩居川观,必有伯夷之廉,长为应侯,世世称孤,而有许由、延陵季子之让,乔松之寿,孰与以祸终哉?即君何居焉?忍不能自离,疑不能自决,必有四子之祸矣。易曰‘亢龙有悔’,此言上而不能下,信而不能屈,往而不能自返者也。愿君孰计之!”应侯曰:“善。吾闻‘欲而不知足,失其所以欲;有而不知止,失其所以有’。先生幸教,睢敬受命。”于是乃延入坐,为上客。

后数日,入朝,言于秦昭王曰:“客新有从山东来者曰蔡泽,其人辩士,明于三王之事,五伯之业,世俗之变,足以寄秦国之政。臣之见人甚众,莫及,臣不如也。臣敢以闻。”秦昭王召见,与语,大说之,拜为客卿。应侯因谢病请归相印。昭王强起应侯,应侯遂称病笃。范睢免相,昭王新说蔡泽计画,遂拜为秦相,东收周室。

蔡泽相秦数月,人或恶之,惧诛,乃谢病归相印,号为纲成君。居秦十馀年,事昭王、孝文王、庄襄王。卒事始皇帝,为秦使于燕,三年而燕使太子丹入质于秦。

太史公曰:韩子称"长袖善舞,多钱善贾",信哉是言也! 范睢、蔡泽世所谓一切辩士,然游说诸侯至白首无所遇者,非计策之拙,所为说力少也。及二人羁旅入秦,继踵取卿相,垂功于天下者,固强弱之势异也。然士亦有偶合,贤者多如此二子,不得尽意,岂可胜道哉! 然二子不困厄,恶能激乎?

史 记 卷 八 十

乐毅列传第二十

乐毅者,其先祖曰乐羊。乐羊为魏文侯将,伐取中山,魏文侯封乐羊以灵寿。乐羊死,葬于灵寿,其后子孙因家焉。中山复国,至赵武灵王时复灭中山,而乐氏后有乐毅。

乐毅贤,好兵,赵人举之。及武灵王有沙丘之乱,乃去赵适魏。闻燕昭王以子之之乱而齐大败燕,燕昭王怨齐,未尝一日而忘报齐也。燕国小,辟远,力不能制,于是屈身下士,先礼郭隗以招贤者。乐毅于是为魏昭王使于燕,燕王以客礼待之。乐毅辞让,遂委质为臣,燕昭王以为亚卿,久之。

当是时,齐湣王强,南败楚相唐眜于重丘,西摧三晋于观津,遂与三晋击秦,助赵灭中山,破宋,广地千馀里。与秦昭王争重为帝,已而复归之。诸侯皆欲背秦而服于齐。湣王自矜,百姓弗堪。于是燕昭王问伐齐之事。乐毅对曰:"齐,霸国之馀业也,地大人众,未易独攻也。王必欲伐之,莫如与赵及楚、魏。"于是使乐毅约赵惠文王,别使连楚、魏,令赵嗂说秦以伐齐之利。诸侯害齐湣王之骄暴,皆争合从与燕伐齐。乐毅还报,燕昭王悉起兵,使乐毅为上将军,赵惠文王以相国印授乐毅。乐毅于是并护赵、楚、韩、魏、燕之兵以伐齐,破之济西。诸侯兵罢归,而燕军乐毅独追,至于临菑。齐湣王之败济西,亡走,保于莒。乐毅独留徇齐,齐皆城守。乐毅攻入临菑,尽取齐宝财物祭器输之燕。燕昭王大说,亲至济上劳军,行赏飨士,封乐毅于昌国,号为昌国君。于是燕昭王收齐卤获以归,而使乐毅复以兵平齐城之不下者。

乐毅留徇齐五岁,下齐七十馀城,皆为郡县以属燕,唯独莒、即墨未服。会燕昭王死,子立为燕惠王。惠王自为太子时尝不快于乐毅,及即位,齐之田单闻之,乃纵反间于燕,曰:"齐城不下者两城耳。然所以不早拔者,闻乐毅与燕新王有隙,欲连兵且留齐,南面而王齐。齐之所患,唯恐他将之来。"于是燕惠王固已疑乐毅,得齐反间,乃使骑劫代将,而召乐毅。

乐毅知燕惠王之不善代之，畏诛，遂西降赵。赵封乐毅于观津，号曰望诸君。尊宠乐毅以警动于燕、齐。

齐田单后与骑劫战，果设诈诳燕军，遂破骑劫于即墨下，而转战逐燕，北至河上，尽复得齐城，而迎襄王于莒，入于临菑。

燕惠王后悔使骑劫代乐毅，以故破军亡将失齐；又怨乐毅之降赵，恐赵用乐毅而乘燕之弊以伐燕。燕惠王乃使人让乐毅，且谢之曰："先王举国而委将军，将军为燕破齐，报先王之仇，天下莫不震动，寡人岂敢一日而忘将军之功哉！会先王弃群臣，寡人新即位，左右误寡人。寡人之使骑劫代将军，为将军久暴露于外，故召将军且休，计事。将军过听，以与寡人有隙，遂捐燕归赵。将军自为计则可矣，而亦何以报先王之所以遇将军之意乎？"乐毅报遗燕惠王书曰：

臣不佞，不能奉承王命，以顺左右之心，恐伤先王之明，有害足下之义，故遁逃走赵。今足下使人数之以罪，臣恐侍御者不察先王之所以畜幸臣之理，又不白臣之所以事先王之心，故敢以书对。

臣闻贤圣之君不以禄私亲，其功多者赏之，其能当者处之。故察能而授官者，成功之君也；论行而结交者，立名之士也。臣窃观先王之举也，见有高世主之心，故假节于魏，以身得察于燕。先王过举，厕之宾客之中，立之群臣之上，不谋父兄，以为亚卿。臣窃不自知，自以为奉令承教，可幸无罪，故受令而不辞。

先王命之曰："我有积怨深怒于齐，不量轻弱，而欲以齐为事。"臣曰："夫齐，霸国之馀业而最胜之遗事也。练于兵甲，习于战攻。王若欲伐之，必与天下图之。与天下图之，莫若结于赵。且又淮北、宋地，楚魏之所欲也，赵若许而约，四国攻之，齐可大破也。"先王以为然，具符节南使臣于赵。顾反命，起兵击齐。以天之道，先王之灵，河北之地随先王而举之济上。济上之军受命击齐，大败齐人。轻卒锐兵，长驱至国。齐王遁而走莒，仅以身免；珠玉财宝车甲珍器尽收入于燕。齐器设于宁台，大吕陈于元英，故鼎反乎历室，蓟丘之植植于汶篁，自五伯已来，功未有及先王者也。先王以为慊于志，故裂地而封之，使得比小国诸侯。臣窃不自知，自以为奉命承教，可幸无罪，是以受命不辞。

臣闻贤圣之君，功立而不废，故著于春秋；蚤知之士，名成而不毁，故称于后世。若先王之报怨雪耻，夷万乘之强国，收八百岁之蓄积，及至弃群臣之日，馀教未衰，执政任事之臣，修法令，慎庶孽，施及乎萌隶，皆可以教后世。

臣闻之，善作者不必善成，善始者不必善终。昔伍子胥说听于阖闾，而吴王远迹至郢；夫差弗是也，赐之鸱夷而浮之江。吴王不寤先论之可以立功，故沉子胥而不悔；子胥不蚤见主之不同量，是以至于入江而不化。

夫免身立功，以明先王之迹，臣之上计也。离毁辱之诽谤，堕先王之名，臣之所大恐也。临不测之罪，以幸为利，义之所不敢出也。

臣闻古之君子，交绝不出恶声；忠臣去国，不洁其名。臣虽不佞，数奉教于君子矣。恐侍御者之亲左右之说，不察疏远之行，故敢献书以闻，唯君王之留意焉。

于是燕王复以乐毅子乐闲为昌国君；而乐毅往来复通燕，燕、赵以为客卿。乐毅卒于赵。

乐闲居燕三十馀年，燕王喜用其相栗腹之计，欲攻赵，而问昌国君乐闲。乐闲曰："赵，四战之国也，其民习兵，伐之不可。"燕王不听，遂伐赵。赵使廉颇击之，大破栗腹之军于鄗，禽栗腹、乐乘。乐乘者，乐闲之宗也。于是乐闲奔赵，赵遂围燕。燕重割地以与赵和，赵乃解而去。

燕王恨不用乐闲，乐闲既在赵，乃遗乐闲书曰："纣之时，箕子不用，犯谏不怠，以冀其听；商容不达，身只辱焉，以冀其变。及民志不入，狱囚自出，然后二子退隐。故纣负桀暴之累，二子不失忠圣之名。何者？其忧患之尽矣。今寡人虽愚，不若纣之暴也；燕民虽乱，不若殷民之甚也。室有语，不相尽以告邻里。二者，寡人不为君取也。"

乐闲、乐乘怨燕不听其计，二人卒留赵。赵封乐乘为武襄君。

其明年，乐乘、廉颇为赵围燕，燕重礼以和，乃解。后五岁，赵孝成王卒。襄王使乐乘代廉颇。廉颇攻乐乘，乐乘走，廉颇亡入魏。其后十六年而秦灭赵。

其后二十馀年，高帝过赵，问："乐毅有后世乎？"对曰："有乐叔。"高帝封之乐卿，号曰华成君。华成君，乐毅之孙也。而乐氏之族有乐瑕公、乐臣公，赵且为秦所灭，亡之齐高密。乐臣公善修黄帝、老子之言，显闻于齐，称贤师。

太史公曰：始齐之蒯通及主父偃读乐毅之报燕王书，未尝不废书而泣

也。乐臣公学黄帝、老子,其本师号曰河上丈人,不知其所出。河上丈人
教安期生,安期生教毛翕公,毛翕公教乐瑕公,乐瑕公教乐臣公,乐臣公教
盖公。盖公教于齐高密、胶西,为曹相国师。

史记卷八十一

廉颇蔺相如列传第二十一

廉颇者,赵之良将也。赵惠文王十六年,廉颇为赵将伐齐,大破之,取阳晋,拜为上卿,以勇气闻于诸侯。蔺相如者,赵人也,为赵宦者令缪贤舍人。

赵惠文王时,得楚和氏璧。秦昭王闻之,使人遗赵王书,愿以十五城请易璧。赵王与大将军廉颇诸大臣谋:欲予秦,秦城恐不可得,徒见欺;欲勿予,即患秦兵之来。计未定,求人可使报秦者,未得。宦者令缪贤曰:"臣舍人蔺相如可使。"王问:"何以知之?"对曰:"臣尝有罪,窃计欲亡走燕,臣舍人相如止臣,曰:'君何以知燕王?'臣语曰:'臣尝从大王与燕王会境上,燕王私握臣手,曰"愿结友"。以此知之,故欲往。'相如谓臣曰:'夫赵强而燕弱,而君幸于赵王,故燕王欲结于君。今君乃亡赵走燕,燕畏赵,其势必不敢留君,而束君归赵矣。君不如肉袒伏斧质请罪,则幸得脱矣。'臣从其计,大王亦幸赦臣。臣窃以为其人勇士,有智谋,宜可使。"于是王召见,问蔺相如曰:"秦王以十五城请易寡人之璧,可予不?"相如曰:"秦强而赵弱,不可不许。"王曰:"取吾璧,不予我城,奈何?"相如曰:"秦以城求璧而赵不许,曲在赵。赵予璧而秦不予赵城,曲在秦。均之二策,宁许以负秦曲。"王曰:"谁可使者?"相如曰:"王必无人,臣愿奉璧往使。城入赵而璧留秦;城不入,臣请完璧归赵。"赵王于是遂遣相如奉璧西入秦。

秦王坐章台见相如,相如奉璧奏秦王。秦王大喜,传以示美人及左右,左右皆呼万岁。相如视秦王无意偿赵城,及前曰:"璧有瑕,请指示王。"王授璧,相如因持璧却立,倚柱,怒发上冲冠,谓秦王曰:"大王欲得璧,使人发书至赵王,赵王悉召群臣议,皆曰'秦贪,负其强,以空言求璧,偿城恐不可得'。议不欲予秦璧。臣以为布衣之交尚不相欺,况大国乎!且以一璧之故逆强秦之欢,不可。于是赵王乃斋戒五日,使臣奉璧,拜送书于庭。何者?严大国之威以修敬也。今臣至,大王见臣列观,礼节甚倨;得璧,传之美人,以戏弄臣。臣观大王无意偿赵王城邑,故臣复取璧。

大王必欲急臣,臣头今与璧俱碎于柱矣!"相如持其璧睨柱,欲以击柱。秦王恐其破璧,乃辞谢固请,召有司案图,指从此以往十五都予赵。相如度秦王特以诈详为予赵城,实不可得,乃谓秦王曰:"和氏璧,天下所共传宝也,赵王恐,不敢不献。赵王送璧时,斋戒五日,今大王亦宜斋戒五日,设九宾于廷,臣乃敢上璧。"秦王度之,终不可强夺,遂许斋五日,舍相如广成传。相如度秦王虽斋,决负约不偿城,乃使其从者衣褐,怀其璧,从径道亡,归璧于赵。

秦王斋五日后,乃设九宾礼于廷,引赵使者蔺相如。相如至,谓秦王曰:"秦自缪公以来二十馀君,未尝有坚明约束者也。臣诚恐见欺于王而负赵,故令人持璧归,间至赵矣。且秦强而赵弱,大王遣一介之使至赵,赵立奉璧来。今以秦之强而先割十五都予赵,赵岂敢留璧而得罪于大王乎?臣知欺大王之罪当诛,臣请就汤镬,唯大王与群臣孰计议之。"秦王与群臣相视而嘻。左右或欲引相如去,秦王因曰:"今杀相如,终不能得璧也,而绝秦赵之欢,不如因而厚遇之,使归赵,赵王岂以一璧之故欺秦邪!"卒廷见相如,毕礼而归之。

相如既归,赵王以为贤大夫使不辱于诸侯,拜相如为上大夫。秦亦不以城予赵,赵亦终不予秦璧。

其后秦伐赵,拔石城。明年,复攻赵,杀二万人。

秦王使使者告赵王,欲与王为好会于西河外渑池。赵王畏秦,欲毋行。廉颇、蔺相如计曰:"王不行,示赵弱且怯也。"赵王遂行,相如从。廉颇送至境,与王诀曰:"王行,度道里会遇之礼毕,还,不过三十日。三十日不还,则请立太子为王,以绝秦望。"王许之,遂与秦王会渑池。秦王饮酒酣,曰:"寡人窃闻赵王好音,请奏瑟。"赵王鼓瑟。秦御史前书曰"某年月日,秦王与赵王会饮,令赵王鼓瑟"。蔺相如前曰:"赵王窃闻秦王善为秦声,请奏盆缻秦王,以相娱乐。"秦王怒,不许。于是相如前进缻,因跪请秦王。秦王不肯击缻。相如曰:"五步之内,相如请得以颈血溅大王矣!"左右欲刃相如,相如张目叱之,左右皆靡。于是秦王不怿,为一击缻。相如顾召赵御史书曰"某年月日,秦王为赵王击缻"。秦之群臣曰:"请以赵十五城为秦王寿。"蔺相如亦曰:"请以秦之咸阳为赵王寿。"秦王竟酒,终不能加胜于赵。赵亦盛设兵以待秦,秦不敢动。

既罢归国,以相如功大,拜为上卿,位在廉颇之右。廉颇曰:"我为赵将,有攻城野战之大功,而蔺相如徒以口舌为劳,而位居我上,且相如素贱人,吾羞,不忍为之下。"宣言曰:"我见相如,必辱之。"相如闻,不肯与会。相如每朝时,常称病,不欲与廉颇争列。已而相如出,望见廉颇,相如引车避匿。于是舍人相与谏曰:"臣所以去亲戚而事君者,徒慕君之高义也。今君与廉颇同列,廉君宣恶言而君畏匿之,恐惧殊甚,且庸人尚羞之,况于将相乎!臣等不肖,请辞去。"蔺相如固止之,曰:"公之视廉将军孰与秦王?"曰:"不若也。"相如曰:"夫以秦王之威,而相如廷叱之,辱其群臣,相如虽驽,独畏廉将军哉?顾吾念之,强秦之所以不敢加兵于赵者,徒以吾两人在也。今两虎共斗,其势不俱生。吾所以为此者,以先国家之急而后私仇也。"廉颇闻之,肉袒负荆,因宾客至蔺相如门谢罪。曰:"鄙贱之人,不知将军宽之至此也。"卒相与欢,为刎颈之交。

　　是岁,廉颇东攻齐,破其一军。居二年,廉颇复伐齐几,拔之。后三年,廉颇攻魏之防陵、安阳,拔之。后四年,蔺相如将而攻齐,至平邑而罢。其明年,赵奢破秦军阏与下。

　　赵奢者,赵之田部吏也。收租税而平原君家不肯出租,奢以法治之,杀平原君用事者九人。平原君怒,将杀奢。奢因说曰:"君于赵为贵公子,今纵君家而不奉公则法削,法削则国弱,国弱则诸侯加兵,诸侯加兵是无赵也,君安得有此富乎?以君之贵,奉公如法则上下平,上下平则国强,国强则赵固,而君为贵戚,岂轻于天下邪?"平原君以为贤,言之于王。王用之治国赋,国赋大平,民富而府库实。

　　秦伐韩,军于阏与。王召廉颇而问曰:"可救不?"对曰:"道远险狭,难救。"又召乐乘而问焉,乐乘对如廉颇言。又召问赵奢,奢对曰:"其道远险狭,譬之犹两鼠斗于穴中,将勇者胜。"王乃令赵奢将,救之。

　　兵去邯郸三十里,而令军中曰:"有以军事谏者死。"秦军军武安西,秦军鼓噪勒兵,武安屋瓦尽振。军中候有一人言急救武安,赵奢立斩之。坚壁,留二十八日不行,复益增垒。秦间来入,赵奢善食而遣之。间以报秦将,秦将大喜曰:"夫去国三十里而军不行,乃增垒,阏与非赵地也。"赵奢既已遣秦间,乃卷甲而趋之,二日一夜至,令善射者去阏与五十里而军。军垒成,秦人闻之,悉甲而至。军士许历请以军事谏,赵奢曰:"内之。"许历曰:"秦人不意赵师至此,其来气盛,将军必厚集其阵以待之。不然,必败。"赵奢曰:"请受令。"许历曰:"请就铁质之诛。"赵奢曰:"胥后令邯郸。"许历复请谏,曰:"先据北山上者胜,后至者败。"赵奢许诺,即发万人趋之。

秦兵后至,争山不得上,赵奢纵兵击之,大破秦军。秦军解而走,遂解阏与
之围而归。

赵惠文王赐奢号为马服君,以许历为国尉。赵奢于是与廉颇、蔺相如
同位。

后四年,赵惠文王卒,子孝成王立。七年,秦与赵兵相距长平,时赵奢
已死,而蔺相如病笃,赵使廉颇将攻秦,秦数败赵军,赵军固壁不战。秦数
挑战,廉颇不肯。赵王信秦之间。秦之间言曰:"秦之所恶,独畏马服君赵
奢之子赵括为将耳。"赵王因以括为将,代廉颇。蔺相如曰:"王以名使括,
若胶柱而鼓瑟耳。括徒能读其父书传,不知合变也。"赵王不听,遂将之。

赵括自少时学兵法,言兵事,以天下莫能当。尝与其父奢言兵事,奢
不能难,然不谓善。括母问奢其故,奢曰:"兵,死地也,而括易言之。使赵
不将括即已,若必将之,破赵军者必括也。"及括将行,其母上书言于王曰:
"括不可使将。"王曰:"何以?"对曰:"始妾事其父,时为将,身所奉饭饮而
进食者以十数,所友者以百数,大王及宗室所赏赐者尽以予军吏士大夫,
受命之日,不问家事。今括一旦为将,东向而朝,军吏无敢仰视之者,王所
赐金帛,归藏于家,而日视便利田宅可买者买之。王以为何如其父?父子
异心,愿王勿遣。"王曰:"母置之,吾已决矣。"括母因曰:"王终遣之,即有
如不称,妾得无随坐乎?"王许诺。

赵括既代廉颇,悉更约束,易置军吏。秦将白起闻之,纵奇兵,详败
走,而绝其粮道,分断其军为二,士卒离心。四十馀日,军饿,赵括出锐卒
自博战,秦军射杀赵括。括军败,数十万之众遂降秦,秦悉坑之。赵前后
所亡凡四十五万。明年,秦兵遂围邯郸,岁馀,几不得脱。赖楚、魏诸侯来
救,乃得解邯郸之围。赵王亦以括母先言,竟不诛也。

自邯郸围解五年,而燕用栗腹之谋,曰"赵壮者尽于长平,其孤未壮",
举兵击赵。赵使廉颇将,击,大破燕军于鄗,杀栗腹,遂围燕。燕割五城请
和,乃听之。赵以尉文封廉颇为信平君,为假相国。

廉颇之免长平归也,失势之时,故客尽去。及复用为将,客又复至。
廉颇曰:"客退矣!"客曰:"吁!君何见之晚也?夫天下以市道交,君有势,
我则从君,君无势则去,此固其理也,有何怨乎?"居六年,赵使廉颇伐魏之
繁阳,拔之。

赵孝成王卒,子悼襄王立,使乐乘代廉颇。廉颇怒,攻乐乘,乐乘走。
廉颇遂奔魏之大梁。其明年,赵乃以李牧为将而攻燕,拔武遂、方城。

廉颇居梁久之,魏不能信用。赵以数困于秦兵,赵王思复得廉颇,廉颇亦思复用于赵。赵王使使者视廉颇尚可用否。廉颇之仇郭开多与使者金,令毁之。赵使者既见廉颇,廉颇为之一饭斗米,肉十斤,被甲上马,以示尚可用。赵使还报王曰:"廉将军虽老,尚善饭,然与臣坐,顷之三遗矢矣。"赵王以为老,遂不召。

楚闻廉颇在魏,阴使人迎之。廉颇一为楚将,无功,曰:"我思用赵人。"廉颇卒死于寿春。

李牧者,赵之北边良将也。常居代雁门,备匈奴。以便宜置吏,市租皆输入莫府,为士卒费。日击数牛飨士,习射骑,谨烽火,多间谍,厚遇战士。为约曰:"匈奴即入盗,急入收保,有敢捕虏者斩。"匈奴每入,烽火谨,辄入收保,不敢战。如是数岁,亦不亡失。然匈奴以李牧为怯,虽赵边兵亦以为吾将怯。赵王让李牧,李牧如故。赵王怒,召之,使他人代将。

岁馀,匈奴每来,出战。出战,数不利,失亡多,边不得田畜。复请李牧。牧杜门不出,固称疾。赵王乃复强起使将兵。牧曰:"王必用臣,臣如前,乃敢奉令。"王许之。

李牧至,如故约。匈奴数岁无所得。终以为怯。边士日得赏赐而不用,皆愿一战。于是乃具选车得千三百乘,选骑得万三千匹,百金之士五万人,彀者十万人,悉勒习战。大纵畜牧,人民满野。匈奴小人,详北不胜,以数千人委之。单于闻之,大率众来入。李牧多为奇阵,张左右翼击之,大破杀匈奴十馀万骑。灭襜褴,破东胡,降林胡,单于奔走。其后十馀岁,匈奴不敢近赵边城。

赵悼襄王元年,廉颇既亡入魏,赵使李牧攻燕,拔武遂、方城。居二年,庞煖破燕军,杀剧辛。后七年,秦破杀赵将扈辄于武遂,斩首十万。赵乃以李牧为大将军,击秦军于宜安,大破秦军,走秦将桓齮。封李牧为武安君。居三年,秦攻番吾,李牧击破秦军,南距韩、魏。

赵王迁七年,秦使王翦攻赵,赵使李牧、司马尚御之。秦多与赵王宠臣郭开金,为反间,言李牧、司马尚欲反。赵王乃使赵葱及齐将颜聚代李牧。李牧不受命,赵使人微捕得李牧,斩之。废司马尚。后三月,王翦因急击赵,大破杀赵葱,虏赵王迁及其将颜聚,遂灭赵。

太史公曰:知死必勇,非死者难也,处死者难。方蔺相如引璧睨柱,及叱秦王左右,势不过诛,然士或怯懦而不敢发。相如一奋其气,威信敌国,退而让颇，名重太山，其处智勇，可谓兼之矣！

史记卷八十二

田单列传第二十二

田单者,齐诸田疏属也。湣王时,单为临菑市掾,不见知。及燕使乐毅伐破齐,齐湣王出奔,已而保莒城。燕师长驱平齐,而田单走安平,令其宗人尽断其车轴末而傅铁笼。已而燕军攻安平,城坏,齐人走,争途,以辖折车败,为燕所虏,唯田单宗人以铁笼故得脱,东保即墨。燕既尽降齐城,唯独莒、即墨不下。燕军闻齐王在莒,并兵攻之。淖齿既杀湣王于莒,因坚守,距燕军,数年不下。燕引兵东围即墨,即墨大夫出与战,败死。城中相与推田单,曰:"安平之战,田单宗人以铁笼得全,习兵。"立以为将军,以即墨距燕。

顷之,燕昭王卒,惠王立,与乐毅有隙。田单闻之,乃纵反间于燕,宣言曰:"齐王已死,城之不拔者二耳。乐毅畏诛而不敢归,以伐齐为名,实欲连兵南面而王齐。齐人未附,故且缓攻即墨以待其事。齐人所惧,唯恐他将之来,即墨残矣。"燕王以为然,使骑劫代乐毅。

乐毅因归赵,燕人士卒忿。而田单乃令城中人食必祭其先祖于庭,飞鸟悉翔舞城中下食。燕人怪之。田单因宣言曰:"神来下教我。"乃令城中人曰:"当有神人为我师。"有一卒曰:"臣可以为师乎?"因反走。田单乃起,引还,东向坐,师事之。卒曰:"臣欺君,诚无能也。"田单曰:"子勿言也!"因师之。每出约束,必称神师。乃宣言曰:"吾唯惧燕军之劓所得齐卒,置之前行,与我战,即墨败矣。"燕人闻之,如其言。城中人见齐诸降者尽劓,皆怒,坚守,唯恐见得。单又纵反间曰:"吾惧燕人掘吾城外冢墓,僇先人,可为寒心。"燕军尽掘垄墓,烧死人。即墨人从城上望见,皆涕泣,俱欲出战,怒自十倍。

田单知士卒之可用,乃身操版插,与士卒分功,妻妾编于行伍之间,尽散饮食飨士。令甲卒皆伏,使老弱女子乘城,遣使约降于燕,燕军皆呼万岁。田单又收民金,得千溢,令即墨富豪遗燕将,曰:"即墨即降,愿无虏掠吾族家妻妾,令安堵。"燕将大喜,许之。燕军由此益懈。

田单乃收城中得千馀牛,为绛缯衣,画以五彩龙文,束兵刃于其角,而灌脂束苇于尾,烧其端。凿城数十穴,夜纵牛,壮士五千人随其后。牛尾热,怒而奔燕军,燕军夜大惊。牛尾炬火光明炫耀,燕军视之皆龙文,所触尽死伤。五千人因衔枚击之,而城中鼓噪从之,老弱皆击铜器为声,声动天地。燕军大骇,败走。齐人遂夷杀其将骑劫。燕军扰乱奔走,齐人追亡逐北,所过城邑皆畔燕而归田单,兵日益多,乘胜,燕日败亡,卒至河上,而齐七十馀城皆复为齐。乃迎襄王于莒,入临菑而听政。

襄王封田单,号曰安平君。

太史公曰:兵以正合,以奇胜。善之者,出奇无穷。奇正还相生,如环之无端。夫始如处女,敌人开户;后如脱兔,敌不及距:其田单之谓邪!

初,淖齿之杀湣王也,莒人求湣王子法章,得之太史嬓之家,为人灌园。嬓女怜而善遇之。后法章私以情告女,女遂与通。及莒人共立法章为齐王,以莒距燕,而太史氏女遂为后,所谓“君王后”也。

燕之初入齐,闻画邑人王蠋贤,令军中曰“环画邑三十里无人”,以王蠋之故。已而使人谓蠋曰:“齐人多高子之义,吾以子为将,封子万家。”蠋固谢。燕人曰:“子不听,吾引三军而屠画邑。”王蠋曰:“忠臣不事二君,贞女不更二夫。齐王不听吾谏,故退而耕于野。国既破亡,吾不能存;今又劫之以兵为君将,是助桀为暴也。与其生而无义,固不如烹!”遂经其颈于树枝,自奋绝脰而死。齐亡大夫闻之,曰:“王蠋,布衣也,义不北面于燕,况在位食禄者乎!”乃相聚如莒,求诸子,立为襄王。

史记卷八十三

鲁仲连邹阳列传第二十三

　　鲁仲连者，齐人也。好奇伟俶傥之画策，而不肯仕宦任职，好持高节。游于赵。

　　赵孝成王时，而秦王使白起破赵长平之军前后四十馀万，秦兵遂东围邯郸。赵王恐，诸侯之救兵莫敢击秦军。魏安釐王使将军晋鄙救赵，畏秦，止于荡阴不进。魏王使客将军新垣衍间入邯郸，因平原君谓赵王曰："秦所为急围赵者，前与齐湣王争强为帝，已而复归帝；今齐已益弱，方今唯秦雄天下，此非必贪邯郸，其意欲复求为帝。赵诚发使尊秦昭王为帝，秦必喜，罢兵去。"平原君犹预未有所决。

　　此时鲁仲连适游赵，会秦围赵，闻魏将欲令赵尊秦为帝，乃见平原君曰："事将奈何？"平原君曰："胜也何敢言事！前亡四十万之众于外，今又内围邯郸而不能去。魏王使客将军新垣衍令赵帝秦，今其人在是。胜也何敢言事！"鲁仲连曰："吾始以君为天下之贤公子也，吾乃今然后知君非天下之贤公子也。梁客新垣衍安在？吾请为君责而归之。"平原君曰："胜请为绍介而见之于先生。"平原君遂见新垣衍曰："东国有鲁仲连先生者，今其人在此，胜请为绍介，交之于将军。"新垣衍曰："吾闻鲁仲连先生，齐国之高士也。衍，人臣也，使事有职，吾不愿见鲁仲连先生。"平原君曰："胜既已泄之矣。"新垣衍许诺。

　　鲁连见新垣衍而无言。新垣衍曰："吾视居此围城之中者，皆有求于平原君者也；今吾观先生之玉貌，非有求于平原君者也，曷为久居此围城之中而不去？"鲁仲连曰："世以鲍焦为无从颂而死者，皆非也。众人不知，则为一身。彼秦者，弃礼义而上首功之国也，权使其士，虏使其民。彼即肆然而为帝，过而为政于天下，则连有蹈东海而死耳，吾不忍为之民也。所为见将军者，欲以助赵也。"

　　新垣衍曰："先生助之将奈何？"鲁连曰："吾将使梁及燕助之，齐、楚则固助之矣。"新垣衍曰："燕则吾请以从矣；若乃梁者，则吾乃梁人也，先生恶能使梁助之?"鲁连曰:"梁未睹秦称帝之害故耳。使梁睹秦称帝之害,则必助赵矣。"

　　新垣衍曰:"秦称帝之害何如?"鲁连曰:"昔者齐威王尝为仁义矣,率天下诸侯而朝周。周贫且微,诸侯莫朝,而齐独朝之。居岁馀,周烈王崩,齐后往,周怒,赴于齐曰:'天崩地坼,天子下席。东藩之臣因齐后至,则斮。'齐威王勃然怒曰:'叱嗟,而母婢也!'卒为天下笑。故生则朝周,死则叱之,诚不忍其求也。彼天子固然,其无足怪。"

　　新垣衍曰:"先生独不见夫仆乎? 十人而从一人者,宁力不胜而智不若邪? 畏之也。"鲁仲连曰:"呜呼! 梁之比于秦若仆邪?"新垣衍曰:"然。"鲁仲连曰:"吾将使秦王烹醢梁王。"新垣衍怏然不悦,曰:"噫嘻,亦太甚矣,先生之言也! 先生又恶能使秦王烹醢梁王?"鲁仲连曰:"固也,吾将言之。昔者九侯、鄂侯、文王,纣之三公也。九侯有子而好,献之于纣,纣以为恶,醢九侯。鄂侯争之强,辩之疾,故脯鄂侯。文王闻之,喟然而叹,故拘之牖里之库百日,欲令之死。曷为与人俱称王,卒就脯醢之地? 齐湣王之鲁,夷维子为执策而从,谓鲁人曰:'子将何以待吾君?'鲁人曰:'吾将以十太牢待子之君。'夷维子曰:'子安取礼而来待吾君? 彼吾君者,天子也。天子巡狩,诸侯辟舍,纳管籥,摄衽抱机,视膳于堂下,天子已食,乃退而听朝也。'鲁人投其籥,不果纳。不得入于鲁,将之薛,假途于邹。当是时,邹君死,湣王欲入吊,夷维子谓邹之孤曰:'天子吊,主人必将倍殡棺,设北面于南方,然后天子南面吊也。'邹之群臣曰:'必若此,吾将伏剑而死。'固不敢入于邹。邹、鲁之臣,生则不得事养,死则不得赙襚,然且欲行天子之礼于邹、鲁,邹、鲁之臣不果纳。今秦万乘之国也,梁亦万乘之国也。俱据万乘之国,各有称王之名,睹其一战而胜,欲从而帝之,是使三晋之大臣不如邹、鲁之仆妾也。且秦无已而帝,则且变易诸侯之大臣。彼将夺其所不肖而与其所贤,夺其所憎而与其所爱。彼又将使其子女谗妾为诸侯妃姬,处梁之宫。梁王安得晏然而已乎? 而将军又何以得故宠乎?"

　　于是新垣衍起,再拜谢曰:"始以先生为庸人,吾乃今日知先生为天下之士也。吾请出,不敢复言帝秦。"秦将闻之,为却军五十里。适会魏公子无忌夺晋鄙军以救赵,击秦军,秦军遂引而去。

　　于是平原君欲封鲁连,鲁连辞让者三,终不肯受。平原君乃置酒,酒酣起前,以千金为鲁连寿。鲁连笑曰:"所贵于天下之士者,为人排患释难解纷乱而无取也。即有取者,是商贾之事也,而连不忍为也。"遂辞平原君而去,终身不复见。

其后二十餘年,燕将攻下聊城,聊城人或谗之燕,燕将惧诛,因保守聊城,不敢归。齐田单攻聊城岁餘,士卒多死而聊城不下。鲁连乃为书,约之矢以射城中,遗燕将。书曰:

　　吾闻之,智者不倍时而弃利,勇士不却死而灭名,忠臣不先身而后君。今公行一朝之忿,不顾燕王之无臣,非忠也;杀身亡聊城,而威不信于齐,非勇也;功败名灭,后世无称焉,非智也。三者世主不臣,说士不载,故智者不再计,勇士不怯死。今死生荣辱,贵贱尊卑,此时不再至,愿公详计而无与俗同。

　　且楚攻齐之南阳,魏攻平陆,而齐无南面之心,以为亡南阳之害小,不如得济北之利大,故定计审处之。今秦人下兵,魏不敢东面;衡秦之势成,楚国之形危;齐弃南阳,断右壤,定济北,计犹且为之也。且夫齐之必决于聊城,公勿再计。今楚魏交退于齐,而燕救不至。以全齐之兵,无天下之规,与聊城共据期年之敝,则臣见公之不能得也。且燕国大乱,君臣失计,上下迷惑,栗腹以十万之众五折于外,以万乘之国被围于赵,壤削主困,为天下僇笑。国敝而祸多,民无所归心。今公又以敝聊之民距全齐之兵,是墨翟之守也。食人炊骨,士无反外之心,是孙膑之兵也。能见于天下。虽然,为公计者,不如全车甲以报于燕。车甲全而归燕,燕王必喜;身全而归于国,士民如见父母,交游攘臂而议于世,功业可明。上辅孤主以制群臣,下养百姓以资说士,矫国更俗,功名可立也。亡意亦捐燕弃世,东游于齐乎?裂地定封,富比乎陶、卫,世世称孤,与齐久存,又一计也。此两计者,显名厚实也,愿公详计而审处一焉。

　　且吾闻之,规小节者不能成荣名,恶小耻者不能立大功。昔者管夷吾射桓公中其钩,篡也;遗公子纠不能死,怯也;束缚桎梏,辱也。若此三行者,世主不臣而乡里不通。乡使管子幽囚而不出,身死而不反于齐,则亦名不免为辱人贱行矣。臧获且羞与之同名矣,况世俗乎!故管子不耻身在缧绁之中而耻天下之不治,不耻不死公子纠而耻威之不信于诸侯,故兼三行之过而为五霸首,名高天下而光烛邻国。曹子为鲁将,三战三北,而亡地五百里。乡使曹子计不反顾,议不还踵,刎颈而死,则亦名不免为败军禽将矣。曹子弃三北之耻,而退与鲁君计。桓公朝天下,会诸侯,曹子以一剑之任,枝桓公之心于坛坫之上,颜色不变,辞气不悖,三战之所亡一朝而复之,天下震动,诸侯惊骇,威加吴、越。若此二士者,非不能成小廉而行小节也,以为杀身亡躯,绝世灭后,功名不立,非智也。故去感忿之怨,立终身之名;弃忿悁之节,定累世之功。是以业与三王争流,而名与天壤相弊也。愿公择一而行之。

燕将见鲁连书,泣三日,犹豫不能自决。欲归燕,已有隙,恐诛;欲降齐,所杀虏于齐甚众,恐已降而后见辱。喟然叹曰:"与人刃我,宁自刃。"乃自杀。聊城乱,田单遂屠聊城。归而言鲁连,欲爵之。鲁连逃隐于海上,曰:"吾与富贵而屈于人,宁贫贱而轻世肆志焉。"

邹阳者,齐人也。游于梁,与故吴人庄忌夫子、淮阴枚生之徒交。上书而介于羊胜、公孙诡之间。胜等嫉邹阳,恶之梁孝王。孝王怒,下之吏,将欲杀之。邹阳客游,以谗见禽,恐死而负累,乃从狱中上书曰:

臣闻忠无不报,信不见疑,臣常以为然,徒虚语耳。昔者荆轲慕燕丹之义,白虹贯日,太子畏之;卫先生为秦画长平之事,太白蚀昴,而昭王疑之。夫精变天地而信不喻两主,岂不哀哉!今臣尽忠竭诚,毕议愿知,左右不明,卒从吏讯,为世所疑,是使荆轲、卫先生复起,而燕、秦不悟也。愿大王孰察之。

昔卞和献宝,楚王刖之;李斯竭忠,胡亥极刑。是以箕子佯狂,接舆避世,恐遭此患也。愿大王孰察卞和、李斯之意,而后楚王、胡亥之听,无使臣为箕子、接舆所笑。臣闻比干剖心,子胥鸱夷,臣始不信,乃今知之。愿大王孰察,少加怜焉。

谚曰:"有白头如新,倾盖如故。"何则?知与不知也。故昔樊於期逃秦之燕,藉荆轲首以奉丹之事;王奢去齐之魏,临城自刭以却齐而存魏。夫王奢、樊於期非新于齐、秦而故于燕、魏也,所以去二国死两君者,行合于志而慕义无穷也。是以苏秦不信于天下,而为燕尾生;白圭战亡六城,为魏取中山。何则?诚有以相知也。苏秦相燕,燕人恶之于王,王按剑而怒,食以駃騠;白圭显于中山,中山人恶之魏文侯,文侯投之以夜光之璧。何则?两主二臣,剖心坼肝相信,岂移于浮辞哉!

故女无美恶,入宫见妒;士无贤不肖,入朝见嫉。昔者司马喜髌脚于宋,卒相中山;范雎摺胁折齿于魏,卒为应侯。此二人者,皆信必然之画,捐朋党之私,挟孤独之位,故不能自免于嫉妒之人也。是以申徒狄自沉于河,徐衍负石入海。不容于世,义不苟取,比周于朝,以移主上之心。故百里奚乞食于路,缪公委之以政;宁戚饭牛车下,而桓公任之以国。此二人者,岂借宦于朝,假誉于左右,然后二主用之哉?感于心,合于行,亲于胶漆,昆弟不能离,岂惑于众口哉?故偏听生奸,独任成乱。昔者鲁听季孙之说而逐孔子,宋信子罕之计而囚墨翟。夫以孔、墨之辩,不能自免于谗谀,而二国以危。何则?众口铄金,积毁销骨也。是以秦用戎人由余而霸中国,齐用越人蒙而强威、宣。此二国,岂拘于俗,牵于世,系阿偏之辞哉?公听并观,垂名当世。故意合则胡越为昆弟,由余、越人蒙是矣;不合,则骨肉出逐不收,朱、象、管、蔡是矣。今人主诚能用齐、秦之义,后宋、鲁之听,则五伯不足称,三王易为也。

是以圣王觉寤,捐子之之心,而能不说于田常之贤;封比干之后,修孕妇之墓,故功业复就于天下。何则?欲善无厌也。夫晋文公亲其仇,强霸诸侯;齐桓公用其仇,而一匡天下。何则,慈仁殷勤,诚加于心,不可以虚辞借也。

至夫秦用商鞅之法,东弱韩、魏,兵强天下,而卒车裂之;越用大夫种之谋,禽劲吴,霸中国,而卒诛其身。是以孙叔敖三去相而不悔,於陵子仲辞三公为人灌园。今人主诚能去骄傲之心,怀可报之意,披心腹,见情素,堕肝胆,施德厚,终与之穷达,无爱于士,则桀之狗可使吠尧,而跖之客可使刺由;况因万乘之权,假圣王之资乎?然则荆轲之湛七族,要离之烧妻子,岂足道哉!

臣闻明月之珠,夜光之璧,以暗投人于道路,人无不按剑相眄者。何则?无因而至前也。蟠木根柢,轮囷离诡,而为万乘器者。何则?以左右先为之容也。故无因至前,虽出随侯之珠,夜光之璧,犹结怨而不见德。故有人先谈,则以枯木朽株树功而不忘。今夫天下布衣穷居之士,身在贫贱,虽蒙尧、舜之术,挟伊、管之辩,怀龙逢、比干之意,欲尽忠当世之君,而素无根柢之容,虽竭精思,欲开忠信,辅人主之治,则人主必有按剑相眄之迹,是使布衣不得为枯木朽株之资也。

是以圣王制世御俗,独化于陶钧之上,而不牵于卑乱之语,不夺于众多之口。故秦皇帝任中庶子蒙嘉之言,以信荆轲之说,而匕首窃发;周文王猎泾、渭,载吕尚而归,以王天下。故秦信左右而杀,周用乌集而王。何则?以其能越牵拘之语,驰域外之议,独观于昭旷之道也。

今人主沉于谄谀之辞,牵于帷裳之制,使不羁之士与牛骥同皂,此鲍焦所以忿于世而不留富贵之乐也。

臣闻盛饰入朝者不以利污义,砥厉名号者不以欲伤行,故县名胜母而曾子不入,邑号朝歌而墨子回车。今欲使天下寥廓之士,摄于威重之权,主于位势之贵,故回面污行以事谄谀之人而求亲近于左右,则士伏死堀穴岩薮之中耳,安肯有尽忠信而趋阙下者哉!

书奏梁孝王,孝王使人出之,卒为上客。

太史公曰:鲁连其指意虽不合大义,然余多其在布衣之位,荡然肆志,不屈于诸侯,谈说于当世,折卿相之权。邹阳辞虽不逊,然其比物连类,有足悲者,亦可谓抗直不桡矣,吾是以附之列传焉。

史记卷八十四

屈原贾生列传第二十四

屈原者，名平，楚之同姓也。为楚怀王左徒。博闻强志，明于治乱，娴于辞令。入则与王图议国事，以出号令；出则接遇宾客，应对诸侯。王甚任之。

上官大夫与之同列，争宠而心害其能。怀王使屈原造为宪令，屈平属草稿未定。上官大夫见而欲夺之，屈平不与，因谗之曰："王使屈平为令，众莫不知，每一令出，平伐其功，以为'非我莫能为'也。"王怒而疏屈平。

屈平疾王听之不聪也，谗谄之蔽明也，邪曲之害公也，方正之不容也，故忧愁幽思而作离骚。离骚者，犹离忧也。夫天者，人之始也；父母者，人之本也。人穷则反本，故劳苦倦极，未尝不呼天也；疾痛惨怛，未尝不呼父母也。屈平正道直行，竭忠尽智以事其君，谗人间之，可谓穷矣。信而见疑，忠而被谤，能无怨乎？屈平之作离骚，盖自怨生也。国风好色而不淫，小雅怨诽而不乱。若离骚者，可谓兼之矣。上称帝喾，下道齐桓，中述汤武，以刺世事。明道德之广崇，治乱之条贯，靡不毕见。其文约，其辞微，其志洁，其行廉，其称文小而其指极大，举类迩而见义远。其志洁，故其称物芳。其行廉，故死而不容。自疏濯淖污泥之中，蝉蜕于浊秽，以浮游尘埃之外，不获世之滋垢，皭然泥而不滓者也。推此志也，虽与日月争光可也。

屈平既绌，其后秦欲伐齐，齐与楚从亲，惠王患之，乃令张仪佯去秦，厚币委质事楚，曰："秦甚憎齐，齐与楚从亲，楚诚能绝齐，秦愿献商、於之地六百里。"楚怀王贪而信张仪，遂绝齐，使使如秦受地。张仪诈之曰："仪与王约六里，不闻六百里。"楚使怒去，归告怀王。怀王怒，大兴师伐秦。秦发兵击之，大破楚师于丹、淅，斩首八万，虏楚将屈匄，遂取楚之汉中地。怀王乃悉发国中兵以深入击秦，战于蓝田。魏闻之，袭楚至邓。楚兵惧，自秦归。而齐竟怒不救楚，楚大困。

明年，秦割汉中地与楚以和。楚王曰："不愿得地，愿得张仪而甘心焉。"张仪闻,乃曰:"以一仪而当汉中地,臣请往如楚。"如楚,又因厚币用事者臣靳尚,而设诡辩于怀王之宠姬郑袖。怀王竟听郑袖,复释去张仪。是时屈平既疏,不复在位,使于齐,顾反,谏怀王曰:"何不杀张仪?"怀王悔,追张仪不及。

其后诸侯共击楚,大破之,杀其将唐眛。

时秦昭王与楚婚,欲与怀王会。怀王欲行,屈平曰:"秦虎狼之国,不可信,不如毋行。"怀王稚子子兰劝王行:"奈何绝秦欢!"怀王卒行。入武关,秦伏兵绝其后,因留怀王,以求割地。怀王怒,不听。亡走赵,赵不内。复之秦,竟死于秦而归葬。

长子顷襄王立,以其弟子兰为令尹。楚人既咎子兰以劝怀王入秦而不反也。

屈平既嫉之,虽放流,眷顾楚国,系心怀王,不忘欲反,冀幸君之一悟,俗之一改也。其存君兴国而欲反覆之,一篇之中三致志焉。然终无可奈何,故不可以反,卒以此见怀王之终不悟也。人君无愚智贤不肖,莫不欲求忠以自为,举贤以自佐,然亡国破家相随属,而圣君治国累世而不见者,其所谓忠者不忠,而所谓贤者不贤也。怀王以不知忠臣之分,故内惑于郑袖,外欺于张仪,疏屈平而信上官大夫、令尹子兰。兵挫地削,亡其六郡,身客死于秦,为天下笑。此不知人之祸也。易曰:"井泄不食,为我心恻,可以汲。王明,并受其福。"王之不明,岂足福哉!

令尹子兰闻之大怒,卒使上官大夫短屈原于顷襄王,顷襄王怒而迁之。

屈原至于江滨,被发行吟泽畔。颜色憔悴,形容枯槁。渔父见而问之曰:"子非三闾大夫欤?何故而至此?"屈原曰:"举世混浊而我独清,众人皆醉而我独醒,是以见放。"渔父曰:"夫圣人者,不凝滞于物而能与世推移。举世混浊,何不随其流而扬其波?众人皆醉,何不餔其糟而啜其醨?何故怀瑾握瑜而自令见放为?"屈原曰:"吾闻之,新沐者必弹冠,新浴者必振衣,人又谁能以身之察察,受物之汶汶者乎!宁赴常流而葬乎江鱼腹中耳,又安能以皓皓之白而蒙世俗之温蠖乎!"

乃作怀沙之赋。其辞曰:

陶陶孟夏兮,草木莽莽。伤怀永哀兮,汩徂南土。眴兮窈窈,孔静幽墨。冤结纡轸兮,离愍之长鞠;抚情效志兮,俯屈以自抑。

刓方以为圜兮,常度未替,易初本由兮,君子所鄙。章画职墨兮,前度未改；内直质重兮，大人所盛。巧匠不斲兮，孰察其揆正？玄文幽处兮，矇谓之不章。离娄微睇兮，瞽以为无明。变白而为黑兮，倒上以为下。凤皇在笯兮，鸡雉翔舞。同糅玉石兮，一概而相量。夫党人之鄙妒兮，羌不知吾所臧。

任重载盛兮，陷滞而不济；怀瑾握瑜兮，穷不得余所示。邑犬群吠兮，吠所怪也；诽骏疑桀兮，固庸态也。文质疏内兮，众不知吾之异采；材朴委积兮，莫知余之所有。重仁袭义兮，谨厚以为丰；重华不可牾兮，孰知余之从容！古固有不并兮，岂知其故也？汤禹久远兮，邈不可慕也。惩违改忿兮，抑心而自强；离湣而不迁兮，愿志之有象。进路北次兮，日昧昧其将暮；含忧虞哀兮，限之以大故。

乱曰：浩浩沅、湘兮，分流汩兮。修路幽拂兮，道远忽兮。曾唫恒悲兮，永叹慨兮。世既莫吾知兮，人心不可谓兮。怀情抱质兮，独无匹兮。伯乐既殁兮，骥将焉程兮？人生禀命兮，各有所错兮。定心广志，余何畏惧兮？曾伤爰哀，永叹喟兮。世溷不吾知，心不可谓兮。知死不可让兮，愿勿爱兮。明以告君子兮，吾将以为类兮。

于是怀石遂自沉汩罗以死。

屈原既死之后，楚有宋玉、唐勒、景差之徒者，皆好辞而以赋见称；然皆祖屈原之从容辞令，终莫敢直谏。其后楚日以削，数十年竟为秦所灭。

自屈原沉汩罗后百有余年，汉有贾生，为长沙王太傅，过湘水，投书以吊屈原。

贾生名谊，雒阳人也。年十八，以能诵诗属书闻于郡中。吴廷尉为河南守，闻其秀才，召置门下，甚幸爱。孝文皇帝初立，闻河南守吴公治平为天下第一，故与李斯同邑而常学事焉，乃征为廷尉。廷尉乃言贾生年少，颇通诸子百家之书。文帝召以为博士。

是时贾生年二十余，最为少。每诏令议下，诸老先生不能言，贾生尽为之对，人人各如其意所欲出。诸生于是乃以为能不及也。孝文帝说之，超迁，一岁中至太中大夫。

贾生以为汉兴至孝文二十余年，天下和洽，而固当改正朔，易服色，法制度，定官名，兴礼乐，乃悉草具其事仪法，色尚黄，数用五，为官名，悉更秦之法。孝文帝初即位，谦让未遑也。诸律令所更定，及列侯悉就国，其说皆自贾生发之。于是天子议以为贾生任公卿之位。绛、灌、东阳侯、冯敬之属尽害之，乃短贾生曰："雒阳之人，年少初学，专欲擅权，纷乱诸事。"

于是天子后亦疏之，不用其议，乃以贾生为长沙王太傅。

贾生既辞往行，闻长沙卑湿，自以寿不得长，又以適去，意不自得。及渡湘水，为赋以吊屈原。其辞曰：

共承嘉惠兮，俟罪长沙。侧闻屈原兮，自沈汨罗。造托湘流兮，敬吊先生。遭世罔极兮，乃陨厥身。呜呼哀哉，逢时不祥！鸾凤伏窜兮，鸱枭翱翔。阘茸尊显兮，谗谀得志；贤圣逆曳兮，方正倒植。世谓伯夷贪兮，谓盗跖廉；莫邪为顿兮，铅刀为铦。于嗟嚜嚜兮，生之无故！斡弃周鼎兮宝康瓠，腾驾疲牛兮骖蹇驴，骥垂两耳兮服盐车。章甫荐屦兮，渐不可久；嗟苦先生兮，独离此咎！

讯曰：已矣，国其莫我知，独埋郁兮其谁语？凤漂漂其高逝兮，夫固自缩而远去。袭九渊之神龙兮，沕深潜以自珍。弥融爚以隐处兮，夫岂从蚁与蛭蚓？所贵圣人之神德兮，远浊世而自藏。使骐骥可得系羁兮，岂云异夫犬羊！般纷纷其离此尤兮，亦夫子之辜也！瞝九州而相君兮，何必怀此都也？凤皇翔于千仞之上兮，览德辉而下之；见细德之险征兮，摇增翮逝而去之。彼寻常之污渎兮，岂能容吞舟之鱼！横江湖之鳣鲟兮，固将制于蚁蝼。

贾生为长沙王太傅三年，有鸮飞入贾生舍，止于坐隅。楚人命鸮曰"服"。贾生既以適居长沙，长沙卑湿，自以为寿不得长，伤悼之，乃为赋以自广。其辞曰：

单阏之岁兮，四月孟夏，庚子日施兮，服集予舍，止于坐隅，貌甚闲暇。异物来集兮，私怪其故，发书占之兮，策言其度。曰"野鸟入处兮，主人将去"。请问于服兮："予去何之？吉乎告我，凶言其灾。淹数之度兮，语予其期。"服乃叹息，举首奋翼，口不能言，请对以意。

万物变化兮，固无休息。斡流而迁兮，或推而还。形气转续兮，变化而嬗。沕穆无穷兮，胡可胜言！祸兮福所倚，福兮祸所伏；忧喜聚门兮，吉凶同域。彼吴强大兮，夫差以败；越栖会稽兮，句践霸世。斯游遂成兮，卒被五刑；傅说胥靡兮，乃相武丁。夫祸之与福兮，何异纠缠。命不可说兮，孰知其极？水激则旱兮，矢激则远。万物回薄兮，振荡相转。云蒸雨降兮，错缪相纷。大专槃物兮，坱轧无垠。天不可與虑兮，道不可与谋。迟数有命兮，恶识其时？

且夫天地为炉兮，造化为工；阴阳为炭兮，万物为铜。合散消息兮，安有常则；千变万化兮，未始有极。忽然为人兮，何足控抟；化为异物兮，又何足患！小知自私兮，贱彼贵我；通人大观兮，物无不可。贪夫徇财兮，烈士徇名；夸者死权兮，品庶冯生。怵迫之徒兮，或趋西东；大人不曲兮，亿变齐同。拘士系俗兮，攌如囚拘；至人遗物兮，独与道俱。众人或或兮，好恶积意；真人淡漠兮，独与道息。释知遗形兮，超然自丧；寥廓忽荒兮，与道翱翔。乘流则逝兮，得坻则止；纵躯委命兮，不私与己。其生若浮兮，其死若休；澹乎若深渊之静，泛乎若不系之舟。不以生故自宝兮，养空而浮；德人无累兮，知命不忧。细故蒂芥兮，何足以疑！

后岁馀，贾生征见。孝文帝方受釐，坐宣室。上因感鬼神事，而问鬼神之本。贾生因具道所以然之状。至夜半，文帝前席。既罢，曰："吾久不见贾生，自以为过之，今不及也。"居顷之，拜贾生为梁怀王太傅。梁怀王，文帝之少子，爱，而好书，故令贾生傅之。

文帝复封淮南厉王子四人皆为列侯。贾生谏，以为患之兴自此起矣。贾生数上疏，言诸侯或连数郡，非古之制，可稍削之。文帝不听。

居数年，怀王骑，堕马而死，无后。贾生自伤为傅无状，哭泣岁馀，亦死。贾生之死时年三十三矣。及孝文崩，孝武皇帝立，举贾生之孙二人至郡守，而贾嘉最好学，世其家，与余通书。至孝昭时，列为九卿。

太史公曰：余读离骚、天问、招魂、哀郢，悲其志。适长沙，观屈原所自沉渊，未尝不垂涕，想见其为人。及见贾生吊之，又怪屈原以彼其材，游诸侯，何国不容，而自令若是。读服鸟赋，同死生，轻去就，又爽然自失矣。

史记卷八十五

吕不韦列传第二十五

吕不韦者,阳翟大贾人也。往来贩贱卖贵,家累千金。

秦昭王四十年,太子死。其四十二年,以其次子安国君为太子。安国君有子二十餘人。安国君有所甚爱姬,立以为正夫人,号曰华阳夫人。华阳夫人无子。安国君中男名子楚,子楚母曰夏姬,毋爱。子楚为秦质子于赵。秦数攻赵,赵不甚礼子楚。

子楚,秦诸庶孽孙,质于诸侯,车乘进用不饶,居处困,不得意。吕不韦贾邯郸,见而怜之,曰“此奇货可居”。乃往见子楚,说曰:“吾能大子之门。”子楚笑曰:“且自大君之门,而乃大吾门!”吕不韦曰:“子不知也,吾门待子门而大。”子楚心知所谓,乃引与坐,深语。吕不韦曰:“秦王老矣,安国君得为太子。窃闻安国君爱幸华阳夫人,华阳夫人无子,能立適嗣者独华阳夫人耳。今子兄弟二十餘人,子又居中,不甚见幸,久质诸侯。即大王薨,安国君立为王,则子毋几得与长子及诸子旦暮在前者争为太子矣。”子楚曰:“然。为之奈何?”吕不韦曰:“子贫,客于此,非有以奉献于亲及结宾客也。不韦虽贫,请以千金为子西游,事安国君及华阳夫人,立子为適嗣。”子楚乃顿首曰:“必如君策,请得分秦国与君共之。”

吕不韦乃以五百金与子楚,为进用,结宾客;而复以五百金买奇物玩好,自奉而西游秦,求见华阳夫人姊,而皆以其物献华阳夫人。因言子楚贤智,结诸侯宾客遍天下,常曰“楚也以夫人为天,日夜泣思太子及夫人”。夫人大喜。不韦因使其姊说夫人曰:“吾闻之,以色事人者,色衰而爱弛。今夫人事太子,甚爱而无子,不以此时蚤自结于诸子中贤孝者,举立以为適而子之,夫在则重尊,夫百岁之后,所子者为王,终不失势,此所谓一言而万世之利也。不以繁华时树本,即色衰爱弛后,虽欲开一语,尚可得乎?今子楚贤,而自知中男也,次不得为適,其母又不得幸,自附夫人,夫人诚以此时拔以为適,夫人则竟世有宠于秦矣。”华阳夫人以为然,承太子闲,从容言子楚质于赵者绝贤,来往者皆称誉之。乃因涕泣曰:“妾幸得充后宫,不幸无子,愿得子楚立以为適嗣,以托妾身。"安国君许之,乃与夫人刻玉符,约以为適嗣。安国君及夫人因厚馈遗子楚,而请吕不韦傅之,子楚以此名誉益盛于诸侯。

　　吕不韦取邯郸诸姬绝好善舞者与居,知有身。子楚从不韦饮,见而说之,因起为寿,请之。吕不韦怒,念业已破家为子楚,欲以钓奇,乃遂献其姬。姬自匿有身,至大期时,生子政。子楚遂立姬为夫人。

　　秦昭王五十年,使王齮围邯郸,急,赵欲杀子楚。子楚与吕不韦谋,行金六百斤予守者吏,得脱,亡赴秦军,遂以得归。赵欲杀子楚妻子,子楚夫人赵豪家女也,得匿,以故母子竟得活。秦昭王五十六年,薨,太子安国君立为王,华阳夫人为王后,子楚为太子。赵亦奉子楚夫人及子政归秦。

　　秦王立一年,薨,谥为孝文王。太子子楚代立,是为庄襄王。庄襄王所母华阳后为华阳太后,真母夏姬尊以为夏太后。庄襄王元年,以吕不韦为丞相,封为文信侯,食河南雒阳十万户。

　　庄襄王即位三年,薨,太子政立为王,尊吕不韦为相国,号称"仲父"。秦王年少,太后时时窃私通吕不韦。不韦家僮万人。

　　当是时,魏有信陵君,楚有春申君,赵有平原君,齐有孟尝君,皆下士喜宾客以相倾。吕不韦以秦之强,羞不如,亦招致士,厚遇之,至食客三千人。是时诸侯多辩士,如荀卿之徒,著书布天下。吕不韦乃使其客人人著所闻,集论以为八览、六论、十二纪,二十馀万言。以为备天地万物古今之事,号曰吕氏春秋。布咸阳市门,悬千金其上,延诸侯游士宾客有能增损一字者予千金。

　　始皇帝益壮,太后淫不止。吕不韦恐觉祸及己,乃私求大阴人嫪毐以为舍人,时纵倡乐,使毐以其阴关桐轮而行,令太后闻之,以啗太后。太后闻,果欲私得之。吕不韦乃进嫪毐,诈令人以腐罪告之。不韦又阴谓太后曰:"可事诈腐,则得给事中。"太后乃阴厚赐主腐者吏,诈论之,拔其须眉为宦者,遂得侍太后。太后私与通,绝爱之。有身,太后恐人知之,诈卜当避时,徙宫居雍。嫪毐常从,赏赐甚厚,事皆决于嫪毐。嫪毐家僮数千人,诸客求宦为嫪毐舍人千馀人。

　　始皇七年,庄襄王母夏太后薨。孝文王后曰华阳太后,与孝文王会葬寿陵。夏太后子庄襄王葬芷阳,故夏太后独别葬杜东,曰"东望吾子,西望吾夫。后百年,旁当有万家邑"。

始皇九年,有告嫪毐实非宦者,常与太后私乱,生子二人,皆匿之。与太后谋曰"王即薨,以子为后"。于是秦王下吏治,具得情实,事连相国吕不韦。九月,夷嫪毐三族,杀太后所生两子,而遂迁太后于雍。诸嫪毐舍人皆没其家而迁之蜀。王欲诛相国,为其奉先王功大,及宾客辩士为游说者众,王不忍致法。

秦王十年十月,免相国吕不韦。及齐人茅焦说秦王,秦王乃迎太后于雍,归复咸阳,而出文信侯就国河南。

岁馀,诸侯宾客使者相望于道,请文信侯。秦王恐其为变,乃赐文信侯书曰:"君何功于秦?秦封君河南,食十万户。君何亲于秦?号称仲父。其与家属徙处蜀!"吕不韦自度稍侵,恐诛,乃饮酖而死。秦王所加怒吕不韦、嫪毐皆已死,乃皆复归嫪毐舍人迁蜀者。

始皇十九年,太后薨,谥为帝太后,与庄襄王会葬茝阳。

太史公曰:不韦及嫪毐贵,封号文信侯。人之告嫪毐,毐闻之。秦王验左右,未发。上之雍郊,毐恐祸起,乃与党谋,矫太后玺发卒以反蕲年宫。发吏攻毐,毐败亡走,追斩之好畤,遂灭其宗。而吕不韦由此绌矣。孔子之所谓"闻"者,其吕子乎?

史记卷八十六

刺客列传第二十六

曹沫者，鲁人也，以勇力事鲁庄公。庄公好力。曹沫为鲁将，与齐战，三败北。鲁庄公惧，乃献遂邑之地以和。犹复以为将。

齐桓公许与鲁会于柯而盟。桓公与庄公既盟于坛上，曹沫执匕首劫齐桓公，桓公左右莫敢动，而问曰："子将何欲？"曹沫曰："齐强鲁弱，而大国侵鲁亦甚矣。今鲁城坏即压齐境，君其图之。"桓公乃许尽归鲁之侵地。既已言，曹沫投其匕首，下坛，北面就群臣之位，颜色不变，辞令如故。桓公怒，欲倍其约。管仲曰："不可。夫贪小利以自快，弃信于诸侯，失天下之援，不如与之。"于是桓公乃遂割鲁侵地，曹沫三战所亡地尽复予鲁。

其后百六十有七年而吴有专诸之事。

专诸者，吴堂邑人也。伍子胥之亡楚而如吴也，知专诸之能。伍子胥既见吴王僚，说以伐楚之利。吴公子光曰："彼伍员父兄皆死于楚而员言伐楚，欲自为报私仇也，非能为吴。"吴王乃止。伍子胥知公子光之欲杀吴王僚，乃曰："彼光将有内志，未可说以外事。"乃进专诸于公子光。

光之父曰吴王诸樊。诸樊弟三人：次曰馀祭，次曰夷眛，次曰季子札。诸樊知季子札贤而不立太子，以次传三弟，欲卒致国于季子札。诸樊既死，传馀祭。馀祭死，传夷眛。夷眛死，当传季子札；季子札逃不肯立，吴人乃立夷眛之子僚为王。公子光曰："使以兄弟次邪，季子当立；必以子乎，则光真适嗣，当立。"故尝阴养谋臣以求立。

光既得专诸，善客待之。九年而楚平王死。春，吴王僚欲因楚丧，使其二弟公子盖馀、属庸将兵围楚之灊；使延陵季子于晋，以观诸侯之变。楚发兵绝吴将盖馀、属庸路，吴兵不得还。于是公子光谓专诸曰："此时不可失，不求何获！且光真王嗣，当立，季子虽来，不吾废也。"专诸曰："王僚可杀也。母老子弱，而两弟将兵伐楚，楚绝其后。方今吴外困于楚，而内空无骨鲠之臣，是无如我何。"公子光顿首曰："光之身，子之身也。"

　　四月丙子,光伏甲士于窟室中,而具酒请王僚。王僚使兵陈自宫至光之家,门户阶陛左右,皆王僚之亲戚也。夹立侍,皆持长铍。酒既酣,公子光详为足疾,入窟室中,使专诸置匕首鱼炙之腹中而进之。既至王前,专诸擘鱼,因以匕首刺王僚,王僚立死。左右亦杀专诸,王人扰乱,公子光出其伏甲以攻王僚之徒,尽灭之,遂自立为王,是为阖闾。阖闾乃封专诸之子以为上卿。

　　其后七十馀年而晋有豫让之事。

　　豫让者,晋人也,故尝事范氏及中行氏,而无所知名。去而事智伯,智伯甚尊宠之。及智伯伐赵襄子,赵襄子与韩、魏合谋灭智伯,灭智伯之后而三分其地。赵襄子最怨智伯,漆其头以为饮器。豫让遁逃山中,曰:"嗟乎! 士为知己者死,女为说己者容。今智伯知我,我必为报仇而死,以报智伯,则吾魂魄不愧矣。"乃变名姓为刑人,入宫涂厕,中挟匕首,欲以刺襄子。襄子如厕,心动,执问涂厕之刑人,则豫让,内持刀兵,曰:"欲为智伯报仇!"左右欲诛之。襄子曰:"彼义人也,吾谨避之耳。且智伯亡无后,而其臣欲为报仇,此天下之贤人也。"卒释去之。

　　居顷之,豫让又漆身为厉,吞炭为哑,使形状不可知,行乞于市。其妻不识也。行见其友,其友识之,曰:"汝非豫让邪?"曰:"我是也。"其友为泣曰:"以子之才,委质而臣事襄子,襄子必近幸子。近幸子,乃为所欲,顾不易邪? 何乃残身苦形,欲以求报襄子,不亦难乎!"豫让曰:"既已委质臣事人,而求杀之,是怀二心以事其君也。且吾所为者极难耳! 然所以为此者,将以愧天下后世之为人臣怀二心以事其君者也。"

　　既去,顷之,襄子当出,豫让伏于所当过之桥下。襄子至桥,马惊,襄子曰:"此必是豫让也。"使人问之,果豫让也。于是襄子乃数豫让曰:"子不尝事范、中行氏乎? 智伯尽灭之,而子不为报仇,而反委质臣于智伯。智伯亦已死矣,而子独何以为之报仇之深也?"豫让曰:"臣事范、中行氏,范、中行氏皆众人遇我,我故众人报之。至于智伯,国士遇我,我故国士报之。"襄子喟然叹息而泣曰:"嗟乎豫子! 子之为智伯,名既成矣,而寡人赦子,亦已足矣。子其自为计,寡人不复释子!"使兵围之。豫让曰:"臣闻明主不掩人之美,而忠臣有死名之义,前君已宽赦臣,天下莫不称君之贤。今日之事,臣固伏诛,然愿请君之衣而击之焉,以致报仇之意,则虽死不恨。非所敢望也,敢布腹心!"于是襄子大义之,乃使使持衣与豫让。豫让拔剑三跃而击之,曰:"吾可以下报智伯矣!"遂伏剑自杀。死之日,赵国志士闻之,皆为涕泣。

其后四十馀年而轵有聂政之事。

聂政者,轵深井里人也。杀人避仇,与母、姊如齐,以屠为事。

久之,濮阳严仲子事韩哀侯,与韩相侠累有郤。严仲子恐诛,亡去,游求人可以报侠累者。至齐,齐人或言聂政勇敢士也,避仇隐于屠者之间。严仲子至门请,数反,然后具酒自畅聂政母前。酒酣,严仲子奉黄金百溢,前为聂政母寿。聂政惊怪其厚,固谢严仲子。严仲子固进,而聂政谢曰:"臣幸有老母,家贫,客游以为狗屠,可以旦夕得甘脆以养亲。亲供养备,不敢当仲子之赐。"严仲子辟人,因为聂政言曰:"臣有仇,而行游诸侯众矣;然至齐,窃闻足下义甚高,故进百金者,将用为大人粗粝之费,得以交足下之欢,岂敢以有求望邪!"聂政曰:"臣所以降志辱身居市井屠者,徒幸以养老母;老母在,政身未敢以许人也。"严仲子固让,聂政竟不肯受也。然严仲子卒备宾主之礼而去。

久之,聂政母死,既已葬,除服,聂政曰:"嗟乎!政乃市井之人,鼓刀以屠,而严仲子乃诸侯之卿相也,不远千里,枉车骑而交臣。臣之所以待之,至浅鲜矣,未有大功可以称者,而严仲子奉百金为亲寿,我虽不受,然是者徒深知政也。夫贤者以感忿睚眦之意而亲信穷僻之人,而政独安得默然而已乎!且前日要政,政徒以老母;老母今以天年终,政将为知己者用。"乃遂西至濮阳,见严仲子曰:"前日所以不许仲子者,徒以亲在;今不幸而母以天年终。仲子所欲报仇者为谁?请得从事焉!"严仲子具告曰:"臣之仇韩相侠累,侠累又韩君之季父也,宗族盛多,居处兵卫甚设,臣欲使人刺之,终莫能就。今足下幸而不弃,请益其车骑壮士可为足下辅翼者。"聂政曰:"韩之与卫,相去中间不甚远,今杀人之相,相又国君之亲,此其势不可以多人,多人不能无生得失,生得失则语泄,语泄是韩举国而与仲子为仇,岂不殆哉!"遂谢车骑人徒,聂政乃辞独行。

杖剑至韩,韩相侠累方坐府上,持兵戟而卫侍者甚众。聂政直入,上阶刺杀侠累,左右大乱。聂政大呼,所击杀者数十人,因自皮面决眼,自屠出肠,遂以死。

韩取聂政尸暴于市,购问莫知谁子。于是韩悬购之,有能言杀相侠累者予千金。久之莫知也。

政姊荣闻人有刺杀韩相者,贼不得,国不知其名姓,暴其尸而悬之千金,乃於邑曰:"其是吾弟与?嗟乎,严仲子知吾弟!"立起,如韩,之市,而死者果政也,伏尸哭极哀,曰:"是轵深井里所谓聂政者也。"市行者诸众人皆曰:"此人暴虐吾国相,王悬购其名姓千金,夫人不闻与? 何敢来识之也?"荣应之曰:"闻之。然政所以蒙污辱自弃于市贩之间者,为老母幸无恙,妾未嫁也。亲既以天年下世,妾已嫁夫,严仲子乃察举吾弟困污之中而交之,泽厚矣,可奈何! 士固为知己者死,今乃以妾尚在之故,重自刑以绝踪,妾其奈何畏殁身之诛,终灭贤弟之名!"大惊韩市人。乃大呼天者三,卒於邑悲哀而死政之旁。

晋、楚、齐、卫闻之,皆曰:"非独政能也,乃其姊亦烈女也。乡使政诚知其姊无濡忍之志,不重暴骸之难,必绝险千里以列其名,姊弟俱僇于韩市者,亦未必敢以身许严仲子也。严仲子亦可谓知人能得士矣!"

其后二百二十馀年秦有荆轲之事。

荆轲者,卫人也。其先乃齐人,徙于卫,卫人谓之庆卿。而之燕,燕人谓之荆卿。

荆卿好读书击剑,以术说卫元君,卫元君不用。其后秦伐魏,置东郡,徙卫元君之支属于野王。

荆轲尝游过榆次,与盖聂论剑,盖聂怒而目之。荆轲出,人或言复召荆卿。盖聂曰:"曩者吾与论剑有不称者,吾目之;试往,是宜去,不敢留。"使使往之主人,荆卿则已驾而去榆次矣。使者还报,盖聂曰:"固去也,吾曩者目摄之!"

荆轲游于邯郸,鲁句践与荆轲博,争道,鲁句践怒而叱之,荆轲默而逃去,遂不复会。

荆轲既至燕,爱燕之狗屠及善击筑者高渐离。荆轲嗜酒,日与狗屠及高渐离饮于燕市,酒酣以往,高渐离击筑,荆轲和而歌于市中,相乐也,已而相泣,旁若无人者。荆轲虽游于酒人乎,然其为人沉深好书;其所游诸侯,尽与其贤豪长者相结。其之燕,燕之处士田光先生亦善待之,知其非庸人也。

居顷之,会燕太子丹质秦亡归燕。燕太子丹者,故尝质于赵,而秦王政生于赵,其少时与丹欢。及政立为秦王,而丹质于秦。秦王之遇燕太子丹不善,故丹怨而亡归。归而求为报秦王者,国小,力不能。其后秦日出兵山东以伐齐、楚、三晋,稍蚕食诸侯,且至于燕,燕君臣皆恐祸之至。太子丹患之,问其傅鞠武。武对曰:"秦地遍天下,威胁韩、魏、赵氏,北有甘泉、谷口之固,南有泾、渭之沃,擅巴、汉之饶,右陇、蜀之山,左关、殽之险,民众而士厉,兵革有馀。意有所出,则长城之南,易水以北,未有所定也。奈何以见陵之怨,欲批其逆鳞哉!"丹曰:"然则何由?"对曰:"请入图之。"

居有间,秦将樊於期得罪于秦王,亡之燕,太子受而舍之。鞠武谏曰:"不可。夫以秦王之暴而积怒于燕,足为寒心,又况闻樊将军之所在乎?是谓'委肉当饿虎之蹊'也,祸必不振矣!虽有管、晏,不能为之谋也。愿太子疾遣樊将军入匈奴以灭口。请西约三晋,南连齐、楚,北购于单于,其后乃可图也。"太子曰:"太傅之计,旷日弥久,心昏然,恐不能须臾。且非独于此也,夫樊将军穷困于天下,归身于丹,丹终不以迫于强秦而弃所哀怜之交,置之匈奴,是固丹命卒之时也。愿太傅更虑之。"鞠武曰:"夫行危欲求安,造祸而求福,计浅而怨深,连结一人之后交,不顾国家之大害,此所谓'资怨而助祸'矣。夫以鸿毛燎于炉炭之上,必无事矣。且以雕鸷之秦,行怨暴之怒,岂足道哉!燕有田光先生,其为人智深而勇沉,可与谋。"太子曰:"愿因太傅而得交于田先生,可乎?"鞠武曰:"敬诺。"出见田先生,道"太子愿图国事于先生也"。田光曰:"敬奉教。"乃造焉。

太子逢迎,却行为导,跪而蔽席。田光坐定,左右无人,太子避席而请曰:"燕秦不两立,愿先生留意也。"田光曰:"臣闻骐骥盛壮之时,一日而驰千里;至其衰老,驽马先之。今太子闻光盛壮之时,不知臣精已消亡矣。虽然,光不敢以图国事,所善荆卿可使也。"太子曰:"愿因先生得结交于荆卿,可乎?"田光曰:"敬诺。"即起,趋出。太子送至门,戒曰:"丹所报,先生所言者,国之大事也,愿先生勿泄也!"田光俯而笑曰:"诺。"偻行见荆卿,曰:"光与子相善,燕国莫不知。今太子闻光壮盛之时,不知吾形已不逮也,幸而教之曰'燕秦不两立,愿先生留意也'。光窃不自外,言足下于太子也,愿足下过太子于宫。"荆轲曰:"谨奉教。"田光曰:"吾闻之,长者为行,不使人疑。今太子告光曰'所言者,国之大事也,愿先生勿泄',是太子疑光也。夫为行而使人疑之,非节侠也。"欲自杀以激荆卿,曰:"愿足下急过太子,言光已死,明不言也。"因遂自刎而死。

荆轲遂见太子,言田光已死,致光之言。太子再拜而跪,膝行流涕,有顷而后言曰:"丹所以诫田先生毋言者,欲以成大事之谋也。今田先生以死明不言,岂丹之心哉!"荆轲坐定,太子避席顿首曰:"田先生不知丹之不肖,使得至前,敢有所道,此天之所以哀燕而不弃其孤也。今秦有贪利之心,而欲不可足也。非尽天下之地,臣海内之王者,其意不厌。今秦已虏韩王,尽纳其地。又举兵南伐楚,北临赵;王翦将数十万之众距漳、邺,而李信出太原、云中。赵不能支秦,必入臣,入臣则祸至燕。燕小弱,数困于兵,今计举国不足以当秦。诸侯服秦,莫敢合从。丹之私计愚,以为诚得天下之勇士使于秦,窥以重利;秦王贪,其势必得所愿矣。诚得劫秦王,使悉反诸侯侵地,若曹沫之与齐桓公,则大善矣;则不可,因而刺杀之。彼秦大将擅兵于外而内有乱,则君臣相疑,以其间诸侯得合从,其破秦必矣。此丹之上愿,而不知所委命,唯荆卿留意焉。"久之,荆轲曰:"此国之大事也,臣驽下,恐不足任使。"太子前顿首,固请毋让,然后许诺。于是尊荆卿为上卿,舍上舍。太子日造门下,供太牢具,异物间进,车骑美女恣荆轲所欲,以顺适其意。

久之,荆轲未有行意。秦将王翦破赵,虏赵王,尽收入其地,进兵北略地至燕南界。太子丹恐惧,乃请荆轲曰:"秦兵旦暮渡易水,则虽欲长侍足下,岂可得哉!"荆轲曰:"微太子言,臣愿谒之。今行而毋信,则秦未可亲也。夫樊将军,秦王购之金千斤,邑万家。诚得樊将军首与燕督亢之地图,奉献秦王,秦王必说见臣,臣乃得有以报。"太子曰:"樊将军穷困来归丹,丹不忍以己之私而伤长者之意,愿足下更虑之!"

荆轲知太子不忍,乃遂私见樊於期曰:"秦之遇将军可谓深矣,父母宗族皆为戮没。今闻购将军首金千斤,邑万家,将奈何?"於期仰天太息流涕曰:"於期每念之,常痛于骨髓,顾计不知所出耳!"荆轲曰:"今有一言可以解燕国之患,报将军之仇者,何如?"於期乃前曰:"为之奈何?"荆轲曰:"愿得将军之首以献秦王,秦王必喜而见臣,臣左手把其袖,右手揕其胸,然则将军之仇报而燕见陵之愧除矣。将军岂有意乎?"樊於期偏袒搤腕而进曰:"此臣之日夜切齿腐心也,乃今得闻教!"遂自刭。太子闻之,驰往,伏尸而哭,极哀。既已不可奈何,乃遂盛樊於期首函封之。

于是太子豫求天下之利匕首,得赵人徐夫人匕首,取之百金,使工以药焠之,以试人,血濡缕,人无不立死者。乃装为遣荆卿。燕国有勇士秦舞阳,年十三,杀人,人不敢忤视。乃令秦舞阳为副。荆轲有所待,欲与俱;其人居远未来,而为治行。顷之,未发,太子迟之,疑其改悔,乃复请曰:"日已尽矣,荆轲岂有意哉? 丹请得先遣秦舞阳。"荆轲怒,叱太子曰:"何太子之遣? 往而不返者,竖子也! 且提一匕首入不测之强秦,仆所以留者,待吾客与俱。今太子迟之,请辞决矣!"遂发。

太子及宾客知其事者,皆白衣冠以送之。至易水之上,既祖,取道,高渐离击筑,荆轲和而歌,为变徵之声,士皆垂泪涕泣。又前而为歌曰:"风萧萧兮易水寒,壮士一去兮不复还!"复为羽声慷慨,士皆瞋目,发尽上指冠。于是荆轲就车而去,终已不顾。

遂至秦,持千金之资币物,厚遗秦王宠臣中庶子蒙嘉。嘉为先言于秦王曰:"燕王诚振怖大王之威,不敢举兵以逆军吏,愿举国为内臣,比诸侯之列,给贡职如郡县,而得奉守先王之宗庙。恐惧不敢自陈,谨斩樊於期之头,及献燕督亢之地图,函封,燕王拜送于庭,使使以闻大王,唯大王命之。"秦王闻之,大喜,乃朝服,设九宾,见燕使者咸阳宫。荆轲奉樊於期头函,而秦舞阳奉地图柙,以次进。至陛,秦舞阳色变振恐,群臣怪之。荆轲顾笑舞阳,前谢曰:"北蕃蛮夷之鄙人,未尝见天子,故振慑。愿大王少假借之,使得毕使于前。"秦王谓轲曰:"取舞阳所持地图。"轲既取图奏之,秦王发图,图穷而匕首见。因左手把秦王之袖,而右手持匕首揕之。未至身,秦王惊,自引而起,袖绝。拔剑,剑长,操其室。时惶急,剑坚,故不可立拔。荆轲逐秦王,秦王环柱而走。群臣皆愕,卒起不意,尽失其度,而秦法,群臣侍殿上者不得持尺寸之兵;诸郎中执兵皆陈殿下,非有诏召不得上。方急时,不及召下兵,以故荆轲乃逐秦王。而卒惶急,无以击轲,而以手共搏之。是时侍医夏无且以其所奉药囊提荆轲也。秦王方环柱走,卒惶急,不知所为,左右乃曰:"王负剑!"负剑,遂拔以击荆轲,断其左股。荆轲废,乃引其匕首以掷秦王,不中,中桐柱。秦王复击轲,轲被八创。轲自知事不就,倚柱而笑,箕踞以骂曰:"事所以不成者,以欲生劫之,必得约契以报太子也。"于是左右既前杀轲,秦王不怡者良久。已而论功,赏群臣及当坐者各有差,而赐夏无且黄金二百溢,曰:"无且爱我,乃以药囊提荆轲也。"

于是秦王大怒,益发兵诣赵,诏王翦军以伐燕。十月而拔蓟城。燕王喜、太子丹等尽率其精兵东保于辽东。秦将李信追击燕王急,代王嘉乃遗燕王喜书曰:"秦所以尤追燕急者,以太子丹故也。今王诚杀丹献之秦王,秦王必解,而社稷幸得血食。"其后李信追丹,丹匿衍水中,燕王乃使使斩太子丹,欲献之秦。秦复进兵攻之。后五年,秦卒灭燕,虏燕王喜。

其明年,秦并天下,立号为皇帝。于是秦逐太子丹、荆轲之客,皆亡。高渐离变名姓为人庸保,匿作于宋子。久之,作苦,闻其家堂上客击筑,傍徨不能去。每出言曰:"彼有善有不善。"从者以告其主,曰:"彼庸乃知音,窃言是非。"家丈人召使前击筑,一坐称善,赐酒。而高渐离念久隐畏约无穷时,乃退,出其装匣中筑与其善衣,更容貌而前。举坐客皆惊,下与抗礼,以为上客。使击筑而歌,客无不流涕而去者。宋子传之,闻于秦始皇。秦始皇召见,人有识者,乃曰:"高渐离也。"秦皇帝惜其善击筑,重赦之,乃矐其目。使击筑,未尝不称善。稍益近之,高渐离乃以铅置筑中,复进得近,举筑朴秦皇帝,不中。于是遂诛高渐离,终身不复近诸侯之人。

鲁句践已闻荆轲之刺秦王,私曰:"嗟乎,惜哉,其不讲于刺剑之术也!甚矣,吾不知人也! 曩者吾叱之,彼乃以我为非人也!"

太史公曰:世言荆轲,其称太子丹之命,"天雨粟,马生角"也,太过。又言荆轲伤秦王,皆非也。始公孙季功、董生与夏无且游,具知其事,为余道之如是。自曹沫至荆轲五人,此其义或成或不成,然其立意较然,不欺其志,名垂后世,岂妄也哉!

史记卷八十七

李斯列传第二十七

李斯者，楚上蔡人也。年少时，为郡小吏，见吏舍厕中鼠食不洁，近人犬，数惊恐之。斯入仓，观仓中鼠，食积粟，居大庑之下，不见人犬之忧。于是李斯乃叹曰："人之贤不肖譬如鼠矣，在所自处耳！"

乃从荀卿学帝王之术。学已成，度楚王不足事，而六国皆弱，无可为建功者，欲西入秦。辞于荀卿曰："斯闻得时无怠，今万乘方争时，游者主事。今秦王欲吞天下，称帝而治，此布衣驰骛之时而游说者之秋也。处卑贱之位而计不为者，此禽鹿视肉，人面而能强行者耳。故诟莫大于卑贱，而悲莫甚于穷困。久处卑贱之位，困苦之地，非世而恶利，自托于无为，此非士之情也。故斯将西说秦王矣。"

至秦，会庄襄王卒，李斯乃求为秦相文信侯吕不韦舍人；不韦贤之，任以为郎。李斯因以得说，说秦王曰："胥人者，去其几也。成大功者，在因瑕衅而遂忍之。昔者秦穆公之霸，终不东并六国者，何也？诸侯尚众，周德未衰，故五伯迭兴，更尊周室。自秦孝公以来，周室卑微，诸侯相兼，关东为六国，秦之乘胜役诸侯，盖六世矣。今诸侯服秦，譬若郡县。夫以秦之强，大王之贤，由灶上骚除，足以灭诸侯，成帝业，为天下一统，此万世之一时也。今怠而不急就，诸侯复强，相聚约从，虽有黄帝之贤，不能并也。"秦王乃拜斯为长史，听其计，阴遣谋士赍持金玉以游说诸侯。诸侯名士可下以财者，厚遗结之；不肯者，利剑刺之。离其君臣之计，秦王乃使其良将随其后。秦王拜斯为客卿。

会韩人郑国来间秦，以作注溉渠，已而觉。秦宗室大臣皆言秦王曰："诸侯人来事秦者，大抵为其主游间于秦耳，请一切逐客。"李斯议亦在逐中。斯乃上书曰：

臣闻吏议逐客，窃以为过矣。昔缪公求士，西取由余于戎，东得百里奚于宛，迎蹇叔于宋，来丕豹、公孙支于晋。此五子者，不产于秦,而缪公用之,并国二十,遂霸西戎。孝公用商鞅之法,移风易俗,民以殷盛,国以富强,百姓乐用,诸侯亲服,获楚、魏之师,举地千里,至今治强。惠王用张仪之计,拔三川之地,西并巴、蜀,北收上郡,南取汉中,包九夷,制鄢、郢,东据成皋之险,割膏腴之壤,遂散六国之从,使之西面事秦,功施到今。昭王得范睢,废穰侯,逐华阳,强公室,杜私门,蚕食诸侯,使秦成帝业。此四君者,皆以客之功。由此观之,客何负于秦哉!向使四君却客而不内,疏士而不用,是使国无富利之实而秦无强大之名也。

今陛下致昆山 之玉,有随、和之宝,垂明月之珠,服太阿之剑,乘纤离之马,建翠凤之旗,树灵鼍之鼓。此数宝者,秦不生一焉,而陛下说之,何也?必秦国之所生然后可,则是夜光之璧不饰朝廷,犀象之器不为玩好,郑、卫之女不充后宫,而骏良駃騠不实外厩,江南金锡不为用,西蜀丹青不为采。所以饰后宫、充下陈、娱心意、说耳目者,必出于秦然后可,则是宛珠之簪,傅玑之珥,阿缟之衣,锦绣之饰不进于前,而随俗雅化佳冶窈窕赵女不立于侧也。夫击瓮叩缶弹筝搏髀,而歌呼呜呜快耳者,真秦之声也;郑、卫、桑间、昭、虞、武、象者,异国之乐也。今弃击瓮叩缶而就郑卫,退弹筝而取昭虞,若是者何也?快意当前,适观而已矣。今取人则不然。不问可否,不论曲直,非秦者去,为客者逐。然则是所重者在乎色乐珠玉,而所轻者在乎人民也。此非所以跨海内制诸侯之术也。

臣闻地广者粟多,国大者人众,兵强则士勇。是以太山不让土壤,故能成其大;河海不择细流,故能就其深;王者不却众庶,故能明其德。是以地无四方,民无异国,四时充美,鬼神降福,此五帝、三王之所以无敌也。今乃弃黔首以资敌国,却宾客以业诸侯,使天下之士退而不敢西向,裹足不入秦,此所谓"藉寇兵而赍盗粮"者也。

夫物不产于秦,可宝者多;士不产于秦,而愿忠者众。今逐客以资敌国,损民以益仇,内自虚而外树怨于诸侯,求国无危,不可得也。秦王乃除逐客之令,复李斯官,卒用其计谋。官至廷尉。二十馀年,竟并天下,尊主为皇帝,以斯为丞相。夷郡县城,销其兵刃,示不复用。使秦无尺土之封,不立子弟为王、功臣为诸侯者,使后无战攻之患。

始皇三十四年,置酒咸阳宫,博士仆射周青臣等颂称始皇威德。齐人淳于越进谏曰:"臣闻之,殷周之王千馀岁,封子弟功臣自为支辅。今陛下有海内,而子弟为匹夫,卒有田常、六卿之患,臣无辅弼,何以相救哉?事不师古而能长久者,非所闻也。今青臣等又面谀以重陛下过,非忠臣也。"始皇下其议丞相。丞相谬其说,绌其辞,乃上书曰:"古者天下散乱,莫能相一,是以诸侯并作,语皆道古以害今,饰虚言以乱实,人善其所私学,以非上所建立。今陛下并有天下,别白黑而定一尊;而私学乃相与非法教之制,闻令下,即各以其私学议之,入则心非,出则巷议,非主以为名,异趣以为高,率群下以造谤。如此不禁,则主势降乎上,党与成乎下。禁之便。臣请诸有文学诗书百家语者,蠲除去之。令到满三十日弗去,黥为城旦。所不去者,医药卜筮种树之书。若有欲学者,以吏为师。"始皇可其议,收去诗书百家之语以愚百姓,使天下无以古非今。明法度,定律令,皆以始皇起。同文书。治离宫别馆,周遍天下。明年,又巡狩,外攘四夷,斯皆有力焉。

斯长男由为三川守,诸男皆尚秦公主,女悉嫁秦诸公子。三川守李由告归咸阳,李斯置酒于家,百官长皆前为寿,门廷车骑以千数。李斯喟然而叹曰:"嗟乎!吾闻之荀卿曰'物禁大盛'。夫斯乃上蔡布衣,闾巷之黔首,上不知其驽下,遂擢至此。当今人臣之位无居臣上者,可谓富贵极矣。物极则衰,吾未知所税驾也!"

始皇三十七年十月,行出游会稽,并海上,北抵琅邪。丞相斯、中车府令赵高兼行符玺令事,皆从。始皇有二十馀子,长子扶苏以数直谏上,上使监兵上郡,蒙恬为将。少子胡亥爱,请从,上许之。馀子莫从。

其年七月,始皇帝至沙丘,病甚,令赵高为书赐公子扶苏曰:"以兵属蒙恬,与丧会咸阳而葬。"书已封,未授使者,始皇崩。书及玺皆在赵高所,独子胡亥、丞相李斯、赵高及幸宦者五六人知始皇崩,馀群臣皆莫知也。李斯以为上在外崩,无真太子,故秘之。置始皇居辒辌车中,百官奏事上食如故,宦者辄从辒辌车中可诸奏事。

赵高因留所赐扶苏玺书,而谓公子胡亥曰:"上崩,无诏封王诸子而独赐长子书。长子至,即立为皇帝,而子无尺寸之地,为之奈何?"胡亥曰:"固也。吾闻之,明君知臣,明父知子。父捐命,不封诸子,何可言者!"赵高曰:"不然。方今天下之权,存亡在子与高及丞相耳,愿子图之。且夫臣人与见臣于人,制人与见制于人,岂可同日道哉!"胡亥曰:"废兄而立弟,是不义也;不奉父诏而畏死,是不孝也;能薄而材谫,强因人之功,是不能也。三者逆德，天下不服，身殆倾危，社稷不血食。"高曰："臣闻汤、武杀其主，天下称义焉，不为不忠。卫君杀其父，而卫国载其德，孔子著之，不为不孝。夫大行不小谨，盛德不辞让，乡曲各有宜而百官不同功。故顾小而忘大，后必有害；狐疑犹豫，后必有悔。断而敢行，鬼神避之，后有成功。愿子遂之！"胡亥喟然叹曰："今大行未发，丧礼未终，岂宜以此事干丞相哉！"赵高曰："时乎时乎，间不及谋！赢粮跃马，唯恐后时！"

胡亥既然高之言，高曰："不与丞相谋，恐事不能成，臣请为子与丞相谋之。"高乃谓丞相斯曰："上崩，赐长子书，与丧会咸阳而立为嗣。书未行，今上崩，未有知者也。所赐长子书及符玺皆在胡亥所，定太子在君侯与高之口耳。事将何如？"斯曰："安得亡国之言！此非人臣所当议也！"高曰："君侯自料能孰与蒙恬？功高孰与蒙恬？谋远不失孰与蒙恬？无怨于天下孰与蒙恬？长子旧而信之孰与蒙恬？"斯曰："此五者皆不及蒙恬，而君责之何深也？"高曰："高固内官之厮役也，幸得以刀笔之文进入秦宫，管事二十馀年，未尝见秦免罢丞相功臣有封及二世者也，卒皆以诛亡。皇帝二十馀子，皆君之所知。长子刚毅而武勇，信人而奋士，即位必用蒙恬为丞相，君侯终不怀通侯之印归于乡里，明矣。高受诏教习胡亥，使学以法事数年矣，未尝见过失。慈仁笃厚，轻财重士，辩于心而讷于口，尽礼敬士，秦之诸子未有及此者，可以为嗣。君计而定之。"斯曰："君其反位！斯奉主之诏，听天之命，何虑之可定也？"高曰："安可危也，危可安也。安危不定，何以贵圣？"斯曰："斯，上蔡闾巷布衣也，上幸擢为丞相，封为通侯，子孙皆至尊位重禄者，故将以存亡安危属臣也。岂可负哉！夫忠臣不避死而庶几，孝子不勤劳而见危，人臣各守其职而已矣。君其勿复言，将令斯得罪。"高曰："盖闻圣人迁徙无常，就变而从时，见末而知本，观指而睹归。物固有之，安得常法哉！方今天下之权命悬于胡亥，高能得志焉。且夫从外制中谓之惑，从下制上谓之贼。故秋霜降者草花落，水摇动者万物作，此必然之效也。君何见之晚？"斯曰："吾闻晋易太子，三世不安；齐桓兄弟争位，身死为戮；纣杀亲戚，不听谏者，国为丘墟，遂危社稷：三者逆天，宗庙不血食。斯其犹人哉，安足为谋！"高曰："上下合同，可以长久；中外若一，事无表里。君听臣之计，即长有封侯，世世称孤，必有乔松之寿，孔、墨之智。今释此而不从，祸及子孙，足以为寒心。善者因祸为福，君何处焉？"斯乃仰天而叹，垂泪太息曰："嗟乎！独遭乱世，既以不能死，安托命哉！"于是斯乃听高。高乃报胡亥曰："臣请奉太子之明命以报丞相，丞相斯敢不奉令！"

于是乃相与谋,诈为受始皇诏丞相,立子胡亥为太子。更为书赐长子扶苏曰:"朕巡天下,祷祠名山诸神以延寿命。今扶苏与将军蒙恬将师数十万以屯边,十有馀年矣,不能进而前,士卒多耗,无尺寸之功,乃反数上书直言诽谤我所为,以不得罢归为太子,日夜怨望。扶苏为人子不孝,其赐剑以自裁!将军恬与扶苏居外,不匡正,宜知其谋。为人臣不忠,其赐死,以兵属裨将王离。"封其书以皇帝玺,遣胡亥客奉书赐扶苏于上郡。

使者至,发书,扶苏泣,入内舍,欲自杀。蒙恬止扶苏曰:"陛下居外,未立太子,使臣将三十万众守边,公子为监,此天下重任也。今一使者来,即自杀,安知其非诈?请复请,复请而后死,未暮也。"使者数趣之。扶苏为人仁,谓蒙恬曰:"父而赐子死,尚安复请!"即自杀。蒙恬不肯死,使者即以属吏,系于阳周。

使者还报,胡亥、斯、高大喜。至咸阳,发丧,太子立为二世皇帝。以赵高为郎中令,常侍中用事。

二世燕居,乃召高与谋事,谓曰:"夫人生居世间也,譬犹骋六骥过决隙也。吾既已临天下矣,欲悉耳目之所好,穷心志之所乐,以安宗庙而乐万姓,长有天下,终吾年寿,其道可乎?"高曰:"此贤主之所能行也,而昏乱主之所禁也。臣请言之,不敢避斧钺之诛,愿陛下少留意焉。夫沙丘之谋,诸公子及大臣皆疑焉,而诸公子尽帝兄,大臣又先帝之所置也。今陛下初立,此其属意怏怏皆不服,恐为变。且蒙恬已死,蒙毅将兵居外,臣战战栗栗,唯恐不终。且陛下安得为此乐乎?"二世曰:"为之奈何?"赵高曰:"严法而刻刑,令有罪者相坐诛,至收族,灭大臣而远骨肉;贫者富之,贱者贵之。盖除去先帝之故臣,更置陛下之所亲信者近之。此则阴德归陛下,害除而奸谋塞,群臣莫不被润泽,蒙厚德,陛下则高枕肆志宠乐矣。计莫出于此。"二世然高之言,乃更为法律。于是群臣诸公子有罪,辄下高,令鞫治之。杀大臣蒙毅等,公子十二人僇死咸阳市,十公主矺死于杜,财物入于县官,相连坐者不可胜数。

公子高欲奔,恐收族,乃上书曰:"先帝无恙时,臣入则赐食,出则乘舆。御府之衣,臣得赐之;中厩之宝马,臣得赐之。臣当从死而不能,为人子不孝,为人臣不忠。不忠者无名以立于世,臣请从死,愿葬郦山之足。唯上幸哀怜之。"书上,胡亥大说,召赵高而示之,曰:"此可谓急乎?"赵高曰:"人臣当忧死而不暇,何变之得谋!"胡亥可其书,赐钱十万以葬。

法令诛罚日益刻深,群臣人人自危,欲畔者众。又作阿房之宫,治直道、驰道，赋敛愈重，戍徭无已。于是楚戍卒陈胜、吴广等乃作乱，起于山东，杰俊相立，自置为侯王，叛秦，兵至鸿门而却。李斯数欲请间谏，二世不许。而二世责问李斯曰："吾有私议而有所闻于韩子也，曰'尧之有天下也，堂高三尺，采椽不斲，茅茨不翦，虽逆旅之宿不勤于此矣。冬日鹿裘，夏日葛衣，粢粝之食，藜藿之羹，饭土塯，啜土铏，虽监门之养不觳于此矣。禹凿龙门，通大夏，疏九河，曲九防，决渟水致之海，而股无胈，胫无毛，手足胼胝，面目黎黑，遂以死于外，葬于会稽，臣虏之劳不烈于此矣'。然则夫所贵于有天下者，岂欲苦形劳神，身处逆旅之宿，口食监门之养，手持臣虏之作哉？此不肖人之所勉也，非贤者之所务也。彼贤人之有天下也，专用天下适己而已矣，此所以贵于有天下也。夫所谓贤人者，必能安天下而治万民，今身且不能利，将恶能治天下哉！故吾愿赐志广欲，长享天下而无害，为之奈何？"李斯子由为三川守，群盗吴广等西略地，过去弗能禁。章邯以破逐广等兵，使者覆案三川相属，诮让斯居三公位，如何令盗如此。李斯恐惧，重爵禄，不知所出，乃阿二世意欲求容，以书对曰：

夫贤主者，必且能全道而行督责之术者也。督责之，则臣不敢不竭能以徇其主矣。此臣主之分定，上下之义明，则天下贤不肖莫敢不尽力竭任以徇其君矣。是故主独制于天下而无所制也，能穷乐之极矣。贤明之主也，可不察焉！

故申子曰"有天下而不恣睢，命之曰以天下为桎梏"者，无他焉，不能督责，而顾以其身劳于天下之民，若尧、禹然，故谓之"桎梏"也。夫不能修申、韩之明术，行督责之道，专以天下自适也，而徒务苦形劳神，以身徇百姓，则是黔首之役，非畜天下者也，何足贵哉！夫以人徇己，则己贵而人贱；以己徇人，则己贱而人贵。故徇人者贱，而人所徇者贵，自古及今，未有不然者也。凡古之所为尊贤者，为其贵也；而所为恶不肖者，为其贱也。而尧、禹以身徇天下者也，因随而尊之，则亦失所为尊贤之心夫！可谓大缪矣。谓之为"桎梏"，不亦宜乎？不能督责之过也。

故韩子曰"慈母有败子而严家无格虏"者，何也？则能罚之加焉必也。故商君之法，刑弃灰于道者。夫弃灰，薄罪也，而被刑，重罚也。彼唯明主为能深督轻罪。夫罪轻且督深，而况有重罪乎？故民不敢犯也。是故韩子曰"布帛寻常，庸人不释，铄金百溢，盗跖不搏"者，非庸人之心重，寻常之利深，而盗跖之欲浅也；又不以盗跖之行，为轻百镒之重也，搏必随手刑，则盗跖不搏百镒；而罚不必行也，则庸人不释寻常。是故城高五丈,而楼季不轻犯也;泰山之高百仞,而跛牂牧其上。夫楼季也而难五丈之限,岂跛牂也而易百仞之高哉?峭堑之势异也。明主圣王之所以能久处尊位,长执重势,而独擅天下之利者,非有异道也,能独断而审督责,必深罚,故天下不敢犯也。今不务所以不犯,而事慈母之所以败子也,则亦不察于圣人之论矣。夫不能行圣人之术,则舍为天下役何事哉?可不哀邪!

　　且夫俭节仁义之人立于朝,则荒肆之乐辍矣;谏说论理之臣闲于侧,则流漫之志屈矣;烈士死节之行显于世,则淫康之虞废矣。故明主能外此三者,而独操主术以制听从之臣,而修其明法,故身尊而势重也。凡贤主者,必将能拂世磨俗,而废其所恶,立其所欲,故生则有尊重之势,死则有贤明之谥也。是以明君独断,故权不在臣也。然后能灭仁义之途,掩驰说之口,困烈士之行,塞聪掩明,内独视听,故外不可倾以仁义烈士之行,而内不可夺以谏说忿争之辩。故能荦然独行恣睢之心而莫之敢逆。若此然后可谓能明申、韩之术,而修商君之法。法修术明而天下乱者,未之闻也,故曰“王道约而易操”也。唯明主为能行之。若此则谓督责之诚则臣无邪,臣无邪则天下安,天下安则主严尊,主严尊则督责必,督责必则所求得,所求得则国家富,国家富则君乐丰。故督责之术设,则所欲无不得矣。群臣百姓救过不给,何变之敢图?若此则帝道备,而可谓能明君臣之术矣。虽申、韩复生,不能加也。

　　书奏,二世悦。于是行督责益严,税民深者为明吏。二世曰:“若此则可谓能督责矣。”刑者相半于道,而死人日成积于市。杀人众者为忠臣。二世曰:“若此则可谓能督责矣。”

　　初,赵高为郎中令,所杀及报私怨众多,恐大臣入朝奏事毁恶之,乃说二世曰:“天子所以贵者,但以闻声,群臣莫得见其面,故号曰‘朕’。且陛下富于春秋,未必尽通诸事,今坐朝廷,谴举有不当者,则见短于大臣,非所以示神明于天下也。且陛下深拱禁中,与臣及侍中习法者待事,事来有以揆之。如此,则大臣不敢奏疑事,天下称圣主矣。”二世用其计,乃不坐朝廷见大臣,居禁中。赵高常侍中用事,事皆决于赵高。

　　高闻李斯以为言,乃见丞相曰:“关东群盗多,今上急益发徭治阿房宫,聚狗马无用之物。臣欲谏,为位贱。此真君侯之事,君何不谏?”李斯曰:“固也,吾欲言之久矣。今时上不坐朝廷,上居深宫,吾有所言者,不可传也,欲见无闲。"赵高谓曰:"君诚能谏,请为君候上闲语君。"于是赵高待二世方燕乐,妇女居前,使人告丞相:"上方闲,可奏事。"丞相至宫门上谒,如此者三。二世怒曰:"吾常多闲日,丞相不来。吾方燕私,丞相辄来请事。丞相岂少我哉?且固我哉?"赵高因曰:"如此殆矣!夫沙丘之谋,丞相与焉。今陛下已立为帝,而丞相贵不益,此其意亦望裂地而王矣。且陛下不问臣,臣不敢言。丞相长男李由为三川守,楚盗陈胜等皆丞相傍县之子,以故楚盗公行,过三川,城守不肯击。高闻其文书相往来,未得其审,故未敢以闻。且丞相居外,权重于陛下。"二世以为然。欲案丞相,恐其不审,乃使人案验三川守与盗通状。李斯闻之。

　是时二世在甘泉,方作角抵优俳之观。李斯不得见,因上书言赵高之短曰:"臣闻之,臣疑其君,无不危国;妾疑其夫,无不危家。今有大臣于陛下擅利擅害,与陛下无异,此甚不便。昔者司城子罕相宋,身行刑罚,以威行之,期年遂劫其君。田常为简公臣,爵列无敌于国,私家之富与公家均,布惠施德,下得百姓,上得群臣,阴取齐国,杀宰予于庭,即弑简公于朝,遂有齐国。此天下所明知也。今高有邪佚之志,危反之行,如子罕相宋也;私家之富,若田氏之于齐也。兼行田常、子罕之逆道而劫陛下之威信,其志若韩玘为韩安相也。陛下不图,臣恐其为变也。"二世曰:"何哉?夫高,故宦人也,然不为安肆志,不以危易心,洁行修善,自使至此,以忠得进,以信守位,朕实贤之,而君疑之,何也?且朕少失先人,无所识知,不习治民,而君又老,恐与天下绝矣。朕非属赵君,当谁任哉?且赵君为人精廉强力,下知人情,上能适朕,君其勿疑。"李斯曰:"不然。夫高,故贱人也,无识于理,贪欲无厌,求利不止,列势次主,求欲无穷,臣故曰殆。"二世已前信赵高,恐李斯杀之,乃私告赵高。高曰:"丞相所患者独高,高已死,丞相即欲为田常所为。"于是二世曰:"其以李斯属郎中令!"

　赵高案治李斯。李斯拘执束缚,居囹圄中,仰天而叹曰:"嗟乎,悲夫!不道之君,何可为计哉!昔者桀杀关龙逢,纣杀王子比干,吴王夫差杀伍子胥。此三臣者,岂不忠哉,然而不免于死,身死而所忠者非也。今吾智不及三子,而二世之无道过于桀、纣、夫差,吾以忠死,宜矣。且二世之治岂不乱哉!日者夷其兄弟而自立也,杀忠臣而贵贱人,作为阿房之宫,赋敛天下。吾非不谏也,而不吾听也。凡古圣王,饮食有节,车器有数,宫室有度,出令造事,加费而无益于民利者禁,故能长久治安。今行逆于昆弟,不顾其咎;侵杀忠臣,不思其殃;大为宫室,厚赋天下,不爱其费:三者已行,天下不听。今反者已有天下之半矣,而心尚未寤也,而以赵高为佐,吾必见寇至咸阳，麋鹿游于朝也。”

于是二世乃使高案丞相狱，治罪，责斯与子由谋反状，皆收捕宗族宾客。赵高治斯，榜掠千馀，不胜痛，自诬服。斯所以不死者，自负其辩，有功，实无反心，幸得上书自陈，幸二世之悟而赦之。李斯乃从狱中上书曰：“臣为丞相，治民三十馀年矣。逮秦地之狭隘。先王之时秦地不过千里，兵数十万。臣尽薄材，谨奉法令，阴行谋臣，资之金玉，使游说诸侯，阴修甲兵，饰政教，官斗士，尊功臣，盛其爵禄，故终以胁韩弱魏，破燕、赵，夷齐、楚，卒兼六国，虏其王，立秦为天子。罪一矣。地非不广，又北逐胡、貉，南定百越，以见秦之强。罪二矣。尊大臣，盛其爵位，以固其亲。罪三矣。立社稷，修宗庙，以明主之贤。罪四矣。更克画，平斗斛度量，文章布之天下，以树秦之名。罪五矣。治驰道，兴游观，以见主之得意。罪六矣。缓刑罚，薄赋敛，以遂主得众之心，万民戴主，死而不忘。罪七矣。若斯之为臣者，罪足以死固久矣。上幸尽其能力，乃得至今，愿陛下察之！”书上，赵高使吏弃去不奏，曰：“囚安得上书！”

赵高使其客十馀辈诈为御史、谒者、侍中，更往覆讯斯。斯更以其实对，辄使人复榜之。后二世使人验斯，斯以为如前，终不敢更言，辞服。奏当上，二世喜曰：“微赵君，几为丞相所卖。”及二世所使案三川之守至，则项梁已击杀之。使者来，会丞相下吏，赵高皆妄为反辞。

二世二年七月，具斯五刑，论腰斩咸阳市。斯出狱，与其中子俱执，顾谓其中子曰：“吾欲与若复牵黄犬俱出上蔡东门逐狡兔，岂可得乎？”遂父子相哭，而夷三族。

李斯已死，二世拜赵高为中丞相，事无大小辄决于高。高自知权重，乃献鹿，谓之马。二世问左右：“此乃鹿也？”左右皆曰“马也”。二世惊，自以为惑，乃召太卜，令卦之。太卜曰：“陛下春秋郊祀，奉宗庙鬼神，斋戒不明，故至于此。可依盛德而明斋戒。”于是乃入上林斋戒。日游弋猎，有行人入上林中，二世自射杀之。赵高教其女婿咸阳令阎乐劾不知何人贼杀人移上林。高乃谏二世曰：“天子无故贼杀不辜人，此上帝之禁也，鬼神不享，天且降殃，当远避宫以禳之。”二世乃出居望夷之宫。

留三日，赵高诈诏卫士，令士皆素服持兵内乡，入告二世曰：“山东群盗兵大至！”二世上观而见之，恐惧，高即因劫令自杀。引玺而佩之，左右百官莫从；上殿，殿欲坏者三。高自知天弗与，群臣弗许，乃召始皇弟，授之玺。

子婴即位,患之,乃称疾不听事,与宦者韩谈及其子谋杀高。高上谒,请病,因召入,令韩谈刺杀之,夷其三族。

子婴立三月,沛公兵从武关入,至咸阳,群臣百官皆畔,不敌。子婴与妻子自系其颈以组,降轵道旁。沛公因以属吏,项王至而斩之,遂以亡天下。

太史公曰:李斯以闾阎历诸侯,入事秦,因以瑕衅,以辅始皇,卒成帝业。斯为三公,可谓尊用矣。斯知六艺之归,不务明政以补主上之缺,持爵禄之重,阿顺苟合,严威酷刑,听高邪说,废适立庶。诸侯已畔,斯乃欲谏争,不亦末乎! 人皆以斯极忠而被五刑死,察其本,乃与俗议之异。不然,斯之功且与周、召列矣。

史记卷八十八

蒙恬列传第二十八

蒙恬者,其先齐人也。恬大父蒙骜,自齐事秦昭王,官至上卿。秦庄襄王元年,蒙骜为秦将,伐韩,取成皋、荥阳,作置三川郡。二年,蒙骜攻赵,取三十七城。始皇三年,蒙骜攻韩,取十三城。五年,蒙骜攻魏,取二十城,作置东郡。始皇七年,蒙骜卒。骜子曰武,武子曰恬。恬尝书狱典文学。始皇二十三年,蒙武为秦裨将军,与王翦攻楚,大破之,杀项燕。二十四年,蒙武攻楚,虏楚王。蒙恬弟毅。

始皇二十六年,蒙恬因家世得为秦将,攻齐,大破之,拜为内史。秦已并天下,乃使蒙恬将三十万众北逐戎狄,收河南。筑长城,因地形,用制险塞,起临洮,至辽东,延袤万馀里。于是渡河,据阳山,逶蛇而北。暴师于外十馀年,居上郡。是时蒙恬威振匈奴。始皇甚尊宠蒙氏,信任贤之。而亲近蒙毅,位至上卿,出则参乘,入则御前。恬任外事而毅常为内谋,名为忠信,故虽诸将相莫敢与之争焉。

赵高者,诸赵疏远属也。赵高昆弟数人,皆生隐宫,其母被刑僇,世世卑贱。秦王闻高强力,通于狱法,举以为中车府令。高即私事公子胡亥,喻之决狱。高有大罪,秦王令蒙毅法治之。毅不敢阿法,当高罪死,除其宦籍。帝以高之敦于事也,赦之,复其官爵。

始皇欲游天下,道九原,直抵甘泉,乃使蒙恬通道,自九原抵甘泉,堑山堙谷,千八百里。道未就。

始皇三十七年冬,行出游会稽,并海上,北走琅邪。道病,使蒙毅还祷山川,未反。

始皇至沙丘崩,秘之,群臣莫知。是时丞相李斯、公子胡亥、中车府令赵高常从。高雅得幸于胡亥,欲立之,又怨蒙毅法治之而不为己也,因有

贼心,乃与丞相<u>李斯</u>、公子<u>胡亥</u>阴谋,立<u>胡亥</u>为太子。太子已立,遣使者以
罪赐<u>公子扶苏</u>、<u>蒙恬</u>死。<u>扶苏</u>已死,<u>蒙恬</u>疑而复请之。使者以<u>蒙恬</u>属吏,
更置。<u>胡亥</u>以<u>李斯</u>舍人为护军。使者还报,<u>胡亥</u>已闻<u>扶苏</u>死,即欲释<u>蒙
恬</u>。<u>赵高</u>恐<u>蒙氏</u>复贵而用事,怨之。<u>毅</u>还至,<u>赵高</u>因为<u>胡亥</u>忠计,欲以灭
<u>蒙氏</u>,乃言曰:"臣闻先帝欲举贤立太子久矣,而<u>毅</u>谏曰'不可'。若知贤而
俞弗立,则是不忠而惑主也。以臣愚意,不若诛之。"<u>胡亥</u>听而系<u>蒙毅</u>于
<u>代</u>。前已囚<u>蒙恬</u>于<u>阳周</u>。丧至<u>咸阳</u>,已葬,太子立为<u>二世皇帝</u>,而<u>赵高</u>亲
近,日夜毁恶<u>蒙氏</u>,求其罪过,举劾之。

　　<u>子婴</u>进谏曰:"臣闻故<u>赵王迁</u>杀其良臣<u>李牧</u>而用<u>颜聚</u>,<u>燕王喜</u>阴用<u>荆
轲</u>之谋而倍<u>秦</u>之约,<u>齐王建</u>杀其故世忠臣而用<u>后胜</u>之议。此三君者,皆各
以变古者失其国而殃及其身。今<u>蒙氏</u>,<u>秦</u>之大臣谋士也,而主欲一旦弃去
之,臣窃以为不可。臣闻轻虑者不可以治国,独智者不可以存君。诛杀忠
臣而立无节行之人,是内使群臣不相信而外使斗士之意离也,臣窃以为不
可。"

　　<u>胡亥</u>不听。而遣御史<u>曲宫</u>乘传之<u>代</u>,令<u>蒙毅</u>曰:"先主欲立太子而卿
难之。今丞相以卿为不忠,罪及其宗。朕不忍,乃赐卿死,亦甚幸矣。卿
其图之!"<u>毅</u>对曰:"以臣不能得先主之意,则臣少宦,顺幸没世,可谓知意
矣。以臣不知太子之能,则太子独从,周旋天下,去诸公子绝远,臣无所疑
矣。夫先主之举用太子,数年之积也,臣乃何言之敢谏,何虑之敢谋!非
敢饰辞以避死也,为羞累先主之名,愿大夫为虑焉,使臣得死情实。且夫
顺成全者,道之所贵也;刑杀者,道之所卒也。昔者<u>秦穆公</u>杀三良而死,罪
<u>百里奚</u>而非其罪也,故立号曰'缪'。<u>昭襄王</u>杀<u>武安君白起</u>,<u>楚平王</u>杀<u>伍
奢</u>,<u>吴王夫差</u>杀<u>伍子胥</u>,此四君者,皆为大失,而天下非之,以其君为不明,
以是籍于诸侯。故曰'用道治者不杀无罪,而罚不加于无辜'。唯大夫留
心!"使者知<u>胡亥</u>之意,不听<u>蒙毅</u>之言,遂杀之。

　　<u>二世</u>又遣使者之<u>阳周</u>,令<u>蒙恬</u>曰:"君之过多矣,而卿弟<u>毅</u>有大罪,法
及内史。"<u>恬</u>曰:"自吾先人,及至子孙,积功信于<u>秦</u>三世矣。今臣将兵三十
馀万,身虽囚系,其势足以倍畔,然自知必死而守义者,不敢辱先人之教,
以不忘先主也。昔<u>周成王</u>初立,未离襁褓,<u>周公旦</u>负王以朝,卒定天下。
及<u>成王</u>有病甚殆,<u>公旦</u>自剪其爪以沉于河,曰:'王未有识,是<u>旦</u>执事。有
罪殃,<u>旦</u>受其不祥。'乃书而藏之记府,可谓信矣。及王能治国,有贼臣言:
'<u>周公旦</u>欲为乱久矣,王若不备,必有大事。'王乃大怒,<u>周公旦</u>走而奔于
<u>楚</u>。<u>成王</u>观于记府,得<u>周公旦</u>沉书,乃流涕曰:'孰谓<u>周公旦</u>欲为乱乎!'杀

言之者而反周公旦。故周书曰'必参而伍之'。今恬之宗，世无二心，而事卒如此，是必孽臣逆乱，内陵之道也。夫成王失而复振则卒昌；桀杀关龙逢，纣杀王子比干而不悔，身死则国亡。臣故曰过可振而谏可觉也。察于参伍，上圣之法也。凡臣之言，非以求免于咎也，将以谏而死，愿陛下为万民思从道也。"使者曰："臣受诏行法于将军，不敢以将军言闻于上也。"蒙恬喟然太息曰："我何罪于天，无过而死乎？"良久，徐曰："恬罪固当死矣。起临洮属之辽东，城堑万馀里，此其中不能无绝地脉哉？此乃恬之罪也。"乃吞药自杀。

太史公曰：吾适北边，自直道归，行观蒙恬所为秦筑长城亭障，堑山堙谷，通直道，固轻百姓力矣。夫秦之初灭诸侯，天下之心未定，痍伤者未瘳，而恬为名将，不以此时强谏，振百姓之急，养老存孤，务修众庶之和，而阿意兴功，此其兄弟遇诛，不亦宜乎？何乃罪地脉哉？

史记卷八十九

张耳陈馀列传第二十九

张耳者,大梁人也。其少时,及魏公子毋忌为客。张耳尝亡命游外黄。外黄富人女甚美,嫁庸奴,亡其夫,去抵父客。父客素知张耳,乃谓女曰:"必欲求贤夫,从张耳。"女听,乃卒为请决,嫁之张耳。张耳是时脱身游,女家厚奉给张耳,张耳以故致千里客,乃宦魏为外黄令。名由此益贤。陈馀者,亦大梁人也,好儒术,数游赵苦陉。富人公乘氏以其女妻之,亦知陈馀非庸人也。馀年少,父事张耳,两人相与为刎颈交。

秦之灭大梁也,张耳家外黄。高祖为布衣时,尝数从张耳游,客数月。秦灭魏数岁,已闻此两人魏之名士也,购求有得张耳千金,陈馀五百金。张耳、陈馀乃变名姓,俱之陈,为里监门以自食。两人相对。里吏尝有过笞陈馀,陈馀欲起,张耳蹑之,使受笞。吏去,张耳乃引陈馀之桑下而数之曰:"始吾与公言何如?今见小辱而欲死一吏乎?"陈馀然之。秦诏书购求两人,两人亦反用门者以令里中。

陈涉起蕲,至入陈,兵数万。张耳、陈馀上谒陈涉。涉及左右生平数闻张耳、陈馀贤,未尝见,见即大喜。

陈中豪杰父老乃说陈涉曰:"将军身被坚执锐,率士卒以诛暴秦,复立楚社稷,存亡继绝,功德宜为王。且夫监临天下诸将,不为王不可,愿将军立为楚王也。"陈涉问此两人,两人对曰:"夫秦为无道,破人国家,灭人社稷,绝人后世,罢百姓之力,尽百姓之财。将军瞋目张胆,出万死不顾一生之计,为天下除残也。今始至陈而王之,示天下私。愿将军毋王,急引兵而西,遣人立六国后,自为树党,为秦益敌也。敌多则力分,与众则兵强。如此野无交兵,县无守城,诛暴秦,据咸阳以令诸侯。诸侯亡而得立,以德服之,如此则帝业成矣。今独王陈,恐天下解也。"陈涉不听,遂立为王。

陈馀乃复说陈王曰:"大王举梁、楚而西,务在入关,未及收河北也。臣尝游赵,知其豪杰及地形,愿请奇兵北略赵地。"于是陈王以故所善陈人武臣为将军,邵骚为护军,以张耳、陈馀为左右校尉,予卒三千人,北略赵地。

武臣等从白马渡河至诸县,说其豪杰曰:"秦为乱政虐刑以残贼天下,数十年矣。北有长城之役,南有五岭之戍,外内骚动,百姓罢敝,头会箕敛,以供军费,财匮力尽,民不聊生。重之以苛法峻刑,使天下父子不相安。陈王奋臂为天下倡始,王楚之地,方二千里,莫不响应,家自为怒,人自为斗,各报其怨而攻其仇,县杀其令丞,郡杀其守尉。今已张大楚,王陈,使吴广、周文将卒百万西击秦。于此时而不成封侯之业者,非人豪也。诸君试相与计之! 夫天下同心而苦秦久矣。因天下之力而攻无道之君,报父兄之怨而成割地有土之业,此士之一时也。"豪杰皆然其言,乃行收兵,得数万人,号武臣为武信君。下赵十城,馀皆城守,莫肯下。

乃引兵东北击范阳。范阳人蒯通说范阳令曰:"窃闻公之将死,故吊。虽然,贺公得通而生。"范阳令曰:"何以吊之?"对曰:"秦法重,足下为范阳令十年矣,杀人之父,孤人之子,断人之足,黥人之首,不可胜数。然而慈父孝子莫敢倳刃公之腹中者,畏秦法耳。今天下大乱,秦法不施,然则慈父孝子且倳刃公之腹中以成其名,此臣之所以吊公也。今诸侯畔秦矣,武信君兵且至,而君坚守范阳,少年皆争杀君,下武信君。君急遣臣见武信君,可转祸为福,在今矣。"

范阳令乃使蒯通见武信君曰:"足下必将战胜然后略地,攻得然后下城,臣窃以为过矣。诚听臣之计,可不攻而降城,不战而略地,传檄而千里定,可乎?"武信君曰:"何谓也?"蒯通曰:"今范阳令宜整顿其士卒以守战者也,怯而畏死,贪而重富贵,故欲先天下降,畏君以为秦所置吏,诛杀如前十城也。然今范阳少年亦方杀其令,自以城距君。君何不赍臣侯印,拜范阳令,范阳令则以城下君,少年亦不敢杀其令。令范阳令乘朱轮华毂,使驱驰燕、赵郊。燕、赵郊见之,皆曰此范阳令,先下者也,即喜矣,燕、赵城可毋战而降也。此臣之所谓传檄而千里定者也。"武信君从其计,因使蒯通赐范阳令侯印。赵地闻之,不战以城下者三十馀城。

至邯郸,张耳、陈馀闻周章军入关,至戏却;又闻诸将为陈王徇地,多以谗毁得罪诛,怨陈王不用其策不以为将而以为校尉。乃说武臣曰:"陈王起蕲,至陈而王,非必立六国后。将军今以三千人下赵数十城,独介居河北,不王无以填之。且陈王听谗,还报,恐不脱于祸。又不如立其兄弟;不,即立赵后。将军毋失时,时间不容息。"武臣乃听之,遂立为赵王。以陈馀为大将军,张耳为右丞相,邵骚为左丞相。

使人报陈王,陈王大怒,欲尽族武臣等家,而发兵击赵。陈王相国房君谏曰:"秦未亡而诛武臣等家,此又生一秦也。不如因而贺之,使急引兵西击秦。"陈王然之,从其计,徙系武臣等家宫中,封张耳子敖为成都君。

陈王使使者贺赵,令趣发兵西入关。张耳、陈馀说武臣曰:"王王赵,非楚意,特以计贺王。楚已灭秦,必加兵于赵。愿王毋西兵,北徇燕、代,南收河内以自广。赵南据大河,北有燕、代,楚虽胜秦,必不敢制赵。"赵王以为然,因不西兵,而使韩广略燕,李良略常山,张黡略上党。

韩广至燕,燕人因立广为燕王。赵王乃与张耳、陈馀北略地燕界。赵王间出,为燕军所得。燕将囚之,欲与分赵地半,乃归王。使者往,燕辄杀之以求地。张耳、陈馀患之。有厮养卒谢其舍中曰:"吾为公说燕,与赵王载归。"舍中皆笑曰:"使者往十馀辈,辄死,若何以能得王?"乃走燕壁。燕将见之,问燕将曰:"知臣何欲?"燕将曰:"若欲得赵王耳。"曰:"君知张耳、陈馀何如人也?"燕将曰:"贤人也。"曰:"知其志何欲?"曰:"欲得其王耳。"赵养卒乃笑曰:"君未知此两人所欲也。夫武臣、张耳、陈馀杖马箠下赵数十城,此亦各欲南面而王,岂欲为卿相终己邪?夫臣与主岂可同日而道哉,顾其势初定,未敢参分而王,且以少长先立武臣为王,以持赵心。今赵地已服,此两人亦欲分赵而王,时未可耳。今君乃囚赵王。此两人名为求赵王,实欲燕杀之,此两人分赵自立。夫以一赵尚易燕,况以两贤王左提右挈,而责杀王之罪,灭燕易矣。"燕将以为然,乃归赵王,养卒为御而归。

李良已定常山,还报,赵王复使良略太原。至石邑,秦兵塞井陉,未能前。秦将诈称二世使人遗李良书,不封,曰:"良尝事我得显幸。良诚能反赵为秦,赦良罪,贵良。"良得书,疑不信。乃还之邯郸,益请兵。未至,道逢赵王姊出饮,从百馀骑。李良望见,以为王,伏谒道旁。王姊醉,不知其将,使骑谢李良。李良素贵,起,惭其从官。从官有一人曰:"天下畔秦,能者先立。且赵王素出将军下,今女儿乃不为将军下车,请追杀之。"李良已得秦书,固欲反赵,未决,因此怒,遣人追杀王姊道中,乃遂将其兵袭邯郸。邯郸不知,竟杀武臣、邵骚。赵人多为张耳、陈馀耳目者,以故得脱出。收其兵,得数万人。客有说张耳曰:"两君羁旅,而欲附赵,难;独立赵后,扶以义,可就功。"乃求得赵歇,立为赵王,居信都。李良进兵击陈馀,陈馀败李良,李良走归章邯。

章邯引兵至邯郸,皆徙其民河内,夷其城郭。张耳与赵王歇走入钜鹿城,王离围之。陈馀北收常山兵,得数万人,军钜鹿北。章邯军钜鹿南棘原,筑甬道属河,饷王离。王离兵食多,急攻钜鹿。钜鹿城中食尽兵少,张耳数使人召前陈馀,陈馀自度兵少,不敌秦,不敢前。数月,张耳大怒,怨陈馀,使张黡、陈泽往让陈馀曰:"始吾与公为刎颈交,今王与耳旦暮且死,而公拥兵数万,不肯相救,安在其相与死!苟必信,胡不赴秦军俱死?且有十一二相全。"陈馀曰:"吾度前终不能救赵,徒尽亡军。且馀所以不俱死,欲为赵王、张君报秦。今必俱死,如以肉委饿虎,何益?"张黡、陈泽曰:"事已急,要以俱死立信,安知后虑!"陈馀曰:"吾死顾以为无益。必如公言。"乃使五千人令张黡、陈泽先尝秦军,至皆没。

当是时,燕、齐、楚闻赵急,皆来救。张敖亦北收代兵,得万馀人,来,皆壁馀旁,未敢击秦。项羽兵数绝章邯甬道,王离军乏食,项羽悉引兵渡河,遂破章邯。章邯引兵解,诸侯军乃敢击围 钜鹿秦军,遂虏王离。涉闲自杀。卒存钜鹿者,楚力也。

于是赵王歇、张耳乃得出钜鹿,谢诸侯。张耳与陈馀相见,责让陈馀以不肯救赵,及问张黡、陈泽所在。陈馀怒曰:"张黡、陈泽以必死责臣,臣使将五千人先尝秦军,皆没不出。"张耳不信,以为杀之,数问陈馀。陈馀怒曰:"不意君之望臣深也!岂以臣为重去将哉?"乃脱解印绶,推予张耳。张耳亦愕不受。陈馀起如厕。客有说张耳曰:"臣闻'天与不取,反受其咎'。今陈将军与君印,君不受,反天不祥。急取之!"张耳乃佩其印,收其麾下。而陈馀还,亦望张耳不让,遂趋出。张耳遂收其兵。陈馀独与麾下所善数百人之河上泽中渔猎。由此陈馀、张耳遂有郤。

赵王歇复居信都。张耳从项羽诸侯入关。汉元年二月,项羽立诸侯王,张耳雅游,人多为之言,项羽亦素数闻张耳贤,乃分赵立张耳为常山王,治信都。信都更名襄国。

陈馀客多说项羽曰:"陈馀、张耳一体有功于赵。"项羽以陈馀不从入关,闻其在南皮,即以南皮旁三县以封之,而徙赵王歇王代。

张耳之国,陈馀愈益怒,曰:"张耳与馀功等也,今张耳王,馀独侯,此项羽不平。"及齐王田荣叛楚,陈馀乃使夏说说田荣曰:"项羽为天下宰不平,尽王诸将善地,徙故王王恶地,今赵王乃居代!愿王假臣兵,请以南皮为扞蔽。"田荣欲树党于赵以反楚,乃遣兵从陈馀。陈馀因悉三县兵袭常山王张耳。张耳败走,念诸侯无可归者,曰:"汉王与我有旧故,而项羽又强,立我,我欲之楚。"甘公曰:"汉王之入关,五星聚东井。东井者,秦分也。先至必霸。楚虽强,后必属汉。"故耳走汉。汉王亦还定三秦,方围章邯废丘。张耳谒汉王,汉王厚遇之。

陈馀已败张耳,皆复收赵地,迎赵王于代,复为赵王。赵王德陈馀,立以为代王。陈馀为赵王弱,国初定,不之国,留傅赵王,而使夏说以相国守代。

汉二年,东击楚,使使告赵,欲与俱。陈馀曰:"汉杀张耳乃从。"于是汉王求人类张耳者斩之,持其头遗陈馀。陈馀乃遣兵助汉。汉之败于彭城西,陈馀亦复觉张耳不死,即背汉。

汉三年,韩信已定魏地,遣张耳与韩信击破赵井陉,斩陈馀泜水上,追杀赵王歇襄国。汉立张耳为赵王。汉五年,张耳薨,谥为景王。子敖嗣立为赵王。高祖长女鲁元公主为赵王敖后。

汉七年,高祖从平城过赵,赵王朝夕袒韝蔽,自上食,礼甚卑,有子婿礼。高祖箕踞詈,甚慢易之。赵相贯高、赵午等年六十馀,故张耳客也。生平为气,乃怒曰:"吾王孱王也!"说王曰:"夫天下豪杰并起,能者先立。今王事高祖甚恭,而高祖无礼,请为王杀之!"张敖啮其指出血,曰:"君何言之误!且先人亡国,赖高祖得复国,德流子孙,秋豪皆高祖力也。愿君无复出口。"贯高、赵午等十馀人皆相谓曰:"乃吾等非也。吾王长者,不倍德。且吾等义不辱,今怨高祖辱我王,故欲杀之,何乃污王为乎?令事成归王,事败独身坐耳。"

汉八年,上从东垣还,过赵,贯高等乃壁人柏人,要之置厕。上过欲宿,心动,问曰:"县名为何?"曰:"柏人。""柏人者,迫于人也!"不宿而去。

汉九年,贯高怨家知其谋,乃上变告之。于是上皆并逮捕赵王、贯高等。十馀人皆争自刭,贯高独怒骂曰:"谁令公为之?今王实无谋,而并捕王;公等皆死,谁白王不反者!"乃辎车胶致,与王诣长安。治张敖之罪。上乃诏赵群臣宾客有敢从王皆族。贯高与客孟舒等十馀人,皆自髡钳,为王家奴,从来。贯高至,对狱,曰:"独吾属为之,王实不知。"吏治榜笞数千,刺剟,身无可击者,终不复言。吕后数言张王以鲁元公主故,不宜有此。上怒曰:"使张敖据天下,岂少而女乎!"不听。廷尉以贯高事辞闻,上曰:"壮士!谁知者,以私问之。"中大夫泄公曰:"臣之邑子,素知之。此固赵国立名义不侵为然诺者也。"上使泄公持节问之箯舆前。仰视曰:"泄公邪?"泄公劳苦如生平欢,与语,问张王果有计谋不。高曰:"人情宁不各爱其父母妻子乎?今吾三族皆以论死,岂以王易吾亲哉!顾为王实不反,独吾等为之。"具道本指所以为者王不知状。于是泄公入,具以报,上乃赦赵王。

上贤贯高为人能立然诺,使泄公具告之,曰:"张王已出。"因赦贯高。贯高喜曰:"吾王审出乎?"泄公曰:"然。"泄公曰:"上多足下,故赦足下。"贯高曰:"所以不死一身,无馀者,白张王不反也。今王已出,吾责已塞,死不恨矣。且人臣有篡杀之名,何面目复事上哉!纵上不杀我,我不愧于心乎?"乃仰绝肮,遂死。当此之时,名闻天下。

张敖已出,以尚鲁元公主故,封为宣平侯。于是上贤张王诸客,以钳奴从张王入关,无不为诸侯相、郡守者。及孝惠、高后、文帝、孝景时,张王客子孙皆得为二千石。

张敖,高后六年薨。子偃为鲁元王。以母吕后女故,吕后封为鲁元王。元王弱,兄弟少,乃封张敖他姬子二人:寿为乐昌侯,侈为信都侯。高后崩,诸吕无道,大臣诛之,而废鲁元王及乐昌侯、信都侯。孝文帝即位,复封故鲁元王偃为南宫侯,续张氏。

太史公曰:张耳、陈馀,世传所称贤者,其宾客厮役,莫非天下俊杰,所居国无不取卿相者。然张耳、陈馀始居约时,相然信以死,岂顾问哉。及据国争权,卒相灭亡,何乡者相慕用之诚,后相倍之戾也!岂非以势利交哉?名誉虽高,宾客虽盛,所由殆与太伯、延陵季子异矣。

史 记 卷 九 十

魏豹彭越列传第三十

魏豹者,故魏诸公子也。其兄魏咎,故魏时封为宁陵君。秦灭魏,迁咎为家人。陈胜之起王也,咎往从之。陈王使魏人周市徇魏地,魏地已下,欲相与立周市为魏王。周市曰:"天下昏乱,忠臣乃见。今天下共畔秦,其义必立魏王后乃可。"齐、赵使车各五十乘,立周市为魏王。市辞不受,迎魏咎于陈。五反,陈王乃遣立咎为魏王。

章邯已破陈王,乃进兵击魏王于临济。魏王乃使周市出请救于齐、楚。齐、楚遣项它、田巴将兵随市救魏。章邯遂击破杀周市等军,围临济。咎为其民约降。约定,咎自烧杀。

魏豹亡走楚。楚怀王予魏豹数千人,复徇魏地。项羽已破秦,降章邯。豹下魏二十馀城。立豹为魏王。豹引精兵从项羽入关。汉元年,项羽封诸侯,欲有梁地,乃徙魏王豹于河东,都平阳,为西魏王。

汉王还定三秦,渡临晋,魏王豹以国属焉,遂从击楚于彭城。汉败,还至荥阳,豹请归视亲病,至国,即绝河津叛汉。汉王闻魏豹反,方东忧楚,未及击,谓郦生曰:"缓颊往说魏豹,能下之,吾以万户封若。"郦生说豹。豹谢曰:"人生一世间,如白驹过隙耳。今汉王慢而侮人,骂詈诸侯群臣如骂奴耳,非有上下礼节也,吾不忍复见也。"于是汉王遣韩信击,虏豹于河东,传诣荥阳,以豹国为郡。汉王令豹守荥阳。楚围之急,周苛遂杀魏豹。

彭越者,昌邑人也,字仲。常渔钜野泽中,为群盗。陈胜、项梁之起,少年或谓越曰:"诸豪杰相立畔秦,仲可以来,亦效之。"彭越曰:"两龙方斗,且待之。"

居岁馀,泽间少年相聚百馀人,往从彭越,曰:"请仲为长。"越谢曰:"臣不愿与诸君。"少年强请,乃许。与期旦日日出会,后期者斩。旦日日出,十馀人后,后者至日中,于是越谢曰:"臣老,诸君强以为长。今期而多后,不可尽诛,诛最后者一人。"令校长斩之。皆笑曰:"何至是?请后不敢。"于是越乃引一人斩之,设坛祭,乃令徒属。徒属皆大惊,畏越,莫敢仰视。乃行略地,收诸侯散卒,得千馀人。

沛公之从砀北击昌邑,彭越助之。昌邑未下,沛公引兵西。彭越亦将其众居钜野中,收魏散卒。项籍入关,王诸侯,还归,彭越众万馀人毋所属。汉元年秋,齐王田荣畔项王,乃使人赐彭越将军印,使下济阴以击楚。楚命萧公角将兵击越,越大破楚军。汉王二年春,与魏王豹及诸侯东击楚,彭越将其兵三万馀人归汉于外黄。汉王曰:"彭将军收魏地得十馀城,欲急立魏后。今西魏王豹亦魏王咎从弟也,真魏后。"乃拜彭越为魏相国,擅将其兵,略定梁地。

汉王之败彭城解而西也,彭越皆复亡其所下城,独将其兵北居河上。汉王三年,彭越常往来为汉游兵,击楚,绝其后粮于梁地。汉四年冬,项王与汉王相距荥阳,彭越攻下睢阳、外黄十七城。项王闻之,乃使曹咎守成皋,自东收彭越所下城邑,皆复为楚。越将其兵北走穀城。汉五年秋,项王之南走阳夏,彭越复下昌邑旁二十馀城,得谷十馀万斛,以给汉王食。

汉王败,使使召彭越并力击楚。越曰:"魏地初定,尚畏楚,未可去。"汉王追楚,为项籍所败固陵。乃谓留侯曰:"诸侯兵不从,为之奈何?"留侯曰:"齐王信之立,非君王之意,信亦不自坚。彭越本定梁地,功多,始君王以魏豹故,拜彭越为魏相国。今豹死毋后,且越亦欲王,而君王不早定。与此两国约:即胜楚,睢阳以北至穀城,皆以王彭相国;从陈以东傅海,与齐王信。齐王信家在楚,此其意欲复得故邑。君王能出捐此地许二人,二人今可致;即不能,事未可知也。"于是汉王乃发使使彭越,如留侯策。使者至,彭越乃悉引兵会垓下,遂破楚。项籍已死。春,立彭越为梁王,都定陶。

六年,朝陈。九年,十年,皆来朝长安。

十年秋,陈豨反代地,高帝自往击,至邯郸,征兵梁王。梁王称病,使将将兵诣邯郸。高帝怒,使人让梁王。梁王恐,欲自往谢。其将扈辄曰:"王始不往,见让而往,往则为禽矣。不如遂发兵反。"梁王不听,称病。梁王怒其太仆,欲斩之。太仆亡走汉,告梁王与扈辄谋反。于是上使使掩梁王,梁王不觉,捕梁王,囚之雒阳。有司治反形已具,请论如法。上赦以为庶人,传处蜀青衣。西至郑,逢吕后从长安来,欲之雒阳,道见彭王。彭王为吕后泣涕,自言无罪,愿处故昌邑。吕后许诺,与俱东至雒阳。吕后白上曰:"彭王壮士,今徙之蜀,此自遗患,不如遂诛之。妾谨与俱来。"于是吕后乃令其舍人告彭越复谋反。廷尉王恬开奏请族之。上乃可,遂夷越宗族,国除。

　　<u>太史公</u>曰:<u>魏豹</u>、<u>彭越</u>虽故贱,然已席卷千里,南面称孤,喋血乘胜日
有闻矣。怀叛逆之意,及败,不死而虏囚,身被刑戮,何哉？中材已上且羞
其行,况王者乎！彼无异故,智略绝人,独患无身耳。得摄尺寸之柄,其云
蒸龙变,欲有所会其度,以故幽囚而不辞云。

史记卷九十一

黥布列传第三十一

黥布者,六人也,姓英氏。秦时为布衣。少年,有客相之曰:"当刑而王。"及壮,坐法黥。布欣然笑曰:"人相我当刑而王,几是乎?"人有闻者,共俳笑之。布已论输丽山,丽山之徒数十万人,布皆与其徒长豪杰交通,乃率其曹偶,亡之江中为群盗。

陈胜之起也,布乃见番君,与其众叛秦,聚兵数千人。番君以其女妻之。章邯之灭陈胜,破吕臣军,布乃引兵北击秦左右校,破之清波,引兵而东。闻项梁定江东会稽,涉江而西。陈婴以项氏世为楚将,乃以兵属项梁,渡淮南,英布、蒲将军亦以兵属项梁。

项梁涉淮而西,击景驹、秦嘉等,布常冠军。项梁至薛,闻陈王定死,乃立楚怀王。项梁号为武信君,英布为当阳君。项梁败死定陶,怀王徙都彭城,诸将英布亦皆保聚彭城。当是时,秦急围赵,赵数使人请救。怀王使宋义为上将,范增为末将,项籍为次将,英布、蒲将军皆为将军,悉属宋义,北救赵。及项籍杀宋义于河上,怀王因立籍为上将军,诸将皆属项籍。项籍使布先渡河击秦,布数有利,籍乃悉引兵涉河从之,遂破秦军,降章邯等。楚兵常胜,功冠诸侯。诸侯兵皆以服属楚者,以布数以少败众也。

项籍之引兵西至新安,又使布等夜击坑章邯秦卒二十馀万人。至关,不得入,又使布等先从间道破关下军,遂得入,至咸阳。布常为军锋。项王封诸将,立布为九江王,都六。

汉元年四月,诸侯皆罢麾下,各就国。项氏立怀王为义帝,徙都长沙,乃阴令九江王布等行击之。其八月,布使将击义帝,追杀之郴县。

汉二年,齐王田荣畔楚,项王往击齐,征兵九江,九江王布称病不往,遣将将数千人行。汉之败楚彭城,布又称病不佐楚。项王由此怨布,数使使者诮让召布,布愈恐,不敢往。项王方北忧齐、赵,西患汉,所与者独九江王,又多布材,欲亲用之,以故未击。

汉三年,汉王击楚,大战彭城,不利,出梁地,至虞,谓左右曰:"如彼等者,无足与计天下事。"谒者随何进曰:"不审陛下所谓。"汉王曰:"孰能为我使淮南,令之发兵倍楚,留项王于齐数月,我之取天下可以百全。"随何曰:"臣请使之。"乃与二十人俱,使淮南。至,因太宰主之,三日不得见。随何因说太宰曰:"王之不见何,必以楚为强,以汉为弱,此臣之所以为使。使何得见,言之而是邪,是大王所欲闻也;言之而非邪,使何等二十人伏斧质淮南市,以明王倍汉而与楚也。"太宰乃言之王,王见之。随何曰:"汉王使臣敬进书大王御者,窃怪大王与楚何亲也。"淮南王曰:"寡人北向而臣事之。"随何曰:"大王与项王俱列为诸侯,北向而臣事之,必以楚为强,可以托国也。项王伐齐,身负板筑,以为士卒先,大王宜悉淮南之众,身自将之,为楚军前锋,今乃发四千人以助楚。夫北面而臣事人者,固若是乎?夫汉王战于彭城,项王未出齐也,大王宜扫淮南之兵渡淮,日夜会战彭城下,大王抚万人之众,无一人渡淮者,垂拱而观其孰胜。夫托国于人者,固若是乎?大王提空名以向楚,而欲厚自托,臣窃为大王不取也。然而大王不背楚者,以汉为弱也。夫楚兵虽强,天下负之以不义之名,以其背盟约而杀义帝也。然而楚王恃战胜自强,汉王收诸侯,还守成皋、荥阳,下蜀、汉之粟,深沟壁垒,分卒守徼乘塞,楚人还兵,间以梁地,深入敌国八九百里,欲战则不得,攻城则力不能,老弱转粮千里之外;楚兵至荥阳、成皋,汉坚守而不动,进则不得攻,退则不得解。故曰楚兵不足恃也。使楚胜汉,则诸侯自危惧而相救。夫楚之强,适足以致天下之兵耳。故楚不如汉,其势易见也。今大王不与万全之汉而自托于危亡之楚,臣窃为大王惑之。臣非以淮南之兵足以亡楚也。夫大王发兵而倍楚,项王必留;留数月,汉之取天下可以万全。臣请与大王提剑而归汉,汉王必裂地而封大王,又况淮南,淮南必大王有也。故汉王敬使使臣进愚计,愿大王之留意也。"淮南王曰:"请奉命。"阴许畔楚与汉,未敢泄也。

楚使者在,方急责英布发兵,舍传舍。随何直入,坐楚使者上坐,曰:"九江王已归汉,楚何以得发兵?"布愕然。楚使者起。何因说布曰:"事已构,可遂杀楚使者,无使归,而疾走汉并力。"布曰:"如使者教,因起兵而击之耳。"于是杀使者,因起兵而攻楚。楚使项声、龙且攻淮南,项王留而攻下邑。数月,龙且击淮南,破布军。布欲引兵走汉,恐楚王杀之,故间行与何俱归汉。

淮南王至,上方踞床洗,召布入见,布大怒,悔来,欲自杀。出就舍,帐御饮食从官如汉王居,布又大喜过望。于是乃使人入九江。楚已使项伯收九江兵,尽杀布妻子。布使者颇得故人幸臣,将众数千人归汉。汉益分布兵而与俱北,收兵至成皋。四年七月,立布为淮南王,与击项籍。

汉五年,布使人入九江,得数县。六年,布与刘贾入九江,诱大司马周殷,周殷反楚,遂举九江兵与汉击楚,破之垓下。

项籍死,天下定,上置酒。上折随何之功,谓何为腐儒,为天下安用腐儒。随何跪曰:"夫陛下引兵攻彭城,楚王未去齐也,陛下发步卒五万人,骑五千,能以取淮南乎?"上曰:"不能。"随何曰:"陛下使何与二十人使淮南,至,如陛下之意,是何之功贤于步卒五万人骑五千也。然而陛下谓何腐儒,为天下安用腐儒,何也?"上曰:"吾方图子之功。"乃以随何为护军中尉。布遂剖符为淮南王,都六,九江、庐江、衡山、豫章郡皆属布。

七年,朝陈。八年,朝雒阳。九年,朝长安。

十一年,高后诛淮阴侯,布因心恐。夏,汉诛梁王彭越,醢之,盛其醢遍赐诸侯。至淮南,淮南王方猎,见醢,因大恐,阴令人部聚兵,候伺旁郡警急。

布所幸姬疾,请就医,医家与中大夫贲赫对门,姬数如医家,贲赫自以为侍中,乃厚馈遗,从姬饮医家。姬侍王,从容语次,誉赫长者也。王怒曰:"汝安从知之?"具说状。王疑其与乱。赫恐,称病。王愈怒,欲捕赫。赫言变事,乘传诣长安。布使人追,不及。赫至,上变,言布谋反有端,可先未发诛也。上读其书,语萧相国。相国曰:"布不宜有此,恐仇怨妄诬之。请系赫,使人微验淮南王。"淮南王布见赫以罪亡,上变,固已疑其言国阴事;汉使又来,颇有所验,遂族赫家,发兵反。反书闻,上乃赦贲赫,以为将军。

上召诸将问曰:"布反,为之奈何?"皆曰:"发兵击之,坑竖子耳,何能为乎!"汝阴侯滕公召故楚令尹问之。令尹曰:"是故当反。"滕公曰:"上裂地而王之,疏爵而贵之,南面而立万乘之主,其反何也?"令尹曰:"往年杀彭越,前年杀韩信,此三人者,同功一体之人也。自疑祸及身,故反耳。"滕公言之上曰:"臣客故楚令尹薛公者,其人有筹策之计,可问。"上乃召见问薛公。薛公对曰:"布反不足怪也。使布出于上计,山东非汉之有也;出于中计,胜败之数未可知也;出于下计,陛下安枕而卧矣。"上曰:"何谓上计?"令尹对曰:"东取吴,西取楚,并齐取鲁,传檄燕、赵,固守其所,山东非汉之有也。""何谓中计?""东取吴,西取楚,并韩取魏,据敖庾之粟,塞成皋之口,胜败之数未可知也。""何谓下计?""东取吴,西取下蔡,归重于越,身归长沙,陛下安枕而卧,汉无事矣。"上曰:"是计将安出?"令尹对曰:"出下计。"上曰:"何谓废上中计而出下计?"令尹曰:"布故丽山之徒也,自致万乘之主,此皆为身,不顾后为百姓万世虑者也,故曰出下计。"上曰:"善。"封薛公千户。乃立皇子长为淮南王。上遂发兵自将东击布。

　　布之初反,谓其将曰:"上老矣,厌兵,必不能来。使诸将,诸将独患淮阴、彭越,今皆已死,馀不足畏也。"故遂反。果如薛公筹之,东击荆,荆王刘贾走死富陵。尽劫其兵,渡淮击楚。楚发兵与战徐、僮间,为三军,欲以相救为奇。或说楚将曰:"布善用兵,民素畏之。且兵法,诸侯战其地为散地。今别为三,彼败吾一军,馀皆走,安能相救!"不听。布果破其一军,其二军散走。

　　遂西,与上兵遇蕲西会甄。布兵精甚,上乃壁庸城,望布军置阵如项籍军,上恶之。与布相望见,遥谓布曰:"何苦而反?"布曰:"欲为帝耳。"上怒骂之,遂大战。布军败走,渡淮,数止战,不利,与百馀人走江南。布故与番君婚,以故长沙哀王使人绐布,伪与亡,诱走越,故信而随之番阳。番阳人杀布兹乡民田舍,遂灭黥布。

　　立皇子长为淮南王,封贲赫为期思侯,诸将率多以功封者。

　　太史公曰:"英布者,其先岂春秋所见楚灭英、六,皋陶之后哉?身被刑法,何其拔兴之暴也!项氏之所坑杀人以千万数,而布常为首虐。功冠诸侯,用此得王,亦不免于身为世大僇。祸之兴自爱姬殖,妒媢生患,竟以灭国!

史记卷九十二

淮阴侯列传第三十二

淮阴侯韩信者，淮阴人也。始为布衣时，贫无行，不得推择为吏，又不能治生商贾，常从人寄食饮，人多厌之者。常数从其下乡南昌亭长寄食，数月，亭长妻患之，乃晨炊蓐食。食时信往，不为具食。信亦知其意，怒，竟绝去。

信钓于城下，诸母漂，有一母见信饥，饭信，竟漂数十日。信喜，谓漂母曰："吾必有以重报母。"母怒曰："大丈夫不能自食，吾哀王孙而进食，岂望报乎！"

淮阴屠中少年有侮信者，曰："若虽长大，好带刀剑，中情怯耳。"众辱之曰："信能死，刺我；不能死，出我袴下。"于是信孰视之，俯出袴下，蒲伏。一市人皆笑信，以为怯。

及项梁渡淮，信杖剑从之，居麾下，无所知名。项梁败，又属项羽，羽以为郎中。数以策干项羽，羽不用。汉王之入蜀。信亡楚归汉，未得知名，为连敖。坐法当斩，其辈十三人皆已斩，次至信，信乃仰视，适见滕公，曰："上不欲就天下乎？何为斩壮士！"滕公奇其言，壮其貌，释而不斩。与语，大说之。言于上，上拜以为治粟都尉，上未之奇也。

信数与萧何语，何奇之。至南郑，诸将行道亡者数十人，信度何等已数言上，上不我用，即亡。何闻信亡，不及以闻，自追之。人有言上曰："丞相何亡。"上大怒，如失左右手。居一二日，何来谒上，上且怒且喜，骂何曰："若亡，何也？"何曰："臣不敢亡也，臣追亡者。"上曰："若所追者谁何？"曰："韩信也。"上复骂曰："诸将亡者以十数，公无所追；追信，诈也。"何曰："诸将易得耳。至如信者，国士无双。王必欲长王汉中，无所事信；必欲争天下，非信无所与计事者。顾王策安所决耳。"王曰："吾亦欲东耳，安能郁郁久居此乎？"何曰："王计必欲东，能用信，信即留；不能用，信终亡耳。"王曰："吾为公以为将。"何曰："虽为将，信必不留。"王曰："以为大将。"何曰：

"幸甚。"于是王欲召信拜之。何曰:"王素慢无礼,今拜大将如呼小儿耳,此乃信所以去也。王必欲拜之,择良日,斋戒,设坛场,具礼,乃可耳。"王许之。诸将皆喜,人人各自以为得大将。至拜大将,乃韩信也,一军皆惊。

信拜礼毕,上坐。王曰:"丞相数言将军,将军何以教寡人计策?"信谢,因问王曰:"今东向争权天下,岂非项王邪?"汉王曰:"然。"曰:"大王自料勇悍仁强孰与项王?"汉王默然良久,曰:"不如也。"信再拜贺曰:"惟信亦为大王不如也。然臣尝事之,请言项王之为人也。项王喑噁叱咤,千人皆废,然不能任属贤将,此特匹夫之勇耳。项王见人恭敬慈爱,言语呕呕,人有疾病,涕泣分食饮,至使人有功当封爵者,印刓敝,忍不能予,此所谓妇人之仁也。项王虽霸天下而臣诸侯,不居关中而都彭城。有背义帝之约,而以亲爱王,诸侯不平。诸侯之见项王迁逐义帝置江南,亦皆归逐其主而自王善地。项王所过无不残灭者,天下多怨,百姓不亲附,特劫于威强耳。名虽为霸,实失天下心。故曰其强易弱。今大王诚能反其道,任天下武勇,何所不诛!以天下城邑封功臣,何所不服!以义兵从思东归之士,何所不散!且三秦王为秦将,将秦子弟数岁矣,所杀亡不可胜计,又欺其众降诸侯,至新安,项王诈坑秦降卒二十馀万,唯独邯、欣、翳得脱,秦父兄怨此三人,痛入骨髓。今楚强以威王此三人,秦民莫爱也。大王之入武关,秋豪无所害,除秦苛法,与秦民约,法三章耳,秦民无不欲得大王王秦者。于诸侯之约,大王当王关中,关中民咸知之。大王失职入汉中,秦民无不恨者。今大王举而东,三秦可传檄而定也。"于是汉王大喜,自以为得信晚。遂听信计,部署诸将所击。

八月,汉王举兵东出陈仓,定三秦。汉二年,出关,收魏、河南,韩、殷王皆降。合齐、赵共击楚。四月,至彭城,汉兵败散而还。信复收兵与汉王会荥阳,复击破楚京、索之间,以故楚兵卒不能西。

汉之败却彭城,塞王欣、翟王翳亡汉降楚,齐、赵亦反汉与楚和。六月,魏王豹谒归视亲疾,至国,即绝河关反汉,与楚约和。汉王使郦生说豹,不听。其八月,以信为左丞相,击魏。魏王盛兵蒲坂,塞临晋,信乃益为疑兵,陈船欲度临晋,而伏兵从夏阳以木罂缶渡军,袭安邑。魏王豹惊,引兵迎信,信遂虏豹,定魏为河东郡。汉王遣张耳与信俱,引兵东,北击赵、代。后九月,破代兵,禽夏说阏与。信之下魏破代,汉辄使人收其精兵,诣荥阳以距楚。

信与张耳以兵数万,欲东下井陉击赵。赵王、成安君陈馀闻汉且袭之也,聚兵井陉口,号称二十万。广武君李左车说成安君曰:"闻汉将韩信涉西河，虏魏王，禽夏说，新喋血阏与，今乃辅以张耳，议欲下赵，此乘胜而去国远斗，其锋不可当。臣闻千里馈粮，士有饥色，樵苏后爨，师不宿饱。今井陉之道，车不得方轨，骑不得成列，行数百里，其势粮食必在其后。愿足下假臣奇兵三万人，从间道绝其辎重；足下深沟高垒，坚营勿与战。彼前不得斗，退不得还，吾奇兵绝其后，使野无所掠，不至十日，而两将之头可致于麾下。愿君留意臣之计。否，必为二子所禽矣。"成安君，儒者也，常称义兵不用诈谋奇计，曰："吾闻兵法十则围之，倍则战。今韩信兵号数万，其实不过数千。能千里而袭我，亦已罢极。今如此避而不击，后有大者，何以加之！则诸侯谓吾怯，而轻来伐我。"不听广武君策，广武君策不用。

　　韩信使人间视，知其不用，还报，则大喜，乃敢引兵遂下。未至井陉口三十里，止舍。夜半传发，选轻骑二千人，人持一赤帜，从间道萆山而望赵军，诫曰："赵见我走，必空壁逐我，若疾入赵壁，拔赵帜，立汉赤帜。"令其裨将传飧，曰："今日破赵会食！"诸将皆莫信，详应曰："诺。"谓军吏曰："赵已先据便地为壁，且彼未见吾大将旗鼓，未肯击前行，恐吾至阻险而还。"信乃使万人先行，出，背水阵。赵军望见而大笑。平旦，信建大将之旗鼓，鼓行出井陉口，赵开壁击之，大战良久。于是信、张耳详弃鼓旗，走水上军。水上军开入之，复疾战。赵果空壁争汉鼓旗，逐韩信、张耳。韩信、张耳已入水上军，军皆殊死战，不可败。信所出奇兵二千骑，共候赵空壁逐利，则驰入赵壁，皆拔赵旗，立汉赤帜二千。赵军已不胜，不能得信等，欲还归壁，壁皆汉赤帜，而大惊，以为汉皆已得赵王将矣，兵遂乱，遁走，赵将虽斩之，不能禁也。于是汉兵夹击，大破虏赵军，斩成安君泜水上，禽赵王歇。

　　信乃令军中毋杀广武君，有能生得者购千金。于是有缚广武君而致麾下者，信乃解其缚，东向坐，西向对，师事之。

　　诸将效首虏，毕贺，因问信曰："兵法右倍山陵，前左水泽，今者将军令臣等反背水阵，曰破赵会食，臣等不服。然竟以胜，此何术也？"信曰："此在兵法，顾诸君不察耳。兵法不曰'陷之死地而后生，置之亡地而后存'？且信非得素拊循士大夫也，此所谓'驱市人而战之'，其势非置之死地，使人人自为战；今予之生地，皆走，宁尚可得而用之乎！"诸将皆服曰："善。非臣所及也。"

　　于是信问广武君曰："仆欲北攻燕，东伐齐，何若而有功？"广武君辞谢曰："臣闻败军之将不可以言勇，亡国之大夫不可以图存。今臣败亡之虏，何足以权大事乎!"信曰:"仆闻之,<u>百里奚</u>居<u>虞</u>而<u>虞</u>亡,在<u>秦</u>而<u>秦</u>霸,非愚于<u>虞</u>而智于<u>秦</u>也,用与不用,听与不听也。诚令<u>成安君</u>听足下计,若<u>信</u>者亦已为禽矣。以不用足下,故<u>信</u>得侍耳。"因固问曰:"仆委心归计,愿足下勿辞。"<u>广武君</u>曰:"臣闻智者千虑,必有一失;愚者千虑,必有一得。故曰'狂夫之言,圣人择焉'。顾恐臣计未必足用,愿效愚忠。夫<u>成安君</u>有百战百胜之计,一旦而失之,军败<u>鄗</u>下,身死<u>泜</u>上。今将军涉<u>西河</u>,虏<u>魏王</u>,擒<u>夏说阏与</u>,一举而下<u>井陉</u>,不终朝破<u>赵</u>二十万众,诛<u>成安君</u>。名闻海内,威震天下,农夫莫不辍耕释耒,褕衣甘食,倾耳以待命者。若此,将军之所长也。然而众劳卒罢,其实难用。今将军欲举倦弊之兵,顿之<u>燕</u>坚城之下,欲战恐久力不能拔,情见势屈,旷日粮竭,而弱<u>燕</u>不服,<u>齐</u>必距境以自强也。<u>燕</u><u>齐</u>相持而不下,则<u>刘</u><u>项</u>之权未有所分也。若此者,将军所短也。臣愚,窃以为亦过矣。故善用兵者不以短击长,而以长击短。"<u>韩信</u>曰:"然则何由?"<u>广武君</u>对曰:"方今为将军计,莫如案甲休兵,镇<u>赵</u>抚其孤,百里之内,牛酒日至,以飨士大夫醳兵,北首<u>燕</u>路,而后遣辩士奉咫尺之书,暴其所长于<u>燕</u>,<u>燕</u>必不敢不听从。<u>燕</u>已从,使喧言者东告<u>齐</u>,<u>齐</u>必从风而服,虽有智者,亦不知为<u>齐</u>计矣。如是,则天下事皆可图也。兵固有先声而后实者,此之谓也。"<u>韩信</u>曰:"善。"从其策,发使使<u>燕</u>,<u>燕</u>从风而靡。乃遣使报<u>汉</u>,因请立<u>张耳</u>为<u>赵王</u>,以镇抚其国。<u>汉王</u>许之,乃立<u>张耳</u>为<u>赵王</u>。

<u>楚</u>数使奇兵渡河击<u>赵</u>,<u>赵王耳</u>、<u>韩信</u>往来救<u>赵</u>,因行定<u>赵</u>城邑,发兵诣<u>汉</u>。<u>楚</u>方急围<u>汉王</u>于<u>荥阳</u>,<u>汉王</u>南出,之<u>宛</u>、<u>叶</u>间,得<u>黥布</u>,走入<u>成皋</u>,<u>楚</u>又复急围之。六月,<u>汉王</u>出<u>成皋</u>,东渡河,独与<u>滕公</u>俱,从<u>张耳</u>军<u>修武</u>。至,宿传舍。晨自称<u>汉</u>使,驰入<u>赵</u>壁。<u>张耳</u>、<u>韩信</u>未起,即其卧内上夺其印符,以麾召诸将,易置之。<u>信</u>、<u>耳</u>起,乃知<u>汉王</u>来,大惊。<u>汉王</u>夺两人军,即令<u>张耳</u>备守<u>赵</u>地,拜<u>韩信</u>为相国,收<u>赵</u>兵未发者击<u>齐</u>。

<u>信</u>引兵东,未渡<u>平原</u>,闻<u>汉王</u>使<u>郦食其</u>已说下<u>齐</u>,<u>韩信</u>欲止。<u>范阳</u>辩士<u>蒯通</u>说<u>信</u>曰:"将军受诏击<u>齐</u>,而<u>汉</u>独发间使下<u>齐</u>,宁有诏止将军乎?何以得毋行也!且<u>郦生</u>一士,伏轼掉三寸之舌,下<u>齐</u>七十馀城,将军将数万众,岁馀乃下<u>赵</u>五十馀城,为将数岁,反不如一竖儒之功乎?"于是<u>信</u>然之,从其计,遂渡河。<u>齐</u>已听<u>郦生</u>,即留纵酒,罢备<u>汉</u>守御。<u>信</u>因袭<u>齐</u><u>历下</u>军,遂至<u>临菑</u>。<u>齐王田广</u>以<u>郦生</u>卖己,乃烹之,而走<u>高密</u>,使使之<u>楚</u>请救。<u>韩信</u>已定<u>临菑</u>,遂东追<u>广</u>至<u>高密</u>西。<u>楚</u>亦使<u>龙且</u>将,号称二十万,救<u>齐</u>。

<u>齐王广</u>、<u>龙且</u>并军与<u>信</u>战,未合。人或说<u>龙且</u>曰:"<u>汉</u>兵远斗穷战,其锋不可当。<u>齐</u>、<u>楚</u>自居其地战,兵易败散。不如深壁,令<u>齐王</u>使其信臣招

所亡城,亡城闻其王在,楚来救,必反汉。汉兵二千里客居,齐城皆反之,其势无所得食,可无战而降也。"龙且曰:"吾平生知韩信为人,易与耳。且夫救齐不战而降之,吾何功? 今战而胜之,齐人半可得,何为止!"遂战,与信夹潍水阵。韩信乃夜令人为万馀囊,满盛沙,壅水上流,引军半渡,击龙且,详不胜,还走。龙且果喜曰:"固知信怯也。"遂追信渡水。信使人决壅囊,水大至。龙且军大半不得渡,即急击,杀龙且。龙且水东军散走,齐王广亡去。信遂追北至城阳,皆虏楚卒。

汉四年,遂皆降平齐。使人言汉王曰:"齐伪诈多变,反覆之国也,南边楚,不为假王以镇之,其势不定。愿为假王便。"当是时,楚方急围汉王于荥阳,韩信使者至,发书,汉王大怒,骂曰:"吾困于此,旦暮望若来佐我,乃欲自立为王!"张良、陈平蹑汉王足,因附耳语曰:"汉方不利,宁能禁信之王乎? 不如因而立,善遇之,使自为守。不然,变生。"汉王亦悟,因复骂曰:"大丈夫定诸侯,即为真王耳,何以假为!"乃遣张良往立信为齐王,征其兵击楚。

楚已亡龙且,项王恐,使盱眙人武涉往说齐王信曰:"天下共苦秦久矣,相与戮力击秦。秦已破,计功割地,分土而王之,以休士卒。今汉王复兴兵而东,侵人之分,夺人之地,已破三秦,引兵出关,收诸侯之兵以东击楚,其意非尽吞天下者不休,其不知厌足如是甚也。且汉王不可必,身居项王掌握中数矣,项王怜而活之,然得脱,辄倍约,复击项王,其不可亲信如此。今足下虽自以与汉王为厚交,为之尽力用兵,终为之所禽矣。足下所以得须臾至今者,以项王尚存也。当今二王之事,权在足下。足下右投则汉王胜,左投则项王胜。项王今日亡,则次取足下。足下与项王有故,何不反汉与楚连和,参分天下王之? 今释此时,而自必于汉以击楚,且为智者固若此乎!"韩信谢曰:"臣事项王,官不过郎中,位不过执戟,言不听,画不用,故倍楚而归汉。汉王授我上将军印,予我数万众,解衣衣我,推食食我,言听计用,故吾得以至于此。夫人深亲信我,我倍之不祥,虽死不易。幸为信谢项王!"

武涉已去,齐人蒯通知天下权在韩信,欲为奇策而感动之,以相人说韩信曰:"仆尝受相人之术。"韩信曰:"先生相人何如?"对曰:"贵贱在于骨法,忧喜在于容色,成败在于决断。以此参之,万不失一。"韩信曰:"善。先生相寡人何如?"对曰:"愿少间。"信曰:"左右去矣。"通曰:"相君之面,不过封侯,又危不安。相君之背,贵乃不可言。"韩信曰:"何谓也?"蒯通曰："天下初发难也，俊雄豪杰建号壹呼，天下之士云合雾集，鱼鳞杂遝，熛至风起。当此之时，忧在亡秦而已。今楚汉分争，使天下无罪之人肝胆涂地，父子暴骸骨于中野，不可胜数。楚人起彭城，转斗逐北，至于荥阳，乘利席卷，威震天下。然兵困于京、索之间，迫西山而不能进者，三年于此矣。汉王将数十万之众，距巩、雒，阻山河之险，一日数战，无尺寸之功，折北不救，败荥阳，伤成皋，遂走宛、叶之间，此所谓智勇俱困者也。夫锐气挫于险塞，而粮食竭于内府，百姓罢极怨望，容容无所倚。以臣料之，其势非天下之贤圣固不能息天下之祸。当今两主之命悬于足下。足下为汉则汉胜，与楚则楚胜。臣愿披腹心，输肝胆，效愚计，恐足下不能用也。诚能听臣之计，莫若两利而俱存之，参分天下，鼎足而居，其势莫敢先动。夫以足下之贤圣，有甲兵之众，据强齐，从燕、赵，出空虚之地而制其后，因民之欲，西乡为百姓请命，则天下风走而响应矣，孰敢不听！割大弱强，以立诸侯，诸侯已立，天下服听而归德于齐。案齐之故，有胶、泗之地，怀诸侯以德，深拱揖让，则天下之君王相率而朝于齐矣。盖闻天与弗取，反受其咎；时至不行，反受其殃。愿足下孰虑之。"

韩信曰："汉王遇我甚厚，载我以其车，衣我以其衣，食我以其食。吾闻之，乘人之车者载人之患，衣人之衣者怀人之忧，食人之食者死人之事，吾岂可以向利倍义乎！"蒯生曰："足下自以为善汉王，欲建万世之业，臣窃以为误矣。始常山王、成安君为布衣时，相与为刎颈之交，后争张黡、陈泽之事，二人相怨。常山王背项王，奉项婴头而窜，逃归于汉王。汉王借兵而东下，杀成安君泜水之南，头足异处，卒为天下笑。此二人相与，天下至欢也。然而卒相禽者，何也？患生于多欲而人心难测也。今足下欲行忠信以交于汉王，必不能固于二君之相与也，而事多大于张黡、陈泽。故臣以为足下必汉王之不危己，亦误矣。大夫种、范蠡存亡越，霸句践，立功成名而身死亡。野兽已尽而猎狗烹。夫以交友言之，则不如张耳之与成安君者也；以忠信言之，则不过大夫种、范蠡之于句践也。此二人者，足以观矣。愿足下深虑之。且臣闻勇略震主者身危，而功盖天下者不赏。臣请言大王功略：足下涉西河，虏魏王，禽夏说，引兵下井陉，诛成安君，徇赵，胁燕，定齐，南摧楚人之兵二十万，东杀龙且，西向以报，此所谓功无二于天下，而略不世出者也。今足下戴震主之威，挟不赏之功，归楚，楚人不信；归汉，汉人震恐。足下欲持是安归乎？夫势在人臣之位而有震主之威，名高天下，窃为足下危之。"韩信谢曰："先生且休矣，吾将念之。"

后数日，蒯通复说曰："夫听者事之候也，计者事之机也，听过计失而能久安者,鲜矣。听不失一二者,不可乱以言;计不失本末者,不可纷以辞。夫随厮养之役者,失万乘之权;守儋石之禄者,阙卿相之位。故知者决之断也,疑者事之害也,审豪牦之小计,遗天下之大数,智诚知之,决弗敢行者,百事之祸也。故曰'猛虎之犹豫,不若蜂虿之致螫;骐骥之跼躅,不如驽马之安步;孟贲之狐疑,不如庸夫之必至也;虽有舜禹之智,吟而不言,不如喑聋之指麾也'。此言贵能行之。夫功者难成而易败,时者难得而易失也。时乎时,不再来。愿足下详察之。"韩信犹豫不忍倍汉,又自以为功多,汉终不夺我齐,遂谢蒯通。蒯通说不听,已佯狂为巫。

汉王之困固陵,用张良计,召齐王信,遂将兵会垓下。项羽已破,高祖袭夺齐王军。汉五年正月,徙齐王信为楚王,都下邳。

信至国,召所从食漂母,赐千金。及下乡南昌亭长,赐百钱,曰:"公,小人也,为德不卒。"召辱己之少年令出胯下者以为楚中尉。告诸将相曰:"此壮士也。方辱我时,我宁不能杀之邪? 杀之无名,故忍而就于此。"

项王亡将钟离眛家在伊庐,素与信善。项王死后,亡归信。汉王怨眛,闻其在楚,诏楚捕眛。信初之国,行县邑,陈兵出入。汉六年,人有上书告楚王信反。高帝以陈平计,天子巡狩会诸侯,南方有云梦,发使告诸侯会陈:"吾将游云梦。"实欲袭信,信弗知。高祖且至楚,信欲发兵反,自度无罪,欲谒上,恐见禽。人或说信曰:"斩眛谒上,上必喜,无患。"信见眛计事。眛曰:"汉所以不击取楚,以眛在公所。若欲捕我以自媚于汉,吾今日死,公亦随手亡矣。"乃骂信曰:"公非长者!"卒自刭。信持其首,谒高祖于陈。上令武士缚信,载后车。信曰:"果若人言,'狡兔死,良狗烹;高鸟尽,良弓藏;敌国破,谋臣亡'。天下已定,我固当烹!"上曰:"人告公反。"遂械系信。至雒阳,赦信罪,以为淮阴侯。

信知汉王畏恶其能,常称病不朝从。信由此日夜怨望,居常鞅鞅,羞与绛、灌等列。信尝过樊将军哙,哙跪拜送迎,言称臣,曰:"大王乃肯临臣!"信出门,笑曰:"生乃与哙等为伍!"上常从容与信言诸将能不,各有差。上问曰:"如我能将几何?"信曰:"陛下不过能将十万。"上曰:"于君何如?"曰:"臣多多而益善耳。"上笑曰:"多多益善,何为为我禽"? 信曰:"陛下不能将兵,而善将将,此乃信之所以为陛下禽也。且陛下所谓天授,非人力也。"

陈豨拜为钜鹿守,辞于淮阴侯。淮阴侯挈其手,辟左右与之步于庭,仰天叹曰:"子可与言乎? 欲与子有言也。"豨曰:"唯将军令之。"淮阴侯曰:"公之所居,天下精兵处也;而公,陛下之信幸臣也。人言公之畔,陛下必不信;再至,陛下乃疑矣;三至,必怒而自将。吾为公从中起,天下可图也。"陈豨素知其能也,信之,曰:"谨奉教!"汉十年,陈豨果反。上自将而往,信病不从。阴使人至豨所,曰:"弟举兵,吾从此助公。"信乃谋与家臣夜诈诏赦诸官徒奴,欲发以袭吕后、太子。部署已定,待豨报。其舍人得罪于信,信囚,欲杀之。舍人弟上变,告信欲反状于吕后。吕后欲召,恐其党不就,乃与萧相国谋,诈令人从上所来,言豨已得死,列侯群臣皆贺。相国绐信曰:"虽疾,强入贺。"信入,吕后使武士缚信,斩之长乐钟室。信方斩,曰:"吾悔不用蒯通之计,乃为儿女子所诈,岂非天哉!"遂夷信三族。

高祖已从豨军来,至,见信死,且喜且怜之,问:"信死亦何言?"吕后曰:"信言恨不用蒯通计。"高祖曰:"是齐辩士也。"乃诏齐捕蒯通。蒯通至,上曰:"若教淮阴侯反乎?"对曰:"然,臣固教之。竖子不用臣之策,故令自夷于此。如彼竖子用臣之计,陛下安得而夷之乎!"上怒曰:"烹之。"通曰:"嗟乎,冤哉烹也!"上曰:"若教韩信反,何冤?"对曰:"秦之纲绝而维弛,山东大扰,异姓并起,英俊乌集。秦失其鹿,天下共逐之,于是高材疾足者先得焉。蹠之狗吠尧,尧非不仁,狗因吠非其主。当是时,臣唯独知韩信,非知陛下也。且天下锐精持锋欲为陛下所为者甚众,顾力不能耳。又可尽烹之邪?"高帝曰:"置之。"乃释通之罪。

太史公曰:吾如淮阴,淮阴人为余言,韩信虽为布衣时,其志与众异。其母死,贫无以葬,然乃行营高敞地,令其旁可置万家。余视其母冢,良然。假令韩信学道谦让,不伐己功,不矜其能,则庶几哉,于汉家勋可以比周、召、太公之徒,后世血食矣。不务出此,而天下已集,乃谋畔逆,夷灭宗族,不亦宜乎!

史记卷九十三

韩信卢绾列传第三十三

　　韩王信者，故韩襄王孽孙也，长八尺五寸。及项梁之立楚后怀王也，燕、齐、赵、魏皆已前王，唯韩无有后，故立韩诸公子横阳君成为韩王，欲以抚定韩故地。项梁败死定陶，成奔怀王。沛公引兵击阳城，使张良以韩司徒降下韩故地，得信，以为韩将，将其兵从沛公入武关。

　　沛公立为汉王，韩信从入汉中，乃说汉王曰："项王王诸将近地，而王独远居此，此左迁也。士卒皆山东人，跂而望归，及其锋东向，可以争天下。"汉王还定三秦，乃许信为韩王，先拜信为韩太尉，将兵略韩地。

　　项籍之封诸王皆就国，韩王成以不从无功，不遣就国，更以为列侯。及闻汉遣韩信略韩地，乃令故项籍游吴时吴令郑昌为韩王以距汉。汉二年，韩信略定韩十馀城。汉王至河南，韩信急击韩王昌阳城。昌降，汉王乃立韩信为韩王，常将韩兵从。三年，汉王出荥阳，韩王信、周苛等守荥阳。及楚败荥阳，信降楚，已而得亡，复归汉，汉复立以为韩王，竟从击破项籍，天下定。五年春，遂与剖符为韩王，王颍川。

　　明年春，上以韩信材武，所王北近巩、洛，南迫宛、叶，东有淮阳，皆天下劲兵处，乃诏徙韩王信王太原以北，备御胡，都晋阳。信上书曰："国被边，匈奴数人，晋阳去塞远，请治马邑。"上许之，信乃徙治马邑。秋，匈奴冒顿大围信，信数使使胡求和解。汉发兵救之，疑信数间使，有二心，使人责让信。信恐诛，因与匈奴约共攻汉，反，以马邑降胡，击太原。

　　七年冬，上自往击，破信军铜鞮，斩其将王喜。信亡走匈奴。其将白土人曼丘臣、王黄等立赵苗裔赵利为王，复收信败散兵，而与信及冒顿谋攻汉。匈奴使左右贤王将万馀骑与王黄等屯广武以南，至晋阳，与汉兵战，汉大破之，追至于离石，复破之。匈奴复聚兵楼烦西北，汉令车骑击破匈奴。匈奴常败走，汉乘胜追北，闻冒顿居代谷，高皇帝居晋阳，使人视冒顿，还报曰"可击"。上遂至平城。上出白登，匈奴骑围上，上乃使人厚遗阏氏。阏氏乃说冒顿曰:"今得汉地,犹不能居;且两主不相厄。"居七日,胡骑稍引去。时天大雾,汉使人往来,胡不觉。护军中尉陈平言上曰:"胡者全兵,请令强弩傅两矢外向,徐行出围。"入平城,汉救兵亦到,胡骑遂解去。汉亦罢兵归。韩信为匈奴将兵往来击边。

汉十年,信令王黄等说误陈豨。十一年春,故韩王信复与胡骑入居参合,距汉。汉使柴将军击之,遗信书曰;"陛下宽仁,诸侯虽有叛亡,而复归,辄复故位号,不诛也。大王所知。今王以败亡走胡,非有大罪,急自归!"韩王信报曰:"陛下擢仆起闾巷,南面称孤,此仆之幸也。荥阳之事,仆不能死,囚于项籍,此一罪也。及寇攻马邑,仆不能坚守,以城降之,此二罪也。今反为寇将兵,与将军争一旦之命,此三罪也。夫种、蠡无一罪,身死亡;今仆有三罪于陛下,而欲求活于世,此伍子胥所以偾于吴也。今仆亡匿山谷间,且暮乞贷蛮夷,仆之思归,如痿人不忘起,盲者不忘视也,势不可耳。"遂战。柴将军屠参合,斩韩王信。

信之入匈奴,与太子俱;及至颓当城,生子,因名曰颓当。韩太子亦生子,命曰婴。至孝文十四年,颓当及婴率其众降汉。汉封颓当为弓高侯,婴为襄城侯。吴楚军时,弓高侯功冠诸将。传子至孙,孙无子,失侯。婴孙以不敬失侯。颓当孽孙韩嫣,贵幸,名富显于当世。其弟说,再封,数称将军,卒为案道侯。子代,岁馀坐法死。后岁馀,说孙曾拜为龙頟侯,续说后。

卢绾者,丰人也,与高祖同里。卢绾亲与高祖太上皇相爱,及生男,高祖、卢绾同日生,里中持羊酒贺两家。及高祖、卢绾壮,俱学书,又相爱也。里中嘉两家亲相爱,生子同日,壮又相爱,复贺两家羊酒。高祖为布衣时,有吏事辟匿,卢绾常随出入上下。及高祖初起沛,卢绾以客从,入汉中为将军,常侍中。从东击项籍,以太尉常从,出入卧内,衣被饮食赏赐,群臣莫敢望,虽萧曹等,特以事见礼,至其亲幸,莫及卢绾。绾封为长安侯。长安,故咸阳也。

汉五年冬,以破项籍,乃使卢绾别将,与刘贾击临江王共尉,破之。七月还,从击燕王臧荼,臧荼降。高祖已定天下,诸侯非刘氏而王者七人。欲王卢绾,为群臣觖望。及虏臧荼,乃下诏诸将相列侯,择群臣有功者以为燕王。群臣知上欲王卢绾,皆言曰:"太尉长安侯卢绾常从平定天下,功最多,可王燕。"诏许之。汉五年八月,乃立卢绾为燕王。诸侯王得幸,莫如燕王。

汉十一年秋，陈豨反代地，高祖如邯郸击豨兵，燕王绾亦击其东北。当是时，陈豨使王黄求救匈奴。燕王绾亦使其臣张胜于匈奴，言豨等军破。张胜至胡，故燕王臧荼子衍出亡在胡，见张胜曰："公所以重于燕者，以习胡事也。燕所以久存者，以诸侯数反，兵连不决也。今公为燕欲急灭豨等，豨等已尽，次亦至燕，公等亦且为虏矣。公何不令燕且缓陈豨而与胡和？事宽，得长王燕；即有汉急，可以安国。"张胜以为然，乃私令匈奴助豨等击燕。燕王绾疑张胜与胡反，上书请族张胜。胜还，具道所以为者。燕王寤，乃诈论它人，脱胜家属，使得为匈奴间，而阴使范齐之陈豨所，欲令久亡，连兵勿决。

汉十二年，东击黥布，豨常将兵居代，汉使樊哙击斩豨。其裨将降，言燕王绾使范齐通计谋于豨所。高祖使使召卢绾，绾称病。上又使辟阳侯审食其、御史大夫赵尧往迎燕王，因验问左右。绾愈恐，闭匿，谓其幸臣曰："非刘氏而王，独我与长沙耳。往年春，汉族淮阴，夏，诛彭越，皆吕后计。今上病，属任吕后。吕后妇人，专欲以事诛异姓王者及大功臣。"乃遂称病不行。其左右皆亡匿。语颇泄，辟阳侯闻之，归具报上，上益怒。又得匈奴降者，降者言张胜亡在匈奴，为燕使。于是上曰："卢绾果反矣！"使樊哙击燕。燕王绾悉将其宫人家属骑数千居长城下，候伺，幸上病愈，自入谢。四月，高祖崩，卢绾遂将其众亡入匈奴，匈奴以为东胡卢王。绾为蛮夷所侵夺，常思复归。居岁馀，死胡中。

高后时，卢绾妻子亡降汉，会高后病，不能见，舍燕邸，为欲置酒见之。高后竟崩，不得见。卢绾妻亦病死。

孝景中六年，卢绾孙他之，以东胡王降，封为亚谷侯。

陈豨者，宛朐人也，不知始所以得从。及高祖七年冬，韩王信反，入匈奴，上至平城还，乃封豨为列侯，以赵相国将监赵、代边兵，边兵皆属焉。

豨常告归过赵，赵相周昌见豨宾客随之者千馀乘，邯郸官舍皆满。豨所以待宾客布衣交，皆出客下。豨还之代，周昌乃求入见。见上，具言豨宾客盛甚，擅兵于外数岁，恐有变。上乃令人覆案豨客居代者财物诸不法事，多连引豨。豨恐，阴令客通使王黄、曼丘臣所。及高祖十年七月，太上皇崩，使人召豨，豨称病甚。九月，遂与王黄等反，自立为代王，劫略赵、代。

上闻，乃赦赵、代吏人为豨所诖误劫略者，皆赦之。上自往，至邯郸，喜曰:“豨不南据漳水,北守邯郸,知其无能为也。”赵相奏斩常山守、尉,曰:“常山二十五城,豨反,亡其二十城。”上问曰:“守、尉反乎?”对曰:“不反。”上曰:“是力不足也。”赦之,复以为常山守、尉。上问周昌曰:“赵亦有壮士可令将者乎?”对曰:“有四人。”四人谒,上谩骂曰:“竖子能为将乎?”四人惭伏。上封之各千户,以为将。左右谏曰:“从入蜀、汉,伐楚,功未遍行,今此何功而封?”上曰:“非若所知!陈豨反,邯郸以北皆豨有,吾以羽檄征天下兵,未有至者,今唯独邯郸中兵耳。吾胡爱四千户封四人,不以慰赵子弟!”皆曰:“善。”于是上曰:“陈豨将谁?”曰:“王黄、曼丘臣,皆故贾人。”上曰:“吾知之矣。”乃各以千金购黄、臣等。

十一年冬,汉兵击斩陈豨将侯敞、王黄于曲逆下,破豨将张春于聊城,斩首万馀。太尉勃入定太原、代地。十二月,上自击东垣,东垣不下,卒骂上;东垣降,卒骂者斩之,不骂者黥之。更命东垣为真定。王黄、曼丘臣其麾下受购赏之,皆生得,以故陈豨军遂败。

上还至洛阳。上曰:“代居常山北,赵乃从山南有之,远。”乃立子恒为代王,都中都,代、雁门皆属代。

高祖十二年冬,樊哙军卒追斩豨于灵丘。

太史公曰:韩信、卢绾非素积德累善之世,徼一时权变,以诈力成功,遭汉初定,故得列地,南面称孤。内见疑强大,外倚蛮貊以为援,是以日疏自危,事穷智困,卒赴匈奴,岂不哀哉!陈豨,梁人,其少时数称慕魏公子;及将军守边,招致宾客而下士,名声过实。周昌疑之,疵瑕颇起,惧祸及身,邪人进说,遂陷无道。于戏悲夫!夫计之生孰成败于人也,深矣!

史记卷九十四

田儋列传第三十四

田儋者,狄人也,故齐王田氏族也。儋从弟田荣,荣弟田横,皆豪,宗强,能得人。

陈涉之初起王楚也,使周市略定魏地,北至狄,狄城守。田儋详为缚其奴,从少年之廷,欲谒杀奴。见狄令,因击杀令,而召豪吏子弟曰:"诸侯皆反秦自立,齐,古之建国,儋,田氏,当王。"遂自立为齐王,发兵以击周市。周市军还去,田儋因率兵东略定齐地。

秦将章邯围魏王咎于临济,急。魏王请救于齐,齐王田儋将兵救魏。章邯夜衔枚击,大破齐、魏军,杀田儋于临济下。儋弟田荣收儋馀兵东走东阿。

齐人闻王田儋死,乃立故齐王建之弟田假为齐王,田角为相,田间为将,以距诸侯。

田荣之走东阿,章邯追围之。项梁闻田荣之急,乃引兵击破章邯军东阿下。章邯走而西,项梁因追之。而田荣怒齐之立假,乃引兵归,击逐齐王假。假亡走楚。齐相角亡走赵;角弟田间前求救赵,因留不敢归。田荣乃立田儋子市为齐王,荣相之,田横为将,平齐地。

项梁既追章邯,章邯兵益盛,项梁使使告赵、齐,发兵共击章邯。田荣曰:"使楚杀田假,赵杀田角、田间,乃肯出兵。"楚怀王曰:"田假与国之王,穷而归我,杀之不义。"赵亦不杀田角、田间以市于齐。齐曰:"蝮螫手则斩手,螫足则斩足。何者?为害于身也。今田假、田角、田间于楚、赵,非直手足戚也,何故不杀?且秦复得志于天下,则龁龀用事者坟墓矣。"楚、赵不听,齐亦怒,终不肯出兵。章邯果败杀项梁,破楚兵,楚兵东走,而章邯渡河围赵于钜鹿。项羽往救赵,由此怨田荣。

项羽既存赵,降章邯等,西屠咸阳,灭秦而立侯王也,乃徙齐王田市更王胶东,治即墨。齐将田都从共救赵,因入关,故立都为齐王,治临淄。故齐王建孙田安，项羽方渡河救赵，田安下济北数城，引兵降项羽，项羽立田安为济北王，治博阳。田荣以负项梁不肯出兵助楚、赵攻秦，故不得王；赵将陈馀亦失职，不得王：二人俱怨项王。

项王既归，诸侯各就国，田荣使人将兵助陈馀，令反赵地，而荣亦发兵以距击田都，田都亡走楚。田荣留齐王市，无令之胶东。市之左右曰："项王强暴，而王当之胶东，不就国，必危。"市惧，乃亡就国。田荣怒，追击杀齐王市于即墨，还攻杀济北王安。于是田荣乃自立为齐王，尽并三齐之地。

项王闻之，大怒，乃北伐齐。齐王田荣兵败，走平原，平原人杀荣。项王遂烧夷齐城郭，所过者尽屠之。齐人相聚畔之。荣弟横，收齐散兵，得数万人，反击项羽于城阳。而汉王率诸侯败楚，入彭城。项羽闻之，乃释齐而归，击汉于彭城，因连与汉战，相距荥阳。以故田横复得收齐城邑，立田荣子广为齐王，而横相之，专国政，政无巨细皆断于相。

横定齐三年，汉王使郦生往说下齐王广及其相国横。横以为然，解其历下军。汉将韩信引兵且东击齐。齐初使华无伤、田解军于历下以距汉，汉使至，乃罢守战备，纵酒，且遣使与汉平。汉将韩信已平赵、燕，用蒯通计，度平原，袭破齐历下军，因入临淄。齐王广、相横怒，以郦生卖己，而烹郦生。齐王广东走高密，相横走博，守相田光走城阳，将军田既军于胶东。楚使龙且救齐，齐王与合军高密。汉将韩信与曹参破杀龙且，虏齐王广。汉将灌婴追得齐守相田光。至博，而横闻齐王死，自立为齐王，还击婴，婴败横之军于嬴下。田横亡走梁，归彭越。彭越是时居梁地，中立，且为汉，且为楚。韩信已杀龙且，因令曹参进兵破杀田既于胶东，使灌婴破杀齐将田吸于千乘。韩信遂平齐，乞自立为齐假王，汉因而立之。

后岁馀，汉灭项籍，汉王立为皇帝，以彭越为梁王。田横惧诛，而与其徒属五百馀人入海，居岛中。高帝闻之，以为田横兄弟本定齐，齐人贤者多附焉，今在海中不收，后恐为乱，乃使使赦田横罪而召之。田横因谢曰："臣烹陛下之使郦生，今闻其弟郦商为汉将而贤，臣恐惧，不敢奉诏，请为庶人，守海岛中。"使还报，高皇帝乃诏卫尉郦商曰："齐王田横即至，人马从者敢动摇者致族夷！"乃复使使持节具告以诏商状，曰："田横来，大者王，小者乃侯耳；不来，且举兵加诛焉。"田横乃与其客二人乘传诣雒阳。

未至三十里，至尸乡厩置，横谢使者曰："人臣见天子当洗沐。"止留。谓其客曰："横始与汉王俱南面称孤，今汉王为天子，而横乃为亡虏而北面事之，其耻固已甚矣。且吾烹人之兄，与其弟并肩而事其主，纵彼畏天子之诏，不敢动我，我独不愧于心乎？且陛下所以欲见我者，不过欲一见吾面貌耳。今陛下在洛阳，今斩吾头，驰三十里间，形容尚未能败，犹可观也。”遂自刭，令客奉其头，从使者驰奏之高帝。高帝曰：“嗟乎，有以也夫！起自布衣，兄弟三人更王，岂不贤乎哉！”为之流涕，而拜其二客为都尉，发卒二千人，以王者礼葬田横。

既葬，二客穿其冢旁孔，皆自刭，下从之。高帝闻之，乃大惊，以田横之客皆贤。“吾闻其馀尚五百人在海中”，使使召之。至则闻田横死，亦皆自杀。于是乃知田横兄弟能得士也。

太史公曰：甚矣！蒯通之谋。乱齐骄淮阴，其卒亡此两人！蒯通者，善为长短说，论战国之权变，为八十一首。通善齐人安期生，安期生尝干项羽，项羽不能用其策。已而项羽欲封此两人，两人终不肯受，亡去。田横之高节，宾客慕义而从横死，岂非至贤！余因而列焉。不无善画者，莫能图，何哉？

史记卷九十五

樊郦滕灌列传第三十五

舞阳侯樊哙者，沛人也。以屠狗为事，与高祖俱隐。

初从高祖起丰，攻下沛。高祖为沛公，以哙为舍人。从攻胡陵、方与，还守丰，击泗水监丰下，破之。复东定沛，破泗水守薛西。与司马㝵战砀东，却敌，斩首十五级，赐爵国大夫。常从，沛公击章邯军濮阳，攻城先登，斩首二十三级，赐爵列大夫。复常从，从攻城阳，先登。下户牖，破李由军，斩首十六级，赐上间爵。从攻围东郡守尉于成武，却敌，斩首十四级，捕虏十一人，赐爵五大夫。从击秦军，出亳南。河间守军于杠里，破之。击破赵贲军开封北，以却敌先登，斩侯一人，首六十八级，捕虏二十七人，赐爵卿。从攻破杨熊军于曲遇。攻宛陵，先登，斩首八级，捕虏四十四人，赐爵封号贤成君。从攻长社、辕辕，绝河津，东攻秦军于尸，南攻秦军于犨。破南阳守齮于阳城。东攻宛城，先登。西至郦，以却敌，斩首二十四级，捕虏四十人，赐重封。攻武关，至霸上，斩都尉一人，首十级，捕虏百四十六人，降卒二千九百人。

项羽在戏下，欲攻沛公。沛公从百馀骑因项伯面见项羽，谢无有闭关事。项羽既飨军士，中酒，亚父谋欲杀沛公，令项庄拔剑舞坐中，欲击沛公，项伯常屏蔽之。时独沛公与张良得入坐，樊哙在营外，闻事急，乃持铁盾入到营。营卫止哙，哙直撞入，立帐下。项羽目之，问为谁。张良曰："沛公参乘樊哙。"项羽曰："壮士。"赐之卮酒彘肩。哙既饮酒，拔剑切肉食，尽之。项羽曰："能复饮乎？"哙曰："臣死且不辞，岂特卮酒乎！且沛公先入定咸阳，暴师霸上，以待大王。大王今至，听小人之言，与沛公有隙，臣恐天下解，心疑大王也。"项羽默然。沛公如厕，麾樊哙去。既出，沛公留车骑，独骑一马，与樊哙等四人步从，从间道山下归走霸上军，而使张良谢项羽。项羽亦因遂已，无诛沛公之心矣。是日微樊哙奔入营谯让项羽，沛公事几殆。

明日，项羽入屠咸阳，立沛公为汉王。汉王赐哙爵为列侯，号临武侯。

迁为郎中,从入汉中。

还定三秦,别击西丞白水北,雍轻车骑于雍南,破之。从攻雍、斄城,先登。击章平军好畤,攻城,先登陷阵,斩县令丞各一人,首十一级,虏二十人,迁郎中骑将。从击秦车骑壤东,却敌,迁为将军。攻赵贲,下郿、槐里、柳中、咸阳;灌废丘,最。至栎阳,赐食邑杜之樊乡。从攻项籍,屠煮枣。击破王武、程处军于外黄。攻邹、鲁、瑕丘、薛。项羽败汉王于彭城,尽复取鲁、梁地。哙还至荥阳,益食平阴二千户,以将军守广武。一岁,项羽引而东。从高祖击项籍,下阳夏,虏楚周将军卒四千人。围项籍于陈,大破之。屠胡陵。

项籍既死,汉王为帝,以哙坚守战有功,益食八百户。从高帝攻反燕王臧荼,虏荼,定燕地。楚王韩信反,哙从至陈,取信,定楚。更赐爵列侯,与诸侯剖符,世世勿绝,食舞阳,号为舞阳侯,除前所食。以将军从高祖攻反韩王信于代。自霍人以往至云中,与绛侯等共定之,益食千五百户。因击陈豨与曼丘臣军,战襄国,破柏人,先登,降定清河、常山凡二十七县,残东垣,迁为左丞相。破得綦毋卬、尹潘军于无终、广昌。破豨别将胡人王黄军于代南,因击韩信军于参合。军所将卒斩韩信,破豨胡骑横谷,斩将军赵既,虏代丞相冯梁、守孙奋、大将王黄、将军、太仆解福等十人。与诸将共定代乡邑七十三。其后燕王卢绾反,哙以相国击卢绾,破其丞相抵蓟南,定燕地,凡县十八,乡邑五十一。益食邑千三百户,定食舞阳五千四百户。从,斩首百七十六级,虏二百八十八人。别,破军七,下城五,定郡六,县五十二,得丞相一人,将军十二人,二千石已下至三百石十一人。

哙以吕后女弟吕媭为妇,生子伉,故其比诸将最亲。

先黥布反时,高祖尝病甚,恶见人,卧禁中,诏户者无得入群臣。群臣绛、灌等莫敢入。十馀日,哙乃排闼直入,大臣随之。上独枕一宦者卧。哙等见上流涕曰:"始陛下与臣等起丰沛,定天下,何其壮也! 今天下已定,又何惫也! 且陛下病甚,大臣震恐,不见臣等计事,顾独与一宦者绝乎? 且陛下独不见赵高之事乎?"高帝笑而起。

其后卢绾反,高帝使哙以相国击燕。是时高帝病甚,人有恶哙党于吕氏,即上一日宫车晏驾,则哙欲以兵尽诛灭戚氏、赵王如意之属。高帝闻之大怒,乃使陈平载绛侯代将,而即军中斩哙。陈平畏吕后,执哙诣长安。至则高祖已崩,吕后释哙,使复爵邑。

孝惠六年，樊哙卒，谥为武侯。子伉代侯。而伉母吕须亦为临光侯，高后时用事专权，大臣尽畏之。伉代侯九岁，高后崩。大臣诛诸吕、吕须眷属，因诛伉。舞阳侯中绝数月。孝文帝既立，乃复封哙他庶子市人为舞阳侯，复故爵邑。市人立二十九岁卒，谥为荒侯。子他广代侯。六岁，侯家舍人得罪他广，怨之，乃上书曰："荒侯市人病不能为人，令其夫人与其弟乱而生他广，他广实非荒侯子，不当代后。"诏下吏。孝景中六年，他广夺侯为庶人，国除。

曲周侯郦商者，高阳人。陈胜起时，商聚少年东西略人，得数千。沛公略地至陈留，六月馀，商以将卒四千人属沛公于岐。从攻长社，先登，赐爵封信成君。从沛公攻缑氏，绝河津，破秦军洛阳东。从攻下宛、穰，定十七县。别将攻旬关，定汉中。

项羽灭秦，立沛公为汉王。汉王赐商爵信成君，以将军为陇西都尉。别将定北地、上郡。破雍将军焉氏，周类军枸邑，苏驵军于泥阳。赐食邑武成六千户。以陇西都尉从击项籍军五月，出钜野，与钟离眛战，疾斗，受梁相国印，益食邑四千户。以梁相国将从击项羽二岁三月，攻胡陵。

项羽既已死，汉王为帝。其秋，燕王臧荼反，商以将军从击荼，战龙脱，先登陷阵，破荼军易下，却敌，迁为右丞相，赐爵列侯，与诸侯剖符，世世勿绝，食邑涿五千户，号曰涿侯。以右丞相别定上谷，因攻代，受赵相国印。以右丞相、赵相国别与绛侯等定代、雁门，得代丞相程纵、守相郭同、将军已下至六百石十九人。还，以将军为太上皇卫一岁七月。以右丞相击陈豨，残东垣。又以右丞相从高帝击黥布，攻其前拒，陷两阵，得以破布军，更食曲周五千一百户，除前所食。凡别破军三，降定郡六，县七十三，得丞相、守相、大将各一人，小将二人，二千石已下至六百石十九人。

商事孝惠、高后时，商病，不治。其子寄，字况，与吕禄善。及高后崩，大臣欲诛诸吕，吕禄为将军，军于北军，太尉勃不得入北军，于是乃使人劫郦商，令其子况绐吕禄，吕禄信之，故与出游，而太尉勃乃得入据北军，遂诛诸吕。是岁商卒，谥为景侯。子寄代侯。天下称郦况卖交也。

孝景前三年，吴、楚、齐、赵反，上以寄为将军，围赵城，十月不能下。得俞侯栾布自平齐来，乃下赵城，灭赵，王自杀，除国。孝景中二年，寄欲取平原君为夫人，景帝怒，下寄吏，有罪，夺侯。景帝乃以商他子坚封为缪侯，续郦氏后。缪靖侯卒，子康侯遂成立。遂成卒，子怀侯世宗立。世宗卒,子侯终根立,为太常,坐法,国除。

汝阴侯夏侯婴,沛人也。为沛厩司御。每送使客还,过沛泗上亭,与高祖语,未尝不移日也。婴已而试补县吏,与高祖相爱。高祖戏而伤婴,人有告高祖。高祖时为亭长,重坐伤人,告故不伤婴,婴证之。后狱覆,婴坐高祖系岁馀,掠笞数百,终以是脱高祖。

高祖之初与徒属欲攻沛也,婴时以县令史为高祖使。上降沛一日,高祖为沛公,赐婴爵七大夫,以为太仆。从攻胡陵,婴与萧何降泗水监平,平以胡陵降,赐婴爵五大夫。从击秦军砀东,攻济阳,下户牖,破李由军雍丘下,以兵车趣攻战疾,赐爵执帛。常以太仆奉车从击章邯军东阿、濮阳下,以兵车趣攻战疾,破之,赐爵执珪。复常奉车从击赵贲军开封,杨熊军曲遇。婴从捕虏六十八人,降卒八百五十人,得印一匮。因复常奉车从击秦军雒阳东,以兵车趣攻战疾,赐爵封转为滕公。因复奉车从攻南阳,战于蓝田、芷阳,以兵车趣攻战疾,至霸上。项羽至,灭秦,立沛公为汉王。汉王赐婴爵列侯,号昭平侯,复为太仆,从入蜀、汉。

还定三秦,从击项籍。至彭城,项羽大破汉军。汉王败,不利,驰去。见孝惠、鲁元,载之。汉王急,马罢,虏在后,常蹶两儿欲弃之,婴常收,竟载之,徐行面雍树乃驰。汉王怒,行欲斩婴者十馀,卒得脱,而致孝惠、鲁元于丰。

汉王既至荥阳,收散兵,复振,赐婴食祈阳。复常奉车从击项籍,追至陈,卒定楚,至鲁,益食兹氏。

汉王立为帝。其秋,燕王臧荼反,婴以太仆从击荼。明年,从至陈,取楚王信。更食汝阴,剖符世世勿绝。以太仆从击代,至武泉、云中,益食千户。因从击韩信军胡骑晋阳旁,大破之。追北至平城,为胡所围,七日不得通。高帝使使厚遗阏氏,冒顿开围一角。高帝出欲驰,婴固徐行,弩皆持满外向,卒得脱。益食婴细阳千户。复以太仆从击胡骑句注北,大破之。以太仆击胡骑平城南,三陷阵,功为多,赐所夺邑五百户。以太仆击陈豨、黥布军,陷阵却敌,益食千户,定食汝阴六千九百户,除前所食。

婴自上初起沛,常为太仆,竟高祖崩。以太仆事孝惠。孝惠帝及高后德婴之脱孝惠、鲁元于下邑之间也,乃赐婴县北第第一,曰"近我",以尊异之。孝惠帝崩,以太仆事高后。高后崩,代王之来,婴以太仆与东牟侯入清宫,废少帝,以天子法驾迎代王代邸,与大臣共立为孝文皇帝,复为太仆。八岁卒,谥为文侯。子夷侯灶立,七年卒。子共侯赐立,三十一年卒。

子侯颇尚平阳公主。立十九岁,元鼎二年,坐与父御婢奸罪,自杀,国除。

颍阴侯灌婴者,睢阳贩缯者也。高祖之为沛公,略地至雍丘下,章邯败杀项梁,而沛公还军于砀,婴初以中涓从击破东郡尉于成武及秦军于扛里,疾斗,赐爵七大夫。从攻秦军亳南、开封、曲遇,战疾力,赐爵执帛,号宣陵君。从攻阳武以西至雒阳,破秦军尸北,北绝河津,南破南阳守齮阳城东,遂定南阳郡。西入武关,战于蓝田,疾力,至霸上,赐爵执珪,号昌文君。

沛公立为汉王,拜婴为郎中,从入汉中,十月,拜为中谒者。从还定三秦,下栎阳,降塞王。还围章邯于废丘,未拔。从东出临晋关,击降殷王,定其地。击项羽将龙且、魏相项他军定陶南,疾战,破之。赐婴爵列侯,号昌文侯,食杜平乡。

复以中谒者从降下砀,以至彭城。项羽击,大破汉王。汉王遁而西,婴从还,军于雍丘。王武、魏公申徒反,从击破之。攻下黄,西收兵,军于荥阳。楚骑来众,汉王乃择军中可为骑将者,皆推故秦骑士重泉人李必、骆甲习骑兵,今为校尉,可为骑将。汉王欲拜之,必、甲曰:"臣故秦民,恐军不信臣,臣愿得大王左右善骑者傅之。"灌婴虽少,然数力战,乃拜灌婴为中大夫,令李必、骆甲为左右校尉,将郎中骑兵击楚骑于荥阳东,大破之。受诏别击楚军后,绝其饷道,起阳武至襄邑。击项羽之将项冠于鲁下,破之,所将卒斩右司马、骑将各一人。击破柘公王武,军于燕西,所将卒斩楼烦将五人,连尹一人。击王武别将桓婴白马下,破之,所将卒斩都尉一人。以骑渡河南,送汉王到雒阳,使北迎相国韩信军于邯郸。还至敖仓,婴迁为御史大夫。

三年,以列侯食邑杜平乡。以御史大夫受诏将郎中骑兵东属相国韩信,击破齐军于历下,所将卒虏车骑将军华毋伤及将吏四十六人。降下临菑,得齐守相田光。追齐相田横至嬴、博,破其骑,所将卒斩骑将一人,生得骑将四人。攻下嬴、博,破齐将军田吸于千乘,所将卒斩吸。东从韩信攻龙且、留公旋于高密,卒斩龙且,生得右司马、连尹各一人,楼烦将十人,身生得亚将周兰。

齐地已定,韩信自立为齐王,使婴别将击楚将公杲于鲁北,破之。转南,破薛郡长,身虏骑将一人。攻傅阳,前至下相以东南僮、取虑、徐。度淮,尽降其城邑,至广陵。项羽使项声、薛公、郯公复定淮北。婴度淮北,击破项声、郯公下邳,斩薛公,下下邳,击破楚骑于平阳,遂降彭城,虏柱国项佗,降留、薛、沛、酂、萧、相。攻苦、谯,复得亚将周兰。与汉王会颐乡。从击项籍军于陈下,破之,所将卒斩楼烦将二人,虏骑将八人。赐益食邑二千五百户。

项籍败垓下去也,婴以御史大夫受诏将车骑别追项籍至东城,破之。所将卒五人共斩项籍,皆赐爵列侯。降左右司马各一人,卒万二千人,尽得其军将吏。下东城、历阳。渡江,破吴郡长吴下,得吴守,遂定吴、豫章、会稽郡。还定淮北,凡五十二县。

汉王立为皇帝,赐益婴邑三千户。其秋,以车骑将军从击破燕王臧荼。明年,从至陈,取楚王信。还,剖符,世世勿绝,食颍阴二千五百户,号曰颍阴侯。

以车骑将军从击反韩王信于代,至马邑,受诏别降楼烦以北六县,斩代左相,破胡骑于武泉北。复从击韩信胡骑晋阳下,所将卒斩胡白题将一人。受诏并将燕、赵、齐、梁、楚车骑,击破胡骑于硰石。至平城,为胡所围,从还军东垣。

从击陈豨,受诏别攻豨丞相侯敞军曲逆下,破之,卒斩敞及特将五人。降曲逆、卢奴、上曲阳、安国、安平。攻下东垣。

黥布反,以车骑将军先出,攻布别将于相,破之,斩亚将楼烦将三人。又进击破布上柱国军及大司马军。又进破布别将肥诛。婴身生得左司马一人,所将卒斩其小将十人,追北至淮上。益食二千五百户。布已破,高帝归,定令婴食颍阴五千户,除前所食邑。凡从得二千石二人,别破军十六,降城四十六,定国一,郡二,县五十二,得将军二人,柱国、相国各一人,二千石十人。

婴自破布归,高帝崩,婴以列侯事孝惠帝及吕太后。太后崩,吕禄等以赵王自置为将军,军长安,为乱。齐哀王闻之,举兵西,且入诛不当为王者。上将军吕禄等闻之,乃遣婴为大将,将军往击之。婴行至荥阳,乃与绛侯等谋,因屯兵荥阳,风齐王以诛吕氏事,齐兵止不前。绛侯等既诛诸吕,齐王罢兵归,婴亦罢兵自荥阳归,与绛侯、陈平共立代王为孝文皇帝。孝文皇帝于是益封婴三千户,赐黄金千斤,拜为太尉。

三岁,绛侯勃免相就国,婴为丞相,罢太尉官。是岁,匈奴大入北地、上郡,令丞相婴将骑八万五千往击匈奴。匈奴去,济北王反,诏乃罢婴之兵。后岁馀,婴以丞相卒,谥曰懿侯。子平侯阿代侯。二十八年卒,子彊代侯。十三年,彊有罪,绝二岁。元光三年,天子封灌婴孙贤为临汝侯,续灌氏后,八岁,坐行赇有罪,国除。

太史公曰：吾适丰沛，问其遗老，观故萧、曹、樊哙、滕公之家，及其素，异哉所闻！方其鼓刀屠狗卖缯之时，岂自知附骥之尾，垂名汉廷，德流子孙哉？余与他广通，为言高祖功臣之兴时若此云。

史记卷九十六

张丞相列传第三十六

张丞相苍者，阳武人也。好书律历。秦时为御史，主柱下方书。有罪，亡归。及沛公略地过阳武，苍以客从攻南阳。苍坐法当斩，解衣伏质，身长大，肥白如瓠，时王陵见而怪其美士，乃言沛公，赦勿斩。遂从西入武关，至咸阳。沛公立为汉王，入汉中，还定三秦。陈馀击走常山王张耳，耳归汉，汉乃以张苍为常山守。从淮阴侯击赵，苍得陈馀。赵地已平，汉王以苍为代相，备边寇。已而徙为赵相，相赵王耳。耳卒，相赵王敖。复徙相代王。燕王臧荼反，高祖往击之，苍以代相从攻臧荼有功，以六年中封为北平侯，食邑千二百户。

迁为计相，一月，更以列侯为主计四岁。是时萧何为相国，而张苍乃自秦时为柱下史，明习天下图书计籍。苍又善用算律历，故令苍以列侯居相府，领主郡国上计者。黥布反亡，汉立皇子长为淮南王，而张苍相之。十四年，迁为御史大夫。

周昌者，沛人也。其从兄曰周苛，秦时皆为泗水卒史。及高祖起沛，击破泗水守监，于是周昌、周苛自卒史从沛公，沛公以周昌为职志，周苛为客。从入关，破秦。沛公立为汉王，以周苛为御史大夫，周昌为中尉。

汉王四年，楚围汉王荥阳急，汉王遁出，去而使周苛守荥阳城。楚破荥阳城，欲令周苛将。苛骂曰："若趣降汉王！不然，今为虏矣！"项羽怒，烹周苛。于是乃拜周昌为御史大夫。常从击破项籍。以六年中与萧、曹等俱封：封周昌为汾阴侯；周苛子周成以父死事，封为高景侯。

昌为人强力，敢直言，自萧、曹等皆卑下之。昌尝燕时入奏事，高帝方拥戚姬，昌还走，高帝逐得，骑周昌项，问曰："我何如主也？"昌仰曰："陛下即桀纣之主也。"于是上笑之，然尤惮周昌。及帝欲废太子，而立戚姬子如意为太子，大臣固争之，莫能得；上以留侯策即止。而周昌廷争之强，上问其说，昌为人吃，又盛怒，曰："臣口不能言，然臣期期知其不可。陛下虽欲废太子,臣期期不奉诏。"上欣然而笑。既罢,吕后侧耳于东箱听,见周昌,为跪谢曰:"微君,太子几废。"

是后戚姬子如意为赵王,年十岁,高祖忧即万岁之后不全也。赵尧年少,为符玺御史。赵人方与公谓御史大夫周昌曰:"君之史赵尧,年虽少,然奇才也,君必异之,是且代君之位。"周昌笑曰:"尧年少,刀笔吏耳,何能至是乎!"居顷之,赵尧侍高祖。高祖独心不乐,悲歌,群臣不知上之所以然。赵尧进请问曰:"陛下所为不乐,非为赵王年少而戚夫人与吕后有郤邪?备万岁之后而赵王不能自全乎?"高祖曰:"然。吾私忧之,不知所出。"尧曰:"陛下独宜为赵王置贵强相,及吕后、太子、群臣素所敬惮乃可。"高祖曰:"然。吾念之欲如是,而群臣谁可者?"尧曰:"御史大夫周昌,其人坚忍质直,且自吕后、太子及大臣皆素敬惮之。独昌可。"高祖曰:"善。"于是乃召周昌,谓曰:"吾欲固烦公,公强为我相赵王。"周昌泣曰:"臣初起从陛下,陛下独奈何中道而弃之于诸侯乎?"高祖曰:"吾极知其左迁,然吾私忧赵王,念非公无可者。公不得已强行!"于是徙御史大夫周昌为赵相。

既行久之,高祖持御史大夫印弄之,曰:"谁可以为御史大夫者?"孰视赵尧,曰:"无以易尧。"遂拜赵尧为御史大夫。尧亦前有军功食邑,及以御史大夫从击陈豨有功,封为江邑侯。

高祖崩,吕太后使使召赵王,其相周昌令王称疾不行。使者三反,周昌固为不遣赵王。于是高后患之,乃使使召周昌。周昌至,谒高后,高后怒而骂周昌曰:"尔不知我之怨戚氏乎?而不遣赵王,何?"昌既征,高后使使召赵王,赵王果来。至长安月馀,饮药而死。周昌因谢病不朝见,三岁而死。

后五岁,高后闻御史大夫江邑侯赵尧高祖时定赵王如意之画,乃抵尧罪,以广阿侯任敖为御史大夫。

任敖者,故沛狱吏。高祖尝辟吏,吏系吕后,遇之不谨。任敖素善高祖,怒,击伤主吕后吏。及高祖初起,敖以客从为御史,守丰二岁。高祖立为汉王,东击项籍,敖迁为上党守。陈豨反时,敖坚守,封为广阿侯,食千八百户。高后时为御史大夫。三岁免,以平阳侯曹窋为御史大夫。高后崩,与大臣共诛吕禄等。免,以淮南相张苍为御史大夫。

苍与绛侯等尊立代王为孝文皇帝。四年,丞相灌婴卒,张苍为丞相。

自汉兴至孝文二十馀年,会天下初定,将相公卿皆军吏。张苍为计相时,绪正律历。以高祖十月始至霸上,因故秦时本以十月为岁首,弗革。推五德之运,以为汉当水德之时,尚黑如故。吹律调乐,人之音声,及以比定律令。若百工,天下作程品。至于为丞相,卒就之,故汉家言律历者,本之张苍。苍本好书,无所不观,无所不通,而尤善律历。

张苍德王陵。王陵者,安国侯也。及苍贵,常父事王陵。陵死后,苍为丞相,洗沐,常先朝陵夫人上食,然后敢归家。

苍为丞相十余年,鲁人公孙臣上书言汉土德时,其符有黄龙当见。诏下其议张苍,张苍以为非是,罢之。其后黄龙见成纪,于是文帝召公孙臣以为博士,草土德之历制度,更元年。张丞相由此自绌,谢病称老。苍任人为中候,大为奸利,上以让苍,苍遂病免。苍为丞相十五岁而免。孝景前五年,苍卒,谥为文侯。子康侯代,八年卒。子类代为侯,八年,坐临诸侯丧后就位不敬,国除。

初,张苍父长不满五尺,及生苍,苍长八尺余,为侯、丞相。苍子复长。及孙类,长六尺余,坐法失侯。苍之免相后,老,口中无齿,食乳,女子为乳母。妻妾以百数,尝孕者不复幸。苍年百有余岁而卒。

申屠丞相嘉者,梁人,以材官蹶张从高帝击项籍,迁为队率。从击黥布军,为都尉。孝惠时,为淮阳守。孝文帝元年,举故吏士二千石从高皇帝者,悉以为关内侯,食邑二十四人,而申屠嘉食邑五百户。张苍已为丞相,嘉迁为御史大夫。张苍免相,孝文帝欲用皇后弟窦广国为丞相,曰:"恐天下以吾私广国。"广国贤有行,故欲相之,念久之不可,而高帝时大臣又皆多死,余见无可者,乃以御史大夫嘉为丞相,因故邑封为故安侯。

嘉为人廉直,门不受私谒。是时太中大夫邓通方隆爱幸,赏赐累巨万,文帝尝燕饮通家,其宠如是。是时丞相入朝,而通居上傍,有怠慢之礼。丞相奏事毕,因言曰:"陛下爱幸臣,则富贵之;至于朝廷之礼,不可以不肃!"上曰:"君勿言,吾私之。"罢朝坐府中,嘉为檄召邓通诣丞相府,不来,且斩通。通恐,入言文帝。文帝曰:"汝第往,吾今使人召若。"通至丞相府,免冠,徒跣,顿首谢。嘉坐自如,故不为礼,责曰:"夫朝廷者,高皇帝之朝廷也。通小臣,戏殿上,大不敬,当斩。吏今行斩之!"通顿首,首尽出血,不解。文帝度丞相已困通,使使者持节召通,而谢丞相曰:"此吾弄臣,君释之。"邓通既至,为文帝泣曰:"丞相几杀臣。"

嘉为丞相五岁,孝文帝崩,孝景帝即位。二年,晁错为内史,贵幸用事,诸法令多所请变更,议以谪罚侵削诸侯。而丞相嘉自绌所言不用,疾错。错为内史,门东出,不便,更穿一门南出。南出者,<u>太上皇庙堧垣</u>。嘉闻之,欲因此以法错擅穿宗庙垣为门,奏请诛错。错客有语错,错恐,夜入宫上谒,自归<u>景帝</u>。至朝,丞相奏请诛内史错。<u>景帝</u>曰:"错所穿非真庙垣,乃外堧垣,故他官居其中,且又我使为之,错无罪。"罢朝,嘉谓长史曰:"吾悔不先斩错,乃先请之,为错所卖。"至舍,因呕血而死。谥为<u>节侯</u>。子<u>共侯蔑</u>代,三年卒。子侯去病代,三十一年卒。子侯<u>臾</u>代,六岁,坐为<u>九江</u>太守受故官送有罪,国除。

自<u>申屠嘉</u>死之后,<u>景帝</u>时开封侯<u>陶青</u>、桃侯<u>刘舍</u>为丞相。及今上时,<u>柏至侯许昌</u>、平棘侯<u>薛泽</u>、武强侯<u>庄青翟</u>、高陵侯<u>赵周</u>等为丞相。皆以列侯继嗣,娖娖廉谨,为丞相备员而已,无所能发明功名有著于当世者。

<u>太史公曰</u>:<u>张苍</u>文学律历,为汉名相,而绌<u>贾生</u>、<u>公孙臣</u>等言正朔服色事而不遵,明用<u>秦</u>之<u>颛顼历</u>,何哉? <u>周昌</u>,木强人也。<u>任敖</u>以旧德用。<u>申屠嘉</u>可谓刚毅守节矣,然无术学,殆与<u>萧</u>、<u>曹</u>、<u>陈平</u>异矣。

<u>孝武</u>时丞相多甚,不记,莫录其行起居状略。且纪<u>征和</u>以来:

有车丞相,<u>长陵</u>人也。卒而有<u>韦</u>丞相代。<u>韦</u>丞相贤者,<u>鲁</u>人也。以读书术为吏,至大鸿胪。有相工相之,当至丞相。有男四人,使相工相之,至第二子,其名<u>玄成</u>。相工曰:"此子贵,当封。"<u>韦</u>丞相言曰:"我即为丞相,有长子,是安从得之?"后竟为丞相病死,而长子有罪,论不得嗣,而立<u>玄成</u>。<u>玄成</u>时佯狂,不肯立,竟立之,有让国之名。后坐骑至庙,不敬,有诏夺爵一级,为关内侯,失列侯,得食其故国邑。<u>韦</u>丞相卒,有<u>魏</u>丞相代。

<u>魏</u>丞相<u>相</u>者,<u>济阴</u>人也。以文吏至丞相。其人好武,皆令诸吏带剑,带剑前奏事。或有不带剑者,当入奏事,至乃借剑而敢入奏事。其时京兆尹<u>赵君</u>,丞相奏以免罪,使人执<u>魏</u>丞相,欲求脱罪而不听。复使人胁恐<u>魏</u>丞相,以夫人贼杀侍婢事而私独奏请验之,发吏卒至丞相舍,捕奴婢笞击问之,实不以兵刃杀也。而丞相司<u>直繁君</u>奏京兆尹<u>赵君</u>迫胁丞相,诬以夫人贼杀婢,发吏卒围捕丞相舍,不道;又得擅屏骑士事,<u>赵京兆</u>坐腰斩。又有使掾<u>陈平</u>等劾中尚书,疑以独擅劫事而坐之,大不敬,长史以下皆坐死,或下蚕室。而<u>魏</u>丞相竟以丞相病死。子嗣。后坐骑至庙,不敬,有诏夺爵一级,为关内侯,失列侯,得食其故国邑。<u>魏</u>丞相卒,以御史大夫<u>邴吉</u>代。

<u>邴</u>丞相<u>吉</u>者,<u>鲁国</u>人也。以读书好法令至御史大夫。<u>孝宣帝</u>时,

以有旧故,封为列侯,而因为丞相。明于事,有大智,后世称之。以丞相病死。子显嗣。后坐骑至庙,不敬,有诏夺爵一级,失列侯,得食故国邑。显为吏至太仆,坐官耗乱,身及子男有奸赃,免为庶人。

邴丞相卒,黄丞相代。长安中有善相工田文者,与韦丞相、魏丞相、邴丞相微贱时会于客家,田文言曰:"今此三君者,皆丞相也。"其后三人竟更相代为丞相,何见之明也。

黄丞相霸者,淮阳人也。以读书为吏,至颍川太守。治颍川,以礼义条教喻告化之。犯法者,风晓令自杀。化大行,名声闻。孝宣帝下制曰:"颍川太守霸,以宣布诏令治民,道不拾遗,男女异路,狱中无重囚。赐爵关内侯,黄金百斤。"征为京兆尹而至丞相,复以礼义为治。以丞相病死。子嗣,后为列侯。黄丞相卒,以御史大夫于定国代。于丞相已有廷尉传,在张廷尉语中。于丞相去,御史大夫韦玄成代。

韦丞相玄成者,即前韦丞相子也。代父,后失列侯。其人少时好读书,明于诗、论语。为吏至卫尉,徙为太子太傅。御史大夫薛君免,为御史大夫。于丞相乞骸骨免,而为丞相,因封故邑为扶阳侯。数年,病死。孝元帝亲临丧,赐赏甚厚。子嗣后。其治容容随世俗浮沉,而见谓谄巧。而相工本谓之当为侯代父,而后失之;复自游宦而起,至丞相。父子俱为丞相,世间美之,岂不命哉!相工其先知之。韦丞相卒,御史大夫匡衡代。

丞相匡衡者,东海人也。好读书,从博士受诗。家贫,衡佣作以给食饮。才下,数射策不中,至九,乃中丙科。其经以不中科故明习。补平原文学卒史。数年,郡不尊敬。御史征之,以补百石属荐为郎,而补博士,拜为太子少傅,而事孝元帝。孝元好诗,而迁为光禄勋,居殿中为师,授教左右,而县官坐其旁听,甚善之,日以尊贵。御史大夫郑弘坐事免,而匡君为御史大夫。岁余,韦丞相死,匡君代为丞相,封乐安侯。以十年之间,不出长安城门而至丞相,岂非遇时而命也哉!

太史公曰:深惟士之游宦所以至封侯者,微甚。然多至御史大夫即去者,诸为大夫而丞相次也,其心冀幸丞相物故也。或乃阴私相毁害,欲代之。然守之日久不得,或为之日少而得之,至于封侯,真命也夫!御史大夫郑君守之数年不得,匡君居之未满岁,而韦丞相死,即代之矣,岂可以智巧得哉!多有贤圣之才,困厄不得者众甚也。

史记卷九十七

郦生陆贾列传第三十七

　　郦生食其者,陈留高阳人也。好读书,家贫落魄,无以为衣食业,为里监门吏。然县中贤豪不敢役,县中皆谓之狂生。

　　及陈胜、项梁等起,诸将徇地过高阳者数十人,郦生闻其将皆握龊,好苛礼自用,不能听大度之言,郦生乃深自藏匿。后闻沛公将兵略地陈留郊,沛公麾下骑士适郦生里中子也,沛公时时问邑中贤士豪俊。骑士归,郦生见谓之曰:"吾闻沛公慢而易人,多大略,此真吾所愿从游,莫为我先。若见沛公,谓曰'臣里中有郦生,年六十馀,长八尺,人皆谓之狂生。生自谓我非狂生'。"骑士曰:"沛公不好儒,诸客冠儒冠来者,沛公辄解其冠,溲溺其中。与人言,常大骂。未可以儒生说也。"郦生曰:"弟言之。"骑士从容言如郦生所诫者。

　　沛公至高阳传舍,使人召郦生。郦生至,入谒,沛公方倨床使两女子洗足,而见郦生。郦生入,则长揖不拜,曰:"足下欲助秦攻诸侯乎?且欲率诸侯破秦也?"沛公骂曰:"竖儒!夫天下同苦秦久矣,故诸侯相率而攻秦,何谓助秦攻诸侯乎?"郦生曰:"必聚徒合义兵诛无道秦,不宜倨见长者。"于是沛公辍洗,起摄衣,延郦生上坐,谢之。郦生因言六国从横时。沛公喜,赐郦生食,问曰:"计将安出?"郦生曰:"足下起纠合之众,收散乱之兵,不满万人,欲以径入强秦,此所谓探虎口者也。夫陈留,天下之冲,四通五达之郊也,今其城又多积粟。臣善其令,请得使之,令下足下。即不听,足下举兵攻之,臣为内应。"于是遣郦生行,沛公引兵随之,遂下陈留。号郦食其为广野君。

　　郦生言其弟郦商,使将数千人从沛公西南略地。郦生常为说客,驰使诸侯。

　　汉三年秋,项羽击汉,拔荥阳,汉兵遁保巩、洛。楚人闻淮阴侯破赵,彭越数反梁地,则分兵救之。淮阴方东击齐,汉王数困荥阳、成皋,计欲捐成皋以东,屯巩、洛以拒楚。郦生因曰:"臣闻知天之天者,王事可成;不知天之天者,王事不可成。王者以民人为天,而民人以食为天。夫敖仓,天下转输久矣,臣闻其下乃有藏粟甚多。楚人拔荥阳,不坚守敖仓,乃引而东,令適卒分守成皋,此乃天所以资汉也。方今楚易取而汉反却,自夺其便,臣窃以为过矣。且两雄不俱立,楚汉久相持不决,百姓骚动,海内摇荡,农夫释耒,工女下机,天下之心未有所定也。愿足下急复进兵,收取荥阳,据敖仓之粟,塞成皋之险,杜大行之道,距蜚狐之口,守白马之津,以示诸侯效实形制之势,则天下知所归矣。方今燕、赵已定,唯齐未下。今田广据千里之齐,田间将二十万之众,军于历城,诸田宗强,负海阻河济,南近楚,人多变诈,足下虽遣数十万师,未可以岁月破也。臣请得奉明诏说齐王,使为汉而称东藩。"上曰:"善。"

　　乃从其画,复守敖仓,而使郦生说齐王曰:"王知天下之所归乎?"王曰:"不知也。"曰:"王知天下之所归,则齐国可得而有也;若不知天下之所归,即齐国未可得保也。"齐王曰:"天下何所归?"曰:"归汉。"曰:"先生何以言之?"曰:"汉王与项王戮力西面击秦,约先入咸阳者王之。汉王先入咸阳,项王负约不与而王之汉中。项王迁杀义帝,汉王闻之,起蜀汉之兵击三秦,出关而责义帝之处,收天下之兵,立诸侯之后。降城即以侯其将,得略即以分其士,与天下同其利,豪英贤才皆乐为之用。诸侯之兵四面而至,蜀汉之粟方船而下。项王有倍约之名,杀义帝之负;于人之功无所记,于人之罪无所忘;战胜而不得其赏,拔城而不得其封;非项氏莫得用事;为人刻印,刓而不能授;攻城得略,积而不能赏:天下畔之,贤才怨之,而莫为之用。故天下之士归于汉王,可坐而策也。夫汉王发蜀汉,定三秦;涉西河之外,援上党之兵;下井陉,诛成安君;破北魏,举三十二城:此蚩尤之兵也,非人之力也,天之福也。今已据敖仓之粟,塞成皋之险,守白马之津,杜大行之阪,距蜚狐之口,天下后服者先亡矣。王疾先下汉王,齐国社稷可得而保也;不下汉王,危亡可立而待也。"田广以为然,乃听郦生,罢历下兵守战备,与郦生日纵酒。

　　淮阴侯闻郦生伏轼下齐七十余城,乃夜度兵平原袭齐。齐王田广闻汉兵至,以为郦生卖己,乃曰:"汝能止汉军,我活汝;不然,我将烹汝!"郦生曰:"举大事不细谨,盛德不辞让。而公不为若更言!"齐王遂烹郦生,引兵东走。

　　汉十二年,曲周侯郦商以丞相将兵击黥布有功。高祖举列侯功臣,思郦食其。郦食其子疥数将兵,功未当侯,上以其父故,封疥为高梁侯。后更食武遂,嗣三世。元狩元年中,武遂侯平坐诈诏衡山王取百斤金,当弃市,病死,国除也。

陆贾者,楚人也。以客从高祖定天下,名为有口辩士,居左右,常使诸侯。

及高祖时,中国初定,尉他平南越,因王之。高祖使陆贾赐尉他印为南越王。陆生至,尉他魋结箕倨见陆生。陆生因进说他曰:"足下中国人,亲戚昆弟坟墓在真定。今足下反天性,弃冠带,欲以区区之越与天子抗衡为敌国,祸且及身矣。且夫秦失其政,诸侯豪杰并起,唯汉王先入关,据咸阳。项羽背约,自立为西楚霸王,诸侯皆属,可谓至强。然汉王起巴蜀,鞭笞天下,劫略诸侯,遂诛项羽,灭之。五年之间,海内平定,此非人力,天之所建也。天子闻君王王南越,不助天下诛暴逆,将相欲移兵而诛王,天子怜百姓新劳苦,故且休之,遣臣授君王印,剖符通使。君王宜郊迎,北面称臣,乃欲以新造未集之越,倔强于此。汉诚闻之,掘烧王先人冢,夷灭宗族,使一偏将将十万众临越,则越杀王降汉,如反覆手耳。"

于是尉他乃蹶然起坐,谢陆生曰:"居蛮夷中久,殊失礼义。"因问陆生曰:"我孰与萧何、曹参、韩信贤?"陆生曰:"王似贤。"复曰:"我孰与皇帝贤?"陆生曰:"皇帝起丰沛,讨暴秦,诛强楚,为天下兴利除害,继五帝三王之业,统理中国。中国之人以亿计,地方万里,居天下之膏腴,人众车舆,万物殷富,政由一家,自天地剖泮未始有也。今王众不过数十万,皆蛮夷,崎岖山海间,譬若汉一郡,王何乃比于汉!"尉他大笑曰:"吾不起中国,故王此。使我居中国,何渠不若汉?"乃大说陆生,留与饮数月。曰:"越中无足与语,至生来,令我日闻所不闻。"赐陆生橐中装直千金,他送亦千金。陆生卒拜尉他为南越王,令称臣奉汉约。归报,高祖大悦,拜贾为太中大夫。

陆生时时前说称诗书。高帝骂之曰:"乃公居马上而得之,安事诗书!"陆生曰:"居马上得之,宁可以马上治之乎?且汤武逆取而以顺守之,文武并用,长久之术也。昔者吴王夫差、智伯极武而亡;秦任刑法不变,卒灭赵氏。向使秦已并天下,行仁义,法先圣,陛下安得而有之?"高帝不怿而有惭色,乃谓陆生曰:"试为我著秦所以失天下、吾所以得之者何,及古成败之国。"陆生乃粗述存亡之征,凡著十二篇。每奏一篇,高帝未尝不称善,左右呼万岁,号其书曰"新语"。

孝惠帝时,吕太后用事,欲王诸吕,畏大臣有口者,陆生自度不能争之,乃病免家居。以好畤田地善,可以家焉。有五男,乃出所使越得橐中装卖千金,分其子,子二百金,令为生产。<u>陆生</u>常安车驷马,从歌舞鼓琴瑟侍者十人,宝剑直百金,谓其子曰:"与汝约:过汝,汝给吾人马酒食,极欲,十日而更。所死家,得宝剑车骑侍从者。一岁中往来过他客,率不过再三过,数见不鲜,无久慁公为也。"

　　<u>吕太后</u>时,王诸<u>吕</u>,诸<u>吕</u>擅权,欲劫少主,危<u>刘氏</u>。右丞相<u>陈平</u>患之,力不能争,恐祸及己,常燕居深念。<u>陆生</u>往请,直入坐,而<u>陈丞相</u>方深念,不时见<u>陆生</u>。<u>陆生</u>曰:"何念之深也?"<u>陈平</u>曰:"生揣我何念?"<u>陆生</u>曰:"足下位为上相,食三万户侯,可谓极富贵无欲矣。然有忧念,不过患诸<u>吕</u>、少主耳。"<u>陈平</u>曰:"然。为之奈何?"<u>陆生</u>曰:"天下安,注意相;天下危,注意将。将相和调,则士务附;士务附,天下虽有变,即权不分。为社稷计,在两君掌握耳。臣常欲谓太尉<u>绛侯</u>,<u>绛侯</u>与我戏,易吾言。君何不交欢太尉,深相结?"为<u>陈平</u>画<u>吕氏</u>数事。<u>陈平</u>用其计,乃以五百金为<u>绛侯</u>寿,厚具乐饮;太尉亦报如之。此两人深相结,则<u>吕氏</u>谋益衰。<u>陈平</u>乃以奴婢百人、车马五十乘、钱五百万,遗<u>陆生</u>为饮食费。<u>陆生</u>以此游<u>汉</u>廷公卿间,名声藉甚。

　　及诛诸<u>吕</u>,立<u>孝文帝</u>,<u>陆生</u>颇有力焉。<u>孝文帝</u>即位,欲使人之<u>南越</u>。<u>陈丞相</u>等乃言<u>陆生</u>为太中大夫,往使<u>尉他</u>,令<u>尉他</u>去黄屋称制,令比诸侯,皆如意旨。语在<u>南越</u>语中。<u>陆生</u>竟以寿终。

　　<u>平原君朱建</u>者,<u>楚</u>人也。故尝为<u>淮南王黥布</u>相,有罪去,后复事<u>黥布</u>。<u>布</u>欲反时,问<u>平原君</u>,<u>平原君</u>非之,<u>布</u>不听而听<u>梁父侯</u>,遂反。<u>汉</u>已诛<u>布</u>,闻<u>平原君</u>谏不与谋,得不诛。语在<u>黥布</u>语中。

　　<u>平原君</u>为人辩有口,刻廉刚直,家于<u>长安</u>。行不苟合,义不取容。<u>辟阳侯</u>行不正,得幸<u>吕太后</u>。时<u>辟阳侯</u>欲知<u>平原君</u>,<u>平原君</u>不肯见。及<u>平原君</u>母死,<u>陆生</u>素与<u>平原君</u>善,过之。<u>平原君</u>家贫,未有以发丧,方假贷服具,<u>陆生</u>令<u>平原君</u>发丧。<u>陆生</u>往见<u>辟阳侯</u>,贺曰:"<u>平原君</u>母死。"<u>辟阳侯</u>曰:"<u>平原君</u>母死,何乃贺我乎?"<u>陆贾</u>曰:"前日君侯欲知<u>平原君</u>,<u>平原君</u>义不知君,以其母故。今其母死,君诚厚送丧,则彼为君死矣。"<u>辟阳侯</u>乃奉百金往税。列侯贵人以<u>辟阳侯</u>故,往税凡五百金。

　　<u>辟阳侯</u>幸<u>吕太后</u>,人或毁<u>辟阳侯</u>于<u>孝惠帝</u>,<u>孝惠帝</u>大怒,下吏,欲诛之。<u>吕太后</u>惭,不可以言。大臣多害<u>辟阳侯</u>行,欲遂诛之。<u>辟阳侯</u>急,因使人欲见<u>平原君</u>。<u>平原君</u>辞曰:"狱急,不敢见君。"乃求见<u>孝惠</u>幸臣<u>闳籍孺</u>,说之曰:"君所以得幸帝,天下莫不闻。今<u>辟阳侯</u>幸太后而下吏,道路

皆言君谗,欲杀之。今日辟阳侯诛,且日太后含怒亦诛君。何不肉袒为辟阳侯言于帝?帝听君出辟阳侯,太后大欢。两主共幸君,君贵富益倍矣。"于是闳籍孺大恐,从其计,言帝,果出辟阳侯。辟阳侯之囚,欲见平原君,平原君不见辟阳侯,辟阳侯以为背己,大怒,及其成功出之,乃大惊。

吕太后崩,大臣诛诸吕,辟阳侯于诸吕至深,而卒不诛。计画所以全者,皆陆生、平原君之力也。

孝文帝时,淮南厉王杀辟阳侯,以诸吕故。文帝闻其客平原君为计策,使吏捕欲治。闻吏至门,平原君欲自杀。诸子及吏皆曰:"事未可知,何早自杀为?"平原君曰:"我死祸绝,不及而身矣。"遂自刭。孝文帝闻而惜之,曰:"吾无意杀之。"乃召其子,拜为中大夫。使匈奴,单于无礼,乃骂单于,遂死匈奴中。

初,沛公引兵过陈留,郦生踵军门上谒曰:"高阳贱民郦食其,窃闻沛公暴露,将兵助楚讨不义,敬劳从者,愿得望见,口画天下便事。"使者入通,沛公方洗,问使者曰:"何如人也?"使者对曰:"状貌类大儒,衣儒衣,冠侧注。"沛公曰:"为我谢之,言我方以天下为事,未暇见儒人也。"使者出谢曰:"沛公敬谢先生,方以天下为事,未暇见儒人也。"郦生瞋目案剑叱使者曰:"走!复入言沛公,吾高阳酒徒也,非儒人也。"使者惧而失谒,跪拾谒,还走,复入报曰:"客,天下壮士也,叱臣,臣恐,至失谒。曰'走!复入言,而公高阳酒徒也'。"沛公遽雪足杖矛曰:"延客入!"

郦生入,揖沛公曰:"足下甚苦,暴衣露冠,将兵助楚讨不义,足下何不自喜也?臣愿以事见,而曰'吾方以天下为事,未暇见儒人也'。夫足下欲兴天下之大事而成天下之大功,而以目皮相,恐失天下之能士。且吾度足下之智不如吾,勇又不如吾。若欲就天下而不相见,窃为足下失之。"沛公谢曰:"向者闻先生之容,今见先生之意矣。"乃延而坐之,问所以取天下者。郦生曰:"夫足下欲成大功,不如止陈留。陈留者,天下之据衝也,兵之会地也,积粟数千万石,城守甚坚。臣素善其令,愿为足下说之。不听臣,臣请为足下杀之,而下陈留。足下将陈留之众,据陈留之城,而食其积粟,招天下之从兵;从兵已成,足下横行天下,莫能有害足下者矣。"沛公曰:"敬闻命矣。"

于是郦生乃夜见陈留令,说之曰:"夫秦为无道而天下叛之,今足下与天下从则可以成大功。今独为亡秦婴城而坚守,臣窃为足下危之。"陈留令曰:"秦法至重也,不可以妄言,妄言者无类,吾不可以应。

先生所以教臣者,非臣之意也,愿勿复道。"郦生留宿卧,夜半时斩陈留令首,逾城而下报沛公。沛公引兵攻城,悬令首于长竿以示城上人,曰:"趣下,而令头已断矣!今后下者必先斩之!"于是陈留人见令已死,遂相率而下沛公。沛公舍陈留南城门上,因其库兵,食积粟,留出入三月,从兵以万数,遂入破秦。

太史公曰:世之传郦生书,多曰汉王已拔三秦,东击项籍而引军于巩洛之间,郦生被儒衣往说汉王。乃非也。自沛公未入关,与项羽别而至高阳,得郦生兄弟。余读陆生新语书十二篇,固当世之辩士。至平原君子与余善,是以得具论之。

史记卷九十八

傅靳蒯成列传第三十八

阳陵侯傅宽，以魏五大夫骑将从，为舍人，起横阳。从攻安阳、杠里，击赵贲军于开封，及击杨熊曲遇、阳武，斩首十二级，赐爵卿。从至霸上。沛公立为汉王，汉王赐宽封号共德君。从入汉中，迁为右骑将。从定三秦，赐食邑雕阴。从击项籍，待怀，赐爵通德侯。从击项冠、周兰、龙且，所将卒斩骑将一人敖下，益食邑。

属淮阴，击破齐历下军，击田解。属相国参，残博，益食邑。因定齐地，剖符世世勿绝，封为阳陵侯，二千六百户，除前所食。为齐右丞相，备齐。五岁为齐相国。

四月，击陈豨，属太尉勃，以相国代丞相哙击豨。一月，徙为代相国，将屯。二岁，为代丞相，将屯。

孝惠五年卒，谥为景侯。子顷侯精立，二十四年卒。子共侯则立，十二年卒。子侯偃立，三十一年，坐与淮南王谋反，死，国除。

信武侯靳歙，以中涓从，起宛朐。攻济阳。破李由军。击秦军亳南、开封东北，斩骑千人将一人，首五十七级，捕虏七十三人，赐爵封号临平君。又战蓝田北，斩车司马二人，骑长一人，首二十八级，捕虏五十七人。至霸上。沛公立为汉王，赐歙爵建武侯，迁为骑都尉。

从定三秦。别西击章平军于陇西，破之，定陇西六县，所将卒斩车司马、候各四人，骑长十二人。从东击楚，至彭城。汉军败还，保雍丘，去击反者王武等。略梁地，别将击邢说军菑南，破之，身得说都尉二人，司马、候十二人，降吏卒四千一百八十人。破楚军荥阳东。三年，赐食邑四千二百户。

别之河内，击赵将贲郝军朝歌，破之，所将卒得骑将二人，车马二百五十四。从攻安阳以东，至棘蒲，下七县。别攻破赵军，得其将司马二人，候四人，降吏卒二千四百人。从攻下邯郸。别下平阳，身斩守相，所将卒斩兵守、郡守各一人，降邺。从攻朝歌、邯郸，及别击破赵军，降邯郸郡六县。还军敖仓，破项籍军成皋南，击绝楚饷道，起荥阳至襄邑。破项冠军鲁下。略地东至缯、郯、下邳，南至蕲、竹邑。击项悍济阳下。还击项籍陈下，破之。别定江陵，降江陵柱国、大司马以下八人，身得江陵王，生致之雒阳，因定南郡。从至陈，取楚王信，剖符世世勿绝，定食四千六百户，号信武侯。

以骑都尉从击代，攻韩信平城下，还军东垣。有功，迁为车骑将军，并将梁、赵、齐、燕、楚车骑，别击陈豨丞相敞，破之，因降曲逆。从击黥布有功，益封定食五千三百户。凡斩首九十级，虏百三十二人；别破军十四，降城五十九，定郡、国各一，县二十三；得王、柱国各一人，二千石以下至五百石三十九人。

高后五年，歙卒，谥为肃侯。子亨代侯。二十一年，坐事国人过律，孝文后三年，夺侯，国除。

蒯成侯缫者，沛人也，姓周氏。常为高祖参乘，以舍人从起沛。至霸上，西入蜀、汉，还定三秦，食邑池阳。东绝甬道，从出度平阴，遇淮阴侯兵襄国，军乍利乍不利，终无离上心。以缫为信武侯，食邑三千三百户。高祖十二年，以缫为蒯成侯，除前所食邑。

上欲自击陈豨，蒯成侯泣曰："始秦攻破天下，未尝自行。今上常自行，是为无人可使者乎？"上以为"爱我"，赐入殿门不趋，杀人不死。

至孝文五年，缫以寿终，谥为贞侯。子昌代侯，有罪，国除。至孝景中二年，封缫子居代侯。至元鼎三年，居为太常，有罪，国除。

太史公曰：阳陵侯傅宽、信武侯靳歙皆高爵，从高祖起山东，攻项籍，诛杀名将，破军降城以十数，未尝困辱，此亦天授也。蒯成侯周缫操心坚正，身不见疑，上欲有所之，未尝不垂涕，此有伤心者然，可谓笃厚君子矣。

史记卷九十九

刘敬叔孙通列传第三十九

刘敬者,齐人也。汉五年,戍陇西,过洛阳,高帝在焉。娄敬脱輓辂,衣其羊裘,见齐人虞将军曰:"臣愿见上言便事。"虞将军欲与之鲜衣,娄敬曰:"臣衣帛,衣帛见;衣褐,衣褐见:终不敢易衣。"于是虞将军入言上。上召入见,赐食。

已而问娄敬,娄敬说曰:"陛下都洛阳,岂欲与周室比隆哉?"上曰:"然。"娄敬曰:"陛下取天下与周室异。周之先自后稷,尧封之邰,积德累善十有馀世。公刘避桀居豳。太王以狄伐故,去豳,杖马箠居岐,国人争随之。及文王为西伯,断虞芮之讼,始受命,吕望、伯夷自海滨来归之。武王伐纣,不期而会孟津之上八百诸侯,皆曰纣可伐矣,遂灭殷。成王即位,周公之属傅相焉,乃营成周洛邑,以此为天下之中也,诸侯四方纳贡职,道里均矣,有德则易以王,无德则易以亡。凡居此者,欲令周务以德致人,不欲依阻险,令后世骄奢以虐民也。及周之盛时,天下和洽,四夷乡风,慕义怀德,附离而并事天子,不屯一卒,不战一士,八夷大国之民莫不宾服,效其贡职。及周之衰也,分而为两,天下莫朝,周不能制也。非其德薄也,而形势弱也。今陛下起丰沛,收卒三千人,以之径往而卷蜀汉,定三秦,与项羽战荥阳,争成皋之口,大战七十,小战四十,使天下之民肝脑涂地,父子暴骨中野,不可胜数,哭泣之声未绝,伤痍者未起,而欲比隆于成康之时,臣窃以为不侔也。且夫秦地被山带河,四塞以为固,卒然有急,百万之众可具也。因秦之故,资甚美膏腴之地,此所谓天府者也。陛下入关而都之,山东虽乱,秦之故地可全而有也。夫与人斗,不搤其亢,拊其背,未能全其胜也。今陛下入关而都,案秦之故地,此亦搤天下之亢而拊其背也。"

高帝问群臣,群臣皆山东人,争言周王数百年,秦二世即亡,不如都周。上疑未能决。及留侯明言入关便,即日车驾西都关中。

于是上曰:"本言都秦地者娄敬,'娄'者乃'刘'也。"赐姓刘氏,拜为郎中,号为奉春君。

汉七年,韩王信反,高帝自往击之。至晋阳,闻信与匈奴欲共击汉,上大怒,使人使匈奴。匈奴匿其壮士肥牛马,但见老弱及羸畜。使者十辈来,皆言匈奴可击。上使刘敬复往使匈奴,还报曰:"两国相击,此宜夸矜见所长。今臣往,徒见羸瘠老弱,此必欲见短,伏奇兵以争利。愚以为匈奴不可击也。"是时汉兵已逾句注,二十馀万兵已业行。上怒,骂刘敬曰:"齐虏!以口舌得官,今乃妄言沮吾军。"械系敬广武。遂往,至平城,匈奴果出奇兵围高帝白登,七日然后得解。高帝至广武,赦敬,曰:"吾不用公言,以困平城。吾皆已斩前使十辈言可击者矣。"乃封敬二千户,为关内侯,号为建信侯。

高帝罢平城归,韩王信亡入胡。当是时,冒顿为单于,兵强,控弦三十万,数苦北边。上患之,问刘敬。刘敬曰:"天下初定,士卒罢于兵,未可以武服也。冒顿杀父代立,妻群母,以力为威,未可以仁义说也。独可以计久远子孙为臣耳,然恐陛下不能为。"上曰:"诚可,何为不能!顾为奈何?"刘敬对曰:"陛下诚能以適长公主妻之,厚奉遗之,彼知汉適女送厚,蛮夷必慕以为阏氏,生子必为太子,代单于。何者?贪汉重币。陛下以岁时汉所馀彼所鲜数问遗,因使辩士风谕以礼节。冒顿在,固为子婿;死,则外孙为单于。岂尝闻外孙敢与大父抗礼者哉?兵可无战以渐臣也。若陛下不能遣长公主,而令宗室及后宫诈称公主,彼亦知,不肯贵近,无益也。"高帝曰:"善。"欲遣长公主。吕后日夜泣,曰:"妾唯太子、一女,奈何弃之匈奴!"上竟不能遣长公主,而取家人子名为长公主,妻单于。使刘敬往结和亲约。

刘敬从匈奴来,因言"匈奴河南白羊、楼烦王,去长安近者七百里,轻骑一日一夜可以至秦中。秦中新破,少民,地肥饶,可益实。夫诸侯初起时,非齐诸田,楚昭、屈、景莫能兴。今陛下虽都关中,实少人。北近胡寇,东有六国之族,宗强,一日有变,陛下亦未得高枕而卧也。臣愿陛下徙齐诸田,楚昭、屈、景,燕、赵、韩、魏后,及豪桀名家居关中。无事,可以备胡;诸侯有变,亦足率以东伐。此强本弱末之术也"。上曰:"善。"乃使刘敬徙所言关中十馀万口。

叔孙通者,薛人也。秦时以文学征,待诏博士。数岁,陈胜起山东,使者以闻,二世召博士诸儒生问曰:"楚戍卒攻蕲入陈,于公如何?"博士诸生三十馀人前曰:"人臣无将,将即反,罪死无赦。愿陛下急发兵击之。"二世怒,作色。叔孙通前曰:"诸生言皆非也。夫天下合为一家,毁郡县城,铄其兵,示天下不复用。且明主在其上,法令具于下,使人人奉职,四方辐辏,安敢有反者!此特群盗鼠窃狗盗耳,何足置之齿牙间。郡守尉今捕论,何足忧。"二世喜曰:"善。"尽问诸生,诸生或言反,或言盗。于是二世令御史案诸生言反者下吏,非所宜言。诸言盗者皆罢之。乃赐叔孙通帛二十匹,衣一袭。拜为博士。叔孙通已出宫,反舍,诸生曰:"先生何言之谀也?"通曰:"公不知也,我几不脱于虎口!"乃亡去,之薛,薛已降楚矣。及项梁之薛,叔孙通从之。败于定陶,从怀王。怀王为义帝,徙长沙,叔孙通留事项王。汉二年,汉王从五诸侯入彭城,叔孙通降汉王。汉王败而西,因竟从汉。

　　叔孙通儒服,汉王憎之;乃变其服,服短衣,楚制,汉王喜。

　　叔孙通之降汉,从儒生弟子百馀人,然通无所言进,专言诸故群盗壮士进之。弟子皆窃骂曰:"事先生数岁,幸得从降汉,今不能进臣等,专言大猾,何也?"叔孙通闻之,乃谓曰:"汉王方蒙矢石争天下,诸生宁能斗乎?故先言斩将搴旗之士。诸生且待我,我不忘矣。"汉王拜叔孙通为博士,号稷嗣君。

　　汉五年,已并天下,诸侯共尊汉王为皇帝于定陶,叔孙通就其仪号。高帝悉去秦苛仪法,为简易。群臣饮酒争功,醉或妄呼,拔剑击柱,高帝患之。叔孙通知上益厌之也,说上曰:"夫儒者难与进取,可与守成。臣愿征鲁诸生,与臣弟子共起朝仪。"高帝曰:"得无难乎?"叔孙通曰:"五帝异乐,三王不同礼。礼者,因时世人情为之节文者也。故夏、殷、周之礼所因损益可知者,谓不相复也。臣愿颇采古礼与秦仪杂就之。"上曰:"可试为之,令易知,度吾所能行为之。"

　　于是叔孙通使征鲁诸生三十馀人。鲁有两生不肯行,曰:"公所事者且十主,皆面谀以得亲贵。今天下初定,死者未葬,伤者未起,又欲起礼乐。礼乐所由起,积德百年而后可兴也。吾不忍为公所为。公所为不合古,吾不行。公往矣,无污我!"叔孙通笑曰:"若真鄙儒也,不知时变。"

　　遂与所征三十人西,及上左右为学者与其弟子百馀人为绵蕞野外。习之月馀,叔孙通曰:"上可试观。"上既观,使行礼,曰:"吾能为此。"乃令群臣习肄,会十月。

　　汉七年,长乐宫成,诸侯群臣皆朝十月。仪:先平明,谒者治礼,引以次入殿门,廷中陈车骑步卒卫宫,设兵张旗志。传言"趋"。殿下郎中夹陛,陛数百人。功臣列侯诸将军军吏以次陈西方,东向;文官丞相以下陈东方,西向。大行设九宾,胪传。于是皇帝辇出房,百官执职传警,引诸侯王以下至吏六百石以次奉贺。自诸侯王以下莫不振恐肃敬。至礼毕,复置法酒。诸侍坐殿上皆伏抑首,以尊卑次起上寿。觞九行,谒者言"罢酒"。御史执法举不如仪者辄引去。竟朝置酒,无敢谨哗失礼者。于是高帝曰:"吾乃今日知为皇帝之贵也。"乃拜叔孙通为太常,赐金五百斤。

　　叔孙通因进曰:"诸弟子儒生随臣久矣,与臣共为仪,愿陛下官之。"高帝悉以为郎。叔孙通出,皆以五百斤金赐诸生。诸生乃皆喜曰:"叔孙生诚圣人也,知当世之要务。"

　　汉九年,高帝徙叔孙通为太子太傅。汉十二年,高祖欲以赵王如意易太子,叔孙通谏上曰:"昔者晋献公以骊姬之故废太子,立奚齐,晋国乱者数十年,为天下笑。秦以不蚤定扶苏,令赵高得以诈立胡亥,自使灭祀,此陛下所亲见。今太子仁孝,天下皆闻之;吕后与陛下攻苦食啖,其可背哉!陛下必欲废適而立少,臣愿先伏诛,以颈血污地。"高帝曰:"公罢矣,吾直戏耳。"叔孙通曰:"太子天下本,本一摇天下振动,奈何以天下为戏!"高帝曰:"吾听公言。"及上置酒,见留侯所招客从太子入见,上乃遂无易太子志矣。

　　高帝崩,孝惠即位,乃谓叔孙生曰:"先帝园陵寝庙,群臣莫习。"徙为太常,定宗庙仪法。及稍定汉诸仪法,皆叔孙生为太常所论箸也。

　　孝惠帝为东朝长乐宫,及间往,数跸烦人,乃作复道,方筑武库南。叔孙生奏事,因请间曰:"陛下何自筑复道高寝,衣冠月出游高庙?高庙,汉太祖,奈何令后世子孙乘宗庙道上行哉?"孝惠帝大惧,曰:"急坏之。"叔孙生曰:"人主无过举。今已作,百姓皆知之,今坏此,则示有过举。愿陛下为原庙渭北,衣冠月出游之,益广多宗庙,大孝之本也。"上乃诏有司立原庙。原庙起,以复道故。

　　孝惠帝曾春出游离宫,叔孙生曰:"古者有春尝果,方今樱桃熟,可献,愿陛下出,因取樱桃献宗庙。"上乃许之。诸果献由此兴。

　　太史公曰:语曰"千金之裘,非一狐之腋也;台榭之榱,非一木之枝也;三代之际,非一士之智也。"信哉!夫高祖起微细,定海内,谋计用兵,可谓尽之矣。然而刘敬脱挽辂一说,建万世之安,智岂可专邪!叔孙通希世度务制礼,进退与时变化,卒为汉家儒宗。"大直若屈,道固委蛇",盖谓是乎?

史 记 卷 一 百

季布栾布列传第四十

季布者,楚人也。为气任侠,有名于楚。项籍使将兵,数窘汉王。及项羽灭,高祖购求布千金,敢有舍匿,罪及三族。季布匿濮阳周氏。周氏曰:"汉购将军急,迹且至臣家,将军能听臣,臣敢献计;即不能,愿先自刭。"季布许之。乃髡钳季布,衣褐衣,置广柳车中,并与其家僮数十人,之鲁朱家所卖之。朱家心知是季布,乃买而置之田。诫其子曰:"田事听此奴,必与同食。"朱家乃乘轺车之洛阳,见汝阴侯滕公。滕公留朱家饮数日。因谓滕公曰:"季布何大罪,而上求之急也?"滕公曰:"布数为项羽窘上,上怨之,故必欲得之。"朱家曰:"君视季布何如人也?"曰:"贤者也。"朱家曰:"臣各为其主用,季布为项籍用,职耳。项氏臣可尽诛邪?今上始得天下,独以己之私怨求一人,何示天下之不广也!且以季布之贤而汉求之急如此,此不北走胡即南走越耳。夫忌壮士以资敌国,此伍子胥所以鞭荆平王之墓也。君何不从容为上言邪?"汝阴侯滕公心知朱家大侠,意季布匿其所,乃许曰:"诺。"待间,果言如朱家旨。上乃赦季布。当是时,诸公皆多季布能摧刚为柔,朱家亦以此名闻当世。季布召见,谢,上拜为郎中。

孝惠时,为中郎将。单于尝为书嫚吕后,不逊,吕后大怒,召诸将议之。上将军樊哙曰:"臣愿得十万众,横行匈奴中。"诸将皆阿吕后意,曰"然"。季布曰:"樊哙可斩也!夫高帝将兵四十馀万众,困于平城,今哙奈何以十万众横行匈奴中,面欺!且秦以事于胡,陈胜等起。于今创痍未瘳,哙又面谀,欲摇动天下。"是时殿上皆恐,太后罢朝,遂不复议击匈奴事。

季布为河东守。孝文时,人有言其贤者,孝文召,欲以为御史大夫。复有言其勇,使酒难近。至,留邸一月,见罢。季布因进曰:"臣无功窃宠,待罪河东。陛下无故召臣,此人必有以臣欺陛下者;今臣至,无所受事,罢去,此人必有以毁臣者。夫陛下以一人之誉而召臣,一人之毁而去臣,臣恐天下有识闻之有以窥陛下也。"上默然惭,良久曰:"河东吾股肱郡,故特召君耳。"布辞之官。

楚人曹丘生,辩士,数招权顾金钱。事贵人赵同等,与窦长君善。季布闻之,寄书谏窦长君曰:"吾闻曹丘生非长者,勿与通。"及曹丘生归,欲得书请季布。窦长君曰:"季将军不说足下,足下无往。"固请书,遂行。使人先发书,季布果大怒,待曹丘。曹丘至,即揖季布曰:"楚人谚曰'得黄金百,不如得季布一诺',足下何以得此声于梁楚间哉?且仆楚人,足下亦楚人也。仆游扬足下之名于天下,顾不重邪?何足下距仆之深也!"季布乃大悦,引入,留数月,为上客,厚送之。季布名所以益闻者,曹丘扬之也。

季布弟季心,气盖关中,遇人恭谨,为任侠,方数千里,士皆争为之死。尝杀人,亡之吴,从袁丝匿。长事袁丝,弟畜灌夫、籍福之属。尝为中司马,中尉郅都不敢不加礼。少年多时时窃籍其名以行。当是时,季心以勇,布以诺,著闻关中。

季布母弟丁公,为楚将。丁公为项羽逐窘高祖彭城西,短兵接,高祖急,顾丁公曰:"两贤岂相厄哉!"于是丁公引兵而还,汉王遂解去。及项王灭,丁公谒见高祖。高祖以丁公徇军中,曰:"丁公为项王臣不忠,使项王失天下者,乃丁公也。"遂斩丁公,曰:"使后世为人臣者无效丁公!"

栾布者,梁人也。始梁王彭越为家人时,尝与布游。穷困,赁佣于齐,为酒人保。数岁,彭越去之巨野中为盗,而布为人所略卖,为奴于燕。为其家主报仇,燕将臧荼举以为都尉。臧荼后为燕王,以布为将。及臧荼反,汉击燕,虏布。梁王彭越闻之,乃言上,请赎布以为梁大夫。

使于齐,未还,汉召彭越,责以谋反,夷三族。已而枭彭越头于雒阳下,诏曰:"有敢收视者,辄捕之。"布从齐还,奏事彭越头下,祠而哭之。吏捕布以闻。上召布,骂曰:"若与彭越反邪?吾禁人勿收,若独祠而哭之,与越反明矣。趣亨之。"方提趣汤,布顾曰:"愿一言而死。"上曰:"何言?"布曰:"方上之困于彭城,败荥阳、成皋间,项王所以不能遂西,徒以彭王居梁地,与汉合从苦楚也。当是之时,彭王一顾,与楚则汉破,与汉而楚破。且垓下之会,微彭王,项氏不亡。天下已定,彭王剖符受封,亦欲传之万世。今陛下一征兵于梁,彭王病不行,而陛下疑以为反,反形未见,以苛小案诛灭之,臣恐功臣人人自危也。今彭王已死,臣生不如死,请就烹。"于是上乃释布罪,拜为都尉。

孝文时,为燕相,至将军。布乃称曰:"穷困不能辱身下志,非人也;富贵不能快意,非贤也。"于是尝有德者厚报之,有怨者必以法灭之。吴楚反时,以军功封俞侯,复为燕相。燕齐之间皆为栾布立社,号曰栾公社。

景帝中五年薨。子贲嗣,为太常,牺牲不如令,国除。

太史公曰:以项羽之气,而季布以勇显于楚,身屡军搴旗者数矣,可谓壮士。然至被刑戮,为人奴而不死,何其下也!彼必自负其材,故受辱而不羞,欲有所用其未足也,故终为汉名将。贤者诚重其死。夫婢妾贱人感慨而自杀者,非能勇也,其计画无复之耳。栾布哭彭越,趣汤如归者,彼诚知所处,不自重其死。虽往古烈士,何以加哉!

史记卷一百一

袁盎晁错列传第四十一

袁盎者,楚人也,字丝。父故为群盗,徙处安陵。高后时,盎尝为吕禄舍人。及孝文帝即位,盎兄哙任盎为中郎。

绛侯为丞相,朝罢趋出,意得甚。上礼之恭,常自送之。袁盎进曰:"陛下以丞相何如人?"上曰:"社稷臣。"盎曰:"绛侯所谓功臣,非社稷臣。社稷臣主在与在,主亡与亡。方吕后时,诸吕用事,擅相王,刘氏不绝如带。是时绛侯为太尉,主兵柄,弗能正。吕后崩,大臣相与共畔诸吕,太尉主兵,适会其成功,所谓功臣,非社稷臣。丞相如有骄主色,陛下谦让,臣主失礼,窃为陛下不取也。"后朝,上益庄,丞相益畏。已而绛侯望袁盎曰:"吾与而兄善,今儿廷毁我!"盎遂不谢。

及绛侯免相之国,国人上书告以为反,征系清室,宗室诸公莫敢为言,唯袁盎明绛侯无罪。绛侯得释,盎颇有力。绛侯乃大与盎结交。

淮南厉王朝,杀辟阳侯,居处骄甚。袁盎谏曰:"诸侯大骄必生患,可適削地。"上弗用。淮南王益横。及棘蒲侯柴武太子谋反事觉,治,连淮南王,淮南王征,上因迁之蜀,辎车传送。袁盎时为中郎将,乃谏曰:"陛下素骄淮南王,弗稍禁,以至此,今又暴摧折之。淮南王为人刚,如有遇雾露行道死,陛下竟为以天下之大弗能容,有杀弟之名,奈何?"上弗听,遂行之。

淮南王至雍,病死,闻,上辍食,哭甚哀。盎入,顿首请罪。上曰:"以不用公言至此。"盎曰:"上自宽,此往事,岂可悔哉!且陛下有高世之行者三,此不足以毁名。"上曰:"吾高世行三者何事?"盎曰:"陛下居代时,太后尝病,三年,陛下不交睫,不解衣,汤药非陛下口所尝弗进。夫曾参以布衣犹难之,今陛下亲以王者修之,过曾参孝远矣。夫诸吕用事,大臣专制,然陛下从代乘六乘传驰不测之渊,虽贲育之勇不及陛下。陛下至代邸,西向让天子位者再,南面让天子位者三。夫许由一让,而陛下五以天下让,过许由四矣。且陛下迁淮南王,欲以苦其志,使改过,有司卫不谨,故病死。"于是上乃解,曰:"将奈何?"盎曰:"淮南王有三子,唯在陛下耳。"于是文帝立其三子皆为王。盎由此名重朝廷。

袁盎常引大体慷慨。宦者赵同以数幸，常害袁盎，袁盎患之。盎兄子种为常侍骑，持节夹乘，说盎曰："君与斗，廷辱之，使其毁不用。"孝文帝出，赵同参乘，袁盎伏车前曰："臣闻天子所与共六尺舆者，皆天下豪英。今汉虽乏人，陛下独奈何与刀锯馀人载！"于是上笑，下赵同。赵同泣下车。

文帝从霸陵上，欲西驰下峻阪。袁盎骑，并车揽辔。上曰："将军怯邪？"盎曰："臣闻千金之子坐不垂堂，百金之子不骑衡，圣主不乘危而侥幸。今陛下骋六骓，驰下峻山，如有马惊车败，陛下纵自轻，奈高庙、太后何？"上乃止。

上幸上林，皇后、慎夫人从。其在禁中，常同席坐。及坐，郎署长布席，袁盎引却慎夫人坐。慎夫人怒，不肯坐。上亦怒，起，入禁中。盎因前说曰："臣闻尊卑有序则上下和。今陛下既已立后，慎夫人乃妾，妾主岂可与同坐哉！适所以失尊卑矣。且陛下幸之，即厚赐之。陛下所以为慎夫人，适所以祸之。陛下独不见'人彘'乎？"于是上乃说，召语慎夫人。慎夫人赐盎金五十斤。

然袁盎亦以数直谏，不得久居中，调为陇西都尉。仁爱士卒，士卒皆争为死。迁为齐相。徙为吴相，辞行，种谓盎曰："吴王骄日久，国多奸。今苟欲劾治，彼不上书告君，即利剑刺君矣。南方卑湿，君能日饮，毋何，时说王曰毋反而已。如此幸得脱。"盎用种之计，吴王厚遇盎。

盎告归，道逢丞相申屠嘉，下车拜谒，丞相从车上谢袁盎。袁盎还，愧其吏，乃之丞相舍上谒，求见丞相。丞相良久而见之。盎因跪曰："愿请间。"丞相曰："使君所言公事，之曹与长史掾议，吾且奏之；即私邪，吾不受私语。"袁盎即跪说曰："君为丞相，自度孰与陈平、绛侯？"丞相曰："吾不如。"袁盎曰："善，君即自谓不如。夫陈平、绛侯辅翼高帝，定天下，为将相，而诛诸吕，存刘氏；君乃为材官蹶张，迁为队率，积功至淮阳守，非有奇计攻城野战之功。且陛下从代来，每朝，郎官上书疏，未尝不止辇受其言，言不可用置之，言可受采之，未尝不称善。何也？则欲以致天下贤士大夫。上日闻所不闻，明所不知，日益圣智；君今自闭钳天下之口而日益愚。夫以圣主责愚相，君受祸不久矣。"丞相乃再拜曰："嘉鄙野人，乃不知，将军幸教。"引入与坐，为上客。

盎素不好晁错，晁错所居坐，盎去；盎坐，错亦去；两人未尝同堂语。及孝文帝崩，孝景帝即位，晁错为御史大夫，使吏案袁盎受吴王财物，抵罪,诏赦以为庶人。

吴楚反,闻,晁错谓丞史曰:"夫袁盎多受吴王金钱,专为蔽匿,言不反。今果反,欲请治盎宜知计谋。"丞史曰:"事未发,治之有绝。今兵西向,治之何益!且袁盎不宜有谋。"晁错犹与未决。人有告袁盎者,袁盎恐,夜见窦婴,为言吴所以反者,愿至上前口对状。窦婴入言上,上乃召袁盎入见。晁错在前,及盎请辟人赐间,错去,固恨甚。袁盎具言吴所以反状,以错故,独急斩错以谢吴,吴兵乃可罢。其语具在吴事中。使袁盎为太常,窦婴为大将军。两人素相与善。逮吴反,诸陵长者长安中贤大夫争附两人,车随者日数百乘。

及晁错已诛,袁盎以太常使吴。吴王欲使将,不肯。欲杀之,使一都尉以五百人围守盎军中。袁盎自其为吴相时,有从史尝盗爱盎侍儿,盎知之,弗泄,遇之如故。人有告从史,言"君知尔与侍者通",乃亡归。袁盎驱自追之,遂以侍者赐之,复为从史。及袁盎使吴见守,从史适为守盎校尉司马,乃悉以其装赍置二石醇醪,会天寒,士卒饥渴,饮酒醉,西南陬卒皆卧,司马夜引袁盎起,曰:"君可以去矣,吴王期旦日斩君。"盎弗信,曰:"公何为者?"司马曰:"臣故为从史盗君侍儿者。"盎乃惊谢曰:"公幸有亲,吾不足以累公。"司马曰:"君弟去,臣亦且亡,辟吾亲,君何患!"乃以刀决张,道从醉卒隧直出。司马与分背,袁盎解节毛怀之,杖,步行七八里,明,见梁骑,骑驰去,遂归报。

吴楚已破,上更以元王子平陆侯礼为楚王,袁盎为楚相。尝上书有所言,不用。袁盎病免居家,与闾里浮沈,相随行,斗鸡走狗。雒阳剧孟尝过袁盎,盎善待之。安陵富人有谓盎曰:"吾闻剧孟博徒,将军何自通之?"盎曰:"剧孟虽博徒,然母死,客送葬车千馀乘,此亦有过人者。且缓急人所有。夫一旦有急叩门,不以亲为解,不以存亡为辞,天下所望者,独季心、剧孟耳。今公常从数骑,一旦有缓急,宁足恃乎!"骂富人,弗与通。诸公闻之,皆多袁盎。

袁盎虽家居,景帝时时使人问筹策。梁王欲求为嗣,袁盎进说,其后语塞。梁王以此怨盎,曾使人刺盎。刺者至关中,问袁盎,诸君誉之皆不容口。乃见袁盎曰:"臣受梁王金来刺君,君长者,不忍刺君。然后刺君者十馀曹,备之!"袁盎心不乐,家又多怪,乃之棓生所问占。还,梁刺客后曹辈果遮刺杀盎安陵郭门外。

晁错者,颍川人也。学申商刑名于轵张恢先所,与雒阳宋孟及刘礼同师。以文学为太常掌故。

错为人陗直刻深。孝文帝时,天下无治尚书者,独闻济南伏生故秦博士,治尚书,年九十馀,老不可征,乃诏太常使人往受之。太常遣错受尚书伏生所。还,因上便宜事,以书称说。诏以为太子舍人、门大夫、家令。以其辩得幸太子,太子家号曰"智囊"。数上书孝文时,言削诸侯事,及法令可更定者。书数十上,孝文不听,然奇其材,迁为中大夫。当是时,太子善错计策,袁盎诸大功臣多不好错。

景帝即位,以错为内史。错常数请间言事,辄听,宠幸倾九卿,法令多所更定。丞相申屠嘉心弗便,力未有以伤。内史府居太上庙壖中,门东出,不便,错乃穿两门南出,凿庙壖垣。丞相嘉闻,大怒,欲因此过为奏请诛错。错闻之,即夜请间,具为上言之。丞相奏事,因言错擅凿庙垣为门,请下廷尉诛。上曰:"此非庙垣,乃壖中垣,不致于法。"丞相谢。罢朝,怒谓长史曰:"吾当先斩以闻,乃先请,为儿所卖,固误。"丞相遂发病死。错以此愈贵。

迁为御史大夫,请诸侯之罪过,削其地,收其枝郡。奏上,上令公卿列侯宗室集议,莫敢难,独窦婴争之,由此与错有郤。错所更令三十章,诸侯皆喧哗疾晁错。错父闻之,从颍川来,谓错曰:"上初即位,公为政用事,侵削诸侯,别疏人骨肉,人口议多怨公者,何也?"晁错曰:"固也。不如此,天子不尊,宗庙不安。"错父曰:"刘氏安矣,而晁氏危矣,吾去公归矣!"遂饮药死,曰:"吾不忍见祸及吾身。"死十馀日,吴楚七国果反,以诛错为名。及窦婴、袁盎进说,上令晁错衣朝衣斩东市。

晁错已死,谒者仆射邓公为校尉,击吴楚军为将。还,上书言军事,谒见上。上问曰:"道军所来,闻晁错死,吴楚罢不?"邓公曰:"吴王为反数十年矣,发怒削地,以诛错为名,其意非在错也。且臣恐天下之士嘿口不敢复言也!"上曰:"何哉?"邓公曰:"夫晁错患诸侯强大不可制,故请削地以尊京师,万世之利也。计画始行,卒受大戮,内杜忠臣之口,外为诸侯报仇,臣窃为陛下不取也。"于是景帝默然良久,曰:"公言善,吾亦恨之。"乃拜邓公为城阳中尉。

邓公,成固人也,多奇计。建元中,上招贤良,公卿言邓公,时邓公免,起家为九卿。一年,复谢病免归。其子章以修黄老言显于诸公间。

太史公曰:袁盎虽不好学,亦善傅会,仁心为质,引义慷慨。遭孝文初立,资适逢世。时以变易,及吴楚一说,说虽行哉,然复不遂。好声矜贤,竟以名败。晁错为家令时,数言事不用;后擅权,多所变更。诸侯发难,不急匡救,欲报私仇,反以亡躯。语曰"变古乱常,不死则亡",岂错等谓邪!

史记卷一百二

张释之冯唐列传第四十二

张廷尉释之者,堵阳人也,字季。有兄仲同居。以訾为骑郎,事孝文帝,十岁不得调,无所知名。释之曰:"久宦减仲之产,不遂。"欲自免归。中郎将袁盎知其贤,惜其去,乃请徙释之补谒者。释之既朝毕,因前言便宜事。文帝曰:"卑之,毋甚高论,令今可施行也。"于是释之言秦汉之间事,秦所以失而汉所以兴者久之。文帝称善,乃拜释之为谒者仆射。

释之从行,登虎圈。上问上林尉诸禽兽簿,十馀问,尉左右视,尽不能对。虎圈啬夫从旁代尉对上所问禽兽簿甚悉,欲以观其能口对响应无穷者。文帝曰:"吏不当若是邪?尉无赖!"乃诏释之拜啬夫为上林令。释之久之前曰:"陛下以绛侯周勃何如人也?"上曰:"长者也。"又复问:"东阳侯张相如何如人也?"上复曰:"长者。"释之曰:"夫绛侯、东阳侯称为长者,此两人言事曾不能出口,岂敩此啬夫谍谍利口捷给哉!且秦以任刀笔之吏,吏争以亟疾苛察相高,然其敝徒文具耳,无恻隐之实。以故不闻其过,陵迟而至于二世,天下土崩。今陛下以啬夫口辩而超迁之,臣恐天下随风靡靡,争为口辩而无其实。且下之化上疾于景响,举错不可不审也。"文帝曰:"善。"乃止不拜啬夫。

上就车,召释之参乘,徐行,问释之秦之敝。具以质言。至宫,上拜释之为公车令。

顷之,太子与梁王共车入朝,不下司马门,于是释之追止太子、梁王无得入殿门。遂劾不下公门不敬,奏之。薄太后闻之,文帝免冠谢曰:"教儿子不谨。"薄太后乃使使承诏赦太子、梁王,然后得入。文帝由是奇释之,拜为中大夫。

顷之,至中郎将。从行至霸陵,居北临厕。是时慎夫人从,上指示慎夫人新丰道,曰:"此走邯郸道也。"使慎夫人鼓瑟,上自倚瑟而歌,意惨凄悲怀,顾谓群臣曰:"嗟乎!以北山石为椁,用纻絮斫陈,蔡漆其间,岂可动哉!"左右皆曰:"善。"释之前进曰:"使其中有可欲者,虽锢南山犹有郄;使其中无可欲者,虽无石椁,又何戚焉!"文帝称善。其后拜释之为廷尉。

顷之,上行出中渭桥,有一人从桥下走出,乘舆马惊。于是使骑捕,属之廷尉。释之治问。曰:"县人来,闻跸,匿桥下。久之,以为行已过,即出,见乘舆车骑,即走耳。"廷尉奏当,一人犯跸,当罚金。文帝怒曰:"此人亲惊吾马,吾马赖柔和,令他马,固不败伤我乎?而廷尉乃当之罚金!"释之曰:"法者天子所与天下公共也。今法如此而更重之,是法不信于民也。且方其时,上使立诛之则已。今既下廷尉,廷尉,天下之平也,一倾而天下用法皆为轻重,民安所措其手足?唯陛下察之。"良久,上曰:"廷尉当是也。"

其后有人盗高庙坐前玉环,捕得,文帝怒,下廷尉治。释之案律盗宗庙服御物者为奏,奏当弃市。上大怒曰:"人之无道,乃盗先帝庙器,吾属廷尉者,欲致之族,而君以法奏之,非吾所以共承宗庙意也。"释之免冠顿首谢曰:"法如是足也。且罪等,然以逆顺为差。今盗宗庙器而族之,有如万分之一,假令愚民取长陵一抔土,陛下何以加其法乎?"久之,文帝与太后言之,乃许廷尉当。是时,中尉条侯周亚夫与梁相山都侯王恬开见释之持议平,乃结为亲友。张廷尉由此天下称之。

后文帝崩,景帝立,释之恐,称病。欲免去,惧大诛至;欲见谢,则未知何如。用王生计,卒见谢,景帝不过也。

王生者,善为黄老言,处士也。尝召居廷中,三公九卿尽会立,王生老人,曰"吾袜解",顾谓张廷尉:"为我结袜!"释之跪而结之。既已,人或谓王生曰:"独奈何廷辱张廷尉,使跪结袜?"王生曰:"吾老且贱,自度终无益于张廷尉。张廷尉方今天下名臣,吾故聊辱廷尉,使跪结袜,欲以重之。"诸公闻之,贤王生而重张廷尉。

张廷尉事景帝岁余,为淮南王相,犹尚以前过也。久之,释之卒。其子曰张挚,字长公,官至大夫,免。以不能取容当世,故终身不仕。

冯唐者,其大父赵人。父徙代。汉兴徙安陵。唐以孝著,为中郎署长,事文帝。文帝辇过,问唐曰:"父老何自为郎?家安在?"唐具以实对。文帝曰:"吾居代时,吾尚食监高祛数为我言赵将李齐之贤,战于钜鹿下。今吾每饭,意未尝不在钜鹿也。父知之乎?"唐对曰:"尚不如廉颇、李牧之为将也。"上曰:"何以?"唐曰:"臣大父在赵时,为官率将,善李牧。臣父故为代相,善赵将李齐,知其为人也。"上既闻廉颇、李牧为人,良说,而搏髀曰:"嗟乎!吾独不得廉颇、李牧时为吾将,吾岂忧匈奴哉!"唐曰:"主臣!

陛下虽得廉颇、李牧,弗能用也。"上怒,起入禁中。良久,召唐让曰:"公奈何众辱我,独无间处乎?"唐谢曰:"鄙人不知忌讳。"

当是之时,匈奴新大入朝𨚵,杀北地都尉卬。上以胡寇为意,乃卒复问唐曰:"公何以知吾不能用廉颇、李牧也?"唐对曰:"臣闻上古王者之遣将也,跪而推毂,曰阃以内者,寡人制之;阃以外者,将军制之。军功爵赏皆决于外,归而奏之。此非虚言也。臣大父言,李牧为赵将居边,军市之租皆自用飨士,赏赐决于外,不从中扰也。委任而责成功,故李牧乃得尽其智能,遣选车千三百乘,彀骑万三千,百金之士十万,是以北逐单于,破东胡,灭澹林,西抑强秦,南支韩、魏。当是之时,赵几霸。其后会赵王迁立,其母倡也。王迁立,乃用郭开谗,卒诛李牧,令颜聚代之。是以兵破士北,为秦所禽灭。今臣窃闻魏尚为云中守,其军市租尽以飨士卒,出私养钱,五日一椎牛,飨宾客军吏舍人,是以匈奴远避,不近云中之塞。虏曾一入,尚率车骑击之,所杀甚众。夫士卒尽家人子,起田中从军,安知尺籍伍符。终日力战,斩首捕虏,上功莫府,一言不相应,文吏以法绳之。其赏不行而吏奉法必用。臣愚,以为陛下法太明,赏太轻,罚太重。且云中守魏尚坐上功首虏差六级,陛下下之吏,削其爵,罚作之。由此言之,陛下虽得廉颇、李牧,弗能用也。臣诚愚,触忌讳,死罪死罪!"文帝说。是日令冯唐持节赦魏尚,复以为云中守,而拜唐为车骑都尉,主中尉及郡国车士。

七年,景帝立,以唐为楚相,免。武帝立,求贤良,举冯唐。唐时年九十馀,不能复为官,乃以唐子冯遂为郎。遂字王孙,亦奇士,与余善。

太史公曰:张季之言长者,守法不阿意;冯公之论将率,有味哉!有味哉!语曰"不知其人,视其友"。二君之所称诵,可著廊庙。书曰"不偏不党,王道荡荡;不党不偏,王道便便"。张季、冯公近之矣。

史记卷一百三

万石张叔列传第四十三

万石君名奋，其父赵人也，姓石氏。赵亡，徙居温。高祖东击项籍，过河内，时奋年十五，为小吏，侍高祖。高祖与语，爱其恭敬，问曰："若何有?"对曰："奋独有母，不幸失明。家贫。有姊，能鼓琴。"高祖曰："若能从我乎?"曰："愿尽力。"于是高祖召其姊为美人，以奋为中涓，受书谒，徙其家长安中戚里，以姊为美人故也。其官至孝文时，积功劳至大中大夫。无文学，恭谨无与比。

文帝时，东阳侯张相如为太子太傅，免。选可为傅者，皆推奋，奋为太子太傅。及孝景即位，以为九卿；迫近，惮之，徙奋为诸侯相。奋长子建，次子甲，次子乙，次子庆，皆以驯行孝谨，官皆至二千石。于是景帝曰："石君及四子皆二千石，人臣尊宠乃集其门。"号奋为万石君。

孝景帝季年，万石君以上大夫禄归老于家，以岁时为朝臣。过宫门阙，万石君必下车趋，见路马必式焉。子孙为小吏，来归谒，万石君必朝服见之，不名。子孙有过失，不谯让，为便坐，对案不食。然后诸子相责，因长老肉袒固谢罪，改之，乃许。子孙胜冠者在侧，虽燕居必冠，申申如也。僮仆䜣䜣如也，唯谨。上时赐食于家，必稽首俯伏而食之，如在上前。其执丧，哀戚甚悼。子孙遵教，亦如之。万石君家以孝谨闻乎郡国，虽齐鲁诸儒质行，皆自以为不及也。

建元二年，郎中令王臧以文学获罪。皇太后以为儒者文多质少，今万石君家不言而躬行，乃以长子建为郎中令，少子庆为内史。

建老白首，万石君尚无恙。建为郎中令，每五日洗沐归谒亲，入子舍，窃问侍者，取亲中裙厕腧，身自浣涤，复与侍者，不敢令万石君知，以为常。建为郎中令，事有可言，屏人恣言，极切；至廷见，如不能言者。是以上乃亲尊礼之。

万石君徙居陵里。内史庆醉归，入外门不下车。万石君闻之，不食。庆恐，肉袒请罪，不许。举宗及兄建肉袒，万石君让曰："内史贵人，入闾里,里中长老皆走匿,而内史坐车中自如,固当!"乃谢罢庆。庆及诸子弟入里门,趋至家。

万石君以元朔五年中卒。长子郎中令建哭泣哀思,扶杖乃能行。岁馀,建亦死。诸子孙咸孝,然建最甚,甚于万石君。

建为郎中令,书奏事,事下,建读之,曰:"误书!'馬'者与尾当五,今乃四,不足一。上谴死矣!"甚惶恐。其为谨慎,虽他皆如是。

万石君少子庆为太仆,御出,上问车中几马,庆以策数马毕,举手曰:"六马。"庆于诸子中最为简易矣,然犹如此。为齐相,举齐国皆慕其家行,不言而齐国大治,为立石相祠。

元狩元年,上立太子,选群臣可为傅者,庆自沛守为太子太傅,七岁迁为御史大夫。

元鼎五年秋,丞相有罪,罢。制诏御史:"万石君先帝尊之,子孙孝,其以御史大夫庆为丞相,封为牧丘侯。"是时汉方南诛两越,东击朝鲜,北逐匈奴,西伐大宛,中国多事。天子巡狩海内,修上古神祠,封禅,兴礼乐。公家用少,桑弘羊等致利,王温舒之属峻法,兒宽等推文学至九卿,更进用事,事不关决于丞相,丞相醇谨而已。在位九岁,无能有所匡言。尝欲请治上近臣所忠、九卿咸宣罪,不能服,反受其过,赎罪。

元封四年中,关东流民二百万口,无名数者四十万,公卿议欲请徙流民于边以适之。上以为丞相老谨,不能与其议,乃赐丞相告归,而案御史大夫以下议为请者。丞相惭不任职,乃上书曰:"庆幸得待罪丞相,罢驽无以辅治,城郭仓库空虚,民多流亡,罪当伏斧质,上不忍致法。愿归丞相侯印,乞骸骨归,避贤者路。"天子曰:"仓廪既空,民贫流亡,而君欲请徙之,摇荡不安,动危之,而辞位,君欲安归难乎?"以书让庆,庆甚惭,遂复视事。

庆文深审谨,然无他大略,为百姓言。后三岁馀,太初二年中,丞相庆卒,谥为恬侯。庆中子德,庆爱用之,上以德为嗣,代侯。后为太常,坐法当死,赎免为庶人。庆方为丞相,诸子孙为吏更至二千石者十三人。及庆死后,稍以罪去,孝谨益衰矣。

建陵侯卫绾者,代大陵人也。绾以戏车为郎,事文帝,功次迁为中郎将,醇谨无他。孝景为太子时,召上左右饮,而绾称病不行。文帝且崩时,属孝景曰:"绾长者,善遇之。"及文帝崩,景帝立,岁馀不噭呵绾,绾日以谨力。

景帝幸上林,诏中郎将参乘,还而问曰:"君知所以得参乘乎?"绾曰:

"臣从车士幸得以功次迁为中郎将,不自知也。"上问曰:"吾为太子时召君,君不肯来,何也?"对曰:"死罪,实病!"上赐之剑。绾曰:"先帝赐臣剑凡六,剑不敢奉诏。"上曰:"剑,人之所施易,独至今乎?"绾曰:"具在。"上使取六剑,剑尚盛,未尝服也。郎官有谴,常蒙其罪,不与他将争;有功,常让他将。上以为廉,忠实无他肠,乃拜绾为河间王太傅。吴楚反,诏绾为将,将河间兵击吴楚有功,拜为中尉。三岁,以军功,孝景前六年中封绾为建陵侯。

其明年,上废太子,诛栗卿之属。上以为绾长者,不忍,乃赐绾告归,而使郅都治捕栗氏。既已,上立胶东王为太子,召绾,拜为太子太傅。久之,迁为御史大夫。五岁,代桃侯舍为丞相,朝奏事如职所奏。然自初官以至丞相,终无可言。天子以为敦厚,可相少主,尊宠之,赏赐甚多。

为丞相三岁,景帝崩,武帝立。建元年中,丞相以景帝疾时诸官囚多坐不辜者,而君不任职,免之。其后绾卒,子信代。坐酎金失侯。

塞侯直不疑者,南阳人也。为郎,事文帝。其同舍有告归,误持同舍郎金去,已而金主觉,妄意不疑,不疑谢有之,买金偿。而告归者来而归金,而前郎亡金者大惭,以此称为长者。文帝称举,稍迁至太中大夫。朝廷见,人或毁曰:"不疑状貌甚美,然独无奈其善盗嫂何也!"不疑闻,曰:"我乃无兄。"然终不自明也。

吴楚反时,不疑以二千石将兵击之。景帝后元年,拜为御史大夫。天子修吴楚时功,乃封不疑为塞侯。武帝建元年中,与丞相绾俱以过免。

不疑学老子言。其所临,为官如故,唯恐人知其为吏迹也。不好立名称,称为长者。不疑卒,子相如代。孙望,坐酎金失侯。

郎中令周文者,名仁,其先故任城人也。以医见。景帝为太子时,拜为舍人,积功稍迁,孝文帝时至太中大夫。景帝初即位,拜仁为郎中令。

仁为人阴重不泄,常衣敝补衣溺裤,期为不絜清,以是得幸。景帝入卧内,于后宫秘戏,仁常在旁。至景帝崩,仁尚为郎中令,终无所言。上时问人,仁曰:"上自察之。"然亦无所毁。以此景帝再自幸其家。家徙阳陵。上所赐甚多,然常让,不敢受也。诸侯群臣赂遗,终无所受。

武帝立,以为先帝臣,重之。仁乃病免,以二千石禄归老,子孙咸至大官矣。

　　御史大夫张叔者，名欧，安丘侯说之庶子也。孝文时以治刑名言事太子。然欧虽治刑名家，其人长者。景帝时尊重，常为九卿。至武帝元朔四年，韩安国免，诏拜欧为御史大夫。自欧为吏，未尝言案人，专以诚长者处官。官属以为长者，亦不敢大欺。上具狱事，有可却，却之；不可者，不得已，为涕泣面对而封之。其爱人如此。

　　老病笃，请免。于是天子亦策罢，以上大夫禄归老于家。家于阳陵。子孙咸至大官矣。

　　太史公曰：仲尼有言曰"君子欲讷于言而敏于行"，其万石、建陵、张叔之谓邪？是以其教不肃而成，不严而治。塞侯微巧，而周文处谄，君子讥之，为其近于佞也。然斯可谓笃行君子矣！

史记卷一百四

田叔列传第四十四

　　田叔者,赵陉城人也。其先,齐田氏苗裔也。叔喜剑,学黄老术于乐巨公所。叔为人刻廉自喜,喜游诸公。赵人举之赵相赵午,午言之赵王张敖所,赵王以为郎中。数岁,切直廉平,赵王贤之,未及迁。

　　会陈豨反代,汉七年,高祖往诛之,过赵,赵王张敖自持案进食,礼恭甚,高祖箕踞骂之。是时赵相赵午等数十人皆怒,谓张王曰:“王事上礼备矣,今遇王如是,臣等请为乱。”赵王啮指出血,曰:“先人失国,微陛下,臣等当虫出。公等奈何言若是!毋复出口矣!”于是贯高等曰:“王长者,不倍德。”卒私相与谋弑上。会事发觉,汉下诏捕赵王及群臣反者。于是赵午等皆自杀,唯贯高就系。是时汉下诏书:“赵有敢随王者罪三族。”唯孟舒、田叔等十馀人赭衣自髡钳,称王家奴,随赵王敖至长安。贯高事明白,赵王敖得出,废为宣平侯,乃进言田叔等十馀人。上尽召见,与语,汉廷臣毋能出其右者,上说,尽拜为郡守、诸侯相。叔为汉中守十馀年,会高后崩,诸吕作乱,大臣诛之,立孝文帝。

　　孝文帝既立,召田叔问之曰:“公知天下长者乎?”对曰:“臣何足以知之!”上曰:“公,长者也,宜知之。”叔顿首曰:“故云中守孟舒,长者也。”是时孟舒坐虏大入塞盗劫,云中尤甚,免。上曰:“先帝置孟舒云中十馀年矣,虏曾一入,孟舒不能坚守,毋故士卒战死者数百人。长者固杀人乎?公何以言孟舒为长者也?”叔叩头对曰:“是乃孟舒所以为长者也。夫贯高等谋反,上下明诏,赵有敢随张王,罪三族。然孟舒自髡钳,随张王敖之所在,欲以身死之,岂自知为云中守哉!汉与楚相距,士卒罢敝。匈奴冒顿新服北夷,来为边害,孟舒知士卒罢敝,不忍出言,士争临城死敌,如子为父,弟为兄,以故死者数百人。孟舒岂故驱战之哉!是乃孟舒所以为长者也。”于是上曰:“贤哉孟舒!”复召孟舒以为云中守。

　　后数岁,叔坐法失官。梁孝王使人杀故吴相袁盎,景帝召田叔案梁,具得其事,还报。景帝曰:"梁有之乎?"叔对曰:"死罪!有之。"上曰:"其事安在?"田叔曰:"上毋以梁事为也。"上曰:"何也?"曰:"今梁王不伏诛,是汉法不行也;如其伏法,而太后食不甘味,卧不安席,此忧在陛下也。"景帝大贤之,以为鲁相。

鲁相初到,民自言相,讼王取其财物百馀人。田叔取其渠率二十人,各笞五十,馀各搏二十,怒之曰:"王非若主邪?何自敢言若主!"鲁王闻之大惭,发中府钱,使相偿之。相曰:"王自夺之,使相偿之,是王为恶而相为善也。"相毋与偿之。于是王乃尽偿之。

鲁王好猎,相常从入苑中,王辄休相就馆舍,相出,常暴坐待王苑外。王数使人请相休,终不休,曰:"我王暴露苑中,我独何为就舍!"鲁王以故不大出游。

数年,叔以官卒,鲁以百金祠,少子仁不受也,曰:"不以百金伤先人名。"

仁以壮健为卫将军舍人,数从击匈奴。卫将军进言仁,仁为郎中。数岁,为二千石丞相长史,失官。其后使刺举三河。上东巡,仁奏事有辞,上说,拜为京辅都尉。月馀,上迁拜为司直。数岁,坐太子事。时左丞相自将兵,令司直田仁主闭守城门,坐纵太子,下吏诛死。仁发兵,长陵令车千秋上变仁,仁族死。陉城今在中山国。

太史公曰:孔子称曰"居是国必闻其政",田叔之谓乎!义不忘贤,明主之美以救过。仁与余善,余故并论之。

褚先生曰:臣为郎时,闻之曰田仁故与任安相善。任安,荥阳人也。少孤贫困,为人将车之长安,留,求事为小吏,未有因缘也,因占著名数。武功,扶风西界小邑也,谷口蜀划道近山。安以为武功小邑,无豪,易高也,安留,代人为求盗亭父。后为亭长。邑中人民俱出猎,任安常为人分麋鹿雉兔,部署老小当壮剧易处,众人皆喜,曰:"无伤也,任少卿分别平,有智略。"明日复合会,会者数百人。任少卿曰:"某子甲何为不来乎?"诸人皆怪其见之疾也。其后除为三老,举为亲民,出为三百石长,治民。坐上行出游共帐不办,斥免。

乃为卫将军舍人,与田仁会,俱为舍人,居门下,同心相爱。此二人家贫,无钱用以事将军家监,家监使养恶啮马。两人同床卧,仁窃言曰："不知人哉家监也！"任安曰："将军尚不知人，何乃家监也！"卫将军从此两人过平阳主，主家令两人与骑奴同席而食，此二子拔刀列断席别坐。主家皆怪而恶之，莫敢呵。

其后有诏募择卫将军舍人以为郎，将军取舍人中富给者，令具鞍马绛衣玉具剑，欲入奏之。会贤大夫少府赵禹来过卫将军，将军呼所举舍人以示赵禹。赵禹以次问之，十馀人无一人习事有智略者。赵禹曰："吾闻之，将门之下必有将类。传曰'不知其君视其所使，不知其子视其所友'。今有诏举将军舍人者，欲以观将军而能得贤者文武之士也。今徒取富人子上之，又无智略，如木偶人衣之绮绣耳，将奈之何？"于是赵禹悉召卫将军舍人百馀人，以次问之，得田仁、任安，曰："独此两人可耳，馀无可用者。"卫将军见此两人贫，意不平。赵禹去，谓两人曰："各自具鞍马新绛衣。"两人对曰："家贫无用具也。"将军怒曰："今两君家自为贫，何为出此言？鞅鞅如有移德于我者，何也？"将军不得已，上籍以闻。有诏召见卫将军舍人，此二人前见，诏问能略，相推第也。田仁对曰："提枹鼓立军门，使士大夫乐死战斗，仁不及任安。"任安对曰："夫决嫌疑，定是非，辩治官，使百姓无怨心，安不及仁也。"武帝大笑曰："善。"使任安护北军，使田仁护边田谷于河上。此两人立名天下。

其后用任安为益州刺史，以田仁为丞相长史。

田仁上书言："天下郡太守多为奸利，三河尤甚，臣请先刺举三河。三河太守皆内倚中贵人，与三公有亲属，无所畏惮，宜先正三河以警天下奸吏。"是时河南、河内太守皆御史大夫杜父兄子弟也，河东太守石丞相子孙也。是时石氏九人为二千石，方盛贵。田仁数上书言之。杜大夫及石氏使人谢，谓田少卿曰："吾非敢有语言也，愿少卿无相诬污也。"仁已刺三河，三河太守皆下吏诛死。仁还奏事，武帝说，以仁为能不畏强御，拜仁为丞相司直，威振天下。

其后逢太子有兵事，丞相自将兵，使司直主城门。司直以为太子骨肉之亲，父子之间不甚欲近，去之诸陵过。是时武帝在甘泉，使御史大夫暴君下责丞相"何为纵太子"，丞相对言"使司直部守城门而开太子"。上书以闻，请捕系司直。司直下吏，诛死。

是时任安为北军使者护军，太子立车北军南门外，召任安，与节令发兵。安拜受节，入，闭门不出。武帝闻之，以为任安为详邪，不傅事,何也? <u>任安</u>笞辱北军钱官小吏,小吏上书言之,以为受太子节,言"幸与我其鲜好者"。书上闻,<u>武帝</u>曰:"是老吏也,见兵事起,欲坐观成败,见胜者欲合从之,有两心。<u>安</u>有当死之罪甚众,吾常活之,今怀诈,有不忠之心。"下<u>安</u>吏,诛死。

　　夫月满则亏,物盛则衰,天地之常也。知进而不知退,久乘富贵,祸积为祟。故<u>范蠡</u>之去<u>越</u>,辞不受官位,名传后世,万岁不忘,岂可及哉! 后进者慎戒之。

史记卷一百五

扁鹊仓公列传第四十五

扁鹊者,勃海郡郑人也,姓秦氏,名越人。少时为人舍长。舍客长桑君过,扁鹊独奇之,常谨遇之。长桑君亦知扁鹊非常人也。出入十馀年,乃呼扁鹊私坐,间与语曰:"我有禁方,年老,欲传与公,公毋泄。"扁鹊曰:"敬诺。"乃出其怀中药予扁鹊:"饮是以上池之水,三十日当知物矣。"乃悉取其禁方书尽与扁鹊。忽然不见,殆非人也。扁鹊以其言饮药三十日,视见垣一方人。以此视病,尽见五藏症结,特以诊脉为名耳。为医或在齐,或在赵。在赵者名扁鹊。

当晋昭公时,诸大夫强而公族弱,赵简子为大夫,专国事。简子疾,五日不知人,大夫皆惧,于是召扁鹊。扁鹊入视病,出,董安于问扁鹊,扁鹊曰:"血脉治也,而何怪!昔秦穆公尝如此,七日而寤。寤之日,告公孙支与子舆曰:'我之帝所甚乐。吾所以久者,适有所学也。帝告我:"晋国且大乱,五世不安。其后将霸,未老而死。霸者之子且令而国男女无别。"'公孙支书而藏之,秦策于是出。夫献公之乱,文公之霸,而襄公败秦师于殽而归纵淫,此子之所闻。今主君之病与之同,不出三日必间,间必有言也。"

居二日半,简子寤,语诸大夫曰:"我之帝所甚乐,与百神游于钧天,广乐九奏万舞,不类三代之乐,其声动心。有一熊欲援我,帝命我射之,中熊,熊死。有罴来,我又射之,中罴,罴死。帝甚喜,赐我二笥,皆有副。吾见儿在帝侧,帝属我一翟犬,曰:'及而子之壮也以赐之。'帝告我:'晋国且世衰,七世而亡。嬴姓将大败周人于范魁之西,而亦不能有也。'"董安于受言,书而藏之。以扁鹊言告简子,简子赐扁鹊田四万亩。

其后扁鹊过虢。虢太子死,扁鹊至虢宫门下,问中庶子喜方者曰:"太子何病,国中治穰过于众事?"中庶子曰:"太子病血气不时,交错而不得泄;暴发于外,则为中害。精神不能止邪气,邪气畜积而不得泄,是以阳缓而阴急,故暴蹶而死。"扁鹊曰:"其死何如时?"曰:"鸡鸣至今。"曰:"收乎?"曰:"未也,其死未能半日也。""言臣齐勃海秦越人也,家在于郑,未尝得望精光侍谒于前也。闻太子不幸而死,臣能生之。"中庶子曰:"先生得无诞之乎? 何以言太子可生也! 臣闻上古之时,医有俞跗,治病不以汤液醴酒,镵石挢引,案抚毒熨,一拨见病之应,因五藏之输,乃割皮解肌,诀脉结筋,搦髓脑,揲荒爪幕,湔浣肠胃,漱涤五藏,练精易形。先生之方能若是,则太子可生也;不能若是而欲生之,曾不可以告咳婴之儿。"终日,扁鹊仰天叹曰:"夫子之为方也,若以管窥天,以郄视文。越人之为方也,不待切脉望色听声写形,言病之所在。闻病之阳,论得其阴;闻病之阴,论得其阳。病应见于大表,不出千里,决者至众,不可曲止也。子以吾言为不诚,试入诊太子,当闻其耳鸣而鼻张,循其两股以至于阴,当尚温也。"

中庶子闻扁鹊言,目眩然而不瞚,舌挢然而不下,乃以扁鹊言入报虢君。虢君闻之大惊,出见扁鹊于中阙,曰:"窃闻高义之日久矣,然未尝得拜谒于前也。先生过小国,幸而举之,偏国寡臣幸甚。有先生则活,无先生则弃捐填沟壑,长终而不得反。"言未卒,因嘘唏服臆,魂精泄横,流涕长潸,忽忽承睑,悲不能自止,容貌变更。扁鹊曰:"若太子病,所谓'尸蹶'者也。夫以阳入阴中,动胃缠缘,中经维络,别下于三焦、膀胱,是以阳脉下遂,阴脉上争,会气闭而不通,阴上而阳内行,下内鼓而不起,上外绝而不为使,上有绝阳之络,下有破阴之纽,破阴绝阳,色废脉乱,故形静如死状。太子未死也。夫以阳入阴支兰藏者生,以阴入阳支兰藏者死。凡此数事,皆五藏蹙中之时暴作也。良工取之,拙者疑殆。"

扁鹊乃使弟子子阳厉针砥石,以取外三阳五会。有间,太子苏。乃使子豹为五分之熨,以八减之齐和煮之,以更熨两胁下。太子起坐。更适阴阳,但服汤二旬而复故。故天下尽以扁鹊为能生死人。扁鹊曰:"越人非能生死人也,此自当生者,越人能使之起耳。"

扁鹊过齐,齐桓侯客之。入朝见,曰:"君有疾在腠理,不治将深。"桓侯曰:"寡人无疾。"扁鹊出,桓侯谓左右曰:"医之好利也,欲以不疾者为功。"后五日,扁鹊复见,曰:"君有疾在血脉,不治恐深。"桓侯曰:"寡人无疾。"扁鹊出,桓侯不悦。后五日,扁鹊复见,曰:"君有疾在肠胃间,不治将深。"桓侯不应。扁鹊出,桓侯不悦。后五日,扁鹊复见,望见桓侯而退走。桓侯使人问其故。扁鹊曰:"疾之居腠理也,汤熨之所及也;在血脉,针石之所及也;其在肠胃,酒醪之所及也;其在骨髓,虽司命无奈之何。今在骨髓,臣是以无请也。"后五日,桓侯体病,使人召扁鹊,扁鹊已逃去。桓侯遂死。

使圣人预知微,能使良医得蚤从事,则疾可已,身可活也。人之所病,病疾多;而医之所病,病道少。故病有六不治:骄恣不论于理,一不治也;轻身重财,二不治也;衣食不能适,三不治也;阴阳并,藏气不定,四不治也;形羸不能服药,五不治也;信巫不信医,六不治也。有此一者,则重难治也。

扁鹊名闻天下。过邯郸,闻贵妇人,即为带下医;过雒阳,闻周人爱老人,即为耳目痹医;来入咸阳,闻秦人爱小儿,即为小儿医:随俗为变。秦太医令李醯自知伎不如扁鹊也,使人刺杀之。至今天下言脉者,由扁鹊也。

太仓公者,齐太仓长,临菑人也,姓淳于氏,名意。少而喜医方术。高后八年,更受师同郡元里公乘阳庆。庆年七十馀,无子,使意尽去其故方,更悉以禁方予之,传黄帝、扁鹊之脉书,五色诊病,知人死生,决嫌疑,定可治,及药论,甚精。受之三年,为人治病,决死生多验。然左右行游诸侯,不以家为家,或不为人治病,病家多怨之者。

文帝四年中,人上书言意,以刑罪当传西之长安。意有五女,随而泣。意怒,骂曰:“生子不生男,缓急无可使者!”于是少女缇萦伤父之言,乃随父西。上书曰:“妾父为吏,齐中称其廉平,今坐法当刑。妾切痛死者不可复生而刑者不可复续,虽欲改过自新,其道莫由,终不可得。妾愿入身为官婢,以赎父刑罪,使得改行自新也。”书闻,上悲其意,此岁中亦除肉刑法。

意家居,诏召问所为治病死生验者几何人也,主名为谁。

诏问故太仓长臣意:“方伎所长,及所能治病者?有其书无有?皆安受学?受学几何岁?尝有所验,何县里人也?何病?医药已,其病之状皆何如?具悉而对。”臣意对曰:

自意少时,喜医药,医药方试之多不验者。至高后八年,得见师临菑元里公乘阳庆。庆年七十馀,意得见事之。谓意曰:“尽去而方书,非是也。庆有古先道遗传黄帝、扁鹊之脉书,五色诊病,知人生死,决嫌疑,定可治,及药论书,甚精。我家给富,心爱公,欲尽以我禁方书悉教公。”臣意即曰:“幸甚,非意之所敢望也。”臣意即避席再拜谒,受其脉书上下经、五色诊、奇咳术、揆度阴阳外变、药论、石神、接阴阳禁书,受读解验之,可一年所。明岁即验之,有验,然尚未精也。要事之三年所,即尝已为人治,诊病决死生,有验,精良。今庆已死十年所,臣意年尽三年,年三十九岁也。

齐侍御史成自言病头痛,臣意诊其脉,告曰:"君之病恶,不可言也。"即出,独告成弟昌曰:"此病疽也,内发于肠胃之间,后五日当臃肿,后八日呕脓死。"成之病得之饮酒且内。成即如期死。所以知成之病者,臣意切其脉,得肝气。肝气浊而静,此内关之病也。脉法曰"脉长而弦,不得代四时者,其病主在于肝。和即经主病也,代则络脉有过"。经主病和者,其病得之筋髓里。其代绝而脉贲者,病得之酒且内。所以知其后五日而臃肿,八日呕脓死者,切其脉时,少阳初代。代者经病,病去过人,人则去。络脉主病,当其时,少阳初关一分,故中热而脓未发也,及五分,则至少阳之界,及八日,则呕脓死,故上二分而脓发,至界而臃肿,尽泄而死。热上则熏阳明,烂流络,流络动则脉结发,脉结发则烂解,故络交。热气已上行,至头而动,故头痛。

齐王中子诸婴儿小子病,召臣意诊切其脉,告曰:"气鬲病。病使人烦懑,食不下,时呕沫。病得之心忧,数忔食饮。"臣意即为之作下气汤以饮之,一日气下,二日能食,三日即病愈。所以知小子之病者,诊其脉,心气也,浊躁而经也,此络阳病也。脉法曰"脉来数疾去难而不一者,病主在心"。周身热,脉盛者,为重阳。重阳者,逿心主。故烦懑食不下则络脉有过,络脉有过则血上出,血上出者死。此悲心所生也,病得之忧也。

齐郎中令循病,众医皆以为蹙入中,而刺之。臣意诊之,曰:"涌疝也,令人不得前后溲。"循曰:"不得前后溲三日矣。"臣意饮以火齐汤,一饮得前后溲,再饮大溲,三饮而疾愈。病得之内。所以知循病者,切其脉时,右口气急,脉无五藏气,右口脉大而数。数者中下热而涌,左为下,右为上,皆无五藏应,故曰涌疝。中热,故溺赤也。

齐中御府长信病,臣意入诊其脉,告曰:"热病气也。然暑汗,脉少衰,不死。"曰:"此病得之当浴流水而寒甚,已则热。"信曰:"唯,然!往冬时,为王使于楚,至莒县阳周水,而莒桥梁颇坏,信则揽车辕未欲渡也,马惊,即堕,信身入水中,几死,吏即来救信,出之水中,衣尽濡,有间而身寒,已热如火,至今不可以见寒。"臣意即为之液汤火齐逐热,一饮汗尽,再饮热去,三饮病已。即使服药,出入二十日,身无病者。所以知信之病者,切其脉时,并阴。脉法曰"热病阴阳交者死"。切之不交,并阴。并阴者,脉顺清而愈,其热虽未尽,犹活也。肾气有时间浊,在太阴脉口而希,是水气也。肾固主水,故以此知之。失治一时，即转为寒热。

齐王太后病，召臣意入诊脉，曰："风瘅客脬，难于大小溲，溺赤。"臣意饮以火齐汤，一饮即前后溲，再饮病已，溺如故。病得之流汗出滫。滫者，去衣而汗晞也。所以知齐王太后病者，臣意诊其脉，切其太阴之口，湿然风气也。脉法曰"沈之而大坚，浮之而大紧者，病主在肾"。肾切之而相反也，脉大而躁。大者，膀胱气也；躁者，中有热而溺赤。

齐章武里曹山跗病，臣意诊其脉，曰："肺消瘅也，加以寒热。"即告其人曰："死，不治。适其共养，此不当医治。"法曰"后三日而当狂，妄起行，欲走；后五日死"。即如期死。山跗病得之盛怒而以接内。所以知山跗之病者，臣意切其脉，肺气热也。脉法曰"不平不鼓，形弊"。此五藏高之远数以经病也，故切之时不平而代。不平者，血不居其处；代者，时参击并至，乍躁乍大也。此两络脉绝，故死不治。所以加寒热者，言其人尸夺。尸夺者，形弊；形弊者，不当关灸镵石及饮毒药也。臣意未往诊时，齐太医先诊山跗病，灸其足少阳脉口，而饮之半夏丸，病者即泄注，腹中虚；又灸其少阴脉，是坏肝刚绝深，如是重损病者气，以故加寒热。所以后三日而当狂者，肝一络连属结绝乳下阳明，故络绝，开阳明脉，阳明脉伤，即当狂走。后五日死者，肝与心相去五分，故曰五日尽，尽即死矣。

齐中尉潘满如病少腹痛，臣意诊其脉，曰："遗积瘕也。"臣意即谓齐太仆臣饶、内史臣繇曰："中尉不复自止于内，则三十日死。"后二十馀日，溲血死。病得之酒且内。所以知潘满如病者，臣意切其脉深小弱，其卒然合合也，是脾气也。右脉口气至紧小，见瘕气也。以次相乘，故三十日死。三阴俱抟者，如法；不俱抟者，决在急期；一抟一代者，近也。故其三阴抟，溲血如前止。

阳虚侯相赵章病，召臣意。众医皆以为寒中，臣意诊其脉曰："迥风。"迥风者，饮食下嗌而辄出不留。法曰"五日死"，而后十日乃死。病得之酒。所以知赵章之病者，臣意切其脉，脉来滑，是内风气也。饮食下嗌而辄出不留者，法五日死，皆为前分界法。后十日乃死，所以过期者，其人嗜粥，故中藏实，中藏实故过期。师言曰"安谷者过期，不安谷者不及期"。

济北王病，召臣意诊其脉，曰："风蹷胸满。"即为药酒，尽三石，病已。得之汗出伏地。所以知济北王病者，臣意切其脉时，风气也，心脉浊。病法"过入其阳,阳气尽而阴气入"。阴气入张,则寒气上而热气下,故胸满。汗出伏地者,切其脉,气阴。阴气者,病必入中,出及澹水也。

齐北宫司空命妇出於病,众医皆以为风入中,病主在肺,刺其足少阳脉。臣意诊其脉,曰:"病气疝,客于膀胱,难于前后溲,而溺赤。病见寒气则遗溺,使人腹肿。"出於病得之欲溺不得,因以接内。所以知出於病者,切其脉大而实,其来难,是蹶阴之动也。脉来难者,疝气之客于膀胱也。腹之所以肿者,言蹶阴之络结小腹也。蹶阴有过则脉结动,动则腹肿。臣意即灸其足蹶阴之脉,左右各一所,即不遗溺而溲清,小腹痛止。即更为火齐汤以饮之,三日而疝气散,即愈。

故济北王阿母自言足热而懑,臣意告曰:"热蹶也。"则刺其足心各三所,案之无出血,病旋已。病得之饮酒大醉。

济北王召臣意诊脉诸女子侍者,至女子竖,竖无病。臣意告永巷长曰:"竖伤脾,不可劳,法当春呕血死。"臣意言王曰:"才人女子竖何能?"王曰:"是好为方,多伎能,为所是案法新,往年市之民所,四百七十万,曹偶四人。"王曰:"得毋有病乎?"臣意对曰:"竖病重,在死法中。"王召视之,其颜色不变,以为不然,不卖诸侯所。至春,竖奉剑从王之厕,王去,竖后,王令人召之,即仆于厕,呕血死。病得之流汗。流汗者,法病内重,毛发而色泽,脉不衰,此亦内关之病也。

齐中大夫病龋齿,臣意灸其左大阳明脉,即为苦参汤,日嗽三升,出入五六日,病已。得之风,及卧开口,食而不嗽。

菑川王美人怀子而不乳,来召臣意。臣意往,饮以莨菪药一撮,以酒饮之,旋乳。臣意复诊其脉,而脉躁。躁者有馀病,即饮以消石一齐,出血,血如豆比五六枚。

齐丞相舍人奴从朝入宫,臣意见之食闺门外,望其色有病气。臣意即告宦者平。平好为脉,学臣意所,臣意即示之舍人奴病,告之曰:"此伤脾气也,当至春鬲塞不通,不能食饮,法至夏泄血死。"宦者平即往告相曰:"君之舍人奴有病,病重,死期有日。"相君曰:"卿何以知之?"曰:"君朝时入宫,君之舍人奴尽食闺门外,平与仓公立,即示平曰,病如是者死。"相即召舍人而谓之曰:"公奴有病不?"舍人曰:"奴无病,身无痛者。"至春果病,至四月,泄血死。所以知奴病者,脾气周乘五藏,伤部而交,故伤脾之色也,望之杀然黄,察之如死青之兹。众医不知,以为大虫,不知伤脾。所以至春死病者,胃气黄,黄者土气也,土不胜木,故至春死。所以至夏死者,脉法曰"病重而脉顺清者曰内关",内关之病,人不知其所痛,心急然无苦。若加以一病,死中春;一愈顺,及一时。其所以四月死者,诊其人时愈顺。愈顺者,人尚肥也。奴之病得之流汗数出,炙于火而以出见大风也。

菑川王病,召臣意诊脉,曰:"蹶上为重,头痛身热,使人烦懑。"臣意即以寒水拊其头,刺足阳明脉,左右各三所,病旋已。病得之沐发未干而卧。诊如前,所以蹶,头热至肩。

齐王黄姬兄黄长卿家有酒召客,召臣意。诸客坐,未上食。臣意望见王后弟宋建,告曰:"君有病,往四五日,君要胁痛不可俛仰,又不得小溲。不亟治,病即入濡肾。及其未舍五藏,急治之。病方今客肾濡,此所谓'肾痹'也。"宋建曰:"然,建故有要脊痛。往四五日,天雨,黄氏诸倩见建家京下方石,即弄之,建亦欲效之,效之不能起,即复置之。暮,要脊痛,不得溺,至今不愈。"建病得之好持重。所以知建病者,臣意见其色,太阳色干,肾部上及界要以下者枯四分所,故以往四五日知其发也。臣意即为柔汤使服之,十八日所而病愈。

济北王侍者韩女病要背痛,寒热,众医皆以为寒热也。臣意诊脉,曰:"内寒,月事不下也。"即窜以药,旋下,病已。病得之欲男子而不可得也。所以知韩女之病者,诊其脉时,切之,肾脉也,啬而不属。啬而不属者,其来难,坚,故曰月不下。肝脉弦,出左口,故曰欲男子不可得也。

临菑氾里女子薄吾病甚,众医皆以为寒热笃,当死,不治。臣意诊其脉,曰:"蛲瘕。"蛲瘕为病,腹大,上肤黄粗,循之戚戚然。臣意饮以芫华一撮,即出蛲可数升,病已,三十日如故。病蛲得之于寒湿,寒湿气宛笃不发,化为虫。臣意所以知薄吾病者,切其脉,循其尺,其尺索刺粗,而毛美奉发,是虫气也。其色泽者,中藏无邪气及重病。

齐淳于司马病,臣意切其脉,告曰:"当病迵风。迵风之状,饮食下嗌辄后之。病得之饱食而疾走。"淳于司马曰:"我之王家食马肝,食饱甚,见酒来,即走去,驱疾至舍,即泄数十出。"臣意告曰:"为火齐米汁饮之,七八日而当愈。"时医秦信在旁,臣意去,信谓左右阁都尉曰:"意以淳于司马病为何?"曰:"以为迵风,可治。"信即笑曰:"是不知也。淳于司马病,法当后九日死。"即后九日不死,其家复召臣意。臣意往问之,尽如意诊。臣即为一火齐米汁,使服之,七八日病已。所以知之者,诊其脉时,切之,尽如法。其病顺,故不死。

　　齐中郎破石病,臣意诊其脉,告曰:"肺伤,不治,当后十日丁亥溲血死。"即后十一日,溲血而死。破石之病,得之堕马僵石上。所以知破石之病者,切其脉,得肺阴气,其来散,数道至而不一也。色又乘之。所以知其堕马者,切之得番阴脉。番阴脉入虚里,乘肺脉。肺脉散者,固色变也乘之。所以不中期死者,师言曰"病者安谷即过期,不安谷则不及期"。其人嗜黍,黍主肺,故过期。所以溲血者,诊脉法曰"病养喜阴处者顺死,养喜阳处者逆死"。其人喜自静,不躁,又久安坐,伏几而寐,故血下泄。

　　齐王侍医遂病,自练五石服之。臣意往过之,遂谓意曰:"不肖有病,幸诊遂也。"臣意即诊之,告曰:"公病中热。论曰'中热不溲者,不可服五石'。石之为药精悍,公服之不得数溲,亟勿服。色将发臃。"遂曰:"扁鹊曰'阴石以治阴病,阳石以治阳病'。夫药石者有阴阳水火之齐,故中热,即为阴石柔齐治之;中寒,即为阳石刚齐治之。"臣意曰:"公所论远矣。扁鹊虽言若是,然必审诊,起度量,立规矩,称权衡,合色脉表里有馀不足顺逆之法,参其人动静与息相应,乃可以论。论曰'阳疾处内,阴形应外者,不加悍药及镵石'。夫悍药入中,则邪气辟矣,而宛气愈深。诊法曰'二阴应外,一阳接内者,不可以刚药'。刚药入则动阳,阴病益衰,阳病益箸,邪气流行,为重困于俞,忿发为疽。"意告之后百馀日,果为疽发乳上,入缺盆,死。此谓论之大体也,必有经纪。拙工有一不习,文理阴阳失矣。

　　齐王故为阳虚侯时,病甚,众医皆以为蹷。臣意诊脉,以为痹,根在右胁下,大如覆杯,令人喘,逆气不能食。臣意即以火齐粥且饮,六日气下;即令更服丸药,出入六日,病已。病得之内。诊之时不能识其经解,大识其病所在。

　　臣意尝诊安阳武都里成开方,开方自言以为不病,臣意谓之病苦沓风,三岁四支不能自用,使人喑,喑即死。今闻其四支不能用,喑而未死也。病得之数饮酒以见大风气。所以知成开方者,诊之,其脉法奇咳言曰"藏气相反者死"。切之,得肾反肺,法曰"三岁死"也。

　　安陵阪里公乘项处病,臣意诊脉,曰:"牡疝。"牡疝在鬲下,上连肺。病得之内。臣意谓之:"慎毋为劳力事,为劳力事则必呕血死。"处后蹴踘,要蹷寒,汗出多,即呕血。臣意复诊之,曰:"当旦日日夕死。"即死。病得之内。所以知项处病者,切其脉得番阳。番阳入虚里,处旦日死。一番一络者,牡疝也。

臣意曰:他所诊期决死生及所治已病众多,久颇忘之,不能尽识,不敢以对。

问臣意:"所诊治病,病名多同而诊异,或死或不死,何也?"对曰:"病名多相类,不可知,故古圣人为之脉法,以起度量,立规矩,县权衡,案绳墨,调阴阳,别人之脉各名之,与天地相应,参合于人,故乃别百病以异之,有数者能异之,无数者同之。然脉法不可胜验,诊疾人以度异之,乃可别同名,命病主在所居。今臣意所诊者,皆有诊籍。所以别之者,臣意所受师方适成,师死,以故表籍所诊,期决死生,观所失所得者合脉法,以故至今知之。"

问臣意曰:"所期病决死生,或不应期,何故?"对曰:"此皆饮食喜怒不节,或不当饮药,或不当针灸,以故不中期死也。"

问臣意:"意方能知病死生,论药用所宜,诸侯王大臣有尝问意者不?及文王病时,不求意诊治,何故?"对曰:"赵王、胶西王、济南王、吴王皆使人来召臣意,臣意不敢往。文王病时,臣意家贫,欲为人治病,诚恐吏以除拘臣意也,故移名数,左右不修家生,出行游国中,问善为方数者事之久矣,见事数师,悉受其要事,尽其方书意,及解论之。身居阳虚侯国,因事侯。侯入朝,臣意从之长安,以故得诊安陵项处等病也。"

问臣意:"知文王所以得病不起之状?"臣意对曰:"不见文王病,然窃闻文王病喘,头痛,目不明。臣意心论之,以为非病也。以为肥而蓄精,身体不得摇,骨肉不相任,故喘,不当医治。脉法曰'年二十脉气当趋,年三十当疾步,年四十当安坐,年五十当安卧,年六十已上气当大董'。文王年未满二十,方脉气之趋也而徐之,不应天道四时。后闻医灸之即笃,此论病之过也。臣意论之,以为神气争而邪气入,非年少所能复之也,以故死。所谓气者,当调饮食,择晏日,车步广志,以适筋骨肉血脉,以泻气。故年二十,是谓'易贸',法不当砭灸,砭灸至气逐。"

问臣意:"师庆安受之? 闻于齐诸侯不?"对曰:"不知庆所师受。庆家富,善为医,不肯为人治病,当以此故不闻。庆又告臣意曰:'慎毋令我子孙知若学我方也。'"

问臣意:"师庆何见于意而爱意,欲悉教意方?"对曰:"臣意不闻师庆为方善也。意所以知庆者,意少时好诸方事,臣意试其方,皆多验,精良。臣意闻菑川唐里公孙光善为古传方,臣意即往谒之。得见事之,受方化阴阳及传语法,臣意悉受书之。臣意欲尽受他精方,公孙光曰:'吾方尽矣,不为爱公所。吾身已衰,无所复事之。是吾年少所受妙方也,悉与公,毋以教人。'臣意曰:'得见事侍公前,悉得禁方,幸甚。意死不敢妄传人。'居有间,公孙光闲处,臣意深论方,见言百世为之精也。师光喜曰:'公必为国工。吾有所善者皆疏,同产处临菑,善为方,吾不若,其方甚奇,非世之所闻也。吾年中时,尝欲受其方,杨中倩不肯,曰"若非其人也"。胥与公往见之,当知公喜方也。其人亦老矣,其家给富。'时者未往,会庆子男殷来献马,因师光奏马王所,意以故得与殷善。光又属意于殷曰:'意好数,公必谨遇之,其人圣儒。'即为书以意属阳庆,以故知庆。臣意事庆谨,以故爱意也。"

问臣意曰:"吏民尝有事学意方,及毕尽得意方不? 何县里人?"对曰:"临菑人宋邑。邑学,臣意教以五诊,岁馀。济北王遣太医高期、王禹学,臣意教以经脉高下及奇络结,当论俞所居,及气当上下出入邪正逆顺,以宜镵石,定砭灸处,岁馀。菑川王时遣太仓马长冯信正方,臣意教以案法逆顺,论药法,定五味及和齐汤法。高永侯家丞杜信,喜脉,来学,臣意教以上下经脉五诊,二岁馀。临菑召里唐安来学,臣意教以五诊上下经脉,奇咳,四时应阴阳重,未成,除为齐王侍医。"

问臣意:"诊病决死生,能全无失乎?"臣意对曰:"意治病人,必先切其脉,乃治之。败逆者不可治,其顺者乃治之。心不精脉,所期死生视可治,时时失之,臣意不能全也。"

太史公曰:女无美恶,居宫见妒;士无贤不肖,入朝见疑。故扁鹊以其伎见殃,仓公乃匿迹自隐而当刑。缇萦通尺牍,父得以后宁。故老子曰"美好者不祥之器",岂谓扁鹊等邪? 若仓公者,可谓近之矣。

史记卷一百六

吴王濞列传第四十六

吴王濞者，高帝兄刘仲之子也。高帝已定天下七年，立刘仲为代王。而匈奴攻代，刘仲不能坚守，弃国亡，间行走雒阳，自归天子。天子为骨肉故，不忍致法，废以为郃阳侯。高帝十一年秋，淮南王英布反，东并荆地，劫其国兵，西度淮，击楚，高帝自将往诛之。刘仲子沛侯濞年二十，有气力，以骑将从破布军蕲西会甀，布走。荆王刘贾为布所杀，无后。上患吴、会稽轻悍，无壮王以填之，诸子少，乃立濞于沛为吴王，王三郡五十三城。已拜受印，高帝召濞相之，谓曰："若状有反相。"心独悔，业已拜，因拊其背，告曰："汉后五十年东南有乱者，岂若邪？然天下同姓为一家也，慎无反！"濞顿首曰："不敢。"

会孝惠、高后时，天下初定，郡国诸侯各务自拊循其民。吴有豫章郡铜山，濞则招致天下亡命者盗铸钱，煮海水为盐，以故无赋，国用富饶。

孝文时，吴太子入见，得侍皇太子饮博。吴太子师傅皆楚人，轻悍，又素骄，博，争道，不恭，皇太子引博局提吴太子，杀之。于是遣其丧归葬。至吴，吴王愠曰："天下同宗，死长安即葬长安，何必来葬为！"复遣丧之长安葬。吴王由此稍失藩臣之礼，称病不朝。京师知其以子故称病不朝，验问实不病，诸吴使来，辄系责治之。吴王恐，为谋滋甚。及后使人为秋请，上复责问吴使者，使者对曰："王实不病，汉系治使者数辈，以故遂称病。且夫'察见渊中鱼，不祥'。今王始诈病，及觉，见责急，愈益闭，恐上诛之，计乃无聊。唯上弃之而与更始。"于是天子乃赦吴使者归之，而赐吴王几杖，老，不朝。吴得释其罪，谋亦益解。然其居国以铜盐故，百姓无赋。卒践更，辄与平贾。岁时存问茂材，赏赐闾里。佗郡国吏欲来捕亡人者，讼共禁弗予。如此者四十馀年，以故能使其众。

晁错为太子家令，得幸太子，数从容言吴过可削。数上书说孝文帝，文帝宽，不忍罚，以此吴日益横。及孝景帝即位，错为御史大夫，说上曰："昔高帝初定天下，昆弟少，诸子弱，大封同姓，故王孽子悼惠王王齐七十餘城,庶弟元王王楚四十餘城,兄子濞王吴五十餘城:封三庶孽,分天下半。今吴王前有太子之郤,诈称病不朝,于古法当诛,文帝弗忍,因赐几杖。德至厚,当改过自新。乃益骄溢,即山铸钱,煮海水为盐,诱天下亡人,谋作乱。今削之亦反,不削之亦反。削之,其反亟,祸小;不削,反迟,祸大。"三年冬,楚王朝,晁错因言楚王戊往年为薄太后服,私奸服舍,请诛之。诏赦,罚削东海郡。因削吴之豫章郡、会稽郡。及前二年赵王有罪,削其河间郡。胶西王卬以卖爵有奸,削其六县。

汉廷臣方议削吴。吴王濞恐削地无已,因以此发谋,欲举事。念诸侯无足与计谋者,闻胶西王勇,好气,喜兵,诸齐皆惮畏,于是乃使中大夫应高诱胶西王。无文书,口报曰:"吴王不肖,有宿夕之忧,不敢自外,使喻其欢心。"王曰:"何以教之?"高曰:"今者主上兴于奸,饰于邪臣,好小善,听谗贼,擅变更律令,侵夺诸侯之地,征求滋多,诛罚良善,日以益甚。里语有之,'舐糠及米'。吴与胶西,知名诸侯也,一时见察,恐不得安肆矣。吴王身有内病,不能朝请二十馀年,尝患见疑,无以自白,今胁肩累足,犹惧不见释。窃闻大王以爵事有適,所闻诸侯削地,罪不至此,此恐不得削地而已。"王曰:"然,有之。子将奈何?"高曰:"同恶相助,同好相留,同情相成,同欲相趋,同利相死。今吴王自以为与大王同忧,愿因时循理,弃躯以除患害于天下,亿亦可乎?"王瞿然骇曰:"寡人何敢如是?今主上虽急,固有死耳,安得不戴?"高曰:"御史大夫晁错,荧惑天子,侵夺诸侯,蔽忠塞贤,朝廷疾怨,诸侯皆有倍畔之意,人事极矣。彗星出,蝗虫数起,此万世一时,而愁劳圣人之所以起也。故吴王欲内以晁错为讨,外随大王后车,彷徉天下,所乡者降,所指者下,天下莫敢不服。大王诚幸而许之一言,则吴王率楚王略函谷关,守荥阳敖仓之粟,距汉兵。治次舍,须大王。大王有幸而临之,则天下可并,两主分割,不亦可乎?"王曰:"善。"高归报吴王,吴王犹恐其不与,乃身自为使,使于胶西,面结之。

胶西群臣或闻王谋,谏曰:"承一帝,至乐也。今大王与吴西乡,弟令事成,两主分争,患乃始结。诸侯之地不足为汉郡什二,而为畔逆以忧太后,非长策也。"王弗听。遂发使约齐、菑川、胶东、济南、济北,皆许诺,而曰"城阳景王有义,攻诸吕,勿与,事定分之耳"。

诸侯既新削罚,振恐,多怨晁错。及削吴会稽、豫章郡书至,则吴王先起兵,胶西正月丙午诛汉吏二千石以下,胶东、菑川、济南、楚、赵亦然,遂发兵西。齐王后悔,饮药自杀,畔约。济北王城坏未完,其郎中令劫守其王,不得发兵。胶西为渠率,胶东、菑川、济南共攻围临菑。赵王遂亦反,阴使匈奴与连兵。

七国之发也，吴王悉其士卒，下令国中曰：“寡人年六十二，身自将。少子年十四，亦为士卒先。诸年上与寡人比，下与少子等者，皆发。”发二十馀万人。南使闽越、东越，东越亦发兵从。

孝景帝三年正月甲子，初起兵于广陵。西涉淮，因并楚兵。发使遗诸侯书曰：“吴王刘濞敬问胶西王、胶东王、菑川王、济南王、赵王、楚王、淮南王、衡山王、庐江王、故长沙王子：幸教寡人！以汉有贼臣，无功天下，侵夺诸侯地，使吏劾系讯治，以僇辱之为故，不以诸侯人君礼遇刘氏骨肉，绝先帝功臣，进任奸宄，诖乱天下，欲危社稷。陛下多病志失，不能省察。欲举兵诛之，谨闻教。敝国虽狭，地方三千里；人虽少，精兵可具五十万。寡人素事南越三十馀年，其王君皆不辞分其卒以随寡人，又可得三十馀万。寡人虽不肖，愿以身从诸王。越直长沙者，因王子定长沙以北，西走蜀、汉中。告越、楚王、淮南三王，与寡人西面；齐诸王与赵王定河间、河内，或入临晋关，或与寡人会雒阳；燕王、赵王固与胡王有约，燕王北定代、云中，抟胡众入萧关，走长安，匡正天子，以安高庙。愿王勉之。楚元王子、淮南三王或不沐洗十馀年，怨入骨髓，欲一有所出之久矣，寡人未得诸王之意，未敢听。今诸王苟能存亡继绝，振弱伐暴，以安刘氏，社稷之所愿也。敝国虽贫，寡人节衣食之用，积金钱，修兵革，聚谷食，夜以继日，三十馀年矣。凡为此，愿诸王勉用之。能斩捕大将者，赐金五千斤，封万户；列将，三千斤，封五千户；裨将，二千斤，封二千户；二千石，千斤，封千户；千石，五百斤，封五百户：皆为列侯。其以军若城邑降者，卒万人，邑万户，如得大将；人户五千，如得列将；人户三千，如得裨将；人户千，如得二千石；其小吏皆以差次受爵金。佗封赐皆倍军法。其有故爵邑者，更益勿因。愿诸王明以令士大夫，弗敢欺也。寡人金钱在天下者往往而有，非必取于吴，诸王日夜用之弗能尽。有当赐者告寡人，寡人且往遗之。敬以闻。”

七国反书闻天子，天子乃遣太尉条侯周亚夫将三十六将军，往击吴楚；遣曲周侯郦寄击赵；将军栾布击齐；大将军窦婴屯荥阳，监齐赵兵。

吴楚反书闻，兵未发，窦婴未行，言故吴相袁盎。盎时家居，诏召入见。上方与晁错调兵算军食，上问袁盎曰：“君尝为吴相，知吴臣田禄伯为人乎？今吴楚反，于公何如？”对曰：“不足忧也，今破矣。”上曰：“吴王即山铸钱，煮海水为盐，诱天下豪桀，白头举事。若此，其计不百全，岂发乎？何以言其无能为也？”袁盎对曰：“吴有铜盐利则有之，安得豪桀而诱之！诚令吴得豪桀，亦且辅王为义，不反矣。吴所诱皆无赖子弟，亡命铸钱奸人,故相率以反。"晁错曰:"袁盎策之善。"上问曰:"计安出?"盎对曰:"愿屏左右。"上屏人,独错在。盎曰:"臣所言,人臣不得知也。"乃屏错。错趋避东厢,恨甚。上卒问盎,盎对曰:"吴楚相遗书,曰'高帝王子弟各有分地,今贼臣晁错擅适过诸侯,削夺之地'。故以反为名,西共诛晁错,复故地而罢。方今计独斩晁错,发使赦吴楚七国,复其故削地,则兵可无血刃而俱罢。"于是上嘿然良久,曰:"顾诚何如,吾不爱一人以谢天下。"盎曰:"臣愚计无出此,愿上孰计之。"乃拜盎为太常,吴王弟子德侯为宗正。盎装治行。后十馀日,上使中尉召错,绐载行东市。错衣朝衣斩东市。则遣袁盎奉宗庙,宗正辅亲戚,使告吴如盎策。至吴,吴楚兵已攻梁壁矣。宗正以亲故,先入见,谕吴王使拜受诏。吴王闻袁盎来,亦知其欲说己,笑而应曰:"我已为东帝,尚何谁拜?"不肯见盎而留之军中,欲劫使将。盎不肯,使人围守,且杀之,盎得夜出,步亡去,走梁军,遂归报。

条侯将乘六乘传,会兵荥阳。至雒阳,见剧孟,喜曰:"七国反,吾乘传至此,不自意全。又以为诸侯已得剧孟,剧孟今无动。吾据荥阳,以东无足忧者。"至淮阳,问父绛侯故客邓都尉曰:"策安出?"客曰:"吴兵锐甚,难与争锋。楚兵轻,不能久。方今为将军计,莫若引兵东北壁昌邑,以梁委吴,吴必尽锐攻之。将军深沟高垒,使轻兵绝淮泗口,塞吴饷道。彼吴梁相敝而粮食竭,乃以全强制其罢极,破吴必矣。"条侯曰:"善。"从其策,遂坚壁昌邑南,轻兵绝吴饷道。

吴王之初发也,吴臣田禄伯为大将军。田禄伯曰:"兵屯聚而西,无佗奇道,难以就功。臣愿得五万人,别循江淮而上,收淮南、长沙,入武关,与大王会,此亦一奇也。"吴王太子谏曰:"王以反为名,此兵难以藉人,藉人亦且反王,奈何?且擅兵而别,多佗利害,未可知也,徒自损耳。"吴王即不许田禄伯。

吴少将桓将军说王曰:"吴多步兵,步兵利险;汉多车骑,车骑利平地。愿大王所过城邑不下,直弃去,疾西据雒阳武库,食敖仓粟,阻山河之险以令诸侯,虽毋入关,天下固已定矣。即大王徐行,留下城邑,汉军车骑至,驰入梁楚之郊,事败矣。"吴王问诸老将,老将曰:"此少年推锋之计可耳,安知大虑乎!"于是王不用桓将军计。

吴王专并将其兵,未度淮,诸宾客皆得为将、校尉、候、司马,独周丘不得用。周丘者,下邳人,亡命吴,酤酒无行,吴王濞薄之,弗任。周丘上谒,说王曰:"臣以无能,不得待罪行间。臣非敢求有所将,愿得王一汉节,必有以报王。"王乃予之。周丘得节,夜驰入下邳。下邳时闻吴反,皆城守。

至传舍,召令。令人户,使从者以罪斩令。遂召昆弟所善豪吏告曰:"吴反兵且至,至,屠下邳不过食顷。今先下,家室必完,能者封侯矣。"出乃相告,下邳皆下。周丘一夜得三万人,使人报吴王,遂将其兵北略城邑。比至城阳,兵十余万,破城阳中尉军。闻吴王败走,自度无与共成功,即引兵归下邳。未至,疽发背死。

　　二月中,吴王兵既破,败走,于是天子制诏将军曰:"盖闻为善者,天报之以福;为非者,天报之以殃。高皇帝亲表功德,建立诸侯,幽王、悼惠王绝无后,孝文皇帝哀怜加惠,王幽王子遂、悼惠王子卬等,令奉其先王宗庙,为汉藩国,德配天地,明并日月。吴王濞倍德反义,诱受天下亡命罪人,乱天下币,称病不朝二十余年,有司数请濞罪,孝文皇帝宽之,欲其改行为善。今乃与楚王戊、赵王遂、胶西王卬、济南王辟光、菑川王贤、胶东王雄渠约从反,为逆无道,起兵以危宗庙,贼杀大臣及汉使者,迫劫万民,夭杀无罪,烧残民家,掘其丘冢,甚为暴虐。今卬等又重逆无道,烧宗庙,卤御物,朕甚痛之。朕素服避正殿,将军其劝士大夫击反虏。击反虏者,深入多杀为功,斩首捕虏比三百石以上者皆杀之,无有所置。敢有议诏及不如诏者,皆要斩。"

　　初,吴王之度淮,与楚王遂西败棘壁,乘胜前,锐甚。梁孝王恐,遣六将军击吴,又败梁两将,士卒皆还走梁。梁数使使报条侯求救,条侯不许。又使使恶条侯于上,上使人告条侯救梁,复守便宜不行。梁使韩安国及楚死事相弟张羽为将军,乃得颇败吴兵。吴兵欲西,梁城守坚,不敢西,即走条侯军,会下邑。欲战,条侯壁,不肯战。吴粮绝,卒饥,数挑战,遂夜奔条侯壁,惊东南。条侯使备西北,果从西北入。吴大败,士卒多饥死,乃畔散。于是吴王乃与其麾下壮士数千人夜亡去,度江走丹徒,保东越。东越兵可万余人,乃使人收聚亡卒。汉使人以利啖东越,东越即绐吴王,吴王出劳军,即使人鈠杀吴王,盛其头,驰传以闻。吴王子子华、子驹亡走闽越。吴王之弃其军亡也,军遂溃,往往稍降太尉、梁军。楚王戊军败,自杀。

　　三王之围齐临菑也,三月不能下。汉兵至,胶西、胶东、菑川王各引兵归。胶西王乃袒跣,席稿,饮水,谢太后。王太子德曰:"汉兵远,臣观之已罢,可袭,愿收大王余兵击之,击之不胜,乃逃入海,未晚也。"王曰:"吾士卒皆已坏,不可发用。"弗听。汉将弓高侯颓当遗王书曰:"奉诏诛不义,降者赦其罪,复故;不降者灭之。王何处,须以从事。"王肉袒叩头汉军壁,谒曰:"臣卬奉法不谨,惊骇百姓,乃苦将军远道至于穷国,敢请菹醢之罪。"

弓高侯执金鼓见之，曰："王苦军事，愿闻王发兵状。"王顿首膝行对曰："今者，晁错天子用事臣，变更高皇帝法令，侵夺诸侯地。卬等以为不义，恐其败乱天下，七国发兵，且以诛错。今闻错已诛，卬等谨以罢兵归。"将军曰："王苟以错不善，何不以闻？乃未有诏虎符，擅发兵击义国。以此观之，意非欲诛错也。"乃出诏书为王读之。读之讫，曰："王其自图。"王曰："如卬等死有馀罪。"遂自杀。太后、太子皆死。胶东、菑川、济南王皆死，国除，纳于汉。郦将军围赵十月而下之，赵王自杀。济北王以劫故，得不诛，徙王菑川。

初，吴王首反，并将楚兵，连齐赵。正月起兵，三月皆破，独赵后下。复置元王少子平陆侯礼为楚王，续元王后。徙汝南王非王吴故地，为江都王。

太史公曰：吴王之王，由父省也。能薄赋敛，使其众，以擅山海利。逆乱之萌，自其子兴。争技发难，卒亡其本；亲越谋宗，竟以夷陨。晁错为国远虑，祸反近身。袁盎权说，初宠后辱。故古者诸侯地不过百里，山海不以封。"毋亲夷狄，以疏其属"，盖谓吴邪？"毋为权首，反受其咎"，岂盎、错邪？

史记卷一百七

魏其武安侯列传第四十七

魏其侯窦婴者,孝文后从兄子也。父世观津人。喜宾客。孝文时,婴为吴相,病免。孝景初即位,为詹事。

梁孝王者,孝景弟也,其母窦太后爱之。梁孝王朝,因昆弟燕饮。是时上未立太子,酒酣,从容言曰:"千秋之后传梁王。"太后欢。窦婴引卮酒进上,曰:"天下者,高祖天下,父子相传,此汉之约也,上何以得擅传梁王!"太后由此憎窦婴。窦婴亦薄其官,因病免。太后除窦婴门籍,不得入朝请。

孝景三年,吴楚反,上察宗室诸窦毋如窦婴贤,乃召婴。婴入见,固辞谢病不足任。太后亦惭。于是上曰:"天下方有急,王孙宁可以让邪?"乃拜婴为大将军,赐金千斤。婴乃言袁盎、栾布诸名将贤士在家者进之。所赐金,陈之廊庑下,军吏过,辄令财取为用,金无入家者。窦婴守荥阳,监齐赵兵。七国兵已尽破,封婴为魏其侯。诸游士宾客争归魏其侯。孝景时每朝议大事,条侯、魏其侯,诸列侯莫敢与亢礼。

孝景四年,立栗太子,使魏其侯为太子傅。孝景七年,栗太子废,魏其数争不能得。魏其谢病,屏居蓝田南山之下数月,诸宾客辩士说之,莫能来。梁人高遂乃说魏其曰:"能富贵将军者,上也;能亲将军者,太后也。今将军傅太子,太子废而不能争;争不能得,又弗能死。自引谢病,拥赵女,屏闲处而不朝。相提而论,是自明扬主上之过。有如两宫螫将军,则妻子毋类矣。"魏其侯然之,乃遂起,朝请如故。

桃侯免相,窦太后数言魏其侯。孝景帝曰:"太后岂以为臣有爱,不相魏其?魏其者,沾沾自喜耳,多易。难以为相,持重。"遂不用,用建陵侯卫绾为丞相。

武安侯田蚡者,孝景后同母弟也,生长陵。魏其已为大将军后,方盛,蚡为诸郎,未贵,往来侍酒魏其,跪起如子姓。及孝景晚节,蚡益贵幸,为太中大夫。蚡辩有口,学槃盂诸书,王太后贤之。孝景崩,即日太子立,称制,所镇抚多有田蚡宾客计策。蚡弟田胜,皆以太后弟,孝景后三年封蚡为武安侯,胜为周阳侯。

武安侯新欲用事为相,卑下宾客,进名士家居者贵之,欲以倾魏其诸将相。建元元年,丞相绾病免,上议置丞相、太尉。籍福说武安侯曰:"魏其贵久矣,天下士素归之。今将军初兴,未如魏其,即上以将军为丞相,必让魏其。魏其为丞相,将军必为太尉。太尉、丞相尊等耳,又有让贤名。"武安侯乃微言太后风上,于是乃以魏其侯为丞相,武安侯为太尉。籍福贺魏其侯,因吊曰:"君侯资性喜善疾恶,方今善人誉君侯,故至丞相;然君侯且疾恶,恶人众,亦且毁君侯。君侯能兼容,则幸久;不能,今以毁去矣。"魏其不听。

魏其、武安俱好儒术,推毂赵绾为御史大夫,王臧为郎中令。迎鲁申公,欲设明堂,令列侯就国,除关,以礼为服制,以兴太平。举适诸窦宗室毋节行者,除其属籍。时诸外家为列侯,列侯多尚公主,皆不欲就国,以故毁日至窦太后。太后好黄老之言,而魏其、武安、赵绾、王臧等务隆推儒术,贬道家言,是以窦太后滋不说魏其等。及建元二年,御史大夫赵绾请无奏事东宫。窦太后大怒,乃罢逐赵绾、王臧等,而免丞相、太尉,以柏至侯许昌为丞相,武强侯庄青翟为御史大夫。魏其、武安由此以侯家居。

武安侯虽不任职,以王太后故,亲幸,数言事多效,天下吏士趋势利者,皆去魏其归武安。武安日益横。建元六年,窦太后崩,丞相昌、御史大夫青翟坐丧事不办,免。以武安侯蚡为丞相,以大司农韩安国为御史大夫。天下士郡诸侯愈益附武安。

武安者,貌侵,生贵甚。又以为诸侯王多长,上初即位,富于春秋,蚡以肺腑为京师相,非痛折节以礼诎之,天下不肃。当是时,丞相入奏事,坐语移日,所言皆听。荐人或起家至二千石,权移主上。上乃曰:"君除吏已尽未?吾亦欲除吏。"尝请考工地益宅,上怒曰:"君何不遂取武库!"是后乃退。尝召客饮,坐其兄盖侯南乡,自坐东乡,以为汉相尊,不可以兄故私桡。武安由此滋骄,治宅甲诸第。田园极膏腴,而市买郡县器物相属于道。前堂罗钟鼓,立曲旃;后房妇女以百数。诸侯奉金玉狗马玩好,不可胜数。

魏其失窦太后,益疏不用,无势,诸客稍稍自引而怠傲,唯灌将军独不失故。魏其日默默不得志,而独厚遇灌将军。

灌将军夫者,颍阴人也。夫父张孟,尝为颍阴侯婴舍人,得幸,因进之至二千石,故蒙灌氏姓为灌孟。吴楚反时,颍阴侯灌何为将军,属太尉,请灌孟为校尉。夫以千人与父俱。灌孟年老,颍阴侯强请之,郁郁不得意,故战常陷坚,遂死吴军中。军法,父子俱从军,有死事,得与丧归。灌夫不肯随丧归,奋曰:"愿取吴王若将军头,以报父之仇。"于是灌夫被甲持戟,募军中壮士所善愿从者数十人。及出壁门,莫敢前。独二人及从奴十数骑驰入吴军,至吴将麾下,所杀伤数十人。不得前,复驰还,走入汉壁,皆亡其奴,独与一骑归。夫身中大创十余,适有万金良药,故得无死。夫创少瘳,又复请将军曰:"吾益知吴壁中曲折,请复往。"将军壮义之,恐亡夫,乃言太尉,太尉乃固止之。吴已破,灌夫以此名闻天下。

颍阴侯言之上,上以夫为中郎将。数月,坐法去。后家居长安,长安中诸公莫弗称之。孝景时,至代相。孝景崩,今上初即位,以为淮阳天下交,劲兵处,故徙夫为淮阳太守。建元元年,入为太仆。二年,夫与长乐卫尉窦甫饮,轻重不得,夫醉,搏甫。甫,窦太后昆弟也。上恐太后诛夫,徙为燕相。数岁,坐法去官,家居长安。

灌夫为人刚直使酒,不好面谀。贵戚诸有势在己之右,不欲加礼,必陵之;诸士在己之左,愈贫贱,尤益敬,与钧。稠人广众,荐宠下辈。士亦以此多之。

夫不喜文学,好任侠,已然诺。诸所与交通,无非豪杰大猾。家累数千万,食客日数十百人。陂池田园,宗族宾客为权利,横于颍川。颍川儿乃歌之曰:"颍水清,灌氏宁;颍水浊,灌氏族。"

灌夫家居虽富,然失势,卿相侍中宾客益衰。及魏其侯失势,亦欲倚灌夫引绳批根生平慕之后弃之者。灌夫亦倚魏其而通列侯宗室为名高。两人相为引重,其游如父子然。相得欢甚,无厌,恨相知晚也。

灌夫有服,过丞相。丞相从容曰:"吾欲与仲孺过魏其侯,会仲孺有服。"灌夫曰:"将军乃肯幸临况魏其侯,夫安敢以服为解!请语魏其侯帐具,将军旦且蚤临。"武安许诺。灌夫具语魏其侯如所谓武安侯。魏其与其夫人益市牛酒,夜洒埽,早帐具至旦。平明,令门下候伺。至日中,丞相不来。魏其谓灌夫曰:"丞相岂忘之哉?"灌夫不怿,曰:"夫以服请,宜往。"乃驾,自往迎丞相。丞相特前戏许灌夫,殊无意往。及夫至门,丞相尚卧。于是夫入见,曰:"将军昨日幸许过魏其,魏其夫妻治具,自旦至今,未敢尝食。"武安鄂谢曰:"吾昨日醉,忽忘与仲孺言。"乃驾往,又徐行,灌夫愈益怒。及饮酒酣,夫起舞属丞相,丞相不起,夫从坐上语侵之。魏其乃扶灌夫去,谢丞相。丞相卒饮至夜,极欢而去。

丞相尝使籍福请魏其城南田。魏其大望曰:"老仆虽弃,将军虽贵,宁可以势夺乎!"不许。灌夫闻,怒,骂籍福。籍福恶两人有郤,乃谩自好谢丞相曰:"魏其老且死,易忍,且待之。"已而武安闻魏其、灌夫实怒不予田,亦怒曰:"魏其子尝杀人,蚡活之。蚡事魏其无所不可,何爱数顷田?且灌夫何与也?吾不敢复求田。"武安由此大怨灌夫、魏其。

元光四年春,丞相言灌夫家在颍川,横甚,民苦之。请案。上曰:"此丞相事,何请。"灌夫亦持丞相阴事,为奸利,受淮南王金与语言。宾客居间,遂止,俱解。

夏,丞相取燕王女为夫人,有太后诏,召列侯宗室皆往贺。魏其侯过灌夫,欲与俱。夫谢曰:"夫数以酒失得过丞相,丞相今者又与夫有郤。"魏其曰:"事已解。"强与俱。饮酒酣,武安起为寿,坐皆避席伏。已魏其侯为寿,独故人避席耳,馀半膝席。灌夫不悦。起行酒,至武安,武安膝席曰:"不能满觞。"夫怒,因嘻笑曰:"将军贵人也,属之!"时武安不肯。行酒次至临汝侯,临汝侯方与程不识耳语,又不避席。夫无所发怒,乃骂临汝侯曰:"生平毁程不识不直一钱,今日长者为寿,乃效女儿咕嗫耳语!"武安谓灌夫曰:"程李俱东西宫卫尉,今众辱程将军,仲孺独不为李将军地乎?"灌夫曰:"今日斩头陷匈,何知程李乎!"坐乃起更衣,稍稍去。魏其侯去,麾灌夫出。武安遂怒曰:"此吾骄灌夫罪。"乃令骑留灌夫。灌夫欲出不得。籍福起为谢,案灌夫项令谢。夫愈怒,不肯谢。武安乃麾骑缚夫置传舍,召长史曰:"今日召宗室,有诏。"劾灌夫骂坐不敬,系居室。遂按其前事,遣吏分曹逐捕诸灌氏支属,皆得弃市罪。魏其侯大愧,为资使宾客请,莫能解。武安吏皆为耳目,诸灌氏皆亡匿,夫系,遂不得告言武安阴事。

魏其锐身为救灌夫。夫人谏魏其曰:"灌将军得罪丞相,与太后家忤,宁可救邪?"魏其侯曰:"侯自我得之,自我捐之,无所恨。且终不令灌仲孺独死,婴独生。"乃匿其家,窃出上书。立召入,具言灌夫醉饱事,不足诛。上然之,赐魏其食,曰:"东朝廷辩之。"

魏其之东朝,盛推灌夫之善,言其醉饱得过,乃丞相以他事诬罪之。武安又盛毁灌夫所为横恣,罪逆不道。魏其度不可奈何,因言丞相短。武安曰:"天下幸而安乐无事,蚡得为肺腑,所好音乐狗马田宅。蚡所爱倡优巧匠之属,不如魏其、灌夫日夜招聚天下豪桀壮士与论议,腹诽而心谤,不仰视天而俯画地,辟倪两宫间,幸天下有变,而欲有大功。臣乃不知魏其等所为。"于是上问朝臣:"两人孰是?"御史大夫韩安国曰:"魏其言灌夫父死事,身荷戟驰入不测之吴军,身被数十创,名冠三军,此天下壮士,非有大恶,争杯酒,不足引他过以诛也。魏其言是也。丞相亦言灌夫通奸猾,侵细民,家累巨万,横恣颍川,凌轹宗室,侵犯骨肉,此所谓'枝大于本,胫大于股,不折必披',丞相言亦是。唯明主裁之。"主爵都尉汲黯是魏其。内史郑当时是魏其,后不敢坚对。徐皆莫敢对。上怒内史曰:"公平生数言魏其、武安长短,今日廷论,局趣效辕下驹,吾并斩若属矣。"即罢起人,上食太后。太后亦已使人候伺,具以告太后。太后怒,不食,曰:"今我在也,而人皆藉吾弟,今我百岁后,皆鱼肉之矣。且帝宁能为石人邪!此特帝在,即录录,设百岁后,是属宁有可信者乎?"上谢曰:"俱宗室外家,故廷辩之。不然,此一狱吏所决耳。"是时郎中令石建为上分别言两人事。

武安已罢朝,出止车门,召韩御史大夫载,怒曰:"与长孺共一老秃翁,何为首鼠两端?"韩御史良久谓丞相曰:"君何不自喜? 夫魏其毁君,君当免冠解印绶归,曰'臣以肺腑幸得待罪,固非其任,魏其言皆是'。如此,上必多君有让,不废君。魏其必内愧,杜门齰舌自杀。今人毁君,君亦毁人,譬如贾竖女子争言,何其无大体也!"武安谢罪曰:"争时急,不知出此。"

于是上使御史簿责魏其所言灌夫,颇不雠,欺谩。劾系都司空。孝景时,魏其常受遗诏,曰"事有不便,以便宜论上"。及系,灌夫罪至族,事日急,诸公莫敢复明言于上。魏其乃使昆弟子上书言之,幸得复召见。书奏上,而案尚书大行无遗诏。诏书独藏魏其家,家丞封。乃劾魏其矫先帝诏,罪当弃市。五年十月,悉论灌夫及家属。魏其良久乃闻,闻即恚,病痱,不食欲死。或闻上无意杀魏其,魏其复食,治病,议定不死矣。乃有蜚语为恶言闻上,故以十二月晦论弃市渭城。

其春,武安侯病,专呼服谢罪。使巫视鬼者视之,见魏其、灌夫共守,欲杀之。竟死。子恬嗣。元朔三年,武安侯坐衣襜褕入宫,不敬。

淮南王安谋反觉,治。王前朝,武安侯为太尉,时迎王至霸上,谓王曰:"上未有太子,大王最贤,高祖孙,即宫车晏驾,非大王立当谁哉!"淮南王大喜,厚遗金财物。上自魏其时不直武安,特为太后故耳。及闻淮南王金事,上曰:"使武安侯在者,族矣。"

太史公曰:魏其、武安皆以外戚重,灌夫用一时决策而名显。魏其之举以吴楚,武安之贵在日月之际。然魏其诚不知时变,灌夫无术而不逊,两人相翼,乃成祸乱。武安负贵而好权,杯酒责望,陷彼两贤。呜呼哀哉!迁怒及人,命亦不延。众庶不载,竟被恶言。呜呼哀哉! 祸所从来矣!

史记卷一百八

韩长孺列传第四十八

御史大夫韩安国者，梁成安人也，后徙睢阳。尝受韩子、杂家说于驺田生所。事梁孝王为中大夫。吴楚反时，孝王使安国及张羽为将，扞吴兵于东界。张羽力战，安国持重，以故吴不能过梁。吴楚已破，安国、张羽名由此显。

梁孝王，景帝母弟，窦太后爱之，令得自请置相、二千石，出入游戏，僭于天子。天子闻之，心弗善也。太后知帝不善，乃怒梁使者，弗见，案责王所为。韩安国为梁使，见大长公主而泣曰："何梁王为人子之孝，为人臣之忠，而太后曾弗省也？夫前日吴、楚、齐、赵七国反时，自关以东皆合从西向，惟梁最亲为艰难。梁王念太后、帝在中，而诸侯扰乱，一言泣数行下，跪送臣等六人将兵击却吴楚，吴楚以故兵不敢西，而卒破亡，梁王之力也。今太后以小节苛礼责望梁王。梁王父兄皆帝王，所见者大，故出称跸，入言警，车旗皆帝所赐也，即欲以侘鄙县，驱驰国中，以夸诸侯，令天下尽知太后、帝爱之也。今梁使来，辄案责之。梁王恐，日夜涕泣思慕，不知所为。何梁王之为子孝，为臣忠，而太后弗恤也？"大长公主具以告太后，太后喜曰："为言之帝。"言之，帝心乃解，而免冠谢太后曰："兄弟不能相教，乃为太后遗忧。"悉见梁使，厚赐之。其后梁王益亲欢。太后、长公主更赐安国可直千馀金。名由此显，结于汉。

其后安国坐法抵罪，蒙狱吏田甲辱安国。安国曰："死灰独不复然乎？"田甲曰："然即溺之。"居无何，梁内史缺，汉使使者拜安国为梁内史，起徒中为二千石。田甲亡走。安国曰："甲不就官，我灭而宗。"甲因肉袒谢。安国笑曰："可溺矣！公等足与治乎？"卒善遇之。

梁内史之缺也，孝王新得齐人公孙诡，说之，欲请以为内史。窦太后闻，乃诏王以安国为内史

公孙诡、羊胜说孝王求为帝太子及益地事，恐汉大臣不听，乃阴使人

刺汉用事谋臣。及杀故吴相袁盎,景帝遂闻诡、胜等计画,乃遣使捕诡、胜,必得。汉使十辈至梁,相以下举国大索,月馀不得。内史安国闻诡、胜匿孝王所,安国入见王而泣曰:"主辱臣死。大王无良臣,故事纷纷至此。今诡、胜不得,请辞赐死。"王曰:"何至此?"安国泣数行下,曰:"大王自度于皇帝,孰与太上皇之与高皇帝及皇帝之与临江王亲?"孝王曰:"弗如也。"安国曰:"夫太上、临江亲父子之间,然而高帝曰'提三尺剑取天下者朕也',故太上皇终不得制事,居于栎阳。临江王,适长太子也,以一言过,废王临江;用宫垣事,卒自杀中尉府。何者?治天下终不以私乱公。语曰:'虽有亲父,安知其不为虎?虽有亲兄,安知其不为狼?'今大王列在诸侯,悦一邪臣浮说,犯上禁,桡明法。天子以太后故,不忍致法于王。太后日夜涕泣,幸大王自改,而大王终不觉寤。有如太后宫车即晏驾,大王尚谁攀乎?"语未卒,孝王泣数行下,谢安国曰:"吾今出诡、胜。"诡、胜自杀。汉使还报,梁事皆得释,安国之力也。于是景帝、太后益重安国。孝王卒,共王即位,安国坐法失官,居家。

建元中,武安侯田蚡为汉太尉,亲贵用事,安国以五百金物遗蚡。蚡言安国太后,天子亦素闻其贤,即召以为北地都尉,迁为大司农。闽越、东越相攻,安国及大行王恢将。未至越,越杀其王降,汉兵亦罢。建元六年,武安侯为丞相,安国为御史大夫。

匈奴来请和亲,天子下议。大行王恢,燕人也,数为边吏,习知胡事。议曰:"汉与匈奴和亲,率不过数岁即复倍约。不如勿许,兴兵击之。"安国曰:"千里而战,兵不获利。今匈奴负戎马之足,怀禽兽之心,迁徙鸟举,难得而制也。得其地不足以为广,有其众不足以为强,自上古不属为人。汉数千里争利,则人马罢,虏以全制其敝。且强弩之极,矢不能穿鲁缟;冲风之末,力不能漂鸿毛。非初不劲,末力衰也。击之不便,不如和亲。"群臣议者多附安国,于是上许和亲。

其明年,则元光元年,雁门马邑豪聂翁壹因大行王恢言上曰:"匈奴初和亲,亲信边,可诱以利。"阴使聂翁壹为间,亡入匈奴,谓单于曰:"吾能斩马邑令丞吏,以城降,财物可尽得。"单于爱信之,以为然,许聂翁壹。聂翁壹乃还,诈斩死罪囚,悬其头马邑城,示单于使者为信。曰:"马邑长吏已死,可急来。"于是单于穿塞将十馀万骑,入武州塞。

当是时,汉伏兵车骑材官三十馀万,匿马邑旁谷中。卫尉李广为骁骑将军,太仆公孙贺为轻车将军,大行王恢为将屯将军,太中大夫李息为材官将军。御史大夫韩安国为护军将军,诸将皆属护军。约单于入马邑而汉兵纵发。王恢、李息、李广别从代主击其辎重。于是单于入汉长城武州塞。未至马邑百馀里,行掠卤,徒见畜牧于野,不见一人。单于怪之,攻烽燧,得武州尉史。欲刺问尉史。尉史曰:"汉兵数十万伏马邑下。"单于顾谓左右曰:"几为汉所卖!"乃引兵还。出塞,曰:"吾得尉史,乃天也。"命尉史为"天王"。塞下传言单于已引去。汉兵追至塞,度弗及,即罢。王恢等兵三万,闻单于不与汉合,度往击辎重,必与单于精兵战,汉兵势必败,则以便宜罢兵,皆无功。

天子怒王恢不出击单于辎重,擅引兵罢也。恢曰:"始约虏入马邑城,兵与单于接,而臣击其辎重,可得利。今单于闻,不至而还,臣以三万人众不敌,秪取辱耳。臣固知还而斩,然得完陛下士三万人。"于是下恢廷尉。廷尉当恢逗桡,当斩。恢私行千金丞相蚡。蚡不敢言上,而言于太后曰:"王恢首造马邑事,今不成而诛恢,是为匈奴报仇也。"上朝太后,太后以丞相言告上。上曰:"首为马邑事者,恢也,故发天下兵数十万,从其言,为此。且纵单于不可得,恢所部击其辎重,犹颇可得,以慰士大夫心。今不诛恢,无以谢天下。"于是恢闻之,乃自杀。

安国为人多大略,智足以当世取合,而出于忠厚焉。贪嗜于财。所推举皆廉士,贤于己者也。于梁举壶遂、臧固、郅他,皆天下名士,士亦以此称慕之,唯天子以为国器。安国为御史大夫四岁馀,丞相田蚡死,安国行丞相事,奉引堕车蹇。天子议置相,欲用安国,使使视之,蹇甚,乃更以平棘侯薛泽为丞相。安国病免数月,蹇愈,上复以安国为中尉。岁馀,徙为卫尉。

车骑将军卫青击匈奴,出上谷,破胡茏城。将军李广为匈奴所得,复失之;公孙敖大亡卒:皆当斩,赎为庶人。明年,匈奴大入边,杀辽西太守,及入雁门,所杀略数千人。车骑将军卫青击之,出雁门。卫尉安国为材官将军,屯于渔阳。安国捕生虏,言匈奴远去。即上书言方田作时,请且罢军屯。罢军屯月馀,匈奴大入上谷、渔阳。安国壁乃有七百馀人,出与战,不胜,复入壁。匈奴虏略千馀人及畜产而去。天子闻之,怒,使使责让安国。徙安国益东,屯右北平。是时匈奴虏言当入东方。

安国始为御史大夫及护军,后稍斥疏,下迁;而新幸壮将军卫青等有功,益贵。安国既疏远,默默也;将屯又为匈奴所欺,失亡多,甚自愧。幸得罢归,乃益东徙屯,意忽忽不乐。数月,病欧血死。安国以元朔二年中卒。

太史公曰：余与壶遂定律历，观韩长孺之义，壶遂之深中隐厚。世之言梁多长者，不虚哉！壶遂官至詹事，天子方倚以为汉相，会遂卒。不然，壶遂之内廉行修，斯鞠躬君子也。

史记卷一百九

李将军列传第四十九

李将军广者，陇西成纪人也。其先曰李信，秦时为将，逐得燕太子丹者也。故槐里，徙成纪。广家世世受射。孝文帝十四年，匈奴大入萧关，而广以良家子从军击胡，用善骑射，杀首虏多，为汉中郎。广从弟李蔡亦为郎，皆为武骑常侍，秩八百石。尝从行，有所冲陷折关及格猛兽，而文帝曰："惜乎，子不遇时！如令子当高帝时，万户侯岂足道哉！"

及孝景初立，广为陇西都尉，徙为骑郎将。吴楚军时，广为骁骑都尉，从太尉亚夫击吴楚军，取旗，显功名昌邑下。以梁王授广将军印，还，赏不行。徙为上谷太守，匈奴日以合战。典属国公孙昆邪为上泣曰："李广才气，天下无双，自负其能，数与虏敌战，恐亡之。"于是乃徙为上郡太守。后广转为边郡太守，徙上郡。尝为陇西、北地、雁门、代郡、云中太守，皆以力战为名。

匈奴大入上郡，天子使中贵人从广勒习兵击匈奴。中贵人将骑数十纵，见匈奴三人，与战。三人还射，伤中贵人，杀其骑且尽。中贵人走广。广曰："是必射雕者也。"广乃遂从百骑往驰三人。三人亡马步行，行数十里。广令其骑张左右翼，而广身自射彼三人者，杀其二人，生得一人，果匈奴射雕者也。已缚之上马，望匈奴有数千骑，见广，以为诱骑，皆惊，上山陈。广之百骑皆大恐，欲驰还走。广曰："吾去大军数十里，今如此以百骑走，匈奴追射我立尽。今我留，匈奴必以我为大军之诱，必不敢击我。"广令诸骑曰："前！"前未到匈奴陈二里所，止，令曰："皆下马解鞍！"其骑曰："虏多且近，即有急，奈何？"广曰："彼虏以我为走，今皆解鞍以示不走，用坚其意。"于是胡骑遂不敢击。有白马将出护其兵，李广上马与十馀骑奔射杀胡白马将，而复还至其骑中，解鞍，令士皆纵马卧。是时会暮，胡兵终怪之，不敢击。夜半时，胡兵亦以为汉有伏军于旁欲夜取之，胡皆引兵而去。平旦，李广乃归其大军。大军不知广所之，故弗从。

居久之，孝景崩，武帝立，左右以为广名将也，于是广以上郡太守为未央卫尉，而程不识亦为长乐卫尉。程不识故与李广俱以边太守将军屯。及出击胡，而广行无部伍行陈，就善水草屯，舍止，人人自便，不击刀斗以自卫，莫府省约文书籍事，然亦远斥候，未尝遇害。程不识正部曲行伍营陈，击刀斗，士吏治军簿至明，军不得休息，然亦未尝遇害。不识曰："李广军极简易，然虏卒犯之，无以禁也；而其士卒亦佚乐，咸乐为之死。我军虽烦扰，然虏亦不得犯我。"是时汉边郡李广、程不识皆为名将，然匈奴畏李广之略，士卒亦多乐从李广而苦程不识。程不识孝景时以数直谏为太中大夫。为人廉，谨于文法。

后汉以马邑城诱单于，使大军伏马邑旁谷，而广为骁骑将军，领属护军将军。是时单于觉之，去，汉军皆无功。其后四岁，广以卫尉为将军，出雁门击匈奴。匈奴兵多，破败广军，生得广。单于素闻广贤，令曰："得李广必生致之。"胡骑得广，广时伤病，置广两马间，络而盛卧广。行十余里，广详死，睨其旁有一胡儿骑善马，广暂腾而上胡儿马，因推堕儿，取其弓，鞭马南驰数十里，复得其余军，因引而入塞。匈奴捕者骑数百追之，广行取胡儿弓，射杀追骑，以故得脱。于是至汉，汉下广吏。吏当广所失亡多，为虏所生得，当斩，赎为庶人。

顷之，家居数岁。广家与故颍阴侯孙屏野居蓝田南山中射猎。尝夜从一骑出，从人田间饮。还至霸陵亭，霸陵尉醉，呵止广。广骑曰："故李将军。"尉曰："今将军尚不得夜行，何乃故也！"止广宿亭下。居无何，匈奴入杀辽西太守，败韩将军，后韩将军徙右北平。于是天子乃召拜广为右北平太守。广即请霸陵尉与俱，至军而斩之。

广居右北平，匈奴闻之，号曰"汉之飞将军"，避之数岁，不敢入右北平。

广出猎，见草中石，以为虎而射之，中石没镞，视之石也。因复更射之，终不能复入石矣。广所居郡闻有虎，尝自射之。及居右北平射虎，虎腾伤广，广亦竟射杀之。

广廉，得赏赐辄分其麾下，饮食与士共之。终广之身，为二千石四十余年，家无余财，终不言家产事。广为人长，猨臂，其善射亦天性也，虽其子孙他人学者，莫能及广。广讷口少言，与人居则画地为军陈，射阔狭以饮。专以射为戏，竟死。广之将兵，乏绝之处，见水，士卒不尽饮，广不近水，士卒不尽食，广不尝食。宽缓不苛，士以此爱乐为用。其射，见敌急，非在数十步之内，度不中不发，发即应弦而倒。用此，其将兵数困辱，其射猛兽亦为所伤云。

　　居顷之，石建卒，于是上召广代建为郎中令。元朔六年，广复为后将军，从大将军军出定襄，击匈奴。诸将多中首虏率，以功为侯者，而广军无功。后二岁，广以郎中令将四千骑出右北平，博望侯张骞将万骑与广俱，异道。行可数百里，匈奴左贤王将四万骑围广，广军士皆恐，广乃使其子敢往驰之。敢独与数十骑驰，直贯胡骑，出其左右而还，告广曰："胡虏易与耳。"军士乃安。广为圜陈外向，胡急击之，矢下如雨。汉兵死者过半，汉矢且尽。广乃令士持满毋发，而广身自以大黄射其裨将，杀数人，胡虏益解。会日暮，吏士皆无人色，而广意气自如，益治军。军中自是服其勇也。明日，复力战，而博望侯军亦至，匈奴军乃解去。汉军罢，弗能追。是时广军几没，罢归。汉法，博望侯留迟后期，当死，赎为庶人。广军功自如，无赏。

　　初，广之从弟李蔡与广俱事孝文帝。景帝时，蔡积功劳至二千石。孝武帝时，至代相。以元朔五年为轻车将军，从大将军击右贤王，有功中率，封为乐安侯。元狩二年中，代公孙弘为丞相。蔡为人在下中，名声出广下甚远，然广不得爵邑，官不过九卿，而蔡为列侯，位至三公。诸广之军吏及士卒或取封侯。广尝与望气王朔燕语，曰："自汉击匈奴而广未尝不在其中，而诸部校尉以下，才能不及中人，然以击胡军功取侯者数十人，而广不为后人，然无尺寸之功以得封邑者，何也？岂吾相不当侯邪？且固命也？"朔曰："将军自念，岂尝有所恨乎？"广曰："吾尝为陇西守，羌尝反，吾诱而降，降者八百馀人，吾诈而同日杀之。至今大恨独此耳。"朔曰："祸莫大于杀已降，此乃将军所以不得侯者也。"

　　后二岁，大将军、骠骑将军大出击匈奴，广数自请行。天子以为老，弗许；良久乃许之，以为前将军。是岁，元狩四年也。

　　广既从大将军青击匈奴，既出塞，青捕虏知单于所居，乃自以精兵走之，而令广并于右将军军，出东道。东道少回远，而大军行水草少，其势不屯行。广自请曰："臣部为前将军，今大将军乃徙令臣出东道，且臣结发而与匈奴战，今乃一得当单于，臣愿居前，先死单于。"大将军青亦阴受上诫，以为李广老，数奇，毋令当单于，恐不得所欲。而是时公孙敖新失侯，为中将军从大将军，大将军亦欲使敖与俱当单于，故徙前将军广。广时知之，固自辞于大将军。大将军不听，令长史封书与广之莫府，曰："急诣部，如书。"广不谢大将军而起行，意甚愠怒而就部，引兵与右将军食其合军出东道。军亡导，或失道，后大将军。大将军与单于接战，单于遁走，弗能得而还。南绝幕，遇前将军、右将军。广已见大将军，还入军。大将军使长史持糒醪遗广，因问广、食其失道状，青欲上书报天子军曲折。广未对，大将军使长史急责广之幕府对簿。广曰："诸校尉无罪，乃我自失道。吾今自上簿。"

至莫府，广谓其麾下曰："广结发与匈奴大小七十馀战，今幸从大将军出接单于兵，而大将军又徙广部行回远，而又迷失道，岂非天哉！且广年六十馀矣，终不能复对刀笔之吏。"遂引刀自刭。广军士大夫一军皆哭。百姓闻之，知与不知，无老壮皆为垂涕。而右将军独下吏，当死，赎为庶人。

广子三人，曰当户、椒、敢，为郎。天子与韩嫣戏，嫣少不逊，当户击嫣，嫣走。于是天子以为勇。当户早死，拜椒为代郡太守，皆先广死。当户有遗腹子名陵。广死军时，敢从骠骑将军。广死明年，李蔡以丞相坐侵孝景园壖地，当下吏治，蔡亦自杀，不对狱，国除。李敢以校尉从骠骑将军击胡左贤王，力战，夺左贤王鼓旗，斩首多，赐爵关内侯，食邑二百户，代广为郎中令。顷之，怨大将军青之恨其父，乃击伤大将军，大将军匿讳之。居无何，敢从上雍，至甘泉宫猎。骠骑将军去病与青有亲，射杀敢。去病时方贵幸，上讳云鹿触杀之。居岁馀，去病死。而敢有女为太子中人，爱幸，敢男禹有宠于太子，然好利，李氏陵迟衰微矣。

李陵既壮，选为建章监，监诸骑。善射，爱士卒。天子以为李氏世将，而使将八百骑。尝深入匈奴二千馀里，过居延视地形，无所见虏而还。拜为骑都尉，将丹阳楚人五千人，教射酒泉、张掖以屯卫胡。

数岁，天汉二年秋，贰师将军李广利将三万骑击匈奴右贤王于祁连天山，而使陵将其射士步兵五千人出居延北可千馀里，欲以分匈奴兵，毋令专走贰师也。陵既至期还，而单于以兵八万围击陵军。陵军五千人，兵矢既尽，士死者过半，而所杀伤匈奴亦万馀人。且引且战，连斗八日，还未到居延百馀里，匈奴遮狭绝道，陵食乏而救兵不到，虏急击招降陵。陵曰："无面目报陛下。"遂降匈奴。其兵尽没，馀亡散得归汉者四百馀人。

单于既得陵，素闻其家声，及战又壮，乃以其女妻陵而贵之。汉闻，族陵母妻子。自是之后，李氏名败，而陇西之士居门下者皆用为耻焉。

　　太史公曰：传曰"其身正，不令而行；其身不正，虽令不从"。其<u>李将军</u>之谓也？余睹<u>李将军</u>悛悛如鄙人，口不能道辞。及死之日，天下知与不知，皆为尽哀。彼其忠实心诚信于士大夫也？谚曰"桃李不言，下自成蹊"。此言虽小，可以谕大也。

史记卷一百十

匈奴列传第五十

匈奴，其先祖夏后氏之苗裔也，曰淳维。唐虞以上有山戎、猃狁、荤粥，居于北蛮，随畜牧而转移。其畜之所多则马、牛、羊，其奇畜则橐驼、驴、骡、駃騠、騊駼、騨騱。逐水草迁徙，毋城郭常处耕田之业，然亦各有分地。毋文书，以言语为约束。儿能骑羊，引弓射鸟鼠；少长则射狐兔：用为食。士力能毋弓，尽为甲骑。其俗，宽则随畜，因射猎禽兽为生业，急则人习战攻以侵伐，其天性也。其长兵则弓矢，短兵则刀铤。利则进，不利则退，不羞遁走。苟利所在，不知礼义。自君王以下，咸食畜肉，衣其皮革，被旃裘。壮者食肥美，老者食其馀。贵壮健，贱老弱。父死，妻其后母；兄弟死，皆取其妻妻之。其俗有名不讳，而无姓字。

夏道衰，而公刘失其稷官，变于西戎，邑于豳。其后三百有馀岁，戎狄攻大王亶父，亶父亡走岐下，而豳人悉从亶父而邑焉，作周。其后百有馀岁，周西伯昌伐畎夷氏。后十有馀年，武王伐纣而营雒邑，复居于酆鄗，放逐戎夷泾、洛之北，以时入贡，命曰"荒服"。其后二百有馀年，周道衰，而穆王伐犬戎，得四白狼四白鹿以归。自是之后，荒服不至。于是周遂作甫刑之辟。穆王之后二百有馀年，周幽王用宠姬褒姒之故，与申侯有郤。申侯怒而与犬戎共攻杀周幽王于骊山之下，遂取周之焦获，而居于泾渭之间，侵暴中国。秦襄公救周，于是周平王去酆鄗而东徙雒邑。当是之时，秦襄公伐戎至岐，始列为诸侯。是后六十有五年，而山戎越燕而伐齐，齐釐公与战于齐郊。其后四十四年，而山戎伐燕。燕告急于齐，齐桓公北伐山戎，山戎走。其后二十有馀年，而戎狄至洛邑，伐周襄王，襄王奔于郑之氾邑。初，周襄王欲伐郑，故娶戎狄女为后，与戎狄兵共伐郑。已而黜狄后，狄后怨，而襄王后母曰惠后，有子子带，欲立之，于是惠后与狄后、子带为内应，开戎狄，戎狄以故得入，破逐周襄王，而立子带为天子。于是戎狄或居于陆浑，东至于卫，侵盗暴虐中国。中国疾之，故诗人歌之曰"戎狄是应"，"薄伐猃狁，至于大原"，"出舆彭彭，城彼朔方"。周襄王既居外四年，乃使使告急于晋。晋文公初立,欲修霸业,乃兴师伐逐戎翟,诛子带,迎内周襄王,居于雒邑。

当是之时,秦晋为强国。晋文公攘戎翟,居于河西圁、洛之间,号曰赤翟、白翟。秦穆公得由余,西戎八国服于秦,故自陇以西有绵诸、绲戎、翟、獂之戎,岐、梁山、泾、漆之北有义渠、大荔、乌氏、朐衍之戎。而晋北有林胡、楼烦之戎,燕北有东胡、山戎。各分散居谿谷,自有君长,往往而聚者百有馀戎,然莫能相一。

自是之后百有馀年,晋悼公使魏绛和戎翟,戎翟朝晋。后百有馀年,赵襄子逾句注而破并代以临胡貉。其后既与韩魏共灭智伯,分晋地而有之,则赵有代、句注之北,魏有河西、上郡,以与戎界边。其后义渠之戎筑城郭以自守,而秦稍蚕食,至于惠王,遂拔义渠二十五城。惠王击魏,魏尽入西河及上郡于秦。秦昭王时,义渠戎王与宣太后乱,有二子。宣太后诈而杀义渠戎王于甘泉,遂起兵伐残义渠。于是秦有陇西、北地、上郡,筑长城以拒胡。而赵武灵王亦变俗胡服,习骑射,北破林胡、楼烦。筑长城,自代并阴山下,至高阙为塞。而置云中、雁门、代郡。其后燕有贤将秦开,为质于胡,胡甚信之。归而袭破走东胡,东胡却千馀里。与荆轲刺秦王秦舞阳者,开之孙也。燕亦筑长城,自造阳至襄平。置上谷、渔阳、右北平、辽西、辽东郡以拒胡。当是之时,冠带战国七,而三国边于匈奴。其后赵将李牧时,匈奴不敢入赵边。后秦灭六国,而始皇帝使蒙恬将十万之众北击胡,悉收河南地。因河为塞,筑四十四县城临河,徙適戍以充之。而通直道,自九原至云阳,因边山险堑谿谷可缮者治之,起临洮至辽东万馀里。又度河据阳山北假中。

当是之时,东胡强而月氏盛。匈奴单于曰头曼,头曼不胜秦,北徙。十馀年而蒙恬死,诸侯畔秦,中国扰乱,诸秦所徙適戍边者皆复去,于是匈奴得宽,复稍度河南与中国界于故塞。

单于有太子名冒顿。后有所爱阏氏,生少子,而单于欲废冒顿而立少子,乃使冒顿质于月氏。冒顿既质于月氏,而头曼急击月氏。月氏欲杀冒顿,冒顿盗其善马,骑之亡归。头曼以为壮,令将万骑。冒顿乃作为鸣镝,习勒其骑射,令曰:“鸣镝所射而不悉射者,斩之。”行猎鸟兽,有不射鸣镝所射者,辄斩之。已而冒顿以鸣镝自射其善马,左右或不敢射者,冒顿立斩不射善马者。居顷之,复以鸣镝自射其爱妻,左右或颇恐,不敢射,冒顿又复斩之。居顷之,冒顿出猎,以鸣镝射单于善马,左右皆射之。于是冒顿知其左右皆可用。从其父单于头曼猎,以鸣镝射头曼,其左右亦皆随鸣镝而射杀单于头曼，遂尽诛其后母与弟及大臣不听从者。冒顿自立为单于。

冒顿既立，是时东胡强盛，闻冒顿杀父自立，乃使使谓冒顿，欲得头曼时有千里马。冒顿问群臣，群臣皆曰："千里马，匈奴宝马也，勿与。"冒顿曰："奈何与人邻国而爱一马乎？"遂与之千里马。居顷之，东胡以为冒顿畏之，乃使使谓冒顿，欲得单于一阏氏。冒顿复问左右，左右皆怒曰："东胡无道，乃求阏氏！请击之。"冒顿曰："奈何与人邻国爱一女子乎？"遂取所爱阏氏予东胡。东胡王愈益骄，西侵。与匈奴间，中有弃地，莫居，千馀里，各居其边为瓯脱。东胡使使谓冒顿曰："匈奴所与我界瓯脱外弃地，匈奴非能至也，吾欲有之。"冒顿问群臣，群臣或曰："此弃地，予之亦可，勿予亦可。"于是冒顿大怒曰："地者，国之本也，奈何予之！"诸言予之者，皆斩之。冒顿上马，令国中有后者斩，遂东袭击东胡。东胡初轻冒顿，不为备。及冒顿以兵至，击，大破灭东胡王，而虏其民人及畜产。既归，西击走月氏，南并楼烦、白羊河南王。悉复收秦所使蒙恬所夺匈奴地者，与汉关故河南塞，至朝郍、肤施，遂侵燕、代。是时汉兵与项羽相距，中国罢于兵革，以故冒顿得自强，控弦之士三十馀万。

自淳维以至头曼千有馀岁，时大时小，别散分离，尚矣，其世传不可得而次云。然至冒顿而匈奴最强大，尽服从北夷，而南与中国为敌国，其世传国官号乃可得而记云。

置左右贤王，左右谷蠡王，左右大将，左右大都尉，左右大当户，左右骨都侯。匈奴谓贤曰"屠耆"，故常以太子为左屠耆王。自如左右贤王以下至当户，大者万骑，小者数千，凡二十四长，立号曰"万骑"。诸大臣皆世官。呼衍氏，兰氏，其后有须卜氏，此三姓其贵种也。诸左方王将居东方，直上谷以往者，东接秽貉、朝鲜；右方王将居西方，直上郡以西，接月氏、氐、羌；而单于之庭直代、云中：各有分地，逐水草移徙。而左右贤王、左右谷蠡王最为大，左右骨都侯辅政。诸二十四长亦各自置千长、百长、什长、裨小王、相封、都、尉当户、且渠之属。

岁正月，诸长小会单于庭，祠。五月，大会茏城，祭其先、天地、鬼神。秋，马肥，大会蹛林，课校人畜计。其法，拔刃尺者死，坐盗者没入其家；有罪小者轧，大者死。狱久者不过十日，一国之囚不过数人。而单于朝出营，拜日之始生，夕拜月。其坐，长左而北乡。日上戊己。其送死，有棺椁金银衣裘，而无封树丧服；近幸臣妾从死者，多至数千百人。举事而候星月，月盛壮则攻战，月亏则退兵。其攻战，斩首虏赐一卮酒，而所得卤获因以予之,得人以为奴婢。故其战,人人自为趣利,善为诱兵以冒敌。故其见敌则逐利,如鸟之集;其困败,则瓦解云散矣。战而扶舆死者,尽得死者家财。

后北服浑庾、屈射、丁零、鬲昆、薪犁之国。于是匈奴贵人大臣皆服,以冒顿单于为贤。

是时汉初定中国,徙韩王信于代,都马邑。匈奴大攻围马邑,韩王信降匈奴。匈奴得信,因引兵南逾句注,攻太原,至晋阳下。高帝自将兵往击之。会冬大寒雨雪,卒之堕指者十二三,于是冒顿详败走,诱汉兵。汉兵逐击冒顿,冒顿匿其精兵,见其羸弱,于是汉悉兵,多步兵,三十二万,北逐之。高帝先至平城,步兵未尽到,冒顿纵精兵四十万骑围高帝于白登,七日,汉兵中外不得相救饷。匈奴骑,其西方尽白马,东方尽青駹马,北方尽乌骊马,南方尽骍马。高帝乃使使间厚遗阏氏,阏氏乃谓冒顿曰:"两主不相困。今得汉地,而单于终非能居之也。且汉王亦有神,单于察之。"冒顿与韩王信之将王黄、赵利期,而黄、利兵又不来,疑其与汉有谋,亦取阏氏之言,乃解围之一角。于是高帝令士皆持满傅矢外乡,从解角直出,竟与大军合,而冒顿遂引兵而去。汉亦引兵而罢,使刘敬结和亲之约。

是后韩王信为匈奴将,及赵利、王黄等数倍约,侵盗代、云中。居无几何,陈豨反,又与韩信合谋击代。汉使樊哙往击之,复拔代、雁门、云中郡县,不出塞。是时匈奴以汉将众往降,故冒顿常往来侵盗代地。于是汉患之,高帝乃使刘敬奉宗室女公主为单于阏氏,岁奉匈奴絮缯酒米食物各有数,约为昆弟以和亲,冒顿乃少止。后燕王卢绾反,率其党数千人降匈奴,往来苦上谷以东。

高祖崩,孝惠、吕太后时,汉初定,故匈奴以骄。冒顿乃为书遗高后,妄言。高后欲击之,诸将曰:"以高帝贤武,然尚困于平城。"于是高后乃止,复与匈奴和亲。

至孝文帝初立,复修和亲之事。其三年五月,匈奴右贤王入居河南地,侵盗上郡葆塞蛮夷,杀略人民。于是孝文帝诏丞相灌婴发车骑八万五千,诣高奴,击右贤王。右贤王走出塞。文帝幸太原。是时济北王反,文帝归,罢丞相击胡之兵。

其明年,单于遗汉书曰:"天所立匈奴大单于敬问皇帝无恙。前时皇帝言和亲事,称书意,合欢。汉边吏侵侮右贤王,右贤王不请,听后义卢侯难氏等计,与汉吏相距,绝二主之约,离兄弟之亲。皇帝让书再至,发使以书报,不来,汉使不至,汉以其故不和,邻国不附。今以小吏之败约故,罚右贤王，使之西求月氏击之。以天之福，吏卒良，马强力，以夷灭月氏，尽斩杀降下之。定楼兰、乌孙、呼揭及其旁二十六国，皆以为匈奴。诸引弓之民，并为一家。北州已定，愿寝兵休士卒养马，除前事，复故约，以安边民，以应始古，使少者得成其长，老者安其处，世世平乐。未得皇帝之志也，故使郎中系雩浅奉书请，献橐他一匹，骑马二匹，驾二驷。皇帝即不欲匈奴近塞，则且诏吏民远舍。使者至，即遣之。"以六月中来至薪望之地。书至，汉议击与和亲孰便。公卿皆曰："单于新破月氏，乘胜，不可击。且得匈奴地，泽卤，非可居也。和亲甚便。"汉许之。

孝文皇帝前六年，汉遗匈奴书曰："皇帝敬问匈奴大单于无恙。使郎中系雩浅遗朕书曰：'右贤王不请，听后义卢侯难氏等计，绝二主之约，离兄弟之亲，汉以故不和，邻国不附。今以小吏败约，故罚右贤王使西击月氏，尽定之。愿寝兵休士卒养马，除前事，复故约，以安边民，使少者得成其长，老者安其处，世世平乐。'朕甚嘉之，此古圣主之意也。汉与匈奴约为兄弟，所以遗单于甚厚。倍约离兄弟之亲者，常在匈奴。然右贤王事已在赦前，单于勿深诛。单于若称书意，明告诸吏，使无负约，有信，敬如单于书。使者言单于自将伐国有功，甚苦兵事。服绣袷绮衣、绣袷长襦、锦袷袍各一，比余一，黄金饰具带一，黄金胥纰一，绣十匹，锦三十匹，赤绨、绿缯各四十匹，使中大夫意、谒者令肩遗单于。"

后顷之，冒顿死，子稽粥立，号曰老上单于。

老上稽粥单于初立，孝文皇帝复遣宗室女公主为单于阏氏，使宦者燕人中行说傅公主。说不欲行，汉强使之。说曰："必我行也，为汉患者。"中行说既至，因降单于，单于甚亲幸之。

初，匈奴好汉缯絮食物，中行说曰："匈奴人众不能当汉之一郡，然所以强者，以衣食异，无仰于汉也。今单于变俗好汉物，汉物不过什二，则匈奴尽归于汉矣。其得汉缯絮，以驰草棘中，衣裤皆裂敝，以示不如旃裘之完善也。得汉食物皆去之，以示不如湩酪之便美也。"于是说教单于左右疏记，以计课其人众畜物。

汉遗单于书，牍以尺一寸，辞曰"皇帝敬问匈奴大单于无恙"，所遗物及言语云云。中行说令单于遗汉书以尺二寸牍，及印封皆令广大长，倨傲其辞曰"天地所生日月所置匈奴大单于敬问汉皇帝无恙"，所以遗物言语亦云云。

汉使或言曰："匈奴俗贱老。"中行说穷汉使曰："而汉俗屯戍从军当发者，其老亲岂有不自脱温厚肥美以赍送饮食行戍乎？"汉使曰："然。"中行说曰："匈奴明以战攻为事,其老弱不能斗,故以其肥美饮食壮健者,盖以自为守卫,如此父子各得久相保,何以言匈奴轻老也?"汉使曰："匈奴父子乃同穹庐而卧。父死,妻其后母;兄弟死,尽取其妻妻之。无冠带之饰,阙庭之礼。"中行说曰："匈奴之俗,人食畜肉,饮其汁,衣其皮;畜食草饮水,随时转移。故其急则人习骑射,宽则人乐无事,其约束轻,易行也。君臣简易,一国之政犹一身也。父子兄弟死,取其妻妻之,恶种姓之失也。故匈奴虽乱,必立宗种。今中国虽详不取其父兄之妻,亲属益疏则相杀,至乃易姓,皆从此类。且礼义之敝,上下交怨望,而室屋之极,生力必屈。夫力耕桑以求衣食,筑城郭以自备,故其民急则不习战功,缓则罢于作业。嗟土室之人,顾无多辞,令喋喋而佔佔,冠固何当?"

自是之后,汉使欲辩论者,中行说辄曰："汉使无多言,顾汉所输匈奴缯絮米蘖,令其量中,必善美而已矣,何以为言乎?且所给备善则已;不备,苦恶,则候秋孰,以骑驰蹂而稼穑耳。"日夜教单于候利害处。

汉孝文皇帝十四年,匈奴单于十四万骑入朝郍、萧关,杀北地都尉卬,虏人民畜产甚多,遂至彭阳。使奇兵入烧回中宫,候骑至雍甘泉。于是文帝以中尉周舍、郎中令张武为将军,发车千乘,骑十万,军长安旁以备胡寇。而拜昌侯卢卿为上郡将军,宁侯魏遫为北地将军,隆虑侯周灶为陇西将军,东阳侯张相如为大将军,成侯董赤为前将军,大发车骑往击胡。单于留塞内月馀乃去,汉逐出塞即还,不能有所杀。匈奴日已骄,岁入边,杀略人民畜产甚多,云中、辽东最甚,至代郡万馀人。汉患之,乃使使遗匈奴书。单于亦使当户报谢,复言和亲事。

孝文帝后二年,使使遗匈奴书曰："皇帝敬问匈奴大单于无恙。使当户且居雕渠难、郎中韩辽遗朕马二匹,已至,敬受。先帝制:长城以北,引弓之国,受命单于;长城以内,冠带之室,朕亦制之。使万民耕织射猎衣食,父子无离,臣主相安,俱无暴逆。今闻渫恶民贪降其进取之利,倍义绝约,忘万民之命,离两主之欢,然其事已在前矣。书曰:'二国已和亲,两主欢说,寝兵休卒养马,世世昌乐,阕然更始。'朕甚嘉之。圣人者日新,改作更始,使老者得息,幼者得长,各保其首领而终其天年。朕与单于俱由此道,顺天恤民,世世相传,施之无穷,天下莫不咸便。汉与匈奴邻国之敌,匈奴处北地,寒,杀气早降,故诏吏遗单于秫蘖金帛丝絮佗物岁有数。今天下大安,万民熙熙,朕与单于为之父母。朕追念前事,薄物细故,谋臣计失,皆不足以离兄弟之欢。朕闻天不颇覆,地不偏载。朕与单于皆捐往细故,俱蹈大道,堕坏前恶,以图长久,使两国之民若一家子。元元万民,下及鱼鳖,上及飞鸟,跂行喙息蠕动之类,莫不就安利而辟危殆。故来者不止,天之道也。俱去前事:朕释逃虏民,单于无言章尼等。朕闻古之帝王,约分明而无食言。单于留志,天下大安,和亲之后,汉过不先。单于其察之。”

单于既约和亲,于是制诏御史曰:“匈奴大单于遗朕书,言和亲已定,亡人不足以益众广地,匈奴无入塞,汉无出塞,犯今约者杀之,可以久亲,后无咎,俱便。朕已许之。其布告天下,使明知之。”

后四岁,老上稽粥单于死,子军臣立为单于。既立,孝文皇帝复与匈奴和亲。而中行说复事之。

军臣单于立四岁,匈奴复绝和亲,大入上郡、云中各三万骑,所杀略甚众而去。于是汉使三将军军屯北地,代屯句注,赵屯飞狐口,缘边亦各坚守以备胡寇。又置三将军,军长安西细柳、渭北棘门、霸上以备胡。胡骑入代句注边,烽火通于甘泉、长安。数月,汉兵至边,匈奴亦去远塞,汉兵亦罢。后岁馀,孝文帝崩,孝景帝立,而赵王遂乃阴使人于匈奴。吴楚反,欲与赵合谋入边。汉围破赵,匈奴亦止。自是之后,孝景帝复与匈奴和亲,通关市,给遗匈奴,遣公主,如故约。终孝景时,时小入盗边,无大寇。

今帝即位,明和亲约束,厚遇,通关市,饶给之。匈奴自单于以下皆亲汉,往来长城下。

汉使马邑下人聂翁壹奸兰出物与匈奴交,详为卖马邑城以诱单于。单于信之,而贪马邑财物,乃以十万骑入武州塞。汉伏兵三十馀万马邑旁,御史大夫韩安国为护军,护四将军以伏单于。单于既入汉塞,未至马邑百馀里,见畜布野而无人牧者,怪之,乃攻亭。是时雁门尉史行徼,见寇,葆此亭,知汉兵谋,单于得,欲杀之,尉史乃告单于汉兵所居。单于大惊曰:“吾固疑之。”乃引兵还。出曰:“吾得尉史,天也,天使若言。”以尉史为“天王”。汉兵约单于入马邑而纵,单于不至,以故汉兵无所得。汉将军王恢部出代击胡辎重,闻单于还,兵多,不敢出。汉以恢本造兵谋而不进,斩恢。自是之后,匈奴绝和亲,攻当路塞,往往入盗于汉边,不可胜数。然匈奴贪,尚乐关市,嗜汉财物,汉亦尚关市不绝以中之。

自马邑军后五年之秋,汉使四将军各万骑击胡关市下。将军卫青出上谷,至茏城,得胡首虏七百人。公孙贺出云中,无所得。公孙敖出代郡,为胡所败七千馀人。李广出雁门,为胡所败,而匈奴生得广,广后得亡归。汉囚敖、广,敖、广赎为庶人。其冬,匈奴数入盗边,渔阳尤甚。汉使将军韩安国屯渔阳备胡。其明年秋,匈奴二万骑入汉,杀辽西太守,略二千馀人。胡又入败渔阳太守军千馀人,围汉将军安国,安国时千馀骑亦且尽,会燕救至,匈奴乃去。匈奴又入雁门,杀略千馀人。于是汉使将军卫青将三万骑出雁门,李息出代郡,击胡。得首虏数千人。其明年,卫青复出云中以西至陇西,击胡之楼烦、白羊王于河南,得胡首虏数千,牛羊百馀万。于是汉遂取河南地,筑朔方,复缮故秦时蒙恬所为塞,因河为固。汉亦弃上谷之什辟县造阳地以予胡。是岁,汉之元朔二年也。

其后冬,匈奴军臣单于死。军臣单于弟左谷蠡王伊稚斜自立为单于,攻破军臣单于太子于单。于单亡降汉,汉封于单为涉安侯,数月而死。

伊稚斜单于既立,其夏,匈奴数万骑入杀代郡太守恭友,略千馀人。其秋,匈奴又入雁门,杀略千馀人。其明年,匈奴又复入代郡、定襄、上郡,各三万骑,杀略数千人。匈奴右贤王怨汉夺之河南地而筑朔方,数为寇,盗边,及入河南,侵扰朔方,杀略吏民甚众。

其明年春,汉以卫青为大将军,将六将军,十馀万人,出朔方、高阙击胡。右贤王以为汉兵不能至,饮酒醉,汉兵出塞六七百里,夜围右贤王。右贤王大惊,脱身逃走,诸精骑往往随后去。汉得右贤王众男女万五千人,裨小王十馀人。其秋,匈奴万骑入杀代郡都尉朱英,略千馀人。

其明年春,汉复遣大将军卫青将六将军,兵十馀万骑,乃再出定襄数百里击匈奴,得首虏前后凡万九千馀级,而汉亦亡两将军,军三千馀骑。右将军建得以身脱,而前将军翕侯赵信兵不利,降匈奴。赵信者,故胡小王,降汉,汉封为翕侯,以前将军与右将军并军分行,独遇单于兵,故尽没。单于既得翕侯,以为自次王,用其姊妻之,与谋汉。信教单于益北绝幕,以诱罢汉兵,徼极而取之,无近塞。单于从其计。其明年,胡骑万人入上谷,杀数百人。

其明年春,汉使骠骑将军去病将万骑出陇西,过焉支山千馀里,击匈奴,得胡首虏万八千馀级,破得休屠王祭天金人。其夏,骠骑将军复与合骑侯数万骑出陇西、北地二千里,击匈奴。过居延,攻祁连山,得胡首虏三万馀人,裨小王以下七十馀人。是时匈奴亦来入代郡、雁门,杀略数百人。汉使博望侯及李将军广出右北平,击匈奴左贤王。左贤王围李将军,卒可四千人,且尽,杀虏亦过当。会博望侯军救至,李将军得脱。汉失亡数千人,合骑侯后骠骑将军期,及与博望侯皆当死,赎为庶人。

其秋,单于怒浑邪王、休屠王居西方为汉所杀虏数万人,欲召诛之。浑邪王与休屠王恐,谋降汉,汉使骠骑将军往迎之。浑邪王杀休屠王,并将其众降汉。凡四万馀人，号十万 。于是汉已得浑邪王，则陇西、北地、河西益少胡寇，徙关东贫民处所夺匈奴河南、新秦中以实之，而减北地以西戍卒半。其明年，匈奴入右北平、定襄各数万骑，杀略千馀人而去。

其明年春，汉谋曰"翕侯信为单于计，居幕北，以为汉兵不能至"。乃粟马，发十万骑，私负从马凡十四万匹，粮重不与焉。令大将军青、骠骑将军去病中分军，大将军出定襄，骠骑将军出代，咸约绝幕击匈奴。单于闻之，远其辎重，以精兵待于幕北。与汉大将军接战一日，会暮，大风起，汉兵纵左右翼围单于。单于自度战不能如汉兵，单于遂独身与壮骑数百溃汉围西北遁走。汉兵夜追不得。行斩捕匈奴首虏万九千级，北至阗颜山赵信城而还。

单于之遁走，其兵往往与汉兵相乱而随单于。单于久不与其大众相得，其右谷蠡王以为单于死，乃自立为单于。真单于复得其众，而右谷蠡王乃去其单于号，复为右谷蠡王。

汉骠骑将军之出代二千馀里，与左贤王接战，汉兵得胡首虏凡七万馀级，左贤王将皆遁走。骠骑封于狼居胥山，禅姑衍，临翰海而还。

是后匈奴远遁，而幕南无王庭。汉度河自朔方以西至令居，往往通渠置田，官吏卒五六万人，稍蚕食，地接匈奴以北。

初，汉两将军大出围单于，所杀虏八九万，而汉士卒物故亦数万，汉马死者十馀万。匈奴虽病，远去，而汉亦马少，无以复往。匈奴用赵信之计，遣使于汉，好辞请和亲。天子下其议，或言和亲，或言遂臣之。丞相长史任敞曰："匈奴新破，困，宜可使为外臣，朝请于边。"汉使任敞于单于。单于闻敞计，大怒，留之不遣。先是汉亦有所降匈奴使者，单于亦辄留汉使相当。汉方复收士马，会骠骑将军去病死，于是汉久不北击胡。

数岁，伊稚斜单于立十三年死，子乌维立为单于。是岁，汉元鼎三年也。乌维单于立，而汉天子始出巡郡县。其后汉方南诛两越，不击匈奴，匈奴亦不侵入边。

乌维单于立三年，汉已灭南越，遣故太仆贺将万五千骑出九原二千馀里，至浮苴井而还，不见匈奴一人。汉又遣故从骠侯赵破奴万馀骑出令居数千里，至匈河水而还，亦不见匈奴一人。

是时天子巡边，至朔方，勒兵十八万骑以见武节，而使郭吉风告单于。郭吉既至匈奴，匈奴主客问所使，郭吉礼卑言好，曰："吾见单于而口言。"单于见吉，吉曰："南越王头已悬于汉北阙。今单于即能前与汉战，天子自将兵待边；单于即不能，即南面而臣于汉。何徒远走，亡匿于幕北寒苦无水草之地,毋为也。"语卒而单于大怒,立斩主客见者,而留郭吉不归,迁之北海上。而单于终不肯为寇于汉边,休养息士马,习射猎,数使使于汉,好辞甘言求请和亲。

汉使王乌等窥匈奴。匈奴法,汉使非去节而以墨黥其面者不得入穹庐。王乌,北地人,习胡俗,去其节,黥面,得入穹庐。单于爱之,详许甘言,为遣其太子入汉为质,以求和亲。

汉使杨信于匈奴。是时汉东拔秽貉、朝鲜以为郡,而西置酒泉郡以隔绝胡与羌通之路。汉又西通月氏、大夏,又以公主妻乌孙王,以分匈奴西方之援国。又北益广田至胘雷为塞,而匈奴终不敢以为言。是岁,翕侯信死,汉用事者以匈奴为已弱,可臣从也。杨信为人刚直屈强,素非贵臣,单于不亲。单于欲召人,不肯去节,单于乃坐穹庐外见杨信。杨信既见单于,说曰:"即欲和亲,以单于太子为质于汉。"单于曰:"非故约。故约,汉常遣翁主,给缯絮食物有品,以和亲,而匈奴亦不扰边。今乃欲反古,令吾太子为质,无幾矣。"匈奴俗,见汉使非中贵人,其儒先,以为欲说,折其辩;其少年,以为欲刺,折其气。每汉使入匈奴,匈奴辄报偿。汉留匈奴使,匈奴亦留汉使,必得当乃肯止。

杨信既归,汉使王乌,而单于复谄以甘言,欲多得汉财物,绐谓王乌曰:"吾欲入汉见天子,面相约为兄弟。"王乌归报汉,汉为单于筑邸于长安。匈奴曰:"非得汉贵人使,吾不与诚语。"匈奴使其贵人至汉,病,汉予药,欲愈之,不幸而死。而汉使路充国佩二千石印绶往使,因送其丧,厚葬直数千金,曰"此汉贵人也"。单于以为汉杀吾贵使者,乃留路充国不归。诸所言者,单于特空给王乌,殊无意入汉及遣太子来质。于是匈奴数使奇兵侵犯边。汉乃拜郭昌为拔胡将军,及浞野侯屯朔方以东,备胡。路充国留匈奴三岁,单于死。

乌维单于立十岁而死,子乌师庐立为单于。年少,号为儿单于。是岁元封六年也。自此之后,单于益西北,左方兵直云中,右方直酒泉、敦煌郡。

儿单于立,汉使两使者,一吊单于,一吊右贤王,欲以乖其国。使者入匈奴,匈奴悉将致单于。单于怒而尽留汉使。汉使留匈奴者前后十馀辈,而匈奴使来,汉亦辄留相当。

是岁,汉使贰师将军广利西伐大宛,而令因杅将军敖筑受降城。其冬,匈奴大雨雪,畜多饥寒死。儿单于年少,好杀伐,国人多不安。左大都尉欲杀单于,使人间告汉曰:"我欲杀单于降汉,汉远,即兵来迎我,我即发。"初,汉闻此言,故筑受降城,犹以为远。

其明年春,汉使浞野侯破奴将二万馀骑出朔方西北二千馀里,期至浚稽山而还。浞野侯既至期而还,左大都尉欲发而觉,单于诛之,发左方兵击浞野。浞野侯行捕首虏得数千人。还,未至受降城四百里,匈奴兵八万骑围之。浞野侯夜自出求水,匈奴间捕,生得浞野侯,因急击其军。军中郭纵为护,维王为渠,相与谋曰:"及诸校尉畏亡将军而诛之,莫相劝归。"军遂没于匈奴。匈奴儿单于大喜,遂遣奇兵攻受降城。不能下,乃寇入边而去。其明年,单于欲自攻受降城,未至,病死。

儿单于立三岁而死。子年少,匈奴乃立其季父乌维单于弟右贤王呴犁湖为单于。是岁太初三年也。

呴犁湖单于立,汉使光禄徐自为出五原塞数百里,远者千馀里,筑城鄣列亭至庐朐,而使游击将军韩说、长平侯卫伉屯其旁,使强弩都尉路博德筑居延泽上。

其秋,匈奴大入定襄、云中,杀略数千人,败数二千石而去,行破坏光禄所筑城列亭鄣。又使右贤王入酒泉、张掖,略数千人。会任文击救,尽复失所得而去。是岁,贰师将军破大宛,斩其王而还。匈奴欲遮之,不能至。其冬,欲攻受降城,会单于病死。

呴犁湖单于立一岁死。匈奴乃立其弟左大都尉且鞮侯为单于。

汉既诛大宛,威震外国。天子意欲遂困胡,乃下诏曰:"高皇帝遗朕平城之忧,高后时单于书绝悖逆。昔齐襄公复九世之仇,春秋大之。"是岁太初四年也。

且鞮侯单于既立,尽归汉使之不降者。路充国等得归。单于初立,恐汉袭之,乃自谓"我儿子,安敢望汉天子!汉天子,我丈人行也"。汉遣中郎将苏武厚币赂遗单于。单于益骄,礼甚倨,非汉所望也。其明年,浞野侯破奴得亡归汉。

其明年,汉使贰师将军广利以三万骑出酒泉,击右贤王于天山,得胡首虏万馀级而还。匈奴大围贰师将军,几不脱。汉兵物故什六七。汉复使因杅将军敖出西河,与强弩都尉会涿涂山,毋所得。又使骑都尉李陵将步骑五千人,出居延北千馀里,与单于会,合战,陵所杀伤万馀人,兵及食尽,欲解归,匈奴围陵,陵降匈奴,其兵遂没,得还者四百人。单于乃贵陵,以其女妻之。

后二岁,复使贰师将军将六万骑,步兵十万,出朔方。强弩都尉路博德将万馀人,与贰师会。游击将军说将步骑三万人,出五原。因杆将军敖将万骑步兵三万人,出雁门。匈奴闻,悉远其累重于余吾水北,而单于以十万骑待水南,与贰师将军接战。贰师乃解而引归,与单于连战十馀日。贰师闻其家以巫蛊族灭,因并众降匈奴,得来还千人一两人耳。游击说无所得。因杆敖与左贤王战,不利,引归。是岁汉兵之出击匈奴者不得言功多少,功不得御。有诏捕太医令随但,言贰师将军家室族灭,使广利得降匈奴。

太史公曰:孔氏著春秋,隐桓之间则章,至定哀之际则微,为其切当世之文而罔褒,忌讳之辞也。世俗之言匈奴者,患其徼一时之权,而务谄纳其说,以便偏指,不参彼己;将率席中国广大,气奋,人主因以决策,是以建功不深。尧虽贤,兴事业不成,得禹而九州宁。且欲兴圣统,唯在择任将相哉!唯在择任将相哉!

史记卷一百一十一

卫将军骠骑列传第五十一

大将军卫青者,平阳人也。其父郑季,为吏,给事平阳侯家,与侯妾卫媪通,生青。青同母兄卫长子,而姊卫子夫自平阳公主家得幸天子,故冒姓为卫氏。字仲卿。长子更字长君。长君母号为卫媪。媪长女卫孺,次女少儿,次女即子夫。后子夫男弟步广皆冒卫氏。

青为侯家人,少时归其父,其父使牧羊。先母之子皆奴畜之,不以为兄弟数。青尝从入至甘泉居室,有一钳徒相青曰:"贵人也,官至封侯。"青笑曰:"人奴之生,得毋笞骂即足矣,安得封侯事乎!"

青壮,为侯家骑,从平阳主。建元二年春,青姊子夫得入宫幸上。皇后,堂邑大长公主女也,无子,妒。大长公主闻卫子夫幸,有身,妒之,乃使人捕青。青时给事建章,未知名。大长公主执囚青,欲杀之。其友骑郎公孙敖与壮士往篡取之,以故得不死。上闻,乃召青为建章监,侍中,及同母昆弟贵,赏赐数日间累千金。孺为太仆公孙贺妻。少儿故与陈掌通,上召贵掌。公孙敖由此益贵。子夫为夫人。青为大中大夫。

元光五年,青为车骑将军,击匈奴,出上谷;太仆公孙贺为轻车将军,出云中;大中大夫公孙敖为骑将军,出代郡;卫尉李广为骁骑将军,出雁门;军各万骑。青至茏城,斩首虏数百。骑将军敖亡七千骑;卫尉李广为虏所得,得脱归:皆当斩,赎为庶人。贺亦无功。

元朔元年春,卫夫人有男,立为皇后。其秋,青为车骑将军,出雁门,三万骑击匈奴,斩首虏数千人。明年,匈奴入杀辽西太守,虏略渔阳二千馀人,败韩将军军。汉令将军李息击之,出代;令车骑将军青出云中以西至高阙。遂略河南地,至于陇西,捕首虏数千,畜数十万,走白羊、楼烦王。遂以河南地为朔方郡。以三千八百户封青为长平侯。青校尉苏建有功,以千一百户封建为平陵侯。使建筑朔方城。青校尉张次公有功,封为岸头侯。天子曰:"匈奴逆天理,乱人伦,暴长虐老,以盗窃为务,行诈诸蛮夷,造谋藉兵,数为边害,故兴师遣将,以征厥罪。诗不云乎,'薄伐狁猃,至于太原'，'出车彭彭，城彼朔方'。今车骑将军青度西河至高阙，获首虏二千三百级，车辎畜产毕收为卤，已封为列侯，遂西定河南地，按榆谿旧塞，绝梓领，梁北河，讨蒲泥，破符离，斩轻锐之卒，捕伏听者三千七十一级，执讯获丑，驱马牛羊百有馀万，全甲兵而还，益封青三千户。"其明年，匈奴入杀代郡太守友，入略雁门千馀人。其明年，匈奴大入代、定襄、上郡，杀略汉数千人。

　其明年，元朔之五年春，汉令车骑将军青将三万骑，出高阙；卫尉苏建为游击将军，左内史李沮为强弩将军，太仆公孙贺为骑将军，代相李蔡为轻车将军，皆领属车骑将军，俱出朔方；大行李息、岸头侯张次公为将军，出右北平：咸击匈奴。匈奴右贤王当卫青等兵，以为汉兵不能至此，饮醉。汉兵夜至，围右贤王，右贤王惊，夜逃，独与其爱妾一人壮骑数百驰，溃围北去。汉轻骑校尉郭成等逐数百里，不及，得右贤裨王十馀人，众男女万五千馀人，畜数千百万，于是引兵而还。至塞，天子使使者持大将军印，即军中拜车骑将军青为大将军，诸将皆以兵属大将军，大将军立号而归。天子曰："大将军青躬率戎士，师大捷，获匈奴王十有馀人，益封青六千户。"而封青子伉为宜春侯，青子不疑为阴安侯，青子登为发干侯。青固谢曰："臣幸得待罪行间，赖陛下神灵，军大捷，皆诸校尉力战之功也。陛下幸已益封臣青。臣青子在襁褓中，未有勤劳，上幸列地封为三侯，非臣待罪行间所以劝士力战之意也。伉等三人何敢受封！"天子曰："我非忘诸校尉功也，今固且图之。"乃诏御史曰："护军都尉公孙敖三从大将军击匈奴，常护军，傅校获王，以千五百户封敖为合骑侯。都尉韩说从大将军出窳浑，至匈奴右贤王庭，为麾下搏战获王，以千三百户封说为龙额侯。骑将军公孙贺从大将军获王，以千三百户封贺为南䆗侯。轻车将军李蔡再从大将军获王，以千六百户封蔡为乐安侯。校尉李朔，校尉赵不虞，校尉公孙戎奴，各三从大将军获王，以千三百户封朔为涉轵侯，以千三百户封不虞为随成侯，以千三百户封戎奴为从平侯。将军李沮、李息及校尉豆如意有功，赐爵关内侯，食邑各三百户。"其秋，匈奴入代，杀都尉朱英。

　其明年春，大将军青出定襄，合骑侯敖为中将军，太仆贺为左将军，翕侯赵信为前将军，卫尉苏建为后将军，郎中令李广为后将军，右内史李沮为强弩将军，咸属大将军，斩首数千级而还。月馀，悉复出定襄击匈奴，斩首虏万馀人。右将军建、前将军信并军三千馀骑，独逢单于兵，与战一日馀，汉兵且尽。前将军故胡人，降为翕侯，见急，匈奴诱之，遂将其馀骑可八百，奔降单于。右将军苏建尽亡其军，独以身得亡去，自归大将军。大将军问其罪正闳、长史安、议郎周霸等:"建当云何?"霸曰:"自大将军出,未尝斩裨将。今建弃军,可斩以明将军之威。"闳、安曰:"不然。兵法'小敌之坚,大敌之禽也'。今建以数千当单于数万,力战一日馀,士尽,不敢有二心,自归。自归而斩之,是示后无反意也。不当斩。"大将军曰:"青幸得以肺腑待罪行间,不患无威,而霸说我以明威,甚失臣意。且使臣职虽当斩将,以臣之尊宠而不敢自擅专诛于境外,而具归天子,天子自裁之,于是以见为人臣不敢专权,不亦可乎?"军吏皆曰"善"。遂囚建诣行在所。入塞罢兵。

是岁也,大将军姊子霍去病年十八,幸,为天子侍中。善骑射,再从大将军,受诏与壮士,为剽姚校尉,与轻勇骑八百直弃大军数百里赴利,斩捕首虏过当。于是天子曰:"剽姚校尉去病斩首虏二千二十八级,及相国、当户,斩单于大父行籍若侯产,生捕季父罗姑比,再冠军,以千六百户封去病为冠军侯。上谷太守郝贤四从大将军,捕斩首虏二千馀人,以千一百户封贤为众利侯。"是岁,失两将军军,亡翕侯,军功不多,故大将军不益封。右将军建至,天子不诛,赦其罪,赎为庶人。

大将军既还,赐千金。是时王夫人方幸于上,甯乘说大将军曰:"将军所以功未甚多,身食万户,三子皆为侯者,徒以皇后故也。今王夫人幸而宗族未富贵,愿将军奉所赐千金为王夫人亲寿。"大将军乃以五百金为寿。天子闻之,问大将军,大将军以实言,上乃拜甯乘为东海都尉。

张骞从大将军,以尝使大夏,留匈奴中久,导军,知善水草处,军得以无饥渴,因前使绝国功,封骞博望侯。

冠军侯去病既侯三岁,元狩二年春,以冠军侯去病为骠骑将军,将万骑出陇西,有功。天子曰:"骠骑将军率戎士逾乌盭,讨遬濮,涉狐奴,历五王国,辎重人众慑慴者弗取,冀获单于子。转战六日,过焉支山千有馀里,合短兵,杀折兰王,斩卢胡王,诛全甲,执浑邪王子及相国、都尉,首虏八千馀级,收休屠祭天金人,益封去病二千户。"

其夏,骠骑将军与合骑侯敖俱出北地,异道;博望侯张骞、郎中令李广俱出右北平,异道:皆击匈奴。郎中令将四千骑先至,博望侯将万骑在后至。匈奴左贤王将数万骑围郎中令,郎中令与战二日,死者过半,所杀亦过当。博望侯至,匈奴兵引去。博望侯坐行留,当斩,赎为庶人。而骠骑将军出北地,已遂深入,与合骑侯失道,不相得,骠骑将军逾居延至祁连山,捕首虏甚多。天子曰:"骠骑将军逾居延,遂过小月氏,攻祁连山,得酋涂王,以众降者二千五百人,斩首虏三万二百级,获五王,五王母,单于阏氏、王子五十九人,相国、将军、当户、都尉六十三人,师大率减什三,益封去病五千户。赐校尉从至小月氏爵左庶长。鹰击司马破奴再从骠骑将军斩遫濮王,捕稽沮王,千骑将得王、王母各一人,王子以下四十一人,捕虏三千三百三十人,前行捕虏千四百人,以千五百户封破奴为从骠侯。校尉句王高不识,从骠骑将军捕呼于屠王王子以下十一人,捕虏千七百六十八人,以千一百户封不识为宜冠侯。校尉仆多有功,封为煇渠侯。"合骑侯敖坐行留不与骠骑会,当斩,赎为庶人。诸宿将所将士马兵亦不如骠骑,骠骑所将常选,然亦敢深入,常与壮骑先其大军,军亦有天幸,未尝困绝也。然而诸宿将常坐留落不遇。由此骠骑日以亲贵,比大将军。

其秋,单于怒浑邪王居西方数为汉所破,亡数万人,以骠骑之兵也。单于怒,欲召诛浑邪王。浑邪王与休屠王等谋欲降汉,使人先要边。是时大行李息将城河上,得浑邪王使,即驰传以闻。天子闻之,于是恐其以诈降而袭边,乃令骠骑将军将兵往迎之。骠骑既渡河,与浑邪王众相望。浑邪王裨将见汉军而多欲不降者,颇遁去。骠骑乃驰入与浑邪王相见,斩其欲亡者八千人,遂独遣浑邪王乘传先诣行在所,尽将其众渡河,降者数万,号称十万。既至长安,天子所以赏赐者数十巨万。封浑邪王万户,为漯阴侯。封其裨王呼毒尼为下摩侯,鹰庇为煇渠侯,禽梨为河綦侯,大当户铜离为常乐侯。于是天子嘉骠骑之功曰:"骠骑将军去病率师攻匈奴西域王浑邪,王及厥众萌咸相奔,率以军粮接食,并将控弦万有馀人,诛猰驲,获首虏八千馀级,降异国之王三十二人,战士不离伤,十万之众咸怀集服,仍与之劳,爰及河塞,庶几无患,幸既永绥矣。以千七百户益封骠骑将军。"减陇西、北地、上郡戍卒之半,以宽天下之繇。

居顷之,乃分徙降者边五郡故塞外,而皆在河南,因其故俗,为属国。其明年,匈奴入右北平、定襄,杀略汉千馀人。

其明年,天子与诸将议曰:"翕侯赵信为单于画计,常以为汉兵不能度幕轻留,今大发士卒,其势必得所欲。"是岁元狩四年也。

元狩四年春,上令大将军青、骠骑将军去病将各五万骑,步兵转者踵军数十万,而敢力战深入之士皆属骠骑。骠骑始为出定襄,当单于。捕虏言单于东,乃更令骠骑出代郡,令大将军出定襄。郎中令为前将军,太仆为左将军,主爵赵食其为右将军,平阳侯襄为后将军,皆属大将军。兵即度幕,人马凡五万骑,与骠骑等咸击匈奴单于。赵信为单于谋曰:"汉兵既度幕,人马罢,匈奴可坐收虏耳。"乃悉远北其辎重,皆以精兵待幕北。而适值大将军军出塞千馀里,见单于兵陈而待,于是大将军令武刚车自环为营，而纵五千骑往当匈奴。匈奴亦纵可万骑。会日且入，大风起，沙砾击面，两军不相见，汉益纵左右翼绕单于。单于视汉兵多，而士马尚强，战而匈奴不利，薄莫，单于遂乘六骡，壮骑可数百，直冒汉围西北驰去。时已昏，汉匈奴相纷挐，杀伤大当。汉军左校捕虏言单于未昏而去，汉军因发轻骑夜追之，大将军军因随其后。匈奴兵亦散走。迟明，行二百馀里，不得单于，颇捕斩首虏万馀级，遂至窴颜山赵信城，得匈奴积粟食军。军留一日而还，悉烧其城馀粟以归。

大将军之与单于会也，而前将军广、右将军食其军别从东道，或失道，后击单于。大将军引还过幕南，乃得前将军、右将军。大将军欲使使归报，令长史簿责前将军广，广自杀。右将军至，下吏，赎为庶人。大将军军入塞，凡斩捕首虏万九千级。

是时匈奴众失单于十馀日，右谷蠡王闻之，自立为单于。单于后得其众，右王乃去单于之号。

骠骑将军亦将五万骑，车重与大将军军等，而无裨将。悉以李敢等为大校，当裨将，出代、右北平千馀里，直左方兵，所斩捕功已多大将军。军既还，天子曰："骠骑将军去病率师，躬将所获荤粥之士，约轻赍，绝大幕，涉获章渠，以诛比车耆，转击左大将，斩获旗鼓，历涉离侯。济弓闾，获屯头王、韩王等三人，将军、相国、当户、都尉八十三人，封狼居胥山，禅于姑衍，登临翰海。执卤获丑七万有四百四十三级，师率减什三，取食于敌，逴行殊远而粮不绝，以五千八百户益封骠骑将军。"右北平太守路博德属骠骑将军，会与城，不失期，从至梼余山，斩首捕虏二千七百级，以千六百户封博德为符离侯。北地都尉邢山从骠骑将军获王，以千二百户封山为义阳侯。故归义因淳王复陆支、楼专王伊即靬皆从骠骑将军有功，以千三百户封复陆支为壮侯，以千八百户封伊即靬为众利侯。从骠侯破奴、昌武侯安稽从骠骑有功，益封各三百户。校尉敢得旗鼓，为关内侯，食邑二百户。校尉自为爵大庶长。军吏卒为官，赏赐甚多。而大将军不得益封，军吏卒皆无封侯者。

两军之出塞，塞阅官及私马凡十四万匹，而复入塞者不满三万匹。乃益置大司马位，大将军、骠骑将军皆为大司马。定令，令骠骑将军秩禄与大将军等。自是之后，大将军青日退，而骠骑日益贵。举大将军故人门下多去事骠骑，辄得官爵，唯任安不肯。

骠骑将军为人少言不泄，有气敢任。天子尝欲教之孙吴兵法，对曰："顾方略何如耳，不至学古兵法。"天子为治第，令骠骑视之，对曰："匈奴未灭,无以家为也。"由此上益重爱之。然少而侍中,贵,不省士。其从军,天子为遣太官赍数十乘,既还,重车馀弃粱肉,而士有饥者。其在塞外,卒乏粮,或不能自振,而骠骑尚穿域蹋鞠。事多此类。大将军为人仁善退让,以和柔自媚于上,然天下未有称也。

骠骑将军自四年军后三年,元狩六年而卒。天子悼之,发属国玄甲军,陈自长安至茂陵,为冢象祁连山。谥之,并武与广地曰景桓侯。子嬗代侯。嬗少,字子侯,上爱之,幸其壮而将之。居六岁,元封元年,嬗卒,谥哀侯。无子,绝,国除。

自骠骑将军死后,大将军长子宜春侯伉坐法失侯。后五岁,伉弟二人,阴安侯不疑及发干侯登皆坐酎金失侯。失侯后二岁,冠军侯国除。其后四年,大将军青卒,谥为烈侯。子伉代为长平侯。

自大将军围单于之后,十四年而卒。竟不复击匈奴者,以汉马少,而方南诛两越,东伐朝鲜,击羌、西南夷,以故久不伐胡。

大将军以其得尚平阳长公主故,长平侯伉代侯。六岁,坐法失侯。

左方两大将军及诸裨将名:

最大将军青,凡七出击匈奴,斩捕首虏五万馀级。一与单于战,收河南地,遂置朔方郡,再益封,凡万一千八百户。封三子为侯,侯千三百户。并之,万五千七百户。其校尉裨将以从大将军侯者九人。其裨将及校尉已为将者十四人。为裨将者曰李广,自有传。无传者曰:

将军公孙贺。贺,义渠人,其先胡种。贺父浑邪,景帝时为平曲侯,坐法失侯。贺,武帝为太子时舍人。武帝立八岁,以太仆为轻车将军,军马邑。后四岁,以轻车将军出云中。后五岁,以骑将军从大将军有功,封为南窌侯。后一岁,以左将军再从大将军出定襄,无功。后四岁,以坐酎金失侯。后八岁,以浮沮将军出五原二千馀里,无功。后八岁,以太仆为丞相,封葛绎侯。贺七为将军,出击匈奴无大功,而再侯,为丞相。坐子敬声与阳石公主奸,为巫蛊,族灭,无后。

将军李息,郁郅人。事景帝。至武帝立八岁,为材官将军,军马邑;后六岁,为将军,出代;后三岁,为将军,从大将军出朔方:皆无功。凡三为将军,其后常为大行。

将军公孙敖,义渠人。以郎事武帝。武帝立十二岁,为骑将军,出代,亡卒七千人,当斩,赎为庶人。后五岁,以校尉从大将军有功,封为合骑侯。后一岁,以中将军从大将军,再出定襄,无功。后二岁,以将军出北地，后骠骑期，当斩，赎为庶人。后二岁，以校尉从大将军，无功。后十四岁，以因杅将军筑受降城。七岁，复以因杅将军再出击匈奴，至余吾，亡士卒多，下吏，当斩，诈死，亡居民间五六岁。后发觉，复系。坐妻为巫蛊，族。凡四为将军，出击匈奴，一侯。

将军李沮，云中人。事景帝。武帝立十七岁，以左内史为强弩将军。后一岁，复为强弩将军。

将军李蔡，成纪人也。事孝文帝、景帝、武帝。以轻车将军从大将军有功，封为乐安侯。已为丞相，坐法死。

将军张次公，河东人。以校尉从卫将军青有功，封为岸头侯。其后太后崩，为将军，军北军。后一岁，为将军，从大将军，再为将军，坐法失侯。次公父隆，轻车武射也。以善射，景帝幸近之也。

将军苏建，杜陵人。以校尉从卫将军青，有功，为平陵侯，以将军筑朔方。后四岁，为游击将军，从大将军出朔方。后一岁，以右将军再从大将军出定襄，亡翕侯，失军，当斩，赎为庶人。其后为代郡太守，卒，冢在大犹乡。

将军赵信，以匈奴相国降，为翕侯。武帝立十七岁，为前将军，与单于战，败，降匈奴。

将军张骞，以使通大夏，还，为校尉。从大将军有功，封为博望侯。后三岁，为将军，出右北平，失期，当斩，赎为庶人。其后使通乌孙，为大行而卒，冢在汉中。

将军赵食其，祋祤人也。武帝立二十二岁，以主爵为右将军，从大将军出定襄，迷失道，当斩，赎为庶人。

将军曹襄，以平阳侯为后将军，从大将军出定襄。襄，曹参孙也。

将军韩说，弓高侯庶孙也。以校尉从大将军有功，为龙额侯，坐酎金失侯。元鼎六年，以待诏为横海将军，击东越有功，为按道侯。以太初三年为游击将军，屯于五原外列城。为光禄勋，掘蛊太子宫，卫太子杀之。

将军郭昌，云中人也。以校尉从大将军。元封四年，以太中大夫为拔胡将军，屯朔方。还击昆明，毋功，夺印。

将军荀彘，太原广武人。以御见，侍中，为校尉，数从大将军。以元封三年为左将军击朝鲜，毋功。以捕楼船将军坐法死。

最骠骑将军去病，凡六出击匈奴，其四出以将军，斩捕首虏十一万馀级。及浑邪王以众降数万，遂开河西酒泉之地，西方益少胡寇。

四益封,凡万五千一百户。其校吏有功为侯者凡六人,而后为将军二人。

将军<u>路博德</u>,<u>平州</u>人。以<u>右北平</u>太守从骠骑将军有功,为<u>符离</u>侯。骠骑死后,<u>博德</u>以卫尉为伏波将军,伐破<u>南越</u>,益封。其后坐法失侯。为强弩都尉,屯<u>居延</u>,卒。

将军<u>赵破奴</u>,故<u>九原</u>人。尝亡入匈奴,已而归<u>汉</u>,为骠骑将军司马。出<u>北地</u>时有功,封为<u>从骠</u>侯。坐酎金失侯。后一岁,为匈河将军,攻胡至<u>匈河水</u>,无功。后二岁,击虏<u>楼兰王</u>,复封为<u>浞野</u>侯。后六岁,为浚稽将军,将二万骑击匈奴左贤王,左贤王与战,兵八万骑围<u>破奴</u>,<u>破奴</u>生为虏所得,遂没其军。居匈奴中十岁,复与其太子<u>安国</u>亡入<u>汉</u>。后坐巫蛊,族。

自<u>卫</u>氏兴,大将军<u>青</u>首封,其后枝属为五侯。凡二十四岁而五侯尽夺,<u>卫</u>氏无为侯者。

<u>太史公</u>曰:<u>苏建</u>语余曰:“吾尝责大将军至尊重,而天下之贤大夫毋称焉,愿将军观古名将所招选择贤者,勉之哉。大将军谢曰:‘自<u>魏其</u>、<u>武安</u>之厚宾客,天子常切齿。彼亲附士大夫,招贤绌不肖者,人主之柄也。人臣奉法遵职而已,何与招士!’”骠骑亦放此意,其为将如此。

史记卷一百一十二

平津侯主父列传第五十二

丞相公孙弘者,齐菑川国薛县人也,字季。少时为薛狱吏,有罪,免。家贫,牧豕海上。年四十馀,乃学春秋杂说。养后母孝谨。

建元元年,天子初即位,招贤良文学之士。是时弘年六十,征以贤良为博士。使匈奴,还报,不合上意,上怒,以为不能,弘乃病免归。

元光五年,有诏征文学,菑川国复推上公孙弘。弘让谢国人曰:"臣已尝西应命,以不能罢归,愿更推选。"国人固推弘,弘至太常。太常令所征儒士各对策,百馀人,弘第居下。策奏,天子擢弘对为第一。召入见,状貌甚丽,拜为博士。是时通西南夷道,置郡,巴蜀民苦之,诏使弘视之。还奏事,盛毁西南夷无所用,上不听。

弘为人恢奇多闻,常称以为人主病不广大,人臣病不俭节。弘为布被,食不重肉。后母死,服丧三年。每朝会议,开陈其端,令人主自择,不肯面折庭争。于是天子察其行敦厚,辩论有馀,习文法吏事,而又缘饰以儒术,上大说之。二岁中,至左内史。弘奏事,有不可,不庭辩之。尝与主爵都尉汲黯请间,汲黯先发之,弘推其后,天子常说,所言皆听,以此日益亲贵。尝与公卿约议,至上前,皆倍其约以顺上旨。汲黯庭诘弘曰:"齐人多诈而无情实,始与臣等建此议,今皆倍之,不忠。"上问弘。弘谢曰:"夫知臣者以臣为忠,不知臣者以臣为不忠。"上然弘言。左右幸臣每毁弘,上益厚遇之。

元朔三年,张欧免,以弘为御史大夫。是时通西南夷,东置沧海,北筑朔方之郡。弘数谏,以为罢敝中国以奉无用之地,愿罢之。于是天子乃使朱买臣等难弘置朔方之便。发十策,弘不得一。弘乃谢曰:"山东鄙人,不知其便若是,愿罢西南夷、沧海而专奉朔方。"上乃许之。

汲黯曰:"弘位在三公,奉禄甚多,然为布被,此诈也。"上问弘。弘谢曰:"有之。夫九卿与臣善者无过黯,然今日庭诘弘,诚中弘之病。夫以三公为布被,诚饰诈欲以钓名。且臣闻管仲相齐,有三归,侈拟于君,桓公以

霸,亦上僭于君 。晏婴相景公,食不重肉,妾不衣丝,齐国亦治,此下比于
民。今臣弘位为御史大夫,而为布被,自九卿以下至于小吏,无差,诚如汲
黯言。且无汲黯忠,陛下安得闻此言。"天子以为谦让,愈益厚之。卒以弘
为丞相,封平津侯。

弘为人意忌,外宽内深。诸尝与弘有郤者,虽详与善,阴报其祸。杀
主父偃,徙董仲舒于胶西,皆弘之力也。食一肉脱粟之饭。故人所善宾
客,仰衣食,弘奉禄皆以给之,家无所馀。士亦以此贤之。

淮南、衡山谋反,治党与方急。弘病甚,自以为无功而封,位至丞相,
宜佐明主填抚国家,使人由臣子之道。今诸侯有畔逆之计,此皆宰相奉职
不称,恐窃病死,无以塞责。乃上书曰:"臣闻天下之通道五,所以行之者
三。曰君臣,父子,兄弟,夫妇,长幼之序,此五者天下之通道也。智,仁,
勇,此三者天下之通德,所以行之者也。故曰'力行近乎仁,好问近乎智,
知耻近乎勇'。知此三者,则知所以自治;知所以自治,然后知所以治人。
天下未有不能自治而能治人者也,此百世不易之道也。今陛下躬行大孝,
鉴三王,建周道,兼文武,厉贤予禄,量能授官。今臣弘罢驽之质,无汗马
之劳,陛下过意擢臣弘卒伍之中,封为列侯,致位三公。臣弘行能不足以
称,素有负薪之病,恐先狗马填沟壑,终无以报德塞责。愿归侯印,乞骸
骨,避贤者路。"天子报曰:"古者赏有功,褒有德,守成尚文,遭遇右武,未
有易此者也。朕宿昔庶几获承尊位,惧不能宁,惟所与共为治者,君宜知
之。盖君子善善恶恶,君若谨行,常在朕躬。君不幸罹霜露之病,何恙不
已,乃上书归侯,乞骸骨,是章朕之不德也。今事少闲,君其省思虑,一精
神,辅以医药。"因赐告牛酒杂帛。居数月,病有瘳,视事。

元狩二年,弘病,竟以丞相终。子度嗣为平津侯。度为山阳太守十馀
岁,坐法失侯。

主父偃者,齐临菑人也。学长短纵横之术,晚乃学易、春秋、百家言。
游齐诸生间,莫能厚遇也。齐诸儒生相与排摈,不容于齐。家贫,假贷无
所得,乃北游燕、赵、中山,皆莫能厚遇,为客甚困。孝武元光元年中,以为
诸侯莫足游者,乃西入关见卫将军。卫将军数言上,上不召。资用乏,留
久,诸公宾客多厌之,乃上书阙下。朝奏,暮召入见。所言九事,其八事为
律令,一事谏伐匈奴。其辞曰:

臣闻明主不恶切谏以博观,忠臣不敢避重诛以直谏,是故事无遗
策而功流万世。今臣不敢隐忠避死以效愚计,愿陛下幸赦而少察之。

司马法曰:"国虽大,好战必亡;天下虽平,忘战必危。"天下既平,天子大凯,春搜秋狝,诸侯春振旅,秋治兵,所以不忘战也。且夫怒者逆德也,兵者凶器也,争者末节也。古之人君一怒必伏尸流血,故圣王重行之。夫务战胜穷武事者,未有不悔者也。昔秦皇帝任战胜之威,蚕食天下,并吞战国,海内为一,功齐三代。务胜不休,欲攻匈奴,李斯谏曰:"不可。夫匈奴无城郭之居,委积之守,迁徙鸟举,难得而制也。轻兵深入,粮食必绝;踵粮以行,重不及事。得其地不足以为利也,遇其民不可役而守也。胜必杀之,非民父母也。靡獘中国,快心匈奴,非长策也。"秦皇帝不听,遂使蒙恬将兵攻胡,辟地千里,以河为境。地固泽卤,不生五谷。然后发天下丁男以守北河。暴兵露师十有余年,死者不可胜数,终不能逾河而北。是岂人众不足,兵革不备哉?其势不可也。又使天下蜚刍挽粟,起于黄、腄、琅邪负海之郡,转输北河,率三十钟而致一石。男子疾耕不足于粮饷,女子纺绩不足于帷幕。百姓靡敝,孤寡老弱不能相养,道路死者相望,盖天下始畔秦也。

及至高皇帝定天下,略地于边,闻匈奴聚于代谷之外而欲击之。御史成进谏曰:"不可。夫匈奴之性,兽聚而鸟散,从之如搏影。今以陛下盛德攻匈奴,臣窃危之。"高帝不听,遂北至于代谷,果有平城之围。高皇帝盖悔之甚,乃使刘敬往结和亲之约,然后天下忘干戈之事。故兵法曰"兴师十万,日费千金"。夫秦常积众暴兵数十万人,虽有覆军杀将系虏单于之功,亦适足以结怨深仇,不足以偿天下之费。夫上虚府库,下敝百姓,甘心于外国,非完事也。夫匈奴难得而制,非一世也。行盗侵驱,所以为业也,天性固然。上及虞夏殷周,固弗程督,禽兽畜之,不属为人。夫上不观虞夏殷周之统,而下循近世之失,此臣之所大忧,百姓之所疾苦也。且夫兵久则变生,事苦则虑易。乃使边境之民獘靡愁苦而有离心,将吏相疑而外市,故尉佗、章邯得以成其私也。夫秦政之所以不行者,权分乎二子,此得失之效也。故周书曰"安危在出令,存亡在所用"。愿陛下详察之,少加意而熟虑焉。

是时赵人徐乐、齐人严安俱上书言世务,各一事。徐乐曰:

臣闻天下之患在于土崩,不在于瓦解,古今一也。何谓土崩?秦之末世是也。陈涉无千乘之尊,尺土之地,身非王公大人名族之后,无乡曲之誉,非有孔、墨、曾子之贤,陶朱、猗顿之富也,然起穷巷,奋棘矜,偏袒大呼而天下从风,此其故何也?由民困而主不恤,下怨而上不知,俗已乱而政不修,此三者陈涉之所以为资也。是之谓土崩。故曰天下之患在于土崩。何谓瓦解?吴、楚、齐、赵之兵是也。七国谋为大逆,号皆称万乘之君,带甲数十万,威足以严其境内,财足以劝其士民,然不能西攘尺寸之地而身为禽于中原者,此其故何也?非权轻于匹夫而兵弱于陈涉也,当是之时,先帝之德泽未衰而安土乐俗之民众,故诸侯无境外之助。此之谓瓦解,故曰天下之患不在瓦解。由是观之,天下诚有土崩之势,虽布衣穷处之士或首恶而危海内,陈涉是也。况三晋之君或存乎!天下虽未有大治也,诚能无土崩之势,虽有强国劲兵不得旋踵而身为禽矣,吴、楚、齐、赵是也。况群臣百姓能为乱乎哉!此二体者,安危之明要也,贤主所留意而深察也。

间者关东五谷不登,年岁未复,民多穷困,重之以边境之事,推数循理而观之,则民且有不安其处者矣。不安故易动。易动者,土崩之势也。故贤主独观万化之原,明于安危之机,修之庙堂之上,而销未形之患。其要,期使天下无土崩之势而已矣。故虽有强国劲兵,陛下逐走兽,射蜚鸟,弘游燕之囿,淫纵恣之观,极驰骋之乐,自若也。金石丝竹之声不绝于耳,帷帐之私俳优侏儒之笑不乏于前,而天下无宿忧。名何必汤武,俗何必成康!虽然,臣窃以为陛下天然之圣,宽仁之资,而诚以天下为务,则汤武之名不难侔,而成康之俗可复兴也。此二体者立,然后处尊安之实,扬名广誉于当世,亲天下而服四夷,馀恩遗德为数世隆,南面负扆摄袂而揖王公,此陛下之所服也。臣闻图王不成,其敝足以安。安则陛下何求而不得,何为而不成,何征而不服乎哉!

严安上书曰:

臣闻周有天下,其治三百馀岁,成康其隆也,刑错四十馀年而不用。及其衰也,亦三百馀岁,故五伯更起。五伯者,常佐天子兴利除害,诛暴禁邪,匡正海内,以尊天子。五伯既没,贤圣莫续,天子孤弱,号令不行。诸侯恣行,强陵弱,众暴寡,田常篡齐,六卿分晋,并为战国,此民之始苦也。于是强国务攻,弱国备守,合从连横,驰车击毂,介胄生虮虱,民无所告诉。

及至秦王,蚕食天下,并吞战国,称号曰皇帝,主海内之政,坏诸侯之城,销其兵,铸以为钟虡,示不复用。元元黎民得免于战国,逢明天子,人人自以为更生。向使秦缓其刑罚,薄赋敛,省繇役,贵仁义,贱权利,上笃厚,下智巧,变风易俗,化于海内,则世世必安矣。秦不行是风而循其故俗,为智巧权利者进,笃厚忠信者退;法严政峻,诎谀者众,日闻其美,意广心轶。欲肆威海外,乃使蒙恬将兵以北攻胡,辟地进境,戍于北河,蜚刍挽粟以随其后。又使尉屠睢将楼船之士南攻百越,使监禄凿渠运粮,深入越,越人遁逃。旷日持久,粮食绝乏,越人击之,秦兵大败。秦乃使尉佗将卒以戍越。当是时,秦祸北构于胡,南挂于越,宿兵无用之地,进而不得退。行十馀年,丁男被甲,丁女转输,苦不聊生,自经于道树,死者相望。及秦皇帝崩,天下大叛。陈胜、吴广举陈,武臣、张耳举赵,项梁举吴,田儋举齐,景驹举郢,周市举魏,韩广举燕,穷山通谷豪士并起,不可胜载也。然皆非公侯之后,非长官之吏也。无尺寸之势,起闾巷,杖棘矜,应时而皆动,不谋而俱起,不约而同会,壤长地进,至于霸王,时教使然也。秦贵为天子,富有天下,灭世绝祀者,穷兵之祸也。故周失之弱,秦失之强,不变之患也。

今欲招南夷,朝夜郎,降羌僰,略濊州建城邑,深入匈奴,燔其茏城,议者美之。此人臣之利也,非天下之长策也。今中国无狗吠之惊,而外累于远方之备,靡敝国家,非所以子民也。行无穷之欲,甘心快意,结怨于匈奴,非所以安边也。祸结而不解,兵休而复起,近者愁苦,远者惊骇,非所以持久也。今天下锻甲砥剑,桥箭累弦,转输运粮,未见休时,此天下之所共忧也。夫兵久而变起,事烦而虑生。今外郡之地或几千里,列城数十,形束壤制,旁胁诸侯,非公室之利也。上观齐晋之所以亡者,公室卑削,六卿大盛也;下观秦之所以灭者,严法刻深,欲大无穷也。今郡守之权,非特六卿之重也;地几千里,非特闾巷之资也;甲兵器械,非特棘矜之用也;以遭万世之变,则不可称讳也。

书奏天子,天子召见三人,谓曰:“公等皆安在?何相见之晚也!”于是上乃拜主父偃、徐乐、严安为郎中。偃数见,上疏言事,诏拜偃为谒者,迁为中大夫。一岁中四迁偃。

偃说上曰:“古者诸侯不过百里,强弱之形易制。今诸侯或连城数十,地方千里,缓则骄奢易为淫乱,急则阻其强而合从以逆京师。今以法割削之,则逆节萌起,前日晁错是也。今诸侯子弟或十数,而适嗣代立,馀虽骨肉,无尺寸地封,则仁孝之道不宣。愿陛下令诸侯得推恩分子弟,以地侯之。彼人人喜得所愿,上以德施,实分其国,不削而稍弱矣。”于是上从其计。又说上曰:“茂陵初立,天下豪桀并兼之家,乱众之民,皆可徙茂陵,内实京师,外销奸猾,此所谓不诛而害除。"上又从其计。

尊立卫皇后,及发燕王定国阴事,盖偃有功焉。大臣皆畏其口,赂遗累千金。人或说偃曰:"太横矣。"主父曰:"臣结发游学四十馀年,身不得遂,亲不以为子,昆弟不收,宾客弃我,我厄日久矣。且丈夫生不五鼎食,死即五鼎烹耳。吾日暮途远,故倒行暴施之。"

偃盛言朔方地肥饶,外阻河,蒙恬城之以逐匈奴,内省转输戍漕,广中国,灭胡之本也。上览其说,下公卿议,皆言不便。公孙弘曰:"秦时常发三十万众筑北河,终不可就,已而弃之。"主父偃盛言其便,上竟用主父计,立朔方郡。

元朔二年,主父言齐王内淫佚行僻,上拜主父为齐相。至齐,遍召昆弟宾客,散五百金予之,数之曰:"始吾贫时,昆弟不我衣食,宾客不我内门;今吾相齐,诸君迎我或千里。吾与诸君绝矣,毋复入偃之门!"乃使人以王与姊奸事动王,王以为终不得脱罪,恐效燕王论死,乃自杀。有司以闻。

主父始为布衣时,尝游燕、赵,及其贵,发燕事。赵王恐其为国患,欲上书言其阴事,为偃居中,不敢发。及为齐相,出关,即使人上书,告言主父偃受诸侯金,以故诸侯子弟多以得封者。及齐王自杀,上闻大怒,以为主父劫其王令自杀,乃征下吏治。主父服受诸侯金,实不劫王令自杀。上欲勿诛,是时公孙弘为御史大夫,乃言曰:"齐王自杀无后,国除为郡,入汉,主父偃本首恶,陛下不诛主父偃,无以谢天下。"乃遂族主父偃。

主父方贵幸时,宾客以千数,及其族死,无一人收者,唯独洨孔车收葬之。天子后闻之,以为孔车长者也。

太史公曰:公孙弘行义虽修,然亦遇时。汉兴八十馀年矣,上方乡文学,招俊乂,以广儒墨,弘为举首。主父偃当路,诸公皆誉之,及名败身诛,士争言其恶。悲夫!

太皇太后诏大司徒大司空:"盖闻治国之道,富民为始;富民之要,在于节俭。孝经曰'安上治民,莫善于礼'。'礼,与奢也宁俭'。昔者管仲相齐桓,霸诸侯,有九合一匡之功,而仲尼谓之不知礼,以其奢泰侈拟于君故也。夏禹卑宫室,恶衣服,后圣不循。由此言之,治之盛也,德优矣,莫高于俭。俭化俗民,则尊卑之序得,而骨肉之恩亲,争讼之原息。斯乃家给人足,刑错之本也欤？可不务哉！夫三公者,百寮之率,万民之表也。未有树直表而得曲影者也。孔子不云乎,'子率而正,孰敢不正'。'举善而教不能则劝'。维汉兴以来,股肱宰臣身行俭约,轻财重义,较然著明,未有若故丞相平津侯公孙弘者也。位在丞相而为布被,脱粟之饭,不过一肉。故人所善宾客皆分奉禄以给之,无有所馀。诚内自克约而外从制。汲黯诘之,乃闻于朝,此可谓减于制度而可施行者也。德优则行,否则止,与内奢泰而外为诡服以钓虚誉者殊科。以病乞骸骨,孝武皇帝即制曰'赏有功,褒有德,善善恶恶,君宜知之。其省思虑,存精神,辅以医药'。赐告治病,牛酒杂帛。居数月,有瘳,视事。至元狩二年,竟以善终于相位。夫知臣莫若君,此其效也。弘子度嗣爵,后为山阳太守,坐法失侯。夫表德章义,所以率俗厉化,圣王之制,不易之道也。其赐弘后子孙之次当为后者爵关内侯,食邑三百户,征诣公车,上名尚书,朕亲临拜焉。”

班固称曰:公孙弘、卜式、兒宽皆以鸿渐之翼困于燕雀,远迹羊豕之间,非遇其时,焉能致此位乎？是时汉兴六十馀载,海内乂安,府库充实,而四夷未宾,制度多阙,上方欲用文武,求之如弗及。始以蒲轮迎枚生,见主父而叹息。群臣慕向,异人并出。卜式试于刍牧,弘羊擢于贾竖,卫青奋于奴仆,日䃅出于降虏,斯亦曩时版筑饭牛之朋矣。汉之得人,于兹为盛。儒雅则公孙弘、董仲舒、兒宽,笃行则石建、石庆,质直则汲黯、卜式,推贤则韩安国、郑当时,定令则赵禹、张汤,文章则司马迁、相如,滑稽则东方朔、枚皋,应对则严助、朱买臣,历数则唐都、落下闳,协律则李延年,运筹则桑弘羊,奉使则张骞、苏武,将帅则卫青、霍去病,受遗则霍光、金日䃅。其馀不可胜纪。是以兴造功业,制度遗文,后世莫及。孝宣承统,纂修洪业,亦讲论六艺,招选茂异,而萧望之、梁丘贺、夏侯胜、韦玄成、严彭祖、尹更始以儒术进,刘向、王褒以文章显。将相则张安世、赵充国、魏相、邴吉、于定国、杜延年,治民则黄霸、王成、龚遂、郑弘、邵信臣、韩延寿、尹翁归、赵广汉之属,皆有功迹见述于后。累其名臣,亦其次也。

史记卷一百一十三

南越列传第五十三

南越王尉佗者，真定人也，姓赵氏。秦时已并天下，略定杨越，置桂林、南海、象郡，以谪徙民，与越杂处十三岁。佗，秦时用为南海龙川令。至二世时，南海尉任嚣病且死，召龙川令赵佗语曰："闻陈胜等作乱，秦为无道，天下苦之，项羽、刘季、陈胜、吴广等州郡各共兴军聚众，虎争天下，中国扰乱，未知所安，豪杰畔秦相立。南海僻远，吾恐盗兵侵地至此，吾欲兴兵绝新道，自备，待诸侯变，会病甚。且番禺负山险，阻南海，东西数千里，颇有中国人相辅，此亦一州之主也，可以立国。郡中长吏无足与言者，故召公告之。"即被佗书，行南海尉事。嚣死，佗即移檄告横浦、阳山、湟谿关曰："盗兵且至，急绝道聚兵自守！"因稍以法诛秦所置长吏，以其党为假守。秦已破灭，佗即击并桂林、象郡，自立为南越武王。高帝已定天下，为中国劳苦，故释佗弗诛。汉十一年，遣陆贾因立佗为南越王，与剖符通使，和集百越，毋为南边患害，与长沙接境。

高后时，有司请禁南越关市铁器。佗曰："高帝立我，通使物，今高后听谗臣，别异蛮夷，隔绝器物，此必长沙王计也，欲倚中国，击灭南越而并王之，自为功也。"于是佗乃自尊号为南越武帝，发兵攻长沙边邑，败数县而去焉。高后遣将军隆虑侯灶往击之。会暑湿，士卒大疫，兵不能逾岭。岁余，高后崩，即罢兵。佗因此以兵威边，财物赂遗闽越、西瓯、骆，役属焉，东西万余里。乃乘黄屋左纛，称制，与中国侔。

及孝文帝元年，初镇抚天下，使告诸侯四夷从代来即位意，喻盛德焉。乃为佗亲冢在真定，置守邑，岁时奉祀。召其从昆弟，尊官厚赐宠之。诏丞相陈平等举可使南越者，平言好畤陆贾，先帝时习使南越。乃召贾以为太中大夫，往使。因让佗自立为帝，曾无一介之使报者。陆贾至南越，王甚恐，为书谢，称曰："蛮夷大长老夫臣佗，前日高后隔异南越，窃疑长沙王谗臣，又遥闻高后尽诛佗宗族，掘烧先人冢，以故自弃，犯长沙边境。且南方卑湿，蛮夷中间，其东闽越千人众号称王，其西瓯骆裸国亦称王。老臣妄窃帝号，聊以自娱，岂敢以闻天王哉！”乃顿首谢，愿长为藩臣，奉贡职。于是乃下令国中曰：“吾闻两雄不俱立，两贤不并世。皇帝，贤天子也。自今以后，去帝制黄屋左纛。”陆贾还报，孝文帝大悦。遂至孝景时，称臣，使人朝请。然南越其居国窃如故号名，其使天子，称王朝命如诸侯。至建元四年卒。

佗孙胡为南越王。此时闽越王郢兴兵击南越边邑，胡使人上书曰："两越俱为藩臣，毋得擅兴兵相攻击。今闽越兴兵侵臣，臣不敢兴兵，唯天子诏之。"于是天子多南越义，守职约，为兴师，遣两将军往讨闽越。兵未逾岭，闽越王弟馀善杀郢以降，于是罢兵。

天子使庄助往谕意南越王，胡顿首曰："天子乃为臣兴兵讨闽越，死无以报德！"遣太子婴齐入宿卫。谓助曰："国新被寇，使者行矣。胡方日夜装入见天子。"助去后，其大臣谏胡曰："汉兴兵诛郢，亦行以惊动南越。且先王昔言，事天子期无失礼，要之不可以说好语入见。入见则不得复归，亡国之势也。"于是胡称病，竟不入见。后十馀岁，胡实病甚，太子婴齐请归。胡薨，谥为文王。

婴齐代立，即藏其先武帝玺。婴齐其入宿卫在长安时，取邯郸樛氏女，生子兴。及即位，上书请立樛氏女为后，兴为嗣。汉数使使者风谕婴齐，婴齐尚乐擅杀生自恣，惧入见要用汉法，比内诸侯，固称病，遂不入见。遣子次公入宿卫。婴齐薨，谥为明王。

太子兴代立，其母为太后。太后自未为婴齐姬时，尝与霸陵人安国少季通。及婴齐薨后，元鼎四年，汉使安国少季往谕王、王太后以入朝，比内诸侯；令辩士谏大夫终军等宜其辞，勇士魏臣等辅其缺，卫尉路博德将兵屯桂阳，待使者。王年少，太后中国人也，尝与安国少季通，其使复私焉。国人颇知之，多不附太后。太后恐乱起，亦欲倚汉威，数劝王及群臣求内属。即因使者上书，请比内诸侯，三岁一朝，除边关。于是天子许之，赐其丞相吕嘉银印，及内史、中尉、大傅印，馀得自置。除其故黥劓刑，用汉法，比内诸侯。使者皆留填抚之。王、王太后饬治行装重赍，为入朝具。

其相吕嘉年长矣，相三王，宗族官仕为长吏者七十馀人，男尽尚王女，女尽嫁王子兄弟宗室，及苍梧秦王有连。其居国中甚重，越人信之，多为耳目者，得众心愈于王。王之上书，数谏止王，王弗听。有畔心，数称病不见汉使者。使者皆注意嘉,势未能诛。王、王太后亦恐嘉等先事发,乃置酒,介汉使者权,谋诛嘉等。使者皆东乡,太后南乡,王北乡,相嘉、大臣皆西乡,侍坐饮。嘉弟为将,将卒居宫外。酒行,太后谓嘉曰:"南越内属,国之利也,而相君苦不便者,何也?"以激怒使者。使者狐疑相杖,遂莫敢发。嘉见耳目非是,即起而出。太后怒,欲𬭁嘉以矛,王止太后。嘉遂出,分其弟兵就舍,称病,不肯见王及使者。乃阴与大臣作乱。王素无意诛嘉,嘉知之,以故数月不发。太后有淫行,国人不附,欲独诛嘉等,力又不能。

天子闻嘉不听王,王、王太后弱孤不能制,使者怯无决。又以为王、王太后已附汉,独吕嘉为乱,不足以兴兵,欲使庄参以二千人往使。参曰:"以好往,数人足矣;以武往,二千人无足以为也。"辞不可,天子罢参也。郏壮士故济北相韩千秋奋曰:"以区区之越,又有王、太后应,独相吕嘉为害,愿得勇士二百人,必斩嘉以报。"于是天子遣千秋与王太后弟樛乐将二千人往,入越境。吕嘉等乃遂反,下令国中曰:"王年少。太后,中国人也,又与使者乱,专欲内属,尽持先王宝器入献天子以自媚,多从人,行至长安,虏卖以为僮仆。取自脱一时之利,无顾赵氏社稷,为万世虑之意。"乃与其弟将卒攻杀王、太后及汉使者。遣人告苍梧秦王及其诸郡县,立明王长男越妻子术阳侯建德为王。而韩千秋兵入,破数小邑。其后越直开道给食,未至番禺四十里,越以兵击千秋等,遂灭之。使人函封汉使者节置塞上,好为谩辞谢罪,发兵守要害处。于是天子曰:"韩子秋虽无成功,亦军锋之冠。"封其子延年为成安侯。樛乐,其姊为王太后,首愿属汉,封其子广德为龙亢侯。乃下赦曰:"天子微,诸侯力政,讥臣不讨贼。今吕嘉、建德等反,自立晏如,令罪人及江淮以南楼船十万师往讨之。"

元鼎五年秋,卫尉路博德为伏波将军,出桂阳,下汇水;主爵都尉杨仆为楼船将军,出豫章,下横浦;故归义越侯二人为戈船、下厉将军,出零陵,或下离水,或抵苍梧;使驰义侯因巴蜀罪人,发夜郎兵,下牂柯江:咸会番禺。

元鼎六年冬,楼船将军将精卒先陷寻陕,破石门,得越船粟,因推而前,挫越锋,以数万人待伏波。伏波将军将罪人,道远,会期后,与楼船会乃有千馀人,遂俱进。楼船居前,至番禺。建德、嘉皆城守。楼船自择便处,居东南面;伏波居西北面。会暮,楼船攻败越人,纵火烧城。越素闻伏波名,日暮,不知其兵多少。伏波乃为营,遣使者招降者,赐印,复纵令相招。楼船力攻烧敌,反驱而入伏波营中。犁旦,城中皆降伏波。吕嘉、建德已夜与其属数百人亡入海,以船西去。伏波又因问所得降者贵人,以知吕嘉所之,遣人追之。以其故校尉司马苏弘得建德,封为海常侯;越郎都稽得嘉,封为临蔡侯。

苍梧王赵光者,越王同姓,闻汉兵至,及越揭阳令定自定属汉;越桂林监居翁谕瓯骆属汉:皆得为侯。戈船、下厉将军兵及驰义侯所发夜郎兵未下,南越已平矣。遂为九郡。伏波将军益封。楼船将军兵以陷坚为将梁侯。

自尉佗初王后,五世九十三岁而国亡焉。

太史公曰:尉佗之王,本由任嚣。遭汉初定,列为诸侯。隆虑离湿疫,佗得以益骄。瓯骆相攻,南越动摇。汉兵临境,婴齐入朝。其后亡国,征自樛女;吕嘉小忠,令佗无后。楼船从欲,怠傲失惑;伏波困穷,智虑愈殖,因祸为福。成败之转,譬若纠墨。

史记卷一百一十四

东越列传第五十四

　　闽越王无诸及越东海王摇者，其先皆越王句践之后也，姓驺氏。秦已并天下，皆废为君长，以其地为闽中郡。及诸侯畔秦，无诸、摇率越归鄱阳令吴芮，所谓鄱君者也，从诸侯灭秦。当是之时，项籍主命，弗王，以故不附楚。汉击项籍，无诸、摇率越人佐汉。汉五年，复立无诸为闽越王，王闽中故地，都东冶。孝惠三年，举高帝时越功，曰闽君摇功多，其民便附，乃立摇为东海王，都东瓯，世俗号为东瓯王。

　　后数世，至孝景三年，吴王濞反，欲从闽越，闽越未肯行，独东瓯从吴。及吴破，东瓯受汉购，杀吴王丹徒，以故皆得不诛，归国。

　　吴王子子驹亡走闽越，怨东瓯杀其父，常劝闽越击东瓯。至建元三年，闽越发兵围东瓯。东瓯食尽，困，且降，乃使人告急天子。天子问太尉田蚡，蚡对曰：“越人相攻击，固其常，又数反覆，不足以烦中国往救也。自秦时弃弗属。”于是中大夫庄助诘蚡曰：“特患力弗能救，德弗能覆；诚能，何故弃之？且秦举咸阳而弃之，何乃越也！今小国以穷困来告急天子，天子弗振，彼当安所告诉？又何以子万国乎？”上曰：“太尉未足与计。吾初即位，不欲出虎符发兵郡国。”乃遣庄助以节发兵会稽。会稽太守欲距不为发兵，助乃斩一司马，谕意指，遂发兵浮海救东瓯。未至，闽越引兵而去。东瓯请举国徙中国，乃悉举众来，处江淮之间。

　　至建元六年，闽越击南越。南越守天子约，不敢擅发兵击而以闻。上遣大行王恢出豫章，大农韩安国出会稽，皆为将军。兵未逾岭，闽越王郢发兵距险。其弟馀善乃与相、宗族谋曰：“王以擅发兵击南越，不请，故天子兵来诛。今汉兵众强，今即幸胜之，后来益多，终灭国而止。今杀王以谢天子。天子听，罢兵，固一国完；不听，乃力战；不胜，即亡入海。”皆曰“善”。即钑杀王，使使奉其头致大行。大行曰：“所为来者诛王。今王头至，谢罪，不战而耘，利莫大焉。”乃以便宜案兵告大农军，而使使奉王头驰报天子。诏罢两将兵，曰：“郢等首恶，独无诸孙繇君丑不与谋焉。”乃使郎中将立丑为越繇王,奉闽越先祭祀。

余善已杀郢,威行于国,国民多属,窃自立为王。繇王不能矫其众持正。天子闻之,为余善不足复兴师,曰:"余善数与郢谋乱,而后首诛郢,师得不劳。"因立余善为东越王,与繇王并处。

至元鼎五年,南越反,东越王余善上书,请以卒八千人从楼船将军击吕嘉等。兵至揭扬,以海风波为解,不行,持两端,阴使南越。及汉破番禺,不至。是时楼船将军杨仆使使上书,愿便引兵击东越。上曰士卒劳倦,不许,罢兵,令诸校屯豫章梅岭待命。

元鼎六年秋,余善闻楼船请诛之,汉兵临境,且往,乃遂反,发兵距汉道。号将军驺力等为"吞汉将军",入白沙、武林、梅岭,杀汉三校尉。是时汉使大农张成、故山州侯齿将屯,弗敢击,却就便处,皆坐畏懦诛。

余善刻"武帝"玺自立,诈其民,为妄言。天子遣横海将军韩说出句章,浮海从东方往;楼船将军杨仆出武林;中尉王温舒出梅岭;越侯为戈船、下濑将军,出若邪、白沙。元封元年冬,咸入东越。东越素发兵距险,使徇北将军守武林,败楼船军数校尉,杀长吏。楼船将军率钱唐辕终古斩徇北将军,为御儿侯。自兵未往。

故越衍侯吴阳前在汉,汉使归谕余善,余善弗听。及横海将军先至,越衍侯吴阳以其邑七百人反,攻越军于汉阳。从建成侯敖,与其率,从繇王居股谋曰:"余善首恶,劫守吾属。今汉兵至,众强,计杀余善,自归诸将,傥幸得脱。"乃遂俱杀余善,以其众降横海将军,故封繇王居股为东成侯,万户;封建成侯敖为开陵侯;封越衍侯吴阳为北石侯;封横海将军说为案道侯;封横海校尉福为缭嫈侯。福者,成阳共王子,故为海常侯,坐法失侯。旧从军无功,以宗室故侯。诸将皆无成功,莫封。东越将多军,汉兵至,弃其军降,封为无锡侯。

于是天子曰东越狭多阻,闽越悍,数反覆,诏军吏皆将其民徙处江淮间。东越地遂虚。

太史公曰:越虽蛮夷,其先岂尝有大功德于民哉,何其久也!历数代常为君王,句践一称伯。然余善至大逆,灭国迁众,其先苗裔繇王居股等犹尚封为万户侯,由此知越世世为公侯矣。盖禹之馀烈也。

史记卷一百一十五

朝鲜列传第五十五

朝鲜王满者,故燕人也。自始全燕时尝略属真番、朝鲜,为置吏,筑鄣塞。秦灭燕,属辽东外徼。汉兴,为其远难守,复修辽东故塞,至浿水为界,属燕。燕王卢绾反,入匈奴,满亡命,聚党千馀人,魋结蛮夷服而东走出塞,渡浿水,居秦故空地上下鄣,稍役属真番、朝鲜蛮夷及故燕、齐亡命者王之,都王险。

会孝惠、高后时天下初定,辽东太守即约满为外臣,保塞外蛮夷,无使盗边;诸蛮夷君长欲入见天子,勿得禁止。以闻,上许之,以故满得兵威财物侵降其旁小邑,真番、临屯皆来服属,方数千里。

传子至孙右渠,所诱汉亡人滋多,又未尝入见;真番旁众国欲上书见天子,又拥阏不通。元封二年,汉使涉何谯谕右渠,终不肯奉诏。何去至界上,临浿水,使御刺杀送何者朝鲜裨王长,即渡,驰入塞,遂归报天子曰“杀朝鲜将”。上为其名美,即不诘,拜何为辽东东部都尉。朝鲜怨何,发兵袭攻杀何。

天子募罪人击朝鲜。其秋,遣楼船将军杨仆从齐浮渤海;兵五万人,左将军荀彘出辽东:讨右渠。右渠发兵距险。左将军卒正多率辽东兵先纵,败散,多还走,坐法斩。楼船将军将齐兵七千人先至王险。右渠城守,窥知楼船军少,即出城击楼船,楼船军败散走。将军杨仆失其众,遁山中十馀日,稍求收散卒,复聚。左将军击朝鲜浿水西军,未能破自前。

天子为两将未有利,乃使卫山因兵威往谕右渠。右渠见使者顿首谢:“愿降,恐两将诈杀臣;今见信节,请服降。”遣太子入谢,献马五千匹,及馈军粮。人众万馀,持兵,方渡浿水,使者及左将军疑其为变,谓太子已服降,宜命人毋持兵。太子亦疑使者左将军诈杀之,遂不渡浿水,复引归。山还报天子,天子诛山。

左将军破浿水上军,乃前,至城下,围其西北。楼船亦往会,居城南。右渠遂坚守城,数月未能下。

左将军素侍中,幸,将燕代卒,悍,乘胜,军多骄。楼船将齐卒,人海,固已多败亡;其先与右渠战,困辱亡卒,卒皆恐,将心惭,其围右渠,常持和节。左将军急击之,朝鲜大臣乃阴间使人私约降楼船,往来言,尚未肯决。左将军数与楼船期战,楼船欲急就其约,不会;左将军亦使人求间郤降下朝鲜,朝鲜不肯,心附楼船:以故两将不相能。左将军心意楼船前有失军罪,今与朝鲜私善而又不降,疑其有反计,未敢发。天子曰将率不能,前乃使卫山谕降右渠,右渠遣太子,山使不能剸决,与左将军计相误,卒沮约。今两将围城,又乖异,以故久不决。使济南太守公孙遂往正之,有便宜得以从事。遂至,左将军曰:"朝鲜当下久矣,不下者有状。"言楼船数朝不会,具以素所意告遂,曰:"今如此不取,恐为大害,非独楼船,又且与朝鲜共灭吾军。"遂亦以为然,而以节召楼船将军入左将军营计事,即命左将军麾下执捕楼船将军,并其军,以报天子。天子诛遂。

左将军已并两军,即急击朝鲜。朝鲜相路人、相韩阴、尼谿相参、将军王唊相与谋曰:"始欲降楼船,楼船今执,独左将军并将,战益急,恐不能与,王又不肯降。"阴、唊、路人皆亡降汉。路人道死。元封三年夏,尼谿相参乃使人杀朝鲜王右渠来降。王险城未下,故右渠之大臣成巳又反,复攻吏。左将军使右渠子长降、相路人之子最告谕其民,诛成巳,以故遂定朝鲜,为四郡。封参为湛清侯,阴为狄苴侯,唊为平州侯,长降为幾侯。最以父死颇有功,为温阳侯。

左将军征至,坐争功相嫉,乖计,弃市。楼船将军亦坐兵至洌口,当待左将军,擅先纵,失亡多,当诛,赎为庶人。

太史公曰:右渠负固,国以绝祀。涉何诬功,为兵发首。楼船将狭,及难离咎。悔失番禺,乃反见疑。荀彘争劳,与遂皆诛。两军俱辱,将率莫侯矣。

史记卷一百一十六

西南夷列传第五十六

西南夷君长以什数，夜郎最大；其西靡莫之属以什数，滇最大；自滇以北君长以什数，邛都最大：此皆魋结，耕田，有邑聚。其外西自同师以东，北至楪榆，名为嶲、昆明，皆编发，随畜迁徙，毋常处，毋君长，地方可数千里。自嶲以东北，君长以什数，徙、筰都最大；自筰以东北，君长以什数，冉、駹最大。其俗或土箸，或移徙，在蜀之西。自冉駹以东北，君长以什数，白马最大，皆氐类也。此皆巴蜀西南外蛮夷也。

始楚威王时，使将军庄蹻将兵循江上；略巴、黔中以西。庄蹻者，故楚庄王苗裔也。蹻至滇池，方三百里，旁平地，肥饶数千里，以兵威定属楚。欲归报，会秦击夺楚巴、黔中郡，道塞不通，因还，以其众王滇，变服，从其俗，以长之。秦时常颇略通五尺道，诸此国颇置吏焉。十馀岁，秦灭。及汉兴，皆弃此国而开蜀故徼。巴蜀民或窃出商贾，取其筰马、僰僮、髦牛，以此巴蜀殷富。

建元六年，大行王恢击东越，东越杀王郢以报。恢因兵威使番阳令唐蒙风指晓南越。南越食蒙蜀枸酱，蒙问所从来，曰"道西北牂柯，牂柯江广数里，出番禺城下"。蒙归至长安，问蜀贾人，贾人曰："独蜀出枸酱，多持窃出市夜郎。夜郎者，临牂柯江，江广百馀步，足以行船。南越以财物役属夜郎，西至同师，然亦不能臣使也。"蒙乃上书说上曰："南越王黄屋左纛，地东西万馀里，名为外臣，实一州主也。今以长沙、豫章往，水道多绝，难行。窃闻夜郎所有精兵，可得十馀万，浮船牂柯江，出其不意，此制越一奇也。诚以汉之强，巴蜀之饶，通夜郎道，为置吏，易甚。"上许之。乃拜蒙为郎中将，将千人，食重万馀人，从巴蜀筰关入，遂见夜郎侯多同。蒙厚赐，喻以威德，约为置吏，使其子为令。夜郎旁小邑皆贪汉缯帛，以为汉道险，终不能有也，乃且听蒙约。还报，乃以为犍为郡。发巴蜀卒治道，自僰道指牂柯江。蜀人司马相如亦言西夷邛、筰可置郡。使相如以郎中将往喻，皆如南夷，为置一都尉，十馀县，属蜀。

　　当是时,巴蜀四郡通西南夷道,戍转相饷。数岁,道不通,士罢饿离湿,死者甚众;西南夷又数反,发兵兴击,秏费无功。上患之,使公孙弘往视问焉。还对,言其不便。及弘为御史大夫,是时方筑朔方以据河逐胡,弘因数言西南夷害,可且罢,专力事匈奴。上罢西夷,独置南夷夜郎两县一都尉,稍令犍为自葆就。

　　及元狩元年,博望侯张骞使大夏来,言居大夏时见蜀布、邛竹杖,使问所从来,曰“从东南身毒国,可数千里,得蜀贾人市”。或闻邛西可二千里有身毒国。骞因盛言大夏在汉西南,慕中国,患匈奴隔其道,诚通蜀,身毒国道便近,有利无害。于是天子乃令王然于、柏始昌、吕越人等,使间出西夷西,指求身毒国。至滇,滇王尝羌乃留,为求道西十馀辈。岁馀,皆闭昆明,莫能通身毒国。

　　滇王与汉使者言曰:“汉孰与我大?”及夜郎侯亦然。以道不通故,各自以为一州主,不知汉广大。使者还,因盛言滇大国,足事亲附。天子注意焉。

　　及至南越反,上使驰义侯因犍为发南夷兵。且兰君恐远行,旁国虏其老弱,乃与其众反,杀使者及犍为太守。汉乃发巴蜀罪人尝击南越者八校尉击破之。会越已破,汉八校尉不下,即引兵还,行诛头兰。头兰,常隔滇道者也。已平头兰,遂平南夷为牂柯郡。夜郎侯始倚南越,南越已灭,会还诛反者,夜郎遂入朝。上以为夜郎王。

　　南越破后,及汉诛且兰、邛君,并杀筰侯,冉駹皆振恐,诸臣置吏。乃以邛都为越嶲郡,筰都为沈犁郡,冉駹为汶山郡,广汉西白马为武都郡。

　　上使王然于以越破及诛南夷兵威风喻滇王入朝。滇王者,其众数万人,其旁东北有劳浸、靡莫,皆同姓相扶,未肯听。劳浸、靡莫数侵犯使者吏卒。元封二年,天子发巴蜀兵击灭劳浸、靡莫,以兵临滇。滇王始首善,以故弗诛。滇王离难西南夷,举国降,诸置吏入朝。于是以为益州郡,赐滇王王印,复长其民。

　　西南夷君长以百数,独夜郎、滇受王印。滇小邑,最宠焉。

　　太史公曰:楚之先岂有天禄哉? 在周为文王师,封楚。及周之衰,地称五千里。秦灭诸侯,唯楚苗裔尚有滇王。汉诛西南夷,国多灭矣,唯滇复为宠王。然南夷之端,见枸酱番禺,大夏杖邛竹。西夷后揃,剽分二方,卒为七郡。

史记卷一百一十七

司马相如列传第五十七

司马相如者,蜀郡成都人也,字长卿。少时好读书,学击剑,故其亲名之曰犬子。相如既学,慕蔺相如之为人,更名相如。以赀为郎,事孝景帝,为武骑常侍,非其好也。会景帝不好辞赋,是时梁孝王来朝,从游说之士齐人邹阳、淮阴枚乘、吴庄忌夫子之徒,相如见而说之,因病免,客游梁。梁孝王令与诸生同舍,相如得与诸生游士居数岁,乃著子虚之赋。

会梁孝王卒,相如归,而家贫,无以自业。素与临邛令王吉相善,吉曰:"长卿久宦游不遂,而来过我。"于是相如往,舍都亭。临邛令缪为恭敬,日往朝相如。相如初尚见之,后称病,使从者谢吉,吉愈益谨肃。临邛中多富人,而卓王孙家僮八百人,程郑亦数百人,二人乃相谓曰:"令有贵客,为具召之。"并召令。令既至,卓氏客以百数。至日中,谒司马长卿,长卿谢病不能往,临邛令不敢尝食,自往迎相如。相如不得已,强往,一坐尽倾。酒酣,临邛令前奏琴曰:"窃闻长卿好之,愿以自娱。"相如辞谢,为鼓一再行。是时卓王孙有女文君新寡,好音,故相如缪与令相重,而以琴心挑之。相如之临邛,从车骑,雍容闲雅甚都;及饮卓氏,弄琴,文君窃从户窥之,心悦而好之,恐不得当也。既罢,相如乃使人重赐文君侍者通殷勤。文君夜亡奔相如,相如乃与驰归成都。家居徒四壁立。卓王孙大怒曰:"女至不材,我不忍杀,不分一钱也。"人或谓王孙,王孙终不听。文君久之不乐,曰:"长卿第俱如临邛,从昆弟假贷犹足为生,何至自苦如此!"相如与俱之临邛,尽卖其车骑,买一酒舍酤酒,而令文君当炉。相如身自著犊鼻裈,与保庸杂作,涤器于市中。卓王孙闻而耻之,为杜门不出。昆弟诸公更谓王孙曰:"有一男两女,所不足者非财也。今文君已失身于司马长卿,长卿故倦游,虽贫,其人材足依也,且又令客,独奈何相辱如此!"卓王孙不得已,分予文君僮百人,钱百万,及其嫁时衣被财物。文君乃与相如归成都,买田宅,为富人。

居久之,蜀人杨得意为狗监,侍上。上读子虚赋而善之,曰:"朕独不得与此人同时哉！"得意曰："臣邑人司马相如自言为此赋。"上惊,乃召问相如。相如曰："有是。然此乃诸侯之事,未足观也。请为天子游猎赋,赋成奏之。"上许,令尚书给笔札。相如以"子虚",虚言也,为楚称;"乌有先生"者,乌有此事也,为齐难;"无是公"者,无是人也,明天子之义。故空藉此三人为辞,以推天子诸侯之苑囿。其卒章归之于节俭,因以风谏。奏之天子,天子大说。其辞曰:

楚使子虚使于齐,齐王悉发境内之士,备车骑之众,与使者出田。田罢,子虚过诧乌有先生,而无是公在焉。坐定,乌有先生问曰："今日田乐乎？"子虚曰："乐。""获多乎？"曰："少。""然则何乐？"曰："仆乐齐王之欲夸仆以车骑之众,而仆对以云梦之事也。"曰："可得闻乎？"

子虚曰："可。王驾车千乘,选徒万骑,田于海滨。列卒满泽,罘罔弥山,掩兔辚鹿,射麋脚麟。骛于盐浦,割鲜染轮。射中获多,矜而自功。顾谓仆曰：'楚亦有平原广泽游猎之地饶乐若此者乎？楚王之猎何与寡人？'仆下车对曰：'臣,楚国之鄙人也,幸得宿卫十有馀年,时从出游,游于后园,览于有无,然犹未能遍睹也,又恶足以言其外泽者乎！'齐王曰：'虽然,略以子之所闻见而言之。'

"仆对曰：'唯唯。臣闻楚有七泽,尝见其一,未睹其馀也。臣之所见,盖特其小小者耳,名曰云梦。云梦者,方九百里,其中有山焉。其山则盘纡弗郁,隆崇律崒;岑岩参差,日月蔽亏;交错纠纷,上干青云;罢池陂陁,下属江河。其土则丹青赭垩,雌黄白坿,锡碧金银,众色炫耀,照烂龙鳞。其石则赤玉玫瑰,琳瑉琨珸,瑊玏玄厉,瑌石武夫。其东则有蕙圃衡兰,芷若射干,穹穷昌蒲,江离蘪芜,诸蔗猼且。其南则有平原广泽,登降陁靡,案衍坛曼,缘以大江,限以巫山。其高燥则生葴菥苞荔,薛莎青薠。其卑湿则生藏莨蒹葭,东蔷雕胡,莲藕菰芦,庵闾轩芋,众物居之,不可胜图。其西则有涌泉清池,激水推移;外发芙蓉菱华,内隐钜石白沙。其中则有神龟蛟鼍,瑇瑁鳖鼋。其北则有阴林巨树,楩楠豫章,桂椒木兰,蘖离朱杨,楂梨梬栗,橘柚芬芳。其上则有赤猿蠷蛫,鹓雏孔鸾,腾远射干。其下则有白虎玄豹,蟃蜒䝙犴,兕象野犀,穷奇獌狿。

"'于是乃使专诸之伦,手格此兽。楚王乃驾驯驳之驷,乘雕玉之舆,靡鱼须之桡旃,曳明月之珠旗,建干将之雄戟,左乌嗥之雕弓,右夏服之劲箭;阳子骖乘,纤阿为御;案节未舒,即陵狡兽,辚邛邛,蹴距虚,轶野马而辚騊駼,乘遗风而射游骐;儵眒凄浰,雷动焱至,星流霆击,弓不虚发,中必决眦,洞胸达腋,绝乎心系,获若雨兽,掩草蔽地。于是楚王乃弭节裴回,翱翔容与,览乎阴林,观壮士之暴怒,与猛兽之恐惧,徼𫟅受诎,殚睹众物之变态。

“'于是郑女曼姬,被阿锡,揄纻缟,杂纤罗,垂雾縠;襞积褰绉,纡徐委曲,郁桡谿谷;衯衯裶裶,扬袘恤削,蜚纤垂髾;扶与猗靡,噏呷萃蔡,下摩兰蕙,上拂羽盖,错翡翠之威蕤,缪绕玉绥;缥乎忽忽,若神仙之仿佛。

“'于是乃相与獠于蕙圃,媻珊勃窣上金堤,揜翡翠,射𫘤鵔,微矰出,纤缴施,弋白鹄,连驾鹅,双鸧下,玄鹤加。怠而后发,游于清池;浮文鹢,扬桂枻,张翠帷,建羽盖,罔瑇瑁,钓紫贝;抧金鼓,吹鸣籁,榜人歌,声流喝,水虫骇,波鸿沸,涌泉起,奔扬会,礓石相击,硠硠礚礚,若雷霆之声,闻乎数百里之外。

“'将息獠者,击灵鼓,起烽燧,车案行,骑就队,纚乎淫淫,班乎裔裔。于是楚王乃登阳云之台,泊乎无为,澹乎自持,勺药之和具而后御之。不若大王终日驰骋而不下舆,脟割轮淬,自以为娱。臣窃观之,齐殆不如。'于是王默然无以应仆也。”

乌有先生曰:“是何言之过也!足下不远千里,来况齐国,王悉发境内之士,而备车骑之众,以出田,乃欲戮力致获,以娱左右也,何名为夸哉!问楚地之有无者,愿闻大国之风烈,先生之馀论也。今足下不称楚王之德厚,而盛推云梦以为高,奢言淫乐而显侈靡,窃为足下不取也。必若所言,固非楚国之美也。有而言之,是章君之恶;无而言之,是害足下之信。章君之恶而伤私义,二者无一可,而先生行之,必且轻于齐而累于楚矣。且齐东陼巨海,南有琅邪,观乎成山,射乎之罘,浮勃澥,游孟诸,邪与肃慎为邻,右以汤谷为界,秋田乎青丘,傍偟乎海外,吞若云梦者八九,其于胸中曾不蒂芥。若乃俶傥瑰伟,异方殊类,珍怪鸟兽,万端鳞萃,充仞其中者,不可胜记,禹不能名,契不能计。然在诸侯之位,不敢言游戏之乐,苑囿之大;先生又见客,是以王辞而不复,何为无用应哉!”

无是公听然而笑曰:“楚则失矣,齐亦未为得也。夫使诸侯纳贡者,非为财币,所以述职也;封疆画界者,非为守御,所以禁淫也。今齐列为东藩,而外私肃慎,捐国逾限,越海而田,其于义故未可也。且二君之论,不务明君臣之义而正诸侯之礼,徒事争游猎之乐,苑囿之大,欲以奢侈相胜,荒淫相越,此不可以扬名发誉,而适足以贬君自损也。且夫齐楚之事又焉足道邪！君未睹夫巨丽也，独不闻天子之上林乎？

"左苍梧，右西极，丹水更其南，紫渊径其北；终始霸浐，出入泾渭；酆鄗潦潏，纡馀委蛇，经营乎其内。荡荡兮八川分流，相背而异态。东西南北，驰骛往来，出乎椒丘之阙，行乎洲淤之浦，径乎桂林之中，过乎泱莽之野。汩乎浑流，顺阿而下，赴隘陕之口。触穹石，激堆埼，沸乎暴怒，汹涌滂湃，滭弗宓汨，逼侧泌㴋，横流逆折，转腾潎洌，澎濞沆瀣，穹隆云挠，蜿蟺胶戾，逾波趋浥，莅莅下濑，批壏冲壅，奔扬滞沛，临坻注壑，瀺灂霣坠，湛湛隐隐，砰磅訇礚，潏潏淈淈，湁潗鼎沸，驰波跳沫，汩㴲漂疾，悠远长怀，寂漻无声，肆乎永归。然后灏溔潢漾，安翔徐徊，翯乎滈滈，东注大湖，衍溢陂池。于是乎蛟龙赤螭，𩷾𩽀魶𥷡，鳐鳙鳂鰨，禺禺鱋魶，揵鳍擢尾，振鳞奋翼，潜处于深岩；鱼鳖欢声，万物众夥，明月珠子，玓瓅江靡，蜀石黄碝，水玉磊砢，磷磷烂烂，采色澔旰，丛积乎其中。鸿鹄鹔鸨，䴔鹅鸀玊，鸽鸬䴏目，烦鹜鹔𪃟，鵁鸬鵁鸬，群浮乎其上。汎淫泛滥，随风澹淡，与波摇荡，掩薄草渚，唼喋菁藻，咀嚼菱藕。

于是乎崇山矗矗，崔巍嵯峨，深林钜木，崭岩参嵳，九嵕、巀嶭、南山峨峨，岩陁甗锜，摧崣崛崎，振溪通谷，蹇产沟渎，谷呀豁閜，阜陵别岛，崴磈嵔瘣，丘虚崛嵱，隐辚郁𡾋，登降施靡，陂池貏豸，沇溶淫鬻，散涣夷陆，亭皋千里，靡不被筑。掩以绿蕙，被以江离，糅以蘪芜，杂以流夷。尃结缕，欑戾莎，揭车衡兰，稿本射干，茈姜蘘荷，葴橙若荪，鲜枝黄砾，蒋芧青薠，布濩闳泽，延曼太原，丽靡广衍，应风披靡，吐芳扬烈，郁郁斐斐，众香发越，肸蚃布写，晻薆咇茀。

"于是乎周览泛观，瞋盼轧沕，芒芒恍忽，视之无端，察之无崖。日出东沼，入于西陂。其南则隆冬生长，踊水跃波；兽则㺎旄貘犛，沈牛麈麋，赤首圜题，穷奇象犀。其北则盛夏含冻裂地，涉冰揭河；兽则麒麟角端，騊駼橐驼，蛩蛩驒騱，駃騠驴骡。

"于是乎离宫别馆，弥山跨谷，高廊四注，重坐曲阁，华榱璧珰，辇道细属，步櫩周流，长途中宿。夷嵕筑堂，累台增成，岩突洞房，俯杳眇而无见，仰攀橑而扪天，奔星更于闺闼，宛虹拖于楯轩。青虬蚴蟉于东箱，象舆婉蝉于西清，灵圉燕于闲观，偓佺之伦暴于南荣，醴泉涌于清室，通川过乎中庭。槃石裖崖，嵚岩倚倾，嵯峨磼礏，刻削峥嵘，玫瑰碧琳，珊瑚丛生，瑉玉旁唐，玢豳文鳞，赤瑕驳荦，杂臿其间，垂绥琬琰,和氏出焉。

"于是乎卢橘夏孰,黄甘橙楱,枇杷橪柿,樗柰厚朴,樗枣杨梅,樱桃蒲陶,隐夫郁棣,榙樗荔枝,罗乎后宫,列乎北园。㠛丘陵,下平原,扬翠叶,杌紫茎,发红华,秀朱荣,煌煌扈扈,照曜钜野。沙棠栎槠,华泛檗栌,留落胥馀,仁频并闾,欃檀木兰,豫章女贞,长千仞,大连抱,夸条直畅,实叶葰茂,攒立丛倚,连卷累佹,崔错癹骫,阮衡闾砢,垂条扶於,落英幡纚,纷容萧蓁,旖旎从风,浏莅芔吸,盖象金石之声,管籥之音。柴池茈虒,旋环后宫,杂遝累辑,被山缘谷,循阪下隰,视之无端,究之无穷。

"于是玄猿素雌,蜼玃飞鼺,蛭蜩蠼蝚,螹胡豰蛫,栖息乎其间;长啸哀鸣,翩幡互经,夭蟜枝格,偃蹇杪颠。于是乎隃绝梁,腾殊榛,捷垂条,踔稀间,牢落陆离,烂曼远迁。

"若此辈者,数千百处。嬉游往来,宫宿馆舍,庖厨不徙,后宫不移,百官备具。

"于是乎背秋涉冬,天子校猎。乘镂象,六玉虬,拖霓旌,靡云旗,前皮轩,后道游;孙叔奉辔,卫公骖乘,扈从横行,出乎四校之中。鼓严簿,纵獠者,江河为阹,泰山为橹,车骑雷起,隐天动地,先后陆离,离散别追,淫淫裔裔,缘陵流泽,云布雨施。

"生貔豹,搏豺狼,手熊罴,足野羊,蒙鹖苏,绔白虎,被豳文,跨野马。陵三嵏之危,下碛历之坻;径陵赴险,越壑厉水。推蜚廉,弄解豸,格瑕蛤,铤猛氏,罥騕褭,射封豕。箭不苟害,解脰陷脑;弓不虚发,应声而倒。于是乎乘舆弥节裴回,翱翔往来,睨部曲之进退,览将率之变态。然后浸潭促节,儵夐远去,流离轻禽,蹴履狡兽,蹂白鹿,捷狡兔,轶赤电,遗光耀,追怪物,出宇宙,弯繁弱,满白羽,射游枭,栎蜚虡,择肉后发,先中命处,弦矢分,艺殪仆。

"然后扬节而上浮,陵惊风,历骇飙,乘虚无,与神俱,辚玄鹤,乱昆鸡,遒孔鸾,促鹓鶵,拂翳鸟,捎凤皇,捷鸳雏,掩焦明。

"道尽涂殚,回车而还。招摇乎襄羊,降集乎北纮,率乎直指,暗乎反乡。蹷石关,历封峦,过鳷鹊,望露寒,下棠梨,息宜春,西驰宣曲,濯鹢牛首,登龙台,掩细柳,观士大夫之勤略,钧猎者之所得获。徒车之所辚轹,乘骑之所蹂若,人民之所蹈躏,与其穷极倦䛴,惊惮慑伏,不被创刃而死者,佗佗籍籍,填阬满谷,掩平弥泽。

"于是乎游戏懈怠,置酒乎昊天之台,张乐乎胶葛之宇;撞千石之钟,立万石之钜;建翠华之旗,树灵鼍之鼓。奏陶唐氏之舞,听葛天氏之歌,千人唱,万人和,山陵为之震动,川谷为之荡波。巴俞宋蔡,淮南于遮,文成颠歌,族举递奏,金鼓迭起,铿铳铛鼞,洞心骇耳。荆吴郑卫之声,韶濩武象之乐,阴淫案衍之音,鄢郢缤纷,激楚结风,俳优侏儒,狄鞮之倡,所以娱耳目而乐心意者,丽靡烂漫于前,靡曼美色于后。

"若夫青琴宓妃之徒,绝殊离俗,姣冶娴都,靓庄刻饬,便嬛绰约,柔桡嬛嬛,妩媚姌袅;揳独茧之褕袘,眇阎易以戌削,媥姺徶徦,与世殊服;芬香沤郁,酷烈淑郁,皓齿粲烂,宜笑旳皪;长眉连娟,微睇绵藐;色授魂与,心愉于侧。

"于是酒中乐酣,天子芒然而思,似若有亡。曰:'嗟乎,此泰奢侈!朕以览听馀闲,无事弃日,顺天道以杀伐,时休息于此,恐后世靡丽,遂往而不反,非所以为继嗣创业垂统也。'于是乃解酒罢猎,而命有司曰:'地可以垦辟,悉为农郊,以赡萌隶;隤墙填堑,使山泽之民得至焉。实陂池而勿禁,虚宫观而勿仞。发仓廪以振贫穷,补不足,恤鳏寡,存孤独。出德号,省刑罚,改制度,易服色,更正朔,与天下为始。'

"于是历吉日以齐戒,袭朝衣,乘法驾,建华旗,鸣玉鸾,游乎六艺之囿,骛乎仁义之涂,览观春秋之林,射貍首,兼驺虞,弋玄鹤,建干戚,载云罕,揜群雅,悲伐檀,乐乐胥,修容乎礼园,翱翔乎书圃,述易道,放怪兽,登明堂,坐清庙,恣群臣,奏得失,四海之内,靡不受获。于斯之时,天下大说,向风而听,随流而化,喟然兴道而迁义,刑错而不用,德隆乎三皇,功羡于五帝。若此,故猎乃可喜也。

"若夫终日暴露驰骋,劳神苦形,罢车马之用,抏士卒之精,费府库之财,而无德厚之恩,务在独乐,不顾众庶,忘国家之政,而贪雉兔之获,则仁者不由也。从此观之,齐楚之事,岂不哀哉!地方不过千里,而囿居九百,是草木不得垦辟,而民无所食也。夫以诸侯之细,而乐万乘之所侈,仆恐百姓之被其尤也。"

于是二子愀然改容,超若自失,逡巡避席曰:"鄙人固陋,不知忌讳,乃今日见教,谨闻命矣。"

赋奏,天子以为郎。无是公言天子上林广大,山谷水泉万物,及子虚言楚云梦所有甚众,侈靡过其实,且非义理所尚,故删取其要,归正道而论之。

相如为郎数岁,会唐蒙使略通夜郎西僰中,发巴蜀吏卒千人,郡又多为发转漕万馀人,用兴法诛其渠帅,巴蜀民大惊恐。上闻之,乃使相如责唐蒙,因喻告巴蜀民以非上意。檄曰:

告巴蜀太守:蛮夷自擅不讨之日久矣,时侵犯边境,劳士大夫。陛下即位,存抚天下,辑安中国。然后兴师出兵,北征匈奴,单于怖骇,交臂受事,诎膝请和。康居西域,重译请朝,稽首来享。移师东指,闽越相诛。右吊番禺,太子入朝。南夷之君,西僰之长,常效贡职,不敢怠堕,延颈举踵,喁喁然皆争归义,欲为臣妾,道里辽远,山川阻深,不能自致。夫不顺者已诛,而为善者未赏,故遣中郎将往宾之,发巴蜀士民各五百人,以奉币帛,卫使者不然,靡有兵革之事,战斗之患。今闻其乃发军兴制,惊惧子弟,忧患长老,郡又擅为转粟运输,皆非陛下之意也。当行者或亡逃自贼杀,亦非人臣之节也。

夫边郡之士,闻烽举燧燔,皆摄弓而驰,荷兵而走,流汗相属,唯恐居后,触白刃,冒流矢,义不反顾,计不旋踵,人怀怒心,如报私仇。彼岂乐死恶生,非编列之民,而与巴蜀异主哉?计深虑远,急国家之难,而乐尽人臣之道也。故有剖符之封,析珪而爵,位为通侯,居列东第,终则遗显号于后世,传土地于子孙,行事甚忠敬,居位甚安佚,名声施于无穷,功烈著而不灭。是以贤人君子,肝脑涂中原,膏液润野草而不辞也。今奉币役至南夷,即自贼杀,或亡逃抵诛,身死无名,谥为至愚,耻及父母,为天下笑。人之度量相越,岂不远哉!然此非独行者之罪也,父兄之教不先,子弟之率不谨也;寡廉鲜耻,而俗不长厚也。其被刑戮,不亦宜乎!

陛下患使者有司之若彼,悼不肖愚民之如此,故遣信使晓喻百姓以发卒之事,因数之以不忠死亡之罪,让三老孝弟以不教诲之过。方今田时,重烦百姓,已亲见近县,恐远所谿谷山泽之民不遍闻,檄到,亟下县道,使咸知陛下之意,唯毋忽也。

相如还报。唐蒙已略通夜郎,因通西南夷道,发巴、蜀、广汉卒,作者数万人。治道二岁,道不成,士卒多物故,费以巨万计。蜀民及汉用事者多言其不便。是时邛筰之君长闻南夷与汉通,得赏赐多,多欲愿为内臣妾,请吏,比南夷。天子问相如,相如曰:"邛、筰、冉、駹者近蜀,道亦易通,秦时尝通为郡县,至汉兴而罢。今诚复通,为置郡县,愈于南夷。"天子以为然,乃拜相如为中郎将,建节往使。副使王然于、壶充国、吕越人驰四乘之传,因巴蜀吏币物以赂西夷。至蜀,蜀太守以下郊迎,县令负弩矢先驱,蜀人以为宠。于是卓王孙、临邛诸公皆因门下献牛酒以交欢。卓王孙喟然而叹，自以得使女尚司马长卿晚，而厚分与其女财，与男等同。司马长卿便略定西夷，邛、筰、冉、駹、斯榆之君皆请为内臣。除边关，关益斥，西至沫、若水，南至牂柯为徼，通零关道，桥孙水以通邛都。还报天子，天子大说。

相如使时，蜀长老多言通西南夷不为用，唯大臣亦以为然。相如欲谏，业已建之，不敢，乃著书，籍以蜀父老为辞，而己诘难之，以风天子，且因宣其使指，令百姓知天子之意。其辞曰：

汉兴七十有八载，德茂存乎六世，威武纷纭，湛恩汪濊，群生澍濡，洋溢乎方外。于是乃命使西征，随流而攘，风之所被，罔不披靡。因朝冉从駹，定筰存邛，略斯榆，举苞满，结轶还辕，东乡将报，至于蜀都。

耆老大夫荐绅先生之徒二十有七人，俨然造焉。辞毕，因进曰："盖闻天子之于夷狄也，其义羁縻勿绝而已。今罢三郡之士，通夜郎之涂，三年于兹，而功不竟，士卒劳倦，万民不赡，今又接以西夷，百姓力屈，恐不能卒业，此亦使者之累也，窃为左右患之。且夫邛、筰、西僰之与中国并也，历年兹多，不可记已。仁者不以德来，强者不以力并，意者其殆不可乎！今割齐民以附夷狄，弊所恃以事无用，鄙人固陋，不识所谓。"

使者曰："乌谓此邪？必若所云，则是蜀不变服而巴不化俗也。余尚恶闻若说？然斯事体大，固非观者之所觏也。余之行急，其详不可得闻已，请为大夫粗陈其略。

"盖世必有非常之人，然后有非常之事；有非常之事，然后有非常之功。非常者，固常人之所异也。故曰非常之原，黎民惧焉；及臻厥成，天下晏如也。

"昔者鸿水浡出，泛滥衍溢，民人登降移徙，陭𨺅而不安。夏后氏戚之，乃堙鸿水，决江疏河，漉沈赡菑，东归之于海，而天下永宁。当斯之勤，岂唯民哉？心烦于虑而身亲其劳，躬胝无胈，肤不生毛。故休烈显乎无穷，声称浃乎于兹。

"且夫贤君之践位也，岂特委琐握龊，拘文牵俗，循诵习传，当世取说云尔哉！必将崇论闳议，创业垂统，为万世规。故驰骛乎兼容并包，而勤思乎参天贰地。且诗不云乎：'普天之下，莫非王土；率土之滨，莫非王臣。'是以六合之内，八方之外，浸浔衍溢，怀生之物有不浸润于泽者,贤君耻之。今封疆之内,冠带之伦,咸获嘉祉,靡有阙遗矣。而夷狄殊俗之国,辽绝异党之地,舟舆不通,人迹罕至,政教未加,流风犹微。内之则犯义侵礼于边境,外之则邪行横作,放弑其上。君臣易位,尊卑失序,父兄不辜,幼孤为奴,系累号泣,内向而怨,曰'盖闻中国有至仁焉,德洋而恩普,物靡不得其所,今独曷为遗己'。举踵思慕,若枯旱之望雨。鸷夫为之垂涕,况乎上圣,又恶能已?故北出师以讨强胡,南驰使以诮劲越。四面风德,二方之君鳞集仰流,愿得受号者以亿计。故乃关沫、若,徼牂柯,镂零山,梁孙原。创道德之涂,垂仁义之统。将博恩广施,远抚长驾,使疏逖不闭,阻深暗昧得耀乎光明,以偃甲兵于此,而息诛伐于彼。遐迩一体,中外提福,不亦康乎?夫拯民于沈溺,奉至尊之休德,反衰世之陵迟,继周氏之绝业,斯乃天子之急务也。百姓虽劳,又恶可以已哉?

　　“且夫王事固未有不始于忧勤,而终于佚乐者也。然则受命之符,合在于此矣。方将增泰山之封,加梁父之事,鸣和鸾,扬乐颂,上咸五,下登三。观者未睹指,听者未闻音,犹鹪明已翔乎寥廓,而罗者犹视乎薮泽。悲夫!”

　　于是诸大夫芒然丧其所怀来而失厥所以进,喟然并称曰:“允哉汉德,此鄙人之所愿闻也。百姓虽怠,请以身先之。”敞罔靡徙,因迁延而辞避。

其后人有上书言相如使时受金,失官。居岁馀,复召为郎。

相如口吃而善著书。常有消渴疾。与卓氏婚,饶于财。其进仕宦,未尝肯与公卿国家之事,称病闲居,不慕官爵。常从上至长杨猎,是时天子方好自击熊彘,驰逐野兽,相如上疏谏之。其辞曰:

　　臣闻物有同类而殊能者,故力称乌获,捷言庆忌,勇期贲、育。臣之愚,窃以为人诚有之,兽亦宜然。今陛下好陵阻险,射猛兽,卒然遇轶材之兽,骇不存之地,犯属车之清尘,舆不及还辕,人不暇施巧,虽有乌获、逢蒙之伎,力不得用,枯木朽株尽为害矣。是胡越起于毂下,而羌夷接轸也,岂不殆哉!虽万全无患,然本非天子之所宜近也。

　　且夫清道而后行,中路而后驰,犹时有衔橛之变,而况涉乎蓬蒿,驰乎丘坟,前有利兽之乐而内无存变之意,其为祸也不亦难矣!夫轻万乘之重不以为安而乐,出于万有一危之涂以为娱,臣窃为陛下不取也。

盖明者远见于未萌而智者避危于无形，祸固多藏于隐微而发于人之所忽者也。故鄙谚曰"家累千金，坐不垂堂"。此言虽小，可以喻大。臣愿陛下之留意幸察。

上善之。还过宜春宫，相如奏赋以哀二世行失也。其辞曰：

登陂阤之长阪兮，坌入曾宫之嵯峨。临曲江之陽州兮，望南山之参差。岩岩深山之嵸崯兮，通谷豁兮谽谺。汩淢噏习以永逝兮，注平皋之广衍。观众树之𤩷𤩷兮，览竹林之榛榛。东驰土山兮，北揭石濑。弥节容与兮，历吊二世。持身不谨兮，亡国失埶。信谗不寤兮，宗庙灭绝。呜呼哀哉！操行之不得兮，坟墓芜秽而不修兮，魂无归而不食。敻邈绝而不齐兮，弥久远而愈休。精罔阆而飞扬兮，拾九天而永逝。呜呼哀哉！

相如拜为孝文园令。天子既美子虚之事，相如见上好仙道，因曰："上林之事未足美也，尚有靡者。臣尝为大人赋，未就，请具而奏之。"相如以为列仙之传居山泽间，形容甚臞，此非帝王之仙意也，乃遂就大人赋。其辞曰：

世有大人兮，在于中州。宅弥万里兮，曾不足以少留。悲世俗之迫隘兮，朅轻举而远游。垂绛幡之素蜺兮，载云气而上浮。建格泽之长竿兮，总光耀之采旄。垂旬始以为幓兮，抴彗星而为髾。掉指桥以偃蹇兮，又旖旎以招摇。揽欃枪以为旌兮，靡屈虹而为绸。红杳渺以眩湣兮，猋风涌而云浮。驾应龙象舆之蠖略逶丽兮，骖赤螭青虬之蚴蟉蜿蜒。低卬夭蟜据以骄骜兮，诎折隆穷躩以连卷。沛艾赳螑仡以佁儗兮，放散畔岸骧以孱颜。跮踱辖辖容以委丽兮，绸缪偃蹇怵奂以梁倚。纠蓼叫奡蹋以艐路兮，蔑蒙踊跃腾而狂趡。莅飒卉翕熛至电过兮，焕然雾除，霍然云消。

邪绝少阳而登太阴兮，与真人乎相求。互折窈窕以右转兮，横厉飞泉以正东。悉征灵圉而选之兮，部乘众神于瑶光。使五帝先导兮，反太一而后陵阳。左玄冥而右含雷兮，前陆离而后潏湟。厮征伯侨而役羡门兮，属岐伯使尚方。祝融惊而跸御兮，清雾气而后行。屯余车其万乘兮，综云盖而树华旗。使句芒其将行兮，吾欲往乎南嬉。

历唐尧于崇山兮，过虞舜于九疑。纷湛湛其差错兮，杂遝胶葛以方驰。骚扰冲苁其相纷挐兮，滂濞泱轧洒以林离。钻罗列聚丛以茏茸兮，衍曼流烂坛以陆离。径入雷室之砰磷郁律兮，洞出鬼谷之崛礨嵬礧。遍览八纮而观四荒兮，朅渡九江而越五河。经营炎火而浮弱水兮,杭绝浮渚而涉流沙。奄息总极泛滥水嬉兮,使灵娲鼓瑟而舞冯夷。时若薆薆将混浊兮,召屏翳诛风伯而刑雨师。西望昆仑之轧沕洸忽兮,直径驰乎三危。排阊阖而入帝宫兮,载玉女而与之归。舒阆风而摇集兮,亢乌腾而一止。低回阴山翔以纡曲兮,吾乃今目睹西王母皬然白首。载胜而穴处兮,亦幸有三足乌为之使。必长生若此而不死兮,虽济万世不足以喜。

回车朅来兮,绝道不周,会食幽都。呼吸沆瀣兮餐朝霞,噍咀芝英兮叽琼华。婑媠侵浔而高纵兮,纷鸿涌而上厉。贯列缺之倒景兮,涉丰隆之滂沛。驰游道而修降兮,骛遗雾而远逝。迫区中之隘陕兮,舒节出乎北垠,遗屯骑于玄阙兮,轶先驱于寒门。下峥嵘而无地兮,上寥廓而无天。视眩眠而无见兮,听惝恍而无闻。乘虚无而上假兮,超无友而独存。

相如既奏大人之颂,天子大说,飘飘有凌云之气,似游天地之间意。

相如既病免,家居茂陵。天子曰:“司马相如病甚,可往从悉取其书;若不然,后失之矣。”使所忠往,而相如已死,家无书。问其妻,对曰:“长卿固未尝有书也,时时著书,人又取去,即空居。长卿未死时,为一卷书,曰有使者来求书,奏之。无他书。”其遗札书言封禅事,奏所忠。忠奏其书,天子异之。其书曰:

伊上古之初肇,自昊穹兮生民,历撰列辟,以迄于秦。率迩者踵武,逖听者风声。纷纶葳蕤,堙灭而不称者,不可胜数也。续昭夏,崇号谥,略可道者七十有二君。罔若淑而不昌,畴逆失而能存?

轩辕之前,遐哉邈乎,其详不可得闻也。五三六经载籍之传,维见可观也。书曰“元首明哉,股肱良哉”。因斯以谈,君莫盛于唐尧,臣莫贤于后稷。后稷创业于唐,公刘发迹于西戎,文王改制,爰周郅隆,大行越成,而后陵夷衰微,千载无声,岂不善始善终哉。然无异端,慎所由于前,谨遗教于后耳。故轨迹夷易,易遵也;湛恩蒙涌,易丰也;宪度著明,易则也;垂统理顺,易继也。是以业隆于襁褓而崇冠于二后。揆厥所元,终都攸卒,未有殊尤绝迹可考于今者也。然犹蹑梁父,登泰山,建显号,施尊名。大汉之德,逢涌原泉,沕潏漫衍,旁魄四塞,云专雾散,上畅九垓,下溯八埏。怀生之类沾濡浸润,协气横流,武节飘逝,迩陕游原,迥阔泳沫,首恶湮没,暗昧昭晢,昆虫凯泽,回首面内。然后囿驺虞之珍群,徼麋鹿之怪兽,荐一茎六穗于庖,牺双觡共抵之兽,获周馀珍收龟于岐,招翠黄乘龙于沼。鬼神接灵圉,宾于闲馆。奇物谲诡,俶傥穷变。钦哉,符瑞臻兹,犹以为薄,不敢道封禅。盖周跃鱼陨杭,休之以燎,微夫斯之为符也,以登介丘,不亦恧乎!进让之道,其何爽与?

于是大司马进曰:"陛下仁育群生,义征不憓,诸夏乐贡,百蛮执贽,德侔往初,功无与二,休烈浃洽,符瑞众变,期应绍至,不特创见。意者泰山、梁父设坛场望幸,盖号以况荣,上帝垂恩储祉,将以荐成,陛下谦让而弗发也。挈三神之欢,缺王道之仪,群臣恧焉。或谓且天为质暗,珍符固不可辞;若然辞之,是泰山靡记而梁父靡几也。亦各并时而荣,咸济世而屈,说者尚何称于后,而云七十二君乎?夫修德以锡符,奉符以行事,不为进越。故圣王弗替,而修礼地祇,谒款天神,勒功中岳,以彰至尊,舒盛德,发号荣,受厚福,以浸黎民也。皇皇哉斯事!天下之壮观,王者之丕业,不可贬也。愿陛下全之。而后因杂荐绅先生之略术,使获耀日月之末光绝炎,以展采错事,犹兼正列其义,校饬厥文,作春秋一艺,将袭旧六为七,摅之无穷,俾万世得激清流,扬微波,蜚英声,腾茂实。前圣之所以永保鸿名而常为称首者用此,宜命掌故悉奏其义而览焉。"

于是天子沛然改容,曰:"愉乎,朕其试哉!"乃迁思回虑,总公卿之议,询封禅之事,诗大泽之博,广符瑞之富。乃作颂曰:

自我天覆,云之油油。甘露时雨,厥壤可游。滋液渗漉,何生不育;嘉谷六穗,我穑曷蓄。

非唯雨之,又润泽之;非唯濡之,泛尃濩之。万物熙熙,怀而慕思。名山显位,望君之来。君乎君乎,侯不迈哉!

般般之兽,乐我君囿;白质黑章,其仪可喜;旼旼睦睦,君子之能。盖闻其声,今观其来。厥涂靡踪,天瑞之征。兹亦于舜,虞氏以兴。

濯濯之麟,游彼灵畤。孟冬十月,君徂郊祀。驰我君舆,帝以享祉。三代之前,盖未尝有。

宛宛黄龙,兴德而升;采色炫耀,熿炳辉煌。正阳显见,觉寤黎烝。于传载之,云受命所乘。

厥之有章,不必谆谆。依类托寓,谕以封峦。

披艺观之,天人之际已交,上下相发允答。圣王之德,兢兢翼翼也。故曰"兴必虑衰,安必思危"。是以汤武至尊严,不失肃祇;舜在假典,顾省厥遗:此之谓也。

司马相如既卒五岁,天子始祭后土,八年而遂先礼中岳,封于太山,至梁父禅肃然。

相如他所著,若遗平陵侯书、与五公子相难、草本书篇不采,采其尤著公卿者云。

太史公曰:"春秋推见至隐,易本隐之以显,大雅言王公大人而德逮黎庶,小雅讥小己之得失,其流及上。所以言虽外殊,其合德一也。相如虽多虚辞滥说,然其要归引之节俭,此与诗之风谏何异。杨雄以为靡丽之赋,劝百风一,犹驰骋郑卫之声,曲终而奏雅,不已亏乎? 余采其语可论者著于篇。

史记卷一百一十八

淮南衡山列传第五十八

淮南厉王长者,高祖少子也,其母故赵王张敖美人。高祖八年,从东垣过赵,赵王献之美人。厉王母得幸焉,有身。赵王敖弗敢内宫,为筑外宫而舍之。及贯高等谋反柏人事发觉,并逮治王,尽收捕王母兄弟美人,系之河内。厉王母亦系,告吏曰:"得幸上,有身。"吏以闻上,上方怒赵王,未理厉王母。厉王母弟赵兼因辟阳侯言吕后,吕后妒,弗肯白,辟阳侯不强争。及厉王母已生厉王,恚,即自杀。吏奉厉王诣上,上悔,令吕后母之,而葬厉王母真定。真定,厉王母之家在焉,父世县也。

高祖十一年七月,淮南王黥布反,立子长为淮南王,王黥布故地,凡四郡。上自将兵击灭布,厉王遂即位。厉王蚤失母,常附吕后,孝惠、吕后时以故得幸无患害,而常心怨辟阳侯,弗敢发。及孝文帝初即位,淮南王自以为最亲,骄蹇,数不奉法。上以亲故,常宽赦之。三年,入朝。甚横。从上入苑囿猎,与上同车,常谓上"大兄"。厉王有材力,力能扛鼎,乃往请辟阳侯。辟阳侯出见之,即自袖铁椎椎辟阳侯,令从者魏敬刭之。厉王乃驰走阙下,肉袒谢曰:"臣母不当坐赵事,其时辟阳侯力能得之吕后,弗争,罪一也。赵王如意子母无罪,吕后杀之,辟阳侯弗争,罪二也。吕后王诸吕,欲以危刘氏,辟阳侯弗争,罪三也。臣谨为天下诛贼臣辟阳侯,报母之仇,谨伏阙下请罪。"孝文伤其志,为亲故,弗治,赦厉王。当是时,薄太后及太子诸大臣皆惮厉王,厉王以此归国益骄恣,不用汉法,出入称警跸,称制,自为法令,拟于天子。

六年,令男子但等七十人与棘蒲侯柴武太子奇谋,以辇车四十乘反谷口,令人使闽越、匈奴。事觉,治之,使使召淮南王。淮南王至长安。

"丞相臣张仓、典客臣冯敬、行御史大夫事宗正臣逸、廷尉臣贺、备盗贼中尉臣福昧死言:淮南王长废先帝法,不听天子诏,居处无度,为黄屋盖乘舆,出入拟于天子,擅为法令,不用汉法。及所置吏,以其郎中春为丞相,聚收汉诸侯人及有罪亡者,匿与居,为治家室,赐其财物爵禄田宅,爵或至关内侯,奉以二千石,所不当得,欲以有为。大夫但、士五开章等七十人与棘蒲侯太子奇谋反,欲以危宗庙社稷。使开章阴告长,与谋使闽越及匈奴发其兵。开章之淮南见长,长数与坐语饮食,为家室娶妇,以二千石俸奉之。开章使人告但,已言之王。春使使报但等。吏觉知,使长安尉奇等往捕开章。长匿不予,与故中尉蕑忌谋,杀以闭口。为棺椁衣衾,葬之服陵邑,谩吏曰'不知安在'。又详聚土,树表其上,曰'开章死,埋此下'。及长身自贼杀无罪者一人;令吏论杀无罪者六人;为亡命弃市罪诈捕命者以除罪;擅罪人,罪人无告劾,系治城旦舂以上十四人;赦免罪人,死罪十八人,城旦舂以下五十八人;赐人爵关内侯以下九十四人。前日长病,陛下忧苦之,使使者赐书、枣脯。长不欲受赐,不肯见拜使者。南海民处庐江界中者反,淮南吏卒击之。陛下以淮南民贫苦,遣使者赐长帛五千匹,以赐吏卒劳苦者。长不欲受赐,谩言曰'无劳苦者'。南海民王织上书献璧皇帝,忌擅燔其书,不以闻。吏请召治忌,长不遣,谩言曰'忌病'。春又请长,愿入见,长怒曰'女欲离我自附汉'。长当弃市,臣请论如法。"

制曰:"朕不忍致法于王,其与列侯二千石议。"

"臣仓、臣敬、臣逸、臣福、臣贺昧死言:臣谨与列侯吏二千石臣婴等四十三人议,皆曰'长不奉法度,不听天子诏,乃阴聚徒党及谋反者,厚养亡命,欲以有为'。臣等议论如法。"

制曰:"朕不忍致法于王,其赦长死罪,废勿王。"

"臣仓等昧死言:长有大死罪,陛下不忍致法,幸赦,废勿王。臣请处蜀郡严道邛邮,遣其子母从居,县为筑盖家室,皆廪食给薪菜盐豉炊食器席蓐。臣等昧死请,请布告天下。"

制曰:"计食长给肉日五斤,酒二斗。令故美人才人得幸者十人从居。他可。"

尽诛所与谋者。于是乃遣淮南王,载以辎车,令县以次传。是时袁盎谏上曰:"上素骄淮南王,弗为置严傅相,以故至此。且淮南王为人刚,今暴摧折之,臣恐卒逢雾露病死,陛下为有杀弟之名,奈何!"上曰:"吾特苦之耳,今复之。"县传淮南王者皆不敢发车封。淮南王乃谓侍者曰:"谁谓乃公勇者? 吾安能勇! 吾以骄故不闻吾过至此。人生一世间,安能邑邑如此!"乃不食死。至雍,雍令发封,以死闻。上哭甚悲,谓袁盎曰:"吾不听公言,卒亡淮南王。"盎曰:"不可奈何,愿陛下自宽。"上曰:"为之奈何?"盎曰:"独斩丞相、御史以谢天下乃可。"上即令丞相、御史逮考诸县传送淮南王不发封馈侍者,皆弃市。乃以列侯葬淮南王于雍,守冢三十户。

孝文八年,上怜淮南王,淮南王有子四人,皆七八岁,乃封子安为阜陵侯,子勃为安阳侯,子赐为阳周侯,子良为东成侯。

孝文十二年,民有作歌歌淮南厉王曰:"一尺布,尚可缝;一斗粟,尚可舂。兄弟二人不能相容。"上闻之,乃叹曰:"尧舜放逐骨肉,周公杀管蔡,天下称圣。何者? 不以私害公。天下岂以我为贪淮南王地邪?"乃徙城阳王王淮南故地,而追尊谥淮南王为厉王,置园复如诸侯仪。

孝文十六年,徙淮南王喜复故城阳。上怜淮南厉王废法不轨,自使失国蚤死,乃立其三子:阜陵侯安为淮南王,安阳侯勃为衡山王,阳周侯赐为庐江王,皆复得厉王时地,参分之。东城侯良前薨,无后也。

孝景三年,吴楚七国反,吴使者至淮南,淮南王欲发兵应之。其相曰:"大王必欲发兵应吴,臣愿为将。"王乃属相兵。淮南相已将兵,因城守,不听王而为汉;汉亦使曲城侯将兵救淮南:淮南以故得完。吴使者至庐江,庐江王弗应,而往来使越。吴使者至衡山,衡山王坚守无二心。孝景四年,吴楚已破,衡山王朝,上以为贞信,乃劳苦之曰:"南方卑湿。"徙衡山王王济北,所以褒之。及薨,遂赐谥为贞王。庐江王边越,数使使相交,故徙为衡山王,王江北。淮南王如故。

淮南王安为人好读书鼓琴,不喜弋猎狗马驰骋,亦欲以行阴德拊循百姓,流誉天下。时时怨望厉王死,时欲畔逆,未有因也。及建元二年,淮南王入朝。素善武安侯,武安侯时为太尉,乃逆王霸上,与王语曰:"方今上无太子,大王亲高皇帝孙,行仁义,天下莫不闻。即宫车一日晏驾,非大王当谁立者!"淮南王大喜,厚遗武安侯金财物。阴结宾客,拊循百姓,为畔逆事。建元六年,彗星见,淮南王心怪之。或说王曰:"先吴军起时,彗星出长数尺,然尚流血千里。今彗星长竟天,天下兵当大起。"王心以为上无太子,天下有变,诸侯并争,愈益治器械攻战具,积金钱赂遗郡国诸侯游士奇材。诸辩士为方略者,妄作妖言,谄谀王,王喜,多赐金钱,而谋反滋甚。

淮南王有女陵,慧,有口辩。王爱陵,常多予金钱,为中诇长安,约结上左右。元朔三年,上赐淮南王几杖,不朝。淮南王王后荼,王爱幸之。王后生太子迁,迁取王皇太后外孙修成君女为妃。王谋为反具,畏太子妃知而内泄事,乃与太子谋,令诈弗爱,三月不同席。王乃详为怒太子,闭太子使与妃同内三月,太子终不近妃。妃求去,王乃上书谢归去之。王后荼、太子迁及女陵得爱幸王,擅国权,侵夺民田宅,妄致系人。

元朔五年,太子学用剑,自以为人莫及,闻郎中雷被巧,乃召与戏。被一再辞让,误中太子。太子怒,被恐。此时有欲从军者辄诣京师,被即愿奋击匈奴。太子迁数恶被于王，王使郎中令斥免，欲以禁后，被遂亡至长安，上书自明。诏下其事廷尉、河南。河南治，逮淮南太子，王、王后计欲无遣太子，遂发兵反，计犹豫，十馀日未定。会有诏，即讯太子。当是时，淮南相怒寿春丞留太子逮不遣，劾不敬。王以请相，相弗听。王使人上书告相，事下廷尉治。踪迹连王，王使人候伺汉公卿，公卿请逮捕治王。王恐事发，太子迁谋曰：“汉使即逮王，王令人衣卫士衣，持戟居庭中，王旁有非是，则刺杀之，臣亦使人刺杀淮南中尉，乃举兵，未晚。”是时上不许公卿请，而遣汉中尉宏即讯验王。王闻汉使来，即如太子谋计。汉中尉至，王视其颜色和，讯王以斥雷被事耳，王自度无何，不发。中尉还，以闻。公卿治者曰：“淮南王安拥閼奋击匈奴者雷被等，废格明诏，当弃市。”诏弗许。公卿请废勿王，诏弗许。公卿请削五县，诏削二县。使中尉宏赦淮南王罪，罚以削地。中尉入淮南界，宣言赦之。王初闻汉公卿请诛之，未知削地，闻汉使来，恐其捕之，乃与太子谋刺之如前计。及中尉至，即贺王，王以故不发。其后自伤曰：“吾行仁义见削，甚耻之。”然淮南王削地之后，其为反谋益甚。诸使道从长安来，为妄妖言，言上无男，汉不治，即喜；即言汉廷治，有男，王怒，以为妄言，非也。

王日夜与伍被、左吴等案舆地图，部署兵所从入。王曰：“上无太子，宫车即晏驾，廷臣必征胶东王，不即常山王，诸侯并争，吾可以无备乎！且吾高祖孙，亲行仁义，陛下遇我厚，吾能忍之；万世之后，吾宁能北面臣事竖子乎！”

王坐东宫，召伍被与谋，曰：“将军上。”被怅然曰：“上宽赦大王，王复安得此亡国之语乎！臣闻子胥谏吴王，吴王不用，乃曰‘臣今见麋鹿游姑苏之台也’。今臣亦见宫中生荆棘，露沾衣也。”王怒，系伍被父母，囚之三月。复召曰：“将军许寡人乎？”被曰：“不，直来为大王画耳。臣闻聪者听于无声，明者见于未形，故圣人万举万全。昔文王一动而功显于千世，列为三代，此所谓因天心以动作者也，故海内不期而随。此千岁之可见者。夫百年之秦，近世之吴楚，亦足以喻国家之存亡矣。臣不敢避子胥之诛，愿大王毋为吴王之听。昔秦绝圣人之道，杀术士，燔诗书，弃礼义，尚诈力，任刑罚，转负海之粟致之西河。当是之时，男子疾耕不足于糟糠，女子纺绩不足于盖形。遣蒙恬筑长城，东西数千里，暴兵露师常数十万，死者不可胜数，僵尸千里，流血顷亩，百姓力竭，欲为乱者十家而五。又使徐福入海求神异物，还为伪辞曰：‘臣见海中大神，言曰：“汝西皇之使邪？”臣答曰：“然。”“汝何求？”曰：“愿请延年益寿药。”神曰：“汝秦王之礼薄，得观而不得取。"即从臣东南至蓬莱山,见芝成宫阙,有使者铜色而龙形,光上照天。于是臣再拜问曰:"宜何资以献?"海神曰:"以令名男子若振女与百工之事,即得之矣。'"秦皇帝大说,遣振男女三千人,资之五谷种种百工而行。徐福得平原广泽,止王不来。于是百姓悲痛相思,欲为乱者十家而六。又使尉佗逾五岭攻百越。尉佗知中国劳极,止王不来,使人上书,求女无夫家者三万人,以为士卒衣补。秦皇帝可其万五千人。于是百姓离心瓦解,欲为乱者十家而七。客谓高皇帝曰:'时可矣。'高皇帝曰:'待之,圣人当起东南间。'不一年,陈胜吴广发矣。高皇始于丰沛,一倡天下不期而响应者不可胜数也。此所谓蹈瑕候间,因秦之亡而动者也。百姓愿之,若旱之望雨,故起于行陈之中而立为天子,功高三王,德传无穷。今大王见高皇帝得天下之易也,独不观近世之吴楚乎?夫吴王赐号为刘氏祭酒,复不朝,王四郡之众,地方数千里,内铸消铜以为钱,东煮海水以为盐,上取江陵木以为船,一船之载当中国数十两车,国富民众。行珠玉金帛赂诸侯宗室大臣,独窦氏不与。计定谋成,举兵而西。破于大梁,败于狐父,奔走而东,至于丹徒,越人禽之,身死绝祀,为天下笑。夫以吴越之众不能成功者何?诚逆天道而不知时也。方今大王之兵众不能十分吴楚之一,天下安宁有万倍于秦之时,愿大王从臣之计。大王不从臣之计,今见大王事必不成而语先泄也。臣闻微子过故国而悲,于是作麦秀之歌,是痛纣之不用王子比干也。故孟子曰'纣贵为天子,死曾不若匹夫'。是纣先自绝于天下久矣,非死之日而天下去之。今臣亦窃悲大王弃千乘之君,必且赐绝命之书,为群臣先,死于东宫也。于是气怨结而不扬,涕满匡而横流,即起,历阶而去。

王有孽子不害,最长,王弗爱,王、王后、太子皆不以为子兄数。不害有子建,材高有气,常怨望太子不省其父;又怨时诸侯皆得分子弟为侯,而淮南独二子,一为太子,建独不得为侯。建阴结交,欲告败太子,以其父代之。太子知之,数捕系而榜笞建。建具知太子之谋欲杀汉中尉,即使所善寿春庄芷以元朔六年上书于天子曰:"毒药苦于口利于病,忠言逆于耳利于行。今淮南王孙建,材能高,淮南王王后荼、荼子太子迁常疾害建。建父不害无罪,擅数捕系,欲杀之。今建在,可征问,具知淮南阴事。"书闻,上以其事下廷尉,廷尉下河南治。是时故辟阳侯孙审卿善丞相公孙弘,怨淮南厉王杀其大父,乃深购淮南事于弘,弘乃疑淮南有畔逆计谋,深穷治其狱。河南治建,辞引淮南太子及党与。淮南王患之,欲发,问伍被曰:"汉廷治乱?"伍被曰:"天下治。"王意不说,谓伍被曰:"公何以言天下治也?"被曰:"被窃观朝廷之政,君臣之义,父子之亲,夫妇之别,长幼之序,皆得其理,上之举错遵古之道,风俗纪纲未有所缺也。重装富贾,周流天下,道无不通,故交易之道行。南越宾服,羌僰入献,东瓯入降,广长榆,开朔方,匈奴折翅伤翼,失援不振。虽未及古太平之时,然犹为治也。"王怒,被谢死罪。王又谓被曰:"山东即有兵,汉必使大将军将而制山东,公以为大将军何如人也?"被曰:"被所善者黄义,从大将军击匈奴,还,告被曰:'大将军遇士大夫有礼,于士卒有恩,众皆乐为之用。骑上下山若蜚,材干绝人。'被以为材能如此,数将习兵,未易当也。及谒者曹梁使长安来,言大将军号令明,当敌勇敢,常为士卒先。休舍,穿井未通,须士卒尽得水,乃敢饮。军罢,卒尽已度河,乃度。皇太后所赐金帛,尽以赐军吏。虽古名将弗过也。"王默然。

淮南王见建已征治,恐国阴事且觉,欲发,被又以为难,乃复问被曰:"公以为吴兴兵是邪非也?"被曰:"以为非也。吴王至富贵也,举事不当,身死丹徒,头足异处,子孙无遗类。臣闻吴王悔之甚。愿王孰虑之,无为吴王之所悔。"王曰:"男子之所死者一言耳。且吴何知反,汉将一日过成皋者四十馀人。今我令楼缓先要成皋之口,周被下颍川兵塞轘辕、伊阙之道,陈定发南阳兵守武关。河南太守独有雒阳耳,何足忧。然此北尚有临晋关、河东、上党与河内、赵国。人言曰'绝成皋之口,天下不通'。据三川之险,招山东之兵,举事如此,公以为何如?"被曰:"臣见其祸,未见其福也。"王曰:"左吴、赵贤、朱骄如皆以为有福,什事九成,公独以为有祸无福,何也?"被曰:"大王之群臣近幸素能使众者,皆前系诏狱,馀无可用者。"王曰:"陈胜、吴广无立锥之地,千人之聚,起于大泽,奋臂大呼而天下响应,西至于戏而兵百二十万。今吾国虽小,然而胜兵者可得十馀万,非直適戍之众,钀凿棘矜也,公何以言有祸无福?"被曰:"往者秦为无道,残贼天下。兴万乘之驾,作阿房之宫,收太半之赋,发闾左之戍,父不宁子,兄不便弟,政苛刑峻,天下熬然若焦,民皆引领而望,倾耳而听,悲号仰天,叩心而怨上,故陈胜大呼,天下响应。当今陛下临制天下,一齐海内,泛爱蒸庶,布德施惠。口虽未言,声疾雷霆,令虽未出,化驰如神,心有所怀,威动万里,下之应上,犹影响也。而大将军材能不特章邯、杨熊也。大王以陈胜、吴广谕之,被以为过矣。"王曰:"苟如公言,不可徼幸邪?"被曰:"被有愚计。"王曰:"奈何?"被曰:"当今诸侯无异心,百姓无怨气。朔方之郡田地广,水草美,民徙者不足以实其地。臣之愚计,可伪为丞相御史请书,徙郡国豪桀任侠及有耐罪以上,赦令除其罪,产五十万以上者,皆徙其家属朔方之郡,益发甲卒,急其会日。又伪为左右都司空上林中都官诏狱书,逮诸侯太子幸臣。如此则民怨,诸侯惧,即使辩武随而说之,傥可徼幸什得一乎?"王曰:"此可也。虽然,吾以为不至若此。"于是王乃令官奴入宫,作皇帝玺,丞相、御史、大将军、军吏、中二千石、都官令、丞印,及旁近郡太守、都尉印,汉使节法冠,欲如伍被计。使人伪得罪而西,事大将军、丞相;一旦发兵,使人即刺杀大将军青,而说丞相下之,如发蒙耳。

王欲发国中兵,恐其相、二千石不听。王乃与伍被谋,先杀相、二千石;伪失火宫中,相、二千石救火,至即杀之。计未决,又欲令人衣求盗衣,持羽檄,从东方来,呼曰"南越兵入界",欲因以发兵。乃使人至庐江、会稽为求盗,未发。王问伍被曰:"吾举兵西乡,诸侯必有应我者;即无应,奈何?"被曰:"南收衡山以击庐江,有寻阳之船,守下雉之城,结九江之浦,绝豫章之口,强弩临江而守,以禁南郡之下,东收江都、会稽,南通劲越,屈强江淮间,犹可得延岁月之寿。"王曰:"善,无以易此。急则走越耳。"

于是廷尉以王孙建辞连淮南王太子迁闻。上遣廷尉监因拜淮南中尉,逮捕太子。至淮南,淮南王闻,与太子谋召相、二千石,欲杀而发兵。召相,相至;内史以出为解。中尉曰:"臣受诏使,不得见王。"王念独杀相而内史中尉不来,无益也,即罢相。王犹豫,计未决。太子念所坐者谋刺汉中尉,所与谋者已死,以为口绝,乃谓王曰:"群臣可用者皆前系,今无足与举事者。王以非时发,恐无功,臣愿会逮。"王亦偷欲休,即许太子。太子即自刭,不殊。伍被自诣吏,因告与淮南王谋反,反踪迹具如此。

吏因捕太子、王后,围王宫,尽求捕王所与谋反宾客在国中者,索得反具以闻。上下公卿治,所连引与淮南王谋反列侯二千石豪杰数千人,皆以罪轻重受诛。衡山王赐,淮南王弟也,当坐收,有司请逮捕衡山王。天子曰:"诸侯各以其国为本,不当相坐。与诸侯王列侯会肆丞相诸侯议。"赵王彭祖、列侯臣让等四十三人议,皆曰:"淮南王安甚大逆无道,谋反明白,当伏诛。"胶西王臣端议曰:"淮南王安废法行邪,怀诈伪心,以乱天下,荧惑百姓,倍畔宗庙,妄作妖言。春秋曰'臣无将,将而诛'。安罪重于将,谋反形已定。臣端所见其书节印图及他逆无道事验明白,甚大逆无道,当伏其法。而论国吏二百石以上及比者,宗室近幸臣不在法中者,不能相教,当皆免官削爵为士伍,毋得宦为吏。其非吏,他赎死金二斤八两。以章臣安之罪,使天下明知臣子之道,毋敢复有邪僻倍畔之意。"丞相弘、廷尉汤等以闻,天子使宗正以符节治王。未至,淮南王安自刭杀。王后荼、太子迁诸所与谋反者皆族。天子以伍被雅辞多引汉之美,欲勿诛。廷尉汤曰:

"被首为王画反谋,被罪无赦。"遂诛被。国除为九江郡。

　　衡山王赐,王后乘舒生子三人,长男爽为太子,次男孝,次女无采。又姬徐来生子男女四人,美人厥姬生子二人。衡山王、淮南王兄弟相责望礼节,间不相能。衡山王闻淮南王作为畔逆反具,亦心结宾客以应之,恐为所并。

　　元光六年,衡山王入朝,其谒者卫庆有方术,欲上书事天子,王怒,故劾庆死罪,强榜服之。衡山内史以为非是,却其狱。王使人上书告内史,内史治,言王不直。王又数侵夺人田,坏人冢以为田。有司请逮治衡山王。天子不许,为置吏二百石以上。衡山王以此恚,与奚慈、张广昌谋,求能为兵法候星气者,日夜从容王密谋反事。

　　王后乘舒死,立徐来为王后。厥姬俱幸。两人相妒,厥姬乃恶王后徐来于太子曰:"徐来使婢蛊道杀太子母。"太子心怨徐来。徐来兄至衡山,太子与饮,以刃刺伤王后兄。王后怨怒,数毁恶太子于王。太子女弟无采,嫁弃归,与奴奸,又与客奸。太子数让无采,无采怒,不与太子通。王后闻之,即善遇无采。无采及中兄孝少失母,附王后,王后以计爱之,与共毁太子,王以故数击笞太子。元朔四年中,人有贼伤王后假母者,王疑太子使人伤之,笞太子。后王病,太子时称病不侍。孝、王后、无采恶太子:"太子实不病,自言病,有喜色。"王大怒,欲废太子,立其弟孝。王后知王决废太子,又欲并废孝。王后有侍者,善舞,王幸之,王后欲令侍者与孝乱以汙之,欲并废兄弟而立其子广代太子。太子爽知之,念后数恶己无已时,欲与乱以止其口。王后饮,太子前为寿,因据王后股,求与王后卧。王后怒,以告王。王乃召,欲缚而笞之。太子知王常欲废己立其弟孝,乃谓王曰:"孝与王御者奸,无采与奴奸,王强食,请上书。"即倍王去。王使人止之,莫能禁,乃自驾追捕太子。太子妄恶言,王械系太子宫中。孝日益亲幸。王奇孝材能,乃佩之王印,号曰将军,令居外宅,多给金钱,招致宾客。宾客来者,微知淮南、衡山有逆计,日夜从容劝之。王乃使孝客江都人救赫、陈喜作辒车镞矢,刻天子玺,将相军吏印。王日夜求壮士如周丘等,数称引吴楚反时计画,以约束。衡山王非敢效淮南王求即天子位,畏淮南起并其国,以为淮南已西,发兵定江淮之间而有之,望如是。

　　元朔五年秋,衡山王当朝,过淮南,淮南王乃昆弟语,除前郤,约束反具。衡山王即上书谢病,上赐书不朝。

　　元朔六年中,衡山王使人上书请废太子爽,立孝为太子。爽闻,即使所善<u>白嬴</u>之<u>长安</u>上书,言<u>孝</u>作辒车镞矢,与王御者奸,欲以败<u>孝</u>。<u>白嬴</u>至<u>长安</u>,未及上书,吏捕<u>嬴</u>,以<u>淮南</u>事系。王闻<u>爽</u>使<u>白嬴</u>上书,恐言国阴事,即上书反告太子<u>爽</u>所为不道弃市罪事。事下<u>沛郡</u>治。<u>元狩</u>元年冬,有司公卿下<u>沛郡</u>求捕所与<u>淮南</u>谋反者未得,得<u>陈喜</u>于<u>衡山王</u>子<u>孝</u>家。吏劾<u>孝</u>首匿<u>喜</u>。<u>孝</u>以为<u>陈喜</u>雅数与王计谋反,恐其发之,闻律先自告除其罪,又疑太子使<u>白嬴</u>上书发其事,即先自告,告所与谋反者<u>救赫</u>、<u>陈喜</u>等。廷尉治验,公卿请逮捕<u>衡山王</u>治之。天子曰:"勿捕。"遣中尉<u>安</u>、大行<u>息</u>即问王,王具以情实对。吏皆围王宫而守之。中尉大行还,以闻,公卿请遣宗正、大行与<u>沛郡</u>杂治王。王闻,即自刭杀。<u>孝</u>先自告反,除其罪;坐与王御婢奸,弃市。王后<u>徐来</u>亦坐蛊杀前王后<u>乘舒</u>,及太子<u>爽</u>坐王告不孝,皆弃市。诸与<u>衡山王</u>谋反者皆族。国除为<u>衡山郡</u>。

　　<u>太史公</u>曰:诗之所谓"<u>戎狄</u>是膺,<u>荆舒</u>是惩",信哉是言也。<u>淮南</u>、<u>衡山</u>亲为骨肉,疆土千里,列为诸侯,不务遵蕃臣职以承辅天子,而专挟邪僻之计,谋为畔逆,仍父子再亡国,各不终其身,为天下笑。此非独王过也,亦其俗薄,臣下渐靡使然也。夫<u>荆楚</u>僄勇轻悍,好作乱,乃自古记之矣。

史记卷一百一十九

循吏列传第五十九

太史公曰：法令所以导民也，刑罚所以禁奸也。文武不备，良民惧然身修者，官未曾乱也。奉职循理，亦可以为治，何必威严哉？

孙叔敖者，楚之处士也。虞丘相进之于楚庄王以自代也。三月为楚相，施教导民，上下和合，世俗盛美，政缓禁止，吏无奸邪，盗贼不起。秋冬则劝民山采，春夏以水，各得其所便，民皆乐其生。

庄王以为币轻，更以小为大，百姓不便，皆去其业。市令言之相曰："市乱，民莫安其处，次行不定。"相曰："如此几何顷乎？"市令曰："三月顷。"相曰："罢，吾今令之复矣。"后五日，朝，相言之王曰："前日更币，以为轻。今市令来言曰'市乱，民莫安其处，次行之不定'。臣请遂令复如故。"王许之，下令三日而市复如故。

楚民俗好庳车，王以为庳车不便马，欲下令使高之。相曰："令数下，民不知所从，不可。王必欲高车，臣请教闾里使高其梱。乘车者皆君子，君子不能数下车。"王许之。居半岁，民悉自高其车。

此不教而民从其化，近者视而效之，远者四面望而法之。故三得相而不喜，知其材自得之也；三去相而不悔，知非己之罪也。

子产者，郑之列大夫也。郑昭君之时，以所爱徐挚为相，国乱，上下不亲，父子不和。大宫子期言之君，以子产为相。为相一年，竖子不戏狎，斑白不提挈，僮子不犁畔。二年，市不豫贾。三年，门不夜关，道不拾遗。四年，田器不归。五年，士无尺籍，丧期不令而治。治郑二十六年而死，丁壮号哭，老人儿啼，曰："子产去我死乎！民将安归？"

公仪休者，鲁博士也。以高弟为鲁相。奉法循理，无所变更，百官自正。使食禄者不得与下民争利，受大者不得取小。

　　客有遗相鱼者,相不受。客曰:"闻君嗜鱼,遗君鱼,何故不受也?"相曰:"以嗜鱼,故不受也。今为相,能自给鱼;今受鱼而免,谁复给我鱼者?吾故不受也。"

　　食茹而美,拔其园葵而弃之。见其家织布好,而疾出其家妇,燔其机,云"欲令农士工女安所雠其货乎"?

　　石奢者,楚昭王相也。坚直廉正,无所阿避。行县,道有杀人者,相追之,乃其父也。纵其父而还自系焉。使人言之王曰:"杀人者,臣之父也。夫以父立政,不孝也;废法纵罪,非忠也:臣罪当死。"王曰:"追而不及,不当伏罪,子其治事矣。"石奢曰:"不私其父,非孝子也;不奉主法,非忠臣也。王赦其罪,上惠也;伏诛而死,臣职也。"遂不受令,自刭而死。

　　李离者,晋文公之理也。过听杀人,自拘当死。文公曰:"官有贵贱,罚有轻重。下吏有过,非子之罪也。"李离曰:"臣居官为长,不与吏让位;受禄为多,不与下分利。今过听杀人,傅其罪下吏,非所闻也。"辞不受令。文公曰:"子则自以为有罪,寡人亦有罪邪?"李离曰:"理有法,失刑则刑,失死则死。公以臣能听微决疑,故使为理。今过听杀人,罪当死。"遂不受令,伏剑而死。

　　太史公曰:孙叔敖出一言,郢市复。子产病死,郑民号哭。公仪子见好布而家妇逐。石奢纵父而死,楚昭名立。李离过杀而伏剑,晋文以正国法。

史记卷一百二十

汲郑列传第六十

汲黯字长孺,濮阳人也。其先有宠于古之卫君。至黯七世,世为卿大夫。黯以父任,孝景时为太子洗马,以庄见惮。孝景帝崩,太子即位,黯为谒者。东越相攻,上使黯往视之。不至,至吴而还,报曰:"越人相攻,固其俗然,不足以辱天子之使。"河内失火,延烧千馀家,上使黯往视之。还报曰:"家人失火,屋比延烧,不足忧也。臣过河南,河南贫人伤水旱万馀家,或父子相食,臣谨以便宜,持节发河南仓粟以振贫民。臣请归节,伏矫制之罪。"上贤而释之,迁为荥阳令。黯耻为令,病归田里。上闻,乃召拜为中大夫。以数切谏,不得久留内,迁为东海太守。黯学黄老之言,治官理民,好清静,择丞史而任之。其治,责大指而已,不苛小。黯多病,卧闺阁内不出。岁馀,东海大治。称之。上闻,召以为主爵都尉,列于九卿。治务在无为而已,弘大体,不拘文法。

黯为人性倨,少礼,面折,不能容人之过。合己者善待之,不合己者不能忍见,士亦以此不附焉。然好学,游侠,任气节,内行修絜,好直谏,数犯主之颜色,常慕傅柏、袁盎之为人也。善灌夫、郑当时及宗正刘弃。亦以数直谏,不得久居位。

当是时,太后弟武安侯蚡为丞相,中二千石来拜谒,蚡不为礼。然黯见蚡未尝拜,常揖之。天子方招文学儒者,上曰吾欲云云,黯对曰:"陛下内多欲而外施仁义,奈何欲效唐虞之治乎!"上默然,怒,变色而罢朝。公卿皆为黯惧。上退,谓左右曰:"甚矣,汲黯之戆也!"群臣或数黯,黯曰:"天子置公卿辅弼之臣,宁令从谀承意,陷主于不义乎?且已在其位,纵爱身,奈辱朝廷何!"

黯多病,病且满三月,上常赐告者数,终不愈。最后病,庄助为请告。上曰:"汲黯何如人哉?"助曰:"使黯任职居官,无以逾人。然至其辅少主,守城深坚,招之不来,麾之不去,虽自谓贲育亦不能夺之矣。"上曰:"然。古有社稷之臣,至如黯,近之矣。"

大将军青侍中，上踞厕而视之。丞相弘燕见，上或时不冠。至如黯见，上不冠不见也。上尝坐武帐中，黯前奏事，上不冠，望见黯，避帐中，使人可其奏。其见敬礼如此。

张汤方以更定律令为廷尉，黯数质责汤于上前，曰："公为正卿，上不能褒先帝之功业，下不能抑天下之邪心，安国富民，使囹圄空虚，二者无一焉。非苦就行，放析就功，何乃取高皇帝约束纷更之为？公以此无种矣。"黯时与汤论议，汤辩常在文深小苛，黯伉厉守高不能屈，忿发骂曰："天下谓刀笔吏不可以为公卿，果然。必汤也，令天下重足而立，侧目而视矣！"

是时，汉方征匈奴，招怀四夷。黯务少事，乘上间，常言与胡和亲，无起兵。上方向儒术，尊公孙弘。及事益多，吏民巧弄。上分别文法，汤等数奏决谳以幸。而黯常毁儒，面触弘等徒怀诈饰智以阿人主取容，而刀笔吏专深文巧诋，陷人于罪，使不得反其真，以胜为功。上愈益贵弘、汤，弘、汤深心疾黯，唯天子亦不说也，欲诛之以事。弘为丞相，乃言上曰："右内史界部中多贵人宗室，难治，非素重臣不能任，请徙黯为右内史。"为右内史数岁，官事不废。

大将军青既益尊，姊为皇后，然黯与亢礼。人或说黯曰："自天子欲群臣下大将军，大将军尊重益贵，君不可以不拜。"黯曰："夫以大将军有揖客，反不重邪？"大将军闻，愈贤黯，数请问国家朝廷所疑，遇黯过于平生。

淮南王谋反，惮黯，曰："好直谏，守节死义，难惑以非。至如说丞相弘，如发蒙振落耳。"

天子既数征匈奴有功，黯之言益不用。

始黯列为九卿，而公孙弘、张汤为小吏。及弘、汤稍益贵，与黯同位，黯又非毁弘、汤等。已而弘至丞相，封为侯；汤至御史大夫；故黯时丞相史皆与黯同列，或尊用过之。黯褊心，不能无少望，见上，前言曰："陛下用群臣如积薪耳，后来者居上。"上默然。有间黯罢，上曰："人果不可以无学，观黯之言也日益甚。"

居无何，匈奴浑邪王率众来降，汉发车二万乘。县官无钱，从民贳马。民或匿马，马不具。上怒，欲斩长安令。黯曰："长安令无罪，独斩黯，民乃肯出马。且匈奴畔其主而降汉，汉徐以县次传之，何至令天下骚动，罢弊中国而以事夷狄之人乎！"上默然。及浑邪至，贾人与市者，坐当死者五百馀人。黯请间，见高门，曰："夫匈奴攻当路塞，绝和亲，中国兴兵诛之，死伤者不可胜计，而费以巨万百数。臣愚以为陛下得胡人，皆以为奴婢以赐从军死事者家；所卤获，因予之，以谢天下之苦，塞百姓之心。今纵不能，浑邪率数万之众来降,虚府库赏赐,发良民侍养,譬若奉骄子。愚民安知市买长安中物而文吏绳以为阑出财物于边关乎?陛下纵不能得匈奴之资以谢天下,又以微文杀无知者五百馀人,是所谓'庇其叶而伤其枝'者也,臣窃为陛下不取也。"上默然,不许,曰:"吾久不闻汲黯之言,今又复妄发矣。"后数月,黯坐小法,会赦免官。于是黯隐于田园。

居数年,会更五铢钱,民多盗铸钱,楚地尤甚。上以为淮阳,楚地之郊,乃召拜黯为淮阳太守。黯伏谢不受印,诏数强予,然后奉诏。诏召见黯,黯为上泣曰:"臣自以为填沟壑,不复见陛下,不意陛下复收用之。臣常有狗马病,力不能任郡事,臣愿为中郎,出入禁闼,补过拾遗,臣之愿也。"上曰:"君薄淮阳邪?吾今召君矣。顾淮阳吏民不相得,吾徒得君之重,卧而治之。"黯既辞行,过大行李息,曰:"黯弃居郡,不得与朝廷议也。然御史大夫张汤智足以拒谏,诈足以饰非,务巧佞之语,辩数之辞,非肯正为天下言,专阿主意。主意所不欲,因而毁之;主意所欲,因而誉之。好兴事,舞文法,内怀诈以御主心,外挟贼吏以为威重。公列九卿,不早言之,公与之俱受其僇矣。"息畏汤,终不敢言。黯居郡如故治,淮阳政清。后张汤果败,上闻黯与息言,抵息罪。令黯以诸侯相秩居淮阳。七岁而卒。

卒后,上以黯故,官其弟汲仁至九卿,子汲偃至诸侯相。黯姑姊子司马安亦少与黯为太子洗马。安文深巧善宦,官四至九卿,以河南太守卒。昆弟以安故,同时至二千石者十人。濮阳段宏始事盖侯信,信任宏,宏亦再至九卿。然卫人仕者皆严惮汲黯,出其下。

郑当时者,字庄,陈人也。其先郑君尝为项籍将;籍死,已而属汉。高祖令诸故项籍臣名籍,郑君独不奉诏。诏尽拜名籍者为大夫,而逐郑君。郑君死孝文时。

郑庄以任侠自喜,脱张羽于厄,声闻梁楚之间。孝景时,为太子舍人。每五日洗沐,常置驿马长安诸郊,存诸故人,请谢宾客,夜以继日,至其明旦,常恐不遍。庄好黄老之言,其慕长者如恐不见。年少官薄,然其游知交皆其大父行,天下有名之士也。武帝立,庄稍迁为鲁中尉、济南太守、江都相,至九卿为右内史。以武安侯、魏其时议,贬秩为詹事,迁为大农令。

庄为太史,诫门下:"客至,无贵贱无留门者。"执宾主之礼,以其贵下人。庄廉,又不治其产业,仰奉赐以给诸公。然其馈遗人,不过算器食。每朝,候上之间,说未尝不言天下之长者。其推毂士及官属丞史,诚有味其言之也,常引以为贤于己。未尝名吏,与官属言,若恐伤之。闻人之善言,进之上,唯恐后。山东士诸公以此翕然称郑庄。

郑庄使视决河,自请治行五日。上曰:"吾闻'郑庄行,千里不赍粮',请治行者何也?"然郑庄在朝,常趋和承意,不敢甚引当否。及晚节,汉征匈奴,招四夷,天下费多,财用益匮。庄任人宾客为大农僦人,多逋负。司马安为淮阳太守,发其事,庄以此陷罪,赎为庶人。顷之,守长史。上以为老,以庄为汝南太守。数岁,以官卒。

郑庄、汲黯始列为九卿,廉,内行修絜。此两人中废,家贫,宾客益落。及居郡,卒后家无馀赀财。庄兄弟子孙以庄故,至二千石六七人焉。

太史公曰:夫以汲、郑之贤,有势则宾客十倍,无势则否,况众人乎!下邽翟公有言,始翟公为廷尉,宾客阗门;及废,门外可设雀罗。翟公复为廷尉,宾客欲往,翟公乃大署其门曰:"一死一生,乃知交情。一贫一富,乃知交态。一贵一贱,交情乃见。"汲、郑亦云,悲夫!

史记卷一百二十一

儒林列传第六十一

太史公曰：余读功令，至于广厉学官之路，未尝不废书而叹也。曰：嗟乎！夫周室衰而关雎作，幽厉微而礼乐坏，诸侯恣行，政由强国。故孔子闵王路废而邪道兴，于是论次诗书，修起礼乐。适齐闻韶，三月不知肉味。自卫返鲁，然后乐正，雅颂各得其所。世以混浊莫能用，是以仲尼干七十余君无所遇，曰“苟有用我者，期月而已矣”。西狩获麟，曰“吾道穷矣”。故因史记作春秋，以当王法，以辞微而指博，后世学者多录焉。

自孔子卒后，七十子之徒散游诸侯，大者为师傅卿相，小者友教士大夫，或隐而不见。故子路居卫，子张居陈，澹台子羽居楚，子夏居西河，子贡终于齐。如田子方、段干木、吴起、禽滑釐之属，皆受业于子夏之伦，为王者师。是时独魏文侯好学。后陵迟以至于始皇，天下并争于战国，儒术既绌焉，然齐鲁之间，学者独不废也。于威、宣之际，孟子、荀卿之列，咸遵夫子之业而润色之，以学显于当世。

及至秦之季世，焚诗书，坑术士，六艺从此缺焉。陈涉之王也，而鲁诸儒持孔氏之礼器往归陈王。于是孔甲为陈涉博士，卒与涉俱死。陈涉起匹夫，驱瓦合适戍，旬月以王楚，不满半岁竟灭亡，其事至微浅，然而缙绅先生之徒负孔子礼器往委质为臣者，何也？以秦焚其业，积怨而发愤于陈王也。

及高皇帝诛项籍，举兵围鲁，鲁中诸儒尚讲诵习礼乐，弦歌之音不绝，岂非圣人之遗化，好礼乐之国哉？故孔子在陈，曰“归与归与！吾党之小子狂简，斐然成章，不知所以裁之”。夫齐鲁之闲文学，自古以来，其天性也。故汉兴，然后诸儒始得修其经艺，讲习大射乡饮之礼。叔孙通作汉礼仪，因为太常，诸生弟子共定者，咸为选首，于是喟然叹兴于学。然尚有干戈，平定四海，亦未暇遑庠序之事也。孝惠、吕后时，公卿皆武力有功之臣。孝文时颇征用，然孝文帝本好刑名之言。及至孝景，不任儒者，而窦太后又好黄老之术，故诸博士具官待问，未有进者。

　　及今上即位,越绾、王臧之属明儒学,而上亦乡之,于是招方正贤良文学之士。自是之后,言诗于鲁则申培公,于齐则辕固生,于燕则韩太傅。言尚书自济南伏生。言礼自鲁高堂生。言易自菑川田生。言春秋于齐鲁自胡毋生,于赵自董仲舒。及窦太后崩,武安侯田蚡为丞相,绌黄老、刑名百家之言,延文学儒者数百人,而公孙弘以春秋白衣为天子三公,封以平津侯。天下之学士靡然乡风矣。

　　公孙弘为学官,悼道之郁滞,乃请曰:"丞相御史言:制曰'盖闻导民以礼,风之以乐。婚姻者,居室之大伦也。今礼废乐崩,朕甚愍焉。故详延天下方正博闻之士,咸登诸朝。其令礼官劝学,讲议洽闻兴礼,以为天下先。太常议,与博士弟子,崇乡里之化,以广贤材焉'。谨与太常臧、博士平等议曰:闻三代之道,乡里有教,夏曰校,殷曰序,周曰庠。其劝善也,显之朝廷;其惩恶也,加之刑罚。故教化之行也,建首善自京师始,由内及外。今陛下昭至德,开大明,配天地,本人伦,劝学修礼,崇化厉贤,以风四方,太平之原也。古者政教未洽,不备其礼,请因旧官而兴焉。为博士官置弟子五十人,复其身。太常择民年十八已上,仪状端正者,补博士弟子。郡国县道邑有好文学,敬长上,肃政教,顺乡里,出入不悖所闻者,令相长丞上属所二千石,二千石谨察可者,当与计偕,诣太常,得受业如弟子。一岁皆辄试,能通一艺以上,补文学掌故缺;其高弟可以为郎中者,太常籍奏。即有秀才异等,辄以名闻。其不事学若下材及不能通一艺,辄罢之,而请诸不称者罚。臣谨案诏书律令下者,明天人分际,通古今之义,文章尔雅,训辞深厚,恩施甚美。小吏浅闻,不能究宣,无以明布谕下。治礼次治掌故,以文学礼义为官,迁留滞。请选择其秩比二百石以上,及吏百石通一艺以上,补左右内史、大行卒史;比百石已下,补郡太守卒史;皆各二人,边郡一人。先用诵多者,若不足,乃择掌故补中二千石属,文学掌故补郡属,备员。请著功令。佗如律令。"制曰:"可。"自此以来,则公卿大夫士吏斌斌多文学之士矣。

　　申公者,鲁人也。高祖过鲁,申公以弟子从师入见高祖于鲁南宫。吕太后时,申公游学长安,与刘郢同师。已而郢为楚王,令申公傅其太子戊。戊不好学,疾申公。及王郢卒,戊立为楚王,胥靡申公。申公耻之,归鲁,退居家教,终身不出门,复谢绝宾客,独王命召之乃往。弟子自远方至受业者百馀人。申公独以诗经为训以教,无传,疑者则阙不传。

　　兰陵王臧既受诗,以事孝景帝为太子少傅,免去。今上初即位,臧乃上书宿卫上，累迁，一岁中为郎中令。及代赵绾亦尝受诗申公，绾为御史大夫。绾、臧请天子，欲立明堂以朝诸侯，不能就其事，乃言师申公。于是天子使使束帛加璧安车驷马迎申公，弟子二人乘轺传从。至，见天子。天子问治乱之事，申公时已八十馀，老，对曰："为治者不在多言，顾力行何如耳。"是时天子方好文词，见申公对，默然。然已招致，则以为太中大夫，舍鲁邸，议明堂事。太皇窦太后好老子言，不说儒术，得赵绾、王臧之过以让上，上因废明堂事，尽下赵绾、王臧吏，后皆自杀。申公亦疾免以归，数年卒。

弟子为博士者十馀人：孔安国至临淮太守，周霸至胶西内史，夏宽至城阳内史，砀鲁赐至东海太守，兰陵缪生至长沙内史，徐偃为胶西中尉，邹人阙门庆忌为胶东内史。其治官民皆有廉节，称其好学。学官弟子行虽不备，而至于大夫、郎中、掌故以百数。言诗虽殊，多本于申公。

清河王太傅辕固生者，齐人也。以治诗，孝景时为博士。与黄生争论景帝前。黄生曰："汤武非受命，乃弑也。"辕固生曰："不然。夫桀纣虐乱，天下之心皆归汤武，汤武与天下之心而诛桀纣，桀纣之民不为之使而归汤武，汤武不得已而立，非受命为何？"黄生曰："冠虽敝，必加于首；履虽新，必关于足。何者，上下之分也。今桀纣虽失道，然君上也；汤武虽圣，臣下也。夫主有失行，臣下不能正言匡过以尊天子，反因过而诛之，代立践南面，非弑而何也？"辕固生曰："必若所云，是高帝代秦即天子之位，非邪？"于是景帝曰："食肉不食马肝，不为不知味；言学者无言汤武受命，不为愚。"遂罢。是后学者莫敢明受命放杀者。

窦太后好老子书，召辕固生问老子书。固曰："此是家人言耳。"太后怒曰："安得司空城旦书乎？"乃使固入圈刺豕。景帝知太后怒而固直言无罪，乃假固利兵，下圈刺豕，正中其心，一刺，豕应手而倒。太后默然，无以复罪，罢之。居顷之，景帝以固为廉直，拜为清河王太傅。久之，病免。

今上初即位，复以贤良征固。诸谀儒多疾毁固，曰"固老"，罢归之。时固已九十馀矣。固之征也，薛人公孙弘亦征，侧目而视固。固曰："公孙子，务正学以言，无曲学以阿世！"自是之后，齐言诗皆本辕固生也。诸齐人以诗显贵，皆固之弟子也。

韩生者，燕人也。孝文帝时为博士，景帝时为常山王太傅。韩生推诗之意而为内外传数万言，其语颇与齐鲁间殊，然其归一也。淮南贲生受之。自是之后，而燕赵间言诗者由韩生。韩生孙商为今上博士。

伏生者，济南人也。故为秦博士。孝文帝时，欲求能治尚书者，天下无有，乃闻伏生能治，欲召之。是时伏生年九十余，老，不能行，于是乃诏太常使掌故朝错往受之。秦时焚书，伏生壁藏之。其后兵大起，流亡，汉定，伏生求其书，亡数十篇，独得二十九篇，即以教于齐鲁之间。学者由是颇能言尚书，诸山东大师无不涉尚书以教矣。

伏生教济南张生及欧阳生，欧阳生教千乘兒宽。兒宽既通尚书，以文学应郡举，诣博士受业，受业孔安国。兒宽贫无资用，常为弟子都养，及时时间行佣赁，以给衣食。行常带经，止息则诵习之。以试第次，补廷尉史。是时张汤方乡学，以为奏谳掾，以古法议决疑大狱，而爱幸宽。宽为人温良，有廉智，自持，而善著书、书奏，敏于文，口不能发明也。汤以为长者，数称誉之。及汤为御史大夫，以兒宽为掾，荐之天子。天子见问，说之。张汤死后六年，兒宽位至御史大夫。九年而以官卒。宽在三公位，以和良承意从容得久，然无有所匡谏；于官，官属易之，不为尽力。张生亦为博士。而伏生孙以治尚书征，不能明也。

自此之后，鲁周霸、孔安国、雒阳贾嘉，颇能言尚书事。孔氏有古文尚书，而安国以今文读之，因以起其家。逸书得十余篇，盖尚书滋多于是矣。

诸学者多言礼，而鲁高堂生最本。礼固自孔子时而其经不具，及至秦焚书，书散亡益多，于今独有士礼，高堂生能言之。

而鲁徐生善为容。孝文帝时，徐生以容为礼官大夫。传子至孙徐延、徐襄。襄，其天姿善为容，不能通礼经；延颇能，未善也。襄以容为汉礼官大夫，至广陵内史。延及徐氏弟子公户满意、桓生、单次，皆尝为汉礼官大夫。而瑕丘萧奋以礼为淮阳太守。是后能言礼为容者，由徐氏焉。

自鲁商瞿受易孔子，孔子卒，商瞿传易，六世至齐人田何，字子庄，而汉兴。田何传东武人王同子仲，子仲传菑川人杨何。何以易，元光元年征，官至中大夫。齐人即墨成以易至城阳相。广川人孟但以易为太子门大夫。鲁人周霸，莒人衡胡，临菑人主父偃，皆以易至二千石。然要言易者本于杨何之家。

董仲舒，广川人也。以治春秋，孝景时为博士。下帷讲诵，弟子传以久次相受业，或莫见其面，盖三年董仲舒不观于舍园，其精如此。进退容止,非礼不行,学士皆师尊之。今上即位,为江都相。以春秋灾异之变推阴阳所以错行,故求雨闭诸阳,纵诸阴,其止雨反是。行之一国,未尝不得所欲。中废为中大夫,居舍,著灾异之记。是时辽东高庙灾,主父偃疾之,取其书奏之天子。天子召诸生示其书,有刺讥。董仲舒弟子吕步舒不知其师书,以为下愚。于是下董仲舒吏,当死,诏赦之。于是董仲舒竟不敢复言灾异。

董仲舒为人廉直。是时方外攘四夷,公孙弘治春秋不如董仲舒,而弘希世用事,位至公卿。董仲舒以弘为从谀。弘疾之,乃言上曰:"独董仲舒可使相胶西王。"胶西王素闻董仲舒有行,亦善待之。董仲舒恐久获罪,疾免居家。至卒,终不治产业,以修学著书为事。故汉兴至于五世之间,唯董仲舒名为明于春秋,其传公羊氏也。

胡毋生,齐人也。孝景时为博士,以老归教授。齐之言春秋者多受胡毋生,公孙弘亦颇受焉。

瑕丘江生为穀梁春秋。自公孙弘得用,尝集比其义,卒用董仲舒。

仲舒弟子遂者:兰陵褚大,广川殷忠,温吕步舒。褚大至梁相。步舒至长史,持节使决淮南狱,于诸侯擅专断,不报,以春秋之义正之,天子皆以为是。弟子通者,至于命大夫;为郎、谒者、掌故者以百数。而董仲舒子及孙皆以学至大官。

史记卷一百二十二

酷吏列传第六十二

孔子曰:"导之以政,齐之以刑,民免而无耻。导之以德,齐之以礼,有耻且格。"老氏称:"上德不德,是以有德;下德不失德,是以无德。法令滋章,盗贼多有。"太史公曰:信哉是言也!法令者治之具,而非制治清浊之源也。昔天下之网尝密矣,然奸伪萌起,其极也,上下相遁,至于不振。当是之时,吏治若救火扬沸,非武健严酷,恶能胜其任而愉快乎!言道德者,溺其职矣。故曰"听讼,吾犹人也,必也使无讼乎"。"下士闻道大笑之"。非虚言也。汉兴,破觚而为圈,斲雕而为朴,网漏于吞舟之鱼,而吏治烝烝,不至于奸,黎民艾安。由是观之,在彼不在此。

高后时,酷吏独有侯封,刻轹宗室,侵辱功臣。吕氏已败,遂夷侯封之家。孝景时,晁错以刻深颇用术辅其资,而七国之乱,发怒于错,错卒以被戮。其后有郅都、宁成之属。

郅都者,杨人也。以郎事孝文帝。孝景时,都为中郎将,敢直谏,面折大臣于朝。尝从入上林,贾姬如厕,野彘卒入厕。上目都,都不行。上欲自持兵救贾姬,都伏上前曰:"亡一姬复一姬进,天下所少宁贾姬等乎?陛下纵自轻,奈宗庙太后何!"上还,彘亦去。太后闻之,赐都金百斤,由此重郅都。

济南瞷氏宗人三百馀家,豪猾,二千石莫能制,于是景帝乃拜都为济南太守。至则族灭瞷氏首恶,馀皆股栗。居岁馀,郡中不拾遗。旁十馀郡守畏都如大府。

都为人勇,有气力,公廉,不发私书,问遗无所受,请寄无所听。常自称曰:"已倍亲而仕,身固当奉职死节官下,终不顾妻子矣。"

郅都迁为中尉。丞相条侯至贵倨也,而都揖丞相。是时民朴,畏罪自重,而都独先严酷,致行法不避贵戚,列侯宗室见都侧目而视,号曰"苍鹰"。

　　临江王征诣中尉府对簿,临江王欲得刀笔为书谢上,而都禁吏不予。魏其侯使人以间与临江王。临江王既为书谢上,因自杀。窦太后闻之,怒,以危法中都,都免归家。孝景帝乃使使持节拜都为雁门太守,而便道之官,得以便宜从事。匈奴素闻郅都节,居边,为引兵去,竟郅都死不近雁门。匈奴至为偶人象郅都,令骑驰射莫能中,见惮如此。匈奴患之。窦太后乃竟中都以汉法。景帝曰:"都忠臣。"欲释之。窦太后曰:"临江王独非忠臣邪?"于是遂斩郅都。

　　宁成者,穰人也。以郎谒者事景帝。好气,为人小吏,必陵其长吏;为人上,操下如束湿薪。滑贼任威。稍迁至济南都尉,而郅都为守。始前数都尉皆步入府,因吏谒守如县令,其畏郅都如此。及成往,直陵都出其上。都素闻其声,于是善遇,与结欢。久之,郅都死,后长安左右宗室多暴犯法,于是上召宁成为中尉。其治效郅都,其廉弗如,然宗室豪桀皆人人惴恐。

　　武帝即位,徙为内史。外戚多毁成之短,抵罪髡钳。是时九卿罪死即死,少被刑,而成极刑,自以为不复收,于是解脱,诈刻传出关归家。称曰:"仕不至二千石,贾不至千万,安可比人乎!"乃贳贷买陂田千馀顷,假贫民,役使数千家。数年,会赦。致产数千金,为任侠,持吏长短,出从数十骑。其使民威重于郡守。

　　周阳由者,其父赵兼以淮南王舅父侯周阳,故因姓周阳氏。由以宗家任为郎,事孝文及景帝。景帝时,由为郡守。武帝即位,吏治尚循谨甚,然由居二千石中,最为暴酷骄恣。所爱者,挠法活之;所憎者,曲法诛灭之。所居郡,必夷其豪。为守,视都尉如令。为都尉,必陵太守,夺之治。与汲黯俱为忮,司马安之文恶,俱在二千石列,同车未尝敢均茵伏。

　　由后为河东都尉,时与其守胜屠公争权,相告言罪。胜屠公当抵罪,义不受刑,自杀,而由弃市。

　　自宁成、周阳由之后,事益多,民巧法,大抵吏之治类多成、由等矣。

　　赵禹者,斄人。以佐史补中都官,用廉为令史,事太尉亚夫。亚夫为丞相,禹为丞相史,府中皆称其廉平。然亚夫弗任,曰:"极知禹无害,然文深,不可以居大府。"今上时,禹以刀笔吏积劳,稍迁为御史。上以为能,至太中大夫。与张汤论定诸律令,作见知,吏传得相监司。用法益刻,盖自此始。

张汤者，杜人也。其父为长安丞，出，汤为儿守舍。还而鼠盗肉，其父怒，笞汤。汤掘窟得盗鼠及馀肉，劾鼠掠治，传爰书，讯鞫论报，并取鼠与肉，具狱磔堂下。其父见之，视其文辞如老狱吏，大惊，遂使书狱。父死后，汤为长安吏，久之。

周阳侯始为诸卿时，尝系长安，汤倾身为之。及出为侯，大与汤交，遍见汤贵人。汤给事内史，为宁成掾，以汤为无害，言大府，调为茂陵尉，治方中。

武安侯为丞相，征汤为史，时荐言之天子，补御史，使案事。治陈皇后蛊狱，深竟党与。于是上以为能，稍迁至太中大夫。与赵禹共定诸律令，务在深文，拘守职之吏。已而赵禹迁为中尉，徙为少府，而张汤为廷尉，两人交欢，而兄事禹。禹为人廉倨。为吏以来，舍毋食客。公卿相造请禹，禹终不报谢，务在绝知友宾客之请，孤立行一意而已。见文法辄取，亦不覆案，求官属阴罪。汤为人多诈，舞智以御人。始为小吏，干没，与长安富贾田甲、鱼翁叔之属交私。及列九卿，收接天下名士大夫，己心内虽不合，然阳浮慕之。

是时上方乡文学，汤决大狱，欲傅古义，乃请博士弟子治尚书、春秋补廷尉史，亭疑法。奏谳疑事，必豫先为上分别其原，上所是，受而著谳决法廷尉絜令，扬主之明。奏事即谴，汤应谢，乡上意所便，必引正、监、掾史贤者，曰："固为臣议，如上责臣，臣弗用，愚抵于此。"罪常释。间即奏事，上善之，曰："臣非知为此奏，乃正、监、掾史某为之。"其欲荐吏，扬人之善蔽人之过如此。所治即上意所欲罪，予监史深祸者；即上意所欲释，与监史轻平者。所治即豪，必舞文巧诋；即下户羸弱，时口言，虽文致法，上财察。于是往往释汤所言。汤至于大吏，内行修也。通宾客饮食。于故人子弟为吏及贫昆弟，调护之尤厚。其造请诸公，不避寒暑。是以汤虽文深意忌不专平，然得此声誉。而刻深吏多为爪牙用者，依于文学之士。丞相弘数称其美。及治淮南、衡山、江都反狱，皆穷根本。严助及伍被，上欲释之。汤争曰："伍被本画反谋，而助亲幸出入禁闼爪牙臣，乃交私诸侯如此，弗诛，后不可治。"于是上可论之。其治狱所排大臣自为功，多此类。于是汤益尊任，迁为御史大夫。

会浑邪等降，汉大兴兵伐匈奴，山东水旱，贫民流徙，皆仰给县官，县官空虚。于是丞上指，请造白金及五铢钱，笼天下盐铁，排富商大贾，出告缗令,穀豪强并兼之家,舞文巧诋以辅法。汤每朝奏事,语国家用,日晏,天子忘食。丞相取充位,天下事皆决于汤。百姓不安其生,骚动,县官所兴,未获其利,奸吏并侵渔,于是痛绳以罪。则自公卿以下,至于庶人,咸指汤。汤尝病,天子至自视病,其隆贵如此。

匈奴来请和亲,群臣议上前。博士狄山曰:"和亲便。"上问其便,山曰:"兵者凶器,未易数动。高帝欲伐匈奴,大困平城,乃遂结和亲。孝惠、高后时,天下安乐。及孝文帝欲事匈奴,北边萧然苦兵矣。孝景时,吴楚七国反,景帝往来两宫间,寒心者数月。吴楚已破,竟景帝不言兵,天下富实。今自陛下举兵击匈奴,中国以空虚,边民大困贫。由此观之,不如和亲。"上问汤,汤曰:"此愚儒,无知。"狄山曰:"臣固愚忠,若御史大夫汤乃诈忠。若汤之治淮南、江都,以深文痛诋诸侯,别疏骨肉,使蕃臣不自安。臣固知汤之为诈忠。"于是上作色曰:"吾使生居一郡,能无使虏入盗乎?"曰:"不能。"曰:"居一县?"对曰:"不能。"复曰:"居一障间?"山自度辩穷且下吏,曰:"能。"于是上遣山乘鄣。至月馀,匈奴斩山头而去。自是以后,群臣震慑。

汤之客田甲,虽贾人,有贤操。始汤为小吏时,与钱通,及汤为大吏,甲所以责汤行义过失,亦有烈士风。

汤为御史大夫七岁,败。

河东人李文尝与汤有郤,已而为御史中丞,恚,数从中文书事有可以伤汤者,不能为地。汤有所爱史鲁谒居,知汤不平,使人上蜚变告文奸事,事下汤,汤治论杀文,而汤心知谒居为之。上问曰:"言变事纵迹安起?"汤详惊曰:"此殆文故人怨之。"谒居病卧闾里主人,汤自往视疾,为谒居摩足。赵国以冶铸为业,王数讼铁官事,汤常排赵王。赵王求汤阴事。谒居尝案赵王,赵王怨之,并上书告:"汤,大臣也,史谒居有病,汤至为摩足,疑与为大奸。"事下廷尉。谒居病死,事连其弟,弟系导官。汤亦治他囚导官,见谒居弟,欲阴为之,而详不省。谒居弟弗知,怨汤,使人上书告汤与谒居谋,共变告李文。事下减宣。宣尝与汤有郤,及得此事,穷竟其事,未奏也。会人有盗发孝文园瘗钱,丞相青翟朝,与汤约俱谢,至前,汤念独丞相以四时行园,当谢,汤无与也,不谢。丞相谢,上使御史案其事。汤欲致其文丞相见知,丞相患之。三长史皆害汤,欲陷之。

始长史朱买臣,会稽人也。读春秋。庄助使人言买臣,买臣以楚辞与助俱幸,侍中,为太中大夫,用事;而汤乃为小吏,跪伏使买臣等前。已而汤为廷尉,治淮南狱,排挤庄助,买臣固心望。及汤为御史大夫,买臣以会稽守为主爵都尉,列于九卿。数年,坐法废,守长史,见汤,汤坐床上,丞史遇买臣弗为礼。买臣楚士,深怨,常欲死之。王朝,齐人也。以术至右内史。边通,学长短,刚暴强人也,官再至济南相。故皆居汤右,已而失官,守长史,诎体于汤。汤数行丞相事,知此三长史素贵,常凌折之。以故三长史合谋曰:"始汤约与君谢,已而卖君;今欲劾君以宗庙事,此欲代君耳。吾知汤阴事。"使吏捕案汤左田信等,曰汤且欲奏请,信辄先知之,居物致富,与汤分之,及他奸事。事辞颇闻。上问汤曰:"吾所为,贾人辄先知之,益居其物,是类有以吾谋告之者。"汤不谢。汤又详惊曰:"固宜有。"减宣亦奏谒居等事。天子果以汤怀诈面欺,使使八辈簿责汤。汤具自道无此,不服。于是上使赵禹责汤。禹至,让汤曰:"君何不知分也。君所治夷灭者几何人矣?今人言君皆有状,天子重致君狱,欲令君自为计,何多以对簿为?"汤乃为书谢曰:"汤无尺寸功,起刀笔吏,陛下幸致为三公,无以塞责。然谋陷汤罪者,三长史也。"遂自杀。

汤死,家产直不过五百金,皆所得奉赐,无他业。昆弟诸子欲厚葬汤,汤母曰:"汤为天子大臣,被汙恶言而死,何厚葬乎!"载以牛车,有棺无椁。天子闻之,曰:"非此母不能生此子。"乃尽案诛三长史。丞相青翟自杀。出田信。上惜汤,稍迁其子安世。

赵禹中废,已而为廷尉。始条侯以为禹贼深,弗任。及禹为少府,比九卿。禹酷急,至晚节,事益多,吏务为严峻,而禹治加缓,而名为平。王温舒等后起,治酷于禹。禹以老,徙为燕相。数岁,乱悖有罪,免归。后汤十馀年,以寿卒于家。

义纵者,河东人也。为少年时,尝与张次公俱攻剽为群盗。纵有姊姁,以医幸王太后。王太后问:"有子兄弟为官者乎?"姊曰:"有弟无行,不可。"太后乃告上,拜义姁弟纵为中郎,补上党郡中令。治敢行,少蕴藉,县无逋事,举为第一。迁为长陵及长安令,直法行治,不避贵戚。以捕案太后外孙修成君子仲,上以为能,迁为河内都尉。至则族灭其豪穰氏之属,河内道不拾遗。而张次公亦为郎,以勇悍从军,敢深入,有功,为岸头侯。

宁成家居,上欲以为郡守。御史大夫弘曰:"臣居山东为小吏时,宁成为济南都尉,其治如狼牧羊。成不可使治民。"上乃拜成为关都尉。岁馀,关东吏隶郡国出入关者,号曰"宁见乳虎,无值宁成之怒"。义纵自河内迁为南阳太守,闻宁成家居南阳,及纵至关,宁成侧行送迎,然纵气盛,弗为礼。至郡,遂案宁氏,尽破碎其家。成坐有罪,及孔、暴之属皆奔亡,南阳吏民重足一迹。而平氏朱彊、杜衍、杜周为纵牙爪之吏,任用,迁为廷史。军数出定襄,定襄吏民乱败,于是徙纵为定襄太守。纵至,掩定襄狱中重罪轻系二百馀人,及宾客昆弟私入相视亦二百馀人。纵一捕鞠,曰"为死罪解脱"。是日皆报杀四百馀人。其后郡中不寒而栗,猾民佐吏为治。

是时赵禹、张汤以深刻为九卿矣,然其治尚宽,辅法而行,而纵以鹰击毛挚为治。后会五铢钱白金起,民为奸,京师尤甚,乃以纵为右内史,王温舒为中尉。温舒至恶,其所为不先言纵,纵必以气凌之,败坏其功。其治,所诛杀甚多,然取为小治,奸益不胜,直指始出矣。吏之治以斩杀缚束为务,阎奉以恶用矣。纵廉,其治放郅都。上幸鼎湖,病久,已而卒起幸甘泉,道多不治。上怒曰:"纵以我为不复行此道乎?"嗛之。至冬,杨可方受告缗,纵以为此乱民,部吏捕其为可使者。天子闻,使杜式治,以为废格沮事,弃纵市。后一岁,张汤亦死。

王温舒者,阳陵人也。少时椎埋为奸。已而试补县亭长,数废。为吏,以治狱至廷史。事张汤,迁为御史。督盗贼,杀伤甚多,稍迁至广平都尉。择郡中豪敢任吏十馀人,以为爪牙,皆把其阴重罪,而纵使督盗贼,快其意所欲得。此人虽有百罪,弗法;即有避,因其事夷之,亦灭宗。以其故齐赵之郊盗贼不敢近广平,广平声为道不拾遗。上闻,迁为河内太守。

素居广平时,皆知河内豪奸之家,及往,九月而至。令郡具私马五十匹,为驿自河内至长安,部吏如居广平时方略,捕郡中豪猾,郡中豪猾相连坐千馀家。上书请,大者至族,小者乃死,家尽没入偿臧。奏行不过二三日,得可事。论报,至流血十馀里。河内皆怪其奏,以为神速。尽十二月,郡中毋声,毋敢夜行,野无犬吠之盗。其颇不得失,之旁郡国,黎来,会春,温舒顿足叹曰:"嗟乎,令冬月益展一月,足吾事矣!"其好杀伐行威不爱人如此。天子闻之,以为能,迁为中尉。其治复放河内,徙诸名祸猾吏与从事,河内则杨皆、麻戊,关中杨赣、成信等。义纵为内史,惮未敢恣治。及纵死,张汤败后,徙为廷尉,而尹齐为中尉。

尹齐者,东郡茌平人。以刀笔稍迁至御史。事张汤,张汤数称以为廉武,使督盗贼,所斩伐不避贵戚。迁为关内都尉,声甚于宁成。上以为能,迁为中尉,吏民益凋敝。尹齐木强少文,豪恶吏伏匿而善吏不能为治,以故事多废,抵罪。上复徙温舒为中尉,而杨仆以严酷为主爵都尉。

杨仆者,宜阳人也。以千夫为吏。河南守案举以为能,迁为御史,使督盗贼关东。治放尹齐,以为敢挚行。稍迁至主爵都尉,列九卿。天子以为能。南越反,拜为楼船将军,有功,封将梁侯。为荀彘所缚。居久之,病死。

而温舒复为中尉。为人少文,居廷惛惛不辩,至于中尉则心开。督盗贼,素习关中俗,知豪恶吏,豪恶吏尽复为用,为方略。吏苛察,盗贼恶少年投缿购告言奸,置伯格长以牧司奸盗贼。温舒为人谄,善事有势者;即无势者,视之如奴。有势家,虽有奸如山,弗犯;无势者,贵戚必侵辱。舞文巧诋下户之猾,以焄大豪。其治中尉如此。奸猾穷治,大抵尽靡烂狱中,行论无出者。其爪牙吏虎而冠。于是中尉部中中猾以下皆伏,有势者为游声誉,称治。治数岁,其吏多以权富。

温舒击东越还,议有不中意者,坐小法抵罪免。是时天子方欲作通天台而未有人,温舒请覆中尉脱卒,得数万人作。上说,拜为少府。徙为右内史,治如其故,奸邪少禁。坐法失官。复为右辅,行中尉事,如故操。

岁馀,会宛军发,诏征豪吏,温舒匿其吏华成,及人有变告温舒受员骑钱,他奸利事,罪至族,自杀。其时两弟及两婚家亦各自坐他罪而族。光禄徐自为曰:"悲夫,夫古有三族,而王温舒罪至同时而五族乎!"

温舒死,家直累千金。后数岁,尹齐亦以淮阳都尉病死,家直不满五十金。所诛灭淮阳甚多,及死,仇家欲烧其尸,尸亡去归葬。

自温舒等以恶为治,而郡守、都尉、诸侯二千石欲为治者,其治大抵尽放温舒,而吏民益轻犯法,盗贼滋起。南阳有梅免、白政,楚有殷中、杜少,齐有徐勃,燕赵之间有坚卢、范生之属。大群至数千人,擅自号,攻城邑,取库兵,释死罪,缚辱郡太守、都尉,杀二千石,为檄告县趣具食;小群以百数,掠卤乡里者,不可胜数也。于是天子始使御史中丞、丞相长史督之。犹弗能禁也,乃使光禄大夫范昆、诸辅都尉及故九卿张德等衣绣衣,持节,虎符发兵以兴击,斩首大部或至万馀级,及以法诛通饮食,坐连诸郡,甚者数千人。数岁,乃颇得其渠率。散卒失亡,复聚党阻山川者,往往而群居,无可奈何。于是作"沈命法",曰群盗起不发觉,发觉而捕弗满品者,二千石以下至小吏主者皆死。其后小吏畏诛,虽有盗不敢发,恐不能得,坐课累府,府亦使其不言。故盗贼寖多,上下相为匿,以文辞避法焉。

减宣者,杨人也。以佐史无害给事河东守府。卫将军青使买马河东,见宣无害,言上,征为大厩丞。官事辨,稍迁至御史及中丞。使治主父偃及治淮南反狱,所以微文深诋,杀者甚众,称为敢决疑。数废数起,为御史及中丞者几二十岁。王温舒免中尉,而宣为左内史。其治米盐,事大小皆关其手,自部署县名曹实物,官吏令丞不得擅摇,痛以重法绳之。居官数年,一切郡中为小治辨,然独宣以小致大,能因力行之,难以为经。中废。为右扶风,坐怨成信,信亡藏上林中,宣使郿令格杀信,吏卒格信时,射中上林苑门,宣下吏诋罪,以为大逆,当族,自杀。而杜周任用。

杜周者,南阳杜衍人。义纵为南阳守,以为爪牙,举为廷尉史。事张汤,汤数言其无害,至御史。使案边失亡,所论杀甚众。奏事中上意,任用,与减宣相编,更为中丞十馀岁。

其治与宣相放,然重迟,外宽,内深次骨。宣为左内史,周为廷尉,其治大放张汤而善候伺。上所欲挤者,因而陷之;上所欲释者,久系待问而微见其冤状。客有让周曰:"君为天子决平,不循三尺法,专以人主意指为狱。狱者固如是乎?"周曰:"三尺安出哉? 前主所是著为律,后主所是疏为令,当时为是,何古之法乎!"

至周为廷尉,诏狱亦益多矣。二千石系者新故相因,不减百馀人。郡吏大府举之廷尉,一岁至千馀章。章大者连逮证案数百,小者数十人;远者数千,近者数百里。会狱,吏因责如章告劾,不服,以笞掠定之。于是闻有逮皆亡匿。狱久者至更数赦十有馀岁而相告言,大抵尽诋以不道以上。廷尉及中都官诏狱逮至六七万人,吏所增加十万馀人。

周中废,后为执金吾,逐盗,捕治桑弘羊、卫皇后昆弟子刻深,天子以为尽力无私,迁为御史大夫。家两子,夹河为守。其治暴酷皆甚于王温舒等矣。杜周初征为廷史,有一马,且不全;及身久任事,至三公列,子孙尊官,家訾累数巨万矣。

太史公曰:自郅都、杜周十人者,此皆以酷烈为声。然郅都伉直,引是非,争天下大体。张汤以知阴阳,人主与俱上下,时数辩当否,国家赖其便。赵禹时据法守正。杜周从谀,以少言为重。自张汤死后,网密,多诋严,官事寖以秏废。九卿碌碌奉其官,救过不赡,何暇论绳墨之外乎! 然此十人中,其廉者足以为仪表,其污者足以为戒,方略教导,禁奸止邪,一切亦皆彬彬质有其文武焉。虽惨酷,斯称其位矣。至若蜀守冯当暴挫,广汉李贞擅磔人,东郡弥仆锯项,天水骆璧推减,河东褚广妄杀,京兆无忌、冯翊殷周蝮鸷,水衡阎奉朴击卖请,何足数哉! 何足数哉!

史记卷一百二十三

大宛列传第六十三

大宛之迹,见自张骞。张骞,汉中人。建元中为郎。是时天子问匈奴降者,皆言匈奴破月氏王,以其头为饮器,月氏遁逃而常怨仇匈奴,无与共击之。汉方欲事灭胡,闻此言,因欲通使。道必更匈奴中,乃募能使者。骞以郎应募,使月氏,与堂邑氏胡奴甘父俱出陇西。经匈奴,匈奴得之,传诣单于。单于留之,曰:"月氏在吾北,汉何以得往使?吾欲使越,汉肯听我乎?"留骞十馀岁,与妻,有子,然骞持汉节不失。

居匈奴中,益宽,骞因与其属亡乡月氏,西走数十日至大宛。大宛闻汉之饶财,欲通不得,见骞,喜,问曰:"若欲何之?"骞曰:"为汉使月氏,而为匈奴所闭道。今亡,唯王使人导送我。诚得至,反汉,汉之赂遗王财物不可胜言。"大宛以为然,遣骞,为发导绎,抵康居,康居传致大月氏。大月氏王已为胡所杀,立其太子为王。既臣大夏而居,地肥饶,少寇,志安乐,又自以远汉,殊无报胡之心。骞从月氏至大夏,竟不能得月氏要领。

留岁馀,还,并南山,欲从羌中归,复为匈奴所得。留岁馀,单于死,左谷蠡王攻其太子自立,国内乱,骞与胡妻及堂邑父俱亡归汉。汉拜骞为太中大夫,堂邑父为奉使君。

骞为人强力,宽大信人,蛮夷爱之。堂邑父故胡人,善射,穷急射禽兽给食。初,骞行时百馀人,去十三岁,唯二人得还。

骞身所至者大宛、大月氏、大夏、康居,而传闻其旁大国五六,具为天子言之。曰:

大宛在匈奴西南,在汉正西,去汉可万里。其俗土著,耕田,田稻麦。有蒲陶酒。多善马,马汗血,其先天马子也。有城郭屋室。其属邑大小七十馀城,众可数十万。其兵弓矛骑射。其北则康居,西则大月氏,西南则大夏,东北则乌孙,东则扜罙、于窴。于窴之西,则水皆西流,注西海;其东水东流,注盐泽。盐泽潜行地下,其南则河源出焉。多玉石,河注中国。而楼兰、姑师邑有城郭,临盐泽。盐泽去长安可五千里。匈奴右方居盐泽以东,至陇西长城,南接羌,鬲汉道焉。

　　乌孙在大宛东北可二千里,行国,随畜,与匈奴同俗。控弦者数万,敢战。故服匈奴,及盛,取其羁属,不肯往朝会焉。

　　康居在大宛西北可二千里,行国,与月氏大同俗。控弦者八九万人。与大宛邻国。国小,南羁事月氏,东羁事匈奴。

　　奄蔡在康居西北可二千里,行国,与康居大同俗。控弦者十馀万。临大泽,无崖,盖乃北海云。

　　大月氏在大宛西可二三千里,居妫水北。其南则大夏,西则安息,北则康居。行国也,随畜移徙,与匈奴同俗。控弦者可一二十万。故时强,轻匈奴,及冒顿立,攻破月氏,至匈奴老上单于,杀月氏王,以其头为饮器。始月氏居敦煌、祁连间,及为匈奴所败,乃远去,过宛,西击大夏而臣之,遂都妫水北,为王庭。其馀小众不能去者,保南山羌,号小月氏。

　　安息在大月氏西可数千里。其俗土著,耕田,田稻麦,蒲陶酒。城邑如大宛。其属小大数百城,地方数千里,最为大国。临妫水,有市,民商贾用车及船,行旁国或数千里。以银为钱,钱如其王面,王死辄更钱,效王面焉。画革旁行以为书记。其西则条枝,北有奄蔡、黎轩。

　　条枝在安息西数千里,临西海。暑湿。耕田,田稻。有大鸟,卵如瓮。人众甚多,往往有小君长,而安息役属之,以为外国。国善眩。安息长老传闻条枝有弱水、西王母,而未尝见。

　　大夏在大宛西南二千馀里妫水南。其俗土著,有城屋,与大宛同俗。无大君长,往往城邑置小长。其兵弱,畏战。善贾市。及大月氏西徙,攻败之,皆臣畜大夏。大夏民多,可百馀万。其都曰蓝市城,有市贩贾诸物。其东南有身毒国。

　　骞曰:“臣在大夏时,见邛竹杖、蜀布。问曰:‘安得此?’大夏国人曰:‘吾贾人往市之身毒。身毒在大夏东南可数千里。其俗土著,大与大夏同,而卑湿暑热云。其人民乘象以战。其国临大水焉。’以骞度之,大夏去汉万二千里,居汉西南。今身毒国又居大夏东南数千里,有蜀物,此其去蜀不远矣。今使大夏,从羌中,险,羌人恶之;少北,则为匈奴所得;从蜀宜径,又无寇。”天子既闻大宛及大夏、安息之属皆大国,多奇物,土著,颇与中国同业,而兵弱,贵汉财物;其北有大月氏、康居之属,兵强,可以赂遗设利朝也。且诚得而以义属之,则广地万里,重九译,致殊俗,威德遍于四海。天子欣然,以骞言为然,乃令骞因蜀犍为发间使,四道并出:出駹,出冉,出徙,出邛、僰,皆各行一二千里。其北方闭氐、筰,南方闭嶲、昆明。昆明之属无君长,善寇盗,辄杀略汉使,终莫得通。然闻其西可千馀里有乘象国,名曰滇越,而蜀贾奸出物者或至焉,于是汉以求大夏道始通滇国。初,汉欲通西南夷,费多,道不通,罢之。及张骞言可以通大夏,乃复事西南夷。

骞以校尉从大将军击匈奴,知水草处,军得以不乏,乃封骞为博望侯。是岁元朔六年也。其明年,骞为卫尉,与李将军俱出右北平击匈奴。匈奴围李将军,军失亡多;而骞后期当斩,赎为庶人。是岁汉遣骠骑破匈奴西域数万人,至祁连山。其明年,浑邪王率其民降汉,而金城、河西西并南山至盐泽空无匈奴。匈奴时有候者到,而希矣。其后二年,汉击走单于幕北。

是后天子数问骞大夏之属。骞既失侯,因言曰:“臣居匈奴中,闻乌孙王号昆莫,昆莫之父,匈奴西边小国也。匈奴攻杀其父,而昆莫生,弃于野。乌嗛肉蜚其上,狼往乳之。单于怪以为神,而收长之。及壮,使将兵,数有功,单于复以其父之民予昆莫,令长守于西域。昆莫收养其民,攻旁小邑,控弦数万,习攻战。单于死,昆莫乃率其众远徙,中立,不肯朝会匈奴。匈奴遣奇兵击,不胜,以为神而远之,因羁属之,不大攻。今单于新困于汉,而故浑邪地空无人。蛮夷俗贪汉财物,今诚以此时而厚币赂乌孙,招以益东,居故浑邪之地,与汉结昆弟,其势宜听,听则是断匈奴右臂也。既连乌孙,自其西大夏之属皆可招来而为外臣。”天子以为然,拜骞为中郎将,将三百人,马各二匹,牛羊以万数,赍金币帛直数千巨万,多持节副使,道可使,使遗之他旁国。

骞既至乌孙,乌孙王昆莫见汉使如单于礼,骞大惭,知蛮夷贪,乃曰:“天子致赐,王不拜则还赐。”昆莫起拜赐,其他如故。骞谕使指曰:“乌孙能东居浑邪地,则汉遣翁主为昆莫夫人。”乌孙国分,王老,而远汉,未知其大小,素服属匈奴日久矣,且又近之,其大臣皆畏胡,不欲移徙,王不能专制。骞不得其要领。昆莫有十馀子,其中子曰大禄,强,善将众,将众别居万馀骑。大禄兄为太子,太子有子曰岑娶,而太子蚤死。临死谓其父昆莫曰:“必以岑娶为太子,无令他人代之。”昆莫哀而许之,卒以岑娶为太子。大禄怒其不得代太子也,乃收其诸昆弟,将其众畔,谋攻岑娶及昆莫。昆莫老,常恐大禄杀岑娶,予岑娶万馀骑别居,而昆莫有万馀骑自备,国众分为三,而其大总取羁属昆莫,昆莫亦以此不敢专约于骞。

骞因分遣副使使大宛、康居、大月氏、大夏、安息、身毒、于寘、扜弥及诸旁国。乌孙发导译送骞还，骞与乌孙遣使数十人，马数十匹报谢，因令窥汉，知其广大。

骞还到，拜为大行，列于九卿。岁馀，卒。

乌孙使既见汉人众富厚，归报其国，其国乃益重汉。其后岁馀，骞所遣使通大夏之属者皆颇与其人俱来，于是西北国始通于汉矣。然张骞凿空，其后使往者皆称博望侯，以为质于外国，外国由此信之。

自博望侯骞死后，匈奴闻汉通乌孙，怒，欲击之。及汉使乌孙，若出其南，抵大宛、大月氏相属，乌孙乃恐，使使献马，愿得尚汉女翁主为昆弟。天子问群臣议计，皆曰"必先纳聘，然后乃遣女"。初，天子发书易，云"神马当从西北来"。得乌孙马好，名曰"天马"。及得大宛汗血马，益壮，更名乌孙马曰"西极"，名大宛马曰"天马"云。而汉始筑令居以西，初置酒泉郡以通西北国。因益发使抵安息、奄蔡、黎轩、条枝、身毒国。而天子好宛马，使者相望于道。诸使外国一辈大者数百，少者百馀人，人所赍操大放博望侯时。其后益习而衰少焉。汉率一岁中使多者十馀，少者五六辈，远者八九岁，近者数岁而反。

是时汉既灭越，而蜀、西南夷皆震，请吏入朝。于是置益州、越嶲、牂柯、沈黎、汶山郡，欲地接以前通大夏。乃遣使柏始昌、吕越人等岁十馀辈，出此初郡抵大夏，皆复闭昆明，为所杀，夺币财，终莫能通至大夏焉。于是汉发三辅罪人，因巴蜀士数万人，遣两将军郭昌、卫广等往击昆明之遮汉使者，斩首虏数万人而去。其后遣使，昆明复为寇，竟莫能得通。而北道酒泉抵大夏，使者既多，而外国益厌汉币，不贵其物。

自博望侯开外国道以尊贵，其后从吏卒皆争上书言外国奇怪利害，求使。天子为其绝远，非人所乐往，听其言，予节，募吏民毋问所从来，为具备人众遣之，以广其道。来还不能毋侵盗币物，及使失指，天子为其习之，辄覆案致重罪，以激怒令赎，复求使。使端无穷，而轻犯法。其吏卒亦辄复盛推外国所有，言大者予节，言小者为副，故妄言无行之徒皆争效之。其使皆贫人子，私县官赍物，欲贱市以私其利外国。外国亦厌汉使人人有言轻重，度汉兵远不能至，而禁其食物以苦汉使。汉使乏绝积怨，至相攻击。而楼兰、姑师小国耳，当空道，攻劫汉使王恢等尤甚。而匈奴奇兵时时遮击使西国者。使者争遍言外国灾害，皆有城邑，兵弱易击。于是天子以故遣从骠侯破奴将属国骑及郡兵数万，至匈河水，欲以击胡，胡皆去。其明年，击姑师，破奴与轻骑七百馀先至，虏楼兰王，遂破姑师。因举兵威以困乌孙、大宛之属。还，封破奴为浞野侯。王恢数使，为楼兰所苦，言天子，天子发兵令恢佐破奴击破之，封恢为浩侯。于是酒泉列亭鄣至玉门矣。

乌孙以千匹马聘汉女，汉遣宗室女江都翁主往妻乌孙，乌孙王昆莫以为右夫人。匈奴亦遣女妻昆莫，昆莫以为左夫人。昆莫曰“我老”，乃令其孙岑娶妻翁主。乌孙多马，其富人至有四五千匹马。

初，汉使至安息，安息王令将二万骑迎于东界。东界去王都数千里。行比至，过数十城，人民相属甚多。汉使还，而后发使随汉使来观汉广大，以大鸟卵及黎轩善眩人献于汉。及宛西小国驩潜、大益，宛东姑师、扜𧘌、苏薤之属，皆随汉使献见天子。天子大悦。

而汉使穷河源，河源出于寘，其山多玉石，采来，天子案古图书，名河所出山曰昆仑云。

是时上方数巡狩海上，乃悉从外国客，大都多人则过之，散财帛以赏赐，厚具以饶给之，以览示汉富厚焉。于是大觳抵，出奇戏诸怪物，多聚观者，行赏赐，酒池肉林，令外国客遍观各仓库府藏之积，见汉之广大，倾骇之。及加其眩者之工，而觳抵奇戏岁增变，甚盛益兴，自此始。

西北外国使，更来更去。宛以西，皆自以远，尚骄恣晏然，未可诎以礼羁縻而使也。自乌孙以西至安息，以近匈奴，匈奴困月氏也，匈奴使持单于一信，则国国传送食，不敢留苦；及至汉使，非出币帛不得食，不市畜不得骑用。所以然者，远汉，而汉多财物，故必市乃得所欲，然以畏匈奴于汉使焉。宛左右以蒲陶为酒，富人藏酒至万馀石，久者数十岁不败。俗嗜酒，马嗜苜蓿。汉使取其实来，于是天子始种苜蓿、蒲陶肥饶地。及天马多，外国使来众，则离宫别观旁尽种蒲萄、苜蓿极望。自大宛以西至安息，国虽颇异言，然大同俗，相知言。其人皆深眼，多须䫄，善市贾，争分铢。俗贵女子，女子所言而丈夫乃决正。其地皆无丝漆，不知铸钱器。及汉使亡卒降，教铸作他兵器。得汉黄白金，辄以为器，不用为币。

而汉使者往既多，其少从率多进熟于天子，言曰：“宛有善马在贰师城，匿不肯与汉使。”天子既好宛马，闻之甘心，使壮士车令等持千金及金马以请宛王贰师城善马。宛国饶汉物，相与谋曰：“汉去我远，而盐水中数败，出其北有胡寇，出其南乏水草。又且往往而绝邑，乏食者多。汉使数百人为辈来，而常乏食，死者过半，是安能致大军乎？无奈我何。且贰师马，宛宝马也。”遂不肯予汉使。汉使怒，妄言，椎金马而去。宛贵人怒曰："汉使至轻我！"遣汉使去，令其东边郁成遮攻杀汉使，取其财物。于是天子大怒。诸尝使宛姚定汉等言宛兵弱,诚以汉兵不过三千人,强弩射之,即尽虏破宛矣。天子已尝使涩野侯攻楼兰,以七百骑先至,虏其王,以定汉等言为然,而欲侯宠姬李氏,拜李广利为贰师将军,发属国六千骑,及郡国恶少年数万人,以往伐宛。期至贰师城取善马,故号“贰师将军”。赵始成为军正,故浩侯王恢使导军,而李哆为校尉,制军事。是岁太初元年也。而关东蝗大起,蜚西至敦煌。

　　贰师将军军既西过盐水,当道小国恐,各坚城守,不肯给食。攻之不能下。下者得食,不下者数日则去。比至郁成,士至者不过数千,皆饥罢。攻郁成,郁成大破之,所杀伤甚众。贰师将军与哆、始成等计:“至郁成尚不能举,况至其王都乎?”引兵而还。往来二岁。还至敦煌,士不过什一二。使使上书言:“道远多乏食;且士卒不患战,患饥。人少,不足以拔宛。愿且罢兵,益发而复往。”天子闻之,大怒,而使使遮玉门,曰军有敢入者辄斩之! 贰师恐,因留敦煌。

　　其夏,汉亡涩野之兵二万馀于匈奴。公卿及议者皆愿罢击宛军,专力攻胡,天子已业诛宛,宛小国而不能下,则大夏之属轻汉,而宛善马绝不来,乌孙、仑头易苦汉使矣,为外国笑。乃案言伐宛尤不便者邓光等,赦囚徒材官,益发恶少年及边骑,岁馀而出敦煌者六万人,负私从者不与。牛十万,马三万馀匹,驴骡橐它以万数。多赍粮,兵弩甚设,天下骚动,传相奉伐宛,凡五十馀校尉。宛王城中无井,皆汲城外流水,于是乃遣水工徙其城下水空以空其城。益发戍甲卒十八万酒泉、张掖北,置居延、休屠以卫酒泉,而发天下七科適,及载糒给贰师。转车人徒相连属至敦煌。而拜习马者二人为执驱校尉,备破宛择取其善马云。

　　于是贰师后复行,兵多,而所至小国莫不迎,出食给军。至仑头,仑头不下,攻数日,屠之。自此而西,平行至宛城,汉兵到者三万人。宛兵迎击汉兵,汉兵射败之,宛走入葆乘其城。贰师兵欲行攻郁成,恐留行而令宛益生诈,乃先至宛,决其水源,移之,则宛固已忧困。围其城,攻之四十馀日,其外城坏,虏宛贵人勇将煎靡。宛大恐,走入中城。宛贵人相与谋曰:“汉所为攻宛,以王毋寡匿善马而杀汉使。今杀王毋寡而出善马,汉兵宜解;即不解,乃力战而死,未晚也。”宛贵人皆以为然,共杀其王毋寡,持其头遣贵人使贰师,约曰:“汉毋攻我。我尽出善马,恣所取,而给汉军食。即不听,我尽杀善马,而康居之救且至。至,我居内,康居居外,与汉军战。汉军熟计之,何从?”是时康居候视汉兵,汉兵尚盛,不敢进。贰师与赵始成、李哆等计:“闻宛城中新得秦人,知穿井,而其内食尚多。所为来,诛首恶者毋寡。毋寡头已至，如此而不许解兵，则坚守，而康居候汉罢而来救宛，破汉军必矣。"军吏皆以为然，许宛之约。宛乃出其善马，令汉自择之，而多出食食给汉军。汉军取其善马数十匹，中马以下牡牝三千馀匹，而立宛贵人之故待遇汉使善者名昧蔡以为宛王，与盟而罢兵。终不得入中城。乃罢而引归。

初，贰师起敦煌西，以为人多，道上国不能食，乃分为数军，从南北道。校尉王申生、故鸿胪壶充国等千馀人，别到郁成。郁成城守，不肯给食其军。王申生去大军二百里，偾而轻之，责郁成。郁成食不肯出，窥知申生军日少，晨用三千人攻，戮杀申生等，军破，数人脱亡，走贰师。贰师令搜粟都尉上官桀往攻破郁成。郁成王亡走康居，桀追至康居。康居闻汉已破宛，乃出郁成王予桀，桀令四骑士缚守诣大将军。四人相谓曰："郁成王汉国所毒，今生将去，卒失大事。"欲杀，莫敢先击。上邽骑士赵弟最少，拔剑击之，斩郁成王，赍头。弟、桀等逐及大将军。

初，贰师后行，天子使使告乌孙，大发兵并力击宛。乌孙发二千骑往，持两端，不肯前。贰师将军之东，诸所过小国闻宛破，皆使其子弟从军入献，见天子，因以为质焉。贰师之伐宛也，而军正赵始成力战，功最多；及上官桀敢深入，李哆为谋计，军入玉门者万馀人，军马千馀匹。贰师后行，军非乏食，战死不能多，而将吏贪，多不爱士卒，侵牟之，以此物故众。天子为万里而伐宛，不录过，封广利为海西侯。又封身斩郁成王者骑士赵弟为新畤侯。军正赵始成为光禄大夫，上官桀为少府，李哆为上党太守。军官吏为九卿者三人，诸侯相、郡守、二千石者百馀人，千石以下千馀人。奋行者官过其望，以適过行者皆绌其劳。士卒赐直四万金。伐宛再反，凡四岁而得罢焉。

汉已伐宛，立昧蔡为宛王而去。岁馀，宛贵人以为昧蔡善谀，使我国遇屠，乃相与杀昧蔡，立毋寡昆弟曰蝉封为宛王，而遣其子入质于汉。汉因使使赂赐以镇抚之。

而汉发使十馀辈至宛西诸外国，求奇物，因风览以伐宛之威德。而敦煌置酒泉都尉；西至盐水，往往有亭。而仑头有田卒数百人，因置使者护田积粟，以给使外国者。

太史公曰：禹本纪言"河出昆仑。昆仑其高二千五百馀里，日月所相避隐为光明也。其上有醴泉、瑶池"。今自张骞使大夏之后也，穷河源，恶睹本纪所谓昆仑者乎？故言九州山川，尚书近之矣。至禹本纪、山海经所有怪物,余不敢言之也。

史记卷一百二十四

游侠列传第六十四

韩子曰:"儒以文乱法,而侠以武犯禁。"二者皆讥,而学士多称于世云。至如以术取宰相卿大夫,辅翼其世主,功名俱著于春秋,固无可言者。及若季次、原宪,闾巷人也,读书怀独行君子之德,义不苟合当世,当世亦笑之。故季次、原宪终身空室蓬户,褐衣疏食不厌。死而已四百馀年,而弟子志之不倦。今游侠,其行虽不轨于正义,然其言必信,其行必果,已诺必诚,不爱其躯,赴士之厄困,既已存亡死生矣,而不矜其能,羞伐其德,盖亦有足多者焉。

且缓急,人之所时有也。太史公曰:昔者虞舜窘于井廪,伊尹负于鼎俎,傅说匿于傅险,吕尚困于棘津,夷吾桎梏,百里饭牛,仲尼畏匡,菜色陈、蔡。此皆学士所谓有道仁人也,犹然遭此灾,况以中材而涉乱世之末流乎?其遇害何可胜道哉!

鄙人有言曰:"何知仁义,已飨其利者为有德。"故伯夷丑周,饿死首阳山,而文武不以其故贬王;跖、蹻暴戾,其徒诵义无穷。由此观之,"窃钩者诛,窃国者侯,侯之门仁义存",非虚言也。

今拘学或抱咫尺之义,久孤于世,岂若卑论侪俗,与世沈浮而取荣名哉!而布衣之徒,设取予然诺,千里诵义,为死不顾世,此亦有所长,非苟而已也。故士穷窘而得委命,此岂非人之所谓贤豪间者邪?诚使乡曲之侠,予季次、原宪比权量力,效功于当世,不同日而论矣。要以功见言信,侠客之义又曷可少哉!

古布衣之侠,靡得而闻已。近世延陵、孟尝、春申、平原、信陵之徒,皆因王者亲属,藉于有土卿相之富厚,招天下贤者,显名诸侯,不可谓不贤者矣。比如顺风而呼,声非加疾,其势激也。至如闾巷之侠,修行砥名,声施于天下,莫不称贤,是为难耳。然儒、墨皆排摈不载。自秦以前,匹夫之侠,湮灭不见,余甚恨之。以余所闻,汉兴有朱家、田仲、王公、剧孟、郭解之徒,虽时扞当世之文罔,然其私义廉洁退让,有足称者。名不虚立,士不虚附。至如朋党宗强比周,设财役贫,豪暴侵凌孤弱,恣欲自快,游侠亦丑之。余悲世俗不察其意,而猥以朱家、郭解等令与暴豪之徒同类而共笑之也。

鲁朱家者,与高祖同时。鲁人皆以儒教,而朱家用侠闻。所藏活豪士以百数,其馀庸人不可胜言。然终不伐其能,歆其德,诸所尝施,唯恐见之。振人不赡,先从贫贱始。家无馀财,衣不完采,食不重味,乘不过牸牛。专趋人之急,甚已之私。既阴脱季布将军之厄,及布尊贵,终身不见也。自关以东,莫不延颈愿交焉。

楚田仲以侠闻,喜剑,父事朱家,自以为行弗及。田仲已死,而雒阳有剧孟。周人以商贾为资,而剧孟以任侠显诸侯。吴楚反时,条侯为太尉,乘传车将至河南,得剧孟,喜曰:"吴楚举大事而不求孟,吾知其无能为已矣。"天下骚动,宰相得之若得一敌国云。剧孟行大类朱家,而好博,多少年之戏。然剧孟母死,自远方送丧盖千乘。及剧孟死,家无馀十金之财。而符离人王孟亦以侠称江淮之间。

是时济南瞷氏、陈周庸亦以豪闻,景帝闻之,使使尽诛此属。其后代诸白、梁韩无辟、阳翟薛兄、陕韩孺纷纷复出焉。

郭解,轵人也,字翁伯,善相人者许负外孙也。解父以任侠,孝文时诛死。解为人短小精悍,不饮酒。少时阴贼,慨不快意,身所杀甚众。以躯借交报仇,藏命作奸剽攻,休乃铸钱掘冢,固不可胜数。适有天幸,窘急常得脱,若遇赦。及解年长,更折节为俭,以德报怨,厚施而薄望。然其自喜为侠益甚。既已振人之命,不矜其功,其阴贼著于心,卒发于睚眦如故云。而少年慕其行,亦辄为报仇,不使知也。解姊子负解之势,与人饮,使之嚼。非其任,强必灌之。人怒,拔刀刺杀解姊子,亡去。解姊怒曰:"以翁伯之义,人杀吾子,贼不得。"弃其尸于道,弗葬,欲以辱解。解使人微知贼处。贼窘自归,具以实告解。解曰:"公杀之固当,吾儿不直。"遂去其贼,罪其姊子,乃收而葬之。诸公闻之,皆多解之义,益附焉。

解出入,人皆避之。有一人独箕倨视之,解遣人问其名姓。客欲杀之。解曰:"居邑屋至不见敬,是吾德不修也,彼何罪!"乃阴属尉史曰:"是人,吾所急也,至践更时脱之。"每至践更,数过,吏弗求。怪之,问其故,乃解使脱之。箕踞者乃肉袒谢罪。少年闻之,愈益慕解之行。

雒阳人有相仇者,邑中贤豪居间者以十数,终不听。客乃见郭解。解夜见仇家,仇家曲听解。解乃谓仇家曰:"吾闻雒阳诸公在此间,多不听者。今子幸而听<u>解</u>，<u>解</u>奈何乃从他县夺人邑中贤大夫权乎！"乃夜去，不使人知，曰："且无用，待我去，令雒阳豪居其间，乃听之。"

<u>解</u>执恭敬，不敢乘车入其县廷。之旁郡国，为人请求事，事可出，出之；不可者，各厌其意，然后乃敢尝酒食。诸公以故严重之，争为用。邑中少年及旁近县贤豪，夜半过门常十馀车，请得<u>解</u>客舍养之。

及徙豪富<u>茂陵</u>也，<u>解</u>家贫，不中訾，吏恐，不敢不徙。<u>卫将军</u>为言："<u>郭解</u>家贫不中徙。"上曰："布衣权至使将军为言，此其家不贫。"<u>解</u>家遂徙。诸公送者出千馀万。<u>轵</u>人<u>杨季主</u>子为县掾，举徙<u>解</u>。<u>解</u>兄子断<u>杨</u>掾头。由此<u>杨氏</u>与<u>郭氏</u>为仇。

<u>解</u>入关，关中贤豪知与不知，闻其声，争交欢<u>解</u>。<u>解</u>为人短小，不饮酒，出未尝有骑。已又杀<u>杨季主</u>。<u>杨季主</u>家上书，人又杀之阙下。上闻，乃下吏捕<u>解</u>。<u>解</u>亡，置其母家室<u>夏阳</u>，身至<u>临晋</u>。<u>临晋籍少公</u>素不知<u>解</u>，<u>解</u>冒，因求出关。<u>籍少公</u>已出<u>解</u>，<u>解</u>转入<u>太原</u>，所过辄告主人家。吏逐之，迹至<u>籍少公</u>。<u>少公</u>自杀，口绝。久之，乃得<u>解</u>。穷治所犯，为<u>解</u>所杀，皆在赦前。<u>轵</u>有儒生侍使者坐，客誉<u>郭解</u>，生曰："<u>郭解</u>专以奸犯公法，何谓贤！"<u>解</u>客闻，杀此生，断其舌。吏以此责<u>解</u>，<u>解</u>实不知杀者。杀者亦竟绝，莫知为谁。吏奏<u>解</u>无罪。御史大夫<u>公孙弘</u>议曰："<u>解</u>布衣为任侠行权，以睚眦杀人，<u>解</u>虽弗知，此罪甚于<u>解</u>杀之。当大逆无道。"遂族<u>郭解翁伯</u>。

自是之后，为侠者极众，敖而无足数者。然<u>关中</u>长安<u>樊仲子</u>，<u>槐里</u>赵王孙，长陵高公子，西河郭公仲，太原卤公孺，临淮兒长卿，东阳田君孺，虽为侠而逡逡有退让君子之风。至若北道<u>姚氏</u>，西道诸<u>杜</u>，南道<u>仇景</u>，东道<u>赵他</u>、<u>羽公子</u>，南阳赵调之徒，此盗跖居民间者耳，曷足道哉！此乃乡者<u>朱家</u>之羞也。

<u>太史公</u>曰：吾视<u>郭解</u>，状貌不及中人，言语不足采者。然天下无贤与不肖，知与不知，皆慕其声，言侠者皆引以为名。谚曰："人貌荣名，岂有既乎！"於戏，惜哉！

史记卷一百二十五

佞幸列传第六十五

谚曰"力田不如逢年,善仕不如遇合",固无虚言。非独女以色媚,而士宦亦有之。

昔以色幸者多矣。至汉兴,高祖至暴抗也,然籍孺以佞幸;孝惠时有闳孺。此两人非有材能,徒以婉佞贵幸,与上卧起,公卿皆因关说。故孝惠时郎侍中皆冠鵔鸃,贝带,傅脂粉,化闳、籍之属也。两人徙家安陵。

孝文时中宠臣,士人则邓通,宦者则赵同、北宫伯子。北宫伯子以爱人长者;而赵同以星气幸,常为文帝参乘;邓通无伎能。邓通,蜀郡南安人也,以濯船为黄头郎。孝文帝梦欲上天,不能,有一黄头郎从后推之上天,顾见其衣裻带后穿。觉而之渐台,以梦中阴目求推者郎,即见邓通,其衣后穿,梦中所见也。召问其名姓,姓邓氏,名通,文帝说焉,尊幸之日异。通亦愿谨,不好外交,虽赐洗沐,不欲出。于是文帝赏赐通巨万以十数,官至上大夫。文帝时时如邓通家游戏。然邓通无他能,不能有所荐士,独自谨其身以媚上而已。上使善相者相通,曰"当贫饿死"。文帝曰:"能富通者在我也。何谓贫乎?"于是赐邓通蜀严道铜山,得自铸钱,"邓氏钱"布天下。其富如此。

文帝尝病痈,邓通常为帝唶吮之。文帝不乐,从容问通曰:"天下谁最爱我者乎?"通曰:"宜莫如太子。"太子入问病,文帝使唶痈,唶痈而色难之。已而闻邓通常为帝唶吮之,心惭,由此怨通矣。及文帝崩,景帝立,邓通免,家居。居无何,人有告邓通盗出徼外铸钱。下吏验问,颇有之,遂竟案,尽没入邓通家,尚负责数巨万。长公主赐邓通,吏辄随没入之,一簪不得著身。于是长公主乃令假衣食。竟不得名一钱,寄死人家。

孝景帝时,中无宠臣,然独郎中令周文仁,仁宠最过庸,乃不甚笃。

今天子中宠臣,士人则韩王孙嫣,宦者则李延年。嫣者,弓高侯孽孙也。今上为胶东王时,嫣与上学书相爱。及上为太子,愈益亲嫣。嫣善骑射,善佞。上即位,欲事伐匈奴,而嫣先习胡兵,以故益尊贵,官至上大夫,赏赐拟于邓通。时嫣常与上卧起。江都王入朝,有诏得从入猎上林中。天子车驾跸道未行,而先使嫣乘副车,从数十百骑,骛驰视兽。江都王望见,以为天子,辟从者,伏谒道傍。嫣驱不见。既过,江都王怒,为皇太后泣曰:"请得归国入宿卫,比韩嫣。"太后由此嗛嫣。嫣侍上,出入永巷不禁,以奸闻皇太后。皇太后怒,使使赐嫣死。上为谢,终不能得,嫣遂死。而案道侯韩说,其弟也,亦佞幸。

李延年,中山人也。父母及身兄弟及女,皆故倡也。延年坐法腐,给事狗中。而平阳公主言延年女弟善舞,上见,心说之,及入永巷,而召贵延年。延年善歌,为变新声,而上方兴天地祠,欲造乐诗歌弦之。延年善承意,弦次初诗。其女弟亦幸,有子男。延年佩二千石印,号协声律。与上卧起,甚贵幸,垺如韩嫣也。久之,寖与中人乱,出入骄恣。及其女弟李夫人卒后,爱弛,则禽诛延年昆弟也。

自是之后,内宠嬖臣大底外戚之家,然不足数也。卫青、霍去病亦以外戚贵幸,然颇用材能自进。

太史公曰:甚哉爱憎之时! 弥子瑕之行,足以观后人佞幸矣。虽百世可知也。

史记卷一百二十六

滑稽列传第六十六

孔子曰:"六艺于治一也。礼以节人,乐以发和,书以道事,诗以达意,易以神化,春秋以义。"太史公曰:天道恢恢,岂不大哉!谈言微中,亦可以解纷。

淳于髡者,齐之赘婿也。长不满七尺,滑稽多辩,数使诸侯,未尝屈辱。齐威王之时喜隐,好为淫乐长夜之饮,沈湎不治,委政卿大夫。百官荒乱,诸侯并侵,国且危亡,在于旦暮,左右莫敢谏。淳于髡说之以隐曰:"国中有大鸟,止王之庭,三年不蜚又不鸣,王知此鸟何也?"王曰:"此鸟不飞则已,一飞冲天;不鸣则已,一鸣惊人。"于是乃朝诸县令长七十二人,赏一人,诛一人,奋兵而出。诸侯振惊,皆还齐侵地。威行三十六年。语在田完世家中。

威王八年,楚大发兵加齐。齐王使淳于髡之赵请救兵,赍金百斤,车马十驷。淳于髡仰天大笑,冠缨索绝。王曰:"先生少之乎?"髡曰:"何敢!"王曰:"笑岂有说乎?"髡曰:"今者臣从东方来,见道傍有禳田者,操一豚蹄,酒一盂,祝曰:'瓯窭满篝,汙邪满车,五谷蕃熟,穰穰满家。'臣见其所持者狭而所欲者奢,故笑之。"于是齐威王乃益赍黄金千溢,白璧十双,车马百驷。髡辞而行,至赵。赵王与之精兵十万,革车千乘。楚闻之,夜引兵而去。

威王大说,置酒后宫,召髡赐之酒。问曰:"先生能饮几何而醉?"对曰:"臣饮一斗亦醉,一石亦醉。"威王曰:"先生饮一斗而醉,恶能饮一石哉!其说可得闻乎?"髡曰:"赐酒大王之前,执法在傍,御史在后,髡恐惧俯伏而饮,不过一斗径醉矣。若亲有严客,髡帣韝鞠䠢,侍酒于前,时赐馀沥,奉觞上寿,数起,饮不过二斗径醉矣。若朋友交游,久不相见,卒然相睹,欢然道故,私情相语,饮可五六斗径醉矣。若乃州闾之会,男女杂坐,行酒稽留,六博投壶,相引为曹,握手无罚,目眙不禁,前有堕珥,后有遗簪,髡窃乐此,饮可八斗而醉二参。日暮酒阑,合尊促坐,男女同席,履舄交错,杯盘狼藉,堂上烛灭,主人留髡而送客,罗襦襟解,微闻芗泽,当此之时,髡心最欢,能饮一石。故曰酒极则乱,乐极则悲;万事尽然。"言不可极,极之而衰。以讽谏焉。齐王曰:"善。"乃罢长夜之饮,以髡为诸侯主客。宗室置酒,髡尝在侧。

　　其后百馀年,楚有优孟。

　　优孟,故楚之乐人也。长八尺,多辩,常以谈笑讽谏。楚庄王之时,有所爱马,衣以文绣,置之华屋之下,席以露床,啗以枣脯。马病肥死,使群臣丧之,欲以棺椁大夫礼葬之。左右争之,以为不可。王下令曰:"有敢以马谏者,罪至死。"优孟闻之,入殿门,仰天大哭。王惊而问其故。优孟曰:"马者王之所爱也,以楚国堂堂之大,何求不得,而以大夫礼葬之,薄,请以人君礼葬之。"王曰:"何如?"对曰:"臣请以雕玉为棺,文梓为椁,楩枫豫章为题凑,发甲卒为穿圹,老弱负土,齐赵陪位于前,韩魏翼卫其后,庙食太牢,奉以万户之邑。诸侯闻之,皆知大王贱人而贵马也。"王曰:"寡人之过一至此乎!为之奈何?"优孟曰:"请为大王六畜葬之。以垅灶为椁,铜历为棺,赍以姜枣,荐以木兰,祭以粮稻,衣以火光,葬之于人腹肠。"于是王乃使以马属太官,无令天下久闻也。

　　楚相孙叔敖知其贤人也,善待之。病且死,属其子曰:"我死,汝必贫困。若往见优孟,言我孙叔敖之子也。"居数年,其子穷困负薪,逢优孟,与言曰:"我,孙叔敖子也。父且死时,属我贫困往见优孟。"优孟曰:"若无远有所之。"即为孙叔敖衣冠,抵掌谈语。岁馀,像孙叔敖,楚王及左右不能别也。庄王置酒,优孟前为寿。庄王大惊,以为孙叔敖复生也,欲以为相。优孟曰:"请归与妇计之,三日而为相。"庄王许之。三日后,优孟复来。王曰:"妇言谓何?"孟曰:"妇言慎无为,楚相不足为也。如孙叔敖之为楚相,尽忠为廉以治楚,楚王得以霸。今死,其子无立锥之地,贫困负薪以自饮食。必如孙叔敖,不如自杀。"因歌曰:"山居耕田苦,难以得食。起而为吏,身贪鄙者馀财,不顾耻辱。身死家室富,又恐受赇枉法,为奸触大罪,身死而家灭。贪吏安可为也!念为廉吏,奉法守职,竟死不敢为非。廉吏安可为也!楚相孙叔敖持廉至死,方今妻子穷困负薪而食,不足为也!"于是庄王谢优孟,乃召孙叔敖子,封之寝丘四百户,以奉其祀。后十世不绝。此知可以言时矣。

　　其后二百馀年,秦有优旃。

　　优旃者,秦倡侏儒也。善为笑言,然合于大道。秦始皇时,置酒而天雨,陛楯者皆沾寒。优旃见而哀之,谓之曰:"汝欲休乎?"陛楯者皆曰:"幸甚。"优旃曰:"我即呼汝,汝疾应曰诺。"居有顷,殿上上寿呼万岁。优旃临槛大呼曰:"陛楯郎!"郎曰:"诺。"优旃曰:"汝虽长,何益,幸雨立。我虽短也,幸休居。"于是始皇使陛楯者得半相代。

　　始皇尝议欲大苑囿,东至函谷关,西至雍、陈仓。优旃曰:"善。多纵禽兽于其中,寇从东方来,令麋鹿触之足矣。"始皇以故辍止。

　　二世立,又欲漆其城。优旃曰:"善。主上虽无言,臣固将请之。漆城虽于百姓愁费,然佳哉! 漆城荡荡,寇来不能上。即欲就之,易为漆耳,顾难为荫室。"于是二世笑之,以其故止。居无何,二世杀死,优旃归汉,数年而卒。

　　太史公曰:淳于髡仰天大笑,齐威王横行。优孟摇头而歌,负薪者以封。优旃临槛疾呼,陛楯得以半更。岂不亦伟哉!

　　褚先生曰:臣幸得以经术为郎,而好读外家传语。窃不逊让,复作故事滑稽之语六章,编之于左。可以览观扬意,以示后世好事者读之,以游心骇耳,以附益上方太史公之三章。

　　武帝时有所幸倡郭舍人者,发言陈辞虽不合大道,然令人主和说。武帝少时,东武侯母常养帝,帝壮时,号之曰"大乳母"。率一月再朝。朝奏入,有诏使幸臣马游卿以帛五十匹赐乳母,又奉饮糒飧养乳母。乳母上书曰:"某所有公田,愿得假倩之。"帝曰:"乳母欲得之乎?"以赐乳母。乳母所言,未尝不听。有诏得令乳母乘车行驰道中。当此之时,公卿大臣皆敬重乳母。乳母家子孙奴从者横暴长安中,当道掣顿人车马,夺人衣服。闻于中,不忍致之法。有司请徙乳母家室,处之于边。奏可。乳母当入至前,面见辞。乳母先见郭舍人,为下泣。舍人曰:"即入见辞去,疾步数还顾。"乳母如其言,谢去,疾步数还顾。郭舍人疾言骂之曰:"咄! 老女子! 何不疾行! 陛下已壮矣,宁尚须汝乳而活邪? 尚何还顾!"于是人主怜焉悲之,乃下诏止无徙乳母,罚谪谮之者。

　　武帝时,齐人有东方生名朔,以好古传书,爱经术,多所博观外家之语。朔初入长安,至公车上书,凡用三千奏牍。公车令两人共持举其书,仅然能胜之。人主从上方读之,止,辄乙其处,读之二月乃尽。

诏拜以为郎,常在侧侍中。数召至前谈语,人主未尝不说也。时诏赐之食于前。饭已,尽怀其馀肉持去,衣尽污。数赐缣帛,檐揭而去。徒用所赐钱帛,取少妇于长安中好女。率取妇一岁所者即弃去,更取妇。所赐钱财尽索之于女子。人主左右诸郎半呼之"狂人"。人主闻之,曰:"令朔在事无为是行者,若等安能及之哉!"朔任其子为郎,又为侍谒者,常持节出使。朔行殿中,郎谓之曰:"人皆以先生为狂。"朔曰:"如朔等,所谓避世于朝廷间者也。古之人,乃避世于深山中。"时坐席中,酒酣,据地歌曰:"陆沈于俗,避世金马门。宫殿中可以避世全身,何必深山之中,蒿庐之下。"金马门者,宦者署门也,门傍有铜马,故谓之曰"金马门"。

　　时会聚宫下博士诸先生与论议,共难之曰:"苏秦、张仪一当万乘之主,而都卿相之位,泽及后世。今子大夫修先王之术,慕圣人之义,讽诵诗书百家之言,不可胜数。著于竹帛,自以为海内无双,即可谓博闻辩智矣。然悉力尽忠以事圣帝,旷日持久,积数十年,官不过侍郎,位不过执戟,意者尚有遗行邪? 其故何也?"东方生曰:"是固非子所能备也。彼一时也,此一时也,岂可同哉! 夫张仪、苏秦之时,周室大坏,诸侯不朝,力政争权,相禽以兵,并为十二国,未有雌雄,得士者强,失士者亡,故说听行通,身处尊位,泽及后世,子孙长荣。今非然也。圣帝在上,德流天下,诸侯宾服,威振四夷,连四海之外以为席,安于覆盂,天下平均,合为一家,动发举事,犹如运之掌中。贤与不肖,何以异哉? 方今以天下之大,士民之众,竭精驰说,并进辐凑者,不可胜数。悉力慕义,困于衣食,或失门户。使张仪、苏秦与仆并生于今之世,曾不能得掌故,安敢望常侍侍郎乎! 传曰:'天下无害灾,虽有圣人,无所施其才;上下和同,虽有贤者,无所立功。'故曰时异则事异。虽然,安可以不务修身乎? 诗曰:'鼓钟于宫,声闻于外。''鹤鸣九皋,声闻于天。'苟能修身,何患不荣! 太公躬行仁义七十二年,逢文王,得行其说,封于齐,七百岁而不绝。此士之所以日夜孜孜,修学行道,不敢止也。今世之处士,时虽不用,崛然独立,块然独处,上观许由,下察接舆,策同范蠡,忠合子胥,天下和平,与义相扶,寡偶少徒,固其常也。子何疑于余哉!"于是诸先生默然无以应也。

　　建章宫后阁重栎中有物出焉,其状似麋。以闻,武帝往临视之。问左右群臣习事通经术者,莫能知。诏东方朔视之。朔曰:"臣知之,愿赐美酒粱饭大飧臣,臣乃言。"诏曰:"可。"已又曰:"某所有公田鱼池蒲苇数顷，陛下以赐臣，臣朔乃言。”诏曰：“可。”于是朔乃肯言，曰：“所谓驺牙者也。远方当来归义，而驺牙先见。其齿前后若一，齐等无牙，故谓之驺牙。”其后一岁所，匈奴混邪王果将十万众来降汉。乃复赐东方生钱财甚多。

至老，朔且死时，谏曰：“诗云‘营营青蝇，止于蕃。恺悌君子，无信谗言。谗言罔极，交乱四国’。愿陛下远巧佞，退谗言。”帝曰：“今顾东方朔多善言？”怪之。居无几何，朔果病死。传曰：“鸟之将死，其鸣也哀；人之将死，其言也善。”此之谓也。

武帝时，大将军卫青者，卫后兄也，封为长平侯。从军击匈奴，至余吾水上而还，斩首捕虏，有功来归，诏赐金千斤。将军出宫门，齐人东郭先生以方士待诏公车，当道遮卫将军车，拜谒曰：“愿白事。”将军止车前，东郭先生旁车言曰：“王夫人新得幸于上，家贫。今将军得金千斤，诚以其半赐王夫人之亲，人主闻之必喜。此所谓奇策便计也。”卫将军谢之曰：“先生幸告之以便计，请奉教。”于是卫将军乃以五百金为王夫人之亲寿。王夫人以闻武帝。帝曰：“大将军不知为此。”问之安所受计策，对曰：“受之待诏者东郭先生。”诏召东郭先生，拜以为郡都尉。东郭先生久待诏公车，贫困饥寒，衣敝，履不完。行雪中，履有上无下，足尽践地。道中人笑之，东郭先生应之曰：“谁能履行雪中，令人视之，其上履也，其履下处乃似人足者乎？”及其拜为二千石，佩青绲出宫门，行谢主人。故所以同官待诏者，等比祖道于都门外。荣华道路，立名当世。此所谓衣褐怀宝者也。当其贫困时，人莫省视；至其贵也，乃争附之。谚曰：“相马失之瘦，相士失之贫。”其此之谓邪？

王夫人病甚，人主至自往问之曰：“子当为王，欲安所置之？”对曰：“愿居洛阳。”人主曰：“不可。洛阳有武库、敖仓，当关口，天下咽喉。自先帝以来，传不为置王。然关东国莫大于齐，可以为齐王。”王夫人以手击头，呼“幸甚”。王夫人死，号曰“齐王太后薨”。

昔者，齐王使淳于髡献鹄于楚。出邑门，道飞其鹄，徒揭空笼，造诈成辞，往见楚王曰：“齐王使臣来献鹄，过于水上，不忍鹄之渴，出而饮之，去我飞亡。吾欲刺腹绞颈而死，恐人之议吾王以鸟兽之故令士自伤杀也。鹄，毛物，多相类者，吾欲买而代之，是不信而欺吾王也。

欲赴佗国奔亡,痛吾两主使不通。故来服过,叩头受罪大王。"楚王曰:"善,齐王有信士若此哉!"厚赐之,财倍鹔在也。

　　武帝时,征北海太守诣行在所。有文学卒史王先生者,自请与太守俱,"吾有益于君",君许之。诸府掾功曹白云:"王先生嗜酒,多言少实,恐不可与俱。"太守曰:"先生意欲行,不可逆。"遂与俱。行至宫下,待诏宫府门。王先生徒怀钱沽酒,与卫卒仆射饮,日醉,不视其太守。太守入跪拜。王先生谓户郎曰:"幸为我呼吾君至门内遥语。"户郎为呼太守。太守来,望见王先生。王先生曰:"天子即问君何以治北海令无盗贼,君对曰何哉?"对曰:"选择贤材,各任之以其能,赏异等,罚不肖。"王先生曰:"对如是,是自誉自伐功,不可也。愿君对言,非臣之力,尽陛下神灵威武所变化也。"太守曰:"诺。"召人,至于殿下,有诏问之曰:"何于治北海,令盗贼不起?"叩头对言:"非臣之力,尽陛下神灵威武之所变化也。"武帝大笑,曰:"於呼!安得长者之语而称之!安所受之?"对曰:"受之文学卒史。"帝曰:"今安在?"对曰:"在宫府门外。"有诏召拜王先生为水衡丞,以北海太守为水衡都尉。传曰:"美言可以市,尊行可以加人。君子相送以言,小人相送以财。"

　　魏文侯时,西门豹为邺令。豹往到邺,会长老,问之民所疾苦。长老曰:"苦为河伯娶妇,以故贫。"豹问其故,对曰:"邺三老、廷掾常岁赋敛百姓,收取其钱得数百万,用其二三十万为河伯娶妇,与祝巫共分其馀钱持归。当其时,巫行视小家女好者,云是当为河伯妇,即聘取。洗沐之,为治新缯绮縠衣,闲居斋戒;为治斋宫河上,张缇绛帷,女居其中。为具牛酒饭食,十馀日。共粉饰之,如嫁女床席,令女居其上,浮之河中。始浮,行数十里乃没。其人家有好女者,恐大巫祝为河伯取之,以故多持女远逃亡。以故城中益空无人,又困贫,所从来久远矣。民人俗语曰'即不为河伯娶妇,水来漂没,溺其人民'云。"西门豹曰:"至为河伯娶妇时,愿三老、巫祝、父老送女河上,幸来告语之,吾亦往送女。"皆曰:"诺。"

　　至其时,西门豹往会之河上。三老、官属、豪长者、里父老皆会,以人民往观之者三二千人。其巫,老女子也,已年七十。从弟子女十人所,皆衣缯单衣,立大巫后。西门豹曰:"呼河伯妇来,视其好丑。"即将女出帷中,来至前。豹视之,顾谓三老、巫祝、父老曰:"是女子不好,烦大巫妪为入报河伯,得更求好女,后日送之。"即使吏卒共抱大巫妪投之河中。有顷,曰:"巫妪何久也? 弟子趣之!"复以弟子一人投河中。有顷,曰:"弟子何久也? 复使一人趣之!"复投一弟子河中。凡投三弟子。西门豹曰:"巫妪弟子是女子也,不能白事,烦三老为入白之。"复投三老河中。西门豹簪笔磬折,向河立待良久。长老、吏傍观者皆惊恐。西门豹顾曰:"巫妪、三老不来还,奈之何?"欲复使廷掾与豪长者一人入趣之。皆叩头,叩头且破,额血流地,色如死灰。西门豹曰:"诺,且留待之须臾。"须臾,豹曰:"廷掾起矣。状河伯留客之久,若皆罢去归矣。"邺吏民大惊恐,从是以后,不敢复言为河伯娶妇。

西门豹即发民凿十二渠,引河水灌民田,田皆溉。当其时,民治渠少烦苦,不欲也。豹曰:"民可以乐成,不可与虑始。今父老子弟虽患苦我,然百岁后期令父老子孙思我言。"至今皆得水利,民人以给足富。十二渠经绝驰道,到汉之立,而长吏以为十二渠桥绝驰道,相比近,不可。欲合渠水,且至驰道合三渠为一桥。邺民人父老不肯听长吏,以为西门君所为也,贤君之法式不可更也。长吏终听置之。故西门豹为邺令,名闻天下,泽流后世,无绝已时,几可谓非贤大夫哉!

传曰:"子产治郑,民不能欺;子贱治单父,民不忍欺;西门豹治邺,民不敢欺。"三子之才能谁最贤哉? 辨治者当能别之。

史记卷一百二十七

日者列传第六十七

自古受命而王,王者之兴何尝不以卜筮决于天命哉!其于周尤甚,及秦可见。代王之入,任于卜者。太卜之起,由汉兴而有。

司马季主者,楚人也。卜于长安东市。

宋忠为中大夫,贾谊为博士,同日俱出洗沐,相从论议,诵易先王圣人之道术,究遍人情,相视而叹。贾谊曰:"吾闻古之圣人,不居朝廷,必在卜医之中。今吾已见三公九卿朝士大夫,皆可知矣。试之卜数中以观采。"二人即同舆而之市,游于卜肆中。天新雨,道少人,司马季主闲坐,弟子三四人侍,方辩天地之道,日月之运,阴阳吉凶之本。二大夫再拜谒。司马季主视其状貌,如类有知者,即礼之,使弟子延之坐。坐定,司马季主复理前语,分别天地之终始,日月星辰之纪,差次仁义之际,列吉凶之符,语数千言,莫不顺理。

宋忠、贾谊瞿然而悟,猎缨正襟危坐,曰:"吾望先生之状,听先生之辞,小子窃观于世,未尝见也。今何居之卑,何行之污?"

司马季主捧腹大笑曰:"观大夫类有道术者,今何言之陋也,何辞之野也!今夫子所贤者何也?所高者谁也?今何以卑污长者?"

二君曰:"尊官厚禄,世之所高也,贤才处之。今所处非其地,故谓之卑。言不信,行不验,取不当,故谓之污。夫卜筮者,世俗之所贱简也。世皆言曰:'夫卜者多言夸严以得人情,虚高人禄命以说人志,擅言祸灾以伤人心,矫言鬼神以尽人财,厚求拜谢以私于己。'此吾之所耻,故谓之卑污也。"

司马季主曰:"公且安坐。公见夫被发童子乎?日月照之则行,不照则止,问之日月疵瑕吉凶,则不能理。由是观之,能知别贤与不肖者寡矣。

"贤之行也,直道以正谏,三谏不听则退。其誉人也不望其报,恶人也不顾其怨,以便国家利众为务。故官非其任不处也,禄非其功不受也;见人不正,虽贵不敬也;见人有污,虽尊不下也;得不为喜,去不为恨;非其罪也，虽累辱而不愧也。

“今公所谓贤者，皆可为羞矣。卑疵而前，孅趋而言；相引以势，相导以利；比周宾正，以求尊誉，以受公奉；事私利，枉主法，猎农民；以官为威，以法为机，求利逆暴：譬无异于操白刃劫人者也。初试官时，倍力为巧诈，饰虚功执空文以罔主上，用居上为右；试官不让贤陈功，见伪增实，以无为有，以少为多，以求便势尊位；食饮驱驰，从姬歌儿，不顾于亲，犯法害民，虚公家：此夫为盗不操矛弧者也，攻而不用弦刃者也，欺父母未有罪而弑君未伐者也。何以为高贤才乎？

“盗贼发不能禁，夷貊不服不能摄，奸邪起不能塞，官耗乱不能治，四时不和不能调，岁谷不孰不能适。才贤不为，是不忠也；才不贤而托官位，利上奉，妨贤者处，是窃位也；有人者进，有财者礼，是伪也。子独不见鸱枭之与凤皇翔乎？兰芷芎藭弃于广野，蒿萧成林，使君子退而不显众，公等是也。

“述而不作，君子义也。今夫卜者，必法天地，象四时，顺于仁义，分策定卦，旋式正棋，然后言天地之利害，事之成败。昔先王之定国家，必先龟策日月，而后乃敢代；正时日，乃后入家；产子必先占吉凶，而后乃有之。自伏羲作八卦，周文王演三百八十四爻而天下治。越王句践放文王八卦以破敌国，霸天下。由是言之，卜筮有何负哉！

“且夫卜筮者，埽除设坐，正其冠带，然后乃言事，此有礼也。言而鬼神或以飨，忠臣以事其上，孝子以养其亲，慈父以畜其子，此有德者也。而以义置数十百钱，病者或以愈，且死或以生，患或以免，事或以成，嫁子娶妇或以养生：此之为德，岂直数十百钱哉！此夫老子所谓‘上德不德，是以有德’。今夫卜筮者利大而谢少，老子之云岂异于是乎？

“庄子曰：‘君子内无饥寒之患，外无劫夺之忧，居上而敬，居下不为害，君子之道也。’今夫卜筮者之为业也，积之无委聚，藏之不用府库，徙之不用辎车，负装之不重，止而用之无尽索之时。持不尽索之物，游于无穷之世，虽庄氏之行未能增于是也，子何故而云不可卜哉？天不足西北，星辰西北移；地不足东南，以海为池；日中必移，月满必亏；先王之道，乍存乍亡。公责卜者言必信，不亦惑乎！

“公见夫谈士辩人乎？虑事定计，必是人也，然不能以一言说人主意，故言必称先王，语必道上古；虑事定计，饰先王之成功，语其败害，以恐喜人主之志，以求其欲。多言夸严，莫大于此矣。然欲强国成功，尽忠于上，非此不立。今夫卜者，导惑教愚也。夫愚惑之人，岂能以一言而知之哉！

言不厌多。

“故骐骥不能与罢驴为驷，而凤皇不与燕雀为群，而贤者亦不与不肖者同列。故君子处卑隐以辟众，自匿以辟伦，微见德顺以除群害，以明天性，助上养下，多其功利，不求尊誉。公之等喁喁者也，何知长者之道乎！”

宋忠、贾谊忽而自失，芒乎无色，怅然噤口不能言。于是摄衣而起，再拜而辞。行洋洋也，出门仅能自上车，伏轼低头，卒不能出气。

居三日，宋忠见贾谊于殿门外，乃相引屏语相谓自叹曰：“道高益安，势高益危。居赫赫之势，失身且有日矣。夫卜而有不审，不见夺糈；为人主计而不审，身无所处。此相去远矣，犹天冠地屦也。此老子之所谓‘无名者万物之始’也。天地旷旷，物之熙熙，或安或危，莫知居之。我与若，何足预彼哉！彼久而愈安，虽曾氏之义未有以异也。”

久之，宋忠使匈奴，不至而还，抵罪。而贾谊为梁怀王傅，王堕马薨，谊不食，毒恨而死。此务华绝根者也。

太史公曰：古者卜人所以不载者，多不见于篇。及至司马季主，余志而著之。

褚先生曰：臣为郎时，游观长安中，见卜筮之贤大夫，观其起居行步，坐起自动，誓正其衣冠而当乡人也，有君子之风。见性好解妇来卜，对之颜色严振，未尝见齿而笑也。从古以来，贤者避世，有居止舞泽者，有居民间闭口不言，有隐居卜筮间以全身者。夫司马季主者，楚贤大夫，游学长安，通易经，术黄帝、老子，博闻远见。观其对二大夫贵人之谈言，称引古明王圣人道，固非浅闻小数之能。及卜筮立名声千里者，各往往而在。传曰：“富为上，贵次之；既贵各各学一伎能立其身。”黄直，大夫也；陈君夫，妇人也：以相马立名天下。齐张仲、曲成侯以善击刺学用剑，立名天下。留长孺以相彘立名。荥阳褚氏以相牛立名。能以伎能立名者甚多，皆有高世绝人之风，何可胜言。故曰：“非其地，树之不生；非其意，教之不成。”夫家之教子孙，当视其所以好，好含苟生活之道，因而成之。故曰：“制宅命子，足以观士；子有处所，可谓贤人。”

臣为郎时，与太卜待诏为郎者同署，言曰：“孝武帝时，聚会占家问之，某日可取妇乎？五行家曰可，堪舆家曰不可，建除家曰不吉，丛辰家曰大凶，历家曰小凶，天人家曰小吉，太一家曰大吉。辩讼不决，以状闻。制曰:'避诸死忌,以五行为主。'"人取于五行者也。

史记卷一百二十八

龟策列传第六十八

太史公曰：自古圣王将建国受命，兴动事业，何尝不宝卜筮以助善！唐虞以上，不可记已。自三代之兴，各据祯祥。涂山之兆从而夏启世，飞燕之卜顺故殷兴，百谷之筮吉故周王。王者决定诸疑，参以卜筮，断以蓍龟，不易之道也。

蛮夷氐羌虽无君臣之序，亦有决疑之卜。或以金石，或以草木，国不同俗。然皆可以战伐攻击，推兵求胜，各信其神，以知来事。

略闻夏殷欲卜者，乃取蓍龟，已则弃去之，以为龟藏则不灵，蓍久则不神。至周室之卜官，常宝藏蓍龟；又其大小先后，各有所尚，要其归等耳。或以为圣王遭事无不定，决疑无不见，其设稽神求问之道者，以为后世衰微，愚不师智，人各自安，化分为百室，道散而无垠，故推归之至微，要絜于精神也。或以为昆虫之所长，圣人不能与争。其处吉凶，别然否，多中于人。至高祖时，因秦太卜官。天下始定，兵革未息。及孝惠享国日少，吕后女主，孝文、孝景因袭掌故，未遑讲试，虽父子畴官，世世相传，其精微深妙，多所遗失。至今上即位，博开艺能之路，悉延百端之学，通一伎之士咸得自效，绝伦超奇者为右，无所阿私，数年之间，太卜大集。会上欲击匈奴，西攘大宛，南收百越，卜筮至预见表象，先图其利。及猛将推锋执节，获胜于彼，而蓍龟时日亦有力于此。上尤加意，赏赐至或数千万。如丘子明之属，富溢贵宠，倾于朝廷。至以卜筮射蛊道，巫蛊时或颇中。素有眦睚不快，因公行诛，恣意所伤，以破族灭门者，不可胜数。百僚荡恐，皆曰龟策能言。后事觉奸穷，亦诛三族。

夫摓策定数，灼龟观兆，变化无穷，是以择贤而用占焉，可谓圣人重事者乎！周公卜三龟，而武王有瘳。纣为暴虐，而元龟不占。晋文将定襄王之位，卜得黄帝之兆，卒受彤弓之命。献公贪骊姬之色，卜而兆有口象，其祸竟流五世。楚灵将背周室，卜而龟逆，终被乾谿之败。兆应信诚于内，而时人明察见之于外，可不谓两合者哉！君子谓夫轻卜筮，无神明者，悖；

背人道，信祯祥者，鬼神不得其正。故书建稽疑，五谋而卜筮居其二，五占从其多，明有而不专之道也。

余至江南，观其行事，问其长老，云龟千岁乃游莲叶之上，蓍百茎共一根。又其所生，兽无虎狼，草无毒螫。江傍家人常畜龟饮食之，以为能导引致气，有益于助衰养老，岂不信哉！

褚先生曰：臣以通经术，受业博士，治春秋，以高第为郎，幸得宿卫，出入宫殿中十有馀年。窃好太史公传。太史公之传曰："三王不同龟，四夷各异卜，然各以决吉凶，略窥其要，故作龟策列传。"臣往来长安中，求龟策列传不能得，故之大卜官，问掌故文学长老习事者，写取龟策卜事，编于下方。

闻古五帝、三王发动举事，必先决蓍龟。传曰："下有伏灵，上有兔丝；上有捣蓍，下有神龟。"所谓伏灵者，在兔丝之下，状似飞鸟之形。新雨已，天清静无风，以夜捎兔丝去之，即以𬭚烛此地，烛之火灭，即记其处，以新布四丈环置之，明即掘取之，入四尺至七尺，得矣，过七尺不可得。伏灵者，千岁松根也，食之不死。闻蓍生满百茎者，其下必有神龟守之，其上常有青云覆之。传曰："天下和平，王道得，而蓍茎长丈，其丛生满百茎。"方今世取蓍者，不能中古法度，不能得满百茎长丈者，取八十茎已上，蓍长八尺，即难得也。人民好用卦者，取满六十茎已上，长满六尺者，即可用矣。记曰："能得名龟者，财物归之，家必大富至千万。"一曰"北斗龟"，二曰"南辰龟"，三曰"五星龟"，四曰"八风龟"，五曰"二十八宿龟"，六曰"日月龟"，七曰"九州龟"，八曰"玉龟"：凡八名龟。龟图各有文在腹下，文云云者，此某之龟也。略记其大指，不写其图。取此龟不必满尺二寸，民人得长七八寸，可宝矣。今夫珠玉宝器，虽有所深藏，必见其光，必出其神明，其此之谓乎！故玉处于山而木润，渊生珠而岸不枯者，润泽之所加也。明月之珠出于江海，藏于蚌中，蛟龙伏之。王者得之，长有天下，四夷宾服。能得百茎蓍，并得其下龟以卜者，百言百当，足以决吉凶。

神龟出于江水中，庐江郡常岁时生龟长尺二寸者二十枚输太卜官，太卜官因以吉日剔取其腹下甲。龟千岁乃满尺二寸。王者发军行将，必钻龟庙堂之上，以决吉凶。今高庙中有龟室，藏内以为神宝。

传曰："取前足臑骨穿佩之，取龟置室西北隅悬之，以入深山大林中,不惑。"臣为郎时,见万毕石朱方,传曰:"有神龟在江南嘉林中。嘉林者,兽无虎狼,鸟无鸱枭,草无毒螫,野火不及,斧斤不至,是为嘉林。龟在其中,常巢于芳莲之上。左胁书文'甲子重光,得我者匹夫为人君,有土正,诸侯得我为帝王。'求之于白蛇蟠杅林中者,斋戒以待,谆然,状如有人来告之,因以醮酒佗发,求之三宿而得。"由是观之,岂不伟哉!故龟可不敬与?

南方老人用龟支床足,行二十馀岁,老人死,移床,龟尚生不死。龟能行气导引。问者曰:"龟至神若此,然太卜官得生龟,何为辄杀取其甲乎?"近世江上人有得名龟,畜置之,家因大富。与人议,欲遣去。人教杀之勿遣,遣之破人家。龟见梦曰:"送我水中,无杀吾也。"其家终杀之。杀之后,身死,家不利。人民与君王者异道。人民得名龟,其状类不宜杀也。以往古故事言之,古明王圣主皆杀而用之。

宋元王时得龟,亦杀而用之。谨连其事于左方,令好事者观择其中焉。

宋元王二年,江使神龟使于河,至于泉阳,渔者豫且举网得而囚之,置之笼中。夜半,龟来见梦于宋元王曰:"我为江使于河,而幕网当吾路。泉阳豫且得我,我不能去。身在患中,莫可告语。王有德义,故来告诉。"元王惕然而悟。乃召博士卫平而问之曰:"今寡人梦见一丈夫,延颈而长头,衣玄绣之衣而乘辎车,来见梦于寡人曰:'我为江使于河,而幕网当吾路。泉阳豫且得我,我不能去。身在患中,莫可告语。王有德义,故来告诉。'是何物也?"卫平乃援式而起,仰天而视月之光,观斗所指,定日处乡。规矩为辅,副以权衡。四维已定,八卦相望。视其吉凶,介虫先见。乃对元王曰:"今昔壬子,宿在牵牛。河水大会,鬼神相谋。汉正南北,江河固期,南风新至,江使先来。白云壅汉,万物尽留。斗柄指日,使者当囚。玄服而乘辎车,其名为龟。王急使人问而求之。"王曰:"善。"

于是王乃使人驰而往问泉阳令曰:"渔者几何家?名谁为豫且?豫且得龟,见梦于王,王故使求之。"泉阳令乃使吏案籍视图,水上渔者五十五家,上流之庐,名为豫且。泉阳令曰:"诺。"乃与使者驰而问豫且曰:"今昔汝渔何得?"豫且曰:"夜半时举网得龟。"使者曰:"今龟安在?"曰:"在笼中。"使者曰:"王知子得龟,故使我求之。"豫且曰:"诺。"即系龟而出之笼中,献使者。

　　使者载行，出于泉阳之门。正昼无见，风雨晦冥。云盖其上，五采青黄；雷雨并起，风将而行。入于端门，见于东箱。身如流水，润泽有光。望见元王，延颈而前，三步而止，缩颈而却，复其故处。元王见而怪之，问卫平曰："龟见寡人，延颈而前，以何望也？缩颈而复，是何当也？"卫平对曰："龟在患中，而终昔囚，王有德义，使人活之。今延颈而前，以当谢也，缩颈而却，欲亟去也。"元王曰："善哉！神至如此乎，不可久留；趣驾送龟，勿令失期。"

　　卫平对曰："龟者是天下之宝也，先得此龟者为天子，且十言十当，十战十胜。生于深渊，长于黄土。知天之道，明于上古。游三千岁，不出其域。安平静正，动不用力。寿蔽天地，莫知其极。与物变化，四时变色。居而自匿，伏而不食。春仓夏黄，秋白冬黑。明于阴阳，审于刑德。先知利害，察于祸福。以言而当，以战而胜，王能宝之，诸侯尽服。王勿遣也，以安社稷。"

　　元王曰："龟甚神灵，降于上天，陷于深渊，在患难中。以我为贤，德厚而忠信，故来告寡人。寡人若不遣也，是渔者也。渔者利其肉，寡人贪其力，下为不仁，上为无德。君臣无礼，何从有福？寡人不忍，奈何勿遣！"

　　卫平对曰："不然。臣闻盛德不报，重寄不归；天与不受，天夺之宝。今龟周流天下，还复其所，上至苍天，下薄泥涂。还遍九州，未尝愧辱，无所稽留。今至泉阳，渔者辱而囚之。王虽遣之，江河必怒，务求报仇。自以为侵，因神与谋。淫雨不霁，水不可治。若为枯旱，风而扬埃，蝗虫暴生，百姓失时。王行仁义，其罚必来。此无佗故，其祟在龟。后虽悔之，岂有及哉！王勿遣也。"

　　元王慨然而叹曰："夫逆人之使，绝人之谋，是不暴乎？取人之有，以自为宝，是不强乎？寡人闻之，暴得者必暴亡，强取者必后无功。桀纣暴强，身死国亡。今我听子，是无仁义之名而有暴强之道。江河为汤武，我为桀纣。未见其利，恐离其咎。寡人狐疑，安事此宝，趣驾送龟，勿令久留。"

　　卫平对曰："不然，王其无患。天地之间，累石为山。高而不坏，地得为安。故云物或危而顾安，或轻而不可迁；人或忠信而不如诞谩，或丑恶而宜大官，或美好佳丽而为众人患。非神圣人，莫能尽言。春秋冬夏，或暑或寒。寒暑不和，贼气相奸。同岁异节，其时使然。故令春生夏长，秋收冬藏。或为仁义，或为暴强。暴强有乡，仁义有时。万物尽然,不可胜治。大王听臣,臣请悉言之。天出五色,以辨白黑。地生五谷,以知善恶。人民莫知辨也,与禽兽相若。谷居而穴处,不知田作。天下祸乱,阴阳相错。匆匆疾疾,通而不相择。妖孽数见,传为单薄。圣人别其生,使无相获。禽兽有牝牡,置之山原;鸟有雌雄,布之林泽;有介之虫,置之溪谷。故牧人民,为之城郭,内经闾术,外为阡陌。夫妻男女,赋之田宅,列其室屋。为之图籍,别其名族。立官置吏,劝以爵禄。衣以桑麻,养以五谷。耕之耰之,鉏之耨之。口得所嗜,目得所美,身受其利。以是观之,非强不至。故曰田者不强,囷仓不盈;商贾不强,不得其赢;妇女不强,布帛不精;官御不强,其势不成;大将不强,卒不使令;侯王不强,没世无名。故云强者,事之始也,分之理也,物之纪也。所求于强,无不有也。王以为不然,王独不闻玉椟只雉,出于昆山;明月之珠,出于四海;镌石拌蚌,传卖于市:圣人得之,以为大宝。大宝所在,乃为天子。今王自以为暴,不如拌蚌于海也;自以为强,不过镌石于昆山也。取者无咎,宝者无患。今龟使来抵网,而遭渔者得之,见梦自言,是国之宝也,王何忧焉。”

　　元王曰:“不然。寡人闻之,谏者福也,谀者贼也。人主听谀,是愚惑也。虽然,祸不妄至,福不徒来。天地合气,以生百财。阴阳有分,不离四时,十有二月,日至为期。圣人彻焉,身乃无灾。明王用之,人莫敢欺。故云福之至也,人自生之;祸之至也,人自成之。祸与福同,刑与德双。圣人察之,以知吉凶。桀纣之时,与天争功,拥遏鬼神,使不得通。是固已无道矣,谀臣有众。桀有谀臣,名曰赵梁。教为无道,劝以贪狼。系汤夏台,杀关龙逢。左右恐死,偷谀于傍。国危于累卵,皆曰无伤。称乐万岁,或曰未央。蔽其耳目,与之诈狂。汤卒伐桀,身死国亡。听其谀臣,身独受殃。春秋著之,至今不忘。纣有谀臣,名为左彊。夸而目巧,教为象郎。将至于天,又有玉床。犀玉之器,象箸而羹。圣人剖其心,壮士斩其胻。箕子恐死,被发佯狂。杀周太子历,囚文王昌。投之石室,将以昔至明。阴兢活之,与之俱亡。入于周地,得太公望。兴卒聚兵,与纣相攻。文王病死,载尸以行。太子发代将,号为武王。战于牧野,破之华山之阳。纣不胜败而还走,围之象郎。自杀宣室,身死不葬。头悬车轸,四马曳行。寡人念其如此,肠如涫汤。是人皆富有天下而贵至天子,然而大傲。欲无餍时,举事而喜高,贪很而骄。不用忠信,听其谀臣,而为天下笑。今寡人之邦,居诸侯之间,曾不如秋毫。举事不当,又安亡逃!”

卫平对曰:"不然。河虽神贤,不如昆仑之山;江之源理,不如四海,而人尚夺取其宝,诸侯争之,兵革为起。小国见亡,大国危殆,杀人父兄,虏人妻子,残国灭庙,以争此宝。战攻分争,是暴强也。故云取之以暴强而治以文理,无逆四时,必亲贤士;与阴阳化,鬼神为使;通于天地,与之为友。诸侯宾服,民众殷喜。邦家安宁,与世更始。汤武行之,乃取天子;春秋著之,以为经纪。王不自称汤武,而自比桀纣。桀纣为暴强也,固以为常。桀为瓦室,纣为象郎。征丝灼之,务以费氓。赋敛无度,杀戮无方。杀人六畜,以韦为囊。囊盛其血,与人悬而射之,与天帝争强。逆乱四时,先百鬼尝。谏者辄死,谀者在傍。圣人伏匿,百姓莫行。天数枯旱,国多妖祥。螟虫岁生,五谷不成。民不安其处,鬼神不享。飘风日起,正昼晦冥。日月并蚀,灭息无光。列星奔乱,皆绝纪纲。以是观之,安得长!虽无汤武,时固当亡。故汤伐桀,武王克纣,其时使然。乃为天子,子孙续世;终身无咎,后世称之,至今不已。是皆当时而行,见事而强,乃能成其帝王。今龟,大宝也,为圣人使,传之贤王。不用手足,雷电将之;风雨送之,流水行之。侯王有德,乃得当之。今王有德而当此宝,恐不敢受;王若遣之,宋必有咎。后虽悔之,亦无及已。"

元王大悦而喜。于是元王向日而谢,再拜而受。择日斋戒,甲乙最良。乃刑白雉,及与骊羊;以血灌龟,于坛中央。以刀剥之,身全不伤。脯酒礼之,横其腹肠。荆支卜之,必制其创。理达于理,文相错迎。使工占之,所言尽当。邦福重宝,闻于傍乡。杀牛取革,被郑之桐。草木毕分,化为甲兵。战胜攻取,莫如元王。元王之时,卫平相宋,宋国最强,龟之力也。

故云神至能见梦于元王,而不能自出渔者之笼。身能十言尽当,不能通使于河,还报于江。贤能令人战胜攻取,不能自解于刀锋,免剥刺之患。圣能先知亟见,而不能令卫平无言。言事百全,至身而挛;当时不利,又焉事贤!贤者有恒常,士有适然。是故明有所不见,听有所不闻;人虽贤,不能左画方,右画圆;日月之明,而时蔽于浮云。羿名善射,不如雄渠、蠭门;禹名为辩智,而不能胜鬼神。地柱折,天故毋橼,又奈何责人于全? 孔子闻之曰:"神龟知吉凶,而骨直空枯。日为德而君于天下,辱于三足之乌。月为刑而相佐,见食于虾蟆。蝟辱于鹊,腾蛇之神而殆于即且。竹外有节理,中直空虚;松柏为百木长,而守门闾。日辰不全,故有孤虚。黄金有疵,白玉有瑕。事有所疾,亦有所徐。物有所拘,亦有所据。罔有所数,亦有所疏。人有所贵,亦有所不如。何可而适乎?物安可全乎?天尚不全,故世为屋,不成三瓦而陈之,以应之天。天下有阶,物不全乃生也。"

褚先生曰:渔者举网而得神龟,龟自见梦宋元王,元王召博士卫平告以梦龟状,平运式,定日月,分衡度,视吉凶,占龟与物色同,平谏王留神龟以为国重宝,美矣。古者筮必称龟者,以其令名,所从来久矣。余述而为传。

三月	二月	正月	十二月	十一月	中关内高外下
四月首仰	足开	胻开	首俛大	五月	横吉 首
俛大 六月	七月	八月	九月	十月	

卜禁曰:子亥戌不可以卜及杀龟。日中如食已卜。暮昏龟之徼也,不可以卜。庚辛可以杀,及以钻之。常以月旦祓龟,先以清水澡之,以卵祓之,乃持龟而遂之,若常以为祖。人若已卜不中,皆祓之以卵,东向立,灼以荆若刚木,土卵指之者三,持龟以卵周环之,祝曰:"今日吉,谨以粱卵焍黄祓去玉灵之不祥。"玉灵必信以诚,知万事之情,辩兆皆可占。不信不诚,则烧玉灵,扬其灰,以征后龟。其卜必北向,龟甲必尺二寸。

卜先以造灼钻,钻中已,又灼龟首,各三;又复灼所钻中曰正身,灼首曰正足,各三。即以造三周龟,祝曰:"假之玉灵夫子。夫子玉灵,荆灼而心,令而先知。而上行于天,下行于渊,诸灵数卻,莫如汝信。今日良日,行一良贞。某欲卜某,即得而喜,不得而悔。即得,发乡我身长大,首足收人皆上偶。不得,发乡我身挫折,中外不相应,首足灭去。"

灵龟卜祝曰:"假之灵龟,五巫五灵,不如神龟之灵,知人死,知人生。某身良贞,某欲求某物。即得也,头见足发,内外相应;即不得也,头仰足胻,内外自垂。可得占。"

卜占病者祝曰:"今某病困。死,首上开,内外交骇,身节折;不死,首仰足胻。"卜病者祟曰:"今病有祟无呈,无祟有呈。兆有中祟有内,外祟有外。"

卜系者出不出。不出,横吉安;若出,足开首仰有外。

卜求财物,其所当得。得,首仰足开,内外相应;即不得,呈兆首仰足胻。

卜有卖若买臣妾马牛。得之,首仰足开,内外相应;不得,首仰足胗,呈兆若横吉安。

卜击盗聚若干人,在某所,今某将卒若干人,往击之。当胜,首仰足开身正,内自桥,外下;不胜,足胗首仰,身首内下外高。

卜求当行不行。行,首足开;不行,足胗首仰,若横吉安,安不行。

卜往击盗,当见不见。见,首仰足胗有外;不见,足开首仰。

卜往候盗,见不见。见,首仰足胗,胗胜有外;不见,足开首仰。

卜闻盗来不来。来,外高内下,足胗首仰;不来,足开首仰,若横吉安,期之自次。

卜迁徙去官不去。去,足开有胗外首仰;不去,自去,即足胗,呈兆若横吉安。

卜居官尚吉不。吉,呈兆身正,若横吉安;不吉,身节折,首仰足开。

卜居室家吉不吉。吉,呈兆身正,若横吉安;不吉,身节折,首仰足开。

卜岁中禾稼孰不孰。孰,首仰足开,内外自桥外自垂;不孰,足胗首仰有外。

卜岁中民疫不疫。疫,首仰足胗,身节有强外;不疫,身正首仰足开。

卜岁中有兵无兵。无兵,呈兆若横吉安;有兵,首仰足开,身作外强情。

卜见贵人吉不吉。吉,足开首仰,身正,内自桥;不吉,首仰,身节折,足胗有外,若无渔。

卜请谒于人得不得。得,首仰足开,内自桥;不得,首仰足胗有外。

卜追亡人当得不得。得,首仰足胗,内外相应;不得,首仰足开,若横吉安。

卜渔猎得不得。得,首仰足开,内外相应;不得,足胗首仰,若横吉安。

卜行遇盗不遇。遇,首仰足开,身节折,外高内下;不遇,呈兆。

卜天雨不雨。雨,首仰有外,外高内下;不雨,首仰足开,若横吉安。

卜天雨霁不霁。霁,呈兆足开首仰;不霁,横吉。

　　命曰横吉安。以占病，病甚者一日不死；不甚者卜日瘳，不死。系者重罪不出，轻罪环出；过一日不出，久毋伤也。求财物买臣妾马牛，一日环得；过一日不得。行者不行。来者环至；过食时不至，不来。击盗不行，行不遇；闻盗不来。徙官不徙。居官家室皆吉。岁稼不孰。民疾疫无疾。岁中无兵。见人行，不行不喜。请谒人不行不得。追亡人渔猎不得。行不遇盗。雨不雨。霁不霁。

　　命曰呈兆。病者不死。系者出。行者行。来者来。市买得。追亡人得，过一日不得。问行者不到。

　　命曰柱彻。卜病不死。系者出。行者行。来者来。市买不得。忧者毋忧。追亡人不得。

　　命曰首仰足肣有内无外。占病，病甚不死。系者解。求财物买臣妾马牛不得。行者闻言不行。来者不来。闻盗不来。闻言不至。徙官闻言不徙。居官有忧。居家多灾。岁稼中孰。民疾疫多病。岁中有兵，闻言不开。见贵人吉。请谒不行，行不得善言。追亡人不得。渔猎不得。行不遇盗。雨不雨甚。霁不霁。故其莫字皆为首备。问之曰，备者仰也，故定以为仰。此私记也。

　　命曰首仰足肣有内无外。占病，病甚不死。系者不出。求财买臣妾不得。行者不行。来者不来。击盗不见。闻盗来，内自惊，不来。徙官不徙。居官家室吉。岁稼不孰。民疾疫有病甚。岁中无兵。见贵人吉。请谒追亡人不得。亡财物，财物不出得。渔猎不得。行不遇盗。雨不雨。霁不霁。凶。

　　命曰呈兆首仰足肣。以占病，不死。系者未出。求财物买臣妾马牛不得。行不行。来不来。击盗不相见。闻盗来不来。徙官不徙。居官久多忧。居家室不吉。岁稼不孰。民病疫。岁中毋兵。见贵人不吉。请谒不得。渔猎得少。行不遇盗。雨不雨。霁不霁。不吉。

　　命曰呈兆首仰足开。以占病，病笃死。系囚出。求财物买臣妾马牛不得。行者行。来者来。击盗不见盗。闻盗来不来。徙官徙。居官不久。居家室不吉。岁稼不孰。民疾疫有而少。岁中毋兵。见贵人不见吉。请谒追亡人渔猎不得。行遇盗。雨不雨。霁小吉。

　　命曰首仰足肣。以占病，不死。系者久，毋伤也。求财物买臣妾马牛不得。行者不行。击盗不行。来者来。闻盗来。徙官闻言不徙。居家室不吉。岁稼不孰。民疾疫少。岁中毋兵。见贵人得见。

请谒追亡人渔猎不得。行遇盗。雨不雨。霁不霁。吉。

命曰首仰足开有内。以占病者，死。系者出。求财物买臣妾马牛不得。行者行。来者来。击盗行不见盗。闻盗来不来。徙官徙。居官不久。居家室不吉。岁孰。民疾疫有而少。岁中毋兵。见贵人不吉。请谒追亡人渔猎不得。行不遇盗。雨霁。霁小吉，不霁吉。

命曰横吉内外自桥。以占病，卜日毋瘳死。系者毋罪出。求财物买臣妾马牛得。行者行。来者来。击盗合交等。闻盗来来。徙官徙。居家室吉。岁孰。民疫无疾。岁中无兵。见贵人请谒追亡人渔猎得。行遇盗。雨霁，雨霁大吉。

命曰横吉内外自吉。以占病，病者死。系不出。求财物买臣妾马牛追亡人渔猎不得。行者不来。击盗不相见。闻盗不来。徙官徙。居官有忧。居家室见贵人请谒不吉。岁稼不孰。民疾疫。岁中无兵。行不遇盗。雨不雨。霁不霁。不吉。

命曰渔人。以占病者，病者甚，不死。系者出。求财物买臣妾马牛击盗请谒追亡人渔猎得。行者行来。闻盗来不来。徙官不徙。居家室吉。岁稼不孰。民疾疫。岁中毋兵。见贵人吉。行不遇盗。雨不雨。霁不霁。吉。

命曰首仰足肸内高外下。以占病，病者甚，不死。系者不出。求财物买臣妾马牛追亡人渔猎得。行不行。来者来。击盗胜。徙官不徙。居官有忧，无伤也。居家室多忧病。岁大孰。民疾疫。岁中有兵不至。见贵人请谒不吉。行遇盗。雨不雨。霁不霁。吉。

命曰横吉上有仰下有柱。病久不死。系者不出。求财物买臣妾马牛追亡人渔猎不得。行不行。来不来。击盗不行，行不见。闻盗来不来。徙官不徙。居家室见贵人吉。岁大孰。民疾疫。岁中毋兵。行不遇盗。雨不雨。霁不霁。大吉。

命曰横吉榆仰。以占病，不死。系者不出。求财物买臣妾马牛至不得。行不行。来不来。击盗不行，行不见。闻盗来不来。徙官不徙。居官家室见贵人吉。岁孰。岁中有疾疫，毋兵。请谒追亡人不得。渔猎至不得。行不得。行不遇盗。雨霁不霁。小吉。

命曰横吉下有柱。以占病，病甚不环有瘳无死。系者出。求财物买臣妾马牛请谒追亡人渔猎不得。行来不来。击盗不合。闻盗来来。徙官居官吉，不久。居家室不吉。岁不孰。民毋疾疫。岁中毋兵。见贵人吉。行不遇盗。雨不雨。霁。小吉。

命曰载所。以占病，环有瘳无死。系者出。求财物买臣妾马牛请谒追亡人渔猎得。行者行。来者来。击盗相见不相合。闻盗来来。徙官徙。居家室忧。见贵人吉。岁孰。民毋疾疫。岁中毋兵。行不遇盗。雨不雨。霁霁。吉。

命曰根格。以占病者，不死。系久毋伤。求财物买臣妾马牛请谒追亡人渔猎不得。行不行。来不来。击盗盗行不合。闻盗不来。徙官不徙。居家室吉。岁稼中。民疾疫无死。见贵人不得见。行不遇盗。雨不雨。大吉。

命曰首仰足肹外高内下。卜有忧，无伤也。行者不来。病久死。求财物不得。见贵人者吉。

命曰外高内下。卜病不死，有祟。市买不得。居官家室不吉。行者不行。来者不来。系者久毋伤。吉。

命曰头见足发有内外相应。以占病者，起。系者出。行者行。来者来。求财物得。吉。

命曰呈兆首仰足开。以占病，病甚死。系者出，有忧。求财物买臣妾马牛请谒追亡人渔猎不得。行不行。来不来。击盗不合。闻盗来来。徙官居官家室不吉。岁恶。民疾疫无死。岁中毋兵。见贵人不吉。行不遇盗。雨不雨。霁。不吉。

命曰呈兆首仰足开外高内下。以占病，不死，有外祟。系者出，有忧。求财物买臣妾马牛，相见不会。行行。来闻言不来。击盗胜。闻盗来不来。徙官居官家室见贵人不吉。岁中。民疾疫有兵。请谒追亡人渔猎不得。闻盗遇盗。雨不雨。霁。凶。

命曰首仰足肹身折内外相应。以占病，病甚不死。击者久不出。求财物买臣妾马牛渔猎不得。行不行。来不来。击盗有用胜。闻盗来来。徙官不徙。居官家室不吉。岁不孰。民疾疫。岁中。有兵不至。见贵人喜。请谒追亡人不得。遇盗凶。

命曰内格外垂。行者不行。来者不来。病者死。系者不出。求财物不得。见人不见。大吉。

命曰横吉内外相应自桥榆仰上柱足肹。以占病，病甚不死。系久，不抵罪。求财物买臣妾马牛请谒追亡人渔猎不得。行不行。来不来。居官家室见贵人吉。徙官不徙。岁不大孰。民疾疫有兵。有兵不会。行遇盗。闻言不见。雨不雨。霁霁。大吉。

命曰头仰足肹内外自垂。卜忧病者甚，不死。居官不得居。行者行。来者不来。求财物不得。求人不得。吉。

命曰横吉下有柱。卜来者来。卜日即不至,未来。卜病者过一日毋瘳死。行者不行。求财物不得。系者出。

命曰横吉内外自举。以占病者,久不死。系者久不出。求财物得而少。行者不行。来者不来。见贵人见。吉。

命曰内高外下疾轻足发。求财物不得。行者行。病者有瘳。系者不出。来者来。见贵人不见。吉。

命曰外格。求财物不得。行者不行。来者不来。系者不出。不吉。病者死。求财物不得。见贵人见。吉。

命曰内自举外来正足发。行者行。来者来。求财物得。病者久不死。系者不出。见贵人见。吉。

此横吉上柱外内自举足肦。以卜有求得。病不死。系者毋伤,未出。行不行。来不来。见人不见。百事尽吉。

此横吉上柱外内自举柱足以作。以卜有求得。病死环起。系留毋伤,环出。行不行。来不来。见人不见。百事吉。可以举兵。

此挺诈有外。以卜有求不得。病不死,数起。系祸罪。闻言毋伤。行不行。来不来。

此挺诈有内。以卜有求不得。病不死,数起。系留祸罪无伤出。行不行。来者不来。见人不见。

此挺诈内外自举。以卜有求得。病不死,系毋罪。行行。来来。田贾市渔猎尽喜。

此狐锓。以卜有求不得。病死,难起。系留毋罪难出。可居宅。可娶妇嫁女。行不行。来不来。见人不见。有忧不忧。

此狐彻。以卜有求不得。病者死。系留有抵罪。行不行。来不来。见人不见。言语定。百事尽不吉。

此首俯足肦身节折。以卜有求不得。病者死。系留有罪。望行者不来。行行。来不来。见人不见。

此挺内外自垂。以卜有求不晦。病不死,难起。系留毋罪,难出。行不行。来不来。见人不见。不吉。

此横吉榆仰首俯。以卜有求难得。病难起,不死。系难出,毋伤也。可居家室,以娶妇嫁女。

此横吉上柱载正身节折内外自举。以卜病者,卜日不死,其一日乃死。

此横吉上柱足肹内自举外自垂。以卜病者，卜曰不死，其一日乃死。

首俯足诈有外无内。病者占龟未已，急死。卜轻失大，一日不死。

首仰足肹。以卜有求不得。以系有罪。人言语恐之毋伤。行不行。见人不见。

大论曰：外者人也，内者自我也；外者女也，内者男也。首俛者忧。大者身也，小者枝也。大法，病者，足肹者生，足开者死。行者，足开至，足肹者不至。行者，足肹不行，足开行。有求，足开得，足肹者不得。系者，足肹不出，开出。其卜病也，足开而死者，内高而外下也。

史记卷一百二十九

货殖列传第六十九

老子曰:"至治之极,邻国相望,鸡狗之声相闻,民各甘其食,美其服,安其俗,乐其业,至老死不相往来。"必用此为务,挽近世涂民耳目,则几无行矣。

太史公曰:夫神农以前,吾不知已。至若诗书所述虞夏以来,耳目欲极声色之好,口欲穷刍豢之味,身安逸乐,而心夸矜势能之荣。使俗之渐民久矣,虽户说以眇论,终不能化。故善者因之,其次利道之,其次教诲之,其次整齐之,最下者与之争。

夫山西饶材、竹、榖、纑、旄、玉石;山东多鱼、盐、漆、丝、声色;江南出柟、梓、姜、桂、金、锡、连、丹沙、犀、玳瑁、珠玑、齿革;龙门、碣石北多马、牛、羊、旃裘、筋角;铜、铁则千里往往山出棋置:此其大较也。皆中国人民所喜好,谣俗被服饮食奉生送死之具也。故待农而食之,虞而出之,工而成之,商而通之。此宁有政教发征期会哉?人各任其能,竭其力,以得所欲。故物贱之征贵,贵之征贱,各劝其业,乐其事,若水之趋下,日夜无休时,不召而自来,不求而民出之。岂非道之所符,而自然之验邪?

周书曰:"农不出则乏其食,工不出则乏其事,商不出则三宝绝,虞不出则财匮少。"财匮少而山泽不辟矣。此四者,民所衣食之原也。原大则饶,原小则鲜。上则富国,下则富家。贫富之道,莫之夺予,而巧者有馀,拙者不足。故太公望封于营丘,地潟卤,人民寡,于是太公劝其女功,极技巧,通鱼盐,则人物归之,繦至而辐凑。故齐冠带衣履天下,海岱之间敛袂而往朝焉。其后齐中衰,管子修之,设轻重九府,则桓公以霸,九合诸侯,一匡天下;而管氏亦有三归,位在陪臣,富于列国之君。是以齐富强至于威、宣也。

故曰:"仓廪实而知礼节,衣食足而知荣辱。"礼生于有而废于无。故君子富,好行其德;小人富,以适其力。渊深而鱼生之,山深而兽往之,人富而仁义附焉。富者得势益彰,失势则客无所之,以而不乐。夷狄益甚。

谚曰:"千金之子,不死于市。"此非空言也。故曰:"天下熙熙,皆为利来;天下壤壤,皆为利往。"夫千乘之王,万家之侯,百室之君,尚犹患贫,而况匹夫编户之民乎!

　　昔者越王句践困于会稽之上,乃用范蠡、计然。计然曰:"知斗则修备,时用则知物,二者形则万货之情可得而观已。故岁在金,穰;水,毁;木,饥;火,旱。旱则资舟,水则资车,物之理也。六岁穰,六岁旱,十二岁一大饥。夫粜,二十病农,九十病末。末病则财不出,农病则草不辟矣。上不过八十,下不减三十,则农末俱利,平粜齐物,关市不乏,治国之道也。积著之理,务完物,无息币。以物相贸,易腐败而食之货勿留,无敢居贵。论其有馀不足,则知贵贱。贵上极则反贱,贱下极则反贵。贵出如粪土,贱取如珠玉。财币欲其行如流水。"修之十年,国富,厚赂战士,士赴矢石,如渴得饮,遂报强吴,观兵中国,称号"五霸"。

　　范蠡既雪会稽之耻,乃喟然而叹曰:"计然之策七,越用其五而得意。既已施于国,吾欲用之家。"乃乘扁舟浮于江湖,变名易姓,适齐为鸱夷子皮,之陶为朱公。朱公以为陶天下之中,诸侯四通,货物所交易也。乃治产积居,与时逐而不责于人。故善治生者,能择人而任时。十九年之中三致千金,再分散与贫交疏昆弟。此所谓富好行其德者也。后年衰老而听子孙,子孙修业而息之,遂至巨万。故言富者皆称陶朱公。

　　子赣既学于仲尼,退而仕于卫,废著鬻财于曹、鲁之间,七十子之徒,赐最为饶益。原宪不厌糟糠,匿于穷巷。子贡结驷连骑,束帛之币以聘享诸侯,所至,国君无不分庭与之抗礼。夫使孔子名布扬于天下者,子贡先后之也。此所谓得势而益彰者乎?

　　白圭,周人也。当魏文侯时,李克务尽地力,而白圭乐观时变,故人弃我取,人取我与。夫岁孰取谷,予之丝漆;茧出取帛絮,予之食。太阴在卯,穰;明岁衰恶。至午,旱;明岁美。至酉,穰;明岁衰恶。至子,大旱;明岁美,有水。至卯,积著率岁倍。欲长钱,取下谷;长石斗,取上种。能薄饮食,忍嗜欲,节衣服,与用事僮仆同苦乐,趋时若猛兽挚鸟之发。故曰:"吾治生产,犹伊尹、吕尚之谋,孙吴用兵,商鞅行法是也。是故其智不足与权变,勇不足以决断,仁不能以取予,强不能有所守,虽欲学吾术,终不告之矣。"盖天下言治生祖白圭。白圭其有所试矣,能试有所长,非苟而已也。

　　猗顿用盬盐起。而邯郸郭纵以铁冶成业,与王者埒富。

乌氏倮畜牧，及众，斥卖，求奇绘物，间献遗戎王。戎王什倍其偿，与之畜，畜至用谷量马牛。秦始皇帝令倮比封君，以时与列臣朝请。而巴寡妇清，其先得丹穴，而擅其利数世，家亦不訾。清，寡妇也，能守其业，用财自卫，不见侵犯。秦皇帝以为贞妇而客之，为筑女怀清台。夫倮鄙人牧长，清穷乡寡妇，礼抗万乘，名显天下，岂非以富邪？

汉兴，海内为一，开关梁，弛山泽之禁，是以富商大贾周流天下，交易之物莫不通，得其所欲，而徙豪杰诸侯强族于京师。

关中自汧、雍以东至河、华，膏壤沃野千里，自虞夏之贡以为上田，而公刘适邠，大王、王季在岐，文王作丰，武王治镐，故其民犹有先王之遗风，好稼穑，殖五谷，地重，重为邪。及秦文、德、缪居雍，隙陇蜀之货物而多贾。献公徙栎邑，栎邑北却戎翟，东通三晋，亦多大贾。孝、昭治咸阳，因以汉都，长安诸陵，四方辐凑并至而会，地小人众，故其民益玩巧而事末也。南则巴蜀。巴蜀亦沃野，地饶卮、姜、丹沙、石、铜、铁、竹、木之器。南御滇僰，僰僮。西近邛笮，笮马、旄牛。然四塞，栈道千里，无所不通，唯襃斜绾毂其口，以所多易所鲜。天水、陇西、北地、上郡与关中同俗，然西有羌中之利，北有戎翟之畜，畜牧为天下饶。然地亦穷险，唯京师要其道。故关中之地，于天下三分之一，而人众不过什三；然量其富，什居其六。

昔唐人都河东，殷人都河内，周人都河南。夫三河在天下之中，若鼎足，王者所更居也，建国各数百千岁，土地小狭，民人众，都国诸侯所聚会，故其俗纤俭习事。杨、平阳陈西贾秦、翟，北贾种、代。种、代，石北也，地边胡，数被寇。人民矜懻忮，好气，任侠为奸，不事农商。然迫近北夷，师旅亟往，中国委输时有奇羡。其民羯羠不均，自全晋之时固已患其僄悍，而武灵王益厉之，其谣俗犹有赵之风也。故杨、平阳陈掾其间，得所欲。温、轵西贾上党，北贾赵、中山。中山地薄人众，犹有沙丘纣淫地馀民，民俗懁急，仰机利而食。丈夫相聚游戏，悲歌忼慨，起则相随椎剽，休则掘冢作巧奸冶，多美物，为倡优。女子则鼓鸣瑟，跕屣，游媚贵富，入后宫，遍诸侯。

然邯郸亦漳、河之间一都会也。北通燕、涿，南有郑、卫。郑、卫俗与赵相类，然近梁、鲁，微重而矜节。濮上之邑徙野王，野王好气任侠，卫之风也。

夫燕亦勃、碣之间一都会也。南通齐、赵，东北边胡。上谷至辽东，地踔远，人民希，数被寇，大与赵、代俗相类，而民雕捍少虑，有鱼盐枣栗之饶。北邻乌桓、夫馀，东绾秽貉、朝鲜、真番之利。

洛阳东贾齐、鲁,南贾梁、楚。故泰山之阳则鲁,其阴则齐。

齐带山海,膏壤千里,宜桑麻,人民多文彩布帛鱼盐。临菑亦海岱之间一都会也。其俗宽缓阔达,而足智,好议论,地重,难动摇,怯于众斗,勇于持刺,故多劫人者,大国之风也。其中具五民。

而邹、鲁滨洙、泗,犹有周公遗风,俗好儒,备于礼,故其民龊龊。颇有桑麻之业,无林泽之饶。地小人众,俭啬,畏罪远邪。及其衰,好贾趋利,甚于周人。

夫自鸿沟以东,芒、砀以北,属巨野,此梁、宋也。陶、睢阳亦一都会也。昔尧作于成阳,舜渔于雷泽,汤止于亳。其俗犹有先王遗风,重厚多君子,好稼穑,虽无山川之饶,能恶衣食,致其蓄藏。

越、楚则有三俗。夫自淮北沛、陈、汝南、南郡,此西楚也。其俗剽轻,易发怒,地薄,寡于积聚。江陵故郢都,西通巫、巴,东有云梦之饶。陈在楚夏之交,通鱼盐之货,其民多贾。徐、僮、取虑,则清刻,矜己诺。

彭城以东,东海、吴、广陵,此东楚也。其俗类徐、僮。朐、缯以北,俗则齐。浙江南则越。夫吴自阖庐、春申、王濞三人招致天下之喜游子弟,东有海盐之饶,章山之铜,三江、五湖之利,亦江东一都会也。

衡山、九江、江南、豫章、长沙,是南楚也,其俗大类西楚。郢之后徙寿春,亦一都会也。而合肥受南北潮,皮革、鲍、木输会也。与闽中、干越杂俗,故南楚好辞,巧说少信。江南卑湿,丈夫早夭。多竹木。豫章出黄金,长沙出连、锡,然堇堇物之所有,取之不足以更费。九疑、苍梧以南至儋耳者,与江南大同俗,而杨越多焉。番禺亦其一都会也,珠玑、犀、玳瑁、果、布之凑。

颍川、南阳,夏人之居也。夏人政尚忠朴,犹有先王之遗风。颍川敦愿。秦末世,迁不轨之民于南阳。南阳西通武关、郧关,东南受汉、江、淮。宛亦一都会也。俗杂好事,业多贾。其任侠,交通颍川,故至今谓之“夏人”。

夫天下物所鲜所多,人民谣俗,山东食海盐,山西食盐卤,领南、沙北固往往出盐,大体如此矣。

总之,楚越之地,地广人希,饭稻羹鱼,或火耕而水耨,果隋蠃蛤,不待贾而足,地势饶食,无饥馑之患,以故呰窳偷生,无积聚而多贫。是故江、淮以南,无冻饿之人,亦无千金之家。沂、泗水以北,宜五谷桑麻六畜,地小人众,数被水旱之害,民好畜藏,故秦、夏、梁、鲁好农而重民。三河、宛、陈亦然,加以商贾。齐、赵设智巧,仰机利。燕、代田畜而事蚕。

由此观之，贤人深谋于廊庙，论议朝廷，守信死节隐居岩穴之士设为名高者安归乎？归于富厚也。是以廉吏久，久更富，廉贾归富。富者，人之情性，所不学而俱欲者也。故壮士在军，攻城先登，陷阵却敌，斩将搴旗，前蒙矢石，不避汤火之难者，为重赏使也。其在闾巷少年，攻剽椎埋，劫人作奸，掘冢铸币，任侠并兼，借交报仇，篡逐幽隐，不避法禁，走死地如骛者，其实皆为财用耳。今夫赵女郑姬，设形容，揳鸣琴，揄长袂，蹑利屣，目挑心招，出不远千里，不择老少者，奔富厚也。游闲公子，饰冠剑，连车骑，亦为富贵容也。弋射渔猎，犯晨夜，冒霜雪，驰坑谷，不避猛兽之害，为得味也。博戏驰逐，斗鸡走狗，作色相矜，必争胜者，重失负也。医方诸食技术之人，焦神极能，为重糈也。吏士舞文弄法，刻章伪书，不避刀锯之诛者，没于赂遗也。农工商贾畜长，固求富益货也。此有知尽能索耳，终不馀力而让财矣。

谚曰："百里不贩樵，千里不贩籴。"居之一岁，种之以谷；十岁，树之以木；百岁，来之以德。德者，人物之谓也。今有无秩禄之奉，爵邑之入，而乐与之比者，命曰"素封"。封者食租税，岁率户二百。千户之君则二十万，朝觐聘享出其中。庶民农工商贾，率亦岁万息二千，百万之家则二十万，而更徭租赋出其中。衣食之欲，恣所好美矣。故曰陆地牧马二百蹄，牛蹄角千，千足羊，泽中千足彘，水居千石鱼陂，山居千章之材。安邑千树枣；燕、秦千树栗；蜀、汉、江陵千树橘；淮北、常山已南，河济之间千树萩；陈、夏千亩漆；齐、鲁千亩桑麻；渭川千亩竹；及名国万家之城，带郭千亩亩钟之田，若千亩卮茜，千畦姜韭：此其人皆与千户侯等。然是富给之资也，不窥市井，不行异邑，坐而待收，身有处士之义而取给焉。若至家贫亲老，妻子软弱，岁时无以祭祀进醵，饮食被服不足以自通，如此不惭耻，则无所比矣。是以无财作力，少有斗智，既饶争时，此其大经也。今治生不待危身取给，则贤人勉焉。是故本富为上，末富次之，奸富最下。无岩处奇士之行，而长贫贱，好语仁义，亦足羞也。

凡编户之民，富相什则卑下之，伯则畏惮之，千则役，万则仆，物之理也。夫用贫求富农不如工，工不如商，刺绣文不如倚市门，此言末业，贫者之资也。通邑大都，酤一岁千酿，醯酱千瓨，浆千甔，屠牛羊彘千皮，贩谷粜千钟，薪稿千车，船长千丈，木千章，竹竿万个，其轺车百乘，牛车千两，木器髤者千枚，铜器千钧，素木铁器若卮茜千石，马蹄躈千，牛千足，羊彘千双，僮手指千，筋角丹沙千斤，其帛絮细布千钧，文采千匹，榻布皮革千石，漆千斗，蘖曲盐豉千荅，鲐鲞千斤，鲰千石，鲍千钧，枣栗千石者三之，狐貂裘千皮,羔羊裘千石,旃席千具,佗果菜千钟,子贷金钱千贯,节驵会,贪贾三之,廉贾五之,此亦比千乘之家,其大率也。佗杂业不中什二,则非吾财也。

请略道当世千里之中,贤人所以富者,令后世得以观择焉。

蜀卓氏之先,赵人也,用铁冶富。秦破赵,迁卓氏。卓氏见虏略,独夫妻推辇,行诣迁处。诸迁虏少有馀财,争与吏,求近处,处葭萌。唯卓氏曰:"此地狭薄。吾闻汶山之下,沃野,下有蹲鸱,至死不饥。民工于市,易贾。"乃求远迁。致之临邛,大喜,即铁山鼓铸,运筹策,倾滇蜀之民,富至僮千人。田池射猎之乐,拟于人君。

程郑,山东迁虏也,亦冶铸,贾椎髻之民,富埒卓氏,俱居临邛。

宛孔氏之先,梁人也,用铁冶为业。秦伐魏,迁孔氏南阳。大鼓铸,规陂池,连车骑,游诸侯,因通商贾之利,有游闲公子之赐与名。然其赢得过当,愈于纤啬,家致富数千金,故南阳行贾尽法孔氏之雍容。

鲁人俗俭啬,而曹邴氏尤甚,以铁冶起,富至巨万。然家自父兄子孙约,俯有拾,仰有取,贳贷行贾遍郡国。邹、鲁以其故多去文学而趋利者,以曹邴氏也。

齐俗贱奴虏,而刀闲独爱贵之。桀黠奴,人之所患也,唯刀闲收取,使之逐渔盐商贾之利,或连车骑,交守相,然愈益任之。终得其力,起富数千万。故曰"宁爵毋刀",言其能使豪奴自饶而尽其力。

周人既纤,而师史尤甚,转毂以百数,贾郡国,无所不至。洛阳街居在齐秦楚赵之中,贫人学事富家,相矜以久贾,数过邑不入门,设任此等,故师史能致七千万。

宣曲任氏之先,为督道仓吏。秦之败也,豪杰皆争取金玉,而任氏独窖仓粟。楚汉相距荥阳也,民不得耕种,米石至万,而豪杰金玉尽归任氏,任氏以此起富。富人争奢侈,而任氏折节为俭,力田畜。田畜人争取贱贾,任氏独取贵善。富者数世。然任公家约,非田畜所出弗衣食,公事不毕则身不得饮酒食肉。以此为闾里率,故富而主上重之。

塞之斥也,唯桥姚已致马千匹,牛倍之,羊万头,粟以万钟计。吴楚七国兵起时,长安中列侯封君行从军旅,赍贷子钱,子钱家以为侯邑国在关东,关东成败未决,莫肯与。唯无盐氏出捐千金贷,其息什之。三月,吴楚平。一岁之中,则无盐氏之息什倍,用此富埒关中。

关中富商大贾,大抵尽诸田,田啬、田兰。韦家栗氏,安陵、杜杜氏,亦巨万。

　　此其章章尤异者也。皆非有爵邑奉禄弄法犯奸而富，尽椎埋去就，与时俯仰，获其赢利，以末致财，用本守之，以武一切，用文持之，变化有概，故足术也。若至力农畜，工虞商贾，为权利以成富，大者倾郡，中者倾县，下者倾乡里者，不可胜数。

　　夫纤啬筋力，治生之正道也，而富者必用奇胜。田农，掘业也，而秦扬以盖一州。掘冢，奸事也，而田叔以起。博戏，恶业也，而桓发用富。行贾，丈夫贱行也，而雍乐成以饶。贩脂，辱处也，而雍伯千金。卖浆，小业也，而张氏千万。洒削，薄技也，而郅氏鼎食。胃脯，简微耳，浊氏连骑。马医，浅方，张里击钟。此皆诚壹之所致。

　　由是观之，富无经业，则货无常主，能者辐凑，不肖者瓦解。千金之家比一都之君，巨万者乃与王者同乐。岂所谓"素封"者邪？非也？

史记卷一百三十

太史公自序第七十

　　昔在颛顼，命南正重以司天，北正黎以司地。唐虞之际，绍重黎之后，使复典之，至于夏商，故重黎氏世序天地。其在周，程伯休甫其后也。当周宣王时，失其守而为司马氏。司马氏世典周史。惠襄之间，司马氏去周适晋。晋中军随会奔秦，而司马氏入少梁。

　　自司马氏去周适晋，分散，或在卫，或在赵，或在秦。其在卫者，相中山。在赵者，以传剑论显，蒯聩其后也。在秦者名错，与张仪争论，于是惠王使错将伐蜀，遂拔，因而守之。错孙靳，事武安君白起。而少梁更名曰夏阳。靳与武安君阬赵长平军，还而与之俱赐死杜邮，葬于华池。靳孙昌，昌为秦主铁官，当始皇之时。蒯聩玄孙卬为武信君将而徇朝歌。诸侯之相王，王卬于殷。汉之伐楚，卬归汉，以其地为河内郡。昌生无泽，无泽为汉市长。无泽生喜，喜为五大夫，卒，皆葬高门。喜生谈，谈为太史公。

　　太史公学天官于唐都，受易于杨何，习道论于黄子。太史公仕于建元元封之间，愍学者之不达其意而师悖，乃论六家之要指曰：

　　　　易大传："天下一致而百虑，同归而殊涂。"夫阴阳、儒、墨、名、法、道德，此务为治者也，直所从言之异路，有省不省耳。尝窃观阴阳之术，大祥而众忌讳，使人拘而多所畏；然其序四时之大顺，不可失也。儒者博而寡要，劳而少功，是以其事难尽从；然其序君臣父子之礼，列夫妇长幼之别，不可易也。墨者俭而难遵，是以其事不可遍循；然其强本节用，不可废也。法家严而少恩；然其正君臣上下之分，不可改矣。名家使人俭而善失真；然其正名实，不可不察也。道家使人精神专一，动合无形，赡足万物。其为术也，因阴阳之大顺，采儒墨之善，撮名法之要，与时迁移，应物变化，立俗施事，无所不宜，指约而易操，事少而功多。儒者则不然。以为人主天下之仪表也，主倡而臣和，主先而臣随。如此则主劳而臣逸。至于大道之要，去健羡，绌聪明，释此而任术。夫神大用则竭，形大劳则敝。形神骚动，欲与天地长久，非所闻也。

　　夫阴阳四时、八位、十二度、二十四节各有教令,顺之者昌,逆之者不死则亡。未必然也,故曰"使人拘而多畏"。夫春生夏长,秋收冬藏,此天道之大经也,弗顺则无以为天下纲纪,故曰"四时之大顺,不可失也"。

　　夫儒者以六艺为法。六艺经传以千万数,累世不能通其学,当年不能究其礼,故曰"博而寡要,劳而少功"。若夫列君臣父子之礼,序夫妇长幼之别,虽百家弗能易也。

　　墨者亦尚尧舜道,言其德行曰:"堂高三尺,土阶三等,茅茨不剪,采椽不刮。食土簋,啜土刑,粝粱之食,藜藿之羹。夏日葛衣,冬日鹿裘。"其送死,桐棺三寸,举音不尽其哀。教丧礼,必以此为万民之率。使天下法若此,则尊卑无别也。夫世异时移,事业不必同,故曰"俭而难遵"。要曰强本节用,则人给家足之道也。此墨子之所长,虽百家弗能废也。

　　法家不别亲疏,不殊贵贱,一断于法,则亲亲尊尊之恩绝矣。可以行一时之计,而不可长用也,故曰"严而少恩"。若尊主卑臣,明分职不得相逾越,虽百家弗能改也。

　　名家苛察缴绕,使人不得反其意,专决于名而失人情,故曰"使人俭而善失真"。若夫控名责实,参伍不失,此不可不察也。

　　道家无为,又曰无不为,其实易行,其辞难知。其术以虚无为本,以因循为用。无成埶,无常形,故能究万物之情。不为物先,不为物后,故能为万物主。有法无法,因时为业;有度无度,因物与合。故曰"圣人不朽,时变是守。虚者道之常也,因者君之纲"也。群臣并至,使各自明也。其实中其声者谓之端,实不中其声者谓之窾。窾言不听,奸乃不生,贤不肖自分,白黑乃形。在所欲用耳,何事不成。乃合大道,混混冥冥。光燿天下,复反无名。凡人所生者神也,所托者形也。神大用则竭,形大劳则敝,形神离则死。死者不可复生,离者不可复反,故圣人重之。由是观之,神者生之本也,形者生之具也。不先定其神形,而曰"我有以治天下",何由哉?

　　太史公既掌天官,不治民。有子曰迁。

　　迁生龙门,耕牧河山之阳。年十岁则诵古文。二十而南游江、淮,上会稽,探禹穴,窥九疑,浮于沅、湘;北涉汶、泗,讲业齐、鲁之都,观孔子之遗风,乡射邹、峄;厄困鄱、薛、彭城,过梁、楚以归。于是迁仕为郎中,奉使西征巴、蜀以南,南略邛、笮、昆明,还报命。

是岁天子始建汉家之封,而太史公留滞周南,不得与从事,故发愤且卒。而子迁适使反,见父于河洛之间。太史公执迁手而泣曰:"余先周室之太史也。自上世尝显功名于虞夏,典天官事。后世中衰,绝于予乎?汝复为太史,则续吾祖矣。今天子接千岁之统,封泰山,而余不得从行,是命也夫,命也夫!余死,汝必为太史;为太史,无忘吾所欲论著矣。且夫孝始于事亲,中于事君,终于立身。扬名于后世,以显父母,此孝之大者。夫天下称诵周公,言其能论歌文武之德,宣周邵之风,达太王王季之思虑,爰及公刘,以尊后稷也。幽厉之后,王道缺,礼乐衰,孔子修旧起废,论诗书,作春秋,则学者至今则之。自获麟以来四百有余岁,而诸侯相兼,史记放绝。今汉兴,海内一统,明主贤君忠臣死义之士,余为太史而弗论载,废天下之史文,余甚惧焉,汝其念哉!"迁俯首流涕曰:"小子不敏,请悉论先人所次旧闻,弗敢阙。"

卒三岁而迁为太史令,绌史记石室金匮之书。五年而当太初元年,十一月甲子朔旦冬至,天历始改,建于明堂,诸神受纪。

太史公曰:"先人有言:'自周公卒五百岁而有孔子。孔子卒后至于今五百岁,有能绍明世,正易传,继春秋,本诗书礼乐之际?'意在斯乎!意在斯乎!小子何敢让焉。"

上大夫壶遂曰:"昔孔子何为而作春秋哉?"太史公曰:"余闻董生曰:'周道衰废,孔子为鲁司寇,诸侯害之,大夫壅之。孔子知言之不用,道之不行也,是非二百四十二年之中,以为天下仪表,贬天子,退诸侯,讨大夫,以达王事而已矣。'子曰:'我欲载之空言,不如见之于行事之深切著明也。'夫春秋,上明三王之道,下辨人事之纪,别嫌疑,明是非,定犹豫,善善恶恶,贤贤贱不肖,存亡国,继绝世,补敝起废,王道之大者也。易著天地阴阳四时五行,故长于变;礼经纪人伦,故长于行;书记先王之事,故长于政;诗记山川谿谷禽兽草木牝牡雌雄,故长于风;乐乐所以立,故长于和;春秋辩是非,故长于治人。是故礼以节人,乐以发和,书以道事,诗以达意,易以道化,春秋以道义。拨乱世反之正,莫近于春秋。春秋文成数万,其指数千。万物之散聚皆在春秋。春秋之中,弑君三十六,亡国五十二,诸侯奔走不得保其社稷者不可胜数。察其所以,皆失其本已。故易曰'失之豪厘,差以千里'。故曰'臣弑君,子弑父,非一旦一夕之故也,其渐久矣'。故有国者不可以不知春秋,前有谗而弗见,后有贼而不知。为人臣者不可以不知春秋,守经事而不知其宜,遭变事而不知其权。为人君父而不通于春秋之义者,必蒙首恶之名。为人臣子而不通于春秋之义者,必陷篡弑之诛,死罪之名。其实皆以为善,为之不知其义,被之空言而不敢辞。夫不通礼义之旨,至于君不君,臣不臣,父不父,子不子。夫君不君则犯,臣不臣则诛,父不父则无道,子不子则不孝。此四行者,天下之大过也。以天下之大过予之,则受而弗敢辞。故春秋者,礼义之大宗也。夫礼禁未然之前,法施已然之后;法之所为用者易见,而礼之所为禁者难知。”

壶遂曰:“孔子之时,上无明君,下不得任用,故作春秋,垂空文以断礼义,当一王之法。今夫子上遇明天子,下得守职,万事既具,咸各序其宜,夫子所论,欲以何明?”

太史公曰:“唯唯,否否,不然。余闻之先人曰:‘伏羲至纯厚,作易八卦。尧舜之盛,尚书载之,礼乐作焉。汤武之隆,诗人歌之。春秋采善贬恶,推三代之德,襃周室,非独刺讥而已也。’汉兴以来,至明天子,获符瑞,封禅,改正朔,易服色,受命于穆清,泽流罔极,海外殊俗,重译款塞,请来献见者,不可胜道。臣下百官力诵圣德,犹不能宣尽其意。且士贤能而不用,有国者之耻,;主上明圣而德不布闻,有司之过也。且余尝掌其官,废明圣盛德不载,灭功臣世家贤大夫之业不述,堕先人所言,罪莫大焉。余所谓述故事,整齐其世传,非所谓作也,而君比之于春秋,谬矣。”

于是论次其文。七年而太史公遭李陵之祸,幽于缧绁。乃喟然而叹曰:“是余之罪也夫? 是余之罪也夫! 身毁不用矣。”退而深惟曰:“夫诗书隐约者,欲遂其志之思也。昔西伯拘羑里,演周易;孔子厄陈蔡,作春秋;屈原放逐,著离骚;左丘失明,厥有国语;孙子膑脚,而论兵法;不韦迁蜀,世传吕览;韩非囚秦,说难、孤愤;诗三百篇,大抵贤圣发愤之所为作也。此人皆意有所郁结,不得通其道也,故述往事,思来者。”于是卒述陶唐以来,至于麟止,自黄帝始。

维昔黄帝,法天则地,四圣遵序,各成法度;唐尧逊位,虞舜不台;厥美帝功,万世载之。作五帝本纪第一。

维禹之功,九州攸同,光唐虞际,德流苗裔;夏桀淫骄,乃放鸣条。作夏本纪第二。

维契作商,爰及成汤;太甲居桐,德盛阿衡;武丁得说,乃称高宗;帝辛湛湎,诸侯不享。作殷本纪第三。

维弃作稷,德盛西伯;武王牧野,实抚天下;幽厉昏乱,既丧酆镐;陵迟至赧,洛邑不祀。作周本纪第四。

维秦之先,伯翳佐禹;穆公思义,悼豪之旅;以人为殉,诗歌黄鸟;昭襄业帝。作秦本纪第五。

始皇既立,并兼六国,销锋铸镶,维偃干革,尊号称帝,矜武任力;二世受运,子婴降虏。作始皇本纪第六。

秦失其道,豪桀并扰;项梁业之,子羽接之;杀庆救赵,诸侯立之;诛婴背怀,天下非之。作项羽本纪第七。

子羽暴虐,汉行功德;愤发蜀汉,还定三秦;诛籍业帝,天下惟宁,改制易俗。作高祖本纪第八。

惠之早霣,诸吕不台;崇强禄、产,诸侯谋之;杀隐幽友,大臣洞疑,遂及宗祸。作吕太后本纪第九。

汉既初兴,继嗣不明,迎王践祚,天下归心;蠲除肉刑,开通关梁,广恩博施,厥称太宗。作孝文本纪第十。

诸侯骄恣,吴首为乱,京师行诛,七国伏辜,天下翕然,大安殷富。作孝景本纪第十一。

汉兴五世,隆在建元,外攘夷狄,内修法度,封禅,改正朔,易服色。作今上本纪第十二。

维三代尚矣,年纪不可考,盖取之谱牒旧闻,本于兹,于是略推,作三代世表第一。

幽厉之后,周室衰微,诸侯专政,春秋有所不纪;而谱牒经略,五霸更盛衰,欲睹周世相先后之意,作十二诸侯年表第二。

春秋之后,陪臣秉政,强国相王;以至于秦,卒并诸夏,灭封地,擅其号。作六国年表第三。

秦既暴虐,楚人发难,项氏遂乱,汉乃扶义征伐;八年之间,天下三嬗,事繁变众,故详著秦楚之际月表第四。

汉兴已来,至于太初百年,诸侯废立分削,谱纪不明,有司靡踵,强弱之原云以世。作汉兴已来诸侯年表第五。

维高祖元功,辅臣股肱,剖符而爵,泽流苗裔,忘其昭穆,或杀身陨国。作高祖功臣侯者年表第六。

惠景之间,维申功臣宗属爵邑,作惠景间侯者年表第七。

北讨强胡,南诛劲越,征伐夷蛮,武功爰列。作建元以来侯者年表第八。

诸侯既强,七国为从,子弟众多,无爵封邑,推恩行义,其势销弱,德归京师。作王子侯者年表第九。

　　国有贤相良将,民之师表也。维见汉兴以来将相名臣年表,贤者记其治,不贤者彰其事。作汉兴以来将相名臣年表第十。

　　维三代之礼,所损益各殊务,然要以近性情,通王道,故礼因人质为之节文,略协古今之变。作礼书第一。

　　乐者,所以移风易俗也。自雅颂声兴,则已好郑卫之音,郑卫之音所从来久矣。人情之所感,远俗则怀。比乐书以述来古,作乐书第二。

　　非兵不强,非德不昌,黄帝、汤、武以兴,桀、纣、二世以崩,可不慎欤?司马法所从来尚矣,太公、孙、吴、王子能绍而明之,切近世,极人变。作律书第三。

　　律居阴而治阳,历居阳而治阴,律历更相治,间不容翾忽。五家之文怫异,维太初之元论。作历书第四。

　　星气之书,多杂机祥,不经;推其文,考其应,不殊。比集论其行事,验于轨度以次,作天官书第五。

　　受命而王,封禅之符罕用,用则万灵罔不禋祀。追本诸神名山大川礼,作封禅书第六。

　　维禹浚川,九州攸宁;爰及宣防,决渎通沟。作河渠书第七。

　　维币之行,以通农商;其极则玩巧,并兼兹殖,争于机利,去本趋末。作平准书以观事变,第八。

　　太伯避历,江蛮是适;文武攸兴,古公王迹。阖庐弑僚,宾服荆楚;夫差克齐,子胥鸱夷;信嚭亲越,吴国既灭。嘉伯之让,作吴世家第一。

　　申、吕肖矣,尚父侧微,卒归西伯,文武是师;功冠群公,缪权于幽;番番黄发,爰飨营丘。不背柯盟,桓公以昌,九合诸侯,霸功显彰。田阚争宠,姜姓解亡。嘉父之谋,作齐太公世家第二。

　　依之违之,周公绥之;愤发文德,天下和之;辅翼成王,诸侯宗周。隐桓之际,是独何哉?三桓争强,鲁乃不昌。嘉旦金縢,作周公世家第三。

　　武王克纣,天下未协而崩。成王既幼,管蔡疑之,淮夷叛之,于是召公率德,安集王室,以宁东土。燕哙之禅,乃成祸乱。嘉甘棠之诗,作燕世家第四。

　　管蔡相武庚,将宁旧商;及旦摄政,二叔不飨;杀鲜放度,周公为盟;大任十子,周以宗强。嘉仲悔过,作管蔡世家第五。

　　王后不绝,舜禹是说;维德休明,苗裔蒙烈。百世享祀,爰周陈杞,楚实灭之。齐田既起,舜何人哉?作陈杞世家第六。

收殷餘民,叔封始邑,申以商乱,酒材是告,及朔之生,卫顷不宁;南子恶蒯聩,子父易名。周德卑微,战国既强,卫以小弱,角独后亡。嘉彼康诰,作卫世家第七。

嗟箕子乎!嗟箕子乎!正言不用,乃反为奴。武庚既死,周封微子。襄公伤于泓,君子执称。景公谦德,荧惑退行。剔成暴虐,宋乃灭亡。嘉微子问太师,作宋世家第八。

武王既崩,叔虞邑唐。君子讥名,卒灭武公。骊姬之爱,乱者五世;重耳不得意,乃能成霸。六卿专权,晋国以耗。嘉文公锡珪鬯,作晋世家第九。

重黎业之,吴回接之;殷之季世,粥子牒之。周用熊绎,熊渠是续。庄王之贤,乃复国陈;既赦郑伯,班师华元。怀王客死,兰咎屈原;好谀信谗,楚并于秦。嘉庄王之义,作楚世家第十。

少康之子,实宾南海,文身断发,鼋鳝与处,既守封禺,奉禹之祀。句践困彼,乃用种、蠡。嘉句践夷蛮能修其德,灭强吴以尊周室,作越王句践世家第十一。

桓公之东,太史是庸。及侵周禾,王人是议。祭仲要盟,郑久不昌。子产之仁,绍世称贤。三晋侵伐,郑纳于韩。嘉厉公纳惠王,作郑世家第十二。

维骥騄耳,乃章造父。赵夙事献,衰续厥绪。佐文尊王,卒为晋辅。襄子困辱,乃禽智伯。主父生缚,饿死探爵。王迁辟淫,良将是斥。嘉鞅讨周乱,作赵世家第十三。

毕万爵魏,卜人知之,及绛戮干,戎翟和之。文侯慕义,子夏师之。惠王自矜,齐秦攻之。既疑信陵,诸侯罢之。卒亡大梁,王假厮之。嘉武佐晋文申霸道,作魏世家第十四。

韩厥阴德,赵武攸兴。绍绝立废,晋人宗之。昭侯显列,申子庸之。疑非不信,秦人袭之。嘉厥辅晋匡周天子之赋,作韩世家第十五。

完子避难,适齐为援,阴施五世,齐人歌之。成子得政,田和为侯。王建动心,乃迁于共。嘉威、宣能拨浊世而独宗周,作田敬仲完世家第十六。

周室既衰,诸侯恣行。仲尼悼礼废乐崩,追修经术,以达王道,匡乱世反之于正,见其文辞,为天下制仪法,垂六艺之统纪于后世。作孔子世家第十七。

桀、纣失其道而汤、武作,周失其道而春秋作。秦失其政,而陈涉发迹。诸侯作难,风起云蒸,卒亡秦族。天下之端,自涉发难。作陈涉世家第十八。

　　成皋之台,薄氏始基。诎意适代,厥崇诸窦。栗姬偩贵,王氏乃遂。陈后太骄,卒尊子夫。嘉夫德若斯,作外戚世家第十九。

　　汉既谲谋,禽信于陈;越荆剽轻,乃封弟交为楚王,爰都彭城,以强淮泗,为汉宗藩。戊溺于邪,礼复绍之。嘉游辅祖,作楚元王世家第二十。

　　维祖师旅,刘贾是与;为布所袭,丧其荆、吴。营陵激吕,乃王琅邪;怵午信齐,往而不归,遂西入关,遭立孝文,获复王燕。天下未集,贾、泽以族,为汉藩辅。作荆燕世家第二十一。

　　天下已平,亲属既寡;悼惠先壮,实镇东土。哀王擅兴,发怒诸吕,驷钧暴戾,京师弗许。厉之内淫,祸成主父。嘉肥股肱,作齐悼惠王世家第二十二。

　　楚人围我荥阳,相守三年;萧何填抚山西,推计踵兵,给粮食不绝,使百姓爱汉,不乐为楚。作萧相国世家第二十三。

　　与信定魏,破赵拔齐,遂弱楚人。续何相国,不变不革,黎庶攸宁。嘉参不伐功矜能,作曹相国世家第二十四。

　　运筹帷幄之中,制胜于无形,子房计谋其事,无知名,无勇功,图难于易,为大于细。作留侯世家第二十五。

　　六奇既用,诸侯宾从于汉;吕氏之事,平为本谋,终安宗庙,定社稷。作陈丞相世家第二十六。

　　诸吕为从,谋弱京师,而勃反经合于权;吴楚之兵,亚夫驻于昌邑,以厄齐赵,而出委以梁。作绛侯世家第二十七。

　　七国叛逆,蕃屏京师,唯梁为扞;偩爱矜功,几获于祸。嘉其能距吴楚,作梁孝王世家第二十八。

　　五宗既王,亲属洽和,诸侯大小为藩,爰得其宜,僭拟之事稍衰贬矣。作五宗世家第二十九。

　　三子之王,文辞可观。作三王世家第三十。

　　末世争利,维彼奔义;让国饿死,天下称之。作伯夷列传第一。

　　晏子俭矣,夷吾则奢;齐桓以霸,景公以治。作管晏列传第二。

　　李耳无为自化,清净自正;韩非揣事情,循势理。作老子韩非列传第三。

　　自古王者而有司马法,穰苴能申明之。作司马穰苴列传第四。

　　非信廉仁勇不能传兵论剑,与道同符,内可以治身,外可以应变,君子比德焉。作孙子吴起列传第五。

维建遇谗,爰及子奢,尚既匡父,伍员奔吴。作伍子胥列传第六。

孔氏述文,弟子兴业,咸为师傅,崇仁厉义。作仲尼弟子列传第七。

鞅去卫适秦,能明其术,强霸孝公,后世遵其法。作商君列传第八。

天下患衡秦毋厌,而苏子能存诸侯,约从以抑贪强。作苏秦列传第九。

六国既从亲,而张仪能明其说,复散解诸侯。作张仪列传第十。

秦所以东攘雄诸侯,樗里、甘茂之策。作樗里甘茂列传第十一。

苞河山,围大梁,使诸侯敛手而事秦者,魏冉之功。作穰侯列传第十二。

南拔鄢郢,北摧长平,遂围邯郸,武安为率;破荆灭赵,王翦之计。作白起王翦列传第十三。

猎儒墨之遗文,明礼义之统纪,绝惠王利端,列往世兴衰。作孟子荀卿列传第十四。

好客喜士,士归于薛,为齐扞楚魏。作孟尝君列传第十五。

争冯亭以权,如楚以救邯郸之围,使其君复称于诸侯。作平原君虞卿列传第十六。

能以富贵下贫贱,贤能诎于不肖,唯信陵君为能行之。作魏公子列传第十七。

以身徇君,遂脱强秦,使驰说之士南乡走楚者,黄歇之义。作春申君列传第十八。

能忍诟于魏齐,而信威于强秦,推贤让位,二子有之。作范睢蔡泽列传第十九。

率行其谋,连五国兵,为弱燕报强齐之雠,雪其先君之耻。作乐毅列传第二十。

能信意强秦,而屈体廉子,用徇其君,俱重于诸侯。作廉颇蔺相如列传第二十一。

湣王既失临淄而奔莒,唯田单用即墨破走骑劫,遂存齐社稷。作田单列传第二十二。

能设诡说解患于围城,轻爵禄,乐肆志。作鲁仲连邹阳列传第二十三。

作辞以讽谏,连类以争义,离骚有之。作屈原贾生列传第二十四。

结子楚亲,使诸侯之士斐然争入事秦。作吕不韦列传第二十五。

曹子匕首,鲁获其田,齐明其信;豫让义不为二心。作刺客列传第二十六。

能明其画,因时推秦,遂得意于海内,斯为谋首。作李斯列传第二十七。

为秦开地益众,北靡匈奴,据河为塞,因山为固,建榆中。作蒙恬列传第二十八。

填赵塞常山以广河内,弱楚权,明汉王之信于天下。作张耳陈馀列传第二十九。

收西河、上党之兵,从至彭城;越之侵掠梁地以苦项羽。作魏豹彭越列传第三十。

以淮南叛楚归汉,汉用得大司马殷,卒破子羽于垓下。作黥布列传第三十一。

楚人迫我京索,而信拔魏赵,定燕齐,使汉三分天下有其二,以灭项籍。作淮阴侯列传第三十二。

楚汉相距巩洛,而韩信为填颍川,卢绾绝籍粮饷。作韩信卢绾列传第三十三。

诸侯畔项王,唯齐连子羽城阳,汉得以间遂入彭城。作田儋列传第三十四。

攻城野战,获功归报,哙、商有力焉,非独鞭策,又与之脱难。作樊郦列传第三十五。

汉既初定,文理未明,苍为主计,整齐度量,序律历。作张丞相列传第三十六。

结言通使,约怀诸侯;诸侯咸亲,归汉为藩辅。作郦生陆贾列传第三十七。

欲详知秦楚之事,维周缫常从高祖,平定诸侯。作傅靳蒯成列传第三十八。

徙强族,都关中,和约匈奴;明朝廷礼,次宗庙仪法。作刘敬叔孙通列传第三十九。

能摧刚作柔,卒为列臣;栾公不劫于势而倍死。作季布栾布列传第四十。

敢犯颜色以达主义,不顾其身,为国家树长画。作袁盎朝错列传第四十一。

守法不失大理,言古贤人,增主之明。作张释之冯唐列传第四十二。

敦厚慈孝,讷于言,敏于行,务在鞠躬,君子长者。作万石张叔列传第四十三。

守节切直，义足以言廉，行足以厉贤，任重权不可以非理挠。作田叔列传第四十四。

扁鹊言医，为方者宗，守数精明；后世循序，弗能易也，而仓公可谓近之矣。作扁鹊仓公列传第四十五。

维仲之省，厥濞王吴，遭汉初定，以填抚江淮之间。作吴王濞列传第四十六。

吴楚为乱，宗属唯婴贤而喜士，士乡之，率师抗山东荥阳。作魏其武安列传第四十七。

智足以应近世之变，宽足用得人。作韩长孺列传第四十八。

勇于当敌，仁爱士卒，号令不烦，师徒乡之。作李将军列传第四十九。

自三代以来，匈奴常为中国患害；欲知强弱之时，设备征讨，作匈奴列传第五十。

直曲塞，广河南，破祁连，通西国，靡北胡。作卫将军骠骑列传第五十一。

大臣宗室以侈靡相高，唯弘用节衣食为百吏先。作平津侯列传第五十二。

汉既平中国，而佗能集杨越以保南藩，给贡职。作南越列传第五十三。

吴之叛逆，瓯人斩濞，葆守封禺为臣。作东越列传第五十四。

燕丹散乱辽间，满收其亡民，厥聚海东，以集真藩，葆塞为外臣。作朝鲜列传第五十五。

唐蒙使略通夜郎，而邛笮之君请为内臣受吏。作西南夷列传第五十六。

子虚之事，大人赋说，靡丽多夸，然其指风谏，归于无为。作司马相如列传第五十七。

黥布叛逆，子长国之，以填江淮之南，安剽楚庶民。作淮南衡山列传第五十八。

奉法循理之吏，不伐功矜能，百姓无称，亦无过行。作循吏列传第五十九。

正衣冠立于朝廷，而群臣莫敢言浮说，长孺矜焉；好荐人，称长者，壮有溉。作汲郑列传第六十。

自孔子卒，京师莫崇庠序，唯建元元狩之间，文辞粲如也。作儒林列传第六十一。

民倍本多巧，奸轨弄法，善人不能化，唯一切严削为能齐之。作酷吏列传第六十二。

汉既通使大夏，而西极远蛮，引领内乡，欲观中国。作大宛列传第六十三。

救人于厄，振人不赡，仁者有乎；不既信，不倍言，义者有取焉。作游侠列传第六十四。

夫事人君能说主耳目，和主颜色，而获亲近，非独色爱，能亦各有所长。作佞幸列传第六十五。

不流世俗，不争势利，上下无所凝滞，人莫之害，以道之用。作滑稽列传第六十六。

齐、楚、秦、赵为日者，各有俗所用。欲循观其大旨，作日者列传第六十七。

三王不同龟，四夷各异卜，然各以决吉凶。略窥其要，作龟策列传第六十八。

布衣匹夫之人，不害于政，不妨百姓，取与以时而息财富，智者有采焉。作货殖列传第六十九。

维我汉继五帝末流，接三代绝业。周道废，秦拨去古文，焚灭诗书，故明堂石室金匮玉版图籍散乱。于是汉兴，萧何次律令，韩信申军法，张苍为章程，叔孙通定礼仪，则文学彬彬稍进，诗书往往间出矣。自曹参荐盖公言黄老，而贾生、晁错明申、商，公孙弘以儒显，百年之间，天下遗文古事靡不毕集太史公。太史公仍父子相续纂其职。曰："於戏！余维先人尝掌斯事，显于唐虞，至于周，复典之，故司马氏世主天官。至于余乎，钦念哉！钦念哉！"罔罗天下放失旧闻，王迹所兴，原始察终，见盛观衰，论考之行事，略推三代，录秦汉，上记轩辕，下至于兹，著十二本纪，既科条之矣。并时异世，年差不明，作十表。礼乐损益，律历改易，兵权山川鬼神，天人之际，承敝通变，作八书。二十八宿环北辰，三十辐共一毂，运行无穷，辅拂股肱之臣配焉，忠信行道，以奉主上，作三十世家。扶义俶傥，不令己失时，立功名于天下，作七十列传。凡百三十篇，五十二万六千五百字，为太史公书。序略，以拾遗补艺，成一家之言，厥协六经异传，整齐百家杂语，藏之名山，副在京师，俟后世圣人君子。第七十。

太史公曰：余述历黄帝以来至太初而讫，百三十篇。